Von Reinhard Schmoeckel erschienen bei Bastei Lübbe Taschenbücher:
64162 Die Indoeuropäer
14459 Das Dampfroß

Über den Autor:

Reinhard Schmoeckel, geboren 1928, Journalist und promovierter Jurist, lebt in Bonn. Als Historiker und Erzähler aus Leidenschaft interessieren ihn besonders die unbekannten Momente deutscher und europäischer Geschichte – sehr zur Freude seiner Leser.

Reinhard Schmoeckel

Bevor es Deutschland gab

Expedition in unsere Frühgeschichte – von den Römern bis zu den Sachsenkaisern

BASTEI LÜBBE

BASTEI LÜBBE TASCHENBUCH
Band 64188

1. Auflage: September 2002
2. Auflage: März 2003

Vollständige Taschenbuchausgabe
der im Gustav Lübbe Verlag erschienenen Hardcoverausgabe

Bastei Lübbe Taschenbücher und Gustav Lübbe Verlag
sind Imprints der Verlagsgruppe Lübbe

© 2000 by Verlagsgruppe Lübbe GmbH & Co. KG,
Bergisch Gladbach
Textredaktion: Heike Rosbach, Nürnberg
Karten: JahnDesign, Werbung & Kommunikation,
Erpel/Rhein
Titelbild: AKG, Berlin (Otto III., Huldigungsbild)
Einbandgestaltung: DYADEsign, Düsseldorf
Satz: Kremerdruck GmbH, Lindlar
Druck und Verarbeitung: Elsnerdruck, Berlin
Printed in Germany
ISBN 3-404-64188-4

Sie finden uns im Internet unter
http://www.luebbe.de

Der Preis dieses Bandes versteht sich einschließlich
der gesetzlichen Mehrwertsteuer.

INHALT

TEIL IV: NEUE VÖLKER, NEUE GÖTTER
Etwa 550 bis 750 n. Chr.

VORWORT

Dieses Buch ist gedacht für historisch interessierte Leser, die etwas über die Geschichte Deutschlands in seiner Frühzeit – eben »bevor es Deutschland gab« – erfahren wollen.

Was geschah eigentlich in diesem Gebiet im ersten Jahrtausend n. Chr.? An ein paar Namen erinnert man sich vielleicht: Arminius und Varus, wohl auch noch an das Stichwort »Völkerwanderung«, an Karl den Großen und Kaiser Otto I. Daß bis zum Rhein und zur Donau lange Zeit die Römer geherrscht haben, ist ebenfalls noch einigermaßen bekannt, auch daß viel später die deutschen Könige römische Kaiser waren. Wieso eigentlich? Aber darüber hinaus scheint, etwas überspitzt ausgedrückt, dieses Jahrtausend deutscher Vor- und Frühgeschichte ein riesiges »schwarzes Loch« im Wissen der Deutschen zu sein. Durch den dunklen und zum Teil tatsächlich noch unerforschten Dschungel der deutschen Vor- und Frühgeschichte führen nur einige wenige asphaltierte Heerstraßen. Auf ihnen folgen die deutschen Historiker seit Generationen immer denselben Spuren ihrer Vorgänger. Was nämlich nicht von zeitgenössischen lateinisch oder griechisch schreibenden Autoren in der ausgehenden Antike und dem beginnenden Mittelalter zu Papier gebracht wurde, existiert auch für die heutigen Historiker im allgemeinen nicht.

Und weil solche Quellen zu vielen Jahrhunderten der *deutschen* Vorgeschichte nicht bekannt sind, füllen die modernen Autoren ihre Bücher über *deutsche* Geschichte jener Zeit lieber mit der Darstellung des Westgoten- oder Ostgoten- oder Merowingerreiches. Sie nehmen dabei keinen Anstoß daran, daß das erste dieser Reiche in Spanien, das zweite in Italien und das dritte in Frankreich lag. Aber über sie gibt es genügend schriftliche Quellen.

Dieses Buch folgt nicht diesen Wegen der herkömmlichen Geschichtsdarstellung. Wie eine Expedition stößt es abseits davon in den unübersichtlichen Urwald von Quellen hinein, die – ein nur scheinbarer Widerspruch – durchaus in Hülle und Fülle vorhanden sind.

Denn zahlreiche Archäologen haben in den letzten Jahrzehnten Zehntausende von Häusern, Friedhöfen, Burgen, Kirchen, oder was davon
übriggeblieben ist, aus dem Boden gegraben und aus diesen Funden
Schlüsse gezogen. Fachgelehrte verschiedener Richtungen haben historische Spezialuntersuchungen angestellt und veröffentlicht. Heimat-
museen in allen deutschen Ländern enthalten Schätze aus dieser Epoche, die nur darauf warten, besichtigt zu werden.

Und neuerdings taucht auch, von den zukünftigen Historikern
noch unbemerkt, eine Ahnung auf, daß es doch noch andere *schriftliche*
Quellen über jene angeblich so dunklen Jahrhunderte in Deutschland
geben könnte, sogar aus germanischer Hand.

Für alles, was in diesem Buch berichtet wird, existieren irgendwo
wissenschaftliche Belege. Dennoch ist der Weg durch die Jahrhunderte – »von den Römern bis zu den Sachsenkaisern« – durchaus eine
abenteuerliche Expedition. Denn er führt – anders als die herkömmlichen Darstellungen – im Wechsel immer wieder in alle Himmelsrichtungen in Mitteleuropa. Und er läßt in Abständen von 20 oder 50
Jahren ein Bild von den allmählichen Veränderungen in den beschriebenen 1000 Jahren entstehen, etwas, was die auf ihre »struktur-
geschichtliche Interpretation« stolzen modernen Geschichtsbücher niemals können.

War es denn überhaupt von Belang, was sich in dieser langen Zeitspanne im heutigen Deutschland ereignete? Gab es dort überhaupt
»Geschichte«, Geschehnisse, die von großem Einfluß auf die folgenden
Zeiten waren, über die zu berichten lohnt? Mehr als reichlich, wie jeder
Leser dieses Buches unschwer feststellen wird. Und es waren Ereignisse und Vorgänge, die man sehr wohl auch im Kopf haben sollte,
wenn man über die jüngere deutsche Geschichte diskutiert.

Vor einem möglichen Mißverständnis sei schon hier gewarnt: Die
Rede ist in diesem Buch von *Deutschland*, nicht von den *Deutschen*. Gemeint ist damit, daß es hier um den *geographischen* Raum Deutschland
geht. Das bedeutet aber nicht, daß die Menschen, die in diesem Buch
eine Rolle spielen werden, bereits als Deutsche vereinnahmt werden
sollen. Dies hat die Geschichtsschreibung im 19. und teilweise im 20.
Jahrhundert vereinfachend und verfälschend getan. In Wahrheit stellte
sich erst viel später und nach zahllosen Wanderungen und kulturellen
Wandlungen ganz allmählich der zusammenfassende Begriff für die
Menschen in Mitteleuropa ein, der Begriff, der dann noch einmal viel

später dem von diesen Menschen bewohnten *Land* den Namen gab: *deutsch*.

Dennoch sind die Menschen, die damals im jetzigen Deutschland lebten oder hierher einwanderten, unzweifelhaft die Vorfahren unseres heutigen deutschen Volkes, in vielfacher blutsmäßiger und kultureller Mischung. Denn seitdem hat es in Mitteleuropa zwar unzählige Kriege, Änderungen der Herrschaftsverhältnisse und Grenzverschiebungen gegeben, aber keine Völkerwanderungen mehr, die im ersten Jahrtausend unserer Zeitrechnung die Völkerkarte Mitteleuropas umgestaltet hatten. Erst die Jahrzehnte seit dem Zweiten Weltkrieg haben die Situation der Stämme, Dialekte und Gebräuche, die davor ein Jahrtausend lang ziemlich stabil war, gründlich durcheinandergewirbelt, unter anderem durch das Einströmen von Millionen ostvertriebener Deutscher und später von Millionen Ausländern.

Die Begeisterung für alles Germanische – von den deutschen Historikern im 19. Jahrhundert bis hin zu Adolf Hitler und den Nationalsozialisten in unserem Jahrhundert – hatte die Germanen, und zwar ausschließlich sie, zu den Vorfahren der Deutschen erklärt, sie gerne vereinfachend »die alten Deutschen« genannt. In diesem Buch soll dargestellt werden, daß wir Deutschen westlich und östlich der Elbe *alle* Völker und Stämme zu unseren Vorfahren zählen müssen, die in den ersten Jahrhunderten n. Chr. im heutigen Gebiet Deutschlands ansässig waren oder später dorthin einwanderten: Römer (das heißt Menschen aus den verschiedensten Gegenden des damaligen riesigen römischen Weltreiches), Germanen aus unterschiedlichen Stämmen, aber auch Kelten, Slawen und andere, heute fast unbekannte Völker.

Aus praktischen Gründen wird in diesem Buch als Grenze des geographischen Begriffs Deutschland die deutsche bzw. germanische Sprachgrenze angenommen, wie sie bis etwa zum Zweiten Weltkrieg bestand. Eingeschlossen war das Gebiet Böhmens, das heutige Tschechien. Warum diese Grenze so gewählt wurde, wird der Leser schnell erkennen. Sie hat mit der Geschichte vor 2000 oder 1000 Jahren zu tun und nichts mit der deutschen Geschichte des 20. Jahrhunderts.

Die Karten im Buch sollen die vielfältigen Wanderungen von Stämmen und Völkern in Mitteleuropa im Laufe der beschriebenen Zeit leichter nachvollziehbar machen als die üblichen Geschichtsatlanten. In diesen Karten weichen manche Einzelheiten von den »offiziellen« Darstellungen ab, weil sie vom Autor vertretenen Theorien über historische Abläufe folgen. Mit Nachdruck muß jedoch darauf hingewiesen werden, daß auch die »offiziellen« Geschichtskarten in weiten Bereichen auf unbewiesenen Vermutungen beruhen. Es gab eben zur Zeit der »alten Römer und Germanen« keine exakte, bis zu uns überlieferte geographische Aufnahme unseres Landes. So steht denn mitunter Vermutung gegen Vermutung – aber eine hohe Plausibilität spricht in jedem Fall für die vom Autor vorgelegten Abweichungen von der herkömmlichen Geschichtsdarstellung, wie sie auch an Karten abzulesen ist.

Expeditionsberichte sind meist auch spannender als nüchterne wissenschaftliche Protokolle. Das gilt auch für dieses Buch. Es schildert die Ereignisse vor 2000 oder 1000 Jahren so leicht lesbar, so anschaulich und oft so packend wie ein guter Roman.

Romanartige Episoden am Anfang eines jeden Kapitels bilden sogar einen wesentlichen Teil der Darstellung. Der strenge Wissenschaftler scheut vor solchen Darstellungsformen zurück. Er verzichtet damit allerdings bedauerlicherweise auf die Möglichkeit, die zum allergrößten Teil sehr abstrakten und nur für einen kleinen Kreis von Fachleuten aufschlußreichen Details seines Forschungsgebiets für historisch interessierte Laien faßbar und verständlich zu machen, sie mit Leben zu füllen. Genau diese Absicht wird aber mit den Episoden verfolgt.

Zugleich sind diese Episoden ein zaghafter Versuch, hier und da einen Blick über die Mauer in das uns modernen Menschen verschlossene Reich des Denkens und Fühlens der Männer und Frauen vor 1000 oder 2000 Jahren zu werfen. Nur so besteht auch eine Chance, mögliche Motive für historische Veränderungen zu erklären, eine Sache, die in aller Regel weder aus archäologischen Ausgrabungen noch aus alten Schriftquellen hervorgeht.

Es geht in diesem Buch um das Verständnis der Geschichte unseres Landes, noch bevor es Deutschland hieß, im Zusammenhang, im Überblick und in einer Darstellungsform, die es auch dem historisch interessierten Laien ermöglicht, sich ein lebendiges Bild davon zu machen, was hier einst – wahrscheinlich, vermutlich oder sicher – geschehen ist: wie es wohl wirklich war.

Bonn, im Frühjahr 2000
Reinhard Schmoeckel

TEIL I:
RÖMER, GERMANEN, KELTEN UND ANDERE

Etwa 120 v. Chr. bis 100 n. Chr.

1. DIE HEIMAT DER KIMBERN

AUFBRUCH INS UNGEWISSE
Um 120 v. Chr. in Nordjütland

Die Sonne strahlte an diesem Frühjahrstag wärmer, als die Menschen es in der letzten Zeit gewohnt waren. Sie hatte die Nässe getrocknet, die die große Flut überall auf den Äckern, den Weiden und im Dorf hinterlassen hatte. Dafür trieb schon wieder der ewige Wind aus der Richtung, wo abends die Sonne unterging, von jenseits des großen Meeresarmes (Limfjord) weißen Sand vom Strand her in großen Schwaden über Wald und Felder.

Gisulf knirschte der Sand zwischen den Zähnen, als er sich schwitzend aufrichtete und für eine Weile den Holzbogen ruhen ließ, mit dessen Hilfe er dabei war, ein weiteres Loch in die hölzerne Radnabe zu bohren. Gleichmäßig geschnitzte Holzstäbe als Speichen und mehrere Bretter aus Eichenholz lagen neben ihm, die einmal die Felge, den Radkranz eines Wagenrades ergeben sollten. Gisulf konnte im ganzen Dorf am geschicktesten mit Holz umgehen und war jetzt von Sonnenaufgang bis zur Dunkelheit damit beschäftigt, die im Dorf vorhandenen vierrädrigen Karren auszubessern und den anderen Sippen zu helfen, weitere Karren zu bauen. Bis zum übernächsten Vollmond mußte für jedes Haus des Dorfes, vier an der Zahl, ein Karren zur Abfahrt bereitstehen, beladen mit allen Resten an Lebensmitteln und sämtlichen Hausgeräten. So hatte Helgi, der Anführer des Dorfes, befohlen.

Gisulf ließ seine Blicke über die Häuser schweifen. Mit ihren langen Seitenwänden aus Holzpfosten, die Zwischenräume wohl mit Reisig ausgefüllt und mit Lehm abgedichtet, die schmalen Querseiten dem so häufigen Wind von Abend her entgegengerichtet, die geneigten Satteldächer regensicher aus dicken Heide- und Grassoden gefügt, machten sie den Eindruck, als seien sie für die Ewigkeit gebaut. Etliche kleine Schuppen für Vorräte und allerlei Geräte umgaben sie. Aus den Luken unter den Giebeln quoll der Rauch der Herdfeuer, die nicht nur die Häuser erwärmten, sondern auch erhellten. Die kleinen, zähen Rinder, die vielen Schafe und die wenigen Pferde waren zum Weiden ins Freie getrieben worden. Doch der so häufig aufgewehte Sand und das von der Meeresflut zurückgebliebene Salz auf allen Pflanzen machte den Tieren das Leben so schwer wie den Menschen.

Schwer atmend wischte sich der Handwerker über die schweißnasse Stirn und machte sich seufzend wieder daran, das achte und letzte Loch in der Radnabe fertigzustellen. Jetzt bei der Arbeit war sein kräftiger Oberkörper über der Hose aus grobem Wollstoff nackt. Der wollene Mantel lag neben ihm. Sein langes blondes Haar war über dem rechten Ohr zu einem Knoten zusammengebunden, und sein Bart war sauber gestutzt. Mit seinen 20 Wintern war er längst mannbar, und manches junge Mädchen im Dorf wäre gerne als seine Ehefrau zu ihm gezogen, denn er war geübt mit allen Werkzeugen und Waffen, kräftig, geschickt und mutig und sah gut aus. Aber die wenigen jungen Frauen, die im Dorf oder in den Nachbarorten aufwuchsen, blieben in erster Linie den alten Familienvätern vorbehalten, denen sie die erste oder zweite im Kindbett gestorbene Hausfrau und Mutter ersetzen mußten.

Trotz der Ungeduld, mit der ihm wichtigen Arbeit bald fertig zu werden, konnte Gisulf heute nicht recht mit seinen Gedanken dabeibleiben. Immer wieder mußte er an die entsetzlichen Tage denken. Erst einen halben Mond war es her, da hatte salziges Meerwasser das Dorf fast eine halbe Mannsgröße hoch überspült. Der Sturm hatte das Wasser bis weit hinein in den kleinen Binnensee dicht hinter den Stranddünen geblasen, an dem das Dorf lag. Die Flut hatte einige Kinder mit sich fortgerissen, Häuser unter sich begraben und Vorräte unbrauchbar gemacht. Eine karge Ernährung war für die viel zu vielen Menschen, die sich im Dorf drängten, und für ihr Vieh wahrlich nichts Ungewohntes. Aber die große Flut machte nun einen schmählichen Hungertod für viele oder alle in kurzer Zeit wahrscheinlich, wenn nichts Entscheidendes geschah.

Da waren die Ältesten der Sippen und die Anführer der Dörfer aus dem ganzen Volk der Kimbern auf der alten Thingstätte zusammengekommen, kaum daß sich das Hochwasser einigermaßen verlaufen hatte. Und ihr Beschluß hatte so gelautet, wie alle Erwachsenen erwartet hatten. Angesichts des ungeheuren Verderbens, das der Donnergott und die Göttin Nerthus über ihr Volk gebracht hatten, genügte nicht mehr das Aussenden einer Jungmannschaft, der in einem Jahr geborenen jungen Männer und Frauen, die sich anderswo Ackerland und Platz für ein neues Dorf suchen sollten. Nein, jetzt mußten fast alle Sippen aus dem Volk der Kimbern ihre Habe auf ihre Erntewagen packen und gemeinsam weit fortziehen, wenn nicht in Kürze alle umkommen sollten. Nur in einigen nicht so stark von der Flut betroffenen Dörfern tiefer im Landesinneren konnten vielleicht ein paar Höfe weiter bewirtschaftet werden. Diese wenigen Menschen würden mit den zusammengeschmolzenen und weithin unfruchtbar gewordenen Acker- und Weideflächen auskommen können.

Gisulf, der Stellmacher, versuchte sich auszumalen, wie groß die Zahl der von Rindern gezogenen Wagen werden würde, wenn Herzog Hariulf den Ruf zum endgültigen Aufbruch erschallen ließ. Es mußte eine unendlich lange Reihe sein. Das Thing der Sippen- und Dorfältesten hatte schon den Vornehmsten und Kräftigsten unter ihnen, Hariulf aus dem Nachbardorf, zum Herzog (Heerführer) für den Zug der Auswanderer gewählt. Denn so wenig sonst das stolze Volk der Kimbern und vor allem ihre Dorfältesten einen Menschen über sich haben mochten, der ihnen befahl, so war es doch klar, daß im Krieg *ein* Mann den Oberbefehl haben mußte. Und ein Kriegszug war die Auswanderung fast des ganzen Volkes gewiß. Denn überall gab es Fremde, die den Durchzug so vieler Menschen und Tiere durch ihre Dörfer und das Eintauschen – oder Plündern – ihrer Vorräte nicht dulden wollten.

In welche Richtung es gehen würde, war Gisulf wie den meisten Männern bekannt: immer gen Mittag, Tag um Tag, Mond für Mond, nur weg aus dem Land zwischen den zwei Meeren, das den Kimbern so lange Heimat gewesen war und das sie nun nicht mehr ernähren konnte. Wo allerdings ihr Zug einmal enden würde, das konnte niemand wissen außer Donar und Nerthus, den unsterblichen Göttern.

SCHICKSALSKAMPF
MIT DEN RÖMERN

So ähnlich wie in vorstehender fiktiver Szene mag es zugegangen sein, als um das Jahr 120 v. Chr. ein Großteil des Stammes der Kimbern von seinen Wohnsitzen im Norden der dänischen Halbinsel Jütland nach Süden aufbrach. Noch heute heißt eine Landschaft südlich des Limfjordes und der Stadt Aalborg Himmerland (»Kimbernland«). Die anti-

ken Schriftsteller, durch die die Nachwelt etwas genauer über die späteren Schicksale der Kimbern unterrichtet ist, geben als Auslöser der
Wanderungswelle große Sturmfluten an. Das dürfte zutreffen, wenn
auch vermutlich noch weitere Gründe hinzukamen. Sie hatten alle
mit der Klimaentwicklung in den Jahrhunderten vor Christi Geburt
zu tun.

In Nordeuropa war es in der sogenannten Bronzezeit (etwa von
2000 bis etwa 800 v. Chr.) erheblich wärmer als heute in dieser Weltge-
gend; es herrschte gewissermaßen mittelmeerisches Klima. Doch ab
der Mitte des letzten Jahrtausends v. Chr. kühlte es sich für mehrere
hundert Jahre fühlbar ab, das Wetter wurde zugleich feuchter. Das hatte
einen katastrophalen Rückgang der Ernteerträge, eine allgemeine kulturelle Verarmung und eine relative Überbevölkerung zur Folge.

Jeder Vergleich mit der heutigen Bevölkerungsdichte in Mitteleuropa wäre verfehlt. Denn man muß sich vorstellen, daß damals weit
mehr als drei Viertel des Landes von dichten Wäldern oder Sümpfen
bedeckt waren. Und die kleinen natürlichen freien Flächen, die »Siedlungskammern«, trugen bei den noch sehr primitiven Ackerbaumetho-
den der nordeuropäischen Bauern vor 2000 Jahren nur wenig Frucht.
So kann man in den Jahrhunderten vor und nach Christi Geburt eine
durchschnittliche Bevölkerungsdichte von nur vier bis fünf Menschen
auf dem Quadratkilometer in ganz Mitteleuropa vermuten. Auf der
Fläche des heutigen Deutschlands lebten vielleicht drei bis vier Millionen Menschen und konnten sich notdürftig ernähren – gegenüber 80
Millionen heute. Auch eine nur geringe Störung der Anbaufläche
konnte Dörfer, Gaue oder ganze Völkerschaften im wahrsten Sinne des
Wortes brotlos machen.

Im nördlichen Dänemark waren es vermutlich zusätzlich noch
Sandverwehungen, die den Kimbern das Leben schwermachten. Ein
länger anhaltendes Zurückweichen des durchschnittlichen Wasserspie-
gels der Nordsee als Folge des komplizierten Auf und Ab zwischen
Land und Meer nach der letzten Eiszeit in Skandinavien hatte offenbar
weite Sandstrände trockengelegt. Der meist wehende Westwind türmte
den Sand zu Wanderdünen auf und verfrachtete Teile davon weit ins
Landesinnere der jütischen Halbinsel. Moderne Wissenschaftler haben
Spuren davon vielfach gefunden. Nun aber, seit etwa 130 v. Chr., stieg
der Wasserspiegel der Nordsee wieder allmählich an; stetig höhere
Sturmfluten waren die spürbare Folge.

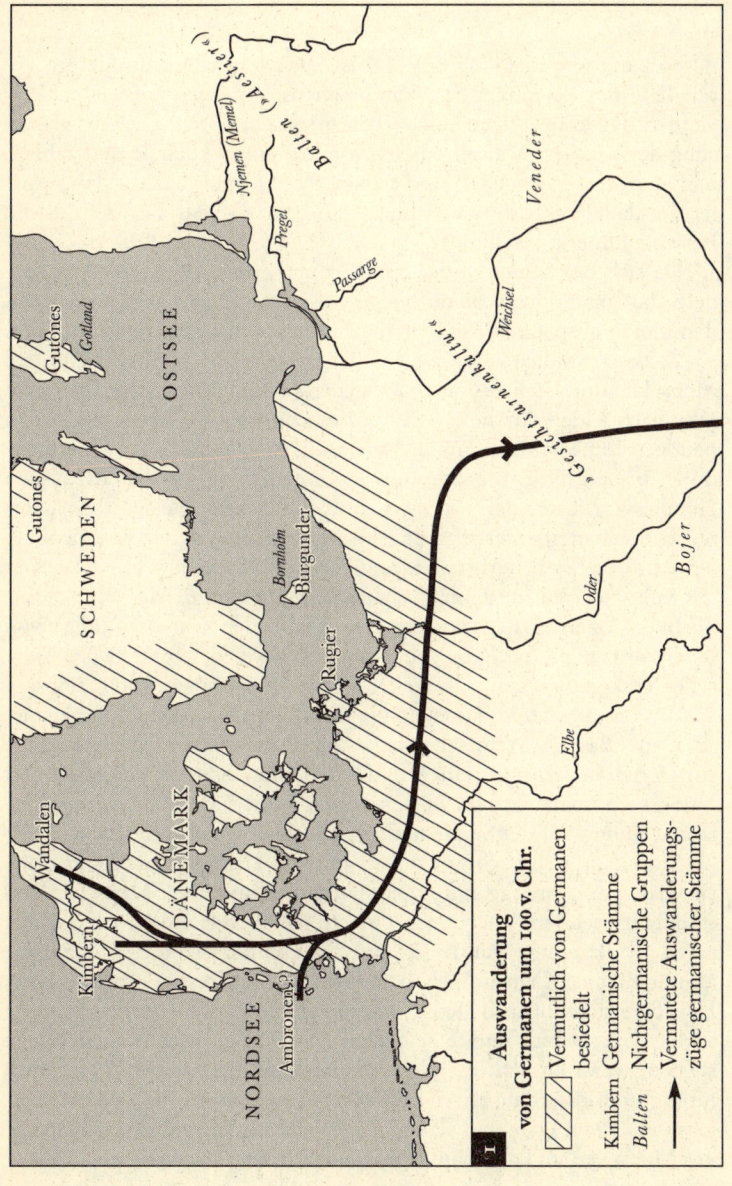

Auswanderung
von Germanen um 100 v. Chr.

	Vermutlich von Germanen besiedelt
Kimbern	Germanische Stämme
Balten	Nichtgermanische Gruppen
→	Vermutete Auswanderungs- züge germanischer Stämme

NORDSEE

Ambronen?

Kimbern

Wandalen

DÄNEMARK

SCHWEDEN

OSTSEE

Gutones

Gutones
Gotland

Rugier

Bornholm
Burgunder

Oder

Elbe

Bojer

Weichsel

„Gesichtsurnenkultur"

Veneder

Balten (Aestier?)

Njemen (Memel)

Pregel

Passarge

So kam es immer wieder zur Auswanderung kleinerer oder größerer Teile der Bewohner Südskandinaviens seit etwa 500 v. Chr. Wir werden davon in diesem Buch noch mehrfach hören. Die Auswanderung der Kimbern war allerdings wohl die spektakulärste und zahlenmäßig größte. Wir wissen davon, weil diese Kimbern einige Jahre später in das Blickfeld der Römer gerieten, die darüber schriftliche Berichte hinterlassen haben.

Da sich das Schicksal der Kimbern außerhalb des Gebiets vollendete, das später Deutschland hieß, sei es hier nur sehr kurz dargestellt, damit man in späteren Kapiteln die Zusammenhänge versteht.

Es dauerte offenbar Jahre, bis der riesige Lindwurm von Wagen, Menschen und Vieh aus dem nördlichen Jütland Mitteleuropa auf dem Weg nach Süden durchquert hatte: zunächst bis zur Ostsee, etwa beim heutigen Lübeck, dann an der Meeresküste entlang bis zur Odermündung und an diesem Strom aufwärts auf dem damals bereits uralten Handelsweg, einer der »Bernsteinstraßen«. Schon seit mehreren Jahrtausenden hatten unternehmungslustige Kaufleute diese Wege benutzt, um den begehrten Bernstein von der Nordseeküste und der Ostsee in die Kulturzentren rund um das Mittelmeer zu befördern.

In Schlesien dürften die damals dort lebenden keltischen Bojer, von ihnen wird noch die Rede sein, so stark gewesen sein, daß der Menschentreck gezwungen war, weiter an der Oder entlang nach Südosten auszuweichen, statt in das ebenfalls von Bojern besiedelte Böhmen einzufallen. Über die Mährische Senke zogen die Kimbern wahrscheinlich zur Donau im heutigen Ungarn, dann an diesem Strom entlang weiter bis Serbien, später jedoch wieder zurück in die südöstlichen Alpenausläufer, immer auf der Suche nach freiem und fruchtbarem Land.

Man kann sich leicht vorstellen, daß ein Treck von mehreren 1000 rinderbespannten Wagen mit Zehntausenden hungriger Menschen und ständig fressendem Vieh den Anrainern der alten Handelsstraßen nicht gerade willkommen war. Eine Landschaft, in der sich dieser Zug mehr als nur ein paar Tage aufhielt, war danach kahlgefressen wie von einem Heuschreckenschwarm. Jeder Stamm, durch dessen Gebiet der Zug seinen Weg nahm, mußte sein Heil entweder in rechtzeitiger Flucht suchen, wenn er sich den Neuankömmlingen gegenüber zu schwach fühlte, und löste damit weitere Völkerwanderungen bei seinen Nachbarn aus. Oder er bot all seine Krieger auf, um die gefräßige Schlange aus Menschen und Vieh auf einen anderen Weg zu zwingen.

Auf diesem mehrjährigen Marsch, der in den Wintermonaten gewiß jeweils lange unterbrochen wurde, verlor das Volk der Kimbern viele Köpfe, teils durch Tod infolge von Kämpfen und Krankheiten, teils aber auch, weil einzelne Gruppen des Umherziehens müde wurden und sich in einem von seinen Bewohnern fluchtartig verlassenen Dorf niederließen oder sich mit den Bewohnern arrangierten und dort gewissermaßen das Bürgerrecht erhielten. Doch gleichzeitig nahm die Masse der Wandernden stetig zu. Kinder wurden unterwegs geboren und wuchsen heran. Vor allem aber schlossen sich hungrige oder abenteuerlustige Gruppen aus anderen Stämmen und Völkern den Auswanderern an. Es sollte ja in die fruchtbaren und warmen Gefilde des Südens gehen, wo Milch und Honig flossen. Davon waren alle überzeugt.

So nahm der Treck der Kimbern von seinen ursprünglich vielleicht höchstens 70 000 Köpfen auf später etwa 150 000 Menschen zu, davon etwa 35 000 bewaffnete Krieger. Wenigstens lauteten so die Berichte der römischen Historiker. Das ist schon für heutige Verhältnisse eine riesige Menschenmenge, wenn man sie sich auf der Wanderschaft und auf der Suche nach neuem Siedelland vorstellt. Wie ungeheuerlich muß diese Zahl damals erst auf die Menschen gewirkt haben! Ganze weitere Stämme hatten sich – nach den römischen Berichten – dem Zug inzwischen angeschlossen, so die Teutonen, die Ambronen, die Tiguriner und Teile der Helvetier. Ob die Teutonen wirklich von der schleswig-holsteinischen Nordseeküste stammten und durch ein gleiches Schicksal wie die Kimbern zum Auswandern gezwungen waren, wie man lange angenommen hat, ist heute unter den Wissenschaftlern umstritten. Manche Forscher behaupten, die Teutonen seien in Wirklichkeit keltischer Abstammung, ebenso wie sicherlich die erwähnten Tiguriner und Helvetier, und hätten sich den Kimbern erst im Voralpengebiet zugesellt. Die Ambronen bringt man gern mit der Nordseeinsel Amrum vor der holsteinischen Küste in Verbindung, ohne sich dessen jedoch sicher zu sein.

Wie dem auch sei: Im Jahr 113 v. Chr. hatten die Kimbern ein erstes schweres Gefecht mit römischen Truppen in der heutigen Steiermark und besiegten ein starkes römisches Heer. Weitere Jahre vergingen, und immer noch waren die Kimbern und die inzwischen mit ihnen verbündeten Teutonen auf der Wanderung. Aus Gründen, die wir nicht kennen, nahmen die Teutonen aber immer wieder andere Wege. Land suchten sie, wo sie sich als Bauern und Viehzüchter niederlassen konnten;

doch überall gab es andere Stämme, die das nicht zulassen wollten. Aus dem damaligen keltischen Königreich Noricum im heutigen Südost-österreich, das aber schon stark unter römischem Einfluß stand, zogen sie quer durch die Gebiete der Kelten nördlich der Alpen nach Süd-frankreich, besiegten dort erneut ein römisches Heer und wanderten nach Nordspanien und wieder zurück. Die beiden mächtigen Stämme der Kimbern und Teutonen marschierten dabei weit voneinander ge-trennt, vielleicht aus der klugen Überlegung heraus, sich so besser aus dem Land ernähren zu können. Sie waren bisher stets Sieger über alle Feinde geblieben. Nur Siedelland hatten sie noch nicht gefunden.

Endlich vollendete sich aber doch ihr Schicksal. Der römische Feld-herr Marius schlug bei Aquae Sextiae (dem heutigen Aix-en-Provence) die Krieger der Teutonen im Sommer des Jahres 102 v. Chr. vernich-tend. Ein Jahr später traf das gleiche Los die Kimbern und Ambronen bei Vercellae in der norditalienischen Ebene zwischen Mailand und Tu-rin, nachdem ihr Treck die Alpen über den Brennerpaß überquert hatte und das römische Kerngebiet bedrohte. Viele tausend Krieger dieser Volksstämme wurden im Kampf getötet, Zehntausende Frauen, Kinder und Verwundete gerieten in Gefangenschaft und hatten ein lebenslan-ges Sklavendasein zu erdulden. Die Römer fanden es bemerkenswert, daß viele Frauen sich lieber selbst töteten, als sich diesem Schicksal aus-zuliefern.

Rom, die mächtigste Stadt Europas, konnte aufatmen. Die Bedro-hung durch angeblich unüberwindbare fremde Heere bestand nicht mehr, die über ein Jahrzehnt lang in Gerüchten und Berichten aus dem fernen Norden die Römer in atemlosen Schrecken versetzt hatte. Doch in Wahrheit war dies nur ein erster Zusammenstoß zweier Völker, dem 600 Jahre blutiger Kämpfe folgen sollten, ehe die Weichen in Europa völlig anders gestellt wurden. Die ersten Teile dieses Buches werden davon erzählen.

DIE VORGESCHICHTE DER GERMANEN

Was für ein Volk waren die Kimbern, deren Schicksal am Anfang des Buches steht? Gehören sie denn überhaupt hierher? Ihre norddänische Heimat war doch nie ein Teil Deutschlands!

Bisher ist bewußt die Bezeichnung »Germanen« vermieden worden.
Die Römer um 100 v. Chr. kannten dieses Wort noch nicht und nannten die unheimlichen Stämme aus dem Norden eben nur die Kimbern
und Teutonen (»Cimbri Teutonique«), so wie diese sich selbst bezeichneten. Wir werden im nächsten Kapitel sehen, wieso es zum Begriff
»Germanen« kam – und daß er eigentlich sehr anfechtbar ist. Dennoch
ist er nicht zu vermeiden. Denn mindestens die Kimbern waren eindeutig eine germanische Völkerschaft in dem Sinne, wie das Wort sich
nun einmal eingebürgert hat. Frühere Nachbarn, auf jeden Fall enge
Verwandte werden in mehr als der Hälfte dieses Buches die Hauptrolle
spielen.

Zunächst ist ein Blick zurück nötig, bis in die graue Vorzeit, als die
ersten Menschen Nord- und Mitteleuropa besiedelten. Im Gegensatz zu
anderen Regionen unserer Erde tauchten hier die ersten menschlichen
Bewohner erst sehr spät auf. Denn Zehntausende von Jahren hindurch
lagen Skandinavien und die norddeutsche Tiefebene, aber auch ein
weiter Landgürtel rund um die Alpen unter einem riesigen Eispanzer.
Die jüngste Eiszeit, die sogenannte Würm- oder Weichsel-Eiszeit,
ließ auf ihren Eis- und Schneemassen keine menschliche Ansiedlung
zu. Erst seit etwa 10 000 v. Chr. schmolzen diese Eisgletscher immer
rascher ab. Unendliche Kubikkilometer Schmelzwasser ergossen sich
in die Ozeane, deren Spiegel dadurch um über 100 Meter stieg. Zugleich hob sich die vom Gewicht des Eises in die Erdkruste hineinge-
drückte Landscholle der skandinavischen Halbinsel, und zwar im
großen und ganzen schneller als der Meeresspiegel. Das alles vollzog
sich in der für geologische Vorgänge sehr kurzen Zeit von wenigen
tausend Jahren.

Erst als das Eis verschwunden war und die einst kahle Tundra am
Rande des Eises sich mit dichten Wäldern bedeckt hatte, konnten sich
Menschen in Nordeuropa und Norddeutschland niederlassen, ganz all-
mählich: Jäger, Sammler, Fischer, die ersten Bauern. Dies geschah viel-
leicht ab 8000 oder 7000 v. Chr. Wer sie waren, spielt hier keine Rolle;
Germanen waren es jedenfalls noch nicht.

In der Zeit um das Jahr 2000 v. Chr., vielleicht zwei Jahrhunderte
davor bis zwei Jahrhunderte danach, erreichte eine Welle neuer Einwanderer Südskandinavien und die südliche Küste der Ostsee. Sie kamen vermutlich in kleinen Gruppen und über einen längeren Zeitraum
verteilt, nicht in einem riesigen Volkstreck wie zwei Jahrtausende später

die Kimbern. Dennoch, von der Größenordnung abgesehen, ähnelten diese Wanderzüge wohl dem der Kimbern. Männer, Frauen und Kinder wanderten über Tausende von Kilometern, sie trieben einige Kühe und Schafe mit sich und auch ein paar Pferde. Auf primitiven Karren hatten sie ihre Koch- und Vorratstöpfe aus Ton und ihre geringe andere Habe dabei. Nach der typischen Verzierung ihrer Tontöpfe haben moderne Archäologen diese Neuankömmlinge in Nord- und Mitteleuropa »Schnurkeramiker« genannt, nach ihren typischen Waffen »Streitaxtleute« und nach ihrer typischen Form der Beisetzung Verstorbener »Einzelgrabkultur«. Doch es muß sich dabei immer um die gleichen Bevölkerungsgruppen gehandelt haben. Wir wissen nicht, wie sie sich selbst nannten, daher diese »Behelfs-Völkernamen«.

Diese Einwanderer ließen sich vor rund 4000 Jahren neben den einheimischen Bauern in Nord- und Mitteleuropa nieder, vermischten sich mit ihnen und wurden schließlich durch ihre Kriegstüchtigkeit und ihren herrschsüchtigen Volkscharakter zum bestimmenden Bevölkerungsfaktor in dieser Region Europas. Seitdem sind keine größeren Gruppen fremdstämmiger Menschen in dieses Gebiet mehr eingewandert, das haben moderne Forscher ziemlich eindeutig festgestellt.

Die Einwanderer waren die um diese Zeit am weitesten nach Nordwesten gelangten Teile einer vorgeschichtlichen Völkerwanderung. Diese nahm ihren Ausgang aller Wahrscheinlichkeit nach in der Ukraine, Südrußland und Südsibirien und hatte wohl ebenfalls klimatische Ursachen. Seit etwa 4500 v. Chr. begannen plötzlich von dort kleine, aber recht aggressiv und herrisch auftretende Menschengruppen in alle Richtungen der Windrose auszuschwärmen: nach Süden und Osten in die Weiten Zentralasiens hinein und weiter bis Persien und Indien, nach Westen über das heutige Rumänien und Bulgarien nach Griechenland, über den Kaukasus auf die Anatolische Halbinsel, nach Norden in die Wälder des heutigen Rußlands sowie nach Nordwesten über Polen und Norddeutschland bis nach Südskandinavien, hierhin vermutlich erst ab etwa 2500 v. Chr.

Diese Menschen benutzten wahrscheinlich eine einzige Sprache, die damals noch alle einigermaßen verstehen konnten, trotz sicherlich vorhandener Dialektunterschiede. Seit etwa 200 Jahren sind Sprachforscher in vielen Ländern dabei, diese nie aufgeschriebene und längst verklungene Sprache zu rekonstruieren. Man kann es als ein kleines Wunder bezeichnen, daß es gelang, ganze Wörterbücher dieser Sprache

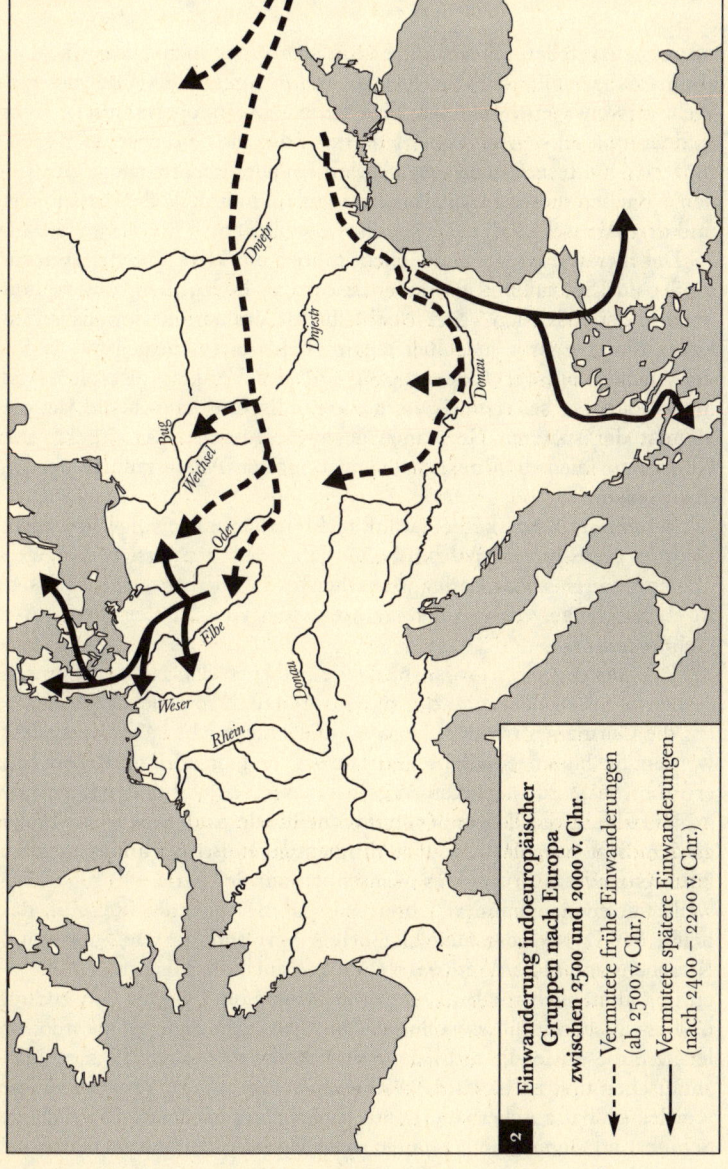

Einwanderung indoeuropäischer Gruppen nach Europa zwischen 2500 und 2000 v. Chr.

- - - → Vermutete frühe Einwanderungen (ab 2500 v. Chr.)

——→ Vermutete spätere Einwanderungen (nach 2400 – 2200 v. Chr.)

2

zusammenzustellen, ja, Geschichten in ihr zu schreiben. Sie ist die »Urahnin« nahezu aller heute in Europa und in weiten Teilen der übrigen Welt verwendeten Sprachen. Man nennt sie »indogermanisch« oder »indoeuropäisch«, und die Menschen, die sie sprachen, »Indoeuropäer«. Durch systematisches Vergleichen aller heute noch gesprochenen Sprachen dieser Familie konnte man die mutmaßliche Aussprache und den Wortschatz der »Ursprache« erschließen.

Die hier wiedergegebene Theorie über die Herkunft der Indoeuropäer aus Südrußland ist nicht die einzige. Im 19. Jahrhundert und noch in der offiziellen Vorgeschichtstheorie des nationalsozialistischen Deutschlands wurde mit Überzeugung behauptet, Ausgangspunkt für die Ausbreitung der Indoeuropäer – dieser Vorgang als solcher ist unbestreitbar – sei eben Skandinavien und Norddeutschland, sei die Heimat der späteren Germanen gewesen. Anders ausgedrückt: Die Germanen seien die direktesten und echtesten Abkömmlinge der Indoeuropäer.

In diesem Buch kann darauf nicht näher eingegangen werden. Denn es setzt nun einmal rund 2000 Jahre *nach* dem ersten Auftreten indoeuropäisch sprechender Menschen in Nordeuropa ein, und das ist ebenso lange, wie uns heutige Menschen von der Zeit um Christi Geburt trennt.

Wie aus den ein paar Jahrtausende früher in den Norden Europas eingewanderten Bauern und den indoeuropäisch sprechenden Viehhirten die Germanen wurden, kann ebenfalls hier nicht näher dargestellt werden. Sie hatten jedenfalls mindestens 1500 Jahre Zeit dazu. Das, wie erwähnt, recht günstige Klima in eben dieser Zeit war ihnen dabei eine große Hilfe. Ohne daß es noch einschneidende Änderungen der biologischen Substanz dieser Bevölkerung gab, hatte sie teil an den großen kulturellen Fortschritten der Menschheit auf der Erde, wenn auch jeweils mit einigen hundert Jahren Verspätung. Von der Steinzeit, das heißt, der Epoche der ausschließlichen Verwendung von Stein- (und Knochen- und Holz-)Werkzeugen, gingen auch die Menschen in Nordeuropa allmählich zur Bronzezeit (hier etwa von 1800 bis 600 v. Chr.) und zur Eisenzeit (ab etwa 600 v. Chr.) über. Mit anderen Worten, sie lernten, diese Metalle aus der Erde zu holen oder von Händlern einzutauschen und zu Geräten, Waffen und Schmuck zu verarbeiten. Sie wurden seßhafte Ackerbauern und Viehzüchter; sie bauten seetüchtige Schiffe und unternahmen damit weite Reisen; sie tauschten den bei ihnen am Meeresstrand gefundenen Bernstein gegen allerlei Schätze aus dem Süden, die ihnen Kaufleute schon früh in den Norden brachten; und sie erfuhren so manches über die ferne Welt weit im Süden, jenseits der riesigen Wälder und Sümpfe ihrer Heimat.

Erst ab etwa 600 bis 500 v. Chr., wahrscheinlich sogar noch später, kann man die Menschen in Südskandinavien und Norddeutschland jedoch Germanen nennen. Darin sind sich die Archäologen und anderen Fachwissenschaftler ziemlich einig. Was sie miteinander verband – und trennte –, wird noch ausführlich behandelt werden.

2. RINGEN UM
LAND UND MACHT

EINE ENTSCHEIDUNGSSCHLACHT
58 v. Chr. bei Mühlhausen/Elsaß

Caesar stand auf dem höchsten Punkt des Lagerwalls und blickte an-
gestrengt durch die Lücken der Palisadenpfähle in die hereinbrechende
Abenddämmerung. Wie alle seine Soldaten in Wachbereitschaft trug er
den Eisenpanzer vor der Brust und eiserne Beinschienen. Zur Rechten
konnte er die ansteigenden Vosegischen Berge (Vogesen) erkennen, zur
Linken, in der Ebene verschwimmend, den Nebel, der schon vom
großen Strom Rhenus (Rhein) aufstieg. Vor ihm flammten gerade die
ersten Lagerfeuer auf, an denen sich Zehntausende grimmiger Feinde
wärmten, und gelegentlich wehte der Wind ein dumpfes Dröhnen oder
Bruchstücke wilder Gesänge zu ihm herüber.

Der Prokonsul (Statthalter-Feldherr) Roms in der Provincia Narbo-
nensis (Südfrankreich, »Provence«), Gaius Julius Caesar, war so besorgt wie selten zuvor in seinem an gefährlichen Situationen reichen
Leben. Ein Feind hatte ihn nach allen Regeln der Kriegskunst ausge-
trickst, und dabei war dieser Feind eigentlich nur der Häuptling barbarischer Kriegerhorden. Doch dieser Ariovist, Heerführer eines großen
Volkszuges der Sueben, war offensichtlich alles andere als ein ungebil-
deter Barbar.

Um diesen Ariovist und seine Krieger im Kampf zu stellen und vom
Boden Galliens zu vertreiben, war Caesar vor kurzem mit seinen sechs
kampferprobten römischen Legionen (ca. 36 000 Mann) in Eilmärschen
vom Süden Galliens nach Norden vorgedrungen und hatte in der Nähe
des großen Rheinknies ein Schanzlager für seine Legionen errichtet
(vermutlich bei Mühlhausen/Elsaß). Doch zur Schlacht kam es nicht,
denn der Gegner stellte sich nicht. Feigheit war das offensichtlich nicht.
Denn eines Nachts war Ariovist mit seinen Kriegern und allem anderen
Gefolge auf Schleichwegen am römischen Lager vorbeigezogen und
hatte sich im Rücken der Römer festgesetzt. Gesichert wurde die Stel-

lung der feindlichen Krieger von hinten durch eine riesige Wagenburg. In ihr hatten die verbündeten Trecks der Sueben, Wangionen, Haruden, Markomannen, Triboker, Nemeter und Eudusen ihre Frauen und Kinder, ihr Vieh und ihre Fahrhabe (bewegliches Eigentum) untergebracht.

Caesar und seinen Legionen war der Nachschub knapp geworden, weil die Feinde den so notwendigen Verbindungsweg unterbrochen hatten. Seine lange Kriegserfahrung sagte dem römischen General, daß dringend etwas geschehen mußte, um das römische Heer aus seiner bedrängten Lage zu retten, noch heute, noch in dieser Nacht.

Caesar zögerte einen Augenblick lang, den soeben gefaßten Entschluß auszuführen und die entsprechenden Befehle zu geben. Er dachte zurück an die ersten Monate seines neuen, für ihn so wichtigen Kommandos in Gallien. Weit von Norden, von jenseits der Grenze des schmalen Streifens, der in Gallien offiziell zum Römischen Reich gehörte, waren beunruhigende Nachrichten gekommen. Eine große Völkerschaft der Gallier, die Helvetier, war aus dem Alpengebiet ausgewandert und hatte sich im eigentlichen Gallien (Burgund) niedergelassen, angeblich vertrieben von Völkern aus dem Norden, die man zusammenfassend Germanen nannte. Caesar und seinem Heer war es gelungen, die helvetischen Kriegshaufen zu besiegen. Den dem Gemetzel entkommenen Resten des Volkes gab Caesar die Anweisung, in ihre Heimat in den Alpen (Schweiz) zurückzukehren, damit diese nicht von den unheimlichen Völkern aus dem Nordosten in Besitz genommen werden könnte.

Große Teile davon hatten sich bereits seit vielen Jahren in Gallien westlich des Rheins breitgemacht. Zunächst war es ein Volkszug der Sueben unter ihrem Führer Ariovist gewesen. Auf der Suche nach Siedelland war er zwölf Jahre zuvor (70 v. Chr.) in Gallien eingefallen und hatte sogar Verbündete gefunden, die Sequaner, die die fremden Krieger zu Hilfe riefen, um sich ihrer ärgsten Feinde, der gallischen Häduer, zu erwehren (in Ostfrankreich). Der Hilferuf hatte Erfolg gehabt. Die mit nie gekannter Kraft kämpfenden Fremden besiegten die Häduer und ließen sich in deren Land, aber auch im Land der Sequaner nieder. Verstärkt durch ständig nachströmende Gruppen verwandter Stämme von jenseits des Rheins, schickten sich die Sueben unter Ariovist an, ganz Nordgallien als ihren Besitz zu betrachten. Das allerdings konnte Caesar unmöglich dulden, denn er hatte andere Pläne mit diesem formal noch unabhängigen Land, das aber schon eindeutig zur Einflußzone Roms geworden war.

Caesar kam es daher sehr gelegen, daß die durch Fronarbeit für die fremden Herren sehr bedrängten Häduer, alte Freunde Roms, Boten zu ihm schickten und ihn um Erlösung von dieser Fremdherrschaft baten. So war er nun von der Mittelmeerküste in Eilmärschen mit seinen Legionen zum Rhein vorgerückt, um den frechen Eindringling zu züchtigen. Bevor er zur Schlacht blasen lassen konnte, hatte er allerdings seine ganze Überredungsgabe aufwenden müssen, um seine Soldaten von offener Befehlsverweigerung abzuhalten. Denn die Berichte über die schrecklichen Krieger, gegen die der Feldzug diesmal ging, machten selbst die sonst so unerschrockenen römischen Legionäre mutlos.

Und kaum hatte Caesar dieses Problem auf seine Art gelöst, durch eine mitreißende Ansprache, mit Drohungen und Schmeichelei an seine Soldaten, da zeigte sich, daß sein Gegner Ariovist ihm an Machtbewußtsein und politischem Geschick ebenbürtig war. Mit kleinem Gefolge hatten sich beide Heerführer im Niemandsland zwischen den feindlichen Lagern während eines Waffenstillstands getroffen. Caesar hatte den Barbarenfürsten über seinen Dolmetscher schroff zum sofortigen Verlassen des Landes aufgefordert. Der aber hatte nur kühl erklärt, das Römische Reich und sein Beauftragter Caesar hätten in dem Teil Galliens, in dem sie sich befänden, keinerlei Rechte. Er, Ariovist, sei vor Jahren auf Wunsch der Einwohner, der Sequaner, gekommen und habe hier für seine Krieger und deren Familien Siedelland gewonnen. Er sei noch voriges Jahr vom römischen Senat zum »Freund des römischen Volkes« ernannt und mit dem Königstitel ausgezeichnet worden; er mache den Römern ihren Besitz in Südgallien in keiner Weise streitig. Aber hier, im Norden des Landes, sei er, Ariovist, der Oberherr, und er werde seinen schon lange bestehenden Anspruch mit Hilfe seiner Kämpfer verteidigen, die noch nie eine Schlacht verloren hätten.

Kurz nach dieser Unterredung, die Caesar mit nur mühsam gebändigter Wut verlassen hatte, war Ariovist mit seinen Kriegern und seinem riesigen Wagenzug am römischen Lager vorbeigeschlichen und hatte im Rücken seiner Feinde eine Falle aufgebaut. »Das sollst du mir büßen, Barbar«, murmelte Caesar, als er zum letztenmal durch die Palisadenpfähle auf das feindliche Lager starrte, und knirschte vor

Wut mit den Zähnen: »Jetzt sollst du Caesar erst richtig kennenlernen!«

Zwei Stunden später marschierten die sechs Legionen in tiefer Stille
aus dem Lager, nur eine Notwache zurücklassend. So wie einige Tage
zuvor der Feind zogen sie vorsichtig auf einem Umweg um den Lager-
grund der Sueben und ihrer Verbündeten herum und steckten in deren
Rücken den Platz für ein befestigtes Lager ab. Das mühsame Schaufeln
des Grabens und der Wälle wurde noch immer unter größtmöglicher
Stille von sechs Legionen ausgeführt. Doch nur zwei Legionen blieben
als Besatzung des kleineren Castrum zurück, während die restlichen
vier wieder ihr altes Lager aufsuchten, noch bevor die Sonne aufging.
Jetzt steckte der Feind in einer Falle.

Die Schlacht, zu der Caesar seinen Gegner Ariovist hatte stellen
wollen, ließ nun nicht mehr lange auf sich warten. Sie war heftig und
blutig wie selten eine, aber am Schluß siegte doch die erprobte Disziplin
der römischen Legionäre.

Am Abend nach der Schlacht hatten sich Scharen von Wölfen und
Raben aus den nahen Bergen eingefunden und hielten ihre schaurige
Mahlzeit an den Leichen der getöteten Germanen. Caesar konnte seinem Privatsekretär wieder einmal einen Erfolgsbericht diktieren, den
er später nach Rom zu senden gedachte. 80 000 feindliche Kämpfer aus
den verbündeten Stämmen lagen tot auf dem Schlachtfeld, Zehntausende Frauen und Kinder aus der Wagenburg waren als willkommener
Nachschub für die Sklavenmärkte Roms gefangengenommen worden,
viele Tausende davon hatten sich aber auch selbst getötet oder waren
im erbitterten Gefecht um die Wagenburg umgekommen, darunter
auch die beiden Frauen des Suebenkönigs Ariovist und eine seiner
Töchter. Eine weitere Tochter gehörte zu den Gefangenen. Der feindliche Anführer selbst war allerdings über den Rhein entkommen, nachdem die Angriffskeile der Sueben und ihrer Verbündeten einmal aufgerieben waren und die Kampfeswut der Germanen in regellose Flucht
umgeschlagen war.

Nach kurzer Überlegung diktierte Caesar seinem Schreiber den
Schlußsatz für diesen Bericht. Er faßte zusammen, um was es in Wahr-
heit bei diesem Feldzug gegangen war: »Durch *eine* Schlacht war für
Rom die Rheingrenze gewonnen.«

CAESAR
UND DIE GERMANEN

Die Schilderung dieser Schlacht und der vorausgegangenen taktischen Züge ist zum Teil wörtlich dem Buch des römischen Feldherrn Gaius Julius Caesar über seine Kriegszüge in Gallien entnommen: *Commentarii de bello Gallico*. Viele Gymnasiasten kennen das in klassischem Latein geschriebene Buch, wenn auch nicht unbedingt die Stelle über Ariovist.

Heeresberichte über Kriege und Schlachten haben zu allen Zeiten die Eigenschaft, Wahres und Falsches geschickt zu mischen. Wahr ist in der Schilderung Caesars sicher die Tatsache der Schlacht, ihr Ergebnis und im wesentlichen auch ihre Vorgeschichte.

Im Jahr 58 v. Chr., über 40 Jahre nach den ersten vernichtenden Siegen römischer Heere über die Krieger wandernder germanischer Völker, der Kimbern und Teutonen, entschied diese Schlacht für Jahrhunderte über das Schicksal Mitteleuropas westlich des Rheins. Von der Zahl der nach Caesars Berichten erschlagenen oder gefangengenommenen Feinde wird man, wie immer in Verlautbarungen siegreicher Generäle, wohl erhebliche Abstriche machen müssen. Das ist aber nicht so wichtig.

Bis heute von Bedeutung, jedoch reichlich irreführend ist, was Caesar in seinem Buch über die Germanen schreibt. Denn bei ihm taucht erstmals der zusammenfassende Name »Germanen« für die Völker des nördlichen Mitteleuropa auf. Nach seiner Darstellung handelte es sich dabei um die Bewohner der großen Waldgebiete rechts, also östlich des Rheins, die jedoch, wie eben die kriegerischen Scharen der Sueben unter Ariovist, im Begriff waren, auf breiter Front und in großer Zahl die Rheingrenze zu überschreiten und die links des Rheins wohnenden Gallier zu bedrohen.

Caesars Sieg über Ariovist und später noch einige kurze »Strafexpeditionen« der Legionen Caesars über den Rhein hätten, so läßt der römische Politiker in seinem Bericht durchblicken, die Gefahr gebannt, daß Gallien durch fremde kriegerische Volksstämme erobert wurde. Auch mit dieser Behauptung hatte Caesar wahrscheinlich recht. Caesars Sieg war eine Weichenstellung für lange Zeit.

Tendenziös gefärbt und auf Caesars eigene Interessen in der Innenpolitik Roms abgestellt ist jedoch seine Unterscheidung zwischen den Völkergruppen der Gallier und der Germanen und vor allem ihren

Wohnsitzen in jener Zeit. Vielleicht war er auch nicht genau genug unterrichtet, oder es interessierte ihn nicht sonderlich. Es mag merkwürdig erscheinen, daß gerade diese abstrakt-wissenschaftlich klingende Unterscheidung der Bevölkerungsgruppen damals eine so hohe politische Bedeutung für Caesar hatte. Noch verwunderlicher und dennoch Tatsache ist, daß sie bis heute das abendländische Geschichtsbild und die moderne Politik in Europa geprägt hat. Doch dieses Geschichtsbild ist zumindest teilweise falsch.

Zunächst der Name »Germanen«. Wenn man den sonstigen römischen Berichten aus der Zeit nach Caesar glauben kann, hieß so früher ein kleiner Volksstamm in der Umgebung der heutigen Stadt Tongern im Osten Belgiens. Wieso nach ihm auch andere kleine Stämme im heutigen Belgien benannt worden sind, so daß er von Caesar als stammesübergreifender Völkername benutzt werden konnte, ist nicht ganz klar. Gerade bei den Tungern oder »Germani« südlich der unteren Maas bezweifeln aber Vorgeschichtsforscher, ob es sich dabei überhaupt um Germanen im heutigen sprachwissenschaftlichen Sinn gehandelt hat (Näheres dazu im 3. Kap., S. 66).

Wenn auch Zweifel berechtigt sind, ob der von Caesar vergebene übergreifende Name richtig ist, so hatte er in der Hinsicht doch recht, die von ihm gemeinten Stämme im Norden Mitteleuropas als zusammengehörig zu kennzeichnen. Sprachlich, in ihren kulturellen Äußerungen, ihren Anschauungen und Lebensformen bestanden zu Caesars Zeiten und noch lange danach so viele Ähnlichkeiten zwischen den »germanischen« Stämmen, daß unbedingt eine enge Verwandtschaft, biologisch wie kulturell, bestanden haben muß. Wir werden das noch an zahlreichen Beispielen aufzeigen. Dennoch haben die germanischen Stämme selbst sich nie in ihrer Gesamtheit als zusammengehörig betrachtet. Es gab wohl Erinnerungen an die gemeinsame Abstammung von einem bestimmten, inzwischen aufgespaltenen Stamm, und es gab traditionelle religiöse Kultgemeinschaften zwischen Stämmen, die sich durch vielfältige Wanderungen weit verstreut hatten. Aber es gab auch »Erbfeindschaften« zwischen germanischen Völkern, die rücksichtslos ausgefochten wurden. Ein »gesamtgermanisches« Bewußtsein fehlte den betreffenden Völkern völlig.

Die Unwissenheit oder Uninteressiertheit Caesars hinsichtlich der sprachlichen und kulturellen Unterschiede der Völker nördlich der Alpen führte zu manchen heute noch bestehenden Unklarheiten. Sie sind mehr von wissenschaftlich-historischem Interesse. Wir wollen dennoch versuchen, einige Mißverständnisse oder Unklarheiten im öffentlichen Bewußtsein aufzuklären. Die moderne Wissenschaft hat dazu viele wertvolle Beiträge geliefert.

Die Unwissenheit Caesars hatte ihren Grund. Unter den gebildeten Römern und Griechen der Antike gab es nämlich nur wenige Wissenschaftler im heutigen Sinne, Forscher, die nach objektiven Gesichtspunkten Erscheinungen vergleichen, Unterschiede oder Übereinstimmungen herausarbeiten und sich nicht auf Hörensagen verlassen. Was die antiken Schriftsteller einschließlich Caesar und Tacitus über die Völker im Norden berichteten, beruhte nie auf eigener Forschung, sondern auf Erzählungen von Händlern, Sklaven aus den betreffenden Völkern oder anderen zufälligen Informationen. Sprachvergleiche waren für Römer und Griechen etwas Unbekanntes, denn niemand der römischen Oberschicht hätte es je für nötig gehalten, selbst eine Sprache der unterworfenen Völker, mit Ausnahme des Griechischen, zu lernen. Man verließ sich auf die vermutlich oft sehr unzulänglichen Dienste irgendwelcher Dolmetscher.

Den antiken Autoren fiel zwar die Ähnlichkeit gallischer (keltischer) und germanischer Stämme auf, etwa in der äußeren Erscheinung der Menschen, wenigstens der Adligen. Das wurde dann auf Vermischungen der Völkerschaften in ihrem Grenzgebiet zurückgeführt, die es sicherlich auch gegeben hat. Aber keinen römischen oder griechischen Schriftsteller interessierte es genauer, welche historischen Vorgänge zu solchen Vermischungen geführt haben mochten. Niemand machte sich die Mühe zu erfragen, ob es nicht außer Galliern, wie die Römer die keltischen Stämme nannten, und Germanen vielleicht noch andere, verwandte, aber eben nicht völlig identische Völkerschaften in Nordeuropa gab. Wir werden von diesem Thema noch hören.

Dies alles ist, wie gesagt, von historischem Interesse, aber kein heute noch erregendes Thema. Dennoch steckt in der von Julius Caesar aufgebrachten grundsätzlichen Abgrenzung – Germanen östlich des Rheins (und nördlich der Donau), Gallier (Kelten) westlich des Rheins – auch eine These, die bis in die jüngste Vergangenheit hinein ausgesprochen politische Brisanz enthielt.

Caesar verband mit seiner geographischen Abgrenzung ein raffiniertes politisches Kalkül. Er war im Jahr 58 v. Chr., als er Ariovist besiegte, vom römischen Senat als Prokonsul (Oberbefehlshaber einer

**Das Römische Reich
beim Tod Caesars (44 v. Chr.)**

Römisches Reich vor Caesar
(58 v. Chr.)

Eroberungen Caesars

Vorstoß der Sueben
u. a. unter Ariovist um 70 v. Chr.

Zug Caesars 58 v. Chr.

Provinz) nach Südfrankreich geschickt worden, das damals bereits zum Römischen Reich gehörte. Statt sich jedoch darauf zu beschränken, dort für eine Konsolidierung der römischen Herrschaft zu sorgen, hegte Caesar größere Pläne. Sehr wahrscheinlich hatte er damals schon die Absicht, Alleinherrscher in Rom und im Römischen Reich zu werden. Dazu bedurfte es außergewöhnlicher militärischer Erfolge und als Ergebnis davon einer außerordentlichen Popularität.

Vermutlich war er vom Antritt seines Kommandos an entschlossen, ganz Gallien für Rom zu erobern. Er benötigte dazu acht Jahre und das Opfer etlicher Legionen, die in den unzähligen Kämpfen aufgerieben wurden. Aber am Ende konnte er dem Senat in Rom voller Stolz berichten, er habe das Land der Gallier vollständig für Rom erobert und befriedet.

Für die Menschen in Rom zu Caesars Zeiten waren die Gallier immer noch ein Schreckensname. Dabei lag der »dies ater«, der schwärzeste Tag Roms, damals schon über drei Jahrhunderte zurück: die Eroberung der Stadt durch gallische Stämme, die von Norden her in Italien eingefallen waren, die Belagerung des Capitols, die Demütigung durch den gallischen Anführer Brennus, der noch sein Schwert in die Waagschale warf, als die Römer den Abzug der Gallier mit der Zahlung eines riesigen Goldschatzes erkaufen mußten. Doch nun endlich gehörte das Land, von dem aus diese gallischen Horden einst aufgebrochen waren, fest und dauerhaft zum Römischen Reich! Der Makel war endgültig getilgt, die gallische Gefahr gebannt. Dieses Wissen bei den Römern hat Caesar ohne Zweifel die erwünschte Popularität eingebracht, die ihm half, den Kampf um die Macht in Rom für sich zu entscheiden, wenn er auch bald darauf ermordet wurde.

So weit ging Caesars Berechnung auf. Aber das, was er in Rom als Erfolg darstellte, nämlich die Eroberung »ganz Galliens«, beruhte doch auf bewußter oder unbewußter Täuschung. Denn mit der Eroberung der Landschaften zwischen den Pyrenäen, dem Atlantik, dem Rhein, den Alpen und dem Mittelmeer, also etwa des Territoriums des heutigen Frankreich, waren keineswegs alle von Kelten oder Galliern bewohnten Gebiete Europas der römischen Herrschaft unterworfen: In Britannien, Irland, ganz Süddeutschland, Böhmen, Österreich, Ungarn lebten Kelten oder nahe verwandte Stämme, ohne daß Rom an eine Eroberung dieser Gebiete dachte – damals wenigstens. Das hat Caesar seinen Römern absichtlich oder aus Unkenntnis verschwiegen.

Vielleicht wußte er doch davon, aber er wußte vor allem aus vielen Kundschafterberichten besser als sein Nachfolger Augustus, daß die einzige strategische Grenze, die das Römische Reich auf lange Sicht gegen die mächtigen und unruhigen germanischen Stämme würde halten können, die Grenze entlang des Rheinstroms war.

Deswegen mußten in Caesars Feldzugsbericht die Völker westlich des Rheins, wenigstens im Prinzip, als Gallier hingestellt werden. Ihnen mußte Rom in der Person Caesars den Frieden des Römischen Reiches gebracht haben. Das heißt, sie hatten sich freiwillig oder gezwungen – teilweise sehr gezwungen! – der römischen Herrschaft unterwerfen müssen. Ihre Feinde, die Germanen, mußten jenseits der Rheingrenze beheimatet sein, so wollte Caesar es in seinem Bericht darstellen können. Triumphierend konnte er nun behaupten, er habe diesen Germanen die bösartige Eroberungslust in Verteidigung der auf Roms Schutz vertrauenden Gallier ausgetrieben und die germanischen Horden wieder dorthin zurückgejagt, wo sie hergekommen waren – auf die rechte Seite des Rheins, des großen Flusses, der sich als befestigte Grenze so gut eignete.

Diesem politisch-strategischen Kalkül Caesars mußten sich die ethnologischen Fakten unterordnen. Die Menschen in der Hauptstadt Rom wußten ohnehin so gut wie nichts von den unheimlichen, nebligen Gefilden des Nordens.

Doch die These Caesars hatte noch viel, viel später enorme politische Auswirkungen. Noch heute lernt jedes französische Schulkind, daß die alten, später römisch gewordenen Gallier die direkten Vorfahren der Franzosen seien und daß diese Gallier einst bis zur Rheingrenze gewohnt hätten. Als sich in der großen Französischen Revolution 1789 das politische Denken der Franzosen von dynastischen Interessen abwandte und den Begriff der »französischen Nation« erfand, da kam auch wieder Caesars alte These auf: Die kriegerischen Deutschen, die Nachkommen der Germanen, müßten über die alte Rheingrenze zurückgejagt werden, der Rhein sei die einzig gültige Ostgrenze Frankreichs, und den Germanen müsse ihre Eroberungslust ausgetrieben werden. Diese These wurde von den französischen Revolutionsheeren in praktische Politik umgesetzt. 1795/97 ließ sich das siegreiche Frankreich vom schwachen Deutschen Reich das linke Rheinufer, das heißt im wesentlichen die Pfalz und das Rheinland, abtreten und behielt es bis zum Sturz Napoleons in Besitz. Bereits unter

Ludwig XIV. hatte Frankreich das Elsaß und Lothringen in seinen Besitz gebracht, die vorher zum Deutschen Reich gehört hatten. Auch nach 1815 spielte die Theorie von der »natürlichen Grenze Frankreichs am Rhein« im politischen Denken vieler Franzosen bis weit ins 20. Jahrhundert hinein eine große Rolle.

Hier steht allerdings nicht die jüngste deutsche Geschichte im Mittelpunkt, sondern ihr erstes Jahrtausend. Doch der Hinweis auf eine der verhängnisvollsten und zählebigsten Fehldarstellungen der Antike mit ihren Auswirkungen auf die Politik der letzten 200 Jahre darf dennoch nicht verschwiegen werden.

KELTEN BEHERRSCHTEN HALB EUROPA, VOR DEN RÖMERN

Wie aber stand es denn nun wirklich zu Caesars Zeit um den Lebensraum der Kelten oder Gallier in Europa? Und was waren das für Menschen, die in dieser Frühzeit ganz offensichtlich in einem großen Teil des heutigen Deutschlands eine wichtige Rolle spielten?

Auch im westlichen und südöstlichen Mitteleuropa hatten sich nach dem Ende der Eiszeit große Gruppen von Einwanderern im Verlauf mehrerer Jahrtausende vor Christi Geburt miteinander und mit den seit langem hier lebenden kleinen Horden eiszeitlicher Jäger vermischt. Hierher kamen seit etwa 8000 oder 7000 v. Chr. hellhäutige Bauernvölker. Sie wanderten vermutlich auf zwei Wegen ein, nämlich von Südwesten aus Nordafrika über Spanien sowie von Südosten aus Vorderasien über den Balkan. Sie verteilten sich dort in langsamem Zug auf die noch geringen natürlichen Siedlungsgebiete in Europa.

Wie bereits im vorigen Kapitel erwähnt, kamen um das Jahr 2000 v. Chr. neue kleine und größere Gruppen von Bauern, die vor allem auch Viehzüchter waren, mit einer indoeuropäischen Sprache aus Südrußland nach Mitteleuropa. Aus der Mischung dieser Neuankömmlinge mit den Vorbewohnern dieses Gebiets entstanden in Südskandinavien und Norddeutschland in langer Entwicklung die germanischen Völker.

In dem ebenfalls von Indoeuropäern zunächst erreichten Gebiet Südosteuropas, Osteuropas und des südlichen Mitteleuropas war die vorgeschichtliche Entwicklung der Völker ziemlich kompliziert.

Im Rahmen dieser Darstellung ist dazu nur soviel zu sagen, daß sich in der europäischen Bronzezeit (etwa 1800–600 v. Chr.) hier mehrere Kultur- und wohl auch Völkergruppen mit indoeuropäischen Sprachen herausbildeten, die die Fachleute an ihren Hinterlassenschaften deutlich unterscheiden können. In diesem großen Gebiet gab es aber im Gegensatz zum europäischen Norden verschiedene einschneidende Wanderungsbewegungen während der Bronzezeit. So müssen etwa die späteren Latiner, die Vorfahren und Verwandten der Römer, um das 11. Jahrhundert v. Chr. aus Mitteleuropa (Nordwestdeutschland?) vermutlich über Ungarn nach Italien eingewandert sein. Denn auch die Latiner gehören zur indoeuropäischen Sprachfamilie.

In einem breiten Streifen vom heutigen Österreich bis nach Mittelfrankreich entwickelte sich an der Schwelle von der Bronze- zur Eisenzeit (um 800 v. Chr.) eine Kultur – oder genauer eine Bevölkerung, von der diese kulturellen Hinterlassenschaften ausgingen –, die man »Hallstatt-Kultur« nennt, nach einem besonders bezeichnenden Fundort in Österreich. Später, etwa ab 500 v. Chr., wandelte sich im Westen dieses Gebiets diese Kultur in die sogenannte »La-Tène-Kultur«. La Tène heißt ein Ort am Neuenburger See in der Schweiz, wo im 19. Jahrhundert zuerst typische Stücke aus dieser Kulturgruppe gefunden wurden. Die La-Tène-Kultur verwendete bereits Eisen, und die Vorgeschichtsforscher setzen sie weitgehend, wenn auch nicht völlig, mit dem großen Volk der Kelten gleich, das um diese Zeit allmählich aus der Prähistorie auftaucht. Das Kerngebiet der Kelten lag in Südwestdeutschland, also dem heutigen Baden-Württemberg, mit Ausläufern in Bayern, der Schweiz, Mitteldeutschland, dem Moselgebiet und Ostfrankreich.

Bereits im 6. und 5. Jahrhundert v. Chr. begannen sich diese Kelten auszubreiten, zunächst nach Westen, indem sie die meisten der bisher von ihnen noch nicht besiedelten Teile des heutigen Frankreich besetzten, in die Pyrenäen-Halbinsel eindrangen sowie auch nach England und Irland übersetzten und sich die dortige Bevölkerung, bisher eher »mittelmeerischen Typs«, unterwarfen. Etwa ab 400 v. Chr. zeigte sich der keltische Expansionsdrang – eine »keltische Völkerwanderung«, der späteren »germanischen« durchaus vergleichbar – auch nach Osten und Süden. Böhmen, Südschlesien, die Slowakei, Österreich, Ungarn, Kroatien, Serbien, Norditalien wurden von Wanderzügen mit keltischer Sprache und Kultur erreicht und besetzt. Die dort lebende Bevölkerung, meist ebenfalls mit indoeuropäischen Sprachen, wurde ober-

46

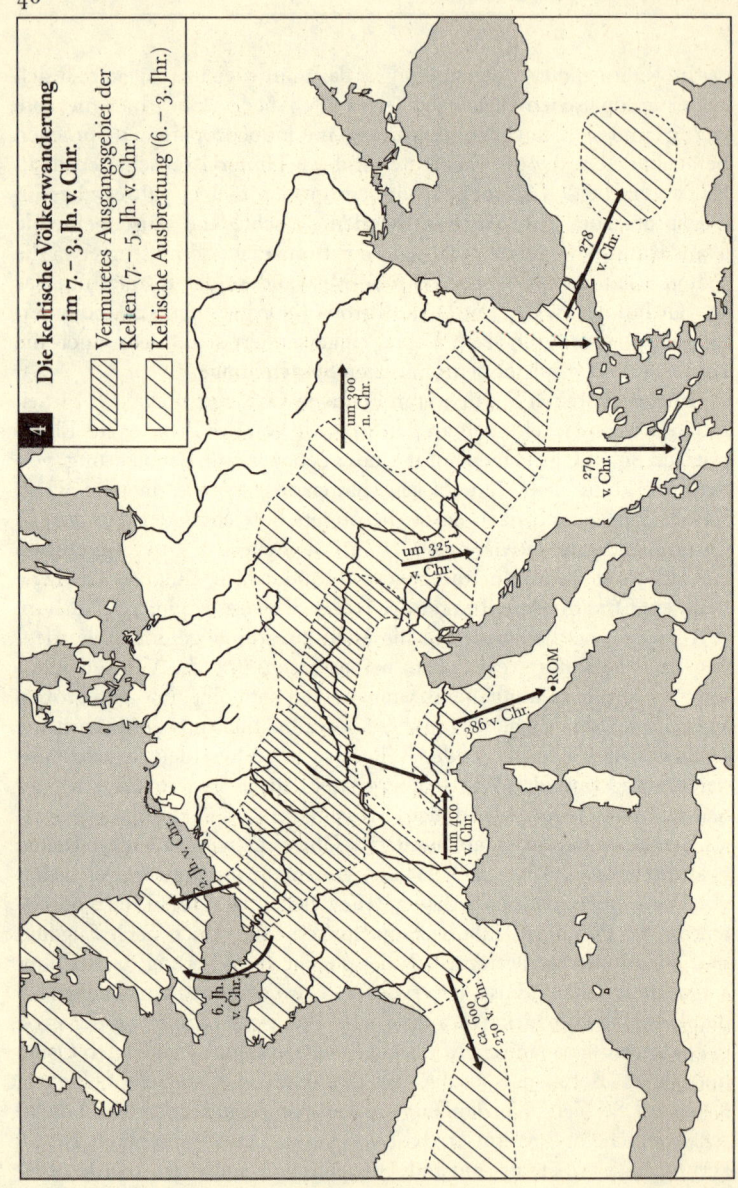

Die keltische Völkerwanderung im 7. – 3. Jh. v. Chr.

Vermutetes Ausgangsgebiet der Kelten (7. – 5. Jh. v. Chr.)

Keltische Ausbreitung (6. – 3. Jhr.)

4

um 300 n. Chr.

um 325 v. Chr.

um 400 v. Chr.

278 v. Chr.

279 v. Chr.

386 v. Chr.

ROM

6. Jh. v. Chr.

6. Jh. v. Chr.

ca. 600 v. Chr.

250 v. Chr.

flächlich »keltisiert«. Bald danach waren Italien und die ganze Balkanhalbinsel das Streifgebiet plündernder Keltengruppen. Dazu nur einige
Zahlen als Beispiele: 386 v. Chr. eroberten Kelten, wie schon erwähnt,
für kurze Zeit die Stadt Rom; im 3. Jahrhundert bedrohten Kelten die
griechische Stadt Delphi mit ihren Schatzkammern; und im gleichen
Jahrhundert schufen sich keltische Stämme als »Galater« mitten in Ana-
tolien ein recht langlebiges Reich.

Die Kelten waren gewissermaßen Stiefgeschwister der Germanen.
Die keltischen Sprachen und Dialekte – vor über 2000 Jahren mögen
sie sich weniger unterschieden haben als später – waren eindeutig
Abkömmlinge der indoeuropäischen Ursprache und hatten sich offensichtlich in Nachbarschaft zu den Germanen allmählich zu einem eigenen Sprachstamm entwickelt. Sowohl im Keltischen wie im Germanischen finden sich zahlreiche Lehnwörter der jeweils anderen Sprache,
die auf nachbarlichen Handelsverkehr schließen lassen. Ähnlich wie
die Germanen in ihrer Frühzeit konnten sich Kelten verschiedener
Stämme wahrscheinlich noch recht gut miteinander verständigen. Es
gab auch kennzeichnende »gemeinkeltische« Bräuche, und die meisten
Kelten waren sich dieser kulturellen Gemeinsamkeit durchaus bewußt.
Dennoch haben es die vielen keltischen Stämme ebenso wie die Germanen niemals zu einer stammesübergreifenden politischen Einheit
gebracht. Obwohl sie lange vor den Römern einmal die Herren halb
Europas waren, kam es nie zu einem keltischen Großreich.

Kulturell hatten die Kelten infolge ihrer Nähe zum schon weit entwickelten Mittelmeergebiet immer einige Jahrhunderte Vorsprung vor
den Germanen. Bei den keltischen Stämmen entstanden bereits im 4.
und 3. Jahrhundert v. Chr. kunstvoll befestigte Städte und ein blühen-
des Handwerkswesen, sie schufen vielbewunderten Schmuck und präg-
ten Münzen. Der Handelsaustausch mit Italien und Griechenland war
erstaunlich umfangreich. Mit dem Eindringen der Römer in den vorher griechisch und etruskisch beherrschten Handel mit Mitteleuropa
traten die meisten Kelten schon früh in Beziehungen zu Rom. Allerdings vollzog sich die Romanisierung zumal des späteren Frankreich
keineswegs nur friedlich. Caesar hatte in den acht Jahren, in denen er
in Gallien das Kommando führte, mit mehreren für ihn äußerst gefährlichen Aufständen einzelner oder mehrerer gallischer Stämme gegen
die römische Herrschaft zu kämpfen.

Jedenfalls, wer diese außerordentlich weite Verbreitung der Kelten

in Mitteleuropa zur Zeit Caesars kennt, weiß nicht, woran er mehr
zweifeln soll: an der Völkerkenntnis der Römer, die nicht in der Lage
waren, die Stämme und Herrschaften nördlich und östlich der Alpen
und im ganzen Balkanraum als keltisch (oder gallisch) zu erkennen –
oder an der Wahrheitsliebe Caesars ...

SÜDWESTDEUTSCHLAND ZUR ZEIT CAESARS

Auch im letzten Jahrhundert vor Christi Geburt, zur Zeit Caesars, war
das Gebiet nördlich und östlich des Oberrheins, also etwa das heutige
Baden-Württemberg, keltisch besiedelt. Das heißt, besiedelt war diese
große Region selbst nach damaligen Maßstäben kaum. Sie hatte sich
in den Jahrhunderten seit der Glanzzeit der frühen Kelten im 6. Jahrhundert v. Chr. in eben dieser Region zunehmend entvölkert.
      Es läßt sich nicht eindeutig feststellen, ob die ohnehin das Land so
weitgehend bedeckenden Wälder und Sümpfe sich noch ausdehnten
und den Menschen ihren knappen Siedlungsraum nahmen oder ob die
Menschen fortzogen und danach die Natur sich zurückholte, was diese
ihr einst abgerungen hatten. Aber sowohl Entvölkerung wie Ausdehnung der Wälder im deutschen Südwesten in jener Epoche sind eine
Tatsache. Der keltische Großstamm der Helvetier hatte nach Notizen
des griechischen Geographen Ptolemäus um etwa 100 v. Chr. südlich
des Mains gelebt, war jedoch bald fortgezogen und hatte dort die »hel-
vetische Einöde« hinterlassen. Der Stamm hatte sich nach diesem Wan-
dertreck für ein paar Jahrzehnte in der Schweiz niedergelassen, war
aber auch von dort wieder aufgebrochen, allerdings zu seinem Unglück
dem Heer Caesars in die Waffen gelaufen. Nach der am Anfang dieses
Kapitels erwähnten Niederlage mußten die Helvetier erneut zurück in
die Schweiz und blieben dort so lange, daß sie diesem Land seinen
zweiten Namen geben konnten.
      Das heute so belebte Baden-Württemberg blieb dagegen noch lange
Zeit nahezu menschenleer. Nur einige fast schon wieder zugewachsene
Händlerpfade entlang den größeren Flüssen durchzogen die Wälder.
Selbst die Oberrheinische Tiefebene war kaum bewohnt. Der Rhein war
noch nicht begradigt, sondern schlängelte sich in zahllosen Altarmen
durch Sümpfe und Wald. Nur ein schmaler Streifen zwischen der Fluß-

niederung und den Bergen des Schwarzwalds erlaubte das Anlegen von Äckern und eines vielbegangenen Handelswegs nach Norden.

ARIOVISTS
ABSICHTEN

Infolge dieser notwendigen Exkurse ist bisher die Frage noch nicht beantwortet: Wie kam Ariovist mit seinen suebischen, das heißt germanischen Volksscharen erst nach Nordfrankreich und dann ins heutige Elsaß? Führte er einen neuen ziellosen Auswanderungszug wie vor ihm die Kimbern und Teutonen? Hatte er sich bei der Suche nach Siedelland wieder in das Gebiet der Gallier westlich des Rheins »verirrt«?

Die Antwort lautet: ja und nein. In vielen Punkten war der Zug des Ariovist dem der Kimbern ähnlich. Aber es gab auch bemerkenswerte Unterschiede.

Der suebische Anführer Ariovist war gewiß kein unwissender Hinterwäldler. Caesar nennt ihn »Rex« (König), aber es ist nicht anzunehmen, daß er eine absolute Königsherrschaft über sein Volk ausübte wie später die Könige der Franken oder Ostgoten. Ariovist muß gute Kenntnisse der geographischen und politischen Lage in Mitteleuropa sowie weitreichende Verbindungen gehabt haben. Eine seiner beiden Frauen war laut Caesar die Tochter des Königs der Taurisker, einer keltischen Völkerschaft im heutigen Österreich, die mit den Römern verbündet war. Mit Caesars Dolmetscher redete er in gallischer (keltischer) Sprache.

Allem Anschein nach kamen die Sueben, die Völkergruppe, der Ariovist selbst entstammte, aus Norddeutschland. Sueben war wahrscheinlich der gemeinsame Name für eine Kultgemeinschaft mehrerer ursprünglich verwandter germanischer Stämme. Einer dieser Stämme, die Semnonen, lebte im heutigen Brandenburg zwischen Elbe und Oder, vor allem im heutigen Raum Berlin–Potsdam. Bei archäologischen Ausgrabungen ließ sich feststellen, daß dort die Böden zu Beginn des 1. vorchristlichen Jahrhunderts auszutrocknen begannen – bei dem lockeren Sandboden für viele Dorfgemeinschaften ein Grund zum Auswandern.

Anders als bei den Kimbern bestand aber nicht der Zwang, die Heimat in kürzester Zeit zu verlassen. Die Auswanderung konnte sorgfältiger vorbereitet werden. Kein antiker Schriftsteller und kein archäologischer Fund geben einen Hinweis. Aber man kann sich durchaus vorstellen, daß der suebische Edle Ariovist aus eigenem Antrieb oder im Auftrag des Adels seines Stammes mit einer Gefolgschaft bewaffneter junger Männer zunächst das Land bis zu den Alpen und bis zum Rhein für einige Jahre durchstreift hat, gewissermaßen als Kundschafter. Dabei mag er auch in das zum Teil schon unter römischem Einfluß stehende Gallien gekommen sein. Als »politischer Kopf« könnte er die Gunst der Lage erkannt haben, daß er dort ausreichendes und klimatisch begünstigtes Siedelland finden konnte. Er könnte mit der klaren Absicht in die Heimat zurückgekehrt sein, sich und den Seinen einen Platz zum Leben westlich des Rheins zu erobern.

Im Jahr 70 v. Chr. fiel er jedenfalls mit 15 000 germanischen Kriegern bei den Sequanern und Häduern ein und ließ seinem Volk ein Drittel des Bodens dieser Völker abtreten, so wie das später in der Endzeit des römischen Imperiums wieder allgemein üblich wurde. Andere Stämme zogen dem erfolgreichen Heerführer von östlich des Rheins nach und unterstellten ihre Krieger seinem Kommando, so ein großes Kontingent der germanischen Haruden (öfter auch Heruler genannt) von der dänischen oder norwegischen Nordseeküste. Andere Stämme, die als Teil von Ariovists Streitmacht genannt werden, sind keinesfalls sicher germanischer Abstammung; eher könnte es sich um keltische Kleinstämme gehandelt haben, so die Wangionen, Triboker und Nemeter. Der Ruhm Ariovists muß sich in ganz Mitteleuropa verbreitet haben. Denn trotz der dichten Wälder gab es immer Handelsverkehr und Informationsaustausch zwischen den verschiedenen Stämmen.

Es war Ariovists Unglück, daß er in Gallien in der Person Caesars auf einen Mann stieß, der ganz ähnliche Herrschaftspläne verfolgte, aber über ein äußerst diszipliniertes und kampfkräftiges Heer verfügte – und der das erforderliche strategische und taktische Wissen sowie die nötige Rücksichtslosigkeit besaß, seine Pläne durchzuführen.

3. GERMANIEN
BEWAHRT SEINE FREIHEIT

DIE SIEGESFEIER
September 16 n. Chr.,
»Babilonie« bei Lübbecke/Wiehengebirge

Als die Sonne hinter den Weiden und Mooren der unermeßlichen Ebene des Nordens untertauchte, begann in der uralten Volksburg das Fest.

Früher, so ging die Sage unter dem Volk der Cherusker, hätten hier oben ständig viele Menschen gelebt und mit allerlei Handwerksarbeiten ihren Unterhalt verdient, den die Bauern aus der Ebene rechts und links des langen Bergzugs ihnen hinaufschickten. Früher hätten auch die Fürsten des Gaues hier ihre ständige Wohnung gehabt. Aber seit vor vielen, vielen Sommern Sigimer, der längst verstorbene Vater des jetzigen Gaufürsten, von fernher ins Land gekommen war, den alten Herrn des Gaues im Kampf getötet und dessen Tochter zur Frau genommen hatte, war der Burgberg allmählich verödet. Denn der neue Herr und seine ihm auf Leben und Tod verschworene Trucht (Gefolge) von 50 kampferprobten Kriegern mochten das Wohnen im Menschengewimmel nicht. Sie hatten sich in den kleinen Dörfern in den Ebenen ihre Häuser errichten lassen und wohnten dort als Großbauern unter Bauern.

Nur in Zeiten wie jetzt war die alte Volksburg auf dem schmalen Bergkamm mit ihren leicht zu verteidigenden Wällen mitten im dichten Wald noch einmal für ein paar Wochen Zufluchtsort für die Menschen im weiten Umkreis geworden. Denn die Römer zogen schon wieder mit ihrem Lindwurm gepanzerter Soldaten und Reiter unter dem Befehl des verhaßten Feldherrn Germanicus unten in der Ebene durch das Land der Cherusker, verbrannten die Dörfer und die Ernte, vergewaltigten die Frauen und schleppten sie und ihre Kinder in Gefangenschaft, soweit sie ihrer habhaft werden konnten.

Für dieses Jahr allerdings war die Gefahr erst einmal wieder vorüber. Denn nach mehreren blutigen, für beide Seiten verlustreichen

Schlachten in der Nähe des Weserflusses, die letzte nur einen Tagesmarsch von der Volksburg auf dem Berg entfernt, hatten die römischen Soldaten in Eilmärschen das Gebiet der Cherusker verlassen und flüchteten zum Rhein zurück.

Wurmio zog seinen Freund und Waffenbruder Bauto am Mantel zu ihrem Platz etwas unterhalb des Fürstensitzes, der ihnen beim Festmahl in der großen Halle zustand. Oben am Kopfende, nahe dem Herd, war der Platz der Fürsten. Dort saß Armin, der Gaufürst und siegreiche Anführer der verbündeten Völker, auf dem den Göttern geweihten Holzblock, neben ihm, wie alle übrigen Teilnehmer des Mahls auf Wolfs- oder Hundefellen hockend, sein Vaterbruder Inguiomer. Beide trugen noch saubere Leinenbinden um Arm und Brust, unter denen die Verwundungen aus den letzten Schlachten heilten. Auf Armins Zeichen hoben seine Ehrengäste – Ukromer, Gaufürst der Chatten, auf dem Ehrenplatz rechts neben Armin, Friatto, einer der Fürsten der Marser, und einige andere Edle der Brukterer und Angrivarier – feierlich ihre Trinkhörner voll Met (Honigwein) und leerten sie mit einem Dankgebet an die drei göttlichen Beschützerinnen ihrer Völker.

Wurmio und Bauto aus dem Volk der Cherusker kannten einander seit mehr als einem Dutzend Sommern. Damals hatten sie ihrem Herrn Armin, dem jungen Sohn des Fürsten Sigimer, in die Hand Treue gelobt und waren in seine Trucht aufgenommen worden. Sie waren Armin auf all seinen Feldzügen gefolgt und hatten diese trotz einiger tiefer Wunden überlebt.

Erst waren sie unter Führerschaft Armins jedes Jahr im Sommer mit einigen hundert cheruskischen Kriegern als Hilfstruppen zusammen mit den Heeren verschiedener römischer Feldherren durch das Land gezogen, wenn es gegen aufständische Völkerschaften wie Chatten oder Brukterer ging. Damals hatten sie alle Lateinisch sprechen gelernt, und Armin war das römische Bürgerrecht und der Rang eines römischen Ritters verliehen worden. Seit der Zeit hieß er bei den Römern Arminius. Dann aber, vor nunmehr genau acht Jahren, war alles anders geworden.

Armin, ihr verehrter Herr, hatte schon längst gespürt, wie es bei allen Völkern zwischen Rhein, Weser und Aller gärte. Nicht nur Chatten und Brukterer waren von nicht zu zähmendem Haß gegen die römischen Eindringlinge erfüllt. Auch in seinem cheruskischen Volk wuchs der Zorn. Armin war entschlossen, seine im römischen Heer erworbenen Kenntnisse einzusetzen, um die Römer, diese überheblichen und grausamen Erzwinger fremder Lebensart, vom Boden diesseits des Rheins zu vertreiben. Er nutzte seinen Einfluß und seine Fähigkeit, die Menschen zu überzeugen, im Gespräch unter vier Augen oder in der Versammlung der freien Männer, dem Thing. Und er hatte Erfolg. Zum erstenmal seit Menschengedenken hatten sich die verschiedenen benachbarten Völker, zwischen denen so oft Feindschaft geherrscht hatte, verbündet, um gemeinsam den damaligen, besonders verhaßten römischen Statthalter Varus zu schlagen und zu vertreiben.

Das war den verbündeten Völkern auch unerwartet gut gelungen. Damals, vor sieben Sommern, hatten die todesmutigen Kämpfer der Cherusker, Chatten, Brukterer und Marser drei Legionen des Varus in ihrem Lager überfallen und größtenteils niedergemacht. Varus hatte sich, kurz bevor er gefangengenommen werden konnte, selbst in sein Schwert gestürzt. Nur geringe Teile des großen römischen Heeres waren entkommen.

Für einige Jahre war dann im Land zwischen Rhein und Weser Ruhe vor den Römern. Dann aber war vor drei Sommern ein neuer Feldherr namens Germanicus mit etlichen Legionen über den Rhein gekommen, hatte friedliche Völkerschaften während Feiern überfallen, Dörfer niedergebrannt, Bauern auf den Feldern niedergeschlagen oder in die Sklaverei verschleppt. Dabei war es ihm gelungen, im vorigen Sommer Armins Ehefrau Thusnelda zu rauben.

Wurmio und Bauto hatten als enge Vertraute Armins die traurige Geschichte aus nächster Nähe miterlebt. Weiter im Süden des cheruskischen Landes, im hohen Bergland nördlich der Adrana (Eder, gemeint ist das Hochsauerland), hatten schon vor zwei oder drei Generationen kriegerische Gefolgschaften mit fremder Sprache sich zu Herren der Bauern gemacht. Ihr heutiger Gaufürst Segestes war seit eh und je ein Freund der Römer gewesen, wie es überhaupt bei fast allen Völkern im Land zwei Parteien gab. Eine Gruppe war leidenschaftlich dafür, die verfluchte Fremdherrschaft der Römer abzuschütteln, eine andere Gruppe hielt zu den Römern, weil sie Handel, Reichtum und Fortschritt brachten.

Aber gerade an des Segestes Tochter Thusnelda hatte Armin, der Römerfeind, Gefallen gefunden – und sie an ihm. So hatte Armin dem Segestes die Tochter entführt und zur Frau genommen. Doch bald danach war es Segestes gelungen, die inzwischen schwangere Thusnelda

aus dem Dorf Armins wieder zu rauben und in seine heimatliche Eresburg im südlichen Bergland (bei Obermarsberg/Sauerland?) in Sicherheit zu bringen. Armin hatte zwar voller Wut seinen Schwiegervater
verfolgt und dessen Burg belagert. Seine persönliche Trucht mit Wurmio und Bauto als Unteranführern war wie immer in vorderster Front
dabeigewesen. Doch alle Mühe war vergebens. Auf einen Hilferuf des
Segestes war Germanicus mit einem großen römischen Heer bis zur
Eresburg vorgedrungen, hatte die Belagerer vertrieben, Segestes aus
großer Gefahr befreit und dessen abtrünnige Tochter, die zu ihrem
Mann statt zu ihrem Vater hielt, unter sicherer Bewachung nach Rom
schicken lassen. Dort, in Rom, würde sie ohne Zweifel demnächst in
Ketten als Sklavin den Triumphzug »schmücken«, mit dem man Germanicus als »Sieger über die Germanen« feiern würde.

Dabei hatte dieser Feldherr vor einem halben Mond überhastet und
ruhmlos nach den letzten Schlachten den Rückzug angetreten. Gerüchte
wollten wissen, daß er niemals wiederkommen würde. Denn Tiberius,
der große Machthaber in Rom und Onkel des Germanicus, habe den
endgültigen Rückzug aller römischen Truppen bis über den Rhein befohlen. Es hieß, er glaube nicht mehr daran, daß Germanien bis zur
Elbe für das römische Weltreich erobert werden könne, wie dies sein vor
drei Jahren verstorbener Vorgänger Augustus immer gewollt hatte.

Voll ehrlicher Freude über diesen Sieg und zugleich voller Trauer
über die vielen gefallenen Waffengefährten hoben auch die beiden cheruskischen Krieger ihre Trinkhörner und prosteten ihren Gästen aus
den Völkern der Chatten, Brukterer und Marser zu. Mit ihnen sprach
man üblicherweise so, wie die cheruskischen Bauern zu reden pflegten,
wenn sie unter sich waren. Für Bauto war dies die Muttersprache, obwohl er auch inzwischen fließend in der Sprache reden konnte, die Armins und Wurmios Väter und Großväter aus dem fernen Nordosten
mitgebracht hatten. Denn die cheruskischen Bauern taten besser daran,
sich dieser Sprache zu bedienen, wenn sie sich mit jemandem aus dem
Adel unterhielten; die Edlen konnten ungnädig werden und rasch zum
Haselstock greifen, wenn jemand das vergaß. Bei den anderen jetzt verbündeten Völkern war es ähnlich zugegangen, aber allen gemeinsam
war die alte Sprache immer noch vertrauter als die neue. Zur Not
konnte man sich mit ein paar Brocken Latein verständigen, davon war
bei den meisten aus ihrem friedlichen oder kriegerischen Kontakt mit
den Römern etwas hängengeblieben.

Wurmio biß genüßlich in ein großes Stück Auerochsenbraten. Zu diesem Siegesfest gab es das seltene Wildbret. Etliche römische Kriegsgefangene, nackt und in Eisenketten, hatten unter der Aufsicht mit Peitschen bewaffneter Cherusker stundenlang die riesigen Bratspieße drehen müssen. »Jetzt, wo die Römer verjagt sind«, erklärte Wurmio seinen Freunden sachverständig, wenn auch mit schon etwas schwerer Zunge, »jetzt geht es gegen Marbod!«

Marbod war, das wußten alle, der mächtige König der Markomannen im fernen Land Bojohaim (Böhmen). Eigentlich war er, wie die meisten im Land zwischen Rhein und Elbe, ein Gegner der Römer. Aber vor sieben Jahren, bei der Vernichtung der Legionen des Varus, hatte er sich feige zurückgehalten. Ja, als Armin ihm damals den Kopf des toten Varus geschickt hatte, zur Aufforderung, sich am Kampf gegen die Römer zu beteiligen, da hatte Marbod diesen Kopf mit einer Botschaft der Ehrerbietung an Augustus in Rom weitergeschickt. Auch an den letzten Kämpfen gegen die Legionen des Germanicus hatte sich Marbod nicht beteiligt.

»Der ist eifersüchtig auf unseren siegreichen Armin«, fügte Bauto hinzu. »Dabei hat Armin das Heil der Götter im Sieg zu uns gebracht. Ich hoffe, unser Fürst wird in Kürze der König der verbündeten Völker bis zur Elbe sein. Ihr wißt doch, wie überall in unseren Völkern die Heldenlieder von ihm singen! Nur wenn wir einig bleiben und Armin uns anführt, wird uns das Heil gewährt. Dann werden die Römer nicht wiederkommen. Mir ist ganz gleich, ob wir die Sprache der Edlen oder der Bauern reden und welche Götter wir anrufen – nur einig müssen wir bleiben!«

Ein grauhaariger Krieger der Chatten wiegte bedenklich seinen Kopf. Seit ein römisches Schwert sein Gesicht getroffen hatte, fehlte ihm ein Auge. »Wohl wahr redest du, Bauto, ich habe nichts gegen die Einigkeit, sie hat uns den Sieg beschert. Doch ich glaube nicht, daß unsere Völker es zulassen, daß euer Armin König über alle wird. Das können sie nicht ertragen. Und vergiß nicht, daß viele aus den edlen Sippen deines eigenen Volkes mit Armin tief verfeindet sind. Da wird es wohl noch viel Totschlag geben. Doch vielleicht erlebe ich das nicht mehr!«

Nachdenklich und schon nicht mehr ganz Herr seiner Bewegungen trank der grauhaarige Chatte sein Trinkhorn leer.

»UNSTREITIG BEFREIER GERMANIENS«

Knapp 75 Jahre waren seit Caesars Schlacht gegen Ariovist bis zu der Zeit vergangen, in der die vorstehende fiktive Episode spielt. Ungeheuer viel hatte sich in diesen Jahrzehnten in Mitteleuropa ereignet. Und doch war nun eine Lage eingetreten, die durchaus der Situation ähnelte, die Caesar damals beabsichtigt hatte: Der Rhein und auch die Donau waren die leicht zu verteidigende Grenze zwischen dem Römischen Reich und den gefährlichen, unbezähmbaren Germanen, eine Grenze, von der Rom hoffte, sie auf lange Zeit halten zu können. Einstmals, im Jahr 58 v. Chr., war die Rheingrenze das Ergebnis einer schweren Niederlage eines germanischen Heeres gewesen. Jetzt, im Jahr 16 n. Chr., war sie die Folge der Vernichtung dreier römischer Legionen durch Germanen, der berühmten Varusschlacht im Jahr 9 n. Chr., sowie einiger weiterer römischer Feldzüge in Germanien rechts des Rheins in den Jahren 14 bis 16 n. Chr., deren Erfolglosigkeit und riesige Verluste von Rom nur mühsam vertuscht werden konnten.

Gaius Octavianus, Caesars Großneffe und Adoptivsohn, der sich als siegreicher Nachfolger Caesars und Alleinherrscher über das Römische Reich »Augustus« (der Erhabene) nennen ließ, hatte andere Vorstellungen über die Außengrenzen seines Reiches als Caesar. Für ihn hatte jedes Land, jedes Volk, das auch nur irgendwie von römischen Legionen oder Schiffen erreicht werden konnte, sich der »pax Romana«, dem oft sehr erzwungenen Frieden des römischen Weltreiches, zu fügen. In Nord- und Osteuropa sah Augustus eine Grenze für sein Reich vor, die entlang der Elbe über Böhmen bis zur mittleren Donau verlaufen sollte.

Zur Ausführung dieser Eroberungspläne hatte der Kaiser seit 15 v. Chr. immer wieder seine besten Legionen und die prominentesten Feldherren an den Rhein geschickt. Viele Jahre lang durchzogen seine Stiefsöhne Tiberius und Drusus jeden Sommer die Gebiete der ungebärdigen Germanen mit ihren Truppen, teils friedlich, teils mit brutalen Brandschatzungen und Morden, wenn Germanenstämme es wagten, sich gegen die römische Bevormundung aufzulehnen.

Noch war Germania magna, das »große Germanien« rechts des Rheins, nicht formal als römische Provinz annektiert. Aber der politische und militärische Einfluß der Römer, ihr Handel, ihre Münzen,

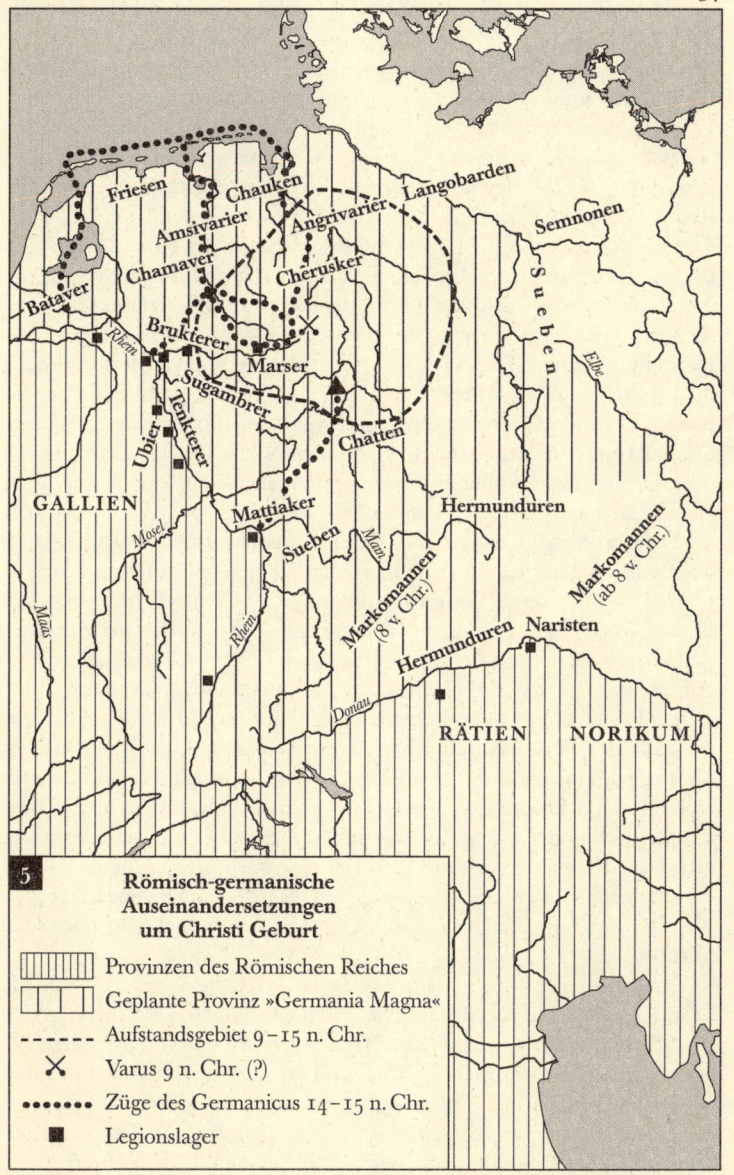

**Römisch-germanische
Auseinandersetzungen
um Christi Geburt**

|||||||| Provinzen des Römischen Reiches

Geplante Provinz »Germania Magna«

- - - - - Aufstandsgebiet 9–15 n. Chr.

✗ Varus 9 n. Chr. (?)

••••••• Züge des Germanicus 14–15 n. Chr.

▪ Legionslager

ihre Ordnungsvorstellungen waren allgegenwärtig bei den vielen unabhängigen Stämmen von der Nord- und Ostsee über die »herzynischen Waldgebirge« (mitteldeutsches Bergland, Riesen- und Erzgebirge, Böhmerwald) bis zur mittleren Donau. Augustus hatte allen Grund zu glauben, daß sein Ziel der formalen Eingliederung dieses Gebiets in sein Reich nicht mehr fern sei.

Die meisten Stämme hatten Bündnisverträge mit Rom abschließen müssen. Viele stellten jedes Jahr Hilfstruppen für die römischen Legionen in deren Feldzügen gegen unbotmäßige andere Germanenstämme, Kontingente kampferprobter germanischer Krieger unter Führung von Häuptlingssöhnen. Diese jungen germanischen Adligen lernten dabei nicht nur Latein, sie wurden auch zu römischen Offizieren und erwarben als besondere Auszeichnung das römische Bürgerrecht. Sie kannten das römische Kriegswesen und die römische Denkungsart von innen. Dazu gehörten Arminius, der Cherusker, und der einige Jahre ältere Marbod, der Markomanne.

Die Markomannen waren ein Stamm, der zur größeren Kultur- und Kultgemeinschaft der Elbgermanen oder Sueben gehörte und kurz vor Christi Geburt seine Wohnsitze im mittleren Deutschland, etwa am oberen Main, hatte. Eines der ersten inneren Ereignisse bei den Germanen, das durch römische Schriftsteller der Nachwelt überliefert worden ist, war die erstaunliche Leistung des jungen Marbod, der es nach seiner Rückkehr aus römischem Kriegsdienst schaffte, sein Volk zur Aufgabe der von den römischen Heerzügen bedrohten Wohnsitze zu überreden. Das muß um 5 v. Chr. gewesen sein. Marbod führte sein Volk ins benachbarte Böhmen, unterwarf die wenigen dort noch lebenden keltischen Bojer (ein Teil war schon viel früher abgewandert) und errichtete hinter den schützenden Bergen rund um sein neues Gebiet ein auch militärisch starkes Königreich. Den Römern gegenüber verhielt er sich vorsichtig neutral, achtete aber auf eine ausreichende Distanz.

Nicht nur die Markomannen begaben sich in dieser Zeit auf die Wanderung. Aus dem Abstand von 2000 Jahren betrachtet, wimmelten die Stämme Germaniens wie in einem Ameisenhaufen durcheinander, soweit wir durch römische Quellen und archäologische Funde darüber unterrichtet sind. Die Ubier zogen vom unteren Main nach Norden und wurden von den Römern dort angesiedelt, wo bald die Stadt Köln entstand. Die Sugambrer im Bergischen Land mußten mehrere Straf-

expeditionen römischer Legionen und eine Umsiedlung an den linken
Niederrhein erdulden, die Tenkterer aus dem Sauerland rückten dafür
in das leer gewordene Sugambrerland ein, die Marser in das Gebiet der
Tenkterer ...

Es würde ermüden, all diese kleinen Völkerwanderungen aufzuzählen. Für den einzelnen Stamm und die direkt betroffenen Menschen
wird viel Not und Elend damit verbunden gewesen sein. Auch waren
natürlich keineswegs alle Stämme gleichzeitig in Bewegung, vielmehr
lagen oft Jahrzehnte zwischen den verschiedenen Wanderungen.
Gründe dafür gab es genug: Klimaschwankungen, Einfälle feindlicher
Nachbarn, Flucht vor römischen Soldaten oder der rauhe Befehl römischer Statthalter zur Umsiedlung – das alles kam vor und hielt die
Stämme in Germanien in Atem.

Ein Volk, das sich offenbar nicht von der Stelle gerührt hat, waren
die Cherusker, ein großer Stamm, der die Siedlungskammern zwischen
den großen Wäldern vom nordöstlichen Westfalen über die Weser bis
hin zum nördlichen Harzvorland bewohnte. Der römische Feldherr
Drusus war einst mehrfach mit seinem Heer durch cheruskisches Gebiet marschiert, und einige Häuptlinge hatten freundschaftliche Beziehungen zu den Römern geknüpft. Des Cheruskerfürsten Sigimer
älterer Sohn war als junger Mann Führer eines Kontingents von Hilfstruppen geworden.

Wie Arminius mit seinem heimatlichen Namen geheißen hat, ist trotz
allen aufgewandten Scharfsinns nie enträtselt worden. Sein einheimischer Name kann weder Hermann noch Armin gewesen sein. Auch Vermutungen, er habe auf germanisch Sigfrid geheißen und sei das historische Vorbild der mittelalterlichen Siegfried-Sage, sind nicht sehr
wahrscheinlich. Arminius muß im Jahr 19 v. Chr. geboren worden sein.
Auf dem Höhepunkt seiner Erfolge, nach dem endgültigen Abzug des
römischen Feldherrn Germanicus, nämlich stand er im 35. Lebensjahr.

Hier ist nicht der Raum, das Leben, die Schlachten und das Schicksal des Arminius im einzelnen zu schildern. Darüber gibt es auch genügend Literatur. Vor allem der noch immer rätselhafte Ort der Varusschlacht beflügelt die Phantasie zahlloser Heimatforscher. Angeblich
soll es rund 750 verschiedene Theorien dazu geben. Wenn Zeitungsbe-
richte aus dem Jahr 1991 zutreffen sollten, hat man aber am Nordrand
des Wiehengebirges, nicht weit von Bramsche, römische Münzen und
zerbrochene Waffen gefunden, die nur von Soldaten des Varus stam-

men können. Tüchtige Fremdenverkehrsvereine des Osnabrücker Landes behaupten seitdem lautstark, nun sei der Ort der Varusschlacht gefunden. Doch gibt es immer noch berechtigte Zweifel an dieser Theorie.

Wie in der Einleitungsepisode angedeutet, kam es schon ein Jahr nach dem endgültigen Abzug römischer Truppen aus dem »freien Germanien« zu einer Schlacht zwischen Arminius und Marbod (17 n. Chr.), genauer gesagt, zwischen Heeren der jeweils verbündeten Völker und Stämme, irgendwo östlich der Elbe. Sie ging unentschieden aus, allerdings zog sich Marbod danach vorsichtig zurück. Nach diesem Ereignis scheint das Interesse der Römer an »innergermanischen« Vorgängen rasch erloschen zu sein – oder ihre Informationsquellen begannen zu versiegen. Jedenfalls erfuhr die Nachwelt nur noch in rätselhaften Andeutungen des Historikers Tacitus etwas über das Ende des Arminius und seines Gegenspielers Marbod. Arminius sei (im Jahr 21 n. Chr.) »durch die Hinterlist eines Verwandten gefallen«, schreibt Tacitus. Marbod mußte bereits zwei Jahre vor dem Ende seines großen Gegners (19 n. Chr.) vor einem Aufstand in seinem eigenen Volk flüchten und fand bis zu seinem ruhmlosen Tod bei den Römern Asyl im Adriahafen Ravenna.

Der wahre Erfolg des Arminius war nicht so sehr die Vernichtung der drei Legionen des Varus im Jahr 9 n. Chr. Sondern ihm gelang es, den Truppen des Kaiserneffen Germanicus bei ihren »Strafexpeditionen« in den späteren Jahren so schwere Verluste zuzufügen, daß Kaiser Tiberius den endgültigen Abzug zum Rhein befahl. Die überlieferten offiziellen Begründungen – Germanicus habe sich nun genug Ruhm erworben und man solle die Germanen ihrer eigenen Zwietracht überlassen – klangen damals genauso verlogen wie heute.

Germanicus hatte bei seinen Kriegszügen zeitweise mindestens 70 000 Mann zur Verfügung, mehr als doppelt soviel wie einst Varus. Eine wenigstens annähernd gleich große Zahl germanischer Krieger muß Arminius zur Abwehr gesammelt, hinreichend für einen geordneten Kampf geschult und mit ausgezeichnetem Gespür für militärische Strategie und Taktik befehligt haben.

Der Abzug des Germanicus auf Befehl seines Kaisers war nach Caesars Schlacht gegen Ariovist die nächste epochale Weichenstellung für Mitteleuropa. War es die »Befreiung Deutschlands von den welschen Eroberern« – wie einst bei uns nicht wenige meinten? Oder war es die

»für Jahrhunderte verpaßte Chance für Deutschland, rechtzeitig Anschluß an die Hochzivilisation Roms zu erhalten«, wie einige deutsche
Betrachter ebenfalls glaubten?

Lassen wir alle Spekulationen, halten wir uns an die Würdigung
des Arminius durch den römischen Schriftsteller Tacitus, mit der er
das Zweite Buch seiner *Annalen* abschließt: »Unstreitig war er der Befreier Germaniens, der das römische Volk nicht am Anfang seiner
Geschichte, wie andere Könige und Heerführer, sondern der das in
höchster Blüte stehende Reich herausgefordert hat, in den einzelnen
Schlachten nicht immer erfolgreich, aber im Kriege unbesiegt.«

WAREN DIE CHERUSKER
GERMANEN?

Noch vor 40 Jahren wäre über diese Frage in Deutschland verständnislos der Kopf geschüttelt worden, nicht nur bei den geschichtsinteres-
sierten Laien. Alle Deutschen haben schließlich seit Jahrhunderten gelernt, Arminius und seine Cherusker seien geradezu die Urbilder von
Germanen. Nicht zuletzt deswegen hat man ja »Hermann dem Cherusker« das riesige Denkmal im Teutoburger Wald bei Detmold errichtet.
Aber auch unter den Fachwissenschaftlern, den Historikern, Archäologen und Sprachforschern, erst recht unter den vielen Hobby-For-
schern, die nach dem Ort der Varusschlacht suchten, wäre niemand auf
die Idee gekommen, das »Germanentum« der Cherusker in Zweifel zu
ziehen.

Denn die verhängnisvolle Definition Caesars – östlich des Rheins
Germanen, westlich des Rheins Gallier – hat auch in Deutschland vielen Generationen von Forschern die Unvoreingenommenheit geraubt.
Die »Germanenbegeisterung« im Deutschland des 19. Jahrhunderts bis
hin zur Doktrin von der »überlegenen germanischen Rasse« der Nationalsozialisten hätte auch jeden Zweifel nahezu als »Volksverrat« erscheinen lassen. Erst seit 1945 kann man in Deutschland in dieser Richtung ohne Scheuklappen forschen.

Im Jahr 1962 veröffentlichten drei deutsche Universitätsprofesso-
ren, die Prähistoriker Rolf Hachmann und Georg Kossack sowie der
Sprachwissenschaftler Hans Kuhn, ein Buch mit dem provozierenden
Titel *Völker zwischen Germanen und Kelten*. Jeder war zunächst unabhängig

vom anderen zu seiner Erkenntnis gelangt, der Archäologe etwa durch die auffallenden Unterschiede in den Bestattungssitten zwischen Kelten und diesen »anderen Völkern«, der Sprachforscher durch Untersuchung alter Fluß-, Orts-, Völker- und Personennamen, die sich deutlich von germanischen, aber auch keltischen Sprachformen unterschieden.

Kurz gesagt legten die drei Wissenschaftler dar, daß es im Nordwesten Deutschlands sowie in den Niederlanden und Belgien bis zur Zeit um Christi Geburt große Völkergruppen gegeben haben müsse, die weder Kelten waren, jedenfalls nicht keltisch sprachen, noch bereits eine germanische Sprache benutzten. Ihre Sprache sei beiden zwar verwandt, unbestreitbar auch ein Abkömmling der indoeuropäischen Einwanderer gewesen, aber eben doch etwas anderes als das damalige Germanisch oder Keltisch. Auch der Stamm der Cherusker habe zu dieser »Nordwestgruppe« gehört, wenn auch mindestens Teile seines Adels wohl schon Germanen oder wenigstens sprachlich »germanisiert« waren. Die heftigen Kämpfe mit den Römern hätten diese Völker, allen voran die Cherusker, so geschwächt, daß den von Nordosten ins Land drängenden Germanen die sprachliche und kulturelle »Germanisierung« sehr erleichtert worden sei.

Diese These ist wohl von keinem Fachkollegen uneingeschränkt akzeptiert worden. Sie war ja unbequem, man kritisierte Mängel in der Beweisführung und hoffte wohl, daß sie sich bald von selbst erledigen werde. Doch das geschah nicht. Der Kern der Behauptung war nicht zu widerlegen: Es muß noch bis in die erste Zeit der römischen Herrschaft in den nordwestlichen Teilen »Germaniens« zahlreiche Menschengruppen gegeben haben, die weder Kelten noch Germanen im *sprachlichen* Sinne waren.

Wie man diese nur in winzigen Resten erhaltene Sprache nennen soll, ist umstritten. Man fand eine gewisse Verwandtschaft mit den Sprachen der etwa gleichzeitig lebenden Illyrer im westlichen Balkan oder der Veneter an der Adria, beides indoeuropäische Völker, aber eben weder Griechen noch Römer, noch Kelten, noch Germanen. Illyrer wie Veneter sind als eigenständige Völker längst untergegangen und haben nur Landschaften und einer Stadt (Venedig) ihre Namen hinterlassen. Zeit- und versuchsweise nannte man auch die Sprache des »Nordwestblocks« Illyrisch oder Veneto-illyrisch, kam aber bald wieder davon ab. Bisher ist diese Sprache namenlos.

Warum nennt man sie nicht »mitteleuropäisch«? Um zu verstehen,

**Kelten, Germanen,
»Nordwestblock« um den Beginn
unserer Zeitrechnung**

Kelten

Germanen

»Nordwestblock« (nach Hachmann/
Kossack/Kuhn Überschichtung
durch Germanen und Kelten schon
weit fortgeschritten)

6

was damit gemeint ist, ist ein kleiner Ausflug in die europäische Sprachgeschichte vor 4000 bzw. 2000 Jahren nötig. Die indoeuropäischen Einwanderer aus Südrußland, die bereits in den ersten beiden Kapiteln erwähnt wurden, brachten vermutlich eine noch halbwegs einheitliche Sprache mit nach Europa. Als sie sich allmählich zu Herren der alten Bewohner Europas machten, zwangen sie diesen auch ihre Sprache auf. Doch Aussprache-Eigentümlichkeiten, andere Wörter usw. aus dem Munde der Alteinwohner veränderten die Herrensprache stark. Sie wurde zum »Alteuropäisch«, das in Ost-, Südost- und Mitteleuropa vielleicht noch von den meisten Menschen verstanden wurde, aber schon recht unterschiedlich geklungen haben muß. Aus dieser alteuropäischen Sprachschicht, die wohl zu Anfang der europäischen Bronzezeit (um 1800–1500 v. Chr.) entstand, stammen übrigens die Namen der meisten Flüsse in Europa, zum Beispiel Sala = Saale, Mönos = Main. Der Indogermanist Hans Krahe gab dieser Sprachschicht in den fünfziger Jahren ihren Namen.

Sprachen verändern sich im Laufe der Zeit. Das stellt jeder fest, der heute ein 200 oder gar 400 Jahre altes deutsches Buch lesen will. In den mehr als 1000 Jahren, die zwischen dem Beginn und dem Ende der Bronzezeit, das heißt dem Anfang der Verwendung von Eisen in Mitteleuropa (um 600 v. Chr.), lagen, muß sich auch dieses Alteuropäisch erheblich gewandelt und sich vor allem regional auseinanderentwickelt haben. Zwischen Ostfrankreich und Österreich trennte sich wahrscheinlich allmählich das Keltische als eigene, deutlich unterscheidbare Sprache ab, in Italien entstand das Urlatein der Latiner, später der Römer. In anderen Teilen Europas ging die Entwicklung jedoch langsamer vonstatten. Vielleicht hätten sich ein Illyrer vom Balkan und ein Mensch aus Nordwestdeutschland um 200 v. Chr. noch notdürftig verständigen können, weil sie Dialekte einer Sprachstufe verwendeten, die man eben mitteleuropäisch nennen könnte: nach der Zeitstufe, so wie man wieder über 1000 Jahre später das Mittelhochdeutsche vom vorhergehenden Althochdeutschen unterscheiden muß, mitteleuropäisch aber auch von der Region, in der diese Sprache noch bekannt war.

Wohl ab der Mitte des letzten Jahrtausends *vor* Christus begann sich in Südskandinavien sowie in Nord- und Ostdeutschland das Germanische als neuer besonderer Sprachzweig durch bestimmte Eigentümlichkeiten herauszubilden (siehe dazu S. 76ff.). Der Nord*westen* Deutschlands blieb von dieser neuen Sprachbildung jedoch vorerst noch unberührt. Erst einige 100 Jahre später sickerten dann auch Germanen in das Gebiet des Nordwestblocks ein, kurz vor oder gar noch während des Eindringens der Römer von der anderen Seite. Die Episode am Anfang dieses Kapitels versucht, mit den beiden Kampfgefährten des Arminius – Wurmio, dem »Germanen«, und Bauto, dem »Nordwestmann« – diesen vermuteten Vorgang etwas verständlicher zu machen, allerdings ohne handfeste Beweise und ohne Erklärung, *warum* das so geschehen sein könnte.

Nun aber noch einmal zurück zur Ausgangsfrage: Waren die Cherusker Germanen? Wenn man als Kennzeichen die Verwendung einer von der heutigen Sprachwissenschaft als »germanisch« bezeichneten Sprache nimmt, dann waren sie es offenbar im letzten Jahrhundert vor der Zeitenwende, also etwa zur Zeit Caesars, noch nicht. Daß Arminius und seine Freunde wie Feinde aus den cheruskischen Adelssippen ein Dreivierteljahrhundert *nach* Caesar bereits »germanisch« oder noch »mitteleuropäisch« sprachen, können wir weder beweisen noch widerlegen. Wenn das Mitteleuropäische bei der einfachen Bevölkerung noch verbreitet gewesen sein sollte, beherrschten die Adligen gewiß fließend beide Sprachen. Den Römern, die sich ohnehin nicht für die Sprachen ihrer Gegner interessierten, fiel jedenfalls kein Unterschied auf.

Für die Römer zur Zeit des Augustus und des Tiberius waren die Cherusker (und ihre Kampfgefährten, die Chatten, Marser, Brukterer) jedenfalls völlig »echte« Germanen, so wie Caesar die Krieger Ariovists beschrieben hatte: wild, kriegerisch, furchterregend, unbezähmbar, »barbarisch« in ihren Sitten. Auch in Kleidung und Bewaffnung sowie der Lebensführung stellten sie keine erheblichen Unterschiede fest. Ob das nun eine Anpassung der »Nordwestleute« an die benachbarten und kulturell immer einflußreicher werdenden Stämme im Norden und Osten war oder den »Nordwestleuten« seit langem innewohnende Eigenschaften waren, ist nicht klar. Manches spricht für letzteres.

Einige tatsächlich vorhandene Unterschiede fielen den Römern nicht als solche auf: etwa, daß im ganzen Nordwesten Germaniens, von Hessen bis Belgien, eine Dreiheit von Göttinnen verehrt wurde, die »Matronen« mit örtlich jeweils verschiedenen Namen, oder daß bei diesen Stämmen, im Gegensatz zu den Völkern weiter im Osten, Seherinnen als Verkünderinnen des göttlichen Willens hoch angesehen waren. Die Stämme des »Nordwestblocks« hatten auch keine Könige oder duldeten keine, wiederum im Gegensatz zu den »echt« germanischen Markomannen, Quaden und anderen östlichen Völkern.

Die Archäologen konnten noch etwas Wichtiges feststellen: Im ganzen Gebiet zwischen Main, Hunsrück und dem Nordrand der deutschen Mittelgebirge fanden sie viele große Höhenburgen, die in der La-Tène-Zeit (500 bis etwa 50 v. Chr.) relativ dicht und ständig besiedelt gewesen sein müssen und Anzeichen einer Art Stadtkultur mit starken Kultureinflüssen aus dem südlich angrenzenden keltischen Gebiet zeigten. Doch im letzten Jahrhundert vor der Zeitenwende verödeten diese Burgen relativ plötzlich – man weiß nicht, warum. Die sogenannte »Babilonie« auf dem Kamm des Wiehengebirges, der Name hat mit Babylon am Euphrat sicher nichts zu tun, ist so ziemlich die nördlichste dieser großen vorgeschichtlichen Burganlagen. Die Episode zu Beginn des Kapitels schlägt eine Erklärung für das Verlassen dieser vorgeschichtlichen »Städte« vor, die dieses Rätsel in der deutschen Vorgeschichte aber gewiß noch nicht befriedigend löst.

Ein weiterer sehr markanter Unterschied zwischen den »echten Germanen« und den »Nordwestleuten« zeigt sich erst in der historischen Rückschau auf viele Jahrhunderte germanischer Völkerwanderungen: Während Kimbern, Goten, Langobarden, Wandalen als »sprachlich echte« Germanen kontinentweite Wanderungen antraten, blieben die Stämme des »Nordwestblocks« seßhafter. Wenn sie neues Siedelland suchten – das kam auch bei ihnen immer wieder vor –, dann praktisch nur in unmittelbarer Nachbarschaft ihrer vorherigen Sitze. Sind das nicht doch Unterschiede, die zu denken geben?

Aber es sprechen auch Argumente dagegen, den Cheruskern und ihren Verwandten den Namen »Germanen« abzuerkennen. Irgendwann, *vor* Caesars Erscheinen in Gallien, soll ein Stamm von »Germani« von Ost nach West über den Niederrhein gezogen sein und sich im heutigen Belgien niedergelassen haben; danach nahm er den Namen »Tungrer« an (siehe 2. Kap., S. 39). An diesem von mehreren römischen Autoren überlieferten Bericht kann wohl nicht gezweifelt werden. Nach dem, was man heute über die damalige Bevölkerung dieses Gebiets weiß, darf man annehmen, daß es ein Stamm aus dem Nordwestblock war, der *innerhalb* dieses Sprach- und Kulturgebiets seinen Wohnsitz änderte, vielleicht nur um ein paar Dutzend Kilometer. Kein Wunder, daß die Archäologen keine Spuren dieser Einwanderung finden konnten, denn die »Germani« brachten ja die gleichen Kulturtraditionen mit, wie sie bei ihren neuen Nachbarn in Belgien üblich waren. Insofern ist der Name Germanen, den Caesar all den unheimlichen Stämmen im Norden und Osten von Gallien zuteilte, vielleicht doch viel eher auf die Cherusker zutreffend gewesen als auf Kimbern, Teutonen, Sueben und Markomannen.

Heute glauben die Vorgeschichtsforscher nicht mehr wie noch bis vor 50 Jahren an ein sehr hohes Alter der »echten« Germanen, das heißt, daß diese sich in Südskandinavien und Norddeutschland in ungestörter Entwicklung von den frühesten Indoeuropäern geradlinig zu den Völkern entfalteten, die dann in der römischen Kaiserzeit als Germanen ins Licht der Geschichte traten. Vielmehr nimmt die Fachwissenschaft inzwischen an, daß das, was man heute Germanen nennt, erst in den Jahrhunderten unmittelbar vor und nach Christi Geburt in komplizierten »Ausgleichsprozessen« aus den Stämmen und Völkern zwischen Weichsel und Rhein, zwischen Main und Dänemark sprachlich zu einer gewissen Einheit zusammenwuchs. Dies geschah gewissermaßen unter den Augen der Römer, die diesen sehr allmählichen Vorgang nur nicht bemerkten. Biologisch und kulturell hatten daran jedoch die Gruppierungen des »Nordwestblocks« mindestens so viel Anteil wie die übrigen »Kulturkreise«, von denen noch die Rede sein wird.

Auch insofern ist das Fragezeichen in der Überschrift dieses Abschnitts: »Sind die Cherusker Germanen?« eher als Anregung zum Nachdenken denn als echter Zweifel zu verstehen.

4. NEUE WOHNSITZE ÜBER DEM MEER

KÖNIG BERIGS GLÜCK
Um 20 n. Chr., nahe der Weichselmündung

Erschöpft, aber glücklich bis in die Haarspitzen ließ sich König Berig auf das Bärenfell sinken, das ihm sein Leibknecht fürsorglich bereitgelegt hatte. Der anstrengendste Tag seines bisherigen Lebens ging allmählich dem Ende entgegen, und ihm, Berig, war das Heil der Götter in einem Maße beschieden gewesen, wie er es sich in seinen kühnsten Träumen nicht erhofft hatte.

War es erst im Morgengrauen des heutigen Tages gewesen, als die Flotte von 80 Schiffen mit windgeschwellten Segeln sanft am südlichen Strand des großen Meeres (der Ostsee) aufgesetzt hatte? Drei Tage vorher hatten 700 Krieger des stolzen Volkes der Gutonen (Goten) auf der heimatlichen Insel (Gotland) die Schiffe bestiegen, entschlossen, entweder zu siegen oder unterzugehen. Vom Augenblick der Landung an war dann alles blitzschnell gegangen. Das Unternehmen war auch lange und sorgfältig genug vorbereitet worden. Die Männer um Berig wußten, was sie zu tun hatten.

Die kleine Ansiedlung an der Mündung eines der vielen Arme des Flusses Weichsel ins Meer hatte seit undenklichen Zeiten eine Bedeutung als Rastplatz der Händlerzüge aus dem Süden. Doch die heutigen Einwohner versahen sich keines Unheils. Die wenigen Rugier, die seit mehr als 100 Sommern hier die Herren gewesen waren, schliefen noch fest in ihren Häusern, als die Gutonenkrieger mit rauher Gewalt die Türen aufbrachen. Nur wenige Rugier schafften es, ihre Schwerter und Speere zu ergreifen und sich zu wehren. Die meisten wurden erschlagen, der Rest flüchtete in Booten über den breiten Fluß. Fast kampflos, mit nur geringen eigenen Verlusten, hatte das Volk der Gutonen diesen wichtigen Platz in die Hand bekommen.

Noch am gleichen Tag hatte der junge König starke Streifscharen unter zuverlässigen Anführern nach Sonnenaufgang und Mittag geschickt. In diesen Richtungen sollten je drei Tagereisen weit alle Dörfer der Rugier möglichst ebenso überrumpelt und für die Gutonen gesichert werden. Die Familien der rugischen Herren sollten, wenn sie dies wollten, nach Sonnenuntergang ungestört über die Weichsel abziehen können. Die sehr viel zahlreicheren Knechtsleute der Gegend, deren Vorfahren schon seit unendlich langer Zeit hier wohnten, würden den neuen Herren keine Schwierigkeiten machen. Das hatte die Kundschafter übereinstimmend berichtet, die seit einigen Jahren auf Händlerschiffen von Gotland an die Weichselmündung gefahren waren und deren Erzählungen so viel zum Gelingen des Plans beigetragen hatten.

Denn unbekannt waren die Gutonen am Südufer des Meeres keineswegs, gab es doch seit eh und je einen regen Schiffsverkehr von dort mit den Ländern im Norden, die man zusammenfassend Skandza (Küste) nannte. Die Gutonen galten rings um das Meer als stolze, herrische und sieggewohnte Krieger, die aber ihren Knechten gegenüber recht großzügig bei der Aufnahme als Frilinge (Freie) in ihr eigenes Volk sein konnten, wenn sich die Unterworfenen treu verhielten. Die Knechtsleute würden nicht einmal eine neue Sprache lernen müssen, denn die Gutonen und die Rugier sprachen nur wenige Wörter verschieden aus. Schließlich waren die Rugier selbst einst von ihrer Insel Rügen nach Süden übergesetzt und ähnelten ihren Nachbarn, den Gutonen, in vielem.

Berig biß in einen Schinken und trank einen Becher romäischen (römischen) Weins dazu. Ein Gutonenkrieger hatte als willkommenen Schatz einen großen Tonkrug voll davon im Haus des erschlagenen Dorfanführers gefunden. Dabei dachte der König über die nächsten Maßnahmen nach, die er zu treffen hatte.

Die Flotte der Drachenschiffe mußte wieder in die Heimat zurückgeschickt werden, mit einer möglichst geringen Zahl an Bemannung, sobald der Wind dafür günstig stand. Sie sollte dann Frauen und Kinder, Hausrat und Vieh für die Krieger nachholen, die schließlich das eroberte Land dauerhaft besiedeln wollten. In der Heimat auf der Insel war es vielen jungen Leuten zu eng und zu langweilig geworden.

Sodann mußte das Gebiet feierlich benannt werden. Man war sich schon zu Hause einig gewesen, daß es Guti-Skandza (Gotenküste) heißen sollte.

Bald war auch Sorge zu tragen, daß die Knechtsleute nicht vergaßen, den Bernstein aufzusammeln, den das Meer hier immer wieder an den Strand spülte. Den fernen Romäern waren diese gelblichen

Brocken so viel wert, daß sie bereit waren, wertvolle Gefäße aus Bronze und Silber, Schmuck und sogar Wein den weiten Weg aus dem Süden bis zur Meeresküste zu schicken. In den Sommermonaten kamen jedes Jahr zwei oder drei Züge kühner Händler mit zahlreichen Tragpferden an die Küste. Sie kehrten dann mit Säcken voll Bernstein wieder um. Diese Männer aus dem Süden waren keine Romäer, sondern Angehörige verschiedener anderer Völker, aber sie kamen im Auftrag der Romäer und brachten deren Waren, und sie kannten sich hier aus. Sie würden klug genug sein, auch mit den neuen Herren dieses kleinen Handelsplatzes an der Meeresküste Handel zu treiben. Nicht zuletzt diese Aussicht hatte die Gutonen veranlaßt, ihre Landnahmefahrt gerade hierher zu richten.

Von den Romäern sagten Gerüchte, daß sie vor ein paar Jahren weit im Westen eine große Niederlage erlitten hätten und schändlich geflüchtet seien. Andere Gerüchte wußten von einer großen Schlacht zwischen vielen Völkern nicht weit vom Fluß Albis (Elbe) zu erzählen, bei der es keinen klaren Sieger gegeben hatte (die Schlacht zwischen Arminius und Marbod). Aber was ging das die Gutonen an? Die Hauptsache war, daß der Handel mit den Romäern im Süden nicht ins Stocken kam.

Berig seufzte, als seine Gedanken zu dem Punkt zurückkehrten, der ihn an diesem glücklichen Tag in tiefe Trauer versetzte. Sein junger Vetter Tryggva (der Treue) gehörte zu den wenigen gutonischen Kriegern, die bei dem kurzen Kampf am Morgen den Tod gefunden hatten.

Für die gewöhnlichen Krieger unter den Toten mußte, wie es die Frömmigkeit gebot, morgen abend ein großer Scheiterhaufen errichtet werden. Das Feuer des Holzes sollte die Körper, aus denen der Lebenssaft entflohen war, im Rauch zu den Göttern tragen. Die verbliebenen Reste würden dann in Tonurnen dem Erdboden zur ewigen Ruhe übergeben.

Bei Tryggva, dem Sproß der Königssippe, würde es anders sein. Denn bei den Männern und Frauen dieser Sippe, die sich göttlicher Abstammung rühmte, hatte das Heil der Götter seinen Hauptsitz im schönen langen Haar. Dieses Haar durfte nicht durch Feuer zu den Göttern zurückgeschickt werden, sondern es mußte dem Volk erhalten bleiben, auch wenn sein Träger tot war. Darum wurde den Angehörigen der Königssippe schon seit Generationen ein würdiges Grab in der Erde bereitet, mit allen Gerätschaften, die sie für ein Weiterleben benötigten.

Nur ihre Waffen wurden unter den Würdigsten der Gutonenkrieger verteilt.

Tryggva, der erst 15 Sommer zählte, als ihn das Schicksal der Krieger ereilte, hatte Berig immer besonders nahegestanden. Berig selbst war auch nur wenig über 20 Sommer alt. Die jüngeren Männer aus der Königssippe waren bei all ihren kriegerischen Übungen stets zusammen und eine Gemeinschaft von Gleichen gewesen. Erst wenige Wochen vor der Überfahrt war Berig daraus hervorgehoben worden, sogar noch vor seinem älteren Bruder, der einmal König aller Gutonen werden würde. Der alte König hatte seinen jüngeren Sohn Berig feierlich zum König der Gutonen im neuen Land Guti-Skandza ausgerufen, ihm eine königliche Lanze überreicht und damit einen besonderen Zweig der Königssippe bei den Gutonen jenseits des Meeres gestiftet. Seit damals war es aber eine ausgemachte Sache gewesen, daß Tryggva seinen Vetter bei der Fahrt zur Landnahme begleiten würde.

Und nun war er tot. Berig würde seine Treue und sein munteres Wesen für immer entbehren müssen. Mit einem weiteren tiefen Seufzer wickelte sich Berig in seinen Wollmantel, um zu schlafen. Bei all der Trauer, die er empfand, durfte er sich am morgigen Tag nicht gehenlassen. Das Los des Königs war schwerer als das anderer Krieger. Zu den Gefühlen, die ein König wie jeder andere Sterbliche empfand, kam die Verantwortung hinzu, das Heil der Götter, das in der Königssippe erblich war, dem eigenen Volk zu vermitteln.

GOTEN AN DER WEICHSELMÜNDUNG

Die obige Episode kann sich nicht auf ausführliche historische Dokumente, nicht einmal auf eindeutige archäologische Funde stützen. Dennoch dürfte es auch kritischen Fachwissenschaftlern schwerfallen zu beweisen, daß es so nicht gewesen sein könnte.

Die einzige überlieferte Quelle über das oben Erzählte ist die *Gotengeschichte* des spätrömischen Schriftstellers Jordanes. Sie entstand jedoch erst mehr als ein halbes Jahrtausend später, nämlich um 550 n. Chr. Jordanes konnte sich allerdings auf alte Überlieferungen im Gotenvolk stützen. Er schrieb: »Nach alten Berichten sind von dieser Insel Skandinavia (im nördlichen Meer) wie aus einer Werkstätte oder besser wie

aus einem Mutterschoß der Völker einst die Goten unter ihrem König
Berig ausgewandert. Dem Land, in das sie gelangten, gaben sie nach
dem Verlassen der Schiffe sogleich einen Namen und nannten es Go-
tiskandza, so wie es noch heute genannt wird.« Jordanes berichtet weiter, die Goten seien auf nur drei Schiffen über die See gefahren.

Die »drei Schiffe« bei Jordanes sollen wahrscheinlich nur andeuten,
daß es wenige Goten waren, die sich an der Auswanderung beteiligten.
Die in obiger Szene angenommene Zahl von 700 Kriegern ist keineswegs unglaubhaft.

Die von Jordanes berichtete Herkunft der Goten aus Skandinavien
ist gelegentlich bezweifelt worden. Doch wie sollte man sich sonst die
offenbar uralten Landschaftsnamen Götaland in Südschweden und
Gotland für die große Insel östlich von Schweden erklären, Gegenden,
aus denen die gotischen Auswanderer doch wohl gekommen sein müssen?

Und wie sollte man sonst die engen stilistischen Zusammenhänge
erklären, die die nüchternen Archäologen bei ihren Ausgrabungen im
Weichselgebiet feststellten, als sie Tontöpfe und andere Hinterlassenschaften aus der Zeit kurz nach Christi Geburt mit Funden aus Südskandinavien aus der gleichen Zeit verglichen? Allerdings konnten die
Archäologen auch kein Anzeichen für einen Bevölkerungs- oder Stam-
meswechsel an der Weichselmündung finden. Doch das läßt sich leicht
erklären, wenn man der Vermutung – und dem Bericht des Jordanes –
folgt, die in der obigen Episode geäußert wurde: Die Ablösung der
ebenfalls aus Skandinavien stammenden Rugier durch die eng verwandten Goten konnte praktisch keinen markanten Stilwandel bei den
Bodenfunden hervorrufen.

Für den Zeitpunkt des gotischen »Sprungs über die Ostsee« gibt es
Theorien, die um 200 Jahre auseinanderklaffen. Doch die wahrscheinlichste ist die oben zugrundegelegte: kurz nach der Zeitenwende. Denn
ab dieser Zeit setzen Berichte römischer Autoren ein, die ein Volk der
Gutonen irgendwo weit im Nordosten Germaniens verzeichnen.

Damals war die sogenannte Bernsteinstraße schon 2000 Jahre lang
nahezu ununterbrochen von kühnen Händlern begangen worden. Es
war ein Handelsweg, der vom Nordende des Adriatischen Meeres um
die Ostflanke der Alpen herum nach Norden führte, die Donau etwas
unterhalb von Wien überquerte, weiter durch Mähren, Schlesien, Südpolen bis zur Weichsel verlief und irgendwo an der ostpreußischen

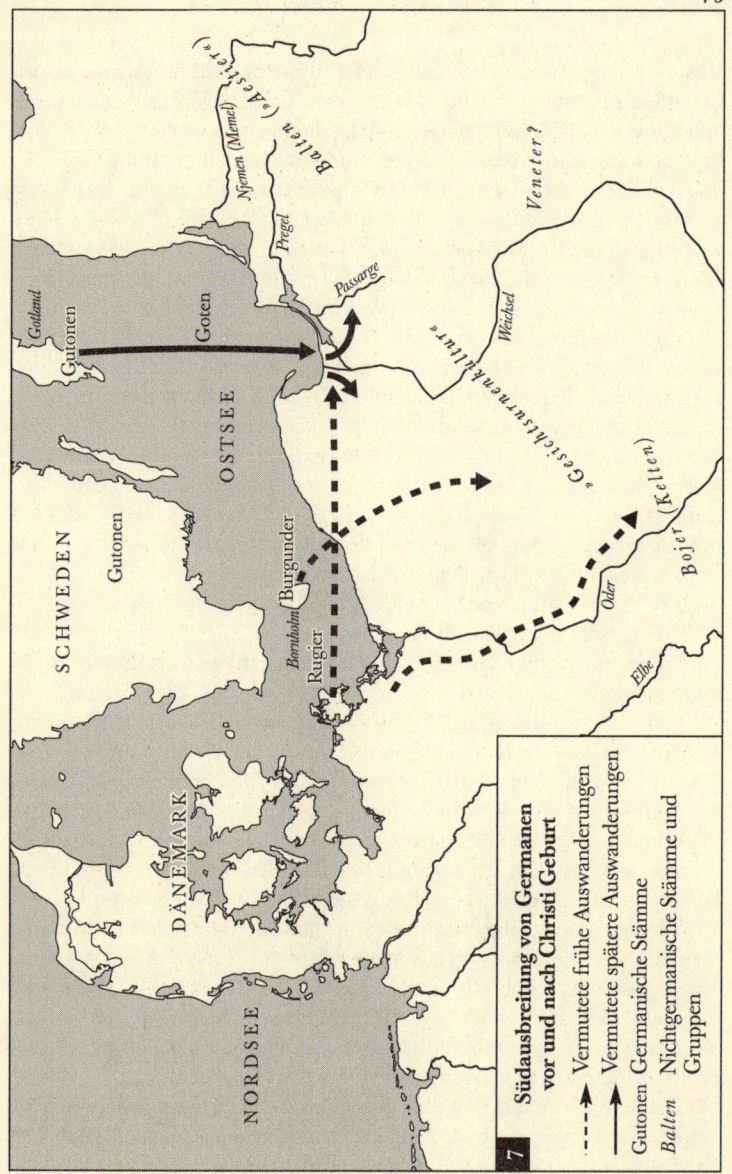

7 **Südausbreitung von Germanen vor und nach Christi Geburt**

- – – – Vermutete frühe Auswanderungen
- ——— Vermutete spätere Auswanderungen
- *Gutonen* Germanische Stämme
- *Balten* Nichtgermanische Stämme und Gruppen

Küste der Ostsee endete. Wenn die Kenntnis dieses Pfades, eine ausgebaute Kunststraße darf man sich natürlich nicht darunter vorstellen, so
lange von einer Händlergeneration an die nächste weitergegeben worden ist, dann kann man als sicher unterstellen, daß auch die Goten in
ihrer schwedischen Urheimat davon gehört hatten. Ihnen dürfte klar
gewesen sein, wie lukrativ es sein mußte, den Endpunkt dieses Handelswegs in die Hand zu bekommen. Und wenn die Weichselmündung
auch vielleicht nicht die damalige Hauptfundgegend des begehrten
Bernsteins gewesen sein sollte – diese lag wohl eher etwas weiter nördlich an der ostpreußischen Küste –, dann konnten die Goten durch ein
eisenzeitliches Gegenstück zum modernen »Durchfuhr-Zoll« sich doch
vom gewinnbringenden Bernsteinhandel »eine Scheibe abschneiden«.

So besehen war die Landnahme der Goten ausgerechnet an der
Weichselmündung wohl so etwas wie »kalkulierter Raub«, wie es Hermann Schreiber in seinem lesenswerten populärwissenschaftlichen
Buch *Auf den Spuren der Goten* nannte. Die Ostseeküste verlief damals
mit Sicherheit anders als heute. Die Frische Nehrung, jener schmale
Dünenrücken, der heute den östlichsten Weichselarm, die Nogat, praktisch in einen Binnensee, das Frische Haff, münden läßt, existierte in
jener Zeit wohl höchstens in Ansätzen.

Wenn doch die Vorgeschichtswissenschaftler ihre Erkenntnisse
nicht so häufig mit Ausdrücken beschreiben würden, die dem Laien die
Vorgänge eher unklar machen! So wird der letzte Forschungsstand zur
Frühgeschichte der Goten in der Ausgabe der *Brockhaus-Enzyklopädie*
von 1989 wohl zutreffend folgendermaßen beschrieben: »Nach der
Einwanderung von ›Traditionskernen‹ (u.a. der Königsdynastie) aus
Skandinavien kam es um Christi Geburt in Ostpommern und an der
unteren Weichsel auf der Grundlage einheimisch-eisenzeitlicher Bevölkerungsgruppen zur ersten Ethnogenese der ›Guthonen‹.«

Was man sich unter einem »Traditionskern« vorstellen könnte und
wie die gotische Königsdynastie von Gotland an die Weichsel kam,
wird vielleicht durch die obige romanhafte Darstellung etwas verdeutlicht. Wie aber könnte die Ethnogenese (Entstehung eines Volkes)
auf der »Grundlage einheimisch-eisenzeitlicher Bevölkerungsgruppen«
praktisch vor sich gegangen sein?

Die »einheimische Bevölkerungsgruppe« im fraglichen Gebiet hat
bei den Archäologen den seltsamen Namen »Gesichtsurnenkultur« erhalten. Fast aus dem ganzen letzten Jahrtausend *vor* Christus hat man

dort Tonurnen mit Leichenbrandresten gefunden, die außen mit einem stilisierten Gesicht mit kräftigen Augenbrauen verziert waren. So allgemein in dieser Zeit und in fast ganz Europa die Sitte verbreitet war, die Toten auf Scheiterhaufen zu verbrennen und die Aschenreste in Urnen zu bestatten, so einmalig und charakteristisch war diese besondere Verzierung der Urnen. Es muß sich um eine Menschengruppe gehandelt haben, die sich kulturell als eigenes Volk empfand. Immer wenn die heutigen Wissenschaftler nicht wissen, wie sich ein vorgeschichtliches Volk selbst genannt hat, werden solche »Kulturen« aus Verlegenheit nach auffälligen Merkmalen benannt, die die Archäologen bei ausgegrabenen Hinterlassenschaften von stilistischen Eigenarten anderer Kulturen unterscheiden können.

Die »Gesichtsurnenleute« teilen das Schicksal anderer vorgeschichtlicher Bevölkerungsgruppen in Mittel- und Osteuropa, lange Zeit von deutschen Wissenschaftlern für frühe Germanen und von polnischen Forschern für frühe Slawen gehalten worden zu sein. Vermutlich waren sie aber weder das eine noch das andere, sondern benutzten eine Sprache, die zur Gruppe des erwähnten Mitteleuropäischen gehörte. Die jahrhundertelange Herrschaft germanischer Völker, erst der Rugier, dann der Goten, dürfte aber auch dieses offenbar recht friedliche und bodenständige Volk – die Knechtsleute in der Episode – allmählich sprachlich und kulturell zu Germanen gemacht haben.

Die Episode versucht auch eine Erklärung für einen anderen Brauch zu geben, der den Archäologen aufgefallen ist: für die wenigen, aber besonders reich ausgestatteten Körpergräber in Hinterpommern und Westpreußen, offenbar für Angehörige einer sehr kleinen Oberschicht. In der Fachsprache heißen sie »Lübsow-Gräber«; Lübsow war ein Dorf in Pommern, in dem man ein besonders gut erhaltenes Grab dieses Typs gefunden hat.

Eine Zurückführung dieser erheblichen Unterschiede im Totenbrauchtum bei ein und demselben Volk auf die frühgermanischen Glaubensvorstellungen liegt nahe, ist aber offenbar in der ganzen wissenschaftlichen Literatur noch nie konkret geäußert worden. Der naive Wunsch der Königsfamilien, die allmählich einen erheblichen materiellen Reichtum anhäuften, mit diesem Reichtum auch bei der Bestattung eines Sippenangehörigen zu protzen, mag dabei mitgespielt haben; doch zumindest dem eigenen Volk gegenüber werden die religiösen Motive immer die maßgebenden gewesen sein.

DIE GOTISCHE SPRACHE
UND DIE ERSTE GERMANISCHE
LAUTVERSCHIEBUNG

Wenige tausend Goten, einschließlich der aus der Heimat nachgeholten Frauen und Kinder, können es zu Anfang nur gewesen sein, die gotische Bräuche, gotisches Denken und gotische Sprache von Skandinavien an die Weichselmündung verpflanzten. Es ist erstaunlich, wie es diesem kleinen »Traditionskern« im Laufe von Jahrhunderten gelungen ist, ungleich zahlreichere Völker auf offenbar sehr friedliche Weise zu »Goten« zu machen und dennoch seine eigene Sprache fast unverfälscht zu bewahren.

Denn die Goten sollten viel später noch eine überragende historische Rolle im spätantiken-frühmittelalterlichen Europa spielen, wenn auch nicht mehr in dem Gebiet, das in diesem Buch unter Deutschland verstanden wird. Dennoch wird, eben um dieser historischen Bedeutung willen, noch öfter von ihnen die Rede sein.

Die Sprache dieser Goten hat eine große Bedeutung für die moderne Sprachwissenschaft, genauer gesagt für die Germanistik, die Lehre von den germanischen Sprachen. Denn Gotisch ist die älteste einigermaßen ausführlich überlieferte germanische Sprache überhaupt. Die Nachwelt verdankt ihr Wissen dem christlichen Bischof Ulfila aus gotischem Stamm, der zwischen 350 und 380 n. Chr. im heutigen Bulgarien die Bibel in seine Muttersprache übersetzte. Von dieser Übersetzung sind größere handschriftliche Fragmente bis heute erhalten geblieben, der berühmte »Codex argenteus« (mit silbernen Buchstaben geschriebene Handschrift), der heute in der Universitätsbibliothek von Uppsala (Schweden) aufbewahrt wird. Ulfila war im griechischsprachigen Ostteil des damaligen Römischen Reiches aufgewachsen und adaptierte die griechische Schrift für die Aufzeichnung der gotischen Sprache, indem er für einige Laute neue Schriftzeichen schuf.

Mittels des umfangreichen Bibeltextes sowie sehr weniger anderer schriftlicher Überlieferungen der gotischen Sprache konnte man Grammatik, Wortbestand, Aussprache und viele andere Kennzeichen erforschen. Bei allen anderen Sprachen der germanischen Sprachfamilie setzt die schriftliche Überlieferung größerer Texte erst rund 500 Jahre später ein. Aus der Zeit davor sind für diese Sprachen höchstens einige wenige Personen- und Ortsnamen, ganz seltene kurze Runeninschriften oder einzelne germanische Wörter bekannt, die in Schriften römischer oder griechischer Schriftsteller eingeflossen waren.

Die »germanische Sprachfamilie« umfaßt *heute* die Sprachen Englisch (in aller Welt verbreitet und die gängige Verständigungssprache), Deutsch (mit seinen Dialekten zwischen Niederdeutsch und Bayerisch), Niederländisch sowie die skandinavischen Sprachen Dänisch, Schwedisch, Norwegisch und Isländisch. Dazu kommen noch die »kleineren« Sprachen Friesisch (in den Niederlanden, Dänemark und Deutschland), Afrikaans (ein von den burischen Siedlern in Südafrika umgebildetes Niederländisch) und Jiddisch (die Sprache der Juden in Deutschland und Osteuropa vom Mittelalter bis zum Zweiten Weltkrieg). Diese Sprachen haben sich in den vergangenen 2000 Jahren erheblich auseinanderentwickelt, doch der Fachmann erkennt ihre ursprüngliche Verwandtschaft noch ohne weiteres.

Auch um die Zeit der Überfahrt der Goten über die Ostsee, kurz nach Christi Geburt, dürfte es schon Dialektunterschiede bei den Germanen gegeben haben. Die Sprachwissenschaftler können Gemeinsamkeiten eines »Nordgermanischen« von denen einer »west- oder südgermanischen Sprache« unterscheiden. Zum Nordgermanischen gehörte entsprechend seiner Herkunft aus Skandinavien das Gotische. Doch diese Sprache entwickelte sich im Laufe der Zeit zum »Ostgermanischen«. Kein Wunder: Der enge Kontakt mit den Menschen in der alten Heimat brach allmählich ab, und neue Formen und Ausspracheeigentümlichkeiten von den unterworfenen Völkern Osteuropas fanden ins Gotische Eingang. Dennoch hat sich diese Sprache, wie erwähnt, auffallend wenig verändert. Zum Ostgermanischen gehörten auch die Sprachen verwandter und den Goten damals benachbarter Völker, wie der Burgunder und Wandalen (siehe hierzu den nächsten Abschnitt).

Was aber macht die Sprachforscher so sicher, daß die Sprachen aller Germanen eine Familie bilden, also eng miteinander verwandt sind? Die Forscher vergleichen den Sprachbau, die Laute, die Wörter und ihre Beugung (Grammatik) sowie verschiedene andere Kennzeichen und können so ein ziemlich genaues Bild über die engere oder weitere Verwandtschaft rekonstruieren.

Das sogenannte »Gemeingermanisch«, eine noch nicht in Dialekte aufgeteilte Sprache aller Germanen, muß sich u.a. durch eine charakteristische Lautverschiebung allmählich aus der Sprache ausgegliedert

haben, die den indoeuropäischen Einwanderern aus Südrußland einst
noch gemeinsam gewesen war. So wurde zum Beispiel das ursprüngliche indoeuropäische »p« in den meisten übernommenen Wörtern zu
einem »f«-Laut: altindisch »peter«, lateinisch »pater«, wird im Englischen
zu »father« und im Deutschen zu »Vater«. Es gibt noch verschiedene andere typische Lautverschiebungen, aber es würde ermüden, sie im einzelnen aufzuführen. Das sogenannte Gesetz der germanischen Lautverschiebung wurde schon zu Anfang des 19. Jahrhunderts von dem
deutschen Sprachwissenschaftler Jacob Grimm festgestellt. Auch in
anderen indoeuropäischen Sprachen treten solche charakteristischen
Lautverschiebungen auf, etwa im Keltischen. Eine weitere Eigenart der
germanischen Sprachen ist die Festlegung des Wortakzents auf die sogenannte Wurzelsilbe. In allen anderen indoeuropäischen Sprachen ist der
Wortakzent ziemlich frei (Beispiel: lat. Róma, Románi, Romanórum;
deutsch: Haús, Häúser, Häúslichkeit, behaúsen).

Woher solche gesetzmäßigen Lautverschiebungen kommen, hat
noch kein Linguist wirklich erklären können: Sie dürften entstehen,
wenn anderssprachige Völker die Sprache ihres neuen »Herrenvolkes«
lernen und aussprechen sollen. Wenn Franzosen Deutsch lernen, sprechen sie ja auch meist bestimmte Laute anders aus als ein gebürtiger
Deutscher. Man kann als sicher annehmen, daß dieser Prozeß der
Lautveränderung nicht »auf Kommando« eintrat, sondern lange Zeit
brauchte, bis er sich überall in der Bevölkerung und dann verhältnismäßig gleich durchgesetzt hatte.

Für die germanische Sprachfamilie von großer Bedeutung ist die
Frage, wann diese Lautverschiebung begann. Moderne Forscher glauben, daß sie nicht viel vor der Mitte des letzten vorchristlichen Jahrtausends einsetzte. Zu der Zeit, die der erste Teil dieses Buches beschreibt,
war sie wohl schon fast überall abgeschlossen. Das heißt aber auch, daß
die Menschen, deren Sprache von der germanischen Lautverschiebung
erfaßt wurde, damals noch relativ eng benachbart gelebt und daß die
verschiedenen Stämme oder Völker häufige Sprachkontakte untereinander gehabt haben müssen, um solche »Sprachmoden« weiterzugeben
oder willig übernehmen zu können.

Die Zugehörigkeit bestimmter Bevölkerungsgruppen zu den Germanen läßt sich, wie schon im 3. Kapitel ausgeführt wurde, eigentlich
nur nach sprachlichen Kriterien einwandfrei festlegen: Benutzten sie
eine germanische Sprache (mit den hierfür charakteristischen Lautver-

schiebungen usw.), dann kann man sie Germanen nennen. Aber waren sie damit auch in ihrer Kultur, ihren Bräuchen oder gar in ihrer »Rasse« Germanen?

Die Abstammung der Germanen von den Indoeuropäern oder Indogermanen (siehe dazu das 1. Kap.) war lange eine heftige Streitfrage unter den deutschen Fachwissenschaftlern. Noch vor ein paar Jahrzehnten nahmen viele an, die germanischen Völker hätten sich in geradliniger ungestörter Entwicklung direkt aus den Ur-Indoeuropäern herausgebildet, ja, sie seien die echtesten, unverfälschtesten Nachkommen dieser für die Welt bis heute so wichtigen Gruppe. Das hätte bedeutet, daß auch ihre Sprache ein unvermischtes, wenn auch weiterentwickeltes »Indogermanisch« gewesen wäre. Doch schon vor dem Ersten Weltkrieg hat sich der Indogermanist Siegmund Feist gegen diese Annahme gewehrt: Etwa ein Drittel des Wortschatzes der frühen Germanen müsse von nicht-indogermanischen Völkern stammen, mit denen die »echten Germanen« sich also vermischt hätten, auch sonst zeige das Germanische eher größere sprachliche Abweichungen vom Ur-Indogermanischen als andere Sprachen dieser Familie.

In diesem Kapitel über die Goten und im Kapitel über die Cherusker haben wir versucht, etwas näher darzustellen, wie diese Vermischung möglicherweise vonstatten ging. Ähnliche Vorgänge mögen sich zwischen 500 v. Chr. und der Zeitenwende überall im späteren germanischen Sprachgebiet abgespielt haben. Jedenfalls scheinen die Stämme oder Völker der Germanen, wie sie uns in der Geschichte entgegentreten, eine interessante Mischung verschiedener vorgeschichtlicher Völker, das heißt ihrer Menschen, ihrer Sprachen, ihrer Anschauungen und Verhaltensweisen, gewesen zu sein.

DIE ROLLE DES ODER-WEICHSEL-GEBIETS BEI DER ENTSTEHUNG DER GERMANEN

Als die Goten an der Weichselmündung landeten, waren sie keineswegs die ersten Menschen in dieser Region. Es gab vor ihnen als »Herrenvolk« die Rugier sowie die Knechtsleute der »Gesichtsurnenkultur«. Auch um die Goten herum wohnten andere Stämme oder Völker, die hier wenigstens noch kurz erwähnt werden sollen. Allerdings war die

Bevölkerungs»dichte« hier offenbar noch geringer als im übrigen schon dünn besiedelten Teil des freien Germanien.

Die Herrschaft der Weichselgoten reichte im Norden kaum über die sogenannte Elbinger Höhe hinaus, ein Hügelgebiet zwischen den damals wahrscheinlich noch von weiten Sümpfen begleiteten Flußarmen der Weichsel. Der kleine Fluß Passarge südlich der späteren Stadt Königsberg bildete eine natürliche Grenze für die Ausbreitung der Goten. Denn nördlich davon begann das Gebiet der Aestier, wie Tacitus den Namen in seiner *Germania* überlieferte. Später wurde diese Bevölkerung unter dem Namen Balten bekannt.

Die Balten sind ein anderer Zweig der indogermanischen Sprachfamilie und wahrscheinlich schon seit rund 4000 Jahren an der Südostküste der Ostsee ansässig. Heute gehören noch die Völker der Litauer und Letten zu dieser Sprachgruppe. Bis ins späte Mittelalter lebte zwischen Weichsel und Memel das Volk der Pruzzen, dem das Land Preußen seinen Namen verdankt. Auch die Pruzzen verwendeten eine baltische Sprache, die inzwischen jedoch längst erloschen ist.

Die Balten waren ein sehr bodenständiges und durchaus kampfkräftiges Volk. Rugier und später Goten werden rasch erkannt haben, daß es besser war, deren Gebiet zu respektieren. So kam es wohl zu einer friedlichen Nachbarschaft mit mancherlei Handel und kulturellen Beziehungen, aber ohne den Versuch einer germanischen Eroberung des Baltenlandes.

Die Bemerkung des Jordanes über den »Mutterschoß Skandinavien« war richtiger, als er selbst wohl geahnt hat. Denn von dort waren schon seit Jahrhunderten Stämme oder wenigstens große Stammesabordnungen über Land oder See nach Süden gezogen. Die Wanderung der Kimbern und Teutonen (siehe 1. Kap.) wurde den Römern sehr unangenehm bekannt. Andere, etwa gleichzeitige Völkerzüge konnten, durch das Zusammentragen verschiedener Indizien wie in einem Puzzlespiel, erst in der Neuzeit festgestellt werden.

Die Rugier hatten sich, möglicherweise im Zuge der Wanderung von Kimbern und Teutonen, an der Südküste der Ostsee in Pommern bis zur Weichsel festgesetzt. Ob die Insel Rügen ihre Urheimat war, ist fraglich. Man weiß wenig über dieses Volk, nur daß es viel später noch in der »großen« germanischen Völkerwanderung im mährisch-österreichischen Gebiet auftauchte, dann aber offenbar in den vielfachen Völkerbewegungen zerrieben wurde.

Ein anderes Volk aus Skandinavien im Gebiet südlich der Ostsee zur Zeit der gotischen Landnahme an der Weichsel waren die Burgunder. Der Name der Insel Bornholm (Burgundarholmen) erinnert noch an sehr frühe Sitze dieses Volkes. Die Burgunder scheinen sich südlich (also landeinwärts) der Rugier westlich der unteren Weichsel festgesetzt zu haben. Durch die gotische Eroberung des Weichselmündungsgebiets dürften die unmittelbar benachbarten Burgunder einen »Schubs« nach Westen bekommen haben. Wir werden diesem wanderlustigen Volk noch begegnen.

Ursprüngliche Nachbarn der Kimbern waren wohl die Wandalen. In den römischen Berichten über die germanischen Stämme begegnet uns ihr Name zuerst als Vendilier; zeitweise wurden sie auch als ein Kultverband der Lugier bezeichnet. Als ihre Urheimat wird die heute noch »Vendsyssel« genannte Landschaft an der äußersten Nordspitze Jütlands angesehen. Man kann sich vorstellen, daß die gleichen Ursachen, die die Kimbern zur Auswanderung zwangen, auch für ihre Nachbarn galten. Vielleicht begleiteten sie die Kimbern sogar ein großes Stück der Strecke an der Ostseeküste entlang und die Oder aufwärts. Dort aber trennten sich ihre Wege: Die Kimbern zogen nach Süden zur Donau, während die Wandalen sich östlich der oberen Oder Siedlungsland erkämpften.

Das anstoßende Gebiet westlich und südlich der oberen Oder, das heißt Schlesien, war in den letzten Jahrhunderten v. Chr. von Kelten besiedelt. Sie hatten sich, wie im 2. Kapitel berichtet, von ihrer Ausgangsregion nördlich der Alpen über halb Europa bis weit nach Norden ausgedehnt. Mit den Kelten in Schlesien scheinen die Wandalen engen Kontakt gehabt zu haben. Die von Archäologen ausgegrabenen, nicht vergänglichen Hinterlassenschaften der Wandalen in Form von Keramik, Schmuck, Waffen und anderem Gerät wurden als stark keltisch geprägt beschrieben. Polnische Wissenschaftler bezeichnen diese Reste als »Przeworsk-Kultur« (nach einem polnischen Dorf). Deutsche Archäologen nennen sie »Oder-Warthe-Germanen«, weil man bisher keinen Kochtopf mit der Inschrift »Made in Vandalia« gefunden hat.

Die Wandalen scheinen nicht nur Waffentypen, etwa bestimmte Schwertformen, von den benachbarten Kelten übernommen zu haben, sondern zum Beispiel auch die Sitte, verstorbenen Kriegern bei der Bestattung Waffen beizugeben; bei den Goten war dies nicht üblich. Man nimmt ferner an, daß die Sitte des Gefolgschaftswesens bei den Ger-

manen (siehe dazu im 3. Kap. die »Trucht« des Arminius) durch Vermittlung der Wandalen und anderer Nachbarn der Kelten eingeführt
worden ist. Denn die Kelten kannten diese eigenartige Form organisierten Kriegertums schon viel länger als die Germanen. Keltischer
Einfluß hat damit offenbar auch erheblich zur Änderung der Gesellschaftsstruktur der nördlich siedelnden Bevölkerungsgruppen beigetragen; er ist infolgedessen ein weiterer beachtlicher Faktor in der so
komplizierten Ethnogenese der Germanen.

Eine nichtgermanische und nichtkeltische Vorbevölkerung, die
allerdings auch noch keine Slawen waren, werden die Wandalen vorgefunden haben, als sie sich im nordöstlichen Schlesien und Südwest-
polen bis hin zur Warthe festsetzten. Doch kann sie wohl schon vor der
Zeitenwende nur noch schwach gewesen sein. Möglicherweise nannten
sich diese Menschen dort Veneter, ebenso wie eine eisenzeitliche Bevölkerungsgruppe am Nordufer der Adria. Woher diese Namens-
gleichheit stammt, weiß man bis heute nicht. Man nimmt an, daß aus
dem Völkernamen Veneter im Munde der Germanen und später der
Deutschen das Wort Wenden wurde. Mit diesem Namen bezeichneten
im Hochmittelalter die Deutschen zusammenfassend alle slawischen
Stämme in Nordostdeutschland. Doch damit greifen wir schon in eine
Zeit vor, die in diesem Buch noch ausführlicher erzählt und erklärt werden wird.

Das Ursprungsland der Germanen, also die Region, in der sie noch
gemeinsam die Anfänge der Ersten germanischen Lautverschiebung
erlebten, muß Südskandinavien, Schleswig-Holstein und ein breiter
Streifen beiderseits der unteren, eventuell schon der mittleren Elbe gewesen sein. Doch auch die ostdeutsch-polnische Tiefebene, das heißt
das Gebiet von Mecklenburg über die Oder bis knapp jenseits der
Weichsel und nach Süden bis zu den Bergzügen der Sudeten und Beskiden mit seiner bis dahin nichtgermanischen Bevölkerung, muß in den
folgenden Jahrhunderten eine gewaltige Rolle bei der Entstehung der
Völkermischung gespielt haben, die wir dann als Germanen allmählich
in die Geschichte eintreten sehen.

5. VON FRIESEN
UND ANDEREN VÖLKERN

DA RISS DEN FRIESEN DER
GEDULDSFADEN
Winter 40 n. Chr., Dokkum/Westfriesland

Draußen heulte der Weststurm von der See her und peitschte mit Schnee vermischten Regen auf das tief heruntergezogene Dach des Hauses. Die dichtgefügten Grassoden des Daches ließen aber weder Wind noch Nässe durch. Drinnen stob das von Torfstücken genährte Feuer auf der Herdstelle gelegentlich auf und erzeugte Rauch, der zum Husten reizte, wenn ein Windstoß allzu stark in eines der Luftlöcher unter dem Dach fuhr.

Vom Stallteil des langgezogenen Hauses her war das beruhigende Mahlgeräusch wiederkäuender Kühe zu hören. Um das Herdfeuer saß die ganze Familie des friesischen Edlen Bauta, Häuptling des Lauwersgaues (Lauwers: ein Flüßchen in den Niederlanden, mündet gegenüber von Schiermonnikoog in die Nordsee), gemütlich auf warmen Fellen, dicke Wollmäntel um die Körper gezogen, die Jungen und Männer mit einer Schnitzarbeit in den Händen, die Mädchen und Frauen mit unermüdlich schnurrenden Spindeln, denen sie feine Wollfäden entlockten.

Schon seit dem Frühjahr hatten die beiden Enkel des Familienoberhaupts ihrem Großvater in den Ohren gelegen, ihnen doch von der großen Schlacht der Friesen gegen die Römer zu erzählen, die einst hier stattgefunden hatte. Aber seit dem Frühjahr war wirklich keine Zeit dazu gewesen.

Der Hof des Bauta mußte in diesem Jahr neu errichtet werden. Die Zeit hatte das alte Fachwerkhaus baufällig werden lassen. Das bedeutete das Fällen und Heranschaffen geeigneter Bäume, das Zubereiten von Flechtwerk und Lehm und das Ausstechen von Rasenplaggen und schließlich das Abreißen der vorhandenen Gebäude. Für alle Schutzbefohlenen des Bauta, gleich ob Knechte oder Mägde oder Mitglieder der eigenen Familie, hieß das monatelange harte Arbeit, die neben der ständigen Sorge für das Vieh und den üblichen Erntearbeiten erledigt werden mußte.

Der ganze Sommer ging mit dieser knochenbrechenden Arbeit vorüber. Dann mußten die Häuser der Herrschaft und des Gesindes, die Ställe, Schuppen und anderen Nebengebäude wieder errichtet werden, größer und schöner als vorher. Da waren in der Tat alle abends zu müde, um Geschichten zu erzählen oder anzuhören.

Doch nun war das Werk vollendet, und die zwölf Rauhnächte hatten begonnen, die unheimliche Zeit nach dem tiefsten Stand der Sonne im Jahreslauf. In diesen langen Nächten tosten draußen die Götter mit ihrer wilden Jagd über den wolkenschweren Himmel, und drin im warmen Haus rückten die Bewohner eng zusammen, um in der Gemeinschaft vor Kälte, Wind und den bösen Geistern Schutz zu suchen. Dies war die richtige Zeit zum Erzählen.

Bauta war eine eindrucksvolle Erscheinung. Über 60 Winter hatten sein Haar weiß wie Schnee gemacht. Er war der älteste Mann weit und breit, aber er hielt sich noch immer kerzengerade und hatte das Befehlen nicht verlernt. Er saß auf dem Hochsitz, einem mit Beilen glattgehauenen Baumstumpf. Seine beiden Enkel durften heute neben ihm sitzen, bis zum Hals in warmen Decken eingewickelt. Maro zählte schon zwölf Winter und Brinno zehn. Ihre blonden Haarschöpfe leuchteten geheimnisvoll im Schummerlicht des kleinen Torffeuers.

»Ihr wollt wissen«, begann Bauta seine Geschichte, »wie es dem stolzen Volk der Friesen gelungen ist, mehrere tausend römische Soldaten zu besiegen und von hier zu vertreiben? Wenn ihr draußen vor dem Haus steht und nach Sonnenuntergang blickt, dann könnt ihr weit am Horizont die Stelle sehen. Du, Maro, warst damals gerade erst geboren und du, Brinno, noch nicht (die Rede ist von Vorgängen des Jahres 28 n. Chr.). Auf dem uralten Pfad, der am Rande der sandigen Höhe quer durchs Friesenland führt, zog ein großes Heer der Römer. Doch jeder Friese, der ein Schwert führen konnte, hatte sich versammelt, um ihm den Weg zu verlegen.«

Bauta beschrieb ausführlich die römischen Soldaten, eine ganze Legion (ca. 6000 Mann) und zahlreiche Hilfstruppen aus verschiedenen Stämmen Germaniens, darunter auch viele Reiter; sie zogen wie ein schillernder Lindwurm zwischen Marsch und Geest immer nach Sonnenaufgang. An einer Stelle, wo zum Land hin undurchdringlicher Wald ein Ausweichen unmöglich machte, hatten die Friesen quer über den Weg Bäume gefällt. Die besten Speerwerfer waren dort postiert, und sie brachten die Römer zum Stehen. Wie erwartet, wurden römische Hilfstruppen in die Marsch geschickt, um dort die friesischen Krieger zu umgehen.

Doch in den sumpfigen Wiesen, die sich weit bis zum Meeresstrand erstreckten und auf denen vom Frühjahr bis zum Herbst die vielen Rinder und Schafe der Friesen grasten (dem Marschland), konnten die römischen Reiter ihre Pferde kaum gebrauchen, und auch die Fußsoldaten versanken mit ihren schweren eisernen Rüstungen und Waffen bei jedem Schritt im nassen, unebenen Boden. Da hatten es die Friesen auf vertrautem Gelände viel leichter. Sie waren nur mit einer Hose bekleidet und mit einigen Speeren sowie einem Schwert bewaffnet, zum Schutz hatten sie bloß einen kleinen Holzschild. Es gelang ihnen, eine Gruppe römischer Soldaten nach der anderen unter schweren Verlusten zur Flucht zu zwingen. Am Abend dieses denkwürdigen Tages mußten die Reste des römischen Heeres froh sein, sich ohne weitere Verfolgung zu ihrem Kastell Flevum zurückziehen zu können, das zwei Tagesmärsche entfernt nach Sonnenuntergang lag.

Mit schwerer Betonung beschloß Bauta diesen Teil seiner Erzählung: »Doch auch wir Friesen hatten viele tapfere Krieger verloren. In fast jeder Familie unseres Volkes fehlte ein Mann. Auch eure Tante Warga war unter den Toten. Sie war erst 17 Winter alt und die Heirfomna unseres Gaues, die Heerjungfrau, die das heilige Feldzeichen trug. Denn es ist ein Gebot der Götter, daß in jeder Schlacht eine unberührte Jungfrau den Kriegern vorangeht. Nur dann verleihen die Götter unserem Volk den Sieg. Ich sehe Warga noch vor mir, wie sie unter den Toten lag, mit ihrer Lederkleidung, von vielen Pfeilen getroffen, doch das Feldzeichen noch fest in den Händen und den lebenden Kriegern ein immerwährender Ansporn.«

Mutig wagte der kleine Brinno eine Frage zu stellen: »Aber Großvater, wer sind eigentlich die Römer? Ich habe noch nie einen gesehen!«

Der alte Bauta nickte stolz über die kluge Frage seines Enkels. »Ja, daß du bisher noch keinen gesehen hast, verdankst du dem Sieg der Friesen damals. Seit zwölf Wintern hat sich von denen keiner mehr hier blicken lassen. Dabei waren vorher so viele von ihnen hier im Lande, und wir Friesen waren lange Zeit sogar mit ihnen verbündet. Woher die Römer eigentlich kommen, kann ich dir auch nicht erklären, Brinno. Man sagt, sie kämen aus einem Land viele, viele Tagereisen weit im Süden. Und was sie hier wirklich wollten, habe ich nie verstanden. Aber sie waren nun einmal da, und zwar viele von ihnen.«

Bauta erzählte, wie einst in seinen Jugendjahren die ersten römischen Soldaten bei den Friesen aufgetaucht seien. Ihr Befehlshaber, Drusus hieß er, habe einen Vertrag mit den Friesen geschlossen (12 v. Chr.), und eigentlich habe man sich seitdem immer gut verstanden. Die Römer hätten das Kastell Flevum auf einer kleinen Insel im Vlie gebaut, dem Fluß, der den großen Flevosee (heute Ijsselmeer, damals ein Binnensee) mit dem Meer verbindet. Sie hätten auch jedes Jahr eine größere Soldatenschar durch das Land der Friesen geschickt, um eine bestimmte Menge Lederhäute von friesischen Rindern abzuholen, denn die seien weithin berühmt. Das hätten die Römer, so erklärte Bauta seinen beiden Enkeln, nämlich im Vertrag mit den Friesen verlangt, Tribut nannten sie das. Aus dem Leder fertigten die römischen Soldaten allerhand Geräte und Dinge, die den Friesen ganz unbekannt waren, wie Sandalen, Pferdesättel, ja, selbst Schilde.

Für einen Teil der Rinderhäute konnten die friesischen Häuptlinge auch andere Erzeugnisse der geschickten Römer eintauschen, etwa römischen Wein und kostbares Geschirr aus Gold oder Silber. Viele friesische Krieger waren für jeweils einige Jahre Soldaten bei den Römern geworden, sie mußten weit im Süden hin und her marschieren und gegen aufständische Völker kämpfen. Für die Friesen hatte das durchaus eine angenehme Seite, denn die Römer gaben all ihren Soldaten kleine Scheiben aus Kupfer und Silber, und für diese Scheiben konnte man, wenn man genug davon hatte, die schönsten Dinge bekommen. Die Römer nannten diese Scheiben Geld.

Auch auf andere Weise konnte man an diese begehrten römischen Scheiben gelangen. Mehrere ehemalige römische Soldaten hatten den Häuptlingen viele davon geschenkt, nachdem man ihnen ein Stück Land überlassen hatte. Dort hatten sie sich einst größere Gehöfte bauen lassen und trieben Handel mit ein wenig eigenem Getreide, mit Vieh, Wolle, Fischen und anderen Erzeugnissen der friesischen Bauern und Fischer.

Jetzt mußte Maro eine Frage loswerden: »Großvater, warum hat es dann die große Schlacht mit den Römern gegeben, wenn sich doch alle gut vertragen haben?«

Nun konnte Bauta auch seinen älteren Enkel loben: »Du hast klug gefragt, Maro. Das lag daran, daß die Römer immer habgieriger wur-

den. Viele, viele Winter lang genügte es, wenn wir Friesen in jedem
Herbst 5 mal 100 gegerbte Rinderhäute ablieferten. Aber eines Tages
kam ein neuer Mann als oberster der römischen Soldaten zu uns. Er
hieß Olennius und war ein unangenehmer Bursche. Ich habe damals
viel mit ihm reden müssen. Der verlangte plötzlich 5 mal 100 Felle von
Auerochsen, wie es sie in den Wäldern gibt. Ihr beiden wart ja schon
einmal mit eurem Vater auf der Auerochsenjagd und wißt, wieviel
größer als unsere Rinder diese Tiere sind.«

Maro und Brinno blickten sich an. Sie erinnerten sich noch gut an
den aufregenden Tag der Jagd zu Beginn dieses Frühjahrs und an die
unheimliche Größe des Bullen, den ihr Vater nach gefahrvoller Jagd
schließlich mit dem Speer erlegt hatte.

»So große Felle wollten die Römer haben«, fuhr Bauta in seiner Erzählung fort, »und dieser Schurke Olennius ließ sich nicht überzeugen,
daß es in den Wäldern des ganzen Friesenlandes nicht so viele Auerochsen gebe und daß wir weder Zeit noch Veranlassung hätten, sie
ständig zu jagen. Olennius befahl seinen Soldaten, statt der großen
Lederhäute, die wir nicht hatten, die lebenden Rinder von den Weiden
fortzutreiben. Später behauptete er, er habe Anspruch auf die Erzeugnisse unserer kleinen Äcker, die sowieso nicht viel hergeben. Und als
wir ihm dies verweigerten, fiel er mit seinen Soldaten über unsere
Knechte und Mägde her und wollte sie als Sklaven fortführen und verkaufen.«

»Und das haben die Friesen sich gefallen lassen?« rief der junge
Brinno voller Empörung dazwischen.

»Nein, Brinno, das taten wir Friesen nicht«, erzählte Bauta mit Stolz
weiter. »Da riß uns nämlich der Geduldsfaden. Boten gingen zu allen
Häuptlingen und Dörfern im Friesenland. In kurzer Zeit waren viele
Krieger versammelt. Ein großer Teil der römischen Soldaten, die bei
uns ihren Tribut einsammeln wollten, wurde ergriffen und fand den
Tod an den Bäumen (sie wurden erhängt), wie es Verrätern gebührt.
Olennius selbst gelang es, mit einigen Römern in das Kastell Flevum zu
flüchten. Wir belagerten das Dorf lange, konnten es aber nicht erobern,
denn es hatte sehr hohe Wälle und tiefe Wassergräben und wurde wütend verteidigt.«

Gespannt hörten die beiden Jungen und die ganze übrige Haus-
gemeinschaft den Bericht an. Bald danach, so wußte Bauta zu erzählen,
sei ein großes Heer der Römer herangezogen, erst auf Schiffen, dann zu

Fuß oder zu Pferde. »Unsere Krieger zogen sich zurück bis zu der
Stelle, die ich euch schon beschrieben habe. Und so kam es zu der
großen Schlacht. Was von der Legion und ihren Hilfstruppen übriggeblieben war, flüchtete aus unserem Land und kam nie wieder. Und
die vielen Römer, die sich sonst noch beim Volk der Friesen herum-
trieben, wurden von unseren wütenden Kriegern erschlagen. Seitdem
leben wir Friesen wieder frei wie einst.«

DIE FRIESEN,
DAS ZÄHE VOLK AM MEER

Die Familie des Friesenhäuptlings Bauta ist natürlich eine Erfindung
des Autors, in der Absicht, die dramatischen Ereignisse des Jahres 28
n. Chr., die Tacitus in seinen *Annalen*, durch die römische Brille gesehen,
schildert, aus germanisch-friesischer Sicht zu beschreiben. 40 Jahre später war, ebenfalls laut Tacitus, ein gewisser Brinno Anführer der Friesen, die sich am Bataveraufstand gegen die Römer beteiligten. Davon
wird im nächsten Kapitel Näheres berichtet. Es ist erlaubt, sich vorzustellen, daß dieser Brinno einst als kleiner Junge die Geschichte seines
Großvaters vom friesischen Sieg über die Römer hörte. Laut Tacitus
kam Brinno allerdings aus dem Volk der Canninefaten.
   Die Friesen an der Nordsee, die uns hier erstmals begegnen, stellen
eine große Besonderheit unter den europäischen Völkern dar. Sie sind
der einzige germanische Stamm, der seit der Zeit seines ersten Kontak-
tes mit den Römern bis heute den gleichen Namen geführt und im
wesentlichen sogar die gleichen Wohnsitze beibehalten hat. Auch ihre
besondere Sprache haben sich viele Friesen bis heute bewahrt, wenn
auch nur als »Haus- oder Familiensprache« neben dem sonst als Ver-
kehrssprachen benutzten Niederländischen, Deutschen oder Dänischen.
   Das Friesisch, das die »Ureinwohner« von Sylt oder Helgoland
heute noch verwenden, wenn sie unter sich sind, ist keineswegs ein Dialekt des Deutschen, sondern nach den Kriterien der Linguisten eine
durchaus eigenständige germanische Sprache, eher dem Englischen
(dem alten Angelsächsischen) als dem Deutschen verwandt. Auch mit
dem heutigen Niederländischen hat das (West-)Friesische keine besonders nahe Verwandtschaft, obwohl gerade in den Niederlanden, in der

heutigen Provinz Friesland, noch verhältnismäßig viele Menschen ihre
alte Stammessprache kennen und verwenden. In der deutschen Landschaft Ostfriesland östlich der Ems ist die Kenntnis der friesischen
Sprache dagegen fast ausgestorben; wenn dort nicht hochdeutsch gesprochen wird, dann das übliche niederdeutsche »Platt« des Küsten-
landes. Wohl aber wird in Nordfriesland, einem schmalen Streifen an
der schleswig-holsteinischen und süddänischen Nordseeküste, die nord-
friesische Sprache nach wie vor neben dem Hochdeutschen oder dem
Dänischen verwendet.

Sie müssen schon immer ein ungeheuer zähes, bodenständiges und
freiheitsliebendes Völkchen gewesen sein, diese Friesen, seit mehr als
2000 Jahren. Woher kam aber dieser germanische Stamm, wenn der
Ursprung der germanischen Lautverschiebung und damit der Bildung
einer besonderen germanischen Sprache in den Jahrhunderten vor der
Zeitenwende erheblich weiter östlich und nördlich des heutigen (West-
und Ost-)Friesland zu suchen ist? Es gibt eine allerdings nicht ganz
unbestrittene Theorie, wonach die Friesen aus dem heutigen Nordfriesland stammten, also dann wohl weitläufige Nachbarn der Kimbern
waren und bereits weit vor Christi Geburt ebenso wie diese Nachbarn
auswanderten, allerdings nach Südwesten an die südliche Nordsee. Der
bereits im 3. Kapitel zitierte Sprachforscher Kuhn glaubt jedenfalls
nachweisen zu können, daß Nordwestdeutschland in der Nähe der
Nordseeküste erheblich früher sprachlich »germanisiert« wurde als das
Landesinnere. Germanisch sprechende Völker sind danach entweder
über die Nordsee schon früh dorthin gelangt oder an der Küste entlang
zu Land dorthin gezogen.

Auch die Friesen werden bei ihrer Einwanderung in ihr heutiges
Wohngebiet anderssprachige Vorbewohner vorgefunden und vermutlich zu ihren Knechten und Mägden gemacht haben. Waren es keltisch
sprechende Menschen, oder benutzten auch sie vielleicht einen der
vielen Dialekte des Mitteleuropäischen? Bisher konnte noch kein Forscher überzeugende Beweise für die eine oder die andere Annahme
liefern.

Das Leben der Friesen in ihrer neuen Heimat war einfach und hart,
aber keineswegs armselig. Es war geprägt von der Anpassung an die
Natur: an Ebbe und Flut, an flache Marschen, geeignet als saftige Viehweide, und an karge Geest mit nur spärlichem Getreideertrag, an Fisch-
fang und Salzgewinnung in der Nordsee, an gelegentliche Jagd in den

Wäldern landeinwärts, an Wind und Sonne an der Küste. Zeit und Interesse für große historische Ereignisse waren da nicht.

Daß sich römische Soldaten in ihrer Nähe festgesetzt hatten und gelegentlich Steuern in Form von Rinderhäuten einzogen, dürfte die Friesen nicht sonderlich aufgeregt haben. Für die Feinheiten einer organisierten Wirtschaft oder die Bedeutung des Geldes wird ihnen vermutlich gleichfalls ein tieferes Verständnis gefehlt haben.

Auch ob sie formell zum römischen Weltreich gehörten oder nur ein zum Bündnis verpflichtetes Volk an seiner Grenze waren, wird den Friesen wahrscheinlich ziemlich egal gewesen sein, solange man sie nur in Ruhe ließ. Als Armin der Cherusker seine Nachbarstämme zum Kampf gegen die Römer aufrief, dachten die Friesen nicht an eine Beteiligung. Erst das plötzliche »Drehen an der Steuerschraube« durch einen habgierigen römischen Steuerpächter störte das bis dahin gute Einvernehmen der Friesen mit den Römern und führte zu dem in der vorstehenden Szene beschriebenen Ergebnis.

»Seitdem«, seit der Verjagung der römischen Steuereintreiber und ihrer Truppen im Jahr 28 n. Chr., »hat der Name der Friesen unter den Germanen einen hellen Klang«, schließt Tacitus seinen dramatischen Bericht über den Friesenaufstand im Vierten Buch seiner *Annalen*. Er gibt zwar auch grausame Taten der Friesen wieder; so sollen sie mehrere hundert römische Soldaten, die sich in einen heiligen Hain der Göttin Baduhenna geflüchtet hatten, abgeschlachtet haben. Aber im ganzen schimmert bei dem römischen Historiker so etwas wie Wohlwollen und Hochachtung für diesen germanischen Stamm durch.

Vom Tod der Heirfomna Warga auf dem Schlachtfeld berichtet Tacitus nichts. Das friesische Wort »Fomna«, das Mädchen, erlaubt übrigens einen kleinen Einblick in die uns Deutschen so fremd anmutende friesische Sprache. Wie zahlreiche archäologische Funde belegen, war der Brauch, daß junge Mädchen in der Schlacht ein heiliges Zeichen dem Heer vorantrugen, bei vielen germanischen Völkern üblich. Bei den Friesen hat er sich bis in die Neuzeit gehalten. Noch im 16. Jahrhundert, so berichten alte Chroniken, trug ein Mädchen das Feldzeichen des friesischen Heeres bei einer Fehde gegen die Stadt Bremen.

Die Freiheit der Friesen von römischer Herrschaft dauerte nicht allzu lange. Schon im Jahr 47 unterwarf der ehrgeizige römische Provinzstatthalter von Niedergermanien, Corbulo, die Friesen erneut. Das heißt, in Wahrheit veranlaßte er sie durch militärischen Druck zum

Abschluß eines neuen Bündnisvertrages, ähnlich dem, den einst Drusus zustande gebracht hatte. Besonders drückend wird auch danach die römische Oberherrschaft nicht gewesen sein.

Bei Tacitus findet sich noch eine nette Geschichte von der Reise zweier friesischer »Könige«, es werden wohl eher Häuptlinge kleiner Gaue gewesen sein, nach Rom, etwa um das Jahr 60. Sie versuchten von Kaiser Nero die Erlaubnis zur Ansiedlung friesischer Bauern auf römischem Militärgelände in ihrem Gebiet zu erreichen, vergebens übrigens, wenn ihnen auch als Zeichen persönlichen Wohlwollens das römische Bürgerrecht verliehen wurde.

Nach Tacitus, er schrieb um 100 n. Chr. seine historischen Werke einschließlich des berühmten Büchleins *Germania*, hat sich anscheinend kein römischer Schriftsteller mehr besonders für die Germanen und speziell für die Friesen interessiert. So tauchten sie ganz unauffällig wieder für Jahrhunderte in die Anonymität der Geschichte ein. Die Archäologen haben zwar Hausgrundrisse und Tierknochen ausgegraben und mancherlei interessante Schlüsse daraus ziehen können. Aber von den Geschicken und den inneren Entwicklungen dieses so bemerkenswerten Völkchens in den nächsten Jahrhunderten wissen wir so gut wie nichts. Leider geht es uns nicht nur mit dem Volk der Friesen so.

DIE SÖHNE
DES INGVI

Die Friesen waren nicht die einzigen Germanen an der Nordseeküste und am Niederrhein, die sich in dieser Epoche mit den Römern auseinanderzusetzen hatten. Die Wohnsitze der Friesen reichten damals wohl nur vom großen Flevosee – seine Verwandlung in eine riesige Meeresbucht, das Ijsselmeer, erfolgte erst durch eine verheerende Sturmflut im Jahr 1395 – nach Osten bis zur Lauwers. Sie umfaßten also nur das heutige *West*friesland.

In *Ost*friesland lebte in jener Zeit der germanische Stamm der Amsivarier; der Name ist offensichtlich abgeleitet vom Namen des Flusses Amisia, der heutigen Ems, an deren Ostufer dieses Volk sich angesiedelt hatte. Weiter südöstlich, mehr im Landesinneren an der heutigen Hase, einem rechten Nebenfluß der Ems, lebten die Chasuarier; auch dieser Name ist offenbar von dem Fluß abgeleitet.

Küstenbewohner wie die Friesen waren die Chauken, die wohl vom heutigen Jadebusen über die Wesermündung bis zur Elbe die Marschen und die Geest bewohnten. Die Chauken lobte Tacitus in seiner *Germania* überschwenglich als friedliches und rechtschaffenes Volk, während sie in römischen Berichten aus derselben Zeit als üble Seeräuber – mit kleinen Einbaumbooten! – hingestellt wurden. Tacitus, der sein Wissen über Germanien ja nicht etwa durch eigene Forschungsreisen erwarb, hatte als Gewährsmann offenbar einen Sklaven aus dem Chaukenvolk, der durch langen Aufenthalt in Rom gelernt hatte, wie man die öffentliche Meinung beeinflußt.

Alle diese Stämme hatten mit den Römern ähnliche Bündnisverträge geschlossen wie die Friesen. Für die Römer war diese Küstenregion von großer strategischer Bedeutung. Statt nämlich mit ihren Truppen zur Sicherung der Grenze zu Germanien im östlichen Vorfeld des unteren Rheins durch unwegsame Sümpfe und die Gebiete feindlicher Stämme zu marschieren, verfrachteten die römischen Feldherren Soldaten, Pferde und Nachschub lieber auf kleine Rheinschiffe. Diese konnten von der niedergermanischen Provinzhauptstadt Colonia Claudia Ara Agrippinensis (CCAA, Köln) relativ rasch den Rhein hinabfahren, dann durch einen von Soldaten des Drusus schon um 15 v. Chr. gegrabenen Kanal in den Flevosee und von dort durch den Fluß Vlie am Kastell Flevum vorbei ins Wattenmeer. Die heute vor der west- und ostfriesischen Küste liegende Inselkette muß es schon damals gegeben haben, vielleicht war sie sogar noch dichter. Sie ermöglichte den römischen Schiffen, es handelte sich um relativ kleine Fluß- und keine Hochseeschiffe, eine einigermaßen ungefährliche Fahrt durch das Wattenmeer bis zur Emsmündung und dann die Ems aufwärts wieder ins Landesinnere Germaniens. Die Heere des Germanicus fuhren so jedenfalls mehrmals zum Kampf gegen Arminius.

Mit den Chauken und Amsivariern gehörten die Friesen zu einer germanischen Völkergruppe, die man Ingävonen nennt. So hießen, berichtet Tacitus in seiner *Germania*, die Stämme an der Meeresküste. Man nimmt an, daß der Name sich von der gemeinsamen Verehrung des altgermanischen Gottes Ingvi ableitet, des Gottes, der viel später in der Edda, der nordgermanischen Götterdichtung, Freyr heißen sollte. Die Kultgemeinschaft hat Friesen, Amsivarier und Chauken aber nicht daran gehindert, sich gegenseitig kräftig aus ihren Wohnsitzen zu verdrängen oder kriegerisch übereinander herzufallen.

8 **Die archäologischen »Fundprovinzen«
in Germanien**

Provinzen des Römischen Reiches um 100 n. Chr.

Grenzen zwischen den römischen Provinzen

Befestigter Limes

■ Legionslager

Nordseegermanen

Westgermanisch-binnenländische Gruppe

Elbgermanen

Odergermanen

Zwei andere germanische Völkergruppen im späteren Deutschland
nennt Tacitus ebenfalls noch: »die in der Mitte« (Germaniens) würden
Herminonen und »die übrigen« Istävonen genannt. Man hat früher viel
darüber gerätselt, welche der bekannten Germanenstämme zu welcher
Gruppe gehört haben mochten, was diese Gruppen gemeinsam hatten
und wodurch sie sich unterschieden. Seit es in Deutschland eine intensive archäologische Forschung gibt, schließlich wurden in den letzten
hundert Jahren hier viele zehntausend vorgeschichtliche Funde aus der
Erde gegraben und wissenschaftlich exakt untersucht, könnte man auf
diese Fragen eine Antwort geben, wenn die Archäologen nicht so ungeheuer vorsichtig wären.

So kann man beispielsweise auf Karten die Orte einzeichnen, an denen die gleichen oder sehr ähnliche Formen und Verzierungen von
Tongefäßen aus derselben vorgeschichtlichen Epoche gefunden worden sind, sowie die Orte, wo die Funde anders aussehen. Ähnliche Karten kann man zu den verschiedenen Typen von Waffen, Schmuck,
Hausgeräten und anderen archäologischen Fundgegenständen anlegen,
zu den Bestattungssitten, die man recht gut kennt, zu Hausformen
und anderen Merkmalen, die in der Erde die Jahrtausende überdauert
haben.

Das haben die deutschen Archäologen selbstverständlich auch getan und die Karten von den Verbreitungsgebieten bestimmter Formen
der verschiedenen Fundgegenstände übereinandergelegt. Und siehe
da: Für die frühe römische Kaiserzeit, also das 1. und 2. Jahrhundert
n. Chr., schälten sich in Deutschland fünf große »Fundprovinzen« heraus, wo die Funde in zahlreichen der erwähnten Formen so viel Ähnlichkeiten aufwiesen, daß zwischen den Menschen, die diese Dinge
hinterließen, unbedingt auch eine enge kulturelle Verwandtschaft bestanden haben muß. Die Grenzen dieser Fundprovinzen lassen sich
ziemlich eindeutig ziehen.

So ist heute unter den Fachgelehrten unbestritten, daß man bei den
Germanen kurz nach Christi Geburt eine »Nordseeküstengruppe« von
Friesland bis nach Holstein klar von einer »westgermanisch-binnenlän-
dischen Gruppe« vom Niederrhein bis zur oberen Weser und weiter
nach Süden bis etwa zum Main unterscheiden kann. Und nichts liegt
näher, als die erste Gruppe mit der Kultgemeinschaft der Ingävonen
des Tacitus gleichzusetzen, die zweite mit den Istävonen und wahrscheinlich auch mit dem im 3. Kapitel näher beschriebenen »Nordwest-

block« ursprünglich nichtgermanischer Abstammung. Aber diese Gleichsetzung erfolgt in der Fachliteratur immer nur andeutungsweise und mit tausend Vorbehalten.

Eine dritte Fundprovinz zieht sich beiderseits der Elbe fast von ihrer Mündung bis an ihren Oberlauf in Böhmen: das Gebiet der sogenannten Elbgermanen oder wohl auch der Herminonen des Tacitus. Von den beiden anderen germanischen Fundprovinzen in Deutschland, den Odergermanen und den Weichselgermanen, war schon im 4. Kapitel die Rede.

Auch im Süden und Westen des friesischen Siedlungsgebiets, in den heutigen Niederlanden, lebten zur frühen Römerzeit germanische Stämme. Im Gegensatz zu den Friesen können sie aber nicht zu den Ingävonen, der Kultgemeinschaft der Ingvi-Verehrer, gehört haben, sondern waren wohl eher mit den rechtsrheinischen Germanen Nordwestdeutschlands kulturell verwandt. Die Bataver galten ebenfalls als Abkömmlinge der Chatten vom Mittelrhein.

Die wesentlichen Stämme dieser »niederländischen Gruppe« waren die Chamaven am rechten Niederrhein, etwa bei Kleve, und die Canninefaten an der Nordseeküste, westlich des Flevosees bis zum Rhein, der damals viel weiter im Norden ins Meer mündete als heute, beim heutigen Katwijk nördlich von Den Haag. Südlich der damaligen Rheinmündung, auf der sogenannten Rheininsel bis zur Maasmündung, lebten die Bataver. Besonders die Canninefaten und Bataver waren treue Bundesgenossen der Römer und stellten diesen über Generationen hinweg starke Hilfstruppen, die auch in den zahlreichen Kämpfen gegen andere Germanen treu ihre Pflicht taten. Nur ein einziges Mal sollte die Treue der Bataver zu den Römern vorübergehend ins Wanken geraten, doch davon wird im nächsten Kapitel erzählt.

Diese Stämme scheinen in der in diesem ersten Teil des Buches behandelten Zeit bis etwa 100 n. Chr. verhältnismäßig seßhaft geblieben zu sein. Dennoch gab es Bewegungen, die nicht ohne Einfluß auf andere Stämme blieben. Um etwa 60 n. Chr. breiteten sich die Chauken nach Westen aus und vertrieben die Amsivarier aus dem heutigen Ostfriesland, der Grund dafür läßt sich bis jetzt nicht aufklären.

Die Amsivarier machten sich, wie so viele andere Völker vor und nach ihnen, mit Mann und Kind und Vieh auf den Weg und suchten neues Land. Sie wandten sich zuerst zum Mündungsgebiet des Rheins in der Hoffnung, auf römischem Militärterritorium siedeln zu dürfen.

Die Römer hatten einen breiten Streifen nördlich des Flusses, zu den
»freien« Germanen hin, zu Militärgebiet erklärt und hielten diesen aus
strategischen Gründen von jeder Ansiedlung frei, höchstens ehemaligen römischen Soldaten wurde sie dort genehmigt. Den Amsivariern
verweigerte man die Niederlassung natürlich, und vor dem drohenden
Aufmarsch eines römischen Heeres wichen sie wieder ins Innere Germaniens aus. Aus Furcht vor Repressalien Roms wiesen auch die meisten anderen Stämme im angeblich so freien Germanien rechts des
Rheins die um Land bittenden Amsivarier ab, durch deren Gebiet sie
auf ihrer langen Irrfahrt kamen: Usipier, Tubanten, Cherusker und
Chatten. Erst an der oberen Wupper, im heutigen westlichen Sauerland, fanden die durch Kämpfe und Wanderung stark dezimierten Amsivarier eine neue Heimat.

6. IM »FRIEDEN«
DES RÖMERREICHES

DIE CCAA WINDET SICH DURCH
1. Januar 71 n. Chr., Köln

Die Kalenden des Januar, der erste Tag des neuen Jahres, waren eine
gute Zeit für das Gespräch, das Publius Laenius Argenus und Gaius
Briattus, die beiden befreundeten Decurionen (Stadträte) der CCAA
schon länger hatten führen wollen. Nach den lauten Glückwünschen
für das neue Jahr und dem Verzehren der Opferkuchen, wie es am Vor-
mittag in allen Familien üblich war, verbrachte man den Abend dieses
Tages ruhig, und jeder, der die Zeit dafür erübrigen konnte, gedachte
in der Stille des abgelaufenen Jahres und versuchte sich vorzustellen,
was das kommende Jahr bringen werde. Janus, der doppelgesichtige
Gott der Römer, war der Schutzherr dieses wichtigen Tages.

Die beiden reichen Geschäftsleute kannten sich seit vielen Jahren
und arbeiteten zum beiderseitigen Nutzen Hand in Hand. Dabei waren
sie von so verschiedener Herkunft, wie sich nur denken läßt.

Publius Laenius Argenus war geboren und aufgewachsen im gallischen Durocortorum (Reims), wo sein Vater nach der ehrenvollen Ent-
lassung aus dem römischen Heer hängengeblieben war. Doch dieser
Vater war eigentlich gebürtiger Lusitanier (Lusitanien: das heutige Por-
tugal) und hatte von seiner langjährigen Stationierung in Pannonien
(Ungarn) eine Frau von dort nach Durocortorum mitgebracht. Der
junge Laenius Argenus war infolge seiner angeborenen kaufmännischen Begabung zu einem sehr vermögenden Großhändler in Tuch,
Wolle, Leder und anderen Waren geworden und hatte sich bald in der
aufstrebenden Handelsstadt Colonia Claudia Ara Agrippinensis (Köln)
am Rhenus niedergelassen. Den praktischen Einwohnern war dieser
Name viel zu lang, sie nannten ihre Stadt meist nur abgekürzt CCAA.
Nach nur achtjährigem Aufenthalt hier am Rhein war es dem Argenus
gelungen, in den städtischen Senat, die Ordo Decurionorum, gewählt
zu werden.

Dies und seine Frau waren für Argenus der Anlaß zu den vielfältigen Aufregungen des letzten Jahres gewesen, wie er nicht ohne Selbstmitleid in letzter Zeit gerne öffentlich bekannte. Denn seine Frau stammte aus batavischem Fürstengeschlecht, sie war eine Schwester des Fürsten Julius Civilis des Batavervolkes an der Mündung des Rheins in das Nordmeer. Argenus hatte sie vor vielen Jahren bei einer seiner Geschäftsreisen in die Liefergebiete für sein Handelsgeschäft kennengelernt und sie, sehr verliebt und sehr stolz auf die hochadlige und für das Geschäft nützliche Schwägerschaft, als rechtmäßige Ehefrau in die CCAA heimgeführt. Wenn er damals nur geahnt hätte, welcher Ärger ihm daraus erwachsen sollte!

Aus völlig anderen Kreisen stammte sein Geschäftsfreund Gaius Briattus. Er kam aus der Nähe des Legionskastells Bonna (Bonn) am Rhein und war der Sohn eines ubischen Bauern und Bootsbauers und einer Keltin aus eburonischem Stamm, die zu den wenigen übriggebliebenen Ureinwohnern dieses Landstriches gehörte. Das Latein des geborenen Ubiers war bis heute höchst mangelhaft geblieben, denn einen vernünftigen Sprachunterricht hatte er nie genossen. Und auch Schreiben und Rechnen konnte er nur so weit, wie es für sein Geschäft unbedingt nötig war. Für die Buchhalter- und Schreibarbeiten hatte Briattus einen hochgebildeten Gallier, der wegen irgendwelcher dunkler Geschäfte in Schuldhaft genommen und als Sklave an die Germanengrenze verkauft worden war.

Briattus konnte sich eine so teure Investition leisten, denn er hatte den väterlichen Beruf des Bootsbauers dank seiner guten technischen und kaufmännischen Auffassungsgabe zu einem florierenden Schiffsbaugewerbe in der großstädtischen Colonia weiterentwickelt. Bald darauf war er außerdem Inhaber einer Flotte von nicht weniger als fünf großen Frachtschiffen geworden, ein wichtiger Mann in der Rheinschiffergilde der CCAA, und bald auch zum Decurio dieser Stadt gewählt worden.

Des Briattus Schiffe fuhren regelmäßig vom geschäftigen Hafen am Rhein bis zu dessen Mündung in das Nordmeer im Bataverland, bis zur Stadt Lugdunum Batavorum (heute Leyden), wo die Seeschiffe nach Britannien ablegten, und wieder zurück. In ihren dicken Bäuchen beförderten diese Schiffe die überschüssigen landwirtschaftlichen Erzeugnisse der Bataver, Canninefaten und Friesen nach der CCAA und umgekehrt allerhand Luxusgüter, von denen die Fürsten und Ritter dieser Germanenstämme nicht genug bekommen konnten. So lag für Briattus eine enge und ständige Geschäftsverbindung mit dem Großhändler Argenus auf der Hand. Doch was ihm diese Geschäftspartnerschaft in diesem letzten Jahr für Schrecken verursacht hatte, das hätte Briattus sich in den schlimmsten Träumen nicht einfallen lassen.

Im Triclinium (Speisesaal) des eleganten Stadthauses des Argenus nahe dem Nordtor der CCAA (etwas westlich des heutigen Doms gelegen) war heute nur für zwei Personen gedeckt. Der Hausherr und sein Geschäftsfreund wollten allein und ungestört reden können. Zur Bedienung war eine junge Sklavin bestellt, die – in diesem Fall von unschätzbarem Wert – noch kaum drei Worte Latein verstand und sprach. Sie war als Kriegsgefangene aus dem fernen Judäa, wo der Kaisersohn Titus gegen die aufständischen Juden kämpfte, nach der Colonia am Rhein gebracht worden. Argenus hatte sie vor wenigen Wochen für teures Geld auf dem Sklavenmarkt gekauft.

Nach dem Vorgericht, einem süßen Wein-Honig-Schaum, hatte Judala, die Sklavin, ein gebratenes und in mundgerechte Stücke geschnittenes Zicklein aufgetragen, den beiden auf ihren Liegesofas ruhenden Männern je einen großen Becher Wein hingestellt und sich dann diskret zurückgezogen.

»Prosit – es möge nützen!« hob Argenus seinen Becher zur Weihe des ersten Schlucks gegen seinen Gast. »Ich bin froh, daß dieses Jahr vorüber ist, und hoffe nur, daß es keines mehr wie dieses gibt!« Briattus nickte nur und nahm mit ernstem Gesicht einen Schluck aus seinem Becher. Ja, die beiden Freunde hatten wahrlich ein Jahr voller Schrecken hinter sich, richtiger gesagt zwei Jahre. Als ob sie sich dadurch von den auf ihnen lastenden schlimmen Erinnerungen befreien könnten, gingen sie noch einmal die wichtigsten Ereignisse dieser Zeit im Gespräch durch.

Angefangen hatte alles genau vor zwei Jahren, als die politischen Wirren der fernen Kaiserstadt Rom plötzlich Auswirkungen auf die aufblühende und geschäftige, aber von Regierungsproblemen bisher unendlich weit entfernte Stadt am Rhein zeigten. Kaiser Nero, über den man schon lange munkelte, er sei wahnsinnig geworden, hatte Selbstmord begangen, als sich verschiedene wichtige Provinzstatthalter und Legionslegaten (Befehlshaber) einem Aufstand gegen ihn anschlossen (Sommer 68). Einer dieser Statthalter namens Galba war daraufhin in Rom von seinen Truppen zum Kaiser ausgerufen worden. Doch was ging das alles die Menschen in der Colonia am Rhein an?

Die römischen Soldaten des niedergermanischen Heeres, die in verschiedenen Lagern am westlichen Rheinufer nördlich und südlich der
CCAA stationiert waren, dachten da ganz anders. Sie hatten gehört,
daß die aufständischen Truppen in Rom von ihrem zum Kaiser erhöhten Befehlshaber mit reichen Geldgeschenken bedacht worden waren.
Das wollten sie auch haben! So riefen sie am ersten Januar vor zwei
Jahren ihren neuen Befehlshaber Vitellius, der in der CCAA residierte,
selbst zum Kaiser aus. Der war mit der Ehrung gerne einverstanden
und zeigte sich der begeisterten Bevölkerung der Stadt in einem prunk-
vollen Umritt. Kurze Zeit später zog zunächst der größte Teil seiner
Truppen über Gallien nach Rom, und nach einer Phase vorsichtigen
Abwartens folgte ihnen der neuernannte Kaiser Vitellius selbst mit
seiner Leibgarde.

Dort hatte inzwischen Otho, ein anderer Statthalter, seinen Rivalen
Galba umbringen und sich zum Kaiser ausrufen lassen (Januar 69).
Doch des Vitellius Truppen waren im Anmarsch auf Rom und besiegten erst ein ihnen entgegengesandtes Heer des Otho in Norditalien und
dann Otho selbst in Rom. Nun war Vitellius Kaiser und saß auf dem
Thron des großen Augustus, aber nicht für lange. Denn aus dem fernen
Osten des römischen Weltreiches, aus Judäa, kamen Meldungen, daß
der dortige Statthalter Vespasian ebenfalls von seinen Truppen zum
Kaiser ausgerufen worden sei (Juli 69), als vierter Dominus innerhalb
nur eines Jahres. Wieder zog ein Heer römischer Soldaten von Judäa
und Syrien über Kleinasien und den Balkan nach Italien, um römische
Legionen, diesmal die des Vitellius, zu bekämpfen.

Doch wenn die Agrippinenser geglaubt hatten, diese Wirren spielten sich nur in dem weit über 1000 Meilen (eine römische Meile = ungefähr 1,5 Kilometer) entfernten Italien ab und ließen ihre Geschäfte
ungestört, dann hatten sie sich geirrt. Denn auf einmal kämpften auch
in ihrer unmittelbaren Nähe römische Soldaten gegen römische Soldaten. Schuld daran war der Bataverfürst Julius Civilis.

Der war der angesehenste Häuptling seines germanischen Volkes,
das an der Mündung des Rheins in das Nordmeer lebte und seit nahezu
einem Jahrhundert mit dem Römischen Reich verbündet war. Die Bataver mußten keine Steuern zahlen, stellten aber dafür dem römischen
Heer seit Generationen tapfere und zuverlässige Reitersoldaten. Insgesamt neun batavische Kohorten (zu je etwa 500 Mann) taten als Auxiliartruppen (einheimische Hilfstruppen) bei den verschiedenen Legio-

nen Roms nördlich der Alpen Dienst. Civilis selbst war seit 20 Jahren Präfekt (Befehlshaber) einer dieser Kohorten, hatte im Kampf mit den Dakern (im heutigen Rumänien) ein Auge verloren und galt als einer der treuesten Gefolgsleute des Römischen Reiches.

Diese Treue war in den letzten Jahren allerdings erheblich ins Wanken geraten, denn der mißtrauische Kaiser Nero hatte ihn und seinen Bruder Julius Paulus, der ebenfalls Kohortenpräfekt gewesen war, wegen angeblicher Aufruhrpläne verhaften lassen. Julius Paulus war sogar, obwohl völlig unschuldig, hingerichtet worden. Den Civilis hatte der Tod des Nero gerettet, der kurzzeitige Kaiser Galba hatte seine Freilassung befohlen, und Civilis war voller Wut über die Intrigen im kaiserlichen Rom in seine Heimat am Niederrhein zurückgekehrt. Als dann die Thronwirren in Rom nicht aufhörten, ja, der neue Kaiser Vitellius vertragswidrig junge Bataver zum Militärdienst zwingen ließ, da fiel es dem Fürsten nicht schwer, seine Bataver sowie die benachbarten Germanenstämme der Canninefaten und Friesen zum Aufstand gegen diesen Kaiser zu bewegen. Vorsichtshalber behauptete der in den Ränken der römischen Politik erfahrene Offizier allerdings, seine Bataver kämpften im Namen des neuen Kaisers Vespasian gegen die Anhänger des Vitellius.

Daß nun im Bataverland römische Kastelle und Flotten von einstigen römischen Soldaten, in Wahrheit aufständischen Germanen, erobert wurden, mochte ja für die Kaufleute in der CCAA noch angehen. Solche Kämpfe zwischen Bürgerkriegsparteien hatte man auch vorher schon erlebt. Doch höchst schädlich für den Handel war, daß die wild gewordenen Bataver und Friesen in ihren Landen gleich noch alle römischen Kaufleute umbrachten. Bald zog sich der Krieg sogar in bedrohliche Nähe der Handelsstadt am Rhein: Das große Zwei-Legionen-Lager Vetera Castra (bei Xanten) wurde von den batavischen Kohorten belagert, die auf Veranlassung des Fürsten Civilis aus Obergermanien (Pfalz, Elsaß) und Rätien (Schweiz, Süddeutschland) nach Norden gezogen waren. Unterwegs hatten sie das nur schwach bemannte Kastell Bonna erobert und im Vorbeiziehen schnell noch etliche große Gutshöfe im Eifelvorland geplündert, die verschiedenen reichen Leuten aus der CCAA gehörten.

Aber richtig gefährlich war es für die Kaufleute und alle anderen Bürger der CCAA erst einige Monate später geworden (Frühjahr 70). Denn da warf der Wolf Julius Civilis endgültig seinen Schafspelz ab, und es wurde klar, daß er keineswegs für den Anspruch des Vespasian auf den Kaiserthron kämpfte.

Inzwischen hatte nämlich die Fackel des Aufruhrs fast den ganzen Norden des römischen Imperiums in Brand gesteckt. Rechts des Rheins glaubten die angeblich freien, in Wirklichkeit aber stark unter römischem Einfluß stehenden Germanenstämme der Tenkterer, Brukterer, Chatten und wie sie alle hießen, die lästige römische Oberherrschaft abwerfen zu können. Die Römer, die sich bei ihnen aufhielten, wurden kurzerhand umgebracht. Und links des Rheins, in dem einst von Caesar eroberten Gallien, besannen sich zahlreiche einflußreiche Stammesfürsten darauf, daß auch ihre Völker einmal frei und unabhängig gewesen waren.

Geheime Briefe gingen hin und her zwischen dem Bataver Julius Civilis, den Fürsten der Treverer (um das heutige Trier) Julius Classicus und Tutor sowie dem Lingonenfürsten (um Langres in Frankreich) Sabinus. Sie waren zwar alle langjährige Militärkommandeure gewesen und trugen im Dienst ihre römischen Namen, aber sie waren zugleich stolze Anführer ihrer Völker, die die Gelegenheit beim Schopf ergriffen. Eines Tages war Civilis mit einer schwerbewaffneten Gefolgschaft von Batavern als Leibwache im Hause seines Schwagers Argenus in der CCAA aufgetaucht und hatte das Gebäude einige Tage lang für ein wichtiges Geheimtreffen beschlagnahmt. Er hatte sogar seine Frau mitgebracht; sie sollte eine Weile bei ihrer Schwägerin, der Gattin des Argenus, wohnen.

So hatten sich denn alle Anführer des antirömischen Aufstandes im Hause des römischen Bürgers und Decurionen Argenus in der CCAA beraten, und dieser römische Bürger mußte mit seinem Gesinde und seiner Küche auch noch für das leibliche Wohl der Aufrührer sorgen. Was bei diesem Treffen herauskam, war aus römischer Sicht nichts anderes als Hochverrat: Ganz Germanien und Gallien sollten sich für unabhängig vom Römischen Reich und zu einem eigenen Imperium Galliarum erklären. Der gesamte Stadtrat und alle sonstigen Honoratioren der CCAA mußten sogar einen Eid auf dieses Gallische Reich ablegen. Drohend standen dabei schwerbewaffnete Bataver und Treverersoldaten um die Spitzen der Stadt herum, die nicht wußten, wovor sie mehr Angst haben sollten: vor der gegenwärtigen Gefahr durch die Aufständischen oder vor der künftigen Gefahr durch einen römischen Statthalter, wenn die Verhältnisse sich noch einmal ändern sollten.

Dann zogen die Germanentruppen in römischer Rüstung erst einmal wieder aus der Stadt am Rhein ab. Civilis und Classicus ließen ihre Frauen dort zurück, weil die Stadt ja nun sicher sei; römische Truppen gab es dort schon länger nicht mehr. Kurze Zeit später erlebten die Agrippinenser einen neuen Schrecken: Der Germanenstamm der Tenkterer, der gegenüber der Stadt auf der rechten Rheinseite ansässig war, zog viele Krieger drohend zusammen und schickte Gesandte an den Stadtrat. Die forderten kurz und bündig, die germanischen Ubier auf der linken Rheinseite sollten sich auf ihre alte germanische Freiheit und Lebensweise besinnen, und sie sollten alle Römer in der Stadt umbringen und deren Vermögen gleichmäßig verteilen. Außerdem, so meinten die Tenkterer listig, könne die CCAA ihre Stadtmauer niederreißen, man brauche sie ja nicht mehr, und alle Tenkterer sollten künftig für Handel und andere Zwecke ohne Zoll und Personenkontrolle über den Rhein in die Stadt kommen dürfen.

»Das war eine schreckliche Lage«, meinte der gebürtige Ubier Briattus, als die beiden Freunde in ihrem Gespräch bis zu dieser Zeit gekommen waren. »Aber ich glaube, es war schlau, daß der Stadtrat dich, Argenus, als Schwager des Fürsten Civilis zu den Tenkterern geschickt hat!« Dem Argenus schauderte es jetzt noch bei dem Gedanken an die gefährliche Mission, die ihm seine Schwägerschaft mit dem aufständischen Bataver eingebrockt hatte. »Und es war gut, daß du als gebürtiger Ubier mich auf ausdrücklichen Befehl des Stadtrats begleiten mußtest«, meinte Argenus in zarter Anspielung auf die Angst, die der dicke Briattus dabei ausgestanden hatte. Aber sie lebten beide noch; ihrer durch Todesangst geförderten Beredsamkeit war es gelungen, den störrisch gewordenen Germanen klarzumachen, daß die wenigen römischen Zwingherren längst aus der Kolonie geflüchtet seien; alle übrigen seien Familienangehörige der gallischen oder germanischen Einwohner der Stadt, die man doch nicht umbringen könne! Die Tenkterer könnten gerne zum freien Handel in die Stadt kommen, ohne Zoll bezahlen zu müssen, aber die Stadtmauer benötige eine freie Stadt als Zeichen ihrer Würde noch mehr als eine besetzte. Die Tenkterer hatten sich damit zufriedengegeben, die Gefahr für die CCAA war damit erst einmal gebannt.

Bald danach schien der Wind schon wieder umzuspringen. Von Italien her zog ein Feldherr des neuen Kaisers Vespasian mit allen entbehrlichen Legionen durch Gallien nach Norden. Er hieß Cerialis Petilius und galt als sehr tüchtig.

Den einstigen Statthalter von Niedergermanien, den in der CCAA zum Kaiser ausgerufenen Vitellius, hatte schon längst sein Schicksal ereilt. Die wenigen ihm noch treuen Truppen waren in Norditalien von den Legionen des Vespasian geschlagen worden, und Vitellius selbst hatte in Rom Selbstmord begangen. Nun gab es nur noch einen Kaiser im Reich – oder doch zwei? Der gallische Lingonenfürst Julius Sabinus ließ sich nämlich als Caesar, als Kaiser des Imperium Galliarum, feiern, sehr zum Mißfallen vieler anderer gallischer Stämme.

Je näher das Heer des Cerialis dem Zentrum des Aufstandes im Norden Galliens kam, desto mehr gallische Stämme besannen sich, daß es vielleicht doch sicherer und angenehmer sei, unter römischer Herrschaft zu leben, und sie erklärten in wortreichen Volksversammlungen, dem Römischen Reich stets treu geblieben zu sein. Das von aufständischen Chatten belagerte Mogontiacum (Mainz) wurde entsetzt, bei Augusta Treverorum (Trier) und weiter unterhalb an der Mosel siegten die römischen Legionen über Truppen der Bataver und Treverer. Erste römische Vorhuten drangen bereits bis in die Nähe der großen Colonia am Rhein vor.

Dies war der Moment, da der Stadtrat der CCAA zu einer dringenden Geheimsitzung einberufen worden war. Was konnte man tun, um gegenüber dem Legaten Cerialis den Makel des Eides auf das Imperium Galliarum zu tilgen, so lautete die über Leben und Gut vieler Agrippinenser entscheidende Frage. Aulus Lepidus, einer der Duumvirn (Zweimänner = Bürgermeister einer Stadt) hatte die von den meisten Decurionen lebhaft begrüßte Idee, die Frauen der beiden wichtigsten Anführer des Aufstandes und gleich noch die Schwester des Civilis festzunehmen und als Geiseln an den Legaten Cerialis auszuliefern. Sie wohnten ja so bequem beieinander im Hause des Decurionen Argenus. Diese Idee wurde tatsächlich ausgeführt, wenn auch, wie man zu seiner Ehre sagen mußte, gegen den Protest des Argenus. Darüber hinaus gelang den Agrippinensern noch eine weitere Heldentat. Sie hatten aus Restbeständen des Prätoriums (Statthalterpalast, etwa an der Stelle des heutigen Kölner Rathauses) die städtische Feuerwehr bewaffnet und nach Tolbiacum (Zülpich bei Köln) entsandt. Dort gelang es den todesmutigen Kämpfern für die rechtmäßige römische Herrschaft, eine größere Abteilung von aufständischen Friesen, die in einem Gutshof Quartier genommen hatte, erst betrunken zu machen und dann zusammen mit dem Gutshof zu verbrennen.

Für den Feldherrn Cerialis schienen diese Beweise unwandelbarer
Romtreue der Colonia Claudia Ara Agrippinensis zu genügen, aller-
dings wäre nun ein nochmaliges Obsiegen der aufständischen Germa-
nen und Gallier für diese Stadt tödlich gewesen. Mit gespannter Auf-
merksamkeit verfolgten daher alle Stadträte, ja, alle Agrippinenser die
Nachrichten von den wechselvollen Kämpfen, die sich das Heer des
Cerialis mit den Batavern und den übriggebliebenen Anführern des
Aufstandes am Niederrhein lieferten; die Aufständischen hatten zwar
schwere Rückschläge erlitten, so durch eine schwere Niederlage bei
Vetera Castra (Xanten), aber besiegt waren sie noch lange nicht.

Ja, noch im Spätsommer des abgelaufenen Jahres hatte ein waghal-
siges Flottenunternehmen der Batater die römische Rheinflotte in deren Basis ganz in der Nähe der CCAA (Köln-Altenburg) gekapert und
um ein Haar den Oberbefehlshaber Cerialis gefangengenommen. Nein,
ruhige Zeiten waren diese letzten Monate wahrlich nicht gewesen.

Zur größten Erleichterung der Agrippinenser und wohl der meisten
Bewohner Niedergermaniens und Galliens schlossen zu Herbstanfang
der Bataverfürst Civilis und der Feldherr Cerialis irgendwo im Land
am Niederrhein einen Frieden, der im Grunde die Verhältnisse vor
dem Aufstand wiederherstellte und vor allem blutige Repressionen
durch die Römer ausschloß. Beide Seiten hatten wohl eingesehen, daß
dieser Krieg, der nun schon fast zwei Jahre dauerte, die Kräfte sowohl
der römisch Gesinnten wie der für ihre Freiheit kämpfenden Germanen
und Gallier unerhört dezimiert hatte. Es war ein Frieden ohne Besiegte.
Selbst die im Hauptquartier der römischen Armee in Haft gehaltenen
Frauen des Classicus und des Civilis sowie dessen Schwester, die Gattin des Argenus, mußten auf Grund der Friedensbedingungen unver-
sehrt ihren Männern wieder zugestellt werden.

»Ja, und jetzt kann ich nur hoffen, daß der Handel mit den germanischen Stämmen im Norden bald wieder beginnen kann«, meinte Argenus sinnend, und Briattus stimmte ihm zu: »Du hast recht, mein
Freund, wenn meine Schiffe nicht bald wieder bis nach Lugdunum Batavorum fahren und mit ihren vollen Ladungen Gewinne auch für mich
mitbringen, ist meine Reederei bankrott. Lange hätte ich das finanziell
nicht mehr durchgehalten. Auf bessere Zeiten, Argenus!« Und die beiden befreundeten Geschäftsleute der großen römischen Kolonie am
Rhein hoben ihre Becher voll Wein und leerten sie mit innigen Wünschen an die Götter.

DER BATAVERAUFSTAND,
EINE ERNSTE PRÜFUNG FÜR ROM

Gewährsmann für die in der obigen Szene erzählten Begebenheiten ist
wieder der gute alte Publius Cornelius Tacitus, der sich wie kaum ein
anderer römischer Schriftsteller vor oder nach ihm für Vorgänge im fernen Germanien interessiert hat. Zum Bedauern aller heutigen Historiker ist allerdings das Buch, in dem er den Bataveraufstand der Jahre 69
und 70 n. Chr. recht ausführlich geschildert hat, nur unvollständig erhalten. Mitten im Satz einer Rede, die Tacitus dem Bataver Civilis bei
der Anbahnung von Friedensverhandlungen in den Mund legt, bricht
die einzige erhaltene Abschrift seiner *Historien* ab. So hat die Nachwelt
nie erfahren, wie die Friedensbedingungen genau ausgesehen haben
und was aus Julius Civilis später geworden ist.

Das ist die Tragik für alle, die sich mit den schriftlichen Quellen der
Geschichte des Altertums beschäftigen: Sie sind uns vermutlich nur zu
einem kleinen Bruchteil überliefert worden. Bis zur Erfindung der
Buchdruckerkunst am Ende des Mittelalters gab es ja nur die Möglichkeit, Schriftwerke mühselig wieder und wieder abzuschreiben, um sie
zu vervielfältigen. Dennoch existierten von den Werken bekannter
Schriftsteller, zu denen Tacitus ohne Zweifel gehörte, Hunderte, wahrscheinlich Tausende von Abschriften in öffentlichen und privaten
Bibliotheken quer durch das ganze riesige Römische Reich. Aber von
diesen Tausenden von Exemplaren des hochinteressanten Geschichts-
werkes über die frühe römische Kaiserzeit, in vielen Generationen immer wieder abgeschrieben, überdauerte nur eine einzige Handschrift
aus dem 11. Jahrhundert, gefertigt von Mönchen des Klosters Monte
Cassino in Italien; und sie hat nicht einmal die Hälfte des einstigen
Gesamtumfangs der *Historien*.

Man weiß, daß es neben den Werken des Tacitus und einigen wenigen anderen erhaltenen historischen Schriften aus jener Zeit wahrscheinlich noch Dutzende weiterer Bücher über die damalige zeitgenössische Geschichte gab, aber keines davon ist bis zu uns überliefert
worden. So ist trotz allen Bienenfleißes einer modernen Gelehrten-
schar, die die aufgefundene lateinisch- und griechischsprachige Literatur des Altertums gesammelt, verglichen, übersetzt und interpretiert
hat, unser tatsächliches Wissen über die Vorgänge im Römischen
Reich mehr als begrenzt.

Die Unterhaltung der beiden reichen Unternehmer im antiken Köln ist natürlich eine Erfindung des Autors, um die politischen und menschlichen Hintergründe des sogenannten Bataveraufstandes aus der speziellen Sicht Kölns, der damals schon größten Stadt am Rhein, beleuchten zu können. Doch die darin genannten Fakten halten sich streng an die Überlieferung des Tacitus, bis hin zum Treffen des Civilis mit anderen Führern von Rom abgefallener Völker in einem Kölner Privathaus und zur Auslieferung der Frauen dieser Fürsten an die Römer.

Das römische Kaiserreich war, wie in der Szene ein wenig angedeutet, in vieler Hinsicht ein Vorläufer der Europäischen Union von heute, politisch und wirtschaftlich wie kulturell. Von Spanien an der Atlantikküste bis zeitweilig zur persischen Grenze im Vorderen Orient und von der Nordsee bis zum Nordrand Afrikas zwischen Ägypten und Marokko galt *eine* Rechtsordnung, *eine* Währung, wurde *eine* Sprache verstanden und gehorchte alles *einem* Kaiser – *wenn* man ihm gehorchte.

Die chaotische Vorgeschichte des Bataveraufstandes, vom Tod des despotischen Kaisers Nero bis zur Festigung der Herrschaft des Vespasian, zeigt, daß der vielgerühmte Friede im Römerreich auf sehr wackligen Füßen stand. Erst das von Vespasian begründete neue Kaiserhaus der Flavier konnte wieder für einige Jahrzehnte die Ruhe im Reich garantieren. Innere Kämpfe um den Kaiserthron hat es im Römischen Reich immer wieder gegeben. Je länger das Kaiserreich hielt, desto mehr waren die Legionen der langjährigen Berufssoldaten die eigentlichen Kaisermacher, und Aufstände kamen in den Provinzen alle paar Jahrzehnte vor.

Beim Bataveraufstand hat man, aus dem Abstand von über 1900 Jahren gesehen, das deutliche Gefühl, daß die nationale Unabhängigkeit nur ein vorgeschobener Grund für die aufständischen und zuerst sehr erfolgreichen Germanen und Gallier war. Unter starken Kaisern mit einer funktionierenden Verwaltung waren Aufstände sehr viel seltener. Immerhin blieb dieser so merkwürdig folgenlos ausgegangene Aufstand die ernsthafteste Bedrohung der Einheit des Römischen Reiches für weit mehr als ein Jahrhundert. Das opportunistisch-schwankende Verhalten der Agrippinenser in diesem Aufstand ist bei Tacitus nur vorsichtig angedeutet, liegt aber für den, der moderne politische Umschwünge erlebt hat, auf der Hand.

Was waren das für Menschen, die damals vor gut 1900 Jahren in der Colonia Claudia Ara Agrippinensis lebten? Dort, in der seit einigen

Jahrzehnten wirtschaftlich und kulturell rasch aufblühenden Stadt am
Rhein, sammelten sich viele geschäftlich wagemutige und manchmal
wohl auch ein wenig anrüchige Elemente aus zahlreichen Provinzen des
Römischen Reiches. Die Rassen- und Kulturverschmelzung, wie sie
oben angedeutet wurde, muß sehr weit gegangen sein. Es gab ja weder
Grenzen für die Wanderungen zwischen den Provinzen noch, im allgemeinen, »nationale« Vorbehalte gegenüber einzelnen Völkern, die innerhalb des Römischen Reiches lebten. Gerade die reiche Oberschicht
in den Grenzprovinzen dürfte damals eine überaus bunte Völkermischung dargestellt haben.

Kulturell und im Lebensstandard dürfte man im Köln jener Zeit den
Bedingungen in der Hauptstadt des Reiches nicht viel nachgestanden
haben, obwohl ein stolzer Stadtrömer das sicher nie zugegeben hätte.
Geld zum Bau prunkvoller öffentlicher und privater Gebäude, einer bis
heute bewundernswerten 77 Kilometer langen Frischwasserleitung aus
der Eifel und eines florierenden Handelshafens am Rhein war genug
vorhanden. Eine komplizierte, aber überwiegend gut funktionierende
Provinz- und Lokalverwaltung sorgte für den störungsfreien Ablauf
des täglichen Lebens. Abgesehen von den heutigen Fortschritten der
Technik war das Leben wenigstens in den Großstädten des Römischen
Reiches überraschend modern.

DAS RÖMISCHE GERMANIEN
IN DER FRÜHEN KAISERZEIT

Man kann sich den kulturellen Bruch kaum groß genug vorstellen, den
die Rheingrenze damals bewirkte. Die 400 Meter, die der Rhein bei
Köln etwa breit ist, trennten einen hochzivilisierten riesigen Wirt-
schaftsraum mit weit entwickelter und auf geordnetem Geldumlauf
beruhender Wirtschaft, mit einer auf der Kenntnis und Benutzung der
Schrift und einer einheitlichen Verständigungssprache fußenden Kultur
und Verwaltung von einem doch noch recht primitiven Leben der Germanenstämme am östlichen Ufer. Man stelle sich vor, am anderen Ufer
des Hudson River, an dem die moderne Großstadt New York des
späten 20. Jahrhunderts liegt, lebten noch Indianer auf der Kulturstufe
des frühen 19. Jahrhunderts: gefürchtet, mißtrauisch überwacht, als
gelegentliche Handelspartner unter strengen Auflagen geduldet, aber

im Grunde mit einem zwischen beiden Völkern herrschenden unüber-
brückbar riesigen Abstand im Denken, Fühlen und Handeln.

Es wäre jedoch zu einfach, sich das römische Kaiserreich als einen
kulturellen Einheitsstaat vorzustellen. Die Kultur in seinen Provinzen
war keineswegs ein Abklatsch der Zustände in der Stadt Rom. Es gibt
keine schriftlichen Quellen darüber, aber die Gesamtheit der archäologischen Funde aus dem römischen Germanien deutet darauf hin, daß
sich die Bevölkerung zwar äußerlich, vor allem im wirtschaftlichen Leben, den zivilisatorischen Vorzügen der römischen Kultur angepaßt
hat. Aber im übrigen, in der Religion wie in vielen Bereichen des Denkens und Fühlens, entwickelte sich dort wohl eine ganz eigene Mischung aus keltischen und germanischen Eigentümlichkeiten und den
Erfordernissen der fortgeschrittenen Kultur.

Zuerst waren es nur zwei Militärbezirke, später, etwa ab 90 n. Chr.,
zwei römische Provinzen, die den Namen Germanien trugen. *Germania
inferior* (Niedergermanien) erstreckte sich von der Rheinmündung in
einem bis zu 200 Kilometer breiten Streifen südlich und westlich des
Stroms weit ins heutige Belgien hinein. Die Arduinna silva (Ardennen
und Eifel) gehörte dazu. Die Südgrenze der Provinz bildete der Vinxt-
bach, der bei Brohl zwischen Remagen und Andernach, beides von Römern gegründete Städte, in den Rhein mündet. Sein Name bewahrt
noch die alte Bedeutung, er leitet sich von »ad fines« (an der Grenze)
her.

Hauptstadt dieser Provinz war Köln. Diese Stadt war etwa um 15
v. Chr. von römischen Befehlshabern als zentraler Ort für die germanischen Ubier gegründet worden und trug zunächst den Namen Oppidum Ubiorum (Ubierstadt). Im Jahr 50 n. Chr. erhielt die kräftig ge-
wachsene Siedlung den Rang einer römischen Kolonie, das heißt eines
Territoriums römischer Bürger, wo sich auch in Ehren entlassene ehemalige Soldaten ansiedeln durften. Zugleich verlieh ihr Kaiser Claudius den neuen Namen Colonia Claudia Ara Agrippinensis. Darin
wurden der Name des Kaisergeschlechts der Claudier – begründet vom
Stiefsohn des Augustus, Tiberius – und der Name der Ehefrau des Kaisers, der in Köln als Tochter des Feldherrn Germanicus geborenen
Agrippina (der Jüngeren), verewigt.

In dieser Provinz wohnten mehrheitlich Germanen, entgegen den
Behauptungen und Intentionen Caesars (»östlich des Rheins Germanen, westlich Gallier«). Das war nicht zuletzt auf Militäraktionen Cae-

sars selbst zurückzuführen. Denn während seines gallischen Feldzuges hatte er die keltischen Eburonen, die einst zwischen dem heutigen Bonn und Aachen lebten, als Vergeltung für einen Angriff auf seine Truppen nahezu völlig ausrotten lassen. Nur in unzugänglichen Wäldern der Eifel hielten sich bei den dortigen Bauern die keltische Kultur, die keltische Sprache und eben wohl auch das keltische Volkstum noch jahrhundertelang.

In das sonst fast menschenleere Land wurden vom römischen Befehlshaber an der Rheinfront im Jahr 38 v. Chr. die germanischen Ubier auf deren Wunsch umgesiedelt. Sie waren seit ihrer ersten Berührung mit den Römern deren treue Verbündete und fühlten sich deswegen in ihren ursprünglichen Wohnsitzen am östlichen Rheinufer zwischen Lahn und Main nicht mehr sicher. Als Bauern lernten die Ubier schnell, mit dem fortschrittlichen Gerät und Saatgut der Römer umzugehen, ihre Höfe erzeugten bald einen beträchtlichen landwirtschaftlichen Überschuß, der mit Gewinn in die Städte und die großen Militärlager verkauft werden konnte. Auch die Einwohnerdichte hob sich gewiß erheblich über die der *Germania libera*, wenn sie auch mit heutigen Bevölkerungszahlen nicht verglichen werden darf. Das römische Köln, das bald als Großstadt galt, hatte wohl nicht mehr als 40 000 Einwohner.

Die Nachbarprovinz *Germania superior* (Obergermanien) zog sich in einem viel schmaleren Streifen westlich des Rheins nach Süden (südliches Rheinland, Westpfalz, Elsaß), umschloß aber auch große Teile des ursprünglichen Gallien (Gebiet um Langres, Besançon und den ganzen Schweizer Jura). Der Sitz ihres Statthalters war das Legionslager Mogontiacum (Mainz). Die Bevölkerung dieser Provinz war schon ziemlich aus Kelten und Germanen gemischt, die letzteren waren wahrscheinlich im Gefolge des Ariovist dort eingewandert.

Schließlich hatte auch noch die Provinz *Gallia belgica* einen großen Anteil am heutigen Gebiet Deutschlands. Sie zog sich von der Küste des Ärmelkanals bis zur mittleren Mosel und den Vogesen. Hauptstadt dieser Provinz oder wenigstens zuerst ihre größte und prächtigste Stadt war Trier. Sie kann sich rühmen, die älteste Stadt auf deutschem Boden zu sein. Trier und seine Geschichte werden im zweiten Teil dieses Buches noch eingehender behandelt, daher kann an dieser Stelle darauf verzichtet werden.

Das diesen Provinzen auf der anderen Rheinseite gegenüberliegende Gebiet wurde von den Römern bald *Germania magna* (Großgermanien) oder *Germania libera* (Freies Germanien) genannt. Es gehörte formal nicht zum Römischen Reich. Aber die römischen Statthalter in Köln und Mainz verzichteten nicht darauf, dort intensiv Einfluß zu nehmen. Über vorgeschobene kleine Lager von Aufklärungs- und Eingreiftruppen, formelle Verträge mit den rechtsrheinischen Germanenstämmen bis hin zu einem unauffälligen, aber dichten Netz von Kaufleuten und Kundschaftern hatte Rom seine unheimlichen Nachbarn so gut es ging im Griff.

Dieser intensive römische Einfluß konnte allerdings auch hier nicht für völlige Waffenruhe sorgen. Mainz und sein Hinterland wurden beispielsweise häufiger von Überfällen beutelustiger Chatten heimgesucht, und nur wenige Jahre nach dem Bataveraufstand versuchten die Brukterer im heutigen Ruhrgebiet, die schon den Fürsten Civilis unterstützt hatten, erneut einen Aufstand. Doch er wurde blutig niedergeschlagen, und die berühmte Seherin ihres Volkes, Veleda, wurde als Geisel nach Rom gebracht. Ein Stamm, von dem man im späten 1. Jahrhundert allerdings kaum noch etwas vernahm, waren die Cherusker. Unter dem Einfluß im Römischen Reich aufgewachsener Fürsten scheinen sie ihre Kampfkraft eingebüßt zu haben und bald in anderen Stammesverbänden aufgegangen zu sein.

Kurz nach der in diesem Kapitel beschriebenen Zeit, unter dem tatkräftigen Kaiser Vespasian, begann Rom allerdings, seine Grenze wieder ins freie Germanien hinein zu verlagern. Langfristiges strategisches Ziel war, den großen Winkel zwischen oberer Donau und Oberrhein zu verkürzen, der eine rasche Verlegung von Truppen zwischen Donau- und Rheingrenze behinderte.

Erst wurden feste Straßen östlich des Oberrheins am Schwarzwald entlang angelegt und danach Kastelle zu ihrer Verteidigung. Beide Linien wurden immer wieder nach Osten verschoben. Starkem Widerstand dürften die Römer dabei nicht begegnet sein, denn das Gebiet im Südwesten des heutigen Deutschlands war damals, wie schon im 2. Kapitel beschrieben, ziemlich menschenleer. Nur am unteren Neckar hatten sich zur Zeit Ariovists die Suebi Nicretes (Neckarsueben) niedergelassen. Immerhin dauerte es mehrere Jahrzehnte, bis die römische Grenze der Provinz Obergermanien über den Taunus, um die Wetterau nördlich des heutigen Frankfurt und vom Main, mit einer zum Teil schnurgeraden Linie erst nach Süden und dann nach einem scharfen

Knick nach Osten bis zur Donau oberhalb des heutigen Regensburg verlief. So finden wir sie heute auf den entsprechenden Geschichtskarten eingezeichnet.

Und wieder dauerte es längere Zeit, bis aus dieser in den Wäldern Germaniens zunächst nur markierten Grenze ein durchgehender Grenzwall und -graben mit ausgeklügelten militärischen Stützpunkten im Hinterland wurde – der »Limes«. Er wird im zweiten Teil dieses Buches noch eine große Rolle spielen.

Es war zwar nach über hundertjähriger Herrschaft der Römer am Rhein beiderseits der Grenze friedlicher geworden. Aber völlig trauen konnte Rom seinen unheimlichen Nachbarn nie. Durch die militärischen Schutzmaßnahmen an der Grenze fühlten sich Kaiser, Feldherren, Soldaten und römische Bürger jedoch für alle Zeiten sicher. Sie sollten sich bitter täuschen.

7. AN DER DONAUGRENZE

UNSICHERER FRIEDE
Spätsommer 88 n. Chr., bei Vindobona (Wien)

Es hatte sich eingebürgert, daß die drei Präfekten sich jeweils an den Nonen (fünfter oder siebter Tag des Monats) im Wohnhaus des Praefectus equitum auxiliarum (Befehlshaber einer selbständigen Reiterschwadron) im befestigten Lager Vindomina zu einem Festmahl trafen. Der im römischen Legionsdienst ergraute Centurio (Hauptmann) Claudius Tatianus hatte diese Übung eingeführt, weil er etwas zur Verbesserung der stets prekären Beziehungen zwischen den verschiedenen Bevölkerungsgruppen seines Befehlsgebiets tun wollte. Schließlich war er nicht nur für Ruhe und Ordnung verantwortlich, hier, wo der Danuvius (Donau) endgültig aus den Bergen in die weite pannonische Ebene heraustrat. Sondern er war auch auf die bereitwillige Mitwirkung des Volkes der pannonischen Azaler und der berittenen Hilfstruppe der germanischen Quaden bei seiner so überaus schwierigen augenblicklichen Aufgabe angewiesen.

Wie jeden Monat hatte sich Unteroffizier Valentinius, Leibkoch und Offiziersbursche des Militärpräfekten, besondere Mühe gegeben, den hohen Herren ein gutes Essen vorzusetzen, soweit die abgelegene Gegend und die Küchenmöglichkeiten eines kleinen Grenzkastells das zuließen. In Kürze würde sich das ändern, da war sich der erfahrene Legionär sicher, wenn erst eine ganze Legion in dem neuen Castrum eingezogen war. Vindobona sollte es nach dem Willen des Provinzstatthalters heißen, dem der alte gallische Name Vindomina (Weißbach) des Schwadronslagers ganz in der Nähe nicht gut genug klang.

Allerdings, dachte Valentinius resigniert, er selbst und sein Herr, der Centurio Tatianus mit dem Rang eines Secundus pilus prior (relativ hoher Rang unter den zahlreichen römischen Offizieren des »gehobenen Dienstes«), würden kaum die Früchte ihrer Arbeit ernten können. Denn sie, die 3. Ala belgica, die 500 stolzen Reiter aus dem Volk der Ambravier in der Provinz Belgica (um die heutige Stadt Amiens in Nordfrankreich), mußten jetzt monatelang als Bauarbeiter schuften, um ein großes Legionslager zu errichten. Aber sobald dieses Lager fertig sein und von der dazu bestimmten 13. Legion, die im Moment noch in Kämpfe mit den Dakern an der unteren Donau verwickelt war, bezogen sein würde, dann würde die Ala (Schwadron) belgischer Reiter ein neues kleines, primitives Lager irgendwo weit weg von jeder Zivilisation bewohnen müssen.

Auch den Reiterpräfekten selbst und seine hohen Gäste bewegten keine frohen Gedanken, als sie im kleinen Fachwerkhaus im alten, abbruchreifen Kastell der Reiterschwadron am Rande des Azalerdorfes Vindomina eintrafen. Ein wenig ächzend vor Altersssteife ließen sie sich auf die Klinen (Ruhebetten) nieder, die im Haus jedes Römers, der auf sich hielt, die wichtigste Einrichtung des Eßzimmers waren.

Wie üblich bildeten zuerst die neuesten Nachrichten vom Kriegsschauplatz an der unteren Donau das Hauptgesprächsthema. Dort hatte seit Jahren das von Rom bisher unbezwungene Volk der Daker unter seinem König Burebista immer wieder blutige Überfälle ausgeführt und Vorräte, Geld und Gefangene in ihre Wohnsitze nördlich des Grenzflusses Donau (im heutigen Rumänien) verschleppt. Vor kurzem allerdings war dem römischen Feldherrn Tettius Julianus in Moesien (heute Nordbulgarien) ein siegreicher Schlag gegen die Barbarenhorden gelungen. Aber statt diesen ersten Erfolg auszunutzen, über die Donau zu setzen und die aufrührerischen Daker vernichtend zu schlagen, wollten Gerüchte wissen, daß Kaiser Domitian heimlich über einen milden Friedensschluß mit diesen verhandeln ließ.

Keiner der drei Anführer, die jahrzehntelang treu dem Römischen Reich gedient hatten, wagte es, hier seine Zweifel an der Weisheit dieser Maßnahme zu äußern. Denn Kaiser Domitian im fernen Rom galt als blutdürstiger Tyrann, der seine Zuträger und Spione überall hatte und jeden Widerspruch gegen seine Handlungen als Hochverrat rücksichtslos mit dem Tode bestrafen ließ. So lobten denn die drei Präfekten lieber laut die große Weitsicht des Kaisers, der zur besseren Verteidigung der langen Donaugrenze auch an ihrem Oberlauf die Anlage mehrerer großer Festungen für jeweils eine Legion befohlen hatte, darunter auch hier unterhalb des Mons Cetis (Kahlenberg, Wienerwald).

Von der militärischen Richtigkeit dieses Befehls waren alle drei durchaus überzeugt, aber die praktische Ausführung machte ihnen größte Schwierigkeiten. Das Lagerbauen gehörte zwar zur Routine jedes römischen Legionärs. Doch wo hatte man schon gehört, daß eine Ala von 500 Mann eine große Festung für eine Legion von 6000 Mann bauen mußte?

Die Bauern aus dem Volk der Azaler in ihren kleinen Dörfern der Umgebung murrten laut über die täglichen Fuhren mit Steinen, Kalk und Holz, die sie mit ihren Ochsenkarren unentgeltlich für die militärische Baustelle auszuführen hatten. Immer wieder mußte ihr Oberhaupt Dasmenus die Bauern und Kleinhandwerker der Azaler beschwören, nicht gegen die römischen Herren aufzubegehren, es habe keinen Zweck. Der große Aufstand der Stämme Pannoniens, zu denen auch die Azaler gehörten, lag 80 Jahre zurück. Damals war er blutig niedergeschlagen worden, und den pannonischen Stämmen waren seitdem hohe Steuern und die Pflicht zur kostenlosen Gestellung von Menschen, Wagen und Zugtieren für römische Transportzwecke auferlegt worden. Die Bauern würden auch große Vorteile haben, erklärte ihnen Präfekt Dasmenus geduldig immer wieder. Denn wenn das Legionslager erst einmal fertig und bezogen sei, dann könnten sie Lebensmittel und andere landwirtschaftliche Erzeugnisse gegen gutes römisches Geld an die große Stadt liefern.

Gaius Flavius Dasmenus entstammte dem Adel des Azalervolkes. Vor fünf Jahrhunderten, so wußte eine in seiner Familie überlieferte Legende, waren viele tapfere Krieger des großen Volkes der Kelten mit ihren Familien weit aus dem Westen bis an die Donau gezogen, hatten die hier lebenden Stämme der Illyrer in ihre Gewalt gebracht und bis heute regiert. Das daraus hervorgegangene Volk der Azaler und die anderen Stämme Pannoniens standen nun jedoch alle schon seit über 100 Jahren unter römischer Oberhoheit. Man hatte sich daran gewöhnt; die meisten Azaler sprachen und verstanden einigermaßen Latein, aber sonst lebten sie noch wie ihre Vorfahren.

Dasmenus war nach dem Tod des vorigen Fürsten der Azaler, seines Onkels, vom Vergobretus (etwa: Adelsversammlung mancher keltischer Stämme, Landtag) zum neuen Fürsten gewählt worden. Der römische Provinzstatthalter in Carnuntum (ein anderes großes Legionslager unterhalb Wiens an der Donau, heute Petronell) hatte ihn als römischen Präfekten seines Volkes bestätigt, weil er stets als loyaler Untertan des Kaisers in Rom bekannt gewesen war. Dieses Amt wollte Dasmenus nicht durch seine rebellierenden azalischen Bauern gefährdet sehen.

Der dritte Präfekt war anderer Herkunft. Er hieß Chario und war ein germanischer Adliger aus dem Volk der Quaden jenseits der Donau. Er befehligte eine der fünf Reiterschwadronen, die sein Volk auf Grund alter Verträge mit Rom zum Schutz der Donaugrenze stellen mußte. Dadurch, daß die reguläre Reiterei jetzt völlig durch den Bau eines Legionslagers in Anspruch genommen war, mußten Chario und seine quadischen Reiter seit Monaten doppelt harten Wachdienst leisten und waren am Ende ihrer Kräfte. Bedenkliche Anzeichen von Meuterei zeigten sich schon in der sonst disziplinierten Truppe.

Chario war vor 50 Jahren am Hofe des Quadenkönigs Vannius an den heißen Quellen in der Nähe des Cususflusses (heute Pistyan, Slowakei, an der Waag) geboren worden. Schon sein Großvater war mit dem Volk der Quaden vom Fluß Moenus hierher weit nach Süden an die Donau gezogen. Seit damals hatten sich die Quaden um gute Nachbarschaft mit dem Römischen Reich bemüht, das die Donau als Nordgrenze beanspruchte. Vor zwei Jahrzehnten hatte Chario in dem Truppenkontingent mitgekämpft, das die Quadenkönige Sito und Italicus dem Heer des Vespasian zu Hilfe geschickt hatten, als es in Oberitalien seine Entscheidungsschlacht gegen die Anhänger von Kaiser Vitellius schlug (70 n. Chr., siehe 6. Kap., S. 104).

Der quadische Offizier hatte innerlich immer auf der Seite Roms gestanden, und er sprach längst vorzüglich Lateinisch. Dennoch hatte man bis heute vergessen, ihm das römische Bürgerrecht zu verleihen, was ihn recht wurmte. Doch auch unter den Quaden gab es genügend junge Heißsporne, die das Gebiet südlich der Donau zu Überfällen reizte. Und in letzter Zeit zogen immer mehr Menschengruppen in die fruchtbaren Ebenen nördlich der Donau, die zwar von den Quaden beansprucht wurden, aber noch viel Platz zur Ansiedlung boten. Markomannen aus dem Gebiet der jungen Elbe (Nordböhmen) waren es vorzugsweise, aber auch Angehörige anderer Stämme aus dem riesigen Gebiet der *Germania libera* sammelten sich dort.

Abenteuerlustige Horden dieser Neusiedler waren es auch gewesen, die vor zwei Jahren die befestigte römische Handelsfaktorei mitten im Quadenland an der March (Stillfried in Niederösterreich) überfallen und ausgeplündert hatten. Andere Gruppen waren raubend und mordend über die Donau gesetzt und hatten römische Kaufmannszüge und azalische Dörfer überfallen. Die Auxiliarreiterei des Chario hatte diese Plünderer verfolgt, aber nicht mehr erreichen können. Doch seitdem verstummten Gerüchte nicht, Chario sei damals absichtlich langsam vorgerückt, um seine germanischen Freunde nicht bekämpfen zu müssen. Angesichts seiner treuen Dienste für Rom über lange Jahre war dieses Gerücht für Chario eine unerträgliche Schmach.

Die aufbrechende Unruhe an der bisher so lange friedlichen Donaugrenze gegenüber dem Quadenreich war auch der Grund für den Befehl des Kaisers gewesen, hier eine feste Verteidigungslinie mit mehreren ständig stationierten Legionen aufzubauen. Die erfahrenen Soldaten sahen die Notwendigkeit dieser Maßnahme durchaus ein. »Aber ich werde dem Jupiter einen Gedenkstein weihen«, versprach der Präfekt Tatianus, in sein Schicksal ergeben, »wenn wir diese Plackerei endlich hinter uns haben und die 13. Legion sich um den Wachdienst kümmern kann!« Seine beiden Kollegen hoben bekräftigend ihre Weinbecher und stimmten aus tiefster Seele in diesen Wunsch ein.

DIE RÖMISCHE DONAUFRONT GEGEN DIE »BARBAREN«

Reste des gegen Ende des 1. Jahrhunderts n. Chr. erbauten Legionslagers Vindobona konnten im Zentrum der Wiener Innenstadt am Hohen Markt ausgegraben werden. Einst muß das Castrum, geschützt von hohen Steinmauern und tiefen Wassergräben sowie einem heute verlandeten Arm der Donau, einen sehr wehrhaften Anblick geboten haben. Eine genaue Jahreszahl des Baus ist nicht überliefert, doch sind die in der obigen Episode angenommene Zeit (88/89 n. Chr.) und die näheren Umstände nicht unwahrscheinlich.

Wie bei größeren Militärlagern üblich, entwickelte sich in der Nähe bald eine aufblühende zivile Siedlung, die später auch in den Rang eines Municipiums (Landstadt mit kommunaler Selbstverwaltung) erhoben wurde. Doch ist Wien als dauerhaft bewohnter Ort viel älter. Am Rennweg unterhalb des Belvedere-Hügels hatten schon mindestens seit der Bronzezeit ständig Menschen gewohnt. Dort, bei dem Dorf der Azaler namens Vindomina, hatte auch das kleine Vorgängerkastell einer Reiterschwadron gelegen, in dem die Einleitungsepisode spielt. Einige Zeit nach dem Legionslager wurde am Hauptarm der Donau bei Vindobona noch eine Station der römischen »Marine-Infanterie« und eines Teils der Donauflotte zur ständigen Überwachung des Grenzstroms eingerichtet.

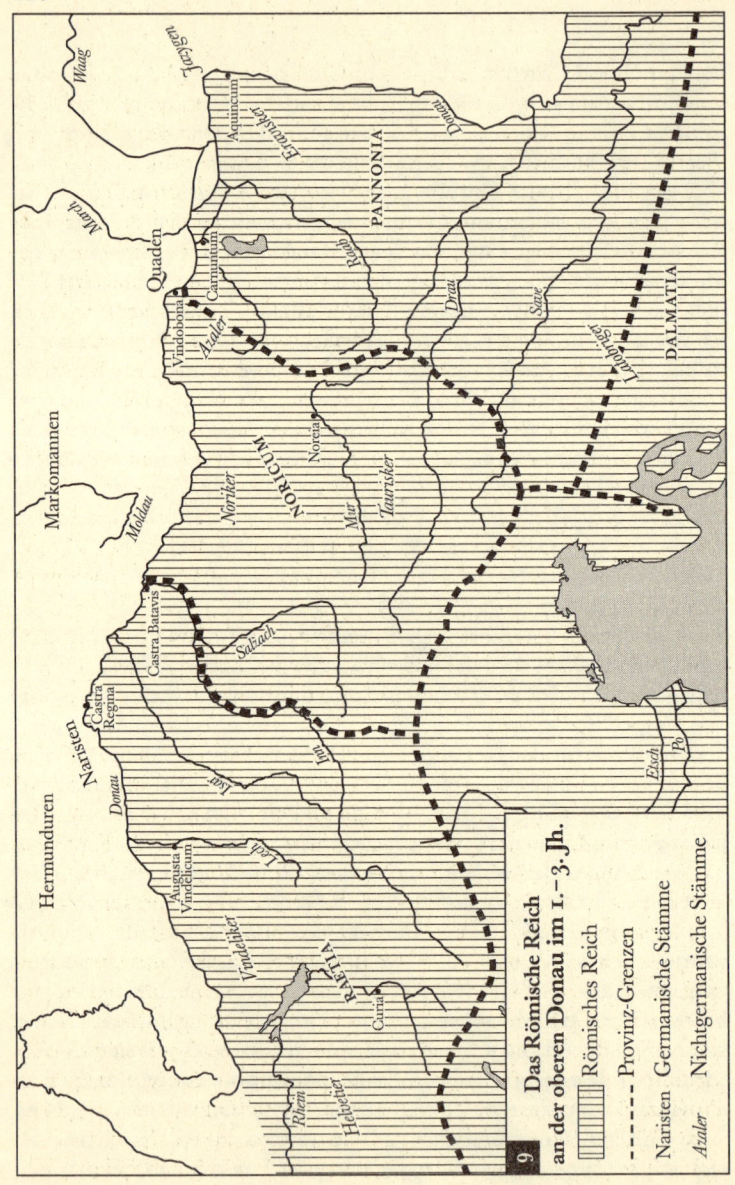

9 **Das Römische Reich an der oberen Donau im 1.–3. Jh.**

Römisches Reich
----- Provinz-Grenzen
Naristen Germanische Stämme
Azaler Nichtgermanische Stämme

Die Donau bildete fast von der Quelle bis zur Mündung – rund 2800 Kilometer lang – über Jahrhunderte die Nordgrenze des Römischen Reiches. Allerdings wandelte sich in dieser langen Zeit die Bedeutung des Wortes Grenze. Unter dem ersten Kaiser Augustus besagte es eigentlich nur, daß diesseits eine klare Verwaltungszuständigkeit bestimmter Provinzstatthalter herrschte und daß jenseits der römische Einfluß so weit wie irgend möglich vorangetrieben wurde: durch Verträge mit den Völkern der »Barbaren«, vorgeschobene Militärlager und intensive Handelsbeziehungen. Dieser Einfluß sollte, wenn möglich und nötig, die baldige Annexion der nächsten Provinz vorbereiten.

Doch das Römische Reich blieb nicht immer so stark wie unter Augustus. An eine Ausweitung der Grenzen konnte bald nur noch in Ausnahmefällen gedacht werden. Statt dessen schien es wichtiger, sich an den Reichsgrenzen auf eine wirksame Verteidigung gegen die unruhigen Völker von »drüben« einzurichten, die die Römer in ihrem hochmütigen Stolz pauschal als Barbaren abzuqualifizieren pflegten. Eine natürliche Grenze an einem breiten Strom wie dem Niederrhein und der Donau erleichterte den Aufbau einer solchen Verteidigungsfront verständlicherweise sehr.

Heute kennt man die Lage vieler Dutzend größerer und kleinerer Militärkastelle am Südufer der Donau von Castra Regina (Regensburg) bis zum Schwarzen Meer. Manche davon wurden zum Kern noch heute bestehender Städte.

Die Provinz Pannonien, zu der Vindobona/Wien gehörte, erstreckte sich zwischen der Donau im Norden und Osten, dem Ostrand der Alpen im Westen und der Save im Süden und umfaßte den östlichsten Teil des heutigen Österreich, Westungarn, Slowenien und Teile Kroatiens. Sie ist ein gutes Beispiel für den Umgang Roms mit seinen Grenzterritorien. Das Gebiet war den Römern schon zu Zeiten ihrer Republik gut bekannt, führte doch unter anderem die uralte Bernsteinstraße von Aquileia am Nordende der Adria zur Ostsee durch Pannonien (siehe 4. Kap., S. 72). Aber das Land galt als klimatisch rauh, steinig, unfruchtbar und arm. Für die wirtschaftliche Ausbeutung durch Rom oder die Ansiedlung römischer Militärveteranen als Kolonisten gab es nicht viel her. Daher dachte zunächst niemand an eine formelle Annexion als Provinz. Doch zahlreiche Kaufleute und Verwaltungsbeamte, auch kleinere Truppenteile aus allen Ecken des römischen Weltreiches trieben sich ständig in Pannonien herum – und machten sich unbeliebt.

Ein großer Aufstand der pannonischen Stämme in den Jahren 6 bis
9 n. Chr. änderte die Lage. In einer ganz ähnlichen Situation brach
übrigens der Aufstand des Arminius in Germanien gegen Rom im Jahr
9 aus, und es gab sicherlich auch einen nicht nur zeitlich gesehen engen
Zusammenhang zwischen beiden Aufständen. In Pannonien gelang
den Römern die nachhaltige Niederschlagung des Aufstandes, in Germanien nicht. Pannonien wurde römische Provinz. Denn dem Kaiser
schien es nötig, die Barbarenvölker, die in unmittelbarer Nachbarschaft
von Oberitalien lebten, unter direkter Kontrolle zu halten.

In der Folge kam es in der Provinz Pannonien zum Bau mehrerer
großer Legionslager an der Donau. Carnuntum war das bedeutendste
unter ihnen, seine Anfänge gehen auf das Jahr 14 zurück. Etwa auf halbem Weg zwischen dem heutigen Wien und Preßburg am Südufer der
Donau gelegen, kontrollierte es eine handelspolitisch äußerst wichtige
Stelle. Dort kreuzten sich nämlich die Bernsteinstraße und die ebenfalls
sehr alte Handelsstraße entlang der Donau, und außerdem pflegten
hier die Handelszüge auf der Bernsteinstraße mit Hilfe von Booten
oder Flößen die Donau zu überqueren.

Donauaufwärts von Pannonien lagen noch zwei römische Provinzen, die zu dem Gebiet gehörten, das in diesem Buch als Deutschland
begriffen wird, die Provinzen *Noricum* und *Raetia*. Auch sie bildeten für
Italien in erster Linie ein strategisches Vorfeld gegen die nördlichen
Barbaren.

Noricum umfaßte den größten Teil des heutigen Österreich, natürlich
immer nur südlich der Donau. Seit den Keltenzügen des 5. und 4. Jahrhunderts v. Chr. hatte sich in den Tälern der Südostalpen bis in die ungarische Tiefebene hinein ein keltisches Königreich etabliert, erst der
Taurisker (davon stammt der Name Tauern für die höchste Kette der
Ostalpen). Später gab es dort, unter Verlagerung nach Westen in die
heutige Steiermark und Kärnten, das Königreich Noricum. Hier wurden Gold und Eisen gefördert und nach Italien verhandelt, ein beschei-
dener Wohlstand entwickelte sich, und auch einige keltische Oppida
(Städte) entstanden, darunter die Hauptstadt Noreia, die wohl in der
Gegend von Klagenfurt gelegen hat. Vielleicht zog dieser Wohlstand
die beutesuchenden Kimbern bei ihrem Wanderzug durch Südosteuropa auch nach Noreia. Hier schlugen sie jedenfalls im Jahr 113
v. Chr. ein römisches Heer vernichtend.

Nach dem Ende der Kimberngefahr schloß das Königreich Noricum ein enges Bündnis mit dem Römischen Reich, was Kaiser Augustus aber nicht hinderte, es bei passender Gelegenheit (15 v. Chr.) kurzerhand als Provinz zu annektieren. Die norischen Stämme erhielten allerdings eine Art von Selbstverwaltung. Am Südufer der Donau, soweit es zu Noricum gehörte, entstanden ebenfalls Militärkastelle, unter anderem in Lorch an der Donau (an der Mündung der Enns), in Wels und St. Pölten.

Westlich des Aenus (Inn) schloß sich die römische Provinz *Raetia* an. Sie umfaßte das heutige Bayern südlich der Donau, Württemberg östlich der Schwäbischen Alb, Tirol, Vorarlberg und die Ostschweiz. Die hier lebenden keltischen und rätischen Stämme waren durch einen kurzen, entschlossenen Feldzug der Stiefsöhne des Augustus, Tiberius und Drusus im Jahr 15 v. Chr. unterworfen worden. Seitdem war das Gebiet römische Provinz. Straßenbau, die Errichtung von Militärkastellen und die Gründung einiger Städte nach römischem Muster – u.a. Castra Regina (Regensburg), Augusta Vindelicum (Augsburg), Cambodunum (Kempten) und Curia (Chur) – trugen zur allmählichen Romanisierung bei. Immer aber blieb die Provinz Raetia auch für damalige Verhältnisse dünn besiedelt und wirtschaftlich schwach.

Aufsehenerregende Ereignisse, etwa Aufstände gegen die römische Herrschaft, gab es in den eben beschriebenen drei Provinzen südlich der Donau seit Kaiser Augustus nicht. Sie waren offenbar auch keine kulturellen oder wirtschaftlichen Glanzpunkte des Römischen Reiches. Wahrscheinlich ist das der Grund, warum über diese Provinzen während der ganzen langen römischen Kaiserzeit kaum etwas bekannt geworden ist. »Von keinem Teil des Römischen Reiches sind so wenige Nachrichten erhalten und ist so wenig über das tägliche Leben und die soziale Entwicklung bekannt wie über die Provinzen, die sich vom Schwarzen Meer bis zu den Alpen und nach Süddeutschland erstreckten...« Dies mußte resignierend Fergus Miller feststellen, der wesentliche Teile des Bandes *Römische Kaiserzeit* in der Taschenbuchreihe »Fischer Weltgeschichte« geschrieben hat.

Aufgabe dieser Provinzen war eben bloß die Grenzsicherung an der Donaufront nach Norden, nicht mehr. Diesen Zweck haben sie auch über anderthalb Jahrhunderte im großen ganzen gut erfüllt. Sie konnten es, weil die ihnen gegenüberliegenden Gebiete nördlich der Donau damals noch verhältnismäßig menschenarm waren. Die Germanenstämme hatten sich im allgemeinen noch nicht so weit nach Süden ausgedehnt. Kleinere örtliche Übergriffe räuberischer Barbaren über die Donau hinweg wurden in Rom kaum registriert. Dabei waren sie Vorboten eines Sturmes, der 80 Jahre später den gesamten Norden des Kaiserreiches schwer erschüttern sollte. Davon wird in Teil II dieses Buches berichtet.

ILLYRER PLUS KELTEN
GLEICH PANNONIER?

Den Griechen und Römern waren schon in den vorchristlichen Jahrhunderten Völker in ihrer Nachbarschaft, nämlich auf der westlichen Balkanhalbinsel, bekannt, die sie Illyrer nannten. In ihrer Kulturstufe und ihrer Sprache unterschieden sie sich offensichtlich stark von den damals bereits hochzivilisierten Völkern der Mittelmeerwelt. Die griechischen Nachfolger Alexanders des Großen und später die Römer hatten mit ihren unruhigen und zur Seeräuberei neigenden Nachbarn zahlreiche Kriege auszufechten. Aber irgendwelche Beschreibungen der Gesellschaftsstruktur oder andere nähere Angaben über die Illyrer haben die antiken Schriftsteller nicht für nötig gehalten. Im 1. Jahrhundert wurden sie offenbar schon weitgehend romanisiert.

Aus den wenigen überlieferten Personen- und Ortsnamen der Illyrer schließen Sprachforscher, daß ihre Sprache ein selbständiger Zweig der indogermanischen Sprachfamilie gewesen sein muß. Die Ähnlichkeit mit sprachlichen Überresten anderer früher Völker in Mitteleuropa verführte zeitweise zu der Hypothese, die Illyrer seien vor dem Erscheinen der Kelten und Germanen im östlichen Europa bis weit nach Norden verbreitet gewesen (siehe 3. Kap., S. 62). Doch dürfte es sich eher um verschiedene Zweige einer Sprachstufe gehandelt haben, die gegenüber den »moderneren« Entwicklungen der zweiten Hälfte des letzten vorchristlichen Jahrtausends – Lateinisch, Keltisch, Germanisch – »zurückgeblieben« war und noch auf der Stufe des Mitteleuropäischen verharrte.

Ob die Bewohner Ungarns, Sloweniens, Österreichs und Bayerns *vor* dem Auftauchen keltischer Stämme besonders enge Verwandte der Illyrer weiter im Süden waren, weiß man bis heute nicht. In ihrem Gebiet hatte sich ein paar Jahrhunderte vorher die schon recht fortschrittliche »Hallstatt-Kultur« (etwa 700–500 v. Chr.) entwickelt (siehe dazu auch S. 45). Es bleibt offen, ob man die Menschen, die Träger dieser Kultur waren, bereits mit dem Namen eines der später auftauchenden Völker bezeichnen kann. Aber antike Schriftsteller nannten die Nachfahren der Hallstatt-Kultur der Einfachheit halber Illyrer, und weil es niemand genauer nachprüfen kann, ist dieses Etikett an ihnen hängengeblieben.

In der bereits im 2. Kapitel erwähnten »großen keltischen Völkerwanderung« etwa ab 400 v. Chr. breiteten sich keltische Gruppen aus Südwestdeutschland auch nach Osten aus. Wenn man das, was die Kelten etwa zur selben Zeit bei ihrem Einfall nach Oberitalien vollbrachten – hierüber weiß man etwas mehr –, auf die Gebiete nördlich der Alpen überträgt, dann waren das für die Illyrer dieser Gegend unruhige Zeiten. Die draufgängerischen keltischen Krieger zerschlugen mit ihren Streitwagen jeden Widerstand, plünderten Schätze, schnitten ihren getöteten Gegnern die Köpfe ab und verwahrten sie als Totem, sie prahlten, soffen und fraßen unmäßig nach jedem Sieg. Aber sie setzten sich mit ihren Frauen und Kindern auch in den eroberten Gebieten fest und unterwarfen die vorgefundene Bevölkerung als Knechte und Mägde.

Nach einiger Zeit erlosch dann wieder der wie eine Epidemie ausbrechende Wander- und Eroberungstrieb der keltischen Stämme. Sie wurden friedliche Bauern, Handwerker und Händler und ließen sich willig in das Export- und Importnetz einbeziehen, das griechische wie römische Kaufleute nach den großen Völkerstürmen in Anknüpfung an ältere Handelsbeziehungen der Bronze- und frühen Eisenzeit wieder aufgebaut hatten. Die illyrischen Stämme östlich und nördlich der Alpen wurden keltisiert, das heißt, sie lernten Keltisch sprechen und fanden sich mit ihrer keltischen Herrenschicht ab. Natürlich gab es zahlreiche Mischungen zwischen diesen Völkern, die ja als indoeuropäische Vettern auch enge kulturelle Verwandtschaften aufwiesen. Man nannte sie nun im Osten zusammenfassend Pannonier, in Österreich Noriker und in Bayern, Tirol und der Ostschweiz Rätier.

Als dann in den Jahren kurz vor Christi Geburt das Römische Reich sich zum Obernherrn dieses ganzen großen Gebiets machte, ergaben sich diese neuen keltisch-illyrischen Stämme ohne allzu heftige Gegenwehr in ihr Schicksal. Nur der erwähnte »pannonisch-illyrische Aufstand« in den Jahren 6 bis 9 n. Chr. unterbrach kurzzeitig die friedliche Romanisierung. Doch müssen die pannonischen Stämme, wie die Azaler im Wiener Becken, noch sehr lange in ihren alten Stammesformen weitergelebt und die keltische Kultur beibehalten haben. Von fortgeschrittenen Lebensformen wie vorrömischen Städten (den sogenannten keltischen Oppida) ist aus ihrer Gegend nichts bekannt.

DIE BEDEUTUNG DER KELTEN
FÜR DEUTSCHLAND

Kelten sind hier schon häufig erwähnt worden, waren doch der Süden, der Westen und die Mitte Deutschlands während der großen Zeit dieses Volkes in den 500 Jahren *vor* Christi Geburt weitgehend von ihnen besiedelt oder kulturell beeinflußt. In der Epoche, der der erste Teil dieses Buches gewidmet ist (etwa 120 *vor* bis 100 *nach* Christus), verschwinden die Kelten jedoch allmählich aus der Geschichte, wenigstens in Deutschland.

Das bedeutet nicht, daß sie alle ausgerottet wurden oder wegzogen, wie manche deutsche Gelehrte im 19. Jahrhundert annahmen. Vielmehr hatten die Kelten in den damals zum Römischen Reich gehörenden Teilen Deutschlands so bereitwillig und weitgehend die lateinische Sprache und die römische Zivilisation angenommen, daß sie nicht mehr als eigenständiges Volk empfunden wurden. Und die in der Germania libera verbliebenen Keltengruppen wurden nun ihrerseits von Germanen überlagert, so wie einst die Kelten bei ihren Eroberungszügen die Vorbevölkerung zu Untertanen, zu Arbeitern, Knechten und Mägden – nicht unbedingt zu Sklaven im römischen Sinne – gemacht und »keltisiert« hatten.

Sehr viele Deutsche können jedenfalls sicher sein, *auch* Kelten unter ihren Ahnen zu haben, vielleicht im Verhältnis nicht weniger als die Franzosen, die auf ihre keltische Abstammung so stolz sind. Manche Eigenarten dieser Ahnen haben sich noch viele Generationen später bemerkbar gemacht, ja vielleicht wirken sie noch heute in manchen deutschen Familien fort, ohne daß dies je bewußt wird.

Gab es typische Eigenschaften, die vor 2000 Jahren Germanen und Kelten unterschieden? Die Antwort ist nicht einfach. Vielen antiken Schriftstellern fielen eher die Ähnlichkeiten als die Unterschiede beider Völkergruppen auf: Die Germanen waren für sie höchstens noch wilder, noch tapferer, noch blonder als die Kelten.

Tatsächlich ähnelten sich beide Völker in der frühen römischen Kaiserzeit auffällig. Das war kein Wunder. Beide haben sich in enger Nachbarschaft und unter ähnlichen geographischen Bedingungen als Abkömmlinge der gemeinsamen Ahnen, der indoeuropäischen Hirten aus der südrussischen Steppe, zu eigenen Völkern entwickelt oder vielmehr zu jeweils großen Gruppen von Stämmen. Diese Gruppen von Stämmen wiesen allmählich eher kulturelle, sprachliche und Verhaltensähnlichkeiten untereinander auf als mit dem Nachbarstamm, der sich im Laufe von Generationen mehr in Richtung auf die kulturelle Zugehörigkeit zum anderen Volk fortbewegte. Die klaren Abgrenzungen zwischen Kelten und Germanen, die Wissenschaftler im 19. Jahrhundert und noch bis in unsere Zeit hinein zu erkennen glaubten, hat es in Wirklichkeit nie gegeben, es waren immer fließende Übergänge.

Dennoch müssen zwischen den »typischen« Kelten und den »typischen« Germanen Unterschiede bestanden haben. Einigermaßen zuverlässig könnte man sie an ihrer Sprache unterscheiden, wenn man nur von allen »keltischen« oder »germanischen« Stämmen aus jener Frühzeit wüßte, wie sie jeweils gesprochen haben. Das ist aber bedauerlicherweise praktisch nie der Fall. Ebenso wie die »gemeingermanische« Sprache können die Fachleute aus den viel später und zum Teil bis heute noch lebendigen Sprachen keltischer Völker in Britannien, Schottland, Irland und der Bretagne eine »gemeinkeltische« Sprache rekonstruieren. Die keltischen Stämme dürften übrigens während der Epoche ihrer Vorherrschaft in Europa einen recht bewußten und intensiven Sprachaustausch (und damit eine Sprachangleichung) betrieben haben. Noch im 4. Jahrhundert *nach* Christus fiel dem Kirchenlehrer und Bischof Hieronymus bei einem längeren Aufenthalt in der damaligen Kaiserstadt Trier auf, daß sich die Sprache der einfachen Leute auf dem Lande rund um Trier (im Gebiet der einst keltischen Treverer) und die Sprache der keltischen Galater im fernen Kleinasien sehr ähnelten.

Die Kelten in der Frühzeit scheinen stärker als die gleichzeitigen Germanen von osteuropäischen Kulturen beeinflußt worden zu sein, nämlich von Skythen und Sarmaten, anderen, eher nomadischen Nachfahren der gemeinsamen indoeuropäischen Ahnen. Der Schädelkult der frühen Kelten und manche Eigenarten der keltischen Religion und ihrer Priesterkaste, der Druiden, verweisen auf kulturelle Kontakte zu Innerasien und Indien, Verbindungen, die bei den Germanen weniger deutlich sind.

Insgesamt aber waren, als vielleicht wichtigster Unterschied, die Kelten den Germanen um 500 Jahre oder mehr in ihrer kulturellen Entwicklung voraus. Das lag unter anderem sicher an ihrer größeren Nähe zu der schon hoch zivilisierten Welt rund um das Mittelmeer und an den recht intensiven Handelskontakten zu den Etruskern, den Griechen und frühen Römern.

Vielleicht waren die Kelten aber auch weltoffener und schneller bereit, sich zweckmäßigen Entwicklungen (oder Sachzwängen) anzupassen, als die meisten Germanen. Bis es bei den germanischen Stämmen zur Entstehung eines eigenen Standes von Handwerkern oder Kaufleuten aus den eigenen Reihen, zur Ansiedlung in Städten, zur Entwicklung eines eigenen Kunststiles, zu funktionierenden staatsähnlichen Gemeinschaften kam, dauerte es erheblich länger als bei den meisten Kelten. Diese und andere wichtige Prozesse werden in den weiteren Teilen dieses Buches noch eine große Rolle spielen, dann aber, wie gesagt, nur noch für die Germanen, soweit sie auf dem späteren Gebiet Deutschlands wohnen blieben oder dahin kamen.

GERMANEN NÖRDLICH DER MITTLEREN DONAU

Von der römischen Donaufront fällt der Blick automatisch auf die nördlich dieses Stroms liegenden Landstriche, auf Nordbayern, Nordösterreich, Tschechien und die Slowakei. Damals gehörte dieses Gebiet in römischen Augen unbestritten zur Germania magna, zu den von Germanen bewohnten Ländern, in denen Rom wenig oder nichts zu sagen hatte. Einen kleinen Einblick in die Beziehungen der ungleichen Nachbarn versucht die Einleitungsepisode dieses Kapitels mit der Gestalt des quadischen Reiterpräfekten Chario zu geben.

Die Quaden waren ein germanisches Volk aus der großen Gruppe der Elbgermanen, die sich wohl Sueben nannten (siehe dazu auch 5. Kap., S. 95). Offenbar angeregt durch die Wanderung der verwandten Markomannen (»Grenzmänner«) aus dem Maingebiet nach Böhmen unter König Marbod kurz vor Christi Geburt (vgl. 3. Kap., S. 58) hatten auch die Quaden einen langen Marsch angetreten – von wo aus, weiß man nicht – und sich im heutigen Südwesten der Slowakei, im südlichen Mähren und in Niederösterreich, nördlich der Donau, niedergelassen. Dort, vor allem im fruchtbaren Becken um Preßburg (Bratislava), fanden sie günstige Siedlungsverhältnisse. Die Einheimischen, die einige Jahrhunderte vorher zwangsweise keltisiert worden waren, wurden Untertanen der germanischen Quaden und mußten wieder einmal eine neue Sprache lernen.

Die Quaden waren wohl nur ein relativ kleines Volk, das auf gute Nachbarschaft mit dem mächtigen Römischen Reich an seiner Südgrenze bedacht war. Ihr langjähriger König Vannius hatte Mitte des 1. Jahrhunderts ein Bündnis mit Rom geschlossen und sich zur ständigen Gestellung mehrerer Alen (Schwadronen) von berittenen Hilfstruppen zur Grenzwacht verpflichtet. Seine Residenz, sie Stadt zu nennen wäre sicherlich übertrieben, lag in der Nähe der heißen Quellen des heutigen slowakischen Badeortes Pistyan im Tal der Waag. Wir werden diesem Ort und den Quaden rund 90 Jahre später noch einmal begegnen (9. Kap.).

Von Streitigkeiten zwischen den verwandten und benachbarten Völkern der Quaden und der Markomannen ist nichts bekannt. Denn noch lag, wie bei Germanen in der Frühzeit üblich, zwischen ihren Siedlungsgebieten eine respektvolle Entfernung, sogar rund 200 Kilometer, und weite unbesiedelte Wälder, durch die nur wenige Händlerpfade führten. Das Hauptwohngebiet der an Zahl erheblich stärkeren Markomannen war Nordböhmen, das ebenfalls sehr fruchtbare Becken nördlich und westlich des heutigen Prag. Ihr König Marbod, ein Zeitgenosse und Widersacher des Cheruskers Arminius, war durch eine »Palastrevolution« einst vertrieben worden (siehe dazu 3. Kap., S. 60), desgleichen kurze Zeit später auch der angeblich gotische Thronräuber. Aus der späteren Zeit des Markomannenreiches haben die Römer keine Ereignisse schriftlich festgehalten, oder, was wahrscheinlicher ist, die Bücher, in denen etwas darüber gestanden haben mag, sind nicht bis in die Neuzeit überliefert worden.

Wenn auch das Markomannenreich stets unabhängig von Rom blieb, so war es doch nicht prinzipiell romfeindlich. Zahlreiche römische Kaufleute hielten sich ständig oder zeitweilig auf ihren Reisen bis ins nördliche Germanien entlang der Täler von March, Moldau und Elbe im Gebiet der Markomannen auf und trieben dort Handel. Archäologen vermuten auf Grund ihrer Funde in diesem Gebiet und aus jener Epoche, daß sich bei den Markomannen eine ausgesprochene germanisch-keltisch-römische Mischkultur entwickelt hatte; denn auch die keltischen Vorbewohner Böhmens, die Bojer, waren ja nicht vollständig abgezogen, sondern bildeten im Reich der Markomannen eine wohl noch recht zahlreiche Unterschicht.

Im Westen des Böhmer- und Bayerischen Waldes, die das böhmische Becken nach Mitteleuropa hin abschirmen, lebten im 1. Jahrhundert offenbar nur wenige Menschen, meist wohl vom großen germanischen Stamm der Hermunduren, die in bestimmten römischen Grenzkastellen an der Donau Tauschhandel treiben durften – wie einst die Indianer in den Grenzforts im Wilden Westen der USA.

Oberflächlich betrachtet ging es in der langen Zeit von kurz nach Christi Geburt bis weit ins 2. Jahrhundert hinein an der Donaugrenze recht friedlich zu. Dennoch trauten die römischen Militärbefehlshaber und Statthalter an der Grenze und selbst der Kaiser in Rom diesem Frieden anscheinend nicht so recht. Sonst hätten sie nicht, wie in der Eingangsepisode beschrieben, mit aller Kraft ihre Verteidigungsanlagen südlich der Donau verstärkt. Vielleicht hatten römische Händler und Kundschafter beunruhigende Nachrichten von den Hermunduren, Markomannen und Quaden mitgebracht. Denn dort vollzogen sich in diesen nach außen hin so friedlichen Jahrzehnten wie überall im freien Germanien offenbar tiefgreifende Veränderungen. Wie in einem Teekessel auf dem Herd baute sich ein Druck auf, der sich eines Tages Luft verschaffen mußte.

Von den Ursachen und den Auswirkungen dieser historischen Vorgänge, die noch immer weitgehend im dunkeln liegen, wird in Teil II dieses Buches berichtet.

TEIL II: VÖLKERWANDEL

Etwa 100 bis 395 n. Chr.

8. UND WIEDER
WANDERN DIE GOTEN

FILIMERS ENTSCHLUSS
Spätsommer, etwa 150 n. Chr., an der unteren Weichsel

Filimer, der junge gotische Edle, war sehr nachdenklich, als sein Pferd ihn durch den ständigen Nieselregen nach Hause trug. Die Hufe der Rosse seiner 15 Begleiter – Leibgarde, verschworener Freundeskreis und Vorhut bei kriegerischen Unternehmen in einem – platschten laut durch die Wasserlachen des schlammigen Weges. Auf den mitgeführten Packpferden waren einige kümmerliche Säcke Getreide und ein paar frischgeschlachtete Schweine festgebunden. Die Ausbeute ihres Ritts zu den südlich benachbarten Burgundern (an der Netze, einem fast bis zur unteren Weichsel reichenden Nebenfluß der Oder) war kläglich: nicht nur enttäuschend, sondern ein Grund zum Verzweifeln.

Da war vor drei Sommern das volle Aufgebot der gotischen Krieger aus Guti-Skandza in die Wohngebiete der Burgunder eingerückt. Angesichts der gotischen Übermacht war dem Nachbarvolk nichts anderes übriggeblieben, als kampflos auf die harten Bedingungen der Sieger einzugehen: entweder das Land zu verlassen, um den Goten Platz zu machen, oder jedes Jahr von ihrer ohnehin kargen Ernte 200 Säcke Getreide und 30 geschlachtete Schweine als Tribut zum Zeichen ihrer Unterwerfung abzuliefern. Die Zeiten waren hart. Seit einigen Jahren war jeder Sommer verregnet, und die durchnäßten Äcker gaben nicht mehr genug Ertrag für die Sippen der Goten her. Da mußte man sich von den Nachbarn holen, was man selbst nicht hatte.

Doch den burgundischen Nachbarn ging es nicht besser. Ihre Hoffnung, sich durch die Tributzahlung auf friedliche Weise das Verbleiben in dem Land erkaufen zu können, das seit mehreren Generationen ihre Heimat war, hatte getrogen. Jetzt standen sie vor der Entscheidung, fortzuwandern, zu verhungern oder zu kämpfen. Aber zum Kämpfen waren sie gegenüber den erheblich stärkeren Goten zu schwach. Zum Zeichen, daß sie ihren feierlich beschworenen Vertrag mit den Goten

nicht brechen wollten, hatten die Burgunder der Abordnung unter
Führung des Filimer die letzten Getreidesäcke und Schweine ausgehän-
digt, die sie sich vom Munde abgespart hatten. Noch in diesem Herbst
würde jedoch fast das ganze Volk abziehen, nach Westen in Richtung
auf den großen Fluß Oder. Das hatte der Burgunderfürst Aiulf als unumstößlichen Beschluß der Volksversammlung dem Filimer mitgeteilt.

Filimer schlief schlecht, nachdem er in sein Haus am Ufer des
Weichselstroms zurückgekehrt war. Am nächsten Morgen hatte er jedoch einen Entschluß gefaßt. Seine Gefolgschaft schwärmte aus, um
alle Familienoberhäupter des Südgaues von Guti-Skandza zu einem
»gebotenen Thing« zu befehlen.

»Krieger der Goten«, redete der junge Edle die mit Schwert, Lanze
und Schild bewaffneten Männer an, als sie ihn am Tage des Things auf
der traditionsgeheiligten Lichtung des Eichenhaines umstanden. »Krieger der Goten, wir müssen dieses Land verlassen, oder wir verhungern
alle! Wenn der Mond wieder voll ist, wird die Sippe des Gadarich, meines verstorbenen Vaters, sich auf den Weg machen und sich neues, besseres Land erobern. Wer mir folgen will, der sei willkommen!«

Vorsichtig wagte ein Sippenältester einen Einwand. Sein Alter von
45 Sommern und sein weißes Haar gaben ihm einen Vorrang und
ließen ihn den Mut finden, dem jungen Edeling zu widersprechen:
»Aber unser König Rausimuth will doch, daß wir hierbleiben. Deshalb
haben wir doch vor drei Sommern die Burgunder zu Tributleistungen
gezwungen!«

Filimer konnte sehr heftig werden, wenn man ihm widersprach.
Diesmal aber bezwang er seinen Jähzorn und erklärte geduldig, daß König Rausimuth aus dem Geschlecht des Königs Berig nicht wissen
könne, wie schlecht es den tributpflichtigen Nachbarn heute selbst gehe
und daß sie auswandern wollten. »Dann gibt es von ihnen nicht einmal
eine geringe Tributleistung mehr!« Eine Ausdehnung des Volkes der Goten auf burgundisches Gebiet habe aber keinen Zweck, denn auch dort
hätten es die Götter seit Jahren immerzu regnen lassen, so daß die Äcker
nichts mehr trügen. »Nein, ihr Krieger der Goten«, rief Filimer aus, »unser Volk kann nur überleben, wenn wir so schnell wie möglich Ackerland
in Gegenden finden, wo die Götter die Sonne scheinen lassen!«

Er wisse auch schon wo, erklärte Filimer geduldig. »Erst müssen wir
an diesem Fluß Wisla (Weichsel) immer aufwärts ziehen, dann vorbei
an großen Sümpfen, bis wir an einen Strom kommen, der in eine an-

dere Richtung und in ein anderes Meer fließt (gemeint sind der Dnjepr und das Schwarze Meer). Dort am Ufer dieses südlichen Meeres gibt es weites, fruchtbares Ackerland, und dort fährt Thor, der Donnergott, nur selten mit Blitz, Donner und Regen über den Himmel. Ich weiß das von den Händlern, die den Bernstein von unserer Meeresküste kaufen und selbst schon dort waren. Sie haben mir den Weg genau beschrieben. Wir werden lange unterwegs sein und Entbehrungen leiden müssen. Aber jetzt ist das Volk der Goten noch stark und mutig. Noch ein oder zwei Sommer mit so viel Regen wie bisher, dann sind die meisten unserer Kinder verhungert, die Frauen können nicht mehr gebären, und die Männer sind zu schwach, um ein Schwert führen zu können.«

»Aber können wir das tun ohne das Einverständnis König Rausimuths?« fragte erneut der älteste der Krieger. Nun konnte der zwanzigjährige Filimer sein Temperament doch nicht mehr zügeln. »Was kümmert mich der alte Rausimuth?« rief er schroff. »Soll er sich doch hinter dem Spinnrocken seines Weibes verstecken! Ich, Filimer, des Gadarich Sohn, stamme aus einem Geschlecht, das ebenso wie das der jetzigen Könige der Goten den Donnergott Thor zum Ahnherrn hat. Meine Lanze ist so gut wie die des Königs. Wer Mut hat und will, daß seine Kinder und Enkel leben können, der folgt mir!«

Und der Thingplatz hallte wider vom zustimmenden Lärm, den die Krieger der Goten mit Schwertschlägen auf ihre Schilde vollführten. Nur wenige Sippenhäupter rührten sich nicht.

DER ERSTE STOSS IM BILLARDSPIEL

Der weitgehende Abzug der Goten aus dem Land an der unteren Weichsel in Richtung auf das Schwarze Meer ist eine Tatsache, die sowohl von der *Gotengeschichte* des Jordanes (siehe 4. Kap., S. 71) wie von den archäologischen Funden bestätigt wird. Er erfolgte nicht auf einmal, sondern immer wieder brachen größere Gruppen auf, und der Anführer der ersten Gruppe war nach Jordanes ein »König« Filimer, Sohn des Gadarich. Die Abwanderung muß einige Jahre vor 160 n. Chr. begonnen haben. Der Althistoriker Ludwig Schmidt vermutet wohl mit Recht, daß sie das auslösende Moment für die »Markomannenkriege« zwischen 165/166 und 180 war (siehe 9. Kap., S. 146 ff.).

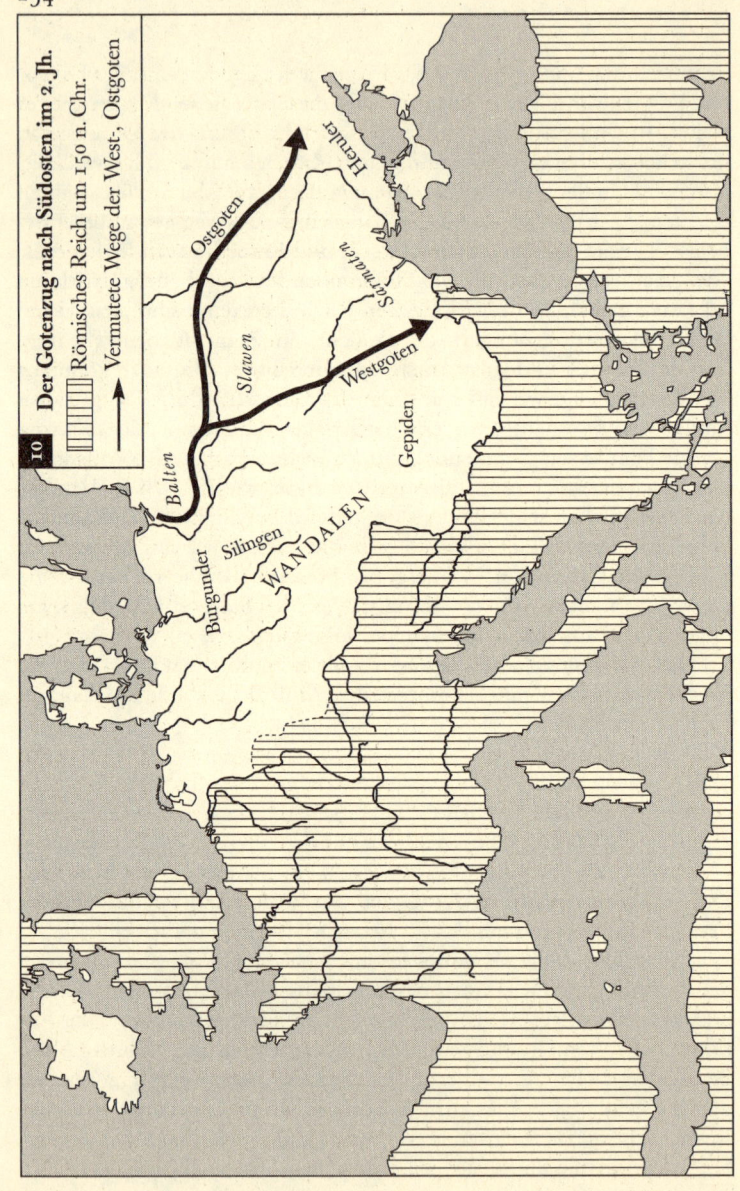

10 Der Gotenzug nach Südosten im 2. Jh.

Römisches Reich um 150 n. Chr.

→ Vermutete Wege der West-, Ostgoten

Heruler

Ostgoten

Sarmaten

Slawen

Westgoten

Balten

Gepiden

Burgunder

Silingen

WANDALEN

Der Wanderzug der Goten war aber offenbar mehr. Mit ihm entfernten sich die Goten endgültig aus dem Gebiet Deutschlands; doch zugleich begann mit ihrer Völkerwanderung die ungeheure Unruhe, die drei Jahrhunderte lang nahezu alle germanischen Völker erfaßte. Vielleicht war der Zug des Filimer nur der erste Stockstoß auf einem riesigen Billardtisch voller Kugeln, der einen Ball in Bewegung setzte, dieser einen zweiten und dritten, die wiederum andere Kugeln anstießen – ein sich über Jahrzehnte hinziehender Prozeß, der durch neue Stockstöße aus den verschiedensten Richtungen und Gründen in Bewegung gehalten wurde.

Nur wenige scheinen sich bislang die Mühe gemacht zu haben, über eine plausible Ursache für diese Unruhe nachzudenken oder auch nur Vermutungen zu äußern. Denn sicherlich war es nicht bloße Abenteuer-, Wander- oder Beutelust, die die Goten und andere Germanenstämme zum Abzug aus ihren mühsam errungenen Wohnsitzen trieb.

Anders als heutzutage in unserer hochtechnisierten Welt konnten vor 2000 Jahren schon ein paar verregnete oder zu trockene Sommer hintereinander für ganze Völker außerhalb des Römischen Reiches lebensbedrohlich sein. Denn die wenigen nutzbaren Ackerflächen, gerade auf den sandigen, nicht besonders fruchtbaren Böden Nordosteuropas – Überbleibsel der Eiszeit –, waren gegen Austrocknung wie Vernässung gleichermaßen empfindlich. Eine Mißernte bedeutete für die betroffene Bevölkerung, »den Riemen enger zu schnallen«, eine weitere in Folge zog eine Hungersnot nach sich, eine dritte stellte die Menschen vor die Alternative, auszuwandern oder zu verhungern. In der durch einheitliches Geld und ausgebaute Transportwege miteinander verbundenen »Wirtschaftsgemeinschaft« des Römischen Reiches mit einer erprobten Lagertechnik für Lebensmittel usw. waren diese Gefahren nicht ganz so groß wie in den Ländern der »nördlichen Barbaren«.

Einige Meteorologen haben sich auf die Erforschung des Klimas der Vergangenheit spezialisiert, in der ja keine wissenschaftlichen Aufzeichnungen geführt wurden, aus der aber doch zahlreiche, wenn auch keineswegs vollständige Hinweise auf das jeweilige Klima überliefert sind. Der britische Klimahistoriker H. H. Lamb stellte fest, daß in den ersten vier Jahrhunderten n. Chr. ein Klimaoptimum mit relativ warmen und trockenen Sommern geherrscht haben muß – im römisch beherrschten Teil Europas, also in *West*europa.

In der Sprache der modernen Meteorologie heißt das, daß die
Azorenhochs offenbar mit ziemlicher Regelmäßigkeit über das heutige
Frankreich und nicht weiter nördlich über die Nordsee zogen. Erst wir
Menschen der Fernsehzeit, die auch bewegte Wettersatellitenbilder zu
sehen bekommen, können uns vorstellen, was das bedeutete: die atlan-
tischen Wolken- und Gewitterfronten regneten sich bei ihrem Rund-
tanz um die Hochs mit »konstanter Bosheit« über dem nordöstlichen
Europa aus, und zwar offenbar Sommer für Sommer. Südöstlich davon,
an der Nordküste des Schwarzen Meeres und auf der nördlichen Balkanhalbinsel, herrschte dagegen im allgemeinen schönes trockenes
Wetter.

Einen vielleicht noch etwas mageren Beleg für diese These steuerte
die ostdeutsche Vorgeschichtsforscherin Rosemarie Seyer 1979 bei, als
sie wegen Vernässung der Ackerböden einen fast völligen Abbruch der
Siedlungen der Semnonen im östlichen Brandenburg in der zweiten
Hälfte des 2. Jahrhunderts feststellte. Westlich der Elbe, in der Altmark,
verhielt es sich dagegen zur gleichen Zeit genau umgekehrt. Hier muß
also zeitweise eine deutliche Klimagrenze gelegen haben.

Die natürlich erfundene, aber keineswegs unwahrscheinliche Episode am Beginn des Kapitels versucht, den Zwang der Goten zur Auswanderung und das praktische Funktionieren des »Billardeffekts« auf
benachbarte Völker deutlich zu machen. Nach der *Gotengeschichte* des
Jordanes zog dieses Volk nicht in einem riesigen einheitlichen Verband
ab, sondern in größeren Gruppen: Jede Abwanderung »machte die
Zahl der Bewohner der bisherigen Heimat kleiner«.

Wir dürfen uns vorstellen, daß nicht nur die Nachkommen der
einst von der Insel Gotland eingewanderten »echten« Goten abzogen,
sondern auch die Familien der inzwischen längst weitgehend zu freien
Kriegern erhobenen ehemaligen Knechtsleute (siehe 4. Kap., S. 74f.).
Sie wollten ja ebenfalls nicht verhungern. Andererseits zogen gewiß
nicht alle Goten ab. Ein kleiner Teil blieb zurück und konnte auf nun
erheblich größerer Ackerfläche selbst bei schlechten Erträgen noch genügend Nahrungsmittel erzeugen.

Das weitere Schicksal der Goten auf ihrem mindestens 1500 Kilometer langen Weg zur Schwarzmeerküste, ihre Aufteilung in Ost- und
Westgoten und deren spätere Geschichte sind nicht mehr Gegenstand
dieses Buches. Wohl aber muß das Verhalten der übrigen Germanenstämme in Ost- und Mitteleuropa noch im Überblick dargestellt werden.

Wenn die These von der klimatischen Ungunst im östlichen Mittel- und nördlichen Osteuropa ab etwa 150 n. Chr. zutrifft, dann waren natürlich nicht nur die Goten an der unteren Weichsel davon betroffen. Die Burgunder, ihre Nachbarn im Süden, wurden schon erwähnt. Diese wanderten nach Süd*westen*, zur Oder und weiter. Wahrscheinlich wußten sie, daß ihre dortigen Nachbarn ebenfalls schon abgezogen waren oder im Begriff standen, »auf Völkerwanderung zu gehen«.

Die volkreichen germanischen Stämme in Schlesien und Südpolen, die Silingen und Asdingen, die man später unter dem Namen Wandalen zusammenfaßte, zogen offenbar zur gleichen Zeit und aus dem gleichen Grund wie die Goten ebenfalls nach Südosten aus dem Regengebiet heraus, allerdings in großer Entfernung vom Wanderweg der Goten. Sie bewegten sich am Rande der Bergzüge der Sudeten und Beskiden und dann nach Süden, wo sie im heutigen östlichen Ungarn und Nordwestrumänien für Generationen eine neue Heimat fanden. Große Teile scheinen aber auch in das von Quaden besetzte Land im Südwesten der Slowakei eingewandert zu sein, wie die Archäologen anhand wandalischer Stilelemente in Gräbern dieser Gegend und dieser Zeit nachweisen konnten.

Aber die anderen Stämme östlich der Elbe gerieten ebenfalls in Bewegung, sei es, daß auch bei ihnen die nassen Böden keine ausreichenden Ernten mehr boten, sei es, daß sie von auswandernden Nachbarn überfallen und ausgeplündert wurden. Natürlich konnte diese Unruhe an der damaligen Klimagrenze der mittleren und unteren Elbe nicht haltmachen. Gerade nach Westen und Süden, in die »Sonnengebiete«, drängten ja die hungernden Völker, also auch in der restlichen Germania libera Überfälle, Kriegszüge, Raub, Plünderung, auf jeden Fall höchste Unruhe provozierend.

Nur die befestigten Grenzen des Römischen Reiches am Rhein, in Südwestdeutschland und an der Donau hielten für einige Zeit die unruhig gewordenen Völker im »germanischen Druckkessel« zurück. Sie wirkten wie ein schwerer Deckel, der aber letztlich doch dem sich immer stärker aufstauenden Druck aus dem Norden nachgeben mußte.

»SIE LAGEN
AUF BÄRENHÄUTEN ...«

Der »normale« Deutsche, der nicht gerade germanische Vorgeschichte studiert hat, dürfte sein Bild von den »alten Germanen« vermutlich bewußt oder unbewußt aus dem Studentenlied des 19. Jahrhunderts beziehen, in dem es so plastisch heißt: »Sie lagen auf Bärenhäuten an beiden Ufern des Rheins...und tranken immer noch eins.« Versoffene Naturburschen, die ab und zu die Römer ärgerten, im übrigen aber friedlich als Bauern lebten... Hand aufs Herz: Wer hat nicht wenigstens ein bißchen diese Vorstellung von den »alten Germanen«?

Die historischen Quellen, ausschließlich kärgliche Bruchstücke römischer Schriftsteller, scheinen diese Annahme zu stützen. Denn ihnen zufolge gab es zwischen dem Bataveraufstand in den Jahren 69–71 und den sogenannten Markomannenkriegen ab dem Jahr 166 (siehe 9. Kap., S. 140ff.) keine größeren kriegerischen Ereignisse an den immer stärker gesicherten Grenzen an Rhein, Main und Donau. Danach allerdings wurden bis zum Ende des Weströmischen Reiches die blutigen Überfälle und kriegerischen Vorstöße verschiedener germanischer Stämme nur noch hier und da von ein paar trügerischen Friedensjahren unterbrochen. Teil II dieses Buches wird von diesem Schlachtenlärm gleichsam vollkommen übertönt sein.

Das Fehlen eigener Geschichtsquellen über die inneren Entwicklungen bei den Germanen in der römischen Kaiserzeit verführt zu der Annahme, es habe bei ihnen keine »Geschichte« gegeben: keine wirtschaftlichen oder politischen Veränderungen, keine Kriege (außer gegen die Römer), keine Eroberungen und Wanderungen, keine Machtkämpfe ehrgeiziger Persönlichkeiten, keine Intrigen und Skandale, keinen Heldenmut und keine großen Männer. Und doch muß das alles vorgekommen sein, sogar in überreichem Maße, nur wissen wir nichts davon.

Für eine spätere Zeit, die sogenannte Völkerwanderungsepoche (siehe Teil III), haben wir in dem auf Althochdeutsch verfaßten Hildebrandslied, dem Waltharilied, einigen nordischen Sagas und Eddaliedern, der Thidrekssaga, dem mittelhochdeutschen Nibelungenlied und anderen Heldenepen wenigstens dichterische Zeugnisse, die uns andeutungsweise Leben und Denken der germanischen Adelsschicht vermitteln, wenn auch nur in Form verschlüsselter Hinweise auf echte historische Vorgänge. Für die Zeit von etwa 100 bis 400 in Deutschland fehlen aber selbst solche Rückerinnerungen. Doch wenn man die spär-lichen Andeutungen römischer Historiker konsequent fortspinnen könnte, würde wohl auch diese Epoche Stoff für viele historische Romane hergeben, die mindestens so spannend sein könnten wie der *Kampf um Rom* der Ostgoten von Felix Dahn, den unsere Großeltern mit Begeisterung verschlungen haben.

Gerade in diesen drei Jahrhunderten müssen sich Wandlungen in-nerhalb der Germania libera vollzogen haben, deren Auswirkungen für den Untergang des Weströmischen Reiches und die Errichtung germa-nischer Königreiche in ganz Mittel- und Westeuropa, ja, darüber hinaus von Bedeutung waren. Die modernen Fachwissenschaftler sind sich ziemlich einig, daß innere Vorgänge bei den germanischen Stämmen alldem zugrunde gelegen haben müssen. Meist allerdings gehen diese wissenschaftlichen Werke nicht über geheimnisvolle Andeutungen von »politisch-ökonomisch-sozialen Wandlungen« hinaus.

Die zeitgenössischen römischen Geschichtsschreiber nach Tacitus, der vielleicht größeres Interesse gehabt hätte, machten es sich einfach. Wenn sie überhaupt nach Gründen für die ständigen germanischen Einfälle in das Römische Reich ab der zweiten Hälfte des 2. Jahrhun-derts suchten, dann nannten sie den angeblichen Kinderreichtum und eine dadurch verursachte Bevölkerungszunahme bei diesen Stämmen. Doch diese Erklärung dürfte im allgemeinen falsch sein, denn trotz der hohen Geburtenzahl starben von drei im damaligen Germanien gebo-renen Kindern eines oder zwei noch in jugendlichem Alter.

In Wirklichkeit waren es wohl zahlreiche verschiedene Ursachen in immer neuen Kombinationen und mit immer neuen Schwerpunkten, die die germanischen Stämme unruhig machten. Eine davon, die jahr-zehntelang anhaltende Klimaverschlechterung im Osten Europas, ha-ben wir inzwischen kennengelernt. Andere direkte oder indirekte Fol-gen davon werden in den weiteren Kapiteln dieses Teils beschrieben.

Von der behäbigen Ruhe auf Bärenfellen, die das Studentenlied be-singt, konnte in Wirklichkeit nicht die Rede sein. Diese Unruhe trieb zahllose Heerhaufen zu Plünderungszügen in die Länder des reichen Nachbarn, führte manche Völker auf Wanderschaft über Tausende von Kilometern und veranlaßte die vielen kleinen germanischen Stämme der Frühzeit, sich freiwillig oder gezwungen zu Großstämmen zusam-menzuschließen. Von all diesen Vorgängen wird in den folgenden Ka-piteln anhand von Beispielen berichtet.

9. FÜNFZEHN JAHRE
KAMPF AN DER DONAU

EIN FRIEDENSSCHLUSS
Ende August 180 n. Chr., an der Waag/Slowakei

Wohlig räkelten sich die beiden römischen Feldherren im heißen Wasser des flachen Badebeckens. Es tat den schmerzenden Gliedern älterer Männer gut, sich in Ruhe von diesem heilenden Wasser bespülen zu lassen. Warum sollten sie sich nicht am Vorabend eines wichtigen Tages diesen Komfort leisten, den einzigen hier im Barbarenland? Zwar bestand das Caldarium (Warmwasserbecken) nicht wie in den Thermen (Badeanstalten) des Römischen Reiches aus Marmor, sondern nur aus geglätteten Holzbohlen; aber was konnte man hierzulande mehr erwarten?

Die Könige der Quaden hatten schon gewußt, warum sie sich vor sechs oder sieben Generationen ihre Halle unmittelbar neben die heißen Heilquellen im Tal des Cususflusses (die Waag in der südwestlichen Slowakei, heute der Badeort Pistyan) bauen ließen. Zahlreiche Dörfer ringsum in dieser lieblichen Flußaue konnten für die notwendigen Getreide- und Viehlieferungen zum Unterhalt der königlichen Sippe und Gefolgschaft sorgen. Jetzt allerdings mußte fast die gesamte diesjährige Getreideernte aus weiter Umgebung zusammengekarrt werden, um den Hunger von 2000 kräftigen römischen Legionären zu stillen, die als Leibwache ihrer Feldherren und zugleich als wirksames Druckmittel für einen raschen Abschluß des Friedensvertrages in die quadische Residenz marschiert waren.

Marcus Valerius Maximianus, römischer Senator und Legionslegat (Befehlshaber) der 2. italischen Legion, sowie sein Amtskollege Sextus Quintilius Condianus, zur Zeit Kommandeur der 13. Legion, kannten diese Königsresidenz aus früheren Jahren. Schon als junge Offiziere hatten sie einst Gesandtschaften des Statthalters von Pannonien begleitet, die dem König des Nachbarvolkes die Freundschaft des römischen Volkes versichern und Geschenke überbringen sollten. Dann, vor rund

15 Jahren, hatten immer mehr fremde germanische Horden das Quadenland überlaufen und versucht, gewaltsam die Donaugrenze zu überschreiten. Römische Truppen hatten sie zurückgewiesen. Junge, abenteuerlustige Quaden waren durch diese Unruhe und die ständige
Zwietracht zwischen den verschiedenen Adelssippen zu einem Umsturz
innerhalb ihres eigenen Volkes angestachelt worden. Sie hatten damals
den romfreundlichen König Furtio entthront und ermordet und den
Edlen Ariogais auf den quadischen Thron gesetzt, dessen Sippe seit eh
und je zu den Feinden Roms gehörte.

Die beiden erfahrenen Frontoffiziere waren sich bei ihrem entspannten Gespräch im Wasserbecken darin einig, daß die vergangenen
15 Jahre die härteste Prüfung für das Römische Reich seit den Kriegen
des Augustus Octavianus gewesen waren. Denn wie Lava aus einem
explodierenden Vulkan strömten immer mehr land- und beutesu-
chende Germanenhorden an den verschiedensten Stellen über die
Reichsgrenzen an Rhein und Donau und konnten nur mit äußerster
Kraftanstrengung zurückgeschlagen werden. Am gefährlichsten waren
die hin und her wogenden Kämpfe hier an der mittleren Donau gewesen. Ein fast 200 Meilen (300 Kilometer) breiter Streifen südlich der
Donau bis ins nördliche Italien zeigte noch geplünderte und ausge-
brannte Villen und Dörfer sowie Tausende von Gräbern, Erinnerungen an die Einfälle wütender Germanen. Aber umgekehrt waren auch
die Länder der Quaden und Markomannen nördlich der Donau und
die weiten Ebenen östlich dieses Stroms, in denen das Nomadenvolk
der Jazygen seine Herden weiden ließ, durch zahlreiche römische Strafexpeditionen verwüstet.

Mit einer Unterbrechung von nur drei Jahren hatte der gute Kaiser
Marcus Aurelius, der Vater des Vaterlandes, in dieser ganzen Zeit persönlich an der Donau den Oberbefehl geführt. Ohne seine Tatkraft,
Gerechtigkeit und philosophische Ruhe wäre die Lage für Rom hier
oben im Norden noch viel schlimmer, davon waren Maximianus und
Condianus überzeugt. Die Lage war noch ernst genug. An eine Annexion der Wohngebiete der Markomannen, Quaden und der sarmatischen Jazygen als römische Provinzen war angesichts der katastrophal
dezimierten Bevölkerung Pannoniens und Noricums, der stark geschwächten Legionen an der Grenze und der darniederliegenden Wirtschaft in den Nordprovinzen nicht zu denken. Nur einige größenwahn-
sinnige Phantasten im römischen Senat konnten davon träumen.

Nun war der verehrte Kaiser unter die Götter aufgenommen worden. Der gleichen Seuche, die seit Jahren zusätzlich zu den Kämpfen mit dem barbarischen Feind unzählige Leben unter den römischen Soldaten und der einheimischen Bevölkerung gekostet hatte, war auch er im März im Militärlager Vindobona erlegen. Doch sein Sohn Commodus – er war erst 19 Jahre alt, aber schon vier Jahre lang Mitkaiser seines Vaters gewesen und hatte ihn auf seiner letzten Reise an die Donau begleitet – hatte den geplanten abschließenden Feldzug gegen die Barbaren persönlich geleitet und in einigen Gefechten selbst tapfer mitgekämpft. Auf seinen Befehl war nun die römische Delegation unter schwerer militärischer Bedeckung in die quadische Residenz zu Friedensverhandlungen eingerückt.

Denn auch die Barbarenvölker waren reif für einen Frieden. Die Feldzüge und Siege der römischen Soldaten in ihren Ländern in den letzten zwei Jahren hatten sie so geschwächt, daß von ihrer wilden Angriffswut nichts mehr übriggeblieben war, nur noch der sehnliche Wunsch nach Frieden. Mehrmals war der Königsthron der Quaden im ständigen Machtkampf der Adelssippen, die sich seit Generationen befehdeten, in den vergangenen Jahren neu besetzt worden. Nach der letzten Niederlage gegen ein römisches Heer in den quadischen Bergen (den Kleinen Karpaten bei Preßburg) hatte der romfeindliche König Ariomer, ein Neffe des einst von den Römern gefangengenommenen und nach Ägypten verbannten Ariogais, mit einigen Getreuen die Flucht ergriffen. Es hieß, er wolle weit nach Norden zu den stammverwandten Semnonen (in Mitteldeutschland). Nun war Wangio, ein Sohn des ermordeten Furtio, König. Er war ehrlichen Herzens zum Friedensschluß bereit, und sein verzweifeltes Volk mit ihm.

Dieser Friedensschluß würde nicht so schnell gebrochen werden wie der vorige, da waren sich die beiden im Kampf ergrauten Feldherren einig, als sie sich nach ihrem erholsamen Bad von ihren Leibsklaven Tücher zum Abtrocknen reichen ließen.

Am nächsten Abend stand der volle Mond am Himmel. Es war daher der richtige Tag für so wichtige Handlungen wie den geplanten Friedensvertrag und das gebotene Volksthing, das ihn bestätigen sollte. So fanden sich die überlebenden Krieger und Sippenoberhäupter des quadischen Volkes auf der Lichtung im heiligen Hain nahe der Königshalle ein, die schon so viele bewegende Opferhandlungen, Volksbeschlüsse und kultische Mahle gesehen hatte. Ein Kreis war durch in den

Boden gesteckte Haselnußstöcke gehegt, groß genug, um alle Quaden und die offizielle römische Delegation in den Frieden des Things einzuschließen, den dieser Kreis erzwang.

Aber selbst wenn die Quaden den geheiligten Thingfrieden gegenüber ihren römischen Gästen hätten brechen wollen, es wäre ihnen nicht gelungen. Denn die Krieger hatten auf ihre Schwerter und Lanzen verzichten müssen, wie es die Bedingungen der Römer vorschrieben. Nur ihre Schilde durften sie mitbringen. Das hatten ihnen die römischen Feldherren gestattet, weil sie Achtung vor der Überzeugung der germanischen Krieger hatten, daß ehrlos sei, wer seinen Schild zurücklasse. Außerdem umgaben drei Reihen finster blickender römischer Legionäre in schweren Eisenpanzern und voller Bewaffnung den Thingplatz.

Feierlich zogen der noch junge König und seine engste Gefolgschaft sowie die römischen Feldherren, umgeben von hohen Offizieren und Zivilbeamten, in den Kreis ein. Dann trat der angesehenste Priester vor, gebot durch eine Handbewegung Schweigen und stimmte den alten Gesang an, den jeder Quade kannte und der von der heldenhaften Vergangenheit des Volkes in der alten Heimat im Norden erzählte. Mit rauhen Stimmen sangen die Krieger das Lied mit.

Ein fühlbares Opfer für die Götter war der geschuldete Tribut der Menschen, damit die Überirdischen in Güte auf deren Wünsche eingingen. Jetzt, zum Friedensschluß, konnte es natürlich keine Opfer geben, die mit Kampf und Tod zusammenhingen. Der alte Priester schritt daher feierlich mit einem großen Kranz aus Getreideähren auf den geheiligten Opferbaum zu und hängte das Gebinde an dessen Zweigen auf.

Danach führten zwei Krieger aus der königlichen Gefolgschaft einen zum Kriegsritt aufgezäumten Hengst in den Kreis. An seinem Sattel waren ein Schwert ohne Scheide und die Königslanze festgebunden. Wangio, der junge König, trat vor und steckte das Schwert in die Scheide an seinem Gürtel, dann ergriff er die Lanze und rammte sie mit der Spitze nach unten in die Erde; schließlich nahm er mit geübten Bewegungen dem Pferd den Sattel und das Zaumzeug ab. Jeder in der großen Runde, ob Quade oder Römer, verstand die tiefe Bedeutung dieser Handlungen.

Damit war der erste, der an die Götter gerichtete Teil des Things beendet. Zu Beginn des zweiten Teils hielten König Wangio und Legat

Condianus kurze Reden, die von einem Dolmetscher jeweils in die andere Sprache übersetzt wurden. Sie betonten die Bereitschaft des Römischen Reiches und des quadischen Volkes, endlich einen Frieden miteinander zu schließen, der nicht mehr gebrochen werden solle.

Ein römischer Zivilbeamter in weißer Toga aus dem Stab der Feldherren verlas von seinem mit Wachs überzogenen Schreibtäfelchen laut die Friedensbedingungen, denen der König und die Versammlung der Ältesten des Volkes längst zugestimmt hatten. Auch diese Bedingungen wurden Satz für Satz in die Sprache der Quaden übersetzt: Die Quaden müßten einen fünf römische Meilen (7,5 Kilometer) breiten Streifen am Nordufer der Donau von jeglicher menschlichen Behausung räumen und dürften dort weder Getreide anbauen noch Vieh weiden. Das Volk der Quaden sollte wie schon in der Vergangenheit dem Römischen Reich Hilfstruppen stellen, die auch auf anderen Kriegsschauplätzen eingesetzt werden könnten. Thingversammlungen wie diese müßten ohne Waffen und nur unter Aufsicht eines höheren römischen Offiziers stattfinden. Ein neuer König dürfe erst den Thron besteigen, wenn der römische Statthalter in Carnuntum ihn bestätigt habe. Von den Quaden gefangengenommene Einwohner der römischen Provinzen oder römische Soldaten seien sofort auszuliefern, soweit das nicht schon in den letzten Wochen des Waffenstillstands geschehen war. Und schließlich die härteste Bedingung: Von der ohnehin nicht gerade üppigen Getreideernte im Quadenland waren künftig jährlich 1000 Säcke an die römischen Grenzkastelle nördlich und südlich der Donau zu liefern – kostenlos, versteht sich.

Von den quadischen Kriegern im Kreis war bei der einen oder anderen Bedingung ein gedämpftes unwilliges Murmeln zu hören, aber es verstummte sofort, wenn der König die Hand hob. »Ich weiß«, rief am Schluß der Verlesung der König seinen Männern zu, »daß es euch stolze Krieger schwer ankommt, diesem Frieden zuzustimmen. Aber bedenkt, daß die Römer die Macht hätten, uns noch härtere Bedingungen zu stellen. Sie waren zuletzt nun einmal die Stärkeren. Wir Quaden haben in Ruhe gelebt und unseren Vorteil gehabt, solange wir Frieden mit unseren römischen Nachbarn hielten. Um unserer Familien und um des Fortbestandes unseres Volkes willen fordere ich euch auf, diesem Vertrag zuzustimmen!«

Zögernd erst, dann immer entschlossener trommelten die Quaden mit ihren Fäusten auf die Schilde, da sie die Schwerter oder Lanzen entbehren mußten, mit denen sie sonst die Zustimmung des Volkes zu den Beschlüssen des Königs und seiner Edlen kundzutun pflegten. Eine andere Möglichkeit, sich zu äußern – außer einem ablehnenden Murren –, hatten die Männer nicht. Es wäre gegen jeden Brauch gewesen, hätte einer der einfachen Krieger gewagt, im Volksthing das Wort zu ergreifen.

Den Abschluß bildete der wichtigste Teil dieses Things, die Eidesleistung des Volkes der Quaden auf die Einhaltung des Friedensvertrages. Mit lauter Stimme rief König Wangio Tiwaz und Donar, die Schutzgötter des Rechts und der Natur, zu Zeugen an: »Verflucht und Opfer für die Götter sei jeder, der diesen Eid bricht!« Und er forderte seine Männer auf, die rechte Hand zu heben und ihm laut die Eidesformel nachzusprechen: daß der quadische König und alle seine Krieger unverbrüchlich an diesem Frieden mit dem Römischen Reich und all seinen Bedingungen festhalten würden. Sorgsam achteten die Legionäre rund um den Kreis darauf, daß auch jeder der germanischen Krieger die Hand hob und laut die Worte mitsprach. Auf seiner Wachstafel eifrig kritzelnd, beurkundete der römische Schreiber den Vollzug dieser so unerläßlichen Zeremonie.

Quintilius Condianus winkte zwei stämmige Legionäre heran, die sich bisher im Hintergrund der römischen Delegation gehalten hatten. Sie trugen eine schwere Kiste in den Mittelpunkt des Kreises, öffneten den Deckel und stellten schwere Silberschalen, -becher und -karaffen daraus auf den Boden. »Als Zeichen«, verkündete der Legionslegat laut, »als Zeichen der erneuerten Freundschaft zwischen dem römischen und dem quadischen Volk übersendet der Vater des Vaterlandes, der erhabene Marcus Aurelius Commodus Augustus dir, König Wangio, dieses kostbare Silbergeschirr! Mögest du es mit der gleichen Wertschätzung benutzen, wie sie der Augustus dir gegenüber hegt!«

DIE MARKOMANNEN-
KRIEGE

Die Darstellung des Friedensschlusses zwischen dem Römischen Reich und dem germanischen Volk der Quaden am Ende der sogenannten »Markomannenkriege« in vorstehender Episode war für den Autor ein gewisses Wagnis. Dabei stehen viele Einzelheiten historisch fest. Die beiden Legionskommandeure sind historische Persönlichkeiten und waren an diesen Kriegszügen beteiligt, wenn auch nicht sicher ist, ob sie beim Friedensschluß anwesend waren. Auch die ihnen in den Mund gelegte allgemeine Beurteilung der politischen und militärischen Lage des römischen Weltreiches nach fast 15 Jahren Krieg an der Donaugrenze wird eher der Realität entsprochen haben, als es spätere – antike und neuzeitliche – Geschichtsschreiber wahrhaben wollten. Dazu ist weiter unten noch einiges zu erklären. Auch die den Quaden gestellten Bedingungen beim Friedensschluß sind bekannt.

Völlige Unkenntnis herrscht heute jedoch darüber, in welchen *Formen* sich ein solcher Friedensschluß abspielte. In den aus römischer Zeit überlieferten Geschichtswerken sind Dutzende, wenn nicht Hunderte von ähnlichen Friedensschlüssen zwischen Rom und germanischen Völkern erwähnt. Aber von den zeitgenössischen Historikern ist kein einziger selbst Augen- oder Ohrenzeuge einer solchen Zeremonie gewesen, auf jeden Fall hat sich keiner näher dafür interessiert. Und die zahlreichen tatsächlichen Zeugen auf römischer Seite, Offiziere und hohe Zivilbeamte, haben nirgends eine schriftliche Beschreibung hinterlassen.

So bleibt auf Vermutungen angewiesen, wer einen solchen Vorgang schildern will. Dennoch scheint der oben beschriebene Ablauf recht plausibel. Wie sollte in einem zumindest auf der einen Seite schriftlosen Zeitalter die Tatsache des Friedensschlusses »ratifiziert« und dem Volk bekanntgemacht werden, wenn nicht in einer allgemeinen Heeres- oder Volksversammlung? Solche Versammlungen waren damals ohnehin sowohl bei den Germanen wie bei den Römern noch üblich. Entgegen idealistischen Vorstellungen herrschte übrigens bei den Germanen jener Zeit keineswegs eine so weitgehende »Demokratie«, daß anderen als Adligen das Wort bei den Volksversammlungen erlaubt gewesen wäre. Aber der alten, aus grauer Vorzeit ererbten Form einer allgemeinen Volksversammlung zu wichtigen Entscheidungen mußte Genüge getan werden. Und daß in solche Vorgänge die Götter unmittelbar mit einbezogen wurden, ist für eine Zeit selbstverständlich, in der jedes, auch das alltäglichste Handeln eines Menschen einen magisch-religiösen Bezug hatte. Dennoch mögen Fachleute in einzelnen Punkten die versuchte Rekonstruktion kritisieren.

Die Kämpfe Roms an der Donaugrenze zwischen etwa 165 und 180 haben bei den römischen Historikern den Namen »Markomannenkriege« erhalten, nach dem einstmals größten germanischen Volk an der Grenze, den Markomannen im heutigen Böhmen. Doch ob diese Markomannen wirklich so maßgeblich daran beteiligt waren, ist fraglich. Vielleicht mußten sie durch harte Friedensbedingungen nach langen Kämpfen nur büßen, was andere Germanenstämme ihnen eingebrockt hatten. Der Friedensschluß mit den Nachbarn der Markomannen, den Quaden in der heutigen Westslowakei, steht in der Einleitungsepisode exemplarisch für die parallelen Friedensschlüsse mit den Markomannen und den sarmatischen Jazygen, deren Bedingungen ähnlich lauteten.

Die Jazygen waren übrigens keine Germanen, sondern gehörten zu einer Gruppe von Reiter- und Nomadenvölkern, den Sarmaten, die in den Jahrhunderten kurz vor der Zeitenwende von Innerasien her nach Südrußland und in die Ukraine bis ins heutige Ungarn vorgedrungen waren. Die Jazygen waren die westlichste Völkerschaft davon und durchstreiften die ungarische Pußta zwischen Karpaten und der Donau ostwärts ihres großen Knicks. Die Sarmaten gehörten zum iranisch-persischen Zweig der großen indoeuropäischen Sprachenfamilie. Ein anderer Teil dieses Zweiges waren die Parther im heutigen Persien. Diese bedrohten zur gleichen Zeit wie die Germanen ernsthaft das Römische Reich an seiner Südostgrenze, nämlich im heutigen Irak.

Es ist nicht sonderlich interessant, die Ereignisse dieser Markomannenkriege, genaugenommen waren es nämlich zwei, im einzelnen zu schildern. Die schriftlichen Überlieferungen der römischen Historiker sind lückenhaft und zum Teil verwirrend, was die zeitliche Abfolge angeht. Die Mark-Aurel-Säule auf der Piazza Colonna in Rom, 42 Meter hoch und einer der heute noch bewundernswerten Überreste der Antike, bewahrt kulturgeschichtlich höchst wertvolle Erinnerungen an diese Kriege in Form zahlreicher in Marmor gehauener Einzelbilder, der damaligen Methode der Regierungspropaganda, die jedoch historisch nicht vollkommen zuverlässig ist.

Bezeichnend ist, wie alles begann. Es muß im Jahr 165 gewesen sein, als eine größere Gruppe von Germanen mit Frauen und Kindern an der Donau erschien und flehend die Römer bat, sie über den Fluß zu lassen und ihnen auf römischem Gebiet Ackerland zuzuweisen. Die Herkunft dieser Germanen wird nicht genannt. »Die Germanen wurden durch Verhandlungen hingehalten und später verjagt«, berichten die zeitgenössischen römischen Geschichtsquellen lakonisch. Denn ehe

Rom an der Donau wieder eine ausreichende Militärmacht zusammenziehen konnte, mußte erst der Krieg gegen die Parther im Vorderen
Orient zu Ende gebracht werden (165/166). Ein Jahr später waren es
angeblich 6000 Langobarden von der unteren Elbe und »Obier« – welches Volk sich unter diesem nur hier auftauchenden Namen verbirgt,
weiß man nicht –, die die Römer an der Donau nun schon militärisch
bedrohten. Auch sie wurden blutig zurückgeschlagen.

Immer wieder neue Gruppen von Germanen zogen aus dem Norden heran, vermutlich getrieben von der anhaltenden Ungunst des
Wetters, von der im vorigen Kapitel die Rede war. Bald konnten sich
die Markomannen und Quaden nicht mehr aus den Kriegshandlungen
in ihren Gebieten heraushalten. Wahrscheinlich gerieten ihre Krieger
auch in verständliche Wut, wenn ihre Dörfer im Zuge der bei den
römischen Legionen so beliebten Vergeltungsaktionen für Überfälle,
die andere Germanenstämme ausgeführt hatten, in Brand gesteckt
wurden.

Von Umstürzen und dem Wechsel der Könige wird berichtet, ohne
daß die Einzelheiten klar werden. Immerhin lassen diese Berichte
Rückschlüsse auf die andauernden eifersüchtigen Streitigkeiten zwischen Adelssippen bei den verschiedenen Germanenvölkern zu.

Nach einem verheerenden Einfall germanischer Krieger bis nach
Oberitalien im Jahr 170 gelang den Römern unter der tatkräftigen
Führung des beliebten Kaisers Mark Aurel und unter Anspannung aller
Kräfte ein erfolgreicher Gegenschlag. In den Jahren 172 bis 175 kapitu-
lierten nacheinander die Quaden, die Markomannen und die Jazygen
und mußten Friedensverträge schließen. Die anderen germanischen
Volks- oder Heereszüge konnten die Römer mit solchen Verträgen
nicht packen.

Doch der Frieden war nur von kurzer Dauer. Kaiser Mark Aurel
mußte mit einigen Legionen von der Donaugrenze nach Kleinasien
und Syrien marschieren, um dort einen aufständischen Statthalter zu
unterwerfen, der sich selbst zum Kaiser ausgerufen hatte. Das gelang
zwar, doch die Donaugrenze war nun einmal von Truppen entblößt.
Außerdem hatte wohl der Klimadruck in Innergermanien schon wieder
neue Kriegerscharen in Marsch gesetzt. Jedenfalls brachen im Jahr 177
erneut Kämpfe aus, die 178 eine Rückkehr Mark Aurels an die Donau
und die Verlegung neuer Legionen dorthin erzwangen. Der 177 zum
Mitkaiser ernannte junge Sohn des Mark Aurel, Commodus, begleitete

seinen Vater an die Front. Es gelang Rom in zwei Sommerfeldzügen mit rund 40 000 Soldaten die drei Nachbarvölker erneut und mehrfach zu schlagen, ihre Dörfer zu verwüsten und die Überlebenden endgültig friedensbereit zu machen.

Kaiser Mark Aurel starb im Alter von nur 59 Jahren im März 180, wahrscheinlich im Militärlager Vindobona (Wien) und vermutlich an einer Krankheit, die in den alten Quellen als Pest bezeichnet wird. Sie war schon vor Jahren von Truppen aus Vorderasien eingeschleppt worden, von Legionen, die aus dem Krieg mit den Parthern am Euphrat an die Donau zurückkehrten. Die Seuche wollte und wollte nicht erlöschen. Heutige Forscher glauben, daß es sich um Fleckfieber gehandelt haben könnte und nicht um die Beulenpest, die erst im Mittelalter Europa heimsuchte.

So kam der junge Kaiser Commodus schon mit 19 Jahren ganz unerwartet zur Alleinherrschaft. Seine Zeitgenossen und die antiken Geschichtsschreiber, die über ihn berichteten, hatten, anders als von seinem Vater, keine gute Meinung von ihm. Er entwickelte sich wohl auch tatsächlich in seiner elfjährigen Regierungszeit zum Tyrannen und Wüstling und machte sich den einflußreichen Senat zum Feind. Doch was die antiken Quellen, ganz offensichtlich beeinflußt durch diesen später erwachten Haß auf Commodus, über sein erstes Alleinregierungsjahr 180 zu erzählen wissen, scheint eine böswillige Erfindung zu sein. Er habe, so hieß es, um nur recht schnell zu den Schwelgereien und Genüssen der Hauptstadt Rom zurückkehren zu können, einen schmählichen Frieden mit Markomannen, Quaden und Jazygen geschlossen und entgegen dem Rat seiner Feldherren auf den Plan Mark Aurels verzichtet, die Wohngebiete dieser drei Nachbarvölker als römische Provinzen zu annektieren und so endgültig zu befrieden.

Der Bonner Althistoriker ungarischer Herkunft Geza Alföldy hat jedoch 1971 überzeugend nachgewiesen, daß diese antike, propagandistisch gefärbte Darstellung nicht zutreffend sein kann. Bis dahin war sie unkritisch auch in die neuesten Geschichtswerke übernommen worden. Die in der Einleitungsepisode ausgesprochene Einschätzung aus der Sicht hoher römischer Frontoffiziere entspricht wahrscheinlich eher der Wirklichkeit. Entgegen den antiken Quellen gab nämlich der Erfolg dem Kaiser Commodus zunächst recht: Der auf seinen Befehl geschlossene Frieden hielt noch einmal für rund ein Jahrhundert und schenkte den römischen Provinzen an der Donau eine längere Atempause. Die unmittelbar benachbarten Germanenvölker waren wohl auch so dezimiert, daß sie weder eine Ausdehnung ihrer Ackerfläche benötigten noch die Kraft für neue Kriegszüge aufbrachten.

Aber unabhängig von dieser Beurteilung des Friedensschlusses in den Markomannenkriegen haben schon die altrömischen Historiker, noch mehr aber die modernen Geschichtswissenschaftler den Regierungsantritt von Kaiser Commodus als eine Schicksalswende für das römische Weltreich angesehen. Mit ihm endeten fast zwei Jahrhunderte »guter« und im allgemeinen starker Kaiser, denen es im großen ganzen gelang, die »pax Romana«, den Frieden im Inneren, zu wahren und den allgemeinen Wohlstand, selbst für die einfache Bevölkerung, zu mehren, trotz mancher Bedrohung der äußeren Grenzen. Mit Commodus begannen die instabilen Verhältnisse der Spätantike: im Inneren mit häufig wechselnden und vielfach unfähigen Kaisern, mit einem allmählichen Zerfall der bis dahin blühenden Wirtschaft, mit immer bedrohlicher werdender Unsicherheit für die Menschen außerhalb der mauergeschützten Städte. Nach außen markiert seine Regierungszeit den allmählichen Wechsel von der bis dahin verfolgten Tendenz zur Ausweitung des Römischen Reiches zu einem schrittweisen Zurückweichen vor dem allzu starken Druck der »Barbaren«.

VERBLÜFFENDE PARALLELEN ZU HEUTE

Vielleicht hatten doch schon die Kaiser Mark Aurel und Commodus eine Vorahnung der unheimlichen Bedrohung aus dem Norden, die auch durch noch so vorteilhafte Friedensschlüsse mit Nachbarvölkern nicht auf Dauer gebannt werden konnte. Sonst hätten sie nicht alle Anstrengungen unternommen, die militärische Sicherung der Nordgrenze zu verstärken. Im Jahr 179 wurde zum Beispiel Castra Regina (Regensburg) erstmals als Lager für eine ganze Legion ausgebaut. Bis zu den Markomannenkriegen war die Grenze zwischen Vindobona (Wien) und Argentoratum (Straßburg) nur sehr schwach besetzt gewesen; danach änderte sich das grundlegend.

Man weiß nicht, ob die römischen Kaiser einen »Nachrichtendienst« zur Sammlung und Auswertung von Informationen über Vorgänge im »feindlichen Ausland« unterhielten. Aber auch ohne einen solchen

151

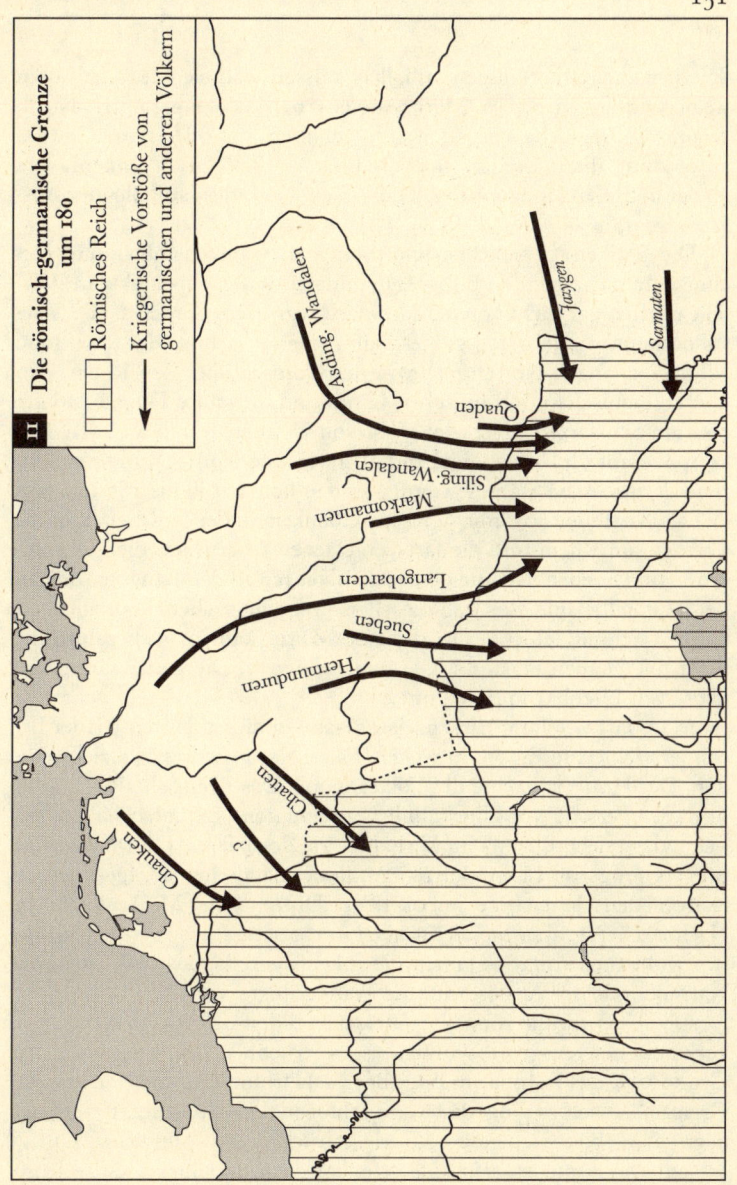

Die römisch-germanische Grenze um 180

Römisches Reich

Kriegerische Vorstöße von germanischen und anderen Völkern

Chauken

Chatten

Hermunduren

Sueben

Langobarden

Markomannen

Siling-Wandalen

Asding-Wandalen

Quaden

Jazygen

Sarmaten

II

Spionagedienst hätte ihnen auffallen müssen, daß sich etwa seit dem Regierungsantritt Kaiser Mark Aurels (161) an der gesamten Nordgrenze die Versuche von »Barbaren« häuften, mit oder ohne Gewaltanwendung diese Grenze zu überschreiten. Die Markomannenkriege an der mittleren Donau waren lediglich ein besonders auffallender Ausschnitt daraus.

Die antiken Geschichtswerke berichten wahrscheinlich nur von einigen herausragenden Beispielen; andere, weniger spektakuläre Vorfälle dürften gar nicht von der Nachwelt registriert worden sein. Insbesondere um das Jahr 170 gab es kaum einen Abschnitt der über 4000 Kilometer langen Nordgrenze von der Nordsee über den Rhein, den obergermanischen und rätischen Limes und die ganze Donau entlang bis zum Schwarzen Meer, der nicht von Germanen und anderen Völkern berannt und vorübergehend überschritten wurde. Rund ein Dutzend germanische Stämme werden in den Jahren 166 bis 180 namentlich als Angreifer erwähnt. Von den Chauken an der Nordsee über die Chatten am Rhein und die fast vergessenen Cherusker, die Hermunduren und Sueben in Mitteldeutschland bis hin zu den Langobarden an der Unterelbe und den asdingischen und silingischen Wandalen im Oder-Weichsel-Gebiet reicht die Liste. Dazu kamen noch zahlreiche nicht mit Namen genannte Germanengruppen. Die ganze Germania libera war offenbar in Bewegung.

Man darf wohl annehmen, daß gerade in diesen Jahren wieder besonders schlechte Ernten in weiten Teilen Nordosteuropas erzielt wurden. Der Hunger machte die Völker mobil. Das Römische Reich muß in dieser Periode vor einer ähnlichen Situation gestanden haben wie heute das reiche Europa im Verhältnis zu Nordafrika. Dort hungerten und verhungerten bis vor kurzem Millionen Menschen infolge einer katastrophalen, Jahrzehnte anhaltenden Dürre. Eine Massenflucht in Nachbarländer, aber möglichst auch in das satte Europa ist heute und war wohl auch vor 1800 Jahren die Folge (wenn damals auch eher eine Nässeperiode der Auslöser für die Wanderungen war).

Ob seinerzeit die römischen Kaiser von den tieferen Ursachen der germanischen Angriffe wußten, ist unerheblich. Sie reagierten im Grunde wie das Europa am Ende des 20. Jahrhunderts: Sie machten die Grenzen, soweit es ging, dicht und schlugen die »Grenzübertreter« mit allen zu Gebote stehenden Mitteln zurück. Ein wesentlicher Unterschied scheint nur zu sein, daß offenbar die Germanen noch nicht so ausgehungert waren wie die Somalis oder Äthiopier heute. Die Germanen hatten ihre Waffen und wußten sie zu gebrauchen. Allerdings war auch das Römische Reich zu dieser Zeit noch stark genug, sie zurückzudrängen.

Doch wenn wir die Parallele weiterziehen und uns in Erinnerung rufen, wie viele Bürger- und Völkerkriege und blutige Revolutionen sich in den letzten Jahrzehnten im ausgedörrten und hungernden Nordafrika ereigneten, dann läßt sich leicht ermessen, daß auch im Inneren der Germania libera diese Periode von tiefgreifenden Umwälzungen geprägt gewesen sein muß. Davon wird in den nächsten beiden Kapiteln berichtet.

10. ALS DIE ALEMANNEN NOCH NICHT ALEMANNEN HIESSEN

ERZWUNGENE ANGRIFFSPLÄNE
Um 210 n. Chr., im Taubertal bei Tauberbischofsheim

Das herrschaftliche Haus des Edelings Reutilo stand nicht weit vom Fluß Dubra (Tauber) auf einer leichten Anhöhe. Heute, an einem warmen Spätsommerabend, herrschte auf dem Hof lebhaftes Treiben. Mehrere Mägde und Schalke (Knechte) waren mit dem Braten von Schafen und Schweinen beschäftigt, buken Brot oder trugen große Krüge voll Met (Honigbier) aus den kühlen Vorratsgruben zur Feuerstelle vor dem Hauptgebäude. Jetzt, kurz nach der Ernte, waren die Scheunen der vielen Hörigen des Reutilo gut gefüllt, und die Weiden standen voll Vieh. Sie mußten es ertragen, wenn für ein paar Tage einige Dutzend hungriger Männer gewaltige Löcher in die Vorräte fraßen und soffen.

Denn Reutilo hatte vier seiner Standesgenossen aus dem weiteren Umkreis eingeladen, um Rat zu pflegen, und diese brachten üblicherweise jeder mindestens zwei Hände voll junger freier Krieger aus ihrem engeren Gefolge mit, als Leibwache und zur Hebung ihrer Würde.

Reutilo war sich seines Ranges als Herr des Dubragaues bewußt. Vor über 30 Sommern war sein Vater mit einer großen Schar hungriger Semnonen aus dem fernen Land östlich der Sala (Saale, gemeint das nordwestliche Sachsen) hierhergezogen, wo es Donar gut mit den Menschen meinte und neben fruchtbarem Regen auch warme Sonne schickte, um die Früchte in Feld und Garten reifen und das Vieh gedeihen zu lassen. Damals, in ihrer fernen Heimat, hatten die Semnonen diese Gunst nicht erfahren. Dies und der Einfall der benachbarten Burgunder, denen es noch schlechter als ihnen ging, hatten sie gezwungen, mit ihren Familien, Hörigen und dem Gesinde fortzuwandern und mit den Lanzen neues Ackerland zu erkämpfen. Hier, südlich des Moenus (Main) und im Tal der Dubra hatten sie es endlich gefunden. Da wäre Rücksicht auf die bisherigen Bewohner der Gegend fehl am Platz gewesen.

Die wenigen Gemeinfreien vom Stamm der Hermunduren, die sich hier bisher breitgemacht hatten, waren so klug gewesen, von vornherein den zahlenmäßig überlegenen Zuwanderern nachzugeben. Man hatte ihnen ihre Freiheit und ihre Häuser gelassen, aber ihre zahlreichen Hörigen mußten nun den neuen Herren Tribute an Lebensmitteln abliefern. Als Belohnung für diese Einsicht in die wirklichen Machtverhältnisse durfte der hermundurische Adlige Chaldano seinen nahe gelegenen Besitz ungeschmälert behalten und wurde von den semnonischen Edlen als gleichberechtigt anerkannt. Er war bereits von seinem Hof, eine Stunde flußaufwärts, hier zur Beratung erschienen.

Ganz anders war natürlich das Schicksal der Dummköpfe von Tutonen und Nisterern gewesen, zwei kleinen Stämmen, die seit mehreren Generationen hier beiderseits des römischen Grenzwalls ansässig waren. Sie hatten beim Einmarsch der Semnonen seinerzeit zu den Waffen gegriffen. Diese Unklugheit hatten die meisten Krieger dieser Stämme nicht überlebt. Ihre Witwen und Kinder oder schon deren Nachkommen hatten jetzt den Edlen und Freien der Semnonen als leibeigenes Gesinde zu dienen, ihre Höfe waren in den Besitz der neuen Herren übergegangen.

Als erster der auswärtigen Gäste erreichte Giboald mit seiner kleinen berittenen Trucht den Hof des Reutilo, lautstark, aber höflich begrüßt vom Hausherrn. Giboald hatte eine Tagesreise weit reiten müssen, durch die dichten Wälder, die den Moenus von der Dubra trennten. Er war der nächstgelegene Gauherr der Sueben vom Moenus. Beim Durchzug der Semnonen durch deren Gebiet hatte sowohl die alte Kult- und Abstammungsgemeinschaft der Sueben mit den Semnonen wie auch die beträchtliche Kampfstärke der alteingesessenen suebischen Sippen südlich des Mains (um Würzburg und Ochsenfurt) die Auswanderer veranlaßt, friedlich und so rasch wie möglich deren Territorium zu durchziehen. Nun betrachtete man sich gegenseitig als freundlich gesinnte Nachbarn.

Ebenfalls mit großer Höflichkeit, aber auch mit vorsichtiger Zurückhaltung begrüßte Reutilo seinen dritten Gast, den edlen Marser Herigast. Er hatte ein abenteuerliches Schicksal hinter sich. Geboren am Ufer der Lupia (Lippe) hoch im Norden, war er in jungen Jahren als Offizier in römische Dienste getreten und hatte einen Numerus (kleine Hilfstruppeneinheit, etwa 100 Mann) von Kriegern seines Volkes auf Grenzwache am rätischen Limes, nicht weit von Augusta

Vindelicum (Augsburg), kommandiert. Denn vorsichtshalber setzten die Römer schon seit langem ihre zahlreichen germanischen Hilfstruppen nur fern deren Heimat und in kleinen Gruppen ein.

Dem Herigast war es aber nicht vergönnt gewesen, nach 25 Jahren Militärzeit ehrenvoll als römischer Bürger in den Ruhestand zu treten. Vielmehr hatte er bei einer Zecherei das Pech gehabt, einen Centurio der Fußtruppen zu erschlagen und Hals über Kopf über die Grenze flüchten zu müssen, allerdings nicht ohne sein in zehnjähriger Dienstzeit erspartes, nicht unbeträchtliches Vermögen und einen großen Teil der marsischen Krieger seines Numerus.

Seitdem war er durch die Gebiete verschiedener Völker nördlich der Donau gezogen und hatte dabei eine Gefolgschaft von über 500 kampfkräftigen und abenteuerhungrigen Kriegern gesammelt, die er mit silbernen römischen Denaren und dem Versprechen reicher Beutezüge ins römische Gebiet bei Laune hielt. Den Lebensunterhalt für die stets hungrige, aber jeder Arbeit abholde Schar spendierten die jeweils gastgebenden Stämme in der Hoffnung, den unheimlichen Haufen möglichst bald wieder loszuwerden. Zur Zeit nahmen Herigast und seine Gefolgschaft die ziemlich unfreiwillige Gastfreundschaft der Mainsueben in Anspruch.

Ein völlig anderes Schicksal hatten die Götter dem Freio beschert, der als letzter mit seiner Begleitung kam, obwohl auch er nur eine Stunde zu laufen hatte. Vor zwei Sommern war er mit einigen halbverhungerten Sippen seines Volkes der Naharnavalen an der Vistula (Weichsel, Südpolen) aufgebrochen. Mehr als zwei Mißernten hintereinander hatten seine Leute nicht ertragen wollen. Auf knapp 100 Ochsenkarren hatten Freio und seine Krieger ihre Familien und Schutzbefohlenen in endlosen Tagesmärschen nach Westen gebracht und die zusammengeschmolzenen Viehherden hinterhergetrieben. Denn dort, wo die Sonne unterging, hinter sieben großen Flüssen, würden die von den Göttern gestraften Naharnavalen eine neue schönere Heimat finden. So hatte ein alter Priester einst geweissagt.

In raschem Marsch hatte der kleine Zug alle Gebiete der dazwischenliegenden Völker durchquert und deren Edlen stets versichert, nur schnell weiterziehen zu wollen, damit man sie friedlich durchließ. Doch hier, kurz hinter dem Tal der Dubra, waren die wenigen Naharnavalen auf eine Mauer aus Steinen, Holz und Erde gestoßen, die sich unübersehbar weit schnurgerade durch das Land zog. Fremde

Krieger mit erzenen Helmen und Brünnen (Rüstungen) hatten sie aufgehalten und ihnen in fremder Sprache, aber dennoch unmißverständlich das Überklettern dieser Mauer verboten. Zur Bekräftigung dieses Verbots hatten sie heimtückisch mit Pfeilen auf die entmutigten Krieger und deren Familien geschossen.

Nun lagerten die fremden Naharnavalen schon zwei Monde lang auf einer mühsam geschlagenen Waldlichtung in der Nähe der Ansiedlungen der Semnonen, waren von deren Großmut abhängig und wußten nicht, wie sie den nächsten Winter überstehen sollten.

Als die fünf Edelinge endlich auf weichen Fellen um den Feuerstoß saßen, über dem ein zartes Jungschwein angenehm duftend vor sich hin brutzelte, war die Unterhaltung lebhaft. Allerdings mußten die Herren oft einen Satz in anderer Form wiederholen oder nachfragen, weil die Aussprache oder Bedeutung vieler Wörter den anderen unbekannt war. Das gab oft Anlaß zu herzlichem Gelächter. Ganz ähnlich scholl es von den großen Feuern in der Nähe herüber, um die sich die Begleitung der hohen Gäste in bunter Reihe gelagert hatte. Das laute Reden und Lachen und das gut gesalzene knusprige Fleisch machten Durst, und so mußten die zur Bedienung abgestellten Knechte ständig neue Krüge mit Met heranschleppen.

Der Gegenstand der Unterhaltung der fünf Edlen war jedoch alles andere als lustig. Sie redeten, wie konnte es anders sein, ausschließlich über die Not, die seit der Überfüllung ihrer Wohngebiete in den letzten Jahren allen hier lebenden Menschen drohte. Gewiß, die Ernten waren gut, und das Vieh gedieh. Aber wo einst vielleicht 1000 Menschen Nahrung fanden, wollten plötzlich drei- oder viermal so viele satt werden. Das konnte nicht mehr lange gutgehen.

Der Marser und einstige römische Offizier Herigast war es, der immer wieder vorschlug, man müsse mit vereinten Kräften in einem Schlag den römischen Limes durchbrechen. Im Hinterland solle man möglichst viele große Gutshöfe und kleine Orte plündern und vor allem Lebensmittel sowie Futtervorräte abtransportieren und sich dann wieder schnell hinter die Grenzmauer zurückziehen.

Dem widersprach Chaldano, der Hermundure. Er hatte die längste Erfahrung als Grenznachbar der Römer. Eine solche Durchbrechung des Limes mit Plünderung werde nur die üblichen Vergeltungsaktionen der römischen Truppen nach sich ziehen; mit niedergebrannten Häusern und verwüsteten Feldern würden Hermunduren, Semnonen und

Sueben dafür büßen müssen. Wer weiß, ob nicht die regelmäßigen be-
rittenen Patrouillen der Römer ins Land östlich des Limes schon die
Vorbereitungen zu einem solchen Angriff bemerken würden, so daß die
Feinde sich frühzeitig darauf einrichten könnten.

Doch die anderen Anführer nannten den Hermunduren kleinmütig,
ja, feige. Was bliebe denn anderes übrig, wenn man den vielen Mäu-
lern, die gestopft werden wollten, etwas zu essen verschaffen müsse?
Gerüchte wollten wissen, daß schon wieder neue Züge landlos gewordener Menschen von Sala und Albis (Elbe) her im Anmarsch seien.

Freio, der Naharnavale, horchte auf, als er hörte, daß die römische
Grenzmauer keineswegs so undurchlässig sei, wie er nach seinen
schlechten Erfahrungen geglaubt hatte. Es gab, so erzählte man ihm,
durchaus ein Hinüber und Herüber, sogar recht freundschaftlich in
den letzten Jahren, nur eben im kleinen und in friedlicher Absicht.

Etwa zu jedem Vollmond kam eine Vexillatio (abgestellte kleine Abteilung, aus mehreren Truppenteilen zusammengesetzt) von rund 50
schwerbewaffneten römischen Soldaten durch das Tor neben einem der
großen Wachtürme geritten und machte für ein paar Tage nachbarliche
Besuche in dieser oder jener Germanensiedlung. Die Offiziere schwatz-
ten auf lateinisch oder in einem halbgermanischen Kauderwelsch mit
den örtlichen Edlen, denen sie oft eine Amphore Wein mitbrachten, um
zu erfahren, was es Neues gebe. Die Mannschaften besserten ihren
Küchenzettel auf, indem sie semnonisches Gemüse oder Schafe gegen
kunstvolle Keramikschüsseln oder einen Tonkrug mit Wein eintausch-
ten. Viele Legionäre stammten aus Britannien und hatten zu ihrem Erstaunen festgestellt, daß sie sich noch in ihrer Muttersprache mit einigen Hörigen oder Leibeigenen der Germanen verständigen konnten.

Umgekehrt ließen die Römer kleine Gruppen von Germanen durch
das Tor in der Mauer, wenn die Krieger ihre Lanzen oder Schwerter in
der dortigen Wachstube zurückließen und mit Körben voller Tausch-
waren klarmachten, daß sie friedlich und mit der Absicht auf baldige
Rückkehr kamen. In den Cannabae (Lagervorstädten mit Handwerks-
betrieben, Schänken usw.) der verschiedenen kleinen Kastelle hinter
dem Limes besorgten sich die grenznahen Germanen gerne einmal
Dinge, die sie sonst nicht bekamen. In bestimmten Kneipen gab es auch
junge Frauen, die den kräftigen germanischen Männern schöne Augen
machten, aber römische Silberlinge oder wenigstens kostbare Tausch-
waren für ein paar Stunden zu zweit haben wollten. So etwas war für

die jungen Germanenkrieger ein geheimgehaltener, aber recht zugkräftiger Anreiz zu Besuchen im Römerland. Auf jeden Fall wußten die germanischen Nachbarn recht gut, wo römische Truppen stationiert waren, wie stark sie waren und wo die großen Gutshöfe und Orte lagen, deren Plünderung sich lohnte.

Die Sorge um die Menschen, für die sie Verantwortung trugen, wog für die Adligen am Lagerfeuer schwerer als die Bedenken des Chaldano. Es mußte einfach etwas geschehen, um die Versorgung der eigenen Völker zu verbessern. Chaldano schwieg, als die anderen vier zu dem Entschluß gelangten, noch in diesem Herbst einen Einfall ins Römergebiet zu wagen. Er wollte sich nicht erneut der Feigheit zeihen lassen.

»Für unsere jungen Leute ist ein Kriegszug auch wieder dringend nötig«, erläuterte Herigast, der Marser. »Sie verrosten sonst und verweigern mir die Gefolgschaft, wenn ich ihnen nicht bald Gelegenheit zu einem ehrenvollen Kampf gebe.« Die anderen in der Runde nickten, waren ihnen doch diese Gefühle nicht fremd.

»Wir müssen die Römer überraschen und schnell wie der Wind die römische Mauer überwinden, unsere Ziele erreichen und uns wieder zurückziehen, mit so vielen Vorräten wie möglich«, steuerte der Suebe Giboald einen guten Rat bei. Es sollten daher nur so viele Krieger am Angriff beteiligt sein, wie bis dahin noch beritten gemacht werden könnten. Nach kurzer Diskussion wurde beschlossen, alle Reitpferde der verbündeten Stämme zunächst bei den Mainsueben zusammenzuziehen, wo sie nicht den neugierigen Augen der römischen Patrouillen ausgesetzt waren, und bis zum endgültigen Tag des Angriffs wollte man noch von Nachbarvölkern möglichst viele Pferde eintauschen oder ausleihen.

»Achten wir auch darauf, in den Cannabae und Vici (Dörfern) der Römer recht viele Handwerker einzufangen.« Der Semnone Reutilo dachte da sehr praktisch. »Viele sind geschickte Leute und können uns Gegenstände machen, an die wir sonst nicht kommen. Und vielleicht zahlen die Römer auch etwas dafür, wenn wir einige von ihnen hinterher wieder freilassen.«

Schnell waren sich die Edelinge einig, daß von ihren Völkern alle freien Krieger bei dem gemeinsamen Unternehmen mitkämpfen würden, völlig gleichberechtigt, darauf legte jeder der Anführer großen Wert. Auch wenn man dem Herigast, als dem im Umgang mit den römischen Soldaten Erfahrensten, den Oberbefehl übertrug, sollte das keine Rangminderung für die anderen bedeuten.

Wie aber sollte man die vereinigten Heere der vielen Völker nennen? Es war doch zu mühsam, sie Heer der Semnonen, Sueben, Hermunduren, Naharnavalen und des Herigast zu nennen, meinte am Schluß Freio, der von der Weichsel gekommen war. Herigast machte einen guten Vorschlag: »In meiner großen Trucht sind schon Männer aus über einem Dutzend Stämmen versammelt. Nennen wir unser neues gemeinsames Heer doch so, wie meine buntgemischte Gefolgschaft schon lange heißt: Alemannen – die Männer aller Völker!«

DIE ERSTEN NACHRICHTEN VON DEN ALEMANNEN

Im Jahr 213 ließ sich der noch junge römische Kaiser Caracalla vom Senat in Rom den Namen Germanicus Maximus, der größte Germanenbesieger, verleihen. Er hatte in einem kurzen Feldzug über den obergermanischen Limes, wie er behauptete, an der Spitze mehrerer Legionen die Chatten und die Alemannen besiegt, letztere »ein volkreicher Stamm, der vorzüglich zu Pferde kämpft«, wie ein römischer Historiker vermerkte. Hier taucht der Name eines germanischen Stammes erstmals auf, der bis in die Gegenwart seine – zumindest sprachliche – Eigenart bewahrt hat.

Über den Namen »Alemannen« oder »Alamannen«, wie er auf lateinisch stets geschrieben wurde, haben die Wissenschaftler viel gerätselt. Aber die Wahrscheinlichkeit ist doch sehr groß, daß er ganz einfach nur »alle Männer« bedeutet, als gemeinsamer »Übername« für die Krieger (und später natürlich auch für die Frauen und Kinder) aus verschiedenen Stämmen. Denn es steht fest, daß der neue Großstamm der Alemannen ein recht komplizierter Zusammenschluß aus zahlreichen germanischen Stammesteilen gewesen sein muß: »Die Alemannen sind zusammengelaufene Menschen und Mischlinge, und das bedeutet ihr Name«, kommentierte einst der griechische Schriftsteller Agathias 100 Jahre später.

Viel weniger klar ist, woher sie kamen und aus welchen Stämmen sie sich zusammengefunden haben. Die in der einleitenden Episode genannten Gruppierungen werden aber wohl beteiligt gewesen sein, vor allem die Semnonen und die mit ihnen verwandten Sueben. Ihre Herkunft können auch die Archäologen trotz aller Mühen nicht genauer

angeben als »irgendwo aus Mitteldeutschland«. Denn archäologische
Zeugnisse der frühen Alemannen sind außerordentlich selten. Die erwähnten Tutonen haben tatsächlich in der Gegend des unteren Mains
gelebt und wurden nach der Entstehung des alemannischen Stammes-
bundes nicht mehr erwähnt; ob sie das oben geschilderte gewaltsame
Ende gefunden haben, steht allerdings nicht fest. Viele Historiker glauben, daß es sich bei diesem kleinen, teilweise romanisierten Stamm um
Nachkommen eines Teils der alten Teutonen gehandelt haben muß, die
bei ihren ziellosen Zügen durch Mitteleuropa dort hängengeblieben
waren (siehe 1. Kap., S. 27). Von den Nisterern (lateinisch: Nisteri)
weiß man nur den Namen.

Natürlich sind die Zusammenkunft der fünf germanischen Edlen
und deren Entscheidung nicht historisch belegt. Aber vielleicht hat sich
der Abschluß des Bündnisses »aller Männer« tatsächlich so ähnlich abgespielt, nicht nur im Jahr 210 im Taubertal, sondern immer wieder
über einen längeren Zeitraum hinweg und in einem großen Gebiet. Die
Personen der Anführer, die Stämme und Schicksale, für die sie stehen,
sollen die Verschiedenheit der Umstände verdeutlichen, die zu den germanischen Angriffen auf den römischen Limes und die dahinter liegenden Gebiete geführt haben mögen.

WACHSENDE UNSICHERHEIT
FÜR DIE RÖMISCHEN PROVINZEN

Das Durchbrechen der römischen Grenze hörte nämlich von nun an
zwei Jahrhunderte lang nicht mehr auf. Diese Angriffe als indirekte
Folge einer länger anhaltenden Klimaverschlechterung in Osteuropa zu
betrachten, haben moderne Historiker bislang noch kaum erwogen.
Klimaveränderungen als auslösendes Moment einer vielgliederigen Ursachenkette sind aber die plausibelste Erklärung, einleuchtender jedenfalls als die in manchen Werken über die Germanen in Deutschland
aufgestellte Behauptung, mit den Angriffen über den Limes hätten
diese Völker auf die zunehmende militärische Schwäche des Römischen Reiches am Rhein reagiert. So schwach waren die Römer in diesen Jahrzehnten noch gar nicht.

Oder die reich gewordene Stammesaristokratie habe mit Hilfe ihrer
»ökonomischen Basis« Kriegergefolgschaften angeworben und zu Plün-

derungszügen in das römisch besiedelte Gebiet veranlaßt, vorrangig mit dem Ziel, dort Menschen (Kriegsgefangene) zu rauben und durch deren »Ausbeutung« als »Produzenten eines Mehrprodukts« (gemeint sind insbesondere überschüssige Lebensmittel) die eigene »ökonomische Basis« weiter planmäßig zu vergrößern. So jedenfalls lautete die von Vorstellungen des »historisch-dialektischen Marxismus« und vor allem einem über 100 Jahre alten Aufsatz von Friedrich Engels diktierte Sprachregelung in der kommunistischen DDR, zum Beispiel in dem Monumentalwerk *Deutsche Geschichte in zwölf Bänden* von 1982.

Die Lust am Kriegführen, am Blutrausch der Schlacht, am Plündern und Beutemachen, Brandschatzen und Morden, am Vergewaltigen von Frauen und Verschleppen von Gefangenen war sicherlich eine Charaktereigenschaft der meisten germanischen Krieger jener Zeit, darüber darf keine Germanenbegeisterung hinwegtäuschen. Aber diese nach heutigen Maßstäben unsittlichen Eigenschaften dürften kaum der alleinige oder auch nur der Hauptgrund für das ständige »Überkochen des germanischen Kessels« gewesen sein.

Kaiser Caracalla machte sich in Rom durch den Bau eines großen Badepalastes, der »Thermen des Caracalla«, sowie 212 durch ein Gesetz berühmt, das allen freien Bewohnern seines Reiches in drei Erdteilen das römische Bürgerrecht verlieh. Später entwickelte auch er sich zum verhaßten Tyrannen. Seinem militärischen Eingreifen in Germanien dürften zahlreiche erfolgreiche Vorstöße der Alemannen über den Limes hinweg vorangegangen sein, sonst wäre nicht der römische Kaiser höchstpersönlich zur »Bestrafung« herbeigeeilt. Nachhaltigen Erfolg hatte sein Feldzug aber nicht. Vor allem in den dreißiger Jahren des 3. Jahrhunderts waren die alemannischen Einfälle in das Gebiet jenseits des Limes kaum noch zu zählen. Zu dieser Zeit waren die Grenzlegionen in Obergermanien stark ausgedünnt, weil sie wieder einmal in einem Krieg mit den Parthern am Euphrat gebraucht wurden.

War vermutlich, wie hier angenommen, anfangs eine Art Mundraub das Hauptmotiv der Überfälle, so kann sich das in den folgenden Jahren durchaus verschoben haben. Denn jeder erfolgreiche Plünderungszug lockte sicher neue auf Kriegsruhm und Beute erpichte Kriegerscharen aus der Germania magna über die Grenze, genauer gesagt, Gefolgschaften unter Anführung eines Adligen wie des hier erfundenen Herigast oder auch größere Heere, dann aber sicher ohne Frauen, Kinder und Alte, die den Kriegern hungrig hinterherzogen.

Hatte nämlich erst einmal eine größere Gruppe von Kriegern, vor allem Reiter, die Grenzsperren erfolgreich durchbrochen, dann standen im Hinterland kaum noch römische Truppen bereit, die sie aufhalten konnten. Das war die Kehrseite der vom Römischen Reich praktizierten Konzentration fast der gesamten Militärmacht an den Grenzen. Einer solchen Schar konnte es gelingen, zahlreiche große Gutshöfe – Einzelbauern und Bauerndörfer im modernen Sinne gab es im römischen Wirtschaftssystem praktisch kaum – zu überfallen und auszuplündern. Auch unbefestigte Kleinstädte konnten leicht das Opfer solcher Beutezüge werden. Nur größere Städte hatten die Chance, sich dagegen zu verteidigen, wenn sie hohe wehrhafte Stadtmauern bauten. Das 3. Jahrhundert, zum Teil auch schon die Jahrzehnte davor, war die Zeit, in der nahezu alle Städte im Römerreich, mochten sie noch so weit von den Grenzen entfernt liegen, sich mit solchen Mauern umgaben oder alte verfallene reparierten. Dazu gehörten zum Beispiel Rom selbst mit der heute noch imposanten Aurelianischen Mauer oder Trier, von dessen Verteidigungsanlagen wir bis heute die berühmte Porta Nigra bewundern können. Mit etwas Glück konnte ein derartiger germanischer Kriegshaufen nach monatelangem oder gar jahrelangem Schweifen durch Gallien, Rätien oder Obergermanien und der Ansammlung einer beachtlichen Beute in Form leicht transportabler Wertgegenstände, auch Geldmünzen, in die Heimat an der Elbe, Weser oder Saale zurückkehren, ohne beim neuerlichen Durchbruch durch den Limes in schwere Kämpfe verwickelt zu werden.

Beides läßt sich durch archäologische Funde nachweisen: der Schrecken der Zerstörung, den plündernde Germanenzüge bis weit hinter den Oberrhein und zu den Alpen in den römischen Provinzen auslösten, sowie die Schätze, die siegreiche Germanen von dort in die Heimat zurückbrachten.

Aus der Mitte des 3. Jahrhunderts und danach stammen zahllose »Hortfunde« auf der römischen Seite des Limes. Eine Karte dieser Funde läßt deutlich werden, wohin in erster Linie die gefürchteten Germaneneinfälle gerichtet waren. In panischem Schrecken haben damals Zehntausende reicher Gutsherren, Händler oder andere römische Bürger vor ihrer eiligen Flucht ihr Vermögen in Form von Münzen, wertvollen Gefäßen und anderen unvergänglichen Gegenständen auf das Gerücht vom Herannahen einer germanischen Schar hin in der Erde vergraben. Tausende davon werden nach dem Abzug der Germanen

12 **Schatzfunde in Südwestdeutschland aus der Mitte des 3. Jhs.**

⊥⊥⊥⊥⊥ Limes bis ca. 260 n. Chr.

✳ Limes- und rückwärtige Kastelle

▲ Schatzfunde

aus den verschiedensten Gründen nicht mehr in der Lage gewesen sein, ihre Schätze wieder auszugraben. Und davon konnten in der Neuzeit Hunderte aufgefunden und von Archäologen ausgewertet werden.

Insbesondere die so entdeckten Münzen erlauben eine ziemlich korrekte Zeitangabe über das Jahr, in dem die Schätze in die Erde gelangten. Denn jeder römische Kaiser ließ neue Geldmünzen mit seinem Kopf und Namen prägen, während die alten weiter gültig blieben. So können die Fachleute nach der jüngsten in einem Hortfund geborgenen Münze fast auf das Jahr genau angeben, wann der Schatz vergraben wurde.

GERMANEN UND RÖMER, EINE NACHBARSCHAFT MIT ZWIESPÄLTIGEN GEFÜHLEN

Der »kleine Grenzverkehr« über den Limes, wie er in der Einleitungsepisode beschrieben wurde, dürfte sich in den Friedenszeiten zwischen den gewaltsamen Übertritten der Germanen und den häufigen römischen Vergeltungsaktionen an vielen Stellen des Grenzwalls ähnlich abgespielt haben. Denn wenngleich die kriegerischen Handlungen, wie erwähnt, in die Hunderte gegangen sein mögen, so verteilten sie sich doch über viele Jahrzehnte und vor allem über mehrere tausend Kilometer entlang des Limes. Dazwischen herrschten »friedliche Zustände«. Immer aber wird dieser »kleine Grenzverkehr« auf beiden Seiten von sehr gegensätzlichen Gefühlen begleitet gewesen sein: Man spielte sich friedliche Nachbarschaft vor und belauerte doch die unheimlichen Menschen von gegenüber mit vorsichtig verborgener Verachtung und tiefem Haß. Und zugleich muß es Gefühle der Achtung, ja der Hochachtung für die anderen gegeben haben – eine seltsame Mischung.

Auf römischer Seite zu nennen wäre da zunächst die allgemeine Ignoranz, die jeder gebildete Römer oder Grieche allen Barbaren entgegenbrachte, mochten sie asiatische Parther oder Sarmaten, afrikanische Numidier oder europäische Germanen sein. Barbaren waren keine vollwertigen Menschen, eher zweifüßige Tiere mit seltsamen Sitten, mit einer Sprache, die keine Sprache von Menschen war, sondern nichts weiter als Gestammel und bloßer Lärm. Barbaren trugen lange Haare, waren schmutzig und mit zotteligen Pelzen bedeckt, wenn auch häufig von schöner Gestalt, ihre Sauflust war unermeßlich, sie waren fremd, unberechenbar und gefährlich. Vor allem waren sie treulos, denn sie brachen Verträge. Mit diesen seit Jahrhunderten ererbten und von den meisten antiken Schriftstellern gepflegten Vorurteilen gingen wohl nahezu alle Römer höheren Standes an Kontakte mit den Germanen heran.

Vermutlich gelangten allerdings viele, die häufiger mit Germanen zu tun hatten, im Laufe der Zeit zu einer anderen Einschätzung: Die Kaufleute im Grenzgebiet oder auf Handelsfahrten in der Germania libera freuten sich über den Gewinn, den sie im Handel mit Germanen einstreichen konnten. Offiziere der Grenzlegionen schätzten die Tapferkeit der ihnen unterstellten Hilfstruppen, oder sie achteten den Mut ihrer Gegner. Seit Augustus hielten sich fast alle römischen Kaiser germanische Leibwachen, auf deren Loyalität sie sich bedingungslos verlassen konnten. Manche klarsichtigeren Römer wie Tacitus rangen sich sogar dazu durch, die Germanen als sittenreiner und als gewisses Vorbild für die Römer der Kaiserzeit zu betrachten. Doch das waren Ausnahmen.

Mindestens seit den Markomannenkriegen war bei allen Römern die Furcht vor dem unerwarteten Losschlagen des germanischen Raubtieres von jenseits der Mauer, mit der man es zu bändigen hoffte, gegenwärtig. Und diese Furcht war, wie die Geschichte lehrt, nur allzu berechtigt.

Auch auf germanischer Seite, so darf man unterstellen, galten die Römer als außerhalb der eigenen Rechts- und Glaubensgemeinschaft stehende Fremdlinge, denen man keine Treue schuldete. Verträge und Eide, die man ihnen geschworen hatte (siehe 9. Kap., S. 145), galten nur, soweit die dabei ausgesprochenen Selbstverfluchungen die Schwörenden selbst in Ungemach stürzen konnten, wenn sie die übernommenen Verpflichtungen brachen. Denn die Magie, die von solchen Worten ausging, wurde von den Germanen sehr ernst genommen. Wer persönlich keinen Eid geschworen hatte, war natürlich auch nicht an irgendwelche Zusicherungen seines Anführers, Königs oder Edlen gebunden.

Dennoch blieb vielen Germanen die römische Lebensart nicht fremd. Im Grenzgebiet mögen manche sich durchaus mit den Annehmlichkeiten der Wirtschaft und Kultur im Römerreich angefreundet haben, erst recht natürlich die Germanen, die in den Provinzen Niedergermanien und Obergermanien unter römische Oberhoheit geraten und binnen weniger Generationen völlig romanisiert worden waren.

Darüber hinaus gingen Tausende, ja, im Laufe langer Zeit Hunderttausende, gezwungen oder freiwillig als Söldner in die römische Armee. Wenn sie ihre Dienstzeit von 25 Jahren überlebten, setzten sie sich als wohlhabende römische Bürger zur Ruhe, diesseits oder jenseits des Limes. Denn viele kehrten auch mit ihrem »Ersparten« in die germanische Heimat zurück. Selbst einfache Soldaten erhielten in der Kaiserzeit einen sehr ansehnlichen Sold, höhere Offiziere konnten sich tatsächlich ein Vermögen ersparen. So manche Adelsfamilie bei den späteren Sachsen, Franken oder Alemannen mochte ihren Einfluß auch dem von einem Vorfahren aus der römischen Armee mitgebrachten Reichtum verdanken. Die germanischen Leibwachen der Kaiser dienten nach dem Prinzip der Gefolgschaftstreue: Die Krieger hatten dem Kaiser Treue geschworen, also hielten sie zu ihm, ohne Rücksicht auf etwaige politische Zweckmäßigkeit. Diese Nachbarschaft mit zwiespältigen Gefühlen bestand für lange Zeit, bis weit in die in Teil III dieses Buches behandelte Epoche der großen germanischen Wanderungen und Staatengründungen hinein. Erst dann machte sie anderen wechselseitigen Einstellungen Platz.

11. KLEINE ANFÄNGE
DER SACHSEN

TRAUERFEIER FÜR EINEN
SCHWERTGENOSSEN
Um 230 n. Chr., nahe der Alster bei Hamburg-Fuhlsbüttel

Waldrich hielt die Fackel an die Stelle des hohen Scheiterhaufens, die mit harzreichem Fichtenholz zum Entzünden vorbereitet war. Schon in kurzer Zeit züngelten die Flammen überall aus dem großen Holzstoß, eine weithin sichtbare Rauchsäule verbreitend. Die Totenfeier für Waldrichs Vater Waldo hatte ihren Höhepunkt erreicht.

Das Feuer würde nun das, was an dem toten Krieger unsterblich war, zu seinem Gott Sahsnoth tragen. Die verbleibenden Knochen, Aschenreste und die vom Feuer verbogenen Waffen, Schild und Lanze, würden morgen bei Tagesanbruch von seinen Waffenbrüdern aufgesammelt und in der traditionellen Urne auf dem Friedhof der Sachsenmänner beigesetzt werden. Vor allem sein Sax, das messerartige kurze Hiebschwert, würde den Krieger nach Walhall begleiten, in das Totenreich heldenhafter Krieger. Keine in der Nähe vergrabene Urne einer verstorbenen freigeborenen Frau oder eines Kindes und kein Leichnam eines toten Knechtes würde die letzte Ruhestätte des stolzen Recken entweihen.

Vorher aber, jetzt gleich, da der Scheiterhaufen hoch aufloderte, würden Waldos Schwertgenossen feierlich den Holzstoß umschreiten und mit rauher Kehle den heiligen Gesang zum Ruhme des Verstorbenen und ihres Gottes Sahsnoth anstimmen, die rechte Hand mit dem Sax hoch zum Himmel gereckt.

Waldo war an einem schleichenden Fieber gestorben, das ihn bei seiner letzten Kriegsfahrt an die Römerküste (die belgische Nordseeküste) angefallen hatte. Aber Waldrich, der Sohn, hatte dem sterbenden Vater rechtzeitig das Wodanszeichen beigebracht, den Schnitt mit der Lanze in den Arm, der das Blut entweichen ließ und es dem kranken Krieger erlaubte, mit einer ehrenhaften Wunde zum Sitz der Götter einzugehen, und ihm den schimpflichen Strohtod der Knechte ersparte.

Wortlos drückte Gibicho seinem Schwager und Waffenbruder Waldrich die Hand und umarmte ihn tröstend. Dieses Zeichen der Trauer durfte schließlich auch ein im Kampf unbeugsamer Krieger zeigen. Gibicho, der chaukische Sachse, war eigens aus diesem Anlaß in das Dorf der Sachsen des Rodevolkes nördlich des großen Flusses gekommen. Waldrich hatte ihm einen Boten geschickt, als es schien, daß Waldo bald nach Walhall eingehen würde. Den strammen Ritt von einem ganzen Tag und die Bootsfahrt über die Elbe an der Stelle, wo sie sich in mehrere Arme teilte (beim heutigen Hamburg), war er seinem Kampfgefährten Waldrich und dessen Vater schuldig, der als alter erfahrener Krieger von über 50 Jahren immer noch zu den tapfersten und weisesten der Sahsnotas (Schwertgenossen) gehört hatte.

Am Abend dieses Tages hatten sich die neun Sachsenmänner der Siedlung mit ihrem Gast Gibicho im Haus des Waldo versammelt, in dem nun dessen Sohn Waldrich in die Rolle des Herrn aufgerückt war. Frauen, Kinder und Gesinde hatten sich scheu in ihre Strohlager verkrochen, denn bei einer solchen Gelegenheit wollten die Krieger ungestört unter sich sein.

Ein saftiger Braten brutzelte über dem Herdfeuer in der rauchigen Halle, und ein großer Krug voll Totenmet (eine Art Bier) kreiste in der Runde. Waldrich galt als der beste Sänger weit und breit, er kannte all die alten Lieder, die die Taten der Ahnen priesen. Kein Tag war so geeignet, sie wieder einmal zu hören, wie dieser. So lauschten die Sahsnotas der Siedlung in der Nähe des Alsterflusses ergriffen der gesungenen Geschichte ihrer eigenen verschworenen Gemeinschaft.

Diese Sahsnotas oder Sachsen, wie man sie kurz nach ihrer bevorzugten Waffe und nach ihrem schützenden Gott nannte, waren schon eine ganz besondere Gruppe von Menschen. Eigentlich waren sie, oder vielmehr ihre Väter und Großväter, einmal freie Männer aus den Völkern gewesen, die gemeinsam die Göttin Nerthus verehrten, aus den Völkern der Angeln, Avionen und des Rodevolkes, das auch den Namen Reudigner führte. Diese Völker lebten einander benachbart im Land zwischen den beiden Meeren. Doch einstmals, zu Zeiten ihrer Großväter, hatten manche sächsische Männer gegen ihre Priester und die von diesen erzwungenen Gebräuche rebelliert, ja sie hatten sich von der traditionsgeheiligten Götterverehrung abgewendet.

Die Göttin Nerthus, deren Bild einmal im Jahr mit einem heiligen Wagen umhergefahren wurde, sorgte für die Fruchtbarkeit der Erde.

Die Bauern und die Knechte verehrten sie innig als Mutter der Erde. Aber für stolze Krieger war diese Göttin – oder vielleicht waren es nur ihre Priester? – ein Ärgernis. Man durfte sich dem Bild der Göttin nur mit gebundenen Händen nähern. Und vor allem: Die Nerthus-Priester hielten sämtliche Waffen aus Eisen unter strengem Verschluß und gaben sie nur dann an die Krieger heraus, wenn ein Kriegszug über die Grenzen des eigenen Volkes notwendig wurde oder ein Feind das Land bedrohte. Aber war es nicht eine Schande für freie Männer und Krieger, fast ständig ohne Waffen herumlaufen zu müssen?

Viele der Großväter hatten einst Kriegsdienste bei den Römern weit im Süden geleistet. Nicht wenige davon waren nach langen Jahren mit verheilten Wunden, aber auch mit Kriegsruhm, bei den Römern verdienten Geldmünzen, eroberten Schätzen und mit ihren siegreichen Waffen ins Land des Rodevolkes zurückgekehrt, gemeinsam mit ihren Waffenbrüdern aus den Nachbarvölkern. Und von diesen heimgekehrten Kriegern hatten die Nerthus-Priester verlangt, sie müßten ihre Waffen abgeben. Das war zu viel gewesen.

Gewalttaten gegen die angesehenen Priester des eigenen Volkes mochten die Krieger nicht begehen. Aber sie taten etwas bis dahin Unerhörtes. Sie zogen aus den Dörfern ihrer Sippen aus und bauten ihre Häuser irgendwo in der Einsamkeit. Hier konnten sie ganz so leben, wie es Kriegersitte und der Gott Sahsnoth geboten, dessen Namen sie gemeinsam angenommen hatten. Denn dieser Gott war ihnen vor vielen, vielen Sommern in einer blutigen Schlacht, die sie auf seiten der Römer fochten, in Gestalt eines alten Kriegers namens Hadugot erschienen und hatte sie zum Sieg geführt. Damals hatten die Krieger aus dem Land zwischen den Meeren geschworen, diesen Gott unter seinem richtigen Namen Sahsnoth zu verehren und sich nicht voneinander und von ihren Waffen zu trennen.

Lange mußten die Sax-Krieger nicht in ihrem abgelegenen Waldwinkel mit eigenen Händen den Boden pflügen und Vieh hüten – etwas, das sie eines edlen Kriegers unwürdig fanden. Denn bald stellten sich Helfer und Frauen in ihrem Dorf ein. Liten (Leute) aus den alten Dörfern, deren Familien schon seit Generationen treu den Sippen der ausgezogenen Krieger gedient hatten, meinten, sie könnten ihre ehemaligen Herren nicht im Stich lassen. Mitunter brachten die Sachsen auch Gefangene von ihren Kriegszügen mit und ließen diese die Äcker und das Vieh versorgen. Und junge Mädchen in den alten Dörfern entliefen einfach dem ihnen zugedachten Schicksal, zweite Frau eines alten Bauern zu werden, und flüchteten in das Dorf der Krieger, von denen man sich so aufregende Sachen erzählte.

Das war zu Zeiten der Großväter gewesen, und noch heute lebte die Kriegergemeinschaft der Sahsnotas in eigenen Dörfern. Diese hatten sich inzwischen vermehrt, und umgekehrt waren die alten Dörfer der Reudigner und Avionen weitgehend entvölkert. Dort gab es nur noch ein paar alte Priester, alte Frauen und einige Bauern, die querköpfig an ihren überkommenen Sitten festhielten und behaupteten, die echten Reudigner zu sein. Die Mehrheit der Menschen dieses Volkes war aber inzwischen längst zu den Sachsen übergelaufen, denen offenbar die Zukunft gehörte.

So wie bei den Reudignern war es auch bei den Avionen und Angeln, bei Warnen und Suardonen gewesen. Im Gebiet all dieser Völker gab es längst Dörfer von Sachsen, die auch untereinander engere Verbindung hielten als mit ihren hoffnungslos altmodischen Stammesgenossen. Es war Ehrensache, daß sich die Sachsen der verschiedenen Völker ihre Frauen lieber aus den Dörfern ihrer Waffenbrüder als aus den Häusern der Nerthus-Verehrer holten. So hatte auch Waldrich eine Schwester des Chauken Gibicho zur Frau.

Mit ihren Waffen wußten die Sachsen viel Nützliches anzufangen. Manche Söhne zogen wie einst die Väter und Großväter nach Süden über den Rhein und boten den römischen Feldherren ihre Kriegsdienste an, die immer willkommen waren. Andere abenteuerlustige Krieger machten sich alle paar Jahre auf, mit einem Schiff an der Küste des großen Meeres (Nordsee) entlang nach Westen und dann nach Süden zu fahren, um dort die wohlhabenden Siedlungen an der gallischen Küste zu überfallen und reiche Beute nach Hause zu bringen. Wenn so eine Schiffsbesatzung Pech hatte, wurde sie von den dortigen römischen Soldaten überwältigt und fuhr ehrenvoll nach Walhall auf. Besser war das allemal, als zu Hause Grillen zu fangen oder den Pflug zu führen.

Etwas gab es allerdings, das den Sachsen an der Alster, und nicht nur dort, Sorgen machte. Seit es eigene Sachsendörfer gab, also schon seit mehreren Generationen, kamen immer wieder einmal Krieger aus weiter nördlich lebenden Völkern (Jütland, dänische Inseln) und baten um Aufnahme in die Eidgenossenschaft der Sahsnotas. Deren Ruhm hatte sich nämlich bis zur äußersten Landspitze verbreitet, dort, wo die

beiden Meere zusammenflossen (Nordspitze der jütischen Halbinsel).
Die Schwertgenossen hier im Süden hatten die fremden Krieger auch
meist bereitwillig in ihre Gemeinschaft aufgenommen, wenn sie sich als
würdig und tapfer erwiesen.

Doch außerdem kamen ständig Männer und Frauen aus ihren alten
Völkern und Dörfern, die den Priestern der Nerthus nicht mehr gehorchen wollten. Die Folge dieses Wachstums war, daß es in den Siedlungen der Sachsen immer belebter und enger wurde. Das konnte kein
rechter Sachsenkrieger lange aushalten. So machten sich alle paar Jahre
Grüppchen solcher Sachsen mit ihrem Haushalt, mit Frauen, Kindern,
Gesinde und Vieh, auf, um einige Tagereisen weiter nach Mittag oder
Sonnenuntergang zu ziehen, über den großen Strom der Elbe, dorthin,
wo es noch Platz zum Siedeln gab. Mitunter ging diese Landsuche nicht
ganz friedlich ab. Aber meist gewöhnte sich das Volk, in dessen Gebiet
diese Sachsen sich niederließen, bald an die neuen Nachbarn, die man
als überaus stolze und kampfkräftige Recken auch mit großer Vorsicht
behandeln mußte.

Waldrich blickte seinen Schwager Gibicho, den Chauken von jenseits der Elbe, bedeutungsvoll an, als er das Lied von den Sachsen aus
dem Volk der Avionen anstimmte, die einst zu Großvaters Zeiten über
den breiten Strom gesetzt waren und in Hadulohe (heute Land Hadeln,
am Südufer der Elbmündung oberhalb von Cuxhaven) Fuß gefaßt hatten. Die dort ansässigen Chauken wollten sich das nicht gefallen lassen.
Aber in einem kurzen, heftigen Gefecht blieben die Sachsen Sieger. Die
Chauken mußten die Neusiedler gewähren lassen. Inzwischen gab es
längst wachsende Dörfer von Sahsnotas auch aus dem Chaukenvolk
selbst, und die Beziehungen zu den Sachsen nördlich der Elbe waren
freundschaftlich-verwandtschaftlich geworden. Sconea die Schöne, aus
dem Sachsendorf der Chauken, Schwester des Gibicho und nun die
Ehefrau des Waldrich, war der beste Beweis dafür.

Langsam brannte das Herdfeuer im Haus des Waldrich nieder, und
den Schwertgenossen in der Runde wurden die Köpfe vom Totenmet
schwer. Einer nach dem anderen wickelte sich in seinen Mantel und
legte sich zum Schlafen auf der aus Lehm gestampften Diele in der
geräumigen Halle nieder. Leise vollendete Waldrich das letzte Lied, das
vom Kampf und Sieg einer verwegenen Sachsenschar an der fernen gallischen Küste handelte, von der Fahrt, die für seinen Vater Waldo die
letzte gewesen war.

RÄTSEL UM DIE ENTSTEHUNG
DES SACHSENSTAMMES

Um die Bildung des deutschen Großstammes der Sachsen hat es unter den deutschen Fachgelehrten, die sich mit diesem Spezialzweig der Vorgeschichtswissenschaft beschäftigen, jahrzehntelang Streit gegeben. Gemeint sind die Vorfahren der heutigen *Nieder*sachsen in Nordwestdeutschland, nicht der sogenannte »Neustamm« der (Ober-)Sachsen um das heutige Dresden und Leipzig, der erst rund 1000 Jahre später entstand.

Fest stand in bezug auf die Ursachsen nur, daß es dieses Volk offenbar im 1. Jahrhundert noch nicht gab, als Tacitus Informationen für sein Büchlein *Germania* sammelte. Rund 50 Jahre nach dem Tod des Tacitus verzeichnete der griechisch-ägyptische Gelehrte Ptolemäus aus Alexandria in seinem um 150 verfaßten Sammelwerk *Geographia* ein Volk der »Saxones« genau dort, wo nach Tacitus einige kleine germanische Stämme wie Reudigner, Avionen, Angeln, Variner (Warnen) und Eudusen leben sollten. Es handelte sich um das Gebiet nördlich und östlich der Unterelbe, also um die heutigen Landschaften Holstein, Schleswig und das westliche wie nördliche Mecklenburg.

Sind die Sachsen aus dem Norden, etwa aus Dänemark, erobernd über die noch von Tacitus bezeugten Völkerschaften hergefallen und haben diese mit ihrer Herrschaft und ihrem Namen überlagert? Oder gab es einen freiwilligen, friedlichen Zusammenschluß der erwähnten Stämme, der dann den gemeinsamen Namen »Sachsen« erhielt? Diese seit dem 19. Jahrhundert hin und her wogende wissenschaftliche Kontroverse dürfte heute im wesentlichen zugunsten der zweiten Alternative entschieden sein, nicht zuletzt infolge zahlreicher neuerer archäologischer Funde, die für die ersten Jahrhunderte nach der Zeitenwende in diesem Raum keine Spuren kriegerischer Eroberungen nachweisen konnten.

Diese Funde förderten aber auch Fakten zutage, die die Geschichte dieses Stammeszusammenschlusses zu einer geradezu aufregenden Story machen. Die in der Einleitungsepisode dieses Kapitels versuchte Erklärung für den archäologisch nachweisbaren Kulturwandel, Auszug der Sahsnotas aus ihren alten Dörfern in Rebellion gegen die Nerthus-Priester, ist zwar weder durch Ausgrabungen noch historisch, das heißt, durch schriftliche Zeugnisse zu beweisen. Sie wird daher auch von den vorsichtigen Archäologen und Historikern nie schriftlich geäußert, sondern höchstens hinter vorgehaltener Hand mündlich verraten. Aber die Erklärung ist plausibel und paßt zu den wissenschaftlich gesicherten Fakten.

Albert Genrich, einer der bekanntesten Altsachsen-Forscher, stellte 1991 als Fazit jahrzehntelanger Beschäftigung mit dem Thema fest: »Der Name der Sachsen bei Ptolemäus bezeichnet ... die mit dem Gott Wodan verbundenen Heerschaften, die sich nach ihrer Waffe benannten. Er tritt an die Stelle dreier der bei Tacitus erwähnten Nerthus-Stämme, der Reudigner, der Avionen und der Angeln. Der Wechsel vom Fruchtbarkeitskult der Nerthus zur Verehrung des Kriegergottes Wodan spiegelt sich auch in den Weihegaben des Mooropferplatzes Thorsberg in Angeln wider.« Ab etwa 200 seien die altertümlichen bäuerlichen Opfer verdrängt worden, und die nunmehr als Opfer versenkten Teile von Tracht und Bewaffnung führten den heutigen Betrachter in ein kriegerisch-aristokratisches Milieu. In der Einleitungsepisode ist allerdings noch nicht vom Gott Wodan die Rede, sondern von einem Gott Sahsnoth – warum, das soll im dritten Abschnitt dieses Kapitels erläutert werden.

Von der Rolle der Göttin Nerthus und ihrer Priester, die offenbar darauf achten wollten, daß die Männer ihrer Stämme mit ihren Waffen keinen Unfug anrichteten, berichtet Tacitus in seiner *Germania*. Der Auszug der stolzen Krieger aus den alten Dörfern der Nerthus-Völker läßt sich aus der Lage sogenannter Kriegerfriedhöfe erschließen, die man jeweils an den Rändern der von großen Wäldern umgebenen Siedlungskammern der einzelnen germanischen Kleinstämme ausgegraben hat.

Der Zusammenschluß der kleinen Stämme unter dem Einfluß der rebellierenden Schwertgenossen nördlich der Elbe erklärt aber noch nicht eine andere Erscheinung jener Epoche, die ebenfalls durch die Ausgrabungen der Archäologen deutlich wurde: eine langsame, dennoch über die Zeit merkliche »Kulturbewegung« von Nord nach Süd auf der jütischen Halbinsel und über die Elbe nach Süden.

Was die Archäologen fanden, muß kurz beschrieben werden. Nach den Beigaben aufgefundener Gräber aus den Jahrhunderten nach Christi Geburt, inzwischen wurden in Norddeutschland Tausende davon sorgfältig untersucht, können die Fachleute heute fast bis auf das Jahrzehnt genau die Zeit feststellen, da der Tote beigesetzt wurde, und darüber hinaus verschiedene »Kulturräume« unterscheiden, also die Völker oder Stämme, zu denen die Toten gehörten. Für Norddeutschland fiel auf, daß allmählich immer mehr eigentlich im Norden, dem dänischen oder schleswigschen Teil der jütischen Halbinsel, beheimatete Formen von Schmuck, Waffen, Gefäßen und anderen unvergänglichen Resten im Süden, etwa bei Hamburg, auftauchten. Um ja nicht in Verlegenheit zu kommen, diese »Kulturwanderung« näher erklären zu müssen, erfand einer der Archäologen das herrlich nichtssagende Wort »Transgression« dafür.

Auch hier versucht die Einleitungsepisode eine plausible Erklärung für die archäologisch nicht nachweisbaren *Motive* einer ganz allmählichen Wanderbewegung von Norden nach Süden zu geben. Große Zahlen von Menschen können da nicht in Bewegung gewesen sein. In dieser Epoche und in dieser Gegend Europas ereigneten sich offenbar keine verheerenden Hungersnöte oder Klimaverschlechterungen. Die Landschaft und die Bevölkerung der »kimbrischen Halbinsel« dürften sich in den gut 300 Jahren seit dem Abzug der Kimbern und Wandalen, eventuell der Teutonen und anderer Völker (siehe 1. Kap.), wieder gut erholt haben. Wenn einzelne Krieger oder Familien nach Süden abwanderten, hatten sie gewiß andere Motive als Hunger und Not.

Wiederum im Anschluß an Albert Genrich versucht die Einleitungsgeschichte auch so etwas wie den möglichen historischen Kern der altsächsischen Stammessage wiederzugeben, die über 700 Jahre später von dem Mönch Widukind von Corvey in Latein niedergeschrieben wurde. Nach Widukind sind die Sachsen Abkömmlinge der Dänen oder Normannen; sie sind, über See kommend, in »Hadulohe« gelandet, haben sich dort festgesetzt und dabei recht unfreundliche Mittel gegenüber den dort Ansässigen angewendet. Der Mönch beschreibt das alles dramatisch, aber ziemlich unglaubwürdig. Auch ein alter Mann namens Hathagat taucht darin als Retter der Sachsen in einer kritischen Situation auf. Es existieren noch weitere, erheblich abweichende Versionen dieser »Sachsensage« von anderen mittelalterlichen Autoren, doch die Namen »Hadulohe« und »Hadugot« (oder ähnlich) tauchen in allen Versionen auf. Kein Wunder, daß sich Generationen von modernen Historikern die Köpfe darüber zerbrochen haben. Widukind und die anderen mittelalterlichen Überlieferer der Stammessagen kannten wohl nicht mehr als ein paar Bruchstücke, die sich in lediglich mündlicher Überlieferung über sieben Jahrhunderte phantasiereich verändert hatten.

Nahe dem Hamburger Flughafen Fuhlsbüttel wurde schon vor
Jahrzehnten ein germanischer Friedhof aus der nachchristlichen Zeit
ausgegraben, der – neben waffenlosen Gräbern – auch ausgesprochene
Kriegergräber enthielt. Selbst wenn nicht dies der Ort einer Sachsensiedlung aus dem Stamm der Reudigner gewesen sein sollte, irgendwo
in der Nähe könnte es ein solches Dorf gegeben haben. Der chaukische
Sachse Gibicho aus der Einleitungsepisode mochte aus der großen
Sachsensiedlung beim heutigen Harsefeld südlich von Stade kommen,
wo man ebenfalls einen Friedhof mit zahlreichen Waffengräbern gefunden hat.

Die Chauken, die in den ersten nachchristlichen Jahrhunderten
nach verschiedenen antiken Quellen als großes Volk die deutsche
Nordseeküste zwischen Ems und Elbe bewohnten, gehörten wohl ursprünglich nicht zu den Stämmen, bei denen die Göttin Nerthus verehrt
wurde. Die Einbeziehung der Chauken in den Sachsenbund scheint
aber wenigstens im Dreieck zwischen Elb- und Wesermündung recht
friedlich vor sich gegangen zu sein. Vielleicht waren es die Chauken,
die die späteren Sachsen auf den Geschmack der Seeräuberei brachten.
Mehrere römische Schriftsteller vermerkten für das 1. und 2. Jahrhundert bewaffnete Überfälle auf Orte an der Nordseeküste des römischen
Gallien durch Schiffe der Chauken. Am Ende des 3. Jahrhunderts,
mindestens seit 286, waren es plötzlich »Saxones«, die immer wieder
die Küstenorte ausplünderten und aufwendige Verteidigungsanlagen
nötig machten, zum Beispiel zahlreiche kleine Kastelle und Signaltürme
bis hin zur Küste der Bretagne. Gleichzeitig verschwanden die Chauken aus den römischen Quellen.

Die Sachsen regten, wie geschildert, durch ihr Beispiel eine »friedliche Revolution« bei den Stämmen an, aus denen heraus sie sich entwickelt hatten. Die Herrschaft der Nerthus-Priester und friedliebender
Bauern wurde durch die Herrschaft einer Kriegerschicht abgelöst. Unterhalb dieser Krieger gab es eine Schicht von Liten (Leuten), wie vermutlich auch schon vorher zu Zeiten der Nerthus-Verehrung. Über die
Rechtsstellung dieser Liten in der frühsächsischen Zeit ist nichts Näheres bekannt. Man würde aber vermutlich völlig falschliegen, wenn man
sie mit römischen Sklaven oder auch den Leibeigenen des Mittelalters
und der frühen Neuzeit gleichsetzen wollte. Gerade bei den Sachsen
hatten diese Liten offenbar eine recht angesehene Stellung, sonst hätte
man ihnen nicht später eine eigene Vertretung im Volksthing zugestan-

den. Über diese erste historisch nachgewiesene »demokratische Volksvertretung« bei den Germanen wird in Teil IV dieses Buches ausführlicher berichtet.

Eine ausgesprochene Adelsschicht, über den freien Kriegern stehend,
scheint man bei den frühen Sachsen des 3. und 4. Jahrhunderts ebenfalls nicht gekannt zu haben. Die Schwertgenossen, die sich von der
Priesterherrschaft freigemacht hatten, werden sorgfältig darauf geachtet haben, daß sich keiner ihrer Genossen nun über sie ein Herr-
schaftsrecht anmaßte.

Zum Schluß dieses Abschnitts muß noch ein germanischer Stamm
erwähnt werden, der ganz in der Nähe ansässig war und dennoch nicht
in den Sachsenbund einbezogen wurde. Das waren die Langobarden,
deren Wohnsitze in der hier beschriebenen Zeit im Raum *südlich* der
Elbe lagen, vom heutigen Hamburg-Harburg elbaufwärts bis etwa
Dannenberg. Die Langobarden wurden von verschiedenen römischen
Schriftstellern als ein kleines, aber außerordentlich tapferes und kriegs-
tüchtiges Volk geschildert. Die Archäologen rechnen sie nach ihren
kulturellen Verbindungen zu den Elbgermanen, also in die weitere Verwandtschaft mit Sueben, Semnonen und Markomannen. Demgegenüber werden die Nerthus-Völker und auch die Chauken zu den Nordseegermanen gezählt. Bezeichnend ist wohl auch, daß man nie von
Versuchen der Langobarden gehört hat, die See zu befahren, wie es
Chauken und Sachsen ausgiebig taten.

Größere Heerhaufen dieser Langobarden müssen schon in der
Mitte des 2. Jahrhunderts elbaufwärts nach Böhmen gezogen sein.
Von dort tauchten im Jahr 167 6000 Krieger – und ihre Familien? – an
der römischen Donaugrenze auf und begehrten Siedelland auf römischem Reichsgebiet. Die blutige Zurückweisung dieser Bitte durch römische Truppen war mit ein Auslöser für die Markomannenkriege
(siehe 9. Kap., S. 148). Begleitet waren diese Langobarden übrigens von
Kriegern der »Obioi«, wie sie in der einzigen Quelle, einer griechisch
geschriebenen Geschichte der Markomannenkriege, hießen. Es wurde
die Vermutung geäußert, daß es sich dabei um Avionen gehandelt haben könnte, einem der Nerthus-Völker mit Wohnsitz im heutigen Nordfriesland an der holsteinischen Nordseeküste, also weitläufigen Nachbarn der Langobarden in ihren Heimatsitzen. Wahrscheinlich nahmen
auch Kriegergruppen der Reudigner und Angeln am Markomannen-
krieg teil, denn man fand zahlreiche römische Beutewaffen in deren hei-

matlichen Wohngebieten. Heimkehrende Krieger hatten offenbar diese
kostbaren Stücke mitgebracht.

Immer wieder zogen später größere Gruppen der Langobarden
nach Süden, allerdings haben nie alle Angehörigen dieses Volkes ihre
Wohnsitze an der Elbe verlassen. In der eigentlichen Völkerwanderungszeit machten Langobarden im heutigen Österreich, danach im
ungarischen Raum und noch später in Oberitalien von sich reden.
Doch das sind Schicksale, von denen in späteren Teilen dieses Buches
erzählt wird. Die in ihrem Ursprungsgebiet verbliebenen Reste der
Langobarden verschmolzen wohl ab dem 4. oder 5. Jahrhundert mit
den sie umgebenden Sachsen.

SAHSNOTH ODER WODAN,
SAHSNOTH UND WODAN?

Manchem Leser ist vielleicht aufgefallen, daß in diesem Buch bisher
kaum von Wodan und Donar und den anderen germanischen Göttern
die Rede war, wie man sie aus den Geschichtsbüchern kennt. Das hat
seinen guten Grund. Es ist nämlich völlig ungewiß, ob die germanischen Stämme der Frühzeit, denen Teil I und II dieses Buches gewidmet sind, diese Götter schon kannten oder verehrten.

Die germanische Religion ist für die Nachwelt nur in Bruchstücken
überliefert. Schriftliche Aufzeichnungen aus früher Zeit stammen ausschließlich von Angehörigen fremder Völker, Römern und Griechen,
die sich keine Mühe gaben, wissenschaftlich exakt und umfassend zu
beschreiben, was sie darüber erfuhren. Selbst die Namen der germanischen Götter wurden nicht in ihrer heimischen Form wiedergegeben,
sondern als »interpretatio Romana« mit den Namen römischer Götter
benannt, von denen man glaubte, sie würden den germanischen Gottheiten am ehesten entsprechen.

Spätere, das heißt frühmittelalterliche Quellen stammen im wesentlichen von christlichen Mönchen, die nicht daran interessiert waren,
objektive Informationen über die Religion ihrer germanischen Widersacher festzuhalten. Die einzige große echt germanische Dichtung, die
heute noch erhalten ist und aus der wir ausführlich über die Götterwelt
der Germanen unterrichtet werden, die (»Ältere«) Edda, stammt aus
dem äußersten Norden der ehemals germanischen Welt, aus Island,

und wurde erst im 13. Jahrhundert gesammelt, als Island längst christianisiert war. In ihren Texten haben sich alle möglichen fremden Vorstellungen mit der germanischen Religion gemischt, von Anklängen an das Christentum bis zu mittelmeerischem Zauberglauben, den einst Wikinger von ihren kontinentweiten Raubfahrten mitbrachten.

Es ist also sehr schwer, den wahren Kern der germanischen Religion von den fremden Einflüssen zu trennen. Und es ist auch schwer zu entscheiden, wann welche Götter von den einzelnen germanischen Völkern verehrt worden sind. Denn man muß davon ausgehen, daß recht verschiedene Schichten von Götterglauben und Gruppen oder Familien von Göttern einander ablösten.

Die germanische Mythologie, wie sie in der Edda überliefert ist, berichtet von einem Kampf des Göttergeschlechts der Asen mit dem Göttergeschlecht der Wanen. Er ging zwar letztlich siegreich für die Asen unter ihrem Göttervater Odin (oder Wodan?) aus, aber die Asen hätten, so erzählt die Edda, schließlich doch die Wanen in ihren Kreis aufnehmen und mit ihnen die Opfer der Menschen teilen müssen. Viele Religionsforscher sehen darin wohl mit Recht die Ablösung eines uralten bäuerlichen Fruchtbarkeitskults durch die Verehrung mehr männlich-kriegerischer Gottheiten. Aber es gab eben keine vollständige Unterdrückung der alten Götter und Kulte, sondern eine Vermischung. Wie sie im einzelnen aussah, können wir heute nicht mehr nachvollziehen.

Die Geschichte von der Rebellion der sächsischen Schwertgenossen gegen die Priester der Fruchtbarkeitsgöttin Nerthus vermittelt vielleicht einen Eindruck von den irdischen Auseinandersetzungen zwischen den Anhängern verschiedener Formen der Götterverehrung – etwas, was in der Edda später in einen Kampf zwischen Göttergeschlechtern im Götterwohnsitz Asgard verwandelt wurde.

Ob der Göttervater Odin der Edda und der skandinavischen (Nord-)Germanen wirklich völlig identisch war mit dem »wilden Jäger« Wodan (Wotan), den die mitteleuropäischen (Süd-)Germanen später so tief verehrten, ist nicht ganz sicher. Es gibt Hinweise, daß der Gott Wodan zwar schon in früher Zeit den Germanen bekannt war, daß er aber seine spezielle Ausprägung als reitender Kriegergott und Zauberherr erst in der eigentlichen Völkerwanderungszeit durch Einflüsse aus dem asiatischen Raum erhielt (dazu mehr in Teil III).

Sicher ist dagegen, daß die Sachsen in Nordwestdeutschland einen Gott Sahsnoth (oder Saxnot) verehrten. Und es ist wahrscheinlich, daß die rebellierenden Krieger der Nerthus-Stämme ihn als Namensgeber und Zielperson ihres Kults wählten. Die Verehrung des »obersten Kriegergottes« Wodan wuchs erst später, eben in der Völkerwanderungszeit, auch bei den Sachsen heran.

Es gibt einen deutlichen Beweis, daß Wodan *und* Sahsnoth von den noch nicht christlichen Sachsen noch Jahrhunderte später als zwei verschiedene und für sie sehr wichtige Gottheiten angesehen wurden. Als Karl der Große im Jahr 785 seinen langjährigen sächsischen Widersacher Herzog Widukind endlich so weit gebracht hatte, daß er freiwillig die christliche Taufe begehrte (siehe 35. Kap., S. 598), da mußte Widukind einen Eid schwören. Dessen Wortlaut in altsächsischer Sprache ist überliefert: »Ec forsaco allum diaboles uuercum and uuortum, Thunaer ende Uuoden ende Saxnote and allum them unholdum the hira genotas sind.« Auf Neuhochdeutsch heißt das: »Ich schwöre allen teuflischen Werken und Worten ab, Donar und Wodan und Saxnot und allen Unholden, die ihre Genossen sind.«

In der Einleitungsepisode dieses Kapitels wurde auch versucht, die Bedeutung eines Namens zu erklären, der in der sächsischen Stammessage des Widukind von Corvey erscheint und in ähnlicher Form auch von anderen mittelalterlichen Quellen genannt wird. Widukind von Corvey war übrigens ein Nachkomme des berühmten Herzogs Widukind und sehr stolz auf seine sächsische Abstammung. Albert Genrich stellte fest, die Sagen- und Religionsforscher seien sich einig, daß der Name Hadugot (bei Widukind von Corvey Hathagat) kultische Bedeutung und den Gott Wodan oder seinen Stellvertreter bezeichnet habe. Nach der hier vertretenen Vermutung, daß die Wodanverehrung bei den Sachsen erst später aufkam, müßte es sich bei »Hadugot« um einen anderen Namen für den Gott Sahsnoth gehandelt haben. Der christliche Mönch Widukind mußte jedoch den heidnischen Stammesmythus in ein rein historisches Gewand kleiden, um ihn überhaupt überliefern zu können.

12. DER DAMM HÄLT
DIE FLUT NICHT MEHR

NICHT OB, SONDERN WANN –
DAS IST DIE FRAGE
Sommer 259, Böbingen bei Schwäbisch Gmünd

Die Sonne schien heiß, und der Himmel war blau, aber die Stimmung der drei Männer, die da um einen groben Holztisch saßen, war alles andere als heiter. Es mochte vier Jahre her sein, seit sich die drei Brüder zum letztenmal gesehen hatten, obwohl sie mit ihren Familien gar nicht weit voneinander entfernt wohnten. Nun aber hatte Jucundus Beletullus seine Kinder als Boten zu den Brüdern geschickt und sie zu einem dringenden Gespräch in seine Taverne »Contra Alamannos« (»Gegen die Alemannen«) im Lagerdorf des Kastells Ramisiana gebeten.

Daher hockten die Männer jetzt in der raucherfüllten und düsteren Schankstube, starrten in ihre Tontöpfe mit Bier und hingen den trüben Gedanken nach, die wohl jeden erwachsenen Menschen in ganz Rätien und Obergermanien in diesen Wochen erfüllten.

»Ich meine, wir können gar nicht sicher wissen, ob die Alemannen dieses Jahr bei uns einfallen werden«, hatte der Wirt zu seinen Brüdern gemeint, halb zweifelnd, halb hoffnungsvoll. Aber die Antwort des ältesten der Beletulli, Elenius, war eindeutig und zerstörte alle insgeheimen Hoffnungen: »Nicht ob, sondern wann, nur das ist die Frage. Und es wird bald sein, da bin ich sicher!« Elenius mußte es wissen, denn er gehörte als Limitaneus (Angehöriger der Grenzmiliz) und Beneficiarius (Unteroffizier im Stab des Kastellkommandanten) zu den bestinformierten Menschen der ganzen Gegend.

Die Brüder sprachen untereinander in dem mit lateinischen Brocken vermischten Gallisch, das nahezu alle Einwohner Rätiens beherrschten, mochten sie Alteingesessene oder irgendwann als Soldaten, Händler, Handwerker oder Sklaven zugewandert sein. Nur zwei oder drei höhere Offiziere des Kastells sprachen ein einigermaßen einwandfreies Latein. Den Soldaten des Kastells, die ohnehin aus den verschie-

densten Gegenden des riesigen Römischen Reiches oder von jenseits
dessen Grenzen stammten, hatte man die notwendigen lateinischen
Befehlsworte eingebleut, das reichte für militärische Zwecke.

Elenius hatte den Beruf des Soldaten von seinem Vater und Großvater geerbt. Der unter die Götter eingegangene Kaiser Alexander Se-
verus (er regierte von 222 bis 235 n. Chr.) hatte einst befohlen, den Soldaten am Limes anstelle des Soldes je ein Stück Land in der Nähe ihrer
Kastelle zu überschreiben, mit der Bedingung, neben der Tätigkeit als
Bauer auch ständig für den militärischen Grenzsicherungsdienst zur
Verfügung zu stehen. Diese Landstücke durften auch vererbt werden,
wenn der Sohn die Verpflichtung des Vaters übernahm. Der Unteroffizier Elenius war seinem ganzen Wesen nach eher Soldat als Bauer. Er
hielt sich mehr im Kastell auf als auf seinem Acker, für dessen Bestellung seine Frau, seine Kinder und ein Knecht verantwortlich waren.
Der Knecht war einer der viel zu vielen Söhne eines armen Kolon
(Landarbeiters) aus der Umgebung.

Was Elenius seinen Brüdern an Argumenten für einen baldigen Einfall der Alemannen aufzuzählen hatte, mußte auch den Dümmsten
überzeugen. Der letzte große Durchbruch eines Alemannenheeres
durch den obergermanischen und rätischen Limes lag fünf Jahre
zurück, und auch die Gegenstöße des Kaisers Gallienus (er regierte von
253 bis 268) in die Wohngebiete der Alemannen hatten diesem zwar
den Titel Germanicus maximus (Größter Germanensieger) eingebracht, aber nach allen Erfahrungen nichts an der Gefährlichkeit der
barbarischen Nachbarn ändern können. Längst mußten wieder genügend kriegslustige junge Alemannen nachgewachsen sein, so viele auch
in früheren Schlachten gefallen waren.

Vor allem aber hatte Kaiser Gallienus in diesem Frühjahr wieder
von allen Legionen und Kastellen am obergermanischen und rätischen
Limes ansehnlich große Vexillationes (kleinere gemischte Truppenteile)
abziehen lassen, die er für die Verteidigung an der unteren Donau gegen Goten, Karpen und Wandalen benötigte. »Ihr könnt sicher sein,
daß diese Barbaren im Norden davon längst erfahren haben«, mußte
Elenius seinen Brüdern resigniert bekennen. »Die haben ihre Infor-
manten in jedem Stab eines Legionslegaten, überall hat man doch
kriegsgefangene Alemannen als römische Soldaten in Dienst genommen – und jetzt wundert man sich, daß jede größere Truppenbewegung
auf unserer Seite schon nach ein paar Tagen bei den Fürsten der Ale-

mannen bekannt ist.« Verhaltene Wut sprach aus der Stimme des sonst so beherrschten Unteroffiziers.

»Ich will offen mit euch reden«, meinte Elenius zu seinen Brüdern. »Hoffnung mache ich mir nicht viel, daß wir alle hier an der Ramisa (Rems, Fluß auf der Schwäbischen Alb) den Sommer dieses Jahres überleben.« Und auch hier zählte er seinen niedergeschlagenen Zuhörern Fakten auf, die für sich sprachen. Einst war der Limes quer durch die Wälder, Berge und Sümpfe Germaniens als ein wohldurchdachtes Geflecht von Grenzmarkierung, Wachtürmen, kleineren und größeren Militärkastellen und Legionslagern im weiteren Hinterland geplant gewesen. Jeder Durchbruch von Barbarenhorden konnte sofort durch Rauch- oder Feuerzeichen und durch berittene Boten zur nächstgrößeren Garnison weitergemeldet werden. Dank des guten Straßennetzes im Hinterland des Limes war es auch ursprünglich möglich gewesen, solche Unternehmungen schnell abzufangen und zurückzuschlagen. Doch seit einigen Jahrzehnten gelang das nicht mehr.

Denn wo früher Hunderte von ständig besetzten Wachtürmen in Abständen von ein oder zwei Meilen (1,5 bis drei Kilometer) am Limes und Kohortenkastelle für mindestens 500 Soldaten alle 10 oder 20 Meilen in dessen unmittelbarer Nähe standen und besetzt waren, wiesen diese Verteidigungsanlagen mittlerweile riesige Lücken auf. Schon beim ersten großen Alemannensturm 26 Jahre (233–235 n. Chr.) zuvor und auch bei den dann alle paar Jahre folgenden Angriffen waren immer mehr Kastelle und Wachtürme erstürmt worden und in Flammen aufgegangen. Aus manchen Kastellen waren auch die Besatzungen kurz vor dem Sturm kampflos abgezogen. Elenius sprach davon mit Verachtung und Wut. Und kaum ein Kastell oder Wachturm hatte inzwischen noch einmal aufgebaut werden können. Dazu fehlten dem römischen Heer sowohl die Soldaten als auch das Geld.

War einst das Kastell Ramisiana für die Überwachung und Sicherung von etwa 20 Meilen des rätischen Limes verantwortlich gewesen und hatten vor 30 Jahren noch 500 volltaugliche Soldaten die Unterkünfte bevölkert, so war das heute völlig anders. Das Kastell hatte bislang Glück gehabt. Dank seiner günstigen Lage auf einem von zwei Flußtälern geschützen Hochplateau waren die Barbarenhorden jedesmal in weiterer Entfernung vorbeigezogen. Aber nahezu alle Kastelle am obergermanischen Limes nach Westen und Norden bis zum Vicus Aurelianus (heute Öhringen), über 60 Meilen (knapp 100 Kilometer) entfernt, waren zerstört und nicht mehr besetzt. Nur das Nachbarkastell nach Osten (Aalen), gebaut für eine größere Reitertruppe, stand noch.

Von den 500 Legionären, die normalerweise die Besatzung des Kastells Ramisiana bilden sollten, hatte der Praefectus castrorum (Lagerkommandant) Lacconius Tetricus heute gerade eine Gruppe von rund 80 germanischen Söldnern, darunter Sachsen, Burgunder und Brukterer, zur Verfügung sowie etwa ebenso viele ortsansässige Limitanei. Sie konnten nicht mehr die ganze Grenze bewachen. Das einzige, was diesen Soldaten übrigblieb, war, das eigene Kastell für eine Belagerung bereitzumachen, um im Fall eines feindlichen Angriffs ihr Leben so teuer wie möglich zu verkaufen.

Ein kampfloser Abzug, den manche Garnisonen dem sicheren Tod vorgezogen hatten, kam für Lacconius Tetricus in Ramisiana nicht in Frage. Er hatte mit seinem unbedingten Durchhaltewillen seine Offiziere, Unteroffiziere und Soldaten so motiviert, daß auch sie bereit waren, ihrem Anführer in den Tod zu folgen. Nach dem Vorbild ihres Kommandeurs waren fast alle Soldaten von Ramisiana Verehrer des Mithras geworden, des unbesiegbaren Sonnengottes, der von seinen Anhängern die unverbrüchliche Befolgung der Tugenden Gehorsam, Treue und Wahrhaftigkeit forderte. Mithras war der Gott, der in ständigem Kampf die Dämonen der Unterwelt besiegte. Wer sich als Soldat seiner Verehrung hingab und tapfer und treu gegen die irdischen Verkörperungen der Finsternis kämpfte, nämlich gegen die barbarischen Alemannen, dem würden dereinst ein gnädiges himmlisches Gericht und eine leibliche Wiederauferstehung am Ende der Welt beschieden sein. Elenius war stolz, bereits zum zweiten der sieben Weihegrade des Mithras-Kults aufgestiegen zu sein, zum Grad eines Greifen. Aber er sprach nicht darüber, weil ein schwerer Eid ihn band, Außenstehenden nichts über die geheimnisvollen Zeremonien des Kults zu verraten.

Der Unteroffizier hatte mit seinem Leben abgeschlossen und war bereit, tapfer kämpfend zu sterben. »Aber was werdet ihr tun?« fragte er seine Brüder.

Der Tavernenwirt Jucundus hatte schon eine Entscheidung getroffen. Er würde noch heute seine wertvollste Habe im Keller seines Hauses vergraben, den größten Teil der vielen gesparten Kupfersesterzen, silbernen Denare und goldenen Aurei (Münzen der römischen Kaiserzeit) und auch einigen Schmuck. Dieses Vermögen war zu schwer, um es auf der Flucht bei sich zu tragen. Denn flüchten würden er und seine

Familie ganz sicher, gleich morgen früh bei Tagesanbruch. In der großen Stadt Augusta Vindelicum (Augsburg) würde er bei Verwandten seiner Frau gewiß Unterschlupf finden. Vielleicht konnte er nach ein paar Wochen ins Lagerdorf an der Ramisa zurückkehren, wenn die Barbarenhorden abgezogen waren. Selbst wenn seine Taverne dann abgebrannt sein sollte, würden die Alemannen wohl kaum seinen vergrabenen Schatz gefunden haben.

»Aber ist es wahr, Elenius, was man sich erzählt«, fragte Jucundus seinen so gut unterrichteten Bruder, »daß diese grausamen Barbaren Gefangene foltern und sogar ihr Fleisch und Gehirn essen?« Vorsichtig antwortete der Unteroffizier: »Auch ich habe davon gehört. Diese Barbaren tun es aber wohl nicht aus Hunger, sondern als Opfer für einen ihrer abscheulichen Götter. Und was das Foltern von Gefangenen angeht – na ja, lassen wir das ...« Elenius mochte seine Gedanken den Brüdern gegenüber nicht aussprechen. Ihm fielen plötzlich die Grausamkeiten ein, die er selbst mit seiner Turma (kleine militärische Einheit) beim letzten Einfall in die Siedlungsgebiete der Alemannen vor ein paar Jahren an überrumpelten Frauen, Kleinkindern und Greisen verübt hatte.

»Du könntest mir einen großen Gefallen tun, Jucundus«, fuhr Elenius laut fort, und das, was er sagte, war nur die unmittelbare Folge dessen, was er verschwiegen hatte. »Bitte nimm meine Frau und meine Kinder mit nach Augusta Vindelicum, wenn du morgen früh aufbrichst. Was aber wirst *du* tun, Ursus?« fragte Elenius den dritten Bruder, der bisher dem Gespräch sehr still zugehört hatte.

Ursus war Kolon und Pächter eines kleinen Grundstücks des reichen Gutsbesitzers Aelius Fortis Turdetanius, der seine Villa rustica (Landgut) drei Meilen südlich des Kastells hatte. Doch die komfortable Villa stand seit Jahren leer. Der feiste Geldsack hatte es vorgezogen, mit seiner Familie in seine Heimat im südlichen Hispanien zurückzugehen. Das aber brachte seinen Landpächtern keinerlei Erleichterung. Sie fühlten sich nach wie vor jedes Jahr zweifach, nein, dreifach ausgeplündert.

Zwar konnten die Kolonen ihren überschüssigen Weizen, ihr Gemüse, Geflügel und Vieh regelmäßig an die Soldaten im nahen Kastell verkaufen und nahmen dadurch etwas Geld ein. Aber einmal im Jahr schickte der Gutsbesitzer aus Hispanien einen Boten, der von den Pächtern die Hälfte des einmal vor Jahren festgelegten Erntewertes in harten Sesterzen und Denaren als Pachtzahlung eintrieb. Der Bote kam

stets in Begleitung von einem Dutzend schwerbewaffneter Sklaven, die
sowohl den Geldtransport vor Überfällen auf dem langen Weg schützen wie auch jeden Versuch unterbinden sollten, den Patron um seinen
Gewinn zu betrügen.

Und kaum war der Bote des Gutsbesitzers mit seinem großen
Schatz abgezogen, da erschien als nächste Heimsuchung der Tabella-
rius (Steuereinnehmer) aus Augusta Vindelicum, um den Kolonen das
Tributum soli (Grundsteuer) abzunehmen. Denn dem Gutsbesitzer
gehörten zwar die Geräte, das Vieh und die Ernte auf dem Halm, aber
den steuerpflichtigen Grund und Boden hatte er listigerweise den
kleinen Kolonen zum Eigentum überlassen. Der fette Steuereinnehmer
aus der Provinzhauptstadt kam ebenfalls in Begleitung bewaffneter
Knechte.

Es war kein Wunder, daß manche Kolonen in der Nachbarschaft
sich lieber als Soldaten anwerben ließen, um vom Staat Geld zu bekommen, statt es an ihn zu zahlen. Aber für die verbleibenden Kolonen
bedeutete das nur eine neue gefürchtete Belastung. Denn der Tabella-
rius verlangte, daß sie die Steuerschuld der mit der Legion an den
unteren Danuvius abmarschierten Kollegen mit bezahlten. Und seine
kleine private Streitmacht sorgte mit drohenden Schwertern dafür, daß
auch diese Schuld bis zum letzten As (kleine Bronzemünze) eingetrie-
ben wurde. Wenn das Bargeld für die Steuerzahlung nicht reichte, nahmen diese Banditen auch rücksichtslos ein paar Säcke voll Saatgetreide
für das nächste Jahr mit.

An dem Kolon Ursus wie wohl auch an all seinen Leidensgenossen
fraß der Haß auf seinen Patron und auf den geldgierigen Steuereintreiber. Aus diesem Haß heraus sagte Ursus etwas, das seine Brüder
vor Entsetzen erschaudern ließ: »Was soll uns armen Kolonen schon geschehen, wenn die Alemannen kommen? Wenn wir uns nicht wehren
und sie als Befreier begrüßen, werden sie uns schon nichts tun. Dann
werden wir wohl für sie die Felder bestellen müssen. Aber das kann
nicht schlimmer sein als heute. Laßt die Alemannen nur kommen!«

Drei Tage nach dem nächsten Vollmond lag das Kastell Ramisiana in
rauchenden Trümmern. Der lange erwartete Angriff der Alemannen
hatte diesmal auch das so geschützt liegende Kastell und das Lagerdorf
in seiner Nähe nicht mehr verschont. Nach kurzer Belagerung war es
einer weit überlegenen Alemannenschar gelungen, die Mauern des Ka-

stells zu übersteigen. Fast alle Soldaten hatten dabei den Tod gefunden. Die Villa rustica des Hispaniers Turdetanius war ebenfalls geplündert und angezündet worden, doch die meisten Landarbeiter hatte die Mordlust der Barbaren verschont.

DAS ENDE DES RÄTISCHEN UND OBERGERMANISCHEN LIMES

In den Geschichtsbüchern und -atlanten steht das Jahr 260 als das Ende der römischen Herrschaft in Germanien östlich des Rheins und nördlich der Donau verzeichnet. Dieses Datum täuscht, denn es suggeriert einen geordneten Rückzug der römischen Truppen und der Zivilbevölkerung in diesem Jahr bis jenseits der großen Ströme Rhein und Donau, hinter denen sie sich besser gegen die ständig angreifenden germanischen Barbaren verteidigen konnten.

In Wirklichkeit gab es weder einen geordneten Rückzug noch später eine effektive Verteidigung. Es ist nicht einmal sicher, wann genau die letzten römischen Kastelle am obergermanischen und rätischen Limes von den Alemannen erobert wurden. Die heutigen Historiker beklagen die ausgesprochene Dürftigkeit und Ungenauigkeit der aus dem Altertum überlieferten Geschichtsquellen gerade über diesen Zeitabschnitt. Auch die Ausgrabungen der Archäologen in Bayern, Baden-Württemberg und Hessen an Tausenden von römischen Kastellen, Wachtürmen, Dörfern, Städten und ländlichen Gutshöfen konnten den Historikern kein wirklich verläßliches Zeitgerüst liefern.

Die Einleitungsepisode dieses Kapitels versucht ein wenig verständlich zu machen, was in den 30 Jahren vor 260 hinter dem römischen Limes vor sich ging und wie chaotisch die Geschehnisse von den Zeitgenossen dort empfunden worden sein müssen.

Der Limes als Grenze des römischen Machtbereiches war entgegen einer weitverbreiteten Annahme niemals als »Chinesische Mauer« oder als »DDR-Grenzanlage« gedacht, also als theoretisch unüberwindliches Hindernis für eine unerlaubte Überquerung der Grenze. Den Verlauf des Limes (wörtlich »Grenzweg«) kann man auf weiten Strecken heute noch in Süddeutschland als vielfach schnurgerade Bodenwelle in der Landschaft erkennen. In der Provinz Obergermanien (Germania superior) zwischen Bad Hönningen am Rhein (ca. 30 Kilometer südlich von Bonn) und Lorch bei Schwäbisch Gmünd bestand die Grenzbefestigung aus einem Erdwall und davorliegendem Graben sowie einem festen Zaun aus oben zugespitzten Holzpfählen (Palisaden). Von Lorch nach Osten bis zur Donau bei Eining (oberhalb von Regensburg) gab es den rätischen Limes in Form einer Mauer. Beide Arten der Grenzmarkierung hielten wohl Bewohner der Germania libera vom unbedachten Überschreiten der Grenze ab, aber keineswegs ein zum Angriff entschlossenes Barbarenheer.

Zur Abwehr solcher Einfälle gab es ursprünglich eine breite Zone *beidseits* des Limes. Im Gebiet *vor* der Grenze und unmittelbar am Grenzzaun selbst betrieben die Römer »Feindbeobachtung« in verschiedener Form (siehe 10. Kap., S. 158). *Dahinter* bestand ein tiefgestaffeltes System verschieden großer Militärkastelle mit schnell beweglichen Eingreiftruppen.

Doch dieses Verteidigungssystem war in den Jahrzehnten zwischen 230 und 260 schon weitgehend zusammengebrochen, als die Alemannen es schafften, in immer neuen Angriffen ein Kastell nach dem anderen zu stürmen und zu zerstören, und es dem Römischen Reich in einer Epoche der Schwäche nur noch sehr unvollkommen gelang, diese Lücken in der Grenzsicherung noch einmal zu schließen. Um 260 jedenfalls müssen die letzten »Forts« im »wilden Norden« den Barbarenangriffen zum Opfer gefallen sein. Die Menschen in den bis dahin noch nicht zerstörten Kastellen und Ansiedlungen dürften sich als Morituri, als dem Tod Geweihte, empfunden haben, oder aber sie waren jederzeit zur schnellsten Flucht bereit.

Die Spur der Alemannenheere, die durch den nun nicht mehr existenten Limes in den Jahren 259 und 260 ins Römerreich einfielen, zieht sich wie eine Straße des Schreckens nach Süden, Westen und Osten. Unter anderen wurden die Hauptstadt der Provinz Rätien, Augusta Vindelicum, sowie die Städte Cambodunum (Kempten) und Aventicum (Avenches in der Westschweiz) erobert, geplündert und niedergebrannt. Die große Alemannenschar, die diese Zerstörungen auf dem Gewissen hatte, zog weiter über den Schweizer Jura, das heutige Grenoble und den Paß am Mont Genèvre nach Oberitalien. Erst in der Nähe von Mailand konnte 260 ein Heer des Kaisers Gallienus dieser Bedrohung Einhalt gebieten.

Andere Alemannen, offenbar vereinigt mit Kriegern der Markomannen, überrannten die römische Verteidigungslinie an der Donau bei Regensburg, fielen in die Provinzen Noricum (um Salzburg) und Pannonien ein, kamen um die Alpenausläufer herum von Nordosten nach Oberitalien und konnten erst bei Ravenna von einem kaiserlichen Heer geschlagen werden.

Auch wenn später noch einmal hie und da römische Truppen zu Gegenangriffen den Rhein und die Donau kurzfristig überschritten, so gab es doch keine dauerhafte römische Herrschaft mehr in diesem Gebiet.

ANDERTHALB JAHRHUNDERTE RÖMISCH, WAS IST GEBLIEBEN?

In den Geschichtskarten trägt der größte Teil des so verlorenen Gebiets den seltsamen Namen »Agri decumates« oder Dekumatland. Woher der römische Name kam, ist bis heute unbekannt. Mit dem Zahlwort »decem« (zehn) hat er wohl nichts zu tun, obwohl man dies lange annahm und das Gebiet auch »Zehntland« benannte. Es handelte sich dabei um den rechtsrheinischen Streifen der Provinz Obergermanien bis zur Grenze der Provinz Rätien, die vom heutigen Städtchen Lorch bei Schwäbisch Gmünd zum Westende des Bodensees verlief. Nach Norden reichte das Dekumatland bis zur Mündung des Neckar in den Rhein.

Ein reiches und dichtbesiedeltes Land war das ganze verlorengegangene Gebiet einschließlich des rätischen Teils nicht. 300 Jahre früher war Südwestdeutschland fast menschenleer gewesen (siehe 2. Kap., S. 48). Daran hatte sich inzwischen nicht allzuviel geändert. Tacitus berichtet, in das damals leere Land seien einzelne Gallier (Kelten) und herrenloses Volk eingesickert und hätten sich dort angesiedelt. Bis ins frühe Mittelalter blieb dabei das große bewaldete und bergige Gebiet des Schwarzwalds völlig menschenleer. Neben dem Oberrheintal bot im wesentlichen nur das mittlere Neckartal genug Raum zur Ansiedlung größerer Menschenzahlen.

Die römischen Soldaten, die ab dem Ende des 1. Jahrhunderts den Grenzwall sowie Wachtürme, Kastelle und Straßen bauen mußten, waren ebenfalls nicht so zahlreich, daß sie zu einem merklichen Anwachsen der Bevölkerungsdichte beitrugen. Allerdings bewirkten sie eine etwas durchgehendere Besiedlung dicht hinter dem Limes. Die Kastelle zogen zwar stets eine Reihe ziviler Handwerker, Händler und Knei-

penwirte an, die sich in den Lagerdörfern (Cannabae) niederließen.
Aber in Südwestdeutschland hat sich keine dieser Zivilsiedlungen zu
einer größeren Stadt entwickelt.

Die Urbevölkerung des Dekumatlandes und Rätiens kurz vor Christi Geburt war keltisch. Was danach an Bauern, Händlern, Sklaven und
Soldaten in diese Gebiete kam, stammte ebenfalls zu einem großen Teil
aus Gallien oder Britannien, wo damals die Bevölkerung ebenfalls noch
keltisch geprägt war. Man kann von einer »Rekeltisierung« Südwestdeutschlands in der römischen Zeit sprechen. Germanen gab es dort
bis 260 nicht, wenn man nicht die inzwischen längst romanisierten, vermutlich eher keltisierten Suebi nicretes, die einst zu Caesars Zeiten in
der weiteren Umgebung von Heidelberg angesiedelten Neckarsueben,
darunter versteht. Sprachlich dürfte der römisch-lateinische Firnis in
diesen Grenzprovinzen reichlich dünn gewesen sein.

Der Name Ramisiana, den das in Böbingen an der Rems ausgegra-
bene Kastell in der Einführungsepisode trägt, ist übrigens erfunden. Er
könnte so gelautet haben. Aber von den über hundert in den einstigen
germanischen Provinzen des Römischen Reiches ausgegrabenen Kastellen und Militäreinrichtungen kennt man heute nur von den wenigsten die alten lateinischen Namen. Die Römer stempelten zwar regelmäßig in die von Soldaten hergestellten Ziegel die abgekürzte
Bezeichnung der jeweiligen Legion, aber nicht den Namen des Ortes,
in dem diese Ziegel verbaut wurden.

Im Hinterland des Limes entstanden, wie wohl überall im Römischen Reich, mittelgroße bis sehr große Gutsbezirke, die einer kleinen
Schicht reicher Landbesitzer gehörten. Dörfer kleiner, selbständiger
Bauern gab es praktisch kaum. Das war die Folge einer falschen Wirt-
schafts- und Sozialpolitik, die das römische Kaiserreich bereits von der
späten Republik vor Caesar geerbt hatte. Der selbständige Bauernstand
wurde durch die Steuerpraxis immer mehr bedrückt und zu formal
freien, praktisch aber »leibeigenen« Kolonen gemacht. Das Steuersystem der Römer beruhte auf einer allgemeinen Grund- und einer Art
Kopfsteuer, die aber immer nur die kleinen Leute traf. Dagegen konnten die reichen Gutsbesitzer, erst recht natürlich die Händler, Bankiers
und Spekulanten ungeheure Vermögen anhäufen, ohne von der Steuer
des Staates belästigt zu werden. Nur im Erbfall war eine geringe Steuer
zu entrichten.

In den ersten zwei Jahrhunderten der römischen Kaiserzeit sahen es diese Reichen allerdings als eine Ehrenpflicht an, auf ihre Kosten auch in den Städten der Provinzen großartige Badeanlagen (Thermen), Zirkusarenen oder Theater, Tempel, Schulen und andere »Infrastruktureinrichtungen« bauen zu lassen. Das änderte sich mit dem Beginn des 3. Jahrhunderts. Nördlich der Alpen und auf der Balkanhalbinsel war die Lage so unsicher geworden, daß die wenigen Großverdiener nichts mehr investieren wollten.

Eine für die armen Kolonen geradezu teuflische steuerliche Maßnahme war die sogenannte »adiectio«, die Verpflichtung, auch für die Steuerschulden von Nachbarn geradezustehen. Dies und die erbarmungslosen Methoden der römischen Steuereintreiber haben viel zu der sozialrevolutionären Stimmung beigetragen, die in der Einleitungsepisode angedeutet wurde. Knapp 25 Jahre später gab es in Gallien den sogenannten Bagaudenaufstand, mit dem große Teile der armen Bauernbevölkerung jahrzehntelang die Großgrundbesitzer und mehrere römische Armeen in Atem hielten. Leider sind der Nachwelt kaum Einzelheiten über diese Aufstandsbewegung überliefert.

Was es zu der Zeit, die in diesem Kapitel geschildert wird, kaum noch im Römischen Reich gab, waren Sklaven. Schon lange hatten die Kaiser keine unabhängigen Nachbarvölker mehr überfallen und große Teile der Einwohner als Kriegsgefangene, das heißt als Nachschub für die Sklavenmärkte, fortführen können. Kinder von Sklaven blieben zwar Sklaven, aber im 2. und 3. Jahrhundert gehörte es zum guten Ton unter reichen Römern, Sklaven eher freizulassen als zu kaufen. Nachweisbar haben viele Sklaven nach ihrer Freilassung einen erstaunlichen sozialen Aufstieg nehmen können. Andererseits näherte sich, wie geschildert, die soziale Lage vieler »freier« Bürger des Reiches bedenklich dem Status von Sklaven an.

Aus zahlreichen Ausgrabungen im einst römischen Teil Deutschlands ist die große Bedeutung bekannt, die im 2. und 3. nachchristlichen Jahrhundert der Mithras-Kult gewonnen hatte. Auch wenn es wohl schon ein paar winzige christliche Gemeinden in den Städten am Rhein und südlich der Donau gab, so waren in dieser Zeit Mithras und seine Mysterien weitaus einflußreicher. In nahezu jeder Ansiedlung von Soldaten hat man sogenannte »Mithräen« gefunden, übrigens auch beim Kastell in Böbingen. Man kann sie als die »Kirchen« dieser Religion bezeichnen. Das waren halb unterirdische Versammlungsräume, die in ihrer Architektur an die Felsenhöhle erinnern sollten, in der – am

25. Dezember! – einst nach der Legende der Heros oder Gott Mithras geboren worden war.

Mithras war ursprünglich bei den frühen Iranern oder Persern ein Gott der Verträge. In einer langen Entwicklung war daraus ein in weiten Teilen des Römischen Reiches bekannter Erlösergott, ein Weltheiland, geworden, der seinen Anhängern die Auferstehung am Weltende sicherte. Der Kult des Mithras war ausschließlich Männern vorbehalten und insbesondere unter Soldaten außerordentlich verbreitet. Im Gegensatz zu den häufig verfolgten Christen genoß dieser Kult das Wohlwollen der Kaiser und der römischen Verwaltung.

Den Religionswissenschaftlern fällt es heute schwer zu entscheiden, welche Elemente das beginnende Christentum vom älteren Mithras-Kult übernommen hat und welche echt christlich sind. Denn es gab zwischen beiden ganz erstaunliche Ähnlichkeiten: Die Geburt des Erlösers am 25. Dezember in einer Felsengrotte und die Anbetung des Neugeborenen durch Hirten, die Taufe der Gläubigen, der Glaube an die Auferstehung der Menschen von den Toten, an ein Jüngstes Gericht, Himmel und Unterwelt, an einen Mittler zwischen den Gläubigen und dem unsichtbaren Gott, der teils selbst Gott, teils ein vorbildhafter Mensch oder Heros ist und der nach Leiden auf der Erde in den Himmel zu Gott aufgestiegen war (Christus und Mithras). Es sollte lange dauern, bis sich die christliche Religion im Römischen Reich durchsetzen konnte, nicht nur infolge der Unterdrückung durch die Kaiser, sondern vor allem auch wegen der Konkurrenz der Mithras-Mysterien.

Die siegreichen Alemannen dürften kaum das spätestens im Jahr 260 von römischen Soldaten gesäuberte Land jenseits des Limes sofort mit großen Bevölkerungsgruppen besetzt haben. Dafür waren sie längst noch nicht zahlreich genug. Dennoch gab es wohl einen schwachen, aber stetigen Zuzug von Alemannen in die neuen Gebiete, in bunter Mischung aus den vielen germanischen Stämmen, die das neue Volk bildeten. Weiter oben im Norden, am mittleren Main, drängte schon wieder ein anderes germanisches Volk nach, das mit den Alemannen in jahrhundertelanger Feindschaft lag: die Burgunder. Auf ihrer langsamen Wanderung oder Flucht vor dem ungünstigen Klima waren sie vom Gebiet zwischen unterer Oder und Weichsel (siehe 8. Kap., S. 137) inzwischen im südlichen Deutschland angelangt. Die wiederholten Vorstöße der Alemannen über den Limes in den Jahren zwischen 230 und 260 darf man auch auf diesen Druck aus dem Nordosten zurückführen.

Zunächst noch mit großen Abständen zwischen den einzelnen Ansiedlungen ließen sich alemannische Krieger mit ihren Sippen in den neuen Gebieten nieder, oft in der Nähe der Ruinen römischer Kastelle oder Villen. In Böbingen war es wohl ein Alemanne namens Bobo, denn die außerordentlich zahlreichen Orte in Süddeutschland auf »-ingen« oder »-ing« leiten sich, wie man vermutet, von Namen ihrer germanischen Gründer oder deren Sippe ab.

Teile der alten keltischen, nur sehr oberflächlich romanisierten Bevölkerung im nördlichen Rätien und im Dekumatland scheinen tatsächlich den Alemannensturm überlebt zu haben. Vielleicht waren die Eroberer ganz froh, sich ihrer als Knechte zur Bestellung der Äcker und als geschickte Handwerker bedienen zu können. Erst ganz allmählich ging diese Schicht sprachlich und kulturell in den Alemannen auf.

Die vorsichtige Andeutung in der Einführungsepisode, daß es bei den erobernden Alemannen auch zu rituellem Kannibalismus gekommen sei, hat durchaus einen realen Hintergrund. Bei Ausgrabungen haben Archäologen – allerdings nur selten – aufgebrochene Schädel mit Kratzspuren von Messern gefunden. Der Brauch, sich Herz und Hirn des überwundenen Gegners einzuverleiben, um dessen Mut und Kraft zu »erben«, war eine bei zahlreichen vorgeschichtlichen Völkern weitverbreitete Übung. Ehe man sich empört, daß eine solche die »edlen Germanen« verunglimpfende Behauptung hier geäußert wird, sollte man sich klarmachen, daß man Vorgänge vor 1600 Jahren nicht nach den Maßstäben der ach so fortschrittlichen Menschen an der Wende zum dritten Jahrtausend n. Chr. messen kann.

Nur gut anderthalb Jahrhunderte hatten das nördliche Rätien und das Dekumatland zum Römischen Reich gehört. Es waren übrigens die ersten größeren Gebiete, die die Kaiser unwiderruflich aus den Händen geben mußten. Diese Periode der römischen Herrschaft war zu kurz und zu oberflächlich, um auf geistiger Ebene oder in der Bevölkerung bleibende Spuren zu hinterlassen. In anderen Gebieten Deutschlands, etwa in Köln und Trier, war dies erheblich anders. Nur die Mauern, die immer häufiger im deutschen Südwesten aus der Erde gegraben werden, erinnern dort noch an die Römer. Der Bauplan der Kastelle, des Limes, der kleinen Städte und der Villae rusticae, der Straßen, kurz alles dessen, was vom Römischen Reich im Land sichtbar war, das war römisch durch und durch, rational und nach einheitlichem Plan und Willen vom Schwarzen Meer bis zum Atlantik gebaut.

13. DIE »FRANKEN«,
DIE KEINE SEIN WOLLTEN

FRÜHLINGSFEST MIT GROSSEN SORGEN
Mai 281, bei Düsseldorf-Lohhausen

Die Holunderknospen waren gestern aufgebrochen, das hieß, der Frühling hatte wirklich Einzug gehalten. So war auch die Zeit für das Frühlingsfest gekommen. Die Menschen aus dem Dorf nahe dem großen Rheinstrom, dicht oberhalb der Einmündung des Flüßchens Dusila (Düssel), feierten es seit Generationen. Wie immer waren auch die Leute aus verschiedenen weiter landeinwärts liegenden Dörfern zum Fest an den Rhein gewandert. Sie alle gehörten zum alten Volk der Tenkterer.

Von hier aus, von der kleinen Anhöhe über dem Strom, konnte man bei guter Sicht den Rauch der Herdfeuer sehen, der aus den Gebäuden des römischen Kastells Gelduba (Krefeld-Gellep) aufstieg. Das Kastell selbst lag, den Augen verborgen, hinter einer Stromkrümmung jenseits des Rheins in einer anderen, so nahen und doch so fremden Welt. Diese Rauchsäulen drüben waren für die Menschen hier stets ein kaum zu bezähmender Anreiz, aber auch ein Zeichen ständiger Bedrohung.

Als die Sonne an diesem Tag am höchsten stand, sammelten sich die Dorfbewohner und ihre Gäste, vom ältesten Greis bis zum jüngsten Brustkind, vom Dorfführer bis zum leibeigenen Viehknecht, auf dem Festanger. Die große Birke in dessen Mitte, die jetzt in frischem Grün stand, war heute mit zahlreichen langen bunten Bändern geschmückt. Zuerst herrschte ehrfürchtiges Schweigen unter den vielen Menschen, denn man wußte, daß jetzt der Frühlingsgott Freyer hinten in den riesigen Wäldern, nach Sonnenaufgang zu, den letzten Kampf mit Uller ausfocht, dem Gott des Winters.

Aber Freyer schien die Schlacht gewonnen zu haben. Denn plötzlich sprangen abenteuerlich mit Stroh als Enten verkleidete Gestalten in den Kreis, und die Spannung löste sich in befreiendem Gelächter. Mit lautem Quaken und allerlei Gebärden machten die Gestalten deutlich, daß der Sommer genügend Wasser vom Himmel, aber auch warme Sonne, reichlichen Erntesegen und Nachwuchs für Vieh und Mensch bescheren werde.

Und dann war auf einmal der Platz um die Birke frei für den Frühlingstanz der jungen Burschen und Mädchen, die schon lange auf diesen Augenblick gewartet hatten. Erst langsam und feierlich, dann immer schneller umkreisten sie stampfend den Baum und einander. Jeder hielt dabei eines der bunten Bänder fest, bis sich unter allgemeinem Gelächter und Gekreisch die Bänder so um bestimmte Paare verwickelten, daß kein Zweifel mehr bestand, welches Mädchen demnächst mit welchem Burschen das Lager teilen würde.

Nachdem sich der Trubel etwas gelegt hatte, wurden die von den Frauen mitgebrachten Brotfladen, Honigtöpfe, die zur Feier des Tages geschmorten Schweineschinken und Krüge voll Met ausgepackt, und der Festschmaus konnte beginnen. Etwas abseits, aber mit gutem Blick über den gesamten Anger, hatten einige Männer Platz genommen, denen man ansah, daß sie das Befehlen gewohnt waren. Es waren die Dorfherren aus dem Dusilagau, deren Leute hier gemeinsam feierten.

»Seht euch bloß diese Swinda (germanischer Mädchenname: Die Geschwinde) an!« Der Herr des gastgebenden Dorfes deutete empört auf ein Mädchen. »Ist es nicht schamlos, wie sie vertraut mit diesem Knechtsjungen Heiko schwatzt? Er wird sie doch nicht zu sich in seine Hütte nehmen wollen? Und dabei stammt diese Swinda doch aus wirklich guter, freier Familie!«

»Was willst du machen, Fraomar?« meinte Gennobaud, ein erheblich jüngerer Dorfherr aus dem Landesinneren. »Früher gab es beim Frühlingstanz immer viel mehr Männer als ledige Mädchen. So hat mir mein Vater erzählt. Heute ist das umgekehrt. Wenn du willst, daß junge Frauen Kinder zur Welt bringen, mußt du es zulassen, daß Liten oder gar Knechte freie Mädchen zur Frau nehmen!«

»Das ist es ja, was mich so aufregt!« erwiderte Fraomar heftig. »Alle paar Jahre setzt ein großer Schwarm von euch jungen freien Kriegern heimlich auf Flößen über den Rhein, nennt sich drüben Franken, raubt und plündert nach Belieben die römischen Siedlungen aus und schlägt sich mit den Soldaten herum. Dabei verlieren sie sich irgendwo in den verführerischen Feldern Galliens oder werden von den Truppen der Römer totgeschlagen oder gefangengenommen. Kaum einer kommt lebendig und wohlbehalten zurück. Und wenn es doch einem gelingt,

dann erscheint er hier als reicher Mann, der erst recht unseren jungen
Kriegern den Mund wäßrig macht, beim nächstenmal selbst bei den
›Franken‹ mit dabeizusein.«

Der alte Fraomar schwieg einen Augenblick, dann brach es verbittert aus ihm heraus: »Und wir hier im alten Land werden immer weniger, die Frauen finden keine freien Krieger mehr, denen sie Kinder
schenken können, und müssen sich mit Liten und Knechten abgeben.
Dazu kommt noch die ständige Gefahr, daß eines Tages übermächtige
römische Truppen zur Vergeltung über den Rhein setzen, unsere Dörfer zerstören und die Menschen hier umbringen, die wahrhaftig nicht
an den Untaten schuld sind, die diese Horden von sogenannten Franken drüben im Römerland vollbringen!«

Das Thema ließ die fünf würdigen Dorfherren nicht mehr los. Sie
waren keineswegs alle der gleichen Meinung wie der alte Fraomar.
Aber sie waren begierig, die aufregenden Ereignisse zu besprechen, die
als Gerüchte oder auch als sichere Nachrichten immer wieder den Weg
über den Rheinstrom bis in ihre einsamen Dörfer gefunden hatten.

Zur Zeit ihrer Väter, vielleicht auch schon Großväter, hatte es begonnen, daß sich unter einem mutigen Anführer von hoher Abstammung ein paar hundert unternehmungslustige junge Krieger aus allen
möglichen freien Völkern rechts des Rheins sammelten und über den
Strom zogen, um die reichen Siedlungen und kleinen Städte Galliens
zu plündern. Die erste dieser Gefolgschaften hatte sich die »Franken«
(die »Wilden«, »Ungestümen«) genannt, und dieser Name war auch an
ihren Nachfolgern hängengeblieben.

Vor über 20 Jahren hatten solche Frankengruppen die letzten Kastelle am Nordteil des römischen Limes rechts des Rheins (vom heutigen Bad Hönningen am Rhein über Westerwald und Taunus bis zur
Wetterau nördlich von Frankfurt) erstürmt und zerstört, wie es weiter
im Süden die Alemannen getan hatten. Andere Kriegergefolgschaften
waren über den Rhein tief bis nach Gallien eingedrungen, ja es ging die
Sage, daß einige besonders Wagemutige über Hispanien siegreich bis
über das große Meer in ein Land gekommen seien, das Afrika genannt
wurde.

Danach war es für einige Jahre ruhiger geworden. Es rückten zwar
ständig beutehungrige junge Krieger oder ganze Sippen aus praktisch
allen Gegenden gleicher Sprache weit östlich des Rheins bis in die Nähe
der römischen Grenze, im Wunsch, sich den Kriegszügen anschließen

zu können oder auch nur Land zum Siedeln zu finden. Doch der Menschenverlust, den jeder Frankenzug für die alten Siedlungen rechts des Rheins bedeutete, ließ sich nicht in wenigen Jahren ausgleichen. Auch hatten die Römer auf der anderen Rheinseite inzwischen wieder so viele Truppen bereitgestellt und ihre Befestigungen an der Rheingrenze so verstärkt, daß ein heimlicher oder gewaltsamer Durchbruch durch die erste Verteidigungslinie am Rhein ziemlich riskant geworden war.

Aber in den letzten zwei Jahren war wieder viel Aufregendes geschehen. Damals hatte ein todesmutiger Trupp junger Krieger die meisten Schiffe der römischen Rheinflotte in Brand stecken können, die in ihrem ständigen Stützpunkt dicht oberhalb der großen römischen Stadt Colonia vor Anker gelegen hatten (bei Köln-Altenburg).

Der Befehlshaber der Rheinflotte, ein gewisser Präfekt Bonosus, war zur Zeit des Überfalls an Land gewesen. Er zitterte vor Furcht, daß der römische Kaiser Marcus Aurelius Probus ihn wegen seines Versagens bei der Abwehr des Barbarenüberfalls schwer bestrafen könne. Um das zu verhindern, ließ er sich von Freunden die Idee einreden, sich selbst zum Kaiser eines eigenen Gallischen Reiches auszurufen. Es war in der Stadt CCAA noch nicht vergessen, daß sie vor kurzem noch für einige Jahre Kaiserresidenz und Hauptstadt eines solchen Sonderreiches unter dem Kaiser Postumus gewesen war. Bonosus, der selbsternannte neue Kaiser, brauchte den in der Provinz Niedergermanien stationierten Truppen nur einen höheren Sold zu versprechen, da erklärten sie sich schon jubelnd für den neuen Herrscher.

Kurz danach war ein zweiter »Imperator Galliarum« mit einer Legion in der Stadt Colonia einmarschiert. Es war der einstige Legionslegat (Befehlshaber) Proculus gewesen, der ein paar Monate vorher die Stadt Lugdunum (Lyon) in Gallien mutig und erfolgreich gegen einen Überfall wilder Alemannenhorden verteidigt hatte. Um ihn an dieser Verteidigung stärker zu interessieren, hatten ihn die ängstlichen Einwohner der Stadt von sich aus zum Kaiser proklamiert. Dabei hieß es, Proculus sei selbst fränkischer Abstammung, seine Eltern seien einst bei einem der vielen Einfälle nach Gallien gefangengenommen und zwangsweise in Südgallien angesiedelt worden.

Nach einem steilen Aufstieg als Offizier war Proculus nun Kaiser und mußte sehen, daß er das ihm so überraschend zugefallene Reich verteidigte. Denn von allen Seiten drohten ihm Gefahren. Angriffe rechtsrheinischer Barbaren, wie er sie nannte, waren sicher wieder zu erwarten; im Inneren drohten neue Aufstände unzufriedener gallischer Bauern, der sogenannten Bagauden. Und der legitime römische Kaiser Probus würde gewiß den Versuch machen, die abgefallene westliche Reichshälfte zurückzuerobern, sobald er nur genug verläßliche Truppen zusammengezogen hätte.

So war Proculus nach der Stadt Colonia gezogen und hatte sich mit dem dortigen »Kaiser« Bonosus geeinigt, daß sie die Herrschaft gemeinsam ausüben wollten. Keiner konnte sich einen zusätzlichen Feind leisten. Hier, in der großen Stadt am Rhein, konnten sie rasch die nötigen Befehle geben, um die gefährlichen Nachbarn von jenseits des Rheins zurückzuschlagen. Die beiden gallischen Kaiser brauchten keine Steuern mehr nach Rom abzuführen und konnten über den in der Colonia angesammelten Staatsschatz verfügen. Mit vielen Solidi, in der dortigen römischen Münzstätte frisch geprägt, gelang es ihnen, eine ansehnliche Gefolgschaft fremder Krieger zu ihrer persönlichen Verteidigung zu verpflichten. Was die Römer auch immer über die Barbaren sagen mochten, tapfer waren sie, und wenn sie sich einem Herrn verpflichtet hatten, auch treu bis in den Tod.

Doch das alles hatte den beiden gallischen »Kaisern« nichts genutzt. Denn Kaiser Probus war ihnen nach einem guten Jahr bis in die Nähe der Colonia entgegengezogen. Auch er hatte zahlreiche Kontingente von Auxiliartruppen in seinem Heer, gefangene Alemannen und Juthungen sowie Nachkommen von Franken, die in Gallien eingefallen und dort zur Kapitulation gezwungen worden waren, die nun irgendwo im Römischen Reich Äcker bebauten und deren Söhne heeresdienstpflichtig waren. Die zahlenmäßig überlegenen Truppen des Probus besiegten dicht bei Colonia die Verteidiger der beiden gallischen Möchtegernkaiser. Bonosus beging Selbstmord, und Kaiser Proculus flüchtete mit einer kleinen Leibwache von 30 Soldaten, die sich Sachsen nannten, über den Rhein in das freie Germanien.

Und hier begann das, was sich bisher in einer anderen Welt abgespielt hatte, nämlich im Römischen Reich jenseits des Stroms, plötzlich wieder die friedlichen Dörfer im Dusilagau zu berühren. Denn in eines dieser Dörfer hatte sich Proculus mit seiner Gefolgschaft gerettet. In Verhandlungen mit dessen Dorfherrn Gennobaud hatte Proculus geltend gemacht, er sei ja eigentlich auch ein Franke, weil seine Eltern irgendwo in dieser Gegend geboren seien. Und die Franken dürften doch den Feind des Kaisers von Rom, dieses natürlichen Gegners aller freien Völker, nicht an den gemeinsamen Widersacher ausliefern. Aber Gennobaud hatte sich vorsichtig verhalten und auf eine baldige Beratung mit den anderen Dorfherren im Dusilagau verwiesen, die endgültig zu entscheiden haben.

Nun saßen sie hier voller Sorgen an diesem schönen Frühlingsfest und berieten, wie sie aus dieser schlimmen Lage herauskommen sollten. Niemand nahm das Argument des einstigen »Kaisers der Gallier« so richtig ernst, er sei ja eigentlich auch einer der Ihren, und nur der römische Kaiser sei der natürliche Feind der freien Völker diesseits des Rheins. Hatte nicht auch »Kaiser« Proculus heftig gegen Gruppen aus eben diesen Völkern gekämpft, die über den Rhein in sein Reich gezogen waren, solange er dort noch Macht gehabt hatte? Schwer wog der uralte Brauch der Gastfreundschaft, der nicht durch Auslieferung eines Gastes an seine Feinde gebrochen werden dürfe. Aber hatte das Dorf des Gennobaud dem fremden Herrn diese Gastfreundschaft freiwillig angeboten? Hatte er sie sich nicht mit Hilfe seiner schwerbewaffneten Leibwache selbst erzwungen? Noch schwerer wog für die Dorfherren aus dem Dusilagau die allen nur zu gut bekannte Drohung, daß überlegene römische Truppen aus dem Kastell Gelduba und anderen Kastellen jenseits des Rheins zu einer Strafexpedition ins Gebiet ihres Gaues einfallen und eine Nichtauslieferung des abtrünnigen Feldherrn blutig bestrafen würden.

Das gab den Ausschlag. Morgen, so wurden sich die Dorfherren einig, würde ein großes Aufgebot von Kriegern aus allen Dörfern des Gaues das Dorf des Gennobaud umstellen und die Auslieferung des ehemaligen Kaisers an den rechtmäßigen Herrn des übermächtigen Nachbarreiches erzwingen.

DAS ERSTE AUFTAUCHEN VON »FRANKEN« WESTLICH DES RHEINS

Die vorstehende Episode soll aus dem Blickwinkel der unmittelbaren germanischen Nachbarn ihr zwiespältiges Verhältnis zum Römischen Reich jenseits des Rheins schildern, jenes gefürchteten, gehaßten, zugleich als Quelle von Reichtum und Ruhm unentbehrlichen, jenes übermächtigen und doch so verletzlichen Herrschaftsgebiets.

Hier am Niederrhein waren die Verhältnisse anders als weiter süd-

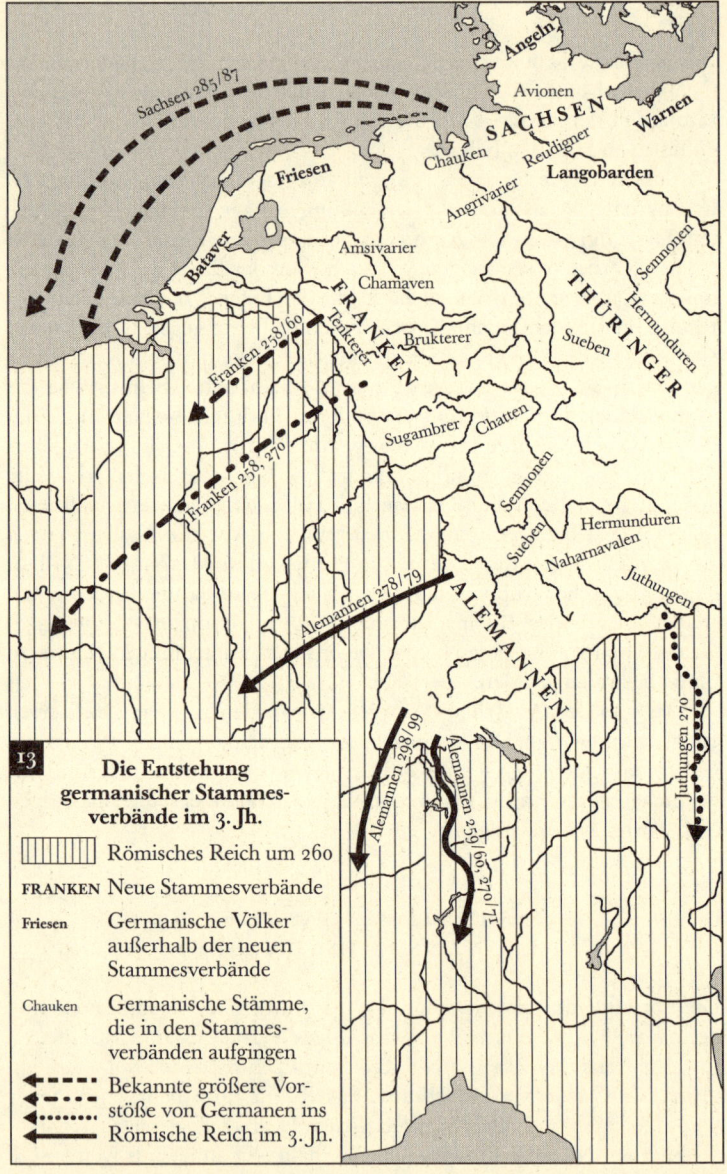

Angeln

Avionen

SACHSEN

Warnen

Sachsen 285/87

Friesen

Chauken

Reudigner

Langobarden

Angrivarier

Bataver

Amsivarier

FRANKEN

Chamaven

Tenkterer

Brukterer

Semnonen

THÜRINGER

Hermunduren

Franken 258/60

Sueben

Sugambrer

Chatten

Franken 258, 270

Semnonen

Sueben

Hermunduren

Naharnavalen

Alemannen 278/79

ALEMANNEN

Juthungen

Juthungen 270

13   **Die Entstehung germanischer Stammesverbände im 3. Jh.**

Alemannen 208/99

Alemannen 259/60, 270/71

	Römisches Reich um 260

FRANKEN   Neue Stammesverbände

Friesen   Germanische Völker außerhalb der neuen Stammesverbände

Chauken   Germanische Stämme, die in den Stammesverbänden aufgingen

◄◄◄ Bekannte größere Vor
◄····· stöße von Germanen ins
◄━━━ Römische Reich im 3. Jh.

lich am obergermanischen und rätischen Limes. Hier bildete der breite
Grenzstrom immer noch einen halbwegs verläßlichen Schutz gegen
massenhafte Angriffe der ungebärdigen Germanen auf die römischen
Kastelle und Städte am Westufer. Doch der Strom hinderte nicht, daß
wagemutige Räuberscharen in dunklen Nächten auf Flößen oder Kähnen über die »nasse Grenze« setzten und zu weitreichenden Plünderungszügen tief ins reiche Gallien hinein aufbrachen.

Seit etwa dem Jahr 250 berichten die leider auch hier nur sehr unvollständig überlieferten Schriften römischer Autoren über Einfälle von
»Franken« in die Provinz Niedergermanien und weiter nach Westen ins
eigentliche Gallien hinein. Wahrscheinlich wußten die adligen Anführer solcher räuberischen Gefolgschaften recht gut über die chaotischen
Zustände im Inneren Galliens Bescheid. Dort bedrohten in diesen Jahrzehnten vom Steuerdruck rebellisch gewordene Bauern in sogenannten
Bagaudenaufständen die Herrschaft der reichen römischen Gutsbesitzer und der staatlichen Steuereintreiber. Warum das geschah,
wurde im vorigen Kapitel für das Grenzgebiet am rätischen Limes
beschrieben. Außer dem häufig vergeblichen Kampf gegen die aufrührerischen Bauernhaufen hatten die wenigen im eigentlichen Gallien
stationierten regulären römischen Truppen alle paar Jahre gegeneinander anzutreten, wenn sie von ihren Befehlshabern dazu aufgerufen wurden. Denn immer wieder schwang sich in diesem für Rom so unruhigen Jahrhundert ein anderer örtlicher Befehlshaber zum »Kaiser« auf
und versuchte mit Hilfe der ihm ergebenen Truppen den »offiziellen«
Kaiser oder einen anderen Mitbewerber um das so geschätzte Amt auszuschalten. Für gutgeführte Gefolgschaften aus dem freien Germanien,
deren Krieger den Tod nicht fürchteten, war dies ein zu verlockender
Zustand. Wieviel Ruhm und materielle Beute konnte man bei solchen
Zügen erwerben? Das war es vor allem anderen, was junge germanische Männer reizte.

Die in der Episode in Kurzform erzählten Ereignisse um das »gallische Kaisertum« der Kaiser Postumus und Tetricus (zwischen 260 und
274) und sodann wieder der »Kaiser« Proculus und Bonosus (279–281)
sind historisch. Jedesmal war Köln am Rhein Residenz dieser selbster-
nannten Herrscher. Auch die Flucht des geschlagenen Kaisers Proculus
zu den Germanen jenseits des Rheins und seine Auslieferung durch
diese an den offiziellen Kaiser Probus sind durch verläßliche Quellen
überlieferte historische Tatsachen.

Aus dem Jahr 286, also fünf Jahre nach dem in der Episode beschriebenen Gespräch, gibt es römische Berichte, wonach in einem Friedensvertrag mit dem römischen Kaiser Maximian ein fränkischer König Gennobaudes Gefangene ausgeliefert und ein regelrechtes Foedus (völkerrechtliches Bündnis) mit dem Römischen Reich geschlossen habe. Darf man sich nicht vorstellen, daß es sich dabei um den ehemaligen Dorfhäuptling aus dem Dusilagau gehandelt hat, der zwar nach einem römischen Gegenstoß einen Frieden schließen mußte, dies aber offenbar keineswegs aus einer Position absoluter germanischer Schwäche heraus tat?

Es ist erstaunlich, daß in den Berichten römischer Autoren seit etwa dem Jahr 250 fast nur noch von Franken die Rede ist, wenn Überfälle von Germanen in den Provinzen Niedergermanien und Belgica, also am Niederrhein, gemeint sind. Ein Königreich der Franken sollte in Europa noch eine überragende Rolle spielen, allerdings viel später. Doch es ist fraglich, ob zwischen den Franken des 3. Jahrhunderts und denen des Merowinger- und Karolingerreiches ein engerer Zusammenhang bestanden hat. Auf diese Problematik, die zugleich eine der wichtigsten Geschichtstheorien der deutschen Historiker für die Zeit zwischen 200 und 700 n. Chr. berührt, muß in Teil III dieses Buches noch ausführlich eingegangen werden. Bisher ist jedenfalls nur sehr zaghaft von deutschen Historikern die der obigen Episode zugrundegelegte Ansicht geäußert worden, die Entstehung des Namens der Franken sei auf die selbstgewählte Bezeichnung für räuberische Gefolgschaften von Germanen bei Einfällen ins Römische Reich zurückzuführen.

Für die römischen Militärs oder ihre »Heeresberichterstatter« unter den Schriftstellern, die über Germaneneinfälle zu berichten hatten, war der Name Franken bequem. Er ließ sich in lateinischer Sprache gut aussprechen, und er war ein praktischer Sammelbegriff für die Gruppen germanischer Räuber, die immer wieder in die römischen Provinzen westlich des Rheinlimes eingefallen waren. Diese Berichte mußten nun nicht mehr zwischen Chamaven, Brukterern, Chattuariern, Tenkterern und anderen Barbaren unterscheiden, was angesichts der vermutlich sehr gemischten Heerhaufen auch objektiv kaum noch möglich gewesen wäre. Durch eine ähnliche Entwicklung scheinen weiter im Süden der Rheingrenze aus allen dort gesichteten germanischen Räuberscharen »Alamanni« geworden zu sein. In den Erfolgsberichten römi-

scher Truppenführer machte es sich im übrigen immer gut, wenn man
erfolgreiche Vergeltungsfeldzüge gegen die Franken melden konnte,
auch wenn die verbrannten Dörfer überhaupt nicht die Heimat der
jüngsten Räuberscharen gewesen waren. Jedenfalls verschwinden die
noch in Tacitus' Zeit bekannten Namen der germanischen Stämme in
der Nähe der Rheingrenze seit dem 3. Jahrhundert ziemlich rasch aus
den erhaltenen römischen Schriften.

WAS NICHT IN DEN
GESCHICHTSBÜCHERN STEHT

Die zu Anfang der Episode vom Frühlingsfest der Tenkterer beschriebenen Einzelheiten wird man in keinem Buch über deutsche Geschichte finden können, weder die Bräuche bei diesem Fest noch die
sorgenvollen Überlegungen der Dorfhäuptlinge über das Verhältnis
der Freien ihres Stammes zu ihren Liten oder Knechten. Denn natürlich
gibt es hierfür keine schriftlichen Quellen aus dem Altertum.

Die einseitige Fixierung der offiziellen Geschichtswissenschaft auf
schriftliche Überlieferungen oder archäologische Ausgrabungen aus
der jeweils betrachteten Zeit läßt hier leider einen »blinden Fleck« entstehen. Wie traurig es mit den schriftlichen Überlieferungen über Germanien steht, wurde schon einmal am Beispiel der *Historien* des Tacitus
deutlich (6. Kap., S. 106), und die an sich bewundernswerten Fortschritte bei der archäologischen Erforschung Deutschlands in den letzten Jahrzehnten stoßen an natürliche Grenzen. Einmal liegen germanische *Siedlungen* der hier interessierenden Epoche weitgehend unter
den Häusern und Straßen moderner Dörfer und Städte und können daher nur durch Zufall wiedergefunden werden. Und zweitens erbringen
noch so sorgfältig ergrabene und dokumentierte Bodenfunde kaum je
einmal Hinweise auf historische *Veränderungen* und vor allem deren Hintergründe und Motive.

Daß sich ein Frühlingsfest bei den germanischen Tenkterern wie
oben beschrieben abgespielt hat, ist natürlich nicht beweisbar. Aber
zum Teil noch bis in die Neuzeit hinein in deutschen Dörfern gepflegte
Volksbräuche lassen darauf schließen, daß solche Festformen uralt
waren. Vielleicht wurden sie schon weit *vor* der germanischen Zeit
Deutschlands von den damals in unserem Gebiet ansässigen Menschen

ausgeübt und von Generation zu Generation weitergegeben, aus jener
Epoche, die in diesem Buch schon mehrfach erwähnt und mitteleuropäische Sprachepoche genannt wurde.

Ein Dorf der germanischen Tenkterer aus dem 2. und 3. Jahrhundert wurde übrigens 1979/80 in Düsseldorf-Lohhausen ausgegraben.
Diese Entdeckung stellt eine große Seltenheit dar, denn Siedlungsfunde
aus jener Zeit gibt es, wie erwähnt, nur sehr wenige und erst recht
kaum im rechtsrheinischen Germanien. Es läßt sich vorstellen, mit
welch zwiespältigen Gefühlen die etwa 100 Bewohner dieses Dorfes auf
den Ort am Horizont geblickt haben mögen, wo das römische Kastell
Gelduba Bedrohung und Ort lukrativen Tauschhandels zugleich darstellte. Heute führt eine Autobahn vom Flughafen Düsseldorf-Lohhausen über die Stelle, wo vor 1800 Jahren eine Handvoll Germanenfami-
lien ein einfaches Leben führte.

Einfach war das Leben damals, aber gewiß nicht sorgenfrei. Einige
der Sorgen, die die germanischen Bewohner der Rheingrenze bewegt
haben mochten, sind in der Einleitungsepisode dieses Kapitels angedeutet worden. Nicht nur das Verhältnis zu den römischen Nachbarn
war prekär, sondern auch die innere Entwicklung in der Dorf- und
Stammesgemeinschaft. Die germanischen Stämme setzten sich ja keineswegs nur aus sozial Gleichgestellten zusammen. Darauf wurde bereits mehrfach hingewiesen.

Es gab einen Adel, es gab freie Bauern und Krieger – was in jener
Zeit noch ziemlich das gleiche war –, es gab eine vermutlich gar nicht
so kleine Schicht von »halbfreien« Liten, und es gab relativ wenige
»leibeigene« Knechte und Mägde auf den Höfen reicherer Krieger.
Diese Knechte kamen nicht wie im Römerreich als Sklaven durch Kauf
zu ihren Herren, sondern wahrscheinlich als Kriegsgefangene, als Geschenk oder durch Erbschaft. Die Liten, davon stammt das neuhoch-
deutsche Wort »Leute«, waren vermutlich in der Mehrzahl Angehörige
einer von den germanischen Herren »überschichteten« Vorbevölkerung
mit früher einmal anderer Sprache.

Doch über das zahlenmäßige Verhältnis dieser Bevölkerungsgruppen und vor allem ihre äußeren Lebensumstände weiß man buchstäblich nichts. Nahmen die Männer der Liten am Kriegsdienst teil, wenn
die Krieger des Stammes für einen Angriff oder eine Verteidigung aufgeboten wurden? Durften sie als Gleichberechtigte in einer Gefolgschaft von Franken mitziehen? Waren Heiraten zwischen diesen Stän-

den erlaubt? Bei den Sachsen war dies nicht der Fall, wie berichtet wird, aber galt das auch für die anderen germanischen Stämme? Folgten die Kinder aus solchen Verbindungen »der ärgeren Hand« wie im späteren Mittelalter, das heißt, blieben sie und ihre Kinder weiter »Halbfreie«?

Eines ist sicher, das Verhältnis von germanischen Freien und Liten konnte nicht von dem ständigen Aderlaß an kräftigen jungen Männern unberührt bleiben, den die Stämme östlich des Rheins bis zum Ende der Römerzeit erlitten. Wie dieser Aderlaß vor sich ging, sollen die Gespräche der Dorfhäuptlinge in der Einleitungsepisode deutlich machen. Die mehr oder weniger rasche Auflösung der alten germanischen Stammesgemeinschaften wurde offenbar nicht nur durch die vielfältigen Wanderungen gefördert, von denen schon so oft die Rede war, sondern auch durch innere Vorgänge, die die traditionsgeheiligten Schranken zwischen den Ständen des Volkes außer Kraft setzten. Dies waren offenbar jene »politisch-ökonomisch-sozialen Wandlungen«, von denen einige Geschichtsprofessoren in ihren Büchern schreiben, ohne diese Vorgänge näher zu erklären.

14. NEUE STÄRKE MIT EINGEBAUTEN FEHLERN

»DAS REICH IST WIEDER MÄCHTIG!«
Oktober 303, Köln

Das Prätorium (Statthalterpalast) der blühenden CCAA (Köln) hatte schon viel erlebt. Unübersehbar dehnte es sich am Rheinufer mit prächtigen Kolonnaden und einer mit Marmorstatuen geschmückten Fassade oberhalb des geschäftigen Hafens aus. Auch vom anderen Ufer des hier so breit dahinströmenden Rhenus war es noch von jedem römischen Soldaten im Kastell Divitia (Deutz) und jedem fränkischen Barbaren gut zu erkennen. Kein anderes Bauwerk konnte so würdig hier am »nassen Limes« die Macht des Imperiums gegenüber den Barbaren am anderen Ufer repräsentieren.

In früheren Jahrzehnten war der Palast mehrmals längere Zeit sogar Residenz römischer Kaiser gewesen oder wenigstens hoher Truppenoffiziere, die sich von ihren Legionen zu Kaisern hatten ausrufen lassen, ohne allerdings die Macht über das ganze Imperium erringen zu können. Doch das war nun vorbei. Jetzt regierte der Kaiser und Gott Diokletian schon im 19. Jahr in Eintracht in der sogenannten Tetrarchie (Viererherrschaft) zusammen mit seinem Mitkaiser Maximian und den beiden Caesaren (designierten Kaisernachfolgern) Galerius und Constantius das Reich mit harter, aber segensreicher Hand, und die alten Götter Roms segneten das Imperium sichtbar.

Im Empfangsraum der Statthalterwohnung lagen zwei Männer im besten Alter auf ihren Klinen, in eifriges Gespräch vertieft. In einer Ecke stand bescheiden ein Freigelassener an einem Schreibpult, mit Rohrfeder, Tintenfaß und zahlreichen, jetzt noch leeren Brieftafeln aus dünnen, zusammengebundenen Holzbrettchen, gewärtig, von einem der beiden Herren einen Brief oder eine Notiz diktiert zu bekommen.

Marcus Publicus Secundanus war der Präses (Statthalter) der Provinz Germania secunda (II/Niedergermanien), und Gaius Flavius Victorianus hatte den Rang eines Dux (Militärbefehlshabers) eben dieser Provinz. Kaiser Diokletian hatte den früher geübten Brauch abgeschafft, die Provinzen des Reiches allein *einem* militärischen Chef zu unterstellen, und statt dessen überall getrennte Verantwortliche für die zivile Reichsverwaltung und das Heer ernannt. In manchen Provinzen ergaben sich daraus heftige Eifersüchteleien zwischen diesen örtlichen Repräsentanten der römischen Macht. Hier in der agrippinischen Kolonie sollte das nicht eintreten, das hatten sich die beiden hohen Beamten geschworen. Nicht umsonst waren sie alte Freunde, noch aus den Zeiten, da sie als junge Centurionen (Hauptleute) Kollegen gewesen waren, als ihre Legion unter Kaiser Probus die CCAA von den Usurpatoren Proculus und Bonosus zurückerobert hatte (siehe 13. Kap., S. 198).

So besprachen die zwei Würdenträger regelmäßig gemeinsam alle Angelegenheiten ihrer Provinz, die auch das Ressort des Kollegen berührten. Davon gab es stets genug. Sorge machte wie immer die Eintreibung der Steuern. In den einzelnen Städten der Provinz und deren Landgebieten war dies natürlich Aufgabe der Stadtbeamten. Doch hatten diese selten ausreichend starke Kräfte der städtischen Polizei zu ihrer Verfügung, um ohne Probleme ihre zunehmend gefährliche Aufgabe durchführen zu können. Daher mußten die in der Provinz stationierten Legionen des Heeres immer wieder Vexillationes (kleine gemischte Soldatenabteilungen) abstellen, um die Steuereintreiber zu beschützen.

Für das Reich und dessen Verwaltung mochte es ein großer Vorteil sein, auf Grund genauer Steuerschätzungen einen Überblick über die in den nächsten Jahren zu erwartenden Einnahmen zu erhalten. Darüber waren sich der Präses und der Dux völlig klar. Doch für die untergeordneten Stellen fingen damit die Probleme erst an. Die kaiserliche Zentralverwaltung schrieb jeder der vier Präfekturen des Reiches (Oriens, Illyricum, Italia und Africa, Gallia), jeder der zwölf Diözesen und schließlich jeder der an die 100 Provinzen ihr Steueraufkommen für die nächsten fünf Jahre genau vor und machte die Präsides dieser Provinzen für die vollständige und pünktliche Ablieferung dieser Summe persönlich haftbar. Jeder Präses, natürlich auch der in der Germania II, sorgte mit den gleichen Konsequenzen dafür, daß diese Summe auf die ihm unterstehenden Kommunen und die Gebiete autonomer Völkerschaften umgelegt und von diesen wiederum auf die einzelnen Grundbesitzer und Arbeitskräfte verteilt wurde, entsprechend der Leistungsfähigkeit, die ein Zensus (Steuerschätzung) alle fünf Jahre festgestellt hatte.

Doch was geschah, wenn sich größere Gebiete der Provinz zwischenzeitlich entvölkerten, wie dies im Mündungsgebiet des Rhenus und der Mosa (Maas) in den letzten Jahren der Fall war? Hier, auf der sogenannten Rheininsel, hatten Angriffe der barbarischen Francones und Frisii die bisher dort wohnhaften Bataver und Canninefaten weitgehend ins Gebiet der Provinz Belgica II (Belgica secunda) vertrieben, und die neuen Bewohner dachten nicht daran, dem Römischen Reich Steuern zu zahlen. Genauer gesagt, das gesamte Gebiet, das einst noch nördlich der Maasmündung zum Reich gehört hatte, unterstand ihm de facto nicht mehr, auch wenn das in offiziellen Berichten nicht so ausgedrückt werden durfte. Aber die Steuerforderung für die Provinz blieb unverändert bestehen, und das bedeutete, daß jeder Steuerpflichtige im verbliebenen Bereich um so mehr bezahlen mußte. Kein Wunder, daß die Kolonen, die Landpächter auf den großen Gütern, denen oft ihre letzte Kuh gepfändet werden mußte, um die festgesetzte Steuer einzutreiben, nur mit harter Hand schwerbewaffneter Soldaten von handgreiflicher Gegenwehr abgehalten werden konnten.

Ein anderes Problem für die beiden hohen Beamten waren die vor zwei Jahren in einem kaiserlichen Edikt festgesetzten Höchstpreise für alle wichtigen Waren und Dienstleistungen. Dieser Befehl hatte die ständigen Preissteigerungen der vergangenen Jahrzehnte beenden sollen. Aber das Ergebnis war nur gewesen, daß das Heer kaum noch Getreide und andere Lebensmittel von den Gutshöfen zu den festgesetzten Preisen erwerben konnte, weil sie unter der Hand zu höheren Preisen an andere Käufer weggegangen waren. Zwar sollten Verstöße gegen das kaiserliche Edikt mit Zwangsarbeit in den Steinbrüchen oder gar der Todesstrafe geahndet werden. Aber die Behörden hätten der Übeltäter erst einmal habhaft werden müssen, und das war sehr schwer.

Ohne viele Worte darüber zu verlieren, waren die beiden Beamten sich darüber klar, daß die Kastelle und andere Militäreinrichtungen in der Provinz ebenso wie der umfangreiche Haushalt des zivilen Präses in der CCAA stillschweigend höhere als die festgesetzten Preise für die Versorgung der vielen Menschen zahlen mußten. Die Alternative wären entweder hungernde Soldaten und Beamte oder offener Aufstand in der ganzen Provinz gewesen.

Und dann war da noch der Fall des Christen Faustinus, den ein Optio (Unteroffizier) der Kastellpolizei im militärischen Sperrgebiet des Castra Bonnensis (Bonn) angetroffen hatte, als er bei einigen ebenfalls

christlichen Soldaten eine Kollekte einsammelte. Diese Kollekte, sie betrug genau 323 Sesterzen und sieben Asse, sollte Witwen armer Kolonen in der Nähe des Lagers zugute kommen, die bei einer Schlägerei
aus Anlaß einer Steuereinziehung ums Leben gekommen waren. So
hatte der festgenommene Christ im Verhör angegeben. Seine Verhaf-
tung war für den Präses und den Dux der Provinz Germania II ein sehr
unwillkommenes Ereignis gewesen. Faustinus saß im Karzer der Legio
Prima Flavia Minerva in Bonn in Untersuchungshaft, aber eigentlich
hatte er mit dem Militär ja gar nichts zu tun. Vor allem jedoch zwang
dieser Gefangene die Behörden, einen Ausweg zwischen den wider-
sprüchlichen Anweisungen zweier gottgleicher Herrscher zu finden.

Kaiser Diokletian, der unter den vier Herrschern des Römischen
Reiches immer noch den Vorrang beanspruchte, hatte im Februar des
Jahres 1056 ab urbe condita (nach der Gründung Roms 753 v. Chr. =
303 n. Chr.) ein Edikt gegen die Christen erlassen. Es hieß, dies sei auf
Veranlassung seines Caesars Galerius geschehen, der die Präfektur
Illyricum (Donaugebiet und Balkanhalbinsel) verwaltete. In dem Edikt
war die Zerstörung der christlichen Kirchen und der liturgischen
Bücher der Christen befohlen worden. Außerdem sollten die Geistlichen und Gläubigen der Christen Opfer für die göttlichen Kaiser ver-
richten und damit ihrem Glauben abschwören. In den östlichen Provinzen, in Asia, in Ägypten und Africa (Karthago, heute Tunesien),
waren, wie Gerüchte wissen wollten, auch viele Christen, die diese Abkehr von ihrem Glauben standhaft verweigert hatten, verbrannt oder
im Stadion wilden Tieren zum Fraß vorgeworfen worden.

Caesar Constantius Chlorus, der in der Stadt Augusta Treverorum
(Trier) residierte und zu dessen Präfektur auch die Provinz Germania II
gehörte, hatte jedoch die Weisung ausgegeben, die Christen nach Möglichkeit unbehelligt zu lassen, wenn sie nicht gerade in aufsehenerre-
gender Weise den Kaiser beleidigten oder dem Staat schadeten. Diese
Weisung war nicht schriftlich ergangen, aber der mündlich durch Legaten des Caesars an die hohen Beamten seiner Präfektur übermittelte
Befehl war dennoch zu befolgen.

Mit gedämpfter Stimme berieten die beiden Freunde, wie sie aus der
Situation herauskommen konnten, ohne offen gegen ein schriftliches
Edikt des Kaisers Diokletian und eine gegenteilige mündliche Weisung
des für sie zuständigen Caesars Constantius Chlorus zu verstoßen.
Zum Glück hatte der verhaftete Christ eine Bescheinigung der Behör-

den von Lugdunum (Lyon) bei sich gehabt, wonach besagter Faustinus vor drei Jahren vor einer Kommission Opfer für den Kaiser verrichtet habe. Formal mußte er also gar nicht als Christ gelten.

Das unerlaubte Eindringen in den militärischen Sperrbezirk der Festung Bonn war ein so häufiges Vergehen, daß niemand mehr an eine Bestrafung dachte. Die gesammelte Kollekte war beschlagnahmt worden und sollte zu gleichen Teilen der persönlichen Kasse des Präses und des Dux zugeführt werden. Faustinus selbst sollte dann ohne Prozeß entlassen werden, denn ein Vergehen gegen das kaiserliche Edikt war in seinem Verhalten nicht nachzuweisen. Das war nach Meinung der beiden hohen Beamten die eleganteste und verschwiegenste Form der Bereinigung dieses unliebsamen Falles.

Aufatmend nahmen die beiden Freunde einen großen Schluck Wein aus ihren Goldbechern und wandten sich erfreulicheren Dingen zu. Seit einigen Jahren herrschte im weiten Reich wieder Ruhe. Kein Prätendent versuchte, den Tetrarchen ihre Kaiserherrschaft streitig zu machen. Die durch jahrzehntelanges inneres Chaos verstörten Bürger des Reiches begannen wieder Hoffnung auf bessere Zeiten zu schöpfen. Auch die äußeren Feinde, hier am Rhein insbesondere Franken, Sachsen, Friesen, weiter im Süden die Burgunder und Alemannen, hatten nach einigen entschlossenen blutigen Vergeltungsfeldzügen noch durch die Kaiser Diokletian und Maximian und den Caesar Constantius persönlich die Lust verloren, ständig plündernd in die römischen Provinzen diesseits des Rheins und der Donau einzufallen. Seit vielen Jahren zum erstenmal hatten die Verantwortlichen in der Grenzprovinz Germania II wieder das Gefühl, in Frieden zu leben.

»Dank sei den Herrschern und Göttern Diokletian, Maximian, Constantius und Galerius für ihr segensreiches Wirken«, sagte der Dux Victorianus die formelhafte Floskel auf, die sich in den letzten Jahren eingebürgert hatte, und er hob seinen Becher, trank seinem Gegenüber zu und vergaß auch nicht, dem Jupiter einen Spritzer seines Weins zu opfern. »Endlich ist das Reich wieder mächtig«, pflichtete ihm der Präses Secundanus bei und hob ebenfalls den Becher. Er sprach die Worte laut aus, als wolle er diese Meinung bei seinem Schreiber zu Protokoll geben. Und doch klang eine Spur von Skepsis in seiner Stimme mit, als könne er seiner eigenen Überzeugung nicht ganz sicher sein.

WO BLEIBEN DIE MÄRTYRER DER
»THEBAISCHEN LEGION«?

Weder die Namen der hohen zivilen und militärischen Beamten, die um das Jahr 303 die Provinz Germania II verwalteten, sind in Wirklichkeit der Geschichtsforschung bekannt geworden, noch natürlich die Tatsache eines solchen Gesprächs. Dennoch wird in der vorstehenden fiktiven Episode versucht, ein wenig von der »inneren Wahrheit« der Situation, den Erfolgen und den Problemen der sogenannten »diokletianischen Epoche« des Römischen Reiches für heutige Leser verständlich zu machen.

Doch zumindest viele Rheinländer unter den Lesern werden die innere Wahrheit der obigen Episode bezweifeln. Als Zeitpunkt des fiktiven Gesprächs wurde bewußt der Oktober 303 gewählt, ein Datum, an dem nach der frommen Legende das Martyrium des heiligen Gereon und weiterer über 300 Soldaten der »Thebaischen Legion« in *Köln* stattgefunden haben soll. Ein ganz ähnliches Gedenken gilt den römischen Offizieren Cassius und Florentius, die etwa zur gleichen Zeit mit einigen Gefährten in *Bonn* hingerichtet worden sein sollen, weil sie sich als Christen standhaft geweigert hätten, dem Kaiser zu opfern und damit dem Christengott abzuschwören. Von der Schweiz, genau gesagt dem Städtchen St. Maurice im Rhônetal, bis nach Xanten am Niederrhein zieht sich eine ganze »Straße der Märtyrer der Thebaischen Legion«, deren Martyrium noch heute Gelegenheit zu zahlreichen Gedenkgottesdiensten gibt. Sind diese christlichen Legenden bloß erfunden, gelten die Gedenktage reinen Phantasiegestalten?

In diesem Kapitel, das die Geschichte Deutschlands um die Wende vom 3. zum 4. Jahrhundert wieder einmal vorrangig aus römischer Sicht beleuchten soll, muß jetzt zum erstenmal das Christentum genauer erwähnt werden. Seit mehr als 250 Jahren bestand es nun schon als eine von vielen Glaubensrichtungen im Römischen Reich. Im Osten und Süden des riesigen Imperiums, das heißt in Kleinasien, Syrien, Griechenland, Ägypten und Nordafrika, gab es inzwischen schon viele Christengemeinden mit zahlreichen Gläubigen. Dort waren auch immer wieder einmal blutige Christenverfolgungen vorgekommen. Ursache waren nur in seltenen Fällen Anordnungen der jeweiligen Kaiser gewesen, vielmehr traf ein heute weitgehend unerklärlicher Haß einfacher Volksschichten in jenen Gegenden die Menschen, die sich nur

durch ihren Glauben an einen einzigen Gott und seinen Sohn, den Er-
löser, von den andereren Einwohnern des Römischen Reiches unterschieden. Genauso unerklärlich ist heutzutage aber die unaufhaltsame
Zunahme der Christen trotz dieser Verfolgungen. Da dieses Buch keine
spezielle Religions- oder Kirchengeschichte Deutschlands darstellen
will, muß es an dieser Stelle bei dieser unbefriedigenden Erklärung
bleiben.

Auch im westlichen und nördlichen Teil des Imperiums, in Italien,
Gallien, Hispanien, Britannien, Rätien, Pannonien, existierten im
3. Jahrhundert schon christliche Gemeinden. Aber sie waren noch vergleichsweise klein und beschränkten sich auf einige größere Städte. Vermutlich waren ihre Mitglieder zum größten Teil als Kaufleute, Handwerker oder auch Sklaven aus Syrien, Ägypten und anderen schon
stark christianisierten Gebieten des Reiches zugewandert. Bei der Frei-
zügigkeit innerhalb des Imperiums war das kein Problem. Einheimische Kreise wurden aber wohl zunächst noch kaum von dem neuen
Glauben erfaßt, wenigstens nicht in Gallien und den germanischen und
rätischen Provinzen. Das dürfte der Grund gewesen sein, der bei der
letzten offiziellen Christenverfolgung unter Diokletian den Caesar dieser Gebiete, Constantius Chlorus, veranlaßte, vorsichtiger als sein
»Oberkaiser« vorzugehen. Die christlichen Autoren des 4. Jahrhunderts
haben jedenfalls Constantius einmütig gelobt, daß er die Christen in
seinem Bereich nicht habe verfolgen lassen.

Der Kölner Schriftsteller Hans Peter Richter hat in dem Buch *Jagd
auf Gereon* versucht, den zahlreichen mittelalterlichen Legenden über
das angebliche Martyrium einer ganzen Legion des römischen Heeres
unter Kaiser Diokletian nachzuspüren. Diese Legion, die ausschließlich
aus christlichen Soldaten bestanden habe, sei, so heißt es, aus der Stadt
Theben in Ägypten nach Gallien verlegt worden. Auf ausdrücklichen
Befehl des Kaisers Maximian seien ihre über 6000 Legionäre in mehreren Gruppen hingerichtet worden, weil sie das Opfer für den Kaiser und damit das Abschwören vom christlichen Glauben verweigert
hätten.

Schriftliche Überlieferungen dieses Inhalts lassen sich zwar bis in
die Mitte des 5. Jahrhunderts zurückverfolgen, und auch archäologische Spuren früher Märtyrerverehrung wurden im Rheinland, so in
Köln, Bonn und Xanten, sowie in der Schweiz gefunden. Doch einen
eindeutigen Beweis gibt es nicht, daß diese Massentötung im Jahr 303

(oder etwa in dieser Zeit) als historisches Ereignis tatsächlich stattgefunden hat. Im Gegenteil, die historisch feststehende, sehr unterschiedliche Form der Christenverfolgung unter den Kaiserkollegen der Tetrarchie Diokletians macht dieses Martyrium an Rhône und Rhein sehr unwahrscheinlich. Caesar Constantius, der ab 305 selbst Kaiser wurde, war der Vater des ersten christlichen römischen Kaisers Konstantin des Großen (306–337), und dieser würdigte rückblickend seinen Vater als den eigentlichen ersten christlichen Kaiser.

So bleibt nur die Erklärung, daß die Christen am Rhein etwa um 350, als ihre nun offiziell geduldeten und geförderten Gemeinden im ganzen Reich mit dem Andenken an ihre mehr oder weniger zahlreichen Märtyrer wetteiferten, sich selbst die schöne, jedoch nicht zutreffende Legende vom Martyrium der Thebaischen Legion geschaffen haben.

KAISER DIOKLETIAN UND SEINE REFORMEN IM RÖMISCHEN REICH

Mit der Regierung des Kaisers Diokletian (285–305) lassen nahezu alle modernen Darstellungen des Römischen Kaiserreiches eine neue Epoche beginnen. Es war, als finde das Imperium nach den unaufhörlichen Bürgerkriegen zwischen »Möchtegernkaisern« in verschiedenen Regionen, nach sozialen Unruhen und ständigen verlustreichen Abwehrkämpfen gegen plündernde Barbaren an fast allen Stellen der unendlich langen Grenzen wieder zur Stärke und dem Frieden der frühen Kaiserzeit zurück. Wie so viele seiner Vorgänger war auch Diokletian nichts anderes als ein hoher Truppenführer niedriger Herkunft gewesen, den seine Legionen eines Tages zum Kaiser ausgerufen hatten. Er stammte aus Illyrien, dem westlichen Teil der Balkanhalbinsel. Aber die Herkunft aus Italien oder gar der Stadt Rom war schon längst keine Voraussetzung mehr für die Kaiserwürde.

Mit harter Hand, aber sehr konsequent begann Diokletian das Reich, das Heer, die Wirtschaft zu reformieren. Ob die Ideen dafür alle seinem eigenen Kopf entstammten oder ob er es verstanden hatte, sich einen fähigen Kreis hoher Berater heranzuziehen, ist unbekannt. Viele seiner Reformen hatten lange Bestand, andere wurden schon bald nach seinem Tod – oder sogar noch früher, nach seinem Rücktritt vom

214

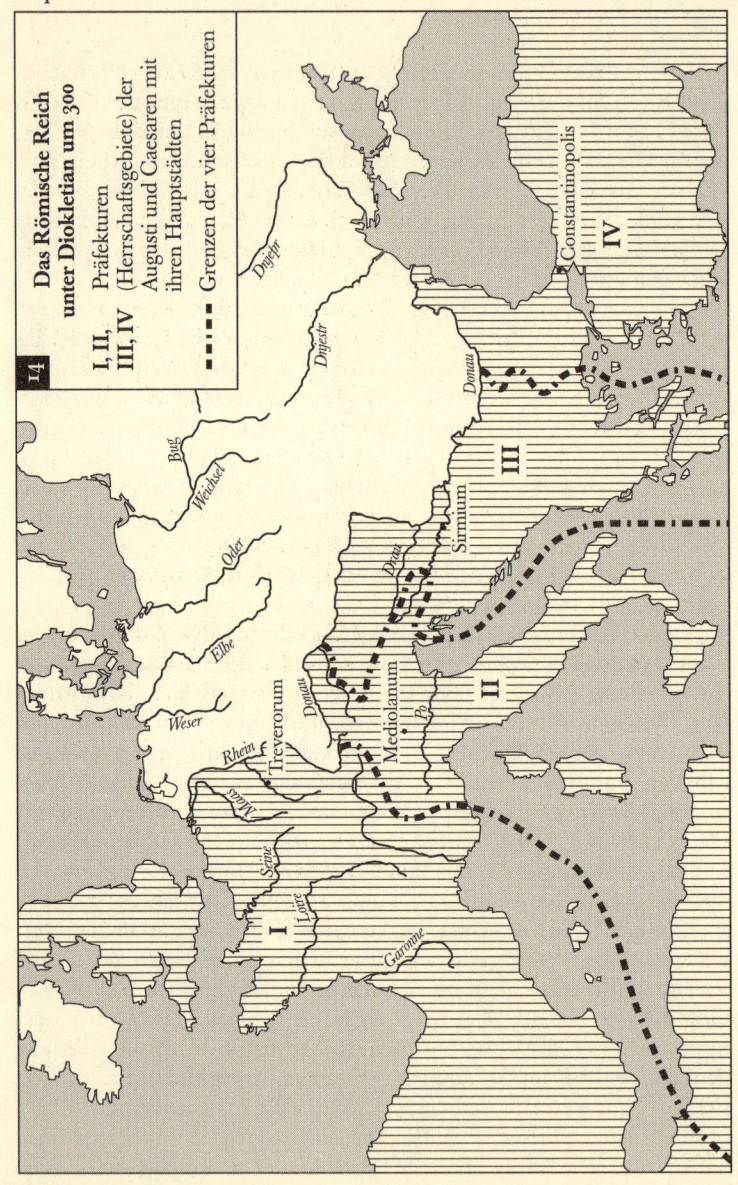

Das Römische Reich
unter Diokletian um 300

Präfekturen

I, II,
III, IV   (Herrschaftsgebiete) der
Augusti und Caesaren mit
ihren Hauptstädten

- · - · - Grenzen der vier Präfekturen

14

Thron – stillschweigend zurückgenommen. Denn Diokletian gab persönlich ein Beispiel, das während des ganzen jahrhundertelangen Bestandes des römischen Kaiserreiches einmalig blieb. Nach zwanzigjähriger erfolgreicher Regierung trat er freiwillig von seinem Amt zurück und lebte danach noch über zehn Jahre als Privatmann in dem Palast, den er sich im heutigen Split an der kroatischen Adriaküste hatte bauen lassen.

In der klaren Erkenntnis, daß das riesige Imperium von einem einzigen Kaiser nicht mehr regiert und militärisch verteidigt werden konnte, hatte er die sogenannte Tetrarchie eingeführt. Er ernannte seinen Generalskollegen Maximianus zum Mitkaiser und zwei weitere bewährte hohe Offiziere zu seinen und Maximians Caesaren: Galerius und Constantius. Sie alle stammten wie Diokletian aus Illyrien. Caesaren als designierte Nachfolger des jeweiligen Augustus (Kaiser) hatte es schon früher gegeben. Aber jetzt traf Diokletian die neue Anordnung, daß jeder dieser vier Regenten für etwa ein Viertel des Reichsgebiets zuständig sein sollte, daß aber alle vier gemeinsam die Einheit des Reiches repräsentieren sollten. Ein bekanntes Standbild aus jener Zeit, das die vier Tetrarchen in inniger gegenseitiger Umarmung zeigt, symbolisiert dieses neuartige Verhältnis.

Nach dem freiwilligen Rücktritt Diokletians und seines Mitkaisers Maximianus (nicht ganz so freiwillig) rückten die beiden bisherigen Caesaren Galerius und Constantius zu Kaisern auf und sollten ihrerseits die fähigsten Männer als Caesaren und präsumtive Nachfolger ernennen. Eine Erbfolge, wie bisher bei den meisten Kaisern üblich, war von Diokletian nicht vorgesehen. Doch schon im Jahr 306, nach dem frühen Tod des für Westeuropa zuständigen Kaisers Constantius im heutigen York in Britannien, kam das System der Tetrarchie in Unordnung. Die Truppen in Britannien riefen nämlich den jungen Sohn des Verstorbenen, Constantinus, zum Kaiser aus. Er sollte später den Ehrennamen Konstantin der Große erhalten und das Römische Reich noch gründlicher umgestalten als Diokletian und seine Mitstreiter.

Die wichtigsten Reformen des Diokletian im Bereich der Verwaltung, des Steuersystems und der Preisregulierung wurden bereits in der Einleitungsepisode gestreift. Sie alle galten zu ihrer Zeit als außerordentlich modern und fortschrittlich, bargen jedoch Mängel in sich, die sich auf Dauer als nachteilig, ja geradezu als Sprengsatz für das Imperium erweisen sollten.

Vor allem die Art der Steuerfestsetzung und -eintreibung sollte lang-

fristig die Wirtschaft zugrunde richten. Belastet wurden fast auschließ-
lich die armen Kolonen, der weitaus größte Anteil an der Gesamtbevölkerung, mit einer doppelten Besteuerung des Bodens, der formal
den Kolonen gehörte, und der Arbeitskraft durch eine Art Kopfsteuer.
Reiche Gutsbesitzer, Großkaufleute und andere »Kapitalisten« blieben
dagegen fast von jeder Besteuerung frei. Sie konnten, je mehr das Römische Reich macht- und verwaltungsmäßig verfiel, desto größere Vermögen aufhäufen. Doch dies ist ein Vorgang, der eher in einer Geschichte des Römischen Reiches behandelt werden müßte als in einer
Vorgeschichte des Raumes Deutschland.

Die Tendenz zur zwangsweisen Vererblichkeit der Berufe trug ebenfalls zur wirtschaftlichen Katastrophe des Imperiums bei. Die gesetzlich
verbotene soziale Mobilität – Söhne von Bauern mußten Bauern bleiben, Söhne von Kaufleuten oder Soldaten ebenfalls Kaufleute oder Soldaten werden usw. – verhinderte den Aufstieg »innovativer« Schichten
und ließ die Unterschichten resignieren oder trieb sie in die Rebellion.
Dieser allmähliche wirtschaftliche Zusammenbruch in den folgenden
zwei Jahrhunderten fiel den Zeitgenossen und zum Teil den modernen
Historikern nur deshalb nicht so sehr auf, weil er einherging mit dem
stückweisen Verlust eines Reichsteils nach dem anderen durch äußere
Angriffe.

PROBLEMATISCHER
DRUCKAUSGLEICH

Offizielle Lobgedichte römischer Dichter auf ihre jeweiligen Kaiser, die
sogenannten »Panegyrici«, sind ein wesentlicher Bestandteil der heute
noch verfügbaren Geschichtsquellen für jene Epoche. Eine einigermaßen objektive Zeitgeschichtsschreibung, wie sie Tacitus 200 Jahre
zuvor noch versucht hatte, war offenbar nicht mehr opportun oder
möglich. Diese Panegyrik strotzte nur so von dick aufgetragenen
Schmeicheleien auf die Kaiser, denen sie gewidmet war, sollte sie doch
dem jeweiligen Dichter eine Anstellung im Staatsdienst oder wenigstens
ein ansehnliches Geldgeschenk des Kaisers eintragen. Diese Lobprei-
sungen sind daher für moderne Historiker außerordentlich dubiose
Quellen, wenn auch oft für bestimmte Regionen oder Jahrzehnte die
einzigen, die bis heute überliefert sind.

In diesen Quellen wird für die Zeit Diokletians und seines berühmten Nachfolgers Konstantin des Großen die wiedererlangte Sicherheit des Reiches an seinen äußeren Grenzen hervorgehoben: »Es schützen uns nicht die tiefen Wasser des Rheins, sondern der Schrecken, den Dein Name verbreitet. Der Rhein mag durch Hitze austrocknen oder in Eis erstarren, der Feind wird auch dann nicht wagen, diesen Fluß zu überschreiten...« Das war der Stil, mit dem ein solcher Panegyricus dem Kaiser »Honig um den Bart schmierte«. Die Wirklichkeit sah sicher erheblich anders aus.

Mindestens die ersten zehn Jahre der diokletianischen Epoche waren ausgefüllt mit Angriffen germanischer Völker über den Rhein- und Donaulimes hinweg, wie in der Einleitungsepisode bereits angedeutet. Jedoch gab es nun auch wieder entschlossene Vergeltungsfeldzüge der Kaiser oder Caesaren ins germanische Gebiet hinein. Der Friedensschluß des Kaisers Maximian mit einem Frankenkönig Gennobaudes, der im 13. Kapitel kurz erwähnt wurde (S. 202), gehört in diese Zeit. Es läßt aufhorchen, daß Gennobaudes zahlreiche Gefangene zurückgeben mußte, die er vorher bei seinen Angriffen auf die Provinz Germania II gemacht hatte. Hätten diese Gefangenen den Verlust an Arbeitskräften ausgleichen sollen, den die fränkischen Stämme durch den häufigen Abzug von Frankengefolgschaften erlitten?

Caesar Constantius Chlorus warf Franken und Friesen zurück, die den Unterrhein überschritten hatten, konnte jedoch nicht verhindern, daß sie auf Dauer das Gebiet zwischen Rhein- und Maasmündung an der Nordsee okkupierten und die weitgehend romanisierten Bataver und Canninefaten von dort vertrieben. Auch mit Sachsen hatte Constantius an der gallischen Nordseeküste verstärkt zu kämpfen, die als wendige Seeräuber immer wieder die Küstenorte überfielen. Selbst die Ostküste der Insel Britannien – sie unterstand ebenfalls dem Caesar Constantius – blieb von ihren Angriffen nicht verschont. Der Druck aus der Germania libera hielt offensichtlich weiter an.

Kaiser Diokletian bemühte sich, diesem Druck mittels einer durchgreifenden Heeresreform entgegenzuwirken. Die Mannschaftsstärke der Legionen wurde von früher über 6000 auf 500 bis 1000 Soldaten verringert, gleichzeitig aber ihre Zahl vermehrt. Im ganzen Reich gab es nunmehr rund 140, die in möglichst dichten Abständen entlang der Grenzen stationiert waren. Entlang der Rhein- und Donaugrenze ließen die Kaiser die zum Teil inzwischen verfallenen Militärkastelle wiederaufbauen und neue errichten. Diese Legionen als ausgesprochene Grenztruppen sollten an Ort und Stelle verbleiben und nicht ständig an andere Kriegsschauplätze verlegt werden. Sie rekrutierten sich weitgehend aus den Söhnen ihrer eigenen Soldaten, die ja alle Familie hatten und anstelle von Sold mit Landeigentum ausgestattet wurden, wie dies schon seit längerer Zeit üblich war (siehe 12. Kap., S. 182). Doch diese Grenztruppen galten als nicht besonders kampffähig.

Hinter dieser Grenzwacht wurden an verschiedenen Stellen des Reiches besondere Eingreiftruppen, Comitatenses genannt, aufgestellt, die schnell beweglich sein sollten und je nach Bedarf an verschiedenen Stellen eingesetzt werden konnten. Diese durften nun keine Bauern sein, die man zum Schutz ihrer Heimat mit Waffen ausrüstete und im Verteidigungskampf drillte. Diese beweglichen Legionen wurden im Laufe der Zeit immer mehr zum Sammelplatz verwegener Berufssoldaten, Kriegshandwerker, Söldner, denen neben Kampf und dabei zu erringendem Ruhm nur ihr Sold und eventuelle Beute wichtig war.

Nicht mehr unbedingt im Römischen Reich, aber dicht jenseits seiner Grenzen gab es zahlreiche Männer, auf die die obigen Kriterien zutrafen. Es waren die Krieger aus der Germania libera. Vielen davon war es völlig gleichgültig, ob sie mit einer Frankengefolgschaft ins Römische Reich einfielen, oder ob sie im römischen Sold im Land umherzogen und sich mit Gegnern eben dieses Reiches herumschlugen. Schon in den vergangenen 300 Jahren waren viele Germanen zwangsweise oder freiwillig ins römische Militär eingetreten. Aber erst jetzt, unter Diokletian, begann das, was moderne Historiker die »Germanisierung des römischen Heeres« genannt haben: eine immer stärkere Anwerbung germanischer Krieger. Vielleicht glaubten Diokletian und seine Berater gar nicht so verkehrt, daß es auf diese Weise möglich sei, den Druck der Germanen von außen auf das Reich zu verringern und durch Heranziehung germanischer Krieger im eigenen Dienst sich gleichzeitig außerordentlich kampfkräftige eigene Truppen zu schaffen. An der Loyalität der Germanen im römischen Heer mußte man im allgemeinen nicht zweifeln, wie sich seit Jahrhunderten erwiesen hatte. Nur der Sold mußte pünktlich – und nicht zu knapp! – gezahlt werden.

Nicht nur einzeln traten Germanen in die Legionen der Eingreiftruppen ein, sondern ganze größere Gruppen wurden jetzt in römischen Dienst genommen. Die seit Augustus üblichen Namen für »barbarische« Hilfstruppen verschwanden allmählich und machten neuen

Formen der Verpflichtung Platz. Schon etwas vor Diokletian tauchen
römische Berichte über »laeti« auf. Dies waren vorwiegend germanische Gruppen, die zwangsweise an verschiedenen Stellen im Inneren
Galliens angesiedelt und streng überwacht wurden. Dort mußten sie
das weithin entvölkerte Land bebauen und ihre jungen Männer zum
Kriegsdienst abstellen. Woher der römische Name Laeti kam, ist bis
heute nicht geklärt. Die relativ gedrückte soziale Stellung dieser Gruppen und die Ähnlichkeit des Namens mit den germanischen Liten
lassen manche Vermutungen zu: Handelte es sich um Germanengruppen, die mit ihren Familien auf Landsuche gegangen und in römische
Kriegsgefangenschaft geraten waren? Hatten sich bei römischen Gegenstößen in die Germania libera Gruppen germanischer Liten, also
der Halbfreien, den Römern ergeben oder waren gewissermaßen auf
römisches Gebiet entführt worden, um die freien Stämme östlich des
Rheins wichtiger Arbeitskräfte zu berauben? Da römische Berichte
kein Wort über solche Hintergründe enthalten, weigern sich normalerweise die modernen Historiker, auch nur Vermutungen darüber anzustellen.

Andere Germanen wurden mit einem völlig anderen Status in das
römische Heer ein- oder vielmehr diesem angegliedert. Mit ihnen
schloß das Reich ein formelles völkerrechtliches Bündnis (Foedus) und
stellte ganze Gefolgschaften unter Führung ihrer Herren als Foederati
unter römischen Oberbefehl. Auch diese Germanenkrieger waren wohl
häufig von ihren Frauen und Kindern begleitet oder holten sich junge
Mädchen aus ihrer Heimat in ihre römischen Stationierungsorte nach.

Von all diesen Gruppen germanischer Soldaten in römischem Sold
wird in den nächsten Kapiteln noch viel die Rede sein müssen. Für
einige Zeit scheint der von Diokletian geplante »Druckausgleich« halbwegs funktioniert zu haben, doch langfristig konnte er nichts am allmählichen Untergang des Römischen Reiches ändern.

15. UM DIE RHEINFRONT

DAS FESTMAHL DES FÜRSTEN HORTAR
Sommer 359, bei Ladenburg/Bergstraße

Der Platz in Hortars Halle reichte nicht für die vielen Gäste, die sich zu
diesem Festmahl eingefunden hatten. Daher mußten lange Baum-
stämme als Sitzgelegenheiten auf die Waldlichtung neben dem Haus ge-
rollt werden. Dort saßen nun die Fürsten und Edlen aus allen Gauen
diesseits und jenseits der großen Waldberge (Odenwald/Schwarzwald)
und ließen sich den ungewohnten Braten aus Auerochsenlende
schmecken. Jäger des Fürsten Hortar hatten tagelang die Wälder des
Berglandes nach Sonnenuntergang zu (Odenwald) durchstreift, um
genügend Exemplare der seltenen Tiere zu erlegen.

Denn Hortars Dorf wäre niemals in der Lage gewesen, aus seinen
eigenen Lebensmittelvorräten die Gäste von nah und fern satt zu bekommen. Schließlich war es erst ein Jahr her, seit römische Soldaten
plündernd und sengend die Dörfer des Gaues durchzogen und den
Fürsten zum schleunigen Friedensschluß gezwungen hatten. Wie üblich
waren ein Winter und Frühling des strengen Hungerns für alle Menschen und Tiere im Gau die Folge gewesen. Doch in diesem Jahr war
die Ernte wieder ausreichend. Fürst Hortar hatte daher die Gelegenheit
benutzt, die Fürsten aller Gaue rund um das große Waldgebirge zu
einem Treffen einzuladen, Nachbarn und Freunde aus gemeinsamen
Feldzügen oder auch nur durch Schwägerschaft kreuz und quer untereinander verbunden. Die Römer pflegten die Menschen in den Gauen
all dieser Fürsten schon seit langem mit dem Namen Alemannen zu
bezeichnen.

Fürst Hortar machte sich keine Illusionen, daß er seine adligen Standesgenossen auf eine gemeinsame Linie in ihrem Verhalten gegenüber
den Römern jenseits des Rheins einschwören könnte. Dazu hatten sie
zu verschiedene Interessen und Motive. Aber es war ihm darauf angekommen, zwischen denjenigen Fürsten, die offiziell mit dem Römi-

schen Reich verbündet waren, denen, die kürzlich gezwungenermaßen
Frieden mit ihm geschlossen hatten, und jenen, die das noch nicht getan hatten, eine Aussprache und vielleicht eine Annäherung zu ermöglichen. Insgeheim träumte Hortar davon, wie einst Fürst Chnodomar
einmal die Rolle des einflußreichsten Fürsten unter den Alemannen
einzunehmen.

Doch seit jenem Tag bei Argentoratum (Straßburg) vor zwei Jahren
war Chnodomar ein Gefangener der Römer, und die Leichen Tausender tapferer Alemannenkrieger moderten noch auf dem einstigen
Schlachtfeld vor sich hin. Niemand hatte sie begraben oder verbrannt.
Julianus, der römische Caesar des Westens, hatte damals die verbündeten Krieger in einer großen Schlacht besiegt, nachdem er zuvor schon
die meisten Kriegergefolgschaften wieder aus Gallien und über den
Rhein zurückgetrieben hatte, die dort plündernd das Land der Römer
durchzogen.

Einige Jahre lang hatte zuvor das ganze östliche Gallien von der
Nordseeküste bis zu den Alpen schutzlos dem Zugriff der Krieger aus
der Germania libera offengestanden. Nur einige größere und ummau-
erte Städte mit Garnisonen römischer Soldaten waren verschont geblieben. Nicht nur eine reiche Ernte von wertvollen Waffen, Schmuck,
Eisengegenständen und Lebensmitteln war den Kriegern dabei in die
Hände gefallen, sondern auch eine erfreulich große Zahl von gefange-
nen Kolonen, Knechten, Mägden und Kindern sowie geschickten
Handwerkern von den römischen Landgütern. Sie waren eine bitter
notwendige Verstärkung an Arbeitskräften gewesen, als Ersatz für die
vielen jungen Krieger, die in den Jahrzehnten zuvor bei Einfällen ins
Römergebiet ums Leben oder um ihre Freiheit gekommen oder als
Söldner in römische Dienste getreten waren. Doch in den kürzlichen
Friedensschlüssen mit einzelnen Fürsten diesseits des Rheins hatten die
Römer stets Wert darauf gelegt, daß diese Gefangenen wieder zurück-
gegeben wurden. Denn auch im Römerland begannen überall die
Landgüter und kleinen ungeschützten Städte zu veröden.

Angeregt von dem ungewohnt reichlichen Essen und zahlreichen
Trinkhörnern voller Met hatten schon verschiedene Fürsten während
des Festmahls in langen Reden ihre Meinung den versammelten Edlen
kundgetan. Jetzt erhob sich Fürst Vadomar, den die Römer wie alle anderen Gaufürsten mit dem Titel Rex (König) auszeichneten. Die Dörfer seines Wiesengaues lagen weit im Süden, dort, wo die Römer jen-

seits des Rheins ihre starke Festung Augusta Rauracorum (östlich von
Basel) hatten. Zusammen mit seinem vor einigen Jahren wegen einer
Blutrache ermordeten Bruder Gundomad hatte Vadomar vor fünf
Sommern den Truppen des Kaisers Constantius II. gerüstet zu einer
Schlacht gegenübergestanden; doch war es zu dieser Schlacht nicht
gekommen, weil eine heimliche Zahlung des Kaisers von 10 000 Solidi
(römischen Goldmünzen) die Alemannenfürsten zu einem ehrenvollen
Friedensschluß veranlaßt hatte.

Dennoch hatte vor zwei Jahren Vadomar an der Seite des Fürsten
Chnodomar mit 2000 Kriegern an der Schlacht bei Argentoratum teilgenommen – gegen seinen Willen, wie er immer wieder betonte – und
inzwischen schon wieder Frieden mit Rom geschlossen. Caesar Julian
mußte das Empfehlungsschreiben seines kaiserlichen Vetters Constantius aus Mailand für Vadomar anerkennen, das dessen Gesandte bei
den Friedensverhandlungen vorwiesen. Dabei wußte jeder unter den
Alemannen, daß Vadomar dieses Empfehlungsschreiben vor allem dem
Einfluß seines Schwagers Agilo zu verdanken hatte, der fünf Jahre zuvor beim ersten Friedensschluß mit einer größeren Gefolgschaft in römische Dienste getreten war und inzwischen als Comes (Befehlshaber)
der Leibgarde des Kaisers einen der wichtigsten Posten am kaiserlichen
Hof in Mailand bekleidete.

Vadomar galt unter den alemannischen Edlen als Rohr, das sich jedem Wind beugt, als Herr eines volkreichen Gaues und Besitzer eines
sagenhaft großen Schatzhortes war er aber auch sehr mächtig und ein-
flußreich. Was er sagte, hatte daher Gewicht in der Beratung. »Es hat
keinen Zweck, sich gegen das Römische Reich zu stellen«, verkündete er
gerade mit lauter Stimme auf der Wiese neben dem Haus des Hortar.
»Laßt uns alle Frieden mit ihm schließen. Kaiser Constantius von Süden
her und Caesar Julian von Westen können unsere Gaue jetzt jederzeit
mit ihren Soldaten durchziehen und verwüsten, wenn sie wollen. Wir
alle stehen uns besser, wenn wir im Einvernehmen mit diesen beiden
mächtigen Herren leben und uns auf unserer Seite des Rheins halten!«

»Vor allem du stehst dich besser, Vadomar«, rief Agenarich wütend
dazwischen und sprang auf. »Du kassierst jedes Jahr römisches Gold für
deinen Hort, und das ist dir ja wichtiger als Ehre und Freiheit unserer
Krieger!« Agenarich war der Neffe des in der Schlacht bei Argentoratum gefangenen Fürsten Chnodomar und dessen Nachfolger im Befehl
über den Gau an der Kinzig (Ortenau in Mittelbaden, gegenüber Straß-

burg). Unter seinen Standesgenossen wußte man, daß er in Gallien geboren war, während sein Vater Mederich dort als römische Geisel festgehalten wurde. Er hatte sogar den fremdländischen Namen Serapion
erhalten, doch war der junge Edle seit seiner Flucht aus Gallien voller
Wut und Haß auf alles Römische, hatten ihn doch seine Altersgenossen
in Gallien stets als Barbaren verachtet und bespuckt. »Auch wir hatten
einen Brief des Kaisers Constantius, daß wir alles eroberte Land jenseits
des Rheins (im Elsaß, nördlich von Straßburg) behalten und besiedeln
dürften, als er unser Volk vor acht Jahren rief, in Gallien einzufallen, um
den General Magnentius zu bekämpfen, weil dieser dort nach der Kaiserkrone griff. Aber der neue Caesar Julian sah das nicht als gültig an.
Wie soll man sich denn auf das Wort eines Römers verlassen? Dabei
brauchte unser Gau das neue Siedelland so dringend, weil er durch
Flüchtlinge aus dem Osten immer mehr überlaufen wird, die von den
Burgundern vertrieben wurden. Jetzt müssen wir notgedrungen stillhal-
ten, weil viele unserer Krieger tot und unsere Dörfer verbrannt sind.
Aber einmal kommt die Zeit für unsere Rache an den Römern!«

»So wie Agenarich denke ich auch«, tönte es von jenseits des großen
Feuers, über dem sich an einem Bratspieß eine Auerrindhälfte drehte.
Es war Fürst Vestralp vom Murggau (um das heutige Rastatt), dessen
Land vor einem Jahr und vor zwei Jahren unter den römischen Gegenstößen über den Rhein schwer gelitten hatte. Vestralp war erst ein Jahr
vor der Schlacht bei Argentoratum durch den Putsch einiger Adelssippen in seinem Gau zur Fürstenwürde gekommen, als diese den alten
Fürsten Rando absetzten und in die Flucht trieben, weil dessen Sippe
schon seit Generationen treu zu den Römern gehalten hatte. Vestralp
als Mitverlierer der großen Schlacht wäre längst einem Gegenputsch
der mit ihm verfeindeten Adelssippen erlegen, wenn nicht die brutalen
Vergeltungsaktionen der römischen Legionen das gesamte Volk des
Murggaues gegen die fremden Machthaber aufgebracht hätten. Auch
hier war das Land viel zu voll von Flüchtlingen von jenseits des Gebirges, die dem Druck der Burgunder hatten weichen müssen.

Die Sonne war längst hinter den Auenwäldern am Rhein untergegangen, und nur der brennende Holzstoß auf der Wiese erleuchtete die
Runde der Fürsten. Viele hatten ihre Söhne oder andere angesehene
Mitglieder ihres Gefolges mitgebracht; dadurch war der Kreis so außer-
gewöhnlich groß geworden. Mitternacht war längst vorüber, aber immer noch hielten die Alemannenfürsten Reden, stritten sich oder frot-

zelten freundschaftlich oder bissig. Den Göttern sei Dank, dachte der
Gastgeber Hortar, es hat noch keinen Schwertkampf in unserer Runde
gegeben.

Plötzlich horchten die nüchterneren unter den alemannischen Edlen
auf. In der Ferne unterhalb des Dorfes, aus der waldbedeckten Ebene
zum Rhein hin, ertönten Geräusche, die jeder kannte: leises Klappern
eiserner Rüstungen und der dumpfe Marschtritt römischer Kohorten.
Und schon liefen schreckensbleich einige Knechte in das Feuerrund
und schrien, die Römer hätten heimlich im Schutz der Nacht auf Kähnen über den Rhein gesetzt und seien nun im Anmarsch auf das Dorf
des Hortar. Wie es hieß, führe der römische Caesar Julian persönlich
die Eindringlinge an. Hortar konnte später gar nicht sagen, wie schnell
seine Gäste im Dunkel des Waldes hinter dem Dorf verschwunden
waren. Nicht allen gelang es mehr, ihre abseits unter Bewachung einiger Knechte weidenden Pferde zu holen.

Nur fort aus diesem Hinterhalt, den ihnen offenbar der verräterische Fürst Hortar gelegt hatte, war der Gedanke der alemannischen
Edlen. Vestralp brüllte aufspringend seinen Gastgeber Hortar an: »Du
wolltest uns an die Römer verraten!«, und er hätte ihn fast mit dem
Schwert durchbohrt, wenn Hortar nicht geistesgegenwärtig den Hieb
abgewehrt hätte. »Ich schwöre bei Tiu und Donar, daß ich nichts von
dem Überfall der Römer wußte«, schrie Hortar zurück, doch ob
Vestralp das noch gehört hat, war fraglich, so schnell war dieser in
den schützenden Wald gesprungen.

Kaum war der Lärm des plötzlichen Aufbruchs seiner Gäste ver-
klungen, da tauchten schon die ersten römischen Legionäre am Wald-
rand auf. Sie umringten mit drohenden Schwertern und Lanzen den
Fürsten Hortar, der im Bewußtsein eines ungebrochenen Friedens mit
den Römern und seines guten Gewissens an Ort und Stelle geblieben
war und sein Schwert wieder in die Scheide gesteckt hatte. Begleitet
von einer kleinen Schar gepanzerter Soldaten, seiner engsten Leibwache, erschien Caesar Julian persönlich, mit Helm, Panzer, Beinschienen
und Schwert wie ein normaler Offizier gekleidet. »Bist du für diese
hochverräterische Zusammenkunft verantwortlich, die hier soeben
stattgefunden hat, wie ich höre?« herrschte er den alemannischen Fürsten auf lateinisch an. Ein Soldat aus seiner Leibwache übersetzte die
Worte sofort fließend in die Sprache der Alemannen, offensichtlich
gehörte er selbst auch diesem Volk an. Und wieder schwor Hortar bei

Tiu und Donar, daß er bei seiner Einladung an die Fürsten der alemannischen Gaue keinerlei Verrat an den Römern im Sinn gehabt
habe. Dem Caesar Julian schien an einem guten Einvernehmen mit den
Alemannen gelegen zu sein, mit denen er schon Frieden geschlossen
hatte. Er gab daher seinen Soldaten den Befehl, das Dorf und den Gau
des Fürsten Hortar von Plünderungen zu verschonen, da diesem jetzt
keine feindlichen Handlungen gegen das Imperium nachgewiesen werden könnten.

Diesen Tag werde ich nie im Leben vergessen, dachte Hortar, als
schließlich Ruhe eingekehrt war und die Legionäre sich über die Reste
des Auerochsenbratens und des Mets hermachten. Davon möchte ich
noch meinen Enkeln erzählen können.

VON DIOKLETIAN
ZU JULIAN »APOSTATA«

Die obige Einleitungsepisode spielt knapp 60 Jahre nach den im 14. Kapitel beschriebenen Zuständen an der Grenze zwischen Germanien
und dem Römischen Reich. In diesem Reich hatten sich in dieser langen Zeit bedeutsame Veränderungen vollzogen, während es in der Germania libera und in deren Verhältnis zum mächtigen Nachbarn nur
wenige aufsehenerregende Vorkommnisse gegeben hatte. Die Änderungen im Römischen Reich seien daher in diesem Abschnitt kurz zusammengefaßt, damit der Leser die Zusammenhänge verstehen kann.

Als Erfinder der Tetrarchie gab Diokletian nach zwanzigjähriger Regierungszeit 305 freiwillig sein Amt als Kaiser auf (nicht jedoch seinen
Rang als »Kaiser und Gott«!), im Vertrauen auf das Funktionieren der
von ihm erlassenen Grundsätze zur Nachfolge in der Herrschaft der
Tetrarchen. Sie funktionierten nicht: Der zunächst überhaupt nicht zur
Kaisernachfolge vorgesehene junge Sohn des Kaisers Constantius (I.),
Konstantin, wurde nach dem plötzlichen Tod seines Vaters in Ebura-
cum (York) in Britannien von den dort stationierten römischen Trup-
pen zum Kaiser ausgerufen, nicht ohne kräftige Mithilfe seiner Mutter
Helena, einer Christin. Diesem Ruf folgte der junge Mann sehr gerne,
und er tat es so intensiv, daß er nach einigen Jahren der erzwungenen
Teilung der Macht und den fast zum römischen Alltag gehörenden
Kriegszügen und Schlachten zur Ausschaltung von Mitbewerbern ab

324 unumstrittener und absoluter Alleinherrscher des ganzen riesigen Imperiums war. Nur der Form halber ernannte er seine Söhne bzw. Neffen zu Caesaren und teilte ihnen bestimmte Reichsteile zu.

Als junger Mitkaiser hatte Konstantin für mehrere Jahre seine Residenz in der Hauptstadt der Provinz Belgica I, Augusta Treverorum (Trier), eingerichtet und dort Bauten beginnen lassen, die der Stadt später den ehrenvollen Beinamen »Zweites Rom« einbringen sollten. Die Wahl dieser Residenz war programmatisch. Der Kaiser des Westens sollte dicht an der Rheingrenze persönlich anwesend sein, um bei Bedrohungen dieser Grenze sofort eingreifen zu können. Das tat Konstantin auch energisch. Unter anderem ließ er eine feste Brücke über den Rhein bauen, die das rechtsrheinische Kastell Divitia (Deutz) mit der CCAA (Köln) verband.

Im übrigen mußte sich Konstantin der Bekämpfung seiner Konkurrenten um die Kaiserwürde und vor allem später dem Ausbau der Stadt Byzanz zu *seiner* Hauptstadt des Römischen Reiches widmen, der Stadt, die dann von ihm den Namen Konstantinopel erhielt. Größere Grenzkämpfe mit Germanen, wenigstens am Rhein, störten ihn hierbei nicht mehr.

Die Hinwendung Konstantins zum Christentum wird von den zeitgenössischen christlichen und heidnischen Autoren und auch noch von der heutigen Geschichtswissenschaft sehr unterschiedlich beschrieben und bewertet. Ob seine Bevorzugung des Christengottes – angeblich seit einer Schlacht im Feldzug gegen einen Mitkaiser im Jahr 312 – wirklich echter Glaubensüberzeugung oder mehr praktischem Opportunismus entsprang, braucht hier nicht erörtert zu werden. Das Christentum galt jedenfalls seit Konstantin als die wichtigste Religion im Römerreich, ohne daß jedoch das »Heidentum« schon endete, das heißt die vielen orientalischen und hellenistischen Kulte, die sich in den letzten Jahrhunderten entwickelt hatten. Es kam zunächst wohl zu einer längeren Periode der von Staats wegen erzwungenen gegenseitigen Tolerierung der verschiedenen Religionen. Von langfristiger Bedeutung war jedoch, daß sich Kaiser Konstantin zum Schiedsrichter zwischen den verschiedenen theologischen Lehren machte, die schon sehr früh die Christen spalteten. Er berief Synoden oder Konzile christlicher Bischöfe über solche Streitfragen ein, entschied aber, wenn es ihm darauf ankam, ohne Rücksicht auf deren Mehrheitsbeschlüsse als absoluter Herrscher.

Kaiser Konstantin lebte ab 324 nur noch im Osten des Reiches, vor-

zugsweise in seiner neuen Hauptstadt Konstantinopel. Dort starb er im
Jahr 337 nach einer Regierungszeit von 31 Jahren.

Für das Thema dieses Buches ist es nicht von Bedeutung, welche
Kämpfe sich seine Nachfolger lieferten, allesamt Söhne Konstantins
und von ihm zu Caesaren (Kaisernachfolgern) ernannt. Deren Namen
waren sich verwirrend ähnlich: Konstantin II. kam 340 in einer Schlacht
mit Truppen seines Bruders Constans um, der danach die Westhälfte
des Reiches beherrschte, bis auch er 350 ermordet wurde. Der dritte
Bruder Constantius (II.), der bisher den Ostteil des Reiches regiert
hatte, wurde so ohne eigenes Zutun noch einmal Alleinherrscher des
gesamten Imperiums. Allerdings hatte er sich im Osten der ständigen
Angriffe eines erneuerten Perserreiches zu erwehren. In Gallien hatte
sich 350 der hohe römische Offizier Magnentius zum Augustus ausrufen und den legitimen Kaiser des Westens, Constans, verfolgen und
ermorden lassen. Um diesen Usurpator zu bekämpfen, hatte Constantius nun, wie in der Eingangsepisode erwähnt, mehrere Germanen-
fürsten direkt aufgefordert, ins Gebiet Galliens einzufallen, ja, er hatte
ihnen schriftlich zugesichert, sie könnten die eroberten Gebiete behalten und besiedeln. Offenbar kannte Constantius keinerlei Bedenken,
wenn es darum ging, einen Rivalen zu bekämpfen.

Die Germanen an der Rheingrenze ließen sich das nicht zweimal sagen. Nach Jahrzehnten relativer Ruhe war Gallien ab 350 plötzlich wieder Kriegsschauplatz, und große Germanenheere zogen nach Belieben
in den Grenzprovinzen umher, bis zur Linie Paris–Lyon. Von einer
Verteidigung des Rheinlimes konnte unter diesen Umständen keine
Rede mehr sein. Zahlreiche alte Römerstädte und Kastelle am linken
Rheinufer wurden von ihren Garnisonen und den reicheren Einwohnern verlassen und von germanischen Kriegern erobert. Auch Köln geriet in dieser Zeit erstmals vorübergehend in germanische Hand. Wie
es bei den römischen Berichterstattern schon seit langem üblich war,
wurden die Germanenhaufen am Mittel- und Niederrhein Franken, am
Ober- und Hochrhein Alemannen genannt. Auch als 353 Kaiser Constantius II., er war inzwischen nach Mailand in die ehemalige Residenz
seines Bruders Constans übergesiedelt, den Usurpator Magnentius besiegt und dieser Selbstmord begangen hatte, änderte sich an der katastrophalen Lage in Gallien nichts. Germanische Kriegergefolgschaften
machten weiter das flache Land und die Straßen zwischen den größeren Städten unsicher.

Der Kaiser, der plötzlich Alleinherrscher geworden war, hatte keine Söhne, die er als Caesaren hätte einsetzen können. Aber die Kaiserwürde mußte nun einmal in der Familie bleiben. So sehr er voller Mißtrauen und Eifersucht war, Constantius blieb nichts weiter übrig, als den einen der beiden letzten männlichen Angehörigen der Familie zum Caesar des Ostens zu ernennen: Gallus, einen Vetter zweiten Grades. Doch dieser führte sich so grausam und tyrannisch auf – oder wurde er nur verleumdet? –, daß der Kaiser ihn schon drei Jahre später hinrichten ließ (im Jahr 354).

Man mag es dem letzten männlichen Verwandten des Constantius glauben, daß er unter diesen Umständen nur mit größtem Unbehagen der Ernennung zum Caesar in Gallien durch seinen kaiserlichen Vetter Folge leistete. Es war Julian, ein Stiefbruder des Gallus, der 355 diese Ehrung erhielt. Sie umfaßte allerdings weder militärische noch zivile Befehlsbefugnisse, das hatte Constantius extra so angeordnet, damit sein Vetter nicht zu mächtig werden könne. Dennoch entpuppte sich der schüchterne, bisher nur an Philosophie interessierte junge Mann – er zählte bei seiner Ernennung zum Caesar erst 23 Jahre – unerwartet als begnadeter militärischer Führer und unbestechlicher Reformator der korrupten Verwaltung. Die Genehmigung, seine in ihm schlummernden Fähigkeiten praktisch einzusetzen, rang er seinem kaiserlichen Vorgesetzten nach und nach ab.

Wie es Caesar Julian in wenigen Jahren gelang, die germanischen Plünderer wieder aus Gallien hinauszuwerfen und für einige Zeit die Rheingrenze zu sichern, wird in den beiden weiteren Abschnitten dieses Kapitels näher beschrieben. Hier soll nur noch kurz das spätere Schicksal dieses Mannes erzählt werden, der zu den bemerkenswertesten Herrschern des Römischen Reiches zählt. 360, ein Jahr nach den in der Einleitungsepisode berichteten Vorgängen, meuterten in Julians Residenz Lutetia (dem heutigen Paris) die Truppen, nicht gegen den Caesar, den sie verehrten, sondern gegen Kaiser Constantius. Dieser hatte sie zum Einsatz am Euphrat gegen den Perserkönig Schahpur abkommandieren lassen. Um diesen Einsatz fern ihrer Heimat zu verhindern, bedrängten sie den Caesar, sich zum Kaiser ausrufen zu lassen. Sie taten das auch gleich selbst, indem sie Julian auf einem Schild durch die jubelnden Legionäre trugen – ein *germanischer* Brauch, der zeigt, wie viele Germanen bereits im römischen Heer dienten.

Halb freiwillig, halb gezwungen willigte Julian in diese unerwartete

Rangerhöhung ein. Sein mißtrauischer Vetter Constantius hätte ihm niemals geglaubt, daß dieser Griff nach der Kaiserkrone gegen seinen Willen geschehen sei. So wurde der übliche Kriegszug der aufrührerischen Legionen gegen die Truppen des alten Kaisers unvermeidlich. Sie waren auf dem langen Weg entlang des Donaulimes bis ins südliche Bulgarien gekommen, als Julian die Nachricht erhielt, Kaiser Constantius sei im Süden der heutigen Türkei an einem Fieber gestorben, nachdem er sich schon auf den Kampf mit seinem Vetter vorbereitet hatte (361). So fiel auch Julian ohne Kampf und ungeteilt die Kaiserwürde im gesamten riesigen Reich zu.

Julians verschiedene Reformversuche in der kurzen Zeit seiner Regierung haben mit dem Thema dieses Buches nichts zu tun. Formal war er wie alle Mitglieder der Kaiserfamilie seit Konstantin dem Großen Christ gewesen, aber er hielt nichts von den spitzfindigen Streitereien der Christen seiner Zeit über angebliche Glaubensdogmen. Als Kaiser bemühte er sich, die im griechisch sprechenden Osten des Reiches noch weit verbreitete Philosophie des »Neuplatonismus« als Religion dem Christentum gegenüberzustellen. Viele christliche hohe Beamte und Bischöfe entfernte er vom Kaiserhof, um deren Einfluß nicht ständig ausgesetzt zu sein, den er für schädlich hielt. In der christlichen Überlieferung erhielt Julian daher den abwertenden Beinamen »Apostata« (der Abtrünnige), der ihm bis heute anhaftet.

Der junge Kaiser wollte den Krieg gegen Persien durch einen entschlossenen Feldzug beenden. Doch der Marsch der Legionen durch Wüsten und verödetes Land bis zum Tigris im Süden des heutigen Irak entwickelte sich zu einem Fehlschlag, Julian mußte den Rückzug befehlen. Hier, in der äußersten Südostecke des Imperiums, traf ihn ein Pfeil, von dem später niemand sagen konnte, woher er gekommen war. Julian, der »Abtrünnige«, starb nach nur 20 Monaten auf dem Kaiserthron mit 32 Jahren im Sommer 363.

CAESAR JULIANS KÄMPFE
MIT DEN ALEMANNEN

Im Gegensatz zu vielen anderen Einleitungsepisoden ist der Bericht vom Festmahl des Fürsten Hortar und seinem überraschenden Ende nicht der Phantasie des Autors entsprungen, sondern historisch belegt.

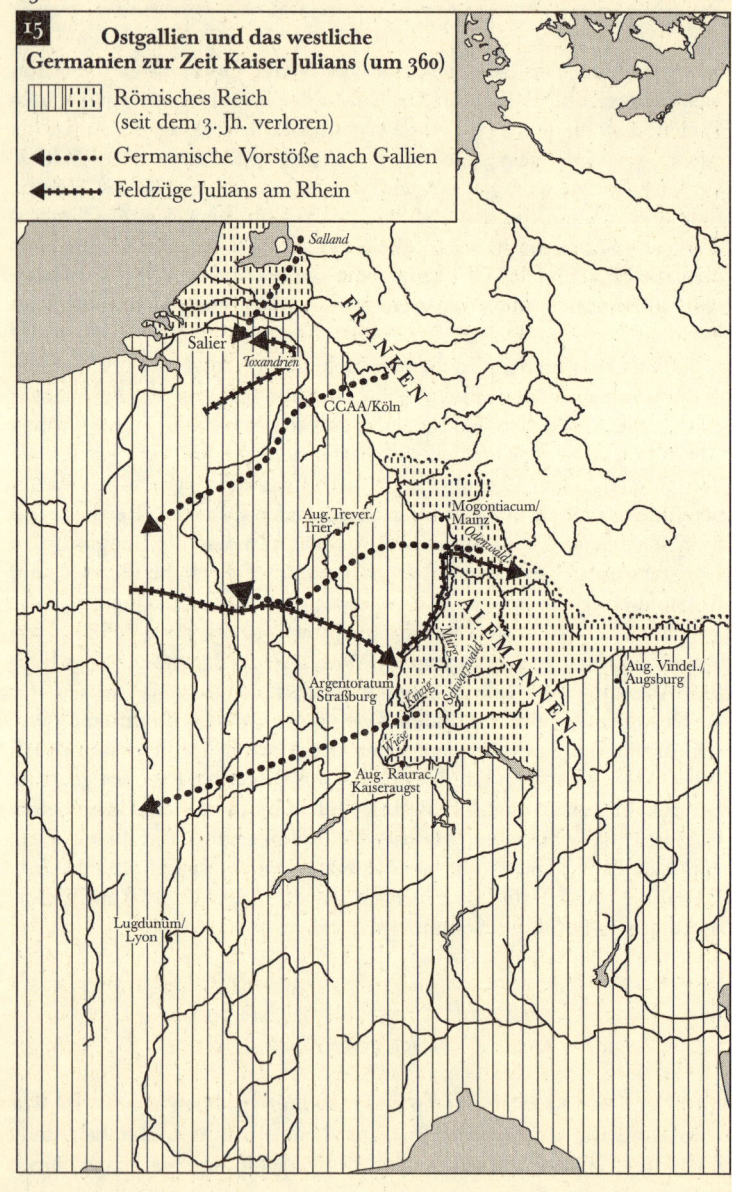

15 **Ostgallien und das westliche Germanien zur Zeit Kaiser Julians (um 360)**

|||||| :::::: Römisches Reich
(seit dem 3. Jh. verloren)

◄······· Germanische Vorstöße nach Gallien

◄←←←←←← Feldzüge Julians am Rhein

Salland

FRANKEN

Salier

Toxandrien

CCAA/Köln

Aug. Trever./
Trier

Mogontiacum/
Mainz

Odenwald

ALEMANNEN

Argentoratum
Straßburg

Schwarzwald

Aug. Vindel./
Augsburg

Aug. Rarac./
Kaiseraugst

Lugdunum/
Lyon

Wenigstens hat der römische Historiker Ammianus Marcellinus, ein Zeitgenosse Julians, die Episode mit zahlreichen Einzelheiten überliefert, wenn auch nicht die Namen und die Gesprächsthemen der Gäste. Doch die Namen vieler alemannischer Fürsten der Zeit, ihre Schicksale und Einstellungen lassen sich ebenfalls aus diesem Werk entnehmen.

Für die Zeit von etwa 350 bis 378 sind die Geschichtsbücher des Ammianus Marcellinus noch einmal eine sehr informative Quelle auch über die Situation der Germanen jener Zeit. Der Historiker wollte bewußt an seinen berühmten Vorgänger Tacitus anknüpfen und hat auch in den ersten 13 »Büchern« seines Werkes die Geschichte des Römischen Reiches seit dessen Lebenszeit (etwa zwischen 100 und 350) zusammenfassend beschrieben. Doch eben diese Bücher sind der Nachwelt nicht erhalten geblieben. Nur die Bücher 14 bis 31, in denen Ammianus die Geschichte seiner eigenen Lebenszeit schildert, sind heute noch bekannt. Wieder war es nur eine einzige Abschrift aus dem 9. Jahrhundert, die diesmal im deutschen Kloster Fulda überdauert hat und dem späteren Druck und der wissenschaftlichen Betrachtung des Werkes zugrunde lag. Dabei ist bekannt, daß in der Spätantike viele Kopien von Ammians Büchern existiert haben müssen.

Der Historiker kannte den Kriegsschauplatz des Caesars Julian aus eigener Anschauung, denn von 354 bis 357 war er selbst als junger Offizier im Stab eines Heermeisters (Magister militum, also Oberbefehlshaber) in Gallien und an den Kämpfen mit den Germanen beteiligt. Das dürfte manche Vertrautheit mit germanischen Namen und Gepflogenheiten erklären. Dennoch enthalten seine Informationen für uns Heutige bedauerliche Lücken, weil er – wohl anders als Tacitus – die Germanen lediglich als »fremde Barbaren« betrachtete.

Es lohnt nicht, im einzelnen die Feldzüge des Caesars Julian zu beschreiben, die zur vorübergehenden Wiederherstellung der römischen Macht am Rhein führten. Hier nur so viel: Im ersten Jahr (356) seiner Herrschaft über Gallien, die ja in Wahrheit zunächst höchst eingeschränkt war, gelang es dem Caesar, im wesentlichen die im eigentlichen Gallien eingedrungenen Germanenhaufen zu bekämpfen und zum Rückzug zu zwingen. In einem erfolgreichen Zug führte er sodann seine Legionen von Süden (der heutigen Schweiz) auf der römischen Heerstraße links des Rheins nach Norden bis Köln. Dort scheint er durch einen Vertrag (und vermutlich die Zahlung einer beachtlichen Geldsumme) einen fränkischen König zur Räumung der Stadt veranlaßt zu haben.

In das folgende Jahr 357 fiel die in der Einleitungsepisode erwähnte Schlacht bei Argentoratum (Straßburg), die mehrere 1000 alemannische Krieger das Leben kostete und den Angriffswillen der alemannischen Gruppen für mehrere Jahre dämpfte. Doch daß hier nicht eine generelle militärische Überlegenheit der Römer zutage trat, zeigte sich darin, daß kurz vorher eine angeblich 25 000 Mann starke Armee unter dem Heermeister der Fußtruppen, Barbatio, die sich von Süden (aus der Westschweiz) mit Julians Truppen treffen sollte, von starken alemannischen Kräften (unter Fürst Vadomar?) aufgehalten und zum schmählichen Rückzug gezwungen wurde.

Nach der mit Glück und durch die militärische Führungsgabe Julians gewonnenen Schlacht bei Straßburg zog der Caesar mit seinen Truppen erneut den Rhein abwärts. Bei Mainz setzte er über den Strom und unternahm einen Vorstoß entlang des unteren Mains. In der Gegend des heutigen Frankfurt entdeckten seine Truppen ein längst verlassenes und verfallenes römisches Kastell, das sie wieder instand setzten und mit einer Besatzung versahen. Allzu lange wird sich diese Besatzung aber wohl nicht gehalten haben. Mit einigen Alemannen-»Königen« der Umgebung konnte Julian hier noch einen Waffenstillstand schließen.

Der Sommer des Jahres 358 war einem weiteren Zug Julians gegen die Germanen gewidmet, diesmal am Niederrhein. Über ihn und seine Erfolge gegen die Franken berichtet im Zusammenhang der nächste Abschnitt dieses Kapitels. Danach zog Julian nochmals ins Alemannenland und konnte dort, nachdem er wiederum in mehreren Gauen die Dörfer in Brand gesteckt und Vorräte beschlagnahmt hatte, mit deren Königen Friedensverträge schließen, darunter mit dem Fürsten Hortar.

Das oben geschilderte Festmahl dieses Fürsten, er dürfte Anführer eines Gaues gewesen sein, den wir heute »Bergstraße und westlicher Odenwald« nennen würden, war der Beginn eines neuen Feldzuges Julians im Jahr 359. Wenn man den Berichten Ammians und anderer Historiker trauen kann, führte der Caesar diesmal seine Legionen quer durch das Bergland nach Osten, vermutlich auf einer ehemaligen römischen Heerstraße entlang des unteren Neckars bis in die Gegend des 100 Jahre vorher aufgegebenen obergermanischen Limes bei Öhringen. Dort empfing er, so berichten die Historiker stolz, die Delegationen zahlreicher alemannischer Könige, die ihn »flehentlich und auf den Knien liegend« um Frieden baten, der ihnen unter hohen Auflagen auch gewährt wurde.

Eine dieser Friedensbedingungen war stets die Herausgabe der zahlreichen Gefangenen, die die Alemannenscharen bei ihren Steifzügen durch das römische Gebiet gemacht hatten. Waren diese Kriegszüge und auch die römischen Gegenstöße vielleicht im wesentlichen verzweifelte Versuche, die drohende Entvölkerung auf beiden Seiten der germanisch-römischen Grenze aufzuhalten?

Vom Caesar Julian ist ein ausführlicher Brief, eher eine Broschüre, erhalten. Darin gibt er »dem Volk der Athener« (und nachweislich auch den maßgeblichen Kreisen anderer bedeutender Städte des Imperiums in gleichlautenden Schreiben) Rechenschaft über seine Taten als Caesar in Gallien und über seine Ausrufung zum Kaiser. Es ist ein hochinteressantes Dokument zur antiken Regierungspropaganda. Darin nennt Julian die Zahl von 200 000 zurückgeführten Gefangenen. Diese Zahl ist gewiß übertrieben, dennoch zeigt sie die in der modernen Geschichtsschreibung stets übersehene Größe des Problems für die Römer wie für deren germanische Nachbarn.

Einmal angenommen, in Wahrheit seien nur 100 000 Gefangene (oder noch weniger) von Julian befreit worden, dann muß man diese Zahl der wahrscheinlichen Gesamtbevölkerung im Alemannengebiet gegenüberstellen. Bei der damals außerordentlich dünnen Bevölkerungsdichte im freien Germanien kann sie ursprünglich kaum mehr als 200 000 Menschen betragen haben. »Ursprünglich« heißt hier: vor Beginn der massiven Abwanderung freier germanischer Krieger in räuberischen Gefolgschaften nach Gallien oder in römischen Söldnerdienst. Diese Abwanderung und ein als unausweichliche Folge davon kräftiger Geburtenrückgang bei der zurückgebliebenen Bevölkerung könnten leicht die Zahl der »eigentlichen« Alemannen in 100 Jahren um ein Viertel oder sogar die Hälfte reduziert haben. Wenn deren Krieger in den Einfällen nach Gallien zwischen 350 und 357 dort etwa 100 000 Menschen erbeutet und als Halbfreie oder Knechte ins Gebiet östlich des Rheins und des Neckars gebracht hatten, dann geschah das offenbar zur puren Selbsterhaltung ihrer Sippen, Dörfer und Gaue. Man wird so die germanischen Beutezüge ins Römische Reich noch in einem ganz anderen Licht sehen müssen, als uns die an solchen Fragen uninteressierten antiken Historiker nahelegen – und die erbitterten römischen Gegenstöße ebenso.

Am einstigen Limes, den Julians Truppen wieder erreicht hatten, bezeugten laut Ammianus alte Grenzsteine, daß dahinter das Land der

Burgunder beginne. Bis hierher war dieses eigentlich ostgermanische
Volk in langsamem Vormarsch von der Weichsel hergezogen und
drängte die Alemannen weiter nach Westen. Eine sehr dramatische
Epoche der burgundischen Geschichte – und ihre letzte auf deutschem
Boden – wird in Teil III dieses Buches (17. Kap.) näher behandelt.

Daß römische Truppen nach dem Feldzug des Sommers 359 so weit
im Osten geblieben sind, wird von keiner historischen Quelle vermerkt. Der Vormarsch Julians war wohl eher ein einmaliger Erfolg in
einer Zeit, da das Römische Reich längst nicht mehr von einer Ausweitung seiner Grenzen träumen konnte, sondern nur noch verzweifelt um
die Aufrechterhaltung der Rheinfront kämpfte. An der unendlich langen Donaufront bis zum Schwarzen Meer verhielt es sich genauso.

Hundert Jahre zuvor hatten alemannische Krieger den obergermanischen und rätischen Limes zerstört und das sogenannte Dekumatland
erobert (siehe 12. Kap.). Inzwischen waren wichtige Veränderungen im
Verhältnis zwischen dem Römischen Reich und seinen germanischen
Nachbarn eingetreten. Beide Seiten wußten offenbar viel mehr übereinander und beeinflußten sich auch stärker gegenseitig. Es gab auch sehr
viel differenziertere Anschauungen auf beiden Seiten. Die Verwendung
der Alemannen als »Degen« durch Kaiser Constantius gegen unliebsame
Konkurrenten wiederholte sich übrigens 360, nach der Ausrufung des
Julian als Augustus. Truppen des Julian fingen an der Rheingrenze bei
Basel einen Boten des Fürsten Vadomar an Constantius ab, der einen
Brief (!) bei sich hatte, in dem Vadomar einem Wunsch des Constantius
zustimmte, Julian bei seinem geplanten Marsch nach Osten in den
Rücken zu fallen. Vadomar wurde daraufhin von Offizieren Julians über
die Grenze gelockt und verhaftet. Wie dringend man andererseits tüch-
tige Führer im eigenen Heer benötigte, zeigt die weitere Behandlung
Vadomars. Er wurde nicht etwa als Verräter hingerichtet, sondern eine
Zeitlang in Spanien in Haft gehalten, später in den Osten des Römischen
Reiches deportiert und konnte es noch nach einiger Zeit zu einem hohen
General der römischen Truppen bringen!

Das römische Heer hatte im Jahrhundert bis Julian seinen Anteil an
germanischen Söldnern auffällig vergrößert, möglicherweise betrug er
zu dieser Zeit schon gut die Hälfte. Den germanischen Anführern stand
nun eine Karriere bis in die höchsten militärischen Ämter offen. Auch
am Kaiserhof des Constantius waren, wie Ammianus berichtet, viele
einflußreiche Hofämter in der Hand gebürtiger Germanen. Im allge-

meinen hatte das keinen Einfluß auf die Loyalität dieser Fremden in römischen Diensten, wenn auch Fälle von Verrat hier und da vorkamen. Fast alle römischen hohen Offiziere und Befehlshaber germanischer Herkunft, die in den Geschichtsquellen zum 4. und 5. Jahrhundert erscheinen, haben sich absolut als Römer gefühlt, kulturell wie politisch. Sie und Zehntausende von einfachen germanischen Kriegern in römischem Sold, die römische »Fremdenlegion«, haben sehr wahrscheinlich ganz maßgeblich dazu beigetragen, daß sich das Römische Reich im Westen noch bis fast zum Ende des 5. Jahrhunderts hielt und nicht schon 100 oder 200 Jahre früher zusammenbrach.

RÖMISCHE ERFOLGE
AM NIEDERRHEIN

Caesar Julian gelang es nicht nur, den Hochrhein und den Oberrhein vorübergehend wieder zu einer sicheren Grenze zu machen. Auch in den Gebieten westlich und südlich des Niederrheins stellte er die römische Autorität wieder her. Diese Erwähnung könnte eigentlich genügen, wenn zu Julians Maßnahmen nicht auch eine gehört hätte, die langfristige historische Wirkungen nach sich ziehen sollte.

Ammianus Marcellinus berichtet zum Jahr 358: »Julian rückte zuallererst gegen die Franken vor, und zwar jene, die gewöhnlich Salier genannt werden und vor langem schon die Frechheit besessen hatten, sich auf Römerboden in Toxandrien häuslich niederzulassen.« Dieses Toxandrien taucht hier zum erstenmal in den antiken Quellen auf. Es muß sich um das heutige Nordbelgien/Südholland zwischen Antwerpen und Maastricht gehandelt haben. Es lag südlich des Niederrheins und der unteren Maas, die hier beide ziemlich parallel von Osten nach Westen strömen, um sich kurz vor ihrer Mündung in die Nordsee zu einem Mündungsdelta zu vereinigen.

Die freie Schiffahrt auf Rhein und Maas war für das Römische Reich lebenswichtig. Früher hatten die Römer Hunderte von kleinen Flußschiffen zur Beförderung von Lebensmitteln und Truppen unterhalten. Der Transport zu Wasser war unvergleichlich kräftesparender und billiger als auf dem Landweg. Doch die Flußverbindung war nun schon lange unterbrochen. Hatte das Imperium zur Zeit des Tacitus noch das Land der Friesen hoch im Norden an der Küste unter Kon-

trolle gehabt (siehe 5. Kap.), so mußte es in den folgenden zwei Jahrhunderten Stück für Stück aus den heutigen Niederlanden zurückweichen, meist ohne daß die zeitgenössischen Historiker davon Kenntnis
nahmen.

Die von den Römern zu den Franken gezählten Salier scheinen vor
ihrer Ansiedlung weit südlich des Niederrheins hoch im Norden an der
unteren Ijssel ansässig gewesen zu sein (um das heutige Zwolle, östlich
des Ijsselmeeres). Dort heißt eine Landschaft noch heute Salland. Zu
Julians Zeiten und offensichtlich schon viel früher waren sie jedoch rund
150 Kilometer weiter nach Süden vorgedrungen und hatten sich »frech«
auf römischem Gebiet breitgemacht. Angeblich waren sie durch Einfälle
von Sachsen und Chamaven von Osten her in das alte Salland nach
Süden vertrieben worden. Und es gibt ernstzunehmende Hinweise, daß
diese Salier einst von den Römern aus dem westlichen Sauerland in die
heutigen östlichen Niederlande verpflanzte Sugambrer waren.

Julian hatte, so scheint es, bereits ein Jahr zuvor mit Gesandten dieser Salier verhandeln lassen, wobei es wohl hauptsächlich darum ging,
daß dieser Germanenstamm den römischen Flußverkehr am Unterlauf
von Maas und Rhein nicht behinderte. Der Präfekt (Verwaltungchef
der Präfektur Gallien) Florentius war bereit gewesen, den Saliern hierfür eine erhebliche Geldzahlung zu leisten – Böswillige hätten von Tribut gesprochen. Doch im Jahr 358 gelang es Julian mit einer überraschenden Truppenbewegung ins Salierland, diesen Stamm etwas
einzuschüchtern. Dennoch scheint der Vertrag, der daraufhin zustande
kam, ein friedlicher Kompromiß gewesen zu sein. Den Saliern wurde
offiziell das Wohnrecht auf (nur noch sehr theoretisch) römischem Gebiet eingeräumt, sie verpflichteten sich, die Schiffahrt auf den beiden
großen Strömen nicht zu stören sowie ihre Grenze gegen fremde Eindringlinge zu verteidigen. Letzteres lag in beiderseitigem Interesse.

Das war in allen Einzelheiten ein Vertrag, wie er nur römischen Foederaten gewährt wurde, die als »gleichberechtigt« galten. Doch traute
sich kein römischer Historiker – auch Ammianus nicht –, ihn mit diesem Namen zu erwähnen, vielmehr wurden Umschreibungen benutzt,
die auf »demütige Unterwerfung« der Franken deuten konnten. Dieser
germanische Stamm der Salier nun sollte knapp 100 Jahre später zur
Keimzelle des Reiches werden, das in Mitteleuropa das römische Imperium ablöste: des Fränkischen Reiches der Merowingerkönige.

16. DER ANFANG VOM ENDE DES RÖMISCHEN REICHES

»RUHMREICHES TRIER, WAS WIRD AUS DIR UND UNS?«
Frühjahr 395, Trier

Frühmorgens hatte Aurelianus, der Decurio, einen seiner Arbeiter als Boten zu seinen Freunden geschickt, mit Zettelchen, die der Sklave gewiß nicht lesen konnte. Darin hatte der junge Stadtrat seine ehemaligen Kommilitonen dringend zu einem Treffen auf dem Gelände des ehemaligen Tempels des Mars Lenus außerhalb der Stadt, abends im Dunkeln, gebeten. »Seid vorsichtig«, hatte er die Freunde ermahnt, denn die wachsamen Augen der Agentes in rebus (Geheimpolizei) konnten selbst ein harmloses Treffen ehemaliger Studenten des Professor illustris Saturninus, des hochangesehenen Rhetorikers, für ein hochverräterisches Unternehmen halten.

Als die Sonne untergegangen war, machte sich der Weinhändler und Stadtrat Aurelianus auf den Weg. Von seinem Haus mit dem Weinlager im Keller in der Nähe des mächtigen, nur nie zu Ende gebauten Nordtores (Porta Nigra) kam er auf dem Cardo Maximus (heute Simeonstraße/Grabenstraße) an den verschiedenen Gebäuden des kaiserlichen Palastbezirks vorbei, an der großen, unter Kaiser Konstantin I. gebauten Doppelkathedrale und dann an der ungeheuren Palastaula, dem größten Bauwerk nördlich der Alpen, wie es hieß. Am östlichen Ende des Forums, wo Cardo Maximus und Decumanus Maximus sich kreuzten, lagen die gewaltigen Kaiserthermen mit dem quadratischen Platz davor, den ringsum Laubengänge umgaben. Doch Aurelianus sah nichts von dieser Pracht. Der Anblick war ihm viel zu vertraut, außerdem bewegten ihn völlig andere Dinge.

Wie er strebten zur gleichen Zeit drei andere junge Männer um die zwanzig durch die menschenwimmelnden Straßen der kaiserlichen Residenzstadt Augusta Treverorum, man nannte sie meist kurz Treviris, der Porta Inclyta zu. Gegenüber den Kaiserthermen gelegen, öffnete sich dort der Decumanus Maximus zur alten Brücke über die Mosella. Jen-

seits des Flusses, nur einen kurzen Fußweg hinter dem Vicus Voclanniorum (heute Trier-West), lag das Ruinengelände der alten heidnischen Tempel, die vor Jahrzehnten von aufgebrachten Christen zerstört
worden waren. Seitdem wurde die Gegend von den abergläubischen
Stadtbewohnern als ein Ort heidnischer Geister gemieden – die pas-
sende Stelle für ein unbeobachtetes Treffen.

Stumm begrüßten sich die Freunde mit Handschlag, als sie nacheinander an der verabredeten Ecke eintrafen, und setzten sich hinter
einen Mauerwinkel, der sie neugierigen Blicken entzog. Sie hatten sich
längere Zeit nicht gesehen, aber sie vertrauten einander noch immer bedingungslos, so wie sie es sich bei ihren Jugendstreichen und Schwär-
mereien als junge Studenten geschworen hatten. Schließlich war es Aurelianus, der das Schweigen brach. »Ihr müßt mir helfen, Freunde«,
sagte er leise, »ich weiß nicht mehr ein noch aus.«

Viel mußte der junge Stadtrat den Freunden nicht erzählen, denn
was ihm drohte, war schon Dutzenden seiner Standesgenossen widerfahren. Aurelianus war der letzte einer langen Reihe des alten Geschlechts der Securier aus altem treverischem (keltischem) Adel. Seit
Generationen unterhielt die Familie einen Handel mit Wein von den
nahe gelegenen Moselbergen, und ebenfalls seit Generationen gehörte
der Familienvorstand dem Stadtrat der Augusta Treverorum an und
durfte den Ehrentitel Decurio tragen.

Die Vorfahren hatten einst gewetteifert, aus ihrem beträchtlichen
Vermögen der Stadt einmal einen Brunnen zu bauen, zur Ausgestaltung
der städtischen Thermen am Moselufer (heute »Barbarathermen«,
öffentliche Badeanstalt) beizutragen oder im Wechsel mit anderen
Decurionen einmal jährlich die aufwendigen mehrtägigen Festspiele im
Amphitheater zu finanzieren.

Doch das, was einst aus Stolz auf die Heimatstadt und als selbstver-
ständliches Opfer eines reichen Mannes für die heimischen Gebräuche
und für den Ruhm des unvergänglichen Imperium Romanum geschehen war, hatte sich längst in eine unerträgliche Last verwandelt. Beruf
und Ehrenamt waren seit langem erblich geworden, ein Sohn mußte
beides zwangsweise vom Vater übernehmen, ob er wollte oder nicht.
Des Aurelianus Vater war vor einem guten Jahr gestorben, und vom
früheren Reichtum der Familie war kaum etwas übriggeblieben, aber
die Pflichten bestanden weiter. Die wichtigste dieser Pflichten war, daß
ein Decurio von seinen Arbeitern, deren Familien und einem größeren

Kreis von Klienten (von einem Vornehmen abhängige Bürger) zwangsweise jährlich die Steuergelder einzuziehen hatte oder für diese Sum-
men persönlich haften mußte.

Beides war dem Aurelianus nicht möglich gewesen, als kürzlich
wieder der Termin der Steuerzahlung gekommen war. Das Weinhan-
delsgeschäft war seit einigen Jahren rapide zurückgegangen, seit die kaiserliche Hofhaltung von Treviris nach Mailand abgezogen worden war.
In den weitgehend leeren Gebäuden des Hofbezirks wurde kein Wein
mehr getrunken. Die freien Arbeiter und die Sklaven, die dem Geschäft
seit Generationen treu waren, verdienten kaum noch das Nötigste für
den eigenen Lebensunterhalt, und den meisten war es daher auch nicht
gelungen, die Denare (Bronzemünzen) für die Kopfsteuer in voller
Höhe aufzubringen. Aurelianus hatte es nicht fertiggebracht, sie durch
Prügel zur vollständigen Steuerzahlung zu zwingen; außerdem wußte
er, daß selbst solche Mittel nichts genutzt hätten.

Aber nun drohten ihm selbst Prügel, denn er hatte kein Vermögen
mehr, die Differenz zur Steuersumme seiner Leute aus eigener Tasche
zu bezahlen. Die übliche Strafe für ein solches »Vergehen« betrug zwölf
Hiebe mit bleibeschwerter Lederpeitsche und wurde auch an einem angeblich so angesehenen und ehrenwerten Stadtrat wie ihm öffentlich
vollstreckt unter dem Gejohle eben des Pöbels, den er vor derselben
Prügelstrafe bewahrt hatte.

»Wenn bald der Prozeß gegen mich geführt wird, wer wird mir dabei helfen?« fragte Aurelianus verzweifelt. »Rutilianus, Freund, dein Vater ist Referendarius und Vorsteher ›ab epistulis‹ beim Praefectus praetorio Galliarum (hoher Beamter in der Behörde des von Trier aus
regierten Reichsteils, umfaßte Gallien, Spanien, Britannien). Du wirst
einst seine Stelle erben. Dein Vater hat Einfluß. Kann er nicht helfen?«

Zögernd antwortete der angesprochene Freund: »Ich weiß nicht,
Aurelianus. Wenn der Prokurator (vom Kaiser beauftragter Richter)
Eugenius die Verhandlung führt, wird dir die Fürsprache meines Vaters
nichts nützen, denn die beiden sind seit vielen Jahren verfeindet. Und
wenn Prokurator Priscillus den Prozeß leitet, dann wissen wir alle, daß
nur eine ›freiwillige Spende‹ von mindestens zehn Goldsolidi ihn zu
einem milderen Urteil bewegen kann. Hast du noch so viel Geld,
Freund?«

Mit dramatischer Handbewegung fuhr der angehende junge Beamte fort: »Im übrigen weiß keiner, wie lange meine Familie noch in

dieser Stadt leben wird. Schon in wenigen Tagen kann es soweit sein, daß der bereits von der heiligen Majestät des Kaisers Honorius oder vielmehr von seinem Consistorium (Kabinett) angeordnete Umzug des Praefectus praetorio Galliarum mit all seinen Beamten und deren Familien nach Arelate (Arles in Südfrankreich) in Gang kommt. Nachdem schon die kaiserliche Hofhaltung verlegt worden ist, wird das unsere ruhmreiche Stadt völlig zum Niedergang verurteilen. Was wird dann aus der hochberühmten Colonia Augusta Treverorum und aus uns, Freunde?«

»Dann, Freunde, weiß ich keinen Rat mehr«, stieß Aurelianus verzweifelt hervor, »als mein Geschäft aufzugeben und in den Dienst der christlichen Kirche zu treten. Denn die Kleriker sind ja von solchen entehrenden Strafen wie der Auspeitschung befreit. Der Übertritt von Decurionen in den Klerikerstand ist zwar auch nicht erlaubt, aber ich denke, wenn ich erst einmal unter dem Schutz der Kirche stehe, wird man die Anklage fallenlassen. Dazu hilf du mir, Ceralius, du bist immerhin schon Lector!«

»Versprich dir nichts von meiner Hilfe«, brachte der junge Hilfsgeistliche abwehrend hervor. »Ich weiß nicht, ob ich selbst die nächsten Monate lebend überstehe. Ihr könnt noch nicht wissen, was mir widerfahren ist, daher muß ich es euch erzählen.«

Vor zwei Jahren hatte der junge Mann, der aus gut christlicher Familie stammte, vom Trierer Bischof Felix die erste Weihe auf dem Weg zum Priesteramt erhalten. Seitdem hatte er getreu alle Pflichten erfüllt, die ihm als junger Hilfspriester oblagen. Doch seit kurzem hatte er einen Feind innerhalb der Kirche selbst. Es war der Abt Mauricius (Abt war damals Titel nicht nur der Klostervorsteher, sondern auch hoher Weltgeistlicher), der gerne den Bischof Felix abgelöst hätte. Dieser hatte vor Jahren unter der vorübergehenden Herrschaft des falschen Kaisers Maximus dessen Meinung im Prozeß gegen den spanischen Priester Priscillian vertreten und das Todesurteil gegen diesen Häretiker befürwortet. Worum es dabei inhaltlich gegangen war, wußte Ceralius nicht zu erklären, dafür war er damals noch viel zu jung und der Anlaß des geistlichen Streits zu kompliziert gewesen. Jedenfalls hatten sich damals Bischof Ambrosius in Mailand und Papst Siricius in Rom, die wichtigsten Geistlichen der Kirche im westlichen Reich, gegen dieses Todesurteil ausgesprochen, es aber nicht verhindern können.

Jetzt aber griff der Abt Mauricius die Vorgänge von vor fast zehn

Jahren wieder auf, und da er seinen vorgesetzten Bischof nicht so direkt beschuldigen konnte, behauptete der Abt in Schreiben an den Papst und Bischof Ambrosius, der junge Hilfsgeistliche Ceralius als Schüler des Felix vertrete die häretischen Ansichten des längst toten Usurpators Maximus und sei daher als christlicher Priester nicht würdig.

»Wahrscheinlich entgehe ich einem Todesurteil nur«, meinte der junge Lector resignierend, »wenn ich Mönch werde und irgendwo in der Einsamkeit den Rest meines Lebens vor mich hin bete.«

»Und ich, Aurelianus, kann dir erst recht nichts nützen«, warf der vierte der Freunde ein, der bisher stillschweigend die niederdrücken-den Berichte seiner Kommilitonen mit angehört hatte. »Aber ich danke dir, daß du bei deiner Einladung zu unserem Treffen hier auch an mich gedacht hast. Das tut mir gut. Vor einem Jahr war ich der um-schwärmte Sohn des mächtigsten Mannes im Westteil des Reiches, und jetzt bin ich ein Niemand, der froh sein muß, daß er lebt und von den Familien ehemaliger Gefolgsleute meines Vaters ab und zu etwas zu essen zugesteckt bekommt.«

Die drei Freunde wußten, was Arbito meinte, denn das tragische Ende seines Vaters Arbogast, des einst allmächtigen Comes und Magi-ster militum der Kaiser Valentinian II. und Eugenius lag erst ein halbes Jahr zurück. Es war weit gekommen mit dem Römischen Reich, daß ein gebürtiger Franke »rechte Hand«, ja Schutzherr eines rechtmäßigen Kaisers werden konnte. Allerdings war dieser Kaiser Valentinian, der zweite seines Namens, noch sehr jung, erst 17, und er brauchte eine starke Stütze. Der bei seinen Soldaten beliebte und im Kampf gegen seine Stammesgenossen, die Franken, so erfolgreiche Feldherr Arbo-gast konnte diese Stütze sein. Doch als der junge Kaiser älter wurde, wuchs auch der Neid oder das von Höflingen eingeflüsterte Mißtrauen gegen den starken Mann. Der war sogar so stark, daß er in Gegenwart der heiligen Majestät die ihm überreichte Entlassungsurkunde einfach zerriß. Kurze Zeit später kam der junge Kaiser, er zählte damals erst 21 Jahre, auf mysteriöse Weise ums Leben.

Dem Magister militum Arbogast war klar, daß er als gebürtiger Germane nicht selbst das Kaiseramt anstreben konnte, das so viele Heerführer vor ihm für sich beansprucht hatten, gestützt auf die ihnen ergebenen Truppen. So ließ er den Professor Eugenius aus Treviris zum neuen Kaiser ausrufen. Seit Menschengedenken war er der erste Zivi-list, der Kaiser wurde. Ein Kampf mit dem Kaiser Theodosius, der im fernen Konstantinopel für die Osthälfte des Reiches zuständig war, sich aber nach dem Tod Valentinians als der einzige legitime Herrscher des Gesamtreiches fühlte, war unvermeidlich. Wieder zogen sich römische Heere in einem Bürgerkrieg entgegen, bis sie am Südrand der Alpen in der Nähe des Adriahafens Ravenna aufeinanderstießen. Der gut katholische Kaiser Theodosius betrachtete es als ein Gottesurteil, daß seine Soldaten die Truppen der beiden Heiden Eugenius und Arbogast besiegten und die beiden Anführer dabei ums Leben kamen.

Die vier jungen Männer schwiegen. Dann reichten sie sich die Hände, lange und stumm. Was sollten sie noch viele Worte machen? Die Götter – oder war es der Gott der Christen? – wollten ihnen offenbar nicht helfen. Sie rechneten nicht damit, sich noch einmal wiederzusehen.

DAS IMPERIUM
BEGINNT ZU BRÖCKELN

Die Namen der Personen in der vorstehenden Episode sind erfunden, aber ähnliche Schicksale und Einstellungen dürften im weiten Römischen Reich hunderttausendfach anzutreffen gewesen sein. Die vier Freunde sollen einige, wenn auch beileibe nicht alle, wichtige Ursachen des allmählichen Zusammenbruchs des Imperiums im Westen gleichsam wie in einem Brennglas zusammenfassen und verständlicher machen.

Das völlig rücksichtslose römische Steuersystem, unter den Kaisern nach Diokletian ständig weiter ausgebaut, hatte nicht nur die große Mehrheit der Bevölkerung, die kleinen Bauern auf dem Lande (Kolonen), an den Rand der Existenz getrieben und beträchtliche Teile davon zu Aufständischen, Räubern oder anderen »Aussteigern« werden lassen. Das klang schon mehrfach an. Sondern auch die für den Erhalt jedes Staates unentbehrliche Mittelschicht verlor ihr einstmals verdientes Vermögen und jegliche Bereitschaft, dem Staat noch zu dienen. Die gesetzlich verordnete Erblichkeit der Berufe und öffentlichen Ämter, die rigoros erzwungen wurde, war ja nur die Reaktion des Staates auf die Flucht der einst Reichen vor ihren Pflichten, die als immer unerträglicher empfunden wurden.

Über neun Zehntel der Reichsbevölkerung wurden so durch den Staat »expropriiert«, und das ging natürlich einher mit einem wachsenden Haß dieser »Enteigneten« auf die Repräsentanten des Staates. Dem stand das heute nur schwer erklärbare Phänomen gegenüber, daß eine winzig kleine Schicht von nur wenigen tausend Menschen zwischen Spanien und dem Schwarzen Meer gerade in den letzten Jahrhunderten des (West-)Römischen Reiches ungeheure Vermögen aufhäufen konnte. Es waren die Adligen aus dem Senatorenstand, die zwar keinerlei politische Rechte als Verfassungsorgan des Staates mehr hatten und auch von allen militärischen Befehlsstellen und der Beamtenlaufbahn ausgeschlossen waren. Doch dafür konnten sie, ungestört und ohne Besteuerung befürchten zu müssen, riesige Landgüter mit jeweils Tausenden von billigen Arbeitskräften zusammenkaufen.

Um auch die letzten Asse (kleine Geldmünze) an Steuern aus der Masse der Bevölkerung herauszupressen, wurde der Beamtenapparat immer mehr aufgebläht, und er wurde zugleich so korrupt, daß diese Erscheinung als völlig normal empfunden wurde. Eine effektive, zweckmäßige öffentliche Verwaltung im modernen Sinn war dadurch und durch zahllose Ungereimtheiten im Verwaltungsaufbau ziemlich ausgeschlossen. Daran konnten auch Hunderte von Kaiseredikten nichts ändern, die im Laufe der Zeit erlassen wurden.

Die zweite Hälfte des 4. Jahrhunderts war im Römischen Reich die hohe Zeit der Christenverfolgungen. Nun allerdings bekämpften nicht mehr »Heiden« die unterdrückten Christen, sondern christliche Bischöfe einander, und die längst christlichen Kaiser mischten dabei kräftig mit. Athanasier oder Katholiken gegen Arianer, Donatisten, Priscillianer und andere – jeder Wortführer einer theologischen Sonderansicht beschuldigte lautstark alle anderen der Häresie (Abfall vom Christentum). Zahlreiche Bischofskonzile versuchten die Streitigkeiten zu schlichten oder zu entscheiden, doch tauchten immer neue abweichende Meinungen auf. Ein zeitgenössischer Bischof zählte um das Jahr 380 rund 80 solcher christlichen Sekten auf. Verbannungen, Kirchenausschlüsse, ja, Todesurteile für ihre Gegner waren nicht selten die Antwort der jeweils mächtigeren Religionspartei auf solche Streitigkeiten.

Dabei wuchs auch die Unduldsamkeit der christlichen Kaiser gegen die immer noch sehr zahlreichen Heiden im Reich. 392 wurden alle bisher noch geduldeten Kulthandlungen der früheren römischen Religion verboten, und zur gleichen Zeit wurde in mehreren Erlassen auch das Christentum in seiner katholischen Form als offizielle Staatsreligion eingeführt. Aber schon machten sich dogmatische und machtpolitische

Differenzen zwischen den Vertretern der Kirche im Westen (Rom, Mailand, Trier) und denen im Osten (Konstantinopel) bemerkbar. Sie sollten sich in den kommenden Jahrhunderten bis zum offiziellen Bruch zwischen der »katholischen« (»allumfassenden«) Kirche des Westens und der »orthodoxen« (»rechtgläubigen«) Kirche des Ostens steigern.

Zur inneren Festigung des Reiches trugen diese Streitigkeiten gewiß nicht bei. Dabei waren die meisten Verteidiger des Imperiums bei ihren unablässigen Kämpfen mit Grenznachbarn, nämlich den Truppen des Heeres, selbst zum großen Teil noch Heiden. Das heißt, sie bekannten sich zu den Göttern der germanischen Walhalla oder zu den zahlreichen Mysterienkulten orientalischer Herkunft, vor allem dem Mithras-Kult (siehe S. 191 f.). Auch die reichen und daher immer noch einflußreichen Kreise des Senatorenadels waren erstaunlicherweise meist noch bewußte Anhänger der alten römischen Götter oder wenigstens der Kulte, die nach ihrer Meinung das alte Rom groß gemacht hatten.

So unterminierten zahllose Sprengsätze das einst so mächtige Imperium von innen, während gleichzeitig die äußeren Feinde mit ihren Angriffen nicht nachließen.

Nach dem frühen Tod des Kaisers Julian »Apostata« und einem unbedeutenden Übergangskaiser, der nach einem Jahr starb, ergriff 364 wieder ein tüchtiger und entschlossener Militärbefehlshaber das Kaiserdiadem. Es war Valentinian I., der seinen längst nicht so fähigen jüngeren Bruder Valens als Kaiser für den Osten einsetzte. Valentinian behielt sich den Westen vor, residierte meist in Trier und bemühte sich nach Kräften um eine Stabilisierung der Grenzen an Rhein und Donau. Nach dessen Tod 375 trat sein Sohn Gratian die Regierung an.

Der wohl folgenschwerste Einbruch der »barbarischen« Welt in das Römische Reich erfolgte im Jahr 378; allerdings traf er zunächst nur Gratians Onkel Valens, den Herrn im Osten. Wenige Jahre zuvor waren die Hunnen wie ein Wirbelsturm in die fruchtbaren Gebiete nördlich des Schwarzen Meeres eingebrochen. Diese Hunnen werden im 17. Kapitel (Teil III) noch eine Rolle spielen und dort näher beschrieben werden.

Vor den Hunnen flüchteten die germanischen (West-)Goten, die bis dahin im heutigen Rumänien ihre Wohnsitze hatten, nach Süden über die Donau ins Römische Reich. Verzweifelt verlangten sie Lebensmittel und boten dafür ihre Kampfkraft zur Verteidigung des Reiches an. Doch von korrupten römischen Beamten schändlich betrogen, rafften sich diese Westgoten zu einer mörderischen Schlacht bei Adrianopel (heute Edirne, europäische Türkei) gegen ein römisches Heer auf. Der überhaupt nicht militärisch begabte Kaiser Valens führte es persönlich an. Es wurde eine katastrophale Niederlage für dieses Heer, Kaiser Valens selbst fiel dabei.

Seitdem durchzog das Volk der Westgoten mit Kriegern, Frauen, Kindern, Knechten und deren Familien ruhelos Griechenland und die östliche Balkanhalbinsel – sie unterstand dem östlichen Kaiser –, immer auf der Suche nach Nahrung für den Heerbann, der gewiß einige zehntausend Menschen umfaßte. Für ein paar Jahre hatten diese Goten ein offizielles Bündnis mit dem Kaiser in Konstantinopel und empfingen »Jahrgelder« vom Reich, dann wieder wurden diese Gelder verweigert (oder wurden von korrupten Gouverneuren unterschlagen), und die Goten zogen als Feinde durch das Land. Nach dem Tod seines Onkels Valens hatte Kaiser Gratian den tüchtigen Feldherrn Theodosius zum Kaiser im Osten ernannt, damit die Verteidigung dort nicht zusammenbrach. Denn in der Theorie war das Imperium Romanum immer noch ungeteilt, wenn es auch klar war, daß es der Energie von (mindestens) zwei Kaisern zu seiner Lenkung bedurfte.

Seit 378 gab es kein Jahr mehr, in dem nicht Germanen und andere fremdstämmige Völker auf dem Gebiet des Römischen Reiches umherzogen oder sich in bestimmten Regionen niederließen, etwas, das vorher undenkbar gewesen war. Die Völkerwanderung hatte begonnen, wenigstens die, die man in jedem Lexikon unter diesem Stichwort finden kann. Den Lesern sind schon viele andere Völkerwanderungen begegnet, doch die »große germanische Völkerwanderung« zwischen 378 und 560 hat die Staatenkarte Europas am stärksten umgestaltet. Allerdings hatte sie ihre Auswirkungen vor allem in Südeuropa. Welche Folgen sie für das Gebiet des heutigen Deutschlands hatte, wird in Teil III berichtet.

TRIER, DIE KAISERRESIDENZ AUF DEUTSCHEM BODEN

Außer dem italienischen Rom und Konstantinopel kann sich keine Stadt in Europa rühmen, so lange wie Trier an der Mosel offizielle Residenz der römischen Kaiser gewesen zu sein. Ihre strategisch günstige Lage – nicht allzu weit, aber auch nicht allzu dicht an der gefährdeten

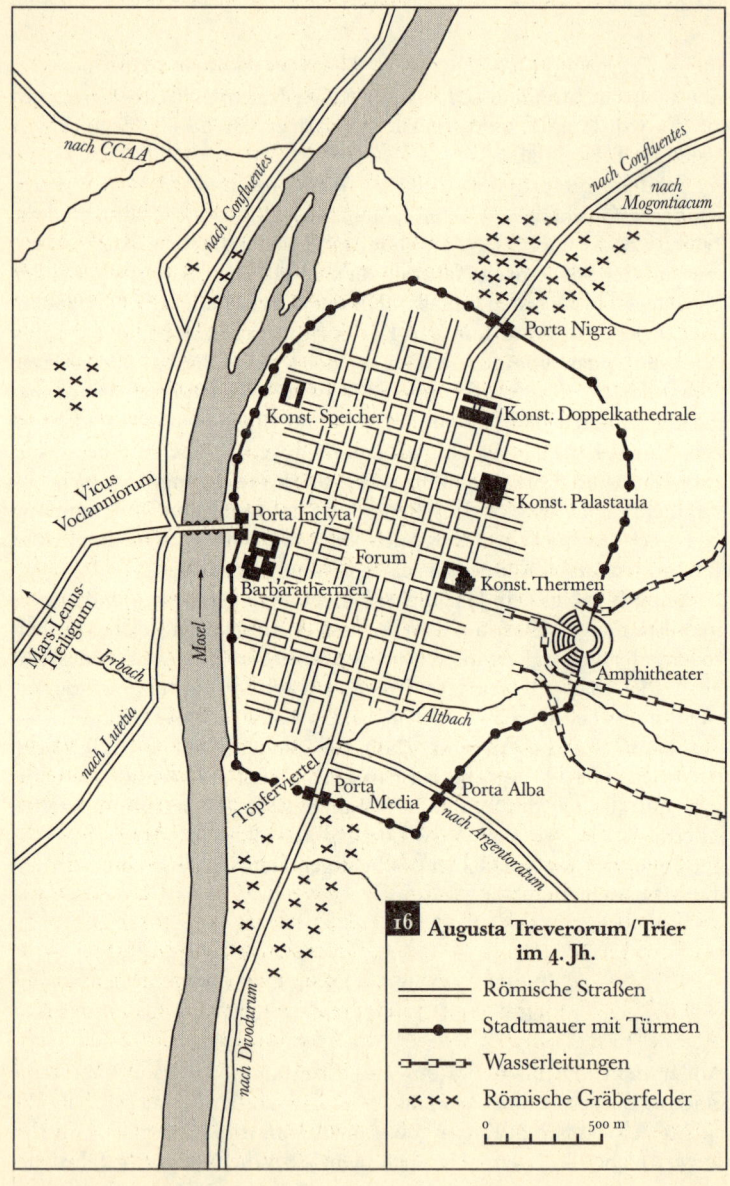

nach CCAA

nach Confluentes

nach Confluentes

nach Mogontiacum

Porta Nigra

Konst. Speicher

Konst. Doppelkathedrale

Vicus Voclanniorum

Konst. Palastaula

Porta Inclyta

Forum

Mars-Lenus-Heiligtum

Barbarathermen

Konst. Thermen

Irrbach

Mosel

Altbach

Amphitheater

nach Lutetia

Töpferviertel

Porta Media

Porta Alba

nach Argentoratum

nach Divodurum

**16 Augusta Treverorum / Trier
im 4. Jh.**

———————— Römische Straßen

●—●—●—● Stadtmauer mit Türmen

▭—▭—▭ Wasserleitungen

× × × Römische Gräberfelder

0   500 m

Rheinfront, am Schnittpunkt alter Römerstraßen nach Metz, Paris, Lyon, Straßburg, Mainz und Köln – machte diese alte Stadt der keltischen Treverer zum geeigneten Wohnort der spätantiken Kaiser. Auch wenn nicht alle Kaiser des 4. Jahrhunderts Trier als ständigen Wohnort bevorzugten, hat diese Zeit doch dort sichtbare Andenken hinterlassen.

In dem modernen Buch *Die Römer in Deutschland* (Joachim von Elbe) heißt es über Trier: »Der Aufstieg Triers zur (alleinigen) Reichshauptstadt (des Westreiches unter Kaiser Valentinian I.) war von einer beispiellosen Bautätigkeit begleitet. Aus den Trümmern der Zerstörungen von 275 (vorübergehende Eroberung durch ›Franken‹) erwuchs eine Stadt mit monumentalen Repräsentationsbauten, wie sie einer Kaiserresidenz zukamen. Im Osten entstand ein Palastbezirk, dessen Kernbau, die Aula Palatina, noch heute die Dächer der modernen Stadt überragt. Später wurde ein Teil des Bezirks von einer mächtigen Doppelbasilika eingenommen. Ein Thermengebäude, das an Größe nur noch von den Thermen des Caracalla und Diokletian in Rom übertroffen wurde, schloß sich an die Kaiserpaläste an. Vorhandene Bauten wie die Barbarathermen, das Amphitheater und ein ›Circus Maximus‹, wurden dem Repräsentationsbedürfnis der Hauptstadt entsprechend erweitert. Die Straßen erhielten Kalksteinpflaster, das Abwassersystem wurde verbessert.« Viele dieser Bauten, wenn auch zum Teil als Ruinen, prägen noch heute das Stadtbild Triers.

Im Wetteifer mit dem »echten« Rom schufen die kaiserlichen und städtischen Baumeister in Trier Bauwerke, die heute noch Superlative verdienen: das größte erhaltene Stadttor aus der Antike (die Porta Nigra), das zweitgrößte Forum (Marktplatz) nach dem Forum Romanum in Rom, der größte heute noch intakte Einzelraum der Antike (die konstantinische Palastaula). Die Schätzungen über die Einwohnerzahl der Stadt in ihrer Glanzzeit sind recht unterschiedlich. Viele Geschichtswerke geben eine Zahl von 70 000 bis 80 000 Einwohnern an, ein anderer Berechnungsversuch kommt auf höchstens 25 000 Menschen.

Wäre es ein Wunder, wenn diese Stadt damals von vielen ihrer Einwohner schwärmerisch »das belgische Rom« oder »das Rom des Nordens« genannt wurde? Die Frage, ob dieser Ausdruck bereits im 4. und 5. Jahrhundert allgemein gebräuchlich war oder erst im Mittelalter aufkam, wird später (19. Kap.) noch eine Rolle für eine wissenschaftliche Beweisführung spielen. Jedenfalls kann man sich gut vorstellen, daß die germanischen Heerhaufen, die im 5. Jahrhundert nach Trier zogen, um es zu plündern, ihr Ziel einfach »Rom« nannten und dabei glaubten, damit in der Hauptstadt des gegnerischen Reiches sich mit Gold und Schätzen bedienen zu können. So gut wird die »allgemeine Schulbildung« bei den freien Germanen nicht gewesen sein, daß sie feinsinnige Unterschiede zwischen dem Rom im fernen Italien und dem »Rom« in ihrer Nähe zu machen wußten.

Wenn auch die Stadt »römisch« war und ihre Einwohner gut Lateinisch sprachen, wenigstens die Gebildeten unter ihnen, so galt das nicht unbedingt für das Landgebiet rund um Trier. Hier hatten ja zu Caesars Zeiten die keltischen Treverer gesiedelt. Doch noch 400 Jahre später sprachen die Bauern auf dem Land keltisch. Dem heiligen Hieronymus fiel auf, daß sie fast die gleiche Sprache benutzten wie die ebenfalls keltischen Galater im Inneren Kleinasiens, die dort seit dem 3. Jahrhundert *vor* Christus lebten (siehe S. 125), ein interessantes Indiz für die Zähigkeit, mit der die Kelten ihre Sprache bewahrten. Der christliche Kirchenvater Hieronymus (um 347–419) hatte lange in Trier und in seiner zweiten Lebenshälfte in Jerusalem gelebt und diese sprachgeschichtlich wichtige Bemerkung in einem seiner Bücher überliefert.

Diese einzigartige Epoche für eine Stadt in Deutschland ging in der Zeit zu Ende, in die die obige Einleitungsepisode spielt. Keine erhaltene Textstelle eines Autors, keine Inschrift oder ein anderer von Historikern anerkannter Beweis gibt eine Jahreszahl an. Dennoch steht fest, daß zwischen 390 und spätestens 407 die Stadt Trier die beiden Institutionen verlor, die sie zur Hauptstadt gemacht hatten: den kaiserlichen Hof und die Büros des Praefectus praetorio Galliarum. Diese letztere Behörde, etwa vergleichbar mit modernen Ministerien, soll rund 2000 höhere und niedere Beamte gehabt haben, die sich mit allen möglichen zivilen Angelegenheiten im gesamten heutigen Westeuropa befaßten. Dazu kamen noch die Beamten des Präses der Provinz Belgica prima (Provinzgouverneur), der ebenfalls in Trier seinen Sitz hatte.

Das letzte von einem Kaiser in Trier unterzeichnete Edikt datiert von 389. Man nimmt an, daß zuerst die kaiserliche Hofhaltung von Trier nach Mailand abgezogen wurde, das heißt, die ständig in Trier stationierten Mitglieder des kaiserlichen Hofstaates und die niederen Hofbediensteten. Auch dies werden sicher viele hundert, wenn nicht tausend Personen gewesen sein, zu denen noch ihre Familienangehörigen kamen. Vermutlich wurde den Kaisern oder ihren Beratern nach der Katastrophe von Adrianopel 378 die Lage nahe der Rheingrenze zu unsicher. Der Kaiserhof zog sich zuerst nach Mailand zurück, das schon öfter im Wechsel mit Trier westliche Hauptstadt gewesen war. Später flüchteten sich die weströmischen Kaiser mit ihrem Hof in den Adriahafen Ravenna, der von der Landseite von undurchdringlichen Sümpfen umgeben und daher gut vor einer Eroberung durch Feinde geschützt war.

Ähnliche Erwägungen führten gewiß zu der Verlegung der großen zivilen Verwaltungsbehörde von Trier nach Arles in Südfrankreich. Von den verschiedenen hierfür vermuteten Zeitpunkten ist der in der Einleitungsepisode angenommene (395) der wahrscheinlichste.

Dieser Verlust war sicherlich sehr einschneidend für Trier, schlimmer als der Umzug des Bundestages und der deutschen Bundesregierung von Bonn nach Berlin für unsere alte Hauptstadt. Dennoch existierte Trier weiter als große befestigte Stadt im Römischen Reich, vielleicht länger als dieses Reich im Westen selbst (siehe 19. Kap.). Allerdings mußte die Stadt in der ersten Hälfte des 5. Jahrhunderts vier Eroberungen und Plünderungen durch germanische Heere über sich ergehen lassen, vermutlich 410, 411, 420, 435 (auch hier gibt es keine gesicherten Jahreszahlen). Doch zogen sich diese Plünderer jeweils schnell zurück, ohne die Stadt völlig zu zerstören. Immer wieder kamen die verbliebenen Einwohner aus ihren Verstecken hervor, versuchten erneut, ihre Verteidigung zu organisieren, und lebten weiter so, wie sie es als Römer gewohnt waren. Der christliche Presbyter Salvian, der Trier sehr genau kannte, hat um 440 in Predigtschriften über das verdiente Strafgericht Gottes an der sündigen Menschheit den Einwohnern von Trier empört vorgeworfen, noch nach viermaliger Zerstörung ihrer Stadt hätten sie sich an »allen möglichen Lastern, der Schwelgerei und Zirkusspielen« ergötzt.

DER ERSTE GESCHEITERTE VERSUCH DER BEHERRSCHUNG DES IMPERIUMS DURCH GERMANEN

Die Erwähnung eines Sohnes Arbito durch Arbogast, den Magister militum germanischer Herkunft, in der Einleitungsepisode hatte ihren guten Grund. Denn Ende des 5. Jahrhunderts verteidigte ein Comes Arbogast Trier gegen anrückende Germanen. Im 19. Kapitel wird zu diesem

Mann noch einiges zu sagen sein. Er gilt für die modernen Historiker als Nachkomme (Enkel?) des Heermeisters gleichen Namens 70 oder 80 Jahre vorher. Man kann sich vorstellen, daß dessen Sohn (der Name Arbito ist nicht historisch überliefert) trotz anfänglicher Verfemung später wieder zu Ansehen und Reichtum gekommen ist. Vielleicht liegt auch eine Generation mehr zwischen den beiden Arbogasts, denn als Vater des späteren ist historisch ein gewisser Arigius überliefert.

Arbogast, der erste dieses Namens, ist es aber auch noch aus anderen Gründen wert, hier dargestellt zu werden. Denn in seinem relativ gut bekannten Leben bündeln sich beispielhaft die Probleme und Einstellungen im römisch-germanischen Verhältnis am Ende des 4. Jahrhunderts. Er war nach römischen Schriftzeugnissen ein gebürtiger Franke und trat wie so viele andere wohl schon früh als Söldner oder Führer einer kleinen Kriegergefolgschaft in römische Dienste.

Doch für ihn scheint der Kriegsdienst beim Gegner tiefere Gründe als bei vielen anderen Landsleuten gehabt zu haben. Ein römischer Historiker deutet an, Arbogast sei aus seiner Heimat verbannt worden. Das kann infolge einer Blutrache oder einer uralten Sippenfehde geschehen sein. Jedenfalls »verband« ihn ein lebenslanger Haß mit den fränkischen Königen Sunno und Marcomer, die jahrelang an der Rheingrenze mit den Römern im Krieg lagen. Wo genau diese fränkischen Könige zu Hause waren, ist ungewiß.

Unter seinem Landsmann und Söldnerführer Bauto rückte Arbogast in der römischen Militärhierarchie schnell auf und folgte ersterem nach dessen Tod 385 als Magister militum (oberster Heerführer in Gallien). Als der Usurpator Maximus, der sich 383 in Britannien zum Kaiser hatte ausrufen lassen, sich etwas später auch Gallien und Spanien unterwarf und zeitweise von den anderen Kaisern anerkannt wurde, scheint Arbogast auch diesem Kaiser gedient zu haben. Maximus residierte ebenfalls in Trier. Später aber kam es zum Kampf des Maximus mit den »legitimen« Kaisern Valentinian II. und Theodosius (letzterer in Konstantinopel). Arbogast stellte sich hierbei auf die Seite der legitimen Kaiser und hatte kräftigen Anteil an der Niederringung des Usurpators, der 388 im heutigen Slowenien geschlagen, gefangengenommen und getötet wurde. Zum Lohn vertraute der Ostkaiser Theodosius dem Arbogast gewissermaßen das Amt des »Reichsverwesers« im Westen an, indem er ihn zum »Leiter und Berater« des legitimen Westkaisers Valentinian II. machte, der zu diesem Zeitpunkt erst 17 Jahre alt war.

Eine solche Stellung hatte bisher noch kein Germane erreicht. Arbogast scheint sie energisch ausgenutzt zu haben. Er setzte zahlreiche andere Germanen in hohe Ämter ein und benahm sich, als sei er der eigentliche Herr des westlichen Teils des Imperiums. Man darf das nicht falsch verstehen: Arbogast fühlte sich und handelte als *Römer*, und nichts lag ihm ferner, als seinen germanischen Landsleuten jenseits des Rheins Einfluß auf das Römische Reich zu gewähren. Im Gegenteil, gerade in diesen Jahren führte er einen erfolgreichen Feldzug gegen seine fränkischen Intimfeinde Marcomer und Sunno. Dem Heermeister ging es offenbar um ein starkes römisches Imperium, das er als tief heruntergekommen empfand. Es ist denkbar, wenn auch nicht erwiesen, daß er der korrupten und unfähigen Hofcamarilla am Trierer Kaiserhof nichts zutraute und daher lieber germanische Offiziere der römischen Armee in die wichtigsten Schaltstellen setzte, die er kannte und die noch nicht so sehr von den Untugenden der späten römischen Kaiserzeit angesteckt waren.

Das weitere Schicksal Arbogasts ist in der Einleitungsepisode kurz dargestellt. Bemerkenswert ist auch, daß dieser Mann von den zeitgenössischen Historikern als »Heide« bezeichnet wird: Er glaubte sicher nicht an den christlichen Gott und seinen Sohn Christus, sehr wahrscheinlich aber auch nicht an Odin, Donar und Tiu, die Götter der Germanen. Vielmehr waren sein Ideal offenbar die Götter der alten römischen Republik und der frühen Kaiserzeit, als das Imperium noch stark war. Den Kult dieser Götter förderte er noch einmal, zum letztenmal in der Antike, mit öffentlichen Mitteln zusammen mit Eugenius, den sich Arbogast »als Kaiser hielt«.

In der Entscheidungsschlacht zwischen seinen Truppen und denen des legitimen Kaisers Theodosius, die oben kurz erwähnt wurde, hatte der Germane und »römische Heide« Arbogast die schlechteren Karten. Beide Heere bestanden inzwischen überwiegend aus Germanen, vielleicht waren sie gleichwertig. Doch dem unter den Insignien der alten römischen Götter kämpfenden Heer des Arbogast und seines Kaisers Eugenius wehte, so berichten die Historiker, einen Tag lang die Bora (kalter staubiger Nordsturm in Dalmatien) entgegen. Die abergläubischen Krieger nahmen das als böses Omen. Sie wurden von den germanischen Söldnern des Kaiser Theodosius unter dem Kreuzzeichen besiegt. Sowohl »Kaiser« Eugenius wie auch Arbogast selbst fanden dabei den Tod. Dies geschah im September 394.

Kaiser Theodosius aus Konstantinopel war nun noch einmal für kurze Zeit unangefochten alleiniger Herrscher des gesamten Römischen Reiches. Doch schon im Januar 395 starb er. Wie er es angeordnet hatte, wurde das Reich zwischen seinen Söhnen geteilt: Arcadius wurde Kaiser in Konstantinopel, Honorius in Mailand. Seitdem kamen die beiden Reichshälften nie wieder zusammen. Erst nach 395 kann man ganz korrekt vom West- und Oströmischen Reich sprechen.

Einige Historiker sind der Ansicht, das Jahr 395 sei die eigentliche Wende vom Altertum zur Neuzeit, nicht erst das Ende des Weströmischen Reiches 475. Das kann dahingestellt bleiben. Doch auf jeden Fall bedeutete dieses Jahr einen ungeheuren Einschnitt für das Gebiet, das heute Deutschland heißt. Daher endet hier Teil II dieses Buches, der ein fast dreihundertjähriges Ringen um die Rhein- und Donaugrenze des Römischen Reiches beschrieb.

TEIL III:
UNRUHIGE ZEITEN

Etwa 400 bis 550 n. Chr.

17. DIE HUNNEN KOMMEN

DER UNTERGANG DER BURGUNDER
September 436, bei Schwetzingen zwischen Rhein und Neckar

Der Nebel über den feuchten Wiesen der Rheinniederung begann in
Bewegung zu geraten, als die Sonne aufging. König Gundahar blickte
aufmerksam nach Süden, wo irgendwo hinter den Nebelschwaden der
Feind stehen mußte, Tausende und Abertausende wilder Reiter, bereit
zum Angriff in vollem Galopp. Gundahar stand neben seinem Pferd
vor der Front des Burgunderheeres. Noch wollte er nicht aufsitzen, um
sein treues Tier nicht unnötig früh zu belasten. Ohne Zweifel würde es
heute ein heißer Tag werden, wenn erst die Sonne höher stand. Dann
würden die Pferde der Burgunder und natürlich erst recht ihre Krieger
noch genügend ins Schwitzen kommen. Daß es heute zur Schlacht
kommen mußte, war sicher; Kundschafter beider Seiten hatten gestern
herausgefunden, daß die beiden Heere nur noch wenige tausend
Schritte auseinanderlagen und sich zur Schlacht formierten.

Hier standen die Krieger der Burgunder in dichten Reihen, hinter
ihnen die im Verhältnis zum vollberittenen Feind viel zu wenigen Reiter, mit dem Rücken zu ihrer Hauptstadt Vangionis (Worms). Um sie
und die Dörfer der näheren Umgebung, die Hauptwohngegend ihres
alten Volkes, zu schützen, war das Heer eilig nach Süden gerückt, kaum
daß das rasch fliegende Gerücht vom Anmarsch der verhaßten Feinde
berichtet hatte.

König Gundahar wandte sich zur Front seiner Krieger um, nahm
den kostbaren, mit Goldschmuck verzierten Spangenhelm ab und forderte mit einer Geste die Mitglieder seiner persönlichen Gefolgschaft
und alle anderen Krieger auf, ein gleiches zu tun. Er stellte den Helm neben sich auf die Erde, faltete die Hände und begann mit lauter Stimme
zu beten. An sich war das öffentliche Gebet Sache der Priester der Christen, aber im kampfbereiten Heer gab es keine Priester, hier mußte der
König wie in alten Zeiten selbst die Rolle des Vorbeters übernehmen.

»Herr Gott im Himmel und unser Herr Jesus Christus, dein Sohn,
und der Heilige Geist segne uns alle. Die heilige Dreieinigkeit Gottes
gebe uns Kraft in der Schlacht gegen die hunnischen Heiden und
schenke uns den Sieg. Wem aber der Tod auf der Walstatt zuteil wird,
den nehme Gott in sein Paradies auf, das für einen tapferen Krieger
mindestens so schön und so würdig ist wie unser altes Walhall. Amen!«
Nach diesen kurzen Worten, die alles enthielten, was burgundischen
Kriegern vor einer Schlacht gesagt werden mußte, wandte sich der
König entschlossen wieder dem Feind zu, setzte den Helm auf und
lockerte sein Schwert in der Scheide. Jetzt mußte man bald von ferne
das dumpfe Dröhnen Tausender Pferdehufe hören, das den Angriffen
eines Hunnenheeres stets voranging.

König Gundahar, Sohn des Gibicho, war ein Mann in den besten
Jahren. Sein blondes Haar ringelte sich in vollen Locken unter dem
Helm hervor, sein wohlgestutzter Schnurrbart zeigte noch kein graues
Haar. Wie immer in den letzten Minuten vor einer Schlacht irrten die
Gedanken des Königs ab, zurück auf dem langen Weg seines Volkes in
den vergangenen Generationen.

Von der einstigen Heimat der Burgunder auf der großen Insel im
nördlichen Meer (Bornholm) berichteten die alten Legenden des
Volkes, die von den Skops (Sängern) zu besonderen Gelegenheiten
beim Festmahl in der Königshalle zur Leier gesungen wurden. Von
dieser Insel waren die Vorfahren der heutigen Burgunder vor vielen,
vielen Generationen an das südliche Gestade (Ostpommern/West-
preußen) übergesiedelt und später weitergezogen, alle paar Generationen ein Stück westwärts. Ein Teil der Burgunder war allerdings
vor langer Zeit schon an der Wistula (Weichsel) entlang nach Südosten gewandert, zusammen mit den entfernt verwandten Wandalen.
Irgendwo in den Steppen und Bergen Transsylvaniens (Rumänien)
war dieser Teil in den Kämpfen der letzten 100 Jahre zerrieben und
verschollen.

Der Teil der Burgunder jedoch, über den heute die Gibikungen
(Sippe des Gibicho) herrschten, lebte und war gewachsen, je weiter er
nach Westen kam. Noch zur Jugendzeit seines Vaters Gibicho hatten
die Burgunder am mittleren Moenus (Main) gelebt; als Grenze zu den
benachbarten Alemannen galt die alte Mauer, die einstmals römische
Soldaten quer durch die Wälder gebaut hatten (der Obergermanische
Limes). Römer gab es dort aber, solange die Burgunder in diesem Ge-

biet ansässig waren, schon lange nicht mehr. Dennoch brauchten die burgundischen Krieger nicht auf den so geliebten Kampf zu verzichten, sorgten doch die verhaßten Alemannen jenseits der Grenze alle paar Sommer für kurze, aber erbitterte Kriege.

Vor 25 Jahren, Gundahars Vater Gibicho stand damals in der Blüte seiner Herrschaft als König der Burgunder, war wieder die Wanderlust über das Volk gekommen. Oder hatten es die äußeren Umstände zur neuen Verlegung seiner Wohnsitze gezwungen? Einige Zeit davor mußte es in der großen Völkerküche nördlich des unteren Danuvius (Donau) ein Ereignis gegeben haben, das alle Menschen dort aufgestört hatte. Erst drangen nur unklare Gerüchte über gelbhäutige wilde Reiter, die wie ein Strafgericht der Götter über die Völker dort hergefallen waren, hierher an den Rhein, 1000 Meilen entfernt. Hunnen hießen diese gefürchteten Krieger, die von weit, weit jenseits des Sonnenaufgangs gekommen waren. Dann erschienen mehrere lange Völkerzüge, die in panischer Angst vor den wilden Kriegern in schneller Wanderung nach Westen marschierten, mit Frauen, Kindern und Gesinde, Vieh und aller Fahrhabe auf den ungelenken, von Ochsen gezogenen Karren. Wandalen, Alanen und Sueben nannten sich diese Stämme, die innerhalb weniger Wochen das Gebiet der Burgunder durchwanderten und bald den Rhein und damit die Grenze des Römischen Reiches überschritten hatten. Dort verschwanden sie aus den Augen der Burgunder.

Die Alemannen und Franken, die näher am Rhein wohnten, hatten sich teils aus Selbsterhaltungstrieb, teils im Auftrag der Römer gegen die gefräßigen Schlangen gewehrt, dabei aber schwere Verluste erlitten und den Einbruch dieser fremden Völker ins Reich nicht verhindern können. Diese Schwächung der bisherigen Grenzwächter machte das Land zwischen Rhein, dem unteren Neckar und den Bergen des Odenwaldes zeitweise nahezu herrenlos. Die Burgunder nutzten das aus und besetzten ihrerseits dieses Land bis zum Rhein.

In dieser Zeit trat Gundahar selbst nach dem Tod seines Vaters die Herrschaft über die Burgunder an. Damals suchten die Römer verzweifelt nach kampfkräftigen germanischen Truppen, die ihnen die Grenze am Rhein gegen weitere Invasoren verteidigen halfen. Der junge Burgunderkönig schloß als Herr über eine kräftige Kriegergefolgschaft von mehreren hundert Mann ein Bündnis mit dem römischen Heerführer Jovinus, der sich daraufhin in der alten römischen

Stadt Mogontiacum (Mainz) am Rhein zum Kaiser ausrufen ließ. Dann eilte dieser neue Kaiser ins westliche Gallien, um dort die Steuern einzuziehen und die Truppen und örtlichen Honoratioren auf sich einzuschwören. Den Burgundern gab er einen eigenen ausgedehnten Gau rechts und links des Rheins rund um das einstige römische Kastell Vangionis als Wohnsitz mit dem Auftrag der Grenzwacht. Eine alte Sage behauptete, die Burgunder stammten von den Römern ab, und das machte Bündnisse zwischen diesen beiden Völkern leicht.

Einige Jahre der Ruhe waren den Burgundern hier im neuen Reich am Rhein beschieden. Doch dann, zehn Sommer war es erst her, zeigten sich plötzlich auch im Land zwischen Odenwald und Rhein, wo noch erhebliche Teile der Burgunder ansässig waren, Hunnen. Jeden Sommer kamen sie vom fernen Pannonien (Ungarn) auf ihren kleinen, struppigen Pferden herangeritten, wie ein verderblicher Feuersturm die Wohngebiete der freien Völker nördlich der Donau und die Städte und Gutshöfe der Römer südlich dieses Stroms verheerend und plündernd. Viele dieser Völker weiter im Osten, wie etwa die Thüringer, waren von den Hunnen zur Anerkennung ihrer Oberherrschaft gezwungen worden. Die Burgunder, soweit sie östlich des Rheins lebten, hatten sich mehrfach Kämpfe mit diesen Raubscharen geliefert, die zwar immer nur wenige Tage im Jahr erschienen, aber in dieser kurzen Zeit genug Not und Verzweiflung hinterließen. König Gundahar lehnte es ab, mit den gelbhäutigen und schlitzäugigen Teufeln ein Bündnis zu schließen. Das reizte die Hunnen zu immer neuen Überfällen.

Eine Tages waren die Dorfanführer der östlichen Burgunder zu König Gundahar nach Vangionis gekommen und hatten ihn gebeten, mit ihnen zusammen nach Treviris (Trier) zu pilgern. Dort wollten sie sich vom Bischof der Christen taufen lassen. Dies sei, so habe ihnen ein Priester der Christen versichert, das beste Mittel, die Hunnen zu besiegen. Irgendein wirksamer Zauber müsse mit diesem geheimnisvollen Vorgang verbunden sein. So war es denn auch geschehen. König Gundahar, seine Brüder Gundomar und Gislaher und zahlreiche Adlige des Burgundervolkes zogen in Frieden nach Treviris, wo sich der dortige Bischof über die freiwillige Bekehrung eines Volkes der heidnischen Barbaren sehr freute. Nach kurzer Unterweisung durch christliche Priester erhielten die »nach Erlösung dürstenden Seelen«, wie der Bischof sich ausdrückte, die Taufe und durften wieder nach Hause ziehen. Einige römische Priester begleiteten sie.

Tatsächlich schien der neue Zauber anfänglich zu helfen, denn als im Jahr darauf die hunnischen Plünderungskommandos wieder im Land der Burgunder erschienen, gelang es deren Heer, sie zu besiegen und fast bis auf den letzten Mann zu töten. Doch wieder ein Jahr darauf waren hunnische Reiter erneut da, und im folgenden Jahr ebenso, und immer wollten sie ernten, wo sie nicht gesät hatten. König Gundahar beschloß daher im Rat mit seinen Brüdern und den angesehensten Edlen des Burgundervolkes, die Wohnsitze weiter nach Westen ins Römische Reich hinein zu verlegen.

So zog ein ansehnliches Heer von Worms nach Westen, auf Mettis (Metz) zu. Frauen, Kinder, Vieh und Gesinde sollten nachgeholt werden, wenn für das Volk ein ausreichendes Wohngebiet gesichert war. Doch der römische Feldherr Aetius, der sich bisher immer als Freund und Schutzherr der Burgunder ausgegeben hatte, fiel in der Moselebene vor Mettis mit einer größeren Zahl von Legionären über die Burgunder her, fest entschlossen, ihren Vormarsch aufzuhalten. Zuerst glaubten die Burgunder noch, den Sieg gewinnen zu können, doch plötzlich tauchte eine starke Abteilung hunnischer Reiter aus einem Hinterhalt auf und kesselte das meist aus Fußkämpfern bestehende Burgunderheer ein. Dem König Gundahar blieb nur übrig, sich dem Magister militum Aetius zu ergeben. In manchen Fällen nutzte auch die bekannte Tapferkeit der Burgunder nichts. Das Heer mußte in die alten Wohnsitze am Rhein zurückkehren und zahlreiche Tote und noch mehr transportunfähige Schwerverletzte zurücklassen.

Das war im letzten Sommer gewesen. Doch dem Feldherrn Aetius schien die militärische Niederlage der Burgunder und ihr Schwur, Frieden zu halten, nicht zu genügen. Gerüchte wollten wissen, daß er seine alten Freunde, die Hunnen, zu einem vernichtenden Schlag gegen die unzuverlässig gewordenen Burgunder aufstachelte, diesmal ohne Hilfe eigener Soldaten. Und tatsächlich war in diesem Sommer eine Hunnentruppe von Pannonien her an den Rhein unterwegs, die doppelt so stark wie gewöhnlich war, wenn man den Gerüchten glaubten wollte, die ja immer noch schneller als der schnellste Reiter waren. So stand das Burgunderheer hier in der sumpfigen Rheinebene bereit, die bedrohte Lebensgrundlage der Frauen und Kinder zu verteidigen, und jedem Krieger war bewußt, daß nur wenige von ihnen am Ende dieses Tages den Sonnenuntergang erleben würden.

König Gundahar horchte auf, denn jetzt tönte aus dem sich lichten-

den Nebel im Süden das schon lange erwartete Geräusch der heran-
galoppierenden Hunnenpferde. Der König schwang sich auf sein Pferd
und zog das Schwert. Metallisches Klirren hinter ihm verriet, daß seine
Männer es ihm gleich taten. In wenigen Augenblicken mußte die
Schlacht beginnen, die über das Schicksal des burgundischen Volkes
entscheiden sollte.

Als die Sonne unterging, sah das Land aus, als sei ein riesiger
Schnitter über das weite Feld gegangen und hätte seine Ernte in unregelmäßigen Reihen vor sich niedergelegt. Tote Pferde und tote Krieger
in ungeheurer Zahl, Burgunder und Hunnen endlich friedlich vereint,
waren die grausige Ernte. Die wenigen burgundischen Krieger, die
dem Gemetzel hatten entkommen können, wußten nur zu berichten,
daß König Gundahar, seine Brüder Gundomar und Gislaher und mit
ihnen einige tausend tapfere Burgunder den würdigen Schlachtentod
gestorben waren.

Schon bald trugen die Skops ein neues trauriges Lied vor, wenn sie in
den Königshallen der verschiedenen Herrscher auf und ab am Rhein
und zwischen Alpen und Meer die Gäste beim Festmahl unterhielten.
Es erregte Anteilnahme überall, wo man noch Thor und Odin, Freya
und die Götter des Walhall verehrte. Denn sie sangen vom tapferen
Untergang der Burgunder, ihres Königs Gundahar und seiner Brüder
Gundomar und Gislaher gegen einen überlegenen hunnischen Feind,
vom ehrenvollsten Tod nächst dem Ende in der siegreichen Schlacht.

DER HUNNENSTURM
ÜBER EUROPA

Bevor diese erfundene und dennoch nicht ganz unwahrscheinliche Episode ein wenig aus der strengen Sicht der Historiker untermauert werden kann, müssen erst noch zwei andere geschichtliche Abläufe erläutert werden. Beide hingen eng zusammen, beide berührten das Gebiet
des späteren Deutschlands nur relativ kurz und weitaus weniger intensiv als andere Regionen Europas, und dennoch trugen sie dazu bei, das
Gesicht Europas entscheidender zu verändern als die Jahrhunderte
davor. Das erste Ereignis war der Einbruch der Hunnen nach Europa,
das zweite – im folgenden Abschnitt dieses Kapitels näher beschrie-

bene – die historischen Folgen daraus für Mitteleuropa und das Römische Reich.

Es ist schon erstaunlich, daß der Name Hunnen heute noch jedem Normalgebildeten in Deutschland und Mitteleuropa geläufig ist, obwohl die Träger dieses Namens vor über anderthalb Jahrtausenden eine Rolle spielten, und das nur für eine kurze Zeit von kaum mehr als 75 Jahren. Von den zahlreichen Völkern, die im Lauf der letzten 2000 Jahre aus Innerasien bis nach Ost- und Mitteleuropa kamen, haben sich die Hunnen am tiefsten dem kollektiven Völkergedächtnis eingeprägt.

Vermutlich waren es Vorfahren der Hunnen, die im Jahrtausend *vor* Christi Geburt aus den riesigen Steppengebieten Innerasiens heraus mit Angriffen die erste Hochkultur Ostasiens, das frühe chinesische Kaiserreich, beunruhigten. Hiung-nu hießen diese Störenfriede in chinesischer Sprache, und möglicherweise wurde daraus später der in europäischen Sprachen benutzte Völkername Hunnen. Zur Abwehr der wilden Steppenreiter bauten die Chinesen die ersten Vorläufer der großen Chinesischen Mauer, und es scheint ihnen im Laufe der Zeit gelungen zu sein, die Hiung-nu abzuschrecken oder wenigstens ihre Stoßrichtung umzukehren, nach Westen, dorthin, wo sie für China ungefährlich waren.

Jedenfalls überschritt im Jahr 375 *nach* Christus ein großes Heer berittener Steppennomaden vom Osten her die untere Wolga, angeblich im strengen Winter, als der Strom zugefroren war. Das erste Opfer wurde das germanische Volk der Goten, das schon mehrfach erwähnt wurde. Auf seinem langen Marsch von der Ostsee bis zur Nordküste des Schwarzen Meeres hatte es sich inzwischen in zwei größere Gruppen geteilt, in die Ostgoten, die die fruchtbaren Schwarzerdegebiete der heutigen Ukraine und Südrußlands besetzt hatten, und in die Westgoten, die vorübergehend im späteren Siebenbürgen, dem Kernland des heutigen Rumänien, lebten.

Die ersten Kämpfe der Ostgoten mit den Hunnen waren für die ersteren sehr verlustreich. Ihr greiser König Ermanerich, nach manchen Überlieferungen soll er 100 Jahre oder sogar noch älter gewesen sein, gab sich selbst den Tod, um einen jüngeren Angehörigen seiner Königssippe der Amaler mit besserem »Königsheil« auf den Thron zu lassen. Doch blieb den Ostgoten nichts anderes übrig, als sich der Oberherrschaft der militärisch überlegenen Hunnen zu unterstellen, Steuern in Form von Lebensmitteln und Vieh zu zahlen und den Hunnenfürsten bei ihren Kriegszügen gegen immer neue Nachbarn Heeresfolge zu leisten.

Die Westgoten, die nächsten Opfer der hunnischen Überfälle, lehnten dies ab. Statt dessen flüchteten sie nach Süden über die Donau auf römisches Reichsgebiet. Dort wurden ihnen zunächst Siedelland und »Soforthilfe« in Form von Lebensmittellieferungen versprochen, doch als korrupte römische Gouverneure von diesen Versprechungen nichts mehr wissen wollten, rafften sich die immer noch kampfkräftigen Westgoten zu einer Schlacht mit dem oströmischen Heer auf – und gewannen überlegen. Dabei fand der in Konstantinopel residierende Kaiser Valens den Tod (378).

Die Hunnen drangen unterdessen immer weiter nach Westen vor. In den weiten Ebenen Ungarns, dem damals noch zum Weströmischen Reich gehörigen Pannonien, fanden sie als Reiternomaden ideale Lebensverhältnisse und setzten sich dort fest. Die meist germanischen Stämme ihrer Umgebung wurden entweder wie die Ostgoten zur Unterwerfung gezwungen, oder sie flüchteten wie die Westgoten, so weit die Füße trugen. So viele Berichte es auch aus dem späten Altertum über die Hunnen gibt, so bleibt doch bis heute umstritten, ob es sich bei ihnen um rassische oder sprachliche Verwandte der heutigen Mongolen, der Türken oder Ungarn handelte. Wahrscheinlich waren diese später in die Geschichte tretenden Völkerschaften damals weit enger miteinander verwandt als in jüngerer Zeit. Eines aber stand fest: Die Hunnen kamen mit ihrer Kultur, ihrer Sprache, ihrer Lebensführung, ihren Waffen, ihrer Kriegsweise und ihrer Herrschsucht aus einer anderen Welt als alle damals bekannten Völker Europas, sie kamen aus dem östlichen Innerasien.

Auch wenn Ungarn stets das Zentrum ihres Reiches in Europa blieb, so machten sich die Hunnen doch im ganzen südöstlichen Europa bald unangenehm bemerkbar. Noch hatten sie wohl keinen zentralen Herrscher. Verschiedene »Horden«, dieses ursprünglich mongolisch-türkische Wort bedeutet »Heer«, hatten sich vermutlich zum gemeinsamen Zug nach Westen zusammengetan, verfolgten aber ganz nach Belieben auch eigene Ziele. Wohl fochten die Hunnen schon früh Kämpfe mit römischen Truppen aus, aber in den ersten Jahrzehnten ihres kurzen Aufenthalts in Europa wurden sie vorrangig für ihre *germanischen* Nachbarn außerhalb der römischen Grenzen gefährlich. Den

Römern gelang es, einzelne auf Beute und Plünderung erpichte Hun-
nen-Khane (Fürsten) mit größeren Reiterscharen als Hilfstruppen für
ihre zahlreichen Kämpfe mit Germanen zu engagieren. Gegen Zahlung
reichlicher Hilfsgelder und das Versprechen, bei den Gegnern nach
Herzenslust plündern zu dürfen, zogen die Hunnen dann quer durch
Mitteleuropa bis an den Rhein und beunruhigten die dortigen Germanenvölker, wie in der vorstehenden Episode geschildert. Von Attila,
ihrem späteren König, war damals noch keine Rede.

DIE WACHT AM RHEIN
BRICHT ZUSAMMEN

Bis zum Jahr 436, in dem das Burgunderheer vernichtend geschlagen
wurde, ja, noch einige Jahre länger, waren die Hunnen für die beiden
Römischen Reiche höchstens unangenehm, aber nicht wirklich gefährlich. Die Gefahr, die von diesem Volk ausging, war bis dahin eher eine
indirekte. Denn es hatte ja die verschiedenen Germanenvölker aufgestört, die zuvor die riesigen Gebiete nördlich der Donau und des
Schwarzen Meeres beherrschten, und damit die (große germanische)
Völkerwanderung ausgelöst. Diese war es, die das Weströmische Reich
wirklich aus den Fugen geraten und letztlich untergehen ließ.

Vom Zug der Westgoten über die Donau nach Süden war schon die
Rede. Nach der Schlacht bei Adrianopel und dem Tod des Kaisers Valens wurde dieses Volk noch einmal durch einen günstigen Friedensvertrag innerhalb des Römischen Reiches im heutigen Bulgarien ansässig. Der größte Teil der Westgoten nahm dort das Christentum in
seiner arianischen Form an. Doch keine 20 Jahre später kam es erneut
zum Krieg zwischen diesem Volk und dem Oströmischen Reich. Wieder einmal vertrieben von den Hunnen, die ihre neuen Wohngebiete
plünderten, zogen die Westgoten durch Griechenland, nun ihrerseits
raubend und plündernd, bis auf die Peloponnes und wieder zurück
nach Norden. Die Schlachten und weiteren Friedensschlüsse ihres
neuen jungen Königs Alarich, einmal mit ost-, dann wieder mit weströmischen Heeren, sind zu unübersichtlich und zu uninteressant, um hier
näher beschrieben zu werden. Jedenfalls brachen die Westgoten um das
Jahr 400 vom heutigen Slowenien aus in Oberitalien ein und bedrohten
damit das Herzland des Weströmischen Reiches.

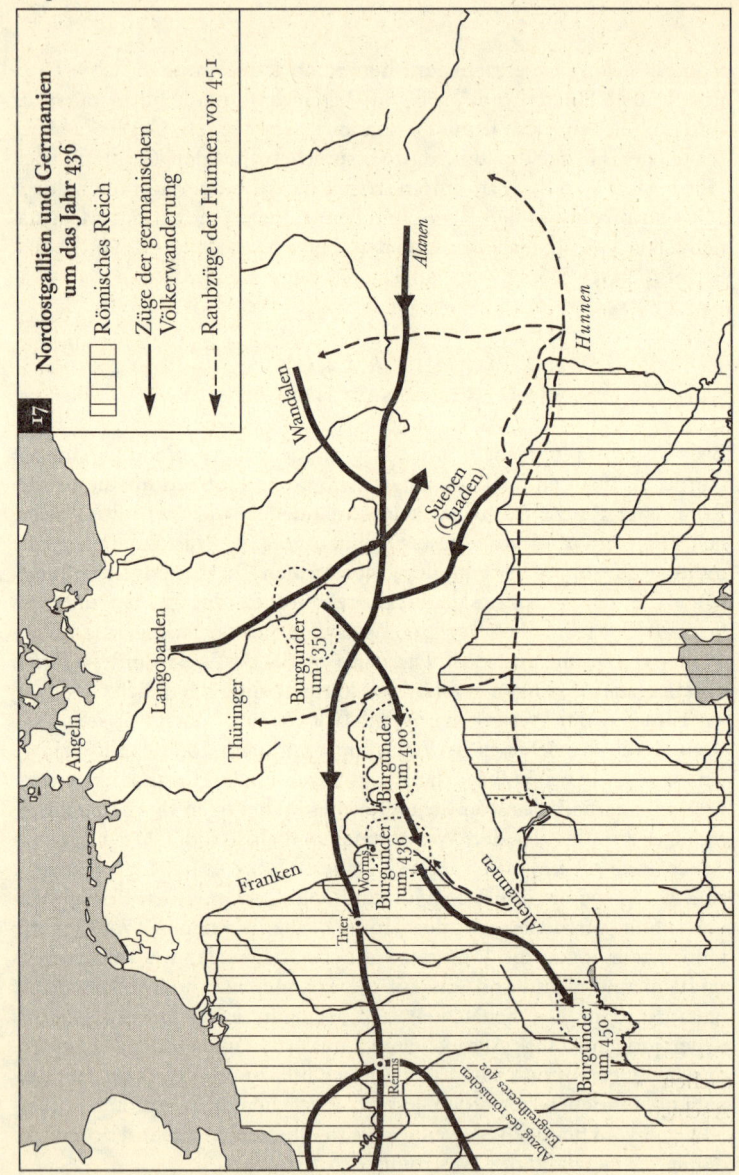

Nordostgallien und Germanien um das Jahr 436

17

Römisches Reich

Züge der germanischen Völkerwanderung

Raubzüge der Hunnen vor 451

Alanen

Hunnen

Wandalen

Sueben (Quaden)

Langobarden

Burgunder um 350

Thüringer

Burgunder um 400

Franken

Burgunder um 436

Worms

Trier

Alamannen

Reims

Abzug des römischen Grenzheeres 402

Burgunder um 450

Angeln

In Mailand, der Nachfolgerin Triers als Hauptstadt dieses Reichsteils, war wieder ein Germane der mächtigste Mann, Stilicho, ein römischer Heerführer wandalischer Abstammung. Um Italien vor dieser
neuen direkten Bedrohung zu schützen, rief er aus Britannien und Gallien alle Legionen des sogenannten »Bewegungsheeres« (Eingreiftruppen) nach Italien zurück. Damit entblößte er diese Provinzen des bislang
noch einigermaßen wirksamen Schutzes vor germanischen Invasionen.
Denn bis dahin war es Rom fast immer gelungen, feindliche Eindringlinge nach einiger Zeit zu stellen und zu vernichten, im Zusammenspiel
der vor dem Rheinlimes ansässigen germanischen Gefolgschaften, die
als Foederaten in römischem Sold standen, der »Limitanei« dicht hinter
dem Limes (der erblich als Miliz verpflichteten Grenzbevölkerung) und
den im Hinterland stehenden beweglichen Elitetruppen. Nach 402 gab
es in Gallien links des Rheins diese letzte Art von Truppen praktisch
nicht mehr, auch in späteren Jahrzehnten nicht.

Was sich in den folgenden 20 Jahren in Italien und Südgallien zu-
trug, gehört an sich nicht in eine historische Darstellung Germaniens
zur Völkerwanderungszeit. Dennoch müssen wenigstens die wichtigsten Vorgänge erwähnt werden, weil sie für die weitere Geschichte Mitteleuropas von entscheidender Bedeutung sein sollten.

Trotz der nach Italien zurückgerufenen Legionen des römischen
Heeres, die gleichfalls größtenteils aus Germanen bestanden, gelang
es den Westgoten unter ihrem König Alarich, die Apenninenhalbinsel
von den Alpen bis zur »Stiefelspitze« und wieder zurück zu durchziehen. Dabei belagerten sie zweimal kurz die Stadt Rom (408 und 409)
und nahmen sie beim dritten Vorüberzug im Jahr 410 nahezu kampflos
ein. Obwohl Rom schon lange nicht mehr Hauptstadt und Kaisersitz
war, erregte diese Plünderung Roms, die erste nach dem Galliersturm
im Jahr 387 v. Chr., ungeheures Aufsehen bei allen Menschen rund um
das Mittelmeer, die sich noch als Römer fühlten. Die Westgoten blieben nicht in Italien, sondern zogen wieder nach Norden und dann
durch die Provincia (Provence) nach Südgallien. Dort errichteten sie
ab 418 ein großes Reich mit der Hauptstadt Tolosa (Toulouse), das sie
fast ein Jahrhundert lang beherrschen sollten (bis 509). Ihre ostgotischen Vettern lebten zu dieser Zeit noch größtenteils als nahezu
geschichtslose Vasallen der Hunnen irgendwo in Rumänien.

Für das Gebiet des heutigen Deutschlands war in dieser Zeit der bereits in der Einleitungsepisode kurz erwähnte Zug dreier Völker der

Wandalen, Alanen und Sueben von Bedeutung. Die Wandalen aus
Rumänien und die Sueben, vermutlich Nachkommen der Quaden aus
der Slowakei, waren Germanen. Einige Schicksale ihrer Vorfahren
wurden im 9. Kapitel (S. 140ff.) geschildert. Die Alanen gehörten zu
einer Gruppe von Stämmen, die zwar ihrer Sprache nach Indoeuropäer
waren; sie dürften eine dem heutigen Persisch verwandte Sprache benutzt haben. Infolge ihrer Herkunft aus dem süd*west*lichen Innerasien
(heutiges Ostpersien, Turkmenistan) stammten sie jedoch aus einem
völlig anderen Kulturkreis als die Germanen, als Reiterkrieger kulturell
eher den Hunnen verwandt. Dennoch haben diese Alanen die Flucht
ihrer wandalischen Nachbarn vor den Hunnen nach Westen mitgemacht, und im Laufe der Zeit verschmolz dieses nichtgermanische Volk
mit seinen germanischen Schicksalsgenossen.

Der Zug der Wandalen, Alanen und Sueben durch das freie Germanien in den Jahren 405 und 406 muß relativ rasch vor sich gegangen
sein. Am Silvestertag 406 überschritten große Teile dieser Völker den
zugefrorenen Rhein, vermutlich irgendwo in der weiteren Umgebung
von Mainz, nachdem sie fränkische Krieger, die dort für Rom als
Grenzwächter lebten, geschlagen hatten. Sie wußten offensichtlich ganz
genau, daß sich ihnen nach Überschreiten der Rheinfront keine römischen Truppen mehr in den Weg stellen konnten.

In den nächsten zwei Jahren durchzogen die drei mobil gewordenen
Völker teils gemeinsam, teils getrennt erst Ost-, dann Westgallien, raubten sich ihren Unterhalt zusammen und plünderten nach Belieben Orte
und Städte des einst so reichen Landes. Im Jahr 409 tauchten sie schon
im ebenfalls römischen Hispanien (Spanien) auf und ließen sich dort
für einige Jahre nieder. Die südspanische Landschaft Andalusien
(»W-andalusien«) erhielt vom größten dieser Völker bis heute seinen
Namen. Die Sueben errichteten im Nordwesten Spaniens ein kleines
eigenes Königreich, das sich bis zum Jahr 585 halten konnte. Wandalen
und Alanen setzten jedoch bald (429) nach Afrika über und eroberten
nach langen Kämpfen Karthago, das heutige Tunesien. In dieser damals ausgesprochen reichen Provinz dauerte noch bis 534 ein germanisches Königreich der »Wandalen und Alanen«.

Diese ganzen Vorgänge spielten sich weit entfernt von Germanien
und dem Rhein ab. Es ist heute nur schwer nachzuvollziehen, daß in
Gallien – dazu wurden ja auch die beiden Germania genannten Grenzprovinzen westlich des Rheins gezählt – trotz dieser chaotischen Zu-

stände immer noch die Fiktion einer geordneten Verwaltung und Verteidigung aufrechterhalten wurde. Immer neue Usurpatoren strebten hier nach dem Kaisertitel, konnten sich aber nie auf Dauer gegen den legitimen Kaiser Honorius durchsetzen. Der war einer der beiden Söhne des letzten gesamtrömischen Kaisers Theodosius und vor dessen Tod 395 als Nachfolger im Westreich eingesetzt worden. Seit 402 hatte sich der Kaiserhof in den kleinen Adriahafen Ravenna geflüchtet, der dank undurchdringlicher Sümpfe von der Landseite her praktisch uneinnehmbar war. Viel weiter als auf dieses Städtchen erstreckte sich der direkte Machtbereich des Kaisers nicht. Was sonst im Weströmischen Reich noch an Reichspolitik geschah, wurde zwar in seinem Namen ausgeführt, jedoch ausschließlich vom allmächtigen Heermeister und Schwiegervater des Honorius, Stilicho, dirigiert.

Auch der Germane Stilicho, der sich aber als Römer und Verteidiger des Reichsgedankens fühlte, konnte nicht verhindern, daß immer mehr germanische Völker eigene Königreiche auf dem Gebiet des Weströmischen Reiches begründeten, mit fadenscheinigen Vertragskonstruktionen formal als Teile des Kaiserreiches bemäntelt, in Wahrheit aber als fast unabhängige Länder. Ihre Zahl und Ausdehnung nahm in den folgenden Jahrzehnten des 5. Jahrhunderts immer mehr zu, bis im Jahr 476 auch der letzte Kaiser des Weströmischen Reiches ohne großes Aufsehen »in Pension geschickt« wurde. Doch damit ist bei der Erzählung der Geschichte dieses so unruhigen 5. Jahrhunderts schon weit in die Zukunft gegriffen worden.

DAS BURGUNDERREICH
AM MITTELRHEIN

Die Burgunder bilden einen merkwürdigen Fremdkörper in der deutschen Frühgeschichte – irgendwie nicht recht dazugehörig und dennoch so vertraut. Das dürfte einerseits seinen Grund darin haben, daß dieses germanische Volk während der langsamen, aber konsequenten Wanderung quer durch das spätere Deutschland von Osten nach Westen kaum Spuren in den Werken der römischen Schriftsteller hinterlassen hat. Diese sind es ja immer noch fast ausschließlich, mit denen die deutsche Frühgeschichte gefüllt wird. Nach dem kurzen Zwischenspiel in ihrem kleinen Königreich am Mittelrhein verschwanden die Burgunder wieder nahezu spurlos aus Deutschland, wie und warum, das wird am Ende dieses Abschnitts erklärt werden.

Doch gleichzeitig haben die Burgunder ein unvergängliches Andenken bei all jenen Deutschen hinterlassen, die in ihrer Schulzeit in der Oberstufe des Gymnasiums je mit der mittelhochdeutschen Sprache bekannt gemacht worden sind. Denn das Nibelungenlied, in dem die Burgunder eine hervorragende Rolle spielen, ist bis heute das Paradestück mittelhochdeutscher Heldenepik geblieben.

Viel mehr, als in der Einleitungsepisode vermittelt, können tatsächlich die Archäologie und die schriftlich überlieferten Quellen zusammengenommen nicht zum Wissen über die vier Jahrhunderte beisteuern, in denen die Burgunder auf heute deutschem Boden lebten. Erst der Untergang ihres Heeres im Jahr 436 wird einwandfrei von historischen Quellen belegt, allerdings in nicht mehr als zehn dürren Zeilen, diese noch dazu verteilt auf drei Schriften aus dem 5. Jahrhundert.

Irgendwie scheint ein Burgunderkönig Gundahar um das Jahr 410 mit einer kampfkräftigen Truppe in die undurchsichtigen Scharmützel eingegriffen zu haben, die die ganz wenigen noch in Gallien stationierten römischen Soldaten gewissermaßen als Beschäftigungstherapie nach dem Durchzug der Wandalen auszufechten hatten. Natürlich ging es wieder einmal um den Versuch eines römischen Generals in Gallien, sich selbst als Kaiser zu etablieren. Eine Notiz des griechischen Geschichtsschreibers Olympiodor aus Theben in Ägypten vermerkt zum Jahr 411, daß der Usurpator Jovinus in der Stadt Mundiacum in der »niedergermanischen Provinz« zum Kaiser ausgerufen worden sei. Dies geschah mit Unterstützung eines Königs der Alanen namens Goar, es waren also offenbar nicht unbeträchtliche Gruppen dieses ost-indoeuropäischen Volkes auf dem Weg nach Spanien und Karthago am Rhein zurückgeblieben, und des Burgunderkönigs Guntiarius. Ob das von dem Griechen erwähnte Mundiacum nur ein Schreibfehler für die bekannte Stadt Mogontiacum (Mainz) war oder ein sonst völlig unbekannter römischer Ort am Rhein, darüber haben Althistoriker schon viele kluge, aber wenig erhellende Dispute geführt. Man darf aber annehmen, daß der Burgunder Gundahar, so sein Name auf germanisch, als Dank für diese Unterstützung einen Vertrag bekam, der ihm im Jahr 413 die Umgebung von Worms als Wohnsitz seines Volkes zusprach.

Die Episode von der Taufe angesehener Burgunder nach christlich-katholischem Ritus ist von einem anderen Geschichtsschreiber überliefert worden, einem gewissen Sokrates Scholasticus aus Konstantinopel. Nicht alle deutschen Historiker, die sich mit der Geschichte der Burgunder beschäftigt haben, nahmen von diesem Bericht Notiz, dennoch erscheint der Vorgang nicht unplausibel, wenn man die bei mittelalterlichen christlichen Autoren übliche legendenhafte Einkleidung ein wenig auf Normalmaß stutzt.

Vielleicht war es der dort vermeldete burgundische Sieg über überlegene Kräfte der Hunnen, der letztere zur blutigen Rache anstachelte. Die Gelegenheit kam offenbar im Jahr 435. Zu diesem Jahr vermerkt der aus Südgallien stammende Chronist Prosper Tiro in kaum zu übertreffender Kürze: »Zur gleichen Zeit (eben im Jahr 435) setzte Aetius dem Burgunderkönig Gundicarius zu, bis er ihm auf seine Bitte hin Frieden gewährte, dessen er sich allerdings nicht lange erfreuen konnte, da die Hunnen ihn mit seinem ganzen Volk ausrotteten.« Und der gallische Bischof Sidonius Apollinaris ergänzt diese Notiz durch den ebenfalls nur ganz kurzen Hinweis, die Burgunder seien vorher in Belgien eingefallen – welche der beiden damals Belgica genannten Provinzen gemeint war, bleibt unklar – und hätten damit den Landfrieden gebrochen. Schließlich findet sich noch eine Notiz in einer Chronik des spanischen Bischofs Hydatius, wonach im Jahr 437 »20 000 Burgunder« getötet worden seien, nachdem sie rebelliert hätten und vom römischen Feldherrn Aetius besiegt worden seien.

Auch zu diesen kurzen und nur höchst ungenau zusammenpassenden Notizen haben deutsche und ausländische Historiker alle möglichen Spekulationen geäußert. Zeitweilig glaubte man das kurze Burgunderreich gar nicht am Mittelrhein, sondern am Niederrhein suchen zu müssen. Doch die herrschende Meinung der neueren Geschichtswissenschaft erklärt die Abfolge der Ereignisse rund um das Ende des Burgunderreiches etwa so, wie es in der Einleitungsepisode beschrieben worden ist.

Zwei archäologische Funde bestätigen die hier vertretene Theorie. Der Archäologe Friedrich Behn grub 1934 einen ganzen Friedhof mit zahlreichen Hinterlassenschaften eindeutig burgundischer Herkunft bei Lampertheim an einem Altrhein-Arm aus, nahe bei Worms. Wenn dies nicht ein Friedhof der burgundischen Residenz war, dann der eines Dorfes in deren Nähe. Es muß daran erinnert werden, daß zwar Gräber und Friedhöfe in großer Zahl aus Zeiten der deutschen Frühgeschichte gefunden worden sind, kaum je aber Reste ehemaliger Siedlungen.

Ein Grab ist auch der andere Fund bei Altlußheim, 30 Kilometer südlich von Worms am Rhein, wo 1930 Waffen, Ausrüstungsgegenstände und kostbarer Schmuck eines vornehmen Hunnen zum Vorschein kamen. Natürlich kann der dort beigesetzte Krieger auch bei einem der vielen hunnischen Vorstöße bis an den Rhein umgekommen sein. Aber es ist irgendwie faszinierend, sich vorzustellen, daß der hunnische Edle in der Entscheidungsschlacht getötet wurde, die auch einen Großteil der Burgunderkrieger das Leben kostete.

Vom Zusammenspiel und der späteren Gegnerschaft des römischen Feldherrn Aetius mit Gruppen der Hunnen wird im letzten Abschnitt dieses Kapitels noch die Rede sein. Die kargen Hinweise der Geschichtsquellen auf »die Hunnen«, die die Burgunder vernichtend schlugen, erlauben dem strengen Historiker keine Spekulationen über die möglichen Zusammenhänge. Aber in der romanartigen Darstellung der Einleitungsepisode sind die Vermutungen über die Hintergründe so erzählt, wie sie in modernen Geschichtswerken vorsichtig geäußert werden.

Ein völliges Auslöschen des Volkes der Burgunder bedeutete die Schlacht des Jahres 436 (oder 437?) allerdings nicht. Denn im Jahr 443 befahl der mächtige Feldherr Aetius, die Reste des burgundischen Volkes nach Sapaudia umzusiedeln. Soweit scheint die römische Verwaltung immer noch funktioniert zu haben, daß der Befehl – er ist wahrlich keine Erfindung der Neuzeit! – buchstabengetreu ausgeführt wurde. Dieses Sapaudia (Savoyen) lag damals wohl am Genfer See, wo die Burgunder wieder als Grenzwächter gegen ihre alten Feinde, die Alemannen, eingesetzt wurden. Später weiteten sich die Wohnsitze der Burgunder nach Westen aus, in das heutige Südostfrankreich. Und hier ereignete sich eine Art Wunder mit diesem Volk. Es scheint sich relativ rasch von dem schweren Verlust an Kriegern erholt zu haben. Eine neue Königssippe machte sich zu Herren des Volkes, man vermutet, daß sie westgotischer Herkunft und christlich, aber arianischen Bekenntnisses war.

Schon wenige Jahre nach der Umsiedlung hörte man wieder von den Burgundern, und in der zweiten Hälfte des 5. Jahrhunderts wurden dieses Volk und ihre Könige in ihrer neuen Residenz Lyon zu einer Macht, die den benachbarten Westgoten und den aufstrebenden Franken im Norden Frankreichs unter den Merowingerkönigen ebenbürtig war. Noch später, im frühen, erst recht im späten Mittelalter spielten ein Königreich und ein Herzogtum Burgund eine ganz überragende

Rolle in der französischen und europäischen Geschichte. Doch das alles hat nichts mehr mit der Frühgeschichte Deutschlands zu tun. Aber es zeigt, daß in den Burgundern eine ungewöhnliche Lebenskraft gesteckt haben muß.

Der Tod einer großen Zahl burgundischer Krieger in der Schlacht mit den Hunnen mußte bei allen germanischen Völkern in der Nachbarschaft starkes Aufsehen erregt haben, gewiß mehr als bei den zeitgenössischen Römern, die den Tod der Barbaren nur in superkurzen Notizen vermerkten, wohl nach dem Motto: »Nur ein toter Germane ist ein guter Germane.« Daher dürfte der Behauptung schwerlich zu widersprechen sein, daß germanische Skops sehr bald Lieder über dieses für germanische Gemüter gruselig-schöne Ereignis vortrugen. Doch wie die Geschichte von den Nibelungen, von Kriemhild und Hagen und dem Nibelungenzug von Worms zum Hunnenkönig Etzel nach Ungarn in das 650 Jahre später gedichtete Nibelungenlied hineinkommen konnte, das hat unzähligen deutschen Nibelungenforschern Kopfzerbrechen bereitet. Vielleicht gibt es eine einleuchtende, allerdings sehr überraschende Erklärung dafür. Sie wird in einem ganz anderen Zusammenhang im 22. Kapitel beschrieben werden.

KÖNIG ATTILAS
AUFSTIEG UND ENDE

Im Gegensatz zu den im Nibelungenlied erzählten Ereignissen hatte der berühmte Hunnenkönig Attila (oder auf Mittelhochdeutsch Etzel) in der historischen Wirklichkeit ziemlich sicher nichts mit der Vernichtung des Burgunderheeres am Rhein zu tun. Es gab diesen König zwar schon im Jahr 436, angeblich war er schon zwei Jahre König, zusammen mit seinem Bruder Bleda. Aber für einen ehrgeizigen Mann, der daheim im hunnischen Herzland Pannonien die Fäden der Macht allein in die Hand bekommen wollte, ist es unwahrscheinlich, daß er sich persönlich am Gemetzel an den Burgundern durch eine hunnische Streifschar bei Worms beteiligt hat, ja, daß er überhaupt davon wußte.

In Attila fand sein Volk die überragende Führerfigur; er erst machte die Hunnen für beide römischen Reiche wirklich gefährlich. Es war aber zugleich bezeichnend, daß mit seinem Tod diese Gefahr so schnell verschwand wie die Luft aus einem geplatzten Luftballon.

272

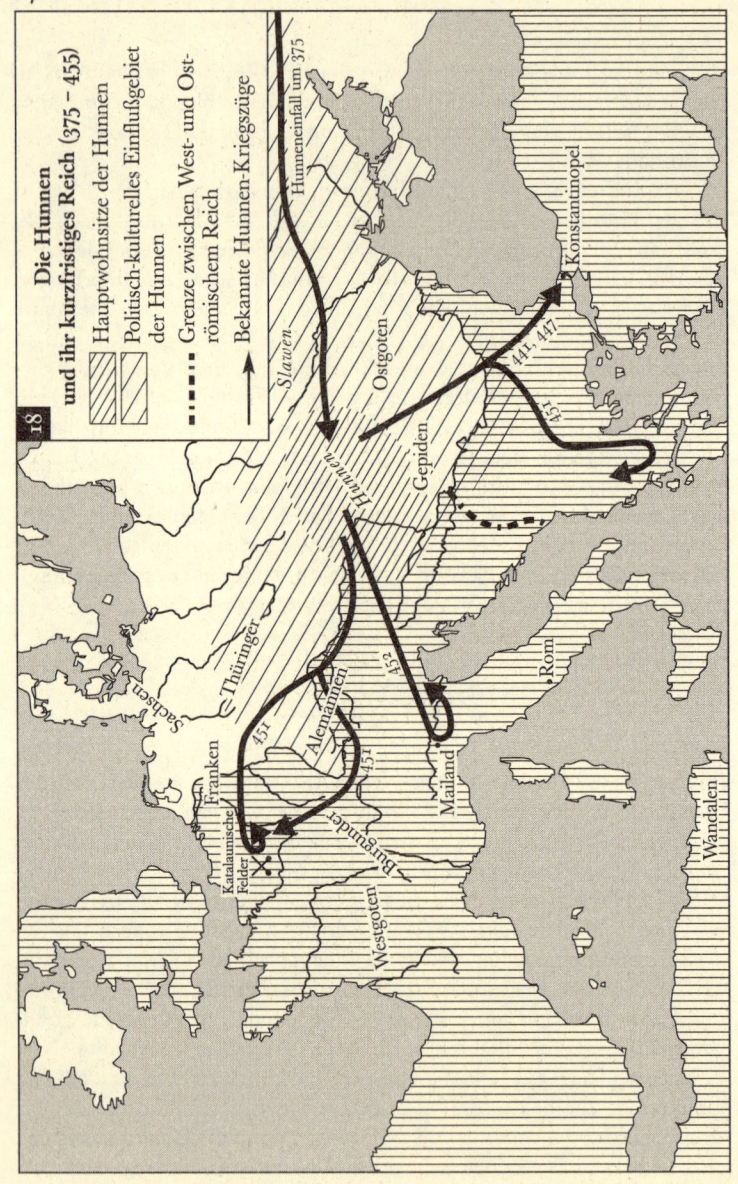

Die Hunnen
und ihr kurzfristiges Reich (375 – 455)

Hauptwohnsitze der Hunnen

Politisch-kulturelles Einflußgebiet
der Hunnen

Grenze zwischen West- und Ost-
römischem Reich

Bekannte Hunnen-Kriegszüge

18

Strenggenommen gehören Attila und sein Wirken nicht in ein Buch über die deutsche Frühgeschichte, denn seine etwa zwanzigjährige Herrschaft bedeutete sowohl für das freie wie für das noch pro forma römische Germanien und Rätien (also das spätere Gebiet Deutschlands) nicht mehr und nicht weniger als die davor schon Jahrzehnte anhaltende Belästigung durch die Hunnen. Doch da König Attila eine der wichtigsten historischen Persönlichkeiten des 5. Jahrhunderts war, muß so kurz wie möglich sein Leben beschrieben werden, um dem Leser die Einordnung der geschichtlichen Vorgänge in Deutschland, wie sie in den nächsten Kapiteln beschrieben werden, in den größeren Rahmen der europäischen Geschichte zu ermöglichen.

Attila ist, so merkwürdig das klingt, mit Sicherheit nicht der eigentliche hunnische Name des Königs gewesen. So viele Berichte es aus der Antike über diese »Geißel Gottes« gibt, so hat doch kein Autor seinen richtigen Namen überliefert. »Attila« ist ein germanisches Wort und heißt »Väterchen« (die Verkleinerungsform von »atta«, Vater). Mit diesem scheu-verharmlosenden Namen hatten ihn die Goten bedacht, die ersten Opfer der rücksichtslosen hunnischen Unterwerfungspolitik. Dieser Name blieb hängen, vielleicht war er auch für Römer und Griechen leichter auszusprechen als sein hunnischer, vielleicht gefiel er dem damit Bedachten selbst so gut, daß er ihn für sich verwendete.

Attila war Angehöriger eines Geschlechts, das wohl schon seit einigen Generationen Könige der Hunnen stellte; ob dies das einzige Königsgeschlecht war, wissen wir nicht. Aber wie es in solchen Geschlechtern mit einer sehr weitherzigen Heiratspolitik üblich ist, gab es alle möglichen Brüder, Vettern und Onkel, die beim Tod eines Königs Anspruch auf die Nachfolge erhoben. Es kam auf das Geschick und die nötige Härte an, wer sich durchsetzte. In seiner Jugend war Attila als fürstliche Geisel für einige Jahre in Italien, vermutlich in Rom, und erlebte dabei die Eroberung und Plünderung dieser Stadt durch die Westgoten Alarichs mit. Auf jeden Fall kannte Attila aus eigenem Erleben die Römer, ihre Kultur und Einstellung sowie ihre Sprache, aber er wurde dadurch nicht wie viele Germanen mit gleichen Erfahrungen zum »Römer«.

Nachdem sein Vater Mundzuch durch einen Blitzschlag zu Tode gekommen war, teilte sich Attila nach offenbar häufig geübtem hunnischem Brauch für etwa zehn Jahre mit seinem Bruder Bleda die Königsherrschaft. Doch eines Tages ließ Attila seinen Bruder umbringen und trat die Alleinherrschaft an. Seit er König war, hatten die Hunnen mit dem Oströmischen Reich Krieg geführt, nur unterbrochen von wackeligen Friedensschlüssen. Immer wieder mußte der Hof von Konstantinopel Gesandtschaften mit immer höheren »Ehrengeschenken«, sprich Bestechungsgeldern, nach Pannonien schicken, um die Hunnen zur Ruhe zu bewegen. Mit dem Weströmischen Reich bestand zunächst lange ein friedliches Nebeneinander. Hunnische Hilfstruppen waren hier, wie schon erwähnt, bei den weströmischen Heerführern – Generalen weitgehend ohne Soldaten – sehr beliebt, auch wenn die Soldzahlungen dafür das Reich ein »Heidengeld« kosteten.

Der in den vorigen Abschnitten schon mehrfach erwähnte weströmische Feldherr Aetius war in seiner Jugend für viele Jahre ebenso als vornehme Geisel bei den Hunnen gewesen wie Attila bei den Römern. Seine Bekanntschaft mit zahlreichen einflußreichen Hunnenfürsten und sicherlich auch mit Attila selbst half ihm später, als er zum wichtigsten Feldherrn Westroms aufgestiegen war, bei der Anwerbung immer neuer hunnischer Truppenkontingente. Eines davon scheint Aetius eingesetzt zu haben, als er die Burgunder nach ihrem Übergriff auf Belgien besiegte. Die Bekanntschaft, wenn nicht Freundschaft der beiden mächtigsten Männer ihrer Zeit, Attila und Aetius, hat vermutlich dem Weströmischen Reich etliche Jahre der Ruhe vor den Hunnen beschert.

Doch diese Ruhe endete im Jahr 451 mit dem Zug der Hunnen unter Attila und zahlreichen verbündeten germanischen Stämmen nach Gallien und der berühmten Schlacht auf den Katalaunischen Feldern. Wie es dazu kam, hört sich wie eine Märchenerzählung an, scheint aber doch erwiesene Geschichte gewesen zu sein. Eine nach Konstantinopel verbannte weströmische Prinzessin Honoria, Tochter der Kaiserin Galla Placidia, bot sich selbst dem König Attila brieflich als Frau an, aus Wut über ihre Verwandtschaft, die sie aus dem Weströmischen Reich verbannt hatte, oder aus Frustration, weil sie am byzantinischen Kaiserhof unter lauter Eunuchen keinen ebenbürtigen Mann finden konnte – wer will das wissen? Ob Attila dieses vertraulich übermittelte Heiratsangebot wirklich ernst nahm, ist fraglich, aber aus machtpolitischen Erwägungen paßte es ihm gut ins Konzept. Er teilte dem Kaiserhof in Ravenna mit, er wolle als Mitgift für die Prinzessin lediglich Gallien beanspruchen, und er zog, als dieser Vorschlag wie erwartet abgelehnt wurde, mit einem großen Heer donauaufwärts von Ungarn auf Gallien zu.

Ein Teil seines Heeres, vor allem die germanischen Gepiden, marschierte südlich des Schwarzwalds und der Vogesen nach Südostfrankreich und vereinigte sich später wieder mit der Hauptmacht. Diese dürfte in der Gegend von Koblenz über den Rhein gesetzt und auf den alten Römerstraßen über Hunsrück oder Eifel nach Westen gezogen sein. Im Frühjahr 451 belagerte, eroberte und plünderte dann das Hunnenheer eine nordgallische Stadt nach der anderen: Trier, Metz, angeblich auch Tongern in Südbelgien, Reims, Orléans, Châlonssur-Marne. Wie groß die Armee war, die sich durch Gallien bewegte, wird wohl immer umstritten bleiben. Zwischen der höchsten Angabe (500 000 Krieger) und der niedrigsten Schätzung (50 000 Mann) hat man die freie Auswahl.

Im September 451 kam es dann in der jetzigen Champagne in Nordostfrankreich zu jener denkwürdigen Schlacht, die bis heute den (falschen) Namen nach den Katalaunischen Feldern trägt. Der römische Feldherr Aetius, der langjährige Freund Attilas und nunmehrige Gegner, holte das Heer der Hunnen mit einer Armee ein, die Krieger aus verschiedenen Germanenstämmen vereinigte, Westgoten, Burgunder, salische Franken, aber auch in Innergallien zurückgebliebene Alanen. Römer oder Galloromanen im engeren Sinne waren als Kämpfer kaum mehr dabei. Aber auch auf hunnischer Seite kämpften überwiegend Germanen: Ostgoten, Gepiden, Rugier, Gruppen der sogenannten ripuarischen Franken (Rheinfranken) und Thüringer. Die erbitterte Schlacht endete mit einer Niederlage der Hunnen und dem eiligen Rückzug Attilas. Der Sieger Aetius scheint aus Vorsicht, oder um das politische Gleichgewicht in Europa nicht zu gefährden, auf eine wirksame Verfolgung des flüchtenden Hunnenheeres verzichtet zu haben.

Attila kehrte für den Winter in sein Hoflager in Ungarn zurück; es als Stadt oder Burg zu bezeichnen, wäre für die Ansammlung von Nomadenzelten ein falscher Begriff. Doch schon im nächsten Jahr, 452, stand er mit seinem Heer wieder in Norditalien, wo er erneut viele Städte eroberte und plünderte. Eine Delegation zahlreicher Bischöfe und Priester unter Anführung des Papstes Leo höchstpersönlich soll Attila zum Abzug bewegt haben. Vermutlich war es eher die Erfahrung, daß das ausgeplünderte Land nichts mehr an Beute hergab, und die Angst der Hunnen vor Seuchen in der sumpfigen Po-Ebene.

Ein Jahr später, 453, war König Attila tot, den zuverlässigsten Berichten nach gestorben an einem Blutsturz in der Hochzeitsnacht mit einer jungen Germanin namens Hildico. Und nun zeigte sich, daß die Macht des Hunnenreiches, das sowohl das West- wie das Oströmische Reich in Angst und Schrecken versetzt hatte, nur auf dem Ansehen und der politischen Klugheit und Skrupellosigkeit Attilas persönlich beruht hatte. Die bisher von den Hunnen unterworfenen Germanenvölker der Balkanhalbinsel fielen von ihrem Zwingherrn ab und besiegten 454, nur ein Jahr nach Attilas Tod, ein Hunnenheer in einer Schlacht in Pannonien. Danach, so kann man etwas vereinfachend sagen, verschwanden die Hunnen ebenso plötzlich vom Schauplatz der Geschichte, wie sie knapp 80 Jahre zuvor aufgetaucht waren.

Bis auf den Durchzug des großen hunnischen Heeres im Jahr 451 hat das Gebiet des heutigen Deutschlands von all den geschilderten Kriegen wahrscheinlich kaum etwas gemerkt, und auch dieser Hin- und Rückmarsch wird sich vermutlich ohne größere Feindseligkeit abgespielt haben, befanden sich die Hunnen doch hier gewissermaßen in Freundesland. Tatsächlich sind es eigentlich nur die Burgunder, deren tragischer Tod für uns Deutsche den sonst in Europa so gefürchteten Namen der Hunnen im Gedächtnis festhält.

18. ZU NEUEN UFERN

DIE AUSWANDERER
Sommer 450, Nydam bei Oester-Sottrup
(Nordschleswig/Dänemark)

Selten hatte Nydam, der wichtigste Opferplatz des Volkes der Angeln, eine so große Menschenmenge gesehen. Sonst kamen immer nur kleine Abordnungen aus den Dörfern des ganzen Landes an diesen Platz, einmal am Ende des Sommers, wenn die Ernte an Hafer und Roggen, Heu und Gemüse eingebracht war. Jeweils einige Bauern und einige Krieger der Dörfer weihten dann ihre Opfergaben den Göttern, indem sie einen kleinen Anteil dessen, was ihnen am wichtigsten war, ins Moor versenkten, die Bauern einige Feldfrüchte oder ein geschlachtetes Schaf oder junge Pferde, die Krieger die schönsten der in letzter Zeit erbeuteten Waffen und Rüstungen.

In diesem Spätsommer hatte sich jedoch fast das ganze Volk der Angeln zum Opferplatz weit im Norden ihrer Heimat aufgemacht, Männer, Frauen und Kinder, Krieger, Bauern und Gesinde.

Allzu viele waren es allerdings nicht mehr, nachdem in früheren Jahren schon große Gruppen der Angeln hier in Nydam die Schiffe bestiegen hatten.

Jeder Mann, jede Frau und jedes Kind trugen in einem handlichen Bündel auf dem Rücken einen Teil der Fahrhabe der Sippe: Töpfe und Haushaltsgeräte, Kleidung, Spinnrocken und Webgewichte, Schmuck, Waffen und was sich sonst noch in den Häusern der Angeln an nützlichem Gerät angesammelt hatte und des Mitnehmens wert war. Mit sich trieben die Menschen auch all ihre Haustiere, kleine Rinder, Schafe, Pferde, Schweine. Einige Ochsen zogen ungefüge Holzkarren, auf denen die schwereren Geräte wie Holzpflüge und Schmiedeambosse verstaut waren. In Körben auf den Wagen gackerten ängstlich einige Hühner. Nur wenige Tagereisen mußten die meisten Angeln von ihren Dörfern bis nach Nydam zurücklegen, dann hatte die Schlepperei vorläufig ein Ende. Die alten Häuser in den Dörfern standen nun fast alle leer, nur einige entlaufene Hunde kläfften wütend in der Hoffnung auf Nahrung.

Während des ganzen Frühjahrs und Sommers waren die geschickten Schiffbauer unter den Angeln fleißig dabei gewesen, überall im Land neue Boote aus sorgfältig behauenen und zusammengefügten Holzplanken zu bauen. Viele Eichen in den Wäldchen zwischen den Dörfern hatten dafür ihr Leben lassen müssen. Jedes fertige Boot war dann zum Liegeplatz im Alsensund unterhalb von Nydam gerudert und dort sorgfältig vertäut worden. Fünf Hände voll zählten inzwischen die großen Boote, deren jedes vielleicht 40 Menschen und deren Fahrhabe fassen konnte.

Diese Boote waren das vorläufige Ziel der Menschenschlangen, die aus so vielen Dörfern der Angeln heranzogen. Doch bevor Menschen und Vieh in die Boote gingen, wollte das Volk noch einmal in der alten Heimat den Göttern die gehörigen Opfer darbringen. Würden die Götter, Wodan, Thor, Ull und Freya und die anderen, die Menschen in die neue Heimat begleiten, die sie nun über die große See ansteuern wollten? Oder müßten sich die Menschen dort neue Götter suchen?

König Widhleg wartete geduldig, als sich am Abend des festgesetzten Opfertages die Menschen aus allen Dörfern um den moorigen Teich versammelten, in den die Opfer versenkt zu werden pflegten. Die Sonne näherte sich schon dem Erdenrund, als endlich Ruhe eintrat und die Abordnungen der Krieger und Bauern vortraten, um die Opfer mit geübtem Schwung ins Wasser zu werfen – zum letztenmal an der alten Stelle.

Dann begann der König zu sprechen. Jeder wußte, daß er vom Sohn Wodans, Waermund, abstammte und der Enkel des berühmten Königs Offa war, der vor drei Menschenaltern im Kampf mit den feindlichen Myrgingen die Grenzen des Angellandes an der Eider mit dem Schwert gezogen hatte. Doch nun würden die meisten aus dem Volk der Angeln ihre Heimat verlassen, nachdem in den letzten 30 Sommern schon so manche Bootsflotte mit Auswanderern den Weg genommen hatte, dem diese letzte Flotte folgen würde.

Über die östliche See (Ostsee) nach Süden würde es zunächst gehen, dann hinein in die breite Bucht der Schlei, die so tief ins Landesinnere hineinführte, daß die Bootsbesatzungen noch einmal von weitem viele ihrer alten Dörfer im Vorbeifahren sehen konnten. Es folgte das kurze Stück eines flachen Landrückens, über den die Boote

mit Seilen und primitiven Schlitten von kräftigen Muskeln gezogen
werden mußten, bis sie wieder über die Flüsse Treene und Eider ihren
Weg zur westlichen See (Nordsee) finden konnten. Das gefährlichste
Stück der Fahrt kam danach, wenn es galt, in vier Tagen und Nächten
angestrengten Ruderns die große See nach Sonnenuntergang hin zu
überqueren. Man mußte eine Zeit guten und nicht zu stürmischen Wet-
ters dazu abwarten. Es gab genügend erfahrene Seefahrer unter den
Angeln, die auch in dunkler Nacht nach den Sternen den Kurs nach
Westen halten konnten. Im Lande Britannien, wo schon so viele ihres
Volkes eine neue Heimstatt gefunden hatten, würden auch diese letzten
Auswanderer sich das Land und den Platz erkämpfen, um Häuser zu
bauen und Äcker zu pflügen.

Diese bevorstehende Reise war es, die König Widhleg seinem Volk
beschrieb. Jeder Krieger, jeder Bauer würde drüben jenseits der See irgendwelche Verwandte wiedertreffen, die schon einige Sommer früher
den Weg über das große Wasser gewagt hatten. Der König verschwieg
nicht die Gründe für diese Fahrten. Es war nicht Übermut oder Lange-
weile, die die Angeln vor vielen Jahren zur Fahrt der ersten Auswan-
dererflotte veranlaßt hatten, obwohl natürlich ein kräftiger Kampf mit
Spatha (Langschwert) und Lanze noch immer für jeden anglischen
Krieger der erstrebenswerteste Inhalt des Lebens war. Nein, zum
großen Teil war es schlichte Not gewesen, denn seit vielen Sommern
machten häufiger Regen und ein steigender Grundwasserstand das Bearbeiten des schweren Lehmbodens im Land Angeln immer schwieriger. Aber man wußte auch, daß drüben im Land Britannien Reichtum
und Wohlleben auf alle warteten, die dafür zu kämpfen bereit waren,
und daß diese Kämpfe auch gewonnen werden konnten, denn es gab
keine römischen Soldaten mehr in Britannien.

Dort drüben war auch der Platz, wo die stolze Königssippe der Angeln in Zukunft blühen und ihrem Volk ein Leben in Freiheit und ohne
Nahrungssorgen sichern konnte. Mit den in Britannien heimischen
Menschen fremder Sprache würde man schon fertig werden. Wer von
ihnen nicht bereits nach der Ankunft der früheren Flotten erschlagen
worden oder geflohen war, würde es mit der geballten Kraft der anglischen Krieger zu tun bekommen, die jetzt als Ruderer auf der Überfahrt ihre Muskeln schon einmal für einen erfrischenden Schwertkampf
stählen konnten.

Mit den Kriegern der Sachsen, von denen gleichfalls viele in den

letzten Jahren mit ihren Familien und Knechten nach Britannien ausgewandert waren, hatte der König der Angeln einen Frieden geschlossen
und verabredet, daß sie sich bei ihren Eroberungen nicht in die Quere
kommen wollten. Es gab schließlich genügend Platz für alle dort drüben. Sächsische und anglische Krieger hatten in den letzten Generationen häufig Seite an Seite gekämpft, wenn es darum ging, die reichen
Städte in Gallien oder Britannien zu überfallen und zu plündern, oder
aber ihre Väter hatten gemeinsam in römischem Sold eben diese Städte
gegen die Überfälle anderer Gruppen verteidigt. Jetzt gab es in Britannien keine Römer mehr, und der Weg war frei für alle, die sich entschlossen ihren Platz zum Leben erkämpfen wollten.

Das war es, was König Widhleg seinem Volk mit lauter Stimme erklärte. Heute nacht würden alle noch einmal am Strand des Alsensun-
des schlafen, aber morgen früh, kaum daß es hell geworden war, würde
es in die Boote gehen. Die Reise in die neue Heimat konnte beginnen.
»Westward hoo«, rief der König seinen Angeln zu, und jeder wußte, was
das bedeutete.

WOHER ENGLAND SEINEN
NAMEN HAT

Zahlreiche Geschichtsbücher aus alter und neuer Zeit berichten über
die Einwanderung germanischer Völker auf der Insel, der die Römer
den Namen Britannien gegeben hatten. Sachsen, Angeln, Jüten und
möglicherweise einige Friesen waren es, die im 5. Jahrhundert in Scharen von ihren festländischen Wohnsitzen auf der großen Insel einfielen
und dort ihre Herrschaften errichteten. In den Quellen aus dem frühen
Mittelalter stehen die Erlebnisse und Kämpfe der Sachsen in dem
neuen Land im Mittelpunkt. Die Erinnerung an die Einwanderung der
Angeln gerät dabei etwas ins Hintertreffen. Sie waren wohl weniger
zahlreich als die Sachsen, die gleichzeitig mit ihnen übers Meer fuhren.
Und dennoch waren es nicht die Sachsen, sondern die Angeln, die
schließlich dem ganzen neuen germanischen Volk und etwas später
noch dem Land den Namen gaben: England.

Woran das lag, ist schwer zu enträtseln. War es vielleicht, weil das
kleine Volk der Angeln schon von altersher eine Königssippe an seiner
Spitze hatte und daher, im Gegensatz zu den frühen Sachsen, in Britan-

nien geschlossener auftreten konnte? Aber nicht die Geschichte der
Angeln und Sachsen in ihrer neuen Heimat Britannien ist Gegenstand
dieses Buches, sondern wie diese Menschen vor ihrer Auswanderung
lebten, was sie zu diesem Schritt trieb und wie die Zurückgebliebenen
in Norddeutschland sich weiterentwickelten.

Die Landschaft Angeln führt noch heute diesen Namen. Sie liegt in
Schleswig-Holstein an der Ostsee, grob gesagt erstreckt sie sich von der
dänischen Insel Alsen im Norden bis jenseits der langen Bucht der
Schlei im Süden. Flensburg und Schleswig sind heute ihre größten
Städte. Die Region scheint den Menschen dort einst ihren Namen gegeben zu haben. Mit dem Instrument der Fischer, die damit kleinere
oder größere Fische aus dem Wasser holen, wenn sie Glück haben, dem
Gerät, das mit seinem deutschen Wort »Angel« heißt, hat der Land-
schaftsname wohl nichts zu tun.

Über die Menschen, die einstmals in dieser Gegend gelebt haben,
weiß man wenig – und doch sehr viel, je nachdem, welchen Quellen
man traut. Der römische Schriftsteller Tacitus zählte die Angeln zu den
sogenannten Nerthus-Völkern, die zu seiner Zeit eine Göttin Nerthus
verehrten. Zu diesen Völkern gehörten auch die Vorfahren der Altsachsen (siehe 11. Kap., S. 168 ff.). Ähnlich wie die Sachsen haben vermutlich auch die Angeln in den Jahrhunderten nach der Zeitenwende
ihre Religion geändert: von einem noch durch Steinzeitvorstellungen
geprägten bäuerlichen Fruchtbarkeitskult zu einem Glauben, in dem
Krieg und Kampf für eine immer stärker werdende Schicht von Kriegern die wichtigste Rolle spielten. Nur bei den Angeln scheint dies nicht
in einer Art revolutionärem Akt wie bei den Sachsen geschehen zu sein,
sondern allmählich und ohne Bruch mit alten Stammestraditionen.

In kaum einem Gebiet Deutschlands wurden so viele einst im Moor
versenkte Opfergaben gefunden wie in Angeln. An einigen häufig auf-
gesuchten Opferplätzen konnten die Archäologen die Benutzung über
Jahrhunderte nachweisen und dabei auch den eben beschriebenen allmählichen Übergang von bäuerlichen zu kriegerischen Opfern. Die
Fundstellen von Thorsberg bei Süderbrarup (nordöstlich von Schleswig) und von Nydam nördlich der Flensburger Förde sind jedem deutschen Archäologen zu einem festen Begriff geworden. In Nydam, offenbar dem jüngeren der beiden zentralen Opferplätze des Volkes der
Angeln, wurde ein absichtlich im Moor versenktes großes Holzboot
aus dem 4. oder Anfang des 5. Jahrhunderts gefunden. Dieser stattliche

Schiffstyp wird den Angeln bei ihren Überfahrten nach Britannien gedient haben.

Angeln ist auch das Gebiet Deutschlands, in dem der Boden die meisten Moorleichen barg. Die früher dort zahlreich vorhandenen Moore haben die menschlichen Körper, die einst darin versenkt wurden, zum Teil unglaublich gut konserviert. Manche dieser seit fast 2000 Jahren toten Menschen wirken, als ob sie nur schliefen, wenn man sie heute in Museen besichtigt. Es ist nicht sicher, ob alle diese ins Moor geratenen Körper einst Übeltätern – Männern und Frauen! – gehört haben, die wegen irgendwelcher Verstöße gegen die sehr strengen germanischen Moralgesetze zu dieser schimpflichen Todesstrafe verurteilt wurden; Tacitus berichtete in seiner *Germania* davon. Bei einigen dieser Moorleichen hegen die Fachleute die Vermutung, daß es sich auch um Opfergaben an die Götter gehandelt haben könnte. Menschenopfer bei den Germanen, das darf doch nicht wahr sein?! Es gibt zwar keine hundertprozentig sicheren Beweise dafür, aber es *könnte* sie gegeben haben, und wir heutigen Deutschen müssen uns mit der Erkenntnis abfinden, daß in unserem Land die Steinzeit noch gar nicht allzu lange zu Ende ist.

Die mit den Moorleichen ebenfalls gut konservierten Kleidungsstücke und anderen Gegenstände haben unsere Kenntnis über die Alltagswelt dieser Germanen außerordentlich erweitert.

In den ersten Jahrhunderten herrschte wohl in Dänemark und Schleswig-Holstein ein im allgemeinen recht günstiges Klima. Die Bevölkerungszahl hob sich wieder nach den Abwanderungen im Zusammenhang mit den Zügen der Kimbern und Teutonen. Das änderte sich im 5. und 6. Jahrhundert. Eine Feuchtphase mit häufigen Regenfällen machte den an sich fruchtbaren Lehmboden zu schwer für die zerbrechlichen Holzpflüge. Die Verwendung eiserner Pflugscharen war den nördlichen Germanen damals noch unbekannt, obwohl sie es durchaus verstanden, aus dem in ihrem Land häufig vorkommenden Raseneisenerz schmiedbares Eisen zu gewinnen. Zu gleicher Zeit wurde die Nordsee von einer der periodischen »Transgressionen« (Erhöhungen des Meeresspiegels) heimgesucht, Näheres dazu im folgenden Abschnitt. Im Zusammenwirken mit dem häufigen Regen wird das in der Landschaft Angeln auch zu einem Anstieg des Grundwasserspiegels geführt haben.

Dies waren sehr reale Gründe für die Abwanderung der Angeln aus ihrer Heimat im 5. Jahrhundert. Aber hinzu kam wohl auch die Erwartung, man werde in ein Land kommen, »in dem Milch und Honig fließen«. Die in Britannien noch nachwirkende römische Zivilisation war vermutlich für viele Germanen so verlockend wie der angebliche Reichtum, der nach Meinung der vielen Wirtschaftsflüchtlinge aus der Dritten Welt heutzutage jeden erwartet, dem es gelingt, in die so reiche Bundesrepublik Deutschland zu kommen.

Der britische Kirchenhistoriker Beda, der um das Jahr 730 eine ausführliche Beschreibung der Einwanderung der Sachsen und Angeln nach Britannien lieferte, bemerkte zu den Angeln, ihr Heimatgebiet sei noch zu seiner Zeit, also rund 300 Jahre später, entvölkert gewesen. Diese Angabe wird von einer sehr sorgfältigen Bestandsaufnahme der Landschaft Angeln durch den Archäologen Herbert Jankuhn gestützt, der einen fast völligen Abbruch aller Siedlungsspuren in diesem Gebiet ab dem 6. Jahrhundert feststellte. Erst ab dem 9. Jahrhundert, also nach Karls des Großen Zeit, wurde Angeln allmählich wieder besiedelt.

Dennoch können nicht alle alten Einwohner abgewandert sein. Wie wohl überall in den Gegenden, aus denen Germanen wegzogen, haben einige Familien die Völkerwanderung ihrer Freunde und Nachbarn nicht mitgemacht, sondern über Generationen hinweg die heimische Scholle zäh weiter bearbeitet. Wie wäre es sonst möglich, daß man heute noch in Angeln alte Bauern treffen kann, die in ihre plattdeutsche Mundart Worte einfließen lassen, die man nur noch aus der englischen Sprache kennt?

Daß dieses Volk der Angeln viele Generationen lang von ein und derselben Königssippe regiert worden ist, besagen verschiedene Überlieferungen der nach Britannien übergesiedelten Angeln. Das wohl älteste Denkmal der angelsächsischen Sprache, also der allmählich zusammenwachsenden Sprache der nach Britannien ausgewanderten Angeln *und* Sachsen, ist ein sogenanntes Lehrgedicht, »Widsith – der Weitfahrer« genannt. Sein ältestes Manuskript stammt aus dem 8. Jahrhundert, doch dürfte es nach Sprache und Inhalt im 6. Jahrhundert entstanden sein. In ihm sind einige Verse über den König Offa der Angeln enthalten, die in der Einleitungsepisode in erzählender Form wiedergegeben wurden. Nach diesem berühmten Vorfahren nannte sich 300 Jahre später ein König von Mercien in Nordengland Offa, und auch von ihm werden Heldentaten bei der Verteidigung des Landes der Angeln berichtet.

HENGISTS UND HORSAS MANNEN:
DIE SACHSEN AUF DEM WEG NACH
BRITANNIEN

Bereits im 11. Kapitel über die frühen Sachsen wurde erwähnt, daß es eine beliebte Beschäftigung der Anwohner der späteren »deutschen« Nordsee war, in großen Ruderbooten an der Küste nach Westen und Süden zu fahren und die gallischen und britischen Städte in Meeresnähe zu überfallen und zu plündern. Rund 200 Jahre lang hatten die Chauken und frühen Sachsen Zeit, diese Gebiete und die Kurse über See dorthin kennenzulernen. Man darf sich ihre gewagten Fahrten wohl ganz ähnlich wie die der stammverwandten Wikinger vorstellen, die 400 bis 500 Jahre später zu Überfällen von Skandinavien aus aufbrachen. Nur waren die Wikingerschiffe noch größer und konnten bereits gesegelt werden.

Auf beiden Seiten des Ärmelkanals mußte das Römische Reich eine Verteidigungsorganisation aufbauen, mit Wachstationen auf vorragenden Klippen oder Inseln, mit kleinen und größeren Kastellen alle paar Kilometer und mit besonderen Heeres- und Flotteneinheiten zur Besetzung all dieser Bauten. Diese Organisation wurde bezeichnenderweise »Litus Saxonicum – Sächsische Küste« genannt. Dieses nicht nach den Bewohnern, sondern den regelmäßig dort auftauchenden Räubern benannte Gebiet zog sich von der Scheldemündung an der heutigen belgischen und französischen Küste entlang bis zur Bretagne und umfaßte auch die Ost- und Südküste der Insel Britannien.

Im Laufe der Zeit kamen Sachsen und die meist mit ihnen verbündeten Angeln auch, um im römischen Sold diese Küstengebiete gegen ihre räuberischen Stammesbrüder zu verteidigen. Nach dem wenigen, was man über diese Zeit und Gegend weiß, gab es im allgemeinen keine Kumpanei zwischen den stammverwandten Kriegern auf beiden Seiten der Front. Eine nationale oder »rassische« Betrachtungsweise war den Germanen prinzipiell fremd. Verschiedene Gruppen von Sachsen siedelten sich auch, wohl mit römischer Duldung, an dem gallischen Küstenstrich an, der später als Normandie bekannt wurde. Sie waren die Vorläufer der späteren, ebenfalls germanischen Einwanderer, der Normannen aus Skandinavien.

Am Anfang des 5. Jahrhunderts änderten sich allmählich, aber spürbar die inneren Gründe und äußeren Anlässe für dieses so lange geübte

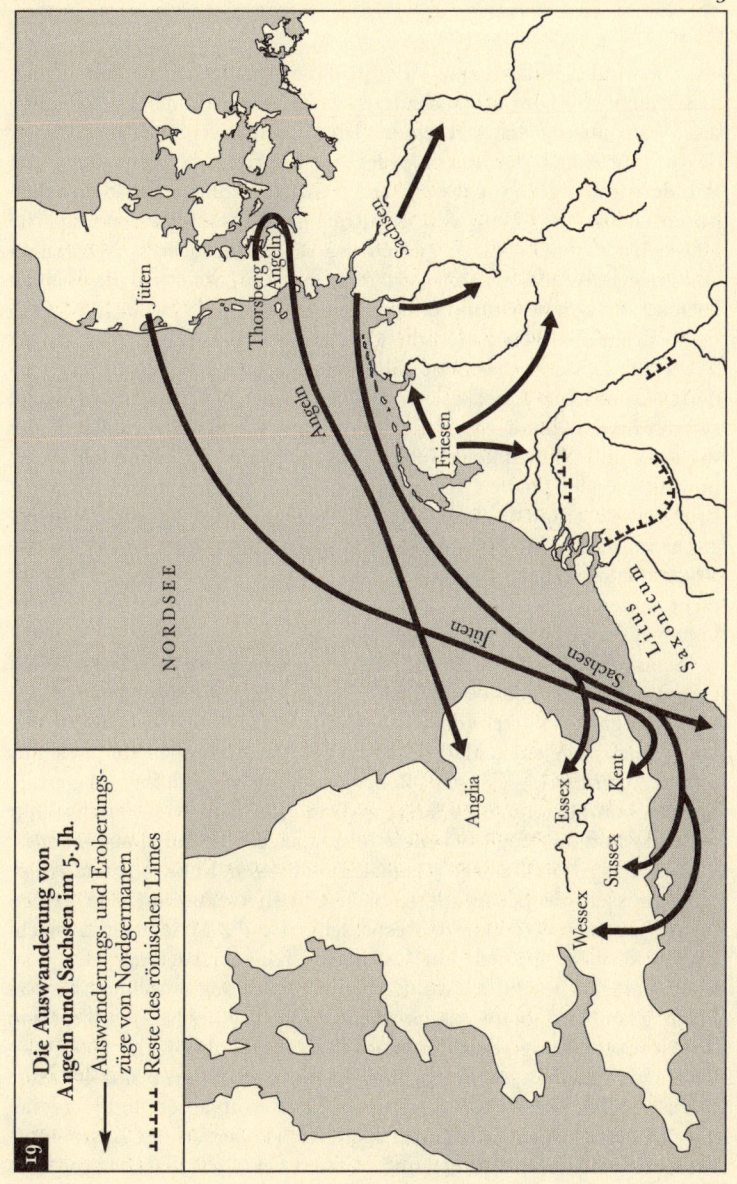

Die Auswanderung von Angeln und Sachsen im 5. Jh.

→ Auswanderungs- und Eroberungszüge von Nordgermanen

⊥⊥⊥⊥ Reste des römischen Limes

Jüten

Thorsberg

Angeln

Angeln

Sachsen

Friesen

NORDSEE

Jüten

Sachsen

Limes Saxonicum

Anglia

Essex

Kent

Sussex

Wessex

19

»Räuber-und-Gendarm-Spiel« der Sachsen im fremden Land. Ereignisse weit im Süden Europas hatten, wie im vorigen Kapitel geschildert, das Weströmische Reich in seinen Grundfesten erschüttert. Die Folgen davon spürte auch der hohe Norden, wo nie Hunnen oder Goten zum Plündern durchgezogen waren. Denn aus Britannien und dem nördlichen Gallien, das heißt von der Rheingrenze, hatte ja der römische Heermeister Stilicho die Legionen des Bewegungsheeres nach Italien abgezogen, also diejenigen (meist germanischen) Soldaten, die noch zu harten Kämpfen bereit und fähig waren.

In Britannien versuchten die lokalen Behörden, das Leben so weiterzuführen, wie es die meist längst romanisierten Kelten in Jahrhunderten römischer Zivilisation gewohnt waren. Doch unzivilisierte »wilde« Kelten von den Stämmen der Pikten und Skoten aus dem heute »Schott-Land« genannten Gebiet, das nie Rom unterstanden hatte, nutzten die Gelegenheit, die nun verteidigungslose römische Provinz Britannia zu brandschatzen. Und die Sachsen, Angeln und Jüten begannen sich an der ost- und südenglischen Küste anzusiedeln, die sie zuvor nur periodisch überfallen hatten. Denn die sächsischen Dörfer dicht an den Küsten der Nordsee drohten in diesen Jahrzehnten, Opfer immer höherer Fluten zu werden.

Schon mehrfach wurde auf den von modernen Historikern selten erkannten entscheidenden Einfluß von Klimaveränderungen auf das Geschick ganzer Völker verwiesen. Derartige Klimaschwankungen verlaufen niemals gleichmäßig und sind für die Menschen der Zeit nur schwer zu erkennen. Es gibt offenbar auch mehrere sich überlagernde Kurven von kürzerer oder längerer Dauer, in denen im Durchschnitt wärmere und kühlere, trockenere und feuchtere Perioden aufeinanderfolgen, wenigstens in unseren gemäßigten Breiten. In Europa und Nordasien müssen die Jahrhunderte nach Christi Geburt im allgemeinen relativ warm und trocken gewesen sein, wie die Meteorologen nachweisen können, die sich auf historische Klimaerscheinungen spezialisiert haben. Dies führte wohl zu einem stärkeren Abschmelzen von Polareis am Nordpol und damit zu einem Anstieg des Meeresspiegels in der Nordsee. Infolge des hier beachtlichen Tidenhubs, des Höhenunterschieds zwischen Ebbe und Flut, machte sich das zwar nur etwa alle zwölf Stunden bemerkbar. Aber als im Laufe von Jahren und Jahrzehnten das Flutwasser immer höher kletterte, Häuser an der Küste unbewohnbar machte und Äcker und Wiesen versalzen ließ, da wurde es

Zeit für die Anwohner dieses Meeres, sich nach anderen Wohnsitzen umzusehen. Hinzu kam ab dem 5. Jahrhundert wohl auch wieder eine Periode nässeren und kühleren Wetters.

Das muß der tiefere Grund dafür gewesen sein, daß sich ab dem 5. Jahrhundert die Sachsen in Britannien niederzulassen begannen, dessen Küste meist nicht so flach ist wie an der deutschen »Waterkant«. Die Angeln von der Ostseeküste hatten zu der Zeit zwar nicht unter dem Anstieg des Meeresspiegels zu leiden, jedoch unter einem Anstieg des Grundwassers und einer dauernden Vernässung des Bodens. Das galt wohl auch für die nördlich der Angeln im heutigen Jütland siedelnden Jüten oder Euten, wie sie oft in antiken Quellen heißen. Aus diesen drei Völkern setzten in den ersten Jahrzehnten des 5. Jahrhunderts und noch bis gegen dessen Ende immer mehr Schiffsladungen von Auswanderern nach Britannien über.

Die schon relativ früh im Mittelalter einsetzende Geschichtsschreibung in Britannien hat in sagenhafter Verkürzung und Personalisierung der tatsächlichen Vorgänge die Einwanderung auf eine Fahrt zweier angeblich sächsischer Anführer Hengist (»Hengst«) und Horsa (»Pferd«) in der Mitte des 5. Jahrhunderts reduziert. Diese beiden Anführer sind wahrscheinlich nur mythische Gestalten; in ihren Namen spiegelt sich die hohe Verehrung der Sachsen für die in ihrem Land gezüchteten Pferde wider. Noch heute führt ja das Land Niedersachsen ein weißes Roß im Wappen.

Sehr wahrscheinlich historisch ist allerdings, daß um 430 ein britannischer Fürst namens Vortigern (auf keltisch wohl Gourthigirn geheißen) größere Gruppen von sächsischen Kriegern als Hilfstruppen im Kampf gegen die räuberischen Pikten und Skoten anwarb, vermutlich in den Formen, wie sie für römische Foederaten üblich waren. Diese Hilfstruppen, wie wohl immer damals üblich mit ihren Frauen und Kindern, erhielten als Lohn für ihren Beistand eine kleine Insel an der britischen Südküste zur Ansiedlung versprochen. Die Pikten und Skoten wurden von den kampfkräftigen Sachsen anscheinend tatsächlich besiegt und vertrieben, jedenfalls erfährt man aus den alten Quellen vorerst nichts mehr über diese wilden Völker des Nordens. Dafür aber überwarfen sich die sächsischen Truppen bald mit ihrem römisch-keltischen Oberbefehlshaber. Sie rebellierten und eroberten nun, sich völlig im Recht fühlend, im südlichen Britannien ein Stück Land nach dem anderen.

Die Angeln siedelten sich zunächst mehr im Norden an, wo ein Gebiet noch lange Anglia hieß (die heutigen Grafschaften Norfolk und Suffolk). Jüten besetzten die Südostspitze der britischen Insel, das heutige Kent, und die Insel Wight.

Doch wie aus Britannien im Laufe einiger Jahrhunderte England wurde und was Sachsen und Angeln dort für Schicksale hatten, ist Stoff für eine Geschichte Englands und nicht Deutschlands. Bemerkenswert ist nur, daß die Sachsen, die ja im Gegensatz zu den Angeln auf dem Festland kein Königtum kannten, unter dem Zwang der Verhältnisse in Britannien sehr bald Herrscherdynastien hervorbrachten, die zunächst getrennt voneinander über kleine Königreiche »walteten«: Essex (Ostsachsen), Sussex (Südsachsen) und Wessex (Westsachsen). Die ursprünglich mythisch-fürsorgliche Bedeutung des alten germanischen Wortes »walten« (altangelsächsisch »weold«) ist im heutigen Deutschen fast völlig in Vergessenheit geraten und höchstens in dem alten Volkslied zu ahnen: »Wer nur den lieben Gott läßt walten...« Nur im bürokratischen »ver-walten« ist ein Stück davon bewahrt.

Wiederum im Gegensatz zu den Angeln wanderten aus dem Gebiet der Sachsen keineswegs alle oder fast alle Menschen aus. Dieses Gebiet der Sachsen lag im 5. Jahrhundert immer noch in unmittelbarer Nähe der Nordsee, in einem Streifen, der vermutlich kaum breiter als 50 Kilometer war. Nur am Unterlauf der Ströme Elbe und Weser reichte das Sachsengebiet wohl weiter ins Binnenland hinein. Allerdings war dieses norddeutsche Flachland damals noch in einem Ausmaß von Sümpfen und siedlungsfeindlichen Wald-Heide-Gebieten durchzogen, das uns heute unvorstellbar ist. Menschen konnten immer nur in kleinen Siedlungsinseln leben, die die Natur oder der Fleiß der Menschen geschaffen hatten.

Wie weit in dieser Zeit das Gebiet der Sachsen nach Westen reichte, ist unklar. Dort, an der Nordküste der heutigen Niederlande, zog sich das Land der Friesen hin. Von den frühen Zeiten dieses eigenständigen germanischen Volkes wurde schon im 5. Kapitel berichtet. Ein kurzer Blick auf die Friesen bis zum 8. Jahrhundert wird im nächsten Abschnitt folgen, da über diese Zeit der friesischen Geschichte viel zu wenig bekannt ist, als daß sich ein eigenes Kapitel damit füllen ließe.

In den Wohngebieten der Sachsen dürfte im späten 4. und frühen 5. Jahrhundert ähnlich wie bei den Angeln große Unruhe geherrscht haben. Die klimatischen Gründe dafür werden nur ganz allmählich ins Bewußtsein der Menschen gedrungen sein. Aber die häufige Aus-

wanderung kleinerer und größerer Gruppen über See oder die Notwendigkeit des Umzugs einer Siedlung in ein weniger von Überflu-
tungen gefährdetes Gebiet werden ständig für Betriebsamkeit und
intensiven Gedankenaustausch unter den Sachsen gesorgt haben. Auch
soziale Veränderungen waren mit dieser Zeit der Unruhe verbunden.
Archäologische Funde belegen einen Rückgang der im Sachsengebiet
vorher noch vorhandenen Kleinbauern und eine Konzentration auf
größere (Adels-?)Höfe, deren Bewohner nun zum Teil in Arbeitsteilung
verschiedene Handwerksberufe ausübten (zum Beispiel Schmiede,
Boots-, Wagenbauer).

Nicht alle, aber doch sehr viele Sachsen wanderten in dieser Zeit
nach Britannien ab. In manchen Gegenden wurden kaum Überreste
aus dem 6. oder 7. Jahrhundert gefunden, und wenn, dann waren die
Waffen oder der Schmuck ärmlich und schlicht. Der größte Teil der
Volkskraft hatte sich verlagert, anders ausgedrückt, die energischsten,
geschicktesten und wagemutigsten Sachsen waren nach Britannien
übergesiedelt. Erst allmählich konnte sich das alte Sachsenland von
dieser Einbuße erholen.

Allerdings war es nicht so, daß mit dem Besteigen der Auswan-
dererschiffe für die Sachsen die Verbindung zur alten Heimat völlig
abbrach. Bis ins 6. und 7. Jahrhundert hinein ist auch archäologisch
belegt, daß immer wieder einmal Sachsen aus Britannien an die
»Waterkant« zurückkamen, ob zu kürzeren Besuchen oder auf Dauer,
muß offenbleiben. Händler brachten auch lange danach noch beliebte
Formen von Schmuck und Gebrauchsgegenständen vom Festland nach
Britannien. Und auch das Wissen um die Taten berühmter germanischer Helden – keineswegs nur Sachsen – aus dem frühmittelalterlichen und noch völlig »heidnischen« Norddeutschland fand bis ins
8. Jahrhundert seinen Weg zu angelsächsischen Dichtern und Sängern.
Davon wird in späteren Kapiteln noch zu reden sein.

DIE EXPANSION DER FRIESEN
IM FRÜHMITTELALTER

In Deutschlands äußerstem Nordwesten liegt heute Ostfriesland, einstmals Jahrhunderte lang ein eigenständiges Fürstentum. Es reicht von
der Emsmündung an der niederländischen Grenze bis zum Jadebusen.

Doch diese Region war offenbar keineswegs vom Beginn unseres historischen Wissens an friesisch besiedelt.

Im 1. Jahrhundert erstreckte sich das Wohngebiet der Friesen ähnlich wie bei den Sachsen in einem höchstens 50 Kilometer breiten Streifen an der Nordseeküste entlang, etwa vom heutigen Alkmaar in der Provinz Nordholland über den Flevosee hinweg nach Osten bis zur Einmündung des Flüßchens Lauwers ins Meer, gegenüber der Insel Schiermonnigoog. Das Binnengewässer Flevosee, das in römischen und noch späteren Zeiten wohl nur bescheidene Ausmaße hatte, wurde durch verheerende Sturmfluten im Hochmittelalter zur riesigen Meeresbucht Zuidersee; diese konnte erst in jüngster Zeit durch intensive Eindeichungen verkleinert und wieder zum Binnensee Ijsselmeer gemacht werden. Die Begriffe (Binnen-)See und Meer werden im Holländischen genau umgekehrt gebraucht wie im Hochdeutschen. Auch das heute noch große Lauwersmeer entstand erst im Mittelalter durch eine Sturmflut.

Über die ersten vier Jahrhunderte der friesischen Geschichte ist man relativ gut unterrichtet, teils durch die bereits im 5. Kapitel erwähnten Berichte des berühmten Tacitus, teils durch archäologische Funde, die über die intensive Landwirtschaft und den im allgemeinen friedlichen Handel der Friesen mit den Römern Auskunft geben. Doch danach stehen wir, wie auch sonst in dem hier behandelten Gebiet, vor einem riesigen schwarzen Loch, was unsere Kenntnisse über die Geschichte Frieslands anbelangt.

Nur wenige Hinweise verraten, daß damals auch die Friesen als Nordseeanwohner eine sehr unruhige Phase durchstehen mußten. Der durchschnittliche Anstieg des Meeresspiegels ab dem 4. Jahrhundert machte auch ihnen schwer zu schaffen. Immer wieder mußten die sogenannten Terpen (künstliche Hügel aus Lehm, Abfällen und Mist) erhöht werden, auf denen die Wohnhäuser der Friesen standen. Auch in ihrem Gebiet stellte die archäologische Forschung einen deutlichen Rückgang der Bevölkerungsdichte in dieser Zeit fest.

Bis auf geringe Ausnahmen wanderten die Friesen jedoch nicht nach Britannien aus, sondern besetzten andere, benachbarte Gebiete, wo sie mehr Platz für ihre Viehzucht und kleine Landwirtschaft fanden. Die wohl nur noch geringen Reste der germanischen Vorbevölkerung wurden dabei vorübergehend kulturell und sprachlich zu Friesen gemacht. Zunächst, wahrscheinlich im 5. Jahrhundert, besetzten Friesen offenbar das Gebiet der heutigen niederländischen Provinz Groningen östlich des Lauwersmeeres sowie das heutige Ostfriesland östlich der Ems. Zur Zeit Karls des Großen reichte ihr Einfluß- oder Wohngebiet an der Nordseeküste bis nahe der Wesermündung in der Nachbarschaft von Bremen oder gar noch darüber hinaus. Vielleicht, ja wahrscheinlich war diese Ostausbreitung der Friesen eine Folge der massiven Abwanderung der Sachsen sowie der Chauken, die einst zwischen Ems und Elbe gelebt hatten und später wohl in den Sachsen aufgingen. Als diese Platz gemacht hatten, konnten die Friesen sich ausdehnen. Große Zahlen von Menschen dieses Volkes sind allerdings wohl nie in Bewegung gewesen. Vor einigen Jahrzehnten hat der niederländische Archäologe Boeles die These aufgestellt, in eben dieser Zeit habe es eine sächsische Invasion ins alte Friesengebiet gegeben, doch wurde die Behauptung von anderen niederländischen Historikern und Archäologen mit guten Gründen zurückgewiesen.

Nach Süden breiteten die Friesen sich später, wohl erst im 7. Jahrhundert, aus. Zeitweise hatten sie die Umgebung von Utrecht und den damals wichtigen Handelsort Dorestad (heute Wijk bij Duurstede) am Lek, dem nördlichen Rheinarm, in ihrer Gewalt, wahrscheinlich auch die südlich angrenzende alte Landschaft Betuwe. Dazu wird im 34. Kapitel (S. 586) Näheres ausgeführt.

Doch einige von der Geschichtswissenschaft bisher nicht beachtete Indizien legen die Vermutung nahe, daß es eine weitere friesische Expansion bis tief nach Norddeutschland hinein gegeben hat. Sie kann allerdings nur recht kurz gedauert haben, vermutlich von der Mitte des 5. bis zum Ende des 6. Jahrhunderts.

Die Frage nach der historischen Zuverlässigkeit dieser Quellen wird in anderen Kapiteln, vor allem dem 22., noch eine große Rolle spielen. Wenn man ohne historische Voreingenommenheit die friesische Expansion im Frühmittelalter betrachtet, wie sie zuvor kurz erwähnt wurde, dann erscheint eine weitere Ausdehnungsrichtung in dieser Epoche nach Südosten keineswegs unplausibel, auch wenn die Quellen dafür bislang übersehen oder nicht ernst genommen wurden.

Zwei chronikartige Berichte aus dem 13. und 16. Jahrhundert erzählen davon, daß Friesen in der hier interessierenden Epoche eine Zeitlang Westfalen besetzt und den Ort Soest zu einer Burg ausgebaut hätten. Beide Berichte stammen aus so verschiedenen Sphären, daß der spätere nicht vom früheren abgeschrieben sein kann. Beide müssen

eine dritte, heute nicht mehr auffindbare Quelle benutzt haben, wahrscheinlich sogar verschiedene alte Dokumente, die dem berichteten Ereignis viel näher standen, aber durch unterschiedliche Bearbeitung bei
der Niederschrift manche Einzelheiten schon verändert hatten. Wohl
keiner der mittelalterlichen Kopisten hat seine Vorlage völlig unverändert übernommen. Das ist eine Erkenntnis, mit der sich alle Historiker
und Literaturhistoriker abfinden müssen.

Die eine mittelalterliche Handschrift ist die sogenannte Thidrekssaga in altwestnordischer (altisländischer) Sprache, zu Pergament gebracht in der Mitte des 13. Jahrhunderts. Von ihr und dem vermutlich
darinsteckenden historischen Kern wird im 19. und im 22. Kapitel
noch ausführlich zu sprechen sein. Die zweite Quelle ist eine lateinische Chronik Frieslands des friesischen Juristen und Gelehrten Suffridus Petrus, gedruckt in Köln im Jahr 1590. Sie hat erkennbar ältere
friesische Geschichtswerke benutzt, enthält aber auch eigene Hinzu-
fügungen. Der moderne niederländisch-friesische Historiker W. Jappe
Alberts beklagt zwar, die Zuverlässigkeit der spätmittelalterlichen friesischen Historiographie sei gerade für die frühe Zeit nicht groß. Speziell dem Suffridus Petrus werden allerhand unglaubwürdige Fabe-
leien über die angeblichen Großtaten der frühen Friesen vorgeworfen.
Doch sollte man bei solcher Kritik nicht das Kind mit dem Bade aus-
schütten.

Vielleicht ist der Bericht in dem Wälzer *De Frisiorum antiquitate et origine libri tres* (Drei Bücher vom Altertum und Ursprung der Friesen) gerade in diesem Punkt glaubwürdiger als manches andere, stimmt er
doch inhaltlich zu genau mit dem Passus in der Thidrekssaga überein,
ein Friesenprinz habe einst große Teile Westfalens erobert und die Stadt
Soest zu seinem Königssitz gemacht. Die in beiden Quellen auftauchenden Namen weichen voneinander ab, doch läßt sich hierfür wahrscheinlich ebenfalls eine plausible Erklärung finden (siehe 22. Kap.,
S. 371). Auch die Begründung für das weite Ausgreifen friesischer
Krieger – nicht unbedingt großer Bevölkerungsgruppen – bei Suffridus
Petrus klingt durchaus logisch: Nachdem Westfalen ihrerseits friesisches Gebiet um Groningen plündernd heimgesucht hätten, sei dem
Friesenkönig Odilbald ein vernichtender Sieg über die Westfalen ge-
glückt, und er habe im Gegenstoß Teile von Engern und Westfalen
besetzen und durch einen Heerführer namens Yglo Lascon auf Dauer
in Schach halten können.

Nicht so sehr für Friesland selbst, aber für die frühmittelalterliche Geschichte Westfalens ist diese Episode von großer Bedeutung. Das wird im 22. Kapitel deutlicher werden.

Noch ein drittes Indiz spricht für eine zeitweilige Anwesenheit von Friesen im nördlichen Deutschland während des Frühmittelalters. Aus dieser Zeit ist der Name »Frisonoveld« (Friesenfeld) innerhalb des im südöstlichen Harzvorland gelegenen Hassegaues überliefert. Wie und wann, in welcher Zahl und zu welchem Zweck Friesen in die Gegend des Harzes gelangt sind, entzieht sich unserer Kenntnis. Aber daß dies einmal geschehen sein muß, und zwar vermutlich schon im 6. Jahrhundert, ist kaum zu bezweifeln.

WODAN UND DIE
WILDE JAGD

Im zwanzigbändigen *Meyers Konversationslexikon*, 5. Auflage von 1897 – einer Schatztruhe des Wissens über das 19. Jahrhundert –, findet sich unter dem Stichwort »Wütendes Heer« der Satz: »Noch jetzt [1897!] verknüpft die Tradition die Wilde Jagd mit dem nächtlichen Sturmestosen besonders in waldreicher Gegend. So jagt in Mecklenburg noch der Wode, in der Ukermark seine Gemahlin Frick...« Das Lexikon nennt als Erklärung für das Stichwort »ein von Wodan (Wuotan) angeführtes Heer (daher der Name) oder großes Gefolge von Gespenstern, welches mit schrecklichem Tosen durch die Lüfte fährt und oft gehört, selten gesehen wird«.

Wohl kein Detail der germanischen Glaubenswelt hat im Volksglauben der verschiedensten Gegenden Deutschlands so lange überdauert wie Wodans Wilde Jagd. Das Jahr 1897 bezeichnete gewiß nicht das Ende dieses Glaubens. Vielleicht erzählen auch heute noch in manchen Bauernhäusern Deutschlands Mütter ihren Kindern die Geschichte vom »Wilden Jäger«, der mit seinem unsichtbaren Gefolge unter unheimlichem Jaulen und Lärmen in den tiefhängenden Wolken am Himmel reitet, wenn in Winternächten der Sturm im nahen Wald die Baumwipfel peitscht. Vor allem die »Zwölf Nächte« von Weihnachten (25. Dezember) bis zum Dreikönigstag (6. Januar) sind die Zeit des Treibens des wilden Heeres, und möglicherweise schwören auch heute noch manche Menschen, in einer dieser Nächte die Wilde Jagd am

Himmel gehört oder gar gesehen zu haben. So weit ist unsere Vorzeit gar nicht von uns aufgeklärten Menschen am Ende des zweiten Jahrtausends unserer christlichen Zeitrechnung entfernt.

Wodan, der alte germanische Gott, wurde im Laufe einer langen Entwicklung, wie im 11. Kapitel schon angedeutet, in recht verschiedenen Gestalten von den tief religiösen Germanen gesehen und verehrt. Das, was Tacitus und andere römische Autoren aus der Frühzeit über die Rolle dieses germanischen Gottes berichteten, sie nannten ihn Mercurius nach ihrem eigenen Gott, von dem sie meinten, daß er Wodan ähnlich sei, klingt erheblich anders als das, was man aus der Zeit der Völkerwanderung und danach über den Wodanglauben bei den Germanen weiß oder vermutet.

Die modernen europäischen Religionswissenschaftler haben verschiedene Theorien zu dieser auffälligen Erscheinung entwickelt. Der französische Erforscher der indoeuropäischen und germanischen Glaubensvorstellungen Georges Dumézil führte die alte germanische Göttergestalt Wodan-Odin auf ein Götterpaar noch aus Zeiten eines relativ einheitlichen indoeuropäischen »Großvater-Volkes« zurück. Im altindischen Götterpaar Mithra und Varuna hat es vor 3000 Jahren auf dem indischen Subkontinent eine heute noch literarisch faßbare Ausprägung gefunden. Bei den Germanen entsprach das Götterpaar Tyr und Wodan diesen indischen Göttern. Dumézil konnte nachweisen, daß Tyr im germanischen Götterglauben stetig mehr verblaßte, während Wodan-Odin immer stärkeres Gewicht erhielt.

Andere Religionsforscher nehmen an, die Verehrung von Wodan-Odin sei erst während der Völkerwanderungszeit, also im 4./6. Jahrhundert, unter östlichen Einflüssen bei den Germanen im heutigen Deutschland aufgekommen und habe sich allmählich über Dänemark und Südschweden nach Norden ausgedehnt. Ein Argument dafür sind die Ortsnamen in diesen Gegenden, die mit Wodan-Odin zusammengesetzt (zum Beispiel Wodesberg – Godesberg bei Bonn) und hier recht häufig sind, während sie im westlichen Norwegen und in Island fehlen.

Vielleicht widersprechen sich beide modernen Theorien gar nicht, sondern beziehen sich auf zwei verschiedene *Zeitstufen* der Verehrung des uralten germanischen Gottes Wodan-Odin, mit sehr unterschiedlichen *Formen* dieser Verehrung und sehr verschiedener religiöser Bedeutung dieses Gottes.

Wodan-Odin wurde offenbar erst in den Jahrhunderten der römi-

schen Kaiserzeit zum Gott der Krieger und der Schlachten; ihm als einzigen der germanischen Götter wurden Menschenopfer dargebracht,
und je mehr die Schicht der Krieger und der daraus hervorgehende
Adel bei den spätgermanischen Völkern in der Völkerwanderungszeit
an Bedeutung gewannen, desto mehr mußte auch die Verehrung dieses
Gottes zunehmen. Zugleich müssen aber auch neue Elemente in die
Glaubenswelt um Wodan-Odin eingedrungen sein.

Einer der berühmten Merseburger Zaubersprüche in althochdeutscher Sprache – auf dem Vorsatzblatt einer Pergamenthandschrift im
Kloster Merseburg aufgefunden – preist Wodan als Zauberlieder sin-
genden Magier. Auch andere mit Wodan in Verbindung gebrachte
Praktiken erinnern an Gebräuche und Glaubensvorstellungen zahlreicher Naturvölker, die man »Schamanismus« nennt. Schamanen waren
noch bis in den Anfang des 20. Jahrhunderts hinein bei verschiedenen
nordsibirischen Urvölkern (Jakuten, Wogulen u.a.) die heilkundigen
Zauberpriester, die sich selbst in Trance versetzen und in diesem Zustand wundertätige Heilungen vollbringen oder »Gesichte« verkünden
konnten. Aus Innerasien, so nimmt man an, stammt auch die erwähnte
*spät*germanische Komponente des Wodanglaubens, vermittelt vielleicht
durch Hunnen und die lange unter deren Herrschaft und Kultureinfluß
lebenden Ostgoten und anderen Germanenvölker im Südosten Europas.
Die Attribute Wodans auf bildlichen Darstellungen spätgermanischer
Herkunft wie die Raben und das achtfüßige Roß finden sich auch auf
Bilddenkmälern der Hunnen und Chinesen.

Der Göttername Wodan hängt mit dem deutschen Wort Wut zusammen, und dieser rauschhafte, unkontrollierbare Seelenzustand wiederum mit dem Kampf von Mann zu Mann mit Schwert und Lanze, der
würdigsten Beschäftigung eines germanischen Kriegers. Was wußten
die Menschen vor anderthalb oder zwei Jahrtausenden schon vom Ad-
renalinspiegel im Blut, der solchen Einfluß auf das menschliche Handeln hat! Es gibt Vermutungen, daß Jungmannschaften germanischer
Stämme, eine Art vorchristlicher Mönchsorden, nur mit weit weniger
friedlicher Tendenz, maskengeschmückt mit wilden Tänzen und Um-
zügen sich selbst in die Wutstimmung versetzen wollten, die wohl für
das Bestehen eines Zweikampfes unerläßlich ist. Vielleicht hat die in
die Wolken verlegte Wilde Jagd Wodans ihre Ursprünge in solchen
wilden Zügen junger germanischer Krieger, die sich als Todgeweihte
fühlten.

Die moderne Forschung hat noch manch andere Aspekte oder »Glaubensschichten« der Wodanverehrung bei den Germanen herausgefunden. Doch muß es hier bei dieser knappen Darstellung eines Teils ihrer religiösen Vorstellungen bleiben, weil dieses Buch nun einmal keine spezielle Religionsgeschichte sein kann.

Im Prinzip galt wohl das, was bisher über die Bedeutung von Wodan und den germanischen Glaubensvorstellungen berichtet wurde, für alle germanischen Völker, die zur Völkerwanderungszeit auf dem Gebiet des späteren Deutschlands lebten, bevor sie zum Christentum bekehrt wurden. Bei West- und Ostgoten, die lange im Ostteil des Römischen Reiches gelebt hatten, war letzteres schon früh der Fall. Allerdings brachten ihnen Missionare den christlichen Glauben in einer Form bei, die später als Ketzerei verfolgt wurde, nämlich nach den Lehren des Presbyters Arius aus dem ägyptischen Alexandria. Der Kampf zwischen der »alleinseligmachenden« katholischen Kirche und dem sogenannten Arianismus beherrschte einige Jahrhunderte lang in der Frühzeit des Christentums die Kirchen- und die politische Geschichte. Doch spielte er für das Gebiet Deutschlands praktisch keine Rolle, denn hier gab es keine zur arianischen Konfession bekehrten Germanen, sondern zunächst nur »Heiden«.

Allerdings herrschte bei diesen Heiden, oder wenigstens unter den hervorragenden Kriegern und Königen dieser Völker, in der späten Völkerwanderungszeit möglicherweise ein Zustand des religiösen Nihilismus. Die alten germanischen Götter verloren bei dieser kleinen, aber maßgebenden Schicht an Bedeutung. Vom Christentum hatten diese Krieger wahrscheinlich durchaus schon etwas gehört, ohne sich jedoch von dessen Glaubenszielen angesprochen zu fühlen. So ist es denkbar, daß diese stolzen Könige und Gefolgschaftsherren sowie ihre unmittelbare Gefolgschaft standesbewußter Krieger eigentlich an überhaupt nichts glaubten – außer an ihre eigene Kraft und ihre Ehre, die unter allen Umständen gewahrt und verteidigt werden mußte.

Eine andere Ausprägung dieses Glaubens an die Kraft und Würde der eigenen Sippe war der Mythos, den sich viele germanische Königsgeschlechter in jener Zeit zulegten, irgendein Vorfahre stamme von Wodan ab. Das galt für die Könige der Angeln, wie in der Einleitungsepisode erwähnt, der Franken und zahlreicher anderer germanischer Völker.

Dennoch war der Glaube an Wodan, den Kriegerherrn, und an

Donar, den Garanten guter Ernten, bei den Germanen noch bis ins 7. und 8. Jahrhundert lebendig. Gerade bei den Sachsen im Norden Deutschlands hielt er sich am zähesten und längsten, bis weit in die Zeit Karls des Großen hinein. Daher ist es wohl berechtigt, den Abschnitt über Wodan und die Wilde Jagd an das Kapitel über diejenigen Sachsen anzufügen, die im 5. Jahrhundert an der deutschen Waterkant verblieben sind.

19. GERMANEN ÜBERNEHMEN DIE MACHT AM RHEIN

EIN KAMPF UM BERN UND ROM
Frühsommer 469, im Rheinland

Gerade als die Sonne unterging, hatte die berittene Vorhut den höchsten Punkt der Via Mansuerisca erreicht. Von jetzt ab würde der Weg im wesentlichen abwärts führen. König Samson gab den Befehl, hier für die Nacht zu lagern. Aber es war dunkel geworden, und nur der aufgehende Mond warf etwas Licht auf die moorige Hochfläche, bis die letzten Menschen und das Vieh, das sie trieben, den Lagerplatz erreicht hatten. Die Montes Fagni (Hohes Venn) waren der einsamste und höchste Teil der Berglandschaft Appoli (alter keltischer Name für Ardennen-Eifel). Aber gerade diese Einsamkeit bot dem Heerzug eine gewisse Sicherheit.

Dem alten König Samson hatten die Stallbrüder aus seiner engsten Gefolgschaft ein bequemes Moospolster am Lagerfeuer bereitet. Nach einem kargen Essen, wie es auf dem Marsch üblich war, versank der alte Mann in das tiefe Grübeln, das seine Familie und seine Umgebung in den letzten Jahren an ihm kannten, ein Grübeln, das aber von Zeit zu Zeit durch entschlossenes, ja, wildes Handeln unterbrochen werden konnte, trotz der 50 Winter, die der König bereits zählte.

Heute abend dachte König Samson, der Schwarzhaarige, an den verschlungenen Pfad seines Lebens, der ihn bis auf die Höhen der Montes Fagni geführt hatte. An seinen Vater erinnerte er sich kaum noch. Weit im Westen von hier war dieser der Befehlshaber einer kleinen Schar von Kriegern gewesen, die schon lange einen Burgus (spätrömischen Wachturm) am Südufer der Mosa (Maas) im Auftrag und Sold der Römer bewacht hatten. Mit ihren Frauen und Kindern sowie einer Anzahl einst aus der Heimat an der Wisara (Weser) mitgezogener Liten lebten die Krieger schon lange an der römischen Grenze, ließen die Knechte die Felder in der Nähe bestellen und warteten auf Feinde, die aber nicht mehr kamen.

Als sein Vater gestorben war, Samson zählte damals erst 13 Winter, erbte der junge, gerade mannbar gewordene Krieger die Aufgabe als Befehlshaber des einsamen Burgus mit seinen 20 Kriegern und den dazugehörenden Familien hoch über der Maas. Doch die Nornen (Schicksalsgöttinnen der Germanen) ließen es nicht zu, daß der junge Ritter wie sein Vater als römischer Söldner Ruhm gewann. Eines Tages war aus Durocortorum (Reims) die Nachricht gekommen, daß der dort residierende römische Dux (Militärbefehlshaber) der Provinz Belgica II verschwunden war; seitdem blieb auch die jährliche Soldzahlung durch ein kleines römisches Kommando mit der Kriegskasse aus.

Orl (alter germanischer Adelstitel, etwa Graf) Rodger, der Befehlshaber der Foederaten von der Wisara, die seit zwei Generationen auf etwa 30 Meilen (45 Kilometer) an der mittleren Maas zur Verteidigung des römischen Limes stationiert waren, war darüber nicht böse. Er hatte den eingebildeten Römer nie leiden können, der sich nur alle paar Jahre zu einer flüchtigen Inspektion sehen ließ. Am Leben der Krieger und ihrer Familien änderte sich nichts, nur Orl Rodger nahm die Steuern der wenigen belgischen Bauern im breiten Grenzstreifen für sich in Anspruch, als Ersatz für den ausbleibenden Sold. Seine Unterbefehlshaber der einzelnen Burgi taten es ihm gleich.

Der Orl zog einige hervorragende Anführer seiner Truppen an seinen Hof in Salerna (zu römischen Zeiten Salvenarias, heute Sauvenières, Provinz Namur), wo er sich in der verlassenen Villa eines längst geflüchteten Römers einquartiert hatte. Auch der junge Ritter Samson gehörte dazu, weil er mutig, stark und willenskräftig war.

Doch das hätte Orl Rodger besser gelassen. Denn der junge Samson entbrannte in Liebe zu Rodgers Tochter Hilliswid und entführte sie eines Tages. Die beiden Verliebten flüchteten in den nahen riesigen Wald, aus dem die Köhler ihr Holz zu holen pflegten (der in der früh-fränkischen Zeit berühmte »Kohlenwald«, Silva Carbonaria, eigentlich »Köhlerwald«). Samson baute ein primitives Blockhaus auf einer versteckten Waldlichtung und ernährte sich und seine Familie – bald stellte sich als Nachwuchs ein Sohn ein – durch gelegentliche Überfälle auf Kaufleute, die auf der alten Römerstraße von Bagacum (Bavai in Nordfrankreich) nach der Colonia Agrippinensis am Rhein reisten, die nicht weit von seinem Versteck den Wald durchschnitt.

Dieses Leben hätten Samson und seine junge Frau noch lange führen können, wenn nicht irgendwann Orl Rodger vom Aufenthaltsort seines Schwiegersohnes wider Willen Wind bekommen hätte. Er kam mit einigen Rittern zum Waldhaus Samsons, doch verteidigte der starke junge Mann sein Leben so tapfer, daß er die Begleiter des Orls und schließlich diesen selbst erschlug.

Das gleiche Schicksal erlitt auch Rodgers Bruder Brunstein, der das Erbe des Orls angetreten hatte. Eine der ersten Aufgaben, die der neue Herr über Salerna und Hesbanien (die heutige belgische Region Hesbaye, flämisch Haspengau, in der Provinz Namur) zu erfüllen hatte, war nämlich die Blutrache am Mörder seines Bruders. Doch auch ihn und die mitgebrachten Krieger erschlugen Samson und seine Helfer. Denn inzwischen hatten sich in seinem Waldversteck etliche Gleichgesinnte gesammelt, entfernte Verwandte Samsons und ehemalige Freunde, denen ein lustiges Räuberleben angenehmer erschien als ein langweiliges Leben am Hof eines Orls.

Und dann geschah das, was Ritter Samson keineswegs geplant hatte, als er mit seiner jungen Frau Hilliswid in den großen Wald geflüchtet war. Aber weil es so kommt, wie es kommen muß, nahm Samson das, was ihm nach Brunsteins Tod widerfuhr, als Schicksal hin, und das nicht ungern: Seine Genossen riefen ihn zum König aus! Denn es gab keinen stärkeren und entschlosseneren Mann im ganzen Land als ihn. Nach und nach ergaben sich ihm die Besatzungen aller 13 Burgi, die vormals zum römischen Verteidigungsbezirk an der Maas gehört hatten. Er, Samson der Schwarze, einst ein unbedeutender Ritter und dann ein geächteter Räuber, der sich im Wald verstecken mußte, war nun unabhängiger König über ein ganzes Reich. Dabei waren er und seine Gefolgsleute nur dem Beispiel gefolgt, das die Befehlshaber der benachbarten Foederatentruppen am Maaslimes gegeben hatten: die Salier jenseits des Kohlenwaldes, die Thüringer, Warnen und Heruler weiter im Norden und zum Meer hin. Da es keine römischen Behörden mehr gab, denen sie hätten dienen können, machten sie sich zu selbständigen Herren des Landes, das sie hatten beschützen sollen.

An die folgenden 20 Jahre konnte sich König Samson nur noch undeutlich erinnern, denn es waren ereignislose Jahre des Friedens gewesen. Seine Kinder wurden groß und erwachsen: Ake, den Samson in jungen Jahren mit einer Frau aus dem Litenstand gezeugt hatte, Ermenrich, der ältere Sohn der Orls-Tochter Hilliswid, und Dietmar, der jüngere. Dem König wäre eine Unterbrechung des friedlichen Einerlei schon lieb gewesen, allerdings nicht so, wie es dann gekommen war.

Auf der anderen Seite des großen Kohlenwaldes hatte der junge König der Salier, Childerich, den Unwillen vieler Edler seines Volkes erregt, weil er deren Töchtern allzu schamlos nachstellte. Das Thing des Saliervolkes hatte – ein seltenes, aber nicht ganz ungewöhnliches Urteil – den eigenen König für etliche Jahre zum Leben fern des eigenen Volkes verurteilt und inzwischen den römischen Magister militum Aegidius zum König gewählt. Der verwaltete immer noch ein Stück im nördlichen Gallien für das Römische Reich und war den Saliern als gerechter und tüchtiger Anführer bekannt. Doch vor einem Jahr war König Childerich aus seiner Verbannung bei den Thüringern, nicht bei der thüringischen Foederatengefolgschaft jenseits des Kohlenwaldes, sondern in deren Heimat weit, weit östlich des Rheins, zurückgekehrt.

Und damit begann das Unglück für König Samson und sein Reich. Denn der ehrgeizige Salier Childerich wollte sich bei seinem Volk mit einigen Eroberungen beliebt machen. Opfer sollten die kleinen Reiche ehemaliger Foederatengefolgschaften werden, die dem Land der Salier im Norden und Osten benachbart waren. Childerich sammelte ein großes Heer, weit größer, als König Samson es aufbieten konnte, und zog zunächst zur Meeresküste, um die Gebiete der Thüringer, Warnen und Heruler zu überfallen. Doch Gerüchte wollten wissen, daß König Childerich dort auf Truppen der Westgoten gestoßen war. Die Westgoten hatten seit mehr als zwei Menschenaltern ihr großes Reich im südlichen Gallien und taten alles, um die Salier, ihre Rivalen am Nordrand Galliens, nicht zu mächtig werden zu lassen. Daher waren sie mit zahlreichen Schiffen und Kriegern deren Feinden zu Hilfe gekommen, mit Erfolg, wie es hieß. König Childerich mußte nach einer verlustreichen Schlacht seine Eroberungspläne in Richtung Norden aufgeben.

Doch genau das wurde nun für seinen Nachbarn im Osten gefährlich. Es konnte nur noch eine Frage der Zeit sein, bis König Childerich mit immer noch weit überlegenen Truppen auf der alten Römerstraße durch den Kohlenwald marschierte und das Reich Samsons östlich davon angriff. Mit Samsons höchstens 300 einsatzfähigen Kriegern war eine Schlacht gegen den mächtigen Gegner nicht zu gewinnen.

Dieses vorhersehbare Schicksal war es gewesen, das Samson, seine erwachsenen Söhne und seine angesehensten Gefolgsleute in einer erregten Beratung erwogen hatten. Deren Ergebnis war der Befehl an alle Leute Samsons, unverzüglich mit ihren Familien und Knechten, mit Vieh und aller Fahrhabe aufzubrechen und unter dem Schutz der bewaffneten Krieger auf der Straße nach Osten zu ziehen, so schnell es eben ging.

Drei stramme Tagesmärsche hatten die Leute Samsons nun hinter sich. Seitdem der Zug in Tungri (Tongern in Ostbelgien) von der Hauptstraße abgebogen und den selten begangenen Seitenweg durch die Montes Fagni gewählt hatte, fühlte Samson sich wieder einigermaßen sicher. Bis hierher würden Childerich und seine Salier sie nicht mehr verfolgen. Jetzt galt es, das Beste aus dem von den Nornen auferlegten Schicksal zu machen und sich ein neues Reich zu suchen – nein zwei: für jeden von Samsons erbberechtigten Söhnen eines.

Die Schlacht war heftig, aber kurz. Auf dem buschbewachsenen Vorfeld des alten römischen Kastells, das einst Castra Bonnensis geheißen hatte, waren die Krieger des Königs Samson und die des Orls Elsung von Bern zusammengestoßen. Diesmal waren Samsons Leute an Zahl weit überlegen, und dem König war es im Zweikampf mit dem feindlichen Anführer recht bald gelungen, diesen mit einem gut gezielten Schwerthieb vom Pferd zu hauen und zu töten. Danach legten die Gefolgsleute Elsungs die Waffen nieder und ergaben sich dem Sieger.

Nur wenige Tage nach dem Nachtlager auf der Höhe der Montes Fagni war der Heerzug König Samsons bis in Reichweite des alten römischen Kastells vorgerückt, das die neuen Herren seit einigen Jahren Bern zu nennen pflegten. Früher, als die Krieger noch römische Foederaten waren, drangen manche Ausdrücke und Redewendungen aus der Sprache der Römer in die der eigenen Krieger. Doch jetzt gab es keine Gründe mehr, sich einer fremden Zunge zu bedienen.

Das riesige Waldgebiet südlich und westlich von Bern (den alten Urwald Kottenforst) hatten Samson und seine Leute am Rand umgangen und den Troß der Familien, Knechte und des Viehs in sicherer Entfernung halten lassen. Durch einen reitenden Boten hatte der König die Ankunft seines Heeres dem Befehlshaber von Bern angekündigt und zugleich von ihm in absichtlich beleidigenden Worten die Zahlung einer Schatzung (Steuer) verlangt. Einer solchen Ankündigung und eines solchen Grundes zum Kampf bedurfte es eben nach den Ehrvorstellungen, die König Samsons Leuten und den Kriegern all seiner inzwischen unabhängigen Nachbarreiche gemeinsam waren.

Orl Elsung war einst einer der Burguskommandanten im Reich Samsons und somit dessen Untertan gewesen. Doch vor mehr als zehn

Sommern hatte er sich mit einer gar nicht so kleinen Gefolgschaft von Kriegern und dem üblichen Troß aufgemacht, um fern im Osten am Rhein ein eigenes Reich zu erobern. Elsung war zum Zug des Orls Sigibert aus dem Saliervolk gestoßen, einem der vielen Abkömmlinge aus der Königssippe Merowechs, der damals in der ehemaligen römischen Provinz Belgica II eine große Gruppe tapferer Krieger gesammelt hatte, weil er Städte am Rhein erobern wollte. Diese warteten wie reife Früchte auf den, der sie ernten würde: Der Form nach waren sie noch römisch, doch gab es niemanden mehr, der sie verteidigen konnte, seit kurz zuvor der römische Magister militum Aegidius mit dem kläglichen Rest ihm ergebener Truppen die Colonia Agrippinensis am Rhein geräumt hatte. Seit zehn Sommern war Sigibert Herr der einstigen Provinzhauptstadt Colonia Agrippinensis und nannte sich König, und Elsung war Herr der Festung und des Ortes Bonna. Auch er war zur Würde eines Orls aufgerückt. Elsung hatte sich mit der Merowingersippe dadurch fest verbunden, daß er ein junges Mädchen aus der Verwandtschaft Sigiberts geheiratet hatte.

Alles dies waren gewichtige Gründe, die König Samson veranlaßt hatten, ganz bewußt den Kampf mit Orl Elsung zu suchen. Wenn er schon angesichts der Übermacht des Königs Childerich aus der Merowingersippe aus seinem Reich Hesbanien hatte weichen müssen, so konnte Samson sich an dieser verhaßten Sippe dadurch rächen, daß er einem ihrer Verwandten dessen Herrschaftsbereich abnahm. König Sigibert in der Colonia Agrippinensis war zu stark, das wußte Samson, aber mit Orl Elsung in Bern würden selbst seine verhältnismäßig schwachen Truppen fertig werden. Noch dazu hatte Samson berechtigten Grund, von seinem ehemaligen Untergebenen die Entrichtung von Steuern zu fordern. Das hatte Elsung empört abgelehnt – genau wie König Samson vorausberechnet hatte. Alles war gekommen, wie Samson, der schlaue Fuchs, es erwartet hatte.

Nur wenige Wochen Ruhepause gönnte König Samson seinem Heer und dessen Troß in der alten Römerfestung am Rhein. Schon vor gut 80 Sommern waren die letzten regulären römischen Truppen von dort abgezogen, und entsprechend war das Innere des großen Festungsbezirks inzwischen ein wüstes Trümmerfeld. Die Ruinen ehemaliger Kasernenbauten waren von Unkraut und Büschen überwuchert. Die wenigen Dutzend Menschen der Gefolgschaft des Orls Elsung hatten ihre einfachen Hütten in der Südwestecke der einstigen ummauerten Festung gebaut sowie einige noch bewohnbare Gebäude der alten römischen Siedlung Bonna außerhalb des Festungsgeländes beschlagnahmt. Die ärmlichen Häuser der wenigen bisherigen Einwohner des Orts, sie waren meist Christen, ließen Samsons Krieger unbehelligt, zumal sie fast eine Meile weit vom Lager entfernt lagen, viele davon in der Nähe eines kleinen christlichen Tempels, den man heiligen Personen geweiht hatte, die die Christen Märtyrer nannten. König Samson und seine siegreichen Krieger hielten es ebenso. Die meisten davon würden ohnehin in Kürze weiterziehen.

Samson und sein älterer Sohn Ermenrich blieben noch so lange in Bern, bis die Hochzeit des jüngeren Sohnes Dietmar mit Orl Elsungs Tochter Odilia gefeiert werden konnte, die man bei der Übergabe des Orts erbeutet hatte. Die Gefangene konnte froh sein, daß sie einen König zum Mann bekam. König Samson konnte nämlich nun endlich den Wunsch seines jüngeren Sohnes nach einem eigenen Reich erfüllen. Erst kürzlich, noch in der Heimat Salerna, hatte der ehrgeizige junge Prinz lautstark einen Anteil an des Vaters Herrschaft gefordert. Jetzt bekam er sein eigenes Reich Bern und den Königsnamen, und von nun an mußte er selbst sehen, was er daraus machte.

Nachdenklich stand Ermenrich am Grab seines Vaters Samson, nahe dem alten römischen Ort Beda (heute Bitburg). Gestern war er gestorben, recht plötzlich, nachdem ihn ein hitziges Fieber ereilt hatte. Gerade noch rechtzeitig hatte Ermenrich ihm das Wodanzeichen beibringen können, den Ritz mit der Lanzenspitze in den Arm, als Ausweis für Walhall, daß der König nicht den schmählichen Strohtod gestorben war.

Ob es Wodan und Walhall wirklich gab, wußte Ermenrich nicht, doch der alte Brauch bei seinen Kriegern wollte es so. Vor wenigen Tagen erst waren König Samson und sein älterer Sohn Ermenrich mit dem größten Teil ihrer Krieger von Bern aufgebrochen, um auf alten Römerstraßen nach Südwesten zu ziehen, zum Marsch auf Rom. Dort, in der einstigen Stadt der römischen Kaiser an der Mosella (Mosel), lag das eigentliche Ziel des Zuges von Samson und Ermenrich.

War der Verlust seines einst selbst eroberten Herrschaftsgebiets in Hesbanien für Samson eine herbe Einbuße an Ehre, so konnte das durch die Eroberung von Romburg mehr als ausgeglichen werden. Rom oder Romburg nannten alle freien Krieger, die noch an Wodan und Donar glaubten, die einst so berühmte Stadt, weil ihnen der offizielle Name Augusta Treverorum zu schwer über die Lippen ging. Und dieses Rom in Besitz zu nehmen schien besonders ruhmreich, wurde es doch nicht von einem König freier Krieger, sondern noch von einem Römer, Comes Arbogast, beherrscht. Dieser behauptete, die Stadt und das zugehörige Landgebiet im Auftrag des römischen Kaisers zu verwalten. Aber dieser Kaiser – niemand wußte mehr, wie er hieß und wo er lebte – hatte längst keine Soldaten und kein Geld mehr. König Samson war sich sicher gewesen, Romburg selbst mit seiner geringen Kriegerzahl erobern und in Besitz nehmen zu können.

Doch nun war Samson tot, und sein Sohn Ermenrich hatte das Königtum und die große Aufgabe geerbt. Einen Tag später sammelte er sein Heer und zog auf Rom zu, das nur noch einen knappen Tagesmarsch entfernt lag. Am Abend bezog König Ermenrich mit seinen Kriegern ein Lager am Nordufer der Mosella, gegenüber der Porta Inclyta der Stadt Treviris. Den Troß hatte man wie üblich in sicherer Entfernung zurückgelassen.

Zum mühelosen Einzug in die alte Kaiserstadt am nächsten Tag kam es jedoch nicht. Der römische Comes Arbogast, ein Urenkel des früher so mächtigen Magister militum des Kaisers Valentinian, hatte doch noch eine kleine, aber mutige Gefolgschaft fränkischer Krieger unter seinem Befehl, und auch die Bürger der Stadt beteiligten sich diesmal tapfer an der Verteidigung. Sie erinnerten sich noch an die Schrecken, Plünderungen und Zerstörungen, die die viermalige Eroberung der Augusta Treverorum durch Barbaren in den letzten Jahrzehnten hinterlassen hatte, auch wenn die Feinde sich jedesmal bald wieder zurückgezogen hatten. Das wollten die heutigen Einwohner verhindern, und ihr tüchtiger Befehlshaber gab ihnen ein gutes Vorbild dazu.

Nach etlichen Scharmützeln mußte Ermenrich vorerst den Versuch aufgeben, die alte Kaiserstadt des Römischen Reiches zu erstürmen, und hob die ohnehin unzulängliche Belagerung auf. In den alten, ehemals römischen Gutshöfen im Tal der Mosella und auf den Berghöhen nördlich dieses Flusses (der Eifel, besonders im sogenannten Maifeld um Mayen) fanden Ermenrichs Krieger und ihre Familien genügend Platz und zurückgebliebene Kolonen, die als Knechte und Mägde die Äcker bebauen und das Vieh hüten konnten. Vor allem konnten sie Steuern zahlen, nun nicht mehr an einen römischen Comes oder Kaiser, sondern an König Ermenrich.

EINE QUELLE AUS DEM HOHEN
NORDEN FÜR DIE DEUTSCHE
FRÜHGESCHICHTE?

Den in der Einleitungsepisode erzählten spannenden Bericht konnte
man bisher in keinem Buch über die frühe Geschichte Deutschlands lesen, auch nicht in »wissenschaftlicherer« Form. Und dennoch ist er keineswegs eine phantasievolle Erfindung. Vielmehr ist er in seinen sach-
lichen Teilen Ergebnis der Kombination sehr verschiedener Quellen,
die man bisher nur nicht als zusammengehörig betrachtet hat.

Ein kleiner Teil der Informationen stammt aus der »Fränkischen
Geschichte« des gallischen Bischofs Gregor von Tours (532–592): die
Erzählung vom angeblichen Exil des Frankenkönigs Childerich aus der
Merowingersippe bei den Thüringern. Das Ende dieses Exils mit dem
versuchten Angriff auf Nachbarn – die Gebiete der einstigen Foederatengefolgschaften der Thüringer, Warnen und Heruler im nördlichen
Belgien und in den südlichen Niederlanden – und die Niederlage Childerichs gegen westgotische Truppen sind aus Briefen des rund 100 Jahre
älteren Amtskollegen Gregors, des gallischen Bischofs Sidonius Apollinaris, zu entnehmen. Dieses, wenn auch von den modernen Historikern
kaum beachtete Detail scheint daher bestätigte Geschichte zu sein.

Der Rest des historischen Gerüsts der Einleitungsepisode ist dagegen der nordischen Thidrekssaga entnommen oder aus ihrem oft nur
andeutenden Text »interpoliert«. Sie wurde schon im vorigen Kapitel
als mögliche Geschichtsquelle für Norddeutschland im Frühmittelalter
erwähnt. Hier muß näher auf diesen mittelalterlichen Bericht eingegangen werden. Seine wirkliche Bedeutung wurde offenbar von der
modernen Wissenschaft seit zwei Jahrhunderten stark verkannt.

Ältestes Manuskript der Thidrekssaga ist ein umfangreicher Pergamentband, der angeblich im norwegischen Bergen um 1260 niedergeschrieben wurde. Er stammt somit aus der gleichen Zeit, in der auch die
berühmte Edda-Sammlung in Island entstand, und er ist in der gleichen
Sprache wie diese abgefaßt, denn Norwegisch und Isländisch unterschieden sich damals noch nicht; wissenschaftlich nennt man diese Sprache
»altwestnordisch«. Wie so oft bei mittelalterlichen Handschriften kennt
man mehrere, in manchen interessanten Einzelheiten abweichende Fassungen, darunter auch zwei erheblich kürzere Manuskripte in altschwedischer Sprache (*Sagan om Didrik af Bern* oder Didriks-Chronik).

Die Thidrekssaga (oder auf deutsch Dietrichssage) berichtet in erzählender, chronikartiger Form von den Erlebnissen zahlreicher germanischer Helden wohl aus der Völkerwanderungszeit, und zwar – wie im altwestnordischen Manuskript selbst betont wird – nach Quellen und Berichten aus *Norddeutschland*. Das, was wenigstens die älteren unter den Lesern dieses Buches vermutlich noch als »Deutsche Heldensagen« kennen – die Geschichten von Dietrich von Bern und Hildebrand, von Siegfried dem Drachentöter, von Kriemhild, Hagen und den Nibelungen –, ist in diesen Texten chronologisch aneinandergereiht wie in einem Geschichtsbuch zu finden. Eine Fundgrube für den Kern echter Geschichte, den man in den sogenannten »historischen Sagen« suchen möchte?

Leider keineswegs. Zwar haben sich Literaturhistoriker, Germanisten und Skandinavisten seit langem mit diesen Texten beschäftigt. Doch daneben sind auch noch zahlreiche sogenannte »Heldenepen« in mittelhoch*deutscher* Sprache, gereimte und meist romanhaft stark ausgeschmückte Dichtungen, vorwiegend aus dem 13. Jahrhundert zu den gleichen Themen bekannt, als berühmtestes das Nibelungenlied. Daher trat die vergleichsweise nüchterne Thidrekssaga stark in den Hintergrund des Interesses dieser Wissenschaftlergruppe. Sie forschen ohnehin meist nur nach Stilmerkmalen, literarischen Bezügen und ähnlichen Dingen, selten nach historischen Zusammenhängen. Und deutsche Historiker haben diese Sage im allgemeinen höchstens einmal als »Lektüre für die reifere Jugend« gelesen, zu der diese Geschichten insbesondere im 19. Jahrhundert gerne bearbeitet wurden.

Ernstzunehmende Geschichtsquellen hat man weder in den deutschen Heldenepen noch in den nordischen Manuskripten der Thidrekssaga gesehen. Zu stark sagenhaft verfremdet erscheinen da, übrigens in beiden literarischen Gruppen, die Personen und Orte. Dietrich von Bern, das war nach der Überzeugung eines ganzen Jahrtausends der historische Ostgotenkönig Theoderich der Große, doch paßte nichts von den Erlebnissen des Sagenhelden Dietrich zum gut bekannten Leben des historischen Theoderich. Und wenn in der Thidrekssaga unter anderem die Orte oder Regionen Salerna, Appoli, Hesbanien, Bern und Rom auftauchten, so machten wohl schon Kopisten der mittelalterlichen Handschriften und erst recht die modernen Übersetzer daraus »Salerno« und »Apulien« in Süditalien, »Spanien« sowie »Verona« in Norditalien und »Rom« in Mittelitalien. Das veranlaßte den

Germanisten Friedrich Panzer zu dem Stoßseufzer, die Thidrekssaga
sei »das Schmerzenskind der deutschen Heldensage«.

Die Namen konnte man schon in der Einleitungsepisode dieses Kapitels finden, doch hier liegen die damit gemeinten Orte und Regionen
alle dicht beisammen: im heutigen östlichen Belgien und im südlichen
Rheinland. Diese neue geographische Lokalisierung ergab sich aus
jahrzehntelangen Forschungen des Germanisten und Sagenforschers
Heinz Ritter(-Schaumburg), der mehrere vielgelesene Bücher darüber
verfaßt hat. Sein Hauptwerk *Die Nibelungen zogen nordwärts*, nämlich
nach Soest in Westfalen, wird im 22. Kapitel nochmals genauer behandelt. Ritter ist 1994 im Alter von 92 Jahren gestorben. Es gab zwar manche Kritik seitens seiner germanistischen Fachkollegen, aber bisher
keine überzeugende Widerlegung seiner These, die in der Thidrekssaga genannten Orte lägen alle im Nordwesten Deutschlands.

Sobald man das als richtig unterstellt und die uralten, aber offensichtlich falschen Gleichsetzungen von Sagenhelden mit historisch bekannten Persönlichkeiten ähnlichen Namens ausschaltet, wirken die
nordischen Berichte überhaupt nicht mehr »sagenhaft«, sondern wie
nüchterne, offenbar in vielem zutreffende Erzählungen über historische
Ereignisse des 5. und 6. Jahrhunderts in Norddeutschland. Natürlich ist
dabei zu beachten, daß hochmittelalterliche Zufügungen und Entstel-
lungen, die im Laufe von immerhin sechs Jahrhunderten und immer
neuen mündlichen und schriftlichen Fassungen unvermeidlich waren,
das alte Erzählgut verfälschen. Die ersten Fassungen dieser Sage waren
vermutlich »Heldenlieder« und wurden mündlich, oft noch zu Lebzeiten der besungenen Helden, von germanischen Skops (Sängern) vorge-
tragen. Diese Lieder konnten mit erstaunlicher Worttreue über viele
Generationen mündlich weitergegeben werden und verloren auch
durch die Übersetzung in andere germanische Sprachen nichts von ihrer Präzision. Ganz sicher sind später auch zahlreiche schriftliche Fassungen in altniederdeutscher, althochdeutscher und mittelhochdeutscher Sprache entstanden und über Jahrhunderte benutzt worden,
unter anderem von den Dichtern der mittelhochdeutschen Heldenepen. Doch von diesen Handschriften ist uns unglücklicherweise kein
einziges Exemplar erhalten geblieben. Nur die wenigen Manuskripte in
altwestnordischer und altschwedischer Sprache sind als Thidrekssaga
und Didriks-Chronik dem Zahn der Zeit entgangen.

In der Einleitungsepisode ist konsequent versucht worden, den vermuteten historischen Kern der Thidrekssaga, genauer gesagt nur ihrer allerersten Kapitel, mit den wenigen Fakten aus der bekannten Geschichte Westdeutschlands in der zweiten Hälfte des 5. Jahrhunderts zusammenzubringen. Interessanterweise passen die Stücke zusammen wie Teile eines Puzzlespiels, von denen man bisher nur nicht ahnte, daß sie zusammengehören könnten. Einen unumstößlichen Beweis für die Richtigkeit des oben dargestellten Geschichtsablaufs und seiner Zusammenhänge gibt es nicht, aber es gibt auch keinen Gegenbeweis. Die Darstellung ist übrigens nur die Kurzfassung einer eingehenden Untersuchung über die möglichen historischen Zusammenhänge der Thidrekssaga und ihre Glaubwürdigkeit als alte historische Quelle (Reinhard Schmoeckel, *Deutsche Sagenhelden und die historische Wirklichkeit. Zwei Jahrhunderte deutscher Frühgeschichte neu gesehen*, Hildesheim 1995).

Plausibel ist das, was sich da zwischen Ostbelgien, dem Mittelrhein und der Mosel abgespielt haben soll, durchaus, jedenfalls plausibler als vieles, was bisher in der deutschen Geschichtswissenschaft über die Ausbreitung der Franken westlich des Rheins geschrieben wurde. Das wird im nächsten Abschnitt noch deutlicher werden.

FRANKEN UND ANDERE GERMANEN IM RHEINLAND

Die herkömmliche Geschichtswissenschaft in Deutschland dürfte die Behauptung, Germanen seien im 5. Jahrhundert aus Belgien, also vom *Westen*, ins Rheinland gezogen, ohne näheres Nachdenken für pure Phantasie eines blutigen Dilettanten erklären. Zu stark wirkt die seit dem 19. Jahrhundert vielen Historikergenerationen selbstverständliche Überzeugung nach, die Franken seien beim Fall der römischen Grenze am Rhein in dieser Zeit in großen Scharen von *Ost* nach West über den Strom gesetzt und hätten das Rheinland und anschließend weite Teile Belgiens und Nordgalliens germanisiert. Die wenigen Stimmen moderner Historiker, die andere Anschauungen äußerten, verhallten bisher gegen diese herrschende Meinung.

In diesem Buch wurde bereits mehrfach auf die sehr geringe Bevölkerungsdichte in der Germania libera östlich des Rheins hingewiesen. Diese wenigen hunderttausend Germanen mußten dann im Laufe von mindestens 200 Jahren eine ungeheure Einbuße an zeugungsfähigen

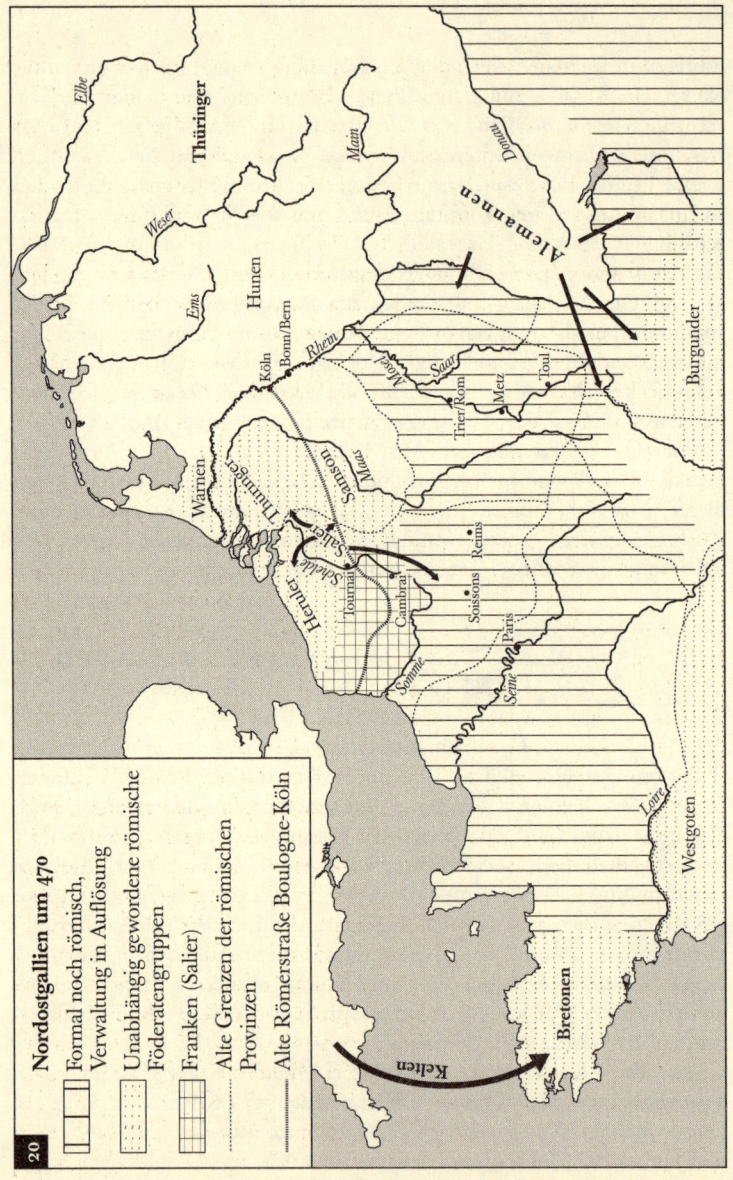

Nordostgallien um 470

| Formal noch römisch, Verwaltung in Auflösung |
| Unabhängig gewordene römische Föderatengruppen |
| Franken (Salier) |
| Alte Grenzen der römischen Provinzen |
| Alte Römerstraße Boulogne-Köln |

20

Männern und Frauen hinnehmen, als immer mehr germanische Gefolgschaften zum Rauben und Plündern ins römische Gebiet zogen – und meist nicht wiederkamen – und später auch zur Verteidigung des Reiches in römischem Sold nach Westen wanderten. Wo sollten da in der Mitte des 5. Jahrhunderts noch die Menschenmassen aus dem alten Germanien hergekommen sein, um die Rheingrenze zu überschreiten?

Etwas überspitzt ausgedrückt, kann man heute die Behauptung wagen, ein Großteil der germanischen Bevölkerung sei in der Endzeit des Weströmischen Reiches bereits auf dessen Boden ansässig gewesen. In bezug auf die sogenannten Wandervölker der Westgoten, Wandalen, Sueben und andere, ist dieses Wissen Allgemeingut der Geschichtswissenschaft. Doch galt das offenbar weitgehend auch für die Franken aus dem heutigen Nord- und Westdeutschland.

Der Zusammenbruch der römischen Macht an der Ostgrenze Galliens, das heißt am Rheinlimes, erfolgte im 5. Jahrhundert auch in ganz unterschiedlichen Formen und zu recht verschiedenen Zeiten, je nach den örtlichen Gegebenheiten. Historische Zeugnisse darüber sind äußerst rar. Auf keinen Fall gab es einen einheitlichen Zeitpunkt, ab dem die gesamte Rheingrenze für die herandrängenden Germanen »frei« war. Andererseits ergeben archäologische Funde, daß spätestens seit dem Ende des 5. Jahrhunderts überall im Rheinland Franken die »Macht übernommen« hatten, in Köln, in Trier, in Bonn und auch im übrigen Gebiet zwischen Rhein und Mosel.

Es bleibt eigentlich nur die Schlußfolgerung, daß diese Germanen aus dem *Westen* kamen, aus Belgien. Denn dort, an der unteren Maas, lag in der römischen Spätzeit der Limes, nicht mehr am Niederrhein. Er war allerdings kein perfektes Festungssystem mehr, sondern bestand im wesentlichen aus strategisch gut verteilten Burgi, jenen spätrömischen kleinen gemauerten Wachtürmen, die vor allem dafür konstruiert waren, daß sich darin die kleine Besatzung (und ihre Angehörigen) selbst möglichst lange gegen eine Belagerung halten konnte. Und die Soldaten an diesem Limes, seinem Vorfeld und seinem Hinterland, bestanden in der Mitte des 5. Jahrhunderts aus einer Vielzahl von römischen Foederatengruppen – in dieser Gegend ausschließlich Germanen. »Römische« Soldaten, das heißt Legionäre mit lateinischer Muttersprache, gab es spätestens seit dem Anfang des 5. Jahrhunderts im ganzen gallischen Reichsteil praktisch nicht mehr. Germanen allein bildeten hier noch militärische Truppenkörper, die unter klarem Befehl zu Märschen und Kämpfen in der Lage waren.

Irgendwann in der Mitte des 5. Jahrhunderts, kurz vor oder kurz nach dem Hunnenzug nach Gallien 451, muß die zivile und militärische Verwaltung der Provinzen Belgica II (Hauptstadt Durocortorum/Reims) und Germania II (Hauptstadt Köln) mehr oder weniger stillschweigend aufgehört haben; es existiert kein einziger schriftlicher Hinweis darüber. In dieser Situation dürften sich die dort noch stationierten germanischen Foederatengefolgschaften für unabhängig erklärt haben. Was blieb ihnen anderes übrig? Das Ende der Provinzverwaltung mußte nicht bedeuten, daß auch die untergeordneten römischen Verwaltungen der Städte wie Köln endeten. Hier konnten sich eventuell Behörden noch etwas länger halten, die sich als »römisch« empfanden.

Historisch bekannt ist dieser Vorgang von der germanischen Machtergreifung lediglich von den Saliern im Westen Belgiens und Nordostfrankreichs, wenn auch nur in spärlichen Bruchstücken. Diese Salier wurden von den römischen Quellen wie alle Germanen, die ursprünglich von jenseits des mittleren und Niederrheins kamen, Franken genannt, ohne daß man sicher sein kann, daß sie sich selbst so bezeichneten. Man weiß aber wenigstens andeutungsweise, daß auch noch andere germanische Foederatengruppen im heutigen Belgien angesiedelt waren (siehe den vorigen Abschnitt). Nimmt man die Thidrekssaga ernst, dann gehörte König Samsons kleines Reich ebenfalls dazu. Ein kleiner Ort am südlichen Maasufer, keine 25 Kilometer vom heutigen Dörfchen Sauvenières (Salerna?) entfernt, heißt übrigens schon seit uralten Zeiten Samson. Bei diesem Dorf fanden moderne Archäologen die Ruinen eines spätrömischen Burgus und dicht dabei ein über mehrere Generationen benutztes Gräberfeld germanischer Krieger in römischem Sold. Ist das purer Zufall?

Die Vertreibung König Samsons aus Hesbanien durch einen drohenden Einfall des Salierkönigs Childerich steht so nicht in der Thidrekssaga. Aber gerade der allzu pompös geschilderte Zug Samsons nach Bern, ohne daß im späteren Bericht eine Rückkehr nach Hesbanien oder wenigstens eine Fortdauer der Herrschaft dort erwähnt wird, macht mißtrauisch und läßt einen ganz anderen Grund für den Abzug vermuten, als in der Quelle angegeben. Die Einleitungsepisode versucht, die möglichen wahren Hintergründe realistisch verständlich zu machen.

Es ist eine unbestrittene historische Tatsache, daß die Stadt Bonn am Rhein neben ihrem alten Namen aus römischer Zeit – eben »Bonna« – vom 10. bis 13. Jahrhundert auf hier geprägten Geldmünzen und anderen Dokumenten auf lateinisch als »Verona« und auf mittelhochdeutsch als »Bern« bezeichnet wurde. Darauf dürfte es zurückzuführen sein, daß Verona in Oberitalien in zahlreichen mittelhochdeutschen Quellen »Welschbern« genannt wurde, zur Unterscheidung vom »deutschen Verona« oder »Bern am Rhein«. Woher das germanische Wort Bern kommt, ist unbekannt.

Doch die Verbindung dieses *rheinischen* Bern mit dem berühmtesten Sagenhelden des Frühmittelalters, mit Dietrich von Bern, dem Sohn von König Dietmar und der Elsung-Tochter Odilia, ist sehr viel plausibler als seine Herkunft aus dem norditalienischen Verona. Der historische Ostgotenkönig Theoderich hat zwar einmal eine Schlacht bei Verona gewonnen, sonst aber mit dieser Stadt nie etwas zu tun gehabt; er residierte in Ravenna an der Adria. Das heutige Bern in der Schweiz scheidet aus der Betrachtung aus, es wurde erst im 12. Jahrhundert gegründet. Schon der bekannte Germanist Karl Simrock aus Bonn schloß um 1860, Dietrich von Bern müsse aus seiner Heimatstadt stammen. Doch scheint von den späteren Gelehrtengenerationen niemand diese rheinische Stimme gekannt oder ernst genommen zu haben.

Siedlungsspuren der frühesten Franken in Bonn vom Ende des 5. Jahrhunderts wurden tatsächlich in der Südwestecke des damals längst von römischen Truppen verlassenen großen Kastellvierecks nördlich des heutigen Bonner Stadtkerns gefunden. Doch kam keiner der Archäologen auf die Idee, daß es sich dabei vielleicht nicht um Franken gehandelt haben könnte. Woher sollten sie das auch wissen?

Höchst auffällig ist, daß einige Puzzlestücke der wichtigsten Geschichtsquelle für Gallien und benachbarte Gebiete im 5. und 6. Jahrhundert, die »Fränkische Geschichte« des Gregor von Tours, haargenau in Lücken der Thidrekssaga hineinpassen, wenn man letztere als Geschichtsquelle akzeptiert – und umgekehrt. Bei Gregor ist mehrfach von Königen aus der Merowingersippe in Köln die Rede. Doch diese Stadt, die trotz zahlreicher Zerstörungen und der Entvölkerung damals immer noch Ruhm und Ansehen genoß, taucht in der Thidrekssaga nicht auf – oder vermutlich doch, unter dem seltsamen Namen »Babilonia« (Schreibfehler von »Colonia« oder ein alter, vielleicht schon vorrömischer und vorgermanischer Name der alten Ansiedlung am

Rhein?). Die Helden der nordischen Erzählung umgehen bei ihren
zahlreichen Reisen deren Gebiet sorgfältig. Die Bewohner Kölns waren
ihnen wohl feindlich gesonnen.

Nach den Erwähnungen Kölns und eines Königs Sigibert, eines Verwandten des Merowingers Chlodwig, bei Gregor von Tours hat die
deutsche Geschichtswissenschaft seit 150 Jahren eine großräumige
Herrschaft sogenannter »ripuarischer Franken« im gesamten Rheinland behauptet. Doch steht das bei Gregor überhaupt nicht im Text.
Unter Berufung darauf hat schon vor Jahrzehnten der deutsche Sprachwissenschaftler Hans Kuhn dieser allgemeinen Annahme widerspro-
chen und aus der Ortsnamenforschung den Schluß gezogen, daß »Südbelgien, Luxemburg und Lothringen ihre völkerwanderungszeitlichen
germanischen Namen nicht aus dem benachbarten Rheinland, sondern
von der *Maas* her erhalten haben«. Das Rheinland habe für die Germanen »weitab in einem toten Winkel gelegen und konnte daher von
den römischen Kaisern am längsten gehalten werden«.

Hans Kuhns Erkenntnisse decken sich genau mit der aus völlig anderen Quellen, eben der Dietrichssage, gewonnenen Überzeugung
einer Besetzung des Rheinlands durch Germanen vom *Westen* her. Und
für die historisch unbestreitbare Herrschaft von Verwandten der salischen Merowingersippe aus dem nordöstlichen Frankreich in *Köln* gibt
es nur eine plausible Erklärung, nämlich die in der Einleitungsepisode
vorgeschlagene: Einige Glieder dieser Sippe haben ebenfalls einen Eroberungszug von West nach Ost organisiert. Um 460 soll Köln endgültig in germanische, sprich fränkisch-merowingische Gewalt übergegangen sein, vermutlich auch Bonn, ohne daß man schriftliche Quellen
dazu kennt. Das paßt ausgezeichnet zu der Annahme, um 469, also
knapp zehn Jahre später, sei Bonn/Bern von König Samson – aus germanischer Hand! – erobert worden.

Füllen hinsichtlich Kölns einige Passagen bei Gregor von Tours eine
vermutlich absichtliche Lücke in der Thidrekssaga aus, so ist es in bezug auf Trier genau umgekehrt. Daß die alte Kaiserstadt zu römischen
Glanzzeiten den ehrenden Beinamen »Roma secunda« trug, wurde
schon im 16. Kapitel erwähnt. Doch zu Trier weiß Gregor von Tours
letztmals ein Ereignis aus dem Jahr 385 zu berichten, und dann taucht
der Name der Stadt erst wieder etwa um 530 in seinen Werken auf. Genau in diese Lücke fällt nach der Auslegung der Thidrekssaga als Geschichtsquelle das Reich des Königs Ermenrich (und später Dietrichs).

In der kürzeren und wahrscheinlich auf ältere Texte zurückgehenden altschwedischen Fassung der Dietrichssage (Didriks-Chronik) heißt es zu dem in der Einleitungsepisode erwähnten Kampf des jungen Königs Ermenrich um Trier nur lapidar: »Ermenrich zog vor Rom, kämpfte mit den Römern und errang großen Ruhm, auch gewann er den größten Teil von Rom. Er zog auch nach Grekin (Graach an der Mosel?) und gewann den größten Teil des Landes dazu und weithin andere Orte und wurde sogleich ein mächtiger König.« Schwerlich läßt sich dies anders ausdeuten als oben geschehen, wenn man überhaupt akzeptiert, daß das »Rom« der Dietrichssage Trier an der Mosel war. Später, wieviel später, geht aus der Quelle nicht hervor, war jedoch König Ermenrich Herr auch der Stadt Trier selbst, wo er seine Gäste zu einem »Hoftag« empfing, darunter den jungen König Dietrich von Bern, seinen Neffen.

Die Herrschaft eines Comes (hoher römischer Beamtenrang, etwa Graf) Arbogast in Trier in der zweiten Hälfte des 5. Jahrhunderts ist durch mehrere überlieferte Briefe an ihn von zeitgenössischen gallischen Bischöfen gesichert (dem schon erwähnten Sidonius Apollinaris und dem Bischof Auspicius von Toul). Trotz seines germanischen Namens war er ein »Römer«, der Enkel (eher wohl Urenkel) jenes Magister militum Arbogast, von dem im 16. Kapitel ausführlich die Rede war. Dieser Comes Arbogast scheint die Stadt Trier und darüber hinaus vielleicht noch die ganze von dort aus verwaltete Provinz Belgica prima, möglicherweise allerdings nur noch Teile davon, als Beamter des Weströmischen Reiches unter sich gehabt zu haben. So weit jedenfalls ist sich die neuere Geschichtsforschung einig, nachdem es früher alle möglichen Spekulationen gegeben hatte, dieser Arbogast sei schon ein »fränkischer« Herrscher über Trier gewesen.

Über das Ende der Herrschaft dieses römischen Comes Arbogast in Trier haben einige besonders an der Trierer Frühgeschichte interessierte Forscher (u.a. Eugen Ewig und Hans H. Anton) sehr sorgfältige Untersuchungen der minimalen schriftlichen Anspielungen darauf aus dem Altertum angestellt, jedoch ohne klares Ergebnis. Immerhin sind für Arbogast »Kämpfe und Triumphe bezeugt«. Doch sein Leben beschloß dieser Römer und Christ nicht etwa in Trier, sondern als Bischof von Chartres (Frankreich). Das deutet »auf Kämpfe und Umschwung in Trier, die auf den Zeitraum vom Ende der siebziger Jahre bis etwa 490 anzusetzen sind« (H. Anton). Arbogast scheint also bei der

Eroberung der Stadt Trier durch Germanen (Ermenrich?) nach Gallien
entkommen zu sein.

Genauer können diese Informationssplitter nicht mit den ebenfalls
nur bruchstückhaften Nachrichten aus der Dietrichssage zusammen-
passen! Nach der Zeitberechnung aus den nordischen Quellen dürfte
der erwähnte »Umschwung« etwa um das Jahr 485 erfolgt sein.

Über das weitere Schicksal Triers unter der Herrschaft des Königs
Ermenrich (so nach der Dietrichssage) oder »gewisser ripuarischer
Franken« (so nach der bisher herrschenden Meinung der Historiker,
vor allem in Trier) fehlt jede Nachricht. Für die Dietrichssage läßt sich
das erklären, denn König Ermenrich wurde nach deren Schilderung
später aus recht rätselhaften Gründen zum Todfeind seines Neffen
Dietrich von Bern, den er aus seiner Heimatstadt vertrieb und in ein
langjähriges Exil zwang (siehe 22. Kap.). Infolgedessen ist die Dietrichssage Ermenrich gegenüber sehr voreingenommen und berichtet
nur das Nötigste über diesen König.

Aber auch der Franken-Historiker Gregor von Tours weiß nichts
über Trier in dieser Zwischenzeit. Auch das ist plausibel. Chroniken
oder Geschichtsbücher in lateinischer Sprache, die Gregor als Quelle
hätte heranziehen können, sind in jener wirren Epoche in Gallien nicht
mehr geschrieben worden. Und mündliche Berichte über ein eigenes
Königreich um Trier hätten von den Franken in Gallien über einige
Generationen weitergegeben werden müssen, um Gregor von Tours zu
erreichen. Erstens ist es schon unwahrscheinlich, daß der ausschließlich lateinisch sprechende gallische Bischof solche Berichte oder Heldenlieder in germanischer Sprache verstanden hätte. Und noch un-
wahrscheinlicher ist es, daß es überhaupt solche Heldenlieder gab.
Denn aus Sicht der Franken in Gallien war der Zustand an der Ostgrenze ihres Reiches mehr als 70 Jahre lang alles andere als rühmens-
wert.

Nimmt man die Dietrichssage als Geschichtsquelle ernst, dann bestand so lange ein vom merowingischen Frankenreich unabhängiges
Königreich mit der Hauptstadt Trier, erst unter Ermenrich, zuletzt unter Dietrich von Bern. Und sehr wahrscheinlich gab es noch andere
unabhängige germanische Kleinkönigreiche östlich der Maas (siehe
22. Kap.). Wenn es dem aufstrebenden Frankenreich, das Römer, Westgoten, Alemannen, Burgunder und Thüringer besiegen konnte, nicht
gelang, mit den Königen aus der verhaßten Samsonsippe an seiner öst-

lichen Grenze fertig zu werden, dann war das wahrlich kein Anlaß, Heldenlieder darauf zu dichten.

Es ist auffällig und vielleicht doch leicht zu erklären: Beide Geschichtswerke für das späte 5. und das 6. Jahrhundert – Gregor von Tours für die gallisch-fränkische Seite, die Dietrichssage für die germanisch-»nichtfränkische« Seite – nehmen von historischen Vorgängen auf der jeweils anderen Seite praktisch keine Notiz. Gab es vielleicht eine absichtliche oder unabsichtliche Kontaktsperre zwischen den Franken jenseits und den germanischen Herren diesseits einer frühen Grenze? War diese Kontaktsperre geboren aus der politischen Feindschaft zweier Herrscher oder Herrschergruppen, die stark genug waren, um Übergriffe der jeweils anderen Seite zu verhindern, aber zu schwach, ihre Ausdehnungsgelüste über die faktische Grenze zu tragen?

In die Zeit der vermuteten Etablierung Ermenrichs als König von Rom/Trier fiel in Nordgallien ein folgenschwerer politischer Vorgang. Der Salierkönig Childerich starb im Jahr 482, und sein erst sechzehnjähriger Sohn Chlodwig trat die Nachfolge an. Er war es, der durch Siege über den »Römer« Syagrius, die Westgoten in Südfrankreich, die Burgunder in Südostfrankreich und die Alemannen in Südwestdeutschland fast ganz Gallien und bereits einen Teil des späteren Deutschlands seiner Herrschaft unterwarf und den Grundstein für die europäische Großmacht legte, die seine Nachfolger aus diesem Reich schufen (siehe auch 21. und 23. Kap.). Chlodwig muß es auch gewesen sein, der erstmals ganz bewußt seinem Königtum und seinem Reich den Namen »fränkisch« beigelegt hat.

Vorher war Franken in römischem Mund ein bequemer Sammelbegriff für die meisten Germanen mit negativem Beigeschmack gewesen, etwa entsprechend dem »Saupreuß« noch in der heutigen bayerischen Volkssprache. Chlodwig machte in nüchternem Kalkül aus seinem neuen Titel »König der Franken« einen positiv gemeinten *politischen Begriff*. Ein von den Trägern selbst benutzter *Volks*name ist das Wort Franken offenbar nie gewesen. Ein ähnlicher Vorgang sollte sich einige Jahrhunderte später auf der anderen Seite der faktischen Grenze wiederholen, als nämlich das »ostfränkische« Kaiserreich bewußt »regnum Teutonicum« oder auf althochdeutsch »thiudisk« (deutsch) genannt wurde. Diese Namengebung wird in Teil VI eine Rolle spielen.

Jetzt wird man vermutlich auch verstehen, warum zwischen den germanischen Herren in Gallien, die sich nun Franken nannten, und

den germanischen Königen auf der anderen Seite der frühen Grenze
Feindschaft, Abneigung und gegenseitige Nichtbeachtung entstanden,
obwohl diese Könige und ihre freien Krieger zunächst auf beiden Seiten
noch die gleiche Sprache benutzten und die gleichen kulturellen Grundlagen hatten. Die von den Merowingerkönigen vorerst noch unabhängigen germanischen Reiche östlich der Grenze können sich im 6. Jahrhundert nicht als Franken empfunden haben, selbst dann nicht, als sie
später zwangsweise von den Frankenkönigen unterworfen wurden.

Vermutlich läßt sich die hier behauptete frühe Grenze zwischen
Franken und Nichtfranken an der uralten deutsch-französischen (davor
germanisch-romanischen) Sprachgrenze ablesen. Die Salierkönige aus
der Merowingersippe förderten sehr die Übernahme der vulgärlateinischen Volkssprache ihrer gallischen Untertanen durch die kleine
Minderheit germanischer Herren. So entwickelte sich sehr früh ein
»Altfranzösisch«, und die germanische Sprache der Herren verlor sich
rasch. Genau umgekehrt muß die Sprachangleichung diesseits der politischen Grenze verlaufen sein, die damals noch längst keine Völkergrenze war. Wer hier von der unterworfenen, vulgärlateinisch sprechenden Bevölkerung mit seinen germanischen Herren reden wollte,
mußte sich gefälligst deren Sprache bedienen.

So können sich schon in wenigen Generationen die Sprachen auf
beiden Seiten der Grenze auseinanderentwickelt haben. Die gegenseitige Nichtbeachtung und der Abbruch der kulturellen Kontakte müssen
diese Entwicklung gefördert haben. Jedenfalls ist es höchst auffällig,
daß die deutsch-französische Sprachgrenze – sie war weit über ein
Jahrtausend lang relativ stabil – nicht etwa am Rhein liegt, sondern
grob gesagt östlich der mittleren Maas und der Vogesen. Dabei hat
doch mindestens das Gebiet bis zum Mittel- und Niederrhein nach her-
kömmlicher Ansicht der Geschichtswissenschaft schon sehr früh zum
Merowingerreich gehört, in dem, wie gesagt, das Altfranzösische sehr
bald zur Volkssprache wurde. Doch diese alte Ansicht deutscher und
französischer Historiker gerät ins Wanken, wenn man die nordischen
Texte der Dietrichssage als Quelle für einen Kern historischer Ereignisse im alten Germanien betrachtet.

20. DAS ENDE DER RÖMISCHEN HERRSCHAFT AN DER DONAU

UNTER DEM SCHUTZ
DES HEILIGEN SEVERIN
Sommer 488, Niederösterreich

Nach vier Tagen Marsch hatten sich alle Menschen an die Ordnung ge-wöhnt, die es unterwegs und nachts bei der Rast einzuhalten galt. An zahlreichen kleinen Lagerfeuern buken die Frauen Brotfladen, und die Männer versorgten das magere Vieh mit dem etwas mitgenommenen Grünfutter. Gott der Herr würde wissen, ob die Tiere Italien heil errei-chen würden, das Ziel des großen Auswandererzuges.

Heute rastete man an den Ruinen eines vor Jahrzehnten geplünder-ten und in Brand gesteckten Gutshofes nicht weit von Ovilava (Wels in Niederösterreich). Drei Tage lang waren die Auswanderer auf der alten Römerstraße den Danuvius entlang nach Westen marschiert, von Fa-vianis (bei Tulln an der Donau) bis Lauriacum (Enns-Lorch/Donau, bei Linz). Jetzt, am vierten Tag, hatte man endlich von der gefährlichen Donaustrecke nach Süden abbiegen können, ins Gebirge der Alpen. Bewaffnete Wachen umschritten das Lager, bereit, beim geringsten Anzeichen eines Überfalls von Räubern Alarm zu schlagen.

An einem kleinen Lagerfeuer etwas abseits vom Gewimmel saßen die Anführer des Zuges, in ein eifriges Gespräch vertieft. Comes Pierius hatte Schwert und Rüstung abgeschnallt, aber griffbereit neben sich gelegt. Er war dem Dux Onulf verantwortlich, daß die letzten Römer aus der Provinz Noricum ripense (Ufer-Norikum, südlich der Donau in Niederösterreich) unbeschadet die sicheren Gefilde Norditaliens er-reichten.

Und sein Vorgesetzter Onulf war der einflußreiche Bruder des rö-mischen Königs Odoaker. Für den Schutz der Auswanderer hatte der Comes eine kleine Gruppe Soldaten zur Verfügung.

Ganz anders als der hohe römische Offizier sah sein Gesprächspart-ner aus, dem der Comes aber dennoch mit großer Hochachtung be-gegnete. Presbyter Lucillus trug nur eine dunkelbraune schmucklose

Dalmatica (fußlanger Mantel) und einen langen Bart, dessen graue
Haare von hohem Alter zeugten. Bescheiden saß der junge Hilfspriester
Eugippius in der Nähe, bemüht, seinem geistlichen Vorgesetzten jeden
Wunsch an den Augen abzulesen.

»Wann ist eigentlich der heilige Mann, dessen Leichnam wir hier
mit uns über die Alpen führen, in Noricum erschienen, ehrwürdiger
Vater?« fragte der Offizier seinen geistlichen Gesprächspartner. Es war,
als habe Comes Pierius dem Presbyter Lucillus das richtige Stichwort
gegeben, denn das Leben und die denkwürdigen Taten des heiligen
Severin waren das Thema, über das der würdige Geistliche am liebsten
sprach.

»Es muß mehr als 30 Jahre her sein, seit der verehrungswürdige
Severinus hierher an die Donau kam, kurz nach dem Tod des Hunnenkönigs Attila«, erzählte der alte Mann. Er selbst habe die ersten Jahre
seines Wirkens nicht miterlebt, aber wann immer die alten Einwohner
der Provinzen Noricum und Raetia von Severin sprachen, dann taten sie
es in Tönen höchster Bewunderung, und von ihnen habe er auch viel
über die frühen Jahre dieses Dieners Gottes erfahren können.

Woher der heilige Mann gekommen war, wußte niemand. Irgend-
woher aus dem Osten des Römischen Reiches war er eines Tages plötzlich erschienen, aber er sprach nicht griechisch, sondern lateinisch. Es
war schwer zu entscheiden, was die Menschen hier oben an der Donaugrenze am meisten an der Persönlichkeit Severins beeindruckt
hatte: seine tiefe Frömmigkeit und sein unwandelbares Vertrauen auf
Gottes Güte und Hilfe, seine persönliche Anspruchslosigkeit, seine vielen Wunder, die er durch inbrünstige Gebete zu Gott erwirkt hatte, wie
zahlreiche Augenzeugen beschworen, oder seine tatkräftige und um-
sichtige Fürsorge für die bedrohten Menschen.

Der Presbyter Severin ging bis ins hohe Alter selbst im Winter bei
Eis und Schnee barfuß, und vor jedem größeren Kirchenfest betete und
fastete er drei Tage lang. Ausführlich berichtete der alte Geistliche Lucillus über die Wunder des heiligen Severin, dessen vertrauter Gehilfe
er in den letzten Jahren gewesen war. So habe Severin eine schon fast
tote Frau durch die Kraft seines Gebetes zum Leben und zur Gesund-
heit wiedererwecken können, und einmal habe er während der Messe
in einer Kirche diejenigen Gemeindemitglieder, die insgeheim einem
abscheulichen Götzendienst ergeben waren, dadurch entlarven können, daß deren mitgebrachte Kerzen nicht brennen wollten.

Ein wenig ungeduldig, aber so höflich wie möglich bemühte sich der Comes Pierius, die zu einer Predigt ausufernde Erzählung des Lucillus in eine Richtung zu lenken, die ihm als Soldaten die wichtigere schien. »Sag mir doch, ehrwürdiger Vater, haben die Rugier, diese ketzerischen Barbaren von der anderen Donauseite, stets so schrecklich gegen unsere Römer hier gewütet wie in den letzten Jahren?«

Der alte Lucillus mußte zugeben, daß das Verhalten der Rugier unter ihrem König Feletheus und dessen Frau, der Königin Giso, von Jahr zu Jahr geschwankt habe. Vor langer Zeit habe der Barbarenkönig, der sein Reich und seine Residenz nördlich der Donau gegenüber von Favianis und den anderen Städten am Strom gehabt habe, diese Städte bedroht und zur Ablieferung eines regelmäßigen Tributs gezwungen. Einmal habe sogar die böse Königin Giso versucht, die Bewohner von Favianis zu zwingen, den ketzerischen Glauben des verruchten Arius anzunehmen, dem die Rugier in ihrer Verblendung anhingen. Doch die Gebete Severins und dessen nachdrückliche Vorstellungen dagegen beim König Feletheus hätten diesen schrecklichen Plan verhindert. Auf die Gebete und eindringlichen Bitten Severins hin habe der Rugierkönig auch mehrmals Gefangene freigegeben, ohne Lösegeld für sie zu fordern. König Feletheus habe sogar häufig den Rat und die Hilfe des so berühmten heiligen Mannes von der anderen Donauseite gesucht.

Die größte Gefahr, so mußte der alte Presbyter auf gezielte Fragen seines Gesprächspartners zugeben, die eigentliche Gefahr für die römischen Bürger hier in Noricum und Rätien seien nicht die Barbarenvölker gewesen, sondern vielmehr die eigene Hilflosigkeit und der Mangel an Hoffnung. Was war von der einst unerschütterlich scheinenden Kraft des Römischen Reiches hier an der Donau übriggeblieben? Wo waren die Zeiten hin, da jedem vorwitzigen Übergriff der Barbaren auf römisches Gebiet diesseits des Stroms ein entschlossener Gegenstoß römischer Legionäre gefolgt war, der einige Barbarendörfer als Vergeltung in Flammen aufgehen ließ?

Längst waren die kleineren und größeren Gutshöfe überall im Land, die einst mit ihren landwirtschaftlichen Überschüssen die Soldaten in den Grenzkastellen und die Einwohner der kleinen Städte versorgt hatten, zerstört, geplündert und niedergebrannt. Nur noch ein paar Äcker in unmittelbarer Nähe der Städtchen konnten bestellt werden, so daß es den Ackerbürgern möglich war, sich beim geringsten Anzeichen von Gefahr hinter die Stadtmauern zu flüchten. Die weni-

gen Soldaten, die in den Grenzkastellen verblieben waren, erhielten seit
etlichen Jahren keinen Sold mehr. Sie hatten daher die Bewachung,
so unvollkommen sie zuletzt ohnehin gewesen war, aufgegeben und
waren je nach Neigung entweder selbst Ackerbürger und kleine Handwerker geworden – oder Räuberbanden, die auf der Suche nach
Lebensmitteln und Schätzen das Land durchstreiften.

Weiter oben im Norden, so berichtete der alte Presbyter dem Comes, in der rätischen Provinz an der Donau, war es noch schlimmer.
Dort hatten einige Jahre vor Severins Tod große Scharen wilder Alemannen die Städte Castra Regina (Regensburg) und Batavis (Passau)
belagert und das Land plündernd durchzogen. Auf Bitte der Einwohner war der heilige Severin dorthin gekommen. Seine Gebete und dringenden Aufforderungen brachten die wenigen noch vorhandenen Soldaten und wehrfähigen Bürger dazu, sich entschlossen zu wehren und
die Alemannen zurückzuschlagen. Severinus hatte allerdings eingesehen, daß ein weiteres Ausharren der Römer in dieser gefährdeten
Gegend sinnlos war. Er überredete daher die Bürger, mit ihm in die
weniger bedrohte Stadt Favianis in Noricum zu flüchten. Das geschah
gerade noch rechtzeitig, denn die wenigen zurückgebliebenen Einwohner von Batavis wurden kurz darauf von einem Heer der Thüringer
überfallen, erschlagen oder in Gefangenschaft geführt.

Als der heilige Mann vor nunmehr sechs Jahren in seinem kleinen
Kloster bei Favianis gestorben war, da war es auch mit der verhältnis-
mäßigen Sicherheit dort vorbei. Den Rugierkönig hatte bisher die
Scheu vor dem so hoch angesehenen wundertätigen Gottesmann von
allzu schlimmen Übergriffen abgehalten. Doch nun plünderte des Königs Bruder Ferderuch das Kloster, stahl die Sammlung von Kleidern,
die die Römer der Provinz auf Anordnung Severins für arme römische
Bürger zusammengetragen hatten, sowie silberne Kirchengeräte.

Doch Gottes Strafgericht wandte sich sogleich gegen die Frevler,
wie Presbyter Lucillus weiter zu erzählen wußte. Denn kurz danach
kam es zu einem Streit in der rugischen Königsfamilie; Ferderuch
wurde von seinem Neffen Friderich erschlagen. Und vor kurzem war
ein großes römisches Heer auf Befehl des Königs Odoaker aus Italien
herangekommen und hatte die Rugier in Noricum und jenseits der Donau gezüchtigt. Es befand sich nach dem erfolgreichen Feldzug nun
wieder auf dem Rückmarsch über die Alpen. Die Nachhut unter Comes Pierius sollte die Auswanderung aller römisch gesinnten Noriker

nach Italien decken, die der römische König Odoaker persönlich angeordnet hatte. Denn Odoaker hatte den Heiligen vor vielen Jahren kennen und achten gelernt, als er auf dem Weg in römische Kriegsdienste
in Favianis Station machte und Severin dem damaligen jungen und
ärmlichen Krieger aus dem Barbarenstamm der Skiren eine große Zukunft vorhergesagt hatte.

Heute, so schloß Lucillus seine Erzählung von den Taten des hei-
ligen Severin, erfülle dieser zu Gott entrückte Heilige immer noch seine
Aufgabe als Beschützer der Menschen in Noricum, indem er sie in die
Sicherheit Italiens begleite.

Lange schwiegen nun die Männer an dem kleinen Lagerfeuer und
hingen ihren Gedanken nach. Beim einen kreisten sie um das Ende der
rechten Verehrung Gottes hier oben an der Donau, beim anderen um
den kläglichen Ausgang von mehreren hundert Jahren römischer Herrschaft am Rande des Barbarenlandes. »Und irgendwann werde ich das
Leben des heiligen Severin aufschreiben, damit es von kommenden
Generationen nicht vergessen wird«, sagte leise der junge Subdiakon
Eugippius, der aufmerksam dem Gespräch der beiden Würdenträger
gefolgt war, in deren Schweigen hinein.

KLÄGLICHES ENDE
EINSTIGER MACHT

Mehr als 20 Jahre vergingen seit diesem Tag, bis Eugippius im Jahr 511
seine Absicht in die Tat umsetzte. Inzwischen war der Geistliche Abt
eines Klosters bei Neapel, wo auch der heilige Severin seine letzte würdige Ruhestätte gefunden hatte. Die Lebensbeschreibung Severins aus
der Feder des Eugippius ist das einzige uns heute noch bekannte zeitgenössische Dokument, das ungeschminkt die Zustände am Ende der
römischen Herrschaft im heutigen Deutschland und Österreich schildert. Es ist damit die wichtigste Quelle für diese zweite Phase der Völkerwanderungszeit in unserem Raum.

Dieser heilige Severin, wie er uns in der kleinen Schrift entgegen-
tritt, war sicher nicht nur ein bemerkenswerter Kirchenmann, sondern
auch ein »hellsichtiger Realist und Meister der harten politischen Praxis« (Rudolf Pörtner), der seine Überredungskunst und sein organi-
satorisches Geschick zum Wohl der verängstigten und schutzlosen

Menschen an der Donau einsetzte. Da es zu seiner Zeit keine etablierte
römische Verwaltung in der Provinz Noricum mehr gab, fiel dem angesehenen Geistlichen ganz von selbst die Führung der Bevölkerung zu.
Severin hat sich dieser Aufgabe nicht entzogen, sondern sie, so gut er
konnte, erfüllt.

Aber was war das für ein Leben der Römer in diesem Land! Besonders reich und gesegnet war die Provinz Ufer-Norikum nie gewesen;
eher schon die unter Diokletian zu einer eigenen Provinz erhobene Gegend in den Alpen (Hohe und Niedere Tauern) mit ihrer Metallförde-
rung (Noricum mediterraneum, heute Kärnten und Steiermark). Über
200 Jahre Frieden nach dem Friedensschluß des Kaisers Commodus
mit den Markomannen, Quaden und Jazygen (siehe 9. Kap.) hatten jedoch einen bescheidenen Wohlstand unter der meist ursprünglich keltischen Bevölkerung entstehen lassen. Inzwischen sprach jeder Einwohner von Noricum flüssig Lateinisch, wenn es sicherlich auch kein
klassisches Latein der römischen Schriftsteller war, und fühlte sich als
Römer. Und alle waren, geleitet von zahlreichen aus Italien gekommenen Geistlichen, treue Christen der katholischen Richtung geworden.

Doch mit dem Erscheinen der Hunnen im benachbarten Pannonien
dürfte es mit der beschaulichen Ruhe in der Provinz vorbei gewesen
sein. Über die Zeit von etwa 400 bis 450, als das Hunnenreich in bedrohlicher Nähe lag, weiß man praktisch nichts von Noricum. Aber
man kann sich vorstellen, daß die Einwohner allerhand durchmachen
mußten. Spätestens ab dieser Zeit wandelte sich die Siedlungsstruktur
in Noricum grundlegend, aber auch in den weiter donauaufwärts liegenden Provinzen Raetia I und II.

Gab es vorher eine Vielzahl von Gutshöfen (Villae rusticae), die reichen Leuten gehörten und von Kolonen bewirtschaftet wurden, so
wurden diese ländlichen Siedlungen nun nach und nach aufgegeben.
Teils wurden sie von plündernden Barbaren – Germanen verschiedener Stämme oder Hunnengruppen – niedergebrannt, teils räumten die
Bewohner sie freiwillig und ließen die Felder wüst werden. Die Ackerfläche und die Bevölkerungszahl in diesen Provinzen sank drastisch.
Was an Menschen im Land blieb, drängte sich in den kleinen Land-
städtchen. Doch deren einst großzügige und offene Bebauung paßte
nicht mehr in die Zeit. Lieber flüchteten die wenigen Einwohner in eine
Ecke dieser Städte, die sich leicht mit einer hohen Mauer umgeben ließ,
oder auf einen gut zu verteidigenden Berg, der ebenfalls mit Mauern

geschützt wurde. Nur hinter solchen Verteidigungsanlagen fühlten sich die Menschen noch halbwegs sicher. Ganz ähnlich findet man heute auch noch im Hunsrück und in der Eifel Reste ehemaliger spätrömischer Höhenfestungen.

Die Grenzbefestigungen am »nassen Limes« südlich der Donau waren von immer weniger Soldaten besetzt, denn das römische Heer wurde stetig kleiner. Daran konnte auch der ständig strömende Soldatennachschub aus den freien germanischen Völkern in den letzten 150 Jahren des Weströmischen Reiches nichts ändern.

Das Ende der Hunnengefahr im Jahr 454 brachte für die römischen Provinzen an der mittleren und oberen Donau keineswegs eine Erleichterung, denn nun wurden die germanischen Völker wieder unruhig. Die Rugier, einst in der östlichen Slowakei ansässig, schoben sich nördlich der Donau westwärts und besetzten das Land, das einst den Quaden gehört hatte. Von denen waren vermutlich in den Jahren 404 bis 406 die meisten, auf der Flucht vor den Hunnen, unter dem Namen Sueben ausgewandert (siehe S. 266).

Die Rugier hatten wie die Ost- und Westgoten, Gepiden, Skiren und Langobarden im heutigen Ungarn, Rumänien und Bulgarien das Christentum in der Form des Arianismus kennengelernt. Mindestens die Angehörigen des Adels, vor allem der Königshäuser, waren getaufte Christen. Doch galten sie in diesem Zeitalter der Glaubenskriege für die katholischen Römer in Italien und Gallien als die schlimmsten Barbaren, verabscheuungswürdiger als die eigentlichen »Heiden«, so groß war der Haß, den die Propaganda der katholischen Geistlichen auf die »ketzerischen« Arianer bewirkte. Der Missionierungsversuch, den die rugische Königin Giso an den katholischen Einwohnern des Städtchens Favianis unternahm, gilt dank der Darstellung durch den heiligen Severin und den Abt Eugippius als ein »fluchwürdiges Verbrechen«. Aus Sicht der arianischen Christin Giso war es aber vermutlich, neben machtpolitischen Zielsetzungen, durchaus auch der Wunsch nach »Erlösung armer Seelen von einem schändlichen Irrglauben«!

Theologisch ging es bei diesem Streit um die Frage, ob Gott, der Alleserschaffende, auch seinen Sohn Jesus Christus erschaffen habe – so der Glaube der Arianer – oder ob Vater Gott und Sohn Christus wesensgleich (»homousios«) seien, wie heute die offizielle Lehre fast aller christlichen Kirchen sagt. Der erste christliche römische Kaiser, Konstantin der Große, hielt diesen Streit der Theologen für eine unwichtige

Spitzfindigkeit. Es ist auch sehr fraglich, ob ihn mehr als ein winziger Bruchteil der damaligen Geistlichen, von den Laien ganz zu schweigen, überhaupt je verstanden hat. Aber dieser Streit hat die politischen Beziehungen zwischen den »rechtgläubigen« Römern und den meisten Germanenvölkern über Jahrhunderte vergiftet.

Weitere germanische Völker werden im Bericht des Eugippius als Bedrohung der Menschen in Rätien genannt, vor allem an der heute zu Bayern gehörenden Donaustrecke. Von den wiederholten Plünderungszügen seitens der Alemannen sowie von einem Überfall der Thüringer auf die Siedlung Batavis oder Patava (Passau) ist da die Rede. (Die Entwicklung beider Völker, Alemannen wie Thüringer, in der Völkerwanderungszeit wird in den folgenden Kapiteln genauer behandelt.) Die Bemerkungen des Eugippius zeigen jedoch, daß es im Römischen Reich in seiner Spätzeit vom Alpenkamm bis zur Donau keinen Flecken mehr gab, der vor Plünderungen – nicht unbedingt ständigen Eroberungen! – durch germanische Gruppen sicher war.

Mit dem großen Auswanderungszug aus Noricum im Jahr 488 verschwanden nicht alle Menschen aus dieser Provinz. Wie üblich blieben kleine Gruppen von Römern zurück und versteckten sich in unzugänglichen Bergsiedlungen, in denen ihre Nachfahren erst Jahrhunderte später wieder aufgestöbert wurden. Und zahlreiche ehemalige römische Söldner aus verschiedenen germanischen Stämmen blieben, fast immer mit ihren Familien, im Lande, da sie weder Sprache noch Glauben, noch Loyalität mit den Römern verbanden. Denn der einzige Grund für Loyalität, der pünktlich ausgezahlte Sold, war ja schon viele Jahre ausgeblieben. Diese germanischen Krieger, die nun wieder zwangsläufig zu Bauern wurden, waren es gewohnt, sich mit Langschwert und Sax (Kurzschwert) ihrer Haut zu wehren, falls ein Haufen Räuber ihren Hof angriff, auch wenn diese die gleiche Sprache benutzten wie sie selbst.

Ein klägliches Ende nach fast 500 Jahren römischer Herrschaft in den Ostalpen war die Auswanderung des Jahres 488 in der Tat. Denn was sich in dem Bericht des Eugippius als geordnete Umsiedlung der Restbevölkerung aus Noricum darstellt, war in Wahrheit nichts anderes als das Eingeständnis des neuen Machthabers in Italien, Odoaker, daß dieses Gebiet für »Rom« nicht mehr zu halten war. Trotz eines siegreichen Feldzuges der römischen Soldaten gegen die Rugier wurde nicht einmal daran gedacht, deren Gebiet zu besetzen oder die Verteidigungsanlagen am Donaulimes noch einmal instand zu setzen. Unter dem Schutz der Nachhut des römischen Heeres war der Marsch der letzten Noriker über das Gebirge nur ein schmählicher Rückzug, letztes Zeichen der Schwäche eines zerfallenden Weltreiches.

EIN WELTREICH ENDET, UND KEINER MERKT ES

Die Evakuierung der römischen Einwohner Noricums im Jahr 488 erfolgte zwölf Jahre nach einem Ereignis, das noch heute den meisten Historikern so wichtig erscheint, daß sie mit ihm das »Altertum« enden und das »Mittelalter« beginnen lassen. Es war das formale Ende des Weströmischen Reiches im Jahr 476. Doch in der romanhaften Einleitungsepisode dieses Kapitels wurde zwölf Jahre später mit keinem Wort darauf angespielt. Mit gutem Grund. Denn für die Menschen im Römischen Reich war es längst völlig gleichgültig, ob und welcher Kaiser über sie herrschte, da diese Würdenträger ohnehin schon lange nichts mehr zu sagen hatten. Ein germanischer König war inzwischen in den meisten Provinzen des Weströmischen Reiches der sehr viel spürbarere Oberherr als ein alle paar Monate wechselnder Kaiser im fernen Ravenna.

Der Germane Odoaker, ein Sproß aus der damals in Ungarn ansässigen Königsfamilie der Skiren, hatte es wie schon viele Vorgänger im römischen Militär zu einer hohen Generalsstelle gebracht. Eugippius beschrieb, wie er Jahrzehnte vorher beim heiligen Severin Station gemacht und dieser dem jungen germanischen Krieger einen steilen Aufstieg vorausgesagt hatte.

Im Jahr 476 meuterten die Truppen des römischen Heeres in Italien gegen ihren Magister militum Orestes. Alle diese Soldaten waren Germanen, nur der Heermeister war obskurer Herkunft aus Pannonien, einst Geheimschreiber des Hunnenkönigs Attila, nun höchster Beamter des Weströmischen Reiches. Die Söldner forderten mit ihrer Meuterei, Landstücke in Italien zugeteilt zu erhalten, wie die Krieger der Westgoten, Wandalen und anderer germanischer Völker in den von ihnen besetzten Provinzen des Reiches sie nach römischem Recht längst bekommen hatten. Zu ihrem Sprecher und Anführer machten diese meuternden Soldaten den General Odoaker. Der vertrieb auch den Heermeister Orestes und setzte gleich noch dessen Marionette auf dem

Kaiserthron ab. Es war des Orestes eigener Sohn mit dem bezeichnenden
Namen Romulus Augustulus (»kleiner Augustus«). Im Gegensatz zu seinem Vater Orestes ließ Odoaker diesen jungen Kaiser nicht umbringen,
sondern wies ihm eine komfortable Villa bei Neapel als Ruhesitz an.

Im übrigen aber schickte der siegreiche General die weströmischen
Kaiserinsignien an den Kaiser in Konstantinopel mit dem Vermerk, es
würde kein zweiter Kaiser mehr gebraucht. Er erkannte den oströmischen Kaiser also durchaus als Oberherrn an und regierte formal in
dessen Namen den Westteil des Reiches, zugleich aber auch als germanischer König, denn seine Soldaten hatten ihn bei ihrer Meuterei nach
germanischem Brauch zum »römischen König« gewählt. Die ersehnten
Titel Magister militum und Patricius, die höchsten im Römischen
Reich nach dem Kaiser, hatte ihm Kaiser Zenon zwar nicht gewährt,
aber der faktischen Machtstellung nach glich er damit seinen »Kollegen« in Tolosa (Toulouse, Westgoten) oder Karthago (Tunis, Wandalen).
Von dem einst so riesigen Weströmischen Reich waren für Odoakers
Herrschaft nur noch Italien, einige nördlich der Alpen angrenzende
Provinzen (Noricum und Raetia) sowie Dalmatien übriggeblieben.

Aus der Sicht von damals ist zu verstehen, daß das unrühmliche
Ende des letzten weströmischen Kaisers bei den Zeitgenossen keinerlei
Aufsehen erregte. Nur der vom abgesetzten »Kaiserlein« selbst und seiner persönlichen Umgebung verbreiteten Propaganda ist es wohl zuzuschreiben, daß der Nachwelt das Jahr 476 als epochemachendes Datum
im Gedächtnis blieb.

GERMANISCHE VÖLKER-
WANDERUNGEN IN SÜDOSTEUROPA

Doch auch Odoaker konnte sich nicht auf Dauer als Herr Italiens behaupten. Vielleicht war sein militärischer Angriff auf die germanischen
Rugier an der Donaugrenze sogar mit ein Auslöser für die Ereignisse,
die kurz nach der Evakuierung der Noriker 488 begannen und zu
Odoakers Entmachtung und Tod führten.

Es ist heute sehr schwer, die Züge der Germanenstämme in Südosteuropa zu verfolgen und zu verstehen, die nach Attilas Tod und
dem Ende der Hunnenherrschaft (454) einsetzten und die Menschen
und die Herrschaften dort durcheinanderwirbelten. Strenggenommen

21 **Die Gebiete an der oberen Donau um das Jahr 500**

Formal noch römisch, zum Ostgotenreich in Italien gehörend

Abzug der Truppen mit Severins Leiche

Germanenzüge zwischen 460 und 500

Langobarden
Waag
Skiren
Langobarden um 500
Ostgoten
PANNONIA
Donau
um 490
um 460
March
DALMATIA
488
Heruler um 500
Raab
Favianis
Drau
Save
NORICUM
Rügier
488
Mur
Lauriacum
Moldau
Salzach
Castra Batavos
Inn
Castra Regina
Isar
RAETIA
Thüringer
Donau
Augusta (Augsburg)
Lech
Etsch
Po
Alemannen
Cura
Rhein

gehören diese Züge überhaupt nicht in ein der Frühgeschichte Deutschlands gewidmetes Buch, da sie sich im großen ganzen außerhalb dieses Gebiets abspielten. Doch hatten manche dieser Züge bedeutsame Auswirkungen auf die gesamteuropäische Geschichte und damit auf die Vorgänge in unserem Gebiet. Zum Verständnis der Zusammenhänge müssen sie daher wenigstens kurz erwähnt werden.

Auf ein Grundsatzproblem bei diesen Völkerwanderungen soll noch einmal nachdrücklich hingewiesen werden. Die da wanderten, waren keine Völker im Sinne relativ einheitlicher Abstammung, Sprache oder Kultur, wie eine national verklärte Geschichtsdarstellung im 19. und noch im 20. Jahrhundert glaubte. In diesem Buch wurde ja schon oft auf die bunte Mischung vieler germanischer Völker während der Zeit des Römischen Reiches verwiesen. Ganz besonders galt das vermutlich für die Germanengruppen, die sich für mehrere Jahrhunderte, mit Ausnahme der rund 50 Jahre der Hunnenherrschaft, zu Oberherren auf der Balkanhalbinsel und der Gebiete östlich davon gemacht hatten. Wer sich als Krieger mit seiner Familie der Gefolgschaft eines Königs oder einer Königssippe anschloß, gehörte zur betreffenden Gens (lateinisch: Geschlecht, Stamm, Gruppe, Volk). Dieses in den lateinischen Quellen immer wieder auftauchende Wort ist sehr vieldeutig und kann keineswegs nur im Sinne eines modernen »Volkes« ausgelegt werden.

Die Ostgoten zum Beispiel, eigentlich hießen sie Greutungen oder Ostrogothen, hatten sich nach der Wanderung ihrer »Traditionskerne« von der Ostsee nach Süden bis zum Schwarzen Meer (siehe 8. Kap.) im Gebiet der heutigen Ukraine zwischen Dnjestr und Don zu Herren sehr verschiedenartiger Völker aufgeschwungen. Den germanisch sprechenden eigentlichen Goten mit ihrer Königssippe der Amaler leisteten Angehörige anderer germanischer Völker wie die Heruler, aber auch Gruppen, die Vorfahren der späteren slawischen Völkerfamilie wurden, etwa berittene Viehzüchterkrieger wie Sarmaten und Alanen (mit ostindoeuropäischen Sprachen), Vortrupps der mongolischen Hunnen, Wolgafinnen (entfernte sprachliche Verwandte der Finnen), Abgaben und Kriegsdienste. Männer aus all diesen verschiedenen Gruppen mit unterschiedlichen Sprachen und Kulturen vereinigten sich aber im ostgotischen *Heer*, das die eigentliche politisch-rechtliche Einheit des ostgotischen »Volkes« war. Nur dieses Heer trat Fremden, besonders den lateinischen und griechischen Historikern des Altertums, als »*die* Ostgoten« gegenüber.

Es bleibt eine erstaunliche Tatsache, daß es dem gotischen Kern dieses Volkes gelang, seine germanische Sprache über Hunderte von Jahren ziemlich unverfälscht zu bewahren, wie sich aus der im 4. Jahrhundert erstellten Übersetzung der Bibel ins Gotische durch den Bischof Ulfila und der aus dem 6. Jahrhundert stammenden berühmten Niederschrift (»Codex argenteus«) feststellen läßt (siehe dazu S. 76). Vermutlich allerdings beschränkte sich die Kunst des Lesens und wohl auch der Benutzung einer weitgehend unvermischten germanischen Sprache nur auf relativ kleine Kreise im Umfeld der ostgotischen Königssippe.

Vielfältige verwandtschaftliche und freundschaftliche, zum Teil aber auch über Generationen feindliche Beziehungen zwischen den Königssippen all dieser germanischen Balkan-»völker« verbanden und trennten deren Geschicke so kompliziert, daß sich nur Spezialforscher noch damit auskennen. So waren wohl die Beziehungen zwischen den in der zweiten Hälfte des 5. Jahrhunderts in Pannonien (Ungarn) ansässigen Ostgoten und den Rugiern im heutigen Niederösterreich gut. Dagegen scheint eine »Erbfeindschaft« zwischen der ostgotischen Königssippe der Amaler und der skirischen Königssippe bestanden zu haben. Als der Skire Odoaker kurz vor 488 die Rugier angriff und besiegte, flüchteten die verbliebenen Rugier unter dem Prinzen Friderich zu den Ostgoten und suchten dort Schutz. So hatte deren König Theoderich einen weiteren Grund, seinen Intimfeind Odoaker anzugreifen – natürlich neben anderen, eher machtpolitischen Motiven.

Der Ostgotenkönig Theoderich (geboren um 451) hatte in jungen Jahren als Geisel einige Jahre in Konstantinopel verbracht und seitdem gute Beziehungen zum Kaiserhof. Diese nutzte er 488 aus, ließ sich in einem überraschenden Bündnis von Kaiser Zenon zum Magister militum und Patricius ernennen und den hochwillkommenen Auftrag erteilen, dem zu selbstherrlich gewordenen Odoaker die Herrschaft über Italien abzunehmen. In einem kurzen Feldzug führte Theoderich sein Gotenheer von Ungarn über Slowenien nach Nordostitalien, siegte in mehreren Schlachten über Odoakers »römische« Soldaten und belagerte danach den »römischen König« fast drei Jahre lang in dessen durch Sümpfe geschützter Hauptstadt Ravenna. Während dieser Zeit fiel dem Herrn der Ostgoten der Rest Italiens praktisch kampflos zu, darunter auch Rom. Dort tagte immer noch der Senat, ohne irgendeinen Einfluß zu haben, und dort war die Residenz des Papstes.

Nach langen Geheimverhandlungen ergab sich der belagerte Odoaker mit seiner Festung Ravenna im Glauben, er könne gemeinsam mit Theoderich die Herrschaft über Italien ausüben. Doch beim Verbrüderungsmahl zum Friedensschluß stach König Theoderich eigenhändig seinen Rivalen Odoaker nieder, eine Tat, die damals weder römische noch germanische Herrscher besonders anstößig fanden.

Von 493 bis zu seinem Tod im Jahr 526 regierte König Theoderich mit seinen Ostgoten unangefochten Italien und einige im Norden angrenzende Provinzen, darunter Südnoricum und Rätien. Dieser König gilt als eine der bedeutendsten Persönlichkeiten seiner Zeit. So ist es vielleicht kein Wunder, wenn er mit seinem in vielen Heldenliedern genannten Zeitgenossen Dietrich von Bern bald nach dem Tod beider zu einer Person verschmolz: »In deutschen Heldensagen lebt er (Theoderich) als Dietrich von Bern fort«, stellte noch der neueste *Ploetz* von 1992 lapidar, aber falsch fest (siehe 22. Kap.).

Theoderich war um die Bewahrung der antiken Kultur besorgt, ebenso um den Frieden zwischen den germanischen Reichen West-, Süd- und Mitteleuropas. Doch gelang es ihm als Arianer letztlich nicht, die Ostgoten mit den katholischen Römern in Italien zu verschmelzen. Seine gotischen Nachfolger konnten sein Reich nicht erhalten. Knapp 30 Jahre nach Theoderichs Tod wurde Italien nach blutigen Kämpfen von oströmischen Truppen erobert. Doch Theoderichs Name wird in den nächsten Kapiteln häufig auftauchen und Zeugnis geben von diesem bemerkenswerten germanischen König in Italien.

Als die Ostgoten um 490 Pannonien räumten und nach Italien zogen, rückte der Germanenstamm der Langobarden aus der mittleren Slowakei nach Westen ins ehemalige Rugierland. Doch schon nach kurzer Zeit mußte er dieses Gebiet wieder räumen und nach Pannonien (Nordungarn) ziehen, denn der Germanenstamm der Heruler errang vorübergehend die Oberherrschaft und zwang die Langobarden zum Abzug. Wieder ein paar Jahre später (505) kehrte sich das Verhältnis um. Die Langobarden besiegten die Heruler und errichteten ein größeres Reich, das Mähren, Böhmen, Niederösterreich und Westungarn umfaßte. Noch etwas später dehnte es sich weiter nach Ungarn hinein aus. Doch auch dieses »Reich« der Langobarden harrte nicht lange in Ungarn aus, sondern verlegte im Jahr 568 noch einmal seinen »Heimatboden« radikal, nämlich nach Italien.

21. BESIEGT, DOCH UNGEBROCHEN

VOR DEM ENDE AUF DEM
RUNDEN BERG
Herbst 506, bei Urach/Baden-Württemberg

Gerboald fröstelte, als er über die Palisaden der elterlichen Burg ins Tal hinabschaute. Das Mondlicht ließ trotz der Nacht den Blick weit gehen. Heute war noch kein Wetter für einen plötzlichen Angriff; die Wachen hätten die Vorbereitungen dazu schon Stunden vorher ausmachen können. Aber Gerboald war klar, daß in wenigen Tagen, wenn der Mond nicht mehr zu sehen war und Wolken und Nebel die Sicht behinderten, ein nächtlicher Sturm der Franken auf seine Burg, auf den alten Stammsitz der Faganasippe hier am Rande der Alb, nicht mehr abgewehrt werden könnte. Dazu waren der Angreifer zu viele und der Verteidiger zu wenige.

Es konnte nicht mehr lange dauern, bis sich sein Schicksal erfüllen würde, das die Nornen ihm bestimmt hatten. Und dieses Schicksal hieß kräftiger Kampf, tapferer Tod und ein würdiger Weg nach Walhall, zusammen mit seinen letzten Mitstreitern.

Gerboald fühlte die Verantwortung als Befehlshaber der letzten Verteidiger seiner Burg auf dem Runden Berg schwer auf seinen Schultern liegen. Aber diese Verantwortung und das Wissen um seinen nahen Tod machten ihn nicht mutlos. Im Gegenteil, Wodan verlieh ihm die Kraft, sein Leben und seine Heimat so teuer wie möglich zu verteidigen, sowie die Gabe, sich selbst und seine paar Dutzend alemannischen Krieger in die Wut zu versetzen, die für einen würdigen Kampf bis zum Tod unerläßlich war.

Es war eine Mischung aus Verachtung und Ergebung in das von den Nornen vorherbestimmte Schicksal, mit der Gerboald an die Ereignisse der letzten Jahre dachte, die zu dieser Nacht kurz vor dem unvermeidlichen Sturm der Franken auf die Burg geführt hatten. Wie alles einmal angefangen hatte, wußte Gerboald nicht. Nur daß seit Generationen eine Erbfeindschaft zwischen den Alemannen und den

Franken, diesen verhaßten Römerfreunden, bestand, das war jedem
Alemannen bewußt.

Einst, zu Zeiten seines Großvaters und noch davor, waren Krieger
der Alemannen alle paar Sommer in Kämpfe mit den Römern verwickelt gewesen, das hatten die Skops immer wieder berichtet. Und in
vielen dieser Schlachten waren Männer der Franken den Römern zu
Hilfe gekommen. Römische Soldaten gab es zwar seit langer Zeit nicht
mehr, aber Franken, mit denen sich die alemannischen Krieger bei
ihren Zügen um Ruhm und Beute herumschlagen mußten, waren immer noch vorhanden. Was von diesen Kämpfen länger zurücklag, das
verschwamm im Bewußtsein des jungen Edlen Gerboald, der nicht zu
sagen gewußt hätte, was davon gefällige Erzählung der Skops und was
Schlachten waren, die sich tatsächlich zugetragen hatten. Doch was sich
in den letzten neun Jahren an Kämpfen zwischen Alemannen und
Franken ereignet hatte, das war ihm wohlbekannt. Hatte er doch als
noch junger, aber schon erwachsener Mann, mit gutem Gedächtnis
und aus einer Herrenfamilie mit vielfältigen Verbindungen stammend,
aufmerksam jedem Bericht seiner Verwandten aus der Faganasippe,
eines durchreisenden Kaufmanns oder Skops gelauscht. Ihm war der
Ablauf der Ereignisse ziemlich klar, und er beurteilte ihn nüchtern, weil
das, was gekommen war, ja von den Nornen so gewollt war.

Vor neun Sommern war es gewesen, da war Fürst Authari von der
alemannischen Adelssippe der Drozzas mit einer großen Kriegergefolgschaft von seiner Burg im Enzgau (Hemmingen bei Ludwigsburg)
zu einem kühnen Eroberungszug aufgebrochen. Weit im Westen jenseits des Rheins, noch weit hinter den vosagischen Bergen (Vogesen),
war die Gelegenheit günstig, noch mehr Land für Ansiedlungen der
Alemannen zu gewinnen, über die Siedlungsgebiete hinaus, die seit
einer Generation schon von Menschen ihres Volkes im alten Gallien
bewohnt wurden. Denn inzwischen war der Heermeister Syagrius
tot, der bisher diesen Teil Galliens bis ans westliche Meer (Atlantik)
noch für die Römer befehligt hatte. Die Franken unter ihrem jungen
König Chlodowech, sonst alte Freunde der Römer, hatten einige Jahre
zuvor ein Heer des Syagrius besiegt und diesen umbringen lassen,
nachdem er erst zu den Westgoten in Südgallien geflüchtet und dann
von diesen an die Franken ausgeliefert worden war. Um den Rest seines einst römischen Landes stritten sich die Franken, die bis dahin die
Herrschaft nördlich davon gehabt hatten, und die Burgunder, deren

Könige weiter im Süden regierten (in der heutigen französischen Landschaft Burgund).

Fürst Authari hatte geglaubt, als lachender Dritter von Osten kommen und den beiden streitenden Königen einen Anteil des nunmehr herrenlosen Landes wegschnappen zu können. Doch er hatte sich geirrt. In einer Schlacht in der Nähe der Stadt Tullum (Toul an der oberen Mosel) hatte er, mit vielen Gefolgsleuten, Sieg und Leben im Kampf gegen den Frankenkönig Chlodowech verloren. Es ging das Gerücht unter den Alemannen, der fränkische König habe sich auf diesen Sieg hin als Christ taufen lassen.

Die Menschen unter der Herrschaft des Fürsten Andilin, des Oberhaupts der Faganasippe auf dem Runden Berg, hatten geglaubt, daß diese Ereignisse sie nichts angingen, obgleich einige junge Leute hier aus dem Süden sich der Gefolgschaft Autharis angeschlossen hatten. Doch was nach dem Sieg des verhaßten Frankenkönigs im Land der Alemannen geschehen war, berührte nunmehr alle Menschen hier, auch wenn sie mit Autharis Kriegszug überhaupt nichts zu tun gehabt hatten.

Denn der Frankenkönig hatte sich nach seinem Sieg von allen alemannischen Herren weiter im Norden, die vielfach zum Heer des Authari gehört hatten, Treue und Gefolgschaft schwören und Tribute zahlen lassen, entweder von den Überlebenden der Schlacht oder ihren Erben. Er besaß die Macht dazu, denn er war mit einem großen Heer fränkischer Krieger ins Land der nördlichen Alemannen gezogen, in die Burgen und Dörfer, die bei der Schlacht in Gallien die meisten ihrer Krieger verloren hatten. Darüber hinaus hatte Chlodowech zahlreiche fränkische Bauern und Vögte in die nördlichen Gaue geschickt, die sich dort gewaltsam ansiedelten und viele Alemannen von ihren angestammten Höfen vertrieben. Immer wieder hatte es Aufstände gegen die fränkischen Herren und blutige Vergeltungsschläge gegeben. Viele Alemannen flüchteten in den bisher von den Franken noch nicht besetzten Süden, doch hatte das nur zur Folge, daß fränkische Krieger auch dorthin einrückten und ein Dorf nach dem anderen besetzten oder in Flammen aufgehen ließen, wenn sich Widerstand gegen die überlegenen Truppen regte.

Vor einem Jahr hatte der Frankenkönig verkünden lassen, daß in Zukunft alle von Alemannen bewohnten Gaue der fränkischen Oberhoheit unterstünden und jeder Aufstand dagegen als Hochverrat mit dem Tode bestraft würde. Selten hatten die Alemannen in der Vergangenheit alle zusammengewirkt, das wußte der junge Adlige Gerboald aus der Geschichte seiner eigenen Sippe. Stets hatten einige große Gefolgschaftsherren eigensüchtig besondere Ziele verfolgt und nicht selten auch mit dem Feind paktiert. So war es auch diesmal geschehen, so daß die verhaßten Franken schon weit in den Süden mit ihrem Heer vorgerückt waren, um etwaigen bewaffneten Widerstand zu brechen.

Nur dem guten König Theoderich, der jenseits der Alpen in Italien über die Römer und seine Ostgoten gebot, war es zu verdanken, daß ein Teil der Alemannen auf dem Gebiet des Römischen Reiches sichere Zuflucht finden konnte. Denn wie man wußte, regierte König Theoderich Italien und die Provinzen Noricum und Raetia im Auftrag des Kaisers im fernen Konstantinopel als Teil des Römerlandes. Und dieser König hatte dem fränkischen Chlodowech unmißverständlich klargemacht, daß er zwar die Eroberung des bisher freien Alemannien durch die Franken anerkenne, daß er aber die Achtung der Grenzen Roms notfalls erzwingen werde und daß diejenigen Alemannen, die sich in die römischen Provinzen Raetia und Noricum geflüchtet hätten, unter seinem besonderen Schutz stünden.

Das waren viele und gerade die Besten, das wußte Gerboald aus eigener Erfahrung nur zu gut. Denn sein eigener Onkel Andilin, der älteste Mann und damit das Oberhaupt der Faganasippe, war vor einigen Wochen mit einem großen Teil seiner Verwandtschaft, mit zahlreichem Gesinde und verschiedenen Handwerkern vom Runden Berg abgezogen. Kundschafter hatten ihm gemeldet, daß es weit im Osten, jenseits der römischen Grenze in Rätien, noch genügend freies Land und aufgegebene römische Villen gab, wo ein alemannischer Adliger neu Fuß fassen konnte, geschützt vor jeder Verfolgung durch die Franken.

Für Gerboald war ein Mitziehen mit seinem Onkel nicht in Frage gekommen. Er mußte sich eingestehen, daß er mit seiner Haltung zu den Franken inzwischen schon zu einer Minderheit unter den Alemannen gehörte, zu den wenigen, die nicht bereit waren, von einem fränkischen König Befehle anzunehmen, und die auch nicht willens waren, wie sein Onkel vor dem überlegenen Gegner zu flüchten. Gerboald und einige wenige junge Alemannen auf dem Runden Berg und im umliegenden Ermsgau gehörten zu den letzten, die es auf sich nehmen wollten, ihr Leben zu riskieren, während sie die heimatliche Burg gegen die fränkischen Feinde verteidigten.

Enttäuscht und mit heimlicher Verachtung hatte der junge Adlige den feierlichen Auftrag des Hauptes der Faganasippe entgegengenommen, die Burg auf dem Runden Berg bis zum Letzten zu verteidigen. Dieser Auftrag war die letzte Amtshandlung des Fürsten Andilin gewesen, bevor er mit seinem zahlreichen Gefolge das Heil in der schimpflichen Flucht gesucht hatte. Wie hohl hatte dabei die Rede des Onkels geklungen, es gelte, den Stammsitz der Faganas, einer der edelsten Sippen unter den Alemannen, frei von fränkischer Unterdrückung zu halten. Seinen gesammelten Schatz hatte Andilin in einer kräftigen Holzkiste heimlich mitgenommen. Laut hatte er jedoch den Oberhäuptern der anderen Familien, die zum Teil seit Generationen als Gefolge der Faganas auf dem Runden Berg ansässig waren, empfohlen, ihre gesammelten Geldmünzen und Schmuckstücke gut zu vergraben, da die Alemannen nach dem sicheren Sieg über die Franken bald wieder unangefochten Herren der Burg sein würden.

Daran war nicht zu denken, das konnte Gerboald nur zu gut beurteilen, denn er wußte ziemlich genau, wie stark das feindliche Heer war, das nur noch zwei oder drei Tagesmärsche entfernt stand. Bald würde sein Schicksal erfüllt sein. Aber Gerboald war mit sich zufrieden. Er wenigstens würde als unerschrockener Krieger den Weg nach Walhall gehen können, denn er würde sich selbst und dem Volk der Alemannen treu bleiben – bis zum letzten Atemzug.

ALEMANNEN VON JULIAN
BIS CHLODWIG

In der vorstehenden Episode ist fast alles erfunden, von den Namen bis zu den darin geschilderten historischen Ereignissen. Denn über die »Machtergreifung« der Franken im Alemannenland weiß man *sicher* nur ganz, ganz wenig. Eigentlich steht nur dreierlei fest: daß es um die Wende vom 5. zum 6. Jahrhundert eine oder mehrere Schlachten zwischen beiden Völkern gegeben haben muß – nach einer davon, in der er gesiegt hatte, ließ sich der fränkische König als katholischer Christ taufen; daß infolge dieser Kämpfe Franken die nördliche Hälfte Südwestdeutschlands mehr oder weniger dicht besiedelten und die Alemannen daraus verdrängten; und daß die Besiedlung verschiedener Höhenburgen, vermutete Fürstensitze in Alemannien, »um 500 ab-

brach«, weil sie erobert wurden. Auf dem Runden Berg bei Urach fand
man sowohl vergrabene Schätze wie auch zahlreiche Lanzen aus dem
letzten Kampf.

Dennoch ist die vorstehende Erzählung keineswegs die Frucht wilder Spekulationen, sondern schildert einen Ablauf, wie er nach dem
sonstigen, wenn auch nur bruchstückhaften Wissen über die Zeit
durchaus wahrscheinlich ist, selbst wenn er nicht unbedingt der traditionellen Darstellung der fränkischen und alemannischen Geschichte
entspricht.

In den folgenden Abschnitten muß zur Schlacht bei Zülpich einiges gesagt werden, der einzigen bekannten alemannisch-fränkischen Schlacht
in jener Zeit, sowie zu den damaligen fränkisch-alemannischen Ge-
gensätzen allgemein. Doch vorher ist ein Rückblick auf rund anderthalb Jahrhunderte alemannischer Siedlung in Südwestdeutschland
notwendig, ein Überblick über die Zeit seit den Kämpfen des Caesars
Julian mit verschiedenen Alemannenfürsten um das Jahr 360 (siehe
15. Kap.).

Nachdem Alemannen kurz vor 260 den römischen Limes in Südwestdeutschland überrannt hatten (siehe 12. Kap.), konnten sie sich relativ ungestört in dem Gebiet ausbreiten, das heute etwa das Bundesland Baden-Württemberg ausmacht. Die Grenze zum Römischen Reich
bildeten nun der Mittelrhein, der Oberrhein und der Hochrhein bis
zum Bodensee, weiter im Osten ein mit zahlreichen Wachtürmen
(Burgi) gesicherter Limes entlang des Voralpenflusses Iller bis zur
Donau. Von einzelnen Vorstößen der Alemannen über den Rhein abgesehen, hat dieser germanische Stammesverband die neue Grenze
mehrere hundert Jahre lang respektiert. Auch kriegerische Streifzüge
weit im Osten an der römischen Donaugrenze, wie das von Eugippius
erwähnte Auftauchen von Alemannen vor den Festungen Castra
Regina/Regensburg und Batavis/Passau, mußten keine dauerhafte Ansiedlung von Alemannen dort bedeuten.

Auch hier muß wieder daran erinnert werden, daß die Alemannen
zu jener Zeit kein einheitliches »Volk« gewesen sein können, sondern
eine bunte Mischung von Gefolgschaften verschiedener germanischer
und zum Teil wohl auch nichtgermanischer Herkunft waren. Ob sie
alle sich selbst bereits Alemannen nannten, wie dies der Einfachheit
halber seit zwei Jahrhunderten die Römer taten, ist für jene Zeit ganz

ungewiß. Die Römer unterschieden in der frühen Zeit ein Volk der Juthungen an der Donaugrenze von den eigentlichen Alemannen, doch scheinen beide Gruppen bald verschmolzen zu sein. Dies geschah wahrscheinlich im Anschluß an die Zeit der erfundenen Einleitungsepisode, in einer Epoche, die insgesamt die Menschen im Südwesten des heutigen Deutschlands sprachlich und kulturell zu einer auch subjektiv so empfundenen Gemeinschaft werden ließ.

Die Alemannen siedelten in kleinen Dörfern von nur 30 bis 50 Einwohnern; drei bis vier hölzerne Wohnhäuser mit Stall samt zugehörigen Speichern und Grubenhäusern bildeten üblicherweise ein solches Dorf. Bevorzugt ließen sich die Siedler dort nieder, wo es zuvor ein landwirtschaftliches Gut der Römer gegeben hatte, mit bereits urbar gemachten Ackerflächen, noch vorhandenem Vieh und – besonders wichtig – noch anwesenden Landarbeitern oder Kolonen, die für die neuen Herren das Land bestellen konnten. Die alten Gebäude der Römer wurden von den Alemannen weiter benutzt; es gab offenbar nicht die oft behauptete Scheu der Germanen vor Steinhäusern. Allerdings fehlte ihnen wenigstens zu Anfang die Fähigkeit, verfallende Steingebäude zu reparieren oder gar neu zu bauen.

Das Land zwischen Main und Hochrhein wurde nach dem »Einmarsch« der Alemannen nicht gleichmäßig besiedelt. Vielmehr ließen sich die landsuchenden Bauern zunächst vor allem in den offenen Flußtälern von Neckar, Donau und Rhein sowie größeren Nebenflüssen nieder, wo Ackerflächen ohne Neurodungen ausreichend zur Verfügung standen. Der Schwarzwald und die Albhochflächen wurden von ihnen in der Anfangszeit gemieden.

Von einer vollständigen Besiedlung des Landes konnte bei der geringen Zahl der Alemannen noch keine Rede sein. Wenn die Äcker erschöpft waren, vielleicht schon nach ein oder zwei Generationen, zog die Dorfgemeinschaft weiter und baute ein neues Dorf ein Dutzend oder mehr Kilometer entfernt. Vielleicht war auch ein römisches Heer im Anzug und drohte, als Vergeltung für alemannische Überfälle jenseits der Grenze die Dörfer eines Gaues zu plündern und niederzubrennen. Dann mußten die Dorfgemeinschaften zwangsweise flüchten. In dieser frühen Zeit waren die Germanen noch keineswegs so bodenständig, wie eine idealisierte Darstellung ihres Lebens es gerne gesehen hätte. Erst im letzten Jahrhundert ihrer Selbständigkeit scheint die Bevölkerungsdichte bei den Alemannen zugenommen zu haben und be-

Elbe

Thüringer

Main

Raetien

Runder Berg

506

Weser

Donau

Alemannen

Ems

Hunen

Rhein

Saar

496?

Niflungen

Köln

Bonn/Bern

Mosel

Zülpich

Trier/Rom

Tours?

496?

Burgunder

Saône

Warnen/Wilzen?

Maas

»Emnerich-Reich«?

Heruler/Thüringer Ryzen?/Polanen?

Schelde

Reims

Soissons

Paris

Somme

Seine

Loire

Westgoten

Bretonen

22 Das Frankenreich und die Alemannen um 506

Herrschaftsgebiet der Salier (Franken) unter Chlodwig I. (größtenteils 486 erobert)

Gebiete noch unabhängiger germanischer Föderatengruppen

Von Alemannen besiedelt (z. T. nur vorübergehend)

Formal noch römisches Gebiet (in ostgotischer Hand)

Romanisch-germanische Sprachgrenze (6.?–19. Jh.)

Alemannische Züge

gann der leicht zugängliche Siedlungsraum knapp zu werden. In dieser Zeit muß die bleibende Ausdehnung auf das Gebiet zwischen Rhein und Vogesen erfolgt sein. Das heute noch von vielen Einwohnern des Elsaß gesprochene Deutsch ist ein alemannischer Dialekt.

Innerhalb des Gebiets, das auf unseren Geschichtskarten für diese Zeit den Aufdruck »Alemannen« trägt, scheint es noch lange Zeit römische »Enklaven« gewissermaßen als Inseln gegeben zu haben; sie sind also um 260 aus irgendwelchen Gründen nicht mit erobert worden und wurden späterhin von den germanischen Nachbarn respektiert; vermutlich stellten sich nachbarliche Beziehungen mit friedlichem Handel ein. Diese »Römerorte« im deutschen Südwesten waren, wie Archäologen meinen, das bevorzugte Ziel von Plünderungszügen der Hunnen, als sie ihr Standquartier in Ungarn hatten, während diese für die Alemannen um diese Zeit kaum fühlbar gewesen sein dürften. Die Archäologen konnten im übrigen auch nicht feststellen, daß die römische Provinzhauptstadt Augusta Vindelicum (Augsburg) mit Gewalt von den Alemannen eingenommen wurde. Vielmehr scheinen römische Verwaltung und christlicher Kultus ungestört bis in die Zeiten angedauert zu haben, da die Stadt wieder in schriftlichen Quellen als Teil des späteren Herzogtums Alemannien im fränkischen Königreich auftauchte. Man muß wohl von der im 19. Jahrhundert verbreiteten Vorstellung Abschied nehmen, daß die »wilden Germanen« jeden Römer erschlugen, den sie bei ihren Eroberungszügen antrafen.

Aus allen römischen Berichten über die Alemannen bis zur Wende des 5. zum 6. Jahrhundert und auch aus archäologischen Funden geht hervor, daß unter ihnen zwar verschiedene einflußreiche Fürstenfamilien bestimmte Herrschaftsbereiche regierten, es aber keinen zentralen König der Alemannen gab. Einige Historiker haben dies zwar behauptet, doch sprechen die Indizien mehrheitlich gegen diese Ansicht.

Diese Fürstenfamilien richteten sich offenbar ständige Wohnsitze auf leicht zu verteidigenden Berghöhen ein, die im Laufe der Zeit zu richtigen Höhenburgen ausgebaut wurden. Hier waren dann Handwerker verschiedener Zweige tätig, Goldschmiede, Eisenschmiede, Holzschnitzer usw., die gewissermaßen zur prestigeträchtigen Umgebung der reichen Alemannenfürsten gehörten. Hierher kamen Händler aus dem germanischen Norden oder aus dem Römerreich, um bei den reichen Adligen Luxusgegenstände wie Wein, Schmuck, Tafelgeschirr, besonders gute Waffen und andere Kostbarkeiten zu verkaufen. Der

Burgberg bei Freiburg, der Runde Berg bei Urach, Hemmingen bei
Ludwigsburg, die Gelbe Bürg bei Dittenheim (in der Nähe von Gun-
zenhausen, heute Mittelfranken/Bayern) sind bekannte Beispiele solcher Höhenburgen. Dennoch waren sie noch keine Städte im Sinne der
Mittelmeerkultur oder des späteren Mittelalters.

Aus dem 5. Jahrhundert gibt es praktisch keine schriftlichen Berichte mehr über die Alemannen. Römische Heere hatten nicht mehr
direkt mit ihnen zu kämpfen, und so verloren auch die Historien- oder
Chronikschreiber im schrumpfenden Römischen Reich sie aus dem
Blick.

Am Ende des 5. Jahrhunderts müssen sich aber Alemannen nicht
nur als vorübergehende Eroberer, sondern auch als bäuerliche Siedler
in einer Gegend niedergelassen haben, die weit vom heutigen alemannischen Sprachgebiet entfernt liegt. Es handelt sich um die Region,
die im späteren Mittelalter »Freigrafschaft Burgund« oder »Franche-
Comté« genannt wurde, westwärts von Basel bis Besançon und Dijon
und nach Norden bis Langres, um das südliche und westliche Ende der
Vogesen herum. Alemannische Reste in der Sprache der heute dort
lebenden Franzosen und auch archäologische Funde belegen, daß
zumindest zeitweise Alemannen dort ansässig waren.

In der zweiten Hälfte des 5. Jahrhunderts muß gerade diese Gegend
noch *zwischen* den entstehenden germanischen Königreichen auf gal-
lischem Boden gelegen haben, dem Franken-, dem Burgunder- und dem
Westgotenreich. Dennoch war das Gebiet keineswegs ein Niemandsland, denn hier hielt sich noch ziemlich lange eine römische Gouver-
neursfamilie. Als Sachwalter des Römischen Reiches verwaltete ein
Heermeister Aegidius einen Streifen Galliens nördlich der Loire von
der Atlantikküste bis, möglicherweise, einschließlich der damaligen
Provinz Belgica I an der Ostgrenze, während der äußerste Norden
Frankreichs und das heutige Belgien (die ehemalige Provinz Belgica II)
schon zum Königreich der Salfranken gehörte (siehe Karte auf S. 340).
Nach dem Tod des Aegidius, vermutlich um 465, übernahm sein Sohn
Syagrius das gleiche Amt. Doch im Jahr 486 fielen die Nachbarn im
Norden, die salischen Franken unter ihrem jungen König Chlodwig
(Chlodowech/Ludwig), über Syagrius und seine schwachen Truppen
her und besiegten ihn. Zu Chlodwigs Regierungsantritt und weltpoli-
tischer Bedeutung siehe Seite 317. Dem »Römer« Syagrius nutzte seine
Flucht zu den mit den Franken verfeindeten Westgoten nichts, denn

diese lieferten ihn an Chlodwig aus. Damit war sein Schicksal besiegelt, und die bis dahin formal noch direkt zum Römischen Reich gehörenden Teile Galliens wurden von den landhungrigen Nachbarn annektiert.

Dies könnte die politische Situation gewesen sein, die einen alemannischen Gaufürsten veranlaßte, einen Eroberungszug über den Rhein nach Westen zu unternehmen, um sich auch ein Stück von dem, wie er glaubte, herrenlosen Land zu sichern. Doch die Franken waren schneller und obendrein stärker.

Für diese in der Einleitungsepisode erzählte und soeben historisch ein wenig unterfütterte Theorie lassen sich keine wissenschaftlich anerkannten konkreten Fakten anführen, keine schriftlichen Augenzeugenberichte, keine Erwähnungen in zeitgenössischen Briefen, für sie spricht ausschließlich ihre Plausibilität. Doch auch die anderen Theorien über Ort und Zeit der Schlacht zwischen Franken und Alemannen können keineswegs mit unbezweifelbaren Beweisen aufwarten, und sie scheinen weit weniger plausibel als der Schlachtort bei Toul in Frankreich.

DIE SCHLACHT BEI TULBIACUM, UND WAS MAN DARAUS GEMACHT HAT

Wenn man in Büchern über die frühe deutsche Geschichte überhaupt etwas von den Auseinandersetzungen zwischen Franken und Alemannen lesen kann, dann findet man meist die eher beiläufige Erwähnung einer Schlacht bei Zülpich im Jahr 496. Erörterungen, ob der genannte Schlachtort – eine kleine Stadt in der Voreifel, 35 Kilometer südwestlich von Köln – überhaupt richtig sein kann, fehlen regelmäßig. Ein einziges, möglicherweise falsch überliefertes Wort des fränkischen Historikers Gregor von Tours dient seit mehreren hundert Jahren als Eckpunkt französischer wie deutscher Geschichtsschreibung. Die vereinzelten Bemühungen, den Schlachtort anderswo zu suchen oder wenigstens zu bezweifeln, verhallen wie einsame Rufe in der Wüste gegenüber der unerschütterlichen Überzeugung vieler Historikergenerationen.

Dabei ist es keineswegs eine rein akademische Frage, *wo* die Entscheidungsschlacht zwischen Franken und Alemannen um das Jahr 500 stattfand. Denn je nach der Antwort ordnen sich die wenigen Mosaik-

steinchen bekannten Wissens über die Geschichte Deutschlands im
6. Jahrhundert zu einem völlig anderen Bild, wenigstens für die Geschichte Nord- und Westdeutschlands.

Alle Erwähnungen der Schlacht bei Zülpich stützen sich auf eine
einzige Stelle im Geschichtswerk Gregors von Tours über die frühen
fränkischen Könige. Darin erzählt er von einer Schlacht zwischen Franken und *Westgoten*, vermutlich im Jahr 507 bei Vouillé in Mittelfrankreich, bei der dem Frankenkönig Chlodwig ein gewisser Chloderich
half, vermutlich mit einer Gefolgschaft von Kriegern aus seiner Heimatstadt *Köln*. Ganz beiläufig heißt es da, dieser Chloderich sei ein
Sohn Sigiberts des Hinkenden, »jenes Sigibert nämlich, der im Kampf
gegen die Alemannen ›apud Tulbiacensim oppidum‹ am Knie verwundet worden ist und seitdem hinkt«. Dieser Sigibert war ein Verwandter
Chlodwigs aus der Merowingersippe und herrschte über Köln (siehe
18. Kap.).

Die eigentliche Schlacht gegen die Alemannen wird vom Franken-
historiker Gregor an anderer Stelle, *vor* der Erwähnung der Schlacht bei
»Tulbiacum«, relativ ausführlich behandelt. Doch anstatt zu nennen,
was heutige Historiker brennend interessieren würde, nämlich wo und
wann diese Schlacht stattfand, verbreitete sich der katholische Bischof
umständlich im Stil mittelalterlicher Heiligenlegenden über das
Gelübde des fränkischen Königs Chlodwig, sich als Christ – und zwar
als *Katholik* – taufen zu lassen, wenn er die Schlacht gewinne. Und siehe
da: Gott gab ihm den Sieg, der alemannische König fiel in der Schlacht,
und Chlodwig wurde Christ...

War nun die Schlacht, in der Sigibert kämpfte und verwundet
wurde, die Entscheidungsschlacht oder eine andere, vielleicht frühere
Schlacht zwischen Franken und Alemannen? Und wann mag sie stattgefunden haben? Kämpften Chlodwig und Sigibert überhaupt in ein
und derselben Schlacht oder in verschiedenen? Diese Fragen haben die
modernen deutschen Historiker sehr unterschiedlich beantwortet. Und
war der Ort wirklich Zülpich in der Voreifel, wie man die Worte »Tulbiacensim oppidum« stets übersetzt?

Tolbiacum war tatsächlich der alte lateinische Name einer Ansiedlung und Pferdewechselstation der römischen Postkutschen an der
Kreuzung zweier Römerstraßen südwestlich von Köln. Aber kann sich
nicht in den mittelalterlichen Abschriften des Gregor-Textes ein Schreibfehler bei diesem Wort eingeschlichen haben? Oder hatte etwa das alte

Tullum Leucorum in Gallien (die spätere Bischofsstadt Toul an der oberen Mosel) zu Gregors Zeiten seinen Namen etwas verändert? Etwa über Tulloleucense – Tulliacense – Tulbiacense? Doch Tolbiacum gleich Zülpich bei Köln war für die Mehrzahl der deutschen Historiker endlich ein Ortsname, der sich eindeutig auf Deutschland bezog. Hier konnte man nach Herzenslust spekulieren.

Die räumliche Nähe von Zülpich und Köln paßte zu der mehrfach bestätigten Mitteilung, daß Sigibert »König der Franken« in Köln gewesen war. Aber hätte nicht Sigibert seinem Verwandten Chlodwig mit einer Kriegergefolgschaft auch in einer Schlacht weit weg von Köln beistehen können, so wie das einige Jahre später sein Sohn Chloderich über 700 Kilometer von Köln entfernt tat? Wenige nur dürften sich erstaunt gefragt haben, was in aller Welt denn überhaupt ein Alemannenheer so weit im Norden (von Alemannien aus gesehen) gesucht haben könnte. Ortsnamen- und Sprachforscher sowie Archäologen haben übrigens bisher vergeblich nach irgendwelchen Spuren einer auch nur vorübergehenden Anwesenheit von Alemannen im Rheinland gesucht. Dennoch geistert die Schlacht bei Zülpich nach wie vor durch die meisten deutschen Geschichtswerke.

Der Stadt Zülpich ist es nicht zu verdenken, daß sie im September 1996 mit großem Aufwand die 1500-Jahr-Feier der Schlacht beging; so etwas fördert den Fremdenverkehr. Vielleicht war es auch ebenso Lokalstolz wie Anbiederung an die Besatzungsmacht, daß etliche prominente Einwohner des Voreifelstädtchens im Jahr 1798 den Befehlshabern der französischen Revolutionsarmee – sie hatte vier Jahre zuvor das gesamte linke Rheinufer in Deutschland erobert und sich der französischen Republik angeschlossen – Zülpich als Ort der Entscheidungsschlacht zwischen »Franzosen« (»Français«) und »Deutschen« (»Allemands«) empfahlen. Wenige Jahre später (1809/10) versuchten übrigens Zülpicher Kommunalvertreter und Beamte des Departements »de la Roer« (Rur, Aachen/Eifel), Zülpich offiziell in »Tolbiac« umtaufen zu lassen; vergeblich, denn das nüchterne Innenministerium Napoleons I. lehnte das Gesuch ab.

Katholische Kreise des Rheinlands verbreiteten im 19. Jahrhundert gerne die Legende, Zülpich – und nicht das französische Reims – sei der Taufort des Frankenkönigs Chlodwig gewesen und damit die »Wiege des Christentums« in Mitteleuropa. Und für Franzosen ist bis heute König Clovis (Chlodwig/Ludwig) der Begründer des *französischen*

Königtums und ein nationaler Heros wie der Gallier Vercingetorix, Karl der Große, Ludwig XIV. und Napoleon, und die Schlacht von Tolbiac gilt als der dramatische Wendepunkt für Chlodwigs Bekehrung zum Christentum. Zur 1500-Jahr-Feier von Chlodwigs Taufe (angeblich 496) kam im September 1996 sogar Papst Johannes Paul II. nach Reims. In Deutschland dagegen galt Chlodwig früher, so er überhaupt im Geschichtsunterricht erwähnt wurde, als einer der wichtigen *Germanen*könige der Völkerwanderungszeit und damit als einer der Vorväter des *deutschen* Volkes, in einer Linie zu sehen mit Arminius, dem Cheruskerfürsten, und dem »*Deutschen*« Karl dem Großen.

Es ist kaum zu glauben, welche historischen Nachwirkungen die wenigen Worte Gregors von Tours über die Schlacht »apud Tulbiacensim oppidum« hatten ...

Doch das nächste Kapitel wird zeigen, daß genau in jener Zeit, als die Schlacht bei Tulbiacum stattfand, das Gebiet um das Städtchen Zülpich vermutlich von ganz anderen Menschen als Franken oder Alemannen bewohnt war, nämlich von *historischen* Helden, die allerdings weniger in der deutschen Geschichte als vielmehr in der Literaturgeschichte eine große Rolle spielten.

DIE ALEMANNEN UNTER FRÄNKISCHER HERRSCHAFT

Woher die Feindschaft zwischen Alemannen und Franken am Ende der Römerzeit kam, läßt sich aufgrund historischer Quellen nicht sagen. In ihrer bunten Zusammensetzung aus verschiedensten germanischen Stammesgruppen mit halbfreien Liten, Nachkömmlingen nichtgermanischer Vorbewohner, ähnelten sich beide Groß-»völker« sehr. Auch in ihrer materiellen Kultur, ihrer Kleidung, Bewaffnung, Schmuck, Keramik und Begräbnissitten unterschieden sie sich kaum. Beide beerdigten ihre Toten spätestens seit dem 5. Jahrhundert in »Reihengräbern« unter Beigabe von Bewaffnung, Schmuck usw., genau abgestuft nach dem Reichtum des Toten. Aber auch in ihrer seltsamen Mischung von Streben nach bäuerlicher Siedlung und plötzlichem Eroberungsdrang zeigten sie sich verwandt. Ihre germanische Sprache war wohl gleichfalls noch recht ähnlich, wenn auch in Dialekte getrennt, ebenso ihr Glaube an die Götter der Germanen.

Die Feindschaft kann tatsächlich, wie der Historiker Wolfgang Hartung vermutete, aus häufiger Gegnerschaft alemannischer und fränkischer Truppen in der späten Römerzeit entstanden sein.

Es ist nicht sehr ergiebig, die verschiedenen Theorien über den genauen Ablauf und Zeitpunkt der entscheidenden Kämpfe beider Völker darzustellen, wie sie von einigen deutschen Historikern in den letzten Jahren entwickelt worden sind. Wichtig ist nur das Ergebnis: Etwa ab 506 gehörte der einst alemannische Nordteil Südwestdeutschlands zum *Siedlungs*gebiet der Franken, nördlich der sogenannten Oos-Linie, etwa von Baden-Baden über Ludwigsburg bis Wassertrüdingen im heute bayerischen Bezirk Mittelfranken. Die Südgrenzen der späteren Bistümer Speyer, Würzburg und Eichstätt zeigten noch jahrhundertelang diese Herrschaftsgrenze an, die bald auch zu einer Völker- und Sprach-, besser gesagt Dialektgrenze wurde.

Südlich dieser Linie unterstanden die Alemannen zwar ebenfalls der fränkischen Oberhoheit und wurden die Burgen ihrer Fürsten erobert und zerstört, aber für die alemannischen Bauern änderte sich vermutlich nicht viel. Sie blieben ungestört auf ihren Höfen sitzen, wenn sie nicht – aus Mangel an erschlossenem Siedelland? – nach Süden über den Hochrhein in die heutige deutsche Schweiz auswanderten. Denn dieses Gebiet wurde offenbar erst mit Beginn des 6. Jahrhunderts von Alemannen besiedelt. Erst um das Jahr 700 scheinen sie die Linie erreicht zu haben, die noch heute das alemannische »Schwyzerdütsch« von den Französisch, Italienisch und Rätoromanisch sprechenden »welschen« Schweizern trennt.

Die Besiedlung der späteren Schweiz durch Alemannen muß schon unter fränkischer Oberhoheit und mit Duldung der fränkischen Könige vonstatten gegangen sein. Denn inzwischen hatte sich für das Frankenreich die politische Situation im Süden und Südwesten des späteren Deutschlands entscheidend verbessert.

Noch zur Zeit der endgültigen Eroberung Alemanniens und der Zerstörung der Fürstenburgen (um 506) mußten die Franken die Grenzen der ehemals römischen Provinzen Raetia I (Ostschweiz, Südwestbayern) und Raetia II (Ostbayern südlich der Donau) respektieren. Denn sie gehörten formal zum Reich des mächtigen Ostgotenkönigs Theoderich, der zwar gerne Alemannen als Flüchtlinge in sein Land ließ, nicht aber fränkische Truppen. So wurde es bereits in der Einleitungsepisode erzählt. Ein Brief des Ministers von Theoderich,

Cassiodor, an den Frankenkönig Chlodwig vom Jahr 507 bestätigt diese Lage.

Doch 536 trat der Nachfolger Theoderichs, der Ostgotenkönig Witigis, die Provinzen Raetia I und II offiziell an das Frankenreich ab, als er von starken Truppen des oströmischen Kaisers Justinian in Italien bedrängt wurde (siehe 24. Kap.). So konnten sich die Ostgoten im Norden Entlastung schaffen, und die Franken erhielten die Herrschaft im ganzen Süden Deutschlands.

Die Auswanderung vieler Alemannen ins zunächst noch »römisch«-ostgotische Gebiet östlich von Alemannien, das heißt ins spätere Bayern, ist auch durch zahlreiche archäologische Funde nachgewiesen. Die angebliche bayerisch-alemannische *Siedlungs*grenze am Lech hat es vermutlich nie gegeben, vielmehr war der Lech wohl eine spätere *Verwaltungs*grenze zwischen den bayerischen und alemannischen Herzögen, beide seit spätestens 536 unter *fränkischer* Oberhoheit. Recht plausibel klingt auch die Vermutung von Wolfgang Hartung, die in der Frühzeit des Stammes der Bajuwaren bedeutenden fünf Adelsgeschlechter der Drozza, Huosi, Fagana, Hahilinga und Anona stammten eigentlich aus Alemannien und hätten sich in der Zeit der Etablierung der Frankenherrschaft dort in den noch freien Osten abgesetzt. Sie werden im 24. Kapitel nochmals auftauchen.

Mit den Alemannen des 6. Jahrhunderts sind wir nun bei der ersten großen Bevölkerungsgruppe angelangt, die von dieser Zeit an bis heute nahezu unverändert an ihren Wohnsitzen im späteren deutschen Sprachgebiet geblieben ist. Alemannen oder Schwaben bildeten im ganzen Mittelalter einen der großen Stämme Deutschlands. Die Unterwerfung unter die fränkischen Könige hat ihnen, zumindest im Südteil ihres ehemaligen Gebiets, nichts von ihrer kulturellen und sprachlichen Eigenart geraubt, die sie dann erst richtig ausbilden konnten. Sie wurden zwar um das Jahr 500 politisch und militärisch besiegt, aber als stolze und eigenständige Gruppe des späteren deutschen Volkes blieben sie ungebrochen.

Allerdings scheint schon im Altertum die Verwechslung oder Gleichsetzung zweier Stämme oder Stammesgruppen begonnen zu haben, die noch heute viele Deutsche verwirrt, nämlich die von Alemannen und Schwaben. Von Sueben, daraus wurde das moderne »Schwaben«, war schon mehrfach die Rede, vor allem im 2. Kapitel. Das waren die aus Norddeutschland stammenden Germanen, die seit Caesars Zei-

ten immer wieder Vorstöße nach Westen und Süden, offenbar auch
noch im 5. Jahrhundert, unternommen hatten, und ihr Ziel dürfte auch
da ein Teil des heutigen Bundeslandes Baden-Württemberg gewesen
sein, nämlich die Mitte und der Osten.

Waren aber die Alemannen identisch mit den Sueben, oder waren
es doch verschiedene »Völker«? Die Kontroverse unter deutschen Historikern dazu ist bis heute nicht entschieden, doch scheint sie sich der
zweiten Annahme zuzuneigen. Gewiß erlebten in den folgenden Jahrhunderten beide Gruppen in ihrer neuen südwestdeutschen Heimat im
wesentlichen das gleiche Schicksal und wuchsen dadurch kulturell ganz
eng zusammen. Dennoch verwahrt sich noch heute ein heimatstolzer
»schwäbischer« Bürger von Stuttgart oder Tübingen, mit den Alemannen jenseits des Schwarzwalds oder am Hochrhein und in der Schweiz
in einen Topf geworfen zu werden; mit den Franken nördlich der Oos-
Linie will er eigentlich sowieso nichts zu tun haben. Auch die Dialekte
der Schwaben und der Alemannen unterscheiden sich noch heute sehr
deutlich für den, der ein Ohr dafür hat.

Eine recht plausible Erklärung dafür ist, daß das Volk der Juthungen
(siehe S. 339) später den aus sehr alten Zeiten bekannten Namen Sueben
oder Schwaben angenommen hat. Von etwa 250 an bis in die frühe Völkerwanderungszeit tauchten immer wieder Juthungen als Verbündete
oder Nachbarn der Alemannen in römischen Berichten auf. Sie scheinen
in der frühen römischen Kaiserzeit nördlich des Donaulimes im heutigen Nordbayern ansässig gewesen zu sein, gerieten aber wie die Alemannen häufig genug in Kämpfe mit dem Römischen Reich. Im 5. und
6. Jahrhundert könnten sich dann die nunmehr Sueben genannten Juthungen im Osten und Norden des nach dem fränkischen Sieg reduzier-
ten alemannischen Siedlungsgebiets südlich der Oos-Linie angesiedelt
und die eigentlichen Alemannen nach Westen (nach Baden und ins Elsaß) und Süden (in die Hochrheinebene und in die Schweiz) abgedrängt
haben. Doch ernsthafte Kämpfe zwischen den beiden seit Jahrhunderten verbündeten und vermutlich durch zahlreiche Eheschließungen verwandten Völkern sind unwahrscheinlich. Beide scheinen über die letzten anderthalbtausend Jahre gute Nachbarschaft gehalten zu haben,
auch wenn sie sich gelegentlich mißtrauisch beäugten. Jedenfalls konnte
im späteren Mittelalter aus dem lange unter fränkischer Oberherrschaft
stehenden Herzogtum Alemannien ein Herzogtum Schwaben werden,
ohne daß sich an der Bevölkerung grundsätzlich noch etwas änderte.

22. IM LAND DER HELDENSAGEN

DER NIFLUNGEN TOD
UND KÖNIG DIETRICHS TRIUMPH
Herbst 529, Trier/»Rom«

Den alten Männern tat es gut, sich im Caldarium die schon ein wenig steifen Glieder von angenehm warmem Wasser umspülen zu lassen. Auf Zuruf erschien gelegentlich ein Masseur, einer der eingeborenen Römer, und entspannte mit wohlriechendem Öl und geübten Händen die mitunter schmerzenden Hüften und Gelenke.

Einst waren die Thermen Teil der großen Palastanlage gewesen, die der römische Kaiser Konstantin vor über zwei Jahrhunderten hier in der Romaburg zu bauen begonnen hatte. Vieles von den prächtigen Gebäuden war inzwischen schon wieder verfallen, seit kein Kaiser mehr hier an der Mosel residierte und mehrfach Heere der Franken, Burgunder oder Alemannen, nicht zu vergessen auch der Hunnen, vorübergehend mit Plünderung, Mord und Brand in der alten Stadt Augusta Treverorum gehaust hatten. Aber die Kaiserthermen standen noch und konnten nun als würdiger Palast für die Anführer der neuen Herren der Stadt dienen.

Die Art, wie die beiden alten Männer miteinander sprachen, war recht eigentümlich. Nie würde der weitaus ältere der beiden, ein Greis von über 80 Jahren, verfehlen, seinen Gesprächspartner mit »König Dietrich« anzureden. Und umgekehrt schwangen in der Stimme des vielleicht sechzigjährigen jüngeren Verehrung, Liebe und Vertrauen mit, wenn er seinen älteren Freund mit »lieber Hildebrand« ansprach.

König Dietrich von Bern und sein lebenslanger Waffenmeister und älterer Freund Hildebrand hatten endlich nach einem Leben voller Abenteuer, Kämpfen, Enttäuschungen, Niederlagen und Siegen den Ort gefunden, wo sie entsprechend ihrer Würde in Frieden würden sterben können. Auf die wechselvollen gemeinsamen Erlebnisse der letzten Jahrzehnte kamen die beiden Alten in ihrem entspannten Gespräch im warmen Bad auch immer wieder zurück. Und wenn sie einmal allzu lange bei unwichtigen Kleinigkeiten verweilten, war es der jüngste der drei Männer im Bad, der sie höflich, aber geschickt zum Weitererzählen ihrer wahrlich denkwürdigen Abenteuer in fünf Jahrzehnten ermunterte.

Dieser junge Mann, er mochte etwa 30 Sommer zählen, war der Enkel des alten Hildebrand. Hiltram hatte sein Vater Alebrand ihn genannt, und er war froh und überaus stolz, endlich von Angesicht zu Angesicht mit seinem Großvater und dessen berühmtem Freund, dem König Dietrich, sprechen zu können. Seit einem knappen Jahr war Hiltram gewissermaßen in den beiden Welten zu Hause, in die die Stadt Romburg oder Treviris immer noch auseinanderfiel. Als Lieblingsenkel seines Großvaters gehörte er selbstverständlich zum königlichen Haushalt und hatte das Vorrecht, jederzeit zum König Dietrich vorgelassen zu werden, ja selbst beim vertrautesten Gespräch im Bad zuhören zu dürfen. Aber normalerweise lebte er als angehender Kleriker im Hause des Bischofs Nicetius und hatte schon viel Latein und vor allem die Anfangsgründe der geheimnisvollen Kunst des Lesens und Schreibens gelernt.

Heimlich hatte sich Hiltram vorgenommen, das Leben und die Abenteuer seines Großvaters und dessen Freundes König Dietrich einmal auf Papyrusrollen aufzuschreiben, wie das die Priester der Christen konnten. Denn er war der Meinung, die Taten der gegenwärtig berühmtesten Helden zwischen großem Meer und Gebirge (Nordsee und Alpen) dürften nicht vergessen werden, auch dann nicht, wenn einmal die Skops nichts mehr davon in den Hallen der verschiedenen Könige sagen würden.

Wie alles angefangen hatte, das hatten die beiden Altvorderen schon lang und breit erzählt und dabei manche ihrer Erlebnisse ein wenig ausgeschmückt, wie das Jäger und alte Leute gern zu tun pflegen. Wie der Orlssohn Hildebrand von seiner Burg Venedi (Wenden im Sauerland, bei Olpe) nach Bern (Bonn) kam, um dem sechsjährigen Dietrich, Thronfolger des Königs Dietmar von Bern, Erzieher, Helfer und Freund zu sein, und das sein Leben lang blieb. Wie der heranwachsende Dietrich mit seinem Waffenmeister und Ratgeber Hildebrand auf Abenteuer ausritt, mit angeblichen Riesen und Zwergen kämpfte und dabei als ganz junger Ritter schon so berühmt wurde, daß von Nord und Süd, von Ost und West junge Edelleute zu ihm strömten und ihn zum ritterlichen Zweikampf forderten. Sie alle verloren diese Zweikämpfe und konnten dann, ohne ihre Ehre zu schädigen, in die verschworene Gefolgschaft des jungen Thronfolgers Dietrich eintreten.

Schon mit 16 Jahren war Dietrich selbst König von Bern geworden, da sein Vater Dietmar früh starb. Doch auch dann hielt es ihn nie lange in seiner rauchigen Königshalle im alten Römerkastell am Rhein. Mehrmals zog er mit seinen Gesellen zu Besuch bei seinem Onkel Ermenrich, der inzwischen die Romaburg an der Mosel erobert hatte, ja er half ihm auf seine Bitte, einen aufständischen Orl zu besiegen. Mal half Dietrich dem Hunenkönig Attala im fernen Susat (Soest in Westfalen) – ihn hatte Dietrich bei einem Hoftag seines Onkels kennengelernt –, dessen Feinde, die Wilzen, zurückzutreiben.

Und als einmal gar kein Abenteuer in Aussicht stand, da hörte der junge Dietrich von einem König Isung von Bertangaland, der mit seinen elf kräftigen Söhnen und seinem unüberwindlichen Bannerträger Siegfried die angeblich stärkste Gefolgschaft des ganzen Erdenrunds zu seiner Verfügung habe. Diese Minderung seiner Ehre und der seiner eigenen Gefolgschaft, ebenfalls zwölf kräftige junge Männer an der Zahl, konnte Dietrich nicht auf sich sitzen lassen. Der Ritt zu König Isung und die ritterlichen, aber keineswegs unblutig verlaufenen Zweikämpfe zwischen den beiden Gruppen junger Heißsporne waren noch jetzt, 40 Jahre später, ein beliebtes Thema aller Liedersänger. Dietrich und seine Gefolgschaft hatten nur knapp, aber dadurch desto ehrenvoller gewonnen.

So war auch Siegfried, Sohn des Königs Sigmund von Tarlungaland und als Töter eines »üblen Wurms« und Besitzer eines großen Schatzes überaus berühmt, für kurze Zeit zum Gefolgsmann Dietrichs geworden, bis er Kriemhild, die Schwester des Niflungenkönigs Gunter, heiratete. Dieser herrschte als Nachbar Dietrichs nicht weit von Bern über ein kleines Reich.

Irgendwann vor über 30 Jahren hatte sich das vorher so gute verwandtschaftliche Verhältnis des Königs Ermenrich zu seinem Neffen Dietrich in Bern verändert. Vielleicht waren es Einflüsterungen des Ratgebers Sevekin gewesen, die Ermenrich dazu brachten, zuerst seine eigenen Söhne umbringen zu lassen und dann mit einem Heer vor Bern zu rücken und Dietrich zur Unterwerfung und Steuerzahlung aufzufordern. Das konnte Dietrich sich nicht bieten lassen, doch war sein Heer viel zu schwach, um den Kriegern Ermenrichs Widerstand zu leisten. So blieb Dietrich nichts anderes übrig, als mit seinen wenigen Getreuen

aus Bern zu flüchten. Sein Freund König Attala in Susat bot ihm Gastfreundschaft – nicht weniger als 33 Jahre lang.

Großes und Erfreuliches, doch noch mehr Trauriges und Erschüt-
terndes hatten König Dietrich und sein in unzertrennlicher Freundschaft zu ihm stehender Hildebrand in dieser langen Zeit erlebt, und
aus den einstigen jungen Heißspornen waren vom Schicksal hart mit-
genommene und dennoch ungebrochene weise alte Männer geworden.

Irgendwann während dieser langen Zeit des Exils waren Dietrich
und Hildebrand mit einem Heer von Kriegern, auch aus dem Hunenland, gegen König Ermenrich gezogen, um wenn möglich die Herrschaft in Bern wiederzugewinnen. In einer Schlacht nahe der Mündung
der Mosel in den Rhein, an der Gränsport beim Rabental (bei Koblenz), hatten Dietrichs Mannen sogar gesiegt. Doch in einem Scharmützel am Rande der Schlacht hatte Wideke, einst Gefolgsmann Dietrichs und nun Ermenrichs, mit drei jungen Rittern kämpfen und diese
sehr gegen seinen Willen töten müssen. Das waren die beiden Söhne
König Attalas und Dietrichs eigener junger Sohn Dietmar gewesen.

Dietrich hatte seinem Gastfreund Attala geschworen, gut auf dessen
Söhne aufzupassen, die als junge Ritter den ersten Ruhm in Kämpfen
gewinnen wollten. Und nun waren sie tot, und sein eigener Sohn noch
dazu. Dietrich war nicht mehr danach zumute, trotz seiner militärischen Überlegenheit nach Romburg zu ziehen und Ermenrich zu
töten. Statt dessen kehrte er nach Susat zurück. Tief gebrochen mußte
er König Attala und dessen Frau Ercha den Tod ihrer Söhne beichten.
Danach war ein neuer Krieg Attalas mit dessen Nachbarn, den kriegerischen Wilzen, eine geradezu willkommene Abwechslung für Dietrich
und Hildebrand, konnten sie doch erneut ihrem Gastgeber mit ihren
Schwertern helfen, die beide noch so kräftig schwingen konnten wie
viele Sommer vorher.

Doch den Höhepunkt an erschütternden Ereignissen hatten die beiden Ritter ohne Land erst vor einem Jahr überstanden. Denn da hatte
sich das Schicksal des Niflungenkönigs Gunter, seiner Brüder Hagen
und Giselher und seiner Schwester Kriemhild in Attalas Residenz Susat
in grausiger Weise vollendet. Der junge Kleriker Hiltram fragte hier
besonders genau nach, damit er die tragischen Abläufe auch richtig
verstünde.

Siegfried, der Schwager des Königs Gunter von Niflungaland, war
vor Jahren in dessen Land zu Tode gekommen, nach außen hin durch

einen Jagdunfall. Doch es war ein offenes Geheimnis, daß er vom Königsbruder Hagen mit Wissen König Gunters ermordet worden war,
aus Neid auf Siegfrieds Reichtum. Siegfrieds Witwe Kriemhild brachte
es fertig, ihren Haß auf ihre eigenen Brüder wegen dieses Mordes lange
zu verbergen. Als König Attala von Hunaland selbst Witwer geworden
war, hielt er um Kriemhilds Hand an, und sie zog zu Attala nach Susat.
Erst Jahre später gelang es Kriemhild, ihren zweiten Mann zu überreden, ihre Brüder Gunter, Hagen, Giselher und etliche Ritter als Gefolge aus dem Niflungenland im Westen einzuladen. Sie machte Attala
weis, sie würden Siegfrieds Schatz mitbringen, auf den sie als Siegfrieds
Witwe Anspruch habe.

Als die Niflungenritter in Susat angekommen waren und ein fröhliches Festgelage erwarteten, gelang es der rachsüchtigen Kriemhild,
Gäste und Gastgeber in ein blutiges Gemetzel zu verwickeln. Sie stachelte den sechsjährigen Aldrian, ihren eigenen Sohn von König Attala,
an, seinen Onkel Hagen zu beleidigen, worauf dieser, jähzornig wie er
war, Aldrian den Kopf abschlug. An den folgenden erbitterten Kampf
zwischen Niflungen und Hunen erinnerten sich König Dietrich und
Hildebrand nur mit Abscheu und Entsetzen. Die Niflungen Gunter
und Hagen hatten einst in fröhlichen Jugendtagen zu Dietrichs stolzer
Gefolgschaft gehört, und nun mußten die beiden alt gewordenen Männer als Gastfreunde der Hunen gegen ihre alten Freunde kämpfen.
Kriemhild ruhte nicht eher, bis ihre Brüder und alle Ritter, die sie aus
dem Niflungenland begleitet hatten, zur Hel geschlagen (getötet worden) waren. Da erst bat König Attala seinen Freund Dietrich in später
Einsicht: »Lieber Dietrich, erschlag sie, sie ist wirklich ein Teufel. Hät-
test du das vor acht Tagen getan, da wär' manch wackerer Mann noch
am Leben!« Und Dietrich tat auch das, aus Treue gegen seinen Gastgeber und aus Abscheu gegen die entmenschte Urheberin des grausamen Geschehens.

Danach jedoch hielt es Dietrich und Hildebrand nicht länger in
Susat. Lieber in der Heimat Bern untergehen, als in der Residenz des
Hunenkönigs ständig an das blutrünstige Geschehen erinnert werden,
das auch zahllose Krieger der Hunen das Leben gekostet hatte.

Erst ein Jahr war es her, da waren König Dietrich, seine Frau Herat
und der alte Hildebrand ohne jedes Gefolge von Susat aufgebrochen
und hatten versucht, sich heimlich an der Stadt Babilonia (Köln) vor-
beizuschleichen, die immer noch in der Hand der verhaßten Merowin-

gersippe war. Das gelang allerdings nicht. Das Gerücht über die Rückkehr des Königs von Bern in seine Heimatstadt lockte eine größere
Streifschar aus Babilonia hervor, die unter Führung eines Neffen des
vor 60 Jahren getöteten Orls Elsung von Bern die beiden einsam reitenden Ritter und die Frau angriff. Hier konnten allerdings Dietrich
und Hildebrand zeigen, daß sie ihre Schwerter immer noch so kräftig
und treffsicher führten wie einst. Viele der Angreifer fielen oder wurden verwundet, der Rest floh.

Als sich die Sieger der heimatlichen Burg Bern näherten, forderte
deren Befehlshaber die Fremden auf, ihre Namen zu nennen oder bis
auf den Tod mit ihm zu kämpfen. Das konnte sich der alte, aber immer
noch rüstige Hildebrand nicht gefallen lassen, und er hatte schon die
ersten Schwerthiebe mit dem fremden Ritter gewechselt, als sich durch
einen Zufall herausstellte, daß sich um ein Haar Vater und Sohn gegenseitig umgebracht hätten. Denn der derzeitige Befehlshaber von
Bernburg war Orl Alebrand, Hildebrands eigener Sohn, den der Vater
allerdings seit über 30 Jahren nicht mehr gesehen hatte.

Dieser letzte, zum Glück nicht bis zum bitteren Ende ausgetragene
Zweikampf schien die Unglückssträhne der beiden alten Helden Dietrich und Hildebrand jedoch plötzlich beendet zu haben. Von nun an
hatten die Nornen ihnen nur noch Glückliches vorausbestimmt. Auf
die Nachricht vom Wiedererscheinen des legitimen Königs und seines
Waffenmeisters erklärten sich die Krieger von Bern jubelnd für Dietrich und gegen ihren bisherigen, aber äußerst unbeliebten Oberherrn
Ermenrich. Und kurz darauf erreichte die Rückgekehrten die Nachricht, Ermenrich sei an einer schweren Krankheit gestorben, und sein
ehemaliger Ratgeber Sevekin, der böse Geist hinter dem Thron, sei
selbst König von Rom geworden. Doch das Heer, das Sevekin gegen
seinen Herausforderer anführte, lief größtenteils zu König Dietrich
über. Den bösen König Sevekin traf der verdiente tödliche Schwerthieb
von Hildebrands Sohn Alebrand. So konnte Dietrich an der Spitze
eines starken und siegreichen Heeres in Romburg einziehen. Stolz riefen Hildebrand und Alebrand den König Dietrich von Bern auch zum
König von Rom aus. Größer konnte der Triumph des einst so leidge-
prüften Königs nicht sein.

Ein einziges Problem gab es für Dietrich in seiner neuen Hauptstadt
Rom noch zu lösen. Kurz vor dem Tod Ermenrichs war ein Bischof
Nicetius in Rom oder in Treviris, wie er es nannte, angekommen, um

die Nachfolge eines fern dieser Stadt verstorbenen Bischofs anzutreten. Nicetius war vom merowingischen Frankenkönig Theuderich nach Romburg geschickt worden, in der listigen Überlegung, damit Einfluß in dem Nachbarreich zu gewinnen, das immer noch von einem Abkömmling aus der Samsonsippe beherrscht wurde.

König Dietrich war mit seinen 60 Jahren nicht mehr der aufbrausende, manchmal unbeherrschte junge Mann von einst, sondern handelte klug und überlegt. Als er geradezu im Triumphzug in Romburg eingezogen war, erkannte er sehr schnell, wie er sich zu dem noch jungen, aber einflußreichen christlichen Bischof stellen mußte. In einem vertraulichen Gespräch bot er dem Kirchenmann an, wenn dieser weiter die Unabhängigkeit seines, Dietrichs, Reiches vom benachbarten Reich der Frankenkönige achten wolle, würden er und sein ganzer Hof sich als Christen taufen lassen. Das war ein Angebot, das Bischof Nicetius nicht ausschlagen konnte.

Es traf sich günstig, daß König Ermenrich in seinen letzten Regierungsjahren einen Frieden mit seinem Nachbarn, dem fränkischen König Theuderich, geschlossen hatte. Denn dieser Sohn des berühmten Chlodwig hatte nach mehreren blutig zurückgeschlagenen Überfällen auf Ermenrichs Reich erkannt, daß es wohl besser sei, den kampfkräftigen Nachbarn in Ruhe zu lassen. Der Frieden war, wie zwischen unabhängigen Königen üblich, durch den Austausch von jungen Edelleuten als Geiseln feierlich bekräftigt worden.

So hatten König Dietrich, Hildebrand und die anderen Mitglieder seines Hofes in einer friedlichen Pilgerreise nach Mettis (Metz) ziehen können. Dort hatte Bischof Nicetius von Treviris zusammen mit seinem Amtskollegen aus Mettis feierlich die Taufe des neuen Königs von Rom und seines Gefolges nach katholischem Ritus vollzogen.

Bei dieser Gelegenheit hatte König Dietrich seinen Namensvetter aus der Merowingersippe kennengelernt. Die beiden Könige waren höflich miteinander umgegangen, bestand doch zwischen ihnen Frieden. Aber ein Funken des Vertrauens oder gar der Freundschaft war zwischen ihnen nicht übergesprungen. Der Franke Theuderich war der älteste der vier Söhne Chlodwigs und hatte mit seinen Brüdern das riesige Reich des Vaters nach dessen Tod vor fast 20 Jahren (511) geteilt. Trotz zahlreicher Streitigkeiten, ja, Kriege zwischen den Brüdern hatte sich daran bisher nichts geändert. Üblicherweise residierte Theuderich in Durocortorum (Reims), doch kam er regelmäßig auch nach Mettis, der östlichsten Stadt seines Bezirks nahe der Grenze zum immer noch unabhängigen Nachbarreich. Diesem König unterstand allerdings nicht nur sein eigentliches fränkisches Teilreich, sondern auch namens des Gesamtkönigreiches der Franken die Oberhoheit über die Alemannen nördlich der Alpen.

Als die beiden alten Männer in ihrem erzählenden Rückblick auf ihr Leben bei der Gegenwart angekommen waren, hatte König Dietrich das Gefühl, nun lange genug gebadet zu haben. Entschlossen rief er nach den Badeknechten, um sich abtrocknen und ankleiden zu lassen. Er tat das in seiner altgewohnten Sprache, denn er war zu stolz, um sich der lateinischen Sprache der meisten seiner Untertanen zu bedienen. In seinem Alter mochte er sie auch nicht mehr erlernen. An die Sprache ihres Königs würden sich die Leute in der Romaburg nun einmal gewöhnen müssen.

AUS SAGEN WERDEN UMRISSE
VON GESCHICHTE

Die vorstehende Erzählung ist, wie die Einleitungsepisode zum 19. Kapitel, in keinem herkömmlichen Buch über deutsche Geschichte zu finden. Sie stellt eine knappe Zusammenfassung weiterer Teile der schon mehrfach erwähnten Dietrichssage dar, natürlich nur ihres vermutlich historischen Kerns. Nur die Person des Hildebrand-Enkels und Klerikers Hiltram ist erfunden. Da wir fast keine zeitgenössischen schriftlichen Dokumente über Vorgänge in Deutschland, speziell Norddeutschland, im 5. und 6. Jahrhundert besitzen, kann die Dietrichssage, als neu erschlossene *historische* Quelle ernstgenommen, beträchtlich zur Aufhellung des Dunkels beitragen, das gerade für diese Zeit in der deutschen Frühgeschichte herrscht.

Allerdings macht eine Eigenart dieser Quelle auch das neue Bild reichlich unscharf. Die vermutlich aus einer Aneinanderreihung spätgermanischer Heldenlieder entstandene erste Niederschrift – schon im 6. Jahrhundert? – hatte gewiß nicht die Absicht, der Nachwelt eine mehr oder weniger objektive Darstellung der *Geschichte* von Völkern zu liefern. Sondern germanische Lieder stellten, wie ein guter Kenner der deutschen Heldenepik des Mittelalters, der Germanist Hermann Schneider, konstatierte, »große Helden vor, ...aber weniger als große

Kämpfer denn als große Menschen ... Wir erfahren wenig vom Germanen der Völkerwanderungszeit ... Die Dichtung zeigt den König kaum je als Stammesoberhaupt und Feldherrn, sondern als Führer der vertrauten Schar ... Der Staat, das Heer, die Menge und mit ihr das staatsmännisch-kriegerische Ziel, das alles wird in den Liedern beiseite geschoben.«

Hermann Schneider hatte dies auf die oben (S. 307) erwähnten *mittelhochdeutschen* Heldenepen aus dem 13. Jahrhundert bezogen. Doch deren Autoren können ihr Wissen über Vorgänge 600 Jahre vor ihrer Zeit nur aus ähnlichen chronologischen Berichten wie der nordischen Thidrekssaga geschöpft haben, und die hatten nun einmal nur diesen sehr begrenzten Inhalt.

Über die persönlichen Erlebnisse von König Dietrich und einigen seiner prominenten Zeitgenossen hinaus erfahren wir aus der Dietrichssage wenig. Nur indirekt kann man aus ihr ein sehr vages Bild der politischen Verhältnisse in Nord- und Westdeutschland im 5. und 6. Jahrhundert erschließen. Vieles muß beim Fehlen ausdrücklicher Aussagen interpoliert, das heißt als plausible Möglichkeit hinzugedacht werden. Das macht auch diese Quelle für Historiker, die sich streng nach den in der »Zunft« gebräuchlichen Verfahren richten, angreifbar.

Der geographische Raum der Dietrichssage ist sehr eng. Er reicht nur von der mittleren Mosel über Teile des Rheinlandes und Westfalens bis zum Harz und von dort nach Norden bis zur Ostsee, wenn Heinz Ritters Entschlüsselung der Ortsnamen in bestimmten Teilen der Sage richtig ist. Jedenfalls scheint der Hauptheld Dietrich bei seinen vielen Fahrten und Abenteuern nicht über diese Region hinausgekommen zu sein.

Waren es *politische* Gründe, die in dieser Zeit die vorher so lebhaften Kulturbeziehungen zwischen den Germanenvölkern quer durch Europa einschränkten? Wenn es so gewesen sein sollte, dann stand dies in einem offensichtlichen Gegensatz zu einer anderen, die Germanen in Nord-, West- und Mitteleuropa *verbindenden* Erscheinung.

Aus den Funden von Schmuck, Waffenresten und anderem unvergänglichen Material in zahllosen germanischen Gräbern in diesem weiten Gebiet konnten Archäologen und Kunsthistoriker die Entstehung einer besonderen Schmuckornamentik gerade ab dem späten 5. Jahrhundert erkennen, der man den Namen »germanischer Tierstil I« gegeben hat. Diese Prachtwerke germanischer Goldschmiedekunst zeigen

Leiber von Tieren – Schlangen, Pferde, Löwen, Drachen und andere Wesen – in vielfacher Verschlingung oder Verfremdung, vermutlich Sinnbilder einer religiösen Verehrung solcher Tiere in der spätgermanischen Religion. Anregungen dazu scheinen Goldschmiede bei den Goten und anderen ostgermanischen Völkern von hunnischen und anderen innerasiatischen Kunsthandwerkern empfangen zu haben, doch haben sie sie zu einer durchaus eigenständigen *germanischen* Stilrichtung verarbeitet.

Diese ornamentale Formenwelt verband im späten 5. und im 6. Jahrhundert die Franken in Gallien, die Langobarden in Italien, die Angelsachsen in Britannien, die skandinavisch-nordgermanischen Völker und auch die Sachsen, Thüringer, Alemannen sowie die Germanen Westfalens im heutigen Deutschland zu einem wenigstens in dieser Hinsicht relativ einheitlichen Kulturblock. In Skandinavien hielt sich der Tierstil bis weit in die Wikingerzeit (etwa ab 800) und entwickelte sich weiter zu immer neuen, für bestimmte Jahrzehnte typischen Formen (»Tierstil II«). In West- und Mitteleuropa erlosch diese besondere Form der Ornamentik etwa ab 700.

Der scheinbare Widerspruch – hier eine ziemlich einheitliche Schmuckformenwelt quer durch fast alle germanischen Völker, dort offenbar *politische* Barrieren für die Verbreitung von Nachrichten über historische Vorgänge beim ebenfalls germanischen Nachbarvolk – läßt sich dennoch recht plausibel aufklären. Könnte es nicht so gewesen sein, daß an den germanischen Adelshöfen quer durch Europa – nur der Adel und die Könige waren reich genug, um sich so kostbaren Schmuck zu leisten – wandernde Goldschmiede oder Kaufleute mit Luxuswaren hochwillkommen waren, woher sie auch kamen? Doch die spätgermanischen Skops, die Sänger und zugleich »Zeitungen« jener Zeit, fanden an den inzwischen christlich gewordenen Königs- oder Herzogshöfen der germanischen Völker West- und Südeuropas kein Gehör mehr, wenn sie Lieder von »heidnischen« Helden vorzutragen hatten, von Recken, die noch die alten germanischen Götter Wodan oder Thor verehrten. Auch Reisen anderer prominenter Männer, vor allem der in den Heldenliedern erwähnten Recken selbst, über die neue Grenze kamen nicht mehr vor, eine Grenze, die für mehr als ein Jahrhundert durch die *Religion* zwischen den germanischen Völkern gezogen wurde. Diese Religionsgrenze – und *politische* Grenze! – dürfte sich sehr bald auch zu einer *Sprach*grenze entwickelt haben.

Dies ist wohl die einzige plausible Erklärung dafür, daß Personen
und Ereignisse aus der Dietrichssage zwar später in dänischen »Folke-
visern« (Volksweisen), in frühen angelsächsischen Dichtungen (leider
nur in Bruchstücken erhalten, den sogenannten »Waldere«-Fragmen-
ten), in zahlreichen altisländischen und grönländischen Eddaliedern
und anderen altwestnordischen Schriften auftauchten. Doch in ursprünglich germanischen, bald aber altfranzösischen Dichtungen aus
dem *Franken*reich gibt es nicht die geringste Andeutung für ein Wissen
der dortigen Skops über einen König Dietrich von Bern und seine Zeitgenossen. Umgekehrt sind Motive aus diesen frühen französischen
Dichtungen, »Floovent« (das heißt »Chlodowing« oder »Abkömmlinge
Chlodwigs«) genannt, in keiner Form in die sogenannten »deutschen
Heldensagen« gewandert.

Die Dietrichssage läßt in Umrissen das Bestehen einiger kleinerer
bis mittelgroßer germanischer Königreiche in West- und Norddeutschland erkennen. Mindestens bis zur Mitte des 6. Jahrhunderts, möglicherweise noch erheblich länger, müssen sie vom mächtigen merowingischen Königreich der Franken in Gallien *unabhängig* gewesen sein.

Über das Niflungenland, aus dem Nibelungenlied (Anfang 13. Jahrhundert) hoch berühmt, aber romanhaft stark verfremdet, sowie über
das Hunenland in Westfalen wird in den nächsten beiden Abschnitten
dieses Kapitels noch einiges zu sagen sein. In der Dietrichssage werden
noch weitere Königreiche in Norddeutschland genannt, doch ohne
nähere Angaben dazu: Friesland (das historisch korrekte oder ein mehr
»sagenhaftes« größeres Gebiet?), Saxland (zwischen Weser- und Elbmündung?), Bertangaland (das ehemalige Lango-»barden«-Land um
Lüneburg oder am Niederrhein bei Xanten-»Birten«?), Tarlungaland
(der spätere »Darlinggau« am Harz?), Svava (am Harz?).

Auch ein großes Wilzenland kommt vor, mit dessen Königsdynastie
König Attala von Hunenland und Dietrich von Bern mehrfach zu
kämpfen hatten. Doch die Versuche zahlreicher deutscher Germanisten
sind allesamt ziemlich unbefriedigend geblieben, diese »Wilzenkämpfe«
in der Dietrichssage als Erinnerung an die erste Einwanderung von Slawen nach Ostdeutschland am Ende des 6. Jahrhunderts (siehe 25. Kap.)
oder gar als literarische Gestaltung der Kämpfe des deutschen Kaisers
Otto des Großen im Gebiet östlich der Elbe kurz vor dem Jahr 1000 zu
erklären. Hier kommen Länder- und Städtenamen in den nordischen
Quellentexten vor, die zwar für das Hochmittelalter in Mittel- und Ost-

europa zutrafen, sicher aber nicht für das 6. Jahrhundert. Dieser auch
»Wilzinensage« genannte Teil der Dietrichssage ist bisher einfach noch
zu »sagenhaft«, um einen plausiblen historischen Kern darin zu suchen.
Nicht wenige Indizien lassen ein »Reich« der Wilzen und ihre Kämpfe
mit Nachbarn, den »Rytzen« und »Polarnen« im nördlichen Belgien
und den südlichen Niederlanden, vermuten. Doch kann diese Fährte in
diesem Buch nicht weiter verfolgt werden.

Doch zu den in der Einleitungsepisode erzählten Erlebnissen Dietrichs und Hildebrands sind noch einige Erklärungen angebracht.

Das Abenteuer, als die beiden Helden sich heimlich an der Stadt
»Babilonia« vorüberzuschleichen versuchten (»sie ritten nachts und versteckten sich bei Tage«), zeigt deutlich zweierlei. Erstens kann es sich
bei diesem »Babilonia« nur um Köln gehandelt haben, weil die Helden
kurz danach vor Bern/Bonn ankamen. Und zweitens war diese Stadt
Babilonia/Köln auch um das Jahr 528 in der Hand von Feinden Dietrichs, nämlich der Merowinger, daß heißt, nunmehr direkt in der Hand
eines Sohnes des Königs Chlodwig. Als Gegner Dietrichs genannt wird
allerdings nur ein Orl Elsung, ein Neffe des 60 Jahre vorher in Bern
erschlagenen Adligen gleichen Namens.

Wie Gregor von Tours berichtet, war es Chlodwig gegen Ende seines Lebens (509?) gelungen, seine Verwandten, die Könige Sigibert
und Chloderich von Köln, auf geschickte, wenn auch nicht gerade an-
ständige Art loszuwerden. Erst hatte er dem Sohn Chloderich suggeriert, er solle seinen alten Vater umbringen und selbst die Herrschaft
übernehmen: »Siehe, dein Vater ist alt, schwach zu Fuß und hinkt.
Stürbe er, so würde dir zugleich mit unserer Freundschaft sein Reich
mit Recht zuteil werden«, ließ Chlodwig ihm mitteilen. Und als das geschehen war, klagte Chlodwig seinen Verwandten wegen Vatermordes
an und ließ ihn hinrichten. Die Hilfe beider Verwandter bei wichtigen
Schlachten – Sigibert in der Alemannenschlacht bei »Tulbiacum« und
Chloderich in der Schlacht gegen Westgoten bei Vouillé (siehe S. 344) –
hinderten den rücksichtslosen Chlodwig nicht, seine »Dankbarkeit« so
zu zeigen. Chlodwig ließ sich danach von den Franken in Köln selbst
zum dortigen König ausrufen. In ähnlicher Weise beseitigte Chlodwig
übrigens auch andere Merowinger-Kleinkönige in Gallien.

Diese von Gregor überlieferten Vorgänge sind wohl nicht zu bezweifeln, auch nicht die schon sehr frühe Herrschaft der Merowinger in
Köln. Aber daraus eine großräumige Herrschaft des fränkischen Kö-

nigs Chlodwig und seiner unmittelbaren Nachfolger im ganzen Rheinland und gar in Westfalen und Norddeutschland zu konstruieren, wie
das in deutschen Geschichtswerken immer wieder geschieht, ist nicht
angebracht. Zu eindeutig sprechen die in der Dietrichssage auftauchenden kleinen Königreiche dagegen.

Der in der Dietrichssage erzählte Schwertkampf zwischen Hildebrand und Alebrand vor den Toren Berns, den Vater und Sohn begann-
nen, ohne sich zu erkennen, ist offensichtlich das Vorbild für das
berühmte Hildebrandslied. Dieses ist ein kostbarer Rest spätgermanischer Heldendichtung, der einzige bekannte Text seiner Gattung in
althochdeutscher Sprache. Wahrscheinlich ist dieses Lied nur durch
Zufall der Vernichtungsaktion »barbarischer Gesänge« entgangen, die
Karls des Großen Sohn Ludwig der Fromme in der ersten Hälfte des
9. Jahrhunderts angeordnet hatte. Zwei Mönche im Kloster Fulda hatten das Gedicht – wohl noch zu Zeiten Karls des Großen – aus dem Gedächtnis auf den Einbandinnenseiten eines Pergamentfolianten mit
christlichen Schriften niedergeschrieben, doch reichte der Platz nicht,
um auch die Schlußstrophen in althochdeutschen Stabreimen zu überliefern. Das Lied schildert den Kampf zwischen Vater und Sohn in dramatischer Eindringlichkeit, während die Dietrichssage dies sehr viel
nüchterner und distanzierter tut und auch den versöhnlichen Schluß
bringt, daß sich nämlich Vater und Sohn erkennen, den Kampf abbrechen und sich gerührt in die Arme fallen.

Den Übertritt Dietrichs zum Christentum nach der Eroberung
Triers/Roms berichtet die altschwedische Didriks-Chronik in unüber-
bietbarer Kürze: »Als Herr Didrik ein alter Mann war, da wandten sich
viele zum Christentum. Da ließen Herr Didrik und Herr Hildebrand
sich christen (taufen) und das ganze Reich, das zu Rom gehört, und
Lumberdi und manch anderes Land.«

Die schwedische Didriks-Chronik ist heute nur in Abschriften aus
dem 15. Jahrhundert bekannt, dürfte aber einen älteren und präziseren
Text der Dietrichssage enthalten als die weit umfangreichere Pergamenthandschrift der Thidrekssaga in altisländischer Sprache (siehe
dazu S. 306). Dort ist durch hochmittelalterliche Zusätze offenbar an
der Erzählung vieles aufgeschwemmt und verändert worden. In der
Thidrekssaga wird von einem Übertritt Dietrichs von der arianischen
zur katholischen Konfession gesprochen. Doch das kann historisch für
Dietrich nicht zutreffen. Zwar waren um 500 viele germanische Völker

Anhänger der arianischen Form des Christentums, doch gewiß nicht die Germanen im späteren Deutschland, ebensowenig wie die Franken vor Chlodwigs Taufe. Die Germanen im Nordwesten Europas waren damals allesamt noch »Heiden«, sie verehrten die germanischen Götter Wodan, Thor, Freia usw. Als sie schließlich Christen wurden, geschah dies in der Form der *katholischen* Taufe.

Vermutlich beruhte die Einfügung in der Thidrekssaga vom Übertritt Dietrichs vom arianischen »Ketzertum« zum katholischen Glauben auf der Meinung, Dietrich von Bern sei in der »historischen Wirklichkeit« Theoderich der Große gewesen, der Arianer war. Dies wird ja seit dem 10. Jahrhundert in zahllosen Chroniken und Geschichtswerken behauptet. Doch wer das Leben Theoderichs (siehe dazu S. 331f.) mit dem so völlig anderen Schicksal Dietrichs vergleicht, kann nicht verstehen, daß sich diese Verwechslung beider Personen bis in die neuesten wissenschaftlichen Veröffentlichungen hinein gehalten hat.

In der Einleitungsepisode sind mit der katholischen Taufe Dietrichs drei Angaben verknüpft worden, die nicht aus der Dietrichssage hervorgehen: ein Friedensschluß Ermenrichs mit dem benachbarten merowingischen Frankenreich, das Übereinkommen Dietrichs mit dem Trierer Bischof Nicetius und die Taufe Dietrichs in Metz. Die beiden ersten Punkte beruhen auf einer Ausdeutung von Texten Gregors von Tours, der dritte auf einer im französischen Metz bis heute überlieferten Legende von der Taufe Dietrichs von Bern in der dortigen Kathedrale.

Gregor von Tours berichtet von der abenteuerlichen Flucht seines eigenen Großonkels Attalus aus der Sklaverei in *Trier*, ein Ereignis, das einige Jahre vor der Geburt des Historikers und Bischofs stattgefunden haben muß. Attalus sei als vornehmer junger Römer (Gallorömer) bei einem Friedensschluß zwischen den Chlodwig-Söhnen Theuderich und Childebert als Geisel nach Trier gekommen, wie das bei Friedensschlüssen jener Epoche allgemein üblich war. »Als sich wiederum Hader zwischen den Königen erhob, verfielen die Geiseln als Leibeigene dem Staat«, heißt es bei Gregor. Diese unangenehme Folge bei einem Bruch des Friedens war beabsichtigt. Viel wahrscheinlicher ist es aber, daß es sich um einen später wieder gebrochenen Friedensschluß zwischen den Nachbarkönigen Theuderich und Ermenrich gehandelt hat, bei dem die vornehme Geisel Attalus ausgerechnet nach Trier gelangte, der Residenz Ermenrichs.

Das in der Didriks-Chronik im Zusammenhang mit Rom genannte
»Lumberdi« dürfte übrigens nicht die »Lombardei« gewesen sein, wie
Ausleger der Sage seit 200 Jahren behaupten, sondern ein Dörfchen
zwölf Kilometer südlich von Trier, das heute »Lampaden« heißt. Wie
weit sich das Ermenrich-Reich (und später Dietrichs) überhaupt ausdehnte, bleibt nach der Dietrichssage sehr unklar. Vermutlich gehörten
nur ein Teil des Hunsrücks und der Eifel sowie das Land beiderseits
der Mosel bis zum Rhein und bis nach Bonn/Bern dazu.

Bischof Nicetius von Trier, der sein Amt zwischen 525 und 530 angetreten haben muß, war eine historische Persönlichkeit, von der sein
jüngerer Amtskollege Gregor von Tours viel zu berichten weiß. Es ist
bemerkenswert, daß Gregors Wissen über historische Ereignisse in
Trier nach einer langen Pause erst wieder mit Nicetius einsetzt. Aber
von der »Bekehrung« Dietrichs zum Christentum wußte der fromme
Bischof von Tours 50 oder 60 Jahre später bereits nichts mehr. Doch
paßt die vermutete Übereinkunft zwischen Dietrich und Nicetius haargenau zwischen die wenigen Mosaiksteinchen bekannter Vorgänge in
der Geschichte Triers im 6. Jahrhundert.

Zu beachten ist auch, daß die Dietrichssage von ihrem Helden berichtet, er habe nach seiner Ausrufung zum König von Rom »im Bad
gesessen«. Das kann sich nur auf die Trierer Kaiserthermen beziehen,
die noch im Hochmittelalter einer Adelsfamilie als Wohnsitz dienten.

DER NIFLUNGEN UNTERGANG,
NICHT NACH DEM NIBELUNGENLIED

Im Text der Dietrichssage sind auch ausführliche Erzählungen über
Siegfried den »Drachentöter« und sein Lebensschicksal sowie über die
Niflungen bis hin zu ihrem tragischen Ende eingebettet. Die Einleitungsepisode konnte nur Andeutungen dazu wiedergeben. Zumindest
früher kannten die meisten Deutschen diese Geschichten in der einen
oder anderen Form, denn erstaunlicherweise hat es seit dem Hochmittelalter immer wieder neue dichterische oder erzählende Gestaltungen
davon gegeben. Die Themen müssen in Deutschland, aber auch in
Skandinavien fast anderthalb Jahrtausende lang auf großes Interesse
gestoßen sein. Auch heute noch können viele deutsche Gymnasiasten
einige Zeilen aus dem mittelhochdeutschen Nibelungenlied auswendig

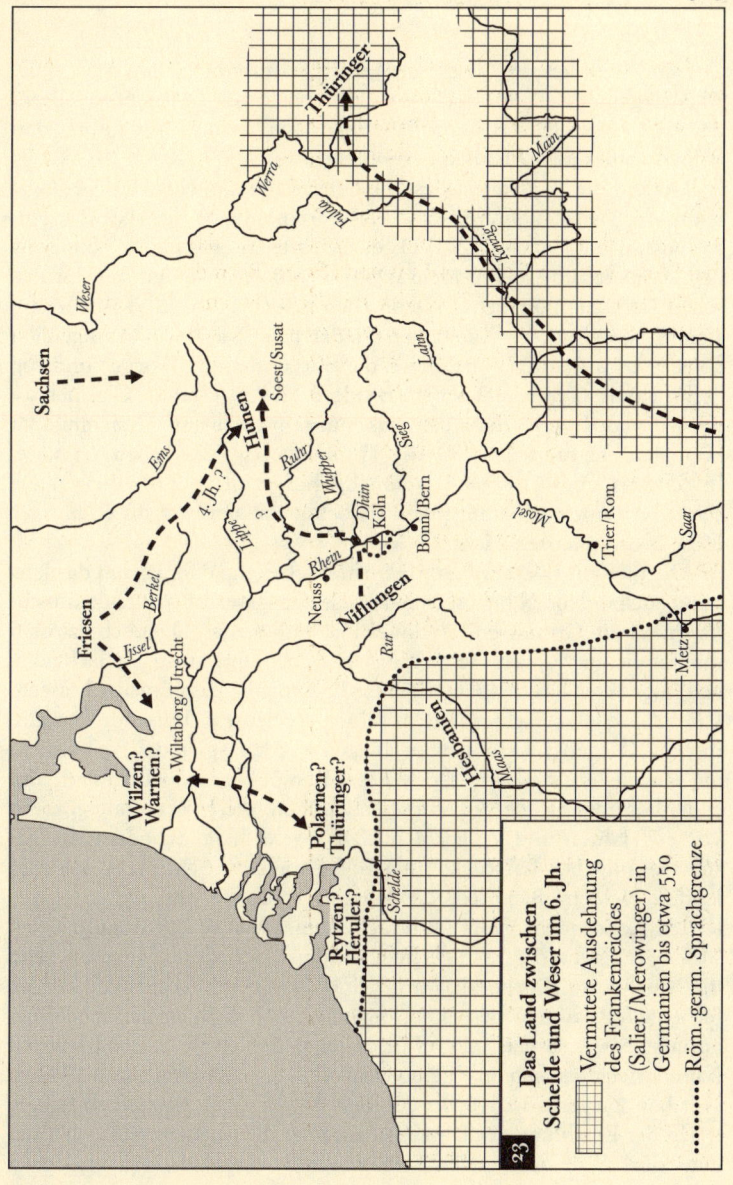

Das Land zwischen Schelde und Weser im 6. Jh.

Vermutete Ausdehnung des Frankenreiches (Salier/Merowinger) in Germanien bis etwa 550

Röm.-germ. Sprachgrenze

Sachsen

Thüringer

Hünen

Soest/Susat

Friesen

Wilzen?
Warnen?

Witlaborg/Utrecht

Polarnen?
Thüringer?

Ryzen?
Heruler?

Nibelungen

Düffel
Köln

Neuss

Bonn/Bern

Trier/Rom

Hesbanien

Weser

Ems

Werra

Fulda

Main

Kinzig

Lahn

Berkel

Lippe

Ruhr

Witther

Rhein

Sieg

Mosel

Saar

IJssel

Rur

Maas

Schelde

Maas

4. Jh. ?

zitieren – als Beispiel für diesen Vorläufer unserer heutigen Sprache.
Allerdings kennt kaum noch jemand den Namen Dietrich von Bern,
der im Hochmittelalter der unbestrittene Publikumsliebling unter den
völkerwanderungszeitlichen Sagenhelden war.

Gerade die Popularität des Nibelungenliedes, wenigstens bei Germanisten, Deutschlehrern – und Gastwirten entlang der »Nibelungen-
straße« an der Donau durch Österreich ist ein ernsthaftes Hindernis
beim Versuch, diesen Heldensagenstoff auf einen möglichen historischen Kern zu untersuchen. Denn nach Überzeugung all dieser Kreise
stammte Siegfried aus Xanten am Niederrhein, wie das Nibelungenlied
behauptet, waren die Nibelungen die Burgunder aus Worms, und zog
deren König Gunter mit seinen Brüdern Hagen, Gernot, Giselher sowie »10 000 Rittern« donauabwärts, um seine Schwester Kriemhild zu
besuchen, die in zweiter Ehe den Hunnenkönig Etzel geheiratet hatte.
Im fernen Ungarnland fanden dann die Burgunder (die im übrigen nur
einmal im ganzen Nibelungenlied »Nibelungen« heißen!) ihr schauriges
Ende bis zum letzten Mann.

Die meisten Literaturhistoriker sind sich einig, daß das um das Jahr
1200 entstandene Nibelungenlied – sein Verfasser ist namentlich nicht
bekannt – im Grunde ein gereimter Helden*roman* ist. Dennoch hat man
immer wieder versucht, seine geographischen und sonstigen Sachanga-
ben mit Fakten aus der deutschen Frühgeschichte zusammenzubringen.
Die Schicksalsschlacht aus dem Jahr 436, bei der Tausende burgundischer Krieger von Hunnen erschlagen wurden, spielt dabei eine wichtige Rolle (siehe 17. Kap.). Doch dieser Kampf fand am Rhein statt, und
es fehlten ihm all die dramatischen Zutaten, die Hörern oder Lesern
vor 800 Jahren und vielleicht noch heute wohlige Schauder der Erschütterung über den Rücken jagten: das tragische Schicksal des »strah-
lenden Helden« Siegfried, die lange verborgene und dann bis zur
letzten Konsequenz geübte Blutrache seiner Witwe Kriemhild an den
Mördern Siegfrieds, ihren eigenen Brüdern, der »hohe Mut«, mit dem
die Nibelungen (Burgunder) trotz aller Warnungen ihrem Schicksal im
fernen Ungarn entgegenreiten, der wie ein Irrlicht in der Erzählung
auftauchende »Schatz der Nibelungen«, der dann am Schluß auf
Nimmerwiedersehen im Rhein verschwindet ... All diese Dinge können
sich bei den historischen Burgundern gewiß nicht zugetragen haben.

In der Erzählung der Dietrichssage über die Abenteuer der »Niflungen« sind diese spannenden Elemente auch enthalten, sogar mit ganz

ähnlicher Tendenz wie im Nibelungenlied. Nur werden die Niflungen
nicht als Burgunder bezeichnet, und die ganze Geschichte scheint in
einem anderen geographischen Raum als im Nibelungenlied zu spielen.
Nachdem sich große Teile der Dietrichssage in ganz anderen Zusammenhängen als plausible Darstellungen tatsächlicher historischer Vorgänge herausgestellt haben (siehe 19. Kap. und die Erlebnisse Dietrichs
von Bern in diesem Kapitel), könnten sich auch die Teile mit der »Sieg-
fried- und Niflungen-Story« als solche erweisen.

Die Dietrichssage spricht bei der Beschreibung des Zuges der Niflungen aus ihrer Heimat nach »Susat« von einem Überqueren des
Rheins durch die Ritter dort, »wo Rin und Duna zusammenfallen«. Alle
bisherigen Übersetzer der Thidrekssaga ins Deutsche haben diese beiden Flußnamen für Rhein und Donau gehalten, und da diese nun einmal nicht ineinander münden, wurde die ganze Geschichte eben nur zu
einer schön erfundenen Sage erklärt. Doch der schon erwähnte Sagen-
forscher Heinz Ritter fand heraus, daß der kleine Fluß Dhün aus dem
Bergischen Land dicht nördlich von Köln in den Rhein mündete,
wenigstens bis vor 150 Jahren, als seine Mündung in die der nahen
Wupper umgeleitet wurde. Wenn die Dhün der Fluß »Duna« in der
Dietrichssage war, ergeben sämtliche geographischen Angaben in dieser Erzählung plötzlich einen sehr wirklichkeitsnahen, überhaupt nicht
mehr sagenhaften Sinn. Gerade diese Klärung eines »Sagenortes« war
für Ritter der Anstoß zur neuen Lokalisierung vieler Angaben im
Sagentext.

Als Ausgangspunkt des Zuges der Niflungen konnte Heinz Ritter
eine Landschaft in der Voreifel südwestlich von Köln identifizieren.
Dort fließt heute noch ein Neffelbach (Niflungen = die Leute vom Neffelbach?), und dort liegt Zülpich oder Tolbiacum. Wenn um die Wende
vom 5. zum 6. Jahrhundert hier ein kleines unabhängiges Königreich
der Niflungen bestand, von dem die Dietrichssage Kunde gibt, dann ist
eine Schlacht zwischen merowingischen Franken und Alemannen eben
hier und eben zu dieser Zeit schlechterdings nicht vorstellbar. Das ist
der Grund, warum im 21. Kapitel so nachdrücklich ein anderer plausibler Ort für die berühmte Alemannenschlacht der Franken gesucht und
auch gefunden wurde.

Und wenn der Zug der Niflungen aus ihrem Ländchen um das heutige Zülpich bis nach Soest ein historisches Ereignis des 6. Jahrhunderts
gewesen sein sollte, dann dürfte einleuchten, daß Lieder von Skops

über diese dramatischen Ereignisse größtes Interesse bei den noch heidnischen Germanen in Deutschland und Skandinavien fanden. Die
Erzählung von Blutrache, dunklem Verhängnis und einem Schatz entsprach so recht dem wohl etwas blutrünstigen Geschmack der nach-
richtenhungrigen Germanen jener Zeit. So müssen schon sehr früh
Versionen der Geschichten von Siegfried und den Niflungen in den
hohen Norden Europas gewandert und dort künstlerisch umgesetzt
worden sein, in Island und Grönland unter anderem in die Form
altnordischer Eddalieder, in Schweden und anderswo in zum Teil riesige Fels-»ritzungen«, die Siegfried zeigen, wie er den »Wurm« (einen
Drachen) ersticht.

Doch ebenso dürfte einleuchten, daß schon die Skops auch nur eine
Generation später die Lieder über die Niflungen hoffnungslos mit den
Liedern über den Burgunderuntergang 90 Jahre früher verwechseln
mußten, trugen doch die Gegner der Helden verwirrend ähnliche Namen. Die Burgunder bei Worms kämpften gegen *Hunnen*, und die Niflungen in Soest/Susat gegen *Hunen*, deren König noch dazu *Attala* hieß,
der also doch wohl der berühmte Hunnenkönig *Attila* gewesen sein
mußte ...

Was es mit diesen Namen auf sich hat, wird im folgenden Abschnitt
näher erklärt. Ganz frei von diesen Verwechslungen scheint auch der
Text der Dietrichssage nicht zu sein. So tauchen dort die historischen
Königsnamen der rheinischen Burgunder (Gunter, Gernot, Giselher) als
königliche Brüder bei den Niflungen auf. Dennoch schildert sie noch am
nüchternsten und plausibelsten die ganzen dramatischen Vorgänge.

Doch ungleich mehr Verwechslungen birgt das vermutlich 600
Jahre später entstandene Nibelungenlied. Hier heißt zunächst ein rät-
selhaftes Zwergenvolk Nibelungen und erst ganz am Schluß werden
auch die sonst konsequent »Burgunder« genannten Ritter einmal als
»Nibelungen« bezeichnet. Hier erst werden die Hunnen als in Ungarn
ansässig gedacht, und deren König Attila wird zum Zeitgenossen der
durch hunnische Krieger vernichteten Burgunder gemacht, was historisch falsch ist.

In den Handschriften der Dietrichssage und allen anderen Erwäh-
nungen der Vorgänge in *nordischen* Quellen, es gibt davon eine ganze
Reihe, heißt das Volk, deren Königsfamilie und Ritterschaft der Rache
Kriemhilds zum Opfer fällt, »Ni*f*lungen«, nur im mittelhochdeutschen
Text »Ni*be*lungen«. Diese Lautänderung entspricht genau den Regeln

der sogenannten Zweiten germanischen Lautverschiebung, die die Sprachforschung für die Weiterentwicklung der mittelhochdeutschen Sprache aus einem späten westgermanischen Dialekt erkannt hat. Die Namensform »Niflungen« muß die weitaus ältere und daher vermutlich historische sein.

Und der Nibelungenschatz, der bis heute die Phantasie der meisten Hörer oder Leser dieser Geschichten beflügelt hat? Vermutlich handelte es sich um einen Goldschatz, den Siegfried bei der Tötung des sagenhaften »üblen Wurms« – in Wahrheit wohl eines Straßenräubers – erbeutet hatte. Nach Siegfrieds Ermordung, die wohl auch nur aus Habgier auf diesen Schatz erfolgte, blieb der sagenhafte Goldhort verschollen. Vielleicht war die Einladung der Niflungen nach Soest nur ein Versuch Kriemhilds und Attalas, diesen Schatz zu erwerben, den sie in der Hand König Gunters und seines Bruders Hagen *glaubten*. Und vielleicht war deren Zug nach Soest hauptsächlich darauf gerichtet, den Schatz zu gewinnen, den *sie* in der Hand von Siegfrieds Witwe Kriemhild *glaubten*. Ein tragischer Irrtum auf beiden Seiten, der eine der berühmtesten Schlachten der Weltgeschichte provozierte...

HUNNEN UND ATTILA IN WESTFALEN?

Wie ein roter Faden zieht sich durch die ganze lange Dietrichssage die häufige Erwähnung eines »Hunenlandes«, seiner Bewohner, der »Hunen«, und seines Königs »Attala«. Die Schreibweise dieses Namens weicht allerdings in den verschiedenen mittelalterlichen Manuskripten ab: Mal heißt der König auch Atila, Atilia, Atilius, Aktilius.

Vor 1500 oder 1000 Jahren, als es im »heidnischen« Europa keine wissenschaftlichen Bücher zum Nachschlagen, sondern Geschichtsberichte nur in Form mündlich vorgetragener Gesänge einiger Skops gab, war eine Verwechslung dieses Volkes und seines Königs mit den europaweit bekannten Hunnen aus Innerasien und dessen berühmtem König Attila nur zu verständlich. Zwei Völker und zwei Könige mit nahezu gleichen Namen zur ungefähr gleichen Zeit – ist das nicht unglaubwürdig? Nicht mehr und nicht weniger als die von keinem Historiker bestrittene Tatsache, daß der Ostgotenkönig Theoderich und der Frankenkönig Theuderich, der Sohn Chlodwigs, trotz gleichen

Namens gleichzeitig gelebt haben (und ihr Namensvetter Dietrich von
Bern ebenfalls, aber der wurde ja schon früh mit dem Goten verwech-
selt). Denn Theoderich, The-u-derich, Thidrek und Dietrich sind nur
verschiedene Schreibweisen desselben germanischen Namens, der etwa
»Volksherrscher« bedeutet.

Die Existenz eines *germanischen* Volkes der Hunen in Westfalen ist
aus mittelalterlichen Quellen auch außerhalb der Dietrichssage durchaus belegt, allerdings so selten und verstreut, daß dies kaum einem
deutschen Historiker bisher aufgefallen ist. Das schon einmal erwähnte
alt-angelsächsische Lehrgedicht aus dem 6. Jahrhundert »Widsith – Der
Weitfahrer« (siehe S. 283) zählt unter zahlreichen germanischen Königen Nordeuropas auf: »Aetla weold Hunum« (Aetla/Attala regierte die
Hunen). Der britische Kirchenhistoriker Beda Venerabilis berichtet
über eine geplante Missionsreise des Mönches Egbert kurz vor 700 ins
Heimatgebiet der Angelsachsen, zu den »Friesen, Rugiern, Dänen,
Hunnen, Altsachsen, Brukterern«. Im Bruchstück *De origine Sueborum*,
einer Parallelerzählung zur Sachsengeschichte Widukinds von Corvey
(siehe S. 175), wird von der Flucht des Thüringerkönigs Irminfried
nach der verlorenen Schlacht mit den Franken im Jahr 531 berichtet
(siehe 23. Kap.), der mit kaum 500 Kriegern zu »Attila, dem König der
Hunnen« entkam. Da der mongolische Attila damals schon 78 Jahre
tot war, ist die Flucht Irminfrieds zu seinem germanischen Nachbarn
Attala in Soest sehr viel wahrscheinlicher.

Zahlreiche Eddalieder besingen Ereignisse, die zur Völkerwanderungszeit in Norddeutschland spielen müssen; einige davon erwähnen
auch Hunen, die man bisher nur für »Hunnen« gehalten hat. Die islän-
dische Völsungasaga aus dem 12. Jahrhundert erzählt von einem König
Hunding, »derselbe, nach dem Hundland (oder Hunaland) benannt
ist«. Auch Siegfried (in nordischen Sprachen Sigurd genannt) stammt
nach derselben Quelle eigentlich aus Hunaland, aus dem sein Vater
Siegmund von Hunding vertrieben wurde. Die Ortsnamen Kirchhun-
dem, Altenhundem, Oberhundem im westfälischen Sauerland, etwa 40
Kilometer südlich von Soest, seien hier nur erwähnt.

Woher der *germanische* Völkername Hunen kommt, ist unklar; vielleicht hängt er mit dem alten deutschen Wort »Hüne« (starker, großer
Mensch) zusammen. In Norddeutschland werden noch heute zahlreiche vorgeschichtliche Grabhügel als Hünengräber bezeichnet.

Beim Namen Attila ist bemerkenswert, daß dies eigentlich ein *ger-*

manisches Wort ist und »Väterchen« bedeutet. Der wohl von den Goten geprägte *Bei*name blieb haften, so daß der eigentliche hunnische Name dieses Königs nirgends überliefert ist. Ähnlich könnte es beim Herrscher über die Hunen in Soest gewesen sein. Die Friesenchronik des Suffridus Petrus berichtet von einem »Statthalter« der Friesen, die Westfalen und Soest erobert hätten, namens Yglo Lascon (siehe S. 292). Dieser habe 65 Jahre lang dort geherrscht. Dann kann man sich vorstellen, daß er sich selbst als ursprünglich Fremder die Achtung, ja die Zuneigung seiner Untertanen erworben hatte und später »Väterchen« (Attala oder Attila) genannt wurde. Ja, vielleicht haben die Soester, als sie später Christen geworden waren, diesen König unter dem Namen »Patroclus« verehrt; dieser lateinische Name bedeutet ebenfalls »Väterchen«. Die Soester Hauptkirche heißt heute noch »St. Patrocli«, doch der Märtyrer Patroclus aus dem fernen Gallien, dessen Reliquien in dem Dom liegen, wird den Soestern weniger wichtig gewesen sein als der vertraute Name ihres früheren Königs.

Diese aus Sagenerzählungen geschlossenen Angaben müssen jedoch noch mit dem Wissen der »offiziellen« Historiker über die Vorgänge in Westfalen in dieser Zeit konfrontiert werden. Nur wenn sie, ohne verbogen werden zu müssen, dazu passen, können die Sagenschriften vielleicht eines Tages auch als Quellen unserer deutschen Geschichte anerkannt werden. Historiker, die nur auf zeitgenössische schriftliche Dokumente vertrauen, wissen über die Geschichte Westfalens etwa vom 2. bis zum Ende des 8. nachchristlichen Jahrhunderts praktisch nichts. Es ist bezeichnend, daß das Kapitel über diese Epoche in einer modernen mehrbändigen *Geschichte Westfalens* nicht von einem Historiker, sondern von einem Archäologen geschrieben wurde (von Wilhelm Winkelmann, dem langjährigen Chefarchäologen des Landschaftsverbandes Westfalen-Lippe). Trotz vieler hundert inzwischen bekannter Gräber aus jenen Jahrhunderten und mehrerer Dutzend ausgegrabener oder bekannter Siedlungen in Westfalen bleibt das Bild von den historischen Vorgängen dort sehr vage.

Die alten germanischen Stämme im östlichen Rheinland und in Westfalen, die man noch aus den Schriften des Tacitus kannte, die Cherusker, Angrivarier, Brukterer, Marser, Chamaven und Chattuarier, müssen, wie wohl alle Germanenstämme, in der späteren römischen Kaiserzeit ihre Bevölkerungszusammensetzung und damit auch ihre alten Traditionen weitgehend verändert haben. Nur zum Teil blieben die

alten Stammesnamen erhalten. Doch scheinen die noch bestehenden
Stämme jeweils eigene Könige gehabt zu haben.

Viele junge Krieger werden aus diesen Stämmen als Franken das
Römische Reich plündernd heimgesucht haben oder später einzeln als
Söldner oder gruppenweise als Foederaten eben dieses Römische Reich
gegen Stammesgenossen und andere Germanen verteidigt haben. Wie
auch in anderen Gegenden Deutschlands kamen viele Germanen nach
Ableistung ihrer Dienstzeit – üblicherweise 25 Jahre – als reich gewordene Offiziere in ihre Heimat zurück und ließen sich nach ihrem
Tod dort mit ihren römischen Waffen und wertvollem Schmuck begraben. Reiche Schatzfunde mit spätrömischen Münzen auch in Westfalen
enthielten wahrscheinlich den ersparten Sold solcher Krieger. Die Erzeugnisse der römischen Zivilisation und damit auch ein nicht unbeträchtlicher Wohlstand waren im germanischen Gebiet bis zur Elbe
wohlbekannt, wie umgekehrt der gesamte Norden Galliens am Ende
des Weströmischen Reiches schon weitgehend »germanisiert« war. Der
Limes war längst durchlässig.

Doch insgesamt muß auch in Westfalen die Bevölkerungsdichte geringer geworden sein, weil immer mehr Germanen ins Gebiet zwischen
Rhein und Loire zogen, in römische Kriegsdienste traten und mit ihren
Familien in Gallien blieben. Archäologisch nachweisbar ist eine fast
völlige Verödung des Münsterlandes zwischen oberer Ems und Lippe
ab dem Ende des 4. Jahrhunderts. Das muß mit solchen Übersiedlun-
gen zu tun gehabt haben.

Gleichzeitig oder kurz danach, also etwa ab der Mitte des 4. Jahrhunderts, lassen sich kriegerische Vorstöße von Norden her in das Gebiet Westfalens feststellen. »Ein erster Zug der Jahre 365 bis 370«, so
heißt es in der erwähnten *Geschichte Westfalens,* »durchbrach das Wiehengebirge, das Weserbergland und gewann das Gebiet bis zur oberen Ems
und oberen Lippe. Ein weiterer Zug der Jahre 425 bis 450 traf auch das
Hellweggebiet bis zum Rhein«, das heißt, auch das Gebiet um Soest.

Leider sind diese Jahreszahlen nicht so zuverlässig, wie sie erscheinen. Denn sie gehen allein auf einen Aufsatz aus dem Jahr 1956 von
einem Fachmann für römische Münzen zurück, der die Jahreszahlen
und Gegenden aus von ihm untersuchten germanischen Münzschätzen
schloß. Bekanntlich haben zu allen Zeit Menschen beim Herannahen
von Feinden hastig ihre Schätze vergraben, von denen man viele in der
Neuzeit wiedergefunden hat. Wenn Münzen in ihnen enthalten waren,

können Experten daraus recht gut die Zeit des Verbergens ermitteln. Aber in diesem Fall liegt die Untersuchung schon ein halbes Jahrhundert zurück. Neue Funde von »Hortschätzen« könnten ein anderes Bild zeigen, allerdings fehlt eine neuere Untersuchung. Außerdem muß man annehmen, daß Schatzhorte, die nach 450 vergraben wurden, kaum noch neue römische Münzen enthielten, weil diese nicht mehr ins Germanengebiet gelangten. Ob die Unruhezeiten für Westfalen mit den genannten Jahren bereits abgeschlossen waren oder noch weitergingen, läßt sich aus dieser Untersuchung also nicht schließen. Ein Andauern ist wahrscheinlicher.

Denn nimmt man die Berichte der Dietrichssage, der Friesenchronik und der Völsungasaga als »bare Münze«, dann waren das 5. und 6. Jahrhundert in großen Teilen Westfalens fast ständig von Kampflärm erfüllt. Da ist die Rede von Vorstößen von Westfalen ins Friesengebiet, von Gegenstößen der Friesen nach Westfalen, von nahezu ständigen, nur von wenigen Friedensjahren unterbrochenen Kämpfen der Hunen gegen ihre Nachbarn, die Wilzen, von der Verdrängung des einen Herrschers (Melias in der Dietrichssage, Siegmund in der Völsungasaga) durch einen Eroberer (Attala oder Hunding). Die verschiedenen Sagenberichte passen nicht exakt zusammen; eine präzise Geschichte Westfalens in jener Epoche kann man aus ihnen nicht zusammenstellen. Aber im Verein mit den archäologischen Befunden sind sie ein Beweis für sehr turbulente Zeiten zwischen Sauerland und Wiehengebirge in jenen sonst so »geschichtslosen« Jahren. Und der archäologische Befund ist wiederum ein Beweis, daß die Sagenberichte aus Westfalen weit mehr als Erfindungen irgendwelcher »Sagamänner« des Hochmittelalters sein müssen.

Die Archäologie hat bisher mangels anderer Quellen die erwähnten Vorstöße nach Westfalen pauschal den Sachsen zugeschrieben. Viele von diesen wanderten über See nach Britannien aus (siehe 18. Kap.). Doch können andere den Weg nach Süden ins deutsche Binnenland gesucht haben. Der Archäologe Winkelmann deutet vorsichtig an, daß die im 5. Jahrhundert an der Nordseeküste überall in Bewegung geratenen »Nordleute« nicht immer eindeutig den Sachsen zugerechnet werden können. Auch Friesen, Jüten, Heruler, Dänen, Gauten (Schweden) waren in dieser Zeit munter mit Auswandererfahrten, Piratenüberfällen, Landbesetzungen oder einfach plündernden Kriegszügen beschäftigt. So kann also die »Sage«, daß es Friesen waren, die einst Soest besetzten und einen König einsetzten, durchaus dem geschichtlichen

Verlauf entsprochen haben. Nur wann genau und wie, das läßt sich nach dem augenblicklichen Wissensstand noch nicht sagen.

Einen charakteristischen Unterschied in den Grabsitten der germanischen Völker jener Zeit in Westfalen konnten die Fachleute feststellen. Ältere Gräber sind im allgemeinen ost-westlich orientiert; reiche Beigaben zeigen allerdings, daß es sich dabei noch nicht um *christliche* Gräber gehandelt haben kann. Diese Begräbnissitte der »älteren« Germanen in Westfalen verband sie mit den Franken im Rheinland und nördlichen Gallien. Auch die Grabbeigaben in diesen Gebieten sind sich sehr ähnlich. Das ist kein Wunder, stammten doch die Franken ursprünglich aus den Gebieten östlich des Niederrheins.

Bisher hat man daraus nicht nur auf einen engen »Frankenbund« der rheinisch-westfälischen Germanenstämme schon lange *vor* 450 geschlossen, sondern auch auf eine formale Zugehörigkeit wenigstens des südlichen Westfalen bis zur Lippe zum Merowingerreich der Franken, mindestens ab 509/511. Gestützt wird diese Annahme eigentlich nur auf die Textstelle bei Gregor von Tours, wonach sich in diesem Jahr König Chlodwig die Königsherrschaft auch in Köln aneignete. Doch die Existenz unabhängiger kleiner Königreiche rund um Köln im Rheinland bis zur mittleren Mosel und zur Maas und im südlichen Westfalen bis fast zur Oberweser geht zu deutlich aus der Dietrichssage hervor, die sich immer mehr als im Kern geschichtliche Quelle entpuppt.

Die älteren Ost-West-Gräber wurden im Laufe des 6. und noch mehr des 7. Jahrhunderts an vielen Stellen von anderen germanischen Gräbern überdeckt, die nord-südlich orientiert waren. Eroberer mit dieser anderen Grabsitte setzten sich offenbar in den Ansiedlungen der alten germanischen Bewohner Westfalens fest und benutzten deren Friedhöfe weiter. Aber waren diese neuen Eroberer schon eindeutig Sachsen, wie gerne behauptet wird?

Beim Versuch, die historischen Vorgänge in Westfalen mit Hilfe der Sagenberichte aufzuklären, zeigt sich wieder wie schon im Rheinland, daß sich bestenfalls nur sehr verschwommene Umrisse ergeben, was die Schicksale von Ländern oder Völkern angeht. Für das Rheinland gab es zur Kontrolle wenigstens einige Stellen in der »Frankengeschichte« des Gregor von Tours, die in diesem Fall durch ihr beredtes Schweigen gewisse plausible Aussagen zur Geschichte ermöglichten. Für Westfalen – übrigens auch für weite andere Gebiete des heutigen Deutschlands – fehlt diese Möglichkeit.

Denn die Dietrichssage schildert im wesentlichen nur Erlebnisse ihrer Helden. Wenn man den Firnis von Übertreibungen ablöst, der bei solchen alten Heldenliedern natürlich zu erwarten ist, kann man manche mit großer Wahrscheinlichkeit historischen Vorgänge entdecken. Eine eindeutige Einordnung solcher Mosaiksteinchen in ein allgemein akzeptiertes geschichtliches Gesamtbild fällt aber sehr schwer. Auch für den geographischen Bereich des Hunalandes und seiner Nachbarn enthält die Dietrichssage zahlreiche Schilderungen bemerkenswerter Taten ihrer Helden, die hier aus Platzgründen nicht wiedergegeben werden können.

Auch wenn, wie gesagt, die Dietrichssage und die anderen mittelalterlichen Quellen nach dem derzeitigen Kenntnisstand noch nicht gestatten, eine exakte Chronologie für die Geschichte Westfalens aufzustellen, so viel ist sicher: Die »deutschen Heldensagen« müssen der Widerhall historischer Ereignisse der späten Völkerwanderungszeit vorwiegend in dieser Region gewesen sein. Was Siegfried und die Niflungen, Dietrich von Bern und Hildebrand sowie König Attala erlebten, spielte zum größten Teil in Westfalen. Das scheint dem Historiker Werner Rolevinck durchaus noch bewußt gewesen zu sein, als er in seiner *Westfälischen Geschichte* von Anno 1514 lapidar feststellte: »Westphalia terra non est vinifera sed virifera – Westfalen ist kein Rebenland, sondern ein Reckenland.«

DAS ENDE
DER HELDEN

Gerade weil in der Dietrichssage erzählte persönliche Erlebnisse ihrer Helden vielleicht noch am ehesten die Chance eröffnen, historische Vorgänge zu erfassen, sollen als Abschluß dieses Kapitels noch die Berichte über den Tod König Attalas, über Aldrian, den Erben des Niflungenreiches und über den Tod König Dietrichs folgen. Denn so abenteuerlich sie noch in der sehr verkürzten Wiedergabe erscheinen, so eröffnen sie doch plausible Verknüpfungen zu den späteren historischen Schicksalen ihrer Länder.

König Attala von Hunaland war bekanntlich durch die Niflungenschlacht in Soest selbst Witwer geworden, weil Dietrich auf seinen Wunsch hin seine zur Furie gewordene Frau Kriemhild erschlug. War es der König, der seiner Frau als Versöhnung für diese Mordtat ein besonders kostbares Grab errichten ließ? Im Jahr 1930 grub der Archäologe August Stieren zahlreiche »merowingische« Gräber in Soest aus, darunter als älteste einige Frauengräber mit reichen Grabbeigaben. Eines davon enthielt so viel kostbaren Schmuck, daß andere Historiker es nur mit allerdings viel später aufgefundenen merowingischen und angelsächsischen *Königs*gräbern vergleichen wollten. In diesem Grab lagen unter anderem eine neue Goldmünze des oströmischen Kaisers Justinian (527–565), zu einem Halskettenanhänger umgearbeitet, sowie eine überaus wertvolle goldene Schmuckfibel, mit 200 bunten Almandinen besetzt; auf der Rückseite waren verschiedene Runen eingeritzt, unter denen man rund um ein »Königsmonogramm« den Namen »Atano« oder »Atalo« entziffern kann. Und unmittelbar daneben lag das Grab eines vielleicht siebenjährigen Knaben, der jedoch mit allen Beigaben eines vornehmen Ritters – eines Prinzen? – bestattet worden war: das Grab des Kriemhild-Sohnes Aldrian? Wem genügt das noch nicht als archäologischer Beweis für die Historizität der Dietrichssage?

Als letzter der Niflungen war in Soest der berühmte Königsbruder Hagen nach einer schweren Verwundung gestorben, doch hatte er, wie erzählt wird, noch kurz vorher mit einem jungen Mädchen einen Sohn gezeugt. Das klingt vielleicht unwahrscheinlich, ist aber doch nicht völlig unmöglich. Dieser Sohn Aldrian, benannt nach seinem Großvater, dem früheren Niflungenkönig, wurde in Soest am Königshof wie ein Sohn Attalas aufgezogen. Doch als Aldrian zwölf Jahre alt und damit nach germanischem Brauch mannbar geworden war, lud er seinen Pflegevater Attala ein, eine Höhle zu besuchen, in der ein großer Schatz liegen solle. Sein Vater Hagen habe ihm den Schlüssel dazu durch die Mutter übermitteln lassen und auch die Lage der Höhle beschrieben. Attala, den der Schatz reizte, ritt mit Aldrian zu dem angegebenen Ort, doch dort schloß der junge Mann seinen Pflegevater in der Höhle ein, wälzte Steine und Erde vor den Eingang und ritt auf Nimmerwiedersehen fort. Für seine Zeitgenossen mußte Attala spurlos verschollen sein. Für Aldrian war die Tötung Attalas nicht etwa verwerflich, sondern nur eine Folge des obersten Ehrengesetzes der Germanen, der Blutrache.

Nach dem spurlosen Verschwinden ihres Königs wählten die Hunen, so heißt es weiter in der Dietrichssage, König Dietrich in Rom zum

König auch von Hunaland, da ja Attala seine Söhne vor Jahrzehnten in der Schlacht bei Gränsport verloren hatte (nach einer Version existierte allerdings noch ein minderjähriger Sohn). Dietrich lebte danach noch einige Jahre als alter Mann, doch schließlich verschwand auch er für seine Untertanen spurlos. Er hatte nämlich, immer noch nach dem Bericht der Dietrichssage, den Aufenthaltsort seines einstigen Genossen Wideke herausgefunden, der in der Schlacht bei Gränsport seinen eigenen Sohn Dietmar getötet hatte (siehe S. 353). Wiederum nach dem Gesetz der Blutrache fühlte sich Dietrich verpflichtet, Wideke zu töten. Heimlich, »nur von zwei Knappen begleitet«, reiste Dietrich nach Fimber (Fehmarn?), dem Wohnort Widekes, und erschlug ihn in einem blutigen Zweikampf mit dem Schwert. Auch Dietrich selbst erlitt dabei so schwere Wunden, daß er auf der Rückreise starb »und wurde begraben wie ein Kaufmann«.

Die beiden Knappen kehrten wohl nach Rom/Trier zurück und hielten den Mund, jedenfalls lange genug, um dort eine fromme Legende entstehen zu lassen, wonach der greise Dietrich von einem geheimnisvollen schwarzen Hengst auf Nimmerwiedersehen entführt worden sei und dabei die Jungfrau Maria angerufen habe. Denn auch diese Geschichte ist am Schluß der Dietrichssage überliefert, gewissermaßen zum Auswählen.

Das Ende Dietrichs von Bern könnte etwa in sein 75. Lebensjahr gefallen sein, nach seinem vermuteten Geburtsjahr 470 wäre das also 545. Auch Dietrich starb erbenlos und hinterließ nun zwei große Reiche in Norddeutschland ohne Herrscher. So läßt sich leicht vorstellen, daß der für den Osten des Frankenreiches »zuständige« merowingische Teilkönig Theudebert (I.), Sohn des 533 gestorbenen Theuderich (I.), die Gelegenheit nutzte und sich ohne große Kämpfe in den Besitz dieser beiden Reiche setzte. Vermutlich wurden sie nicht direkt in das Frankenreich eingegliedert, sondern blieben unter vom Frankenkönig eingesetzten Herzögen oder Verwaltern halb unabhängig. Schriftliche Berichte darüber existieren allerdings nicht.

So kann das Königreich der Franken in der Mitte des 6. Jahrhunderts ohne große eigene Mühe seinen Einflußbereich im späteren Deutschland erheblich vergrößert haben. Vorher hatte es schon die Oberherrschaft in Alemannien gewonnen (siehe 21. Kap.) und in mehreren Schlachen im Jahr 531 die Thüringer besiegt (siehe 23. Kap.). Auch der erst in der ersten Hälfte des 6. Jahrhunderts neu entstandene

große Stamm der Bajuwaren geriet unter fränkische Hoheit (siehe
24. Kap.).

Das kleine Ländchen der Niflungen südwestlich von Köln könnte
möglicherweise in einer etwas anderen Form als Dietrichs Reich, aber
ebenso unspektakulär, in das Frankenreich übergegangen sein. Der
junge, in Soest aufgewachsene Aldrian war ja der letzte nachgeborene
Sproß der niflungischen Königsfamilie. Wie die Dietrichssage berichtet,
kehrte er nach vollzogener Blutrache an seinem Pflegevater Attala ins
Niflungenland zurück, das bisher von seiner Tante Brunhilde, der
Witwe König Gunters, regiert worden war. Nach deren Tod wird Aldrian König von Niflungenland geworden sein. Er dürfte dann auch
geheiratet haben.

Die folgenden Vermutungen sind natürlich sehr hypothetisch und
dennoch nicht unplausibel. Angenommen, aus der Ehe des Königs Aldrian sei nur eine Tochter als Erbin des Niflungenlandes hervorgegan-
gen, dann wäre deren Ehemann oder besser gesagt deren gemeinsame
Kinder die legitimen Erben des Ländchens geworden. Nun liegt die
weitere Vermutung nicht fern, daß dieser Ehemann aus einer germanischen Adelsfamilie kam, die im benachbarten Haspengau (Hesbanien!)
an der Maas begütert und damit Untertan des Frankenkönigs war. Dieses Verhältnis dürfte dann auch auf das »angeheiratete« Niflungenland
übertragen worden sein, ganz unauffällig und ohne jede kriegerische
Anstrengung eines Frankenkönigs.

Wenn diese Theorie zutrifft, dann könnte die berühmte Familie der
Niflungen zu den Vorfahren des noch berühmteren Karls des Großen
gehören. Denn der älteste bekannte Ahnherr des Kaisers, Pippin von
Landen, hätte nach seinen Lebensdaten, er muß um 580 geboren worden sein, sehr wohl ein Sohn aus dieser Ehe gewesen sein können. Pippin wurde später einer der mächtigsten Männer im Frankenreich, nämlich Hausmeier (etwa erblicher Ministerpräsident) im merowingischen
Teilreich Austrasien. Im Umkreis von Zülpich, also im Niflungenland,
gehörten im 7. und 8. Jahrhundert zahlreiche Höfe, Dörfer und Kirchen
den Pippiniden, ein deutlicher Hinweis auf eine Erbschaft. Pippiniden
werden in der Geschichtswissenschaft die Nachkommen Pippins von
Landen und zugleich Vorfahren Karls des Großen genannt.

So ist eine verwandtschaftliche Verbindung zwischen den Niflungen
und Karl dem Großen sogar recht wahrscheinlich. Ist es dann nicht gut
zu verstehen, daß der Kaiser auf diese Vorfahren stolz war und die Lie-

der sammeln und aufschreiben ließ, die zu seiner Zeit über »die Taten und Kriege der alten Könige gesungen wurden«? So berichtet nämlich der Biograph Karls, der Mönch Einhard. Das könnte die Entstehung der Sammlung solcher Lieder erklären, wie sie uns heute nur noch in den nordischen Texten der Thidrekssaga und der Didriks-Chronik hinterlassen worden sind.

Doch mit den letzten Seiten ist der Bericht schon weit in Zeiten vorgedrungen, die in Teil IV und V näher behandelt werden.

23. DAS ENDE DES THÜRINGERREICHES

EIN KÖNIG AUF DER FLUCHT
Herbst 531, am Nordrand des Harzes

Es war traurig und unwürdig, daß sich die einst so stolze Leibwache des Königs Irminfried und andere Krieger des thüringischen Heeres auf verschwiegenen Waldwegen davonschleichen mußten. Doch ehe sie nicht aus dem Streifgebiet der Sachsen heraus waren, konnte sich der Rest des Thüringerheeres nicht in Sicherheit fühlen. So ging es eben den überlebenden Verlierern einer Schlacht, wenn sie sich auf der Flucht befanden.

Die knapp 500 Reiter, die den Thüringerkönig Irminfried auf dieser Flucht begleiteten und schützten, waren keineswegs mehr eine kampf-kräftige Truppe. Kaum einer der Reiter war ohne hastig verbundene Wunden, und viele Schwerverletzte wurden von den wenigen noch kräftigen Kriegern auf ihren Pferden gestützt. Alle litten Hunger, denn auf ihrem Schleichweg entlang dem Nordrand des großen Waldgebir-ges (Harz) fanden sie nur wenige Dörfer, deren Vorräte sie wie Räuber plündern konnten.

Niemand hätte behaupten dürfen, daß die thüringischen Edlen nicht tapfer gekämpft hatten. Doch mehrere verlustreiche Schlachten gegen die Franken und deren Verbündete, sächsische Streifscharen vom Unterlauf der Elbe, hatten das thüringische Heer fast aufgerieben. Einige versprengte Gruppen dieses Heeres schlugen sich, wie Gerüchte wissen wollten, noch weit im Osten zwischen Sala (Saale) und Albis (Elbe) mit Truppen der fränkischen Könige Theuderich und Chlothar herum, mehr Räubern ähnlich als stolzen Kriegern, die einst würdig nach Walhalla eingehen wollten. Bei ihnen hielten sich auch die Köni-gin Amalaberga und ihre Kinder auf, und König Irminfried, ihr Mann und Vater, konnte nur hoffen, daß sie dort in Sicherheit waren.

Doch noch lebte der König, auch wenn ihm im Augenblick wegen einer tiefen Wunde im rechten Schwertarm das Kämpfen unmöglich war. Irminfried und seine Männer waren der festen Überzeugung, daß sein Königsheil wieder aufblühen werde, wenn sie sich erst alle im Exil beim Hunenkönig Attala in Susat (Soest) etwas erholt haben und wieder zu Kräften gekommen sein würden.

König Irminfried aus dem Geschlecht des Baderich zählte schon weit über 50 Winter, aber er war noch eine stattliche und ehrfurchtgebietende Erscheinung. Ein kräftiger Schnurrbart zierte sein Gesicht. Als die thüringischen Krieger auf einer versteckten Waldlichtung am Oberlauf der Okra (Oker, in der Nähe des heutigen Goslar) für heute ihr Nachtlager einrichteten, bereiteten sie ihrem Anführer ein besonders weiches Bett aus Moos. Einer der Krieger, der zu den Heilkundigen des Volkes der Thüringer gehörte, löste vorsichtig den Verband am Arm des Königs und erneuerte ihn. Vor einigen Tagen hatte er den Arm kunstgerecht geschient und die Wunde mit einer Heilsalbe nach uraltem Rezept bestrichen. Bei ungestörter Heilung, versicherte er, werde der König in wenigen Wochen sein Schwert wieder so kräftig wie eh und je schwingen können. Wohlig ächzend konnte sich Irminfried mit seinem treuen Begleiter, Orl Iring, am Lagerfeuer niederlassen und einen von den hastig gebackenen Brotfladen essen, der einzigen Verpflegung, die augenblicklich dem Rest des Thüringerheeres zur Verfügung stand.

Wie schon so oft in diesen Tagen der Flucht zwang irgendeine Macht den König, wieder und wieder mit seinem treuen Iring über die Gründe zu sprechen, die zum Unheil dieses Herbstes geführt hatten. War es der Tod des Ostgotenkönigs Theoderich im fernen Ravenna (526) gewesen? Denn der hatte ihm, Irminfried, den Schutz des einst so mächtigen und bei allen Königen in Europa geachteten wie gefürchteten Herrschers über Italien entzogen. Vor über 20 Jahren hatte Irminfried mit Stolz nach altem Brauch Brautlauf getrunken (Hochzeit gefeiert) mit Theoderichs Nichte Amalaberga, einer schönen und klugen Frau, die ihm zwei wohlgeratene Kinder geschenkt hatte. Durch diese Eheschließung war das große Thüringerreich zwischen Albis und Moenus (Main) in die Bemühungen des Ostgotenkönigs eingebunden gewesen, zwischen den verschiedenen Königen gleicher Zunge, die heute in den Regionen des ehemaligen Weströmischen Reiches herrschten, Frieden zu halten. Doch nun, nach Theoderichs Tod, war das kunstvolle Gleichgewicht zerstört.

Die Söhne des Frankenkönigs Chlodwig drüben in Gallien hatten denn auch bald geglaubt, jetzt mit ihrem entfernten Vetter Irminfried

nach Belieben verfahren zu können. Und tatsächlich hatte der ostgo-
tische Hof in Ravenna weder Soldaten zur Verteidigung des Thüringerkönigs noch auch nur einen warnenden Brief an die übermütig gewordenen Franken geschickt. Hätte er, Irminfried, sich doch nur vor
Jahren nicht verleiten lassen, sich mit seinen Brüdern Berthachar und
Baderich zu überwerfen, klagte sich Irminfried im Gespräch mit Orl
Iring selbst an. Damit hatte das Unheil angefangen.

Als vor über 25 Jahren ihr Vater Bisin, der Sohn Baderichs, gestorben war, hatten die drei Brüder das große Reich der Thüringer unter
sich aufgeteilt, so wie das einige Jahre später auch die Söhne des Frankenkönigs Chlodwig, ihres Vetters, getan hatten. Zuerst war alles gut-
gegangen. Die drei königlichen Brüder walteten sorgsam über die
ihnen durch das Los zugefallenen Gaue und entschieden einträchtig
und friedlich über wichtige Fragen, die das ganze Thüringerreich angingen. Doch dann kam es zum Streit zwischen den Brüdern; keiner
wußte mehr genau, worum es eigentlich zu Anfang gegangen war. Und
eines Tages war König Berthachar tot, ermordet von einem Beauftragten seines eigenen Bruders Irminfried, der das hinterher bereute, aber
nicht mehr ungeschehen machen konnte.

In den Streit Irminfrieds mit dem verbliebenen Bruder Baderich
hatten sich dann die fränkischen Vettern mit etwas fragwürdigen Erb-
ansprüchen auf Teile des Thüringerreiches eingemischt. Denn des
König Chlodwigs Mutter Basina war eine Tante Irminfrieds und Baderichs gewesen. Der Salierkönig Childerich war, so hieß es, einst vor
weit über 60 Wintern aus seiner Heimat in Gallien geflüchtet und hatte
beim Thüringerkönig Baderich, dem Ahnherrn der Königssippe, einige
Jahre im Exil gelebt (siehe S. 301). Baderichs Tochter Basina hatte sich
in den draufgängerischen Childerich verliebt und ihrem Vater die Einwilligung zur Heirat abgeschmeichelt. Gemäß dem einstigen, inzwischen längst nicht mehr angewendeten Brauch mußte der Schwiegervater seinem königlichen Schwiegersohn als Mitgift für die Tochter die
Hälfte des Reiches versprechen – ein Anspruch, der bisher nie geltend
gemacht oder eingelöst worden war. Denn das Land der Salier, in das
das junge Ehepaar bald zurückgekehrt war, lag viele Dutzend Tagesreisen vom Thüringerland entfernt.

Nun aber hatte König Theuderich, der älteste Enkel jenes Childerich, durch Boten die Einlösung des alten Versprechens gefordert und
zugleich König Irminfried angeboten, ihn bei seinem Streit mit dem

Bruder Baderich mit Truppen zu unterstützen. Denn Baderich, der nach seinem Großvater benannte Enkel des thüringischen Sippenahnen, war es, der die Zeche bezahlen sollte. Der hatte nämlich Tarlungaland eingezogen, ein kleines Königreich nördlich des großen Waldgebirges (Harz; um das heutige Wolfenbüttel und Braunschweig gelegen), das dem Thüringerkönig Gefolgschaft zu leisten hatte.

Der letzte König von Tarlungaland war der berühmte Held Siegfried gewesen, doch hatte der sein Königreich so gut wie nie gesehen. Viele Jahre lang hatte er als Gemahl Kriemhilds, der Schwester des Niflungenkönigs Gunter, fern seiner Heimat im Niflungenland jenseits des Rheins gelebt. Dort war er auch heimtückisch ermordet worden, nachdem bekannt geworden war, daß sein Vater Sigmund gestorben war und Siegfried demnach auch noch das Königreich in Tarlungaland geerbt hatte. Die Gier nach Siegfrieds sagenhaftem Reichtum hatte die Brüder aus der niflungischen Königssippe zum Mord an ihrem Schwager veranlaßt. Da Siegfried und Kriemhild keine Kinder hatten, konnte König Baderich das Tarlungaland – es lag seinem thüringischen Reichsteil benachbart – nach altem Recht und Brauch zu seinem eigenen Königsbesitz machen.

Doch nun kamen plötzlich die Merowinger, die sich jetzt Könige der Franken nannten, und forderten die Herausgabe des Tarlungalandes – zusätzlich zu einem Teil des eigentlichen thüringischen Königreiches – an sie, da sie irgendwie über Siegfrieds Mutter Sissibe mit der Familie verwandt und daher berechtigte Erben seien.

König Irminfried nannte sich in seinem selbstanklägerischen Gespräch mit Orl Iring im dunklen Waldtal an der Okra immer wieder einen verblendeten Narren, daß er sich vor zwei Jahren auf einen Feldzug gegen seinen Bruder Baderich eingelassen hatte. Der Frankenkönig Theuderich hatte ihm zur Unterstützung seiner Ansprüche ein Kontingent von 800 berittenen fränkischen Kriegern geschickt. Von Mettis (Metz) aus waren sie in einem Marsch von über einem Mond Dauer an der Naha (Nahe), am Moenus (Main) und der Kintica (Kinzig) entlang von Süden her ins Thüringerreich marschiert. Ihr mit den Kriegern Irminfrieds gemeinsam geführter Kampf gegen Baderich war auch erfolgreich verlaufen. Baderich fiel in der letzten Schlacht, und Irminfried konnte als nun alleiniger König der Thüringer die Herrschaft über das ungeteilte Reich antreten. Die Truppen des fränkischen Vetters entließ er mit Dank für die Waffenhilfe in die Heimat. Durch eifriges Plündern in Dörfern des Reichsteils von Baderich hatten sich diese Krieger persönlich ausreichend für ihre Mühen entschädigt. Der Gedanke einer Abtretung von Land an den Vetter Theuderich im fernen Gallien kam Irminfried nicht.

Wohl aber hielt König Theuderich an diesem Anspruch fest. In diesem Sommer war er persönlich zusammen mit seinem Bruder Chlothar und Kriegern aus beiden fränkischen Reichsteilen erneut über einen Monat lang quer durch das ganze rechtsrheinische Land bis nach Thüringen marschiert und hatte Irminfrieds Heer mehrfach besiegt. Eine größere Streifschar von Sachsen, alten Feinden der Thüringer, war den Franken von Norden her zu Hilfe gekommen. Die würdelose Flucht der letzten Reste des Heeres des Thüringervolkes und seines Königs war nun die Folge so vieler schicksalhafter Verkettungen unglücklicher Umstände und – Irminfried und sein Freund Iring stimmten darin überein – auch schwerer eigener Fehler.

Doch noch waren die thüringischen Krieger und ihre Anführer nicht so am Ende ihrer Kräfte, daß sie sich widerstandslos in ihr von den Nornen auferlegtes Schicksal fügen wollten. Noch verspürten sie die Kraft in sich, das unglückliche Los für die Thüringer noch einmal zu ändern – bald, wenn die Nornen den Schicksalsfaden einmal anders werfen würden.

WAS MAN VON
THÜRINGEN WEISS

Eines der ganz wenigen Ereignisse im Gebiet des heutigen Deutschlands aus dem 6. Jahrhundert, das wohl unbezweifelbar historisch ist, ist die Eroberung Thüringens durch zwei fränkische Brüder-Könige, vermutlich im Jahr 531. Die vorstehende romanhafte Episode soll die Folgen und vor allem die Gründe dieser Niederlage ein wenig verständlicher machen. Doch wieder, wie schon mehrfach in diesem Buch, sind einzelne Züge dieser Schilderung aus den der Geschichtswissenschaft bisher bekannten Quellen nicht zu entnehmen – und trotzdem keine willkürliche Erfindung. Sie beruhen vielmehr auf der Kombination einiger Informationen aus der Dietrichssage mit den »anerkannten« historischen Quellen, vor allem des Gregor von Tours. Dazu wird im letzten Abschnitt dieses Kapitels noch einiges zu sagen sein.

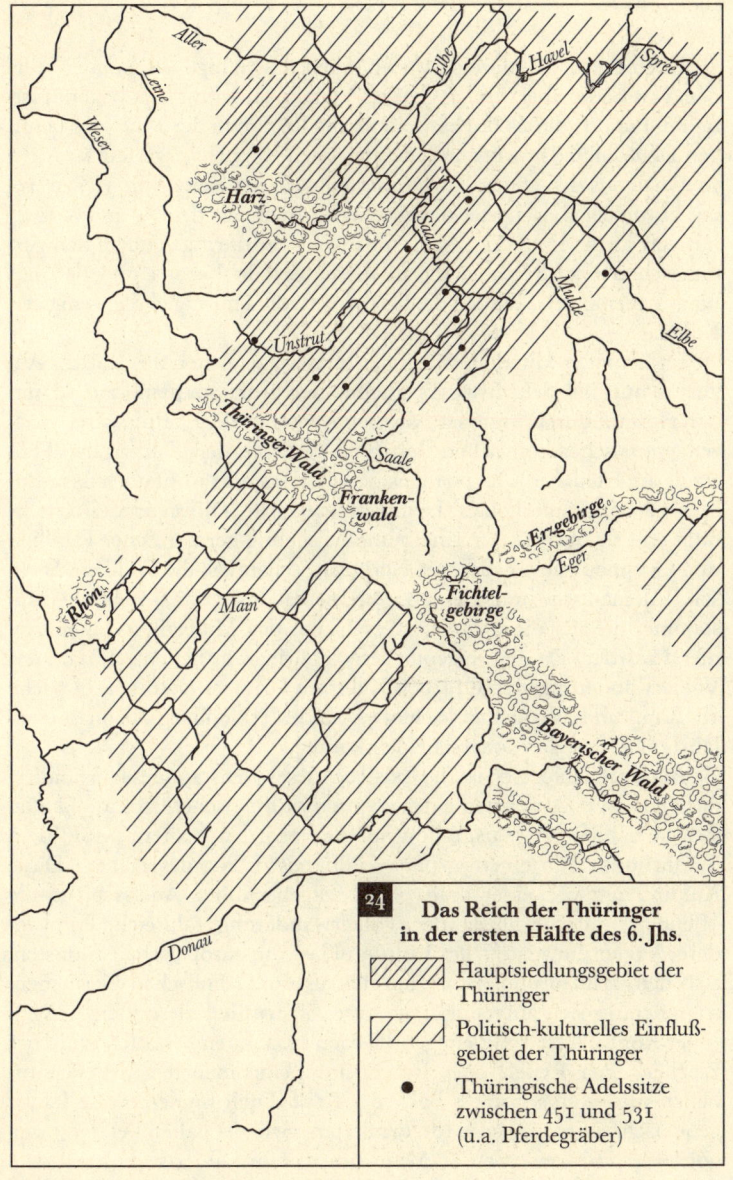

24 **Das Reich der Thüringer
in der ersten Hälfte des 6. Jhs.**

///// Hauptsiedlungsgebiet der
Thüringer

///// Politisch-kulturelles Einflußgebiet der Thüringer

● Thüringische Adelssitze
zwischen 451 und 531
(u.a. Pferdegräber)

Doch bevor das sinnvoll ist, muß erst das wenige beschrieben werden, was heute über Thüringen zur Völkerwanderungszeit bekannt ist. In Teil I und II dieses Buches konnte die Region in der Mitte des heutigen Deutschlands nicht mit einem eigenen Kapitel vorgestellt werden, weil man aus den ersten Jahrhunderten nach der Zeitwende viel zu wenig historisch Gesichertes darüber weiß. Auch aus dem 5. und 6. Jahrhundert ist die Kenntnis über Thüringen sehr dürftig. Von all den germanischen Königreichen, die in dieser Zeit in Europa und darüber hinaus entstanden, kennen die Historiker von Thüringen die wenigsten Fakten.

Im heutigen Mitteldeutschland, dort, wo zu Zeiten des Kaisers Augustus und des Schriftstellers Tacitus der große germanische Stamm der Hermunduren ansässig war, lebte vierhundert Jahre später nach zeitgenössischen römischen Berichten ein Volk der Thüringer (»Thuringi« auf lateinisch). Im Namensteil »Thur-« steckt wohl noch das »-duren« des Vorgängervolkes. Dennoch waren die Thüringer des 6. Jahrhunderts ziemlich sicher eine bunte Mischung germanischer Familien und Gruppen verschiedenster Herkunft, genau wie die Franken, Sachsen, Alemannen und Bayern, die neuen spätgermanischen Großstämme, die für die deutsche Geschichte des Mittelalters so bestimmend wurden. Zu den »eigentlichen« Thüringern stießen während der Völkerwanderungszeit auf jeden Fall auch Gruppen von Angeln (siehe 18. Kap.) und Warnen aus Schleswig und Mecklenburg, die man noch Jahrhunderte später unterscheiden konnte.

Auch archäologisch ist die Existenz dieses Neustammes einwandfrei nachgewiesen. Anzeichen einer »typisch thüringischen Kultur« fanden sich an zahlreichen Ausgrabungsplätzen aus dem späten 5. und dem 6. Jahrhundert in einem großen Halbkreis östlich des Harzes. Diese Kultur zeugt von einer kraftvollen, selbstbewußten Adelsschicht, die offenbar in der Frühzeit der Völkerwanderung zahlreiche Einwanderer – oder nur materielles Kulturgut? – vom europäischen Südosten, also dem Balkan und damit den damals dort heimischen Germanenstämmen, in sich aufgenommen hatte. So wurden die hohen Adligen (oder Könige?) stets mit einigen Pferden zusammen bestattet, typisches Zeichen einer Reiter- oder Ritterkultur. Und manchen der Verstorbenen war wohl schon als Baby der Kopf durch Binden in die Länge gequetscht worden. Diese »deformierten« Schädel galten bei den mongolischen Hunnen vor der Mitte des 5. Jahrhunderts als besonders

schick. Doch müssen auch mit den Hunnen verbündete Germanenstämme wie die Ostgoten und eben wohl die Thüringer zeitweise diese
Sitte mitgemacht haben. Thüringer kämpften in der Schlacht auf den
Katalaunischen Feldern (siehe S. 275) auf seiten der Hunnen mit. Nach
dem Tod Attilas und dem Ende der Hunnenherrschaft im östlichen Europa scheint sich der Anführer einer Adelssippe zum König der Thüringer gemacht zu haben. In der romanhaften Episode trug dieser erste
König den Namen Baderich, doch kennt man seinen wirklichen Namen
nicht.

Man kann aus vielen Anzeichen schließen, daß um die Wohngebiete der »eigentlichen« Thüringer herum noch weite Regionen im mittleren Deutschland zu thüringischen »Interessengebieten« gehörten. Es
wird angenommen, daß die Macht ihrer Könige sich zumindest zeitweise von der nördlichen Altmark an der unteren Elbe bis an die Donau bei Passau erstreckte. Das Thüringen im engeren Sinne und wohl
auch der Königssitz (beim heutigen Erfurt?) lagen aber da, wo auch
heute noch das deutsche Bundesland gleichen Namens zu finden ist.

Was diese Könige allerdings taten, welche Politik sie einschlugen,
wie sie mit ihren Untertanen verfuhren, welche kulturellen Folgen ihre
Herrschaft hatte, davon weiß man buchstäblich nichts. Dennoch kann
dieses Thüringerreich nicht zu den unbedeutendsten der germanischen
Völkerwanderungsreiche gehört haben. Bereits in der Einleitungsepisode wurde erwähnt, daß der Ostgotenkönig Theoderich dem ältesten
der Thüringer Königsbrüder Irminfried (auch Herminafred geschrieben) seine Nichte Amalaberga zur Frau gab, so wie er auch seine Töchter zielgerichtet an verschiedene germanische Könige in Europa verhei-
ratete. Moderne Historiker vermuten sicher zu Recht, daß Theoderich
dem Schwiegersohn im »hohen Norden« den Rücken gegen die Macht-
gelüste der Franken stärken wollte. Mehrere thüringische Prinzessin-
nen wurden übrigens auch Frauen von frühen Langobardenkönigen
(noch während deren Aufenthalt in Pannonien/Ungarn).

Eine recht beachtliche Gefolgschaft von Thüringern muß schon in
der ersten Hälfte des 5. Jahrhunderts oder noch früher an die Rheinmündungen gezogen sein und sich von den Römern als Foederaten
haben anheuern lassen. Während der großen Unruhezeit in der Mitte
dieses Jahrhunderts machte sich diese Gefolgschaft dann, wie einige
Nachbarn aus anderen germanischen Stämmen, unabhängig, geriet
aber später in den Machtbereich des aufstrebenden fränkischen Königs-

reiches. Solange es noch römisches Militär gab, zogen viele der in römischem Sold stehenden Adligen nach Beendigung ihrer Dienstzeit
wieder in ihre thüringische Heimat zurück und brachten es dort zu
großem Einfluß. Darauf lassen die zahlreichen auch in Thüringen gefundenen Gräber mit römischen Münzen und Waffen schließen.

Soweit in gedrängter Kürze die wesentlichen Fakten über das Königreich der Thüringer vor seinem Ende um das Jahr 531. Das Volk der
Thüringer selbst hat kein einziges schriftliches Zeugnis hinterlassen.
Danach kann man annehmen, daß niemand dort schreiben konnte,
genausowenig wie Dietrich von Bern und die in der Dietrichssage
beschriebenen Helden. Daher scheint auch die gelegentlich geäußerte
Ansicht falsch zu sein, die Thüringer – oder zumindest ihre Königssippe – seien bereits Christen arianischen Bekenntnisses gewesen. Denn
dann hätte es wohl wenigstens einige Geistliche gegeben, die im Besitz
der Kunst des Lesens und Schreibens waren.

Über das Ende des unabhängigen Thüringerreiches berichtet aus
dem gleichen Jahrhundert im wesentlichen nur Gregor von Tours.
Aber auch diese mehr als 50 Jahre nach den Ereignissen niedergeschriebene Schilderung ist sehr von sagenhaften Zügen durchwoben
und stellt die Vorgänge naturgemäß in einem Sinne dar, wie es der frän-
kisch-merowingischen Staatspropaganda in den Kram paßte. So verliert Gregor kein Wort darüber, daß etwa Sachsen den Franken bei der
Besiegung der Thüringer geholfen haben könnten. In der über 300
Jahre später niedergeschriebenen *Sachsengeschichte* des Mönches Widukind von Corvey (siehe dazu S. 175) steht dagegen diese sächsische
Hilfe ganz im Mittelpunkt der Schilderung des fränkisch-thüringischen
Konflikts. Es kann jedenfalls zu völlig falschen Schlüssen führen, wenn
man allzu buchstabengetreu Gregors Erzählungen zu diesem Thema
glauben wollte.

In Thüringen, so schreibt Gregor beim Bericht über eine Zeit lange
nach dem Tod des berühmten Merowingerkönigs Chlodwig, hätten
sich drei Brüder Baderich, Berthachar und Herminafred (so nennt
Gregor den Irminfried) die Herrschaft geteilt, offenbar ähnlich wie
gleichzeitig die vier Chlodwig-Söhne. Herminafred, der Mann der Ostgotin Amalaberga, habe zuerst seinen Bruder Berthachar »mit Gewalt
bezwungen und getötet«. Danach sei er, »angestachelt von der bösen
und grausamen« Amalaberga, auch gegen den letzten überlebenden
Bruder Baderich zu Felde gezogen. Zur Verstärkung habe er den Fran-

kenkönig Theuderich eingeladen, sich mit einem Heer an diesem Krieg
zu beteiligen, und er habe dem Franken als Lohn die Hälfte von Baderichs Reich versprochen. Herminafred und Theuderich siegten, aber
Herminafred, der in Thüringen nun Alleinherrscher war, dachte nicht
daran, dem Franken sein Versprechen zu erfüllen und ihm einen Teil
des Landes von Baderich zu übergeben. »Deshalb brach unter ihnen
alsbald große Feindschaft aus.«

Später, wieviel später, bleibt bei Gregor unklar, bat Theuderich seinen Bruder Chlothar (Chlothachar/Lothar, Residenz in Soissons) um
Beistand zu einem Rachefeldzug gegen die Thüringer, »gedenkend des
Treubruchs des Thüringerkönigs Herminafred«. Einträchtig seien die
fränkischen Brüder-Könige mit einem Heer nach Thüringen gezogen,
hätten in einer blutigen Schlacht »ad Onestrudium fluvium« das dortige
Heer besiegt und das Land in Besitz genommen. Theuderich habe, so
berichtet Gregor weiter, als sei dies nichts Besonderes, noch in Thüringen einen Mordanschlag auf seinen Bruder Chlothar versucht, der aber
fehlgeschlagen sei.

Die Schlacht an der Unstrut war aber offenbar nicht das Ende der
fränkisch-thüringischen Kämpfe, doch von Gregor erfahren wir darüber kein Wort. König Irminfried soll mit nur noch 500 Reitern zum
Hunenkönig Attala geflüchtet sein, wie das Bruchstück über den *Ursprung der Schwaben* behauptet, das aus dem 12. Jahrhundert überliefert
ist. Möglicherweise ist Irminfried nach einer Zeit der Erholung seiner
verwundeten und erschöpften Krieger in sein Heimatland zurückgekehrt und hat sich in der Art eines Partisanenkampfes mit den fränkischen Besatzungstruppen herumgeschlagen.

Natürlich darf man sich die fränkische Eroberung Thüringens nicht
wie im 20. Jahrhundert vorstellen. Bei einem Kriegszug vor 1500 Jahren
war das Schicksal der Verlierer der entscheidenden Schlacht oder
Schlachten der Tod, die Flucht oder die Gefangennahme mit der Folge
lebenslänglicher Knechtschaft. Bei eher unentschiedenem Ausgang
mußte der König der Verliererseite, wenn er die Schlacht überlebt hatte,
dem Sieger Gefolgschaft schwören, das heißt, sein Land mußte künftig
dem Sieger Tribute in Form von Lebensmitteln leisten und im Kriegsfall seinem neuen Oberherrn mit einer mehr oder weniger großen Kriegergefolgschaft zu Hilfe eilen. Nach dem barbarischen Brauch der Zeit
wurden auch die Dörfer, an denen der Heerzug der Eindringlinge vor-
überzog, ausgeplündert und niedergebrannt sowie Frauen und Kinder

zu Gefangenen gemacht und in die Schar der »unfreien Leute« des Siegerheeres eingereiht. In dieser Art der Kriegführung unterschieden sich
christliche Römer oder Franken und »heidnische« Germanen übrigens
um keinen Deut.

Aber von einer flächendeckenden Eroberung und dauerhaften Besetzung des feindlichen Landes konnte gewiß keine Rede sein. Dazu
wäre keines der frühmittelalterlichen Heere in der Lage gewesen.
Höchstens in einigen mit Holzpalisaden befestigten Stützpunkten – keineswegs aus Stein gebauten Burgen wie im späteren Mittelalter – in
strategisch günstiger Lage wurden 100 oder 200 Krieger des Siegerheeres zurückgelassen. Diese Besatzung mußte sich von den in Naturalien
zu entrichtenden Tributen der unterworfenen Bevölkerung ernähren
und hatte daher aus Selbsterhaltungstrieb diese »Schatzung« pünktlich
und mit Härte einzutreiben.

Nur die Annahme einer Rückkehr König Irminfrieds in sein Land
zusammen mit etlichen zum Kampf um die Freiheit entschlossenen
Kriegern, die die fränkischen Besatzer hart bedrängten, läßt den Bericht Gregors von Tours über den Tod Irminfrieds einigermaßen plausibel erscheinen. Er schreibt nämlich, einige Zeit nach der Niederlage
an der Unstrut, man vermutet, drei Jahre später, sei König Herminafred ins Frankenreich gekommen, unter der ehrenwörtlichen Zusicherung des Frankenkönigs Theuderich, daß ihm nichts geschehen
werde. Ort des Treffens war wieder das ominöse Tulbiacum, in dessen
Nähe einst die Schlacht zwischen dem Franken Chlodwig und den
Alemannen stattgefunden hatte (siehe S. 344).

Das sieht ganz nach einer vorher durch Abgesandte vereinbarten
Waffenstillstands- oder Friedensverhandlung aus, zu der der keineswegs völlig besiegte Thüringerkönig Irminfried bereit war – unter Zusicherung freien Geleits ins Reich der Franken zu kommen. Vielleicht
hatte es Irminfried abgelehnt, die Hauptstadt des fränkischen Reichsteils seines Gegners Theuderich aufzusuchen, nämlich Durocortorum,
nun auch Remisia genannt (Reims). Das hätte zu sehr nach Unterwerfung unter einen Sieger ausgesehen, was Irminfried keineswegs
zugeben wollte. Aber auf die alte Bischofsstadt Toul (Tulbiacum) im
Südosten von Theuderichs Reichsteil könnte man sich sehr wohl als
Verhandlungsort geeinigt haben.

Dort, so berichtet Gregor von Tours in seiner distanzierten Sprache
als Geschichtsschreiber, seien eines Tages die Könige Theuderich und

Herminafred auf der Stadtmauer gelustwandelt, als Herminafred durch einen heimtückischen Stoß (»man weiß nicht von wem«) von der Mauer gestürzt und zu Tode gekommen sei. Dreimal darf man raten, wem dieses Ereignis wohl genutzt haben mag...

Nach Irminfrieds Tod dürfte der thüringische Widerstand gegen die fränkischen Eroberer zeitweise nachgelassen haben. Doch aus den Jahren 555 bis 558 berichtet Gregor von Tours von mehreren Aufständen der Thüringer gemeinsam mit den Sachsen, die vom Frankenkönig Chlothar nur mit Mühe niedergeschlagen worden seien. Chlothar war nach dem Tod seiner drei älteren Brüder bzw. deren Nachkommen von 558 bis 561 noch einmal alleiniger König der Franken.

Irminfrieds Frau, der Ostgotin Amalaberga, gelang die Flucht in die Heimat zu ihrem Bruder Theodahad, einem der Nachfolger Theoderichs auf dem ostgotischen Königsthron. Sie konnte ihre Kinder, Prinz Amalafrid und eine Tochter, deren Namen nicht überliefert ist, mitnehmen. Doch steht fest, daß diese Tochter später die Frau des Langobardenkönigs Audoin wurde. Aber auch Amalaberga und Amalafrid gerieten noch in Gefangenschaft, als nämlich der oströmische Feldherr Belisar im Jahr 553 das Ostgotenreich vernichtete und die Residenz Ravenna eroberte. Allerdings war diese Gefangenschaft offenbar nicht allzu drückend. Amalafrid konnte es später im oströmischen Heer zur Position eines berühmten Feldherrn bringen.

Ein anderer Zweig der thüringischen Königsfamilie geriet durch den Krieg des Jahres 531 in fränkische Gefangenschaft. König Chlothar gelang es, die Kinder des schon vorher (durch Mord?) umgekommenen Königs Berthachar in seine Hand zu bekommen, nämlich die Prinzessin Radegunde und ihren wohl viel jüngeren Bruder, von dem ebenfalls der Name nicht bekannt ist. Radegunde mußte König Chlothar heiraten, ein Schicksal, das nicht nur in der Dietrichssage den überlebenden Töchtern besiegter Könige blühte. Doch als einige Jahre später Chlothar den wohl inzwischen zum Mann gereiften Bruder umbringen ließ, begehrte Radegunde empört die Scheidung von ihrem grausamen Gatten und erhielt sie auch. Denn inzwischen war die Königin eine treue Katholikin geworden und konnte ihren Wunsch nach Trennung von ihrem Mann überzeugend damit begründen, daß sie sich als Nonne in ein Kloster zurückziehen wolle. Im französischen Poitiers gründete sie ein später berühmt gewordenes Frauenkloster. Von ihrem tragischen Schicksal berichtete ihr geistlicher Freund, der katholische Bischof

Venantius Fortunatus, in einem bewegenden Gedicht in lateinischer Sprache.

Die Mehrzahl der deutschen Historiker ist geneigt, der Schilderung des Mönches Widukind von Corvey aus dem 10. Jahrhundert Glauben zu schenken, die Sachsen hätten mit einer heroischen Tat, der Eroberung der thüringischen Königsburg, die Entscheidung im fränkisch-thüringischen Krieg erzwungen. Dafür hätten die Franken den Sachsen den Norden des eroberten Landes bis zur Unstrut zur Besiedlung übergeben.

Doch die Wahrheit gerade dieser letzten Behauptung bestreitet der ostdeutsche Archäologe Berthold Schmidt nachdrücklich. Die Funde könnten keinerlei Beteiligung von Sachsen an der Eroberung Thüringens durch die Franken und eine anschließende Beherrschung des Nordteils des Landes durch die Sachsen beweisen, wie übrigens auch die fränkische Eroberung selbst nicht. Archäologisch sei die Anwesenheit von Sachsen in einem Streifen nördlich des Harzes, von der Ilse über Halberstadt bis zur Mündung der Bode in die Saale, erst seit der zweiten Hälfte des 7. Jahrhunderts, zunehmend im 8. Jahrhundert, nachweisbar, also viel später als der Thüringerfeldzug der Franken. Diese archäologischen Fakten wögen schwerer als die Darstellung Widukinds von Corvey, der immerhin erst 400 Jahre nach dem Untergang des Thüringerreiches schrieb, erklärt Schmidt. Ähnlich stellt der ostdeutsche Historiker Hermann Stöbe in einem Aufsatz aus dem Jahr 1956 vehement eine Beteiligung der Sachsen an der fränkischen Eroberung Thüringens in Abrede: Sie seien eine »nationale« Erfindung sächsischer Chronisten des Hochmittelalters und von modernen deutschen Historikern aus ähnlichen Gründen anderen Darstellungen gegenübergestellt worden.

Die Frage ist deshalb auch für das Thema dieses Buches von Interesse, weil sich hier aus archäologischen Belegen der Nachweis ergibt, daß der »Südvormarsch« der Sachsen nicht schon, wie von verschiedenen deutschen Historikern behauptet, im 6. Jahrhundert, sondern erst mindestens 100 Jahre später, im 7. Jahrhundert, begann. Dazu wird in Teil IV noch einiges zu sagen sein. Berthold Schmidt schließt die Beteiligung sächsischer Hilfstruppen am Thüringerfeldzug der Franken nicht aus, nur eben eine darauffolgende dauerhafte Ansiedlung von Sachsen im nördlichen Thüringen.

Mit diesen spärlichen Informationen über Thüringen nach dem

fränkischen Feldzug senkt sich erst einmal wieder der dunkle Schleier der Vergessenheit über das Land. Erst knapp 200 Jahre später fällt erneut etwas mehr Licht aus historischen Quellen auf diese Region in Deutschlands Mitte. Doch das ist Stoff für Teil IV.

SAGEN BRINGEN LICHT IN DIE GESCHICHTE

Aus keiner der bisher erwähnten zeitgenössischen Quellen ergibt sich auch nur die geringste Andeutung über die Motive für die Eroberung Thüringens durch zwei Frankenkönige. Immerhin liegen Erfurt und Reims, die Hauptstädte der beteiligten Könige, mehr als 500 Kilometer voneinander entfernt, und dazwischen gab es im Jahr 531 noch verschiedene von den Franken unabhängige und ihnen feindlich gesinnte germanische Königreiche (siehe 22. Kap.). Nur im unteren Maintal dürften die Franken nach ihrer Okkupation des nördlichen Alemannengebiets (siehe S. 347) bereits einige militärische Stützpunkte besessen haben. Welcher Teufel könnte also die Franken geritten haben, ausgerechnet mit dem weit entfernten Thüringen einen Krieg zu führen?

Erstaunlicherweise stellen auch moderne deutsche Historiker keinerlei Überlegungen über das Warum an. Dabei bietet die Dietrichssage eine durchaus plausible Erklärung an: Die fränkischen Könige konnten alte Erbansprüche auf einen Teil Thüringens anführen. In der romanhaften Einleitungsepisode wurden sie bereits erwähnt und auch die verwandtschaftlichen Verhältnisse erklärt, die offenbar zwischen den beiden Königsfamilien herrschten.

Die Dietrichssage erwähnt in ihren beiden Fassungen (Thidrekssaga, Didriks-Chronik) mit keinem Wort Thüringen, dessen Königsfamilie oder den fränkisch-thüringischen Krieg. Dabei muß der sich zu Zeiten abgespielt haben, da Dietrich schon in Trier/Rom sein Reich regierte. Dennoch ist dieser Sagenerzählung vielleicht der Schlüssel für das ansonsten rätselhafte Verhalten der Frankenkönige zu entnehmen.

Mehrere Male berichtet die Dietrichssage von Hochzeiten in königlichen Familien, bei denen der Vater der Braut seinem Schwiegersohn als Mitgift »das halbe Reich« verspricht. Voraussetzung war wohl, daß der Schwiegersohn als ebenbürtig anerkannt und dem Vater der Braut willkommen war. Aus sonstigen zeitgenössischen Quellen ist eine solch großzügige Mitgift im germanischen Raum nicht bekannt, und es scheint, daß sie zumindest im 6. Jahrhundert auch niemals mehr gewährt oder gefordert wurde. Aber als ein uralter, über Jahrzehnte nicht verwirklichter Erbanspruch auf das »halbe Reich Thüringen« mußte ein solches Versprechen für die Söhne Chlodwigs ein hochwillkommener Vorwand für die Ausdehnung ihres Machtbereichs gewesen sein.

Von einer Verwandtschaft zwischen dem thüringischen und dem merowingischen Königshaus berichtet Gregor von Tours selbst, indem er die schöne Geschichte erzählt, einst sei Childerich von seinem eigenen Volk zum mehrjährigen Exil beim König der Thüringer, Bisin, gezwungen worden. Nach Childerichs Rückkehr in die Heimat sei ihm eine gewisse Basina nachgereist und habe sich dem Salierkönig selbst zur Frau angeboten. Sie wurde die Mutter des berühmten Chlodwig.

Nach Gregor war Basina allerdings die Ehefrau des Thüringerkönigs. Sie hätte damit entgegen sämtlichen Moralvorstellungen der germanischen Völker gehandelt, eine Mitgift wäre in diesem Fall auch völlig ausgeschlossen gewesen. Viel wahrscheinlicher ist allerdings, daß die offenbar historische Basina die Tochter des Thüringerkönigs war. Das haben auch mehrere moderne Historiker angenommen. Dann wäre ein Einverständnis des Vaters mit der Heirat durchaus wahrscheinlich und auch das Versprechen des »halben Reiches« als Mitgift offenbar zeitüblich gewesen.

In seinem Bericht über den Thüringerkrieg erwähnt Gregor von Tours selbst etwas vom »halben Reich« Baderichs, das der Franke Theuderich erhalten sollte, aber Gregor scheint die Bedeutung dieser Formel nicht gewußt oder verstanden zu haben. Auch die Tatsache, daß zwei Merowingerkönige gemeinsam den Krieg führten, spricht sehr für die Vermutung, daß sie gemeinsam Erbansprüche durchsetzen wollten.

Besonders interessant ist allerdings auch die in der Romanepisode behauptete Verwandtschaft zwischen den Merowingern und dem berühmten Sagenhelden Siegfried. Wenn man letzteren ebenfalls als historische Persönlichkeit betrachtet und wenigstens einen Teil der Berichte in der Dietrichssage über ihn als geschichtliche Darstellung ernst nimmt, dann klingt die Behauptung keineswegs mehr absurd. Danach war Siegfrieds Mutter Sissibe die Tochter eines Königs von Hesbanien, also der heutigen belgischen Region Hesbaye (siehe S. 300). Und diese liegt so nahe am einstigen Herrschaftsgebiet der salischen Merowinger, daß eine Verschwägerung der beiden germanischen Adelsfamilien ein oder zwei Generationen vorher geradezu erwartet werden konnte. Das ist natürlich nur eine Vermutung. Aber es gibt voneinander unabhängige Beschreibungen eines erblichen körperlichen Merkmals sowohl bei den Angehörigen der Merowingerfamilie wie auch bei Siegfried, die diese Vermutung auf verblüffende Weise stützen.

Es geht um Siegfrieds in allen Sagen gerühmte Hornhaut. Angeblich hatte er sie erworben, als er im Blut eines von ihm erlegten Drachens badete – übrigens ein uralter Volksglaube in ganz Eurasien. Nach der Dietrichssage soll die Haut »hart wie Drachenschuppen« gewesen sein. Skepsis gegenüber Sagenberichten ist sicher angebracht, aber man muß dabei aufpassen, das Kind nicht mit dem Bade auszuschütten. Die Ursache der ungewöhnlichen Haut Siegfrieds mag in den Bereich der Fabel gehören, nicht aber die Hornhaut selbst. Ein Facharzt für Dermatologie kann darin durchaus die »Fischschuppenkrankheit« (Ichthyosis) erkennen, bei der die menschliche Haut an Beinen, Armen, Brust und Rücken verhornt zu dicken Hügeln und Stacheln, die durch kleine Furchen voneinander getrennt sind und daher an Fischschuppen erinnern. Im Gesicht tritt diese Hautveränderung nie auf, Siegfried konnte daher trotz seiner Hornhaut als schöner Mann gegolten haben. Diese Krankheit ist selten, aber sie kommt auch heute vor.

Siegfried lebte nach der Erzählung als Kind und junger Mann sehr einsam in einer Schmiede im Wald. Erst nach seinem Abenteuer mit dem »üblen Wurm« – einem Straßenräuber, den er erschlug und dessen zusammengeraubte Schätze er erbeutete? – kam er unter Menschen. Was lag für ihn näher, als jedem, der ihn nach seiner merkwürdigen Haut fragte, das allgemein geglaubte Märchen vom »Bad im Drachenblut« aufzutischen?

Das Besondere an dieser Fischschuppenkrankheit ist, daß sie erblich ist. Siegfried hatte keine Kinder, denen er sie hätte weitervererben können. Aber zahlreiche spätere Merowingerkönige scheinen ebenfalls daran gelitten zu haben. Der byzantinische Historiker Theophanes berichtete nämlich im 7. Jahrhundert, ihnen allen seien »auf dem Rücken Borsten wie Schweinen« gewachsen. So kann man diese Krankheit sehr wohl laienhaft beschreiben. War dies das Erbe eines den Merowingern und Siegfried gemeinsamen Vorfahren oder einer Vorfahrin?

Man sieht, die detektivische Spurensuche in alten Sagen und Geschichten kann manchmal verblüffende Erkenntnisse zum Vorschein bringen. Sie müssen nicht wahr sein, aber sie können wahr sein, wahrer jedenfalls als manches, was in von der Wissenschaft nie angezweifelten Geschichtsquellen steht.

24. AUS DER FRÜHZEIT DER BAJUWAREN

DER NAME SCHAFFT EIN VOLK
Spätsommer 555, auf der Donau oberhalb von Regensburg

Je näher das Ziel der langen Fahrt rückte, desto ungezwungener und fröhlicher wirkte die junge Königin. In ihrem Kleid aus schneeweißem Leinen mit der roten, goldbestickten Tunika (Mantel) darüber saß sie wie das Traumbild einer jungen begehrenswerten Frau am Heck des kleinen Donauschiffes und blickte erwartungsvoll auf die wohlbestellten Felder, die seit einiger Zeit den Fluß auf beiden Seiten begleiteten. Vor vier Sonntagen, beim Fortritt vom Hof König Chlothars in Suessiones (Soissons, Nordfrankreich) war Walderada noch verwirrt, empört und beleidigt gewesen und hatte sich das doch nicht anmerken lassen dürfen.

Da war ihr, der jüngsten Tochter des Langobardenkönigs Wacho und Gattin des soeben verstorbenen Königs Theudebald der Franken, zunächst zugemutet worden, wie eine vererbte Schmuckfibel in das Schlafzimmer des letzten überlebenden Frankenkönigs Chlothar weitergereicht zu werden. Walderada schauderte beim Gedanken an ihr mögliches Los im Palast des feisten, stets mißtrauischen Königs, der in seinem hohen Alter, er zählte immerhin schon fast 60 Winter, noch eine siebte Gattin haben wollte, nachdem er sechs »offizielle« bereits verbraucht hatte. Nur der entschiedene Einspruch einiger Bischöfe wegen der von der Bibel verbotenen Ehe unter nahen Verwandten hatte ihr das Schicksal erspart, die Frau des Großonkels ihres verstorbenen Mannes werden zu müssen. Doch hatte der König bestimmt, sie habe die Frau irgendeines fränkischen Statthalters an der Donau zu werden. War das nicht der Gipfel der Erniedrigung?

Jetzt, fast am Ende der Reise, sah Walderada das allerdings anders. Ihr Ehrenbegleiter und Befehlshaber der zwanzigköpfigen Schutztruppe fränkischer Krieger, Comes Gundowald, hatte ihr unterwegs so viel von ihrem künftigen Gemahl erzählt, daß die Königin die Ankunft

in Ratisbona (Regensburg) kaum erwarten konnte. Sie zählte doch erst
20 Sommer und hatte eine vierjährige, kinderlos gebliebene Ehe mit
dem meist kranken und mürrischen König Theudebald hinter sich, dessen einzige Leistung es war, sich Urenkel des großen Chlodwig nennen
zu dürfen. Hatte nicht auch eine junge Frau aus vornehmem Hause
Anspruch auf ein wenig Glück und Befriedigung im Leben?

Den Weg, den sie jetzt zurücklegte, und noch ein gehöriges Stück
weiter, hatte Walderada als fünfzehnjähriges Mädchen schon einmal in
umgekehrter Richtung genommen, als sie zwecks engerer Verbindung
des fränkischen mit dem langobardischen Königshaus an den Hof des
Theudebald nach Remisia (Reims) gebracht worden war. Jetzt lag die
Zeit in der bedrückenden Luft der fränkischen Königshöfe von Remisia und Suessiones, erfüllt von Intrigen, Mißtrauen, herzlicher Abneigung und Morden zwischen den engen Verwandten auf den fränkischen Thronen, endlich hinter ihr. Was für ein Mann würde Garibald
sein, dem sie jetzt entgegenreiste?

Nach wochenlangem Ritt über staubige Straßen, durch dunkle Wäl-
·der und menschenleere Gebiete war die kleine Gesellschaft endlich vor
kurzem in der Stadt Augusta (Augsburg) auf kleine Schiffe gestiegen,
die mit Unterstützung von Wind und Rudern pfeilschnell auf dem Li-
cus (Lech) und der Duna (Donau) ihrem Ziel entgegenflogen. Hier auf
dem Schiff blieb Muße genug für Berichte über Herzog Garibald und
seine Bajuwaren, von denen die junge Braut nicht genug hören konnte.

Comes Gundowald, der fränkische Edle aus Remisia, war dafür genau der Richtige, denn er kannte Garibald und dessen Vater sehr gut.
Vor genau 20 Sommern hatte Gundowald als junger Knappe an dem
Kriegszug eines Frankenheeres teilgenommen, das zunächst die wieder
einmal aufrührerischen Alemannen jenseits des Rheins zur Ruhe bringen mußte. Danach war das Heer weiter donauabwärts gezogen und
hatte in schnellem, von keinen Gefechten unterbrochenem Ritt Ratisbona erreicht, das einst von den Römern erbaute Kastell am Limes.
Dort hatte bis zu jenem Jahr, es war das zweite in der Regierung des
Königs Theudebert, des Sohnes von König Theuderich, gewesen (535),
ein Statthalter des Königs der Ostgoten residiert. Denn das Gotenreich
von Ravenna hatte stets an dem Anspruch festgehalten, im Namen des
römischen Kaisers in Konstantinopel über die einstige Diözese Italia
des weströmischen Reiches zu regieren, und dazu gehörten eben auch
die Provinzen nördlich der Alpen.

Damals, vor 20 Jahren, hatte sich das allerdings geändert. Der große König Theoderich war in Ravenna gestorben (526), und unter seinen Nachfolgern gab es Mord und Totschlag. Einer dieser Nachfolger, König Witigis, berief den gotischen Statthalter aus Ratisbona ab, weil er dessen Schutztruppe dringend in Italien benötigte, um sich gegen ein Heer aus Konstantinopel zu verteidigen, das Italien erobern wollte. Unmittelbar danach hatte sich ein gewisser Agilolf zum Herrn der Festung Ratisbona gemacht, und das fränkische Heer war gerade passend in der Nähe gewesen, um für König Theudebert Nutzen aus dieser unklaren Lage zu ziehen.

Wenn Gundowald von diesem Agilolf erzählte, geriet er ins Schwärmen. Er hatte damals als Knappe eines der fränkischen Heerführer mehrere Monate als Gast am Hofe dieses Fürsten – oder Königs? – in Ratisbona verbracht und wußte viel über dessen Vergangenheit und eindrucksvolle Persönlichkeit. Geboren war dieser Agilolf weit im Norden in Bojohaim (Böhmen) als Sproß einer Adelsfamilie. Diese war immerhin so angesehen, daß Agilolf als junger Mann eine Frau aus der weiteren Verwandtschaft des Herulerkönigs heiraten konnte. Doch vor inzwischen 40 Sommern, also lange vor dem Besuch des Gundowald in Ratisbona, war Agilolf mit einer zahlreichen Gefolgschaft von einigen hundert freien Kriegern, deren Familien und Knechten in die damals gotische Provinz Raetia secunda (das heutige Ostbayern südlich der Donau) ausgewandert. Der Ostgotenkönig Theoderich hatte die Auswanderer gerufen, denn er brauchte tüchtige Bauern und Krieger in einem Land, dessen Bevölkerung in den letzten 200 Jahren stark zusammengeschmolzen und verarmt war.

Agilolf war es nicht schwergefallen, zahlreiche von ihren Eigentümern verlassene Güter in der Umgebung von Ratisbona zu besetzen und seine Krieger mit ihren Knechten zu wirtschaftlich erfolgreichen Bauern zu machen. Überall im Land nördlich und südlich der Donau wohnten kleine Gruppen einstiger römischer Soldaten mit ihren Familien, die zwar nahezu die gleiche Sprache benutzten wie Agilolf und seine Leute und auch die gleichen Götter verehrten, aber ursprünglich aus den verschiedensten Völkern kamen, von den Rugiern, Herulern, Sueben, Langobarden, Ostgoten, Thüringern, Alemannen, Skiren und etlichen anderen.

Mit diesen Leuten ging Agilolf sehr geschickt um. Reihum besuchte er die Anführer dieser Grüppchen, trank mit ihnen Bier und be-

schwatzte sie, ihm einen kleinen Anteil des eigentlich für die gotischen
Besatzungstruppen bestimmten Zehnten abzugeben; dafür würde er,
Agilolf, sie mit seinen gut ausgerüsteten und disziplinierten Kriegern
vor etwaigen Übergriffen dieser Goten beschützen. Diese Leute des
Agilolf waren einst von den Einheimischen »Baiovari«, die »Leute aus
Böhmen«, genannt worden. Nun erlaubte Agilolf all seinen Sprachverwandten großzügig, sich ebenso zu nennen, denn die Leute aus Böhmen waren inzwischen weithin geachtet, ja, gefürchtet. »Der Name
macht das Volk«, pflegte Agilolf zu sagen, wenn er wieder den Namen
seiner Leute an eine andere Kriegergruppe verlieh wie einst Orden im
römischen Heer. War es ein Wunder, daß sein Volk von Jahr zu Jahr
wuchs, obwohl gar keine neuen Zuwanderer aus Böhmen kamen?

Ähnlich freundlich und vorsichtig verhielt sich Agilolf zu den Oberhäuptern der einst aus Alemannien nach Rätien geflüchteten Adelsfamilien der Huosi, Hahilinga, Fagana, Drozza und Anona. Sie waren
machtgewohnt und hatten genug Schätze und Leute aus der Heimat
mitgebracht, so daß sie ebenfalls bald zu den größten Grundbesitzern
der Provinz Rätien gehörten. Seine Besuche bei diesen Sippenhäuptern
dienten Agilolf dazu, sie einzeln als Freunde zu gewinnen, vorsichtig
das Mißtrauen zwischen ihnen zu schüren und gleichzeitig deutlich
zu machen, daß er, Agilolf vom Volk der Bajuwaren, ebenso reich und
angesehen sei wie sie.

In dem Jahr, als der Gotenkönig seinen Statthalter und seine Truppen aus Rätien abgezogen hatte, war Agilolf mit seinen paar hundert
Kriegern eiligst ins leer gewordene Kastell Ratisbona eingezogen. Und
als fast gleichzeitig ein Gerücht vom Anmarsch eines fränkischen Heeres entlang der Donau wissen wollte, hatte der Anführer der Bajuwaren
diesem Heer einen Boten entgegengeschickt und es herzlich eingeladen,
im Namen des Königs der Franken von dem herrenlos gewordenen
Land Besitz zu ergreifen. Er, Agilolf, wolle dem neuen König gerne als
Statthalter dienen.

So waren das fränkische Heer und mit ihm der junge Knappe Gundowald ganz friedlich in Ratisbona eingezogen und hatten die Gastfreundschaft Agilolfs genossen. Als das Heer bis auf eine kleine
zurückgelassene Truppe im nächsten Frühjahr ins Frankenreich
zurückzog, da hatte der fünfzehnjährige Sohn des neuen Statthalters namens Garibald es begleitet. Er sollte, bis er erwachsen sei, in der Residenz des Königs Theudebert in Remisia etwas von römischer und höfi-

scher Bildung lernen – und natürlich als Geisel dafür dienen, daß sein Vater Agilolf bei seinem Handeln als Statthalter die Interessen des Frankenreiches nicht vergaß. Doch über den letzteren Zweck der Fahrt Garibalds wurde nie laut gesprochen.

Unterwegs wurden die beiden gleichaltrigen jungen Edelleute naturgemäß gute Freunde. Daheim in Remisia gehörte Garibald zur Hofgesellschaft des Königs Theudebert, wurde im Christentum unterwiesen und bald rechtgläubig (katholisch) getauft, und er erhielt eine Frau aus einem angesehenen burgundischen Adelsgeschlecht. Leider starb sie früh zusammen mit dem Knaben, den sie geboren hatte. Es ging aber das Gerücht, daß von den Mägden am Königshof noch einige weitere Kinder des gutaussehenden blonden Bajuwaren aufgezogen wurden. Gundowald war erstaunt über die Hartnäckigkeit, mit der die junge Königin gerade in diesem Punkt nachfragte. Ihm schien, der künftigen Frau Garibalds sei es nicht gleichgültig, ob der ihr in Aussicht gestellte Gatte fähig sei, Kinder zu zeugen – im Gegensatz offenbar zu ihrem kränkelnden und inzwischen verstorbenen Mann Theudebald.

Vor sechs Sommern hatte Gundowald seinen Freund Garibald auf dem Weg in dessen Heimat an der Donau zurückbegleitet, denn der bajuwarische Statthalter Agilolf war gestorben. Als treuem Gefolgsmann des fränkischen Königs war Agilolfs Wunsch erfüllt worden, daß sein Sohn Garibald auch als Statthalter in Ratisbona sein Nachfolger werden möge. Der neue König Theudebald hatte Garibald sogar einen der höchsten Beamtentitel verliehen, den einst das Römische Reich und nun der König der Franken zu vergeben hatte, den eines Dux (Militär- und Zivilbefehlshaber einer Provinz). Die Bajuwaren nannten ihren Anführer in ihrer Sprache »herizogo« (Herzog). Auch in der Zwischenzeit war Gundowald schon zweimal als Bote seines Königs – mit dem heimlichen Auftrag, über bedenkliche Tätigkeiten des bajuwarischen Dux zu berichten – im Land an der Donau gewesen. Er konnte nur Gutes erzählen und brachte jedesmal einen Kasten voll kostbarem Schmuck, Goldmünzen und guten Waffen als Geschenk des bajuwarischen Dux an den König der Franken nach Remisia mit. Garibald hatte in Remisia schnell gelernt, wie man sich den stets geldgierigen König gewogen machen konnte.

So war die Entscheidung des Königs Chlothar, nach Theudebalds Tod dessen Witwe Walderada als Ehefrau an den noch unverheirateten Garibald zu geben, alles andere als eine Herabwürdigung ihres Ranges gewesen, sondern eine klug überlegte Maßnahme zur engeren Verbindung zwischen der fränkischen Königsfamilie und ihrem wichtigsten und mächtigsten Statthalter im fernen Osten. Und als Mann schien Garibald nach allem, was Gundowald erzählt hatte, weitaus annehmbarer zu sein als ihr verstorbener Gatte Theudebald, darüber war sich Walderada inzwischen klargeworden.

Gelegentlich mischte sich Bischof Priscus in das Gespräch Gundowalds mit der Königin. Der Geistliche war noch verhältnismäßig jung an Jahren und verdankte sein Amt als Bischof von Camaracum (Cambrai/Nordfrankreich) den guten Beziehungen seines Vaters, eines einstigen römischen Senators aus dem südlichen Gallien, zum fränkischen Königshof. Priscus gehörte der Gesandtschaft des fränkischen Königs als Vertreter des gallischen Episkopats an und sollte in Ratisbona die Trauung der Katholikin Walderada mit dem Katholiken Garibald vollziehen, weil es dort noch keinen Bischof gab. Danach sollte Priscus in den Süden des Landes der Bajuwaren weiterreisen, um den ebenfalls mitreisenden Presbyter Quintianus in das vor kurzem freigewordene Amt des Bischofs von Aguntum (Lienz /Osttirol, Österreich) einzusetzen. Denn die drei alten Bistümer im Tal des Dravus (Drau), Aguntum (Lienz), Teurnia (Spittal) und Virunum (Maria Saal, Kärnten), beanspruchten die Bischöfe aus dem Frankenreich als ihr Revier, weil die Bajuwaren als Gefolgsleute des Frankenkönigs vor einigen Jahren ihre Macht bis in die ehemals römische Provinz Noricum mediterraneum (heute etwa Kärnten, Österreich) auf der Südseite der Alpen ausgedehnt hatten. Mit der Einsetzung eines Bischofs in Aguntum galt es, dem Patriarchen von Aquileja (am Nordende der Adria) zuvorzukommen, der infolge alter römischer Privilegien seine kirchliche Zuständigkeit über die drei Bistümer behauptete. Priscus trug neben den notwendigen kirchlichen Geräten für die Bischofsweihe auch ein kleines Säckchen mit Goldmünzen bei sich, um die zur Bischofswahl berechtigten hohen Geistlichen in Aguntum zur Wahl des Priscus zu veranlassen.

Am Horizont im Osten tauchten gegen Mittag die Mauern des römischen Kastells Castra Regina auf. In früheren Jahrhunderten war es zwar mehrfach zerstört, aber immer wieder aufgebaut worden. Seit es vor vielen Jahrzehnten von den letzten römischen Truppen verlassen worden war, stand es unzerstört jedem neuen Benutzer offen. Im ehemaligen Prätorium (Statthalterpalast) hatte Herzog Garibald seine

Residenz eingerichtet. Die wenigen übriggebliebenen römischen Einwohner der Stadt feierten ihre Gottesdienste in der ehemaligen Lager-
kapelle, in die das einstige Fahnenheiligtum der römischen Armee neben
dem Prätorium vor fast zwei Jahrhunderten umgewandelt worden war.
Römer und Bajuwaren vertrugen sich friedlich in der Stadt, die jetzt
wieder den alten Namen Ratisbona (ursprünglicher keltischer Name
von Regensburg) trug, denn Herzog Garibald sorgte mit freundlicher,
aber nachdrücklicher Hand für Frieden in seinem Land.

Was wird das für ein Leben in dieser Stadt sein, dachte die junge
Königin und künftige Herzogin Walderada halb bang und halb erwar-
tungsfroh. Und würde Garibald wirklich der Märchenprinz sein, als
den sie ihn sich in ihren Wachträumen in den letzten Nächten vorgestellt hatte?

»FINDELKINDER« ODER
»ZUSAMMENGELAUFENES VOLK«?

Auch die vorstehende schöne Geschichte von der verwitweten fränkischen Königin Walderada und ihrer Fahrt von Soissons nach Regensburg ist natürlich nicht dokumentarisch im einzelnen belegt. Dennoch
ist die Verheiratung der Walderada mit dem bajuwarischen Herzog Garibald um das Jahr 555 eine historische Tatsache. Die Reise der jungen
Witwe von der Aisne an die Donau kann sich kaum anders als geschildert abgespielt haben. Viel weniger sicher ist allerdings das heutige
Wissen über die in der Episode erzählten Ursprünge der Bajuwaren,
den Statthalter Agilolf und dessen Sohn Garibald. Die Geschichtswissenschaft ist sich nicht einmal sicher, ob es überhaupt einen Bajuwaren-
fürsten Agilolf gegeben hat. Andererseits passen die wenigen Mosaik-
steine inzwischen ziemlich gesicherten historischen Wissens über die
Zeit und Region so genau in das von der erfundenen Episode dargestellte Bild, daß es Historikern vom Fach schwerfallen dürfte, den als
Vorschlag gemeinten Geschichtsablauf als völlig unwahrscheinlich hinzustellen. Wie sonst als in einer romanhaft ausgeschmückten Erzählung
soll man heutigen Lesern die komplexen und nirgends schriftlich überlieferten Vorgänge der Ethnogenese (Entstehung eines Volkes) der
Bajuwaren, der späteren Bayern, verständlich machen?

Strenge Wissenschaftler müssen hier die Waffen strecken, da sie ja

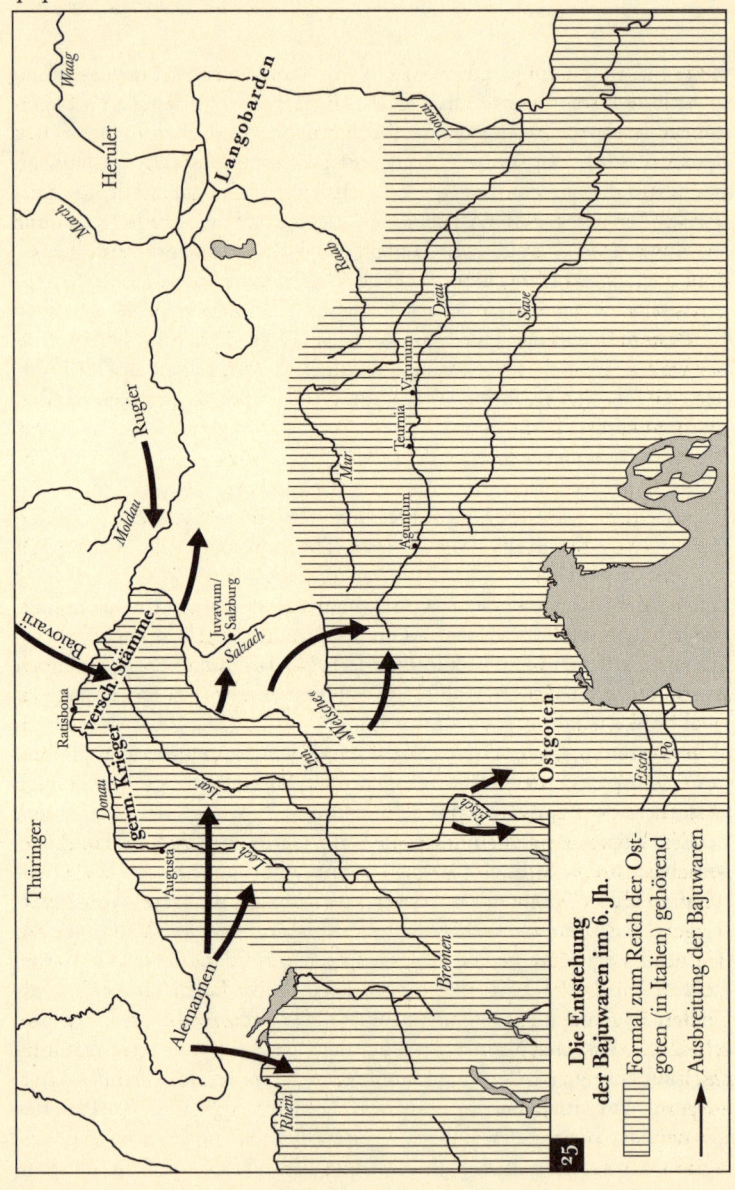

Die Entstehung der Bajuwaren im 6. Jh.

Formal zum Reich der Ostgoten (in Italien) gehörend

Ausbreitung der Bajuwaren

25

keine schriftlichen Quellen dafür besitzen. Nicht einmal der bisher so oft zitierte Gregor von Tours hilft weiter, denn, von winzigen Ausnahmen abgesehen, interessierten ihn die »wilden Barbaren von jenseits des Rheins« überhaupt nicht. Den inzwischen zu Tausenden erforschten Gräbern von Kriegern und ihren Angehörigen des 5. und 6. Jahrhunderts in Bayern kann man leider nichts über die Gedankenwelt der vor so langer Zeit Verstorbenen entnehmen. Und Spekulationen über denkbare, aber nicht durch schriftliche Quellen bewiesene Entwicklungen anzustellen, weigern sich Fachhistoriker im allgemeinen.

Dennoch sind die seit Jahrzehnten archäologisch erforschten Gräber wahrscheinlich der Schlüssel zur Erkenntnis der tatsächlichen Vorgänge in Bayern im 6. Jahrhundert. Noch vor 60 bis 70 Jahren galten die Bajuwaren für die Historiker in Deutschland als die »Findelkinder der Völkerwanderung«. Ab der Mitte des 6. Jahrhunderts tauchte der Name Baiovari plötzlich in einigen zeitgenössischen Dokumenten auf. Damit wurde eine germanische Völkerschaft benannt, die große Teile des heutigen Bundeslandes Bayern und des angrenzenden Österreich bewohnte. Wo aber kamen diese Bajuwaren her?

Die Zeit um 550 gehörte noch zur Epoche der sogenannten Völkerwanderung, folglich *mußten* auch die Bajuwaren, die so plötzlich erwähnt wurden, nach Bayern *eingewandert* sein. Der Name Baiovari wurde als die »Männer aus Bojo-haim – Böhmen« erklärt und doch auch bald wieder bezweifelt, weil es keinerlei Belege über eine massenhafte Wanderung von Germanen aus Böhmen nach Bayern zu Anfang des 6. oder Ende des 5. Jahrhunderts gab. Verzweifelt nannten einige Historiker die Bajuwaren also »Findelkinder«.

Erst langsam machten die immer zahlreicheren Grabfunde und verbesserten archäologische Vergleichsmethoden solcher Hinterlassenschaften den Gedanken unabweisbar, daß die Bajuwaren wohl überwiegend aus zahlreichen Splittern früherer germanischer Völker – und, wie noch zu erklären sein wird, vieler anderer »Zutaten« – *an Ort und Stelle* zu einem Volk zusammengewachsen sind. Ähnlich ist das ja auch bei den Alemannen, Sachsen, Thüringern und Franken geschehen. Nur scheint die Entstehung der »alten Bayern«, ihre Ethnogenese, sich sehr rasch vollzogen zu haben. Wenige Jahrzehnte hatten offenbar dazu ausgereicht. Eine plausible Erklärung dafür schlägt die obige Episode mit der Schilderung des wohldurchdachten Handelns des sagenhaften Agilolf vor.

Ähnlich wie am Rheinlimes und in Nordgallien waren in den letzten
100 Jahren der römischen Herrschaft an der oberen Donau zahlreiche
Germanenkrieger verschiedenster Herkunft einzeln als Söldner oder
gruppenweise als Foederaten in den Armeedienst des Römischen Reiches getreten. Mit ihren Familien, Knechten und Mägden hatten sie
sich beiderseits der Donau als Verteidiger des Limes niedergelassen.
Die anfangs perfekte Versorgung der römischen Armeeangehörigen
mit Lebensmitteln und anderen Gütern war inzwischen längst zusammengebrochen. Daher mußten diese römischen Soldaten germanischer
Abstammung zwangsläufig nebenbei Bauernwirtschaften betreiben, genauer gesagt, von ihren Frauen, Kindern und Gesinde betreiben lassen,
um sich selbst zu versorgen. Als gegen Ende des Weströmischen Reiches (476) niemand mehr da war, der diesen Soldaten Verteidigungs-
maßnahmen befahl, und auch die »fremden« Feinde es gar nicht mehr
nötig hatten, mit Waffengewalt den Limes zu bestürmen, wurden aus
den germanischen Kriegerbauern ganz von selbst wieder ziemlich friedliche »Nur«-Bauern. Die zahlreichen Orte mit der Endung »-ing« in
Bayern markieren nach der Überzeugung der Historiker und Sprachforscher die Gegenden, in denen sich diese germanischen Kriegerbauern zuerst niederließen.

Die Einwanderung einer relativ kleinen Gruppe von Germanen aus
dem böhmischen Becken an die Donau ober- und unterhalb von Regensburg ist inzwischen feste Überzeugung der Archäologen. Es können keine Markomannen gewesen sein, die ja früher in Böhmen gelebt
hatten. Seit Attilas Zeiten, also fast 100 Jahre lang, war dieser Name nie
mehr aufgetaucht. Aber man nimmt an, daß es sich um Germanen von
der mittleren Elbe, also entfernte Verwandte der einstigen Markomannen, gehandelt hat. Es waren wohl Gruppen, die einst im heutigen
Brandenburg als Semnonen ansässig gewesen und später elbaufwärts
nach Böhmen gezogen waren. Ihr Weiterwandern nach Bayern, wenigstens eines deutlich nachweisbaren Teils davon, bald nach dem Jahr 500
ist heute eine von Archäologen und Historikern überwiegend vertretene Vermutung. Das gleiche gilt für die Annahme, daß diese Auswanderer mit Wissen, vielleicht auf Aufforderung des Ostgotenkönigs
Theoderich des Großen in die Provinz Raetia secunda kamen, über die
dieser König ja noch die Oberherrschaft beanspruchte.

Ein Fürst oder Herzog Agilolf wird erstaunlicherweise in keiner
zeitgenössischen Quelle erwähnt, wohl aber nannte sich die Familie der

späteren bayerischen Herzöge von Garibald (zweite Hälfte 6. Jahrhundert) bis zu ihrem letzten Vertreter Tassilo III. (Ende 8. Jahrhundert) stolz »Agilolfinger«. In Teil IV und V wird von diesen Agilolfingerherzögen in Bayern und Alemannien noch mehrmals die Rede sein. Die Ehe von Garibald und Walderada wurde übrigens mit mindestens fünf Kindern gesegnet; der jüngste Sohn Tassilo wurde Nachfolger seines Vaters als bajuwarischer Herzog, eine Tochter Theodolinde wurde Frau eines späteren langobardischen Königs in Italien, und ein weiterer Sohn Gundoald machte ebenfalls seine Karriere in Italien: Er wurde zum Stammvater einer über die Langobarden herrschenden Königsfamilie. Auch Walderada war wie erwähnt die Tochter eines Königs der Langobarden, die allerdings bis 568 noch an der Donau im heutigen Ungarn ansässig waren.

Sehr viel spricht also dafür, daß ein gewisser Agilolf der Vater von Herzog Garibald war. Die in der Einleitungsepisode dargestellte Persönlichkeit dieses Agilolf und ein langjähriger Aufenthalt seines Sohnes am Hof der Frankenkönige in Reims – als Gast und Geisel – würden viele bisher offene Fragen zur Entstehung des bajuwarischen Volkes und Herzogtums beantworten.

Die Bajuwaren müssen also aus der Mischung zahlreicher germanischer Stammessplitter entstanden sein, die aus dem Osten, Norden und Westen des heutigen Bayern dorthin gezogen waren. Doch auch sehr erhebliche Anteile anderer, nichtgermanischer Bevölkerungsgruppen haben gewiß zum späteren bayerischen Volkstum beigetragen. Schon mehrfach wurde in diesem Buch beschrieben, wie im einst römischen Teil Süddeutschlands die römische Verwaltung und Zivilisation allmählich zusammenbrach, viel stärker als am Rhein (12. und 20. Kap.). Südbayern – die damalige Provinz Raetia II – hatte zwar zwei Jahrhunderte länger als das heutige Baden-Württemberg zum Römischen Reich gehört, doch hatten diese beiden Jahrhunderte kaum noch zur Verstärkung des römischen Firnis beigetragen. Die Landwirtschaft fiel in primitivere Formen zurück, die reicheren unter den römischen Bürgern flüchteten in friedlichere Gegenden, und die verbliebenen Einwohner versteckten sich hinter den Mauern der wenigen kleinen Städte und Kastelle. Weiter im Osten, im sogenannten Ufer-Norikum (Noricum ripense, das heutige Nieder- und Oberösterreich), hatte bekanntlich Odoaker 488 den Abzug der römisch gesinnten Bevölkerung angeordnet (siehe S. 313). Im Westen, in der Raetia I, weiß man von einer solchen organisierten Rückwanderung nichts. Aber große Zahlen »römischer« Einwohner können auch dort nicht zurückgeblieben sein.

Doch die germanischen Einwanderer zählten ebenfalls nicht nach Hunderttausenden, sondern jeweils nach Hunderten, höchstens nach Tausenden. Die mehrfach erwähnte sehr niedrige Bevölkerungsdichte in Deutschland in den ersten Jahrhunderten nach Christi Geburt war um das Jahr 500 mit Sicherheit nahezu unverändert, wenn die Einwohnerzahl nicht noch erheblich gesunken war. Allzu viele Germanen können den in der Provinz Raetia (und Noricum) zurückgebliebenen Römern nicht gegenübergestanden haben.

Die inzwischen einheitlich Baiovari genannten Germanen machten aber sehr rasch und nachdrücklich klar, daß sie politisch – und auf die Dauer auch sprachlich und kulturell – den Ton anzugeben hatten. Im Norden blieben die vermutlich nur wenigen Römer in den Kleinstädten und Kastellen am Limes, wie in Regensburg, die Unterschicht von kleinen Handwerkern, Kaufleuten und Hilfsarbeitern, die sie wohl auch unter römischer Herrschaft gebildet hatten. Im Süden Rätiens, vor allem in den Alpentälern, gab es offenbar jedoch noch verhältnismäßig zahlreiche Römer auf landwirtschaftlichen Gütern und in geschlossenen Siedlungen. »Walhen« oder »Walchen« nannten die germanisch sprechenden Bayern diese Römer. Der Begriff »Welsche« ist davon abgeleitet. In den nördlichen Vorbergen der Alpen, vor allem im heutigen Salzburger Land, existierten bis ins Hochmittelalter hinein viele solcher fremdsprachlichen Enklaven. Dorfnamen wie Straßwalchen oder Seewalchen und der Walchensee zeugen noch heute davon. In schriftlichen Urkunden bis ins 9. und 10. Jahrhundert tauchten später auch Adlige oder reiche Grundbesitzer mit romanischen Namen in diesen Gegenden auf. Sie waren also keineswegs alle von den Bajuwaren enteignet oder gar totgeschlagen worden, sondern hatten oft ihren Einfluß erhalten können.

Die meisten dieser Römer dürften keltische Vorfahren gehabt haben, waren aber in fast 400 Jahren römischer Herrschaft sprachlich romanisiert, das heißt, sie sprachen Vulgärlatein. Auch waren sie längst alle katholische Christen.

In einigen Dokumenten des 6. und 7. Jahrhunderts taucht neben den »Romani« oder »Walchen« noch eine »Breonen« genannte Bevölkerung auf, im wesentlichen in den Alpen zwischen Innsbruck und Bodensee. Ihre Anführer, die zeitweise den Bajuwaren Kämpfe lieferten,

waren Adlige mit romanischen Namen. Sprachforscher vermuten allerdings, daß es sich bei den Breonen um oberflächlich romanisierte Reste
einer Menschengruppe in den westlichen Alpen handelte, die man Ligurer nennt. Vor der Überschichtung durch Kelten, dann durch Römer
und schließlich durch Germanen hat sich das Volk der Ligurer vermutlich über die ganzen Westalpen bis zur Mittelmeerküste (»Ligurisches
Meer«, Riviera oder Côte d'Azur) ausgebreitet. Es scheint ein vorindo-
germanisches Idiom, gemischt mit einer indogermanischen – aber eben
nicht keltischen, lateinischen oder germanischen – Sprache verwendet
zu haben. Nur wenige Orts- und Personennamen sind aus dieser Sprache bekannt. Erbanlagen dieses Volkes sind mit Sicherheit auch in das
Volkstum der Bayern geflossen. Doch kann dieser Frage hier nicht
näher nachgegangen werden.

EIN UNGEAHNTER WANDEL
DER MACHTVERHÄLTNISSE

Um richtig zu verstehen, was da im heutigen Süddeutschland vor sich
gegangen war, bis die junge Witwe Walderada zu ihrem künftigen Ehemann reisen konnte, müssen noch einige Informationen über die historischen Vorgänge seit der Eroberung Thüringens durch die Frankenkönige nachgetragen werden. Denn in den knapp 30 Jahren vor
dieser Reise hatten sich die Machtverhältnisse im heutigen Frankreich,
Italien und Deutschland in ungeahnter Weise zugunsten der Franken
verändert.

Das fränkische Königreich war bekanntlich nach dem Tod Chlodwigs (511) von dessen vier Söhnen geteilt worden. Doch in allen wichtigen, vor allem außenpolitischen Entscheidungen sollten die Brüder
gemeinsam für das Frankenreich handeln. Das geschah zwar nicht immer, aber doch wohl öfter, als aus den unzulänglichen Quellen ersicht-
lich ist.

Zum Reichsteil des ältesten Chlodwig-Sohnes, Theuderich, gehörte
ein Stück des alten Salierlandes in Nordostfrankreich. Theuderich
schlug seine Residenz in der alten römischen Provinzhauptstadt Durocortorum auf, die nun aber nach dem einst dort heimischen Kelten-
stamm der Remisier Remisia genannt wurde. Im Französischen wurde
»Reims« daraus. Theuderich herrschte auch über die neueroberten Ge-

biete jenseits des Rheins: Alemannien, die später »Mainfranken« genannte Region, kleine Teile des Rheinlands und seit 531 Thüringen.
Wie das geschah, ist leider kaum bekannt. Eine besonders enge Verbindung wird da nicht bestanden haben, höchstens gab es in dem fremden Land ein paar vom König eingesetzte Statthalter mit einigen Besatzungstruppen zu ihrem Schutz. Im Kapitel über die Eroberung
Thüringens (siehe S. 390) wurde das schon näher beschrieben. Die
Adligen der unterworfenen Gebiete mußten für den Kriegsfall Heeresfolge versprechen. Von einer darüber hinausgehenden »Verwaltung«
waren die Franken des 6. Jahrhunderts noch weit entfernt. Hier im
»barbarischen« Germanien konnten sie ja auch nicht auf die einge-
spielte römische Verwaltung in Gallien zurückgreifen oder auf eine lese-
und schreibkundige Schicht gebildeter Galloromanen.

König Theuderich starb im Jahr 534, offenbar kurz nachdem er
den Thüringerkönig Irminfried nach Tulbiacum gelockt und dort von
der Stadtmauer hatte stürzen lassen. Sein damals schon erwachsener
Sohn Theudebert trat in seinem Reichsteil die Regierung an. Von
diesem Theudebert ist der Nachwelt wenig überliefert, Gregor von
Tours berichtete lieber über die grausamen Familiengeschichten der
Merowingerkönige, die er selbst miterlebt hatte. Doch muß dieser
König, er regierte von 534 bis 547, nach Chlodwig der bedeutendste
unter den frühen Merowingern gewesen sein. Vor allem sorgte er für
eine außerordentliche Expansion des Frankenreiches nach Südosten
und Osten.

Er war es, dem die »Eroberung« der Provinz Raetia II praktisch in
den Schoß fiel, wie in der Erzählung des fränkischen Comes Gundowald geschildert. Im gleichen Jahr 536 (oder 537, das ist nach den Quellen nicht eindeutig) konnte Theudebert einen Vertrag mit dem Ostgotenkönig Witigis abschließen, in dem dieser auf Rätien, Alemannien
und vor allem die »Provincia« (Provence von Marseille bis Nizza) offiziell verzichtete und sie dem Frankenreich übertrug. Im Zusammenhang mit dem Schicksal der Alemannen wurde das bereits einmal erwähnt (siehe S. 348). Großsprecherei war gewiß auch dabei, als König
Theudebert in einem Brief an den oströmischen Kaiser Justinian in
Konstantinopel (geschrieben um 546) von sich behauptete, von den
»Sachsen und Euten (Jüten?) über die Donau und die Grenze Pannoniens bis zu den Küsten des Ozeans (die Nordsee oder die Adria?)«
zu herrschen. Aber völlig falsch war diese Aussage auch nicht. Theu-

debert hat jedenfalls dem Frankenreich mehr Land hinzugewonnen als alle seine Nachfolger aus der Merowingerdynastie zusammen.

In den Jahren 532/34 hatten die Frankenkönige und Brüder Chlothar und Childebert das bis dahin unabhängige Königreich Burgund in Südostfrankreich erobert; Theuderich war daran nicht beteiligt. Etwa zur gleichen Zeit wurden die Westgoten fast ganz aus dem alten Gallien hinaus und nach Spanien abgedrängt. Seit dem Jahr 536 unterstand nahezu das ganze Gebiet des heutigen Frankreich der Herrschaft der Frankenkönige. Ihre alten Rivalen und zeitweisen Verbündeten, die Ostgoten, wurden nach dem Tod ihres Königs Theoderich des Großen (526) im Verlauf von nur 27 Jahren vollkommen aufgerieben. Deren Geschick, das in Italien seinen Lauf nahm, gehört nicht in dieses Buch. Ab dem Jahr 553 gab es jedenfalls kein Ostgotenreich mehr; Italien wurde – allerdings auch nur für kurze Zeit – wieder vom Oströmischen Reich von Konstantinopel aus regiert.

Für einen großen Teil des Gebiets Deutschlands beginnt jedenfalls ab der Mitte des 6. Jahrhunderts eine Epoche von mehreren Jahrhunderten Dauer, in der sein Schicksal mit dem der Franken verbunden war.

TEIL IV:
NEUE VÖLKER,
NEUE GÖTTER

Etwa 550 bis 750 n. Chr.

25. IN EIN LEERES LAND

DREI FESTE
Juni (Sommersonnenwende) 570,
Dorf Mecklenburg bei Wismar

War es Zufall oder Fügung der Götter, daß alle drei Dörfer ihre großen Feste ausgerechnet an *einem* Tag feiern wollten? Dabei waren sich die Menschen in diesen so dicht beieinander liegenden Siedlungen noch immer fremd, obwohl sie zum Teil schon seit Jahren zusammenlebten und zwei der Dörfer seit kurzem für das dritte arbeiten mußten.

Im Dorf der Warnen auf der Schotterebene über der sumpfigen Flußniederung rüstete man sich an diesem schönen Sommermorgen zu einem Fest, das in der kleinen Gemeinschaft sehr selten geworden war. Thorolf sollte heute mit Walhild Brautlauf (Heirat) halten, und ein solches Ereignis hatte es hier zuletzt vor sechs Sommern gegeben. Es lebten ja nur noch sehr wenige junge Leute hier, die heiratsfähig waren, wo doch im ganzen Dorf nur wenig über zehn Hände Menschen zu Hause waren, von der ältesten Greisin bis zum jüngsten Brustkind. Nur ein knappes Dutzend kräftige Männer waren noch darunter, zur Arbeit mit dem Pflug ebenso bereit wie zum Kampf mit der Lanze, und einer dieser wenigen war Thorolf, Sohn des Dorfältesten Thorgud. Mit Walhild, seiner Base, sollte Thorolf nun dafür sorgen, daß die Warnen sich wieder vermehrten.

Es war ein kümmerlicher Rest des so zahlreichen und berühmten Volkes der Warnen, das hier auf dem fruchtbaren Landrücken zwischen Großem Meer (Ostsee, Wismarer Bucht) und Großem See (Schweriner Seen) früher einmal ansässig gewesen war. Doch als des Dorfältesten Thorguds Großvater noch ein kleines Kind gewesen war, vor etwa 60 Sommern, da war hier ein fremdes Volk vom Meer her durchgewandert. In den Kämpfen, die die Warnen mit diesem Volk ausgetragen hatten, waren viele Dörfer in Flammen aufgegangen und viele Ernten vernichtet worden. Nachdem die Fremden weitergezogen

waren, blieb für die Warnen nicht mehr genug, wovon sie leben konnten. So hatten sich große Teile des Volkes nach Süden hin aufgemacht.
Wie es hieß, hatten sie im Schatten der großen Berge (Harz) im Reich
der Thüringer Aufnahme und reichliches Land gefunden.

Die wenigen Familien aus dem Volk der Warnen, die damals nicht
mit fortgewandert waren, konnten nun viele Sommer über ungestört
ernten, was sie gesät hatten. Zur besseren gegenseitigen Hilfe waren sie
aus weitem Umkreis in das Dorf über der Flußaue zusammengezogen,
in der Nähe der Stelle, wo ein alter Handelsweg mittels einer Furt den
kleinen Verbindungsfluß zwischen See und Meer durchquerte. Mehrere Tagereisen weit in alle Himmelsrichtungen stand das einst von den
Warnen wohlbestellte Land nun leer, und der Wald begann wieder
dort zu wachsen, wo einmal die Vorfahren Baum um Baum gefällt hatten, um Häuser damit zu bauen und Getreide auf dem gerodeten Feld
zu säen.

Vor zehn Sommern waren plötzlich neue Menschen von Sonnenaufgang her an den Fluß gekommen. Sie hatten sich Land zum Säen,
den Wald zum Mästen ihrer Schweine und zum Ernten von Honig und
den Fluß zum Fischen angeeignet. Die Warnen kamen gar nicht erst
dazu, sich gegen diese Neuankömmlinge zur Wehr zu setzen, denn
diese zählten dreimal mehr Köpfe als die alten Einwohner. Linonen
nannten sich die Neuen, und sie hatten sich ein Dorf aus kleinen, halb
in der Erde vergrabenen Häusern dicht am Fluß gebaut, weil sie offenbar ohne tägliches Fischen nicht leben konnten.

Die ganz fremde Sprache der Linonen hatten die Warnen wohl oder
übel inzwischen einigermaßen lernen müssen, denn die neuen Herren
behandelten die vorgefundenen Alteinwohner nicht anders als diese
einst ihre eigenen Vorgänger. Das wichtigste Wort aus der Sprache ihrer neuen Herren, das den Warnen sehr bald geläufig war, hieß »rabotj«
und bedeutete Äcker pflügen oder Getreide ernten für die Männer,
Gänse, Schafe oder Schweine hüten für die Kinder und Wolle spinnen
oder Kräuter sammeln für die Frauen.

Wie sehr sich die Linonen als die Stärkeren fühlten, hatte sich gerade gestern gezeigt. Seit Tagen hatten die Warnen große Menge Ael
(Honigbier) gebraut, denn ein Brautlauf ohne ein lustiges Aeltrinken
für das ganze Dorf war undenkbar. Weil aber die Linonen am gleichen
Tag der Sommersonnenwende ihr großes Fest für ihren Gott Volos feiern wollten und auch dazu ein deftiges Besäufnis mit Kamon (Gersten-

bier) gehörte und weil die Linonen der Meinung waren, ihr eigener Vorrat davon sei viel zu klein, hatten sie kurzerhand die großen Tontöpfe mit Ael ihren warnischen Orbu (Angehörige unterworfener Völker) weggenommen.

Mit ohnmächtigem Zorn mußten die Warnen diese Schmach über sich ergehen lassen. Aber voll heimlicher Schadenfreude beobachteten sie, wie am gleichen Tag die Herren ihrer Herren den Linonen bewiesen, daß auch diese nur Knechte waren. Denn ebenfalls gestern war es gewesen, als Idizar, der Zupan der Obodriten, den Linonen ihr sorgfältig gehütetes einziges Pferd wegnehmen ließ, um es für sein eigenes Fest zu verwenden. Wie aber sollten die Warnen Brautlauf trinken, wenn sie kein Ael hatten?

Zur gleichen Zeit machte sich Metschamir, der Starschina (Anführer) der Linonen, in seinem Dorf am Fluß trübe Gedanken. Wie sollte sein Volk das Fest des längsten Tages und des Gottes der Herden, Volos, feiern, wenn er, Metschamir, nicht den Umritt um Dorf und Herden auf einem Pferd halten konnte, der nach dem Willen der Götter nun einmal dazugehörte?

Für die Linonen hatten die Götter in den letzten Jahren eigentlich nur Gutes geschickt, seit sie vor 15 oder 20 Sommern aus ihrer viele, viele Tagereisen entfernten Heimat nach Sonnenuntergang zu aufgebrochen waren. Der Wegzug aus den Wäldern an Wisla (Weichsel) und Boga (Bug) war damals notwendig geworden, weil allzu häufiger Regen die Erde an den Flußufern in Sümpfe zu verwandeln begann. Und weit im Westen, so hieß es allgemein bei den Plemen (Stämmen) in den großen Wäldern, war genug Platz für die Menschen der Slovu, der gemeinsamen Sprache, denn die kriegerischen Stämme, die Götter wie Wodan und Thor verehrten, hatten längst fast alle das Land verlassen. So waren denn auch die Linonen aufgebrochen mit ihren Frauen und Kindern, ihren Schweine- und Schafherden, ihrem geringen Haus- und Ackergerät und ihren Angeln und Fischernetzen und langsam nach Westen gezogen.

Hier zwischen den zwei großen Gewässern hatte die Pleme der Linonen vor zehn Sommern schließlich eine Gegend zum Siedeln gefunden, wie sie es sich besser nicht wünschen konnte. Die wenigen zurückgebliebenen Warnen waren eine willkommene Zugabe an Arbeitskräften. Die Schweine wurden von den Eicheln in den nahen Wäldern fett, die Wildbienen lieferten Wachs und Honig, die Fische in den vielen Gewässern ließen sich leicht fangen, und die kleinen Äcker konnten ohne viel eigene Mühe der Linonen weitgehend von den Orbu der Warnen bestellt werden.

Doch im letzten Herbst hatte sich das alles völlig verändert. Da war von Süden her eine große Menschenmenge mit mehreren hundert Kriegern, mit Herden von Rindern, Schafen und sogar einigen Pferden angerückt. Nach kurzer Prüfung der günstigen Lage hatte der Anführer der Neuankömmlinge beschlossen, hier die neue Mitte seiner Pleme der Obodriten einzurichten. Deren Rodu (Familienclans) verteilten sich rasch auf das ganze Gebiet, das einstmals die Warnen bewohnt hatten, doch im Bedarfsfall waren ihre mit Speeren, Pfeil und Bogen sowie schweren Schilden bewaffneten Krieger schnell zur Stelle, um etwaige Versuche der Linonen oder der Warnen mit Gewalt zu unterbinden, sich der ihnen auferlegten Rabotj zu entziehen. Denn erstaunlicherweise sprachen die Obodriten fast genau dieselbe Sprache wie die Linonen, auch wenn sie aus einer anderen Gegend gekommen waren.

Doch auch Zupan Idizar grübelte an diesem Festmorgen im Dorf der Obodriten auf halbem Weg zwischen dem Dorf der Linonen und dem der Warnen mißmutig vor sich hin. In seiner große Pleme war der Tag der Sonnenwende im Sommer stets dem Gedächtnis des Nakon gewidmet, jenes Urahnen seiner eigenen Zadruga (Großfamilie), der vorzeiten die bis heute unvergessene Tat vollbracht hatte: Gehüllt in das Fell eines von ihm selbst kurz zuvor erlegten Wildrindes, hatte Nakon an der Spitze nur weniger Krieger den Angriff eines an Zahl weit überlegenen feindlichen Stammes zurückgeschlagen. Dessen Krieger waren voller Furcht vor einem Speere schleudernden und eine Keule schwingenden »Auerochsen« davongelaufen. Jener Tag war der Beginn der ruhmreichen Pleme der Obodriten und mit ihr der Herrschaft der Abkömmlinge Nakons, zu denen auch Idizar selbst gehörte.

Die Tat des Nakon hatte sich vor vielen, vielen Sommern in der Nähe der himmelragenden Berge ereignet, wo der Strom der Wisla entsprang (gemeint Beskiden). Später war die zahlreicher gewordene Pleme über die Berge nach Süden gezogen, in die Nachbarschaft des Dunastroms (südliche Slowakei). Dort hatte noch ein König der Langobarden die Oberherrschaft, aber diese war milde und erträglich. Das änderte sich erst, als ein neues wildes Reitervolk, schlimmer als die Hunnen, aus den unendlichen Steppen des Ostens nach Pannonien einfiel und mit Feuer und Schwert von allen Völkern rundum Unterwer-

fung unter seinen Khaghan (Fürsten) forderte. Das stolze Volk der
Langobarden war daraufhin von der Donau südwestwärts nach Oberitalien ausgewandert (568), um sich dem Zugriff der Awaren, dieser
neuen Hunnen, zu entziehen.

Fast gleichzeitig war die Pleme der Obodriten nach Nordwesten
ausgewichen, durch Mähren und Böhmen und am Elbstrom abwärts
immer weiter gen Mitternacht. Hier fanden die Obodriten ein men-
schenleeres Land, doch der Nachzug einiger anderer, entfernt verwandter Plemen drängte sie immer noch weiter nach Norden. Hier
oben endlich, dicht vor dem südlichen Ende des großen Nordmeeres,
hatte Zupan Idizar den Oberhäuptern der Rodu seines Volkes befohlen, die längst aufgegebenen Weide- und Ackergründe der Warnen zu
besetzen und von dem bereits wieder aufwachsenden Wald zu befreien.
Die vorgefundenen wenigen Männer und Frauen der Warnen und
Linonen konnten den Obodriten sehr gut als Arbeiter dienen.

Alles war bisher nach Wunsch des Zupan Idizar gegangen, und die
Obodriten hätten heute in Stolz und Dankbarkeit gegenüber den Göttern die jährliche Stravze (Totengelage) zum Andenken an ihren Ahnherrn Nakon feiern können, mit reichlichem Bratengenuß und noch
reichlicherem Kamon, wie es sich gehörte. Doch einen kleinen, aber
wichtigen Schönheitsfehler gab es da noch. Während des letzten Winters war der alte Kruto gestorben, der seit Jahrzehnten den Obodriten
bei der jährlichen Stravze aus allerlei Anzeichen eine glückliche Zukunft
voraussagen konnte. Woher einen neuen Wahrsager nehmen? Unter
den Obodriten hatte bisher niemand ähnliche Fähigkeiten bewiesen.
Doch im Dorf der Warnen gebe es einen alten Mann, so hieß es, der die
Kunst des Wahrsagens ähnlich gut beherrsche wie bisher Kruto.

So stand denn bald Thorgud, der Anführer des Warnendorfes und
Vater des heutigen Bräutigams, durch einen Boten herbeigerufen, in
ehrerbietiger Haltung vor dem mächtigen Zupan Idizar. Der verlangte
von ihm, den Obodriten bei ihrem heutigen Fest die Zukunft zu deuten.
Thorgud mußte zugeben, daß ihm die Nornen die Fähigkeit verliehen
hatten, künftige Ereignisse meistens zutreffend vorauszusehen, doch
benötige er dazu zwei große Tontöpfe voll Kamon und ein Pferd. Nachlässig seinem hinter ihm stehenden Aufseher der Herden und der
Vorräte zuwinkend, bewilligte Idizar dem Warnen seinen Wunsch.
Heute war der gebräuchliche Ablauf der Feier für den Ahnherrn Nakon wichtiger als würdeloses Feilschen.

Dieses kleine, leicht verschmerzbare Opfer zahlte sich für die Obodriten aus. Denn in einer eindrucksvollen Vorführung hatte kurz darauf Thorgud den atemlos Lauschenden verkündet, sie würden bald
hier in unmittelbarer Nähe eine starke Burg erbauen, die sie Wiligrad
nennen würden, in ihr würden die Enkel und Urenkel des Zupans
Idizar als mächtige Fürsten das Land auf viele Tagereisen ringsum beherrschen. Und die Familie des Nakon werde noch nach so vielen Generationen blühen, wie die Rinderherde von Idizars Zadruga Köpfe
zählte. Das waren immerhin mehr als zehn Hände voll – eine große
Zahl und ein unendliche Spanne an Zeit, für die der Zukunftsdeuter
Thorgud eine Blüte der Zupan-Familie der Obodriten verheißen hatte.

Es war kein Wunder, daß am Abend dieses Feiertages wohl kein An-
gehöriger dieses Volkes, gleich ob Greis oder Kind, nicht selig und von
Kamon berauscht war. Doch auch bei den Warnen war das traditionelle
Ende des Brautlaufs mit einem lustigen Aeltrinken dank der klugen
Forderung ihres Anführers Thorgud gesichert. Ja, selbst der Linonen-
Starschina Metschamir konnte nach altem Brauch Dorf und Herden
auf einem Pferd umreiten, denn Thorgud hatte das listig von den Obo-
driten erworbene Pferd für einen Tag den Linonen ausgeborgt, im
Hinblick auf die gute Nachbarschaft, die Warnen und Linonen auch in
Zukunft würden pflegen müssen.

EINE NEUE VÖLKERWANDERUNG, DIESMAL DER SLAWEN

In Deutschland gibt es seit etwa anderthalb Jahrhunderten einen merkwürdigen Sprachgebrauch für bestimmte historische Vorgänge. Das an
sich schon reichlich mißverständliche Wort Völkerwanderung bleibt
hierzulande ausschließlich den *Germanen* vorbehalten, und zwar in der
Zeit zwischen 375 und 568. Was sich davon innerhalb des heutigen
Deutschlands abspielte, und vor allem *wie* sich die Wanderungen vollzogen, das wurde in den Kapiteln von Teil III, so gut es ging, verständlich gemacht.

Nun, zu Beginn von Teil IV, muß von einer ganz anderen Völker-
wanderung berichtet werden, der der Slawen, die nur in deutscher
Sprache nie dieses Ausdrucks gewürdigt wird. Warum eigentlich nicht?
Denn die Ausbreitung der Slawen von ihrem Ursprungsland in alle

Himmelsrichtungen im 5. bis 8. Jahrhundert (und auch noch viel später) ist für Mittel- und Osteuropa und auch für Deutschland langfristig genauso entscheidend gewesen wie die germanische Völkerwanderung für Süd- und Westeuropa.

Unbewußt scheint selbst bei den seriösesten deutschen Historikern noch das Gefühl mitzuschwingen, daß die germanische und die slawische Völkerwanderung des frühen Mittelalters nicht direkt miteinander vergleichbar seien. Vielleicht, weil die Germanenreiche in Italien, Gallien, Spanien oder Nordafrika auf altem römischem Kulturgebiet unter Hinterlassung reichlicher schriftlicher Quellen Fuß faßten, was bei den slawischen Stämmen im Osten und Südosten Europas nicht der Fall war. Aber sind denn Schriftquellen das einzige, was zählt? Sie fehlen, wie in diesem Buch schon oft beklagt werden mußte, doch weitgehend auch für das Gebiet Deutschlands.

Außerhalb der seriösen Wissenschaft gibt es in Deutschland noch eine historische Forschungsdisziplin, die die Existenz von slawischen Völkern im Frühmittelalter rundheraus leugnet. Diese Wissenschaftsrichtung versucht mit sprachlichen und anderen Argumenten nachzuweisen, die frühen Slawen seien nur die Sklaven germanischer Völker gewesen, oder sie erklärt sie selbst zu »entarteten Germanen«. Was das deutsche Wort Sklaven mit dem Volk oder der Sprache der Slawen zu tun hat, wird später erklärt. Anhänger dieser Forschungsrichtung werden zwar von der offiziellen Geschichtswissenschaft in Europa nicht ernst oder überhaupt nicht zur Kenntnis genommen. Aber es gibt sie, und einige von ihnen vertreten ihre Thesen mit einem Fanatismus, der alle Wissenschaftler, die anderes behaupten, als Volksverräter beschimpft. Die ideologische Ecke, aus der dieser Glauben stammt, ist wohl unschwer zu erkennen.

Die seriösen Sprachforscher und Historiker sind sich jedoch einig, daß die Vorfahren der heute slawisch sprechenden Völker vor etwa 1500 Jahren noch eine weitgehend einheitliche Sprache von unbestreitbar indoeuropäischer Verwandtschaft verwendeten und daß sie in der Zeit zwischen 400 und 800 aus einem engbegrenzten Gebiet in alle Himmelsrichtungen ausschwärmten. Dieses Ursprungsgebiet der Slawen wird, wenn man der Mehrheit der heutigen Vorgeschichtsforscher folgt, grob gesagt von den Nordkarpaten, dem Pripjetfluß und dem mittleren Dnjepr begrenzt, umfaßt also etwa den Westteil des heutigen unabhängigen Staates Ukraine. Das erste Wohngebiet der späteren Sla-

wen war der Landstrich, durch den ein Teil der einstigen »Kurganhir-
ten« auf ihrer Flucht vor der Trockenheit zur Zeit ihrer ersten »Explosion« zwischen 4000 und 2000 *vor* Christus durchziehen mußte (siehe
oben S. 29f). Man darf sich wohl vorstellen, daß die späteren Slawen
die Nachkommen jener Kurgangruppen waren, die dort gewissermaßen
auf halbem Wege zurückgeblieben und seßhaft geworden waren.

Aus dieser geographischen Lage läßt sich auch die Stellung der slawischen (Ur-)Sprache erklären, die nach zahlreichen linguistischen
Kennzeichen auf der Grenze zwischen dem westlichen alteuropäischen
und dem östlichen indoarischen Zweig der indoeuropäischen Sprachgruppe steht. Dort, in der Westukraine, gab es riesige Laubmischwäl-
der und Sümpfe, die Schutz vor den Angriffen der wilden iranischen
und später innerasiatischen Reiterkrieger aus der Steppe boten. Aber
diese lockeren Wälder boten zugleich kleinen Viehherden ausreichendes Weideland, der leichte Waldboden setzte den zerbrechlichen Holz-
pflügen der frühen Bauern keinen großen Widerstand entgegen, und
die zahlreichen Flüsse lieferten reiche Nahrung an Fischen. So konnten
sich die Menschen, die sich dort niedergelassen hatten, 2000 Jahre lang
ungestört von den Völkerstürmen im übrigen Eurasien entwickeln:
schlicht und reichlich »hinterwäldlerisch«, ohne Anzeichen einer höheren Kultur, aber von ungeheurer Zähigkeit und prägender Kraft, wie
sich später bei ihrem plötzlichen Ausbruch aus dem »Gefängnis« der
Ursitze erweisen sollte.

Schriftliche, also historische Nachrichten über die Slawen setzen
eigentlich erst im 6. Jahrhundert n. Chr. ein, nach dem Zusammenbruch
des Weströmischen Reiches. Die Römer und Griechen des Altertums
hatten so gut wie keine Berührung mit den Slawen. Deren Nachbarn –
Germanen, Illyrer, Daker, Skythen, später die Goten und schließlich
die Hunnen in Südrußland – schirmten die Frühslawen von jedem direkten Kontakt mit den ersten abendländischen Hochkulturen ab. Die
einander ablösenden Herren der Steppe im Südosten – Kimmerier und
Skythen, Sarmaten, Goten und Hunnen – dürften die nördlich angrenzenden Slawen zu Lebensmittellieferungen gezwungen, aber kaum
ernsthaft unterworfen haben.

Im Jahrhundert zwischen 450 und 550 war erstmalig seit über 1000
Jahren der Sperriegel mächtiger fremder Völker im Süden und Westen
der Slawen unterbrochen: Das Hunnenreich hatte sich bekanntlich
nach Attilas Tod sehr rasch aufgelöst, und die Germanenvölker, die

große Teile Osteuropas seit Jahrhunderten besetzt gehalten hatten, waren im Verlauf des Hunnensturms nach West- und Südeuropa abgezogen. Dieses Vakuum nützten die slawischen Stämme offenbar aus, sich aus der immer spürbarer werdenden Enge ihres bisherigen Lebensraums zu befreien. Ein sehr starker Geburtenüberschuß scheint damals mit einer Nässe- und Kältezeit in Osteuropa einhergegangen zu sein – Gründe genug für die »Explosion« der Slawen nach allen Seiten.

Der gemeinsame Name Slawen für die vielen einzelnen Stämme, der von griechisch und lateinisch schreibenden Schriftstellern jener Zeit übereinstimmend überliefert wurde, scheint von dem urslawischen Wort »slowo« abzustammen, das eben »Wort« bedeutet: ein Hinweis, daß sich alle Stämme mit gleicher Sprache doch als irgendwie zusammengehörig betrachteten, obwohl es bis zur Gegenwart nie eine *politische* Einheit unter den Slawen gegeben hat.

Kaum daß im späten 5. Jahrhundert die Bedrohung Konstantinopels durch Hunnen und Germanen nachgelassen hatte, mußten die byzantinischen Geschichtsschreiber schon wieder den Einfall neuer schrecklicher Feinde von Norden her über die Donau verzeichnen. Sie wurden Anten und Sclavinen (Slawen) genannt und zogen in plündernden Schwärmen durch das heutige Rumänien und Bulgarien auf die griechische Peloponnes. Was zunächst nur gelegentliche Überfälle mit anschließendem Rückzug waren, ging bald in planmäßige Ansiedlung starker Slawengruppen beiderseits der unteren Donau in Rumänien, Bulgarien und Griechenland über.

Nicht lange darauf mischten auch wieder Reiterkrieger aus Innerasien im europäischen Wirrwarr des frühen Mittelalters mit. Sie nannten sich Awaren und kamen nach einem langen Treck irgendwo aus Innerasien, vermutlich auf der Flucht vor den ersten Türken, die ebenfalls aus dieser Gegend stammten. In der Mitte des 6. Jahrhunderts hatten diese Awaren das große Steppengebiet der nördlichen Balkanhalbinsel erreicht und bedrohten sofort als Nachfolger der Hunnen das Oströmische Reich auf dem Balkan und in Kleinasien. Die Awaren gehörten, wie vermutlich vor ihnen die Hunnen, zu den innerasiatischen Mongolen.

Das mystisch übersteigerte Selbstbewußtsein ihrer adligen Führungsschicht verlangte offenbar, daß alle Nachbarvölker, mit denen die Awaren in Berührung kamen, sich zumindest formal ihrer Herrschaft unterwarfen. Eine intensivere Beherrschung dieser Völker auf Dauer war von den Awaren jedoch anscheinend weder beabsichtigt noch ihnen möglich. Das immer noch militärisch schlagkräftige Oströmische Reich mit seiner Hauptstadt Konstantinopel (Byzanz) konnte die Awaren nie entscheidend besiegen, doch zahlte der Hof in Konstantinopel in den folgenden 200 Jahren unendliche Mengen an Goldmünzen an die awarischen Khaghane – im Grunde nichts anderes als Bestechungs- oder Lösegelder.

Bei ihrem raschen Vorstoß nach Westen sollen die Awaren im Jahr 562 auch bis an die Elbe vorgedrungen sein und sich dort – im Vorfeld Thüringens? – eine Schlacht mit dem fränkischen König Sigibert geliefert haben. Davon weiß man aber nur etwas durch eine lakonische Notiz bei Gregor von Tours. Sigibert war einer der Söhne des schon mehrfach erwähnten Frankenkönigs Chlothar. Er regierte im Osten des Frankenreiches von 561 bis 575. In einer zweiten Schlacht kurz danach (566?) scheint König Sigibert eine Niederlage erlitten zu haben und konnte sich nur durch reichliche Zahlung von Lösegeld aus der Gefangenschaft befreien.

Doch den Awaren genügte es offenbar, die Unüberwindlichkeit ihrer Waffen bewiesen zu haben; sie zogen sich damals auf Nimmerwiedersehen aus den für sie unwirtlichen Gebieten im nördlichen Mitteleuropa zurück. Allerdings werden wir in späteren Kapiteln noch des öfteren von den Awaren hören.

Unter die lockere Oberhoheit der Awaren gerieten zeitweilig auch viele Slawengruppen im heutigen Ungarn und weit darüber hinaus. Doch andere Slawenstämme, die zu stolz oder zu klug waren, sich unterwerfen zu lassen, entzogen sich der awarischen Herrschaft durch die Flucht, so vermutlich auch die Vorfahren des späteren Slawenvolkes der Obodriten in Mecklenburg und Ostholstein. Einen wichtigen Anstoß für die Geschichte des Mittelalters in Süd- und Mitteleuropa gaben die Awaren dadurch, daß sie zusammen mit den Langobarden das vorletzte Germanenvolk auf der Balkanhalbinsel, die Gepiden, vernichteten. Einem ähnlichen Schicksal, das vorhersehbar war, entzog sich der kluge Langobardenkönig Alboin im Jahr 568, indem er sein Volk und was noch sonst an Germanen auf dem Balkan lebte, zum Auszug nach Norditalien und zur Gründung eines neuen Langobardenreiches dort veranlaßte.

Nur der Vollständigkeit halber sei hier noch erwähnt, daß die Ausdehnung der Slawen im Frühmittelalter auch nach Nordosten reichte,

in die Weiten des nordrussischen Raumes hinein. So entstand das
große Volk der Russen. Doch die russische Geschichte ist nicht Gegenstand dieses Buches.

BEVÖLKERUNGSWANDEL
SÜDLICH DER OSTSEE

In den letzten Jahrzehnten konnten genaue Untersuchungen zahlreicher archäologischer Funde das Wissen über die grundlegenden Bevöl-
kerungsveränderungen im Nordosten Deutschlands stark vermehren.
Doch in die gängigen Geschichtsbücher ist dieses Wissen bisher nicht
eingegangen. Denn von den Völkerwanderungen im großen Gebiet
zwischen Ostsee, Elbe, Weichsel und den Gebirgen am Nordrand Böhmens hatten die römischen oder byzantinischen Schriftsteller nichts erfahren und infolgedessen unsere ausschließlich auf schriftliche Quellen
fixierten Fachhistoriker ebenfalls nicht. Wir müssen uns mit der trauri-
gen Überzeugung bescheiden, daß unser heutiges Wissen selbst über
die germanische Völkerwanderung noch äußerst lückenhaft ist. Was im
5. und 6. Jahrhundert südlich der Ostsee vor sich ging, müssen Völker-
tragödien gewesen sein, die denen der West- oder Ostgoten, der Langobarden oder Wandalen in keiner Weise nachstanden, nur sind sie für
uns namenlos und werden daher von der eingefahrenen Geschichtswissenschaft lieber totgeschwiegen. Doch die in jenen Jahrzehnten hastig versteckten und nie wiedergefundenen Schätze und die Aufgabe
von generationenlang benutzten Gräberfeldern in Nordostdeutschland
sprechen eine eindringliche Sprache.

Das Gebiet südlich der Ostsee, Mecklenburg und Pommern, war
rund 1000 Jahre lang sowohl Siedlungs- wie auch Durchzugsgebiet für
germanische Gruppen, die aus dem skandinavischen Norden kamen
und zum Teil nach längerer oder kürzerer Zeit der Seßhaftigkeit nach
Süden weiterzogen. Die Goten (siehe 4. und 8. Kap.) haben wir als ein
Beispiel solcher wandernden Völker kennengelernt. Noch einige weitere Namen sind bekannt: Burgunder, Wandalen und Langobarden.
Doch viele andere germanische Gruppen bleiben namenlos.

Um ein mögliches Mißverständnis gar nicht erst aufkommen zu
lassen: Das spätere *Ost*preußen östlich der Weichsel war in dieser ganzen
Zeit niemals germanisch besiedelt. Hier lebten seit langem baltische

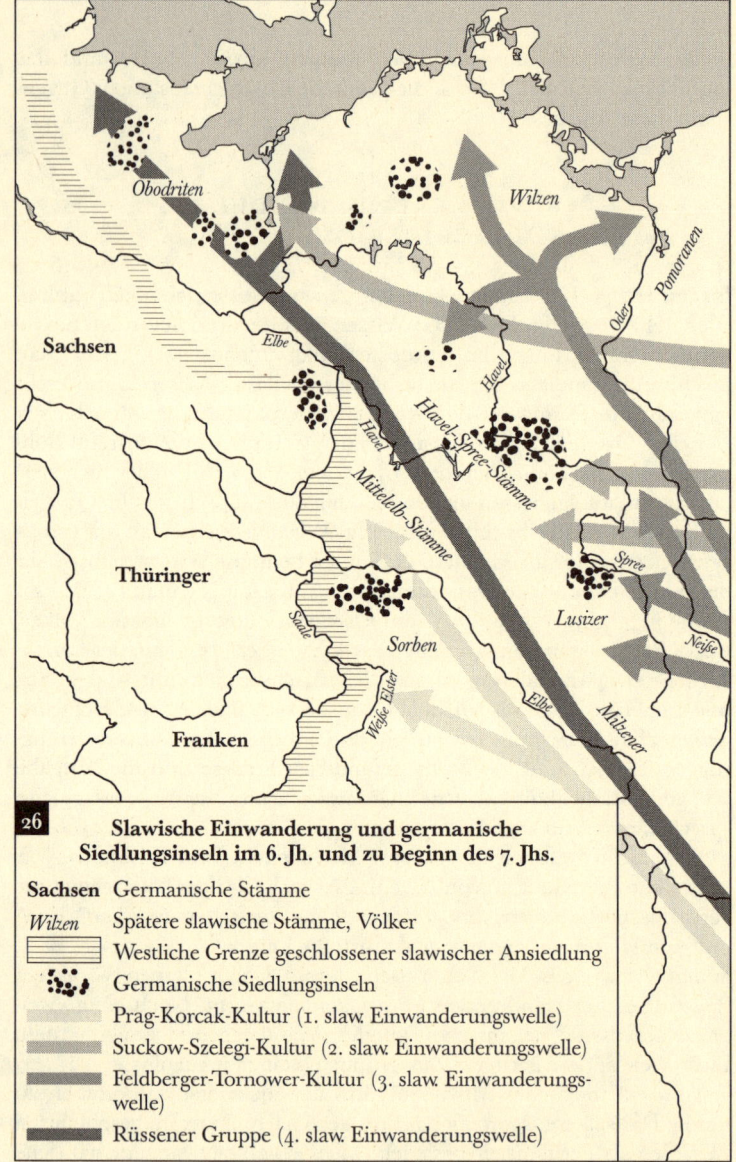

26 **Slawische Einwanderung und germanische Siedlungsinseln im 6. Jh. und zu Beginn des 7. Jhs.**

Sachsen   Germanische Stämme

Wilzen   Spätere slawische Stämme, Völker

Westliche Grenze geschlossener slawischer Ansiedlung

Germanische Siedlungsinseln

Prag-Korcak-Kultur (1. slaw. Einwanderungswelle)

Suckow-Szelegi-Kultur (2. slaw. Einwanderungswelle)

Feldberger-Tornower-Kultur (3. slaw. Einwanderungswelle)

Rüssener Gruppe (4. slaw. Einwanderungswelle)

Volksstämme, so die späteren Pruzzen. Erst ab dem 13. Jahrhundert
faßten hier Deutsche Fuß, indem sie das Land gewaltsam eroberten.

In Mecklenburg und Pommern ließ im 5. Jahrhundert der Strom an
germanischen Einwanderern aus Schweden oder den großen Inseln davor (Gotland, Bornholm) nach. Nun wanderten von hier mehr Menschen ab oder kamen in Kriegen um, als nachrückten. So wurde bis
etwa zur Mitte des 5. Jahrhunderts erst Südwest-, dann Südostmeck-
lenburg fast völlig von seiner bisher elbgermanischen Bevölkerung
geräumt. Dennoch gab es noch einmal Einwanderer in Mecklenburg,
die nur Germanen gewesen sein können und vermutlich aus Skandinavien kamen. Sie müssen um 470/80 nach Mecklenburg gezogen sein,
spätestens um 520 wanderten sie jedoch offenbar nach Süden weiter.
Wohin? Kein Geschichtsschreiber des Römerreiches hat davon Kenntnis genommen, nicht einmal in den germanischen Heldensagen tauchen diese Vorgänge auf.

Eine ähnliche Situation wie in Mecklenburg bestand im östlich angrenzenden Pommern und Westpreußen. Der polnische Archäologe
Godlowski hat vor einiger Zeit die Forschungen zur späten Völkerwanderungszeit in diesem Gebiet zusammengefaßt und dabei nicht nur polnische Untersuchungen seit 1945 berücksichtigt, sondern auch ältere
wie neuere deutsche und skandinavische Veröffentlichungen mit im
Blick gehabt. Danach muß dieses Gebiet bis zum Ende des 5., Anfang
des 6. Jahrhunderts noch verhältnismäßig dicht, dicht im Sinne jener
Zeit, von Germanen besiedelt gewesen sein. Sie scheinen im engen Kul-
tur- und Handelsaustausch sowohl mit Skandinavien als auch mit dem
fernen Römischen Reich weit im Süden gestanden zu haben, wie die
zahlreichen aufgefundenen römischen Goldmünzen (Solidi) beweisen.

Spätestens ab etwa 455, nach dem Ende der Hunnenherrschaft in
Südosteuropa, wurden auch für die Germanen an der Ostsee die Bal-
kangebiete wieder attraktiv: Unternehmungslustige Individuen, Kriegergefolgschaften und sogar ganze Stammesgruppen von der Ostsee
konnten dort im Süden Ruhm, Beute und Sold aus beiden römischen
Teilreichen erwerben oder sich in jetzt wieder offenstehenden Gebieten
ansiedeln. So gab es einen lebhaften Verkehr, aber es kehrten auch einzelne Krieger oder Gruppen von Germanen in das Gebiet zwischen
Ostsee und Balkan zurück. Römisches Geld strömte reichlich ins Land,
mit Sicherheit auch als Entgelt für den von den Römern heiß begehrten
Bernstein von der Ostseeküste.

Doch mit dem ersten Jahrzehnt des 6. Jahrhunderts hat offenbar dieser Goldzufluß nach Pommern relativ plötzlich und endgültig sein Ende gefunden. Godlowski vermutet, ähnlich wie andere von ihm zitierte Archäologen, »daß die Ursache hierfür eine Katastrophe war, und zwar verheerende kriegerische Einfälle, die das massenhafte Verbergen der Solidischätze (bei den Germanen in Pommern) und dann eine weitgehende Entvölkerung und Verarmung der Einwohner verursachten«. Eine ganz ähnliche Entwicklung haben skandinavische Archäologen für die großen Inseln in der Ostsee festgestellt: Auf der schwedischen Insel Öland versiegte der Zustrom römischer Solidi schlagartig exakt 476/77, auf Bornholm rund 30 Jahre später, also im ersten Jahrzehnt des 6. Jahrhunderts. Pommern leerte sich also zur gleichen Zeit wie Mecklenburg. Doch welches Volk da kam und die alten Einwohner vernichtete oder vertrieb, ohne dabei selbst eine Spur zu hinterlassen, wird wohl noch lange ein Rätsel bleiben müssen. Nur, Slawen waren es sicherlich noch nicht.

Nirgends sind Anzeichen für Kämpfe zwischen Slawen und Germanen in dieser Epoche und Region gefunden worden. Erst Jahrzehnte nach der Entvölkerung Nordostdeutschlands von seinen germanischen Einwohnern begannen die ersten slawischen Gruppen dort einzuwandern. Die schwachen germanischen Reste, die es dort bestimmt hie und da gegeben hat, waren den zahlenmäßig überlegenen Slawen gegenüber nicht in der Lage, sich zu wehren. In der wie üblich erfundenen Einleitungsepisode wurde versucht, dem Normalleser den wissenschaftlichen Begriff von der »Überschichtung« verständlich zu machen. Ob es allerdings gerade Angehörige des germanischen Stammes der Warnen waren, die in der Nähe des Schweriner Sees überdauert hatten, ist unbekannt. Man weiß aber, daß Warnen – ebenso wie Angeln – im Reich der Thüringer Aufnahme gefunden haben.

Die slawischen Einwanderer kamen in mehreren Wellen, zu verschiedenen Zeiten und aus unterschiedlichen Richtungen. Die in der Einführungsepisode erwähnten Linonen und Obodriten verkörpern diese verschiedenen Wellen, auch wenn man nicht weiß, ob die aus späteren Jahrhunderten überlieferten Völkernamen schon zu so früher Zeit benutzt wurden.

Die Archäologen nennen die erste slawische Einwanderungswelle nach Deutschland »Prag-Korcak-Kultur«, weil man nahe dieser Städte im heutigen Tschechien typische Tonwaren und andere Hinterlassenschaften gefunden hat. Doch war dies nicht das Ursprungsland dieser Slawengruppe, sondern vermutlich stammten sie aus der Westukraine um den mittleren Dnjepr, beim heutigen Kiew. In langsamem, aber konsequentem Zug bewegten sich diese Gruppen nach Westen und Nordwesten: über Mähren und Böhmen abwärts am Elbfluß bis ins Elbe-Saale-Gebiet. Ihre nördlichsten Spuren hat man um Magdeburg und im südlichen Havelland (Brandenburg) gefunden.

Eine Gruppe anderer geographischer Herkunft war die sogenannte »Suckow-Szelegi-Kultur« (in der Einleitungsepisode Linonen genannt). Die Menschen dieser Kultur waren wohl aus den großen Wäldern Ostpolens und des heutigen Weißrußlands aufgebrochen, eine zähe, genügsame Menschengruppe mit noch recht primitiver Landwirtschaft und Kleintierhaltung (Schafe, Schweine). Immerhin führten sie in Mecklenburg als erste den Anbau von Roggen ein. Wie die meisten frühen Slawen waren die Linonen begeisterte Fischer und legten ihre Dörfer stets in unmittelbarer Nähe von Flüssen oder Seen an. Andere, verwandte Gruppen besetzten zwischen 550 und 600 nicht nur Mecklenburg, sondern auch Pommern und Teile Brandenburgs.

Wieder andere Slawen, die »Feldberger-Tornower Kultur«, zogen von den Nordhängen der Beskiden über Schlesien im Odertal nach Norden bis nach Pommern und ins östliche Mecklenburg. Aus ihnen scheinen später die Wilzen und Pomoranen geworden zu sein.

Möglicherweise als letzte erschien in Deutschland die »Rüssener Gruppe« als entfernte Verwandte der »Prag-Korcak-Kultur« und auf dem gleichen Weg wie diese über das Tal der Elbe. Sie scheint ihren Ausgangspunkt in der südlichen Slowakei nördlich der Donau gehabt zu haben, und der Anlaß zu ihrer offenbar recht schnellen Wanderung war, wie Archäologen vermuten, das plötzliche Erscheinen der Awaren in der benachbarten ungarischen (pannonischen) Tiefebene. Im Gegensatz zur »Prag-Kultur« stießen diese Slawengruppen weit nach Norden bis an die Ostsee vor, ins westliche Mecklenburg, ja, bis nach Ostholstein. Aus dieser Gruppe, so nimmt man an, entwickelte sich unter anderen das slawische Volk der Obodriten und weiter im Süden das der Sorben.

So hatte Nordostdeutschland sich schon in der zweiten Hälfte des 6. Jahrhunderts wieder mit Menschen, diesmal slawischer Zunge, gefüllt. Natürlich besetzten auch diese Gruppen zunächst nur die relativ kleinen Siedlungsinseln zwischen den großen Urwäldern und Sümpfen,

die vorher den Germanen als Wohnstätten gedient hatten. Es sollte
noch 100 und mehr Jahre dauern, ehe aus diesen vorgeschichtlichen
Gruppen ohne bekannte Völkernamen die zahlreichen slawischen
Völker wurden, die ab dem 8. Jahrhundert allmählich auch wieder
in schriftlichen Quellen auftauchen.

So verschieden die örtliche Herkunft dieser Slawen war, so wiesen
sie doch, neben der Sprache, manche gemeinsame Eigenarten auf. Einzelne Teile slawischer Völker, vor allem unter den Südslawen und den
Russen, haben diese Eigenarten noch bis ins 19. und 20. Jahrhundert
bewahrt, was ein bezeichnendes Licht auf das zähe Beharrungsvermö-
gen dieser Völkergruppe wirft. Dazu zählt vor allem die Gliederung in
Großfamilien (südslawisch: Zadruga) mit gemeinschaftlichem Besitz an
Land, Vieh und Ernteertrag. Die Kleinfamilien der verheirateten
Söhne – sie lebten in den slawischen Dörfern meist für sich in kleinen,
halb in die Erde gegrabenen Einraum-Holzhütten mit gemauertem
Herd – gehörten zur Zadruga ihres Sippenältesten, also des Vaters oder
Großvaters, arbeiteten für den gemeinsamen Lebensunterhalt der
Großfamilie und waren dem Richterspruch ihres Gospodars (Anfüh-
rers der Zadruga) in allen Lebensfragen unterworfen.

Mehrere Großfamilien, oft mit gemeinsamen Ahnen, siedelten gemeinsam in einem Dorf (Rodu); die Frauen holte man sich aus einem
anderen Dorf des gleichen Stammes (Pleme). Größere Einheiten als
die vielen kleinen Stämme, deren Vorsteher Zupan oder Starschina
hießen, gab es in der Frühzeit nicht. Diese Zupane, wie auch die Anführer der kleineren Einheiten, herrschten nicht unumschränkt, sondern waren an die Meinung und Zustimmung jeweils eines Ältesten-
rats gebunden.

Über die Religion der frühen Slawen weiß man sehr wenig, und
wenn, dann nur aus späterer Zeit, als christliche Priester von Deutschland aus damit in Berührung kamen und meistens nur in Tönen äußersten Abscheus davon berichteten. Die Gottheiten waren wohl Verkörperungen von Naturgewalten und sollten die Ernte und das Vieh
schützen. Verschiedentlich hat man ziemlich roh zugeschnitzte Holzpfosten gefunden, die wohl slawische Götterbilder darstellen sollen.
Insgesamt, so meinen Kenner, ist der slawischen Religion eine tragische
Komponente eigen: Die Götter konnten die Menschen schützen, aber
auch vernichten, und man war ihnen auf Gedeih und Verderb ausgeliefert. Daran konnten offenbar auch reichliche Opfer nichts ändern.

DAS STOLZE VOLK
DER OBODRITEN

Die in der Einleitungsepisode genannten Obodriten werden noch in verschiedenen Kapiteln dieses Buches vorkommen. Ob das Volk sich schon im 6. Jahrhundert selbst so nannte, ist wie gesagt unbekannt. Doch angesichts des zähen Traditionsbewußtseins gerade dieses Volkes ist es auch nicht auszuschließen.

Was die Einleitungsepisode über die heroische Tat eines sagenhaften Stammesgründers und Ahnherrn der Fürstenfamilie, Nakon, erzählt, ist frei erfunden. »Primordiale (ur-anfängliche) Tat« nennt man wissenschaftlich-verschleiernd einen solchen sagenhaften Anfang eines Volkes. Immerhin gibt zu denken, daß ein schwarzer Ochsenkopf seit dem Mittelalter das Wappen Mecklenburgs bildet – bis heute!

Die Familie der Nakoniden, der Abkömmlinge Nakons, stellte spätestens ab dem 8. Jahrhundert die Fürsten der Obodriten (häufig auch Abodriten, Abotriten geschrieben). Und völlig einzigartig in Deutschland, ja in Europa, ist es, daß Nachkommen eben dieser Familie bis zum Jahr 1918 Grafen, später Herzöge und Großherzöge des Landes Mecklenburg waren und daß dieses Fürstenhaus noch heute fortbesteht. Der warnische Wahrsager Thorgud hatte es als Phantasiegebilde des Autors am Ende des 20. Jahrhunderts daher leicht, der Familie seines Zupans Idizar ein Blühen über 50 und mehr Generationen vorauszusagen!

Genauso leicht fiel ihm die Voraussage, daß ein Obodritenfürst ein paar Jahrzehnte später, Anfang des 7. Jahrhunderts, genau dort eine große Festung bauen lassen würde, wo sich sein Stamm um 570 niedergelassen hatte. Man hat ausgerechnet, daß mindestens 500 Männer ein Jahr lang schuften mußten, um die Erdwälle der etwa 100 mal 200 Meter großen Slawenburg aufzuhäufen, nach typisch slawischer Art inmitten einer sumpfigen Wiese mit nur einem leicht zu verteidigenden Zugang über eine Brücke. Die Burg lag genau an der Stelle, wo man die einzige Ost-West-Straße auf der Landbrücke zwischen Ostsee und großem Schweriner See sperren konnte. Auf slawisch-obodritisch hieß die Burg Wiligrad (große Burg), auf lateinisch Magnopolis, auf deutsch Mekilinburg und später Mecklenburg. Bis 1256 war sie Sitz der obodritischen Fürsten, dann verfiel sie, doch ihr Name blieb bis heute an dem Land hängen, das von ihr aus regiert wurde: Mecklenburg.

Wenn so kurz nach der Niederlassung des Stammes an Ostsee und Schweriner See so viele Menschen für den Obodritenfürsten Rabotj leisten konnten, darf man schließen, daß es bereits nicht wenige Ankömmlinge waren, die einst von der Donau nach Norden gezogen waren. Die Obodriten scheinen anders als die Linonen bereits Großvieh (Rinder, Pferde) gezüchtet zu haben, und es hat gute Gründe, daß in der Einleitungsepisode ihr Auftreten sehr viel kriegerischer und herrischer als das der Linonen geschildert wurde.

26. EIN BRUDERZWIST
IM HAUSE MEROWECH

VON ADEL UND VOLK VERLASSEN
Herbst 612, Köln

Die Menge starrte schweigend auf das unglaubliche Schauspiel, das sich ihr bot. Auf einer Holztribüne im überdachten Hof der Aula regia, des ehemaligen Palastes römischer Statthalter in der alten Stadt Colonia am Rhein, saß auf seinem kostbaren Faltstuhl Theuderich, König der Franken in Burgund, der zweite seines Namens. Gekleidet war der noch junge Herrscher so, daß ihn jeder in der Menge als König erkennen konnte: Ein rotes Seidenkleid umhüllte seinen Körper, reich besetzt mit goldenen Bienen, ein breiter Gürtel mit Goldbeschlägen hielt die mit roten Edelsteinen verzierte Scheide eines wertvollen Schwertes. Die blonden Locken Theuderichs fielen bis zur Schulter, wie es sich für einen König geziemte.

Vor dem König stand mit gebeugtem Haupt eine ganz ähnlich gekleidete Gestalt, doch ihre Arme waren mit Eisenketten auf den Rücken gefesselt, und einige robuste fränkische Krieger mit Sax (messerartigem Kurzschwert) und Schild hielten den Gefangenen mit kräftigen Fäusten fest. König Theuderich konnte endlich Gericht halten über seinen fränkischen Mitkönig von Austrien, der noch dazu sein eigener, um ein Jahr jüngerer Bruder war. »Theudebert, gewesener König von Auster«, verkündete der König von seinem Thron mit weithallender Stimme, »du hast durch unzählige Verbrechen gegen Gott und das Volk der Franken dein Amt entweiht. Dank der Hilfe Gottes, unseres Herrn, und seines Sohnes Jesus Christus und des Heiligen Geistes bist du nicht mehr König der Franken und in meine Gewalt gegeben. Dir geschehe, was Recht ist. Man ziehe ihm das königliche Gewand aus!«

Rohe Hände vollzogen den Befehl auf der Stelle. Nur wenige in der Menge wußten, daß dem gefangenen König Theudebert erst kurz vor dem öffentlichen Schauspiel das Königskleid angezogen worden war, das zusammen mit dem Königsschatz den Kriegern Theuderichs vor zwei

Tagen in Colonia in die Hände gefallen war. Doch damit war die Ent-
ehrung des ehemaligen Königs noch nicht zu Ende. »Theudebert, der du
nicht mein Bruder bist, sondern einen Knecht, einen Gärtner, zum Vater
hast, du hattest kein Recht auf den fränkischen Königsthron«, ließ sich
König Theuderich erneut vernehmen. »Schert ihm das Haar, damit er
auch aussieht wie einer, der er ist, ein unfreier Knecht!«

Und wieder packten einige Krieger den ehemaligen König. Unter
einigen raschen Schnitten scharfer Messer fielen bis auf wenige Stop-
peln die langen blonden Haare, die bisher Theudeberts sichtbarstes
Abzeichen seiner königlichen Würde gewesen waren. »Dein Pferd mit
dem vergoldeten Zaumzeug eines Königs, das du dir angemaßt hast,
will ich nicht haben«, verkündete Theuderich weiter. »Nimm du, Kämmerer Berthoald, dieses Pferd als Zeichen meiner königlichen Huld!«
Berthoald hatte erst gestern den über den Rhein geflüchteten König
Theudebert gefangennehmen können.

Doch Theuderich, der Sieger, war immer noch nicht fertig mit seinem unerbittlichen Richterspruch. »Deine Brut, Theudebert, das Kind
eines Knechtes, ist es nicht wert, am Leben zu bleiben. Du hast ihm
ohne alles Recht den Namen unseres ehrwürdigen Stammvaters Mero-
wech gegeben. Siehe, wie ich mit ihm verfahren lasse!« Auf einen Wink
des Königs schob einer der Krieger einen süßen zweijährigen Knaben
in den Vordergrund. Plötzlich ergriff der Krieger das Kind an den
Füßen und schleuderte es gegen eine Mauer, so daß das Gehirn aus
dem Kopf spritzte. Ein Aufschrei des Entsetzens war der erste Laut, der
dem gefangenen Theudebert entfuhr, der bisher seine Demütigung
stillschweigend ertragen hatte. Ein gleicher Aufschrei tönte auch vielfach aus der Menge der Zuschauer, die mit atemloser Spannung das
königliche Urteil und seine Vollstreckung verfolgt hatten. Mit rohen
Schlägen wurde Theudebert, der einstige Frankenkönig, von seinen
Wächtern fortgetrieben, einem ungewissen Schicksal entgegen.

Der Sieger Theuderich erhob sich nun und winkte seinem Hofstaat
und etwa einem Dutzend hoher Adliger des austrischen Königreiches
zu, die bislang schweigend dem Schauspiel zugesehen hatten. In feier-
lichem Zug, angeführt vom Bischof Solatius, zogen der König, seine hohen Würdenträger aus Burgund und die austrischen Adligen, eskortiert
von einer großen Anzahl wohlbewaffneter Krieger des burgundischen
Heeres, zur Kirche des heiligen Gereon, die dicht vor den Mauern der
Stadt Colonia lag.

Hier zelebrierte Bischof Solatius eine Messe, zu der alle Kleriker der Stadt sangen. Und dann war es soweit, die hohen Adligen des Landes Austrien leisteten dem fränkischen König Theuderich den Eid, als treue Untertanen seinen Befehlen als dem neuen König auch ihres Landes zu gehorchen. Mit steinernen Gesichtern sprachen die hohen Herren die Eidesformel nach, die ihnen der höchste Würdenträger des siegreichen Königs, der burgundische Hausmeier Warnachar, vorsprach. Nach der Zeremonie lud der König huldvoll seine neuen Untertanen ein, am Abend in der Aula regia seine Gäste bei einem Essen zu sein.

Als die Versammlung in der Kirche St. Gereon sich auflöste, bedurfte es nur eines Winks, daß vier austrische Adlige sich langsam von den übrigen aus der Kirche strömenden Menschen lösten und so unauffällig wie möglich dem Haus des Bischofs zustrebten, das gleich hinter dem alten römischen Mauerring in der Nähe des Stadttores lag. Schweigend betraten die vier das Triclinium (Speisesaal) des Hauses. Einst war es der Wohnsitz eines reichen Handelsherrn der römischen Provinzhauptstadt CCAA gewesen und heute eines der wenigen Gebäude in der weitgehend in Trümmern liegenden Stadt, das nicht verfallen und unbewohnbar war.

Ein kurzer Befehl des noch recht jungen Bischofs machte einem eilfertig herbeieilenden Diener klar, daß die vier Herren Wein vorgesetzt bekommen und dann in Ruhe gelassen werden wollten. Es dauerte lange, bis die vier Männer ins Gespräch kamen. Noch immer standen sie unter dem Eindruck der Szene, deren Zeugen sie soeben geworden waren. Und alle vier waren sich wohl bewußt, daß sie an diesem schrecklichen Ende eines einst mit dem Königsheil der Merowinger begnadeten Herrschers nicht unschuldig waren.

Endlich nahm Arnulf das Wort, ein stattlicher Mann von etwa 30 Jahren, dessen Herkunft von angesehenen und reichen Eltern aus der Gegend von Metz ihn ganz von selbst zu einem der Sprecher des fränkischen Adels im Land Austrien machte. »Wer hätte das vor einigen Jahren ahnen können, daß es so weit kommen mußte?« machte er mit einem Stoßseufzer seinem Herzen Luft. In seiner Stimme klang halb schlechtes Gewissen mit, halb die trotzige Überzeugung, richtig gehandelt zu haben. Er bediente sich, wie fast alle Adligen im Ostteil des Landes Austrien, der fränkischen Sprache, die auch der Bischof inzwischen einigermaßen beherrschte, obwohl er ein gebürtiger Römer war.

Der zweite der Franken hieß Pippin. Auch er stammte von einer reichen Adelsfamilie aus dem Haspengau ab und behauptete von sich,
mütterlicherseits die berühmten Niflungenkönige als Vorfahren zu haben. Er war etwa ebenso alt wie Arnulf und seit langem mit diesem be-
freundet. Der dritte der Männer war wesentlich älter. Ragnachar, der
Herr des Guts Morken, konnte ebenfalls seine Herkunft von adligen
Gefolgsleuten der Niflungen herleiten. Sein von einem verheilten
Schwerthieb leicht verunstaltetes Gesicht zeigte, daß er in seinem Leben schon manchen Kampf ausgefochten hatte.

Bischof Solatius gehörte zwar nicht zum Volk der Franken, sondern
zu dem der Römer. Doch hatte seine seit langem in der Stadt Colonia
ansässige reiche Familie sich gut über alle Veränderungen der letzten
Generationen hinweggretten können. Eine ansehnliche Spende seines
erst kürzlich verstorbenen Vaters an den austrischen Frankenkönig
hatte bewirkt, daß der junge Solatius nach dem Tod des letzten Bischofs
der Stadt vom König zum Nachfolger ernannt und vom Volk dazu gewählt worden war. Das »Volk« waren fünf höhere Kleriker der Kirche
und zehn in Colonia und Umgebung ansässige fränkische Adlige gewesen, deren richtiger Abstimmung ebenfalls mit Geschenken vom Vater des Solatius nachgeholfen worden war. Der neue Bischof war zwar
zuvor kein Kleriker gewesen, aber er konnte immerhin fließend lateinisch sprechen, lesen und schreiben, und das war mehr, als viele seiner
Mitbischöfe in der fränkischen Kirche von sich behaupten konnten.

Der Bischof und seine drei fränkischen Freunde waren in den letzten paar Jahren die wichtigsten Wortführer des austrischen Adels gewesen und hatten sich bemüht, dessen Rechte und Interessen in den
verschiedenen Umschwüngen zu wahren, die durch die ständigen
Kämpfe zwischen den fränkischen Königen eingetreten waren. Ein
Streit zwischen den Söhnen eines verstorbenen Königs der Franken um
ihren Erbanteil war nichts Neues. Wie viele davon hatte es bereits gegeben! Es bestanden nun einmal seit langem drei recht unterschiedliche
Länder innerhalb des großen Königreiches der Franken: Neustrien
(Westfrankreich), Burgund (Südostfrankreich) und Austrien (auch
Auster oder Austrasien genannt, Nordostfrankreich und das zum Fran-
kenreich gehörende Rheinland), allerdings mit häufig wechselnden
Grenzen. Die Adligen dieser Länder verfolgten das Interesse, auf ihren
Landgütern möglichst ungestört schalten und walten zu können und
diese Güter durch Heirat, Kauf, Tausch oder auf andere Weise mög-

lichst zu vergrößern. Die Söhne eines fränkischen Königs wiederum, die sich üblicherweise nach dem Tod ihres Vaters in diese drei Länder teilen mußten, hatten fast immer das Ziel, ihre Brüder oder Onkel in den beiden anderen Ländern entweder friedlich zu beerben oder aber die unerwünschten Mitherrscher gewaltsam, durch Krieg oder durch Meuchelmord, auszuschalten, um sich dann deren Land zusätzlich anzueignen.

Da war vor 16 Jahren König Childebert, der zweite seines Namens, König von Austrien und Burgund, im Alter von nur 26 Jahren in Aurilianes (Orléans) gestorben. Das Land Burgund hatte er von seinem Onkel Gunthramm geerbt, der vier Jahre zuvor gestorben war. Childeberts Söhnen Theuderich und Theudebert, erst zehn und neun Jahre alt, wurde ihr künftiges Reich durch das Los zugeteilt: Theuderich erhielt Burgund mit der Hauptstadt Cabillonum (Chalons-sur-Saône), Theudebert das Land Austrien mit der Hauptstadt Metz. Ihr Vormund wurde ihre tüchtige und ehrgeizige verwitwete Großmutter, Königin Brunhilde, die Tochter eines Westgotenkönigs aus Spanien. Aber vielleicht waren es gerade ihre Tüchtigkeit und ihr Ehrgeiz, die Brunhilde schadeten. Sie versuchte nämlich, den Einfluß der Könige zu stärken und den des hohen Adels zu schwächen.

So wurde Brunhilde zunächst durch eine Verschwörung des austrischen Adels aus diesem Land vertrieben. Arnulf aus Metz und sein heutiger Freund Pippin waren damals als junge Leute daran beteiligt gewesen. Die königliche Großmutter flüchtete nach Burgund und wurde von ihrem inzwischen älter gewordenen Enkel Theuderich freundlich aufgenommen. Zunächst waren sich die beiden Königsbrüder Theuderich und Theudebald einig in dem Versuch, ihren nur wenige Jahre älteren Onkel Chlothar (II.) in Soissons, den König von Neustrien, zu besiegen. Nach einer verlorenen Schlacht mußte Chlothar den größeren Teil seines Reiches an die Neffen abtreten.

Im Laufe der Zeit entstand zwischen den Königsbrüdern, die anfangs ein Herz und eine Seele gewesen waren, immer mehr Entfremdung und Streit. Ob der Einfluß der alten Königin Brunhilde damit zu tun hatte, war nicht ganz klar. König Theudebert in Austrien machte sich allerdings auch nicht beliebt, da er sich mit zunehmendem Alter als außerordentlich habgierig und ungerecht in seinen Urteilen als Richter herausstellte. Bei den häufigen Streitigkeiten zwischen Adligen um Landgüter, Kirchen oder Dörfer hatte Theudeberts Urteil meist auf

»Einziehung zugunsten des Königs« gelautet, gleichgültig, auf wessen Seite, des Klägers oder des Beklagten, sich die meisten Eideshelfer zur Bekräftigung der behaupteten Tatsachen eingefunden hatten. Da der König sogar vor der Einziehung von der Kirche oder Klöstern gehörenden Gütern nicht zurückschreckte, geriet auch Bischof Solatius ganz von selbst in den Kreis der Großen des Landes Austrien, die sich verschworen hatten, dem König gegenüber für die angestammten Rechte von Adel und Kirche einzutreten.

So war es gekommen, daß sich der austrische König nicht mehr auf sein Heer verlassen konnte, als er im Frühjahr dieses Jahres siegesgewiß einen Feldzug gegen seinen Bruder angetreten hatte. Statt im Triumph in dessen Hauptstadt Cabillonum einzuziehen, verlor Theudebert eine Schlacht bei Tullum (Toul) gegen das Heer seines Bruders. Zwar gelang ihm die Flucht, und in den Sommermonaten konnte er noch einmal eine ansehnliche Anzahl Krieger anwerben. Aus seinem eigenen Landesteil leistete allerdings kaum noch ein Krieger oder gar Adliger dem Aufgebot des Königs Folge, so fadenscheinig oft die Entschuldigungsgründe klangen. Arnulf, Pippin, Ragnachar und Solatius waren an dieser Stimmung im Land keineswegs unschuldig.

Theudebert war daher zu den ihm locker unterstellten Thüringern gereist, ja, sogar zu den vom Frankenreich ganz unabhängigen Sachsen und den Bewohnern des Hunenlandes. Dort hatten sich etliche Männer bereit gefunden, gegen gute Belohnung für Theudebert zu kämpfen. Genutzt hatte dem austrischen König auch dies nichts. Nicht weit von Colonia, bei dem Ort Tulbiacum (Zülpich), hatte sein Heer eine zweite, diesmal vernichtende Niederlage gegen Theuderichs Truppen erlitten. Der König und die Reste des geschlagenen Heeres flüchteten nach Colonia, verfolgt von den Kriegern des siegreichen Königs. Mit nur noch ganz wenigen Getreuen war Theudebert weiter über den Rhein ins Barbarenland geflohen, doch Theuderichs Kämmerer Berthoald hatte ihn mit zuverlässigen Truppen verfolgt, eingeholt und gefangen in die Stadt am Rhein zurückgebracht. Der Urteilsspruch seines Bruder Theuderich vom heutigen Tag war die prompte Folge dieses Schicksalsschlages gewesen.

Irgendwie schienen die vier Verschworenen, die hier im Haus des Bischofs zusammensaßen, das Gefühl zu haben, ihr Gewissen beruhigen zu müssen. Schließlich hatten sie einst auch König Theudebert ihren Eid als getreue Untertanen geschworen. Wer seinen Eid brach, war ehrlos, und Ehrlosigkeit bedeutete für einen fränkischen Adligen Schlimmeres als der Tod. Doch die Treue, die die Großen des Landes durch den Eid mit ihrem König verband, war keine einseitige Sache. Auch der König schuldete Treue seinen hervorragenden Untertanen und seinem Volk, und wenn er es daran fehlen ließ, fühlten sich die hohen Adligen von ihrem Treueschwur entbunden. So kleidete Pippin die Gedanken seiner Mitverschworenen nur in die richtigen Worte, als er sagte: »Dieser Theudebert hat sich nicht als König gegen sein Volk verhalten. Ihm waren wir keine Treue mehr schuldig!«

»Ja, ihn sind wir los«, meinte der alte Ragnachar von Morken bedächtig. »Aber wie wird der neue König sein? Kommen wir nicht vielleicht mit ihm vom Regen in die Traufe? Hinter ihm steckt doch die alte Hexe Brunhilde; sie hält nichts von uns austrischen Adligen, wie wir wissen!«

»Nun, lange wird Theuderich nicht unbehelligt König zweier Länder sein«, warf Bischof Solatius ein. »Ich weiß aus sicherer Quelle, daß König Chlothar in Soissons bereits gegen ihn rüstet.« Der hohe Geistliche verfügte durch seine Verbindungen zu anderen Bischöfen im weiten Frankenreich bekanntermaßen immer über die neuesten Nachrichten auch aus weit entfernten Städten. »Vielleicht wäre es ganz nützlich, sich schon jetzt darauf einzustellen, daß sich das Blatt auch einmal wenden und Chlothar unser künftiger Herr sein könnte!«

Keiner seiner drei Gesprächspartner sagte etwas dazu, aber wie auf einen geheimen Befehl hoben sie alle ihre Weingläser und tranken gedankenverloren einen Schluck der kostbaren Flüssigkeit. Dabei blickten sie einander bedeutungsvoll an.

DAS SCHRECKLICHE ENDE
DER KÖNIGIN BRUNHILDE

Der Inhalt der Einleitungsepisode dieses Kapitels, wenigstens der ersten Hälfte, ist diesmal kein Erzeugnis der blutrünstigen Phantasie des Autors, sondern in Teilen nahezu wörtlich einem zeitgenössischen Geschichtswerk entnommen, der sogenannten *Chronik Fredegars*. Dies ist ein Art Fortsetzung des Werkes des 594 verstorbenen Gregors von Tours, allerdings noch kunstloser geschrieben und noch weniger um Vollständigkeit bemüht.

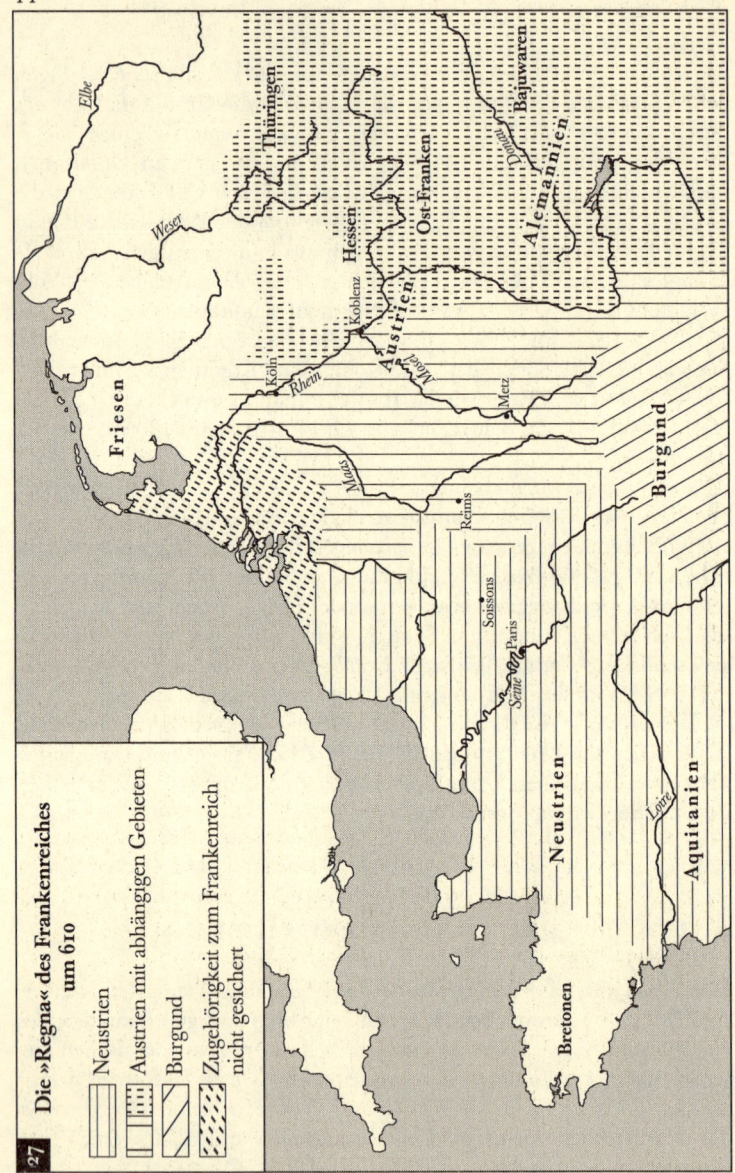

27 Die »Regna« des Frankenreiches um 610

Neustrien

Austrien mit abhängigen Gebieten

Burgund

Zugehörigkeit zum Frankenreich nicht gesichert

In Büchern über deutsche Geschichte der Frühzeit werden normalerweise die riesigen Wissenslücken über das Gebiet Deutschlands zu jener Zeit dadurch vertuscht, daß ausführlich die Intrigen, Kriege, Morde und der Haß zwischen verschiedenen Merowingerkönigen des 6. und 7. Jahrhunderts im heutigen Frankreich wiedergegeben werden. Gregor von Tours und sein Fortsetzer Fredegar haben davon, wie es scheint, mit Behagen berichtet. Doch der in Wahrheit einzige und nur sehr kleine Teil dieser Scheußlichkeiten, der direkt mit dem heutigen Gebiet Deutschlands zu tun hat, ist das in der Einleitungsepisode geschilderte Urteil des Königs Theuderich II. über seinen Bruder Theudebert, verkündet und vollstreckt in Köln.

Erstaunlicherweise gibt es noch weitere Fassungen des Berichts über die Ereignisse des Jahres 612 in und bei Köln, von anderen Autoren der späten Merowingerzeit aufgeschrieben (*Die Taten der Frankenkönige*, bis 768 reichend, der Name des Autors oder der Autoren ist unbekannt). In einigen Einzelheiten weichen diese Fassungen voneinander ab – zur freien Wahl gewissermaßen. Die Einleitungsepisode folgte im wesentlichen der Darstellung Fredegars, der allerdings über das weitere Schicksal des gefangenen Königs Theudebert nichts berichtet. Die andere Chronik verzeichnet jedoch in lakonischer Kürze: »Durch Verrat von den Seinigen fiel er (Theudebert) in die Hände Theuderichs und wurde nun von diesem zur Großmutter Brunhilde geführt, die ihn, weil sie auf Theuderichs Seite war, in ein Kloster sperren, aber schon wenige Tage darauf ruchlos ermorden ließ.«

Zum besseren Verständnis der späteren Entwicklungen im Frankenreich, die auch erhebliche Auswirkungen auf das Gebiet des späteren Deutschlands hatten, muß hier in aller Kürze noch berichtet werden, was im merowingischen Königshaus im Laufe der nächsten zwölf Monate weiter geschah. Ein merkwürdiger Zufall hatte es gewollt, daß König Theuderichs Heer an zwei Orten über die Krieger seines Bruders siegte, die weit über hundert Jahre vorher beim Aufstieg seines Ahnherrn Chlodwig eine große, allerdings unter Historikern umstrittene Rolle gespielt hatten: Toul und Zülpich (siehe 21. Kap., S. 343 ff.). Wie im 22. Kapitel näher begründet, dürfte das alte Königreich der Niflungen um Zülpich im Jahr 612 allerdings längst zum Merowingerreich gehört haben.

Der Sieger Theuderich hatte wenig Gelegenheit, sich seiner blutig errungenen Herrschaft über zwei der drei fränkischen Königreiche zu

erfreuen. Schon kurz darauf starb er. Wieder darf sich der heutige Betrachter aussuchen, woran: Nach Fredegar wurde er im Auftrag seiner
Großmutter Brunhilde vergiftet, weil er angeblich beabsichtigt habe,
die erbeutete junge Tochter Theudeberts zu heiraten. Nach einer anderen Überlieferung kam Theuderich allerdings bei einer Feuersbrunst in
der austrischen Hauptstadt Metz ums Leben.

Wieder ergriff die fast siebzigjährige Königinwitwe Brunhilde die
Initiative. Umgehend ließ sie ihren unmündigen Urenkel Sigibert, den
ältesten der vier Söhne Theuderichs, zum fränkischen König in Burgund und Austrien erheben. Das widersprach zwar fränkischem Erb-
recht, das eigentlich eine Vierteilung des Reiches verlangt hätte, doch
Brunhilde wollte eben keine geteilte und damit schwächliche fränkische
Königsherrschaft. Diese hätte den immer selbstbewußter auftretenden
hohen Adligen des Frankenreiches nicht entschieden genug gegenüber-
treten können. Brunhilde war, wie moderne Historiker entgegen der
Anschauung ihrer Zeitgenossen immer deutlicher erkennen, eine weit
vorausdenkende kluge, allerdings auch machtbesessene Frau.

Diese Situation, ein minderjähriger Kinderkönig unter Anleitung
einer Frau als Gegner, war das Signal für den dritten merowingischen
König, Chlothar II. von Neustrien, endlich zum Gegenangriff überzu-
gehen. Seine längst verstorbene Mutter Fredegunde, eine ehemalige
Magd, war zeit ihres Lebens die erbittertste Feindin der Königin Brunhilde gewesen, und diese Feindschaft hatte sich auf ihren Sohn übertragen. Brunhilde schickte aus Burgund den dortigen Hausmeier
Warnachar mit einem Heer gegen Chlothar, um die unvermeidliche
Entscheidung zu erzwingen. Der Kinderkönig Sigibert II. und seine
noch jüngeren Brüder begleiteten dieses Heer.

Doch da Brunhilde an der Loyalität ihres Hausmeiers Warnachar
zweifelte – die Zweifel erwiesen sich als nur zu berechtigt –, soll sie
laut Fredegar einen Vertrauten dem Heer nachgeschickt haben mit
der Weisung, Warnachar zu ermorden. Der Auftrag wurde verraten,
Warnachar ergab sich kampflos König Chlothar, der – wieder nach
Fredegar –, »von Arnulf, Pippin und anderen Großen dazu aufgefordert«, in Austrien eingerückt war. Chlothar II. von Neustrien war nun
ohne Kampf zum alleinigen König im ganzen Frankenreich geworden.

Die alte Königin Brunhilde flüchtete mit nur wenigen Vertrauten
nach Süden, doch im heutigen Französischen Jura wurde sie von ihren
Verfolgern gestellt und an König Chlothar ausgeliefert. Endlich konnte

dieser seinem lebenslangen Haß gegen seine Tante Brunhilde freien Lauf lassen. In einem pro forma geführten Prozeß warf er ihr den Mord an zehn Frankenkönigen oder deren Abkömmlingen vor.

Das Ende von Königin Brunhilde im Jahr 613 sei hier kommentarlos nach dem Wortlaut Fredegars wiedergegeben: »Dann ließ er (Chlothar) sie drei Tage lang auf verschiedene Weise martern, dann zuerst auf ein Kamel setzen und so durch das ganze Heer führen, hierauf mit dem Haupthaar, einem Arm und einem Fuß an den Schwanz des wildesten Pferdes binden, und so ward sie von den Hufen des davonsprengenden Tieres zerschlagen, bis ihr Glied für Glied abfiel.«

Auch Theuderichs vier Söhne, die ebenfalls in Chlothars Hand geraten waren, wurden umgebracht oder durch Klosterhaft »aus dem Verkehr gezogen«. Noch im gleichen Kapitel seiner Chronik lobte der Autor diesen König Chlothar überschwenglich: »So ward das Frankenreich wieder befestigt und, wie es einst der ältere Chlothar (I., 558–561) beherrscht hatte, die ganze Macht durch den jüngeren Chlothar vereinigt, der in Frieden mit allen Nachbarvölkern 16 Jahre lang regierte. Dieser Chlothar war ohne Übermut, in den Wissenschaften unterrichtet, gottesfürchtig, beschenkte reichlich Kirchen und Priester, gab Almosen den Armen und bewies sich milde und voll Güte gegen alle ...«

DAS EDIKT
KÖNIG CHLOTHARS

König Chlothar hatte nach der Vereinigung der drei fränkischen Patriae – so werden sie oft in den lateinischen Texten genannt – unter seiner Herrschaft die Hauptstadt von Soissons nach Paris verlegt, dorthin, wo Chlodwig, der Gründer des Frankenreiches, vor über hundert Jahren so lange residiert hatte. Diese Verlegung des Königssitzes war programmatisch gemeint. Allerdings hielt dieses Programm nicht allzu lange.

Bereits ein Jahr nach Chlothars Triumph, im Jahr 614, mußte der König politisch einen Preis dafür bezahlen, und zwar denen, die ihm diesen Triumph ermöglicht hatten. In einer glanzvollen Versammlung der hohen Adligen und Bischöfe des Gesamtreiches wurden die Verfassungsgrundlagen für die künftigen fränkischen Könige geschaffen. Der König unterzeichnete ein gewichtiges Pergament, das »Edictum Chlo-

thari«. Man kann dieses Edikt als eine Art Verfassungsurkunde bezeichnen, wenn auch natürlich nicht im modernen Sinn. Der König war
danach die Spitze der »monarchia trium regnorum«, er war König von
Austrien, Neustrien und Burgund. Praktisch wurden diese Königreiche
als nahezu selbständig anerkannt, geeint nur durch die Person des gemeinsamen Königs.

Für die hohen Adligen, die dieses Edikt in langen Geheimverhandlungen mit dem König und seinen Räten durchgesetzt hatten, war wichtig, daß in den drei Reichen kein auswärtiger Iudex (Richter) oder Comes (Graf, Amtsträger des Königs) bestellt werden durfte. Dasselbe
galt übrigens vorher schon für die Bischöfe. Die »Vaterländer« mit
ihrem einheimischen Adel hatten sich durchgesetzt, das regionale Selbstbewußtsein, vor allem in Austrien und Burgund, hatte gesiegt.

Von großer Bedeutung war vor allem, daß der König für jedes seiner drei Patriae einen eigenen Hausmeier ernannte. Diese für die Zeit
der späten Merowingerkönige so charakteristische Beamtenstelle muß
hier etwas erläutert werden, da sie bereits den Kern für den Wechsel
zur zweiten fränkischen Dynastie, den Karolingern, in sich trug.

Schon vor Chlothar II. hatten die merowingischen Könige in ihren
Teilreichen eine Art Hofstaat mit festen Hofämtern aufgebaut. Inhaber
dieser Ämter waren meist hohe Adlige – in der Regel Franken, aber
auch gebürtige Römer –, die auf diese Stellen jedoch nur durch Ernennung seitens des Königs kamen. Da gab es den »Marschalk« (wörtlich
»Pferdeknecht«), der die Pferdeställe beaufsichtigte, praktisch jedoch
die Kavallerie des Königs befehligte. Das war zu einer Zeit von großer
Bedeutung, als nur die Adligen in der Schlacht Pferde benutzten. Zum
königlichen Hofstaat gehörten auch ein »Kämmerer«, der für den
Hausrat und den Schatz des Königs, also für die Finanzen, zuständig
war, sowie ein »Mundschenk«, dem Küche und Verpflegung der umfangreichen Hofgesellschaft unterstanden.

Oberstes der Hofämter war jedoch der »Majordomus« oder »Hausmeier«. Ursprünglich nicht viel mehr als ein gehobener Hausmeister,
wuchs die Bedeutung dieses Amtes im Laufe der Zeit. Vor allem bei
schwachen jugendlichen Königen konnte sich eine starke Persönlichkeit
als Hausmeier zum Gesamtleiter der königlichen Politik, zum obersten
Heerführer und »Außenminister« machen. Und in den folgenden anderthalb Jahrhunderten, solange es noch Angehörige der Merowingerfamilie als Könige der Franken gab, war es fast die Regel, daß die Kö-

nige als Kinder auf den Thron kamen und noch in jungen Jahren starben oder umgebracht wurden.

Die Alleinherrschaft Chlothars II. im gesamten Frankenreich, »mo-
deriert« durch drei Hausmeier in den drei Reichsteilen, dauerte nur
zehn Jahre. Dann forderten die Austrier die Einsetzung eines eigenen
Königs für dieses Land. Die Austrier, das waren in jenen Jahren die
mächtigsten Männer dort, Arnulf von Metz und Pippin von Landen. In
der Einleitungsepisode sind sie schon vorgestellt worden. Daß sie als
wichigste Vertreter des austrischen Adels an dessen Huldigung für König Theuderich II. in Köln im Jahr 612 teilgenommen haben, ist kaum
zu bezweifeln, obwohl es nicht urkundlich überliefert ist.

Arnulf war im Jahr 614 Bischof von Metz, der Hauptstadt Austriens, geworden, vermutlich kaum auf andere Weise, als es in der Episode von Bischof Solatius beschrieben wurde. Von diesem letzteren
Bischof ist allerdings in Wahrheit nur der Name bekannt. Arnulf war
verheiratet und hatte einen Sohn, Ansegisel. Noch galt für katholische
Geistliche, außer für Mönche, nicht der Zölibat, das kirchliche Heirats-
verbot. Die Tochter Begga von Arnulfs Freund Pippin heiratete Ansegisel, und dieses Ehepaar wurde zu den direkten Stammeltern des
berühmten Karls des Großen.

Im Jahr 623 wurde Pippin zum Hausmeier des Landes Austrien ernannt; im gleichen Jahr mußte König Chlothar seinen noch minder-
jährigen Sohn Dagobert als eigenen König von Austrien einsetzen – ein
Zusammenhang dieser Ereignisse ist offensichtlich. Chlothar mußte
also mehr oder weniger freiwillig auf eines seiner drei Reiche verzichten. Es kann in diesem Buch nicht darum gehen, über die weiteren
Kämpfe und Intrigen im merowingischen Königshaus sowie zwischen
ihm und den – vorerst noch verschiedenen – Hausmeiern der drei Reiche zu berichten. Sie gehören zur französischen, nicht zur deutschen
Geschichte. Nur sollte man den Namen des Königs Dagobert im Kopf
behalten, der so ziemlich der letzte der tatkräftigen und (im wesentlichen) erfolgreichen Könige aus dem Merowingergeschlecht war. Im
27. Kapitel wird von ihm noch die Rede sein.

Im Jahr 1955 fanden Archäologen im rheinischen Dorf Morken,
etwa 25 Kilometer nordwestlich von Köln, das Grab eines hohen fränkischen Adligen aus der Zeit um oder kurz nach 600. Es wurde sorgfältig geborgen und beschrieben, der Inhalt zum Teil restauriert. Bis
heute ist es unter den vielen gefundenen Gräbern aus fränkischer Zeit

im Rheinland das einzige geblieben, dem Fachleute ohne weiteres den Beinamen eines »Fürstengrabes« geben. Abgesehen vom »Fürst von Gellep«, einem Grab mit reichen Beigaben, das im römisch-fränkischen Gräberfeld von Krefeld-Gellep zutage kam, nahe dem einstigen römischen Kastell Gelduba (siehe 13. Kap., S. 194). Doch dieses Fürstengrab ist vermutlich ein Jahrhundert älter als das des »Herrn von Morken«.

Bisher kennt man nicht die Gräber der in den zeitgenössischen Quellen genannten Politiker wie Arnulf von Metz oder Pippin von Landen. Daher ist der Gedanke verlockend, der Herr von Morken sei noch persönlich an den aufregenden Ereignissen beteiligt gewesen, die den Gegenstand dieses Kapitels bilden, und erst danach gestorben und mit allen Abzeichen seiner Würde zur letzten Ruhe gebettet worden. Denn dieser Herr von Morken dürfte viel eher die Wirklichkeit der reichen Franken des 6. oder 7. Jahrhunderts widerspiegeln als die idealisierenden Darstellungen der deutschen oder französischen Historienmaler des 19. Jahrhunderts.

Niemand hat besser als Rudolf Pörtner (in seinem Buch *Die Erben Roms*) die »rauhen, zechgewohnten und beutefreudigen Schlagetots germanischer Provenienz« beschrieben, »für die die Welt ein riesiges Schlachtfeld, Unsicherheit ein Dauerzustand und der Tod ein Bagatellfall war«. Als einen typischen Vertreter dieser Menschengruppe sah Rudolf Pörtner den Herrn von Morken, der »zu seinen Lebzeiten ein kräftiger, breitschultriger, etwa 1,85 Meter großer Mann war ... Er hatte eine hohe adlige Stirn, energische Überaugenwülste und ein tadelloses, wenn auch bereits stark abgekautes Gebiß. Verletzungen an der rechten Stirnhälfte und über der rechten Schläfe wiesen ihn als einen Mann mit kriegerischen Erfahrungen aus, ebenso die verschiedenen Waffen, mit denen man ihn für seinen letzten Weg ausgerüstet hatte.« Als eindeutiges Abzeichen seines Reichtums und seines hohen Ranges in der fränkischen Gesellschaft ist heute noch im Rheinischen Landesmuseum in Bonn der kostbare Spangenhelm aus Bronze und vergoldetem Eisen zu sehen, einer der schönsten seiner Art.

Ganz ähnlich dürfen wir uns sicher auch die »starken Männer« Austriens in der ersten Hälfte des 7. Jahrhunderts vorstellen, den Bischof Arnulf von Metz, der vermutlich weit weniger heiligmäßig lebte, als ihm nach seinem Tod angedichtet wurde, und der Hausmeier König Dagoberts I., Pippin von Landen: sowohl was ihre physische Statur, ihren zur Schau getragenen Reichtum als auch ihre Bereitschaft zur rücksichtslosen Verfolgung der eigenen Interessen und der ihrer Standesgenossen angeht.

WAS GEHÖRTE IN DEUTSCHLAND
ZUM REICH DER FRANKEN?

In den Geschichtsatlanten wird das Reich der Franken für das 6. oder 7. Jahrhundert in aller Regel von den Pyrenäen bis zur Elbe und den Ostalpen in einheitlicher Farbe gekennzeichnet. Doch entsprach das wirklich den historischen Verhältnissen? Das Reich war jedenfalls nicht so einheitlich, wie es die durchgehende Einfärbung der Karten suggeriert.

Im Rheinland gehörten die Stadt Köln und ihre Umgebung unbestritten bereits seit etwa 510 direkt zum Merowingerreich (siehe 19. Kap., S. 314). Auch die zunächst noch lange unabhängigen germanischen Königreiche von Rom/Trier sowie der Niflungen um Zülpich waren schon längst »irgendwie«, vermutlich jedoch ohne Kampfhandlungen, in die Hand der austrischen Frankenkönige geraten (siehe 22. Kap., S. 378).

Doch ist zu vermuten, daß diese Gebiete und vielleicht noch andere, nicht einmal aus der Dietrichssage erkennbare unabhängige Reiche keineswegs in der gleichen festen Art in das Frankenreich integriert waren, wie das in Gallien der Fall war. Das, was man heute über Verwaltungsgliederung und Verwaltungsvollzug im merowingischen Frankenreich weiß, gilt ausschließlich für das einst römische Gallien, etwa westlich der Vogesen und westlich der oberen Mosel und der Maas. Von den Gebieten östlich dieser Linie, die sich quer durch das Reich Austrien zog, hatten die zeitgenössischen Historiker praktisch keine Kenntnis, und andere schriftliche Dokumente existieren aus diesem Ostteil Austriens sowie aus dieser frühen Zeit noch nicht. Entlang dieser Linie etwa entwickelte sich schon in merowingischer Zeit die romanisch-germanische Sprachgrenze, und vermutlich war dies der Grund, warum die lateinisch schreibenden und sprechenden Chronisten aus Gallien nichts von den Vorgängen im Osten erfuhren.

Im Südwesten Deutschlands hatten sich die Alemannen (und auch die wohl nun Schwaben genannten Juthungen) der Oberhoheit des Frankenreiches beugen müssen, wie im 21. Kapitel beschrieben wurde.

Vermutlich unterstand das Gebiet im 6. und 7. Jahrhundert einem oder mehreren vom Frankenkönig eingesetzten Herzögen. Doch weiß man nicht sicher, ob sie fränkischer oder alemannischer Abstammung waren. Die geringen Informationen über Alemannien in diesen beiden Jahrhunderten lassen nicht den Schluß zu, daß diese Herzöge den Frankenkönigen gegenüber immer völlig loyal waren.

Die relativ selbständige Entstehung des Herzogtums Bajuwarien ist schon im 24. Kapitel näher behandelt worden und wird im 31. Kapitel mit einem gewissen Zeitsprung noch einmal beleuchtet werden.

Ähnliches gilt für das von den Franken im Jahr 531 eroberte Königreich Thüringen (siehe 23. Kap.). Im 7. Jahrhundert scheint es von einer aus dem westlichen Frankenreich stammenden Familie von Herzögen im Namen der Könige von Austrien verwaltet worden zu sein, doch ist Näheres kaum bekannt. Sehr intensiv werden die persönlichen und verwaltungsmäßigen Beziehungen zwischen beiden Ländern nicht gewesen sein.

Ein Sonderfall ist das Gebiet Deutschlands, das zwischen den bisher erwähnten Regionen liegt. Gemeint ist ein breiter Streifen, der sich beiderseits des Mains von West nach Ost quer durch Deutschland zieht, das spätere Ostfranken. Wie dieses Land zu seinem heute noch gebräuchlichen Namen Franken kam, wird im 30. Kapitel genauer erzählt.

Historisch in enger Beziehung zu dieser fränkischen Region und doch bevölkerungsmäßig von ihr zu unterscheiden ist das Gebiet des heutigen Hessen. Aus zeitgenössischen Quellen ist buchstäblich nichts darüber bekannt, doch besagen die jüngeren Erkenntnisse der Archäologie, daß die Gegend zwischen Kassel, der Lahn und der Wetterau (bei Frankfurt am Main) zu Beginn des 6. Jahrhunderts unter die Oberhoheit der Franken geraten sein muß, vermutlich ähnlich kampflos, wie dies für die rheinischen Gebiete angenommen wird. Dieses Gebiet Hessens wird im 32. Kapitel eingehender behandelt.

In all den bisher erwähnten Regionen Deutschlands war bis etwa zum Jahr 650 so gut wie nichts vom Christentum zu bemerken. Einzige Ausnahme bildeten wohl ein paar Städte im einst römischen Teil Germaniens, wie Trier, Köln, Mainz, Worms, Straßburg, Augsburg, Regensburg oder Salzburg, in denen sich christliche Gemeinden gehalten hatten. Doch scheinen die Priester und Bischöfe, die aus gallisch-römischer Familie und Tradition kamen, kein Bestreben entwickelt zu haben, eine intensive Heidenmission bei den Germanen zu betreiben. Das ist der Grund, warum bisher in diesem Buch verhältnismäßig wenig vom Christentum und seinem Einfluß auf das heutige Deutschland die Rede war.

Erst zur Zeit der fränkischen Könige Theuderich II. und Theudebert II. wanderte der erste der sogenannten iro-schottischen Missionare in das Frankenreich ein, der heilige Columban. In Luxeuil (Luxovium) am Westhang der Vogesen gründete er ein berühmtes Kloster, ehe er nach Italien weiterzog. Ihm folgten allerdings zahlreiche weitere christliche Missionare von der »grünen Insel« Irland, die dann in den nächsten Jahrzehnten unerschrocken und eindringlich predigend das heidnische Land jenseits des Rheins durchwanderten und einen neuen Gott dorthin brachten. Sie werden in den folgenden Kapiteln mehr und mehr in den Vordergrund treten. Doch bis dahin scheint der alte Glaube an Wodan und Donar und die anderen germanischen Götter bei den Bewohnern West- und Süddeutschlands weiter in Ehren gehalten worden zu sein.

Eindeutig nicht zum Fränkischen Reich gehörten bis ins 8. Jahrhundert die Sachsen. Von ihnen haben ja schon das 11. und das 18. Kapitel erzählt. Dieses Land der Sachsen – auf dem Festland, nicht auf der Insel Britannien! – erstreckte sich vom heutigen Holstein über die Elbe nach Süden und Westen bis – ja, bis wohin eigentlich? Das heutige Westfalen gehörte jedenfalls nicht ursprünglich dazu. Auch dieses Problem der historischen Forschung wird im 29. Kapitel noch einmal aufgegriffen.

Die Friesen an der heutigen niederländischen und deutschen Nordseeküste waren in der ersten Hälfte des 7. Jahrhunderts ebenfalls noch keineswegs Untertanen der Frankenkönige. Über die Geschichte dieser Region (und des ganzen heutigen niederländisch-flämischen Sprachgebiets) wird im 33. Kapitel noch viel zu erzählen sein. Auf keinen Fall können die Grenzen stimmen, die zwischen dem angeblich fränkischen Teil der heutigen Niederlande und dem von den Franken unabhängigen Sachsenland in den heutigen Geschichtskarten eingezeichnet sind.

Von Ostholstein (einschließlich der späteren Stadt Lübeck), der Elbe und Saale südwärts folgend und dann nach Südosten einbiegend bis zur Donau und den Alpen, hatte sich spätestens am Ende des 6. Jahrhunderts eine neue Völkergrenze verfestigt. Östlich davon waren zahlreiche slawische Stämme eingewandert, von denen schon im 25. Kapi-

tel die Rede war und die auch in einigen weiteren Kapiteln noch eine
wichtige Rolle spielen werden. Diese Besiedlung des östlichen Deutschlands durch Slawen hatte für die folgenden 1000 Jahre eine ebenso
große Bedeutung wie zuvor die jahrhundertelange römische Herrschaft
in Deutschland westlich des Rheins und südlich der Donau. Denn diese
Slawen verschmolzen im Laufe dieser langen Zeit mit den Deutschen,
die danach auch wieder östlich der Elbe Fuß faßten. Daher sind Slawen
mindestens ebensosehr Vorfahren der heutigen Deutschen wie Germanen, Römer, Kelten und noch etliche andere Völker.

27. DER ERSTE ZUSAMMENSTOSS ZWISCHEN SLAWEN UND FRANKEN

»WIR HUNDE GOTTES
KÖNNEN AUCH BEISSEN!«
April 631, an der Eger in Nordböhmen

Antej stand zufällig am Tor des Burgwalls, als der kleine Trupp fränkischer Reiter langsamen Schrittes den steilen Berg hinaufkam. Von hier oben hatte man einen weiten Blick über das Tal der Ogra (Eger) und den alten Handelsweg, der dem Fluß folgte. Das war der Grund, warum das Volk der Lutschanen hier, an der äußersten Westgrenze seines Wohngebiets, eine Wallburg gebaut hatte, Uhoscht genannt. Denn von hier konnte man den Zugang ins Slawenland mit verhältnismäßig wenigen Kräften sperren. Handelsleute waren immer willkommen, doch wo diese mit ihren Wagen durchkamen, konnten auch feindliche Heere ziehen.

Der fränkische Reitertrupp sah nicht wie eine Gruppe Fernhändler aus, die in den letzten Jahren immer wieder aus dem Frankenreich hier durchzogen und die slawischen Völker mit kostbaren Luxuswaren für den Adel und vor allem mit Waffen für die slawischen Krieger versorgten.

Auf dem Rückweg nahmen die Kaufleute dann meist einen größeren Trupp von Knechten und Mägden mit, die sie dafür in Zahlung erhalten hatten. Auf den Märkten im Frankenreich war diese Menschenware aus dem Slawenland so begehrt, daß die Franken seit kurzem alle zum Kauf angebotenen Knechte und Mägde in ihrer Sprache »Sklaven« nannten.

Antej kannte sich in diesem Geschäft aus, denn er hatte selbst einmal zu den fränkischen Kaufleuten gehört. Doch war das in seinem abenteuerlichen Leben nur ein kurzes Zwischenspiel gewesen. Er konnte es selbst kaum glauben, daß er vor nunmehr 26 Sommern als Sohn einer reichen fränkischen Adelsfamilie in der Nähe der alten Bischofsstadt Tungri (Tongern, heute Belgien) geboren und von einem christlichen Priester auf den Namen Anterich getauft worden war. Sein

Vater war ein vom König ernannter Comes der Gegend gewesen, und als besonderes Vorrecht durfte der junge Anterich am Hof des Königs in Metz, Theudebert hatte er geheißen, an dessen Hofschule Lateinisch sprechen, schreiben und lesen lernen. Seine Mitschüler waren wie er meist Söhne hoher fränkischer Adliger oder reicher Römer gewesen; bei den meisten stand es fest, daß sie als Erwachsene Priester oder Bischöfe werden würden. Doch Anterich hielt es nach einigen Jahren in dieser engen Welt nicht mehr aus, er fühlte, daß er für anderes geboren war. Mit 15 Sommern flüchtete er heimlich aus Metz, nachdem er im Streit einen seiner Lehrer, einen frömmelnden Priester, fast erschlagen hatte. Zu seinem Glück fand er bald Anschluß an eine Gruppe von Kaufleuten, die ins Slawenland reiste. Ihr Anführer Samo freute sich, einen aufgeweckten und kräftigen Jungen bei sich zu haben, der sogar der lateinischen Sprache mächtig war.

Mit seinem väterlichen Freund Samo hatte Anterich in den nächsten Jahren dann dessen erstaunlichen Aufstieg zum Knez (Großfürsten) der slawischen Völker in weitem Umkreis mitgemacht, und noch heute diente der junge Franke diesem Herrscher als oberster Berater, insbesondere wenn es um Beziehungen zu den Franken, Bajuwaren, Langobarden und zum Kaiser in Konstantinopel ging. Denn Samo, der einstige Kaufmann aus dem fränkischen Burgunderreich, verhandelte heute gleichberechtigt mit den Kaisern, Königen oder Herzögen dieser Reiche, schickte und empfing Briefe oder Gesandtschaften und ließ sich weder durch gelegentliche Schmeicheleien noch durch Drohungen verwirren. Anterich half ihm dabei, als Schreiber oder Leser der Briefe und als Berater, der sich inzwischen mit allen diplomatischen Kniffen auskannte. Heute sprach er neben seinem heimischen Fränkisch und Latein auch fließend die slawische Sprache der Völker, bei denen er seit zehn Jahren zu Hause war. Dieser Sprache hatte er auch seinen Namen angepaßt und nannte sich jetzt Antej.

Samo und der junge Anterich waren gerade zu einer Zeit ins Slawenland jenseits der böhmischen Berge und hinter der Donau gekommen, als die Slawen in Pannonien und den nördlich angrenzenden Gegenden offen gegen ihre awarischen Herren rebelliert hatten. Eigentliche Träger der Rebellion waren allerdings nicht die kräftigen, aber leicht zu leitenden Slawen selbst, sondern die inzwischen große Zahl der Mischlinge von Awaren und Slawen, gezeugt bei unzähligen slawischen Frauen und Mädchen infolge von Vergewaltigungen oder

Zwangsehen. Sie hatten die Herrschsucht ihrer Väter sowie die Kraft und den Mut ihrer mütterlichen Völker geerbt und sich verschworen, den Khagan (König der Könige) der Awaren und seine Adelsgruppe vom Thron zu stoßen und sich selbst an dessen Stelle zu setzen. Das war ihnen zwar nicht gelungen. In der großen pannonischen Ebene hatten die awarischen Reiter die tapfer kämpfenden Mischlinge besiegt. Doch in den Wald- und Gebirgsgegenden des Nordens und Westens, wo die berittenen Awarenheere sich nicht entfalten konnten, hatten sich alle Slawenvölker vom Joch der Awaren für unabhängig erklärt und zahlten dem Khagan keine Steuern mehr.

Der Franke Samo und seine kräftigen Kaufmannsgehilfen hatten diesen Slawen bei mehreren Gefechten gegen die Awaren geholfen. Schließlich mußte jeder Kaufmann im fernen Land zugleich ein erfahrener und zur Not rücksichtsloser Krieger sein. Die Slawen hatten mit Samos Hilfe die Gefechte gewonnen, und als die Rebellion gegen die Awaren andauerte und die Slawen spürten, daß ihren verschiedenen Völkern ein gemeinsamer Befehlshaber not tat, da hatten die Fürsten vieler Völker Samo, den Fremden, zum Großfürsten gewählt. Denn keinem ihresgleichen hätten sie diesen Rang gegönnt. So war denn der Franke Samo nun schon seit einigen Jahren Knez aller Slawenvölker von den böhmischen Bergen bis zu den Alpen.

Mit einigen Freunden und Beratern und einer kleinen Leibwache machte er reihum den Fürsten der slawischen Völker seinen Besuch, gab Ratschläge zur Verbesserung der Verteidigung gegen die Awaren, schlichtete Streit und ließ sich in das jeweilige Volk aufnehmen. Er tat das, indem er in jedem Volk ein ihm angebotenes junges Mädchen aus guter Familie zur Frau nahm. Auch Antej, sein Berater, hatte es auf diese Weise schon zu vier Frauen in vier verschiedenen Völkern gebracht. Jetzt hielt sich Samo mit seiner Begleitung für kurze Zeit in der Wallburg Uhoscht auf, die die Franken Wogastisburg nannten, um Anordnungen für ihre bessere Verteidigung zu geben.

Antej faßte die Fremden genauer ins Auge, die gerade jetzt durchs Tor ritten und von den mit Speeren bewaffneten Wachen durchgelassen wurden, weil ja Frieden mit den Franken herrschte. Der Anführer mit einem prächtigen Pelz und einem kostbaren Schwert war trotz seiner kriegerischen Aufmachung sicher kein Franke. Man sah ihm den gebürtigen Römer schon von weitem an. Aber einer seiner Begleiter, ein noch recht junger Mann, kam Antej bekannt vor. Sollte es sich um seinen einstigen Schulkameraden Bertefred handeln? Die Fremden stiegen in der von Menschen wimmelnden Wallburg von den Pferden und suchten sich, wie es üblich war, gegen ein paar kleine Geschenke Unterkunft für die Nacht in den Hütten der Bewohner. Antej verlor sie zunächst aus den Augen.

Doch einen Tag später saß Antej mit seinem einstigen Schulfreund Bertefred an einem verschwiegenen Platz außerhalb des Burgwalls zusammen, um das unerwartete Wiedersehen zu feiern und sich ihre Erlebnisse zu erzählen. Samos Berater hoffte dabei als gewitzter Diplomat auch einiges über die Beziehungen des Frankenreiches zu seinen Nachbarn zu erfahren. Er hatte sich nicht getäuscht. Denn Bertefred stand heute im Dienst des Frankenkönigs Dagobert und hatte schon mehrere diplomatische Reisen in Begleitung des jeweiligen Gesandten hinter sich. Jetzt gehörte er zum Gefolge des Gesandten Sycharius, den der König mit einer wichtigen Botschaft zu Samo geschickt hatte. Doch zunächst waren der Römer und seine Begleitung von den Wachen am Tor von Samos Haus abgewiesen worden, denn Fremde brauchten eine besondere Erlaubnis, um vor den Knez zu treten. Antej konnte seinem Schulfreund nur raten, die Gruppe der Franken solle sich nach slawischer Art mit einem einfachen Kittel über der Hose und einem Ledergürtel kleiden. Dann würden sie von den Wachen schon nicht abgewiesen.

Im vorigen Jahr hatte Bertefred eine Gesandtschaftsreise bis nach Konstantinopel mitgemacht. Dort hatte Dagobert das jahrhundertealte Freundschaftsbündnis mit dem römischen Kaiser erneuern lassen. Im geheimen war zusätzlich verabredet worden, daß beide christlichen Mächte, die Franken in Gallien und Germanien und der Kaiser im Römischen Reich, gemeinsam gegen die barbarischen Awaren vorgehen wollten, die für den ganzen Erdteil eine Bedrohung waren. Vor wenigen Jahren erst hatte der Awaren-Khagan mit einem riesigen Heer, meist aus Slawen aus Illyrien und Mösien (heute Kroatien, Serbien, Bulgarien) bestehend, die Hauptstadt Konstantinopel belagert (626), allerdings nach verlustreichen Gefechten sieglos abziehen müssen.

Zu den Plänen Dagoberts und seiner austrischen Edlen gehörten auch gute Beziehungen zum jüngst entstandenen Slawenreich des Samo als unmittelbare Nachbarn der Völker in Germanien, die dem Frankenreich durch Versprechen der Unterwerfung oder Bündnisverträge verpflichtet waren, wie der Bajuwaren, der Thüringer und der slawischen Sorben unter ihrem Herzog Dervan. Knez Samo und seine

Slawen waren natürliche Bundesgenossen im voraussehbaren End-
kampf gegen die gemeinsamen Feinde, die Awaren. Daher hatten
König Dagobert und Samo schon kurz nach dessen Wahl zum Großfürsten sich durch eine Gesandtschaft gegenseitige Freundschaft und
ewigen Frieden zugeschworen. Infolgedessen hatten fränkische Kaufleute im Auftrag ihres Königs fleißig Waffen an die Slawenvölker Samos
geliefert.

Doch mit einem dieser Händlertrupps hatte es im vorigen Herbst
einen bösen Zwischenfall gegeben. Angehörige des Slawenvolkes der
Dudleben an der oberen Vltava (Moldau) hatten dort durchziehende
fränkische Kaufleute überfallen, einige von ihnen totgeschlagen und
die Waren geraubt. Nun war Sycharius im Auftrag des Frankenkönigs
hier, um von Samo Genugtuung zu fordern, doch war er bisher noch
nicht zum Fürsten vorgelassen worden.

Bertefred verriet seinem alten Schulfreund Anterich auch, daß die
Adligen, die im Königreich Austrien stärker das Sagen hatten als der
König selbst, für die Eroberung des Awarenreiches bis zum Dravus
(Drau) und zur Donau in Pannonien Feuer und Flamme waren, erhoff-
ten sie sich doch dort unten den Erwerb riesiger Landgüter. König
Dagobert selbst machte sich allerdings bei den austrischen Adligen immer unbeliebter. Denn je älter er wurde, desto mehr entzog er sich dem
Einfluß seiner höchsten austrischen Berater, und – was noch schlimmer
war – er behauptete, die einst von den Frankenkönigen an seine Gefolgsleute verschenkten Landgüter seien kein Erbbesitz. Daher zog
Dagobert beim Tod eines Edlen rücksichtslos und mit Gewalt dessen
einst vom König geschenkte Dörfer und Grundholden (Landarbeiter)
zugunsten des Königsschatzes ein.

Zwei Tage später stand der fränkische Gesandte Sycharius vor Knez
Samo in dessen Haus und führte endlich die Unterredung, zu der ihn
König Dagobert den weiten Weg bis zur Wogastisburg geschickt hatte.
Sein Berater Bertefred stand höflich hinter ihm. Die kleine List mit der
slawischen Kleidung hatte gewirkt.

Doch statt demütig Entschuldigungen vorzubringen und volle Entschädigung anzubieten, hatte der Slawenfürst auf verschiedene Übergriffe fränkischer Herren und Gruppen im Slawengebiet hingewiesen
und ein unabhängiges Schiedsgericht verlangt, das alle Zwischenfälle
untersuchen sollte. Voller Wut konnte Sycharius nicht an sich halten
und beschimpfte Samo als einen barbarischen Heiden, der dem christ-

lichen Frankenkönig Gehorsam schuldig sei, wie er einst zugeschworen
habe. Mit Würde antwortete Samo: »Das Land, das ich innehabe, und
auch ich selbst sind König Dagobert in Freundschaft verbunden, wie
ich geschworen habe, aber nur, wenn auch er Freundschaft mit uns
bewahren will.«

Heftig entgegnete Sycharius: »Es ist nicht möglich, daß Christen,
die Knechte Gottes, mit Hunden in Freundschaft stehen!« Für einen
Augenblick war es totenstill in Samos Haus. Dann antwortete der Slawenfürst in scharfem Ton: »Wenn ihr die Knechte Gottes seid und wir
die Hunde Gottes, dann gebt nur acht, daß euch die Hunde nicht empfindlich beißen, wenn ihr unaufhörlich gegen Gottes Willen handelt!«
Ein Wink Samos genügte, um den überheblichen Sycharius und sein
fränkisches Gefolge unsanft aus dem Haus zu drängen. Vor größerem
Schaden bewahrte die Franken nur ihre Eigenschaft als Gesandte eines
fremden Herrschers.

WELTPOLITISCHE FOLGEN EINER BELEIDIGUNG: DIE SCHLACHT UM WOGASTISBURG

Die Einleitungsepisode stützt sich ähnlich wie das vorige Kapitel auf
verhältnismäßig ausführliche Berichte des fränkischen Chronisten Fredegar aus der Mitte des 7. Jahrhunderts. Ferner wurde eine kluge Ausdeutung dieser Berichte durch den Historiker Wolfgang Fritze benutzt,
die er in seiner bereits 1952 verfaßten, aber erst 1994 veröffentlichten
umfangreichen Dissertation vorgelegt hat. Nur die Figuren der ehemaligen Lateinschüler Anterich und Bertefred sind erfunden; dennoch
könnte es solche Gehilfen der handelnden Personen durchaus gegeben
haben. Wie sollte der Chronist Fredegar von dem Wortwechsel zwischen Samo und dem Gesandten Sycharius, den er wörtlich wiedergibt,
erfahren haben, wenn nicht durch einen unabhängigen Augen- und
Ohrenzeugen des Gesprächs? Es hat übrigens tatsächlich an den Höfen
der merowingischen Könige so etwas wie Hofschulen gegeben; erst
später übernahmen die Klöster die Aufgabe der Ausbildung von lese-
und schreibkundigen Menschen.

Ob der Chronist des 7. Jahrhunderts tatsächlich überhaupt Fredegar
geheißen hat und ob nicht mehrere Autoren an der Chronik beteiligt

waren, ist heute in Historikerkreisen umstritten. Doch das ist weniger bedeutsam als die merklich andere Tendenz in der Geschichtsdarstellung, die hier gegenüber dem Werk des gallischen Bischofs Gregor von Tours herrscht. Der Autor (oder die Autoren) ist offensichtlich von fränkisch-germanischer Abstammung, ein gläubiger Christ, aber nicht mehr von der unsäglichen Überheblichkeit und Uninteressiertheit Gregors gegenüber allen arianischen »Ketzern« und heidnischen »Barbaren« geprägt. Soweit die Informationen Fredegars reichen, sie sind bedauerlicherweise recht begrenzt, werden die behandelten Völker der Franken, der Langobarden, der Byzantiner und eben auch der Slawen als gleichberechtigt beschrieben.

Fredegars Chronik berichtet auch über den Fortgang der Geschichte nach dem »Rauswurf« des Gesandten Sycharius durch den Slawenfürsten Samo; die Chronik nennt ihn übrigens ohne Vorbehalte Rex (König). Der Frankenkönig Dagobert ließ nach dieser für ihn unerträglichen Beleidigung seines Gesandten mehrere Heerzüge rüsten und ins Slawenland vorrücken. Dazu gehörten vermutlich Aufgebote der austrischen Franken, der Thüringer, Bajuwaren, Alemannen und der unabhängigen, aber verbündeten Langobarden im italienischen Friaul. Vor einem geplanten Zug gegen die Awaren mußte nun erst noch der heidnische Barbar Samo niedergeworfen werden. Das konnte den von Gott gesegneten ruhmreichen Heeren der Franken ja wohl nicht schwerfallen.

Doch es sollte völlig anders kommen. Die in den Ostalpen mit den sogenannten Karantanen, den Alpenslawen, kämpfenden Langobarden und Alemannen waren erfolgreich, wie Fredegar berichtet. Die Auseinandersetzungen mit diesen Alpenslawen, die wohl vorübergehend zu Samos lockerem Reich gehörten, werden später noch eine große Rolle spielen.

In Fredegars Text heißt es weiter: »Als sich die Austrasier aber an die Belagerung der Wogastisburg machten, wo sich die Hauptmacht der streitbaren Wenden befand, kam es zu einer dreitägigen Schlacht, in der ein großer Teil von Dagoberts Heer durch das Schwert fiel, worauf alle ihre Zelte und was sie hatten im Stich ließen und nach Hause flohen.« Wenn die von Historikern und Sprachforschern vermutete Lage der Wogastisburg an der mittleren Eger bei Kaaden (Kadan) im heutigen Tschechien stimmt, dann hatten die fränkischen Heere, bevor sie auf den Feind stießen, einen Anmarschweg von mindestens 150 Kilo-

metern durch völlig unbesiedeltes Gebiet hinter sich. Das notwendige
Mitführen großer Vorräte für diesen Marsch machte gewiß das Kämpfen nicht leichter.

In herkömmlichen Büchern über deutsche Geschichte wird die
Schlacht von Wogastisburg höchstens in einigen Zeilen erwähnt und
untersucht, ob diese Burg in Nordböhmen oder in der Oberpfalz lag.
Doch Wolfgang Fritze schlägt eine kühne, aber sehr plausible Brücke
von dieser Schlacht zum weiteren Gang der Weltgeschichte in Mitteleuropa: »Die Katastrophe des merowingischen Hauses begann mit der
Niederlage an der Wogastisburg.« Und diese Schlacht, so kann man die
Ursachenkette weiter zurückverfolgen, kam nur zustande infolge einer
diplomatischen Ungeschicklichkeit des fränkischen Gesandten Sycharius, eines Fehlers, den Fredegar in seinem Bericht deutlich rügt.

Doch war diese Beleidigung des Samo und seiner slawischen Völker
offenbar nur Ausdruck einer Grundeinstellung der christlichen Franken gegenüber den heidnischen Slawen, einer gefährlichen Selbstüber-
schätzung und Überheblichkeit. Diese Einstellung sollte fortleben, sie
hat leider bis in die jüngste Vergangenheit ihre leidvollen Spuren in der
Geschichte der Deutschen und ihrer slawischen Nachbarn hinterlassen.
Der fränkische Chronist Fredegar scheint das bemerkt zu haben, wenn
man seine spärlichen Andeutungen dazu richtig versteht. Hier sei noch
einmal Wolfgang Fritze zitiert: »Mit Samo hatte das Slawentum zum erstenmal sich als handelnde Größe eigenen Rechts in der europäischen
Geschichte angemeldet. Mit einer bemerkenswerten, ja bewunderungs-
würdigen Aufgeschlossenheit für die politische Wirklichkeit hat der
fränkische Chronist (Fredegar) dem Rechnung getragen, ohne Ressen-
timent und ohne Bedauern. Der erste europäische Beobachter des slawischen Problems hat damit bereits den einzigen Weg beschritten, der
zu einer Lösung dieser Frage führen konnte: die gleichberechtigte Aufnahme der Slawen in die europäische Völkerfamilie.«

Die unmittelbaren Folgen der Niederlage an der Wogastisburg für
das Frankenreich waren schlimm genug: Nicht die Wenden, wie man
im Mittelalter oft die Slawen in Deutschland nannte, waren in einem
»militärischen Spaziergang« besiegt worden, sondern ein Heer der
Franken und der verbündeten Völker. Nun waren es die Slawen, die
nicht mehr Frieden hielten und ihrerseits »verheerend in Thüringen
und die übrigen Gaue des Frankenreiches einfielen« (Fredegar). Ein slawisches Volk der Sorben, das offensichtlich schon seit einiger Zeit mit

dem Frankenreich verbündet war (Näheres dazu siehe im nächsten Abschnitt), fiel nach der Schlacht bei der Wogastisburg vom Frankenreich ab und schloß sich dem Stärkeren, nämlich Samos Reich, an.

Noch schwerwiegender waren allerdings die indirekten Folgen für das fränkische Königreich insgesamt. König Dagobert, der Sohn Chlothars II., gilt als der letzte Herrscher aus dem Haus der Merowinger, der eine eigenständige und kraftvolle Politik betrieb und zeitweise auch König aller drei fränkischen Reichsteile war. Doch schon lange vor seinem Tod mußte er die Idee aufgeben, das Frankenreich im Südosten Europas bis an die Grenze des Oströmischen (Byzantinischen) Reiches auszudehnen. Von einer Eroberung des Awarenreiches oder auch nur des Reiches des Samo war nie mehr die Rede, nur noch von verlustreichen Abwehrkämpfen gegen die angreifenden Slawen.

Zu Dagoberts Niederlage an der Wogastisburg trug wesentlich auch der »passive Widerstand« der austrischen Adligen bei. Das ist klar aus Fredegars Bericht zu entnehmen: »Jenen von den Wenden über die Franken erfochtenen Sieg trugen übrigens die Slawen nicht so sehr durch ihre Tapferkeit davon, als vielmehr wegen der Verärgerung der Austrier, welche den Dagobert haßten, weil sie beständig von ihm ausgeplündert wurden.«

Die Niederlage Dagoberts förderte ganz wesentlich das Aufkommen einer neuen Herrscherfamilie aus dem austrischen Teil des Frankenreiches, der Abkömmlinge Arnulfs von Metz und Pippins von Landen, die im vorigen Kapitel bereits vorgestellt wurden. Nach ihren Stammeltern nannte man diese Familie zuerst Pippiniden oder Arnulfinger, anderthalb Jahrhunderte später dann nach ihrem bekanntesten Sohn Karl dem Großen die Karolinger.

SLAWEN VON DER TATRA BIS ZUR SAALE

Menschen mit slawischer Sprache und Kultur waren, wie dieses Kapitel anschaulich macht, in den vorausgegangenen Jahrzehnten nicht nur in Norddeutschland eingewandert, sondern auch weiter südlich davon. Kurz vor dem Einfall der Awaren nach Südosteuropa müssen slawische Stämme von Osten her auch die Gebiete Böhmens, Mährens und der Slowakei betreten haben. Die vorher dort lebenden Germanenvölker

Reich der Awaren

Lechen (Polen)

Pomoranen

Liutizen

Obodriten

Sachsen

Dänen

Friesen

Hunen

Sorben

Reich des Samo

Wogastisburg

Regensburg

Mährer

Slowaken

Karantanen

Thüringer

Franken

Alemannen

Bajuwaren

Königreich der Langobarden

Slawen und Awaren im östlichen Mitteleuropa Anfang 7. Jh.

28

- Fränkisches Reich und abhängige Gebiete
- Awarenreich und awarisches Einflußgebiet
- Slawische Völker

Sachsen Germanische Völker

Sorben Slawische Völker

waren inzwischen größtenteils freiwillig abgezogen oder in den zahlreichen Kriegen zwischen Germanen am Ende der Völkerwanderungszeit zerrieben worden. Die geringen verbliebenen Reste konnten den volkreichen Slawen kaum Widerstand entgegensetzen.

Im Kessel der böhmischen Berge (Erzgebirge, Bayerischer Wald, Böhmerwald) besetzten wohl schon um 560 slawische Gruppen die fruchtbaren Ebenen um das spätere Prag und die von dort ausgehenden Flußtäler, die einstigen Wohngebiete der Markomannen. Auch in Böhmen und Mähren bedeckten riesige Wälder, vor allem in den Bergregionen, den größten Teil des Landes und sorgten dafür, daß weite Gebiete menschenleer blieben. Es müssen verschiedene slawische Stämme gewesen sein, die sich hier niederließen und einander mit Mißtrauen, ja, Abneigung betrachteten. Als erste Namen solcher Stämme tauchen, allerdings erst etwa zwei Jahrhunderte später, die Lutschanen im Nordwesten Böhmens, die Tschechen in der Prager Gegend und die Dudleben im Süden Böhmens auf, letztere aber noch weit entfernt von den Bergen des Böhmerwaldes. Am Oberlauf der Elbe, nordöstlich von Prag, lebten »schwarze« und »weiße Kroaten«. Daß sie denselben Namen führten wie das slawische Volk, das heute noch auf der nördlichen Balkanhalbinsel ansässig ist, zeigt wie in einigen anderen Fällen, daß slawische Stämme in ihrer Wanderzeit auch auseinandergerissen wurden und in ganz verschiedene Richtungen marschierten.

Dichter scheint die Besiedlung in Mähren gewesen zu sein. Im Tal der March (Morava), an einem uralten Süd-Nord-Durchgangsweg für Händler und Völker, entstanden wohl schon zu Anfang des 7. Jahrhunderts einige Burgwälle, die teils einem Herrengeschlecht als Regierungssitz dienten, teils auch von den umwohnenden Bauern im Fall von Angriffen als Fluchtburg benutzt wurden. Etwa zur gleichen Zeit dürften weit oben im Norden Deutschlands die Fürsten der Obodriten mit dem Bau ihrer ersten Burg Wiligrad (Mecklenburg) begonnen haben (siehe 25. Kap., S. 431). Auch noch weiter im Osten, in den flacheren und leichter zu besiedelnden Teilen der heutigen Slowakei, hatten sich slawische Gruppen niedergelassen.

Ob alle diese slawischen Kleinvölker bereits kurz vor der Ankunft der Awaren in Osteuropa ihre aus dem Frühmittelalter bekannten Sitze einnahmen oder, wie auch vermutet wird, erst im Gefolge der Awaren, wird wohl nie zu klären sein. Auf jeden Fall lebten viele Slawen lange Zeit in einer erzwungenen Symbiose mit dem aus Innerasien gekommenen Reitervolk der Awaren. Slawische Stämme mußten dem Herrenvolk Lebensmittel und Handwerkserzeugnisse liefern – und Frauen. In den zahllosen Feldzügen der Awaren gegen das Byzantinische Reich im Süden der Balkanhalbinsel wurden fast immer große Scharen bewaffneter Slawen vorgeschickt, um für die Awaren »die Kastanien aus dem Feuer zu holen«, wie mehrere zeitgenössische Chronisten, auch Fredegar, übereinstimmend berichteten.

So war der Aufstand slawischer Völker, der in der Einleitungsepisode geschildert wurde, ein sehr verständlicher Vorgang. Er muß etwa um das Jahr 626 begonnen haben, möglicherweise als Reaktion auf die awarische Niederlage vor Konstantinopel. Der Aufstieg des fränkischen Kaufmanns Samo zum König der Slawen wird übrigens nur von Fredegar berichtet. Samos Reich hielt sich bis zu dessen Tod rund 30 Jahre nach den zu Anfang dieses Kapitels erzählten Ereignissen. Danach sank die Gegend erst einmal wieder in einen »Schlaf der Vergessenheit«; abendländische Chronisten erwähnten mehr als 100 Jahre lang nichts darüber. Immerhin hat Samos erfolgreiche Abwehr sowohl des fränkischen Angriffs und auch eventueller neuer awarischer Eroberungsversuche den Slawen in diesem Gebiet genug Zeit verschafft, sich zu eigenständigen, unverwechselbaren Völkern zu entwickeln. Es wird von ihnen noch mehrfach die Rede sein, vor allem vom Aufstieg der Tschechen um Prag und ihrer Herrscherfamilie, den Przemysliden.

Über den Umfang des Samo-»Reiches« haben Historiker viel gerätselt. Die gängige Annahme ist, daß die Slawen südlich der Sudeten (der Gebirgszüge im Norden der modernen Staaten Tschechien und Slowakei, vom Erzgebirge bis zur Hohen Tatra) dazugehörten, ferner – zeitweise? – die in die Ostalpen (Kärnten) eingedrungenen Slawen. Im Donautal hatten sich zu dieser Zeit nur wenige Slawen von Osten her bis etwa zur Enns vorgeschoben. Im Obermaingebiet, dem späteren Oberfranken und der Oberpfalz, scheint es allerdings noch keine Slawen gegeben zu haben. Soweit Slawen in der pannonischen (ungarischen) Tiefebene vor dem Awareneinfall gelebt hatten, waren sie hier, im bevorzugten Lebensraum des herrischen Reitervolkes, völlig zu Knechten herabgesunken.

Aber auch nördlich der Sudeten waren am Ende des 6. Jahrhunderts Slawen eingedrungen. Das spätere Schlesien wurde von Slenzanen und Opolanen besetzt. Westlich davon, am Oberlauf von Lausitzer Neiße und Spree, ließen sich Milzener und Lausitzer nieder, und an der mittleren Elbe Daleminzier. Die Namen dieser slawischen Stämme muß man sich nicht unbedingt merken, sie stehen nur für eine viel größere Zahl slawischer Stammesnamen, die allerdings zum Teil erst Jahrhunderte später schriftlich überliefert wurden. Es ist sehr unwahrscheinlich, daß sich diese Völker, die weit entfernt vom Zentrum der Awaren lebten, dem slawischen Verteidigungsbündnis gegen diese, dem Reich Samos, angeschlossen haben.

Eine größere Bedeutung hatte das slawische Volk der Sorben, das sich vermutlich im Land zwischen Saale und Elbe niederließ, also im östlichen Thüringen und westlichen Sachsen (gemeint ist das heutige Bundesland dieses Namens). Diese Sorben an der Ostgrenze des damaligen Thüringen scheinen es im Anfang des 7. Jahrhunderts bereits zu einer verhältnismäßig weiträumigen Herrschaft eines Fürsten gebracht zu haben. Nach Fredegars Bericht, unserem einzigen schriftlichen Zeugnis, hatte dieses Volk »seit alters zum Fränkischen Reich gehört«. Vielleicht hatte ihr Herzog Dervan ähnlich wie Samo einmal einen Freundschaftsvertrag mit dem Frankenkönig geschlossen, der nur von den Franken als Unterwerfung ausgelegt wurde. Vielleicht waren allerdings auch zur Freundschaft noch einige weitere, dem damaligen Brauch entsprechende Gesten der Ergebenheit des Sorbenherzogs gegenüber dem Frankenkönig gekommen. Von einem »fränkisch verwalteten Sorbenland« konnte aber gewiß noch nicht die Rede sein.

Nach dem Sieg Samos über König Dagobert wechselte der schlaue Herzog Dervan die Seiten und schloß sich Samos Reich an. Diese Sorben müssen es auch gewesen sein, die nun häufig plündernd in die von Thüringern und Sachsen bewohnten Gebiete westlich der Saale einfielen. Zu den Beschränkungen eines besiegten Landes (Thüringen) oder eines zu Tributen verpflichteten Gebiets (der Altsachsen in Norddeutschland) gehörte es damals offenbar, die Verteidigung gegen äußere Feinde den Franken zu überlassen oder wenigstens einen fränkischen Befehlshaber ihres Heeres dabei zu akzeptieren. Dazu aber war wohl das geschwächte Fränkische Reich nach der Niederlage vor der Wogastisburg lange Zeit nicht ausreichend in der Lage.

Die Sachsen verhandelten daher nach einem Bericht Fredegars mit König Dagobert, ihre Verteidigung gegen die Wenden selbst in die Hand zu nehmen, wenn er ihnen die seit 100 Jahren auferlegten Tribute – »500 Kühe pro Jahr« – erlassen würde. Nach einigem Zögern mußte Dagobert darauf eingehen. Doch gingen offenbar auch später sorbische Überfälle auf sächsisches Gebiet weiter, ebenso auf thüringisches Territorium. Vielleicht war dies ein wesentlicher Grund, weshalb sich einige Zeit später ein vom Frankenkönig eingesetzter Herzog in Thüringen praktisch vom Frankenreich für unabhängig erklärte. Erst im 8. Jahrhundert konnte der karolingische Hausmeier Pippin der Mittlere die fränkische Oberhoheit wiederherstellen.

28. DIE ERSTEN MÖNCHE
JENSEITS DES RHEINS

DER RUHM DES EINSIEDLERS
Um 645, am Bodensee

Die Sonne ging gerade über den Bergen am östlichen Ufer des Meeres auf, als eine kleine Gruppe von Männern sich den Weg durch die Steintrümmer bahnte, die einmal das Südtor des römischen Kastells Arbor Felix (Arbon, Schweiz) am Lacus Brigantinus (Bodensee) gewesen waren. Vor Jahrzehnten war der obere Bogen des Tores zusammengestürzt, und niemand hatte sich bisher die Mühe gemacht, die Trümmer beiseite zu räumen. So ähnlich wie das Tor sahen auch die meisten Häuser des ehemaligen Kastells aus: halb in Ruinen, verfallen, schmutzig. Dennoch lebten noch etwa 200 Menschen in diesem Ort, der sich stolz Civitas (Stadt) nannte.

Beim Priester Willimar hatten die fünf Männer übernachtet, die gestern mit einem Boot von Constantia (Konstanz) herübergekommen waren. Der älteste der Männer war gewiß schon über 80 Jahre alt. Sein wilder weißer Bart stach seltsam von der braungebrannten Glatze auf seinem Kopf ab. Bekleidet war der alte Mann nur mit einer knielangen Kukulle (Mantel) aus grobem braunem Wollstoff sowie Ledersandalen. Seine vier jüngeren Begleiter waren ebenso gekleidet. Der alte Mönch Gallus war mit seinen geistlichen Brüdern auf dem Heimweg in seine einsame Mönchszelle im Bergwald oberhalb des riesigen Sees (das heutige St. Gallen).

Nur ein kurzes Stück jenseits der Stadtmauer von Arbor Felix führte der Fußpfad durch einen Weiler, den vor Jahrzehnten eingewanderte Alemannen hier angelegt hatten. Huchingen hatte der Gründer Hucho einst diesen Flecken nach seinem eigenen Namen benannt. Zwei Wohnhäuser, drei kleine Stallgebäude und einige halb in die Erde eingetiefte Vorratshütten, alle aus Holzbalken errichtet und mit Stroh gedeckt, bildeten das Dorf. Als die Mönche zwischen den Gebäuden hindurchschritten, wurden sie von den Einwohnern freundlich begrüßt, und der alte Gallus erwiderte ebenso freundlich in ihrer Sprache: »Gelobt sei Jesus Christus in Ewigkeit, Amen!«

Ein wenig später fragte Gallus einen seiner Begleiter: »Nun, Huchfried, würdest du gerne wieder hier in deinem Dorf leben?« Der junge Mann antwortete, ohne zu zögern: »Nein, Vater Gallus, ich fühle mich bei dir oben auf dem Berg glücklich, und ich freue mich, Gott loben und zu ihm beten zu dürfen, so wie du es mich gelehrt hast. Aber vielleicht gewährst du mir demnächst einmal ein paar Tage Urlaub, um nach meinen Eltern zu sehen und zu hören, ob es hier in meinem Heimatdorf noch jemanden außer mir gibt, der sich zum wahren Gott bekehren möchte.«

Die Beziehungen zwischen den Mönchen oben auf dem Berg und den alemannischen Dorfbewohnern unten in der Nähe des Sees waren nicht immer so entspannt gewesen. Gallus erinnerte sich noch gut, wie er vor langer Zeit zum erstenmal durch diesen Weiler gewandert war. Damals hatten haßerfüllte Flüche der heidnischen Bewohner ihn begleitet, und die Kinder hatten sogar Steine nach ihm geworfen. Des Gallus alter Abt und Lehrer Columban hatte sich hier am großen See nicht beliebt gemacht, als er sich vor Jahrzehnten in Brigantium (Bregenz) niedergelassen hatte. In seiner unnachgiebigen Härte hatte Columban den heidnischen Alemannen ihr Wodansbier bei einer Feier für ihren Götzen ausgeschüttet und den Kessel zerschlagen; die Heiden vergalten ihm das und viele andere aufreizende Taten mit offenem Haß und tätlichen Angriffen. Auch den eigenen Mönchen war das Dienen unter ihrem so überaus strengen Oberhirten immer schwerer gefallen. So war Columban damals schon nach kurzer Zeit enttäuscht und verbittert nach Italien weitergezogen.

Gallus dankte immer noch heimlich Gott, daß ihn seinerzeit ein hitziges Fieber gehindert hatte, dem Befehl seines Abtes zu folgen und mit nach Italien zu ziehen. Voller Wut hatte Columban dem, wie er meinte, ungehorsamen jungen Mönch Gallus verboten, die Messe zu beten, bevor er den Weg über die Alpen antrat. Doch das war nun schon lange her. Gallus war ein anderer Mensch als der aufbrausende Ire Columban, den er einst im Kloster Luxovium (Luxeuil in den Vogesen) im burgundischen Reichsteil der Frankenkönige als Führer zur Gottseligkeit verehrt hatte. Dem jungen Mönch war zwar damals im Kloster der Name Gallus (der Gallier, Kelte) beigelegt worden, aber in Wirklichkeit stammte er von einem Bauernhof und hatte eine burgundische Mutter.

Noch immer drückte er sich lieber in seiner Muttersprache als in Latein aus und konnte sich mühelos auch mit den Alemannen am Seeufer verständigen – was Columban eigensinnig abgelehnt hatte.

Den jungen Mönch Gallus zog es nach dem Ärger mit seinem Abt Columban in die Einsamkeit, um ungestört und in heiligmäßiger Enthaltsamkeit Gott zu verehren. In der Abgeschiedenheit der Bergwälder oberhalb von Arbor Felix hatte er sich eine Hütte gebaut sowie eine winzige Kapelle, in der er stundenlang kniend zu Gott beten konnte. Im übrigen pflanzte er Gemüse an und fing als geschickter Fischer aus einem kleinen natürlichen Stausee an der Steinach Fische für seinen Lebensunterhalt. Zwei, drei Gefährten, die ebenfalls Mönche werden wollten, taten es ihm gleich. Bei seinen gelegentlichen Wanderungen nach Arbor Felix, bei denen er sich Mehl und ein wenig Speck erbettelte, hatte Gallus den Bewohnern des Weilers Huchingen ein selbstgeknüpftes Netz geschenkt und ihnen später gezeigt, wie man damit im großen See Fische fangen könne.

Das hatte das Eis zwischen den heidnischen Alemannen und dem damals noch jungen Mönch gebrochen. Vielleicht hatte dazu auch beigetragen, daß er eben nicht wie Columban die Dorfbewohner als gottlose Heiden beschimpfte – in einer Sprache, die die Alemannen glücklicherweise nicht verstanden. Den Alemannen machte es auch Eindruck, daß sich Gallus als Mann ohne Waffen allein in die unzugänglichen Bergwälder wagte und dort jahrzehntelang als Einsiedler wohnte, mitten unter Bären, wilden Wolfsrudeln und großen Wildschweinen. Sie verstanden zwar nicht, was der Mönch Gallus dort oben wollte, aber den Mut des Mannes mußten sie anerkennen, der ein so völlig anderer Mut war, als die Alemannen ihn im kriegerischen Zweikampf oder in einer friedlichen Schlägerei zu zeigen pflegten.

Vielleicht, so meinten die Alemannen am großen See, war doch etwas an des Gallus häufiger Rede, daß er unter dem Schutz einer ganz besonders starken Gottheit stehe. Für die Bauern steckte der dunkle Bergwald voller böser Geister und Unholde, denen man sich nur im äußersten Notfall und unter großer Furcht näherte, nicht ohne ihnen vorher Opfer an Bier oder Lebensmitteln geweiht zu haben. Die Furchtlosigkeit des Gallus und auch die Tatsache, daß ihm in mehreren Jahrzehnten seines Lebens als Einsiedler im Urwald nie etwas Böses zugestoßen war, beeindruckten die Alemannen mehr, als sie offen zugeben wollten.

Von den christlichen Römern in der Stadt Arbor Felix kannten die umwohnenden heidnischen Bauern, wie diese Christen an einem Tag in der Woche sangen und beteten. Aber das »mißtönende Geheul«, so nannte der Dorfälteste Hucho die hörbaren Äußerungen dieses fremden Glaubens abschätzig, stieß die Bauern eher ab. Doch mit dem Einsiedler Gallus war es etwas anderes. Seine jungen Mönche, von denen sich inzwischen fast ein Dutzend in seiner Waldeinsamkeit eingefunden hatten, verbreiteten eifrig Geschichten von wundersamen Heilungen, die der alte Gallus an Kranken vollbracht habe. Offenbar kannte er sich gut mit Heilkräutern und wirksamen Beschwörungsformeln aus, so daß auch die Alemannen aus Huchingen und der weiteren Umgebung schon zu ihm gewandert waren, und, sie mußten es offen einräumen, meist hatte er ihnen geholfen.

Der größte Erfolg des alten Mönches war es nach dessen eigener Meinung gewesen, daß nicht nur junge Männer aus guten christlichen Familien aus Arbor Felix, Constantia und Brigantium zu ihm gepilgert waren, um in seine schon weithin berühmte Mönchsgemeinschaft aufgenommen zu werden. Nein, auch des Dorfältesten Hucho jüngerer Sohn Huchfried hatte vor einem Jahr den Weg in die Waldeinsamkeit gewagt. Er hatte sich nicht nur dort von Gallus im Namen Gottes des Vaters, des Sohnes und des Heiligen Geistes taufen lassen, sondern er war auch freiwillig in die Mönchsgemeinde eingetreten und lernte nun schon eifrig Latein und die Gebete der Messe, die ein angehender Kleriker auswendig können mußte.

Der Ruhm des Einsiedlers Gallus hatte sich rund um den riesigen See verbreitet, um den herum längst an allen dafür geeigneten Stellen Alemannen siedelten. Dieser Ruhm war es auch gewesen, der Gallus, sehr gegen seinen Willen, zu seiner jüngsten Reise gezwungen hatte. Da gab es einen Herzog Cunzo in seinem Hof Iburninga (Überlingen am Nordufer des Bodensees), der aller Alemannen rund um das große Wasser waltete, Recht sprach, Abgaben empfing und das Heeresaufgebot der südlichen Gaue befehligte, wenn ein Kriegszug bevorstand. Doch Kriegszüge gab es jetzt kaum noch. Dieser Herzog hatte eine Tochter Friedeburg, und die war von einem bösen Geist besessen. Niemand hatte sie heilen können, kein alemannischer Galsterer (Zauberer) und kein christlicher Priester.

Daher schickte der Herzog einen Boten über den See zu Gallus, er solle nach Iburninga kommen und seine Tochter heilen; nur er sei offenbar dazu fähig. Doch als Gallus diese Botschaft gehört hatte, zögerte er nicht lange. Noch in der gleichen Nacht flüchtete er in die Täler zwischen den Bergen, die gleich hinter seiner Klause in den Himmel ragten (das Alpstein-Massiv mit dem Säntis, dem Wildkirchli und dem Hohen Kasten, zwischen 2500 und 1600 Meter hoch). Denn Gallus hatte keine Lust, sich der Willkür des Herzogs auszusetzen, falls es ihm nicht gelingen sollte, den bösen Geist aus der Tochter zu vertreiben. Das konnte nur Gott, und der Mönch hatte Zweifel, ob die Gebete eines fehlbaren Sünders, wie er selbst es war, imstande waren, Gott zu einem Wunder zu bewegen.

Nach einigen Tagen einsamen Wanderns in der steinigen Bergwelt, zwischen Gemsen, Steinböcken und Murmeltieren, erlebte Gallus eine Überraschung. Die Täler neigten sich wieder nach unten, und plötzlich stand er am Ufer eines rasch nach Norden strömenden Flusses; das mußte der Rhein sein, der in der Nähe von Brigantium in den großen See floß. Dort gab es sogar einige Hütten und Menschen und – Gallus wagte es kaum zu glauben – einen christlichen Diakon namens Johannes (vermutlich Grabs in der Nähe der heutigen schweizerisch-liechtensteinischen Grenze). Dieser Diakon nahm den geflüchteten Glaubensbruder freundlich auf. Er war kein Alemanne, sondern ein Römer, der aus der Bischofsstadt Curia (Chur) im Süden gekommen war, um ähnlich wie Gallus in der Einsamkeit Gott zu verehren.

Doch selbst in dieser Abgeschiedenheit fand Gallus keine Ruhe. Ein weiterer Bote des Herzogs hatte durch Drohungen und Schmeicheleien von den Mönchen des Gallus Fluchtweg erfahren und war ihm quer durch die hohen Berge gefolgt. Dort, beim Diakon Johannes, hatte der Bote so eindringlich auf Gallus eingeredet, daß dieser sich zur Rückkehr und zur Reise nach Iburninga entschloß. Hier gelang es ihm mit Gottes Hilfe tatsächlich, den bösen Geist aus der Herzogstochter zu vertreiben. Stets, wenn der Herzog mit seiner kläffenden Hundemeute zur Jagd zog, hatte sie – oder vielmehr der böse Geist in ihr – in panischer Angst geschrien; Gallus hatte ihr durch Gebete und gutes Zureden die Angst vor den Hunden genommen.

Das gefiel dem Herzog Cunzo so gut, daß er den Mönch Gallus sogleich zum Bischof von Constantia (Konstanz) machen wollte. Cunzo suchte als Oberhirten der wenigen verstreuten Christengemeinden in den alten Römerorten am Südufer des Sees jemanden, auf den er sich verlassen konnte und der ihm nicht, wie es von den Bischöfen in

Gallien hieß, dem Herzog in sein weltliches Regiment hineinredete.
Doch hier gelang es Gallus, dem Herzog diesen Plan auszureden. Statt
dessen schlug er dem Herzog die Wahl des Diakons Johannes aus
dem Rheintal zum Bischof vor. Allerdings müsse dieser noch einige
Zeit in den Gebräuchen der heiligen Kirche unterrichtet und vorher
zum Priester geweiht werden.

Das war inzwischen geschehen, und nun lagen endlich der Trubel
und die Zeit der Ablenkung vom gottseligen Gebet hinter dem alten
Gallus. Gestern war die feierliche Wahl und Einsetzung des Johannes
in sein Amt als neuer Bischof von Konstanz erfolgt. Gallus hatte in der
kleinen Kirche dieser Stadt eine Predigt über die Heilsgeschichte Jesu
Christi in alemannischer Sprache gehalten, die der neue Bischof in die
römische Sprache übersetzt hatte. Dann konnte sich der alte Mönch
endlich von seinen jungen Brüdern über den See nach Arbor Felix
rudern lassen, um den Heimweg in seine Klause anzutreten. Gallus
atmete tief durch, als er beschwingten Schrittes seiner Zelle oben an der
Steinach entgegenwanderte. Er war nun einmal nicht für die Städte und
Herzogshöfe geschaffen. Endlich würde er wieder in der Abgeschiedenheit des Waldes beten können, so wie es Gott ihm einst in seiner
Jugend befohlen hatte.

ZAGHAFTE ANFÄNGE DER
CHRISTIANISIERUNG ALEMANNIENS

Die Legende vom heiligen Gallus ist im 8. und 9. Jahrhundert mehrfach
von Mönchen der Bodenseegegend aufgeschrieben worden, jedesmal
mit einigen Wundern mehr, die der berühmte Einsiedler vollbracht haben sollte. In der vorstehenden Episode wurde versucht, das Leben
und das Wirken des Mönches Gallus etwas mehr in der Art zu erzählen, wie es sich wohl wirklich zugetragen haben könnte. Sie folgt
dabei der anschaulichen Darstellung von Arno Borst in seinem Buch
Mönche am Bodensee.

Die Episode läßt zugleich erkennen, mit welch winzigen Erfolgen
zunächst die Missionsarbeit des Christentums in dem Teil Germaniens rechnen mußte, der nicht durch langjährige Zugehörigkeit zum
Römischen Reich geprägt war. Waren die ersten Mönche in diesem
Gebiet überhaupt »Missionare« mit dem Willen zur umfassenden

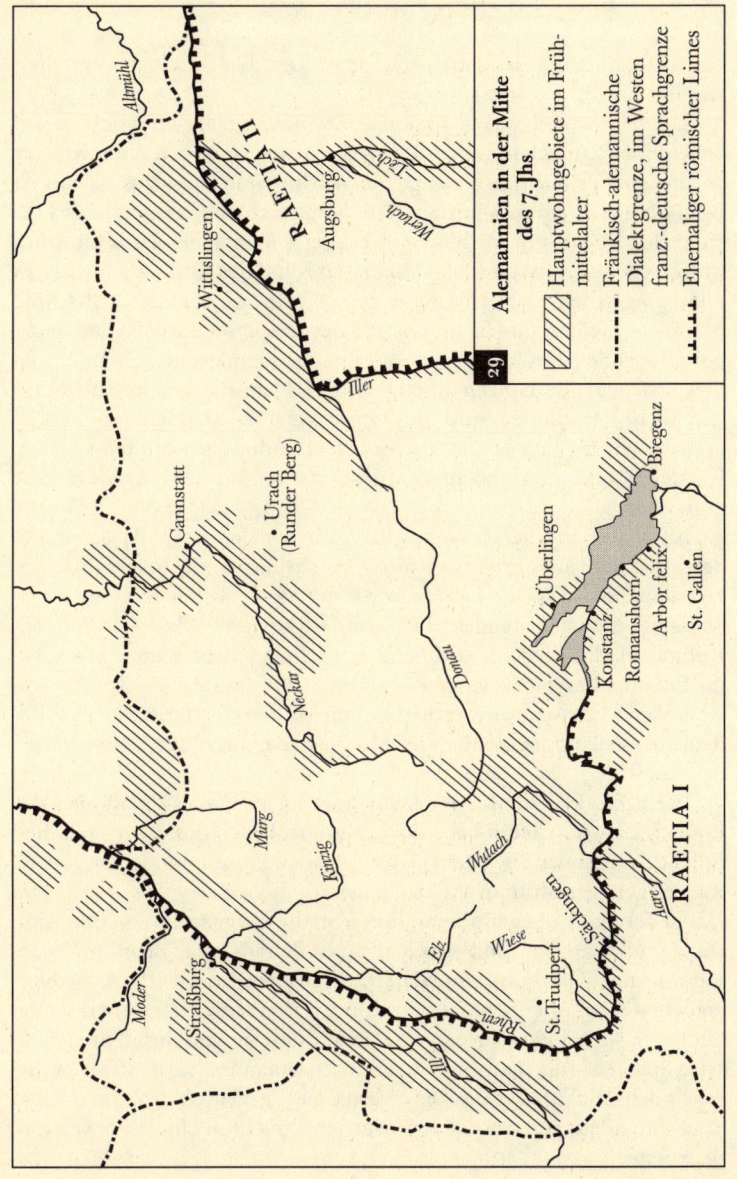

Alemannien in der Mitte
des 7. Jhs.

Hauptwohngebiete im Früh-
mittelalter

Fränkisch-alemannische
Dialektgrenze, im Westen
franz.-deutsche Sprachgrenze

Ehemaliger römischer Limes

29

RAETIA II

Altmühl
Augsburg
Lech
Wertach
Wittislingen
Iller

Cannstatt
Urach
(Runder Berg)
Neckar
Donau

Überlingen
Konstanz
Romanshorn
Arbor felix
St. Gallen
Bregenz

Murg
Kinzig
Wutach
Säckingen
Aare
RAETIA I

Moder
Straßburg
Elz
Wiese
St. Trudpert
Rhein
Ill

Bekehrung der dort lebenden »Heiden«? Das darf durchaus bezweifelt werden.

Der berühmte irische Missionar Columban hatte im längst christlichen Frankenreich in Luxeuil (Vogesen) lange ein berühmtes Kloster geleitet, bis er sich nach einem Zerwürfnis mit den selbstbewußten Bischöfen der gallisch-fränkischen Kirche vorübergehend am Ostende des Bodensees im heutigen Bregenz niederließ. Dies muß um 610 geschehen sein. Dort, am äußersten Rand des Einflußbereichs der merowingischen Frankenkönige, gab es keine eingebildeten Bischöfe aus reicher Römerfamilie, mit denen der temperamentvolle und leicht aufbrausende Abt Columban zusammengeraten konnte. Dafür lebten hier abscheuliche Götzenanbeter und Heiden, die Columbans Sprache nicht verstanden und ihn schrecklich beleidigten. So verließ er bald wieder den Bodensee, um im berühmten norditalienischen Kloster Bobbio sein Lebensende zu erwarten. Im Jahr 615 ist er dort gestorben.

Auch sein Schüler Gallus wollte kein Heidenmissionar sein, sondern flüchtete sich zur ungestörten Verehrung Gottes in die Einsamkeit, dorthin, wo später das riesige Kloster Sankt Gallen und die danach benannte Stadt entstanden. Dennoch wirkten sein Beispiel und sein Ruhm auf die ringsum wohnenden Alemannen heilsam ein. Es bedurfte offenbar einer längeren Periode des friedlichen Zusammenlebens von Christen und germanischen Wodansverehrern, bis der Boden für eine systematische Verbreitung der Lehren des Christentums bereitet war.

Die Episode vom Mönch Gallus zeigt zugleich, daß am Südufer des Bodensees – dort hatte bis zum Zusammenbruch des Weströmischen Reiches der Limes mit Grenzverteidigungsanlagen und kleinen Kastellen gelegen – noch immer Reste einer römischen Bevölkerung lebten. Die in der Gallus-Legende erwähnten Städte Bregenz, Arbon und Konstanz muß man sich wohl tatsächlich als damals weitgehend in Trümmern liegende und nur von wenigen Menschen bevölkerte Ansiedlungen vorstellen. Aber die Menschen dort waren seit vielen Generationen Christen, sie empfanden sich als Römer, und sie bewahrten ihre römische Sprache. Mit den umwohnenden Alemannen verband sie wahrscheinlich ein mißtrauisches Verhältnis gegenseitigen friedlichen Tauschhandels, gepaart mit verborgener Verachtung für die jeweils andere Seite.

Als die Provinz Raetia prima noch zum Römischen Reich gehörte, erstreckte sie sich von der höchsten Bergkette der Alpen bis zum Bodensee und zur oberen Donau zwischen Iller und Lech und umfaßte die heutige Ostschweiz, das österreichische Vorarlberg und Westtirol sowie den Südwesten des heutigen Bundeslandes Bayern. Hauptstadt dieser Provinz war der Ort Curia (heute Chur am Alpenrhein). Dort hatte auch nach spätrömischem Brauch der zuständige Bischof seinen Sitz. Als die römische Verwaltung längst zusammengebrochen und der gotische Befehlshaber Rätiens abgezogen war (siehe 24. Kap., S. 399 und 410), harrte der Bischof von Chur vor Ort aus.

Für fast 200 Jahre stellten diese Bischöfe die einzige verbliebene Autorität für die wenigen Einwohner der ostschweizerischen Alpentäler dar, nicht nur in kirchlicher Hinsicht, sondern praktisch auch als weltliches Oberhaupt. Denn ihr Gebiet lag im Niemandsland zwischen dem in Norditalien entstandenen Reich der Langobarden und dem Frankenreich, dessen Autorität über die Länder der Alemannen nur dem Namen nach bestand (Näheres dazu im folgenden Abschnitt). So konnte sich in der Abgeschiedenheit der Ostschweiz nicht nur eine Art Bischofs-»dynastie« der sogenannten Victoriden über ein Jahrhundert lang halten, sondern – und das ist bis heute von Bedeutung – auch eine größere Gruppe von Menschen, die ihre lateinische Muttersprache und einen ausgesprochenen Unabhängigkeitswillen bewahrt haben. Es sind die Rätoromanen, die heute vorwiegend im schweizerischen Kanton Graubünden leben. Ihre romanische Sprache unterscheidet sich deutlich vom benachbarten Italienisch oder Französisch.

Auch die damaligen Einwohner von Arbon, Romanshorn, Bregenz, Konstanz und einigen anderen ehemaligen Römerstädten in der Nordschweiz werden sich zu dieser Volksgruppe gezählt haben. Aber im Laufe des Mittelalters verlor sich bei ihnen die vulgärlateinisch-romanische Muttersprache. Die germanische Sprache der Alemannen setzte sich hier durch.

Die Gründung des Bistums Konstanz verschwimmt im urkundenlosen Dämmer der frühmittelalterlichen Geschichte. Zu Römerzeiten gab es dort noch keinen Bischof. Möglicherweise war der vom Mönch Gallus empfohlene Johannes der erste Bischof dort, vielleicht hatte das Gebiet aber auch schon vor ihm einen christlichen Oberhirten, ganz gewiß unter strenger Aufsicht des zuständigen alemannischen Herzogs. Denn der wollte sich weder von einem fränkischen König etwas sagen lassen, obwohl er ihm einen Treueid geleistet hatte, noch von einem zu selbstbewußten Bischof.

Möglicherweise etwa zwei Jahrzehnte nach Gallus dürfte ein anderer Mönch aus dem Frankenreich sich hundert Kilometer weiter westlich am Hochrhein niedergelassen haben, der heilige Fridolin. Heiligenlegende und historische Forschung weichen in diesem Punkt erheblich voneinander ab. Den Vorzug genießt hier wie immer die historische Forschung, auch wenn sie nur beschämend wenig über Fridolin weiß.

Danach könnte dieser, entgegen der Legende, wie Gallus ein Mönch germanischer (fränkischer?) Abstammung aus Mittelfrankreich gewesen sein, den es wie Gallus aus unbekannten Gründen ins Land der Alemannen zog. Doch weiter reicht die Übereinstimmung mit dem Einsiedler vom Bodensee nicht. Fridolin wollte kein Einsiedler sein. Auf einer Rheininsel beim späteren Säckingen baute er ein kleines Kloster, in das nun nicht Mönche, sondern Frauen als Nonnen eintraten. Woher sie gekommen sein mögen, weiß man nicht. Vorher, im Frankenreich, hatte Fridolin offenbar gute Beziehungen zum berühmten Nonnenkloster Poitiers gehabt, einer Gründung der Königin und thüringischen Prinzessin Radegunde (siehe S. 391). Wahrscheinlich hat Fridolin die Anregung zur Gründung eines Frauenklosters von dort mitgebracht. Im übrigen scheint dieser Abt auch die persönliche Protektion des Frankenkönigs Chlodwig II. (640–657) genossen zu haben. Dieser soll angeordnet haben, Fridolin tatkräftig gegen anfängliche Widerstände der alemannischen Anwohner in Schutz zu nehmen. Demgegenüber hat der alte Gallus vermutlich nie etwas vom Frankenkönig gehört und dieser nichts vom Einsiedler am Bodensee, auch wenn dessen später niedergeschriebene Legende anderes behauptet.

Was Fridolin in seinem Nonnenkloster für die Christianisierung Alemanniens bewirkt haben mag, verschweigt die Legende, und auch die Historiker wissen darauf keine Antwort. Trotz der Ansiedlung mitten im Heidenland scheint der heilige Fridolin keine Mission im eigentlichen Sinne betrieben zu haben.

Auch der Mönch Trudpert hatte offenbar kaum diese Absicht, als er ebenfalls im 7. Jahrhundert in einem versteckten Waldtal fast im Herzen des Schwarzwalds eine Einsiedelei baute. Es war das heutige Münstertal südlich von Freiburg, und an der Stelle seiner Klause steht nunmehr das Kloster St. Trudpert. Lange kann er dort nicht gebetet haben, denn der Legende nach wurde er von einem Knecht erschlagen, der ihm beim Roden helfen sollte. Welche persönliche Tragödie mag dem vorausgegangen sein?

Columban und Gallus, Fridolin und Trudpert – das sind so ziemlich die einzigen Namen christlicher Glaubensboten im westlichen Alemannenland, die aus dem 7. Jahrhundert bekannt sind. Viel haben sie anscheinend zur Verbreitung des Christentums nicht beitragen können. Erst ein knappes Jahrhundert später sollte sich im deutschen Südwesten und in der Schweiz die Lage zugunsten des Christentums ändern, und zwar zum Teil recht dramatisch. Dies wird u.a. Thema des 33. Kapitels sein.

Weit von Bodensee und Oberrhein entfernt existierte im Nordosten noch ein weiterer Hort christlichen Glaubens im Alemannenland, nämlich in Augsburg. Das alte Augusta Vindelicum war lange Zeit Sitz des römischen Präfekten der Provinz Raetia prima gewesen, die zwischen Donau, Lech und Inn lag. Wie in allen Provinzhauptstädten des Römischen Reiches residierte auch hier seit dem Ende des 4. Jahrhunderts ein Bischof, und die römische Bevölkerung der Stadt war größtenteils christlich. Aus der Zeit der sogenannten »Diokletianischen Christenverfolgung« im Jahr 304 bewahrte sie das Andenken an eine christliche Märtyrerin namens Afra in ihrer Stadt.

Man weiß nicht, ob es zwischen dem Ende der römischen Verwaltung in Augsburg um das Jahr 470 und dem 8. Jahrhundert Bischöfe in der Stadt gab. Schriftliches ist nicht überliefert. Aber das städtische Leben ist in diesem Ort während der Völkerwanderungszeit nie ganz erloschen, so kümmerlich es zeitweise auch gewesen sein mag, und damit auch das Christentum nicht. Hierin ähnelt Augsburg den alten Römerstädten am Rhein wie Köln und Mainz.

Vor etwa 20 Jahren haben archäologische Ausgrabungen in den ältesten Kirchen Augsburgs nachgewiesen, daß selbst im »dunklen« 7. Jahrhundert dort christliche Priester beigesetzt worden sind. Sie können, nach ihren Beigaben zu schließen, nicht zu den Ärmsten gehört haben. Bei einigen fand man Pferde, heutzutage eine merkwürdige Vorstellung, aber in jenen Zeiten offenbar keineswegs ungewöhnlich. Aus bestimmten Trachteigentümlichkeiten schlossen die Ausgräber, daß diese Augsburger Priester aus dem »romanischen Südwesten« stammten. Danach müßten sie aus dem Gebiet des Bistums Chur (Schweiz) oder von noch weiter südlich aus Italien gekommen sein, um

die klein gewordene, aber immer noch lebendige Christengemeinde in
der Stadt am Lech zu betreuen.

In einem rundum von Germanen, Bajuwaren und Alemannen, besiedelten Gebiet wahrte Augsburg bis zur kirchlichen Neuordnung
durch Bonifatius im ersten Drittel des 8. Jahrhunderts (siehe 32. Kap.)
eine ungebrochene christliche Tradition. Daß dieses Christentum allerdings bis dahin eine größere Ausstrahlungskraft auf die umwohnenden
Germanen gehabt hat, ist wohl eher zu bezweifeln.

RÄTSEL UM DIE ALEMANNISCHEN HERZÖGE

Bisher ist in diesem Kapitel vorwiegend von Christen in Alemannien
die Rede gewesen und nur indirekt von den sehr viel zahlreicheren
»Heiden«. Wie aber sah die politische Lage im 7. Jahrhundert dort aus?
Die Fachliteratur zur frühmittelalterlichen Regionalgeschichte im Südwesten des deutschen Sprachgebiets bietet recht unterschiedliche Antworten auf die beiden wichtigsten Fragen, die sich hier stellen: Gab es
in dem formal zum Frankenreich gehörenden Alemannien nur einen
einzigen Herzog oder deren mehrere? Und wie stark war das Gebiet
dem Einfluß der fränkischen Könige unterworfen? Genauer müßte
man sagen, dem Einfluß der Hausmeier, die im 7. Jahrhundert immer
wichtiger für die Politik des fränkischen Merowingerreiches wurden.

An der Unsicherheit über die Art des alemannischen Herzogtums
bis zum Jahr 745 ist das lateinische Wort »dux« schuld, das in allen zeitgenössischen Schriftquellen in diesem Zusammenhang verwendet
wird. Wörtlich bedeutet es nur »Führer«. Im spätrömischen Reich war
es der Titel eines hohen Beamten und Heerführers; in ähnlicher Weise
ist es auch im Merowingerreich der Franken benutzt worden. Moderne
Übersetzer der damals stets lateinisch geschriebenen Quellen bringen
aber immer das alte deutsche Wort »Herzog«, wenn von Anführern germanischer Völker, vor allem der Alemannen, die Rede ist.

»Herizoho« bedeutet im Althochdeutschen ebenfalls nichts anderes
als »Heerführer«. Aber im hohen Mittelalter waren in Deutschland
Herzöge erbliche Dauerherrscher über größere Gebiete, nur dem deutschen König untergeordnet (wenn sie sich dies gefallen ließen) und
gewissermaßen Könige in ihrer Region. Wie weit galt das, was im

10. oder 12. Jahrhundert in Deutschland üblich war, schon einige hundert Jahre früher? In der deutschen Geschichtswissenschaft herrscht für die Merowingerzeit die Meinung vor, »in einigen peripheren Gebieten des Fränkischen Reiches (vor allem Alemannien, Aquitanien, Bayern, Thüringen) konnten die Herzöge in Zeiten schwächerer Königsgewalt (Mitte des 6. bis 8. Jahrhunderts) und auf der Basis geschlossener Stammesgruppen große Selbständigkeit gewinnen und das ›ältere‹ Stammesherzogtum begründen« (*Brockhaus Enzyklopädie*, 1989).

In den Chroniken über die fränkischen Könige der Merowingerzeit tauchen zwischen 530 und 745 mehrfach Namen alemannischer Duces auf. Man hat daraus auf eine Art Herzogsdynastie und ein einheitliches Herzogtum geschlossen. Doch der schweizerische Historiker Bruno Behr hat recht überzeugend nachgewiesen, daß es sich bei den meisten dieser angeblichen alemannischen Herzöge nur um Söldnerführer der fränkischen, meist austrasischen Könige gehandelt haben dürfte. In den zahlreichen Bruderkriegen der Könige oder bei ihren Versuchen, Teile Oberitaliens zu erobern, waren Kriegerhaufen aus Alemannien (»der wilden Völker von jenseits des Rheins«) unter Anführung eines alemannischen Adligen als Condottieri sehr begehrt und wurden gut bezahlt, zumeist wohl mit dem Versprechen, tüchtig Beute machen zu dürfen. In dieser Eigenschaft konnten solche Duces auch in der fränkischen Innenpolitik wichtige Rollen spielen. Doch als ständige Herrscher über das Gebiet der Alemannen zwischen Rhein und Lech kamen sie nicht in Frage.

Erst der in der Einleitungsepisode dieses Kapitels erwähnte Herzog Cunzo mit Sitz in Überlingen am Bodensee scheint ein echter Fürst gewesen zu sein, der ständig die Bewohner eines bestimmten Gebiets in Alemannien regierte. Doch *der* Herzog Alemanniens war er offenbar auch nicht. Sein Einflußgebiet erstreckte sich rund um den Bodensee, aber vermutlich nicht sehr viel weiter.

Viele deutsche Historiker, die ein einheitliches alemannisches Herzogtum für diese Periode behaupteten, ließen sich durch die Einseitigkeit der wenigen zeitgenössischen Geschichtsquellen dazu verführen. Denn nicht nur Gregor von Tours, sondern auch seine Fortsetzer (Fredegar und andere) erfuhren über die »wilden Völker von jenseits des Rheins« so gut wie nichts. Nur wenn Anführer von dort an austrasischen Kriegsfahrten teilnahmen, konnten die merowingischen Chronisten etwas über sie berichten.

Doch es gibt zwei andere Arten von Quellen, die vielleicht viel mehr
als die zeitgenössischen Chroniken über Deutschland zur Merowingerzeit aussagen können. Einmal sind es die immer zahlreicheren archäologischen Funde, und zweitens hilft der Blick auf eine Karte der früh-
geschichtlichen Siedlungsräume in Mitteleuropa weiter. Unter den
Tausenden alemannischen Reihengräbern ragen einige besonders kostbar ausgestattete Gräber heraus. Sie können nicht die letzte Ruhestätte
beliebiger Landadliger oder Dorfoberhäupter gewesen sein, sondern
waren offenbar Gräber echter Fürsten, mächtiger Gebietsherrscher
über eine größere Region. Allerdings waren von den großen Ländern,
die man ihnen zusprechen könnte, in Wirklichkeit nur kleine Teile
wirklich bewohnbar. Wie im Altertum bedeckte auch im Frühmittelalter dichter, nur an den Rändern wirtschaftlich verwerteter Wald den
größten Teil Deutschlands.

Der Geograph Otto Schlüter hat 1952 nach jahrzehntelangen Vor-
arbeiten eine Karte über die »Siedlungsräume Mitteleuropas in frühgeschichtlicher Zeit« veröffentlicht. Trotz mancher Einzelkritik bietet
diese Karte heute noch ein im Prinzip zutreffendes Bild der landschaft-
lichen Situation zu Beginn des Mittelalters, etwa um das Jahr 500. Zieht
man nun auf dieser Karte Kreise, oder richtiger Ellipsen, um die besie-
delbaren Teile des deutschen Südwestens, dann treten sofort sechs oder
sieben größere Gaue hervor, die Kernzonen der Herrschaftsbereiche
solcher alemannischer Fürsten oder Herzöge gewesen sein dürften.

Einer dieser alemannischen Gaue war ohne Zweifel das schon erwähnte Land um den Bodensee, von dessen nordwestlichem Ende eine
Zone dichterer Besiedlung sich durch den Hegau nach Norden zog,
etwa zwischen den heutigen Städten Singen und Donaueschingen. Eine
zweite relativ dicht besiedelte Region, aber von der ersten durch dichte
Wälder getrennt, zog sich beiderseits des Hochrheins von Schaffhausen
bis Basel. Auch das Oberrheintal von Basel bis Offenburg und Straßburg war dicht bewohnt, allerdings nur in einem ziemlich schmalen
Streifen zwischen der sumpfigen Flußniederung mit ihren vielen Alt-
wassern und dem Anstieg zum Schwarzwald und den Vogesen hin.
Rechtsrheinisch hieß das Gebiet später Breisgau, linksrheinisch Elsaß
(zeitweise Sundgau). Auch im Elsaß lebten spätestens seit dem 4. Jahrhundert zahlreiche Alemannen, doch scheint diese Region schon früh
unter die direkte Herrschaft der austrasischen Merowingerkönige geraten zu sein.

Nördlich von Baden-Baden begann bereits seit dem fränkischen
Sieg über die Alemannen das Gebiet, das die Franken selbst beanspruchten und immer stärker besiedelten (siehe 21. Kap., S. 347). Der
ganze Höhenzug des Schwarzwalds war im Frühmittelalter praktisch
völlig menschenleer und lag damit wie ein Sperriegel zwischen zwei
alemannischen Regionen.

Östlich des Schwarzwalds zog sich dann vom mittleren und oberen
Neckar ein weiteres deutlich zu unterscheidendes Herrschafts- und
Siedlungsgebiet alemannischer Herzöge nach Süden bis zur oberen Donau. Hier dürfte Cannstatt (heute ein Ortsteil von Stuttgart) Wohnsitz
der Gaufürsten oder -herzöge gewesen sein (dazu mehr im 33. Kap.).
Eine letzte alemannische Teilregion hat sich vermutlich im Tal der oberen Donau bis etwa Donauwörth und den Lech aufwärts bis südlich
von Augsburg erstreckt. Möglicherweise lag ein Fürstensitz für diesen
Gau einmal bei Wittislingen (bei Lauingen an der Donau), denn dort
wurde ein ausgesprochenes Fürstengrab aus der fraglichen Zeit gefunden.

Genau die gleiche Verteilung zeigt auch eine Karte der alemannischen Grabfunde im südwestdeutschen Raum, die von verschiedenen
Archäologen zusammengetragen wurde.

Man weiß aus der Frühzeit der Alemannen und noch aus den Berichten über ihre Kämpfe mit den Römern um die Jahre 350 bis 370,
daß dieses germanische Volk keinen einheitlichen König, sondern mehrere, vielleicht sogar zahlreiche voneinander unabhängige Fürsten hatte
(siehe 15. Kap.). Selbst wenn einige dieser Fürstenfamilien vor der fränkischen Eroberung um das Jahr 506 in den »freien Osten« geflohen sein
sollten (wie im 21. Kap. vermutet), darf man annehmen, daß sich aus
anderen im Lande verbliebenen Adelsfamilien neue Gauherren aufschwangen. Ein ganz Alemannien umfassendes Herzogtum im Frühmittelalter widerspricht völlig der historischen Tradition dieses germanischen Volkes.

Vielleicht hatten die verschiedenen Herzöge in den alemannischen
Gauen einzeln dem fränkischen König, dem des Reichsteils Austrasien,
Treueide leisten müssen. Vielleicht hatte der eine oder andere dieser
Herzöge auch einmal eine Besuchsreise an den Hof der austrasischen
Könige nach Metz unternommen. Vielleicht war der eine oder andere
von ihnen dort als katholischer Christ getauft worden, wie man dies bei
Herzog Cunzo in Überlingen vermuten darf. Mehr an fränkischem

Einfluß dürfte es aber auf das rechtsrheinische Alemannien nicht gegeben haben.

Historiker können gegen diese These auf den sogenannten »Pactus
Alamannorum« verweisen. Dieses in lateinischer Sprache festgehaltene
Königsgesetz für die Alemannen müßte eigentlich eine recht intensiv
ausgeübte fränkische Macht über dieses Volk voraussetzen, denn es
droht Geldbußen für verschiedene Vergehen an. Nach Ansicht wohl
der meisten Historiker entstammt der Pactus, der allerdings nur in verstreuten Bruchstücken überliefert ist, der ersten Hälfte des 7. Jahrhunderts, also gerade der Zeit, die dieses Kapitel behandelt. Eine »moder-
nere« Fassung, die »Lex Alamannorum«, wird etwa ein Jahrhundert
später datiert.

Die Rolle der sogenannten »Volksrechte«, die in merowingischer
und karolingischer Zeit für verschiedene germanische Völker des fränkischen Vielvölkerstaates niedergeschrieben wurden, ist bei den Historikern und den Rechtshistorikern ziemlich umstritten. Eine neue Auslegung speziell des Pactus und der Lex Alamannorum durch den
schweizerischen Rechtshistoriker Clausdieter Schott macht aber wahrscheinlich, daß der Erlaß eines solchen Gesetzes nichts mit der Anwen-
dung dieses Rechts vor örtlichen Gerichten und erst recht nichts mit
dem tatsächlichen fränkischen Einfluß des Königs auf das betreffende
germanische Volk zu tun hatte. Man muß bei diesen Werken von allen
modernen Auffassungen über Recht und Gesetz Abstand nehmen.
Vielmehr war im frühen Frankenreich die Aufzeichnung eines Volks-
rechts durch einen Schreiber des Königs offensichtlich kaum mehr als
ein Prestigeakt. Es waren Versuche, der im Prinzip immer noch »schrift-
und gesetzlosen« Herrschaft »barbarischer« Könige den Gesetzesglanz
des Römischen Reiches zu verleihen. Die Abfassung des »Pactus Alamannorum« besagte danach nur, daß der Frankenkönig einen theoretischen Anspruch auf Oberherrschaft auch über die Alemannen
erhob – und nicht, wie weit er sie tatsächlich ausübte. Ähnlich war
wahrscheinlich auch der großsprecherische Brief des Königs Theudebert I. an Kaiser Justinian gemeint, der ein Jahrhundert vorher von
der fränkischen Herrschaft über »Sachsen und Euten...bis hin zur
Donau und die Grenze Pannoniens bis zu den Küsten des Ozeans«
sprach (siehe 24. Kap., S. 410).

In der Frühzeit der fränkischen Oberherrschaft über Alemannien,
etwa um das Jahr 534, könnte es noch einmal einen Aufstandsversuch

gegeben haben, gegen den ein fränkisches Heer eingesetzt wurde; ein antiker Schriftsteller berichtet in einem Nebensatz davon. Später hört man nichts mehr von solcher Unbotmäßigkeit. Warum sollten auch die Alemannen oder ihre Herzöge sich gegen einen König auflehnen, von dessen Existenz sie praktisch nichts merkten? Es wurde friedlich im Land zwischen Rhein und Lech. Aber wer von den Alemannen nicht auf Kriegsruhm und Beute verzichten mochte, fand dazu genügend Gelegenheit bei den verschiedenen Einsätzen alemannischer Gefolgschaften im Sold fränkischer Könige, von denen oben schon die Rede war. Im Mittelalter und in der frühen Neuzeit nannte man die vielen Schweizer – fast immer deutschsprachige! –, die gegen Sold in fremde Kriegsdienste traten, »Reisläufer«. Vieles spricht dafür, daß ihre alemannischen Vorfahren 1000 Jahre früher auf die gleiche Art gerne ihr Brot verdienten.

Um es noch einmal ganz deutlich zu machen: Bis etwa zum Jahr 700 haben sich die fränkischen Könige mit einer kaum merklichen Oberhoheit über das ganze Alemannien begnügt. Es gab also für die dortigen Machthaber gar keine Gelegenheit, »größere Selbständigkeit zu gewinnen«, denn sie hatten sie noch gar nicht verloren! Diese sehr zurückhaltende Politik änderte sich erst, als die Nachkommen des Bischofs Arnulf von Metz und des Hausmeiers Pippin von Landen (siehe 26. Kap.) endgültig als erbliche Hausmeier die Macht im gesamten Frankenreich errungen hatten. Ihre aggressive Politik sollte die relative Unabhängigkeit Alemanniens vom christlichen Westen radikal beenden. Wie das vor sich ging, beschreibt das 33. Kapitel.

29. DAS LAND ZWISCHEN DEN STÄMMEN – EIN GERMANISCHER SCHMELZTIEGEL

INS LAND DER FRANKEN FAHREN ...
Frühsommer 688 bei Metz bis Herbst 689 bei Würzburg

Prosso reckte sich auf seinem Pferd in die Höhe, um den kleinen Zug zu überblicken, der in wenigen Augenblicken den väterlichen Hof Piblangen (20 Kilometer nordöstlich von Metz) auf immer verlassen würde. Die Zukunft war ungewiß, doch mit Gottes Hilfe würden er und seine zwei Dutzend Begleiter schon nach einem Monat des Fahrens das Fleckchen Erde weit, weit nach Sonnenaufgang erreichen, das ihnen allen einen neuen Anfang versprach.

Noch kein ganzes Jahr war es her, seit der junge, kaum zwanzigjährige Prosso an der Seite seines entfernten Verwandten Pippin in der Schlacht von Testri (Tertry, 687) mitgekämpft und mit über den verhaßten Hausmeier Berchar von Burgund und Neustrien gesiegt hatte. Seitdem war Pippin, der Enkel seines gleichnamigen Großvaters Pippin von Landen, Majordomus von Neustrien, Burgund und Austrien und regierte im Namen des Königs Theuderich III. über das gesamte große Reich der Franken. Pippin führte nunmehr den stolzen Titel Dux et Princeps Francorum.

Als Lohn für seine Mithilfe im Kampf gegen Berchar hatte Prosso sich ein Stück Land aus dem riesigen Königsgut in den Ländern am Main erbeten, dort, wo auch ein junger nachgeborener austrischer Edler selbständiger Dorfherr und Gründer eines neuen Familienguts werden konnte. Stolz führte er ein Stück Pergament mit sich, auf dem in lateinischer Sprache dem Herzog Gozbert auf der Wirceburc angekündigt wurde, Prosso solle in dessen Gebiet mit seinem Gefolge namens des fränkischen Königs einen Königshof einrichten und die schuldigen Zehnten dem Herzog abliefern.

Seit sein Vater tot war, stand es für Prosso fest, daß er nicht mehr lange auf dem Hof der Eltern in Piblangen bleiben werde. Denn mit seinem älteren Bruder Chariald, der nun Herr aller weitverzweigten

Besitzungen der Rodulfinger zwischen Mettis (Metz), Treviris (Trier) und Verodunum (Verdun) war, hatte sich Prosso noch nie gut vertragen.

Der junge Edelmann war stolz, Sproß dieser Sippe zu sein, deren Stammvater Rodulf vor zwei Jahrhunderten zu den vertrauten Gefolgsleuten des Königs Ermenrich aus der Samsonsippe in Romaburg gehört hatte, der Stadt, die heute Treviris genannt wurde. Inzwischen hatte die Rodulfingerfamilie durch geschickte Heiraten Verbindungen zu allen möglichen edlen Häusern der Franken, Römer und Burgunder hergestellt und zählte zu den an Landgütern reichsten und daher auch an Einfluß reichsten Geschlechtern im Königreich Austrien.

Eine gewisse Ferne zu den fränkischen Königen aus der Merowingerfamilie war bei den Rodulfingern gewissermaßen über die Generationen vererbt worden, und vor allem hatten es alle Rodulfinger stets abgelehnt, mit ihren Untertanen in römischer Sprache zu reden. Ganz anders hielten es ihre Nachbarn im nächsten Dorf weiter nach Westen, in Abo curtis (heute Aboncourt, Lothringen), das seit alters im Herrschaftsbereich der Merowingerkönige lag und wo die fränkische Familie der Dorfherren bereits fließend wie die Römer sprechen konnte. Um so mehr hielten sich die Rodulfinger an der Seite Pippins, des mächtigen Hausmeiers, der über einige Ecken mit ihrer Familie verschwägert war.

Prosso überblickte noch einmal prüfend die zwei von Ochsen gezogenen Wagen mit allerhand Hausgerät, Saatgut, kleinen Kindern und jungen Schweinen, die kleine Herde von Rindern und Schafen, die drei Familien unfreier Liten und die fünf mit Schwert, Franziska (fränkischer Streitaxt), Lanze und Schild bewaffneten Krieger. Diese letzteren bildeten die persönliche Gefolgschaft und Streitmacht ihres Anführers Prosso und stammten aus verschiedenen freien Bauernfamilien der Umgebung.

Schließlich war da noch der Priester Hodo, der ebenfalls zum Hausgesinde des Guts Piblangen zählte und bisher dort sonntags die Messe gesungen hatte. Prossos Bruder Chariald ließ ihn widerwillig mitziehen, weil Bischof Ermfred von Metz dies dringend empfohlen hatte: Der Priester könne im fernen Land am Main so viele Heiden bekehren. Doch in Wahrheit hatte sich Hodo während eines vorübergehenden Aufenthalts im Palast des Bischofs in Metz unbeliebt gemacht, weil er des Bischofs Frau für ein Schäferstündchen hatte gewinnen können. So

mußte der Weltpriester Hodo mit seiner jungen Frau und ihrem Säug-
ling ebenfalls mit auf die Fahrt ins Land am Main gehen.

Den Weg würde der kleine Zug schon finden. Schließlich waren
zahlreiche Grüppchen von Franken und Römern, von Burgundern, ja
sogar Westgoten aus dem alten Frankenreich vor ihnen über Mettis,
Treviris und Wormatia (Worms) gezogen, hatten dort auf Kähnen den
Rhein überquert und den Weg nach Osten fortgesetzt, bis sie in das
Land am Main kamen, das die fränkischen Könige seit 150 Jahren für
sich und ihre Leute beanspruchten. Im alten Frankenreich hatte es noch
keinen eigenen Namen, in Hofkreisen nannte man es das Land Herzog
Gozberts. Doch bezeichneten sich die Menschen, die seit Generationen
aus allen Himmelsrichtungen her in das Gebiet um den Main strömten,
selbst allesamt als Franken.

Prosso blickte noch einmal auf seine alte Mutter Bobila, die auf der
Schwelle seines Vaterhauses stand, und auf seinen Bruder Chariald,
dem die Freude über die Abreise seines Bruders nur zu deutlich anzu-
sehen war. Grüßend hob Prosso sein Schwert, dann befahl er knapp:
»Auf denn, Leute, laßt uns nun ins neue Land der Franken fahren!«
Und der kleine Zug setzte sich in Bewegung.

Die Sonne ging schon rot hinter den Waldbergen unter, hinter denen
der große Fluß Main in einer seiner vielen Windungen floß (der heutige Gramschatzer Wald), als Prosso in seinen neuerbauten Hof einritt,
hinter ihm, gelenkt von einem Knecht, ein jetzt leerer Karren, den ein
Ochse zog. Prosselhaima (heute Prosselsheim, 15 Kilometer nordöstlich von Würzburg) hatte er stolz den neuen Königshof nach sich selbst
genannt, so wie das zahlreiche andere fränkische Dorfgründer schon
vor ihm getan hatten.

Der Hofherr freute sich, nach einem längeren Ritt wieder nach
Hause zu kommen, zu seiner jungen Frau Erla, die ein Kind von ihm
unter dem Herzen trug. Im ausgehenden Winter hatte er sich vom Priester Hodo mit Erla trauen lassen, nachdem das große Wohnhaus als erstes Gebäude des neuen Hofs fertiggestellt war. Seine Frau stammte
von einem Hof zwei Wegstunden nördlich seiner neuen Heimat, wo
sich schon vor Generationen eine Familie vornehmer Thüringer angesiedelt hatte (Zeuzleben).

Prossos Stallgefährten (Mitglieder seiner persönlichen Gefolgschaft), die ihn als bewaffnete Schutztruppe auf der Fahrt von der Mo-

sel zum Main begleitet hatten, bearbeiteten inzwischen als freie Bauern Königshufen in der Nähe, die zu Prossos Königshof gehörten. Auch sie hatten alle junge Hausfrauen aus Bauernfamilien der weiteren Umgebung gefunden, in ihrer Herkunft so bunt gemischt wie alle Menschen, die in den letzten Generationen das Land am Main bevölkert hatten. Zwei der jungen Bäuerinnen stammten aus alemannischen Familien, eine war wie Erla thüringischer Herkunft, eine hatte einen Westgoten aus Aquitanien (Südwestfrankreich) zum Vater und eine Römerin zur Mutter, und die Frau des fünften Bauern aus Piblangen kam aus einem Haus langobardischer Siedler, die vor vier Generationen aus Bojohaim (Böhmen) herübergekommen waren, weil in ihrer alten Heimat die Wenden überhand genommen hatten.

Prosso hatte in diesem Herbst zum erstenmal den Zehnten bei Herzog Gozbert auf der Wirceburc (Marienberg in Würzburg) abgeliefert, wozu er als Verwalter des neuen Königshofs verpflichtet war: von jeder Königshufe einen Frischling (Jungschwein) und von seinem eigenen Königshof selbst derer zwei, ein Fuder Gerste, einige Bündel Feuerholz und einige Dutzend Eier. Bei dieser Gelegenheit war er zwei Tage Gast des Herzogs auf dessen Hof hoch über dem Maintal gewesen. Gozbert zog den jungen fränkischen Edlen gerne ins Vertrauen, genoß der doch offenbar die Gunst des neuen Herrn des Frankenreiches, des edlen Pippin, mit dem der Herzog sich gut stellen wollte.

So hatte Prosso auch erfahren, daß der Herzog sich Sorgen machte wegen des spurlosen Verschwindens des Bischofs Kilian und seiner beiden Begleiter, des Priesters Kolonat und des Diakons Totnan. Vor einigen Wochen waren sie vom Herzogshof fortgezogen, als der Herzog einige Tage von dort abwesend war, wie es hieß. Aber niemand hatte den streitbaren Bischof und seine Gefährten bisher irgendwo gesehen.

Prosso kannte den Bischof, und es war nicht so, daß ihm dessen Verschwinden Sorge bereitete. Im Frühjahr waren die drei unzertrennlichen Geistlichen plötzlich auf Prossos Hof aufgetaucht, dessen Gebäude meist noch unfertig waren und dessen Bau Prosso vollauf beschäftigte. Empört hatte Bischof Kilian dem Verwalter des neuen Königshofs heftige Vorwürfe gemacht. Ganz in seiner Nähe, nur zwei Wegstunden von seinem Hof, stünde immer noch ein Opferbaum, zu dem die Heiden aus weitem Umkreis pilgerten, um ihre abscheulichen Riten zu vollführen. Es sei eine Schande, daß der Vertreter des frän-

kischen Königs in dieser Gegend nicht schon längst dagegen einge-
schritten sei. Alle Entschuldigungen Prossos, er habe davon überhaupt
noch nichts erfahren, konnten den Bischof aus dem fernen Irland nicht
besänftigen.

Bischof Kilian hatte auf Prosso nicht nur durch seine unberechtigten
und in schroffster Form vorgebrachten Vorwürfe abstoßend gewirkt,
sondern auch durch sein Äußeres. Prosso kannte den hochwürdigen Bischof von Metz und verschiedene andere Bischöfe des Frankenreiches.
Das waren stattliche Herren in kostbarer Kleidung, die sich ihres Wer-
tes wohl bewußt waren, zu den höchsten Würdenträgern des Reiches
zu gehören. Doch dieser Kilian und seine Gefährten aus Irland liefen in
schmutzigen, zerrissenen Mönchskutten herum, hatten wildes unge-
pflegtes Haar und üppig wuchernde Bärte und stanken, als ob sie sich
jahrelang nicht gewaschen hätten. Sie konnten sich nur gebrochen in
der Sprache der Franken und der Menschen hier ausdrücken. Aber Kilian pochte überheblich darauf, alle Menschen in Gozberts Herzogtum
hätten ihm zu gehorchen, denn er stünde hier im Auftrag Gottes.
Prosso hielt sich für einen guten Christen, der jeden Sonntag zur Messe
ging. Aber er sah es nicht als seine Aufgabe an, die recht verschiedenen
Formen der Verehrung Gottes, wie sie hier in der Gegend ausgeübt
wurden, zu verändern.

Auch sein aus dem Frankenland mitgebrachter Priester Hodo begnügte sich damit, am Sonntag vor der Einwohnerschaft des Königshofs die eingelernten Gebete zu singen und das heilige Meßopfer zu
feiern sowie etwaige Kinder zu taufen, Ehen zu schließen und Verstorbene mit Gottes Segen zur Beisetzung zu begleiten. Dabei hatte er stolz
mit eigener Hand ein kleines Kirchlein auf Prossos Hof gebaut und
den Altarstein dem heiligen Martin geweiht, dem Lieblingsheiligen der
Franken. So wurde hier erstmals Gottes Wort in Gottes Haus verkündet, wo es doch vorher weit und breit in dieser Gegend keine Kirche
gegeben hatte. Dennoch hatte sich Hodo damals wegen seiner angeblichen Gleichgültigkeit den Heiden gegenüber lautstarke Beschimpfun-
gen durch den jähzornigen Bischof Kilian eingehandelt.

Auch mit dem Herzogspaar auf der Wirceburc war Kilian in ernsthaften Streit geraten. Des Herzogs jüngerer Bruder war vor einiger Zeit
gestorben, und Herzog Gozbert hatte, da er selbst Witwer war, dessen
Witwe Geilana geheiratet, wie es seit undenklichen Zeiten unter den
edlen Familien der Franken Brauch war, um die junge Witwe möglichst

nicht unversorgt zu lassen. Doch Kilian hatte wütend erklärt, dies sei gegen Gottes Willen, wegen der nahen Verwandtschaft zu Gozberts neuer Frau, und er hatte die Trennung Gozberts von Geilana verlangt. Dieser Streit hatte sich vor kurzem ereignet. Danach hatte der Herzog für einige Tage ins Land reiten müssen, und als er wieder zu seinem Hof über dem Maintal kam, waren Bischof Kilian und seine Begleiter nicht mehr da. Waren sie nach Thüringen gewandert, um dort zu predigen, wie sie schon angekündigt hatten?

Das alles erzählte Prosso seiner jungen Frau, die ihn freudestrahlend mit einem kühlen Trunk selbstgebrauten Bieres nach seiner Rückkehr begrüßt hatte. »Von mir aus braucht dieser Kilian nicht von seiner Reise wiederzukommen. Vielleicht kann er den Thüringern besser klarmachen, wie man nach seiner Ansicht Gott verehren muß. Hier bei uns hat er nur Unfrieden gestiftet.«

DIE URSPRÜNGE DER LANDSCHAFT FRANKEN AM MAIN

Für Historiker, die sich mit der frühen Geschichte Deutschlands beschäftigen, ist es mitunter mühsam, ständig zwischen den Franken im heutigen »Frank-reich« und dem deutschen Volksstamm der Franken beiderseits des Flusses Main unterscheiden zu müssen. In diesem Kapitel wird von der Besiedlung des Landes am Main im Frühmittelalter erzählt und zugleich erklärt, wie die Region zu ihrem Namen kam. Die Person und die Herkunft des jungen austrischen Edlen Prosso in der vorstehenden Episode sind natürlich erfunden, aber ein Prosso wird wohl in den letzten Jahrzehnten des 7. Jahrhunderts den später urkundlich nachgewiesenen Königshof im heute Prosselsheim genannten Dorf nordöstlich von Würzburg gegründet haben.

Aus der Zeit am Ende des 7. Jahrhunderts, die in diesem Kapitel näher dargestellt werden soll, sind keine Schriftstücke überliefert. Selbst für das politische Geschehen im eigentlichen Frankenreich, dessen Hauptstadt damals schon längst Paris war, finden sich keine zeitgenössischen Berichte, sondern nur ein Geschichtswerk *Annales regni Francorum*, das erst um das Jahr 768 niedergeschrieben wurde. Und zwar wurde es verfaßt aus dem Blickwinkel der neuen Herrscherfamilie im Frankenreich, der Karolinger, und stellt daher die historischen

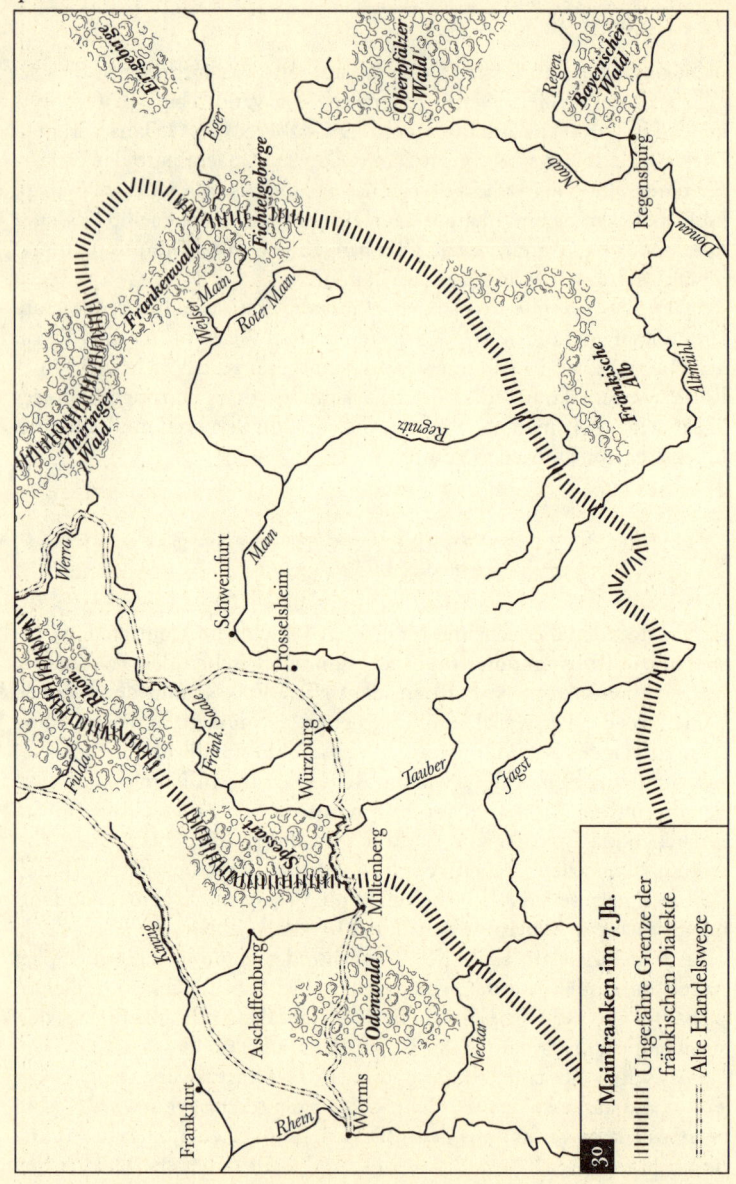

Erzgebirge

Oberpfälzer Wald

Regen

Bayerischer Wald

Eger

Regensburg

Naab

Donau

Fichtelgebirge

Frankenwald

Weiße Main

Roter Main

Fränkische Alb

Altmühl

Thüringer Wald

Regnitz

Werra

Main

Schweinfurt

Prosselsheim

Fulda

Rhön

Fränk. Saale

Würzburg

Tauber

Jagst

Königk

Spessart

Miltenberg

Frankfurt

Aschaffenburg

Odenwald

Neckar

Worms

Rhein

Mainfranken im 7. Jh.

|||||||| Ungefähre Grenze der
fränkischen Dialekte

===== Alte Handelswege

30

Vorgänge unter den letzten Merowingerkönigen mehr als summarisch und vermutlich reichlich verfälscht dar.

Diese Dokumentenarmut hat die Erforscher der deutschen Regionalgeschichte des Frühmittelalters in mannigfache Schwierigkeiten gestürzt. Von einem fränkischen Herzogtum Thüringen – *nach* der Eroberung des selbständigen Königreiches in den Jahren 531/534 (siehe 23. Kap.) – ist in den zeitgenössischen Quellen öfter die Rede, nie aber von einem Herzogtum Franken am Main. (Erst gut hundert Jahre später wurde die Landschaft am Main als Francia orientalis, Ostfranken, bezeichnet.) Doch in den Geschichten um den Tod des heiligen Kilian tauchen die Namen von Herzögen in *Würzburg* auf: Hruodi, Heden der Ältere, Gozbert und Heden der Jüngere. Waren das fränkische Amtsträger, die das Herzogtum Thüringen vom weit südlicher gelegenen Würzburg aus verwalteten?

Diese Ansicht kann man noch in den meisten älteren Darstellungen der Regionalgeschichte Thüringens und Mainfrankens lesen. Doch wie schon im Fall der Alemannen zur Zeit der Merowingerkönige (siehe 28. Kap., S. 479) sind viele deutsche Historiker augenscheinlich einem doppelten Irrtum erlegen: Sie zogen wohl nicht die Möglichkeit in Betracht, daß es im 7. und 8. Jahrhundert in der historischen Wirklichkeit noch zahlreiche Vorgänge und Personen gegeben haben dürfte, die nur nicht in den spärlich überlieferten Schriftquellen genannt werden. Und sie schlossen von den sehr großen sogenannten Stammesherzogtümern in der deutschen Geschichte des Hochmittelalters auf eine entsprechende Größe der Dukate auch in früherer, fränkischer Zeit.

Der Historiker Klaus Lindner hat in einer 1972 erschienenen Veröffentlichung jedoch recht überzeugend dargelegt, daß die fränkischen Herzöge mit Sitz im späteren Würzburg nicht auch das fränkische Herzogtum Thüringen verwalteten. Kargen Andeutungen zufolge dürfte übrigens noch ein weiterer Herzog in einem kleineren Gebiet in Osthessen, von Aschaffenburg bis zum heutigen Frankfurt am Main, Beauftragter des fränkischen Königs gewesen sein.

Die Region zwischen den heutigen Städten Miltenberg, Schweinfurt und Nürnberg, die erst seit gut 1000 Jahren Franken heißt, war in den Jahrhunderten, die die ersten drei Teile dieses Buches behandeln, offenbar so etwas wie ein Niemandsland. Weder gehörte sie zum Stammland der alten germanischen Hermunduren, die mehr im Norden siedelten, noch fiel sie in das Interessen- oder gar Reichsgebiet Roms. Die

Burgunder scheinen die Gegend auf ihrer ziemlich raschen Wanderung
von der Oder bis zum Rhein (siehe 17. Kap., S. 256) einmal zum Teil
kurzzeitig besiedelt zu haben. Doch später blieb sie ein auch für damalige Verhältnisse sehr bevölkerungsarmer Landstrich. Von Norden her
kamen wohl einige thüringische Siedler ins Land, von Süden und
Westen Alemannen – wenn diese nicht beim Vorrücken ihrer Stammes-
angehörigen bis zum Rhein dort zurückgeblieben waren. Es kann
den frühen merowingischen Frankenkönigen nicht schwergefallen sein,
dieses fast menschenleere Gebiet in Besitz zu nehmen, nachdem sie
über Alemannen und Thüringer in deren Kerngebieten gesiegt hatten.

Urkunden darüber gibt es, wie gesagt, nicht. Aber bereits vom
6. Jahrhundert an, erst recht im 7. und 8. Jahrhundert, muß das Land
am Main von immer mehr Menschen aus allen möglichen Gegenden
des riesigen Reiches der Franken regelrecht »kolonisiert« worden sein.
Archäologische Funde belegen die Herkunft der Siedler aus den in der
Einleitungsepisode erwähnten Gegenden und noch zahlreichen weiteren Gebieten. Hier begann offenbar eine recht planmäßige Erschließung
des damals noch von großen Wäldern bedeckten Landes. Die Ortsnamenforschung kann verschiedene Perioden der Besiedlung unterscheiden, für die Ortsnamen wie -heim, -hausen, -dorf usw. kennzeichnend sind. Gleichwohl dürfte es noch lange gedauert haben, bis »die
Lande um den Main« so lieblich anzusehen waren, wie es Victor von
Scheffels berühmtes Lied aus dem 19. Jahrhundert schildert: »Wir
woll'n zur schönen Sommerszeit ins Land der Franken fahren ...«

Das Wort »fahren«, aus einer uralten indogermanischen Wurzel
stammend, bedeutete übrigens jahrtausendelang nichts anderes als
»sich zu Fuß fortbewegen«. Erst in den letzten 200 Jahren hat das deutsche Wort die verengte Bedeutung »sich auf Wagen mit Rädern von
Ort zu Ort bewegen lassen« erhalten.

All die Menschen, die damals und wohl noch später aus verschiedenen Gegenden Germaniens zusammenströmten und sich gemeinsam
Franken nannten, müssen sich bald auch sprachlich untereinander an-
geglichen haben. Die fränkische Mundart – der bayerischen verwandt,
aber keineswegs mit ihr identisch – hat sich zu einem sehr bestimmenden deutschen Dialekt in Süddeutschland entwickelt. Eine solche
Sprachangleichung läßt darauf schließen, daß zwischen den Menschen
Mainfrankens schon seit früher Zeit ein recht lebhafter Handels- und
Kulturaustausch bestanden hat. Er brachte es mit sich, daß neue

Spracheigentümlichkeiten schnell bei allen Siedlern zwischen Thüringer Wald und oberer Altmühl, zwischen Fichtelgebirge und Spessart heimisch wurden. Es ist auch bezeichnend, daß der Rennsteig, der Höhenweg auf dem langgestreckten Thüringer Wald, bis heute eine deutliche Sprachgrenze zwischen dem fränkischen und dem thüringischen Dialekt bildet. Das wäre wohl nicht der Fall, wenn beide unter fränkischer Herrschaft stehende Landschaften damals eine Verwaltungseinheit gebildet hätten.

Über die politischen Verhältnisse des fränkischen Herzogtums am Main in der Zeit um die Wende vom 7. zum 8. Jahrhundert weiß man praktisch nichts. Nur einige Andeutungen, die aber zum Teil falsch sind, kann man aus der *Passio sancti Kiliani* entnehmen. Doch in Parallele zu den ein klein wenig besser bekannten Vorgängen in Thüringen in der ersten Hälfte des 7. Jahrhunderts läßt sich vielleicht auch etwas auf die Praxis im Frankenland schließen.

Danach darf man annehmen, daß ein fränkischer König einige Zeit nach dem Jahr 600 einen Angehörigen einer einflußreichen Adelsfamilie aus dem austrischen Teil des Frankenreiches zum Herzog am Main ernannte. Dieses Amt vererbte sich dann vermutlich in der Familie dieses Adligen. Der erste Herzog, möglicherweise hieß er Hruodi, richtete seinen Amtssitz auf der Wirceburc ein, einem steilen Hügel am linken Mainufer gegenüber der späteren Würzburger Altstadt. Auf diesem wie für eine Festung geschaffenen Berg hatten schon tausend und mehr Jahre zuvor germanische und vorgermanische Fürsten ihren Herrensitz, allerdings immer nur vorübergehend. Im späteren Mittelalter wurde er in Marienberg umbenannt. Hier entstand wohl schon kurz nach dem Jahr 700 eine der Jungfrau Maria geweihte erste kleine Kirche.

Bis etwa zum Jahr 718 scheinen vier Generationen fränkischer Herzöge auf der Wirceburc residiert zu haben. Ob die Aufgabe dieser Herzöge nur in der Abwehr feindlicher Kräfte von außen bestand, hier ist vor allem an die Slawen oder Wenden als östliche Nachbarn zu denken, oder ob sie sich bereits einer systematischeren Verwaltung des anvertrauten Gebiets widmeten, läßt sich schwer entscheiden. So selbständig ein fränkischer Dux handeln können mußte – über 600 Kilometer vom Königssitz Paris entfernt und ohne jedes moderne Kommunikationsmittel –, so gibt es doch keinen Anlaß, an der grundsätzlichen Reichstreue der Herzöge zu zweifeln, wenigstens der Herzöge im Frankenland. Dieses Gebiet war auch deswegen für das Gesamtreich wichtig,

weil sich die einzige Verbindungsstraße ins eigentliche Thüringen von
Würzburg aus nach Norden durchs Land schlängelte. Sie zu sichern
und zu unterhalten, war sicherlich eine Hauptaufgabe des fränkischen
Herzogs.

DIE ENTSTEHUNG DER MITTELALTER-
LICHEN GRUNDHERRSCHAFT

Das Beispiel des jungen Edlen Prosso aus der Nähe von Metz, der im
Frankenland einen Königshof erbaute und leitete, gibt Gelegenheit, die
Entwicklung der Grundherrschaft in Deutschland ein wenig zu erklären. Bis ins hohe Mittelalter hinein lebten hier nahezu sämtliche
Menschen in solchen Grundherrschaften, das heißt als Bauern oder als
deren Herren. Für sie alle waren Aussaat und Ernte, die Sorge für das
Vieh, die materiellen Bedürfnisse eines kleinen ländlichen Haushalts
und die Beziehungen zwischen Grundherrschaft und Grundholden
(untertänigen Bauern) unendlich viel wichtiger als die Kriege zwischen
den fränkischen Königen oder ihren Hausmeiern.

Als fränkische Krieger, ihre Familien und Hörigen sich am Ende der
Völkerwanderungszeit in den einst römischen Gebieten westlich des
Rheins festsetzten, konnten sich viele von ihnen die zum Teil sehr
großen Ländereien geflohener reicher Römer als Eigenbesitz aneignen.
Den ebenfalls sehr umfangreichen Grundbesitz des römischen Staates
nahmen die Könige für sich in Anspruch, dazu alles herrenlose Land:
Wälder, Moore, Gewässer, Berge. Im später Deutschland genannten
Gebiet waren das vor Beginn intensiverer Rodungstätigkeit fast 98 Pro-
zent des Bodens.

Im fränkischen »Altreich«, vor allem zwischen Rhein und Maas,
gelang es einigen Adelsfamilien, durch geschickte Heiratspolitik ihr
Grundeigentum (Allod) erheblich zu vermehren, das dann allerdings
nach einigen Generationen in einem weiten Gebiet verstreut lag. Zu
dieser Gruppe gehörte auch die Rodulfingersippe der Einleitungsepisode, die jedoch nur ein erfundenes Beispiel ist.

Im fast menschenleeren fränkischen Neuland am Main lagen die
Dinge anders: Hier konnte und mußte der König oder in späterer Zeit
sein Hausmeier praktisch unbeschränkt über sämtlichen Grund und
Boden verfügen. Aus späteren Urkunden läßt sich das Bestehen eines

ganzen Systems von Königshöfen im Frankenland in weitem Bogen um Würzburg herum nachweisen, und die meisten davon dürften schon in der zweiten Hälfte des 7. Jahrhunderts gegründet worden sein. Von ihnen aus ging wohl die weitere Erschließung des Landes vor sich. Nur in einem geregelten Miteinander von königlich-fränkischer Zentralverwaltung, etwa der Kanzlei der Hausmeier, und dem vor Ort zuständigen Herzog kann man sich das Entstehen dieses Systems denken.

Das Land blieb formal immer noch Königsbesitz, aber der König, Hausmeier oder Herzog vergab daraus bestimmten verdienten Personen die *Nutzung* einer größeren Landfläche, das Salland oder die Terra dominica, als Königshof. Dazu gehörten Wiesen, Äcker, Weinberge (sofern es solche im 7. Jahrhundert schon gab) und natürlich auch Menschen, die diese Flächen bearbeiten konnten. Bei der ersten Anlage eines solchen Königshofs kam es darauf an, daß der Gründer diese freien oder unfreien Leute selbst mitbrachte, wie dies in der Einleitungsepisode beschrieben wurde. In der Vergabe solcher Güter deutete sich schon das Lehnswesen des Hochmittelalters an, denn der Besitz wurde bald in der Familie des Beschenkten erblich, doch stand die Oberhoheit immer noch dem König zu, und dieser konnte in bestimmten Fällen das Lehen auch wieder entziehen.

Ein nicht unbeträchtlicher Teil dieses Landes wurde vom Hofgut des Herrn selbst aus bearbeitet, durch dessen Hörige und Sklaven. So ein Königshof bestand aus einem größeren Wohngebäude, aus Scheunen, Ställen, Vorratsgebäuden und vielleicht auch ein paar Hütten für die Gutsarbeiter. Ein anderer Teil des Grundes wurde in Hufen eingeteilt und an kleinere Bauernfamilien vergeben, die dem Königshof oder Fronhof bestimmte Abgaben in Form von Zehnten an Vieh und Feldfrüchten, genau bezeichneten Arbeitsleistungen usw. zu leisten hatten. Der für die Landwirtschaft des gesamten Mittelalters bezeichnende Ausdruck »Hufe« (lateinisch »mansus«) meint den normalen Mindestbesitz eines Bauern, gleichgültig ob dieser persönlich »frei« oder »unfrei« war. Je nach Gegend und Fruchtbarkeit des Bodens konnte eine solche Hufe zwischen 20 und 40 Morgen (fünf bis zehn Hektar) groß sein. Es gab aber auch Bauern, die es im Lauf der Zeit zum Besitz von drei bis fünf solcher Hufen gebracht hatten.

Der Herr eines Königshofs sammelte die dem König (in der Praxis dem örtlichen Herzog) geschuldeten Abgaben seiner Königshufen ein und lieferte sie ab, zusammen mit den Abgaben seines eigenen Hofs. Zugleich war er aber auch Gerichtsherr über alle Personen, die seinem Hof unterstanden. Grundherrschaft bedeutete im Mittelalter sowohl fast unbeschränkte Verfügungsgewalt über Sachen (Grund und Boden sowie Rechtstitel; auf Mittelhochdeutsch hieß das »Gewere«) sowie über Personen (»Munt«). Dieser Verfügungsgewalt stand aber die verantwortungsvolle Aufgabe gegenüber, den anvertrauten Sachen und Menschen Recht und Schutz zu gewähren.

Zu Ende des 7. Jahrhunderts galt die theoretische Oberherrschaft des fränkischen Königs über alles Land jenseits des Rheins noch ganz allgemein. Später, als immer mehr Klöster und Kirchen im einst heidnischen Germanien entstanden, wurden viele dieser Königshöfe und Bauerngüter an diese geistlichen Institutionen geschenkt (oder »vergabt«, wie der Fachausdruck der Historiker dafür lautet), um den Lebensunterhalt der Mönche oder Kleriker zu sichern.

Die ständische Gliederung bei den Germanenvölkern im späteren Deutschland war schon aus frühen Zeiten ererbt. Es gab Adlige (auch wenn wohl dieser Ausdruck in deutscher Sprache noch lange unbekannt war) und freie Bauern und Krieger, und es gab Hörige in mancherlei rechtlicher Abstufung. Auch Sklaven kamen bis ins 10. Jahrhundert im Frankenreich noch vor. Sie galten als Sache und konnten einzeln oder zusammen mit dem Hof, auf dem sie lebten, verschenkt oder verkauft werden. In der Zeit, der dieses Kapitel gewidmet ist, kam der größte Teil des Nachschubs solcher Arbeitskräfte aus dem Osten Europas, daher bürgerte sich bereits im Althochdeutschen der Name »Slawen« oder »Sklaven« nach den Völkern ein, die diese »Ware« liefern mußten. Den Handel damit besorgten Gruppen wagemutiger Kaufleute.

Eine demokratische Gleichheit hat unter den Menschen germanischer Abstammung bis weit in die Neuzeit hinein nie existiert, obwohl dies früher von Verfechtern des »edlen Germanentums« gelegentlich behauptet wurde. Dennoch bildete die Zugehörigkeit zu einer der verschiedenen Bevölkerungsgruppen mit unterschiedlichem Rechtsstatus, in die man normalerweise hineingeboren wurde, kein unabänderliches Schicksal. Es gab ständig Möglichkeiten des Aufstiegs in eine höhere Schicht. Das galt insbesondere seit dem 7. und 8. Jahrhundert, als die germanische Gesellschaft komplizierter und damit auch differenzierter zu werden begann. Die frühere marxistische Geschichtslehre hat mit ihrer Betonung von »Klassen« in der »feudalistischen Gesellschaft« die ständig vorhandene Fluktuation einzelner Menschen nach oben, allerdings vielfach auch nach unten, geleugnet.

WAREN DIE »IRO-SCHOTTISCHEN MÖNCHE« DIE RICHTIGEN MISSIONARE FÜR DEUTSCHLAND?

Bislang war in diesem Kapitel noch kaum die Rede von den religiösen Verhältnissen Ende des 7. Jahrhunderts in Mainfranken. Sie waren sehr viel komplizierter als in Alemannien 50 Jahre früher (siehe 28. Kap.).

Das einzige schriftliche Dokument, das aus dem Frankenland von der Zeit um 689 etwas berichtet, ist die schon erwähnte *Passio sancti Kiliani – Die Erzählung vom Martyrium des heiligen Kilian*. Allerdings ist sie erst anderthalb Jahrhunderte nach den darin geschilderten Ereignissen niedergeschrieben worden. Wie alle mittelalterlichen Heiligenlegenden beinhaltet sie zahlreiche Wundergeschichten und wurde mit ganz bestimmten kirchenpolitischen Absichten verfaßt. Immerhin wird man ihr glauben dürfen, daß Bischof Kilian und seine beiden Gefährten Kolonat und Totnan auf Geheiß der Herzogin Geilana umgebracht und unter dem Pferdestall auf der Wirceburc verscharrt wurden, weil die Herzogin sich über die Forderung geärgert hatte, sich von ihrem neuen Mann zu trennen. Erst lange nach dem Tod der Geistlichen kam die Mordtat heraus, weil daran beteiligte Knechte das schlechte Gewissen plagte.

Zeitgenossen wie der fiktive Prosso werden das Verschwinden Kilians vermutlich recht realistisch kommentiert haben. Denn entgegen den frommen Heiligenlegenden kann der Mann aus Irland (mit einem etwas zweifelhaften Bischofstitel) im Frankenland nicht besonders beliebt gewesen sein, nicht nur bei den germanischen Heiden, gegen die er lautstark wetterte. Es waren ja eben nicht diese heidnischen Kreise, die ihm die »Ehre des Martyriums« zuteil werden ließen, sondern die sicher längst christliche Herzogin. Die *Passio* behauptet zwar, Kilian habe vorher den Herzog Gozbert selbst getauft. Doch das ist völlig unglaubwürdig. Ein hoher Amtsträger der seit 200 Jahren christkatholischen Frankenkönige konnte kein ungetaufter Heide gewesen sein. Aber in der viel später aufgeschriebenen Heiligenlegende machte es

sich gut, wenn der zu Tode gekommene Geistliche zuvor recht viele
Heiden getauft hatte.

Kilian, dieser Kelte aus Irland, der gleichzeitig Asket und Feuerkopf
gewesen sein muß, war einer der letzten von einer größeren Zahl christlicher Missionare, die seit dem Jahr 590 von der grünen Insel am
Westrand Europas ins Frankenreich gekommen waren. Der erste war
der heilige Columban mit seinen legendären zwölf Begleitern (siehe
28. Kap., S. 472). Wie Irland im 5. Jahrhundert oder noch davor christlich wurde, ist bis heute ein Rätsel. Die Insel war nie von den Römern
besetzt gewesen. Aber dort hatte das Christentum so schnell und so
gründlich Fuß gefaßt, daß es bald von Klöstern und Mönchen wim-
melte. Die keltischen Iren hatten eine eigenartige Theologie entwickelt,
und viele Mönche glaubten, Gott am besten durch äußerste Bedürfnis-
losigkeit (Askese) sowie durch Heimatlosigkeit dienen zu können. So
zogen immer wieder Gruppen von Mönchen aus ihren schützenden
Klöstern aus, um in der Fremde zu missionieren, zuerst in Schottland
und bald auch im Fränkischen Reich am Südufer des Ärmelkanals.

Columban hatte in der Waldeinsamkeit der Vogesen, in Luxeuil, ein
Kloster nach seiner Art gegründet und auch einigen Einfluß gewonnen.
Doch brachte er durch seine Intoleranz bald die meisten Bischöfe des
Frankenreiches gegen sich auf. Zwischen dem fanatischen und äußerst
strengen, von Entbehrungen gezeichneten Abt und den aus dem hohen
Adel des Frankenreiches stammenden Bischöfen, die über ihre Bistü-
mer wie Herzöge verfügten und weltlichen Genüssen keineswegs
abhold waren, bauten sich in kurzer Zeit schwere Spannungen auf.
Columbans Rückzug nach Bregenz und schließlich ins Kloster Bobbio
in Italien wurde bereits erwähnt.

Wo irische Mönche im heidnischen Germanenland des Fränkischen
Reiches auftauchten, predigten sie lautstark und ohne jedes Verständnis für andere Anschauungen gegen germanische Opferstätten und
-riten, gegen Zauberer und Wahrsager, sie zerstörten Opferkessel und
verfluchten mit harten Worten die »abscheulichen Heiden«. Nach einer
Weile zogen sie dann weiter, weil sie ja heimatlos sein mußten. Sie verkündeten dann anderswo ihre Botschaft, und dort, wo sie zuvor gepredigt hatten, kehrte rasch alles wieder in die alten Zustände zurück.
Denn von Organisation, von der Einrichtung ständiger Kirchen und
Pfarreien, von der Ausbildung von Ortspfarrern oder der Gründung
von Klöstern mitten im Heidenland hielten sie nichts. Die im 28. Kapi-

tel erwähnten Missionare Gallus und Fridolin, die es etwas anders machten, waren zwar in ihrer Jugend Zöglinge des Klosters Luxeuil gewesen, aber selbst keine Iren.

Die Darstellung der Heidenmission in Deutschland in Schulbüchern und auch anspruchsvolleren Kirchengeschichten macht aus dem einen Jahrhundert des Wirkens irischer (und schottischer) Mönche eine rührende Erfolgsstory. Das wird genährt durch die verschiedenen Heiligenlegenden, die von massenweisen Taufen der heidnischen Germanen durch die todesmutigen Glaubensboten aus Irland zu berichten wußten. In Wirklichkeit dürfte ihr Erfolg recht mager gewesen sein. Ihre Unstetigkeit, ihr Fanatismus und auch ihre wenig beeindruckende äußere Erscheinung wirkten wahrscheinlich eher abstoßend, nicht nur auf die Heiden, die noch ernsthaft an Wodan glaubten.

Gerade im Herzogtum Franken dürfte die Bevölkerung in religiöser Hinsicht stark gemischt gewesen sein. Sicher gab es noch Germanen, die wie in alten Zeiten bei einem alten Eichenbaum ihre Opfer niederlegten: Lebensmittel, Bier, Schmuck und Waffen. Vielleicht kamen sogar gelegentlich auch noch Menschenopfer vor. Noch heute trägt ein Dörfchen sechs Kilometer nördlich von Prosselsheim den verräterischen Namen »Opferbaum«.

Viele Neusiedler aus allen möglichen Gegenden des Frankenreiches dürften wenigstens Grundkenntnisse des Christentums mitgebracht haben, die sie aber mit allerlei heidnischen Gebräuchen mischten. So beteten manche etwa abwechselnd zu Christus und zu einem zwergengestaltigen Schutzgeist, oder sie feierten fröhliche Totenmahle mit einem kräftigen Besäufnis auf dem Grab eines eben Verstorbenen. Einige Siedler, die aus dem europäischen Südosten gekommen waren, verehrten Christus nur als von Gott geschaffenen Heros nach der Lehre des alten Presbyters Arius, die von der katholischen Kirche für eine schlimmere Ketzerei als das Heidentum gehalten wurde. Menschen wie der fränkische Edle Prosso oder Herzog Gozbert und seine Frau waren zwar seit ihrer Geburt getaufte katholische Christen, doch ließen sie sich vermutlich durch christliche Lehren nicht besonders beeinflussen, wenn sie ihren Vorteil auf andere Weise finden konnten.

Die Umerziehung der germanischen Völker zu Christen war ein Werk, das Jahrhunderte dauern sollte. Mit der bloßen Taufe von ein paar hundert Heiden war es gewiß nicht getan. Die historische For-

schung glaubt in jüngerer Zeit, daß das geduldige, aber ganz unspek-
takuläre und daher dokumentarisch auch nicht überlieferte Wirken von
christlichen Priestern aus dem fränkisch-gallischen Raum viel eher als
die fanatischen irischen Mönche den Boden für eine Umwandlung
Germaniens in ein christliches Land bereitet hat. Es muß auch in Franken und Thüringen schon längst vor dem Auftreten der bis heute
berühmten »großen« Missionare wie Willibrord und Bonifatius (siehe
32. Kap.) Männer wie den Weltpriester Hodo gegeben haben, die die
Religion der Nächstenliebe vielleicht in sympathischerer Form als die
iro-schottischen Mönche predigten.

Die allgemeine und theologische Bildung dieser frühen Glaubensboten muß im übrigen recht dürftig gewesen sein, doch verschweigen
dies die Kirchengeschichten lieber schamhaft. Mit Ausnahme der
Bischöfe konnte bis zum 8. Jahrhundert vermutlich nur eine kleine
Minderheit unter den christlichen Priestern im Frankenreich lesen und
schreiben. Zwar gab es im gallischen Westen inzwischen schon eine
Reihe von Klöstern, und die dort erzogenen Mönche mögen zum Teil
lateinische Schriften lesen gelernt und sie vielleicht schon abgeschrieben haben. Doch die Mönche lebten eben normalerweise in diesen Klöstern und überließen die Seelsorge in den Dörfern auf dem Land den
Weltpriestern. Deren Ausbildung wird aus kaum mehr als dem Aus-
wendiglernen einiger Gesänge für die Liturgie der Messe und weniger
Gebete bestanden haben. Diese Ortspfarrer waren wenigstens im germanischen Teil des Frankenreiches nicht viel anderes als Knechte des
Gutsherrn. Nicht der Bischof war ihr Vorgesetzter, sondern dem
Grundherrn gehörte sowohl das auf seinem Grund und Boden errichtete Kirchengebäude (als »Eigenkirche«) als auch der Priester.

Daß in jener Zeit nicht wenige katholische Bischöfe und Ortspfarrer
verheiratet waren und Kinder haben durften, sei nur als kleine Anmer-
kung über die Wandelbarkeit kirchenrechtlicher Vorschriften über den
Zölibat erwähnt.

30. EIN JAHRHUNDERT SÄCHSISCHER SIEGE

DIE NEUE SIEGRUNE AN SAXNOTS SCHWERTKNAUF
695, in Westfalen

Erpfried, des Erpwalds Sohn, war stolz, zum erstenmal am jährlichen Thing der Heerschaft der Westfalen teilnehmen zu dürfen und zum Umstand zu gehören (die den Thingsprecher, Kläger, Beklagten usw. »umstehenden« Krieger, die Thingsprüche durch Zustimmung oder Ablehnung zu bestätigen hatten). Denn er war von den Edelingen seines Gaues zu einem ihrer zehn Vertreter im Thing gewählt worden. Dem ältesten mannbaren Sohn des Walters (Anführers) der Sachsen im Berkelgau (rund um das heutige Coesfeld in Westfalen) stand ein solches Amt nach alter Sitte zu. Mit seinen 17 Wintern fühlte er sich so kräftig und in Waffen geübt wie jeder andere sächsische Krieger. Aber sein Vater hatte in früheren Jahren gemeint, ihm fehle noch die Erfahrung, im Thing wichtige Entscheidungen für das Volk der Sachsen mit zu fällen. Doch in diesem Jahr hatte erstmals der Vater die Zustimmung gegeben.

So stand nun Erpfried in voller Rüstung in der Runde seiner Thinggenossen auf dem alten Thingplatz am Westerhook (Hügel) beim Berkelflüßchen inmitten des mit Haselgerten abgesteckten Kreises und lauschte den Worten des Thingsprechers Osuald. Der war nächst den acht Waltern der Gaue innerhalb der westfälischen Heerschaft der angesehenste unter den Edelingen und bei weitem der älteste. Jetzt ging es um einen Fall, der sich im vergangenen Herbst zugetragen hatte, im Nachbargau nach Norden zu. Der junge Erpfried hatte schon damals davon gehört, denn die Erzählung der Ereignisse hatte im Umsehen in allen westfälischen Gauen die Runde um die Herdfeuer gemacht.

Zwei merkwürdige Gestalten waren damals im Sachsenland aufgetaucht, in lange dunkle Mäntel gekleidet, ohne Waffen und mit einer großen ausrasierten Stelle mitten im Kopfhaar. In Säcken trugen sie ein kleines Tischchen und ein aus Holzbalken zusammengesetztes Kreuz

mit sich. Auf welchen Hof eines Edelings oder Freien im Sachsenland
sie auch kamen, in jedem bauten sie Tischchen und Kreuz auf, riefen
alle Dienstleute zusammen und hielten eine lange Rede. Erstaunlicherweise konnte sie jeder verstehen, denn die beiden Männer kamen aus
Britannien, wohin einst so viele Sachsen ausgewandert waren. Beide
Männer hießen Ewald, und damit man sie besser unterscheiden
konnte, nannte sie jedermann nach ihrer unterschiedlichen Haarfarbe
den weißen und den schwarzen Ewald.

Das Gebaren der beiden wäre ja vielleicht eine willkommene Volks-
belustigung gewesen, wie manchmal, wenn ein Spaßmacher von Hof zu
Hof gezogen kam. Aber diese beiden Männer trieben es zu toll. Jedes
zweite Wort war eine schwere Beleidigung für die höchsten Regin
(Götter) der Sachsen, für Wodan und Saxnot, und jede ihrer langen
Reden endete mit der Aufforderung, diese Götter zu verlassen und
zu einem neuen Gott zu beten, den sie Jesus Christus nannten. Der
sei stärker als Wodan und Donar und Saxnot. Den Beweis dafür
blieben die beiden Ewalde den Leuten jedoch schuldig. Von Wodan
und Saxnot wußte aber jeder, daß diese ihnen bisher immer nur Siege
geschenkt hatten.

Auf einem Hof waren die Bauern so empört über das Gerede der
beiden Fremden gewesen, daß man sie voller Wut totschlug. Das hätten
die Bauern besser nicht getan. Denn Suithelm, des Gaues Walter, hatte
daraufhin ihr Dorf zerstören lassen. Dabei war es ihm nicht um das un-
verständliche Zeug gegangen, das die beiden Ewalde verkündet hatten.
Aber die Bauern hatten das heilige Gastrecht verletzt, unter dem die
Fremden gestanden hatten, genau wie Kaufleute oder andere Reisende,
wenn sie sich dem Geleit eines Ortskundigen von Ort zu Ort anvertrauten.

Nun klagten die freien Bauern vor dem Thing gegen ihren Walter,
der ihnen die Häuser habe zerstören lassen. Doch Osuald, der Thingsprecher, verkündete für Recht, das Gastrecht sei in jedem Fall heilig,
und eine Verletzung dieses Gebots der God (der göttlichen Mächte)
könne sehr wohl, wie geschehen, geahndet werden. Erpfried konnte
wie der Rest des Umstandes nur mit voller Überzeugung durch lautes
Klopfen mit dem Schwert auf seinen Schild die Zustimmung des
Things zu diesem Spruch bekunden.

Viel wichtiger war Erpfried das nächste Vorhaben, das vom Thing
zu entscheiden war. Vor einigen Monaten waren drei edle Männer aus

dem hohen Norden bei den westfälischen Sachsen angekommen, Flüchtlinge, wie sie sagten, vor einem bösartigen König in Jütland, der vorhatte, alle freien Jüten zu unterwerfen. Wie schon mehrfach in der Vergangenheit hatten die Sachsen der westfälischen Heerschaft diese stammverwandten Flüchtlinge und deren recht ansehnliches Gefolge – freie Familien, Liten und Schalke (Knechte) – bei sich aufgenommen. Aber nun wurde der Platz knapp auf dem schmalen Streifen ackerbaren Landes, den die riesigen Moore und Wälder in dieser Gegend frei-ließen.

Daher hatte das Thing der westfälischen Heerschaft zu entscheiden, ob es in diesem Sommer wieder einen Heerzug nach Süden geben solle. Jeder wußte, jenseits des Flusses Lipa (Lippe), bis zu dem sich die Siedlungen der Sachsen ausgebreitet hatten, lag fruchtbares Land mit sehr viel weniger Mooren als hierzulande. Die Männer aus Jütland versprachen, mit den Kriegern aus ihrem Gefolge die Speerspitze beim Angriff auf die dort lebenden Brochter (Brukterer) zu bilden, ging es doch in der Hauptsache darum, ihnen und ihren Leuten neues Herrenland zu verschaffen.

Aber natürlich erhofften sich auch zahlreiche alteingesessene freie Sachsen einen neuen größeren Hof mit vielen Schalken als Hilfskräften. Und die sächsischen Edelinge konnten ebenfalls im neueroberten Land große Güter erwerben. Hier stimmten die Absichten der Edelinge und der Freien unter den Sachsen einmal genau überein. Die Edelinge hatten es daher diesmal nicht nötig, darauf zu achten, daß die gewählten Vertreter der Liten im Thing, ebenfalls zehn aus jedem Gau, sich bei ihrer Abstimmung nach den Wünschen ihrer Herren, der Edelinge, richteten und die mitunter recht querköpfigen Vertreter der freien Bauern übertönten.

So war das zustimmende Waffengeklirr im Thing durch kein ablehnendes Murren geschwächt, als der Beschluß verkündet wurde, unmittelbar nach der Ernte über die Lippe zu setzen und das Land der Brochter bis zur Ruhr zu erobern.

Wenn Erpfried später über die wenigen Tage des Vorwärtsstürmens der westfälischen Heerschaft im Land der Brochter nachdachte, dann fielen ihm vor allem zwei oder drei besondere Ereignisse ein.

Die Krieger aus den Gauen der Westfalen hatten im Witumonth (Holzmonat, September) auf ein Zeichen an verschiedenen Stellen den Fluß Lipa überquert und waren in kleineren Abteilungen in verschiedenen Richtungen vorgerückt. Die Abteilung aus dem Berkelgau, verstärkt durch die Gefolgschaften der jütischen Flüchtlinge, hatte wohl den ruhmreichsten Kampf zu bestehen, die Schlacht an der Suderwich. Eigentlich war es keine große Schlacht gewesen, mehr ein kurzes, aber heftiges Gefecht zwischen nur wenigen Dutzend Kriegern auf beiden Seiten, in der Nähe einer alten verfallenen Burg nicht weit vom Ufer des Emscherflusses (östlich der heutigen Stadt Recklinghausen). Doch der Herzog der Brochter war dabei gefallen, und einige seiner wichtigsten Edelinge auch. Der Rest der Krieger der Brochter hatte sich daraufhin den Sachsen ergeben, und der Tod des Herzogs war für das ganze Land der Brochter bis zur Ruhr das Zeichen gewesen, den Widerstand gegen die ohnehin stets siegreichen Sachsen einzustellen.

So war die Besetzung und Aufteilung des mit Viehweide und Ackerland reich gesegneten Landes durch die Sachsen nur noch eine Sache von wenigen Tagen gewesen. Angesichts des leichten Sieges verfuhren die Sachsen mit den unterworfenen Brochtern gnädig. Sämtliche überlebenden adligen Krieger dieses Volkes wurden aufgespürt und mußten ihre eisernen Helme, die äußeren Abzeichen edler Herkunft, an die Sieger abgeben sowie ihren neuen sächsischen Herren Treue schwören. Dann wurden sie unter die freien Bauern des sächsischen Volkes aufgenommen und durften auf ihre, wenn auch verkleinerten Höfe zurückkehren.

Die Höfe des Freien-Standes der Brochter übernahmen allerdings freie Bauern aus den alten Gauen der westfälischen Heerschaft sowie die Mitglieder der jütischen Gefolgschaften als Lohn für ihre Mühe im Heerzug. Die freien Brochter wurden zu Liten der Sachsen erklärt und mit kleineren Anteilen ihrer alten Ländereien abgefunden. Es gab keine Aufstände, denn einmal war nur zu gut bekannt, wie schnell und wie grausam die siegreichen Sachsen dagegen einschreiten konnten. Im übrigen bildeten – anders als bei den Brochtern, den Hunen, den Hettern (Chattuariern) und anderen kleinen Völkern in der Nachbarschaft der Sachsen – die Liten bei den Sachsen einen sehr angesehenen Stand. Er war zum Kriegsdienst zugelassen und verpflichtet, und gewählte Sprecher dieses Standes durften im Thing der Sachsen mit den Sprechern der Freien und der Edelinge gemeinsam über Angelegenheiten von großer Bedeutung abstimmen. Die Liten bei den Sachsen hatten allerdings jeweils einen der Edelinge zum persönlichen Herren und gehörten beim Heerzug zu dessen weiterer Gefolgschaft.

Erpfried war nach der Schlacht von Suderwich mit seiner Abteilung unter Anführung Erpwalds sehr schnell nach Sonnenaufgang zu marschiert, um diesen Teil des Brochterlandes zu besetzen. Dabei ging es darum, auf jedem Hof, in jeder Ansiedlung unterwegs sicherzustellen, daß die neuen Verhältnisse im Land bekannt und beachtet wurden. Nirgends wagten die Brochter Widerstand, denn sie wußten, daß dann unweigerlich ihre Höfe rücksichtslos geplündert und angezündet worden wären.

Nach wenigen Tagen erreichten die Krieger aus dem Berkelgau eine kleine Ansiedlung, die sich Uerla (Werl) nannte. Dort gab es eine weithin bekannte Salzquelle, und dort trafen die Sachsen Männer und Familien aus einer anderen Heerschaft der Sachsen, die sich Engern nannte. Diese berichteten, sie seien bereits vor mehr als 30 Sommern hierhergelangt, nachdem sie das Hunaland erobert hatten. In Verhandlungen mit dem Anführer der engrischen Krieger einigte sich Erpwald darauf, daß die westfälische Heerschaft nicht weiter vorrücken und die Engern im Besitz von Uerla lassen wollte, daß aber alle westfälischen Sachsen freien Zugang zu der so sehr begehrten Salzquelle haben sollten.

Ein Ereignis, das alle Krieger der westfälischen Heerschaft sehr erheitert hatte, erzählten Erpfried später Leute aus anderen Gauen, die von der Lipa mehr nach Süden vorgerückt waren. Auf einem Berg hoch über dem Tal der Ruhr, die hier einen langgestreckten See bildete, trafen die Krieger eine kleine Hütte an, über der ein Kreuz aus Holz befestigt war, und einen Mann, der ganz ähnlich gekleidet war wie die beiden Fremden, die vor einem Jahr unten in der alten Heimat erschlagen worden waren. Auch dieser Mann sprach sächsisch und nannte sich Suitbert, war aber alles andere als erfreut über die Ankunft von Leuten seiner Muttersprache. Die Krieger aus der westfälischen Heerschaft machten ihm klar, daß er bleiben könne, wenn er die Reden sein ließe, mit denen einst die beiden Ewalde die Götter und die Menschen der Sachsen beleidigt hatten.

Doch das wollte Suitbert auf keinen Fall. Mit der linken Hand hielt er ein kleines Holzkreuz wie einen Schild vor sich, mit der rechten Hand fuhr er mehrmals über seine Brust kreuz und quer, und mit dem Mund rief er laut seinen Gott und einen gewissen Jesus Christus um

Hilfe an und beschimpfte die Sachsen als abscheuliche Heiden, die dem
Teufel verfallen seien. Als die Sachsen über dieses Schauspiel nicht
mehr lachten, sondern Anstalten machten, dem Schwätzer den Mund
zu schließen, drehte sich der fremde Mann um und verschwand mit
einem riesigen Satz im Dunkel des Waldes, der den Ort der Hütte umgab. Kein Mensch hatte ihn je wieder gesehen.

Die Sachsen beschlossen, an der Stelle der Hütte dieses Fremden
eine Festung zu bauen, denn kein Ort weit und breit eignete sich besser
zur Anlage einer Verteidigungsburg an der neuen Südgrenze des Sachsenlandes. Als ein Jahr später die wichtigsten Wälle der neuen Burg
fertig waren, versammelten sich Abordnungen von Kriegern aus allen
westfälischen Gauen auf dem neuen festen Platz. Auch Erpfried war
stolz, dabeisein zu dürfen.

Es gab die üblichen Schmausereien, die Waffentänze, friedlichen
Zweikämpfe und die Opfer an die Götter, die zu einem Fest der Sachsen gehörten. Der Höhepunkt war aber am Abend erreicht, als alle
sächsischen Krieger, müde von den Taten des Tages, die Trinkhörner
voll Met untereinander kreisen ließen. Da erzählte ein Skop mit seiner
Leier in einem langen Lied noch einmal von den Taten der Sachsen in
diesem letzten Heerzug. Und begeistert schloß der Sänger sein Gedicht: »Siegrune lerne, willst Sieg du haben! Auf den Schwertknauf
schneide sie, auf die Blutrinne und des Rückens Breite. Und ruf zweimal zu Saxnot!«

Es war die Erinnerung an den Sieg dieses Heerzuges, der der neuen
Burg den Namen gab: Sigiburg – die Burg des Sieges, sollte sie für alle
Zeiten heißen (heute Hohensyburg bei Dortmund).

DIE AUSBREITUNG DER WESTFALEN
IM FRÜHMITTELALTER

Die Geschichte des großen spätgermanischen Volkes der Sachsen (Altsachsen) im heutigen Nordwestdeutschland vor Karl dem Großen liegt
fast völlig im dunkeln. Das galt zumindest für frühere Historikergenerationen, die ausschließlich zeitgenössische Schriftquellen als Zeugnisse
gelten ließen. Inzwischen haben zahllose archäologische Funde dafür
gesorgt, daß man über die Entwicklung der Sachsen zwischen dem
5. und 8. Jahrhundert doch erheblich mehr weiß.

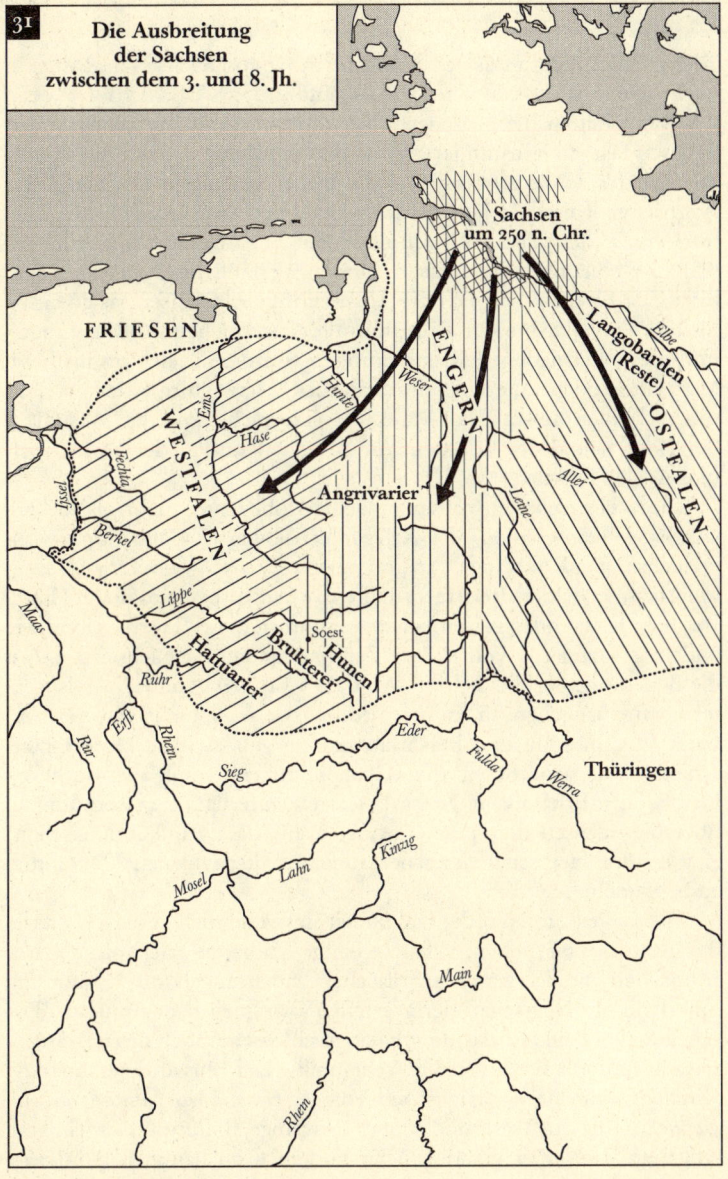

31 Die Ausbreitung
der Sachsen
zwischen dem 3. und 8. Jh.

Sachsen
um 250 n. Chr.

FRIESEN

ENGERN

Langobarden
(Reste)

Elbe

WESTFALEN

OSTFALEN

Ems

Hunte

Hase

Weser

Aller

Vechta

Leine

Ijssel

Angrivarier

Berkel

Lippe

Ruhr

Hattuarier

Brukterer

Soest

Hunen

Maas

Ruhr

Erft

Rhein

Sieg

Eder

Fulda

Werra

Thüringen

Mosel

Lahn

Kinzig

Main

Rhein

Nach der recht massiven Auswanderung von Sachsen und Angeln nach der Insel Britannien vorwiegend im 5. Jahrhundert (siehe 18. Kap.) hatten die zwischen Elbe und Nordseeküste verbliebenen Sachsen fast ein Jahrhundert gebraucht, um ihre geschrumpfte Volkszahl wieder zu vergrößern und die früher gewohnte Dynamik und Aggressivität ihres Volkes zurückzugewinnen. Spätestens im 6. Jahrhundert, stellenweise auch schon früher, begannen sie ganz allmählich ihr Gebiet nach Süden auszudehnen. Verläßliche Quellen aus späterer Zeit belegen, daß sich die Ausbreitung der Sachsen bis etwa zur Mitte des 8. Jahrhunderts in drei unterschiedlichen Stoßrichtungen und drei verschiedenen Gruppierungen vollzog, die sich bis ins hohe Mittelalter noch innerhalb des Stammes (Herzogtums) der Sachsen unterscheiden ließen. Das waren die »Heerschaften« der Westfalen, der Engern und der Ostfalen. Auf althochdeutsch oder altsächsisch hießen sie Herscap.

Diese Heerschaften waren zunächst wohl kaum mehr als lockere »Arbeitsgemeinschaften« der Krieger benachbarter Gaue zum Zweck gemeinsamer Kriegszüge. Später verfestigte sich die Organisation innerhalb jeder der drei Heerschaften zu einem gemeinsamen Thing. Doch zu festen oder gar erblichen Anführern dieser Heerschaften wie andere germanische Völker ihrer Zeit brachten es die Sachsen nie. Auf die Bedeutung der drei Namen Westfalen, Engern und Ostfalen ist später noch einzugehen. In Kultur, Siedlungsweise, Sprache, Religion, innerer Organisation und Lebensauffassung gab es wohl keine Unterschiede zwischen diesen drei Gruppierungen, wohl aber in ihren historischen Erlebnissen. Es ist daher gerechtfertigt, in diesem Kapitel über die Sachsen der spätmerowingischen (oder frühkarolingischen) Zeit die drei Heerschaften nacheinander in verschiedenen Abschnitten zu behandeln.

Die Einleitungsepisode, wie üblich im wesentlichen der Phantasie des Autors entsprungen, versucht einige Vorgänge nachvollziehbarer zu machen, die sich gemäß schriftlicher Andeutungen um das Jahr 695 innerhalb der Heerschaft der Westfalen abgespielt haben müssen. Die schriftliche Quelle ist das um 730 abgeschlossene Buch des angelsächsischen Bischofs Beda, genannt Venerabilis (Der Ehrwürdige), über die Kirchengeschichte des englischen Volkes (*Historia ecclesiastica gentis Anglorum*). In diesem Werk sind leider nur wenige, dafür um so wichtigere Angaben auch über geschichtliche Vorgänge im heutigen Nordwestdeutschland überliefert. Dazu gehören die in der Episode mit ihren Einzelheiten verarbeitete Geschichte vom Martyrium der beiden Ewalde (nach gängiger Auffassung ereignete sich dies um 693) und vom Wirken des heiligen Suitbert bei den Brukterern sowie dessen Ende durch die Ausbreitung der Sachsen (»antiqui Saxones« bei Beda) in deren Land um 695. Alle übrigen Angaben in der Einleitungsepisode sind nicht schriftlich belegt und lediglich aus archäologischen Erkenntnissen, der geographischen Situation und später bezeugten Zuständen bei den Sachsen gefolgert.

Die für germanische Völker ungewöhnliche »repräsentative« Vertretung von drei Ständen im Thing, dem formellen Entscheidungsgremium bei den Sachsen, ist in einer Heiligenlegende *(Vita Lebuini antiqua)* überliefert, die die Zustände etwa aus der Zeit um 770 schildert. Vermutlich wird diese Ordnung der sächsischen Thinge auch bereits 80 oder 90 Jahre früher gegolten haben, doch dürfte es unwahrscheinlich sein, daß es damals schon ein gemeinsames Thing für alle drei sächsischen Heerschaften gab, wie es für 770 bezeugt ist.

Eine ausgesprochen »demokratische« Einrichtung war dieses in Vertreter dreier Stände geteilte Thing übrigens offenbar nicht. In der Einleitungsepisode klingen bereits die Spannungen zwischen dem Stand der sächsischen Edlen, einer Art Fürsten- und Führungsschicht, und den »normalen« freien sächsischen Bauern an. Dabei wollte sich der Adel vielleicht auf die Unterstützung durch die Stimmen der von ihnen abhängigen, aber sonst ganz ungewöhnlich bevorrechtigten Liten verlassen können. Dazu muß man wissen, daß bei den Sachsen Ehen zwischen den Ständen, den Adligen, Freien und Liten, bei Todesstrafe verboten waren. Jeder Stand sollte bewußt für sich gehalten werden. Neben diesen »thingfähigen« Ständen kannten die Sachsen selbstverständlich noch zahlreiche unfreie Knechte und Mägde und rechtlich noch unter diesen stehende Sklaven. In den blutigen Kriegen Karls des Großen gegen die Sachsen ein Dreivierteljahrhundert später sollten die Gegensätze zwischen Adel und Freien bei den Sachsen noch eine sehr große Rolle spielen (siehe 35. Kap.).

Die zaghaften ersten Missionsversuche christlicher Mönche bei den Sachsen sind in der Einleitungsepisode zwar unter Verwendung der geringen Informationen aus Bedas Buch dargestellt, aber eben »von der anderen Seite aus« gesehen, ein Blickwinkel, den man in modernen Kirchengeschichten gewiß nicht finden wird. Es ist allerdings

nur eine Annahme, daß der Mönch Suitbert – auch er ein aus Britannien herübergekommener Angelsachse – sein erstes Kirchlein im
Bruktererland ausgerechnet am Platz der späteren Sigiburg erbaut haben soll. Dieser Suitbert entkam übrigens heil ins Fränkische Reich.
Der mächtige Hausmeier dieses Reiches, Pippin von Héristal (Pippin
der Mittlere), schenkte ihm Land auf einer kleinen Rheininsel beim
heutigen Düsseldorf, und dort gründete der eifrige Mönch das im
Frühmittelalter berühmte Kloster Kaiserswerth. Das eigentliche Germanenland hat er nie wieder betreten. Im Jahr 713 starb er hochbetagt
in Kaiserswerth.

Der Vorstoß der Westfalen nach Süden ins Bruktererland war gewiß nicht der erste und auch nicht der letzte. Aber etwa in den geschilderten Formen und mit etwa den gleichen Folgen wird man sich noch
weitere nachgewiesene oder vermutete stückweise Eroberungen vorstellen dürfen, auch bei den anderen beiden Heerschaften. Von ihren
vermuteten Sitzen in der Umgebung des heutigen Bremen aus scheinen
die Westfalen von vornherein nach Südwesten gezielt zu haben. Viel
bewohnbares Land gab es in dieser Richtung nicht zu gewinnen. Noch
im 19. Jahrhundert war das Gebiet zwischen Bremen, Osnabrück und
der holländischen Grenze von zahlreichen riesigen Mooren und Wäldern bedeckt. Immerhin dürften westfälische Sachsen ab Anfang des
6. Jahrhunderts das vorher für mindestens ein Jahrhundert fast menschenleere Münsterland neu besiedelt haben. Bis zum Ende des 7. Jahrhunderts hatten sie die Linie der Lippe erreicht, 695 eroberten sie, wie
geschildert, das Land der Brochter (Brukterer) zwischen Lippe und
Ruhr, heute der östliche Teil des westfälischen Ruhrgebiets. Rund 20
Jahre später, um 715, müssen dieselben Sachsen noch das Gebiet der
Chattuarier (Hetter?) zwischen unterer Lippe und unterer Ruhr besetzt
haben und noch etwas später, vielleicht erst um 740, das Gebiet bis zur
oberen Sieg.

Einen gelegentlichen Zuzug von Germanen aus Skandinavien, der
vielleicht zum Teil Auslöser neuer sächsischer Vorstöße wurde, nehmen heute zahlreiche deutsche Historiker und Archäologen an. Denn
auch in Schweden, Norwegen und Dänemark bemühten sich offenbar
zur gleichen Zeit einige Kleinkönige, die Aufsplitterung ihrer Heimat in
Kleinherrschaften zu überwinden. Da sich die Germanen in Skandinavien und Nordwestdeutschland damals offenbar noch sehr eng verwandt fühlten, bereitete ein solcher Zuzug aus dem Norden den Sach-

sen keine Probleme – abgesehen davon, daß der Platz zum Leben enger wurde. Und dieses Problem konnte man durch einen fröhlichen Heerzug wie den ins Bruktererland lösen.

Die Brochter, in den lateinisch geschriebenen Quellen der Zeit hießen sie Brukterer oder Boruktuarier, müssen Reste eines älteren germanischen Stammes gewesen sein, der schon zu Varus' Zeiten bekannt war. Um das Jahr 700 kann jedoch ihr Wohngebiet nicht mehr groß gewesen sein, ebensowenig wie das der benachbarten Hetter – Chattuarier oder Hattuarier in den Quellen – ein bißchen weiter westlich. Schriftliche Belege über die politische Situation dieser beiden kleinen Stämme in den Jahren 500 bis 700 fehlen.

Statt dessen gibt es mit dem Brustton der Überzeugung geäußerte Vermutungen verschiedener deutscher Historiker, sie hätten »natürlich« zum Großreich der Franken gehört. Denn diese Stämme seien gewissermaßen »Gründungsmitglieder« des Frankenbundes gewesen. Als Teil des großen »ripuarischen Königreiches« der Rheinfranken (mit dem Königssitz in Köln) seien sie dann um 511 in den Besitz des Merowingerkönigs Chlodwig übergegangen (siehe 22. Kap., S. 361). Doch in diesem Buch wird ja die Ansicht vertreten und begründet, es habe lange nur eine kleine merowingische Exklave rund um Köln gegeben. Dennoch ist nicht auszuschließen, daß in den fast 200 Jahren des Bestehens des fränkischen Großreiches in der Nachbarschaft formal die Oberhoheit auch über Brukterer, Hattuarier (und die nach Osten benachbarten Hunen) an das Frankenreich übergegangen war. Vielleicht hatten diese Stämme Herzöge aus dem eigenen Volk, die dem fränkischen König Gefolgschaft hatten schwören müssen, im übrigen aber weitgehend unabhängig blieben.

Die sächsische Eroberung des Brochterlandes fiel in eine Periode, in der das Frankenreich nach jahrzehntelangen internen Kämpfen außenpolitisch noch weitgehend gelähmt war. Der neue Hausmeier Pippin mußte nach seinem Sieg über seinen Rivalen Berchar in der Schlacht von Tertry 687 (siehe 29. Kap., S. 482) erst in allen Teilen des riesigen Reiches fest im Sattel sitzen, ehe er daran denken konnte, Einbußen am äußersten Rand seiner Interessengebiete mit Waffengewalt zu verhindern. Daher mußten die Sachsen nicht mit fränkischen Truppen rechnen, als sie die Brukterer und Hattuarier, Vasallen des Fränkischen Reiches, überfielen und »schluckten«. Vielleicht war das bewußt einkalkuliert.

Das hier vermutete Bestehen einiger kleinerer germanischer
Stämme östlich des Niederrheins, fast oder ganz unabhängig vom
Fränkischen Reich, erklärt vielleicht noch ein kleines historisches Rätsel im Zusammenhang mit dem sächsischen Vordringen. Die heutige
Grenze zwischen dem Rheinland und Westfalen ist eine der ältesten
Grenzen innerhalb Deutschlands, ein Wunder in unserem Land, dessen äußere und innere Grenzen sich so oft verschoben haben. Mindestens seit dem 8. Jahrhundert schied immer die gleiche Linie Fränkisches Reich und Sachsen, später Herzogtümer, Grafschaften,
Bistümer und noch später Provinzen und seit 1953 Landschaftsver-
bände als kommunale Organisationseinheiten voneinander.

Warum aber verläuft diese Grenze nicht am Rhein, der vorher so
lange die Grenze des Römischen Reiches nach Osten gebildet hatte?
Warum beginnt die Provinzgrenze zwischen dem Rheinland und Westfalen an der holländischen Grenze ein paar Kilometer nördlich des
Rheins und entfernt sich im weiteren Verlauf nach Süden immer mehr
von diesem Strom nach Osten? An ihrem südlichsten Punkt liegt sie
etwa 50 Kilometer vom Rhein entfernt.

Man kann argumentieren: Weil die Sachsen bei ihren Vorstößen
nicht weiter bis zum Rhein vorrückten. Aber *warum* taten sie das nicht?
Wollten sie nicht, weil das restliche Land bis zum Rhein für sie uninteressant war? Oder konnten sie nicht, weil sie an dieser Grenze auf
Widerstand stießen? Es drängt sich die Vermutung auf, daß dieser
schmale Streifen des Rheinlands östlich des Rheins Abbild einer noch
viel älteren Grenze ist, einer Grenze aus römischer Zeit. Man weiß, leider ohne konkrete Einzelheiten, daß Franken in spätrömischer Zeit die
Aufgabe einer Vorfeldverteidigung östlich des Rheins hatten. Wahrscheinlich waren bestimmten Stämmen oder Stammesgruppen gewisse
Abschnitte jenseits des Limes als Wohnsitz und Verteidigungsbezirk zugewiesen. Nach dem Ende des Römischen Reiches blieben vielleicht
Reste dieser Franken in diesen Wohnsitzen zurück und verteidigten sie
weiter, nun gegen merowingische Könige und sächsische Heerschaften.
Viele Menschen können es nicht mehr gewesen sein, aber möglicherweise reichten sie aus, der sächsischen Expansion im 6. und 7. Jahrhundert einen Damm entgegenzusetzen.

LAND DER ENGERN VON DER
NORDSEE BIS ZUM SAUERLAND

Die zweite große Heerschaft der Sachsen war die der Engern. Sie scheint auch die älteste gewesen zu sein, wenigstens die, die am frühesten ihren Siedlungsraum nach Süden zu ausdehnte, ohne den ursprünglichen Raum im Elbe-Weser-Winkel aufzugeben. Und möglicherweise war es diese Heerschaft, der die beiden anderen ihre Namen verdankten. Sprachlich sind die Worte »West-« und »Ost-*Falen*« bis heute nicht ganz geklärt, aber man nimmt an, daß sie nichts anderes bedeuten als die »West-« und die »Ost-Leute« – von den mittendrin sitzenden Engern aus gesehen.

Deren eigener Name ist wohl erst eine nachträgliche Erwerbung. Er dürfte von den Angrivariern stammen, einem großen germanischen Stamm, bekannt aus Tacitus und anderen römischen Berichten, der damals nördlich des Wiehengebirges ansässig war. Ihr Wohngebiet war vermutlich das erste Angriffsziel der mittleren Heerschaft der Sachsen, die nördlich angrenzte. Die Vermischung der Angrivarier mit den Sachsen muß so gründlich gewesen sein, daß letztere den Namen der überschichteten Menschen annahmen und sich Engern nannten.

Die Ausdehnung dieser Heerschaft nach Süden ging zunächst nur langsam vor sich. Seit der ersten Hälfte des 5. Jahrhunderts wurden im Land zwischen Wiehengebirge und Senne am Südende des Teutoburger Waldes neue Siedlungen an bisher unbewohnten Stellen gegründet. Die dazugehörenden Gräber unterschieden sich deutlich von Gräbern der davor in dieser Gegend ansässigen Menschen. Hatten die Germanen dort zur Zeit des Römischen Reiches und noch danach ihre Toten in Erdgräbern beigesetzt, die meist von West nach Ost orientiert waren, so waren die Gräber der neuen Siedler in nord-südlicher Richtung angeordnet.

Vor allem aber tauchten nun die sogenannten Pferdegräber auf: Hier waren getötete Pferde nicht etwa als Beigabe für verstorbene besonders mächtige Fürsten beigesetzt, sondern junge Hengste wurden augenscheinlich in speziellen religiösen Zeremonien geopfert und ehrenvoll beerdigt. Dieser Brauch kann nur von den frühen Sachsen stammen, die vermutlich einen besonderen Kult um weiße Pferde pflegten. Ein sich aufbäumendes weißes Pferd bildet ja heute noch das Landeswappen von Niedersachsen und des stammverwandten benachbarten Westfalen.

Es muß daran erinnert werden, daß in Europa archäologische Funde ganz überwiegend aus Gräbern geborgen wurden. Wie problematisch solche Funde jedoch sind, läßt sich mit einem Vergleich verdeutlichen: Was würden wohl Archäologen und Historiker des Jahres 3000 über Leben und Kultur im späten 20. Jahrhundert schließen, wenn sie weder Papiere noch Tonträger, noch Bilder aus dieser Zeit zur Verfügung hätten, sondern ausschließlich die Überreste unserer heutigen Friedhöfe? Immerhin wiesen die Gräber des Frühmittelalters einen unschätzbaren Vorteil auf: Sie enthielten fast immer Geräte, Kleidung, Schmuck und Waffen der Toten als Beigabe.

Die Archäologen konnten eindeutig feststellen, daß einer germanischen Bevölkerung im Süden des östlichen Westfalen, die Kulturverbindungen zum Rhein hatte, ab dem beginnenden 7. Jahrhundert eine neue germanische Besiedlung folgte, deren kulturelle Hinterlassenschaften erheblich anders aussahen. Dies müssen die sächsischen Engern gewesen sein, die ihren Wohnraum stetig nach Süden zu ausdehnten. Eine Ausrottung der Vorbewohner hatte es dabei jedoch nicht gegeben, denn Gräber ihres Typus fanden sich auch aus späteren Zeiten, gemischt mit denen der Sachsen.

Die Berge des Sauerlandes, die die weit nach Osten vorstoßende große münsterländische Bucht im Süden begrenzen, hielten die sächsische Einwanderung nicht auf. Erst etwa an der Diemel scheint die sächsische Besiedlung ihr Ende gefunden zu haben. Dort liegt auch heute noch die Grenze zwischen den Bundesländern Nordrhein-Westfalen und Hessen sowie die westfälisch-hessische Dialektgrenze. Natürlich waren es nur wenige Menschen, die die damals noch recht undurchdringlichen Urwälder des Sauerlandes (»Suerland« = Süderland?) zu besiedeln wagten. Noch lange blieb ein breiter Streifen zwischen Westfalen und Hessen praktisch menschenleer. Im Westen war etwa das Tal der Weser die Grenze der engrischen Herrschaft.

Dieser Vormarsch der engrischen Sachsen bis ins Sauerland muß sich im 7. Jahrhundert vollzogen haben. Er erschien den fränkischen Königen so bedrohlich, daß sie schon gegen Ende dieses Jahrhunderts im südlich angrenzenden Hessen in gebührender Entfernung einige feste Burgen errichteten: die Amöneburg (südlich des heutigen Marburg), die Burg auf dem Christenberg (nördlich von Marburg) und die Büraburg (bei Fritzlar). Von diesen Burgen und der Landschaft Hessen wird im 32. Kapitel berichtet werden.

Die Heerschaft der Engern muß es auch gewesen sein, die dem
Land und dem Volk der Hunen ein Ende machte. Im 22. Kapitel
(S. 369ff.) wurde bereits ausführlich von diesem Land und seinem
König Attala in Soest erzählt. Die Erinnerung an dieses Volk war auch
bei den Angelsachsen in Britannien noch lebendig. Beda Venerabilis
berichtete, etwa aus dem Jahr 693, von einer geplanten, allerdings nicht
ausgeführten Missionsreise eines angelsächsischen Mönches namens
Egbert in das noch heidnische Germanien. Er wollte zu den Völkern,
»von denen die Angeln und Sachsen, die jetzt Britannien bewohnen,
Geschlecht und Abstammung herleiten«, und zu deren Nachbarn, den
»Fresones, Rugini, Danai, Huni, Antiqui Saxones, Boructuari – den
Friesen, Rugiern, Dänen, Hunen, Altsachsen, Brochtern«. Es ist mehr
als unwahrscheinlich, daß der sonst so korrekte Beda unter seine zutreffende Aufzählung germanischer Völker in Nordwestdeutschland die
turk-mongolischen Hunnen aus Pannonien gemischt hat.

Etwa ab dem Jahr 550 hatte das Hunenland um Soest keinen starken König mehr. Attala und sein landfremder, aber hochgeachteter
Nachfolger Dietrich von Bern waren wie erwähnt beide spurlos verschwunden, ohne Erben zu hinterlassen (siehe S. 376f.). In dieser
Periode stürmischer Ostausbreitung des Fränkischen Reiches (siehe
24. Kap., S. 409) gelang es König Theudebert möglicherweise, die formelle Oberhoheit über die kleinen Germanenreiche östlich des Niederrheins bis an die Weser zu gewinnen – wie, das entzieht sich unserer
Kenntnis. Große Kriegszüge hat er dafür vermutlich nicht führen müssen. Wahrscheinlich genügte die Entsendung eines kleinen Expedi-
tionsheeres, um die damaligen Herrscher der Hetter, der Brochter und
der Hunen zur Ablegung von Eiden zu bewegen, die sie zur Gefolgschaft für die Frankenkönige verpflichteten, zu viel mehr aber nicht.
Schließt man von den bekannten damaligen Zuständen in Süddeutschland rück, dann nannten sich die Oberhäupter dieser germanischen
Völker nach fränkischer Sitte Duces (Herzöge).

In diese Zeit einer vorübergehenden fränkischen Oberhoheit auch
über das Hunenland muß die einzige schriftliche Nachricht über Soest
aus früher Zeit fallen. Sie ist zugleich die früheste schriftliche Erwähnung eines Ortes in ganz Nordwestdeutschland, wenn man nicht bereit
ist, die Nachrichten der Dietrichssage als solche anzuerkennen (siehe
19. und 22. Kap., vor allem S. 309 und 360). Nach einer Urkunde soll
der Frankenkönig Dagobert I. im Jahr 636 »einige Höfe der Susaten«

(also der Soester) an den Bischof Kunibert von Köln gegeben haben. Das konnte er natürlich nur, wenn er die Oberhoheit über das Hunenland besaß. Leider ist der Beweiswert dieser Urkunde nicht allzu groß. Denn sie ist, wie viele andere Urkunden aus dieser Zeit, nur aus einer Abschrift aus dem Hochmittelalter bekannt und daher von skeptischen Historikern prompt zur Fälschung erklärt worden. Unterstellt man aber einmal die Richtigkeit des Datums, dann darf man annehmen, daß zu dieser Zeit bereits einige christliche Missionsversuche im Hunenland im Gange waren – mit welchem Erfolg, ist ungewiß.

Doch bald darauf, vielleicht schon um 650, war es mit der fränkischen Oberhoheit über Soest und den frühesten Spuren des Christentums dort schon wieder vorbei. Denn einer der oben erwähnten Vorstöße der engrischen Heerschaft nach Süden machte ihnen ein jähes Ende. Wie in der Einleitungsepisode erwähnt, dehnte sich diese Heerschaft bei der Gelegenheit bis Werl, 15 Kilometer westlich von Soest, aus und nannte die Gegend nach sich selbst Gau Angeron. Es sollte mehr als 100 Jahre dauern, bis wieder Christen in dieses Gebiet kamen.

DIE SACHSEN, DIE MIT DEN THÜRINGERN KÄMPFTEN

Bisher war noch nicht die Rede von den Kämpfen der Sachsen mit den Thüringern, die doch in der *Sachsengeschichte* des Mönches Widukind von Corvey eine so große Rolle spielen (siehe 11. Kap., S. 175, und 23. Kap., S. 392). Weder die westfälischen noch die engrischen Sachsen hatten geographisch die Möglichkeit dazu, wohl aber die dritte sächsische Heerschaft, die Ostfalen. Etwa von Hamburg aus genau nach Süden erstreckte sich ihr Gebiet später, im Osten begrenzt von Elbe und Saale, im Westen lief die Grenze zu den Engern dicht am heutigen Hannover vorbei bis zur oberen Weser. Vor allem siedelten Ostfalen an den Oberläufen der Flüsse Aller und Leine. Im Süden dürfte die Unstrut die Grenze zu den thüringischen Nachbarn gewesen sein.

Was der Sachsenchronist Widukind über die angeblich entscheidende Hilfe der Sachsen im Krieg der Franken mit den Thüringern (siehe 23. Kap.) zu berichten weiß, muß nicht völlig erfunden sein. Aber es kann sich offenbar nicht auf »die Sachsen« in ihrer Gesamtheit beziehen, sondern nur auf die aus der ostfälischen Heerschaft. Andererseits darf man annehmen, daß auch eine Portion Übertreibung aus Nationalstolz darin steckt. Es ist hier nicht der Ort, diese mehr literaturgeschichtliche Frage näher zu untersuchen. Sicherlich hat die Nachbarschaft von Ostfalen und Thüringern zu Streitigkeiten zwischen beiden Völkern geführt. Das muß vor allem in den frühen Zeiten gegolten haben, da die thüringischen Könige noch mächtig waren und Einfluß bis zur unteren Elbe hatten, also bis dorthin, wo man die Ursitze der Ostfalen vermuten darf. Später aber werden die von den Franken eingesetzten Herzöge in Thüringen ebenfalls in Streit mit den ostfälischen Sachsen geraten sein.

In diese Zeit muß ein Zug von Sachsen quer durch halb Europa gegangen sein, der ein interessantes Schlaglicht auf die Bereitschaft der germanischen Völker zur Mobilität noch am Ende der sogenannten Völkerwanderungsperiode wirft. Und diese Sachsen können eigentlich nur zur *ost*fälischen Heerschaft gehört haben.

Im Jahr 568 verließ das germanische Volk der Langobarden plötzlich seine Wohnsitze an der mittleren Donau in Pannonien, um sich der Bedrohung durch die Awaren zu entziehen und in Oberitalien neues reiches Land zu gewinnen (siehe 25. Kap., S. 424). Wie sowohl Gregor von Tours als auch der Historiker der Langobarden, Paulus Diaconus, dieser lebte im 8. Jahrhundert, berichten, begleitete sie eine größere Gruppe sächsischer Krieger, wie üblich mit Frauen, Kindern und Gesinde. Die bei Gregor angegebenen Zahlen, 20000 oder gar 26000 Krieger, dürften allerdings weit übertrieben sein.

Sachsen und Langobarden waren einst Nachbarn am Unterlauf der Elbe gewesen, ehe ein Großteil der letzteren in mehreren Schüben zwischen dem 2. und 4. Jahrhundert elbaufwärts bis nach Böhmen und Ungarn wanderte. Im Gedenken an die alte Nachbarschaft forderte der Langobardenkönig Alboin »die« Sachsen auf, sein Volk beim geplanten Zug nach Italien zu begleiten. Nicht wenige Sachsen leisteten dem verlockenden Angebot Folge, marschierten aus dem heutigen Sachsen-Anhalt erst nach Ungarn, von dort mit den Langobarden nach Oberitalien und weiter in die damals bereits fränkische Provence (Südfrankreich) und bestanden siegreich etliche Kämpfe. Bald aber überwarfen sie sich mit den Langobarden und mußten schließlich vor den Truppen des Merowingerkönigs Sigibert (er regierte von 561–571) kapitulieren.

Die sächsischen Krieger und ihre Familien baten, wieder in ihre alte Heimat ziehen zu dürfen, was ihnen Sigibert auch gewährte. Doch dort wohnten inzwischen »Schwaben und andere Völker«, die die Frankenkönige Chlothar und Sigibert »in die Gegend versetzt hatten, die die Sachsen zuvor bewohnt hatten« (Gregor von Tours). Die neuen Bewohner waren sogar bereit, zusammenzurücken, doch die Sachsen bestanden in ihrer Überheblichkeit auf ihrem ganzen ehemaligen Gebiet. In zwei schweren Schlachten mit diesen Neuankömmlingen verloren allerdings die Sachsen laut Gregor die meisten ihrer Krieger. Deutsche Historiker und Heimatforscher identifizieren das umstrittene Gebiet mit der Landschaft zwischen Bode und Wipper um die heutige Stadt Aschersleben nordöstlich des Harzes. Nordschwaben (Sueben) von der Havel hätten die Lücke gefüllt, die die von dort abgezogenen Sachsen hinterlassen hatten. Deren mißglückte Rückkehr dürfte etwa in das Jahr 573 gefallen sein.

Seit dem späten 6. Jahrhundert hatten die Ostfalen nicht nur Germanen als Nachbarn, sondern auch slawische Völker. Von der Einwanderung der wendischen Linonen und Obodriten erzählte das 25. Kapitel. Bald wurden der große Strom Elbe sowie die Saale zu natürlichen Grenzflüssen zwischen beiden Völkern. Aus der ersten Hälfte des 7. Jahrhunderts berichtet der Chronist Fredegar von Kämpfen der Sachsen mit den benachbarten Slawen (siehe 27. Kap., S. 463 f.). Wenn wir aus der zweiten Hälfte des gleichen Jahrhunderts nichts mehr davon wissen, dann liegt das an der überaus spärlichen zeitgenössischen Geschichtsschreibung über jene Zeit.

So waren offenbar die ostfälischen Sachsen mehr als ihre westfälischen und engrischen Brüder häufig in Kämpfe mit Nachbarn verstrickt. Vielleicht war es gerade diese ständige Kampferfahrung, die in diesem Gebiet das Aufkommen einiger großer Herrscherfamilien förderte. Es waren die aus Ostfalen stammenden Liudolfinger, die im 10. Jahrhundert die ersten Kaiser des Reiches stellten, das nunmehr Regnum Teutonicum (Deutsches Reich) genannt wurde. Doch das ist erst Inhalt von Teil VI.

Bevor es soweit kommen konnte, mußte allerdings erst noch das ganze sächsische Volk mit Gewalt in das Fränkische Reich gezwungen und zu Christen gemacht werden. Es brauchte fast 75 Jahre und zahlreiche blutige Kriege, bis es soweit war. Karl der Große war nur der Vollender einer fränkischen Politik, die schon sein Großvater und Vater, ja, im Grunde bereits die merowingischen Könige, begonnen hatten. Im 35. Kapitel wird diese Geschichte erzählt werden.

31. FORTUNA BAVARIAE

HERRN HRODBERTS ABSCHIED
Herbst 715, Salzburg

Lautes Stimmengewirr tönte aus dem Saal der oberen Burg (heute Feste Hohensalzburg), die dem Herzog als Wohnsitz diente. Der Saal war der größte für weltliche Feste geeignete in der ganzen Stadt Juvavum, die von den bayerischen Herren jetzt gerne Salzpurc (Salzburg) genannt wurde. Herr Hrodbert (heutige Schreibweise: Rupert) hatte alle Geistlichen, Mönche und Nonnen, soweit sie von Adel waren, aus Anlaß seines Abschieds von diesem Ort zu einem Festmahl geladen.

Mit Bedacht hatte Domnus (Dominus, Herr) Hrodbert einen Tag gewählt, an dem keine Fastengebote seinen Koch Lucullus hinderten, den Gästen die ganze Fülle seiner Kunst zu zeigen. Ein Wildschwein am Spieß, die Tatzen eines jüngst erlegten Bären, Braten eines jungen Gamszickleins, zahlreiche Hühner und gebratene Fische, aber auch gedünsteten Kohl, Erbsenbrei und andere Gemüse, dazu reichlich Brotfladen und zum Hinunterspülen Bier und Wein aus großen Tonkrügen zeugten vom Reichtum des Bischofs und der Leistungsfähigkeit seiner Küche.

In Latein und in der Volkssprache klangen die Stimmen der Gäste durcheinander, doch störte das die Verständigung überhaupt nicht, da alle Anwesenden beide Sprachen flüssig beherrschten. Neben dem gastgebenden Bischof saß auf dem Ehrenplatz der Herzog Theodebert, der für seinen Vater Theodo, den Herzog von ganz Bayern, den in den Alpen gelegenen Teil des Landes von Juvavum aus regierte. Des Herzogs Gemahlin Regintrud hatte an Bischof Hrodberts linker Seite Platz genommen. Auch Domnus Ansegisel, der von Hrodbert zum Nachfolger als Bischof und Abt des Klosters Sankt Peter ernannte würdige Kleriker, hatte seinen Platz hoch oben an der Tafel, entsprechend seinem Rang, ebenso wie Erintrud, Hrodberts Nichte und seit zwei Jahren Äbtissin des Nonnenstifts, das vor kurzem in Steinwurfweite von der oberen Burg entfernt erbaut worden war. Ebenfalls zu den Ehrengästen gehörten die alten Mönche Chuniald und Gisalhari, die vor 20 Jahren Domnus Hrodbert auf seiner ersten Reise ins Land der Bayern begleitet hatten und seitdem die Stützen der Gelehrsamkeit im Kloster von Sankt Peter waren.

Heute war kein ehrfürchtiges Schweigen wie in der Kirche von den Gästen gefordert, sondern fröhliches Schmausen und Trinken und angeregte Unterhaltung, damit der Abschied vom geliebten Herrn Hrodbert nicht zu schwer fiel. Denn morgen würde der langjährige Abt und Bischof zur endgültigen Rückkehr in seine Heimat nach Worms am Rhein aufbrechen.

Dem alten Bischof gingen bei dieser Gelegenheit natürlich viele Gedanken durch den Kopf. Vor allem mußte er lebhaft daran denken, wie es gekommen war, daß er damals sein Amt als Bischof der wormatischen Diözese (Worms am Rhein) recht überstürzt aufgegeben hatte und hierher in die Stadt an der Salzach gekommen war.

Als Sproß einer der wichtigsten Adelsfamilien zwischen Rhein und Maas, der Rupertiner, war ihm schon in jungen Jahren das gerade freigewordene Amt des Bischofs von Worms zugefallen, weil er bereits als Knabe darauf bestanden hatte, nicht nur mit Schwert und Franziska kämpfen, sondern auch Lesen und Schreiben zu lernen. In dem Ringen um die Macht im Frankenreich hatten sein Vater und seine Onkel aus der Rupertinersippe letztendlich auf der falschen Seite gestanden. Sie waren mit Pippin von Héristal (Pippin II.) wegen einer lange zurückliegenden Beleidigung verfeindet, obwohl die Familien über eine Großmutter irgendwie verwandt waren. Schwerer fiel ins Gewicht, daß eine Base Hrodberts für kurze Zeit die Gemahlin des Merowingerkönigs Theuderich III. und damit eines ausgesprochenen Gegners Pippins gewesen war.

Als Pippin nach der Schlacht von Tertry als Princeps Francorum die Macht im gesamten Frankenreich an sich riß, war es nur noch eine Frage der Zeit, bis er auch Hrodbert als Bischof von Worms absetzen würde, um die einträgliche Stelle an einen seiner Günstlinge zu geben. Da traf es sich gut, daß Hrodbert eine Einladung des Bayernherzogs Theodo erhielt, bei der Wiederaufrichtung der Kirche in seinem Land mitzuhelfen. Theodo war der Gemahl von Hrodberts Base Folchaid und daher mit dem Wormser Bischof verschwägert.

Seit fast 20 Jahren hatten nun Bischof Hrodbert und einige vom

Rhein mitgekommene Mönche daran gearbeitet, hier an der Grenze der Bayern zu den Awaren und Slawen das durch und durch zerrüttete Christentum zu reinigen und zu stärken. Es war ja nicht so, daß die Menschen hier alle Heiden waren. Viele hatten einst die Taufe empfangen. Aber was sie an angeblich christlichen Gebräuchen ausübten, das konnte einem treuen Diener Gottes schon die Haare rund um die Tonsur zu Berge stehen lassen.

Wahrsagerei und Tieropfer, manchmal sogar an christliche Heilige wie den großen Bischof Martin, waren im ganzen Land üblich; Zauberer erboten sich, Liebestränke zu mischen oder unliebsame Nachbarn durch Zaubersprüche und von der Kirche verbotene Rituale aus dem Weg zu schaffen. Die wenigen christlichen Priester, die es im Land an der Salzach gab, konnten fast alle nicht lesen und schreiben, und was sie an lateinischen Gebetsformeln auswendig gelernt hatten, strotzte von Fehlern. Seit den römischen Zeiten lebten zwar in den Tälern des Gebirges gar nicht wenige Menschen, die stolz von sich behaupteten, Christen zu sein. Doch fühlte man ihnen auf den Zahn, dann stellte sich heraus, daß sie höchst ketzerische Ansichten vertraten, die schon von mehreren Bischofskonzilen strikt verboten worden waren.

Hier hatte ein neuer Grund gelegt werden müssen, und das konnte nur geschehen durch den Bau eines Klosters und die Ausbildung von rechtgläubigen Mönchen darin. Glücklicherweise hatte sich der Bayernherzog Theodo gleich zu Beginn von Hrodberts Wirken sehr großzügig gezeigt und dem Bischof viel Land und Güter mit zahlreichen Knechten geschenkt. Diese Knechte hatten zunächst tüchtig arbeiten müssen, um ein kleines Klostergebäude und eine dazugehörige Kirche zu bauen, die dem Apostel Petrus geweiht wurde. Später hatten die Mönche selbst für notwendige Erweiterungen der Gebäude zu sorgen, gemäß der alten Klosterregel des Benedikt von Nursia »Ora et labora – bete und arbeite«.

Einige neue Kirchlein konnte Bischof Hrodbert auch, ein oder zwei Tagereisen nach Norden und nach Süden, in den Alpentälern weihen, dank reichlicher Spenden dort lebender Römer oder Walchen, wie die Bayern sie in ihrer Sprache nannten. Vor einigen Jahren war Hrodbert kurz in seine Heimat an den Rhein gereist und hatte einige gutausgebildete Mönche mitgebracht sowie seine Nichte Erintrud, die Nonne gewesen war und die der Bischof zur Äbtissin eines neugegründeten Frauenklosters bestimmt hatte.

So mühsam die Arbeit des bischöflichen Hirten mit seiner Herde war, sie machte doch sichtbare Fortschritte. Mit Herzog Theodebert verstand sich Domnus Hrodbert gut. Vor einigen Jahren hatte nämlich Herzog Theodo sein Land in Amtsbezirke für vier seiner Söhne aufgeteilt, die unter des Vaters Obcraufsicht des Landes walten sollten. In Salzburg hatte daher der älteste Sohn Theodebert seine Residenz eingerichtet, der durch seine Mutter ein Neffe Hrodberts war. Über kurz oder lang wollte Theodo in allen vier Residenzorten seiner Söhne, in Regensburg, Salzburg, Passau und Freising, auch einen Bischof als geistlichen Hirten einsetzen.

Doch dann hatte sich vor kurzem eine schreckliche Tragödie ereignet. In Regensburg, der Residenz Theodos und zugleich der seines Sohnes Lantpert, wirkte seit wenigen Jahren ein Bischof Emmeram, der ebenfalls aus dem Frankenreich gekommen war. Lantperts Schwester Uta, ein noch sehr junges Mädchen, wurde schwanger und wollte nicht sagen, von wem das Kind war, das sie in sich trug. Vielleicht aus Gutmütigkeit, um den wirklichen Vater und auch die junge Prinzessin zu schützen, erklärte Bischof Emmeram, er sei der Vater, im Vertrauen darauf, daß er als Bischof nicht zur Rechenschaft gezogen werden könne und sich durch eine Pilgerreise zum Papst nach Rom von dem falschen Verdacht reinigen könne. Doch Herzog Lantpert ließ voller Wut den angeblichen Schänder seiner Schwester verfolgen und grausam hinrichten.

Was half es, daß Herzog Theodo, der während dieser Ereignisse nicht in Regensburg geweilt hatte, seine Kinder Lantpert und Uta enterbte und lebenslang aus Bayern verbannte und den unschuldig umgekommenen Bischof Emmeram in einem prächtigen Grab in Regensburg beisetzen ließ? Was half es, daß Theodo selbst eine Bußreise nach Rom plante, um die Schuld von seinem Haus zu lösen und zugleich mit dem Papst die Pläne zu besprechen, eine eigene Kirchenprovinz mit einem Erzbischof an der Spitze und vier unterstellten Bischöfen aus seinem Land der Bayern zu machen?

Bischof Hrodbert fühlte sich in Salzpurc nicht mehr recht sicher; außerdem wollte er als alter Mann gerne in seiner Heimat sterben. Hier hatte er, wie er meinte, den Boden für ein ungestörtes Wachstum des rechten Christentums bereitet und einen Nachfolger als Bischof und Abt ernannt. Er war zwar mit Herzog Theodos Plänen für die neue kirchliche Ordnung Bayerns im großen ganzen einverstanden. Aber als im Frankenreich groß gewordener Bischof hatte er keine Lust, sich im hohen Alter noch von einem Papst in Rom möglicherweise maßregeln zu lassen, weil sein Vorgehen nicht immer genau den Canones (Bestimmungen) des päpstlichen Kirchenrechts entsprochen haben könnte. Denn bisher hatte der Bischof von Rom, der sich selbst Papst nannte, für die selbstbewußten fränkischen Bischöfe keine Instanz dargestellt, der sie sich zu beugen hatten. Und schließlich war Hrodberts alter Feind, der Hausmeier Pippin, seit einem Jahr tot, und dessen Sohn Karl (später Karl Martell genannt) war offensichtlich der Verlierer eines neuerlichen Machtkampfes im Fränkischen Reich.

So wollte Bischof Hrodbert morgen mit einem kleinen Gefolge bewaffneter Krieger nach Worms aufbrechen, eine wohlgefüllte Schatztruhe mit dem persönlichen Vermögen im Gepäck, das er sich in seiner hiesigen Bischofszeit erworben hatte. Hrodbert hatte kein schlechtes Gewissen dabei, denn er hatte stets, wie seit langem von der Kirche vorgeschrieben, ein Viertel der bischöflichen Einkünfte zur Speisung der Armen verwendet.

Versonnen blickte der alte Bischof über die fröhlich schmausende Gesellschaft und klopfte auf den Tisch, um für einen Augenblick Ruhe herzustellen. Er hob seinen Becher mit Wein und redete die Gäste an: »Ihr wißt, liebe Brüder und Schwestern in Christo, daß ich morgen Salzpurc verlassen werde, um in Frieden in meiner Heimat sterben zu können. Doch mein Herz bleibt hier in dieser Stadt, in der Gott und sein Sohn Jesus Christus endlich so verehrt werden, wie es ihnen gebührt. Trinkt mit mir, Brüder und Schwestern, auf das Wohl dieses Landes, auf Bayerns Glück – fortuna Bavariae!«

HEILIGENLEGENDEN UND DER WIRKLICHE ZUSTAND DER KIRCHE IM FRANKENREICH

Die Abschiedsfeier des Bischofs Hrodbert, oder fortan besser Rupert genannt, ist natürlich erfunden. Doch die darin geschilderten Ereignisse und die Einstellungen der Menschen sind es wohl nicht. Vom Leben und den Leistungen des Bischofs Rupert und vom tragischen Ende seines Regensburger Amtskollegen Emmeram (Haimhramm, ein wahrscheinlich keltischer Name) weiß die Nachwelt im wesentlichen nur

durch zwei Heiligenlegenden aus der Mitte des 9. Jahrhunderts, deren
Verfasser so tun, als habe es »weder einen Vorgänger noch bischöflichen Zeitgenossen in Bayern gegeben« (H. Wolfram), die also völlig
einseitig und »unhistorisch« berichten.

Wie immer bei den Heiligenlegenden aus dem frühen Mittelalter
haben sich zahlreiche Historiker daran versucht, aus den winzigen Brosamen historischer Fakten inmitten frommer »Predigttexte« herauszu-
finden, was wirklich vor sich gegangen sein mag, und vor allem, wann.
Ältere Untersuchungen gingen noch von ziemlich frühen Daten der
Ereignisse – noch im 7. oder höchstens in den allerersten Jahren des
8. Jahrhunderts – aus. Die Darstellung in der Einleitungsepisode folgt
im wesentlichen der wohl jüngsten Zusammenfassung einschlägiger
Forschungsergebnisse durch den österreichischen Historiker Herwig
Wolfram (1987). Das gilt nicht nur für die zeitliche Einordnung des
Bayernherzogs Theodo (er regierte von etwa 694 bis 717), des Aufent-
halts Bischof Ruperts in Salzburg (von etwa 695 bis 715) und des
Martyriums des Bischofs Emmeram (um 715), sondern auch für die
vermutete Verwandtschaft zwischen Theodo und Rupert sowie etliche
andere Fakten. Gerade diese Verwandtschaft macht manche politische
Hintergründe der Vorgänge in Bayern verständlicher. Darauf wird im
nächsten Abschnitt dieses Kapitels näher eingegangen werden.

In der gleichen Zeitperiode trat noch ein Geistlicher aus dem Frankenreich in Bayern auf, der heilige Corbinian. Er wirkte in Freising, allerdings wohl erst nach der Rückkehr Ruperts in seine Heimat. Corbinian machte sich beim dortigen Herzogspaar unbeliebt, indem er scharf
kritisierte, daß Herzog Grimoald, ein weiterer Sohn Theodos, die
Witwe Pilitrud seines verstorbenen Bruders geheiratet hatte. Wie Bischof Kilian in Würzburg gut zwei Jahrzehnte zuvor bekam der lästige
Mahner den Zorn der Herzogin zu spüren. Allerdings hatte Corbinian
das Glück, sich diesem durch eilige Flucht auf langobardisches Gebiet
im heutigen Südtirol entziehen zu können. Erst nach dem Tod des Her-
zogspaares einige Jahre später und nach einer Pilgerfahrt nach Rom
kehrte Corbinian nach Freising zurück und wirkte dort noch längere
Zeit, diesmal mit einer Weihe zum Bischof durch den Papst persönlich
im Gepäck.

Mit diesen drei Bischöfen Rupert, Emmeram und Corbinian
tauchte eine neue Art christlicher Glaubensboten im heidnischen Gebiet jenseits des Rheins auf. Sie unterschied sich recht deutlich von den

iro-schottischen Mönchen, wie sie am Beispiel des heiligen Kilian in Würzburg beschrieben wurden (siehe 29. Kap., S. 495).

Archäologen fanden in den letzten Jahrzehnten im Gebiet des einstigen bayerischen Herzogtums die Grundmauern mehrerer kleiner Kirchen, deren Entstehungszeit mit »um 600« angesetzt wurde. Manche andere solcher Reste mögen noch unerkannt im bayerischen Boden stecken. Dies zeigt, daß die Behauptungen in den Heiligenlegenden, erst die drei Bischöfe hätten im Anfang des 8. Jahrhunderts das Christentum nach Bayern gebracht, nichts als fromme Lügen waren. Es muß schon im frühen 7. Jahrhundert, vielleicht sogar noch davor, mutige Mönche und Kleriker gegeben haben, die den verschiedenen Völkergruppen zwischen Donau, Lech und Alpen das Christentum predigten. Vielleicht waren auch die einen oder anderen irischen Mönche nach Bayern geraten, doch hat sich von deren Tätigkeit kein Andenken bewahrt. Und auch das Christentum in Bayern war trotz über hundertjähriger Bemühungen alles andere als gefestigt.

Die neuen Geistlichen waren anders als die unsteten Iren, die mit ihrem ungestümen Temperament und völligen Mangel an Organisationstalent bestenfalls Strohfeuer bei taufwilligen Heiden entfachen konnten. Die Mönche und Bischöfe aus dem Frankenreich brachten die Überzeugung mit, systematisch Grundlagen für eine Ausbreitung des Christentums legen zu müssen. Nach dem im gallischen Teil des fränkischen Königreiches bereits erprobten Rezept gehörte in erster Linie die Gründung von Klöstern dazu. Hier konnten in strenger Zucht junge Männer, und bald auch junge Frauen als Nonnen, mit dem Kernwissen vertraut gemacht werden, das für die richtige Anbetung Gottes und für die Verbreitung des Mysteriums vom Tode Jesu Christi und seiner Auferstehung unerläßlich war.

Eine Vorbedingung hierzu war, den jungen Mönchen das Lesen und Schreiben beizubringen, natürlich ausschließlich in lateinischer Sprache. Diese Kunst war bei den nicht in Klöstern ausgebildeten Klerikern, den sogenannten Weltgeistlichen, der damaligen Zeit fast unbekannt. Doch auch unter den Mönchen des Frühmittelalters darf man sich keine modernen Universitätsgelehrten mit einer wohlausgestatteten Privatbibliothek vorstellen. Denn die Kostspieligkeit des damals einzigen Schreibstoffes Pergament (speziell zugerichtete Tierhäute) verbot die Herstellung größerer Mengen an Büchern, ganz abgesehen davon, daß jeder Text obendrein mühsam von Hand abgeschrieben werden mußte. Ein Kloster der vorkarolingischen Zeit, dessen Bibliothek mehr als fünf Pergamentbände – gleich welchen Inhalts – enthielt, galt als berühmter Hort der Gelehrsamkeit.

So blieb auch für die meisten Mönche die Kunst des Lesens und Schreibens eine Errungenschaft, die sie später, etwa als Geistliche an einer Kirche auf dem Lande, nur höchst selten praktisch ausüben konnten. Man macht sich heute viel zu wenig klar, daß die Verbreitung des Christentums überwiegend mündlich und aus dem Gedächtnis geschah. Die Texte der Liturgie des christlichen Gottesdienstes in ihren verschiedenen Anwendungsformen, etwa für die normale Sonntagsmesse, für Taufen, Trauungen, Begräbnisse, für die verschiedenen Feste des Kirchenjahres, die Heiligengedenken usw., sie alle mußten irgendwann einmal von den angehenden Geistlichen auswendig gelernt – und verstanden! – werden. Nicht einmal ein paar handgeschriebene Blätter mit den wichtigsten Texten hatte der normale Kleriker zur Verfügung. Alle theologischen Streitigkeiten, von denen es in der christlichen Kirche seit ihrem Beginn stets mehr als genug gab, spielten sich nur innerhalb eines winzigen Kreises gelehrter und mit Büchern ausgestatteter Würdenträger ab.

Das Bild, das die Einleitungsepisode vom ehemaligen Wormser und späteren Salzburger Bischof Rupert zeichnet, kann sich nur auf wenige echt überlieferte Anhaltspunkte stützen. Es weicht sicher erheblich von der Vorstellung ab, die man sich heute von einem katholischen Bischof macht. Dennoch dürfte es die historische Wirklichkeit recht gut widerspiegeln. Die Bischöfe der spätmerowingischen Zeit im Frankenreich und auch die Äbte der großen Klöster waren in ihrer großen Mehrzahl reiche Adlige. Sie nahmen die Vorstellungen und Charakterprägungen aus ihrer sozialen Gruppe mit in ihre kirchlichen Ämter.

Für die von altgermanischen und alttestamentarischen Vorstellungen geprägte fränkische Kirche übte der König ein göttliches Amt aus und trug in seinem Blut göttliches Heil. Dieses Königsheil vererbte sich nach dem Glauben der Zeit in der Familie der Merowingerkönige fort, unabhängig davon, ob die jeweiligen Throninhaber kräftige Regenten waren oder bloße Marionetten in der Hand ihrer Hausmeier. Aus diesem Grund sollte es über ein Jahrhundert dauern, bis die wahren Machthaber im Frankenreich, die Familie der Pippiniden oder Arnulfinger (später Karolinger genannt), es wagen konnten, die Merowingerkönige offiziell zu entthronen und sich selbst zu Königen salben zu lassen.

Ähnlich galt auch die Herrschaft der fränkischen Herzöge, wenigstens im germanischen Teil des Reiches, sowie die der Bischöfe über die ihnen unterstellten Kirchen, Klöster und Kleriker und der reichen Adligen über ihre Leibeigenen als gottgewollt und heilig. Sie alle gehörten zur kleinen Schicht der Potentes, der Herrschaftsträger, und hatten das göttliche Recht, über die Pauperes oder Impotentes (die Armen, die Nichtherrschaftsfähigen) zu gebieten. Die fränkischen Bischöfe fühlten sich als Herren der Kirche; gemeinsam konnten sie, und nicht etwa der Papst in Rom, in Form von Konzilen oder Synoden wichtige Neuerungen oder die Maßregelung einzelner Abweichler beschließen.

Bischof Rupert war vermutlich ein typischer Vertreter dieser fränkischen Bischöfe. Nicht ohne Grund wurde er von seinen Zeitgenossen Domnus (Herr) genannt. In seinem Eifer für die Festigung und Reinigung des christlichen Glaubens im halbheidnischen Bayern war Rupert wohl sogar ein leuchtendes und nicht allzu häufiges Vorbild. Wenig später sollte der berühmte Bischof Bonifatius – von ihm wird im 32. und 34. Kapitel ausführlich erzählt werden – sich bitter über die Zustände im fränkischen Episkopat beklagen.

Als Missionar im modernen Sinne, als Bekehrer von Heiden, ist Rupert wahrscheinlich nicht aufgetreten. Dafür hatte er in einem nur höchst oberflächlich christianisierten Land genug andere Arbeit zu leisten. Worum es da ging, ist in der Einleitungsepisode angedeutet. Auch ein Theologe mit tiefschürfenden Auslegungen der Heiligen Schrift war er sicherlich nicht. Aber er hat mit Eifer und organisatorischem Geschick die Grundlage dafür geschaffen, daß das Salzburger Land und Bayern endlich doch ein christliches Land wurden und blieben.

EIN FRÄNKISCHER HERZOG AN DER SCHWELLE ZUR SOUVERÄNITÄT

Dieses Kapitel führt in das Land der Bayern zurück, dessen Anfänge im 6. Jahrhundert im 24. Kapitel beschrieben wurden. Von dem, was in den gut 150 Jahren seit Herzog Garibald und seiner jungen Frau Walderada in Bayern geschah, wissen die Historiker so gut wie nichts. Keine Frankenchronik, auch keine Heiligenlegende berichtet über Namen oder Ereignisse im äußersten Südosten des Frankenreiches. Nur aus ganz spärlichen Brocken in zeitgenössischen Werken über andere

Völker Europas, zum Beispiel die Langobarden, und aus der einen oder
anderen Erkenntnis der Archäologie läßt sich etwas über Bayern im
6. und 7. Jahrhundert sagen.

Von den ersten zwei Nachfolgern des Bayernherzogs Garibald, Tassilo (I.) und Garibald (II.), weiß man wenigstens noch die Namen und
das eine oder andere über ihre Taten. Sehr wahrscheinlich waren sie
Sohn und Enkel des Ehemanns der einstigen fränkischen Königin
Walderada. Danach sind weder Namen von Herzögen noch irgendwelche Ereignisse in Bayern mit gewisser Sicherheit bekannt.

Die historische Forschung behauptet, die Adelsfamilie der Agilolfinger, der ja die bayerischen Herzöge angehörten, habe im 6. und 7. Jahrhundert auch in anderen Gegenden des Fränkischen Reiches eine Rolle
gespielt, im Rheinland, in Thüringen, im eigentlichen Austrien und vor
allem in Alemannien. Die letzten Herzöge der Alemannen im 8. Jahrhundert seien Angehörige einer schwäbischen Linie der Agilolfinger
gewesen, wie aus sorgfältigen Untersuchungen der Namen gefolgert
wurde. Darauf wird im 33. Kapitel noch näher einzugehen sein. Darüber hinaus herrschten mehrere Generationen lang Könige aus der
Agilolfingersippe über das mächtige Volk der Langobarden in Italien.
Aber natürlich werden auch die der Forschung fehlenden drei Generationen der Bayernherzöge zwischen etwa 620 und 694/95 aus dem so
einflußreichen Haus gestammt haben.

Halbwegs festen Boden erreicht man in der bayerischen Frühgeschichte erst wieder mit Herzog Theodo. Sein Name wird nicht nur
in den erwähnten Heiligenlegenden genannt, sondern man kennt ihn
auch aus anderen historischen Quellen. Seine Regierungszeit kann
man, wie schon gesagt, auf etwa 694/95 bis 717 festlegen. Im letzteren
Jahr dürfte er gestorben sein. Wie neuere Forschungen wahrscheinlich machen, stammte seine Frau Folchaid aus der einflußreichen
austrasischen Adelssippe der Rupertiner, der auch Bischof Rupert
angehörte. Aber auch Heiraten zwischen den Familien der Pippi-
niden/Karolinger und der Agilolfinger in Bayern scheint es früh gegeben zu haben.

Die familiäre Verbindung zwischen Herzog Theodo und dem
Wormser Bischof Rupert könnte erklären, warum gerade dieser einen
Ruf nach Salzburg erhielt. Auch die oben behauptete Heirat einer Frau
aus der Rupertinersippe mit einem Merowingerkönig und die Feindschaft zwischen Rupertinern und dem Hausmeier Pippin II. stützen

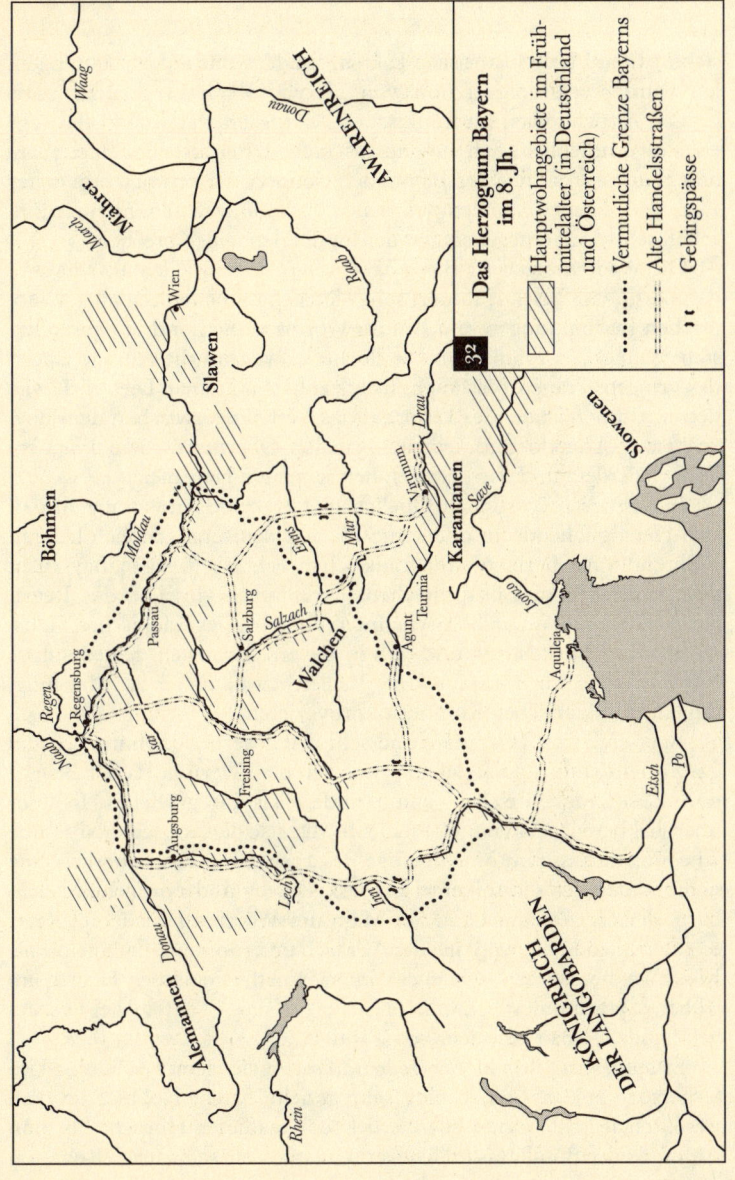

Das Herzogtum Bayern im 8. Jh.

Hauptwohngebiete im Frühmittelalter (in Deutschland und Österreich)

Vermutliche Grenze Bayerns

Alte Handelsstraßen

Gebirgspässe

AWARENREICH

Slawen

Böhmen

Mähren

Walchen

Karantanen

Slowenen

Alemannen

KÖNIGREICH DER LANGOBARDEN

Waag

Donau

Morava

March

Wien

Raab

Moldau

Regen

Naab

Regensburg

Passau

Salzach

Salzach

Enns

Mur

Drau

Virunum

Teurnia

Agunt

Save

Isonzo

Aquileja

Isar

Freising

Augsburg

Lech

Inn

Etsch

Po

Rhein

sich nicht auf feste historische Fakten, sondern nur auf Vermutungen.
Sie wurden allerdings schon von Herwig Wolfram geäußert. Die
großen Adelsfamilien im fränkischen Austrasien waren ja keineswegs
eine unverbrüchliche Schwurgemeinschaft auf der Seite der aufstrebenden Hausmeierfamilie der Pippiniden, sondern sie verfolgten in erster
Linie ihre eigenen, familienpolitischen Ziele, und die konnten im Einzelfall sehr wohl den Absichten der Pippiniden widersprechen.

Die Andeutungen in der *Vita Hrodberti* lassen jedenfalls die Annahme zu, daß Bischof Rupert sehr plötzlich und entgegen allen kanonischen Bestimmungen sein Bistum Worms verließ und in den äußersten Winkel des Frankenreiches flüchtete, wo ihm die etwaige Rache
des Princeps Francorum Pippin nichts anhaben konnte. Dies wirft wiederum ein bezeichnendes Licht auf das Verhältnis zwischen dem Bayernherzog Theodo und seinem formalen Oberherrn, dem Frankenkönig bzw. dem in dessen Namen herrschenden Hausmeier.

In den zeitgenössischen Quellen gibt es keine Andeutungen, daß
sich Herzog Theodo in offenem Streit mit dem Frankenreich befand.
Während vage Berichte von fränkischen Feldzügen gegen Bayern in
den Jahren 688 und 691 sprechen – vermutlich vor Theodos Regierungszeit – und zwei militärische Interventionen des fränkischen Hausmeiers Karl Martell 725 und 728 in Bayern feststehen, fehlen solche
Informationen für Theodos Zeit. Vielleicht war dieser zu vorsichtig,
um einen militärischen Konflikt zu provozieren.

Aber eine ganz besondere und sehr distanzierte Beziehung bestand
ganz offensichtlich auch damals zwischen dem Herzogtum der Bayern
und dem Frankenreich – kaum anders als im größeren Teil der
überblickbaren späteren Geschichte Deutschlands. Jedenfalls war
Theodos Stellung im Machtgefüge des Frankenreiches sicherlich eine
völlig andere als die seiner »Herzogskollegen« und nördlichen Nachbarn, der Herzöge im Land am Main um Würzburg (siehe 29. Kap.,
S. 491). Theodo hat wohl nie den Versuch unternommen, sich selbst als
König zu bezeichnen, wie dies einmal ein thüringischer Herzog im
frühen 7. Jahrhundert getan hatte (siehe 32. Kap., S. 546). Aber tatsächlich handelte er so, als sei er völlig souverän.

Er teilte sein Land in vier Teile und setzte vier seiner Söhne als Unterherzöge ein, er betrieb eine sehr gezielte Kirchenpolitik, die dem
fränkischen Schlendrian zuwiderlief, der in dieser Hinsicht bis zum
Auftreten des Bonifatius üblich war. Und er reiste selbst nach Rom, um

wie ein souveräner Herrscher mit dem Papst über die Einrichtung einer eigenen Kirchenprovinz in seinem Land zu verhandeln. Dieser direkte Kontakt mit einem Papst – es war Gregor II., der von 715 bis 731 auf dem Stuhl Petri saß – lag lange vor dem ersten persönlichen Zusammentreffen eines Merowingers oder Karolingers mit dem »Stellvertreter Gottes auf Erden«. Von Theodos Romreise (Ende 715/Anfang 716) ist ein päpstliches Dekret als historischer Beleg erhalten, in dem Gregor II. genaue Anweisungen über die verabredete Einrichtung von vier Bistümern in Bayern erteilte. Allerdings kamen diese Pläne vorerst nicht zur Ausführung.

Herzog Theodo muß kurz nach seiner Romreise gestorben sein. Drei seiner Söhne waren schon vor ihm gestorben oder starben kurz danach, daher geriet sein schöner Plan einer wohlaustarierten Vierteilung seines Landes in Unordnung, ganz abgesehen davon, daß einer der vorgesehenen Unterherzöge, Lantpert (oder Lampert) in Regensburg, infolge des Mordes an Bischof Emmeram rasch enterbt und aus dem Land gewiesen werden mußte. Im Jahr 725 waren nur zwei Nachkommen Theodos übriggeblieben: der Freisinger Herzog Grimoald und sein Neffe Hucbert, Sohn des Salzburger Herzogs Theodebert. Und diese beiden Thronprätendenten gerieten schnell in offene Feindschaft. Hucbert rief offensichtlich den fränkischen Hausmeier Karl Martell zu Hilfe. In zwei Feldzügen 725 und 728 stärkte dieser den fränkischen Einfluß in Bayern und scheint schließlich Hucbert als alleinigen Herzog eingesetzt zu haben.

Das fränkische Heer nahm bei seinem ersten Einfall nach Bayern 725 zwei Frauen aus der Herzogsfamilie als Gefangene mit hinter den Rhein. Es waren die Herzogin Pilitrud – dieselbe, die einst den heiligen Corbinian so bedroht hatte – und deren Nichte Svanahilt. Letztere dürfte 725 ein junges, schönes Mädchen gewesen sein, das der Heerführer und Hausmeier Karl Martell wahrscheinlich als willkommene Kriegsbeute betrachtete. Jedenfalls heiratete Karl die junge Svanahilt in zweiter Ehe.

Karl war der Sohn des Hausmeiers Pippin II. Nach einigen Jahren wechselvoller Kämpfe um die Macht im Frankenreich hatte er die gleiche Einflußfülle wie sein Vater erreicht. Sein zupackendes Wesen brachte ihm den Ehrennamen »Martell – der Hammer« ein. Karl Martells Ehe mit Svanahilt aus dem Haus der Agilolfinger sollte erhebliche Auswirkungen auf die Geschichte des Frankenreiches in den nächsten

Jahrzehnten haben. Svanahilt muß eine bemerkenswert starke Persönlichkeit gewesen sein. In den Auseinandersetzungen zwischen den Angehörigen der nächsten Generation des karolingischen Hauses spielte sie eine große Rolle. Karl Martells ältere Söhne aus erster Ehe, Karlmann und Pippin (III.), mußten jahrelang gegen Svanahilts Sohn Grifo kämpfen, der in verschiedenen Teilen des großen Frankenreiches immer wieder Aufstände organisierte, um einen Anteil an der Macht in diesem Reich zu gewinnen.

Für Bayern hatte Svanahilt insofern Bedeutung, als es vermutlich ihrem Einfluß zuzuschreiben war, daß im Jahr 736 nach dem Tod des kinderlosen Herzogs Hucbert ein Angehöriger der schwäbischen Linie der Agilolfinger, Odilo, von Karl Martell zum neuen Herzog der Bayern ernannt wurde. Dieser Odilo verband sich dem Haus der Karolinger noch enger dadurch, daß er Hiltrud heiratete, eine Tochter Karl Martells aus erster Ehe und Schwester von Karlmann und Pippin. Das hinderte Odilo allerdings nicht, den alten Kurs der bayerischen Herzöge fortzusetzen und eine auf Selbständigkeit bedachte Politik zu betreiben, mit wechselndem Erfolg. Dazu wird im nächsten Kapitel mehr zu sagen sein.

DIE BAYERN
UND IHRE NACHBARN

Das Herzogtum Theodos hatte bereits eine beachtliche Größe. Im Norden bildeten die Donau und ein breiter Gürtel unbewohnbarer Wälder die Grenze. Das Tal der Donau selbst und die Unterläufe der ihr vom Süden her zuströmenden Flüsse, vor allem Isar und Inn, boten jedoch einer allmählich wieder wachsenden Bevölkerung Raum zum Siedeln. Im Westen schieden der Lech und ein ihn begleitender langer Streifen von Mooren die Hoheitsgebiete der Herzöge der Bayern und der Alemannen voneinander. Einzelne Siedlungsgebiete an den oberbayerischen Seen und im Tal der Salzach erstreckten sich zum Teil schon an den Rand des Hochgebirges. Im Osten scheint längere Zeit die Enns im heutigen Österreich eine Grenze des Herzogtums gewesen zu sein.

Wie bereits im 24. Kapitel (S. 408 f.) beschrieben, lebten im frühen Bayern noch zahlreiche Bevölkerungsgruppen, die Vulgärlatein sprachen und sich als Römer fühlten; von den politisch und kulturell tonangebenden Bajuwaren wurden sie Walchen genannt. Gerade in den Alpentälern des Salzburger Landes, einem Teil der alten römischen Provinz Noricum mediterraneum (Binnen-Norikum) stellten sie zunächst noch die Mehrheit der Bevölkerung dar, die insgesamt natürlich im Verhältnis zu heute sehr gering war.

Der östliche Landesteil des Herzogtums Bayern, den Theodo seinem erstgeborenen Sohn Theodebert zugedacht hatte und der von Salzburg aus verwaltet wurde, bildete im 7. und 8. Jahrhundert eine Art Grenzposten des fränkisch-germanischen Reiches gegenüber fremden Völkern. Vorher, bis zur Mitte des 6. Jahrhunderts, hatten verschiedene Germanenvölker beiderseits der mittleren und unteren Donau gesiedelt. Die vorübergehende Herrschaft der Hunnen und noch mehr der Einbruch der innerasiatischen Awaren hatten das grundlegend verändert.

Seit etwa 560 hatten sich die Awaren mit ihrer Hauptmacht in der pannonischen Tiefebene (Pußta) niedergelassen. Nur wenige Jahre später war das Germanenvolk der Langobarden von der Donau um das heutige Budapest nach Italien abgezogen. Seitdem gab es bestenfalls nur noch winzige Bevölkerungssplitter der einstigen Romanen und Germanen im Tal der Donau zwischen den alten Römerorten Wien und Passau. Für Jahrhunderte stabilisierte sich die Grenze zwischen den Awaren im Osten und den von Westen her vordringenden Bayern etwa an der Enns. Gelegentlich kam es zu Kämpfen zwischen Bajuwaren und Awaren, so wohl noch einmal um 712, als Awaren den kleinen bayerischen Stützpunkt Lorch (Lauriacum) an der Donau vorübergehend eroberten und zerstörten, den Ort, in dem einst der heilige Severin gewirkt hatte. Doch im allgemeinen blieb das Verhältnis zwischen Bayern und Awaren in dieser Periode recht friedlich.

Zusammen mit den Awaren hatten im 6. Jahrhundert auch verschiedene Slawengruppen eine Wanderung nach Westen angetreten. Für den Alpenraum wurde der Stamm der Karantanen bedeutungsvoll, der von Osten her in das Tal der Drau auf der Südseite des Alpenhauptkammes eindrang. Um das Jahr 600 beherrschte er es auf seiner ganzen Länge. Von diesen Karantanen hat das heutige österreichische Bundesland Kärnten seinen Namen. Ebensowenig wie die germanischen Bajuwaren waren die slawischen Karantanen allerdings eine einheitliche Personengruppe. Verschiedene Splitter früher slawischer

Stämme, wie der Kroaten und der sonst in Böhmen siedelnden Dudleben, lassen sich bei ihnen unterscheiden. Die Ausdehnung der Karantanen im ehemaligen römischen Binnen-Norikum machte sie auch zu Herren verschiedener Orte mit romanischer und längst christlicher Bevölkerung. Auch mehrere Bischofssitze im Drautal gehörten zum Land der Karantanen, doch haben diese ihre neuen christlichen Untertanen offenbar keineswegs alle umgebracht oder wieder zu Heiden gemacht.

Auch mit diesen slawischen Karantanen hatten die Bayernherzöge mehrere kriegerische Zusammenstöße, und zwar bereits um das Jahr 600. Seit alten Römerzeiten zogen sich einige vielbenutzte Paßstraßen von Norden nach Süden durch die Alpen, die eine vom alten Juvavum (Salzburg) über den Radstädter-Tauern-Paß ins Drautal und von dort weiter nach Italien, die andere am Inn aufwärts über den Brenner und am Eisack entlang nach Südtirol. Vom Südtiroler Brixen aus gab es noch eine wichtige Querverbindung durch das Pustertal hinüber ins Drautal. Entlang dieser Straßen waren die Bajuwaren wohl schon recht früh nach Süden über die Alpen vorgedrungen. Sie taten das sicher nicht mit großen Siedlerzahlen, aber immerhin mit ausreichenden Gruppen von Kriegern und deren Familien, um die für Kaufmannszüge, Pilger und sonstige Reisende so wichtigen Alpenstraßen militärisch zu sichern.

Hier, im Puster- und oberen Drautal, scheinen Bayern und Karantanen mehrere Schlachten (595 und 610) ausgetragen zu haben, wobei damals die Slawen noch von ihren awarischen Oberherren wirkungsvoll militärisch unterstützt wurden. Jedenfalls konnten die Karantanen für lange Zeit ihre Grenze sichern, die, grob gesagt, der Enns, dem Alpenhauptkamm und im Süden ein Stück der heutigen österreichisch-italienischen Grenze folgte. Bereits ab etwa 630 machten sich die Alpenslawen von den Awaren unabhängig, vorübergehend scheinen sie sich der großen anti-awarischen Föderation unter Samo angeschlossen zu haben (siehe 27. Kap., S. 457).

Zu größeren Kämpfen zwischen Bayern und Karantanen dürfte es seitdem nicht mehr gekommen sein. Das schloß einzelne urkundlich bezeugte Überfälle beutehungriger slawischer Heiden auf neugegründete christliche Kirchen im Pongau (nördlich des Tauernkammes) nicht aus. Zu Zeiten Herzog Theodos und Bischof Ruperts war allerdings an eine Heidenmission im karantanischen Teil der Alpen noch nicht zu denken, auch wenn das später eine tendenziell gefärbte Urkunde des

Salzburger Bistums so behauptete (die sogenannte »Conversio Bagoariorum et Carantanorum – Bekehrung der Bayern und Karantanen« aus dem späten 9. Jahrhundert).

Ungleich intensiver und im allgemeinen freundlicher gestalteten sich die Beziehungen des Herzogtums Bayern zu seinem direkten südlichen Nachbarn, dem Königreich der Langobarden, das sich ab 568 in Norditalien etabliert hatte. Seit den Zeiten der Herzogin Walderada bestanden enge familiäre Beziehungen zwischen dem Haus der Agilolffinger und dem langobardischen Königshaus, ja, zeitweise war dieses gewissermaßen eine Nebenlinie der bayerischen Herzogsfamilie. Es würde zu weit führen, die komplizierten Abstammungs- und Eheverbindungen beider Herrscherhäuser im einzelnen zu erklären. Noch der letzte Bayernherzog aus der Agilolfingersippe, Tassilo III., heiratete eine Tochter des Langobardenkönigs – und beschleunigte damit vielleicht das Ende seiner eigenen Herrschaft wie der seines Schwiegervaters. Doch das ist eine Geschichte, die erst in Teil V dargestellt werden kann.

Nicht nur die Familienbande, auch politisches Kalkül legte den agilolfingischen Herzögen in Bayern nahe, immer wieder das Bündnis mit dem mächtigen und reichen Königreich auf der Alpensüdseite zu suchen. Denn dieses Bündnis konnte eine etwa zu stark werdende Abhängigkeit Bayerns vom fränkischen Oberherrn ausbalancieren. In verschiedenen Kriegen zwischen Franken und Langobarden kämpften bayerische Krieger mit, und zwar fast immer auf seiten der Langobarden. Und wo beide Nachbarvölker direkten Grenzkontakt miteinander hatten, nämlich im heutigen Südtirol, zwischen Brenner und Pustertal, um Bozen und Meran, da gab es wohl gelegentlich kleinere Grenzverschiebungen, aber meist einigten sich beide Mächte friedlich über ihre jeweiligen Stützpunkte in diesem wichtigen Durchgangsland.

So ist es kein Wunder, daß in der Zeit des sogenannten »ersten bayerischen Stammesherzogtums« sehr rege Handels- und Kulturbeziehungen zwischen Bayern und dem Langobardenreich bestanden. Die archäologische Ausbeute zahlreicher Gräber in Bayern aus dieser Periode kann das eindrucksvoll belegen.

Auch die Nachbarn der Bayern im Westen, die Alemannen, standen seit langem in einem freundlichen Verhältnis zu den »Vettern« jenseits des Lech. Das Wort Vetter ist hier auch im wörtlichen Sinne gemeint,

denn es scheint sicher, daß die beiden letzten bayerischen Herzöge aus
der Familie der alemannischen Herzöge stammten. Und dieses Amt
hatten wiederum irgendwann im 7. Jahrhundert Angehörige der bayerischen Agilolfingerfamilie errungen. Doch das alemannische Herzogtum und seine Herzogsfamilie sollten noch vor den bayerischen Herzögen unter der harten Hand der Karolinger plötzlich enden. Ihr
Schicksal wird im 33. Kapitel erzählt.

32. BONIFATIUS,
DER APOSTEL DER GERMANEN

DIE DONAR-EICHE FÄLLT
Herbst 724, bei Fritzlar/Nordhessen

Der junge Mönch Eanbrecht war längst vor dem Primgebet (erstes Morgengebet in Klöstern) wach. Er war unruhig und aufgeregt. So schön auch das Wetter an diesem Sonntag im Monat September des Jahres der Menschwerdung Christi 724 zu werden versprach, so drückte ihn doch die Verantwortung, die ihm sein Bischof und geistlicher Vater Bonifatius übertragen hatte. Würde Gott in seinem unerforschlichen Ratschluß es schicken, daß an diesem Tag alles gelang, was seine gläubigen Verehrer mit viel Tatkraft und Umsicht vorbereitet hatten? Eanbrecht schickte ein kurzes Stoßgebet zum Himmel, ehe er daran ging, den Bruder Glöckner daran zu erinnern, daß er in Kürze mit seinem Glöckchen die Mönche im kleinen Kloster auf der Büraburg (bei Fritzlar) zum Primgebet zusammenzurufen hatte.

Bonifatius, der von Eanbrecht und seinen Mitbrüdern verehrte Bischof, hatte nichts dem Zufall überlassen. Seit Wochen hatten er und seine kleine Schar von Mönchen auf den großen Tag hingearbeitet, der heute alle Heiden weit und breit von der Allmacht Gottes und seines Sohnes Jesus Christus überzeugen sollte. Überall in der weiten Umgebung der Büraburg hatten Gottes Sendboten den Hessen und ihren Nachbarn, den Sachsen, verkündet, daß der Bischof an diesem Tag am Ort der berühmten Donar-Eiche ein Wunder vollbringen werde, als sichtbares Zeichen für die Ohnmacht der alten heidnischen Götter und als Beweis für die unüberwindliche Kraft des alleinigen Gottes. Dieser Ankündigung war eine heimliche Inspektion der uralten Eiche vorangegangen, und dieser Augenschein hatte ergeben, daß sie hohl und an einigen Stellen schon morsch war. Einige kräftige Axthiebe mußten genügen, um den Baum zum Einsturz zu bringen.

Für den Notfall, so hatte des Bischofs Bonifatius Weisung an seinen jungen Gehilfen gelautet, sollte der Mönch Eanbrecht, in einem nahen

Gebüsch verborgen, mit einem Trupp kräftiger fränkischer Höriger und geschärften Äxten bereitstehen. Sie sollten dann in wenigen Minuten das Werk vollenden, wenn es dem symbolischen Axthieb des Bischofs und den folgenden Axthieben anderer älterer Mönche nicht in aller Kürze gelungen sein sollte, den verwünschten Baum zu fällen. Und natürlich durfte auch die schwerbewaffnete Abordnung fränkischer Krieger von der nahen Büraburg nicht fehlen, diese nachdrückliche Erinnerung daran, wer die Macht im Lande hatte.

In der kurzen Zeit der Ruhe, die dem jungen Mönch nach dem Primgebet bis zum feierlichen Aufbruch zur Donar-Eiche blieb, schweiften seine Gedanken zurück in seinem Leben. Soweit er sich zurückerinnern konnte, war es bestimmt gewesen von der beherrschenden Persönlichkeit des Abtes und heutigen Bischofs Bonifatius. Eanbrecht war als siebenjähriger Knabe von seinen Eltern, einem sächsischen Bauernpaar im Königreich Wessex (England), im nahen Kloster Nursling (bei Winchester) abgegeben worden, um Mönch und ein Verkünder des wahren Gottes zu werden. Der aufgeweckte Knabe hatte rasch Lesen und Schreiben gelernt und gute Fortschritte in allen Künsten gelehrter Mönche gemacht. Als aber sein Abt Winfried (angelsächsisch: Wynfrith) vor nunmehr sechs Jahren (718) den Mönchen seines Klosters und dem vorgesetzten Bischof den unwiderruflichen Beschluß verkündete, England auf immer zu verlassen und den Heiden in Germania das Christentum zu predigen, da hatte der junge Novize Eanbrecht seinen Abt auf Knien gebeten, ihn zu diesem besonderen Dienst an Gott mitzunehmen. Abt Winfried hatte ihm und einigen anderen Mönchen diesen Wunsch erfüllt. Eanbrecht und seine kleine Schar geistlicher Brüder dankten ihm dies mit ergebener Treue.

Seitdem hatten der ehemalige Abt und seine Begleiter schon mancherlei Reisen und Abenteuer hinter sich. Das erste, was Abt Winfried nach seiner Abreise von England unternahm, war eine Pilgerreise zu Fuß quer durch das ganze Reich der Franken bis nach Rom zum Heiligen Vater, dem Papst. Es gab in dieser Zeit kein christliches Volk in Europa, das mehr dem Papst ergeben war als die Sachsen und Angeln in Britannien. Von Papst Gregor II. erbat und erhielt der im besten Mannesalter stehende und hochgebildete ehemalige Abt den Auftrag, bei den heidnischen Völkern das Licht der göttlichen Botschaft zu verkünden. Und der Papst gab ihm gleich noch den Namen eines altchristlichen Märtyrers, unter dem er inzwischen schon weithin berühmt geworden war: Bonifatius.

In Eanbrechts Erinnerung verschwammen die nächsten Jahre etwas; zu ruhelos war ihr Herr und Meister mit seiner kleinen Schar durch die noch halb heidnischen Gebiete am Rande des großen Frankenreiches gezogen. Zuerst hatte er dem nördlichen Thüringen einen Besuch abgestattet, einem Land, das eigentlich schon längst hätte gut christlich sein müssen. Aber die dort vorgefundenen Priester mit ihren halb heidnischen, halb christlichen Lehren erschreckten Winfried-Bonifatius so, daß er rasch zu Erzbischof Willibrord nach Utrecht weiterwanderte, um diesem bei der Predigt und der Taufe der noch immer nicht bekehrten Friesen zu helfen. Doch auch hier hielt es Bonifatius nicht lange. Eanbrecht hatte nie etwas Genaueres darüber erfahren, aber er hatte inzwischen gelernt, daß es auch zwischen guten Christen ernsthaften Streit geben könne, und so etwas mußte zwischen Bischof Willibrord und Bonifatius vorgefallen sein.

Bonifatius nahm sich nun das von den Franken besetzte Gebiet südlich des Landes der alten Sachsen als Missionsfeld vor, das Land der Hessen. Auch hier waren bereits lange vor dem Missionar aus England Verkünder des christlichen Glaubens aufgetreten, doch dem in seinen Anforderungen außerordentlich strengen Bonifatius galten die meisten dortigen Priester als »Ketzer, Hurer und Ehebrecher«, wie er sie in seinen Briefen an Freunde in der Heimat und im vertrauten Kreis seiner Mönchsbrüder gerne bezeichnete. Als seine Ermahnungen und Strafpredigten gegenüber diesen schlechten Christen nichts fruchteten, brach Bonifatius mit seinen Begleitern zu einer zweiten Pilgerfahrt nach Rom auf.

Diesmal konnte der angelsächsische Missionar den Papst überzeugen, daß nur eine klare kirchenrechtliche Weisungsbefugnis für ihn, Bonifatius, den unglaublichen Skandal in den Ostteilen des Fränkischen Reiches abstellen helfen könne. Unter Skandal verstand Bonifatius das Vorhandensein zahlreicher Heiden, vor allem aber auch angeblicher Christen mit verabscheuungswürdigen Gebräuchen und Lehren. Dem Papst waren die unheimlichen Länder im dunklen Norden, von denen Bonifatius redete, unbekannt und auch nicht von großem Interesse. Aber er weihte schließlich seinen eifrigen Sendboten zum Bischof ohne festen Amtsbezirk, mit dem erneuten Auftrag, die Heiden in Germanien zu guten Christen zu machen. Dafür gelobte Bonifatius mit einem

Eid unverbrüchlichen Gehorsam gegenüber dem Papst und dessen
Nachfolgern; das von ihm dem richtigen Christentum zugeführte Land
solle in kirchlichen Fragen keiner anderen als der päpstlichen Rechtsprechung unterworfen sein, so als handle es sich um ein Bistum in der
Nähe von Rom.

Allzu lange hielt es Bonifatius in Rom nicht aus, dann zog er mit seinem Trupp angelsächsischer Mönche wieder zurück ins Frankenreich.
Am Hof des Frankenfürsten Karl (Martell) hatte der neuernannte Bischof mehrere Unterredungen mit dem mächtigsten Mann in Europa –
nach des Bonifatius Meinung allerdings erst nächst dem Papst. Karl
war nach einigen Jahren unentschiedener Kämpfe inzwischen wie sein
verstorbener Vater Pippin wieder fest im Besitz der Macht über das
ganze Frankenland. Seiner treuen Begleitung erklärte Bonifatius, daß es
unbedingt notwendig sei, sich auch das Wohlwollen und die Unterstützung der weltlichen Herrscher für ihr Missionswerk zu sichern. Ein um-
fassender Schutzbrief des allmächtigen Majordomus Karl für Bischof
Bonifatius war der Lohn für die Mühen dieser Reise; alle regionalen
Herzöge oder Grafen wurden darin verpflichtet, dem Bischof alle ge-
wünschte Hilfe angedeihen zu lassen.

Mit diesen beiden geistigen Werkzeugen, dem Bischofsamt und
dem Schutzbrief des Frankenherrschers, konnte Bonifatius endlich an
die Verwirklichung des lang gehegten Plans gehen und den Heiden in
weitem Umkreis ein deutlich sichtbares Zeichen für die Machtlosigkeit
ihrer alten Götter geben. Denn auf die Dauer nutzte es nichts, den hessischen Bauern nur in Worten zu verkünden, daß der Gott der Christen ewig und einzig sei, während die alten Götter des Walhall wie von
Menschen gezeugt und auch sterblich seien. Auch ihre Macht gehe zu
Ende, während die des Christengottes unendlich sei. Und Macht war
es, was diese Heiden am meisten beeindruckte. Bonifatius wußte das
am besten, stammte er doch selbst von Sachsen ab, die erst vor wenigen
Generationen aus diesem Land in Germanien nach Britannien ausgewandert waren und noch lange die alten Götter verehrt hatten.

Das Glöckchen des Klosters rief die kleine Schar von Mönchen zur
Terz, dem Gebet »zur dritten Stunde« des Tages, und riß den jungen
Eanbrecht aus seinen Träumen. Die Zeit des Handelns war gekommen.
Nach dem gemeinsamen Gebet formierte sich der feierliche Zug, Bi-
schof Bonifatius an der Spitze. Ein mit Goldornamenten beschlagenes
Kreuz wurde dem Zug vorangeführt, zwei Priester trugen ehrerbietig

ein Sakramentar, einen kostbaren Pergamentband mit Worten aus der Heiligen Schrift, und auch das Glöckchen des Klosters wurde mitgenommen. Das Rasseln der Waffen der fränkischen Krieger bildete eine beruhigende Begleitung zum Gesang der Mönche, als der Zug den steilen Weg von der Büraburg zum Ufer der Eder hinabstieg, die seichte Furt überquerte und in den Wald von Geismar eindrang, wo auf einer großen Lichtung die uralte Donar-Eiche stand.

Hier hatten sich schon Hunderte von Landbewohnern versammelt, denn der fremde Kirchenmann hatte durch seine Sendboten für heute ein großes Wunder ankündigen lassen. Der junge Mönch Eanbrecht spürte, wie ein Kribbeln über seinen Rücken lief, als der Zug der Mönche und Krieger unmittelbar vor dem gewaltigen Baum haltmachte. Da es Sonntag war, feierte der Bischof zunächst die heilige Messe, die Gedenkfeier an die wunderbare Verwandlung von Brot und Wein in das Fleisch und Blut Jesu Christi, an dessen Opfertod am Kreuz und seine wunderbare Auferstehung. Andächtig sanken die Mönche und die fränkischen Krieger sowie einige schaulustige Hessen, die schon getauft waren, in die Knie. Die Masse schwieg und wartete auf das Zeichen des fremden Gottes.

Als die Messe beendet war, hielt Bonifatius eine kurze Ansprache an das Volk. Die Sprache der Menschen hier in Hessen war nicht so sehr verschieden von der, die einst Winfried-Bonifatius von seinen Eltern in Wessex gelernt hatte, so daß der Missionar leicht die neue Sprache hatte lernen können und die Zuhörer den Bischof gut verstanden. Er und seine geistlichen Mitbrüder würden jetzt die Donar-Eiche fällen, verkündete der Bischof laut, und keine Blitze des Donnergottes, dem sie geweiht war, würden das verhindern. Denn der allmächtige Gott der Christen sei mit seinen Verehrern, und nur er habe die Macht, Leben zu schaffen, zu bewahren und zu nehmen.

Im vollen Ornat des Bischofs, mit der hohen Mitra, der Bischofsmütze, auf dem Kopf und einem kleinen goldenen Kreuz an einer Kette um den Hals, ließ sich Bonifatius jetzt eine fränkische Axt, eine Franziska, geben und schlug mit voller Kraft auf den Baum ein, an der Stelle, wo noch ein Stück festes Holz den morschen Stamm aufrecht hielt. Reihum tat jeder der ihn begleitenden Mönche einige kräftige Schläge. Rufe der Wut und der Empörung wurden unter den Zuschauern laut, doch niemand rührte sich. Denn der Befehlshaber der fränkischen Kriegerschar gab gerade in diesem Augenblick seinen Leuten

den Befehl, die Schwerter zu ziehen. Das metallische Dröhnen dieser
Waffen nahm allen Heiden den Mut, mehr zu tun, als ihrer Empörung
mit Worten Ausdruck zu geben.

Es dauerte kaum so lange wie drei Paternoster, da begann der
mächtige Baum zu wanken. Die wohlgezielten Axthiebe taten ihre Wirkung. Langsam neigte sich die Krone der Eiche; die Menschen, die in
der Fallrichtung standen, flüchteten kreischend, und mit mächtigem
Getöse krachte der Baum zu Boden. So morsch war der Stamm, daß er
beim Aufprall in mehrere Teile zerbarst. Mönch Eanbrecht und seine
bereitgehaltene Holzfällergruppe hatten nicht einzugreifen brauchen.

Atemlos warteten die Zuschauer, ob Gott Donar diese Schändung
seines Heiligtums nicht bestrafen werde. Doch kein Donner erscholl an
diesem wolkenlosen Mittag, und kein Blitz zuckte vom Himmel nieder.
Nur die Stimme des Bischofs, seiner Mönche und seiner fränkischen
Krieger, die erneut auf die Knie gesunken waren und laut das Paternoster beteten, tönte über den Platz. Und dann hörten die Augenzeugen
dieses Wunders einen neuen Ton: Das Glöckchen aus dem Kloster läu-
tete am Platz der nun gefallenen Donar-Eiche ein neues Zeitalter ein,
das Zeitalter des Christentums, das sich so sichtbar als stärker erwiesen
hatte. Vielleicht war es dieses unscheinbare Läuten des Glöckchens,
das am nachdrücklichsten die Menschen hier an der Eder davon über-
zeugte, daß ein neuer Glaube über den alten triumphiert hatte.

DIE DEUTSCHEN UND IHRE
»HEIDNISCHE« VERGANGENHEIT

Vielleicht war es gerade diese Tat des Bischofs Bonifatius, die eine
schon in Gang befindliche Entwicklung im heutigen Deutschland ungeheuer förderte. Am alten Glauben an Naturmächte und Götter, die
sie repräsentierten, hatten schon viele Menschen zu zweifeln begonnen,
ehe sie sich freiwillig oder gezwungenermaßen als Christen taufen
ließen. Die Ohnmacht der alten Götter, sich gegen den neuen Glauben
zu wehren, konnte kaum handgreiflicher bewiesen werden als durch
die folgenlose Fällung eines dem Gott Donar geweihten Baumes. Zugleich aber schuf der unerbittliche Missionar Bonifatius auch eine Tradition, die Deutschland von manchen anderen im Mittelalter christlich
gewordenen Ländern Europas unterscheidet: Er schnitt die Menschen

in Deutschland sehr abrupt und sehr radikal von ihren vorchristlichen geistigen und historischen Wurzeln ab.

Es ist nämlich merkwürdig: Wenn man in Frankreich einem an Geschichte und Kultur interessierten ausländischen Gast etwas Typisches zeigen will, dann besucht man mit ihm etwa die Schlösser an der Loire und die Kathedrale von Chartres, aber auch das römische Theater von Orange und die alte Festung Alesia, wo der Keltenfürst Vercingetorix seinen Freiheitskampf gegen die Römer austrug. Oder ein Schwede hält es für selbstverständlich, mit ausländischen Gästen den hochmittelalterlichen gotischen Backsteindom von Uppsala und die Grabhügel alter heidnischer Schwedenkönige in Alt-Uppsala zu besichtigen.

In Deutschland ist das, von Ausnahmen abgesehen, nahezu unmöglich, aus praktischen Gründen sowie aus Ursachen, die tief im kollektiven Unterbewußtsein des deutschen Volkes schlummern. Der praktische Grund ist, daß in Deutschland die Kelten, Germanen oder Slawen, bevor sie Christen wurden, keine eindrucksvollen Gebäude errichtet haben, die die Chance hatten, die folgenden Jahrhunderte zu überstehen. Sie kannten ja nicht die Steinbauten der Römer, von denen im Westen und Süden Deutschlands noch so viele Reste zu sehen sind. Und wenn Germanen oder Slawen hölzerne Tempel oder andere Heiligtümer wie die Irminsul errichtet hatten, dann wurden diese schon in früher Zeit von eifernden christlichen Missionaren, die um das Seelenheil ihrer gerade bekehrten heidnischen Schäflein besorgt waren, niedergebrannt und durch Kirchen ersetzt.

Die meist gewaltsame und relativ plötzliche Einführung des Christentums in Deutschland seit dem 7. Jahrhundert war es sicherlich auch, die in den späteren Deutschen unbewußt fast alle Erinnerungen an die heidnische Zeit ihrer Vorfahren abgeschnitten hat. In Skandinavien, wo es über 200 Jahre lang ein zunächst unentschiedenes und friedliches Nebeneinander von Odin- und Christusglauben gab, ist der Stolz auf die großen heidnischen Vorfahren ungebrochen, und ihre sichtbaren Hinterlassenschaften in Form Tausender eindrucksvoller Grabhügel werden geachtet und als nationale Gedenkstätten bewahrt.

Auch in Deutschland findet der Kundige heute noch Grabhügel oder Megalithgräber (Großsteingräber) aus vorchristlicher Zeit. Doch nur selten weist ein Schild Touristen auf eine solche Sehenswürdigkeit hin. In den vergangenen Jahrhunderten galten solche Stätten als Verstecke von Hexen und Spukgestalten, verrufen und von der einheimischen Bevölkerung gemieden – wenn die Bauern der Nachbarschaft nicht die in den Grabhügeln aufgehäuften Erd- und Steinmassen als billige Baumaterialien abfuhren. Letzteres würden skandinavische Bauern noch heute als Entweihung geheiligter Stätten empfinden. In Deutschland sind sowohl die einstige abergläubische Scheu wie die spätere rücksichtslose Behandlung solcher historischer Denkmäler Folgen der gleichen Mißachtung des vorchristlichen Andenkens, die von den frühen christlichen Missionaren wie Bonifatius den Bewohnern Deutschlands mit Gewalt beigebracht wurde. Neben dem Segen, den das Christentum für das Abendland und auch für Deutschland mit sich gebracht hat, ist dies ein Aspekt, den wir Deutsche bedauern sollten.

Im Rückblick auf die zwölf oder dreizehn Jahrhunderte der Herrschaft des Christentums in Deutschland nehmen sich die anderthalb Jahrhunderte zwischen den Zeiten Napoleons und dem Nationalsozialismus wie ein untauglicher Versuch aus, der germanischen Vorzeit Deutschlands zu ihrem eigenen Recht und zu einem angemessenen Gedenken zu verhelfen. Auch das war ein Irrweg. Wer das *Germanen*tum als Quelle nationaler deutscher Identitätsfindung nutzen wollte – wie dies von den Romantikern des frühen 19. Jahrhunderts, der preußisch-deutschen Großmachtpolitik und der nationalsozialistischen Propaganda immer wieder versucht wurde –, der mußte scheitern. Denn das deutsche Volk ist so, wie es sich heute zusammensetzt, nun einmal nur sehr begrenzt Abkömmling *germanischer* Völker. Das deutlich zu machen, ist mit ein Anliegen dieses Buches. Doch das sollte nicht ausschließen, daß man sich in unserem Land wie in anderen europäischen Ländern mit Achtung und Interesse und unvoreingenommen der vielfältigen sprachlichen, kulturellen und ethnischen Zusammenhänge mit unseren vorchristlichen Vorfahren erinnert.

Bonifatius und seine Glaubensbrüder, aber auch Karl der Große und sein Sohn Ludwig der Fromme, die das Christentum aus politischen Gründen mit Gewalt in all ihren Ländern einführen oder durchsetzen wollten, haben eben dies für Deutschland verhindert. Auch daran sollte man denken, wenn man heute Bonifatius den »Apostel der Deutschen« nennt.

HESSEN UND THÜRINGEN
IM FRANKENREICH

Bevor auf Leben und Werk des großen Bischofs Bonifatius näher eingegangen werden kann, ist zunächst ein Überblick über die historischen Schicksale der Region nötig, in der der Missionar vorrangig
tätig war.

Hessen, die Gegend in der Mitte Deutschlands etwa zwischen dem
Zusammenfluß von Fulda und Werra zur Weser im Norden und dem
Main im Süden, ist bisher in diesem Buch überhaupt noch nicht vorgekommen. Das hatte seinen guten Grund. Denn die Bewohner des Landes, die alten Chatten, hatten in den vorangegangenen Jahrhunderten
praktisch keinen Anteil an den zahlreichen Wanderungen und Wandlungen germanischer und anderer Völker. Wie fast überall im rechtsrheinischen Germanien bedeckten auch hier große Wälder den Boden,
dazwischen boten nur einige größere Siedlungsinseln ausreichend Viehweide und Ackerland für die geringe Zahl von Bewohnern. Wichtige
Siedlungsgebiete waren hier u.a. die Wetterau um das heutige Frankfurt
am Main sowie die Talsenken an der oberen Lahn und der Eder.

Chatten waren in der Frühzeit des römischen Imperiums wiederholt
als ernsthafte Gegner von Römerheeren in Erscheinung getreten, doch
nach zwei Jahrhunderten scheint sich ihr Elan erschöpft zu haben. Jedenfalls taucht der Name dieses germanischen Stammes in den römischen Feldzugsberichten von der Rheinfront nach etwa dem Jahr 200
nicht mehr auf. Anders als viele germanische Stämme im späteren
Deutschland und östlich davon blieben die Chatten offenbar »stur« in
ihren alten Wohnsitzen. Vielleicht hatte sich hier nach der auch bei
ihnen erfolgten germanischen Überschichtung ein besonders großer
Anteil von Menschen und Einstellungen aus dem bodenständigen vor-
germanischen Nordwestblock erhalten (siehe S. 61 ff.). Auch Zuzüge
von außerhalb scheint es bei ihnen nur wenige gegeben zu haben.

Die Römer hatten ein besonders gut befestigtes Stück ihres Limes
über die Taunushöhen gegen die Chatten errichtet sowie ein Stück der
Wetterau besetzt und durch den Limes gesichert. Doch schon im Zusammenhang mit dem großen Alemannensturm der Jahre um 260
(siehe 12. Kap.) waren dort der Limes und die römischen Ansiedlungen
nördlich des Mains, zum Beispiel die Kleinstadt Nida (Nidda), aufgegeben worden.

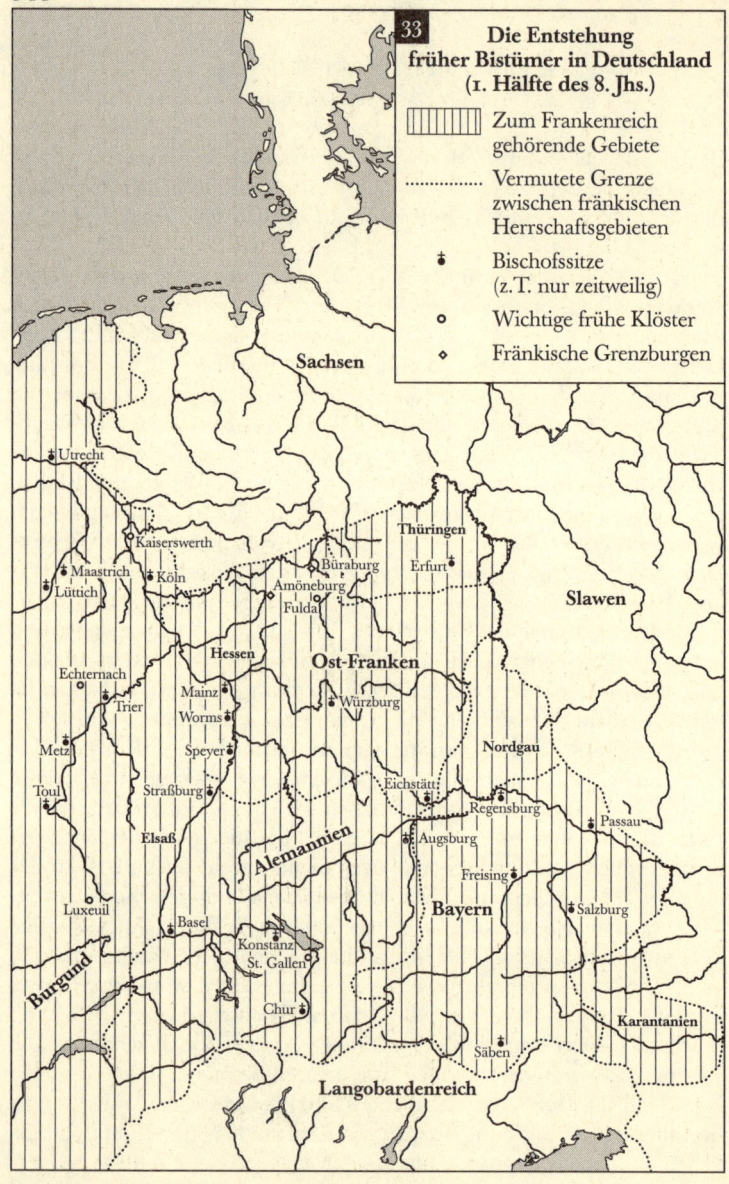

33 Die Entstehung
früher Bistümer in Deutschland
(1. Hälfte des 8. Jhs.)

Zum Frankenreich
gehörende Gebiete

.... Vermutete Grenze
zwischen fränkischen
Herrschaftsgebieten

Bischofssitze
(z. T. nur zeitweilig)

Wichtige frühe Klöster

Fränkische Grenzburgen

Sachsen

Utrecht

Kaiserswerth

Thüringen

Erfurt

Bǔraburg

Maastrich

Köln

Amöneburg

Lüttich

Fulda

Slawen

Hessen

Ost-Franken

Echternach

Mainz

Trier

Worms

Würzburg

Metz

Speyer

Nordgau

Toul

Straßburg

Eichstätt

Regensburg

Passau

Elsaß

Alemannien

Augsburg

Freising

Bayern

Luxeuil

Basel

Salzburg

Konstanz

St. Gallen

Burgund

Chur

Karantanien

Säben

Langobardenreich

Wann sich die fränkischen Merowingerkönige von ihrer nord-ostfranzösischen Heimat aus daranmachten, dieses Gebiet zu okku-pieren, läßt sich aus keiner zeitgenössischen Geschichtsquelle er-schließen. Die Einbeziehung des heutigen Gebiets Hessen in den Machtbereich der Franken im Frühmittelalter dürfte sehr unspekta-kulär und in verschiedenen kleineren Schritten vor sich gegangen sein. Von den einstigen alten Römerorten links des Rheins aus, vor al-lem den Städten Mainz und Worms, werden wohl immer wieder klei-nere fränkische Truppenkontingente eine weitere Siedlungsinsel der alten Bewohner besetzt oder eine Verbindungsstraße nach Osten mi-litärisch gesichert haben. Tributleistungen zur Verpflegung dieser Truppen werden wohl zunächst alles gewesen sein, was die Einwoh-ner von der fränkischen Herrschaft merkten. Bis zum Anfang des 8. Jahrhunderts hatten sich Vertreter der fränkischen Königsherr-schaft – oder vielmehr der im Namen des Königs handelnden für-stengleichen Hausmeier – in Hessen schon weit nach Osten und Nor-den vorgeschoben. An verschiedenen Stellen waren Stützpunkte errichtet, zum Teil auch wieder aufgegeben worden. Die Menschen hier wurden in den allmählich auftauchenden schriftlichen Belegen nun Hessi (Hessen) genannt, doch müssen sie direkte Nachkommen der alten Chatten gewesen sein.

Auf ernsthaften Widerstand oder Aufstandsversuche scheinen die Franken hier in der Mitte Deutschlands nicht gestoßen zu sein, ganz an-ders als im nördlich angrenzenden Sachsenland. Die Sachsen waren es vor allem, die bei ihrem allmählichen Vormarsch von Norden nach Sü-den die fränkische Herrschaft bedrohten (siehe S. 512). Gegen sie er-bauten die für diese Gegenden zuständigen fränkischen Herzöge einige Burgen an exponierter Stelle am Südabhang des Rothaargebirges und des nordhessischen Berglandes, so die Amöneburg östlich des heutigen Marburg, auf dem Christenberg nördlich von Marburg und die Büra-burg bei Fritzlar an der Eder.

Wahrscheinlich folgten den Soldaten bald einige christliche Priester, doch war der Eifer zur Missionierung der germanischen Heiden in ih-rer unmittelbaren Nachbarschaft bei den fränkischen Bischöfen in den Rheinstädten nur sehr begrenzt. Auch Bischof Rupert von Salzburg, der ja von Worms kam, hatte kaum Heiden getauft. Die Bischöfe seines Schlages hatten im allgemeinen genug mit der Verwaltung ihrer um-fangreichen privaten oder kirchlichen Ländereien, der Versorgung ihrer meist zahlreichen Verwandtschaft mit einträglichen Klerikerstellen und mit internem Pfaffengezänk zu tun.

Der Mangel an zeitgenössischen Historikerberichten macht es ebenso wie in Hessen auch im benachbarten Thüringen schwer, die Geschichte dieses Gebiets zwischen dem 6. und 8. Jahrhundert näher zu beschreiben. Thüringen war vom fränkischen Königreich schon um das Jahr 531 erobert worden (siehe 23. Kap.), sicher vom Süden, vom mittleren Main, her. Doch was danach in diesem Land unter fränkischer Oberhoheit geschah, ist mehr oder weniger noch immer ein Rätsel. Einige Generationen lang scheint eine vom Frankenkönig eingesetzte Dynastie thüringischer Herzöge nördlich des Thüringer Waldes geherrscht zu haben, die jedoch möglicherweise ursprünglich aus Neustrien, dem westlichen Teil des alten Frankenreiches, stammte. Es gibt sehr wortkarge Berichte von Versuchen dieser Herzöge, sich vom Frankenreich unabhängig zu machen – einer dieser Herzöge habe sich, so heißt es, vorübergehend König genannt –, und über fränkische Truppenzüge zur Niederschlagung solcher Aufstände. Doch wie es im Inneren dieses Landes in jenen Jahrhunderten aussah, können weder Historiker noch Archäologen im Detail beschreiben.

Die moderne Geschichtsforschung hat lange Zeit angenommen, Thüringen sei zumindest zeitweise von Würzburg, dem Hauptort des späteren Ostfranken, aus verwaltet worden, weil man nur von der dortigen Herzogsdynastie aus dem 7. Jahrhundert einige Namen kannte (siehe 29. Kap.). Das dürfte nicht zutreffen; das eigentliche Thüringen, etwa auf dem Gebiet des heutigen Bundeslandes, und das Ostfrankenland sind wohl fast immer getrennte Dukate (Herzogtümer) des Frankenreiches gewesen.

Bei allen Unsicherheiten über den Geschichtsverlauf in Thüringen zwischen dem letzten eigenen König Irminfried und den Tagen des Bonifatius steht fest, daß das Land in diesen fast zwei Jahrhunderten formal Herrschern untertan war, die dem christlichen, katholischen Glauben angehörten. Die christliche Mission hatte also durchaus die Chance, die heidnische Bevölkerung zu bekehren. Doch wiederum weiß man in der Gegenwart fast nichts darüber, und wenn doch, dann eigentlich nur Negatives: daß »falsche Christen« hier die Oberhand gehabt hätten.

VOM MISSIONAR ZUM ORGANISATOR
UND REFORMATOR DER KIRCHE

Daß dieses Wissen so begrenzt ist, hat vermutlich einen durchaus plausiblen Grund: Die Mönche, die in Deutschland im späten 8. und im 9. Jahrhundert die zahlreichen Heiligenlegenden zu verfassen begannen, gönnten den frühen Missionaren ihre vielleicht doch vorhandenen Erfolge nicht, verschwiegen oder vertuschten sie daher und konnten deshalb um so helleres Licht auf die jeweils von ihnen verherrlichten Missionarsgestalten fallen lassen. Einzelne Beispiele davon wurden schon im 28., 29. und 31. Kapitel erwähnt. Ja, die Vermutung ist vielleicht nicht aus der Luft gegriffen, daß viele schriftliche Dokumente aus jener frühen Zeit, vorwiegend aus dem 7. und dem Anfang des 8. Jahrhunderts, nicht dem gewissermaßen unparteiischen »Zahn der Zeit« zum Opfer gefallen sind, sondern sehr bewußten Durchsuchungsaktionen späterer geistlicher Geschichtsschreiber in Kloster- oder Bistumsbibliotheken. Einen positiven Beweis für diese Vermutung gibt es natürlich nicht, aber die erhalten gebliebenen zahlreichen Briefe des Bonifatius lassen den Umkehrschluß zu, daß, so das Andenken einer historischen Persönlichkeit bewahrt werden sollte, dies auch über ein Jahrtausend hinweg möglich war.

Der Mönch, Missionar, Bischof und Politiker Bonifatius war ein Mensch, der in manchen Aspekten erstaunlich neuzeitlich anmutet. So wollte er anscheinend sehr zielbewußt für sein gutes Andenken bei der Nachwelt sorgen. Von seinen Mitarbeitern, der kleinen Gruppe treuer Mönche, die ihn stets umgab, ließ er eine *Auswahl* von Abschriften seiner vielen lateinisch geschriebenen Briefe an Bischöfe im heimatlichen England, an die Päpste und andere hochgestellte Persönlichkeiten sowie deren Antworten wie in einem wohlgeführten Archiv zusammenstellen und später im Kloster Fulda, seinem Lieblingskloster, aufbewahren. Bei der relativen Dokumentenarmut jener frühen Zeit ist es ihm damit bewußt oder unbewußt gelungen, *die* Persönlichkeit in der ersten Hälfte des 8. Jahrhunderts im späteren Deutschland, ja in ganz Mitteleuropa, zu werden, die am besten bekannt ist. Von seinen Zeitgenossen, von denen viele ebenfalls eifrige Missionare im noch weitgehend heidnischen Germanien waren, kennt man oft gerade nur die Namen, aber kaum Einzelheiten aus ihrem Leben. Dabei drängt sich gerade beim Studium des Briefwechsels des Bonifatius der Eindruck

auf, daß bereits damals weit mehr geschrieben wurde, auch Briefe über
weite Entfernungen befördert wurden, als man heute für möglich halten möchte.

Von der Herkunft und den ersten Wirkungsjahren des angelsächsischen Mönches Winfried-Bonifatius erzählte bereits die nur in wenigen
Details erfundene Einleitungsepisode dieses Kapitels. Die Fällung der
Donar-Eiche von Geismar scheint tatsächlich viele hessische Landbewohner veranlaßt zu haben, sich freiwillig dem Christengott zuzuwen-
den und sich taufen zu lassen. Bonifatius, der nicht nur ein wortgewal-
tiger Missionar, sondern auch ein guter Organisator war, sorgte dafür,
daß an verschiedenen zentralen Stellen kleine Klöster gegründet wurden, in denen geeignete junge Leute, Männer wie Frauen, zu dem so
notwendigen geistlichen Nachwuchs ausgebildet wurden.

Die Nonnen in den alsbald auch in Mitteldeutschland entstehenden Frauenklöstern konnten zwar nicht Priester werden, aber sie
sorgten in stillem Fleiß für den Nachschub an gestickten Altardecken
oder Gewändern für die Meßfeiern der Priester, für die Zubereitung
von Pergament für die benötigten Bücher oder für das Backen von
Hostien für die Gottesdienste, und damit dafür, daß es den allenthal-
ben entstehenden Kirchen nicht an den äußerlich sichtbaren Zeichen
des neuen Glaubens fehlte. Darüber hinaus bedeutete natürlich auch
die Chance für zahlreiche junge Mädchen, oft aus guten adligen Häusern, zum Erwerb einer höheren Bildung in den Nonnenklöstern
einen nicht zu unterschätzenden Zuwachs an Kultur in einem bisher
so kulturlosen Land.

Glaubensboten vom Nordwesten waren ja schon seit mehr als
einem Jahrhundert im Fränkischen Reich unterwegs, um das richtige
Christentum zu verkünden. Von der Welle iro-schottischer Mönche
zwischen Columban und Kilian war bereits mehrfach die Rede, auch
von der wenig effektiven Art, in der sie ihre Mission im Heidenland betrieben (siehe S. 495 ff.). Seit etwa dem Jahr 690 waren diese Mönche
von meist keltischer Abstammung durch Mönche abgelöst worden, die
zwar ebenfalls von der britischen Insel kamen, aber nunmehr Nachkommen der wenige Generationen vorher eingewanderten Sachsen
und Angeln waren. Als erst vor kurzem zum Christentum bekehrte
Menschen fühlten sich viele von ihnen gedrängt, ihren noch im Heidentum verharrenden Blutsverwandten im alten Germanien die »Erlösung aus ihrer Finsternis des Geistes« zu bringen. Die im 30. Kapitel

erwähnten Missionare, die beiden Ewalde und Suitbert, gehörten bereits dieser zweiten Welle an.

Auch der heilige Willibrord – von den Päpsten, die diesen Namen nicht aussprechen konnten, Clemens genannt – war Angelsachse. Von seiner langen und mühsamen Missionstätigkeit bei den Friesen werden wir im 34. Kapitel noch hören. Bonifatius wie Willibrord und manche anderen angelsächsischen Missionare predigten den vielen Heiden im östlichen Teil des Frankenreiches mit unermüdlichem Eifer den neuen Gott und den neuen Glauben. Aber anders als ihre keltischen Vorgänger mühten sie sich, die zarten Pflänzchen des Christentums im Heidenland auf Dauer pflegen, großziehen und vor Wildwuchs bewahren zu lassen. Sie gründeten nicht nur Klöster zur Heranbildung von Priestern, sondern bauten auch eine vorerst noch recht weiträumige Kirchenorganisation mit abgegrenzten Pfarrsprengeln auf und kümmerten sich um eine regelmäßige Überprüfung der Lehre und des moralischen Verhaltens der Priester.

Letzteres ließ zumindest nach den strengen Vorstellungen des Bonifatius sehr zu wünschen übrig. Die Irrlehren der vorgefundenen christlichen Glaubensboten – meist wohl aus Mangel an Kontakt mit Glaubensbrüdern von den auf sich allein gestellten Priestern entwickelte eigene Vorstellungen theologischer Art und eine gewisse Bereitwilligkeit, heidnische Bräuche teilweise auch in der Kirche zu übernehmen – ärgerten Bischof Bonifatius mehr als die Zahl der Heiden. Er unternahm alle Anstrengungen, diese Lässigkeit abzustellen.

Dazu bedurfte es nach der Ordnung der christlich-katholischen Kirche einer mit dem richtigen Glauben und der notwendigen Autorität ausgestatteten Aufsichtsinstanz, der Bischöfe. Das Verhältnis dieser Bischöfe zum »Stellvertreter Christi auf Erden«, zum Papst im italienischen Rom, begann sich nun allmählich zu wandeln. Bisher hatten, wenigstens im mitteleuropäischen Frankenreich, die Bischöfe eine höchst distanzierte Beziehung zum Papst. In seiner Eigenschaft als Bischof von Rom galt er ihnen vielleicht als achtenswerter Amtsbruder, aber beileibe nicht als Vorgesetzter in geistlichen Fragen. Doch die neuen angelsächsischen Missionare erkannten den Papst als ihre höchste geistliche Autorität an. Viele von ihnen, so auch Bonifatius, pilgerten zunächst nach Rom, um sich dort persönlich Rat und Glaubensstärkung, aber auch offizielle Aufträge und, wenn möglich, einen Bischofstitel vom Papst zu holen. Woher diese besondere Ergebenheit der

Angelsachsen gegenüber dem Papst rührte, ist unter den Kirchen-
historikern nicht recht geklärt, aber ein unbestreitbares Faktum, das
sich im Laufe der Zeit auch auf die Politik des Frankenreiches auszu-
wirken begann.

Bonifatius war in den zwei Jahrzehnten, die auf die Fällung der Donar-Eiche bei Geismar folgten, unermüdlich im heutigen mittleren
Deutschland und in Bayern tätig, predigend, taufend, reisend, Priester
ausbildend und prüfend, dauernd im Gespräch mit noch unentschlos-
senen Heiden, mit einflußreichen Adligen oder Amtsträgern im Fränkischen Reich. Er schuf so die notwendigen Grundlagen für die spätere
feste kirchliche Organisation des Landes.

Schon 732 ernannte ihn der Papst durch einen Brief zum Erzbischof
und zu seinem persönlichen Legaten in Germanien. Das verlieh Bonifatius das Recht, andere Bischöfe zu weihen und in ihrer Diözese einzusetzen. Auf gemeinsamen Wunsch des damaligen Papstes Gregor III.
und des neuen Herzogs in Bayern, Odilo (zu diesem siehe das 36. Kap.),
brachte Bonifatius zwischen 742 und 745 die schon Jahrzehnte vorher
von Herzog Theodo geplante, aber vorerst noch gescheiterte Kirchen-
reform in Bayern zum Abschluß. Es ging darum, die geplanten vier
Diözesen (Amtsbezirke der Bischöfe) genau voneinander abzugrenzen
und an den vorgesehenen Bischofssitzen, den Städten Regensburg, Passau, Freising und Salzburg, Häuser und Kirchen für die Bischöfe zu finden oder zu bauen, die deren Würde angemessen seien – »damit das
Amt nicht beschädigt werde«, wie der Papst sich ausdrückte. Und vor
allem war es nötig, würdige Kandidaten für dieses Amt zu finden und
sie gemäß den von vielen Päpsten bereits erlassenen kanonischen (kirchenrechtlichen) Vorschriften zu weihen.

Angesichts der vielen »schlechten Christen« in diesem Land war das
nicht so leicht. So kam es, daß mehrere der in dieser Zeit in Bayern und
etwas später in Mitteldeutschland durch Bonifatius eingerichteten Bischofsämter mit seinen Landsleuten aus England besetzt wurden. Diese
ersten Bistümer für Mitteldeutschland hatten ihren Sitz in Büraburg
(für Hessen), in Erfurt (für Thüringen), in Würzburg (für Ostfranken)
und in Eichstätt (für den damals noch nicht zu Bayern gehörenden
Nordgau).

Für Bonifatius zeigte sich immer deutlicher, daß es nicht genügte,
die vielen Heiden in diesem Gebiet zu missionieren und zu taufen und
neue Bistümer zu organisieren. Er mußte auch die Kirche möglichst im

ganzen Frankenreich reformieren. Verschiedene Umstände halfen ihm dabei, auch wenn ihm die Reform sicherlich nicht so gelang, wie es sich der unermüdliche Geistliche aus Wessex erhofft hatte.

DAS »REGNUM FRANCORUM«
NÄHERT SICH DEM PAPST

Während der Wirkungszeit des Bonifatius vollzog sich ein allmählicher Wandel im Fränkischen Reich – von den Zeitgenossen vermutlich kaum bemerkt, aber dennoch von weltpolitischer Auswirkung. Dieser Wandel spielte sich auf verschiedenen Ebenen und Schauplätzen ab und kam gewiß nicht nur aus einer einzigen Antriebsquelle.

Noch immer wurde das Fränkische Reich pro forma von Königen aus der Familie der Merowinger regiert, auch wenn sie schon lange nichts mehr zu sagen hatten. Selbst Pippins des Mittleren (Pippin von Héristal) Sohn Karl, der seinem Vater im Amt des Majordomus nachfolgte, ließ es bei diesem offenbar immer noch notwendigen Schein, und doch nahm er immer unverhohlener eine königsgleiche Stellung in Anspruch. So verzichtete er von 737 bis zu seinem Tod völlig auf einen merowingischen »Schattenkönig«, er konnte auch ohne ein solches Aushängeschild das Land regieren. Und wie ein fränkischer König teilte er vor seinem Tod das Land zwischen den zwei Söhnen, die er für erbberechtigt hielt.

Karl, er lebte von etwa 688 bis 741, war ein unehelicher Sohn Pippins II. und hatte nach dem Tod des Vaters (714) einige Jahre schwer zu kämpfen, vor allem gegen seine Stiefmutter Plektrudis, bis er wieder die machtvolle Stellung seines Vaters zurückerobert hatte. Seine zupackende Art brachte ihm bald den Beinamen »Martell – der Hammer« ein. Neben den ständigen Kämpfen mit unbotmäßigen Adligen seines eigenen Reiches mußte er auch Feinde abwehren, die ganz überraschend von Süden her eingefallen waren. Diesen Feinden, den Arabern – oder den Sarazenen, wie man sie damals nannte –, lieferte er im Jahr 732 die berühmte Schlacht bei Tours und Poitiers in Mittelfrankreich. Sie war von großer Bedeutung, wenngleich Karl Martell dadurch nicht zum »Retter des Abendlandes« wurde, als den man ihn im 19. Jahrhundert gefeiert hat.

Obwohl dieser Einfall der Araber das Gebiet des späteren Deutschlands nicht berührte, ist ein Blick auf die Vorgeschichte dieser Kämpfe unerläßlich, weil die weitere Weltgeschichte davon stark beeinflußt wurde. Etwa hundert Jahre vor dieser Schlacht hatte der arabische Kaufmann Mohammed in Mekka (er lebte von etwa 570 bis 632) nach verschiedenen Visionen den Koran niedergeschrieben und damit eine neue Religion gegründet, den Islam. Der Aufstieg des Islam zur beherrschenden Religion in ganz Südwestasien und Nordafrika vollzog sich in atemberaubender Schnelligkeit und deckte sich mit dem Aufstieg der Muslime (Bekenner des Islam) gewordenen Araber zum beherrschenden Volk in diesem riesigen Gebiet.

Im Jahr 711 setzte ein arabisches Heer, das bereits vorher ganz Nordafrika erobert hatte, von Marokko nach Spanien über. Gibraltar (Dschebel al Tarik) trägt noch heute den Namen des arabischen Befehlshabers. Noch im gleichen Jahr besiegten die Araber den letzten westgotischen König Roderich und sein Heer völlig und eroberten in kürzester Zeit fast die ganze Iberische Halbinsel. Bald darauf überschritten arabische Streifscharen auf der Suche nach Beutegut die Pyrenäen und drangen in das Königreich der Franken ein. Karl Martell gelang es, diese arabischen Krieger zu besiegen und zurückzudrängen. Dennoch blieben arabische Fürsten für Jahrzehnte Herren der heutigen südfranzösischen Mittelmeerküste und des größten Teils des heutigen Spaniens und Portugals, letzteres zum Teil noch auf Jahrhunderte.

Zur Finanzierung seiner ständigen Feldzüge nahm Karl Martell immer rücksichtsloser den riesigen Landbesitz in Anspruch, den Bistümer und Klöster im Frankenreich bisher angehäuft hatten. Denn jeder Adlige, der in den Himmel kommen wollte oder irgendwelche Verpflichtungen gegenüber der Kirche verspürte, hatte in den vergangenen zwei Jahrhunderten Landstücke oder kleine Dörfer mit ihren Bauern an Klöster oder Bischöfe geschenkt. Jetzt waren auch das Königsgut und die privaten Ländereien der Pippiniden-Arnulfinger (der späteren Karolinger) erschöpft. Die Vergabe eines Landguts auf Lebenszeit an einen Adligen gegen die Verpflichtung zur Heerfolge mit einigen Kriegern (Lehen) war aber damals die einzige bekannte Art, Heere zu finanzieren.

Karl Martell zwang also Bischöfe und Äbte, den kirchlichen Landbesitz leihweise wieder dem Staat, genauer gesagt, seinen eigenen Bedürfnissen zur Verfügung zu stellen. Daß dieser Hausmeier dadurch keinen guten Ruf bei den einzigen Schriftkundigen dieser Zeit, den Mönchen, erwarb, läßt sich denken. Die meisten fränkischen Bischöfe nahmen diese Quasi-Enteignung der Kirche allerdings gelassen auf. Denn da sie inzwischen fast alle dem hohen fränkischen Adel entstammten, kamen die neu den Adelsfamilien verliehenen Güter indirekt oder sogar direkt ihnen selbst wieder zugute.

An den Missionsbemühungen des Bonifatius im »wilden Osten« des Frankenreiches war Karl Martell nicht besonders interessiert, aber er behinderte sie auch nicht. Mit den Päpsten in Rom wechselte die Kanzlei des fränkischen Hausmeiers höfliche, im Grunde jedoch nichtssagende Briefe. Die Beziehungen des fränkischen Staates zum Papst waren bis zu Karl Martells Tod ähnlich distanziert wie die der meisten fränkischen Bischöfe.

Das begann sich zu ändern, als nach Karls Tod im Frühjahr 741 seine Söhne Karlmann und Pippin (III.) sich nach den Anordnungen ihres Vaters die Macht im Reich teilten – fast wäre man versucht zu sagen, ihre Throne bestiegen. Doch noch war es nicht soweit. Beide Söhne waren im Kloster St. Denis in Paris erzogen worden und sehr viel mehr an religiösen und kirchlichen Fragen interessiert als ihr Vater. Sie wollten auch der Kirche in der Frage der an den Staat entliehenen Landgüter entgegenkommen. Aus diesem »Leiheverhältnis« entwickelte sich übrigens später das mittelalterliche »Lehnswesen«.

Doch diese Landgüter wurden weiter dringend benötigt, um die Ritterheere zu bezahlen, denn beide Brüder hatten jahrelang schwere Kämpfe mit ihrem Halbbruder Grifo auszutragen, einem Sohn Karl Martells aus zweiter Ehe mit der bayerischen Prinzessin Svanahilt (siehe S. 530). Dieser Grifo beanspruchte das gleiche Herrscherrecht wie seine älteren Brüder und stachelte unter Berufung darauf immer wieder in verschiedenen Teilen des Frankenreiches Herzöge oder andere hohe Adlige zu Aufständen an. Daher reichte die Landreform Karlmanns und Pippins zugunsten der Kirche nur zu einem bescheidenen Zins, den die belehnten Adligen nunmehr an die formal kirchlichen Eigentümer ihrer Länder zahlen mußten.

In anderen Fragen konnten die beiden Frankenherrscher, die erstaunlicherweise fast immer in bestem Einvernehmen ihre Reichsteile regierten, der Kirche weiter entgegenkommen. Hier trafen sich ihre Wünsche mit denen des prominentesten und streitbarsten Vertreters der Kirche in ihrem Reich, des Erzbischofs und Legaten des Papstes, Bonifatius. Karlmann, dem bei der Teilung Austrasien, Alemannien und Thüringen zugefallen waren, berief eine Synode der Bischöfe seines Gebiets ein, das »Concilium Germanicum« (im Jahr 742 oder 743, das Datum ist umstritten).

Dabei konnte Bonifatius die erschienenen Bischöfe, meist von ihm selbst eingesetzte Angelsachsen, zu Beschlüssen veranlassen, die eine gründliche Reform der verlotterten fränkischen Kirche zum Ziel hatten. Die Bischöfe sollten in kirchlichen Dingen der Autorität der Päpste und der von ihnen eingesetzten Erzbischöfe unterstehen. Vor allem aber sollten jene Bischöfe aus ihren Ämtern entfernt werden, die allzu offensichtlich in ihrem moralischen Verhalten von den Regeln abwichen, die die Kirche dafür aufgestellt hatte. Das gelang in der Praxis nur sehr unvollkommen, denn die damit gemeinten Bischöfe im einst gallisch-römischen Teil Austrasiens erschienen erst gar nicht zu der Synode und leisteten im übrigen nachhaltigen Widerstand gegen Maßregelungen durch ihre Kirche. Nur ein Bischof von Mainz wurde schließlich zum Rücktritt gezwungen, der entgegen allen Kirchenregeln, aber in voller Übereinstimmung mit seinen ererbten germanischen Moralvorstellungen bei einem Kriegszug an einem Sachsen Blutrache übte, der einst seinen Vater umgebracht hatte.

Eine vom Hausmeier Pippin für seinen Landesteil, im wesentlichen Neustrien und Burgund, einberufene Bischofssynode übernahm die Beschlüsse der austrasischen Synode, doch haperte es dort genauso mit der praktischen Umsetzung. Immerhin, ein formaler Anfang war gemacht, die fränkische Reichskirche begann sich in theologischen und kirchenrechtlichen Fragen immer stärker nach dem Papst zu richten. Allerdings ließen sich die Herren des Frankenreiches die letzte Verfügungsgewalt über Bistümer, Kirchen, Klöster und die darin tätigen Kleriker nicht nehmen. Auch jetzt noch blieb die Kirche in diesem Reich »Landeskirche«, wie das in der Fachsprache der Historiker genannt wird. An eine Unabhängigkeit der Kirche von der staatlichen Macht und im örtlichen Rahmen von der Verfügungsgewalt der Grundherren war noch längst nicht zu denken.

Bonifatius hatte mit seinem Reformeifer zwar viel erreicht, aber doch längst nicht alles, was er wünschte. Vor allem hatte er sich die meisten seiner bischöflichen Amtskollegen im einst gallisch-römischen Teil des Frankenreiches zu erbitterten Feinden gemacht. Durch hinhaltenden Widerstand und allerlei Intrigen erschwerten sie dem »Apostel der Germanen« in den folgenden Jahren das Leben, wo sie konnten. So kam es, daß er in hohem Alter »die Brocken hinwarf«, wie man heute sagen würde, und nochmals als Missionar im Heidenland bewußt den Märtyrertod suchte. Doch das ist erst Stoff für das 34. Kapitel.

33. BLUTIGES ENDE
ALEMANNISCHEN AUFBEGEHRENS

DAS GERICHT VON CANNSTATT
Herbst 746, Cannstatt bei Stuttgart

Pebo war zumute, als hätten ihn Engel – oder waren es Teufel? – auf einen Flug durch die Hölle entführt und als kehre er jetzt erst ganz allmählich auf die Erde zurück. Was er in den letzten drei Tagen mitgemacht hatte, überstieg jedes menschliche Fassungsvermögen. Die wenigen Menschen, die wie er selbst das grausige Geschehen überlebt hatten und nun nach dem Abzug des fränkischen Heeres sich selbst überlassen waren, irrten auf dem Gelände des Thingplatzes am Stein zu Condistat (heute Cannstatt) umher, als seien sie blind und unfähig, sich in der Welt zurechtzufinden.

Pebo hielt sich noch immer für einen tapferen Mann, der vor Schwertergeklirr, den heiseren Rufen verbissenen Kampfes, vor Verwundung oder Tod keine Angst hatte. Er stammte aus einer reichen alemannischen Adelsfamilie, hatte zusammen mit seinen Brüdern Bertrich und Erich den fränkischen Ehrentitel Comes getragen und in den fast 50 Jahren seines Lebens so viele Kämpfe, endlose Ritte, politische Gespräche und Schmausereien in betrunkener Männerrunde miterlebt, daß er sie nicht zählen konnte. Aber der Alptraum der letzten Tage war zuviel auch für sein sonst so mutiges Herz gewesen. Wie bei einigen anderen seiner überlebenden Schicksalsgenossen war sein Haar über Nacht weiß geworden.

Waren erst drei Tage vergangen, seit alles angefangen hatte? Da waren Edle aus allen Himmelsrichtungen an der Pfalz des Alemannenherzogs Theudebald bei Condistat am Neckar eingetroffen, auf ihren Pferden und jeder mit der üblichen kleinen Gefolgschaft gutbewaffneter Krieger. Einen Tag später war Vollmond, die rechte Zeit für ein Thing freier Männer seit undenklichen Zeiten. Geboten hatte das Thing allerdings nicht Herzog Theudebald, sondern der fränkische Hausmeier Karlmann, der sich Princeps nannte, im Namen des Königs der Franken, Childerich, des dritten seines Namens, dem auch alle Alemannen untertan seien. Karlmann besaß die Macht und das Recht dazu, zum Thing zu laden, denn Herzog Theudebald hatte im Frühjahr nach einer neuerlichen Niederlage gegen ein Frankenheer zum wiederholten Male dem fränkischen König und dessen Statthalter Unterwerfung und Treue geloben müssen.

So waren denn die alemannischen Herren von überall her gekommen, gleichgültig, ob sie sich in den Kämpfen der vergangenen Jahre mit Herzog Theudebald gegen die fränkische Oberherrschaft aufgelehnt hatten, ob sie sich neutral verhalten oder mit auf seiten der Franken gekämpft hatten. Einmal müsse Frieden im Lande sein, hatten Karlmanns Boten ausgerichtet, als sie die Ladung zum Gerichtstag bis an den Zürichsee, an den Rhein und an die obere Donau überbrachten. Es solle gerechtes Gericht gehalten werden, damit es in Zukunft im Lande keinen Unfrieden mehr gebe.

Arglos hatten sich die Anführer der alemannischen Gaue am Morgen des gebotenen (vorherbestimmten) Tages zusammen mit den hohen Herren der Franken und deren Gefolge zur heiligen Messe unter freiem Himmel versammelt. Arglos hatten sie dabei ihre Waffen abgelegt, wie das neuerdings verlangt wurde. Doch am Ende der Messe fanden sich die Alemannen von einem fränkischen Heer umzingelt, das dreimal mehr Köpfe zählte als die Alemannen und das vor allem diesen verwehrte, wieder zu ihren Waffen zu greifen.

Ehe sie es sich versahen, lagen die alemannischen Edlen mit ihren Gefolgsleuten, an Händen und Füßen gefesselt, im Gras, und Fürst Karlmann, auf einem zusammenklappbaren und stets im Heer mitgeführten Thronsessel sitzend, verkündete unter beifälligem Gemurmel der ihn umstehenden fränkischen Anführer das Urteil: »Tod mit dem Schwert für alle Alemannen, die in den letzten Jahren mehrfach ihren Schwur der Treue zum fränkischen König gebrochen und sich mit Waffengewalt an fränkischen Beauftragten vergriffen oder gegen fränkische Heere gekämpft haben!«

Und schon hoben kräftige fränkische Krieger die gefangenen Alemannen auf, jeweils zehn und zehn, schleppten sie vor Karlmanns Richterstuhl, fragten nach dem Namen und warteten dann auf die über Leben oder Tod entscheidende Handbewegung des Herrschers. In den meisten Fällen zeigte dieser nur wortlos auf die Richtstätte, die hinter einer Baumgruppe erbaut worden war. Nur bei wenigen Gefangenen ließ sich Karlmann auf ein Gespräch ein, hörte sich Worte der Verteidigung an, und bei noch wenigeren deutete er in die andere Richtung.

Pebo gehörte zu diesen Ausnahmen, denn er konnte darauf hinweisen, daß er seit Jahren an keinem Kriegszug Herzog Theudebalds teilgenommen habe. Statt dessen habe er treu die dem fränkischen König gehörenden Ländereien im Zürichgau verwaltet, wie es das Amt eines Comes von ihm verlangte, das schon seinem Vater vom König der Franken verliehen worden sei. Allerdings mußte Pebo zugeben, daß seine Brüder Bertrich und Erich noch bei der letzten Schlacht Herzog Theudebalds mit den Franken an des Herzogs Seite mitgekämpft hatten. »Das Leben sei dir geschenkt«, hatte Fürst Karlmann entschieden, »aber als Comes bist du abgesetzt, und deine Güter werden im Namen des Königs der Franken konfisziert.«

Man hatte Pebo danach nicht etwa von seinen Banden befreit, sondern wie die wenigen anderen Begnadigten mußte er in Fesseln abseits liegen, bis das blutige Strafgericht auch den letzten aufrührerischen alemannischen Edlen und ihre Gefolgschaften vom Leben zum Tode befördert hatte. Zwei volle Tage dauerte es, bis fränkische Krieger die mehreren hundert Männer zu den provisorischen Richtblöcken geschleppt und ihre Leichen in Gräben geworfen hatten, die etliche von den umliegenden Höfen zusammengetriebene Hörige hastig hatten auswerfen müssen. Stunde um Stunde mußte Pebo hilflos die Schreie und Flüche seiner verurteilten Standesgenossen und Verwandten mit anhören, das entsetzliche Zischen der fallenden Schwerter, das dumpfe Krachen, wenn die Schwerter die Köpfe vom Rumpf trennten, mußte den ekelerregenden Geruch menschlichen Blutes ertragen, das wie aus Kesseln an der Richtstätte floß.

War es Wut, Verzweiflung, Haßgefühl, Erleichterung über das eigene glimpfliche Davonkommen – Pebo wußte hinterher nicht zu sagen, welches dieser Gefühle während dieser endlos erscheinenden Qual bei ihm überwogen hatte. Und nun war plötzlich Stille; das fränkische Heer war abgerückt, die begnadigten Alemannen waren losgebunden und konnten gehen, wohin sie wollten; wenn sie denn wußten, wohin sie gehen könnten. Wäre Pebo ein im Glauben gefestigter Christ gewesen, so hätte er inbrünstig zu Gott gebetet. Aber jetzt wußte er nicht mehr, ob der Christengott, der angeblich barmherzig und gnädig mit den Sündern sei, seine Gefühle richtig aufnehmen werde. Es verwunderte Pebo überhaupt nicht, als einige seiner Schicksalsgefährten, die ziellos an der Stätte des Grauens umherirrten, ein uraltes Lied auf den Gott Ziu anstimmten, ein Lied, das schon den Großvätern verboten worden war zu singen und das dennoch jeder der Männer noch kannte.

ALEMANNISCHE HERZÖGE
TROTZTEN DEN KAROLINGERN

Das »Gericht von Cannstatt«, wie es in der obigen Episode vielleicht etwas zu drastisch für den heutigen Geschmack mit etwas Phantasie, aber auch Plausibilität ausgemalt wurde, ist weit weniger bekannt als das Blutbad von Verden, das Karlmanns Neffe Karl (der Große) knapp 40 Jahre später gegen aufrührerische Sachsen veranstalten ließ. Dennoch ist die Hinrichtung zahlreicher alemannischer Anführer eine historische Tatsache, wenn sie auch in den verschiedenen fränkischen Geschichtsquellen nur äußerst knapp und in sehr beschönigender Form ihren Niederschlag gefunden hat. Die Schätzungen moderner Historiker reichen von »mehreren hundert« bis zu »mehreren tausend« Todesopfern. Doch auch die niedrigere Zahl ist schon ungewöhnlich für ein Gerichtsverfahren, selbst in einer Zeit, in der ein Menschenleben nicht viel zählte. Beide Ereignisse, das Gericht von Cannstatt und das von Verden, haben blutige und nicht zu tilgende Flecken auf dem Andenken der Herrscher aus der Karolingerfamilie hinterlassen, auf einem Ehrenschild, das sonst von der geschickten und streng auswählenden schriftlichen Überlieferung aus Karls des Großen Zeit so sorgfältig blank geputzt wurde.

Einen Comes Pebo gab es übrigens tatsächlich vor dem Jahr 746 im Thurgau und Zürichgau (heute Schweiz), der danach durch einen Graf Chancor aus dem Frankenland abgelöst wurde; ob dies allerdings mit dem Gericht von Cannstatt zu tun hatte, geht aus den wenigen erhaltenen Urkunden nicht hervor. Hier taucht zum erstenmal im späteren Gebiet Deutschlands der Adelstitel Comes – auf althochdeutsch Grafio, auf neuhochdeutsch Graf – auf, der im weiteren Verlauf des Mittelalters noch eine so große Rolle spielen sollte. Comes (Begleiter) war ein hoher Beamtentitel des spätrömischen Reiches, und die merowingischen Frankenkönige übernahmen ihn für Beauftragte, die sie für bestimmte Zwecke ernannten. Der vom König (bzw. dem Hausmeier)

zum Comes ernannte Adlige Pebo war wohl nur Verwalter königlicher
Ländereien in einem bestimmten kleineren Gebiet, also Einnehmer von
Zehnten für die königliche Schatzkammer und Schlichter von Streitigkeiten unter den königlichen Zinsbauern. Erst viel später sollten in
Deutschland die Grafen so etwas wie kleine Landesherren werden, die
sich neben und zwischen den erst so mächtigen Stammesherzögen herausbildeten.

Das Blutbad von Cannstatt hatte natürlich eine Vorgeschichte, auch
sie war blutig genug. In den mehr als 100 Jahren, die seit den Zeiten
von Columban und Gallus im Alemannenland (siehe 28. Kap.) verstri-
chen waren, hatte sich dort vieles verändert. Vor allem aber hatten sich
im Frankenreich die Macht der Hausmeier aus der Familie der Arnul-
finger-Pippiniden und ihr Anspruch gefestigt, auch in den östlichen
Teilen ihres Reiches zu herrschen, und zwar in der Praxis, nicht nur
nominell, und besonders geleitet von dem Wunsch, daraus auch materiellen Nutzen zu ziehen. Von der großen Bedeutung des Hausmeiers
Pippin von Héristal (Pippin der Mittlere) und seines Sohnes Karl Martell war bereits in früheren Kapiteln die Rede.

Im 7. und 8. Jahrhundert strebten die fränkischen Adelsfamilien
überall nach Anhäufung von Landbesitz als dem einzigen Reichtum,
der in einer noch weitgehend geldlosen Wirtschaft zählte. Durch Kauf
und Tausch, durch Pacht, Heirat und Erbschaft, vor allem aber durch
Lehen, das sie vom Herrscher als Lohn für geleistete oder noch zu lei-
stende Dienste empfingen, versuchten die großen Adligen ihre Güter
zu vermehren. Sie brachten es dabei zu beachtlichem Streubesitz in den
verschiedensten Gegenden des riesigen Reiches.

Der König, oder richtiger der für ihn handelnde Hausmeier, mußte
da mithalten. Wie Karl Martell für sich (oder für den König oder den
Staat, wie immer man es nennen will) dieses Problem zu lösen versuchte, nämlich über den Zugriff auf die bei Bistümern, Klöstern und
Kirchen angesammelten Landvermögen, auch das wurde bereits im vorigen Kapitel erwähnt. Doch in den dichtbesiedelten Gegenden des alten Gallien, in Neustrien, Burgund und im westlichen Teil Austriens,
war das Land knapp geworden. Im östlichen Teil des Frankenreiches jedoch, in den bisher nur nominell unterworfenen Dukaten jenseits des
Rheins, gab es noch herrschaftsfreies Land in Hülle und Fülle. Hier
konnten Urwälder gerodet, Moore trockengelegt, jungfräuliches Land
konnte unter den Pflug genommen werden. Nach Schätzungen moder-

ner Wissenschaftler waren hier um das Jahr 500 gerade mal zwei Prozent des Landes besiedelt. Der König, genauer gesagt sein Hausmeier, konnte hier durch Entsendung von Königsfreien oder Centenaren zur Urbarmachung – Bauern, die nur dem König zinspflichtig waren – riesige Ländereien neu erwerben. Die Vermutung geht wohl nicht ganz fehl, diesen Wunsch nach Landbesitz für eine Hauptantriebskraft bei den Versuchen Pippins II., Karl Martells und dessen Söhnen Karlmann und Pippin III. zu halten, echten Zugriff auf die bisher weitgehend unabhängigen Herzogtümer östlich des Rheins zu gewinnen.

Im Inneren Alemanniens scheint es in dem so nachrichtenarmen Jahrhundert vor dem Gerichtstag von Cannstatt zu einer folgenschweren Veränderung an der Spitze, nämlich bei den Herzögen, gekommen zu sein. Viele heutige Historiker vermuten, daß eine Seitenlinie der in Bayern herrschenden Agilolfinger das Amt der Herzöge in Alemannien erwarb – wann und wie, das ist völlig unbekannt. Auch wird es sich, wie schon im 28. Kapitel begründet, nicht um die einzige Herzogswürde in dieser Region gehandelt haben, aber doch wohl um die mächtigste mit einem besonders großen Territorium.

Um das Jahr 700 taucht in den spärlichen ersten Schriftzeugnissen ein Herzog Gottfried auf, der offenbar in dem fruchtbaren und schon damals verhältnismäßig dicht besiedelten Gebiet östlich des Schwarzwalds, am oberen Neckar und im Quellgebiet der Donau, begütert war. Schon er muß ein Sproß der Agilolfingerfamilie gewesen sein. Er könnte seinen ständigen Wohnsitz, seine Pfalz, im heutigen Cannstatt gehabt haben, denn dort stellte er eine Schenkungsurkunde von Land für das Kloster St. Gallen aus. Am kleinen Flüßchen Steinach südlich des Bodensees, wo der heilige Gallus einst seine kleine Mönchszelle errichtet hatte, war inzwischen ein bereits berühmtes Kloster entstanden. Cannstatt, am Kreuzungspunkt mehrerer alter Handelsstraßen, an einer bequemen Furt über den Neckar und an der Stelle gelegen, wo einst die Römer ein Reiterfort erbaut hatten, war von der Natur vorgegeben als Sitz eines Herzogs für Nordwürttemberg, wie man heute vielleicht sagen würde. Der »Stein« von Cannstatt, eine mittelalterliche Ortsbezeichnung, war vielleicht die Ruine des alten Römerforts; die Alemannen selbst bauten ja noch längst nicht Häuser aus Stein.

Dieser Herzog Gottfried scheint sich um eben diese Zeit, um 700, zum Sprecher einer Gruppe von Herzögen im Ostteil des Frankenreiches ernannt zu haben, die nicht bereit war, sich dem Machtstreben der

Hausmeier aus der Pippinidenfamilie unterzuordnen. In einer Chronik dieser Zeit (des Mönches Erchanbert), die noch nicht von der in karolingischer Zeit üblichen Geschichtsfälschung verbogen ist, heißt es: »Von nun an (seit dem Amtsantritt Pippins II. als Hausmeier) begannen die (fränkischen) Könige nur noch den Namen, nicht aber die Macht zu haben ... In dieser Zeit wollten Gottfried, Herzog der Alemannen, und weitere Herzöge (oder muß man hier ›Anführer‹ übersetzen?) der Gegend den Herzögen der Franken (gemeint: den Hausmeiern) nicht gehorchen, weil sie nicht den merowingischen Königen dienen konnten, wie sie es von früher gewohnt waren.«

Der Sproß des so mächtigen Agilolfingergeschlechts, mit Verwandten auf den Thronen der Herzöge von Bayern und der Könige der Langobarden, fühlte sich dem Emporkömmling Pippin von Héristal überlegen. Da dieser die Merowingerkönige als Herrscher ausgeschaltet hatte und sie nur noch als machtlose Aushängeschilder benutzte, konnte die so betonte Loyalität des alemannischen Herzogs zu eben diesen Königen nur bedeuten, daß es darum ging, die über 150 Jahre währende, nur formale Abhängigkeit Alemanniens vom Frankenreich weiter andauern zu lassen. Von irgendwelchen Maßnahmen Pippins II. gegen Herzog Gottfried ist nichts bekannt. Allerdings starb Gottfried schon 709. Zwei seiner Söhne, Lantfried und Theudebald, folgten ihm nacheinander in der Würde des Dux Alamannorum. In deren Regierungszeit fielen die großen Kämpfe mit den Franken.

Möglicherweise spielte noch ein dritter Sohn Gottfrieds eine herausragende Rolle in der Geschichte des 8. Jahrhunderts. Nach dem Tod des kinderlosen Bayernherzogs Hucbert im Jahr 736 wurde ein Odilo vom Frankenkönig (sprich vom Hausmeier Karl Martell) zum neuen Herzog der Bajuwaren ernannt (siehe 31. Kap., S. 530). Dieser Odilo soll, so die Behauptung einiger moderner Historiker, ein Sproß des alemannischen Zweiges der Agilolfinger und möglicherweise ein Sohn Gottfrieds gewesen sein. Vielleicht war er aber auch ein anderweitiger Verwandter der alemannischen Herzöge.

Sehr bald nach dem Tod Herzog Gottfrieds wurden in den fränkischen Chroniken mehrere Angriffe fränkischer Heere auf einen Herzog Willehar in der Ortenau (mittleres Baden mit den heutigen Städten Lahr und Offenburg) erwähnt, ohne daß Gründe dafür genannt werden. Dieser Willehar war offensichtlich Herzog eines Teils von Alemannien, der nicht der Herrschaft Gottfrieds bzw. später seiner Söhne unterstand, und er war vermutlich einer der erwähnten »anderen Herzöge der Gegend«, die gegen die fränkischen Hausmeier opponierten.

Im Jahr 724 trat ein für den Südwesten Deutschlands folgenschweres Ereignis ein. Karl Martell schickte einen südgallischen Klosterbischof namens Pirmin mit einigen Mönchen an den Bodensee zur Gründung eines Klosters auf einer Insel, die bald den Namen Reichenau erhielt. Dieses Kloster empfing aus königlichem Landbesitz in der Nähe – woher hatte Karl Martell diesen Besitz, etwa aus Konfiskationen nach vorangegangenen Kriegszügen? – verschiedene Grundstücke zur Sicherung des Lebensunterhalts. Herzog Lantfried, Nachfolger seines Vaters im Herzogsamt, sowie ein Graf Bertoald wurden schriftlich angewiesen, diese Klostergründung zu unterstützen. Doch wegen dieses Klosters gab es bald Ärger.

Der zuständige Bischof von Konstanz, wenige Meilen von der Reichenau entfernt am anderen Seeufer gelegen, war wohl über die Konkurrenz eines Klosterbischofs verärgert. In den Querelen, die daraus folgten, steckte sich der Konstanzer Bischof hinter seinen Landesherrn, den Alemannenherzog Lantfried. Drei Jahre nach der Klostergründung hat Bischof Pirmin wohl nachgegeben und ist ins elsässische Murbach ausgewichen, wo er ein neues Kloster gründete. Doch der Streit um das Kloster Reichenau hörte danach keineswegs auf, vielmehr eskalierte er einige Jahre später bis zu einem Krieg zwischen den Franken und dem Alemannenherzog.

In diese Zeit fielen Kriegszüge des gerade neu an die Macht gekommenen Hausmeiers Karl Martell gegen die Bayern (725 und 728; siehe 31. Kap., S. 529). Der Durchzug der fränkischen Heere durch alemannisches Gebiet sollte wohl auch der Einschüchterung der dortigen Machthaber dienen. Zwei Jahre später, 730, führte Karl Martell einen Krieg gegen die Suaven, wie die Alemannen im damaligen Latein auch sehr häufig bezeichnet wurden. Möglicherweise fiel Herzog Lantfried in diesem Krieg, und sein jüngerer Bruder Theudebald trat die Nachfolge an.

Gründe für diesen und die späteren fränkischen Kriegszüge anzuführen fiel den damaligen Chronisten nicht ein, es reichte zu erwähnen, daß »Karl mit den Alemannen (oder den Bayern) kämpfte«. Die modernen Historiker mußten daher viel Scharfsinn aufwenden, um die vermutlichen Ursachen aufzudecken, was aber nur in wenigen Fällen gelang. Die latente Feindschaft der alemannischen Herzöge gegenüber den Hausmeiern aus der karolingischen Familie und das Streben der letzteren nach der Verfügungsgewalt über die widerspenstigen Gebiete, vor allem über die dortigen Landgüter, sorgten offenbar dafür, daß man beim geringsten Anlaß mit Heeresmacht ins feindliche Gebiet zog, rechts und links die Dörfer plünderte und brandschatzte, wie es damals allgemeiner Kriegsbrauch war. Herzog Theudebald machte es offenbar nicht anders bei verschiedenen Einfällen ins Elsaß, das zwar ebenfalls von Alemannen besiedelt war, jedoch direkt dem Fränkischen Reich unterstand.

Der Hausmeier Karl Martell hatte während seiner ganzen Regierungszeit ständig Kriege zu führen. Jedes Jahr war sein Heer gegen einen anderen Widersacher unterwegs: gegen die Herzöge von Aquitanien (Südwestfrankreich), die sich zeitweise völlig vom Frankenreich gelöst hatten; gegen die Sarazenen (siehe 32. Kap., S. 551); gegen die Vasconen (Basken) oder Sachsen; und natürlich ab und zu auch gegen Bayern oder Alemannen. Den beiden Söhnen Karl Martells, Karlmann und Pippin (III.), erging es nach dem Tod ihres Vaters (741) nicht besser, ja, zu den bisherigen Gegnern kam noch ihr Stiefbruder Grifo hinzu (siehe 32. Kap., S. 553). Um ihre Rechtsstellung zu stärken, setzten sie im Jahr 743 nochmals einen merowingischen Schattenkönig ein, Childerich III., nachdem Karl Martell in seinen letzten Regierungsjahren ohne einen solchen ausgekommen war.

In den Jahren 741 bis 744 unternahm Karlmann mehrere Feldzüge – ihm war bei der Reichsteilung die Herrschaft über Austrien, Alemannien und Thüringen zugefallen – gegen Bayern und Alemannen. Der Hausmeier blieb siegreich, wenn man den wortkargen Chroniken trauen kann. Einmal wurde Herzog Theudebald seines Amtes enthoben, jedoch wenig später wieder eingesetzt. So überwältigend war also der fränkische Sieg wohl nicht ausgefallen.

Dem Gericht von Cannstatt im Jahr 746 muß eine Zeit relativen Friedens im Alemannenland vorangegangen sein, zumindest für einige Monate, in denen fränkische Heere das Land besetzt hielten, der legitime Herzog Theudebald aber noch die Regierung ausübte. Nur so läßt sich die Ladung zum allgemeinen Gerichtstag in Cannstatt durch den Hausmeier Karlmann erklären. Recht und Unrecht waren in den erwähnten kriegerischen Auseinandersetzungen zwischen Franken und Alemannen keineswegs einseitig verteilt. Auch der Hausmeier konnte auf den wiederholten Bruch feierlicher Friedensschwüre durch die Alemannen hinweisen, nach damaliger Anschauung nicht nur ein politisches Vergehen, sondern auch ein Verbrechen gegen Gott. Herzog Theudebald scheint unter den Opfern des Cannstatter Prozesses gewesen zu sein, da er später nie mehr in den Chronikberichten auftauchte.

Die erbarmungslose Härte, die Fürst Karlmann in Cannstatt gezeigt hatte, ist anscheinend nicht ohne Einfluß auf sein Gewissen geblieben. Ein Jahr später, 747, legte er nämlich völlig überraschend sein Amt nieder und trat als Mönch in ein Kloster in Italien ein. Eine der alten Chroniken brachte diesen Schritt mit der Reue über seine Urteile in Cannstatt in Verbindung. Karlmann lebte danach noch sieben Jahre als Mönch.

ALEMANNIEN
ÄNDERT SEIN GESICHT

Das Gericht von Cannstatt beendete abrupt und für lange Zeit die Epoche, in der die Bewohner des heutigen deutschen Südwestens und eines großen Teils der Schweiz sich relative Unabhängigkeit vom Fränkischen Reich zu bewahren vermocht hatten. Der Herzog der Alemannen und etwa noch vorhandene Angehörige seiner Familie waren bereits ausgelöscht oder wurden es wenig später. Zwei fränkische Chroniken vermerkten zum Jahr 751 lakonisch: »Lantfridus mortuus est – Lantfried starb«, und die Geschichtsforschung meint, daß es sich dabei um einen Sohn des Herzogs gleichen Namens gehandelt haben könnte, der im fränkischen Gefängnis sein Leben beendete. Während der ganzen Herrschaft der Karolingerfamilie als fränkische Könige und Kaiser, also rund 150 Jahre lang, war die Herrschaft über Alemannien bestenfalls so etwas wie ein an einen Königssohn verliehenes Krongut.

Die eigentliche Verwaltung des Landes wurde von Fürst Karlmann und seinen Nachfolgern in die Hand zahlreicher Grafen gelegt, die meist aus anderen Teilen des Frankenreiches kamen und nun nur noch für kleinere Amtsbezirke zuständig waren. Sie hatten die Ablieferung der bäuerlichen Abgaben zu überwachen, die natürlich ausschließlich aus Erzeugnissen der Viehzucht sowie des Acker- und Gemüsebaus bestanden. Denn Geld kam praktisch nie in die Hände von Bauern.

Alemannien war schon vor dem Jahr 746 christlich geworden, wenigstens in weiten Teilen und dem Namen nach. Wie lange allerdings und wie intensiv die tief in das kollektive Bewußtsein der Menschen eingeprägten Zauberriten, der Glaube an Geister und Spukgestalten und andere vorchristliche religiöse Praktiken noch fortlebten, läßt sich aus den spärlichen schriftlichen Quellen nicht entnehmen. Doch die vorchristliche Sitte der Grabbeigaben, ein heute unschätzbarer Quell von Wissen über die Alltagskultur der Menschen, hörte allmählich auf, weil die christliche Religion dies verbot. Kleine Kirchen entstanden überall, auch neue Klöster.

Die Christianisierung hatte sich offenbar allmählich und ohne aufsehenerregende Ereignisse vollzogen, im stillen, aber nachhaltigen Wirken zahlreicher anonymer christlicher Priester und Mönche. Bemerkenswerte Heilige als Missionare sind jedenfalls in Südwestdeutschland und der Schweiz nach der Generation des Columban, des Gallus und des Fridolin nicht mehr bekannt geworden.

Wer im Land etwas für sein Seelenheil tun wollte, schenkte Kirchen, Klöstern oder Bischöfen ein mehr oder weniger großes Stück Land, natürlich mit den zur Bearbeitung nötigen Leuten, die inzwischen als Zubehör zum Land aufgefaßt wurden. Das galt natürlich nur für die reichen Adligen (in den ersten Jahrzehnten nach Cannstatt meist fremder Herkunft), die sich das leisten konnten. Diesen Potentes dürfte das Seelenheil ihrer »Eigenleute«, der Pauperes (Armen), ziemlich gleichgültig gewesen sein. Den einfachen Leuten, den fast überall zu zins- und arbeitspflichtigen Hörigen herabgesunkenen Bauern, gehörte ihr Land nicht mehr, von dem sie etwas hätten verschenken können. Aber vielleicht beruhigten die Priester diese Menschen mit der Versicherung, daß auch die körperliche Arbeit für die Kirche, etwa beim Bau von Kirchen- oder Klostergebäuden oder der Erzeugung von Nahrungsmitteln für die Männer und Frauen der Kirche, ein Gott wohlgefälliges Werk sei.

Wie stark die christliche Kirche und ihre Amtsträger in Alemannien schon vor der direkten Machtübernahme durch die Franken Fuß gefaßt hatten, läßt sich aus der zweiten Fassung der alemannischen Volksrechte ersehen. Eine Lex Alamannorum löste vermutlich um 725 den Pactus Alamannorum ab, der etwa ein Jahrhundert lang als Gesetzbuch für diesen Volksstamm gegolten hatte. Doch scheint das frühe Gesetz kaum wirklichen Einfluß auf das Leben und die Rechtsprechung in Alemannien gehabt zu haben (siehe 28. Kap., S. 480). Die Lex Alamannorum dürfte im Auftrag und nach Vorgaben des Herzogs Lantfried im Kloster Reichenau entworfen bzw. aus alten Texten verändert und erstmalig niedergeschrieben worden sein, als Herzog und Kloster unmittelbar nach dessen Gründung noch in gutem Einvernehmen standen.

Im ersten alemannischen Volksrecht fiel noch kein Wort über die christliche Kirche oder den Herzog. Die Neufassung wurde dagegen von einem umfangreichen Kapitel über die Rechte der Kirche, der Priester, Mönche und Bischöfe eingeleitet, dem ein ähnlich ausführliches Kapitel über die Rechte der Herzöge der Alemannen folgte. Allerdings gab es keine Erwähnung des theoretisch übergeordneten fränkischen Königs. Das war ein offenbar gewollter Affront gegen die Herrschaftsansprüche der fränkischen Hausmeier. Vielleicht trug dieses neue Gesetzbuch mit zum Ausbruch offener Kämpfe um die Macht in Alemannien bei.

Eine ganz erhebliche Auswirkung hatte die fränkische Machtübernahme auf die Bevölkerung des germanischsprachigen Südwestens. Zuerst einmal vermehrte sich ihre Zahl. Die Zeiten wurden friedlicher, es gab weitaus weniger Kriegszüge, zu denen die Alemannen aufgeboten werden mußten, und damit auch weniger Tote. Die Bevölkerungsdichte stieg beachtlich und zwang, je weiter die Zeit fortschritt, zu immer neuen Rodungen der germanischen Urwälder, zur Urbarmachung neuer Landstücke und zur Einrichtung neuer Bauernstellen.

Ab dem Jahr 746, vielleicht schon früher, begann sich auch die Bevölkerungszusammensetzung im Südwesten des heutigen Deutschlands und der Schweiz zu ändern. Schriftliche Verwaltungsakte darüber wurden zwar nicht angefertigt, aber es scheint an verschiedenen Stellen zwangsweise Umsiedlungen größerer Gruppen von Alemannen in andere Gebiete des Fränkischen Reiches gegeben zu haben. Zum Teil weit entfernt, bis nach Südgallien oder an die Rhein- und Maasmündungen, wurden Gruppen von Alemannen verschickt, die dort Dörfer mit kennzeichnenden Namen gründeten. Vielleicht handelte es sich dabei um Bauern, denen man am ehesten eine nochmalige gewaltsame Erhebung gegen die fränkischen Herren zutraute.

Umgekehrt, und zwar zahlenmäßig wohl in erheblich stärkerem Maße, strömten im 8. Jahrhundert viele Menschen aus anderen Regionen des Frankenreiches nach Alemannien. Sie wurden dort angesiedelt, um ausgewiesene Einheimische zu ersetzen, vor allem aber wohl, um neue Dörfer in den frischgerodeten Gegenden zu gründen. Diese Gruppen kamen von überall her, aus den romanisch sprechenden Gebieten Galliens, aus Burgund, aus Thüringen, aus Sachsen – von dort in größerem Umfang erst unter Karl dem Großen –, aus Friesland und vom Niederrhein. Feststellen läßt sich dies heute noch durch die Namen, die sie damals ihren neuen Dörfern gaben und die viel über ihre Herkunft verraten.

Ein großer Teil dieser Einwanderer kam wahrscheinlich als Begleiter und menschliches Zubehör der Grafen oder anderer fränkischer Beamter, die in jenen Jahrzehnten mit Verwaltungsaufgaben in Alemannien betraut wurden. Der Frage, ob sie freiwillig oder gezwungen ins fremde Land zogen, hätten die Bauern und ihre Familien damals bestimmt ziemlich verständnislos gegenübergestanden. Wenn ihr Gutsherr sein Gut in eine andere Gegend verlegte und es nicht der Kirche oder Verwandten schenkte oder verkaufte, dann hatten die Hintersassen eben dem Herrn zu folgen. Das war so, und vermutlich gab es damals niemanden, der daran Anstoß nahm.

So änderte das Land zwischen Alpen und Neckar, zwischen Hochrhein und Lech in diesem Jahrhundert wieder einmal sein Gesicht. Die Zuzügler aus dem Fränkischen Reich paßten sich in ihrer Sprache in wenigen Generationen der Sprache ihrer immer noch zahlreicheren alemannischen Nachbarn an, aber sie werden auch das eine oder andere Brauchtum, die eine oder andere völkische Eigenart in die neue Heimat mitgebracht und weitervererbt haben. 500 Jahre früher war ein ähnlicher Vorgang, allerdings unter umgekehrten Vorzeichen, schon mit der zurückgebliebenen Landbevölkerung meist keltischer oder römischer Abstammung geschehen, als die germanischen Alemannen das Kernland östlich und westlich des Schwarzwalds eroberten. Für den deutschen Südwesten, der von den Unruhen der eigentlichen germanischen Völkerwanderungszeit (400–600) relativ wenig gespürt hatte, vollzog sich nun im 8. Jahrhundert mit einiger Verspätung die bevölkerungsmäßige und kulturelle Durchmischung, die andere Regionen Deutschlands schon früher hatten über sich ergehen lassen müssen.

Es scheint nicht besonders lange gedauert zu haben, bis sich auch die Neuzugezogenen, Adlige wie Bauern, als Alemannen empfanden. Wahrscheinlich wurden in den einzelnen Familien, im einzelnen Dorf noch recht lange gewisse Besonderheiten weitervererbt. Auch die »eigentlichen« Alemannen waren ja in ihrer Frühzeit aus einer Vielzahl germanischer Stammessplitter zusammengemischt worden, deren Unterscheidungsmerkmale nicht so schnell verschwanden. Aber das Bewußtsein, in der nunmehr gemeinsamen Heimat Alemannien zu leben – oder in Schwaben, wie man immer öfter sagte –, könnte den Menschen von ursprünglich so verschiedener Herkunft eine gewisse gemeinsame Prägung gegeben haben, in der Sprache, in der Kultur und in der Denkweise.

»Regionalisierung der Volkstümer« hat man diesen Vorgang in der manchmal so schwer verständlichen Sprache der modernen Geschichtswissenschaft genannt. Ähnliches vollzog sich zeitgleich oder wenig später auch bei anderen neuen Stämmen im späteren Deutschland: bei den Bayern, den Franken (den Ostfranken um den Main) und den Sachsen. Davon wird in den nächsten Teilen dieses Buches noch zu berichten sein.

34. DER BISCHOF
UND DIE FRIESEN

DES BONIFATIUS TOD
BEI DEN HEIDEN
7. Juni 754, bei Dokkum/Westfriesland

Es war später Mittag geworden, ehe Irintrud in der befestigten Burg der fränkischen Krieger ankam. Die 30 Männer dieses Stützpunktes mit ihren Familien sollten als Besatzung in diesem Teil Frieslands die erst vor kurzem unterworfene Bevölkerung beaufsichtigen. Ein kleines Kirchlein, aus Holzbalken und Klei (lehmartige Meeresablagerungen) erbaut und mit einem weithin sichtbaren Kreuz auf dem Dach, zeigte an, daß dieser Ort (heute Oudkerk in Westfriesland) das Heim treuer Christen war.

Die junge Frau war von dem stundenlangen schnellen Laufen erschöpft und vor Angst noch immer halb von Sinnen, und sie war unschlüssig, ob sie zuerst in der Kirche im Gebet Gott ihr Leid klagen oder lieber doch vorher dem Befehlshaber der kleinen fränkischen Truppe berichten sollte, was am heutigen frühen Morgen auf dem Hof Dokkum Schreckliches geschehen war. Gott selbst war es, der ihr den Rat gab, zuerst zum Befehlshaber zu gehen.

Breido, der Anführer der fränkischen Krieger, hatte es nicht leicht, aus dem aufgeregten, unzusammenhängenden Gestammel der verängstigten jungen Frau schlau zu werden. Erst durch geduldiges Nachfragen wurde ihm klar, daß heute im vier Stunden entfernten Dokkum eine Mordtat geschehen war, die sein und seiner Truppe sofortiges Eingreifen erforderte, auch wenn die Mörder höchstwahrscheinlich längst nicht mehr zu fassen waren. Erzbischof Bonifatius war tot, der höchste Geistliche im ganzen östlichen Teil des Frankenreiches, erschlagen von heidnischen Räubern – soviel verstand Breido sehr schnell. Doch er wollte es genauer wissen und redete daher der aufgeregten Fränkin Irintrud beruhigend zu, um auch etwas von den genaueren Umständen zu erfahren, ehe er seine Krieger aufbot, um nach einem Geschwindmarsch die Leichen der Märtyrer zu bergen.

Seit etwa einem Jahr war der berühmte Bischof im Land, um die heidnischen Friesen von den Wohltaten des christlichen Glaubens zu überzeugen und so viele wie möglich von ihnen zu taufen. Breido hatte den Bischof in dieser Zeit häufig gesehen und gesprochen, aber der hohe Geistliche hatte ausdrücklich auf jede Schutztruppe fränkischer Krieger verzichtet. Er habe selbst eine Schar kräftiger Gesellen bei sich, die ein Schwert zu führen verstünden und ihn im Notfall verteidigen könnten, hatte der Bischof gesagt. Diese Leute stünden unter dem Kommando des edlen Alvold aus Mainz, der eigentlich ganz gegen den Willen des alten Herrn darauf bestanden habe, Bonifatius auf seiner Missionsreise zu den Friesen mit einer kleinen persönlichen Gefolgschaft zu begleiten und zu beschützen.

Des edlen Alvold junge Frau Irintrud war es nun, die dem fränkischen Anführer Breido die Schreckensnachricht überbringen mußte, trotz seiner privaten Schutzwache sei Bischof Bonifatius heute morgen mit all seinen Begleitern erschlagen worden. Nur Irintrud selbst war dem Gemetzel entkommen, weil sie sich beim ersten Auftauchen der übermächtigen Schar von Friesen vor Angst in einem Schweinestall des Gehöfts versteckt hatte und dort von den Mördern nicht gefunden worden war.

Versteckte Drohungen vieler Friesen, die hartnäckig an ihrem Heidentum festhalten wollten, hatte es gegen den Bischof und seine kleine Gruppe von Mönchen und Priestern schon häufig gegeben. Bonifatius hatte sie nicht ernst genommen und seiner Schar immer wieder gepredigt, wenn sie von mörderischer Heidenhand sterben sollten, dann sei das Gottes Wille, der damit die Bekehrung dieses widerspenstigen Volkes hinterher nur noch triumphaler gestalten wolle. Man hatte auch Gerüchte gehört, heimliche Abgesandte einiger Bischöfe aus dem Frankenreich seien bei den Friesen aufgetaucht und hätten diesen zugeredet, den Bonifatius umzubringen, der eigentlich in die Hölle des Teufels gehöre. Sogar von Geldsummen war die Rede gewesen, die im Fall der Ausführung der Tat an die Friesen gezahlt werden sollten. Bischof Bonifatius hatte darüber nur gelacht und gemeint, dies sei typisch für die Moral gewisser Geistlicher und Bischöfe im Fränkischen Reich, die ganz gewiß nicht in Gottes Himmelreich kommen würden, wenn sie einmal tot seien.

Heute morgen nun, so berichtete aufgeregt die junge Frau Irintrud, hatten sich Mönche und Laien gerade um das Kreuz, das Bonifatius auf

der freien Fläche zwischen den Hofgebäuden hatte errichten lassen,
zum Frühgebet versammelt. Hier auf dem Gehöft Dokkum hatten die
Missionare schon oft übernachtet, denn die Gutsherrschaft hatte sich
vor Monaten von Bonifatius taufen lassen, und hierher hatte der Bischof für den heutigen Mittag die Friesen aus den umliegenden Gehöf-
ten zu einer Predigt eingeladen, in der er die Barmherzigkeit und Güte
Gottes und seines Sohnes Jesus Christus den Heiden hatte erläutern
wollen. Doch dazu war es nun nicht mehr gekommen.

Denn an diesem frühen Morgen habe lautes Geschrei und Waffengeklirr die kleine christliche Schar erschreckt, und eine große
Horde heidnischer Friesen sei von allen Seiten über sie hergefallen.
Was die Heiden so in Wut versetzt hatte, wußte die entkommene Irintrud nicht zu sagen. Auch Breido konnte es sich nicht erklären, denn
er kannte die Friesen der Umgebung als zwar sture, aber im allgemeinen etwas langsam handelnde Menschen. Vielleicht hatte gestern
abend eine große Zahl unternehmungslustiger Bauernsöhne zuviel
Bier getrunken, freche Reden über die verhaßten Christen geführt
und sich gegenseitig herausgefordert, wer von ihnen es den bärtigen
Mönchen am besten besorgen könne. Vielleicht hatten sich die Friesen auch über die schweren Bußen aufgeregt, die getaufte Christen
selbst für kleine Vergehen, etwa das Zuspätkommen bei der Sonntagsmesse, leisten mußten; hierfür mußten sie sich zum Beispiel selbst
zehnmal mit einem dicken Brennesselbündel auf den nackten Rücken
schlagen.

Auf Raub konnte die wilde Horde nicht gut ausgegangen sein, denn
außer einigen kostbaren Pergamentschriften hatten Bonifatius und
seine Begleitung nichts Wertvolles bei sich, und mit Büchern konnten
die Friesen bestimmt nichts anfangen. Breido wußte im übrigen nur zu
gut, daß es in kaum einer Gegend des Fränkischen Reiches noch so
reiche und so freie Bauern gab wie in Friesland.

Stockend und weinend berichtete Irintrud, daß sie durch ein Loch
in der Wand des Schweinestalles habe zusehen müssen, wie die Frie-
senhorde mit Schwertern und Äxten über die meist alten Mönche hergefallen war. Mit lauter Stimme hatte Bischof Bonifatius seinen bewaffneten Begleitern im Namen Gottes befohlen, ihre Waffen wegzuwerfen,
ihre Seelen Gott zu empfehlen und in Demut die Todesstreiche der Heiden zu erwarten. Und so war es gekommen, daß sie alle, Mönche, Priester und ihre Begleiter, auch ihr eigener Mann Alvold, nach der ersten

Verwirrung sich hingekniet und betend und mit gesenkten Köpfen die Todeshiebe erwartet hätten.

Einer der wütenden Hiebe traf den weißhaarigen Bischof an der Schulter, worauf er unwillkürlich mit dem unverletzten Arm sein kostbares Evangeliar (Pergamentbuch mit Auszügen aus den Evangelien) zum Schutz des Kopfes erhob. Doch schon der nächste, besser gezielte Schwerthieb schlug eine tiefe Kerbe in den armseligen Schutz und tötete den alten Mann als einen der letzten Christen auf dem Platz.

Grölend waren die Heiden um die Toten herumgetanzt, hatten sie mit Füßen getreten, das Holzkreuz mit ein paar Axthieben umgehauen und waren dann allesamt wieder abgezogen. Auch die rund ein Dutzend friesischen Bewohner des Hofs Dokkum, die ja schon Christen waren, gehörten zu den Todesopfern.

Breido wußte, was er zu tun hatte. Als erstes schickte er einen Reiter mit dem schnellsten Pferd der Burg los, der dem nächst vorgesetzten Befehlshaber den Vorfall melden mußte. Der hatte seine primitive Holzburg bei einem Dorf am Fluß Vlie (später durch Sturmfluten zur Zuidersee erweitert), einen Tagesritt im Südwesten, und der würde die Nachricht so schnell wie möglich an Pippin, den König der Franken, weiterleiten. Als nächstes schickte er die junge Botin des Schreckens in sein Holzhaus, damit seine Frau der noch immer verstörten und weinenden Irintrud mütterlichen Beistand leisten konnte. Und dann rief er seine Krieger zusammen – bis auf eine kleine Wache – und verhieß ihnen einen so schnellen Marsch, wie sie ihn noch nie in ihrem Leben zurückgelegt hätten.

WAS HATTE BONIFATIUS IN FRIESLAND ZU SUCHEN?

Den Märtyrertod des wohl berühmtesten Bischofs der Frühzeit im heutigen Deutschland kennt die Nachwelt aus der Lebensbeschreibung, die ein Priester Willibald aus Mainz längere Zeit nach dem Tod des Bonifatius niederschrieb. Willibald hatte offensichtlich noch selbst mit der Augenzeugin des furchtbaren Geschehens gesprochen, die in der vorstehenden romanhaften Episode Irintrud genannt wurde. Doch Willibald hat in seinem Bericht wohl auch manche Dinge verschwiegen, die man heute gern über das Ende des Bonifatius wüßte. Der Biograph

mußte auf Empfindlichkeiten der fränkischen Kirche und des Fränkischen Reiches zu seiner Lebenszeit Rücksicht nehmen, so daß sein
Bericht heute nur mit Vorsicht zu lesen ist. Doch das Geschehen dürfte
sich etwa so abgespielt haben, wie es in der Einleitungsepisode etwas
ausgeschmückt beschrieben wurde.

Doch was war im Leben des Bonifatius diesem Tod vorangegangen? Sein Tod allein hat trotz seines bedeutenden Wirkens für Deutschland diesen Mann unvergessen gemacht. Am Ende des 32. Kapitels
wurde der Bischof als Reformator der fränkischen Kirche beschrieben,
zugleich aber angedeutet, daß ihm diese Tätigkeit auch viel Ärger bereitet habe. In den Jahren zwischen 746 und 753 läßt uns seine Brief-
sammlung weitgehend im Stich. Aber er kann nicht viel Erfreuliches
erlebt haben.

Während der ganzen Zeit seiner Tätigkeit in Germanien hatte Bonifatius nicht nachgelassen, das Verhalten vieler Vertreter der Kirche im
Fränkischen Reich zu kritisieren. Glaubt man seinen Briefen, dann hatte
er bis auf wenige Ausnahmen einen Haufen »von Hurern und Säufern,
von Jägern und Kriegsknechten« unter den Priestern und Bischöfen angetroffen. Es besteht wenig Grund, diese Einschätzung für sehr übertrieben zu halten. Mit Menschen solcher Art mied Bonifatius jeden vertraulichen Umgang, wenn es ihm schon nicht gelang, sie von ihren
Posten zu entfernen. Viele fränkische Bischöfe seiner Zeit betrachteten
ihre Amtssprengel als Goldgrube, die ihnen ein Vermögen einbringen
sollte. Bistümer wurden daher von Adelsfamilien vererbt oder mehrere
Bischofsämter in einer Hand vereinigt. Die geistlichen Aufgaben waren
vielen Amtsinhabern gleichgültig; sicher hat es damals manche Bischöfe
gegeben, die nicht einmal lesen und schreiben konnten.

Es ist kein Wunder, wenn Menschen dieses Schlages einem Amtsbruder nur mit Haß und Intrigen begegneten, der nicht müde wurde,
gegen sie zu polemisieren, Synodalbeschlüsse gegen eine derartige
Amtsführung herbeizuführen versuchte oder sie beim Papst denun-
zierte. Je länger Bonifatius sein Reformwerk für die gesamte Kirche im
Frankenreich betrieb, ja, je mehr er dabei auch Erfolge erzielte, desto
wütender wurde der Haß seiner innerkirchlichen Gegner.

Auch politisch begannen sich die Verhältnisse an der Spitze des
Fränkischen Reiches zu ändern (siehe dazu den nächsten Abschnitt),
und sie veränderten sich nicht so, daß Bonifatius persönlich davon Vorteile gehabt hätte. Die eifrigen Reformbemühungen des Erzbischofs,

die von einigen wenigen anderen Bischöfen angelsächsischer Herkunft
unterstützt wurden, machten die Angelsachsen insgesamt im Frankenreich unbeliebt. Pippin der Kurze, der neue Alleinherrscher in diesem
Reich, teilte zwar mit Bonifatius den Wunsch nach Reformen in der
Kirche, aber unter diesen Umständen war es unklug, sich nur auf das
Grüppchen der angelsächsischen Bischöfe zu stützen. Pippin schob daher mehr und mehr reformwillige Geistliche *fränkischer* Herkunft in den
Vordergrund, etwa den Abt Fulrad von St. Denis in Paris. Das hatte
gewollt oder ungewollt Zurücksetzungen des übereifrigen Bonifatius
zur Folge.

So wird es verständlich, daß in den Jahren um 750 der nunmehr
schon über fünfundsiebzigjährige Bonifatius amtsmüde wurde, ja fast
am Leben verzweifelte. »Überall Mühe, überall Kummer ... Die Feindseligkeit der falschen Brüder ist schlimmer als die Bosheit der ungläu-
bigen Heiden«, schrieb er der Äbtissin eines britischen Nonnenklosters,
mit der er seit langem in freundschaftlichem Briefwechsel stand. »Ich
bin der letzte und schlechteste aller Sendboten, die die katholische und
apostolische römische Kirche zur Predigt des Evangeliums ausgesandt
hat ... Ich befürchte, ohne jede Frucht des Evangeliums zu sterben, ohne
Söhne und Töchter zu Gott zurückzukehren.« Bonifatius, der ehelose
Mönch, meinte diese letzte Bemerkung gewiß nicht im körperlichen
Sinne, sondern als Bezeichnung für von ihm im wahren Christentum
erzogene und getaufte Männer und Frauen.

In dieser Stimmung muß bei Bonifatius der Entschluß gereift sein,
die ganze Arbeit an Rhein und Main, die Reisen zum Hof des Frankenherrschers, zu Bischofssynoden oder ähnlichen Anlässen aufzugeben und noch einmal dort zu wirken, wo er vielleicht noch Erfolge er-
zielen konnte, in der eigentlichen Heidenmission. Gleich nach seiner
Übersiedlung von Britannien auf den Kontinent (718) hatte er zweimal
für kurze Zeit versucht, im Friesenland zu predigen und zu taufen.
Doch die politischen Verhältnisse dort (siehe dazu den letzten Abschnitt dieses Kapitels) und wohl auch ein Streit mit dem für Friesland
zuständigen Erzbischof Willibrord erlaubten Bonifatius damals keinen
Erfolg.

Im Jahr 753 waren die äußeren Umstände günstiger. Friesland war
bis zum Flüßchen Lauwers, etwas östlich von Dokkum, nach einem
fränkischen Sieg von Kriegern des Frankenreiches besetzt, und Erzbischof Willibrord war lange tot. Dies dürfte Bonifatius ermutigt ha-

ben, es am Ende seines Lebens noch einmal bei den Friesen zu versuchen. Zwischen deren Land und seinen Thüringern und Hessen gab
es zwar noch immer die heidnischen Sachsen. Doch die hatten sich bisher so erfolgreich gegen jeden fränkischen Eroberungszug und gegen
jeden Missionsversuch christlicher Mönche zur Wehr gesetzt, daß ein
Eindringen des Bonifatius in ihr Gebiet vorerst völlig zwecklos war.

Von den Todesdrohungen der heidnischen Friesen und von den
Gerüchten über ein Mordkomplott fränkischer Feinde des Bonifatius
mit den Friesen, wie sie in der Einleitungsepisode angedeutet wurden,
berichtet die Biographie des Priesters Willibald nichts. Dennoch ist
eine Mischung von beidem als Auslöser der Mordtat nicht ganz unwahrscheinlich.

Vielleicht hat Bischof Bonifatius ganz bewußt den Tod bei den Heiden gesucht, als Sühne für einen gebrochenen Eid (siehe dazu den
nächsten Abschnitt) und in der klugen Beurteilung menschlicher Gefühle, die ein dramatischer Tod zu allen Zeiten mehr beeindruckt als
ein noch so erfolgreiches Leben.

Das von einem Schwerthieb eingekerbte Evangeliar des Bischofs
Bonifatius wird heute noch als einer der größten Schätze im Dom zu
Fulda aufbewahrt. Dort wurde des Bonifatius Leiche auch bald nach
seinem Tod feierlich beigesetzt. Denn dem in seinem Auftrag im Jahr
744 gegründeten Kloster Fulda gehörte die ganze Liebe des greisen Bischofs, hier wollte er begraben sein. Die fränkische Kirche, die ihm
sonst oft genug Schwierigkeiten und Kummer bereitete, hat ihm diesen
Wunsch erfüllt.

PIPPIN, ZUM KÖNIG GEWÄHLT,
ERHOBEN UND GESALBT

Die Jahre zwischen 746 und 754, für Bonifatius wahrscheinlich in
schlechter Erinnerung, ließen im Frankenreich für Jahrhunderte fol-
genschwere Entscheidungen reifen. Mitteleuropa erhielt dadurch für
lange Zeit ein neues Gesicht.

Die beiden Söhne Karl Martells, die Hausmeier Karlmann und Pippin, hatten in ungewohntem Einvernehmen die ihnen vom Vater zuge-
teilten Reichsteile regiert – bis zum Jahr 747, bis zu Karlmanns über-
raschendem Eintritt ins Kloster (siehe 33. Kap., S. 565). Was auch immer

den Entschluß des vorher so mächtigen Hausmeiers ausgelöst haben
mochte, für seinen Bruder Pippin war es ein Glücksfall. Zwar gab es
noch einen jungen Sohn Karlmanns namens Drogo, der Ansprüche auf
den Erbteil seines Vaters erhob. Doch Pippin scheint es sehr rasch gelungen zu sein, diese Gefahr für seine Alleinherrschaft zu beseitigen –
wie, das wird aus den sehr einsilbigen fränkischen Chroniken nicht
recht klar. Auch sonst konnte Pippin schnell einige Aufstandsversuche
niederschlagen. Seine Machtposition war eindeutig gesichert.

Zwischen Pippin und dem altehrwürdigen Thron der Könige der
Franken stand nun nur noch *ein* Hindernis. Das war nicht etwa die Person des jungen Merowingerkönigs Childerich III., den die Hausmeier-
Brüder einige Jahre zuvor noch einmal als Schattenkönig aus der Ver-
senkung geholt hatten. Sondern es war die heilige Scheu aller Franken,
an dem aus Urzeiten, aus heidnisch-sakralen Stammestraditionen überlieferten Thronanspruch der Merowinger etwas zu ändern. Diesem
»Geruch der Heiligkeit« der alten Königsfamilie, ihrem Geblütsanrecht
auf den Thron, hatten die wahren Machthaber aus der Karolingerfamilie in den Augen ihrer Untertanen als Emporkömmlinge nichts
Gleichwertiges entgegenzusetzen. Der Widerstand der Alemannenher-
zöge gegen die Karolinger, der geschickt eben diesen religiös bedingten
Vorrang der Merowinger zum Vorwand nahm, war ein warnendes Beispiel.

Doch die wachsende religiöse Bedeutung des römischen Papstes
auch im Frankenreich kam Pippins Wünschen entgegen. Könnte die
religiöse Autorität des »Stellvertreters Gottes auf Erden« vielleicht inzwischen schwerer wiegen als das alte Geblütsrecht der machtlosen
Merowinger? Wohl am Anfang des Jahres 751 schickte der Hausmeier
Pippin als Gesandtschaft einige hohe Geistliche zum Papst nach Rom –
Bonifatius war nicht darunter! Sie sollten den Papst fragen, ob es richtig sei, daß im Reich der Franken Könige regierten, die nur den königlichen Namen, nicht aber die königliche Macht besäßen. Die Antwort
des Papstes fiel genau so aus, wie es Pippin erhofft hatte: Es sei besser,
denjenigen König zu nennen, der die königliche Gewalt ausübe, als
jenen, der ohne königliche Gewalt nur den Königsnamen habe. Dies
entspreche der göttlichen Weltordnung, in der alles seinen ihm ge-
mäßen Platz haben müsse.

So konnte sich am Ende des Jahres 751 in Soissons ein staatlicher
Akt im Frankenreich vollziehen, der nach den strengen Anschauungen

mancher Menschen damals ein Staatsstreich war, der aber dank der Unterstützung durch die höchste moralische Autorität der Christenheit, durch den Papst, dennoch weitgehend akzeptiert wurde. Zunächst trat in der alten Hauptstadt der Merowingerkönige eine fränkische Reichsversammlung zusammen, genauer gesagt eine Versammlung der höchsten Adligen dieses Reiches. Nach altem germanischem Brauch wählten diese einen neuen König, doch hatte natürlich niemand die freie Wahl. Pippin, der allmächtige Hausmeier, wurde zum neuen König der Franken gewählt und »erhoben«.

Diese Erhebung war sehr wörtlich zu verstehen, denn ebenfalls nach einer uralten *germanischen* Sitte setzten einige kräftige Adlige den neugewählten König auf einen Schild und trugen ihn darauf hoch erhoben durch die Reihen seines Heeres. Dies entsprach in alten Zeiten der späteren Zeremonie der Krönung. Dem bisherigen Merowingerkönig Childerich wurden nach schon häufigem Vorbild die langen Locken geschoren, um ihn zum Herrschen unfähig zu machen, und er wurde in eines der Klöster gesperrt, die damals für prominente Häftlinge die Rolle eines Gefängnisses spielen mußten. Vom Geschlecht der Merowinger hat man seitdem nichts mehr gehört.

Doch zu diesen germanischen Bräuchen mußte noch eine aus der Vorstellungswelt des Alten Testaments stammende *religiöse* Zeremonie treten, die dem neuen König die immerwährende Gnade Gottes verhieß und gewissermaßen das sakrale Geblütsrecht der Merowinger ersetzte. Das war die Salbung des Königs mit heiligem Öl, vollzogen durch Bischöfe im Rahmen einer feierlichen Messe. Denn nach den Vorstellungen der Menschen des Mittelalters waren Rechtshandlungen nur gültig, wenn die richtigen Worte von den richtigen sichtbaren Gesten oder Handlungen begleitet waren. Noch heute wird ja nach dem Glauben der katholischen Kirche einem sterbenden Menschen die Letzte Ölung oder Krankensalbung durch einen Priester verabreicht, um ihn der Gnade Gottes und der Vergebung seiner Sünden gewiß zu machen.

Um diese Salbung des neuen Königs Pippin hat es möglicherweise unmittelbar vor seiner Wahl im Kreis der prominenten Bischöfe des Reiches erbitterte Auseinandersetzungen gegeben. Es war klar, daß diese Zeremonie von den höchsten Kirchenfürsten des Landes ausgeführt werden mußte, in einem festlichen Gottesdienst mit allem Pomp der katholischen Kirche. Bonifatius als Erzbischof und Legat des

Papstes mußte selbstverständlich dazugehören. Doch vermutlich hat er sich zunächst hartnäckig geweigert und damit nicht wenig Ärger in den höchsten Kreisen des fränkischen Staates verursacht.

Des Bonifatius Weigerung richtete sich gewiß nicht gegen die Person des neuen Königs, den er schätzte und mit dessen Absichten er weitgehend übereinstimmte, obwohl Pippin den alten Erzbischof aus Gründen der Staatsräson vermutlich nicht selten übergehen mußte. Auch die Zeremonie der Salbung als solche hat er wohl nicht abgelehnt. Aber bis zu diesem Tag der Salbung des Königs scheint es Bonifatius geschafft zu haben, einen Schwur einzuhalten, den er vor Jahrzehnten dem Papst geleistet hatte: mit »schlechten Priestern« keinen persönlichen, vertraulichen Umgang zu haben und nicht mit ihnen gemeinsam die heilige Messe zu feiern, die er durch diese Menschen als entweiht ansah. Ein offizielles Zusammentreffen mit Bischöfen, die der Angelsachse als »schlechte Priester« betrachtete, war oftmals nicht zu vermeiden, aber das war etwas anderes als ein »persönlicher vertrauter Umgang«, und einer gemeinsamen Meßfeier hatte der alte Bischof bisher ausweichen können. Doch nun forderten die Staatsräson und sicher auch ein Befehl des »Königs in spe« Pippin eben dieses letztere von Bonifatius.

Die Gewissensqualen des Bonifatius lassen sich direkt aus keinem zeitgenössischen Dokument entnehmen. Nur indirekt kann man darauf schließen, wenn man vergleicht, daß die zeitnahen fränkischen Dokumente, auch die Biographie des Bonifatius, nichts über die Beteiligung des Erzbischofs an der Salbungszeremonie berichten – sie galt wohl bei den in die Vorgeschichte eingeweihten Hofkreisen als Skandal –, während spätere Annalen aus Karls des Großen Zeit unbefangen von der Salbung Pippins durch Bonifatius schreiben. Der Historiker Jörg Jarnut hat in einem längeren Aufsatz die hier wiedergegebene Auffassung plausibel begründet.

Treffen diese Vermutungen zu, dann wird es noch verständlicher, daß der alt gewordene Bonifatius zur Sühne für einen – wenn auch unter Zwang – gebrochenen Schwur den Tod gesucht hat. Und nach der Auffassung seiner Zeit gab es dafür keine bessere Sühne als den Märtyrertod durch die Hand von Heiden, zu deren Bekehrung man ausgezogen war.

Anfang Januar 754, gut zwei Jahre nach Pippins Wahl und Salbung zum König, die auf den »Rat« des Papstes hin erfolgte, war die Situation da, in der Pippin seine Dankesschuld an den Papst zurückzahlen

konnte. Zugleich bedeutete dieses Datum den Beginn einer jahrhundertelangen engen Zusammenarbeit zwischen den Päpsten und den
Königen und später Kaisern der Franken als den mächtigsten Herrschern im Abendland. Der Januar 754 war daher ein ausgesprochen
historisches Datum in jenem Jahrhundert.

Bis dahin waren die Päpste in ihrem Sitz Rom noch immer wenigstens formell Untertanen des »Römischen Kaisers«, der in Konstantinopel (Byzanz) seinen Sitz hatte, auf der italienischen Halbinsel jedoch
schon seit langem nur noch kleine Exklaven tatsächlich beherrschte. Im
Jahr 753 bestieg ein neuer König Aistulf den Thron des norditalienischen Langobardenreiches in Pavia, und dieser war fest entschlossen,
endlich die Stadt Rom und ihre Umgebung seiner Oberherrschaft zu
unterwerfen. An wen sollte sich der Papst um Hilfe wenden? Der oströmische Kaiser hatte keine Macht und kein Interesse, ihn zu beschützen, außerdem waren beide aus theologischen Gründen tief verfeindet.

Nach einigen diplomatischen Vorverhandlungen trat Papst Stephan
eine bisher vorbildlose Reise an, die ihn in den ersten Tagen des Jahres
754 nach Ponthion in der Champagne (östlich von Paris) zu einer Pfalz
des Königs Pippin führte. Als Schutzflehender erbat der Papst die Hilfe
des Frankenkönigs gegen die drohenden Langobarden. Pippin versprach sie ihm, und Papst Stephan revanchierte sich mit einer Wieder-
holung der kirchlichen Salbung des Königs und sogar seiner beiden
Söhne Karl und Karlmann, die damit schon im voraus mit dem Got-
tesgnadentum künftiger mittelalterlicher Könige ausgestattet wurden.
Der damals erst zwölfjährige Karl sollte im Jahr 768 seinem Vater Pippin auf den Thron der Frankenkönige folgen und unter dem Namen
Karl der Große Weltgeschichte gestalten.

Mit zwei Feldzügen nach Italien löste König Pippin seinen Teil des
Bündnisses mit dem Papst ein; damit zwang er die Langobarden, auf
die Eroberung von Rom zu verzichten. Pippin tat noch mehr: In der sogenannten »Pippinschen Schenkung« versprach er ganz Mittelitalien
unter Einschluß der Stadt Rom dem heiligen Petrus und dem Papst als
dessen Verwalter zum Eigentum. Historisch ist umstritten, ob diese
Schenkung nicht bloß eine spätere Fälschung des Vatikans gewesen ist.
Aber eine historische Wirkung hat sie gehabt, wenn man so will, bis
zum Jahr 1870, bis zum endgültigen Verschwinden eines großen päpstlichen Staates von der italienischen Landkarte.

An all den aufregenden und umstürzenden Ereignissen nach Pippins Königswahl und -salbung war Erzbischof Bonifatius nicht mehr beteiligt. Sein Rat war nicht mehr gefragt, er war am Königshof »abgeschrieben«, wie man heute sagen würde. Sollte er doch bei den Friesen machen, was er wollte, dort konnte er keinen Schaden anrichten...

ABSCHIED VON DER
FRISIA MAGNA

Friesland, oder genauer gesagt der westliche Teil davon, war um das Jahr 754, das Todesjahr des Bischofs Bonifatius, so etwas wie die nördlichste »Besatzungszone« des unersättlichen Fränkischen Reiches. Doch wie war es dazu gekommen? Und was hatte das Land in den rund 300 Jahren erlebt, seit es zum letztenmal in diesem Buch erwähnt wurde (siehe 18. Kap., S. 289 ff.)?

Es war eine Geschichte, wie sie sich fast überall an den Grenzen des Fränkischen Machtbereichs abgespielt hatte, eine Geschichte von Eroberungsversuchen durch die Merowingerkönige oder später ihre Hausmeier, mal mehr, mal weniger erfolgreichen Aufständen der überfallenen Nachbarn (die ihrerseits auch nicht zimperlich mit Gegenangriffen waren, wenn sie es sich leisten konnten) und am Ende doch einer endgültigen Unterwerfung unter die Herrschaft des Frankenreiches. In Friesland war ein Teil dieser 300 Jahre zugleich die Geschichte eines großen und mächtigen Königreiches, der Frisia magna, einer »heldischen Zeit«. Wir Heutigen kennen diese Geschichte allerdings nur aus spärlichen fränkischen Chroniken oder Missionsberichten und nur aus deren Blickwinkel.

Allerdings waren wohl nicht alle Völker in den heutigen Niederlanden im frühen Mittelalter Friesen. Mit Ausnahme von diesen waren die germanischen Völker, die während der frühen römischen Kaiserzeit die heutigen Niederlande und Nordbelgien bevölkerten und meist lange mit den Römern verbündet waren, in den folgenden Jahrhunderten zerrieben worden. Sie hatten sich wie viele andere Stämme durch Zu- und Abwanderungen mehr oder weniger aufgelöst oder den römischen Truppen bei ihrem allmählichen Rückzug von der Rhein- und Maasfront angeschlossen. Das waren vor allem die Stämme der Bataver und Canninefaten. Nur ein paar alte Landschaftsnamen in den Niederlanden zeugen noch von ihrer einstigen Anwesenheit.

Weser

Hunte

Hase

Ems

Lippe

Helgoland

Groningen

Lauwers

Dokkum

Vechte

IJssel

Berkel

Rhein

Vlie

Aller Rhein

Utrecht

Dorestad

Warnen/Wilzen?

Thüringer/Polarnen?

Heruler/Rytzen?

Maas

34

Friesland und die Rhein-Maas-Mündungen im frühen Mittelalter (4.–8. Jh.)

Ursprüngliches Gebiet der Friesen (bis 3. Jh.)

Historisch sichere Ausdehnung der Friesen von ca. 300–800

Mögliche weitere friesische Vorstöße (5./6. Jh.)

Vermutetes vorübergehendes Gebiet selbständig gewordener germanischer Föderatengruppen (5.– frühes 7. Jh.)

Die Küstenlinien an der Nordsee verliefen im frühen Mittelalter anders als heute.

Germanische Hilfstruppen benötigte das Römerreich zur Verteidigung seiner Grenzen aber weiterhin; je schwächer die eigenen Kräfte des Reiches wurden, desto mehr sogar. Die römischen Befehlshaber vor Ort oder auch die Kaiser selbst warben daher einzelne germanische Söldner für ihre Legionen an, später auch große germanische Gefolgschaften aus verschiedenen Stämmen rechts des Rheins. Das konnten mehrere hundert bis mehrere tausend kampfkräftige Krieger sein, wohl immer begleitet von ihren Frauen und Kindern. Diese Gefolgschaften wurden dann in bestimmten Gegenden innerhalb der breiten Verteidigungszone angesiedelt, die in der römischen Spätzeit das schmale Band befestigter Kastelle am Rheinlimes ablöste. Sie führten dann meist den stolzen Namen Foederaten (Verbündete) und fühlten sich weiter als Germanen mit ihrer eigenen Kampfweise und ihren eigenen Anführern, die allerdings zugleich römische Offiziere waren.

Zu diesen Foederatengefolgschaften gehörten die salischen Franken, von deren Frühzeit ja schon berichtet wurde (siehe 19. Kap., S. 312). Doch auch andere germanische Stämme scheinen kurz vor dem Ende der römischen Herrschaft an Niederrhein und unterer Maas größere Gefolgschaften dorthin entsandt zu haben. Zwar nicht Gregor von Tours, aber sein bischöflicher Amtskollege Sidonius Apollinaris aus Südfrankreich (gestorben um 490) hat in erhaltenen Briefen »Warnen, Heruler und Thüringer (Thuringi)« irgendwo im kalten Norden Galliens erwähnt. Leider weiß man heute nicht mehr als diese Namen.

Wieder könnte möglicherweise die in diesem Buch schon mehrfach erwähnte Thidrekssaga etwas nähere Auskunft geben, wenn man bereit ist, den Kern ihrer Erzählungen als historische Quelle zu betrachten. In einem nur locker mit den übrigen Teilen der Erzählung verbundenen Bericht – er wird auch Wilzinensage genannt – schildert die Thidrekssaga erbitterte Kämpfe einiger benachbarter germanischer Völker gegeneinander über mehrere Generationen hinweg. Es sind die Hunen, die bekanntlich im südlichen Westfalen zu suchen waren (siehe 22. Kap., S. 369ff.), die Wilzen, die Rytzen und die Polarnen. Infolge dieser Namen (Russen? Polen?) und anderer irreführender geographischer Bezeichnungen gerade in der Wilzinensage hat die Wissenschaft der Germanistik diese Völker irgendwo im Nordosten Europas gesucht und ihre Erwähnung für eine »typische sagenhafte Verfremdung« viel späterer historischer Ereignisse gehalten.

Eine noch sehr junge Theorie hält es jedoch für möglich, daß diese

germanischen Gruppen tatsächlich zur Völkerwanderungszeit im heutigen Belgien und einem Teil der Niederlande ansässig waren. Die Erforschung von Ortsnamen und andere Indizien führten auf diese Spur. Ob
die von Sidonius Apollinaris genannten Völker Heruler, Warnen,
Thüringer mit den Völkern identisch waren, die in der Wilzinensage
ganz anders heißen? Die Karten auf den Seiten 365 und 582 nehmen
das zunächst einmal an. Vielleicht allerdings waren die Wilzen, Rytzen
und Polarnen genannten Völker ursprünglich auch weitere germanische Foederatengefolgschaften, die nach dem Abzug der römischen
Verwaltung und Befehlshaber selbständig wurden und dann nach guter
alter germanischer Manier übereinander herfielen.

In der fränkischen Geschichtsschreibung finden sich keine Anhaltspunkte, daß die Macht des Fränkischen Reiches, etwa unter den Königen Childerich und Chlodwig, in seiner Frühzeit sich weit nach Norden
in das heutige Belgien und die Niederlande hinein erstreckte. Eine von
den Franken unabhängige Existenz germanischer Stämme oder Stammesgruppen dort ist also durchaus vorstellbar, und zwar fast zwei Jahrhunderte lang. Aber bisher war das nicht nachweisbar. Die niederländische Geschichtswissenschaft ist sich, offenbar eher als die deutsche,
dieser Wissenslücke über die eigene Geschichte bewußt, wenn auch
bislang kaum Fortschritte zu deren Schließung erzielt werden konnten.
Doch vielleicht sind niederländische und belgische Historiker schon
weiter als man in Deutschland, jenseits der Sprach- und Bibliotheken-
grenze, ahnt.

Die Friesen, von denen dieser Abschnitt in der Hauptsache erzählen
soll, lebten zu Beginn der hier beschriebenen Epoche mit Sicherheit
außerhalb des Bereichs dieser noch sehr hypothetischen Germanenstämme. Wie auf Seite 290 beschrieben, waren sie ursprünglich in
einem Streifen entlang der Nordsee zu finden, der nicht viel breiter als
50 Kilometer war. Die Wohnbezirke der Friesen waren häufig noch
durch Moore oder unfruchtbare Gebiete unterbrochen. So entwickelten sich zahlreiche Kleingaue oder »Geweste«, wie sie im Niederländischen genannt werden, relativ unabhängig voneinander, kleine »Repu-
bliken« freier Bauern, vielleicht den ländlichen Urkantonen in der
Schweiz nicht unähnlich.

Diese von der Natur vorgegebene politische Struktur erleichterte
nicht gerade die Bildung einer überörtlichen Herrschaft. Dennoch
könnte sie sich im 4., 5. oder 6. Jahrhundert n. Chr. allmählich ent-

wickelt haben. Mittelalterliche friesische Chroniken berichten von der Regierung eines Herzogs Sibbelt, seines Sohnes Ritzard und anderer Fürsten in jener frühen Zeit. Doch da es keine parallelen Zeugnisse zeitgenössischer lateinischer Schriftquellen gibt, hält man offenbar die einheimischen Chroniken, die allerdings erst aus dem späten Mittelalter oder der frühen Neuzeit stammen, für völlig unzuverlässig (siehe S. 292). Warum eigentlich? Könnte nicht auch in diesen alten Schriften ein historischer Kern enthalten sein?

In diesen Zusammenhang gehört offenbar auch der Bericht des Friesen Suffridus Petrus über kriegerische Auseinandersetzungen zwischen Westfalen und Friesen und die zeitweilige Eroberung von Teilen Westfalens durch friesische Krieger (siehe S. 292). Doch selbst die *Encyclopedie van Friesland*, von friesischen Wissenschaftlern 1958 herausgeben, nimmt davon keine Kenntnis und verzeichnet im historischen Überblick nur, nach dem römischen Kaiser Constantius Chlorus (295–306) seien die Friesen für mehr als drei Jahrhunderte aus der »Romeinse« (lateinischen?) Geschichtsschreibung verschwunden.

Während im Frankenreich die frühen Merowingerkönige – Brüder, Onkel und deren Frauen – sich abwechselnd verbündeten und haßerfüllt gegenseitig umbrachten (Ende 6., Anfang 7. Jahrhundert; siehe 26. Kap., S. 433 ff.), entwickelten die Friesen an der Nordseeküste eine neue Tugend: Viele von ihnen wurden zu unternehmungslustigen Fernhandelskaufleuten. Mindestens seit dieser Zeit, wahrscheinlich jedoch bereits viel früher, muß ein Netz von regelmäßigen Fahrtrouten größerer, seetüchtiger Boote die Ost- und Nordsee und die großen europäischen Flüsse überzogen haben, und deren Besatzungen beförderten wertvolle Waren von Skandinavien nach Britannien und Mittel- und Südeuropa und umgekehrt.

Kostbares Glas aus dem Rheinland, Edelmetall, Münzen, Schmuck, Seidenstoffe, Gewürze aus dem »reichen« Süden und Honig, Bernstein, Sklaven (vermutlich meist slawischer oder finnischer Herkunft), wertvolle Pelze aus dem angeblich armen Norden waren die gängigen Handelswaren. Die Friesen lernten rasch, sich in diese Frühform einer »europäischen Freihandelszone« einzuschalten. Die Handelsfahrten selbst waren angesichts der doch noch recht unzulänglichen Schiffe und der Verlustgefahren durch Stürme und Seeräuber, in die sich die Kaufleute selbst jederzeit schnell verwandeln konnten, eine Sache nur der wagemutigsten und kräftigsten Krieger. Doch die Friesen als Küsten-

volk konnten schon seit Jahrhunderten gut mit Schiffen umgehen, und
mutige Krieger waren sie allemal. Im übrigen produzierten die kleinen
Bauernwirtschaften auf ihren isolierten »Terpen« wertvolle »friesische
Tuche« aus Wolle als eigenen Produktbeitrag zu diesem Handel, Tuche,
die in ganz Europa begehrt und gut bezahlt wurden.

Im frühen Mittelalter entstanden an einigen Stellen Nordeuropas
ständige Handelsplätze – Städte konnte man sie noch nicht nennen –,
Vorläufer internationaler Messen, an denen seefahrende Kaufleute verschiedener Nationen friedlich zusammentreffen, ihre Waren verhandeln, ihre Schiffe reparieren, Lebensmittelvorräte ergänzen und neue
Mannschaften anheuern konnten. Birka in der Nähe der heutigen
schwedischen Hauptstadt Stockholm, Haithabu beim heutigen Schleswig (siehe 45. Kap.) und Dorestad am »Alten Rhein«, 75 Kilometer von
dessen damaliger Mündung in die Nordsee, sind bekannte Beispiele
solcher Handelsorte.

Vielleicht war es gerade das Aufblühen des Handelsplatzes Dorestad, das friesische Adlige zu dem Versuch ermunterte, eine groß-
räumigere Herrschaft zu errichten und diesen Ort zu erobern, der zu
Anfang wohl keineswegs im friesischen Siedlungsgebiet lag. Denn
natürlich flossen dem Herrscher über ein solches Handelszentrum
reichlich Steuern zu, ohne daß er viel dafür tun mußte. Aber nicht nur
die Friesen waren auf Dorestad scharf.

Aus der Zeit um 630 liegt eine Nachricht vor, daß der fränkische
König Dagobert – der letzte der Merowinger, der noch eine eigenständige Politik betrieb (siehe 27. Kap., S. 459) – eine alte, längst verfallene
römische Festung Traiectum besetzen ließ, die damals wohl Wiltaborg
und später Utrecht genannt wurde. In diesem Ort sollte nach seinem
Willen Bischof Kunibert von Köln eine Missionsstation einrichten.
Utrecht liegt am Alten Rhein etwas unterhalb von Dorestad und
in strategisch günstiger Lage, gegebenenfalls diesem Handelsort die
Schiffahrt auf dem Fluß zu sperren. Damals floß der Alte Rhein noch
weit nördlich der heutigen Rheinmündungen (Lek und Waal) als
großer Strom in die Nordsee. Doch dieser erste offensichtliche Versuch
der Franken, sich unter dem Vorwand der Missionierung der Heiden in
den lukrativen Fernhandel einzuschalten, scheiterte. Kurz darauf scheinen die Friesen Utrecht und Dorestad erobert zu haben. Erst 60 Jahre
später kamen beide Orte wieder, und auch dies zunächst nur vorübergehend, in fränkische Hände.

Damals muß die Zeit der Frisia magna begonnen haben, eine Herrschaft friesischer Herzöge und Könige über »ganz Frisia vom Sinkfal
über die Vlie und die Lauwers bis zur Weser«. Diese alten Namen kleiner und großer Flüsse bezeichnen die gesamte Nordseeküste zwischen
dem heute flandrischen Brügge bis nach Bremen. Ein Herzog oder König Aldegisel taucht in ersten Missionsberichten aus der zweiten Hälfte
des 7. Jahrhunderts auf. Er soll einem Bischof, der aus Britannien her-
überkam, erlaubt haben, in Friesland das Christentum zu predigen und
zu taufen.

Doch um 680 starb dieser von den späteren Mönchsberichten
natürlich gelobte Aldegisel. Sein Sohn, König Radbod, war wohl der
berühmteste und zugleich mächtigste Sproß der einzigen Königsdynastie, die Friesland aufzuweisen hatte. Zwar gingen auch in seiner langen
Regierungszeit immer wieder angelsächsische Missionare an Land,
denn Friesland war für sie die nächste Küste. Sie versuchten auch dort
zu predigen. Radbod ließ sie nicht umbringen und diskutierte gelegentlich sogar mit ihnen, ermutigte sie aber in keiner Weise. Seine Einstellung wird in einer bezeichnenden Anekdote beschrieben. Bischof Willibrord, der große Friesenmissionar vor Bonifatius, habe Radbod die
Freuden des Himmels und die Qualen der Hölle klarzumachen versucht. Radbod habe ihn nur gefragt, wo denn seine, Radbods, toten
Ahnen seien. Als Heiden seien sie natürlich in der Hölle, entgegnete
Willibrord. »Dann will ich nach meinem Tod mit meinen ruhmreichen
Ahnen vereint sein und auf die Gesellschaft frommer Christen verzichten«, war Radbods Antwort, ehe er sich erhob und ging.

In den Zeiten der Könige Aldegisel und Radbod gelang den Friesen
ein »währungspolitischer Sieg«, wie man das modern wohl ausdrücken
müßte. Die Könige ließen Münzen in einer Silberwährung prägen, die
sogenannten Sceattas. Und diese Münzen wurden von den Kaufleuten
rund um die Nord- und Ostsee akzeptiert, während die merowingischen
Goldmünzen allmählich verschwanden. Die Friesenmünzen zeigten
nicht das Kreuz wie die der Franken, sondern eine primitive Abbildung
Wodans mit flatterndem Haar. Die Friesen waren eben »verstockte Heiden« und wollten es bleiben. Denn ihre führende Schicht wußte sehr
wohl, daß bei den Franken die christlichen Missionare nur die Vor-
bereiter einer *politischen* Unterwerfung der Nachbarvölker waren.

König Radbod war Zeitgenosse zweier fränkischer Hausmeier, Pippins II. und Karl Martells. Kaum hatte der erstere durch die Schlacht

bei Tertry (686) die Alleinherrschaft im Frankenreich errungen, als er
erneut die Ausweitung des Reiches versuchte. Besonders der lukrative
Handelsort Dorestad hatte es ihm angetan. Drei Jahre nach Tertry zog
Pippin mit einem großen Heer nach Norden zur Eroberung Frieslands.
Bei Dorestad kam es zu einer blutigen Schlacht, die König Radbod verlor. Der Friesenherrscher mußte flüchten, und Pippin annektierte den
ganzen westlichen und südlichen Teil der Frisia magna zwischen Ost-
flandern und Texel, einschließlich Dorestad und Utrecht. Alles was
westlich der späteren Zuidersee lag, war nun fränkisch geworden.

Erzbischof Willibrord konnte in Utrecht einen Bischofssitz einrichten und nun versuchen, unter dem Schutz der fränkischen Waffen die
Friesen zum Christentum zu bekehren. Sehr erfolgreich scheint er dabei
nicht gewesen zu sein. Bei Dorestad erbauten die Franken eine kleine
Festung für ihre Besatzung, die jetzt statt des Friesenkönigs die Steuern
der Kaufleute kassierte. Den freien Handel selbst zu unterbinden, hüte-
ten sich die Franken natürlich. Der Ort wuchs auch in dieser Zeit tüchtig weiter. Die Häuser für feste Einwohner und Gäste, die Werkstätten
der Handwerker, Straßen, hölzerne Landungsbrücken und andere Anlagen bedeckten bald eine Fläche von 250 Hektar, während die Stadt
Mainz zur Römerzeit – als sie die größte Ausdehnung im Altertum und
Mittelalter hatte – nur 100 Hektar umfaßte.

Was der Friesenkönig Radbod in den 25 Jahren getan hat, die seiner
Niederlage bei Dorestad folgten, erfährt man aus den fränkischen Berichten nur sehr ungenau. Angeblich soll er mit den Resten seines Heeres und seines Hofstaates auf eine Insel »Fostenland« oder »Fositesland«
geflüchtet sein. Diese Insel sei, wie einige Wissenschaftler behaupten,
die kleine Insel Bant zwischen den heutigen ostfriesischen Inseln Bor-
kum und Juist gewesen, die im späteren Mittelalter einer Sturmflut zum
Opfer fiel. Andere Forscher meinen, es müsse sich um Helgoland gehandelt haben, das damals noch erheblich größer war als heute und
vermutlich ein friesisches Götterheiligtum beherbergte. Auf jeden Fall
unterstanden König Radbod aber noch der Kern des heutigen (West-)
Friesland von der Vlie (der späteren Zuidersee) bis an den Dollart, das
heutige Ostfriesland sowie Gebiete bis zur Weser.

Im Jahr 714 starb Pippin II., und es sollte einige Jahre dauern, bis
sein unehelicher Sohn Karl Martell wieder fest das Heft in der Hand
hatte. Diese Situation nützte König Radbod sofort aus. Mit einem gut-
ausgebildeten Heer fiel er in den fränkischen Westteil der Frisia magna

ein und eroberte in kurzer Zeit Dorestad und Utrecht zurück. Erzbischof Willibrord und all seine Missionare mußten flüchten, so sie
nicht umgebracht worden waren, und sich in ihr Kloster »in der
Etappe«, Echternach im heutigen Luxemburg, zurückziehen.

Mitten in seinen verzweifelten Versuchen, über seine Widersacher
im Frankenreich die Oberhand zu gewinnen, mußte sich Karl Martell
einer Schlacht gegen die Friesen stellen, die plötzlich vor Köln standen.
Offenbar war eine größere friesische Truppenabteilung mit Schiffen
den Rhein aufwärts gefahren, um den gefährlichen Erben Pippins zu
vernichten, der sich gerade in Köln aufhielt. Die völlige Vernichtung
gelang zwar nicht, aber Karl Martell verlor diese Schlacht. Auch wenn
er wenig später doch noch unumstrittener Alleinherrscher im Frankenreich wurde, konnte er vorerst an eine Rückeroberung Westfrieslands
nicht denken.

König Radbod konnte erneut seine Residenz in der alten Burg zu
Utrecht einrichten und wieder die Steuern der Dorestadhändler einziehen. Wenige Jahre später, 718, ging der noch junge Abt Winfried
(später Bonifatius genannt) aus dem britannischen Wessex in Dorestad
an Land in der Absicht, die Heiden im Herkunftsland seiner Vorfahren
zu Christus zu bekehren. Er erbat und erhielt eine Audienz bei König
Radbod, der entgegen den sonstigen mönchischen Berichten keineswegs jeden Christen erschlagen ließ, dessen er ansichtig wurde. Doch
bei diesem Mann war der Versuch zwecklos, ihn mit süßen Worten
zum christlichen Glauben zu bekehren oder wenigstens die Erlaubnis
zu erhalten, in seinem Land Missionsarbeit zu betreiben. In Friesland
waren inzwischen alle bis dahin gebauten christlichen Kirchen wieder
zerstört worden. Kein Wunder, wenn Winfried-Bonifatius sehr rasch
und enttäuscht das Land verließ. Sein zweiter Anlauf einige Jahre später, zusammen mit Erzbischof Willibrord in Friesland zu missionieren,
scheiterte wohl neben den unverändert ungünstigen äußeren Umständen auch an einem Streit mit seinem älteren Amtsbruder.

König Radbod starb im Jahr 719, doch auch sein Nachfolger (und
Sohn?) Poppo hielt am alten Glauben fest, und seine Macht war noch
so groß, daß der sonst so zupackende Karl Martell erst im Jahr 734
einen neuen Angriff gegen Friesland starten konnte. Der Frankenherrscher war diesmal erfolgreicher als 20 Jahre zuvor. Er konnte den westlichen Teil der Frisia magna mit Utrecht und Dorestad offenbar ohne
größere Kämpfe besetzen und sein Heer über die Vlie bringen, um in

das friesische Kerngebiet einzudringen. Irgendwo in der Nähe der
Nordseeküste kam es zu einer Schlacht. In ihr fiel König Poppo im
Zweikampf mit einem fränkischen Adligen. Das fränkische Heer besetzte Friesland diesmal bis zur Lauwers, dem Flüßchen, das südlich
von Schiermonnikoog in die Nordsee mündet und eine alte innerfrie-
sische Grenze markiert.

Seitdem war der westliche Teil Frieslands fränkisches Besatzungsge-
biet, und zwar nun endgültig. Von der Idee einer Frisia magna mußten
die Friesen Abschied nehmen. Wieder konnte in Utrecht der alte Willibrord seinen Bischofssitz einrichten und bis zu seinem Tod (739) dort
residieren. Doch auch jetzt machten christliche Predigt und einige Taufen aus Friesland noch lange kein christliches Land. Bischof Bonifatius
bekam das 20 Jahre später schmerzlich zu spüren. Es sollte noch mindestens zwei Generationen dauern, bis es dem heiligen Bischof Ludger,
der selbst einer friesischen Adelsfamilie entstammte, gelang, seine
Heimat und große Teile des benachbarten Westfalen dem Christentum
zuzuführen. Ludger wurde der erste Bischof des von Karl dem Großen
neu gegründeten Bistums Münster.

Auch unter fränkischer Herrschaft und unter dem Zeichen des
Kreuzes änderten sich die Friesen nicht grundsätzlich. Sie blieben in
ihrer Mehrzahl eigenbrötlerische Bauern, die zäh an ihrer besonderen
Sprache, ihrer besonderen Kultur – die keine schriftliche Kultur war –
und an ihrer Unabhängigkeit festhielten, soweit das im neuen Rahmen
eines Großreiches möglich war.

Viele Friesen waren weiterhin wagemutige Seefahrer und Kaufleute,
die noch während der nächsten Jahrhunderte einen Großteil des »Über-
seehandels« quer durch Europa sowie Nord- und Ostsee auf sich kon-
zentrierten und damit beträchtlichen Reichtum in ihr Land brachten.
Erst die Hanse im späteren Mittelalter sollte die Friesen in dieser Rolle
ablösen.

TEIL V:
DER GROSSE KARL
UND SEINE ERBEN

768 bis 911 n. Chr.

35. SIEG ÜBER DIE SÄCHSISCHEN HEIDEN

HERZOG WIDUKINDS TAUFE
Weihnachten 785, Attigny (Nordfrankreich)

Wenige Tage vor dem Weihnachtsfest im Jahr 785 nach der Erscheinung des Herrn war der kleine Reitertrupp in Attiniacum (Attigny bei Reims) endlich angekommen. Hier im Hofgut des Königs Karl würden die erschöpften Reiter und Pferde für einige Wochen während der kältesten Jahreszeit Ruhe finden können. Der Ritt von fast einem Monat Dauer im naßkalten Dezember vom äußersten Sachsenland jenseits der Elbe (im südöstlichen Holstein) bis hierher nach Gallien war für alle Beteiligten eine Strapaze gewesen.

Graf Hessi war der Überzeugung, daß er diesen Ritt sein Leben lang nicht vergessen werde – nicht wegen seiner Länge oder der unangenehmen äußeren Umstände; diese nahm er als abgehärteter Krieger gelassen hin. Unvergeßlich aber würden ihm die Gedanken bleiben, die ihm unentwegt im Kopf herumgegangen waren, und vor allem die Gespräche, die er unterwegs mit Herzog Widukind geführt hatte. Hessi war froh, daß er keine Pflichten als Befehlshaber des kleinen Kriegertrupps zu übernehmen hatte. So hatte der fränkische Graf Adalwin als persönlicher Abgesandter des Königs Karl sich um die gastliche Aufnahme der Reisenden in den verschiedenen fränkischen Kastellen oder Königshöfen für die Nächte, um die Verpflegung und das Aufstellen von Wachen jede Nacht kümmern müssen. Hessi hörte in seiner Erinnerung noch immer die Stimme seines fränkischen Standesgenossen, wie er vor jedem Burgtor laut seinen Spruch rufen mußte: »Im Namen des Königs! Hier sind Graf Adalwin und Begleiter auf dem Weg zum König in einer wichtigen Staatsangelegenheit! Laßt uns ein und gebt uns Herberge für die Nacht!« Und leise hatte Adalwin dem jeweiligen fränkischen Befehlshaber gesagt: »Wir begleiten Herzog Widukind zum König. Er will sich ergeben und taufen lassen. Behandelt ihn mit Achtung, aber laßt ihn auch nicht entweichen, falls ihm das noch einfallen sollte!«

Als ihn im Spätsommer des Königs Aufforderung erreichte, Graf
Adalwin bei dessen Mission zu begleiten, war Graf Hessi wenig ent-
zückt gewesen. Aber da ihm vom fränkischen König die Verwaltung
des Grafenamtes eines Gaues in seiner ostfälischen Heimat übertragen
worden war, konnte er den Befehl seines Herrschers nicht ignorieren,
wenn er nicht als Hochverräter abgesetzt und hingerichtet werden
wollte. Schließlich hatte Hessi sich erst vor wenigen Jahren dem Frankenkönig ergeben, ihm Gehorsam und Treue geschworen und sich taufen lassen, er, der einst Herzog der ostfälischen Sachsen gewesen war –
genauso wie es Widukind noch immer für die westfälische Heerschaft
der Sachsen war. Einst waren Hessi und Widukind enge Verbündete
und Freunde gewesen und hatten manchen Überfall auf fränkische
Truppen gemeinsam geplant und befehligt. Doch der frühzeitige Abfall
Hessis von der sächsischen Sache, so sah es Widukind, hatte die beiden
einstigen Freunde entfremdet, ja, zu Feinden gemacht.

Dabei hatte Hessi mit den gleichen Überlegungen und nach den
gleichen Gewissensqualen den gleichen Schritt vollzogen, den jetzt Widukind bereit war zu gehen. Hessi war damals vom König in Gnaden
aufgenommen und sogar zum Grafen in seinem Heimatland ernannt
worden. Ob dieses gnädige Schicksal König Karls erfolgreichstem Widersacher Widukind nach vielen weiteren Jahren erbitterter Kämpfe
auch widerfahren würde, bezweifelte Hessi allerdings. Zu viel Blut,
fränkisches und sächsisches, war seitdem geflossen. Und zu sehr galt
gerade Herzog Widukind als Seele des sächsischen Widerstandes gegen die fränkische und christliche Fremdherrschaft, als daß der Herzog
nach seiner Ankündigung, sich unterwerfen zu wollen, noch mit mehr
als der Bewahrung des Lebens rechnen konnte.

Dies jedoch hatte König Karl in den geheimen Vorverhandlungen
dem aufständischen Sachsenherzog eidlich zusichern lassen; zum Unterpfand dessen hatte der König zwölf junge fränkische Adlige als Geiseln
zu den nordalbingischen Sachsen geschickt, bei denen Widukind sich
aufhielt. Graf Adalwin hatte die Geiseln dorthin gebracht, und nun, auf
dem Rückweg, hatte er mit einigen Reitern der königlichen Garde Herzog Widukind, dessen Schwager Abbio sowie fünf weitere vornehme
Sachsen, die engsten Gefolgschaftsmitglieder Widukinds, auf ihrem
schweren Weg nach Attiniacum begleitet. Graf Hessi sollte, so war wohl
die Überlegung des Königs gewesen, seinem alten Freund Widukind als
einst gleichgestellter Herzog ein Ehrenbegleiter und Tröster sein.

Zunächst schien die Rechnung des Königs nicht aufzugehen, denn Widukind würdigte Hessi in den ersten Tagen ihres gemeinsamen Ritts keines Wortes. In Enger jedoch war der harte Panzer um des Sachsenführers Herz gebrochen. Widukind hatte darauf bestanden, auf seinem letzten Weg durchs Sachsenland seinen Hof Enger besuchen zu dürfen, denn diese Besitzung nördlich des Osning (Teutoburger Wald) war ihm von all seinen Hofgütern am meisten ans Herz gewachsen. Jetzt lag eine fränkische Besatzung dort für den Fall, daß der sächsische Empörer hier Unterschlupf suchen sollte. Daß dieser nun unter dem Schutz des Königs hier eintraf, überraschte den fränkischen Befehlshaber aufs höchste.

»Weißt du noch, Hessi«, fuhr es aus Widukind heraus, als sie vor dem alten rauchgeschwärzten Wohnhaus vom Pferd stiegen, »wie wir hier vor ein paar Jahren zur Wintersonnenwende Donar einen Ziegenbock geopfert und Pläne für den Sieg über die Franken gemacht haben? Doch das ist jetzt vorbei, es muß vorbei sein!« Widukind war ein hochgewachsener kräftiger Mann von wenig über 30 Jahren. Doch seit einer Verwundung aus einem der letzten Kämpfe litt er häufig an Schmerzen im Rücken. Mit einem Ruck wandte er sich um und legte Hessi beide Hände auf die Schultern.

»Hessi, du warst mein Freund, sag mir die Wahrheit«, beschwor Widukind seinen alten Kampfgefährten, »ist der Christengott wirklich stärker als Saxnot und Wodan und Donar?« Hessi konnte nur schlicht antworten: »Er ist es, Widukind, und die fränkischen Heere, die für ihn kämpfen, sind auch stärker als wir Sachsen. Seit ich das weiß, habe ich den Widerstand aufgegeben, und ich bin überzeugt, richtig gehandelt zu haben, und du, Widukind, weißt das inzwischen auch!«

Seit dieser Nachtrast in Enger ritten die beiden sächsischen Herzöge stets zusammen, in eifriges Gespräch vertieft. Der eine, der kein Herzog mehr war, sondern inzwischen ein fränkischer Graf, und der andere, der sich noch als Herzog, als Anführer der Seinen fühlte, der aber wußte, daß er eben um des Wohles der Seinen willen sich selbst zum Opfer bringen mußte. Sie sprachen von der ruhmreichen Vergangenheit der Sachsen, von den Kämpfen mit den Franken, die offenbar seit unvordenklichen Zeiten ausgefochten worden waren. Schon als ihre Großväter und Urgroßväter lebten, hatten fränkische Könige, dann Hausmeier und seit kürzerem wieder Könige immer wieder Versuche unternommen, die freiheitsdurstigen Westfalen, Engern, Ostfalen und auch die sächsischen Nordalbingier ihrem Willen zu unterwerfen.

Zuerst waren diese Kämpfe für die Sachsen mehr ein Spaß gewesen.
Sie überfielen aus dem Hinterhalt kleinere fränkische Truppenabteilun-
gen, oder sie stießen überraschend mit Raub und Plünderung über die
Grenzen der von den Franken beherrschten Herzogtümer Thüringen,
Hessen oder Ripuarien (Rheinland) vor. Friedensschlüsse mit den
Franken hatten die Sachsen bedenkenlos gebrochen, wenn sie wußten,
daß der fränkische König mit seinem Heer in eine andere Himmelsrichtung hatte ziehen müssen, und das war sehr oft der Fall: nach Italien gegen die Langobarden, nach Südgallien gegen Sarazenen, Aquita-
nier oder Vasconen, gegen die Bayern oder Alemannen oder gegen
einen aufständischen Neffen oder Bruder.

Doch in den letzten Jahren war ein verbissener, haßerfüllter Ver-
nichtungskrieg aus den vorher nur halbherzig in größeren Abständen
geführten Sachsenfeldzügen der Franken geworden. König Karl hatte,
so hieß es, geschworen, nicht eher ruhen zu wollen, bis die treulosen
Sachsen entweder alle vernichtet oder zu Christen geworden wären.
Formell gehörte bereits fast das ganze Sachsenland bis zur Elbe zum
Königreich der Franken, und jeder Sachse, der gegen die überaus harten Gesetze Karls verstieß, konnte mit dem Tode, auf jeden Fall mit
dem Entzug seines Eigentums bestraft werden.

Viele sächsische Edelinge hatten nach einigen Jahren dieser Kämpfe
erkannt, daß weiterer Widerstand gegen die überlegenen Franken nur
verderblich für das eigene Volk sein konnte. Auch der hohe Einfluß der
Edelinge bei den Sachsen und ihr umfangreicher Landbesitz mußten
darunter leiden. Sie hatten daher verhältnismäßig bald den Kampf aufgegeben und die Gnade des fränkischen Königs gesucht. So war es
auch dem ostfälischen Herzog Hessi ergangen. Doch unter den Frilingen und Liten, die die Masse des sächsischen Volkes bildeten, hielten
die meisten starrköpfig und gegen alle Vernunft an ihrem Herkommen,
ihrer Freiheit, wie sie sie verstanden, und an ihrem Glauben an Saxnot
und Wodan fest. Ihr geistiger Horizont reichte nicht weiter als von
ihrem mit Eichen umpflanzten Bauernhaus bis zum nächsten Nachbarn, eine halbe Stunde entfernt, oder bis zum nächsten Moor.

Nachdem die meisten Edelinge, die natürlichen Führer des sächsischen Widerstandes, den Kampf schon frühzeitig aufgegeben hatten,
scharten sich die Frilinge und Liten um so mehr um Herzog Widukind.
Er kämpfte als einer der wenigen seiner Standesgenossen weiter gegen
die verhaßten Franken, auch als der Kampf schon längst verloren war.

In seinen Gesprächen mit Graf Hessi auf dem langen Ritt nach Attiniacum gestand Widukind ein, vor drei Jahren sei ihm wohl zum erstenmal der Gedanke gekommen, er könne falsch an seinem Volk der Sachsen handeln. Das war, als ihn die Nachricht vom Blutbad von Verden erreichte. In jenem Sommer hatte Widukind durch heimliche Abgesandte die sächsischen Krieger angestachelt, statt zusammen mit einem Heerbann der Ostfranken gegen die slawischen Sorben zu ziehen, die sächsische und thüringische Ansiedlungen diesseits der Elbe überfallen hatten, doch lieber wieder gegen die Franken zu kämpfen. Die Sachsen hatten auch am Höhenzug des Süntel (westlich der mittleren Weser) einen großen Sieg errungen, wie sie meinten. Doch die Strafe folgte auf dem Fuße. Der empörte König Karl kam sofort mit einem großen Heer nach Sachsen, bestellte alle sächsischen Edelinge zu einem Thing und ließ sich von ihnen die Teilnehmer der Schlacht am Süntel ausliefern. Das geschah ohne größeres Murren durch die sächsischen Edlen. Alle ausgelieferten Männer, 4500 an der Zahl, wurden vom König zum Tode verurteilt und bei Verden am Zusammenfluß von Weser und Aller hingerichtet.

Das blutige Gericht an den sächsischen Abtrünnigen erregte im ganzen Sachsenland Wut und Empörung, aber auch Furcht vor weiterem Aufbegehren. Widukind hörte davon in Dänemark; dorthin war er nach der Schlacht am Süntel zu seinem Schwiegervater, dem Dänenkönig Sigfrid, geflohen. Seitdem ließ Widukind der Gedanke nicht mehr los, er könne womöglich sein eigenes Volk vernichten, wenn er es weiter in den Kampf gegen die Franken und damit in den sicheren Tod schicken würde. Doch drei Jahre hatte es gedauert, bis er seinen Meinungswandel offen bekannte, König Karl seine Unterwerfung und die Bereitschaft mitteilen ließ, sich als Christ taufen zu lassen, und nun in Attiniacum angekommen war, um dieses Versprechen auch für alle sichtbar zu erfüllen.

Drei Tage strengen Fastens bereiteten Körper und Seelen aller Bewohner des Hofguts auf den hohen Feiertag vor. Danach konnten König Karl, seine Familie, sein Hofstaat und seine Gäste in der Kirche zu Attiniacum das Fest der Geburt Jesu Christi gebührend begehen. Der Höhepunkt der feierlichen Messe war in diesem Jahr die Taufe Widukinds durch den Hofkaplan Karls. Graf Hessi beobachtete gespannt und innerlich tief aufgewühlt diese Verwandlung seines altes Freundes von einem Heiden in einen Gott wohlgefälligen Christen. König Karl

nahm dieses Ereignis so wichtig, daß er persönlich sich als Widukinds
Taufpate zur Verfügung stellte.

In die Taufzeremonie, wie sie sonst an allen Kindern vollzogen
wurde, war hier ein besonderer Akt eingeschoben. Überall im Sachsenland, wo nun Jahr für Jahr Tausende erwachsener Heiden getauft werden konnten, mußten die Täuflinge laut einen Satz nachsprechen, und
damit sie ihn wirklich verstanden, war er nicht auf Lateinisch, sondern
in ihrer sächsischen Volkssprache formuliert: »Ek forsaco allum diaboles uuercum and uuortum, Thunaer ende Uoden ende Saxnote and
allum them unholdum the hiras genotas sind – Ich schwöre allen teuflischen Werken und Worten ab, Donar und Wodan und Saxnot und
allen Unholden, die ihre Genossen sind.«

Mit steinernem Gesicht ließ Widukind alle Zeremonien über sich
ergehen und sprach die Worte nach, die man ihm beigebracht hatte,
auch die Formel, mit der er nach seinem eigenen Verständnis mit seinem früheren Leben und seinem alten Glauben brach. Ihn berührte das
alles nicht mehr. In einem Gespräch unter vier Augen mit König Karl
hatte der ehemalige sächsische Herzog am Vortag sein künftiges Schicksal erfahren. Wie Karl versprochen hatte, würde Widukind das Leben
geschenkt werden. Aber er würde bis zu seinem Tod als Mönch streng
bewacht in einem Kloster eingeschlossen bleiben. Der Franke sah das
als Sicherung dafür an, daß der gefährliche Rebell nicht nochmals Unruhe erregen könne, außerdem als ausreichende Buße für die Untaten
seines bisherigen weltlichen Lebens. Der Sachse empfand die Strafe als
das große, das höchste Opfer, das er als Herzog für sein sächsisches
Volk bringen konnte, damit diesem in Zukunft die Blutopfer der letzten
Jahre erspart blieben.

WIDUKIND UND KARL DER GROSSE – ZWEI BEKANNTE UND OFT VERKANNTE PERSÖNLICHKEITEN

Mit dem Sachsenherzog Widukind und dem Frankenkönig Karl, den
man später »den Großen« nennen sollte, erreicht die Darstellung der
frühen Geschichte Deutschlands zwei Persönlichkeiten, deren Namen
auch heute noch vielen Deutschen geläufig sind.

Über den einen, Herzog Widukind, »existieren nur so wenige zeitgenössische Quellen, daß man höchstens ein Viertel einer Quartseite damit füllen könnte«, wie ein moderner Historiker resigniert feststellte. Doch um so mehr hat sich die fromme Legende schon wenige Jahre nach seiner Lebenszeit dieses Mannes angenommen. Und in jüngerer Zeit wurde er als »heldenmütiger, sächsisch-germanischer Freiheitskämpfer gegen den Sachsenschlächter Karl« von einer bestimmten Propagandarichtung des Nationalsozialismus in Deutschland in den Himmel gehoben.

Die Einleitungsepisode vom letzten Ritt des sächsischen Rebellen vor seiner Kapitulation und Taufe ist zwar erfunden, steht aber genau mit den wenigen Quellenbelegen in Übereinstimmung – alles *könnte* sich so abgespielt haben. Ob allerdings der ehemalige ostfälische Herzog Hessi Widukind begleitet hat, haben die Quellen nicht überliefert. Hessi und sein Schicksal sind jedoch historisch. Die Episode versucht, Herzog Widukind und auch das Verhalten seiner adligen Standesgenossen unter den Sachsen in nüchtern-abgewogener Form den Menschen der Jetztzeit verständlich zu machen, Widukind weder als »treulosen verachtungswürdigen Heiden« hinzustellen, wie es die Mönche seiner Zeit taten, noch als heldischen Übermenschen. Vom späteren Schicksal Widukinds wird am Ende des nächsten Abschnitts berichtet.

Die andere Persönlichkeit, Karl der Große, wird seit fast 1200 Jahren in ganz Europa mit einer Intensität und Ehrerbietung gewürdigt, die vermutlich ein wenig zuviel des Guten tut. Die Lobeshymnen seines »Hofbiographen«, des Mönches Einhard, und anderer – weniger! – Zeitgenossen erwecken bei genauer Prüfung den Verdacht, hier sei schon unmittelbar nach König Karls Tod an der Legende eines Supermannes gestrickt worden. Manche deutschen Kaiser des Hochmittelalters versuchten offenbar, ihre Taten mit dem unübertrefflichen Prestige des ersten germanischen Kaisers im Abendland zu umkleiden. Die eine oder andere Karl dem Großen zugeschriebene Leistung, in der Kultur, in der Wirtschaft, in der Baukunst und auf anderen Gebieten, ist vielleicht eher etwas später anzusetzen, was sich bei der Dürftigkeit der zeitgenössischen Quellen nicht mehr so genau nachprüfen läßt.

Aber keinesfalls kann man so weit gehen wie der moderne Autor Heribert Illig, der schlicht und einfach behauptet hat, Karl der Große sei lediglich eine Erfindung späterer kaiserlicher und päpstlicher Geschichtsschreiber – und dazu gleich noch drei Jahrhunderte unserer Zeitrechnung »nach Christi Geburt«, in deren Mitte Karl »gelebt« (oder

eben nicht gelebt) habe. Die wenigsten Leser von Illigs Buch werden
sich die Mühe gemacht haben, die komplizierten Denkschritte des Autors von astronomischen Berechnungen bis zu den Kalenderreformen
von Julius Caesar (46 v. Chr.) und Papst Gregor XIII. (1582) mitzuge-
hen und auf ihre Stichhaltigkeit zu überprüfen. Doch wer das tut und
die verfügbaren historischen Fakten beachtet, dem zeigt sich, daß der
Autor von einer falschen Annahme ausging und daher zu Ergebnissen
kommen mußte, die historisch nicht vertretbar sind.

Das vorliegende Buch stellt bewußt nicht die ganz wenigen bekannten Persönlichkeiten aus jener Zeit in den Mittelpunkt, sondern die
Menschen der verschiedenen Völker, aus denen allmählich das deutsche Volk entstand. Daher ist es wohl gerechtfertigt, daß der fränkische
König Karl nur sehr am Rande vorkommt, so wie auch seine Politik (in
Form unzähliger Heerzüge) nur zu einem Teil – und nicht einmal dem
größten Teil – auf das Gebiet des heutigen deutschen Sprachraumes gerichtet war. Über Karl den Großen gibt es auch genügend gute moderne Darstellungen; daher kann sich dieses Kapitel darauf beschränken, nur die allerwichtigsten Fakten aus seinem Leben bis zu jenem Jahr
785 wiederzugeben, in dem er zum ersten und einzigen Mal mit seinem
härtesten Gegner Widukind persönlich zusammentraf.

Als der erste Frankenkönig aus der karolingischen Familie, Pippin
(als Hausmeier trug er die Ordnungszahl »der Dritte«, als König »der
Erste«), im Jahr 768 starb, war sein älterer Sohn Karl 21 Jahre alt, sein
jüngerer Sohn Karlmann 17 Jahre. Nach der üblichen, aber verhäng-
nisvollen Tradition der fränkischen Könige teilte Pippin sein Reich:
Karlmann erhielt den südlichen Teil, Karl den größeren nördlichen Teil
als eigenes Königreich zugewiesen. War es Glück oder etwas mehr für
den älteren Karl? Jedenfalls starb sein Bruder schon nach dreijähriger
Regierungszeit und hinterließ Karl das ganze riesige Frankenreich nun
zur ungeteilten Herrschaft. Andernfalls hätte es sicher blutige Kriege
zwischen den Brüdern gegeben, die sich nie hatten leiden mögen, und
Karl wäre wohl nicht »der Große« geworden.

Die erste kriegerische Auseinandersetzung des jungen Königs Karl
spielte sich in Italien ab. Ähnlich wie sein Vater Pippin kam er dem
Papst bei dessen Dauerstreit mit dem Langobardenreich in Norditalien
zu Hilfe. Aber anders als Pippin löste Karl dieses Problem endgültig, indem er in einem siegreichen Feldzug (773/74) die langobardische
Hauptstadt Pavia eroberte, den König Desiderius, der einmal sein

Schwiegervater gewesen war (!), gefangennahm und auf Lebenszeit in ein Kloster sperren ließ sowie sich selbst zum König der Langobarden ausrief. Andere Feldzüge König Karls richteten sich gegen Nordspanien. Dort eroberte er im Kampf mit den arabischen Sarazenen eine Spanische Mark, aber beim Rückmarsch verlor er durch einen Überfall der Vasconen (Basken) seinen Heerführer Roland, eine später hochberühmt gewordene Episode.

Seit 772 hatte Karl allerdings auch fast jedes Jahr mit den Sachsen zu kämpfen. Doch diese Feldzüge waren für einen fränkischen König nichts Neues; Karl hatte sie gewissermaßen bereits von den ersten Königen aus dem Merowingergeschlecht geerbt.

ZWEI JAHRHUNDERTE FRÄNKISCHER EROBERUNGSVERSUCHE

Weder Chlodwig, der Gründer des Königreiches der Franken, noch seine Söhne und Enkel waren als Muster von Bescheidenheit bekannt, wenn es darum ging, die Größe und den Ruhm ihres Reiches zu preisen. König Theudebert behauptete um 547 prahlerisch, ihm seien »alle untertan, von den Sachsen und Euten (Jüten)... bis an den äußersten Ozean« (siehe 24. Kap., S. 410). Vielleicht glaubte er selbst, das Frankenreich habe nach einer vorübergehenden Strafexpedition im Stil der Römer in das heidnische Nachbargebiet und einem Friedensschluß mit »den« Sachsen das Gebiet dieses Volkes in seiner Gewalt.

Vielleicht lieferten »die« Sachsen auch tatsächlich für eine Weile die 100 Kühe oder 500 Schafe jährlich an einer fränkischen Grenzburg ab, wie es ihnen im Friedensschluß als Tribut auferlegt worden war. Aber spätestens nach ein paar Jahren werden die Sachsen diese Lieferungen wieder eingestellt haben, dann nämlich, wenn sie merkten, daß die Franken und ihre Heere in einer anderen Himmelsrichtung beschäftigt waren. Eine sittliche Verpflichtung dürften die Sachsen nie verspürt haben, einen feierlich beschworenen Friedensvertrag unbedingt einzuhalten, waren doch ihre Partner in sächsischen Augen nur verachtungswürdige Abtrünnige vom geheiligten Glauben an Wodan und Donar; denen gegenüber brauchte man keinen Schwur bei Wodan zu halten.

Das Frankenreich hat offenbar unbewußt die Politik der Römer gegenüber ihren unheimlichen Nachbarn im Nordosten fortgesetzt: Säch-

sische Übergriffe über die Grenzen, die oft genug vorgekommen sein
werden, wurden durch kriegerische Einfälle ins Sachsengebiet geahndet, einige Dörfer wurden geplündert und angezündet, und dann
wurde, wenn man eine größere Zahl sächsischer Krieger packen und
besiegen konnte, ein Friedensvertrag mit ihnen geschlossen. Doch regelmäßig trog die Hoffnung, damit *die* Sachsen in den Griff bekommen
zu haben, denn genau wie einige Jahrhunderte früher bei den Germanen gab es auch bei den Sachsen viele verschiedene, unabhängig
voneinander handelnde Gruppierungen.

Ob es zwischen den vielen fränkischen Kriegszügen auch friedliche, gutnachbarliche Beziehungen zu den Sachsen gab, haben die
alten fränkischen Chroniken nicht überliefert; offensichtlich interessierte so etwas damals die Geschichtsschreiber nicht. Doch wie im
Verhältnis zu den Römern sind auch solche friedlichen, insbesondere
Handelsbeziehungen zwischen Sachsen und Franken durchaus wahrscheinlich.

Nicht zu allen Zeiten fühlte sich das Fränkische Reich in der Lage,
seine ganz einseitig angenommene Oberherrschaft über das Land der
Sachsen auch durch gelegentliche Kriegszüge zu dokumentieren. In vielen Jahrzehnten schlossen innere Kämpfe zwischen Thronprätendenten
oder ein militärisches Engagement in anderer Richtung jeden solchen
Versuch aus. Das waren dann Perioden, in denen die Sachsen unbesorgt ihr Siedlungsgebiet ausdehnen konnten, vor allem in Westfalen
(siehe 30. Kap.).

Erst der Hausmeier Karl Martell und seine Söhne Karlmann und
Pippin waren wieder militärisch kräftig genug, Strafexpeditionen nach
Sachsen anzuführen, angeblich ein dutzendmal in 40 Jahren. Nachhaltigen Erfolg hatten sie damit nicht, wie sich schon an der großen Zahl
ihrer Heerfahrten erkennen läßt. Es waren den Franken wohl auch nur
wenige Heerstraßen durch das Sachsenland bekannt, die man natürlich
nicht mit heutigen Straßen verwechseln darf. So zogen sie immer wieder auf diesen Straßen einige Tagereisen ins Land hinein und plünderten und verbrannten die Dörfer in deren Nähe. Am Ende des Sommers
marschierten die fränkischen Heere, sie zählten im Normalfall wohl
kaum mehr als einige hundert Mann, dann wieder in ihre Winterquartiere jenseits der Grenzen Sachsens zurück.

Das änderte sich allmählich, nachdem König Karl die Regierung
übernommen hatte. Seit 772 waren entweder er selbst oder seine Heer-

führer nahezu jeden Sommer unterwegs, um hier oder da im Sachsenland die Rebellion zu unterdrücken. Zunächst schien es wie zuvor zu laufen: Im Sommer eroberte das Frankenheer einige Höfe oder sächsische Burgen (keine Steinbauten wie im späteren Mittelalter, sondern mit einem hohen Erdwall umgebene Areale auf günstig gelegenen Bergkuppen), doch im Herbst oder Winter, spätestens im nächsten Jahr hatten die Sachsen sie wieder in ihrem Besitz. Die Eresburg (beim heutigen Obermarsberg an der oberen Diemel, im Hochsauerland) wechselte in diesen ersten Kriegsjahren unter König Karls Befehl dreimal zwischen der sächsischen und der fränkischen Seite hin und her. Dort – in der Eresburg oder in deren Nähe – hatte Karl allerdings gleich zu Anfang die von den Sachsen weithin als Göttersitz verehrte Irminsul zerstören lassen, einen großen Holzpfahl. Das machte die Sachsen besonders wütend. Aus verständlichen Gründen hat keiner der fränkischen Chronisten, die dieses Götterbild erwähnten, es je einer genaueren Beschreibung für würdig erachtet.

Überhaupt die fränkischen Reichsannalen und die wenigen anderen Quellen der folgenden Jahrzehnte: Sie verzeichnen zwar genau, wie König Karl jedes Jahr mit einem Heer nach Sachsen zog und hier oder da einen Sieg über dessen Krieger errang. Aber die vermutlich ebenso häufigen fränkischen Rückschläge oder Niederlagen werden verschwiegen oder mit vorsichtigen Formulierungen vertuscht. Nur selten geriet einmal ein Augenzeugenbericht über die Niederlage eines fränkischen Heeres in die alten Schriftstücke, so etwa eine lebendige Schilderung der Schlacht am Süntel. Die modernen Geschichtsdarstellungen folgen meist minutiös diesen fränkischen Propagandadokumenten, ohne sie kritisch zu hinterfragen.

Dabei ist diese Abfolge von fränkischen Siegen (und Niederlagen) heute im einzelnen gar nicht mehr so interessant. Sie zeigt nur die zunehmende Erbitterung auf beiden Seiten in diesem Krieg, der nicht enden wollte. Relativ bald scheint König Karl eine neue Strategie befohlen zu haben: Nicht mehr der übliche Rückzug der Frankenheere im Winterhalbjahr, sondern eine ständige Besetzung ausreichend großer Stützpunkte im feindlichen Land war die Devise. Außerdem wurde das Sachsengebiet nicht mehr wie ein feindliches Land behandelt, mit dem man Friedensverträge schloß, sondern es galt nun staatsrechtlich als vollgültiger Teil des Frankenreiches, in dem der König nach Belieben eigene Beamte, die Grafen, einsetzen und eigene Gesetze erlassen konnte und in dem jeder Angriff als Hochverrat und Rebellion behandelt werden konnte.

Äußeres Zeichen für diese neue Haltung war die Einberufung des herkömmlichen Reichstages oder »Maifeldes« des Fränkischen Reiches mitten im Sachsenland in der Ortschaft Paderborn, nicht weit von der Quelle der Lippe. Erstmals fand dort im Jahr 777 ein solcher Reichstag statt, später noch mehrmals.

Diese Reichstage waren schon in den frühen Zeiten des Frankenreiches eine jeweils im März, später im Mai stattfindende Versammlung aller wichtigen Adligen des Reiches mit ihren Gefolgsmannen und Kriegern. Bei ihnen musterte der König (später der Hausmeier) die Ausrüstung der Krieger, erläuterte ihnen das Ziel des diesjährigen Heerzuges und beriet sich natürlich mit den hohen Adligen, von deren Wohlwollen er abhängig war. Die anschließenden Sommermonate waren dann dem jeweiligen Feldzug gewidmet. Ein Jahr ohne Heerzug war wohl auch für die fränkischen Soldaten ziemlich unvorstellbar. Sie hatten sich längst von Bauern, die man gelegentlich zu den Waffen rief, in eine Berufsarmee verwandelt. Und Soldaten mußten bezahlt werden. In einer Zeit, wo Geldmünzen bei den germanischen Franken noch nicht viel galten, war die Aussicht auf einen (durch Plünderungen) »einträglichen« Feldzug noch immer die gängige Art von Kriegersold.

Beim Paderborner Reichstag von 777 taucht in den Annalen zum erstenmal der Name Widukinds auf, wenn auch nur in negativer Form: Es wird vermerkt, daß der Herzog als einziger der wichtigen sächsischen Adligen *nicht* der Einladung zu dieser großen Versammlung gefolgt sei. Man darf daraus schließen, daß er schon einige Jahre vorher der Hauptanführer des sächsischen Widerstandes gewesen war.

Wie das Katz-und-Maus-Spiel zwischen den Sachsen Widukinds und den Franken Karls in den nächsten Jahren verlief, ist im einzelnen aus den Quellen nicht genau zu rekonstruieren und auch nicht von großer historischer Bedeutung. Übrigens kamen den aufständischen Sachsen vor und nach 785 mehrmals Heere der Friesen zu Hilfe, die bis dahin auch nur teilweise der fränkischen Reichsgewalt unterstanden. Die Schlacht am Süntel und das darauffolgende Blutbad von Verden als besonders herausragende Ereignisse wurden schon in der Einleitungsepisode erwähnt. König Karl konnte im Notfall von unbarmherziger Härte sein, dies hatte er offenbar mit seinem Onkel Karlmann gemein, der 39 Jahre früher mit den aufständischen Alemannen ein ähnlich blutiges Exempel statuierte (siehe 33. Kap., S. 556ff.).

Von historischer Bedeutung war natürlich, daß sich Herzog Widukind schließlich doch der überlegenen Macht der Franken ergab. Nicht ohne Grund erteilte der Papst auf Bitte von König Karl die Anweisung, in allen katholischen Kirchen ein dreitägiges Dankfest zu feiern, weil nun »die Sachsen zum Christentum bekehrt« seien.

Für einige Zeit scheint in Sachsen tatsächlich Ruhe geherrscht zu haben, doch bald brachen neue Aufstände und Kämpfe aus, in der Hauptsache bei den Nordalbingiern, den Sachsen, die nördlich der Elbe im Südosten des heutigen Bundeslandes Schleswig-Holstein wohnten. Erst im Jahr 803 konnte Karl einen letzten Friedensvertrag mit »den« Sachsen schließen, der die Kämpfe endgültig beendet zu haben scheint. Doch lassen die dürftigen Quellen die Ereignisse auch dieser letzten Kriegsjahre nicht mehr klar erkennen.

Karls des Großen Biograph Einhard kennzeichnete diesen Krieg so: »Kein Krieg, den das Volk der Franken unternahm, ist mit solcher Ausdauer, Erbitterung und Anstrengung geführt worden; denn die Sachsen, die wie fast alle Völkerschaften Germaniens wild von Natur, dem Götzendienst ergeben und gegen unsere Religion feindselig waren, hielten es nicht für unehrenhaft, göttliches und menschliches Recht zu übertreten und zu schänden ... Daher wurde der Krieg begonnen und von beiden Seiten mit großer Erbitterung, jedoch mehr zum Nachteil der Sachsen als der Franken, 33 Jahre lang ununterbrochen fortgeführt.«

Herzog Widukinds persönliches Schicksal verliert sich nach seiner denkwürdigen Unterwerfung in Attigny im Dunkel der Geschichte. Keine der zeitgenössischen Quellen nennt danach noch seinen Namen als lebende Person. Eine schon im 9. Jahrhundert aufgekommene Legende behauptet, er habe nach seiner Taufe noch länger als frommer Christ und fränkischer Graf in der Umgebung seines Gutes Enger (im heutigen Kreis Herford) gewirkt und viele Ländereien an Klöster und Kirchen gestiftet. Eine zweite, ebenfalls uralte Legende behauptet, er sei mit einigen seiner Verwandten in der alten Stiftskirche des Städtchens Enger begraben.

Die erste dieser beiden Legenden dürfte eine fromme Erfindung der Nachkommen Widukinds sein, die sein Andenken in einer christlich gewordenen Umgebung zum »Heiligen« umprägen wollten. Eine Be-

kräftigung der zweiten Legende könnten dagegen Ausgrabungen in der
schon zu Karolingerzeiten erbauten Stiftskirche zu Enger in den Jahren
1971 bis 1973 erbracht haben: Man fand dort am Ehrenplatz vor dem
Altar das Skelett eines hochgewachsenen Mannes. Auch wenn dieses
Ehrengrab keine absolut sichere Identifizierung erlaubte, nahm man
allgemein an, damit sei die letzte Ruhestätte Herzog Widukinds gefunden worden.

Dieser Annahme muß auch nicht die begründete Vermutung widersprechen, Widukind sei erst nach dem Jahr 825 als über siebzig-
jähriger Mönch im Kloster Reichenau (Bodensee) gestorben, das
heißt nach über vierzigjähriger »Klosterhaft«, wie das damals die
Regel bei hochgestellten, aber dem König mißliebigen Personen war.
Der Historiker Gerd Althoff hat dies in einem längeren Aufsatz aus
dem Jahr 1983 wahrscheinlich gemacht, nach einer sorgfältigen Auswertung der Namenlisten der Mönche dieses berühmten Klosters, die
erst in jüngster Zeit als wichtige ergänzende Geschichtsquelle erschlossen werden.

Warum sollten nicht Familienangehörige und treue ehemalige Gefolgsleute Widukinds vom Tod des Mönches im Kloster Reichenau
erfahren und die Leiche des Mannes, der nun niemandem mehr gefährlich werden konnte, ins Sachsenland heimgebracht haben? Die
Behauptung in der Einleitungsepisode, der Hof in Enger sei Widukinds Lieblingsbesitzung gewesen, ist zwar nirgends urkundlich belegt, aber sie liegt nahe. Sie würde die spätere Beisetzung des Herzogs
dort und die Entwicklung der Legenden um Enger zwanglos erklären.

DAS SÄCHSISCHE »COMMONWEALTH«
KURZ VOR SEINEM ENDE

Es muß im Jahr 770 gewesen sein, als wieder einmal ein angelsächsischer Mönch von der Insel Britannien den dringenden Wunsch verspürte, in der Heimat seiner festländischen Vorfahren die Heiden zum
Gott der Christen zu bekehren. Es war der Mönch Liufwin, dessen
Name in seiner lateinisch verfaßten Lebensbeschreibung in »Lebuin«
verwandelt wurde. Er reiste kurz vor dem Beginn des Dreiunddreißig-
jährigen Krieges mit einem Begleiter namens Marchelm (sprich Mark-
helm) von Utrecht aus ins Sachsenland. Wieder zeigte sich, daß die

Sachsen keineswegs alle christlichen Missionare bei ihrem ersten Auftreten im Heidenland kurzerhand totschlugen, sondern ungestört
reisen und reden ließen, geschützt durch das heilige Gastrecht (siehe
30. Kap., S. 500).

Mönch Lebuin »hatte auch Freunde und Vertraute unter den Vornehmen (der Sachsen), darunter war ein reicher Mann im pagus Su-
dergo (Münsterland) namens Folcbraht (sprich Folk-bracht)«, heißt es
in der *Vita Lebuini antiqua*. Offenbar kam Lebuin zusammen mit seinem sächsischen Gönner, der wohl schon als Christ getauft war, zu
einer »allgemeinen Versammlung« aus allen Gauen der Sachsen »an der
Weser bei dem Ort, der Marklo heißt«. Dort durfte der angelsächsische Mönch in einer Rede versuchen, die Sachsen von den Vorzügen
des Christentums zu überzeugen. Er hatte damit wenig Erfolg, aber
sein Auftritt vor dieser bemerkenswerten Versammlung wurde relativ
ausführlich in seiner Biographie beschrieben. Und dieser Text ist der
einzige bis heute erhalten gebliebene schriftliche Bericht über die
inneren Verhältnisse des Sachsenvolkes *vor* seiner Unterwerfung unter das fränkische Königreich, und er ist daher vielfach ausgedeutet
worden. Leider bleibt auch dieser Bericht reichlich unvollständig, da
dem Autor dieser Heiligenvita die politischen Zustände bei den Sachsen ziemlich gleichgültig waren; vermutlich wußte er, der sein Werk
mindestens 30 Jahre nach den Vorgängen verfaßte, gar nicht mehr
allzuviel davon.

Der Ort dieser jährlichen Versammlung wird in der Nähe des heutigen Dorfes Marklohe dicht unterhalb von Nienburg an der Weser gesucht, doch wurde dieses Dorf erst in den dreißiger Jahren des 20. Jahrhunderts so benannt, eben weil man glaubte, daß dort das sächsische
Thing stattfand; ein Beweis für die Richtigkeit dieser Annahme ist die
heutige Landkarte daher nicht.

Die merkwürdige Regelung, daß die Sachsen aus jedem ihrer Gaue
zehn gewählte Edelinge, zehn Vertreter der Frilinge (Freien) und zehn
Vertreter der Liten in die gemeinsame Versammlung schickten, wurde
schon im 30. Kapitel erwähnt und kommentiert (siehe S. 507). 75 Jahre
nach der Eroberung des Bruktererlandes durch die »Heerschaft« der
Westfalen, also um das Jahr 770, waren aber wohl die Gaue aller *drei*
Heerschaften bei diesem Thing vertreten oder vermutlich sogar *vier*
von solchen Gruppierungen. Denn in den Kriegen der Sachsen gegen
die Franken unter Karl dem Großen traten immer öfter auch die Nord-

albingier, die Sachsen nördlich der Elbe im heutigen Holstein, als besondere Heerschaft in Erscheinung.

Eine andere gemeinsame politische Spitze außer dieser einen Vertreterversammlung pro Jahr scheinen die Sachsen vor ihrer Eingliederung ins Frankenreich nicht gekannt zu haben. Vor allem wurde offenbar ein König als Oberhaupt abgelehnt, obwohl fast alle germanischen Völker rundum diese monarchischen Spitzen seit langem hatten. Auch die sächsischen Vettern in Britannien wurden inzwischen längst von mehreren, teils konkurrierenden, teils verbündeten Königen regiert.

Moderne Theorien des Staatsrechts auf den alten »Sachsenstaat« anzuwenden verbietet sich angesichts der völlig unterschiedlichen Strukturen von selbst. Die einzige halbwegs angängige Parallele zu heutigen Zeiten wäre der sehr lockere Staatenbund des britischen Commonwealth. Das sind heute ehemalige, inzwischen zu souveränen Staaten gewordene Kolonien des britischen Weltreiches, die sich durch die gleiche Staatssprache und gleiche politische Traditionen irgendwie miteinander verwandt fühlen und in regelmäßigen Abständen Vertreter zur Besprechung gemeinsam interessierender Angelegenheiten zusammentreten lassen. Vielleicht ist dieser lockere Staatenverbund ein unbewußtes Erbteil der sächsischen Urahnen auf dem europäischen Kontinent.

Die mangelnde Bereitschaft, sich einem gemeinsamen zentralen Oberbefehl zu unterstellen, und die recht grundsätzlichen Interessenunterschiede zwischen den Ständen der Edelinge auf der einen und der Frilinge und Liten auf der anderen Seite waren wahrscheinlich die wichtigsten Ursachen für das letztendliche Unterliegen der Sachsen in dem jahrzehntelangen erbitterten Volkskrieg. Daß sie sich trotz dieser vorgegebenen Schwächen so lange dem fränkischen Druck widersetzen konnten, sie zu Christen und damit zu Gliedern des Fränkischen Reiches zu machen, zeugt von der bewundernswerten inneren Kraft der alten Sachsen. Als sie über ein Jahrhundert später beide Strukturschwächen, freiwillig oder unfreiwillig, überwunden hatten, waren sie in der Lage, für ein weiteres Jahrhundert machtmäßig und kulturell im entstehenden Reich der Deutschen die Führung zu übernehmen. Doch das ist erst Gegenstand von Teil VI.

GRAFEN, BISCHÖFE UND KLÖSTER – DIE FORMEN DER NEUEN HERRSCHAFT

Hätte ein Zeitgenosse den Frankenkönig Karl zu fragen gewagt, warum er die Blutopfer für den jahrzehntelangen Krieg gegen die Sachsen auf sein Reich lud, so hätte er sehr wahrscheinlich die Antwort erhalten: »Weil die Sachsen abscheuliche Heiden sind und zu Christus bekehrt werden müssen!«

Moderne Vorstellungen von religiöser Selbstbestimmung eines Volkes oder einer Menschengruppe darf man weder im Altertum noch im Mittelalter suchen, und auch die Vermutung, daß die Bekehrung der Sachsen zum Christentum nur Vorwand für die Verwirklichung macht-politischer Ansprüche war, wäre wohl so nicht korrekt. Zu sehr galt bei einem so betont christlichen König wie Karl die Einheit von göttlicher und weltlicher Herrschaft über alle die Menschen, über die er Macht gewinnen konnte, er, Karl, von Gottes Gnaden (»gratia dei«) König der Franken. Der päpstliche Ehrentitel »allerchristlichster König«, den die französischen Könige bis zur Revolution von 1789 trugen, ist zwar viel jünger, aber er trifft schon ziemlich genau Karls des Großen Vorstellung von seiner Aufgabe als Herrscher.

Das Frankenreich war ein Vielvölkerstaat, dessen Bewohner verschiedenen Rechtskreisen angehörten und die verschiedensten Sprachen verwendeten. In dieser Richtung war die Toleranz der späten Frankenkönige groß; nur in religiöser Hinsicht durfte es keine Ausnahme geben: Alle Untertanen des Frankenreiches mußten Christen sein. Im Prinzip war das schon die Auffassung der frühen Merowingerkönige und auch der Hausmeier aus der Arnulfinger-Pippiniden-Familie gewesen, doch keiner hatte so sehr den Ehrgeiz und zugleich auch die Macht, aus seinem Reich ein einheitliches christliches Reich zu machen, wie Karl der Große. Eine Oberherrschaft über die Sachsen hatten, wie erwähnt, bereits die frühen fränkischen Könige beansprucht, auch wenn diese sehr einseitig gesehen wurde und keineswegs der wirklichen Lage entsprach. Erst Karl der Große gab sich nicht mehr mit dieser Fiktion zufrieden. Für ihn war es ein wesentliches Ziel seiner Politik, die Sachsen zu vollgültigen Untertanen seines Reiches, und das hieß eben auch zu Christen zu machen.

Umgekehrt wäre es möglicherweise für die Sachsen noch halbwegs erträglich gewesen, weiterhin – wie schon häufig in der Vergangenheit – gewisse Tribute in Form von Viehlieferungen an die »Besatzer« zu zahlen. Jedoch der Zwang, zugleich noch die alte germanische Religion der Wodan-, Donar- und Saxnotverehrung aufzugeben und Christen zu werden, machte die auf ihre Unabhängigkeit und Bewahrung ihrer alten Traditionen stolzen Sachsen erst richtig rebellisch. Nur die Verbindung beider Ziele durch Karl den Großen hat vermutlich den blutigen und lang dauernden Krieg provoziert.

Erstes Mittel, die störrischen Heiden in gute Christen zu verwandeln, waren drastische Gesetze. Vermutlich im Jahr 782, dem Jahr der fränkischen Niederlage am Süntel und des Blutgerichts von Verden, erließ König Karl ein Spezialgesetz für die Sachsen, die »Capitulatio de partibus Saxoniae«. Die von Karl dem Großen und seinen unmittelbaren Nachfolgern erlassenen Gesetze waren meist in viele Artikel (capituli) geteilt und hießen daher oft »Capitulare« oder »Capitulatio«. Dieses erste Sachsengesetz drohte die Todesstrafe für zahlreiche Handlungen an, die den Sachsen bisher in Fleisch und Blut übergegangen waren, etwa das Verbrennen der Toten oder das Essen von Fleisch ohne Rücksicht auf die Tage: »Wenn einer die vierzigtägigen Fasten nicht hält und Fleisch ißt, soll er des Todes sterben.«

Überhaupt, wer sich nicht taufen ließ und freiwillig Heide blieb, »der soll des Todes sterben«. Mindestens ebenso schwer wie den Druck zur Aufgabe des alten Glaubens empfanden die Sachsen sicherlich den Zwang, ein Zehntel des Ertrages ihrer Höfe an die Kirche abzugeben. Dadurch leitete sich auch in Sachsen die Verknechtung des einst großen freien Bauernstandes ein.

Zur staatlichen Aufsicht über die unterworfenen Sachsen setzte der König eigene Beamte ein, die Grafen (Comites), von denen schon im 33. Kapitel die Rede war. Diese Grafen erhielten zur Sicherung ihres Lebensunterhalts aus königlichem Gut ein Lehen; hier im Sachsenland waren das natürlich Grundstücke oder Höfe, die die fränkische Besatzungsmacht von rebellischen und hingerichteten Edlen oder Frilingen beschlagnahmt hatte. Nicht nur gebürtige Franken wurden zu Grafen ernannt, sondern auch einige sächsische Edelinge, wenn sie sich rechtzeitig hatten taufen lassen und auf die Seite des Frankenkönigs übergetreten waren, wie der ehemalige Ostfalenherzog Hessi (übrigens auch der Engernherzog Brun).

Der Graf war Vertreter des Königs in seinem Bezirk, er hob die kriegsdienstverpflichteten Freien und Liten zum Heeresaufgebot aus und führte dieses im Kriegsfalle an, er überwachte die Einhaltung der Gesetze, die Abführung der Zehnten und anderer Abgaben und hielt Gericht. Falls er die Politik des Königs nach dessen Meinung nicht energisch genug oder nicht richtig ausführte, konnte ein Graf jederzeit wieder abgesetzt werden. Das Wort Graf war damals noch ein reiner Beamtentitel, keine Rangstufe innerhalb des Adels, obwohl sicherlich in den meisten Fällen Angehörige edler Familien zu Grafen ernannt wurden.

Um zu erfahren, ob die Grafen und Bischöfe in seinem riesigen Reich in seinem Sinne funktionierten, hatte Karl der Große das System der Königsboten erfunden, der Missi Dominici. Immer zwei direkt vom König beauftragte Beamte, ein weltlicher und ein geistlicher, reisten unentwegt durch eine größere Zahl von Grafschaften und Bistümer, prüften die Amtsführung, nahmen Beschwerden entgegen, hielten ihrerseits Gericht und berichteten natürlich dem König. Damit wurde in dem weiten Gebiet zwischen Rhein und Elbe erstmals eine Art staatlicher Organisation eingeführt. Allerdings hat das Amt der Königsboten Karl den Großen wohl nicht allzu lange überlebt.

Etwa um das Jahr 794 begann eine neue, sehr durchgreifende Form der Unterdrückung jeglichen sächsischen Widerstandes. Vorangegangen waren wieder Aufstände und blutige Kämpfe. Zu dieser Zeit sang der Mönch Widukind schon mindestens acht Jahre lang im Kloster Reichenau Hymnen auf den Gott der Christen und bekam wie jeder Mönch, hoch oder niedrig, Prügel, wenn er beim Gottesdienst hustete oder zum Essen zu spät kam. Er konnte also an den neuen Unruhen nicht mehr schuld gewesen sein.

Die fränkischen Grafen erhielten offenbar nunmehr die Anweisung, die gesamten Einwohner eines Dorfes oder einer Ansiedlung zu deportieren, wenn unter ihnen ein Missetäter war. In den folgenden Jahren müssen Hunderte, ja Tausende oder gar Zehntausende von Sachsen mit ihren Familien in ferne Gebiete des Fränkischen Reiches »zwangsumgesiedelt« worden sein. Die zahlreichen Dörfer mit »Sachsen« im Namen in Mittel- und Süddeutschland markieren noch heute das Ende dieser sehr unfreiwilligen Auswandererzüge, etwa Sachsenhausen (heute Stadtteil von Frankfurt am Main) oder Lützelsachsen im Odenwald. Umgekehrt wurden offenbar Menschen aus anderen Gebieten des Reiches im Sachsenland angesiedelt, ähnlich wie dies schon für

Alemannien konstatiert wurde. Erst im Jahr 797 erließ König Karl eine etwas mildere Fassung des Spezialgesetzes für die Sachsen.

Wenn heute Erwachsene als Christen getauft werden, geht dem für gewöhnlich ein längerer Unterricht voraus, in dem die Täuflinge mit den wesentlichen Lehren der Kirche vertraut gemacht werden. Das war damals im Sachsenland anders. Da hieß es, zuerst einmal die völlig fremdartige Zeremonie der Taufe über sich ergehen zu lassen – und damit von diesem Augenblick an der sehr weitgehenden Amtsgewalt der Priester zu unterstehen – und erst hinterher allmählich etwas vom Christentum und seinem Wesen zu erfahren. Über die ersten Missionsversuche im Norden und im Süden Germaniens existieren ausführliche fromme Legenden, manche mit den absonderlichsten Wundertaten der beschriebenen Heiligen. Doch über das stille, entbehrungsreiche und sicher oft frustrierende Wirken der namenlosen Priester und Mönche, die ab der zweiten Hälfte des 8. Jahrhunderts die Sachsen und Friesen zu Christen machen sollten, schweigen die zeitgenössischen Quellen. Doch muß es viele solcher ungenannten Helden gegeben haben.

Sicherlich brauchten sie weit mehr als ein Jahrhundert, um den Sachsen die Erinnerung an die alten Götter und auch die Formen ihrer Verehrung auszutreiben. Das geschah auf unterschiedlichste Weise. An alten Opferstätten für germanische Götter wurden mit Vorliebe kleine Kirchen gebaut, und die regelmäßigen Wallfahrten der Menschen dorthin konnten dann mühelos als fromme Verehrung christlicher Heiliger ausgelegt werden. Das Opfern von Pferden für den Gott Wodan und das Verzehren von Fleisch dieser geopferten Tiere wurde den Sachsen durch die strengsten Kirchenstrafen so verleidet, daß noch heute das Essen von Pferdefleisch bei den meisten Deutschen ein unbewußtes Gefühl des Abscheus hervorruft, ganz im Gegensatz etwa zu den Franzosen, für die Pferdefleisch eine Delikatesse ist.

Die Aufsicht über die Priester und Mönche hatten Bischöfe zu führen. Seit den Zeiten des Bonifatius scheint sich das moralische und bildungsmäßige Niveau der Bischöfe wenigstens in der germanischsprachigen Reichshälfte um einiges gehoben zu haben. Vielleicht gab es jetzt auch keinen Kirchenmann mit derart hohen moralischen Ansprüchen mehr, der sich wie Bonifatius über seine Amtsbrüder aufregen mochte.

Karl der Große ließ schon früh im Sachsenland feste Sitze für Bischöfe einrichten, damit sie die dort inzwischen zahlreich tätigen

Geistlichen und Klöster beaufsichtigen und zur Beachtung der kirchlichen Regeln und der fränkischen Gesetze anhalten konnten. Schon in den achtziger Jahren des 8. Jahrhunderts, also noch mitten im Krieg mit den Sachsen, tauchen die Namen künftiger Bischofssitze in deren Land erstmals auf, auch wenn es meist noch einige Jahre dauern sollte, bis der erste reguläre Bischof dort residierte: Verden (782), Osnabrück (783), Bremen (788), Münster (791), Paderborn (795), Minden (800). Im östlichen Teil des sächsischen Landes, dem heutigen Bundesland Sachsen-Anhalt, entstanden Bistümer erst einige Jahrzehnte später.

Vorläufer der Bischofsresidenzen in den neu entstehenden Städten des Sachsenlandes waren meist Missionsstationen, bald aber auch Klöster. In diesen wurden junge Männer und Frauen, darunter viele aus dem Adel, zur Gottesfurcht erzogen, aber auch in den verschiedensten handwerklichen und bäuerlichen Arbeiten unterwiesen. Sicherlich nicht alle, aber die aufgewecktesten unter den Klosterzöglingen lernten dort, fließend Lateinisch zu sprechen, zu lesen und zu schreiben und in die in den Klöstern gepflegte Gelehrsamkeit einzudringen. Sie wurden bald zu begeisterten Verkündern des neuen Glaubens, ähnlich wie es ihre angelsächsischen Vettern auf der Insel Britannien ein paar Generationen vorher geworden waren.

Das wichtigste Kloster im westlichen Teil Sachsens wurde allerdings erst einige Jahre nach Karls des Großen Tod gegründet, das Kloster Corvey (bei Höxter), auf den damals 800 Jahre alten Ruinen eines alten Römerkastells am Westufer der Weser. Am Ende des 9. Jahrhunderts schrieb dort der Mönch Widukind von Corvey – er war stolz, ein Nachkomme des berühmten Herzogs zu sein – die Geschichte der Sachsen auf, so wie er sie auffinden konnte und interpretieren wollte.

Am Schluß dieses Kapitels über die Eingliederung der Sachsen ins Frankenreich steht noch einmal die Frage: War es historisch gesehen ein Segen oder ein Unheil für die Sachsen, so unnachsichtig in das christliche Reich Karls des Großen hineingezwungen worden zu sein? Bei aller Achtung für das zähe Selbständigkeitsstreben der Sachsen – die »stärkeren Bataillone« waren doch auf der Seite der Franken und des Christentums, nicht nur militärisch. Trotz aller Schwächen, die das Christentum und viele seiner Vertreter damals aufwiesen, verkörperte es doch eine unvergleichlich höhere Ethik als die zuletzt weitgehend in angebliche Zauberei und Wahrsagekunst verkommene germanische Religion. Und der Zugang zur damals schon über tausendjährigen abendländischen Kultur, den die Mönche und Priester in ihren Klöstern fanden, eröffnete der Intelligenzschicht unter den Sachsen, die gewiß nicht kleiner war als in anderen germanischen Völkern, eine neue, fruchtbare Dimension des Denkens.

36. KÖNIG KARL BESEITIGT BAYERNS UNABHÄNGIGKEIT

HERZOG TASSILOS TIEFER FALL
Sommer 788, Kloster St. Maximin in Trier

Der Mönchsnovize Theodo kniete wie vorgeschrieben zusammenge-
kauert vor einem kleinen Kruzifix in seiner Zelle, die Hände gefaltet
auf dem Boden und den Kopf darauf gestützt. Gelegentlich ächzte er
und verlagerte das Schwergewicht seines Körpers etwas, um wenigstens
eines seiner schmerzenden Knie ein wenig zu entlasten. Fast volle drei
Stunden, von der Terz (allgemeines Klostergebet zur dritten Stunde
nach dem Sonnenaufgang) bis zur Sext (Gebet zur sechsten Stunde),
mußte der junge Mönch so in seiner Zelle im Privatgebet verharren.
Das war ihm als Bußübung für die nächsten zwei Wochen von seinem
Abt auferlegt worden, und die Zeit dieses vorgeschriebenen Gebets
verhinderte zusätzlich, daß er am ohnehin kärglichen Mittagessen der
Mönche des Klosters teilnehmen konnte. Alle Viertelstunde kam der
Prior oder ein von ihm beauftragter älterer Mönch, um sich mit einem
Blick durch die nur angelehnte Zellentür zu überzeugen, daß der angehende Mönch nicht schlief oder gar aus seiner unbequemen Lage
aufgestanden war. Beten sollte er, beten und Gott um Verzeihung für
die Sünden seines Vaters bitten.

Zu schlafen wäre dem Novizen Theodo unmöglich gewesen, aber
auch beten konnte er nicht. Zu sehr überstürzten sich die Gedanken in
seinem Kopf, Wut, Verzweiflung, Haß, Enttäuschung, Trauer bunt gemischt. Glücklicherweise konnten kein Prior und kein Abt diese Gedanken sehen. Vor zwei Wochen erst hatte man ihn, eskortiert von
einigen Reitern des Frankenkönigs, von der königlichen Pfalz Ingelheim
am Rhein hierher nach Trier ins Kloster St. Maximin gebracht, und die
Entwürdigung hatte damit begonnen, daß er als angehender Mönch
den ganzen Weg zu Fuß laufen mußte, während seine Begleiter ritten.
Dann hatte man ihm in einem feierlichen Gottesdienst in der Klosterkirche seine kostbaren Kleider ausgezogen, die ihn als jungen Ritter aus

dem höchsten Adel auswiesen, ihm eine schwarze Kutte aus grobem, juckendem Wollstoff übergezogen und ihm die üppigen blonden Locken auf seinem Kopf bis auf einen kleinen Haarkranz rund um die künstliche Glatze, die Tonsur, geschoren. Theodo war sich dabei vorgekommen wie ein Schaf, das auch nicht weiß, warum ihm im Frühsommer von rauhen Bauernhänden sein Wollkleid abgeschnitten wird.

Viele junge Männer wie er traten als Mönche in ein Kloster ein, freiwillig oder von ihren Eltern geschickt, auch sehr häufig die jüngeren Söhne von Adligen. Doch die hatten sich schon von Kindheit an auf dieses Dasein vorbereiten können, und viele freuten sich auch auf ein Leben, in dem sie nicht in die Schlacht ziehen mußten, sondern Lesen und Schreiben und die höhere Bildung der Kirche kennenlernen durften. Doch für ihn, Theodo, war das Kloster kein willkommener Zufluchtsort vor den Stürmen der Welt, sondern nichts als ein verhaßtes Gefängnis, das Ende seiner Hoffnungen, die er sich als ältester Sohn des Bayernherzogs Tassilo für sein kommendes Leben als Herrscher eines großen christlichen Reiches gemacht hatte. Noch hatte er nicht gelernt, wortlos und demütig die strenge Zucht des Klosters hinzunehmen, und dieses tägliche dreistündige Bußbeten war die Strafe dafür.

Der Höhepunkt seiner Verzweiflung war allerdings jene Stunde vor gut einem Mond gewesen, da er von der Galerie des großen Saales in der Königspfalz Ingelheim den Schauprozeß hatte mit ansehen und anhören müssen, den der Frankenkönig Karl seinem Vater Tassilo machen ließ. König Karl hatte zur allgemeinen Reichsversammlung geladen, und Herzog Tassilo war wie alle hohen Adligen des Frankenreiches diesem Ruf gefolgt, wie es zu seiner Pflicht als Lehnsmann des Königs gehörte. Wenn er nur geahnt hätte, was ihn in Ingelheim erwartete!

Der Herzogssohn Theodo hatte bereits seit fast einem Jahr am Hof des Frankenkönigs gelebt, in allen Ehren, aber doch gleichsam als Gefangener, denn er war eine der von seinem Vater gestellten Geiseln für dessen Wohlverhalten gegenüber seinem Lehnsherrn, dem König. Mit seinem Bewacher, dem jungen fränkischen Adligen Erchanolf, hatte sich Theodo angefreundet und dabei herausgefunden, daß dieser und dessen Familie ebensoviel Grund hatten, König Karl zu mißtrauen, ja, zu hassen wie er selbst.

Des Erchanolf Onkel Audacher war Vertrauter und hoher Beamter des ersten Frankenkönigs aus der Karolingerfamilie, Pippins I., gewesen, und nach dessen Tod hatte er seinem Sohn Karlmann in gleicher Weise gedient. Auch nach dem plötzlichen frühen Tod dieses Königs hatte er dessen Witwe und den unmündigen Kindern die Treue gehalten, als sie von König Karl zwangsweise in Klöster gesteckt wurden, um jegliche Thronansprüche von ihrer Seite auszuschalten. Audacher hatte diese Treue mit Verbannung in die Spanische Mark jenseits der Pyrenäen büßen müssen.

Der Neffe Erchanolf hatte seinen Grimm auf König Karl sorgfältig geheimgehalten, aber seinen Altersgenossen Theodo, dessen Bewachung in der Königspfalz ihm aufgetragen war, vor der Absicht des Königs gewarnt, den Bayernherzog wegen Hochverrats anzuklagen, wenn der wie vorgesehen zur Reichsversammlung nach Ingelheim kommen würde. Ja, auf Bitten Theodos hatte er sogar Tassilo entgegenreiten wollen, um ihn zu warnen. Doch dieses Vorhaben war verraten und Erchanolf verhaftet worden, ehe er die Pfalz verlassen konnte. Seitdem war auch Theodo nicht mehr als Geisel, sondern als Gefangener behandelt worden, und Herzog Tassilo war ahnungslos in der Reichsversammlung erschienen.

Man hatte ihn sofort verhaftet, ihm seine Waffen abgenommen und ihn in eine der Gefängniszellen gesteckt, die zur notwendigen, aber nie öffentlich erwähnten Ausstattung einer Königspfalz gehörten. Schon einen Tag später wurde der Herzog Tassilo III. der Bayern, Sproß der uralten und vornehmen Agilolfingerfamilie, vor die Reichsversammlung geführt, die nun als »Umstand« des Gerichts (im germanischen Gerichtsverfahren eine Art Geschworene) fungierte. Sein Sohn Theodo mußte ebenfalls, als Gefangener und streng gefesselt, von der Galerie aus dem Schauspiel beiwohnen.

Ein sorgfältig einstudiertes Schauspiel war es offenbar, das da ablief. Da traten hohe bayerische Adlige auf und beschuldigten ihren eigenen Herzog, er versuche, die Königsvasallen in Bayern zu vernichten, und habe seinen Leuten befohlen, dem König gegenüber stets falsch zu schwören. Tassilo habe erklärt, lieber wolle er zehn Söhne verlieren, als sich an die früheren Abmachungen mit König Karl zu halten. Außerdem habe er ein Bündnis mit den heidnischen Awaren geschlossen, auf Betreiben seiner Gattin Liutberga, die als Tochter des Langobardenkönigs Desiderius dessen Bezwinger König Karl aufs tiefste haßte. Herzog Tassilo war so empört über diese an den Haaren herbeigezogenen Anschuldigungen, daß er es verschmähte, auch nur ein Wort zu seiner

Verteidigung zu sagen – oder man hatte ihm vorher eine Medizin gegeben, die ihn vorübergehend seiner Stimme beraubte; Theodo konnte
dies von der Galerie aus nicht entscheiden.

Die zu Richtern bestimmten hohen fränkischen Adligen steckten
beflissen ihre Köpfe zusammen, schienen aber nicht zu einem Todesurteil für diese nicht unbedingt bewiesenen Vergehen zu kommen. Da trat
noch einmal ein Angehöriger der Huosifamilie vor, die zu den fünf angesehensten Adelssippen im Herzogtum Bayern gehörte, und brachte
die Anschuldigung gegen Herzog Tassilo vor, die nun unbestreitbar
todeswürdig war: Er habe sich im Jahr des Herrn 763, vor nunmehr 25
Jahren, ohne Erlaubnis des damaligen Königs Pippin während eines
Feldzuges der Franken gegen das aufständische Herzogtum Aquitanien
mit seiner Gefolgschaft bayerischer Krieger eigenmächtig vom Heer
entfernt, angeblich wegen Krankheit, er habe damit einwandfrei Harisliz (Heeresverlassen, Desertion) begangen.

Doch ehe die Richter ihr nun unvermeidliches Todesurteil sprechen
und sich den Umstand durch zustimmendes Murmeln bestätigen lassen
konnten, mischte sich König Karl ein. Von seinem Thron an der Stirnseite des Saales aus hatte er bisher wortlos, aber höchst aufmerksam
den Verlauf des Prozesses verfolgt. Als Gerichtsherr oblag es ihm,
ein von einem königlichen Gericht gefälltes Urteil zu bestätigen oder
zu mildern. Jetzt bat er mit bewegter Stimme scheinheilig um Gnade
für seinen Vetter Tassilo: Es gebühre einem König und Verwandten
des Angeklagten, Barmherzigkeit walten zu lassen und die Richter zu
bitten, ihn nur zur lebenslangen Buße als Mönch in einem Kloster zu
verurteilen. So geschah es dann selbstverständlich auch.

Das Gericht war mit seinen Urteilen noch nicht fertig. Auch Tassilos Gattin Liutberga wurde dazu verurteilt, bis zum Ende ihres Lebens
den Schleier zu tragen und mit fleißigen Bußübungen in einem Nonnenkloster ihre Vergehen gegen des Königs Majestät zu sühnen. Dem
Sohn Theodo konnte man nur vorwerfen, daß er seinen Bewacher Erchanolf zur Warnung seines Vaters angestiftet hatte, allerdings war
auch dies beim Versuch geblieben. Doch als verpfändete Geisel hatte
er, wie es Brauch war, für die Verfehlungen seines Vaters mit zu büßen,
und so war es sein Schicksal, bis zum Ende seines Lebens ebenfalls als
Mönch im Kloster zu beten, zu arbeiten und zu büßen. Seine jüngeren
Geschwister, obwohl keine Geiseln, verschwanden ohne Urteil gleichfalls lebenslang hinter Klostermauern.

Nicht alle Teilnehmer der Reichsversammlung hatten den von den Richtern verkündeten Urteilen begeistert zugestimmt. Es gab eine kleine Gruppe Adliger aus Bayern, die ihrer Empörung über die schändliche Erniedrigung ihres Herzogs lautstark Ausdruck verlieh. Diese Adligen wurden sofort von stämmigen fränkischen Kriegern aus dem Saal geführt. Schon am folgenden Tage erging das Urteil: Sie alle wurden aus ihrer bayerischen Heimat verbannt, nach Friesland und Sachsen. Das hatte Theodo noch erfahren, obwohl seine Wächter sich Mühe gaben, ihn in seiner Gefängniszelle von jedem Nachrichtenaustausch mit seinen Eltern und Geschwistern fernzuhalten.

Stöhnend und unbeholfen nach dem langen schmerzhaften Knien erhob sich der Novize Theodo, als ein alter Mönch ihn aufforderte, nun zur Sext in die Kirche zu kommen, und ihn damit wieder in den von Minute zu Minute geregelten normalen Tagesablauf eines Mönches eingliederte. Morgen, das wußte Theodo jetzt schon, morgen während seines Bußkniens würden die ganzen schrecklichen Stunden des Prozesses gegen seinen Vater in der Königspfalz zu Ingelheim erneut durch seinen Kopf ziehen und übermorgen ebenfalls.

DAS HERZOGTUM BAYERN UND DAS FRÄNKISCHE KÖNIGREICH, EIN DRAMA IN VIELEN AKTEN

Natürlich hat keine Chronik von den Bußübungen des Mönches Theodo im Kloster berichtet und erst recht nicht von seinen schwarzen Gedanken dabei. Doch der tatsächliche Ablauf des letzten Aktes im Drama der Ausschaltung der Agilolfingerfamilie durch Karl den Großen, die Gerichtsverhandlung gegen Tassilo in Ingelheim, wird kaum wesentlich von der Schilderung in vorstehender Einleitungsepisode abgewichen sein. Die ausschließlich aus fränkisch-königlicher Sicht berichtenden verschiedenen Klosterannalen lassen keinen Zweifel an den Urteilen dieses »Schauprozesses«, und in ihrer Einseitigkeit verführen sie dazu, sich über die Vorgeschichte und Hintergründe dieses ziemlich einzigartigen Verfahrens Gedanken zu machen.

Das heißt, der allerletzte Akt im Drama der Agilolfinger war der Prozeß im Frühjahr 788 in Ingelheim noch nicht. Sechs Jahre später, bei einer anderen Reichsversammlung in Frankfurt am Main im Jahr 794,

wurde ein hagerer Mönch vorgeführt, der König Karl zu Füßen fiel, ihn
um Verzeihung bat für alles, was er ihm angetan habe, und eine Urkunde unterschrieb, in der er für alle Zeiten auf sein Herzogtum und
sein Eigengut verzichtete, für sich, seine Frau und seine längst in verschiedenen Klöstern eingesperrten Kinder. Schon zu Zeiten Karls des
Großen scheint man sich gut auf die Kunst verstanden zu haben, die
man heute »Gehirnwäsche« nennt. Danach verschwand der Mönch
Tassilo endgültig in der Vergessenheit, wenigstens der offiziellen fränkischen Annalen.

In seinem ehemaligen Herzogtum hat man des so jäh entthronten
Herrschers noch lange in Anhänglichkeit gedacht. Das von ihm gegründete Kloster Mattsee im Salzburger Land setzte ihm noch im hohen Mittelalter einen Gedenkstein: »Tassilo, erst Herzog, dann König,
schließlich aber Mönch«. An einem 11. Dezember ist er gestorben – wo
und in welchem Jahr, weiß man nicht sicher. Es gibt Hinweise, daß der
Mönch Tassilo erst im berühmten Karolingerkloster Lorch im Rheingau in Haft gehalten wurde, später aber in das französische Kloster
Jumièges verschickt worden ist.

Was war diesem dramatischen Finale vorangegangen? Was hatte
König Karl zu dieser Abrechnung mit einem Herzog seines Reiches
veranlaßt, der nie einen bewaffneten Aufstand gegen ihn angeführt
hatte, den er wirklich nicht als Heiden verunglimpfen konnte und der
noch dazu sein leiblicher Vetter war?

In den wechselvollen Beziehungen zwischen Bayern und dem Frankenreich seit dem Beginn des 8. Jahrhunderts hatte es mehrere Kriegszüge noch des Hausmeiers Karl Martell nach Bayern gegeben, »um
dort Ordnung zu schaffen« (siehe 31. Kap.). Zugleich begann sich die
Karolingerfamilie mit den bayerischen Agilolfingern durch Heiraten
hinüber und herüber zu verbinden. Karl Martell brachte als »Kriegsbeute« eine bayerische Prinzessin Svanahilt mit und machte sie zu seiner zweiten Frau, die ihm einen Sohn Grifo gebar. Eine Tochter Karls
aus erster Ehe, Hiltrud – Schwester der Hausmeier-Brüder Pippin und
Karlmann –, heiratete später den vorletzten Agilolfinger auf dem
bayerischen Herzogsstuhl, Odilo, und gebar ihm als Erben den jungen
Tassilo (geboren wohl 741). Dieser wurde dadurch ein Neffe Pippins
und Vetter von dessen etwa gleichaltrigem Sohn Karl.

Die Schwägerschaft mit den Karolingern hinderte Herzog Odilo
nicht, eine Politik zu treiben, die den fränkischen Herrschaftsan-

sprüchen zuwiderlief. Im einzelnen ist das Hin und Her in den Beziehungen Odilos zu Pippin und Karlmann nur etwas für Spezialisten. Hier sei lediglich erwähnt, daß es dem Bayernherzog 739 gelang, mit Unterstützung des Papstes und des Erzbischofs Bonifatius eine eigene bayerische Kirchenprovinz einzurichten, nach den Plänen des Herzogs Theodo ein Vierteljahrhundert vorher – eine ausgesprochene Provokation für die fränkischen Hausmeier.

Kurze Zeit später machte sich Odilo zum Fürsprecher der Erbansprüche Grifos, des Stiefbruders der beiden Hausmeier, die erbittert alles taten, um diesen unerwünschten Mitregenten auszuschalten. Im Jahr 743 hatte Odilo eine »große Koalition« fast aller Gegner der fränkischen Herrscher in einem Heer versammelt: Grifo selbst, der in Bayern Zuflucht gesucht hatte, mit vielen bewaffneten Anhängern, daneben natürlich bayerische Truppen, aber auch (als Söldner oder aus freien Stücken?) Sachsen und Krieger aus slawischen Stämmen sowie Alemannen unter Anführung ihres Herzogs Theudebald, der vermutlich ein Bruder Odilos war. Doch dieses Heer wurde in einer Schlacht von fränkischen Truppen gründlich besiegt, wohl der letzten bayerisch-fränkischen Schlacht für lange Zeit. Odilos politische Kraft war seitdem gebrochen.

Als der Herzog 748 starb, war sein Sohn Tassilo gerade sieben Jahre alt. Seine Mutter, die Karolingerin Hiltrud, übernahm die Vormundschaft, und nach deren Tod 754 führte sie der inzwischen zum König der Franken gewordene Pippin als sein Onkel fort. Mit 16 Jahren (757) wurde Tassilo aus der Vormundschaft entlassen, wie dies bei hohen Adligen damals üblich war. Der junge Herzog Tassilo leistete, wie viele bayerische Adlige, König Pippin einen Treueid. Das Verhältnis zwischen einem vornehmen und reichen Adligen, Tassilo, und seinem Oberherrn, dem fränkischen König, hätte sich ebenso friedlich und ungestört weiterentwickeln können wie in Dutzenden anderer Fälle – wenn es sich nicht um Angehörige der Familien der Agilolfinger und der Karolinger gehandelt hätte.

Ein Agilolfinger fühlte sich nach Alter und Ruhm seiner Familie jedem Karolinger überlegen, und eine mehr als formale Unterordnung unter den Frankenkönig konnte auch Tassilo nicht ertragen. War es dieses Gefühl, oder gab es andere Gründe, die ihn im Alter von 22 Jahren zum »Abschied vom fränkischen Heer ohne Urlaub« veranlaßten? Damals blieb seine Harisliz völlig folgenlos! Das Selbstbewußtsein Tassi-

los stieg noch, als er einige Jahre später die Tochter Liutberga des
Langobardenkönigs Desiderius heiratete, des letzten von den Franken
unabhängigen germanischen Königs auf dem europäischen Festland.
Kurze Zeit später heiratete sein Vetter Karl, inzwischen selbst einer der
fränkischen Könige geworden, eine Schwester (Desiderata) von Tassilos Frau und wurde dadurch zusätzlich sein Schwager.

Doch Karl war, anders als sein Vater Pippin, offenbar nicht bereit,
ein nahezu unabhängiges Reich der Bayern auf Dauer neben seiner
eigenen Herrschaft zu akzeptieren. In einer Urkunde des Spätjahres
788, mit der König Karl dem Erzbischof Angilram von Metz ein baye-
risches Kloster schenkt, nennt er als Anlaß der Schenkung, »weil das
Herzogtum Bayern unserem Reich der Franken vor einiger Zeit treulos
durch die bösen Männer Odilo und unseren Verwandten Tassilo entzogen und entfremdet wurde, das wir nun mit Hilfe unseres Gottes, des
Wahrers der Rechte, unserer eigenen Herrschaft wieder unterstellt
haben«. Ein schöner Propagandaspruch, aber vielleicht hat Karl sogar
selbst daran geglaubt.

Tassilo hat sich vermutlich selbst nie König genannt, aber seinen
Zeitgenossen erschien er offenbar so, und in den schriftlichen Dokumenten seiner Zeit werden seine Herrschaft als »regnum« und seine
Regierungstätigkeit als »regnare« bezeichnet, Ausdrücke, die nach damaliger Auffassung nur einem wirklichen König zukamen. Der Frankenkönig Karl war aber zu klug, seinen Konkurrenten in Bayern mit
direkter Waffengewalt zu unterwerfen. Er ließ die Zeit für sich arbeiten
und benutzte subtilere Mittel, die Macht Tassilos zu unterhöhlen.

Der erste politische Rückhalt, den Tassilo verlor, war sein Schwiegervater Desiderius, der Langobardenkönig. Wie schon einmal erwähnt (siehe 35. Kap.), eroberte Karl dessen Hauptstadt und Reich und
steckte den gefangenen König, der auch einmal sein Schwiegervater gewesen war, auf Lebenszeit in ein Kloster, nach erprobter Manier, die
später ja auch andere Widersacher zu spüren bekamen. Von seiner
Ehefrau Desiderata hatte König Karl sich rechtzeitig getrennt und sie
ihrem Vater zurückgeschickt. Herzog Tassilo unternahm während des
fränkisch-langobardischen Krieges nichts. Als Herzog des Fränkischen
Reiches hätte er Truppen zur Bekämpfung seines eigenen Schwiegervaters schicken müssen. In einem solchen Gewissenskonflikt war es
das klügste, neutral zu bleiben.

Viel schwerwiegender noch war Karls auf die Dauer erfolgreicher

Versuch, maßgebliche Vertreter des bayerischen Adels auf seine Seite
zu ziehen. Indem er sie durch Eide persönlich dem fränkischen König
verpflichtete und sie darüber hinaus sicherlich auch durch Geldgeschenke, Ernennungen zu königlichen Grafen in fernen Reichsteilen
und andere Gunstbeweise »schmierte«, hatte König Karl längst vor dem
Prozeß von Ingelheim eine Gruppe bayerischer Adliger als treue Verbündete gegen ihren eigenen angestammten Herzog gewonnen.

Dabei konnte König Karl seinen Vetter Tassilo beim besten Willen
nicht einer offenen Widersetzlichkeit beschuldigen. Mehrfach kämpften bayerische Truppen unter Karls Oberbefehl in Aquitanien und Spanien, wenn auch nicht unter persönlicher Anführung Tassilos, mehrmals besuchte dieser als Herzog im Frankenreich Reichstage und
erneuerte seinen Treueid für König Karl, jedesmal mit ein wenig stär-
kerer Bindung an das Reich. Einen Versuch des Herzogs im Jahr 787,
sich der Unterstützung des Papstes bei seinem Unabhängigkeitsstreben
zu versichern, wies der Papst in ernsten Worten zurück, und Karl zog
als Antwort darauf mit drei mächtigen Heeren an die Grenzen Bayerns.
Tassilo blieb nichts anderes übrig, als zu kapitulieren. Er mußte sein
ganzes Herzogtum formell an den übermächtigen Frankenkönig übergeben, der es nunmehr nur noch als *Lehen*, das heißt als geliehenes
Gut, nicht mehr als Herrschaft aus eigenem Recht, »gnädig« dem Herzog wieder anvertraute. Auch mußte er, wie üblich, zwölf »normale«
Geiseln stellen und als dreizehnten seinen ältesten Sohn Theodo.

Es kann durchaus sein, daß Tassilo danach dieses neue, stärkere Ab-
hängigkeitsverhältnis »das Leben unerträglich machte«, wie Quellen
berichten, und daß König Karl solche Äußerungen hinterbracht wurden. Doch konkrete Schritte zum Hochverrat scheint Herzog Tassilo in
den Monaten bis zu seinem Prozeß in Ingelheim nicht unternommen zu
haben. Ein Vertrag des Bayernherzogs mit seinen Nachbarn, den Awaren, war keineswegs etwas Besonderes, wie im folgenden Abschnitt
näher erklärt wird. So waren die Beschuldigungen in Ingelheim, die
pikanterweise bayerische Adlige vorbringen mußten, wirklich »an den
Haaren herbeigezogen«.

Es bleibt die Vermutung übrig, König Karl habe im Jahr 788 die Gelegenheit für günstig erachtet, den letzten Machthaber im Fränkischen
Reich endgültig auszuschalten, der sich seinem absoluten Herrschafts-
anspruch widersetzte. Kurz zuvor hatte er ja, wie er glaubte, den Widerstand der Sachsen endgültig gebrochen. Mit Recht hatte der Prozeß

von Ingelheim nichts zu tun, weder nach damaligen noch nach heutigen Anschauungen.

Bayern wurde nach Tassilos Sturz zu einer Provinz des Frankenreiches wie viele andere auch. König Karl setzte seinen Schwager Gerold,
einen in Alemannien begüterten Adligen und Bruder seiner dritten
Frau Hildegard, zum Praefectus in Bayern ein – die Herzogswürde
wurde bewußt kassiert. Bayerns Sonderrolle im Frankenreich war damit für lange Zeit ausgespielt.

DAS VORKAROLINGISCHE BAYERN ALS CHRISTLICHER VORPOSTEN IM ALPENRAUM

Wenn Karl der Große in den Sachsen vor allem die Heiden bekämpfte
und sie mit aller Gewalt zu Christen machen wollte, so war das bei den
Bayern völlig anders. Sicherlich hat es zu seiner Zeit auch in Bayern
noch viele Überreste vorchristlicher Einstellungen und Praktiken gegeben, wenngleich die offiziellen Dokumente darüber aus begreiflichen
Gründen schweigen. Aber im Vergleich zu anderen Gebieten des germanischsprachigen Teils des Frankenreiches war Bayern schon um das
Jahr 750 ein zutiefst christliches, katholisches Land. Das ist Bayern
auch unter gewandelten Umständen bis heute geblieben – wohlge-
merkt, im *Vergleich* zu anderen Landschaften Deutschlands.

Die Familie der Agilolfinger war offenbar nahezu seit ihrem ersten
Auftreten in Bayern bereits christlich und hat vermutlich viel dafür getan, daß auch ihre bayerischen Untertanen etwas von der Botschaft der
christlichen Kirche hören konnten. Schon sehr frühe Missionsbestre-
bungen, spätestens ab etwa dem Jahr 600, haben Reste kleiner Kirchen
in Bayern hinterlassen, die im 20. Jahrhundert hier und dort wieder
aufgefunden werden konnten. Der Eindruck trügt, den beflissene
Mönche in ihren Heiligenlegenden erwecken wollten, erst viel später
lebende Heilige hätten die ersten Samen des Christentums dort gelegt
(siehe 31. Kap.).

Das Gebiet des Herzogtums Bayern wies als erste große Region des
germanischen Ostens im Frankenreich mit päpstlichem Segen errichtete Bistümer auf, in Regensburg, Passau, Freising und Salzburg, und
spätestens seit der Herrschaft von Herzog Odilo (736–748) wurden

überall Klöster gegründet, noch mehr während der Regierungszeit Tassilos. Die Kirche in Bayern war zu dieser Zeit zwar bei religiösen und kirchlichen Neuerungen nicht führend, aber sie hat stets intensiv an ihnen teilgenommen, wenn sie von außen her ins Land kamen.

Die ersten Bischöfe in Bayern zur Herzogszeit waren, soweit man weiß, zumeist fränkisch-karolingisch gesinnt. Vor allem auch auf sie konnte sich König Karl bei seiner »Unterwanderung« der Herzogsmacht des Agilolfingers Tassilo stützen. Aber sie haben auch loyal mit dem Herzog zusammengearbeitet, wo es um das Wohl des Landes und der Kirche ging. Zusammen mit dem Herzog haben sie an verschiedenen von Tassilo einberufenen Landessynoden teilgenommen, eine sonst im Fränkischen Reich undenkbare Konstellation. Bei diesen Synoden faßten Bischöfe, Herzog und hohe Adlige gemeinsame Beschlüsse, die zum Beispiel den Rechtsfrieden im Land, das Verhältnis zwischen Bischöfen und Klöstern sowie das Verhältnis zwischen Mönchen und Weltgeistlichen betrafen. Erstere durften sich zum Beispiel nicht in die normale Seelsorge der Pfarreien einmischen.

Zur Zeit Tassilos entstanden bereits repräsentative große Kirchenbauten in Bayern, etwa der Dom St. Peter in Salzburg in seiner ältesten, schon durchaus imposanten Form (767–774).

Auch wenn Tassilo vermutlich wie alle Herrscher seiner Zeit häufig im Land herumgereist sein dürfte, um nach dem Rechten zu sehen, Streit zu schlichten und auf Wünsche örtlicher Adliger, Klöster oder Bischöfe einzugehen, so blieb doch bis zuletzt Regensburg seine feste Residenz. Er muß dort auch eine ständige Kanzlei gehabt haben, von deren Tätigkeit allerdings nur winzige schriftliche Überreste bis zu uns überdauert haben.

Die Bevölkerung im alten Herzogtum Bayern war bis Ende des 8. Jahrhunderts gewiß noch ähnlich bunt gemischt wie knapp 70 Jahre zuvor zu Bischof Hrodberts Zeit (siehe 31. Kap.). So schnell ging damals die sprachliche oder kulturelle Angleichung noch nicht wie heute im Zeitalter des Rundfunks, des Fernsehens und der Tageszeitung. Die verschiedenen Grüppchen der germanischen Bajuwaren, Goten, Alemannen, Rugier oder Thüringer, der romanischen Walchen und der vorrömischen Breonen oder Kelten, die wie ein Flickenteppich das Land besiedelten, paßten sich nur sehr langsam einander an.

Aber irgendwie scheint sich bereits damals unter ihnen das Gefühl entwickelt zu haben, daß sie alle gemeinsam zum Stamm der Bayern

gehörten und gemeinsam einem Herzog untertan seien, auch wenn
viele Bischöfe und Adlige dieses Wort nach eigenem Belieben auslegten. Schon im 8. Jahrhundert muß in Bayern eine Entwicklung begonnen haben, daß die Einwohner, so verschieden ihre sprachliche und
kulturelle Herkunft war, sich als Teil einer überörtlichen Einheit zu
fühlen begannen. Das war für die Masse der Bauern, damals vermutlich weit über 95 Prozent der Bevölkerung, gewiß noch nicht das für sie
völlig abstrakte und nicht fühlbare Fränkische Reich. Aber immerhin
war es das Herzogtum der Bayern, in dessen Heer viele von ihnen gemeinsam ein paar Sommer ihres Lebens verbrachten. In ähnlicher
Weise wird diese Entwicklung zum »Stamm« in einer neuen Bedeutung – völlig anders als in alten germanischen Zeiten ein paar Jahrhunderte früher – auch in Alemannien, im Frankenland am Main und im
Sachsenland vor sich gegangen sein. Erst dieses allmählich entstehende
regionale Gemeinschaftsgefühl bot die Grundlage dafür, daß sich über
100 Jahre später auch ein *überregionales* Gemeinschaftsgefühl wenigstens
bei der maßgeblichen Adelsschicht im Osten des Fränkischen Reiches
Bahn brach.

Das agilolfingische Herzogtum Bayern hatte natürlich Nachbarn,
die schon kurz im 31. Kapitel erwähnt wurden (siehe S. 530 ff.). Die interessantesten davon waren die slawischen Karantanen im heutigen
österreichischen Bundesland Kärnten und in Osttirol. Sie waren einst
von Südosten her in die Längstäler südlich des Alpenhochkamms eingedrungen und hatten im Laufe der Zeit ein eigenes Herzogtum etabliert, das sich von den benachbarten christlichen Reichen manche
Eigenart abgeschaut hatte, mitunter in primitiver, aber doch irgendwie
rührender Weise. So mußten die karantanischen Fürsten, solange es sie
gab, zu ihrer Einsetzung oder Proklamierung auf einem steinernen
Thron Platz nehmen, der nichts anderes war als die umgedrehte Basis
einer römischen Säule (bei Karnburg im südlichen Kärnten).

Die allmähliche Annäherung zwischen Bayern und Karantanen erfolgte nicht durch brutale Eroberung durch das stärkere christliche
Bayern, sondern auf Wunsch der karantanischen Fürsten. Im Jahr 743
machten die Awaren, die alten Oberherren der Slawen in Osteuropa
und einst auch der Karantanen, Anstalten, diese längst abgeschüttelte
Herrschaft im Südalpenraum wieder aufzurichten. Der Karantanenherzog Boruth bat den Bayernherzog um Hilfe, die ihm auch gewährt
wurde. Vielleicht half der Bayer etwas zu viel für Boruths Geschmack,

denn nun kam Karantanien unter eine Art Protektorat des Nachbarlandes.

Zumindest die karantanische Herzogsfamilie muß bald danach zum Christentum übergetreten sein. Der Herzog Choitimir, der 769 starb, war bereits im Kloster Chiemsee erzogen worden. Auch scheint es inzwischen zahlreiche bayerische Missionare im Karantanenland gegeben zu haben. Das hat allerdings offenbar vielen heidnischen Slawen nicht gepaßt. Als Choitimir starb, kam es im ganzen Karantanenland zu Aufständen, bei denen christliche Missionare und andere Bayern umgebracht wurden. Bayernherzog Tassilo beendete das Morden im Jahr 772 mit einer Schlacht, in der die aufständischen Karantanen völlig besiegt wurden. Auch danach gab es noch karantanische, das heißt slawische Herzöge, die jedoch alle schon gute Christen waren und das Land als Lehnsleute des bayerischen Herzogs verwalteten.

Nachbarn der Bayern waren auch die Awaren, doch in einer recht entfernten Form. Offiziell galt sehr lange der Fluß Enns als Grenze. Er mündet etwas unterhalb der heutigen Stadt Linz in die Donau. Doch scheint die ganze Ebene an der Donau bis etwa zum heutigen Wien eine riesige, praktisch unbewohnte Zone zum Distanzhalten gewesen zu sein. Erst dahinter erstreckten sich die Wohn- und Weidegebiete der Awaren über die Steppenlandschaft Pannoniens, des heutigen Ungarns. Diese Landschaft bot dem Volk der Krieger und Viehzüchter aus Innerasien ideale Lebensbedingungen.

Die Awaren waren in den gut 200 Jahren, die sie inzwischen hier an der mittleren Donau und der Theiß ansässig waren, friedlicher geworden. Solange die jährlichen Tribute, vornehmer ausgedrückt, die Geldgeschenke, aus Byzanz regelmäßig einliefen, sahen die Awaren keine Notwendigkeit zu neuen Kriegszügen. Sie hatten sich auch innerlich, in ihrer Bevölkerungszusammensetzung, verändert. Doch das wird im nächsten, dem 37. Kapitel etwas näher erläutert.

Entgegen der fränkischen Propaganda, die aus sehr durchsichtigen politischen Gründen die Awaren stets nur als Hunnen titulierte und sie als mordgierige Heiden und Christenschlächter hinstellte, war es in den letzten 75 Jahren vor Herzog Tassilos Sturz offenbar zu keinen offenen Kämpfen dieses Volkes mit den Bayern mehr gekommen. Die Franken hatten jedoch neuerdings eine gemeinsame Grenze mit den Awaren, seit sie die Herrschaft im Königreich der Langobarden übernommen hatten. Im heutigen Slowenien, am Südostabhang der Alpen, stießen die Interessengebiete beider Reiche zusammen, und hier mag es mitunter Reibereien gegeben haben, die auch militärisch ausgetragen wurden.

Ob Herzog Tassilo tatsächlich ein Bündnis mit den Awaren geschlossen hatte, wie ihm in Ingelheim vorgeworfen wurde, oder ob das nur eine Erfindung seiner Verleumder war, wird sich nie entscheiden lassen. Vielleicht hatte es nur einen Vertrag über die Bestätigung der gegenseitigen Grenze an der Enns gegeben. Ein Schutz- und Trutzbündnis des Bayernherzogs mit dem Awarenkhagan ist jedenfalls recht unwahrscheinlich. Daß es im Jahr 788 nach Tassilos »Vermönchung« sogleich zu Kämpfen der Awaren mit fränkischen Truppen kam, wie die offiziösen Reichsannalen vermerken, muß nicht von den Awaren vom Zaun gebrochen worden sein. Es können durchaus auch die Franken die Angreifer gewesen sein, die dann nach den Heeresberichten selbstverständlich überlegen siegten. Von fern kündigten sich hier schon die Kämpfe König Karls gegen die Awaren an, die wenige Jahre später zum Zusammenbruch und zur Ausplünderung dieses Reiches der Steppenreiter führten. Doch diese Kämpfe sind Thema des nächsten Kapitels.

Merkwürdigerweise hatte das agilolfingische Herzogtum Bayern so gut wie keine Kontakte zu den slawischen Stämmen im Nordosten, im böhmischen Kessel, weder friedliche noch kriegerische. Die damals vermutlich noch riesig großen und undurchdringlichen Wälder, die sich vom Böhmer- und Bayerischen Wald nach beiden Seiten weit ins flachere Land erstreckten, machten solche Kontakte wohl nahezu unmöglich. Erst als sich durch die zunehmende Besiedlung auch der Waldzonen Wege über die wenigen Bergpässe nach Böhmen eröffneten, begann sich das zu ändern. Doch Auswirkungen hatte es erst viele Jahrzehnte später. Davon wird in diesem Buch noch zu berichten sein.

DER NORDGAU,
EINE REGION FÜR SICH

Kaum einem Nichtbayern dürfte heute bewußt sein, daß das deutsche Bundesland Bayern in seiner jetzigen Ausdehnung noch relativ jung ist. Alle Gebiete, die grob gesagt nördlich der Donau liegen, und das ist heute rund die Hälfte des Landes, sind erst in jüngerer Zeit mit dem

Kurfürstentum und späteren Königreich Bayern vereinigt worden, die Oberpfalz im 17. Jahrhundert und die drei fränkischen Regierungsbezirke erst mit der »Flurbereinigung« in Deutschland zur Zeit Napoleons zu Beginn des 19. Jahrhunderts. Wenn also in diesem Buch von einem Herzogtum Bayern die Rede war, dann gehörte das Land nördlich der Donau, bis auf einen relativ schmalen, traditionell bayerischen Streifen, nicht dazu.

Der westliche Teil dieses Gebiets wurde zur Zeit Karls des Großen als Francia orientalis (Mainfranken) und später als Herzogtum Franken bezeichnet (siehe 29. Kap., S. 489). Aber östlich der Regnitz und südlich des Mains bis zu den Höhen des Oberpfälzer und Böhmerwaldes im Osten sowie bis zur Altmühl und fast an die Donau im Süden lag ein Gebiet, das im Frühmittelalter wohl nahezu völlig von Wald bedeckt und praktisch unbewohnt war. Infolgedessen riß sich keiner der benachbarten Herzöge um diese Region. Erst ganz zögernd ab dem 7. Jahrhundert begann sich das fränkische Königreich dafür zu interessieren. Ein »Nordgau« wurde dort eingerichtet, als fränkische, nicht bayerische, Verwaltungseinheit. Doch weiß man nicht genau, seit wann, und vor allem nicht, welche Ausdehnung dieser Nordgau ursprünglich hatte.

Vermutlich erst unter Karl dem Großen oder kurz davor begann eine planmäßige Besiedlung dieses großen Gebiets. Fränkische Siedler aus verschiedenen Teilen des Riesenreiches, darunter auch nicht wenige Sachsen, wurden mit dem Auftrag dorthin geschickt, Lücken in die unermeßlichen Wäldern zu roden; daher die vielen Orte mit »-rode« oder »-reuth« am Ende, die man dort findet. Wieder entstand eine Landschaft in Deutschland, deren Bevölkerung ursprünglich einmal bunt gemischt war.

Denn etwa seit dem Jahr 700 begann im heutigen Deutschland, wie auch im übrigen Europa, die Zahl der Menschen wieder zu wachsen. In der großen Unruhe der Völkerwanderungszeit und durch mehrere verheerende Seuchenwellen, die im 6. und 7. Jahrhundert über West- und Südeuropa gingen, war die vorher ohnehin schon niedrige Zahl der Menschen noch erschreckend weiter gesunken. Doch allmählich ließen die Völkerstürme und Seuchen nach. Auch im Fränkischen Reich ging es wieder friedlicher zu, die Menschen hatten nun wieder mehr Zeit, sich um ihre Ernährung und um die Fortpflanzung ihrer Art zu kümmern. Daran konnten auch die vielen Kriegszüge nichts ändern, von denen in den Chroniken jener Zeit berichtet wird. Die Heere waren damals nur recht klein, und den »Zehntausenden« angeblich getöteter Gegner darf man in mittelalterlichen Heeresberichten ebensowenig trauen wie in entsprechenden modernen Verlautbarungen.

Jedenfalls nahm spätestens ab der zweiten Hälfte des 8. Jahrhunderts die Bevölkerung im Fränkischen Reich merklich zu, allerdings von einem außerordentlich niedrigen Niveau aus. Die damalige Landwirtschaft war noch so primitiv, daß sie nur ganz wenige Menschen zusätzlich ernähren konnte, als in ihr selbst tätig waren. Und dieser kleine Überschuß wurde nun sehr sorgfältig durch Kirchen- und Herren-Zehnten für Klöster und andere Geistlichkeit, für die Höfe der Könige, Herzöge, Grafen und Gutsherren und für die stehenden Heere abgezweigt. Wohin also mit den neuen Essern, für die in den vorhandenen Hütten der alten Dörfer kein Platz war und die auch von der bisher beackerten Scholle nicht mehr ernährt werden konnten?

So werden viele Bauernkinder aus allen Gegenden des Frankenreiches der Aufforderung ihrer Grafen oder Herren gerne gefolgt sein, in den Osten zu ziehen und sich dort in den bisherigen Urwäldern neue Bauernstellen zu schaffen. Für den König hatte diese Siedlungspolitik den großen Vorteil, daß er selbst dieses vorher herrenlose Land in Besitz nehmen konnte und daß die dort angesiedelten, meist freien »Königsbauern« ihm und nicht irgendwelchen anderen Herren oder Bischöfen oder Klöstern Zins zahlten, das heißt den Zehnten in Form von Agrarerzeugnissen an die königlichen Vögte ablieferten. Später konnte der König dann freigebig Lehen oder Schenkungen aus dieser Landmasse an Adlige oder Klöster verteilen.

Einen nicht unerheblichen Teil der Menschen des Nordgaues bildeten im karolingischen Zeitalter und noch lange danach *Slawen*. Unter den Wissenschaftlern ist umstritten, ob einzelne slawische Siedler schon ab dem Ende des 6. Jahrhunderts im Zuge der großen slawischen Völkerwanderung (siehe 25. Kap., S. 428f.) den Weg über die Randgebirge Böhmens nach Westen fanden. Einige moderne Forscher bestreiten das und behaupten, erst die planmäßige Siedlungtätigkeit unter Karl dem Großen am Ende des 8. Jahrhunderts habe auch slawische Siedler mit Wissen und Wollen der fränkischen Grafen in das heutige Oberfranken, das östliche Mittelfranken und die Oberpfalz nördlich der Linie Kallmünz–Schwandorf–Cham gebracht.

Wie dem auch sei, in dieser großen Region im nordöstlichen Bayern haben viele der heutigen Einwohner, wenn sie oder ihre Vorfahren nicht in jüngerer Zeit zugezogen sind, slawische Ahnen, auch wenn das den meisten Menschen nicht bewußt sein dürfte. Vielleicht sind manche Charaktereigenschaften der Oberpfälzer, die sie heute noch recht spürbar von den Nieder- oder Oberbayern unterscheiden – ganz abgesehen von der anderen Sprachfärbung –, auf dieses slawische Erbgut zurückzuführen.

Im Zuge dieser forcierten Besiedlung weitete sich auch der Begriff Nordgau und wanderte weiter nach Osten und Norden bis ans Fichtelgebirge. Bis ins hohe Mittelalter war der Nordgau Königsland und königlichen Verwaltern anvertraut. Mit dem Stammesherzogtum der Bayern hatte er nie etwas zu tun gehabt. Dennoch mußte diese Erwähnung des Nordgaues dem Kapitel über das Ende der ersten bayerischen Herzogsfamilie angehängt werden, weil sie sonst nirgendwo anders in diesem Buch Platz gehabt hätte.

37. DAS AWARENREICH ZERFÄLLT

LEICHTER SIEG, GROSSE BEUTE
Herbst 795, Pettau (heute Ptuj, Slowenien) an der Drau

Kraftvoll, als habe er nicht gerade einen langen Tagesritt hinter sich, sprang Fürst Woynimir vom Pferd und warf die Zügel seinem Leibknecht zu. Dann betrat er mit schnellen Schritten das Zelt des Markgrafen Erich. Der hatte es erst wenige Stunden vorher am Ufer des Flusses Dravus (Drau) errichten lassen, dort wo die alte Römerstraße von Südwesten her den Fluß überquerte. Poetavio (Pettau, heute Ptuj in Slowenien) hatte der Ort einmal geheißen, als die Römer hier noch herrschten, doch jetzt waren nur noch klägliche Ruinen des einstigen wohlhabenden Städtchens übrig.

Mit offenen Armen kam der Markgraf seinem Unterführer entgegen. Sein Gesicht drückte Freude über das Wiedersehen aus, aber auch Spannung und Neugier. »Du siehst, Woynimir«, sagte er zur Begrüßung, »ich habe meinen Teil unserer Verabredung pünktlich eingehalten und bin rechtzeitig mit meinen Truppen hier, um dich zu erwarten. Und wie sieht es mit dir aus?«

Statt einer direkten Antwort schleuderte der fränkische Graf aus slawischem Stamm sein Wehrgehänge in eine Ecke des Zeltes und ließ sich auf ein Polster aus kostbaren Pelzen fallen. »Gibt es denn keinen Wein hier?« fragte er herausfordernd. Ein Händeklatschen Erichs ließ einen Sklaven eintreten, den eine Handbewegung anwies, den Gast sofort mit einem Getränk zu versorgen. »Was ist, bringst du gute oder schlechte Nachricht?« forschte Markgraf Erich, etwas unsicher geworden.

Doch vor einer Antwort trank der slawische Haudegen Woynimir erst einmal gierig von dem Wein, der ihm gereicht worden war. »Lieber Erich«, sagte er endlich bedeutungsvoll, »in wenigen Tagen werden wir die reichsten Männer der Welt sein – wenn wir die Schätze der Awaren alle behalten können!«

»Du warst also erfolgreich?« fragte Erich nach. »Erfolgreicher, als wir beide uns je hätten träumen lassen«, war die Antwort. »Es ging alles so leicht und so schnell, als gäbe es keinen Krieg! Erinnerst du dich noch, wie König Karl vor ein paar Jahren ein riesiges Heer an der Donau zusammengezogen hatte, um ins Reich der Awaren zu marschieren, und sich nichts dabei holte als eine Krankheit der Pferde?«

Die Gedanken der beiden seit langem befreundeten Heerführer schweiften zurück. Nachdem König Karl die Sachsen zur Taufe geführt und den widerspenstigen Herzog Tassilo von Bayern als Mönch ins Kloster hatte schicken lassen, war der König der Meinung gewesen, nun die letzte große Gefahr für das Reich der Franken niederkämpfen zu müssen. Das waren die heidnischen Awaren. Sie lebten zwar weit außerhalb der Grenzen des Reiches an der Donau in Pannonien, und sie hatten sich in der letzten Zeit längst nicht mehr so kriegerisch gezeigt wie einige Generationen früher, als noch die Merowingerkönige über die Franken geherrscht hatten. Damals waren die Awaren gefürchtete Räuber und Plünderer im Osten des Frankenreiches gewesen, und man konnte nicht wissen, ob sie es nicht auch heute noch waren.

So predigten die Bischöfe überall im Reich, es müsse nun gegen die gräßlichsten der Christenschlächter gehen, die es seit der Zeit der Hunnen gegeben habe, und sie nannten die Awaren stets nur die »Hunnen«. Dem König waren diese Art Predigten nur recht, aber im stillen dachte er mehr an die ungeheuren Schätze, die sich am Königssitz der Awaren seit über zwei Jahrhunderten aufgehäuft haben mußten. Jahr um Jahr hatten sie Tribute in Geld oder kostbarem Goldschmuck von ihren Nachbarn erpreßt, vor allem vom reichen oströmischen Kaiserreich in Byzanz, und nie war ein Goldsolidus oder ein geraubtes Goldgefäß aus dem Awarenreich wieder herausgekommen.

Der erste Kriegszug gegen die Awaren, den König Karl vor vier Jahren (791) persönlich an der Donau angeführt hatte, war ein völliger Fehlschlag gewesen. Markgraf Erich aus dem Elsaß, dem der König die Wacht gegen die Awaren an ihrer Südflanke in Friaul (Nordostitalien, westliches Slowenien) anvertraut hatte, und sein Unterführer, der Fürst Woynimir aus edlem slawischem Geschlecht, hatten damals die Nachrichten, die sie quer über die Alpen von der »Nordarmee« erhielten, nicht anders auslegen können. In den Annalen des Frankenreiches wurde natürlich von einem großen Sieg des Königs geschrieben. Doch hatten sich die früher so gefürchteten Reiterheere der Awaren über 200 Meilen (rund 300 Kilometer) entlang der Donau kampflos zurückgezo-

gen und den zum Tod für Gott und den christlichen Glauben bereiten
Kriegern der Franken keine Gelegenheit zum Märtyrertod gegeben.

Während in den Jahren danach König Karl sich um neue Aufstände
bei den Sachsen und um andere Unruhen im Reich kümmern mußte,
hatten sich im Awarenland erstaunliche Dinge ereignet. Markgraf
Erich und Fürst Woynimir erfuhren in ihrem Hauptquartier auf der
Halbinsel Istrien (heute zu Kroatien gehörig) genug davon, waren sie
doch dem Königssitz der Awaren an der Tisia (Theiß) am nächsten.
Und vor allem, Fürst Woynimir war durch seine guten Verbindungen
zu den von den Awaren unterworfenen Slawenstämmen bis hin nach
Pannonien über die Vorgänge dort stets vorzüglich unterrichtet.

Im Awarenland bekämpften sich plötzlich erbittert zwei Parteien.
Die eine unter Anführung des Tudun (hoher awarischer Fürstentitel)
wollte Frieden mit den Franken schließen, die doch die Mächtigsten
seien. Die andere Gruppe wehrte sich dagegen, den alten Ruhm der
stolzen awarischen Reiter kampflos aufzugeben. Es kam zu blutigen
Auseinandersetzungen zwischen diesen awarischen Gruppen; in deren
Verlauf wurden der oberste der Awarenfürsten, der Khagan, und sein
Stellvertreter, der Jugurr, umgebracht. Sie waren die Anführer der
»Kriegspartei« gewesen. Die Adligen, die zu Nachfolgern gewählt wurden, hatten jedoch jeden Mut verloren.

In dieser Situation hatten die fränkischen Grenzwächter Erich und
Woynimir erst vor wenigen Wochen einen kühnen Plan gefaßt und sofort in die Tat umgesetzt. König Karl konnten sie nicht erst um Rat oder
Erlaubnis fragen, denn der war wieder einmal auf einem Kriegszug gegen die Sachsen irgendwo im dunklen Norden Germaniens beschäftigt,
an einem Fluß, der Elbe hieß. Es hätte mindestens zwei Monate gedauert, bis eine Nachricht dorthin und ein Befehl des Königs wieder zurück-
gekommen wäre.

Woynimir sollte mit seiner kleinen slawischen Leibwache und 150
der besten fränkischen Reiter von der Adria quer durchs Land einen
Gewaltritt nach Nordosten bis zur Theiß unternehmen, bis zum
»Hring« (Ring, germanischer Name für das ringförmig befestigte Lager
des awarischen Khagan). Ihn sollte er erstürmen und so viele Schätze
plündern, wie sich auf den mitgenommenen 200 Packpferden unter-
bringen ließen.

Markgraf Erich sollte gleichzeitig mit einer größeren Truppenabteilung auf der alten Römerstraße nach Norden, nach dem ehemaligen

Poetavio am Dravus, marschieren, um dort an strategisch günstiger
Stelle den Rückweg Woynimirs entlang des Dravus zu decken. Vor allem sollte er von dort aus den geplanten Abtransport der Schätze, die
man zu erbeuten hoffte, bis zur neuen Pfalz König Karls in Aachen vorbereiten und mit einer ausreichend großen Bedeckung auf dem langen
Weg durchs Frankenreich schützen.

Beide Teilunternehmungen waren, wie sich die Anführer mit heim-
lichem Stolz gegenseitig erzählten, hervorragend gelungen. Auf ihrem
Ritt durchs Slawen- und Awarenland in nur sieben Tagen war die
kleine Reitertruppe Woynimirs zu ihrer eigenen Überraschung auf
keinerlei Widerstand gestoßen. Die Eingänge der mehrfachen ringför-
migen Erdbefestigung um den Königssitz des Khagan waren unvertei-
digt. Im Zentrum dieses Rings, bei der prunkvoll ausgestatteten, aber
nur aus einem riesigen Zelt bestehenden Königshalle, hatten die fränkischen und slawischen Krieger lediglich ein paar Sklaven und alte
Männer angetroffen, die wohl so etwas wie Schatzwächter darstellten.
Der neue Khagan, sein Stellvertreter und der ganze Hofstaat waren
beim ersten Gerücht über die Annäherung eines fränkischen Heeres
geflüchtet.

Es wäre vielleicht nicht einmal nötig gewesen, die paar alten Leute
im Hring niederzumachen. Doch die Mordlust der Franken war auf
ihrem schnellen, aber ansonsten ereignislosen Ritt so gestiegen, daß
ihre Schwerter wenigstens einige Opfer finden mußten. Der Anblick
der Holzhütten und Zelte, in denen die Awaren ihre kostbare Kriegsbeute von über zwei Jahrhunderten gelagert hatten, verschlug der kleinen Frankenschar den Atem. Es kostete den Befehlshaber Woynimir
sehr drastische Befehle, seine Leute dazu zu bringen, Säcke und Pakete
mit den Kostbarkeiten zu füllen und auf den mitgebrachten Packpferden festzuschnallen. Er übersah dabei großzügig, daß sich jeder seiner
Soldaten die eigenen Satteltaschen so mit gemünztem Gold oder Silber
und mit Schmuckstücken füllte, daß jedes Pferd auf dem Rückweg das
Doppelte zu tragen hatte wie auf dem Hinweg. Fürst Woynimir war mit
ganz wenigen Kriegern seiner Leibwache vorangeeilt, um seinem Vorgesetzten Erich hier in Poetavio zu berichten. In zwei oder drei Tagen
mußte auch der Haupttrupp des Kommandounternehmens hier ein-
treffen.

»200 Packpferde voller Schätze bringst du mit?« erkundigte sich der
Markgraf. »Dann behalten wir 60 hier, 30 für dich und 30 für mich«,

entschied er dann, »unser König Karl wird sich nicht vorstellen können, wie unermeßlich der Schatz ist, den noch 140 Packpferde tragen können. An etwas anderem als an diesen Schätzen hat er ohnehin kein Interesse, wie ich ihn kenne. Ich werde selbst den Transport nach Aachen befehligen und dem König von unserem Erfolg berichten. Die Awaren stellen nun keine Gefahr für das Reich mehr dar, das scheint mir sicher. Aber mach dir keine Illusionen, mein Woynimir, mehr als ein paar Zeilen werden unsere Mönche nicht über unseren Erfolg auf ihre Pergamente schreiben. Auch ihnen werden die Schätze wichtiger sein, die mit Hilfe unserer wundgescheuerten Hintern dem Reich der Franken zufließen!«

DAS BRÜCHIGE REICH
DER STEPPENREITER

Das Awarenreich lag größtenteils im heutigen Ungarn. Es gehörte damit gewiß nicht zu dem Gebiet, das in diesem Buch unter Deutschland verstanden wird. Und auch der Krieg des Frankenkönigs Karl gegen die awarischen Steppenkrieger hätte eigentlich hier nichts zu suchen, wenn nicht dabei in ersten Ansätzen das Land entstanden wäre, das heute Österreich heißt. Und das war nun einmal ein Jahrtausend lang wichtiger Bestandteil des Reiches, das man später so umständlich wie bedeutungsvoll »Heiliges Römisches Reich deutscher Nation« nennen sollte. Und deutsch gesprochen wird auch heute noch in Österreich.

Die völkische und sprachliche Zugehörigkeit der Awaren zu den heute bekannten großen Völkergruppen, die aus Innerasien stammen (Hunnen, Mongolen, Türken, Ugro-Finnen = Ungarn und Finnen), ist unter den Fachleuten umstritten. In ihrem Verhalten gegenüber Feinden und unterworfenen Völkern standen sie den späteren Mongolen Dschingis-Khans nahe. Aber die Form der Schädel, die man in Hunderten von Awarengräbern in Ungarn fand, erinnert selten an schlitzäugige Mongolen, sondern eher an Europäer im weitesten Sinne. Von ihrer Sprache, ihrer Kultur, ihrer Religion und ihrer inneren Verfassung weiß man so gut wie nichts. Selbst die wenigen bekannten Fürstentitel dieses Volkes sind vermutlich eher alttürkisch als »original awarisch«.

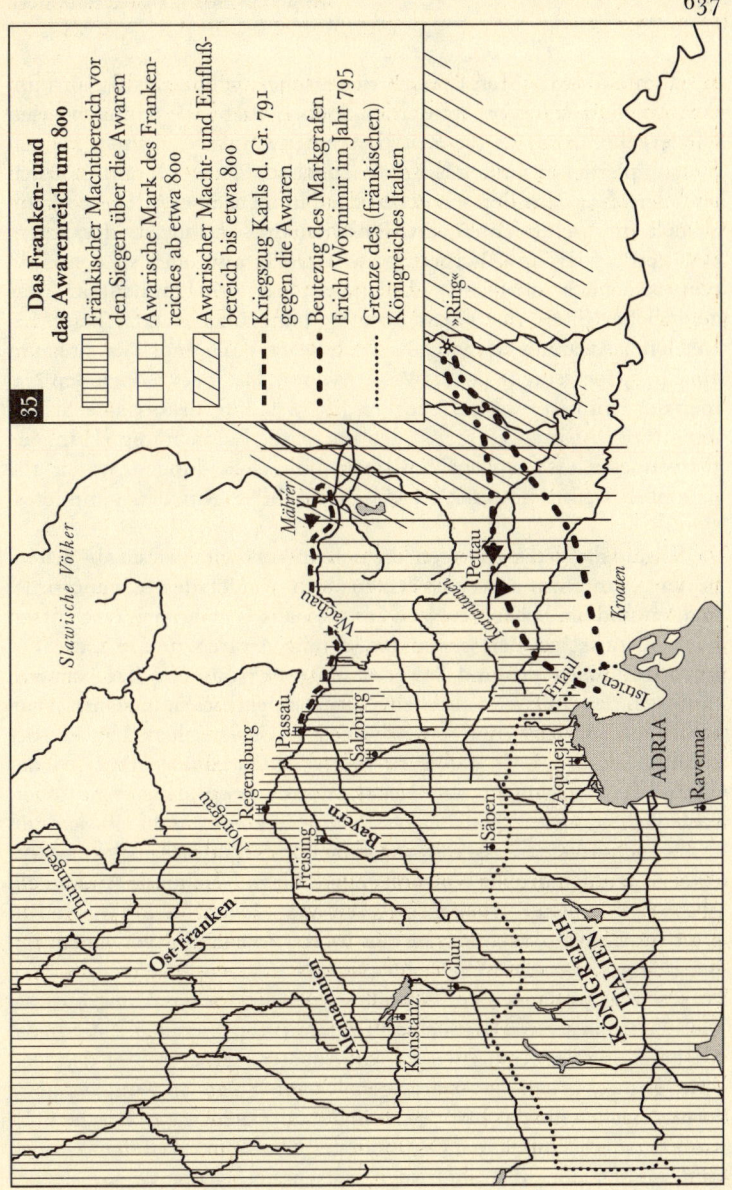

Das Franken- und das Awarenreich um 800

35

- Fränkischer Machtbereich vor den Siegen über die Awaren
- Awarische Mark des Frankenreiches ab etwa 800
- Awarischer Macht- und Einflußbereich bis etwa 800
- Kriegszug Karls d. Gr. 791 gegen die Awaren
- Beutezug des Markgrafen Erich/Woynimir im Jahr 795
- Grenze des (fränkischen) Königreiches Italien

»Ring«

Mährer

Slawische Völker

Mähren

Waduau

Passau

Regensburg

Nordgau

Thüringer

Ost-Franken

Alemannien

Freising

Bayern

Salzburg

Konstanz

Chur

Säben

Pettau

Karantanien

Friaul

Istrien

Kroaten

ADRIA

Aquileja

Ravenna

KÖNIGREICH ITALIEN

Zumindest die Menschen in der zweiten Hälfte des 6. Jahrhunderts in Südosteuropa werden geglaubt haben, die Hunnen seien wiedergekommen, als die Reiterheere der Awaren auf ihren kleinen Steppenpferdchen und mit ihren tödlichen Pfeilen dort urplötzlich einfielen. Noch lag der Schrecken der Hunnenzeit erst gut 100 Jahre zurück. Im raschen Töten von Menschen, die sich ihnen widersetzten, und im Plündern und Verbrennen von Dörfern standen sie den Hunnen tatsächlich nicht nach. Aber anders als das Hunnenreich, das an gleicher Stelle nur etwas über 75 Jahre überdauerte, hatte das Reich der Awaren über 250 Jahre lang Bestand. Dennoch kennt kaum ein Europäer heute noch das Wort Awaren, fast jeder jedoch den Namen der Hunnen. Vielleicht liegt es daran, daß die historischen Schriften aus der Awarenzeit meist auch für sie die Bezeichnung »Hunnen« verwendeten. An völkerkundlichen Unterscheidungen waren die Schreiber lateinisch- oder griechischsprachiger Annalen nie interessiert.

So sind die Veränderungen, die sich im Volk der Awaren abspielten, in der Neuzeit fast ausschließlich aus sich wandelnden Schmuckornamenten und ähnlichen winzigen Indizien aus Grabfunden erschlossen worden. Zwischen den Jahren 567, als die Awaren zum erstenmal in Europa auftauchten, und 822, der letzten Erwähnung des Namens, muß sich das Volk jedoch erheblich gewandelt haben, in seiner ethnischen Zusammensetzung wie in seinem Sozialverhalten. Um es kurz zusammenzufassen: In diesen rund 250 Jahren kamen immer wieder einmal neue Gruppen von Reiterkriegern vermutlich recht unterschiedlicher sprachlicher und rassischer Herkunft aus Innerasien und ließen sich unter die Awaren aufnehmen. Und in diesem Vierteljahrtausend wurden die einst unruhigen und herrschsüchtigen Awaren allmählich zu einem furchtsamen Ackerbauernvolk. Nur ihr wilder Ruf schützte sie wahrscheinlich in den letzten 100 Jahren vor einem militärischen Überfall durch Nachbarn.

Das war wohl auch der Grund, warum der Frankenkönig Karl die Geistlichen in seinem Reich eine Stimmung propagieren ließ, die an die Vorbereitung der Kreuzzüge 300 Jahre später erinnert, als er den Plan eines Krieges gegen die Awaren gefaßt hatte. So genau wußte wohl im fernen Aachen um das Jahr 790 niemand über die Awaren Bescheid. Es kamen zwar schon einmal Gesandte des Khagan zu Karl dem Großen und wollten über die langfristige Festschreibung der Grenze an der

Enns verhandeln. Doch König Karl hielt sie hin, da er längst andere Pläne mit dieser Grenze hatte.

Die Einzelheiten des ersten, von Karl persönlich geführten fränkischen Feldzuges gegen die Awaren im Jahr 791 sind heute nicht mehr interessant, obwohl sie sehr ausführlich in den fränkischen Reichsannalen beschrieben wurden. Der Kriegszug war ein völliger Schlag ins Wasser, nur mühsam von den Annalenschreibern kaschiert. Dagegen wird das entscheidende »Kommandounternehmen« des Markgrafen Erich von Friaul »cum Woynimiro suo« im Jahr 795, dessen Erfolg in der Einleitungsepisode mit etwas konkreter Vorstellungskraft beschrieben wurde, nur in ganz wenigen Zeilen von den Schriftquellen erwähnt.

Um so mehr Eindruck machte es der Hofgesellschaft in der Aachener Königspfalz, als die erbeuteten Schätze nach einer Fahrt von mehr als zwei Monaten in 15, von je vier kräftigen Ochsen gezogenen Wagen dort ankamen. »Durch keinen Krieg, so weit Menschengedenken reicht, erbeuteten die Franken so großen Reichtum«, schreibt der Mönch Einhard mit fast ehrfürchtigem Staunen in seiner Biographie Karls des Großen.

Der Erfolg der beiden Befehlshaber an der Südfront hatte König Karl erst die Augen für die tatsächliche Schwäche des Awarenreiches geöffnet. Im folgenden Jahr 796 wurde Karls dritter Sohn Pippin zu einem ähnlichen Kommandounternehmen nach Pannonien geschickt, um dort die letzten noch im Hring des Khagans verbliebenen Schätze auszuräumen. Der damals zweiundzwanzigjährige Pippin durfte seine Sporen als künftiger Herrscher mit der Verwaltung Italiens oder genauer des umfangreichen ehemaligen Langobardenreiches verdienen. Er starb übrigens vor seinem Vater im Jahr 810.

Die folgenden Jahre brachten dem Frankenkönig die Genugtuung, daß das Awarenreich stückweise zusammenbrach. Der eine oder andere hohe Awarenfürst ließ sich freiwillig mit den ihm unterstehenden Leuten taufen. Andere baten König Karl um Schutz vor den umwohnenden Slawen, die jetzt, wo die Schwäche der Awaren offenbar geworden war, von allen Seiten gegen ihre früheren Unterdrücker vorgingen. Eine volle militärische Beherrschung des riesigen Awarenreiches durch fränkische Truppen war weder möglich noch beabsichtigt. Aber vom König ernannte fränkische Markgrafen versuchten, mit kleinen Leibwachen die zu »Protektoratsregierungen« herabgesunkenen Awaren-

fürsten zu ständigem Wohlverhalten gegenüber dem Frankenreich an-
zuhalten. Markgrafen waren in den Marken (germanisch: Grenzgebieten) eingesetzte königliche Beamte mit besonders weitreichenden militärischen Befugnissen. Sie standen damit in Ansehen und Rang etwas
über den normalen Grafen.

Im Jahr 799 und auch danach kam es allerdings noch gelegentlich zu
Aufständen im Awarengebiet. Doch beschleunigte ihre erfolgreiche
Niederschlagung offenbar noch den Zusammenbruch des Awaren-
reiches. Nach Karls des Großen Tod 814 war das Gebiet ein befriedeter
Außenposten des riesigen Frankenreiches, und der Name der Awaren
tauchte zum letztenmal 822 in einer Urkunde auf.

Waren da alle Awaren tot oder in die Weiten des Ostens zurückge-
wandert? Einige haben wohl das letztere getan. In bestimmten Tälern
des Nordkaukasus leben heute noch Menschen, die sich Awaren nennen, obwohl sie weder in ihrer Religion, sie sind Muslime, noch in ihrer Sprache an ihre vermutlichen Vorfahren erinnern. Wie aber war es
möglich, daß ein so großes, einst mächtiges Volk so spurlos verschwinden konnte? Es war wohl bei dieser merkwürdigen Menschengruppe
so, wie der Wiener Historiker Herwig Wolfram vermutet hat: »Man
war so lange Aware, als man Herr sein konnte, gleichgültig, ob man
Türkisch, Slawisch, Germanisch oder Romanisch sprach. Hörte das
Herrendasein auf, wurde man christlicher Slawe, Bayer, Walche oder
abhängiger awarischer Bauer... Wer aber das Herrendasein retten
wollte, gab sein Awarentum auf und ging rechtzeitig zum äußeren
Feind über.«

WETTLAUF DER BAYERISCHEN
BISCHÖFE AN DEN DONAUUFERN

Die heutigen österreichischen Bundesländer Ober- und Niederösterreich einschließlich Wien sowie Steiermark und Burgenland dürften
um das Jahr 800 noch weitgehend menschenleer gewesen sein. Das
eigentliche Gebiet der Hochalpen war bis weit ins Hochmittelalter hinein eine menschenfeindliche Berg- und Waldwildnis. Nur wenige Saum-
pfade für Hirten, Boten und Kaufleute stellten eine spärliche Verbindung zwischen dem Donau- und dem Drautal her. Das breite, an sich
siedlungsfreundliche Donautal war, wie im 36. Kapitel erwähnt, ab-

sichtlich von den Awaren nahezu unbesiedelt gehalten worden, als »Pufferzone« zwischen ihrem Reich und dem der Franken. Nur ein paar kleine Dörfer von Slawen durften dort existieren. Südlich des Alpenhauptkamms wies erst das Tal der Drau mit seinen Nebentälern eine größere Zahl von Menschen auf, die im vorigen Kapitel kurz beschriebenen Karantanen mit slawischer Sprache.

Nach dem fränkischen Sieg über die Awaren oder richtiger, nach dem fast kampflosen Zusammenbruch des Awarenreiches wurde zunächst die räumliche Zuständigkeit des in Bayern amtierenden Präfekten Gerold erweitert. Sowohl das Donau- wie das Drautal – also Karantanien – wurden ihm unterstellt. Das Zuständigkeitsgebiet seines Kollegen im Süden, des in der Einleitungsepisode vorgestellten Markgrafen Erich von Friaul, wurde bis zur Drau erweitert.

In das eigentliche Awarengebiet, das erst jenseits des Wienerwaldes begann und sich von dort nach Osten bis weit jenseits der Theiß erstreckte, wagten sich wohl nur wenige Missionare. Anders allerdings als bei den Sachsen versuchten die Kirche und auch die königlichen Beauftragten, die Awaren nicht mit Gewalt, sondern mit freundlicher Überredung zum Christentum zu bekehren.

Wichtiger war jedoch den Bischöfen und Klöstern im altbayerischen Gebiet, die eigentlich für die Missionsarbeit bei den Awaren zuständig gewesen wären, sich Grundstücke im fruchtbaren Donautal zu sichern. Als herrenloses Land war es nach fränkischem Recht an den König gefallen. Vielleicht etwas leichtfertig scheint König Karl den bayerischen Bischöfen und zahlreichen Klöstern eine mündliche Zusage gegeben zu haben, er würde ihnen aus diesem Königsland Anteile übereignen. Ohne auf Königsurkunden zu warten, brach in den Jahrzehnten um 800 eine Art Goldfieber aus. Alle Bistümer und Klöster aus Bayern schickten Beauftragte ins Donautal, um sich dort die besten »Claims« abzustecken. Sie zogen Mönche und Zweigklöster nach sich, riefen nach Ansiedlern aus Bayern und anderen Teilen des Frankenreiches und sorgten in kurzer Zeit dafür, daß die Lande rechts und links der Donau zwischen Enns und Wienerwald zu blühenden Landschaften wurden.

Ohne diesen Wettlauf wäre wohl das Gebiet der Wachau an der Donau nicht so rasch zu einer Perle im damals noch gar nicht entstandenen Österreich geworden. Die Erschließung des östlichen Österreich durch germanischsprachige Siedler, meist wohl aus Bayern, im 9. Jahr-

hundert erlitt allerdings bereits nach wenigen Jahrzehnten einen herben
Rückschlag. Denn bereits im Jahr 896 nahm ein neues wildes Reitervolk aus den Weiten Innerasiens Besitz vom alten Hunnen- und Awarenland an der mittleren Donau. Es waren die Magyaren, heute Ungarn genannt. Während der ersten 100 Jahre ihres Reiches dort
entsandten sie alle paar Jahre große Streifscharen zum Rauben und
Plündern in die fruchtbaren und soviel reicheren Gebiete des Fränkischen Reiches. In Teil VI wird von diesen Ungarn noch manches
erzählt werden müssen.

Auch wenn in den Zeiten der unbestrittenen Vorherrschaft der Ungarn im südöstlichen Mitteleuropa die Grenzen des Fränkischen, später
Ostfränkischen Reiches noch einmal an der Donau weit nach Westen
zurückgenommen werden mußten, scheinen die im 9. Jahrhundert
deutsch besiedelten Gebiete im heutigen Österreich nicht völlig zerstört
und entvölkert worden zu sein.

38. UMKÄMPFTER NORDEN

FÜRST THRASKOS SORGEN
UND SEIN PLÖTZLICHES ENDE
Sommer 809, Rerik (bei Wismar, Mecklenburg)

Mit seinem Vetter Mstvoj saß Knez (Fürst) Thrasko ganz unfürstlich
auf einem Bootssteg am Wasser. Gekleidet waren die beiden ganz nach
der Art vornehmer Franken, obwohl sie nicht zu diesem Volk gehörten.
Thrasko blickte nachdenklich auf die zwei Dutzend Hütten des Ortes
Rerik, die man von hier aus im Auge hatte. Voriges Jahr noch hatten
hier jeden Tag Dutzende von Kaufleuten, Handwerkern oder Seeleuten
die Wege zwischen den Häusern bevölkert, hatten miteinander ge-
schwatzt, gefeilscht oder das Beladen ihrer Drachenboote überwacht.

Dieser Ort hatte sich in kurzer Zeit zu einem beliebten Treffpunkt
und Umschlagplatz von seefahrenden Kaufleuten aus aller Herren Länder rund um das baltische Meer (die Ostsee) entwickelt. Denn Rerik
lag so überaus günstig, nur wenige hundert Schritte von dem großen
alten Handelsweg, der von Ost nach West in der Nähe der Meeresküste
durchs Land führte, an der schmalsten Stelle des Meeresarms zwischen
dem Festland und der Insel Poel, durch diese vor etwaigen Meeres-
stürmen geschützt, dennoch nur eine kurze Wegstrecke entfernt vom
tief ins Land einschneidenden Meerbusen (Wismarer Bucht). Bis zum
gut befestigten Wiligrad (Dorf Mecklenburg) der Obodritenfürsten
waren es nur zwei Stunden zu Pferd (15 Kilometer). Die Abgaben, die
die Besucher und ständigen Bewohner Reriks an den Obodritenfürsten
zahlten, summierten sich, so klein sie für sich genommen waren, im
Laufe eines Jahres zu einem beachtlichen Vermögen, und das machte
den Handelsplatz Rerik so wertvoll.

Doch seit einem Jahr lag der Platz verödet da. Einige Häuser waren
bei dem Überfall durch den Dänenkönig Göttrik und seine wilden
Nordmänner im vorigen Sommer in Flammen aufgegangen, andere
drohten mangels ständiger Wartung umzustürzen. Denn Göttrik hatte
damals mit einer ganzen Flotte von Booten am frühen Morgen völlig

überraschend in Rerik angelegt, als alle Bewohner noch schliefen. Eine
mit Schwertern und Äxten bewaffnete Mannschaft hatte die Häuser
umstellt und den Menschen darin zur Wahl gestellt: entweder sofort
umgebracht zu werden oder mit allem, was ihnen wertvoll war, in die
Schiffe zu steigen und nach Haithabu überzusiedeln. Die Wahl fiel
natürlich keinem der Kaufleute und Handwerker in Rerik schwer, und
so konnte der Dänenkönig fast ohne Widerstand alle Bewohner des
Ortes, ja, selbst die zufälligen Gäste, nach Haithabu entführen. Dort,
am innersten Ende der langen Meeresbucht der Schlei (in der Nähe des
heutigen Schleswig) und gerade noch im Herrschaftsgebiet König Gött-
triks, legte dieser nämlich seinen Handelsplatz an, der ihm reichliche
Einkünfte liefern sollte. Konkurrenz in unmittelbarer Nähe konnte er
dabei verständlicherweise nicht gebrauchen.

Um dieses für das Land der Obodriten schicksalhafte Ereignis vor
einem Jahr drehte sich auch das Gespräch des Fürsten mit seinem Vetter. Das vorangegangene Jahr war das unglücklichste seit Menschengedenken für die stolzen Obodriten gewesen, darüber waren sich
Thrasko und Mstvoj einig. Dabei hatten das Volk und seine ahnen-
stolze Fürstenfamilie so viel erreicht, seit sie sich vor über zwei Jahrhunderten in dieser Gegend niedergelassen hatten. Die verschiedenen
Zadrugen (Großfamilien) hatten sich nach und nach zu besonderen
kleinen und größeren Plemen (Stämmen) zusammengeschlossen, mit
eigenen Fürsten, die aber im allgemeinen den Anordnungen des obodritischen Oberfürsten gehorchten. Manche anderen benachbarten,
aber nicht unbedingt verwandten Pleme gleicher Sprache hatten sich
ebenfalls mit der Oberherrschaft der Obodriten abfinden müssen, so
die Linonen, Wagrier, Polaben, Warnower und Smeldinger. Unter der
Herrschaft von Thraskos Großvater war der Fürstensitz Wiligrad zu
einer starken Burg ausgebaut worden. Hunderte kräftiger Männer
hatten mehrere Jahre dafür schuften müssen.

Seit langem war das große Fürstentum der Obodriten mit dem
Frankenkönig Karl verbündet, der sich seit einigen Jahren auch Kaiser
von Rom nennen ließ. Thraskos Vater Visan war vor 14 Jahren (795)
bei einem Feldzug, den er gemeinsam mit König Karl gegen die aufständischen Sachsen in Nordalbingien führte, im Kampf gefallen. Seitdem hatte Thrasko, der seinem Vater als Fürst der Obodriten gefolgt
war, in mehreren weiteren Kriegen die unruhigen Sachsen bekämpft,
die letzten ihres Volkes, die nicht bereit waren, sich als Christen taufen

zu lassen und sich dem Frankenkönig zu unterwerfen. Auch die Obodriten wollten nicht Christen werden, aber dazu zwang ihr Freundschaftsbündnis mit dem Frankenkönig sie auch nicht, wenn sie nur mit
ihren Kriegern das Sachsenland von Osten her verheerten, sobald dessen aufständische Bewohner wieder unruhig gegen den Frankenkönig
wurden.

Vor fünf Jahren hatte König – nein Kaiser! – Karl diese langjährige
Waffenbrüderschaft auch offiziell belohnt. Damals (804) hatte er durch
seine Truppen alle Sachsen, die noch jenseits, also nördlich, der Elbe
lebten, ins Innere des Frankenreiches wegführen lassen. Das nunmehr
leere Land übergab er den Obodriten, damit sie es besiedelten und beherrschten. Natürlich war es dabei die Absicht des Frankenkönigs
gewesen, daß das so gestärkte Reich der Obodriten sich schützend
zwischen das Frankenreich und das Herrschaftsgebiet der Dänen legen
sollte, die seit einigen Jahren die Franken von Norden her bedrohten.
Die Elbe sollte nun die Nordgrenze des Frankenreiches sein, und die
Obodriten sollten das Land zwischen den beiden Meeren (Holstein,
Stormarn, Wagrien und Dithmarschen) zu eigen haben, zusätzlich zu
ihrem angestammten Gebiet, das weit nach Osten reichte. Der Kampf
gegen die angriffslustigen Dänen war für die obodritischen Krieger
nichts Neues, und seit sie mit den Franken verbündet waren und keine
aufständischen Sachsen mehr in ihrem Rücken lauerten, gingen sie
auch viel siegessicherer gegen die Dänen vor.

Doch aller Mut hatte Thrasko und seinen Obodriten im vorigen
Jahr (808) nichts genutzt. Diesmal war der Dänenkönig Göttrik mit
einem großen Heer über Land gegen die Obodriten gezogen, wobei er
sich zunutze machte, daß in einem Teil von deren Reich Aufstandsbe-
strebungen gegen Fürst Thrasko im Gange waren. Die ihm noch treuen
Truppen wurden besiegt, Thrasko mußte weit nach Süden in fränkisches Gebiet flüchten. Ein Unterfürst, Godelaib von Wagrien, der mit
Thrasko verbündet war, geriet in dänische Gefangenschaft und wurde
von König Göttrik an einem Galgen aufgehängt. In dieser verzweifelten
Lage Thraskos war Göttrik zu allem Überfluß auch noch mit einer
Flotte von Drachenschiffen nach Rerik aufgebrochen. Durch die Ent-
führung aller Einwohner von dort hatte er die wichtigste Quelle des
Wohlstandes des Obodritenfürsten zum Erliegen gebracht.

Es hatte nicht geholfen, daß Kaiser Karl seinen Sohn – er trug den
gleichen Namen wie sein Vater – mit einem Heer zur Hilfe für den

bedrängten Thrasko geschickt hatte. Einige slawische Stämme, die die
Oberherrschaft der Obodriten in diesem Unglücksjahr abgeworfen
hatten, konnte das fränkische Heer zwar wieder zur Botmäßigkeit
gegenüber Thrasko zwingen, mehr gelang aber auch nicht. Dem
Obodritenfürsten war nichts anderes übriggeblieben, als mit dem
Dänenkönig einen Frieden zu recht ungünstigen Bedingungen zu
schließen und noch dazu seinen eigenen Sohn als Geisel zu stellen, als
Sicherheit dafür, daß er, Thrasko, diesen Frieden nicht brechen
werde.

In diesem Frühjahr allerdings war für Thrasko vieles besser gelaufen. Er saß wieder unangefochten auf dem Herrschersitz der Nako-
nidenfamilie in seiner Stammburg Wiligrad, und er hatte mit einem
Feldzug gegen die Welataben großen Erfolg gehabt. Dieses große slawische Volk wohnte östlich der Warnow bis zur Oder und war den
Obodriten und auch den Franken seit langen Zeiten feindlich gesinnt.
Vor 20 Jahren (789) hatte König Karl höchstpersönlich einen erfolgreichen Feldzug gegen dieses Volk geführt, doch hatte das grundsätzlich
nichts an dessen Gegnerschaft zu Franken und Obodriten geändert.
Sollte es nicht jetzt aber mit dem Glück Thraskos wieder aufwärts-
gehen?

Zusammen mit seinem Vetter und Heerführer Mstvoj wollte
Thrasko heute in Ruhe überlegen, was man tun könne, um den Handel
in dem so günstig gelegenen Ort Rerik wieder in Gang zu bringen. Daher war er unter Verzicht auf jedes Gefolge von Wiligrad nach Rerik
geritten, um an Ort und Stelle die nötigen Maßnahmen zu planen.
Drüben am südlichen Ende des Meeresarms tauchte der hochge-
schwungene Vordersteven eines der berühmten nordischen Drachenboote hinter dem Schilfröhricht auf. Sollte tatsächlich wieder ein
Handelskapitän der Dänen oder Gauten (Schweden) den Weg nach
Rerik gefunden haben?

Fürst Thrasko stand auf und blickte dem Boot erwartungsvoll entgegen. Dessen Segel wurde von zehn kräftigen Ruderern an jeder Seite
unterstützt, so daß sich das Boot bereits wenige Augenblicke später
dem Anlegesteg näherte. Ein kräftiger Krieger sprang an Land und
fragte auf dänisch die beiden Männer, die ihn zu erwarten schienen:
»Ich bin Hebbe von Broerup, mich schickt König Göttrik der Dänen
mit einer Botschaft an den Obodritenfürsten Thrasko. Könnt ihr mir
sagen, wo ich ihn finden kann?«

Thrasko und sein Vetter verstanden genug Dänisch, um den Sinn der Frage zu erfassen. »Wir haben Glück, Hebbe«, sagte Thrasko, »denn ich bin der, den du suchst!« Der dänische Krieger warf einen schnellen Blick in die Runde und meinte dann: »Ob es für dich ein Glück ist, Fürst Thrasko, weiß ich nicht. Aber für mich ist es ein Glück, daß ich dich nicht lange suchen muß!«

»Welches ist die Botschaft, die du mir ausrichten sollst, Hebbe?« fragte der Obodritenfürst. Der Däne blickte noch einmal rasch um sich, dann zog er einen Dolch aus dem Gürtel. »Diese Botschaft, Thrasko«, sagte er wortkarg und stach die Waffe zielsicher in Thraskos Brust. Dann sprang er wieder in sein Boot und war nach wenigen Augenblicken außer Reichweite des obodritischen Edlen Mstvoj, der sich vor Überraschung überhaupt nicht gerührt hatte.

DER DÄNENKÖNIG GÖTTRIK, MAULHELD ODER ERNSTE GEFAHR FÜR DAS FRANKENREICH?

Der Eigenart unserer Quellen, allein aus der offiziellen fränkischen Sicht verfaßt, haben wir ein sehr einseitiges Bild der Zeit Karls des Großen zu verdanken. Die Existenz eines recht großen, recht unabhängigen, allerdings mit den Franken verbündeten heidnischen und slawischen Fürstentums der Obodriten an der Nord- und Ostgrenze störte die fränkischen Hofannalisten in ihrer Tendenz, ihren zum Kaiser gewordenen König Karl zum Sieger über alle heidnischen Völker in der Nachbarschaft hochzustilisieren. Daher beschränkten sie sich in ihren Informationen über die Obodriten auf das Allernotwendigste.

Aus den wenigen Brocken der fränkischen Quellen hat die Einleitungsepisode dieses Kapitels ein lebendigeres und plausibles Bild der Vorgänge am Nordrand des Frankenreiches in den Jahren nach 800 zu zeichnen versucht, und zwar aus der Sicht der slawischen Verbündeten. »Thrasko, der Herzog der Abodriten, wurde im Handelsplatz Rerik von Godofrids (Göttriks) Leuten hinterlistig umgebracht«, steht lakonisch in den fränkischen Reichsannalen zum Jahr 809. Die Ermordung Thraskos durch einen Beauftragten des Dänenkönigs ist also keineswegs eine Erfindung des Autors. Über die Obodriten und ihre slawischen Nachbarn südlich der Ostsee zur Zeit Karls des Großen wird

im letzten Abschnitt dieses Kapitels noch mehr berichtet. Denn schließlich bestand das heutige Gebiet Deutschlands damals keineswegs allein
aus dem Fränkischen Reich, so groß es auch inzwischen geworden war.

Der Gegenspieler des Kaisers Karl und des Fürsten Thrasko, der
dänische König Göttrik (in den fränkischen Quellen hieß er Godofrid),
muß ein bemerkenswerter Mann gewesen sein. Die Kämpfe gegen ihn
wurden vom Biographen Karls des Großen, Einhard, als der letzte
große Krieg dargestellt, den der Kaiser zu führen hatte. Ja, Einhard
ging noch weiter, er schrieb wörtlich: »König Godofrid war von so
eitler Hoffnung aufgeblasen, daß er sich auf die Herrschaft über ganz
Germanien Hoffnung machte ... Er maßte sich sogar an, mit einem
großen Heer vor Aachen zu erscheinen, wo der König seinen Hof hielt.
So prahlerisch auch seine Sprache war, so wurde ihr doch nicht aller
Glaube versagt, vielmehr war man der Ansicht, er hätte in der Tat
etwas derartiges unternommen, wenn ihn nicht ein früher Tod daran
gehindert hätte.«

In den Jahren 808 bis 810 bedrohte der Dänenkönig tatsächlich das
Fränkische Reich nicht nur im eigentlichen Grenzgebiet, dem heutigen
Bundesland Schleswig-Holstein, sondern weit darüber hinaus. Dabei
scheint Göttrik zunächst ein durchaus vorsichtiger Mann gewesen zu
sein, dem es vorrangig um die Verteidigung der Grenzen seines Reiches
ging.

Im Jahr 804 wurde er erstmals in den Reichsannalen erwähnt, als er
mit einem starken Heer nach »Sliesthorp« vorrückte (Schleswig; diese
Stadt existierte damals jedoch noch nicht; es dürfte das von ihm gegründete Haithabu ganz in der Nähe gemeint gewesen sein). Dieser Ort
lag dicht an der Grenze zwischen den Dänen und den Sachsen. Von
dort aus schlug Göttrik Verhandlungen mit Kaiser Karl vor, der gerade
wieder einmal persönlich auf einem Kriegszug gegen die aufständischen Sachsen dicht südlich der Elbe angekommen war. Wollte dieser
unersättliche Franke etwa auch ihn, den Dänenkönig, überwältigen,
mochte Göttrik gedacht haben. Die Demonstration wehrhafter Verteidigung machte bei Karl Eindruck. Es kam zwar zu keiner persönlichen
Begegnung zwischen den beiden germanischen Königen, wohl aber zu
Verhandlungen zwischen Beauftragten. Karl dürfte dabei erkannt haben, daß es besser sei, eine Pufferzone zwischen diesen beiden Reichen
zu haben. So »evakuierte« er sämtliche auffindbaren Sachsen aus den
bis dahin sächsischen Gauen Dithmarschen, Stormarn und Holstein

und überließ das Land seinen Verbündeten, den Obodriten, wie in der Einleitungsepisode berichtet.

Vier Jahre später, 808, hatte sich die Situation insofern gedreht, als nun Göttrik gegen den Verbündeten des Frankenreiches, Fürst Thrasko, militärisch vorging und dabei sehr erfolgreich war, wie ebenfalls schon dargestellt wurde. Den Versuch Thraskos, das Blatt zu wenden, vereitelte Göttrik im folgenden Jahr mit dem beschriebenen heimtückischen Auftragsmord an seinem Grenznachbarn.

Die Schwäche seines Verbündeten Thrasko hatte Kaiser Karl schon vorher veranlaßt, die Abtretung ganz Nordalbingiens an die Obodriten wenigstens teilweise rückgängig zu machen. In Esesfeld, dem heutigen Itzehoe an der Stör nördlich von Hamburg, ließ Karl eine starke Festung jenseits der Elbe errichten, die einen fränkischen Brückenkopf bildete und zugleich eine wichtige Handelsstraße sperren konnte. Umgekehrt befestigte Göttrik seine Grenze. Er ließ einen hohen Erdwall mit einem einzigen Durchlaß bauen, der die nur gut 10 Kilometer lange Landverbindung zwischen der Schlei, dem 40 Kilometer langen Meeresarm der Ostsee, und der Treene schützte. Dieser für kleine Schiffe befahrbare Fluß mündet in die Eider und diese bei Tönning in die Nordsee. Diesen Weg hatten schon die Angeln auf ihrem Weg nach Britannien zurückgelegt (siehe 18. Kap.). Das »Dannewerk«, von Göttrik begründet, sollte noch bis ins 19. Jahrhundert eine große Rolle bei der Verteidigung Dänemarks spielen.

Eine Entscheidungsschlacht der Franken gegen den Dänenkönig schien unvermeidlich, denn Göttrik sandte immer mehr großsprecherische Botschaften an Kaiser Karl. Im Frühjahr 810 ließ Karl ein großes Heer für diesen Zweck in Gallien und im Rheinland zusammenziehen. Doch Göttrik schlug da zu, wo es der ausschließlich in Landschlachten erfahrene Karl nicht erwartete. Der Däne ließ 200 Schiffe bemannen – so heißt es in den Reichsannalen, in Wirklichkeit werden es wohl erheblich weniger gewesen sein – und über die Nordsee hinweg die reiche Provinz Friesland überfallen. Die wehrlosen Dörfer auf den (west- und ost-)friesischen Inseln wurden geplündert, und in angeblich drei Schlachten besiegten die Dänen friesische Heere auf dem Festland. Die Bevölkerung mußte eine hohe Schatzung an den dänischen Eroberer abliefern.

Karl der Große tobte vor Wut, so darf man wohl die zurückhaltend formulierenden Reichsannalen auslegen, aber bis seine aus verschie-

denen Gebieten des Reiches anmarschierenden Truppen zusammen
waren, hatten die dänischen Schiffe mit ihrer reichen Beute Friesland
schon längst wieder verlassen. Würde König Göttrik tatsächlich mit seinem Heer bis Aachen vorrücken, um dort Kaiser Karl in offener Feldschlacht zu schlagen, wie er in seiner letzten Botschaft angekündigt
hatte? Doch statt des Dänenkönigs selbst kam die Nachricht, daß Göttrik in seiner Heimat von einem Mitglied seiner Leibwache erschlagen
worden war; wegen einer Blutrache oder aus ähnlichen Gründen, wie
man raten darf.

Es ist nicht überliefert, ob Karl Dankgottesdienste für dieses überraschende Ende der dänischen Bedrohung hat feiern lassen. Und infolge dieses Todes kann auch nicht die Frage beantwortet werden, die
der Mönch Einhard in seiner Lebensbeschreibung Karls aufgeworfen
hat: War Göttrik nur ein Maulheld oder eine ernsthafte Bedrohung für
das Fränkische Reich?

Der Tod des Dänenkönigs Göttrik befreite Karl und seine Nachfolger für viele Jahre von einer ernsthaften Gefahr aus dem Norden. Göttriks Erben, seine Söhne und Neffen, zerstritten sich gründlich und lieferten sich eher untereinander Schlachten als mit den Franken. Schon
811 schloß der neue König Hemming einen Frieden mit Karl auf der
Basis des Status quo. Karl der Große zog allerdings eine Konsequenz
aus der offensichtlichen Schwäche seiner obodritischen Verbündeten.
Er nahm Nordalbingien bis zur dänischen Grenze nun wieder in direkte fränkische Verwaltung, richtete dort eine Dänische Mark ein und
ließ offensichtlich wieder sächsische (und fränkische?) Siedler ins
Land. Die wenigen Obodriten, die sich in den Jahren zuvor hier und
dort angesiedelt hatten, wurden vertrieben. Ausgrabungen in der Hamburger Altstadt konnten diesen mehrfachen Wechsel der Bevölkerung
innerhalb weniger Jahre überzeugend nachweisen.

Als neue Grenze zum obodritischen Nachbarland ließ Kaiser Karl
offenbar in friedlicher Vereinbarung mit Thraskos Nachfolger Slaomir
den sogenannten Limes Saxoniae abstecken. Das war eine Linie von
der Elbe bei Lauenburg nach Norden bis etwa zum heutigen Kiel. Westlich davon lag das nun fränkische Sachsenland (Holstein, Stormarn,
Dithmarschen), östlich Wagrien, in dem sich schon lange Slawen angesiedelt hatten. Zuerst war der Limes wohl nichts weiter als eine Grenzmarkierung. Doch als sich im Laufe der Jahrzehnte das Verhältnis
der Franken und Sachsen zu ihren slawischen Nachbarn immer mehr

verschlechterte, wurde diese Grenze auch zunehmend militärisch gesichert. Diese Völker- und Landesgrenze sollte noch lange Bestand
haben. Sie überdauerte selbst die Zeiten, die in Teil VI beschrieben
werden.

WIE KÖNIG KARL
KAISER WURDE

Der Gang der Geschichtserzählung ist inzwischen bis etwa zum Jahr
810 vorangeschritten, wie es die in diesem Kapitel geschilderten Vorgänge im Norden mit sich brachten. Inzwischen aber war ein Ereignis
eingetreten, das nicht übergangen werden darf, obwohl es sich weitab
vom heutigen Deutschland in Rom abspielte.

Fast jeder Deutsche, der in der Schule Geschichtsunterricht genossen hat, kennt die schöne Erzählung: Der Frankenkönig Karl war im
Jahr 800 gerade einmal in Rom und feierte dort in der alten päpstlichen
Peterskirche (der Vorgängerin des heutigen Petersdoms) das Weihnachtsfest, als der Papst ihm plötzlich eine Krone aufsetzte und ihn feierlich als Kaiser begrüßte. König Karl habe diese unerwartete Rangerhöhung zuerst etwas unwirsch aufgenommen, sich aber im Laufe der
Zeit daran gewöhnt. So etwa lautete wohl die »für den Gebrauch an
Schulen« etwas vereinfachte Fassung.

Nun, besonders überrascht dürfte der Frankenkönig nicht gewesen
sein. Schließlich war Papst Leo III. erst ein Jahr vorher bis in Karls Feldlager in Paderborn im Sachsenland geflüchtet, nachdem er von Wider-
sachern in Rom überfallen, um ein Haar üblen Torturen entgangen und
von allerlei unschönen Behauptungen seiner Gegner aus dem römischen Stadtadel verfolgt worden war. König Karl hatte dafür gesorgt,
daß der Papst unter dem Schutz fränkischer Waffen wieder nach Rom
zurückkehren und sich mit einem feierlichen Eid von allen, mehr als
Gerücht denn als formellen Anklagen, vorgebrachten Beschuldigungen
reinigen konnte. Dieser Papst war gewiß dem fränkischen König etwas
schuldig.

Der Papst in Rom war formell, wenn auch seit langem nicht mehr
tatsächlich, dem römischen Kaiser untertan, der nun schon seit Jahrhunderten allein in Konstantinopel (Byzanz) residierte. Aber dieses
Verhältnis wollten alle Päpste am Ende des 8. Jahrhunderts schon

längst aus politischen wie theologischen Gründen ändern. Es kam
hinzu, daß sowohl der Papst wie König Karl den Kaiserthron in Byzanz
zu dieser Zeit als verwaist ansahen, denn dort regierte ganz offiziell eine
Frau, für Franken wie für gut katholische Bischöfe ein völlig unvor-
stellbarer Gedanke.

Ob Karl tatsächlich überrascht und anfänglich empört über die »unerwartete Ehrung« gewesen war, wie Mönch Einhard berichtet, kann
dahingestellt bleiben. Vielleicht hatte dem Frankenkönig bei der Zeremonie nur mißfallen, daß es der Papst war, der ihm die Krone aufsetzte. Karls Vorstellung von seiner eigenen Würde, Macht und der auf
ihm ruhenden Gnade Gottes, frühere germanische Könige hätten dies
»Heil« genannt, wäre es wahrscheinlich richtiger erschienen, wenn er
sich selbst die Krone aufs Haupt hätte setzen können. Sein Sohn Ludwig der Fromme mußte es jedenfalls 13 Jahre später unter der Aufsicht
seines Vaters so machen. Kaiser Karl gefiel der Titel jedenfalls sehr
schnell und sehr gut. Er ließ ab sofort alle staatlichen Urkunden nach
dieser Kaiserkrönung datieren (»Im 1. Jahr des Kaisertums Karls ...«)
und Münzen prägen, die ihn als Kaiser zeigten. Es dürfte ihn wenig
gekümmert haben, daß es noch zwölf Jahre dauern sollte, bis der
andere römische Kaiser in Byzanz sich herbeiließ, den neuen Kaiser
im Westen als gleichberechtigt anzuerkennen.

Die Macht eines weströmischen Kaisers in seinen besten Zeiten
hatte der Frankenkönig ganz gewiß. Außer Spanien und Nordafrika,
wo die Araber herrschten, und außer der Insel Britannien war ihm
praktisch alles untertan, was einstmals den weströmischen Kaisern ge-
horcht hatte: Gallien, Germanien bis zur Elbe, alles Land beiderseits
der Alpen bis nach Pannonien, fast ganz Italien einschließlich der
Schutzherrschaft über den Papst. Und im Gegensatz zu den späteren
weströmischen Kaisern war Karls Herrschaft in seinem Reich längst
unbestritten und vollkommen. Übrigens nannte sich Karl nie *römischer*
Kaiser, sondern benutzte, wenn es darauf ankam, den komplizierten
Titel: »Karl, von Gott gekrönter, allergnädigster und erhabener, großer
und friedenbringender Kaiser, der das Römische Reich regiert, und
auch durch die Gnade Gottes König der Franken und der Langobarden«.

Ob Karl nun König war oder Kaiser, für die einfachen Menschen in
seinem Reich änderte sich nichts. Doch auf lange Sicht bedeutete die
Annahme des Kaisertitels durch einen germanischen König, der sich

nicht als Römer fühlte, eine grundsätzliche Weichenstellung für die Machtverhältnisse in Europa. Die Macht und das Prestige des Titels wanderten, so könnte man es ausdrücken, nach Norden, weg von Rom und vom Mittelmeer. Kaiser Karl scheint vorübergehend daran gedacht zu haben, seine neue Residenz Aachen, die er sich seit etwa 795 immer prächtiger ausbauen ließ, zu einem »neuen Rom« zu machen und den Papst zu einer Übersiedlung dorthin zu veranlassen.

Dazu ist es nicht gekommen. Doch der Titel eines Kaisers – als hoch über den übrigen Königen stehend – blieb für mehr als ein Jahrtausend mit dem Beherrscher des Gebiets verbunden, das wir heute Deutschland nennen, von wenigen Ausnahmeperioden abgesehen. Das wird für die letzten 200 Jahre, die in diesem Buch noch beschrieben werden, von hoher Bedeutung sein.

NEUE VÖLKER IM NORDEN

Wer waren eigentlich die Dänen, die in den letzten Kämpfen Kaiser Karls um die Sicherung der Grenzen seines Reiches eine so große Rolle spielten? Ohne Zweifel waren sie ein germanisches Volk, doch war das heute nach ihnen benannte Dänemark keineswegs ihre Urheimat. Wenn vorher von Völkern nördlich der Sachsen und der (größtenteils ausgewanderten) Angeln die Rede war, dann hießen sie Heruler und vor allem Jüten (oder in latinisierter Form Euten). Man nennt ja heute noch die große Halbinsel, die Nord- und Ostsee voneinander trennt, in ihrem Nordteil Jütland.

Irgendwann zu Beginn des 6. Jahrhunderts muß ein germanisches Volk ins heutige Dänemark eingewandert sein und sehr rasch die Oberherrschaft über die bisher dort lebenden Germanengruppen und Kleinkönige errungen haben. Die gängige Meinung unter skandinavischen und deutschen Experten der Vor- und Frühgeschichtsforschung spricht von einer Einwanderung der Dänen aus Südschweden, zuerst nach der großen Insel Seeland und anderen benachbarten kleineren Inseln, dann bald auch nach Jütland. Das klingt plausibel und wird von der Tatsache gestützt, daß während des ganzen Mittelalters, ja, bis in die Neuzeit Teile Südschwedens (u.a. die Provinz Schonen) staatsrechtlich zu Dänemark gehörten.

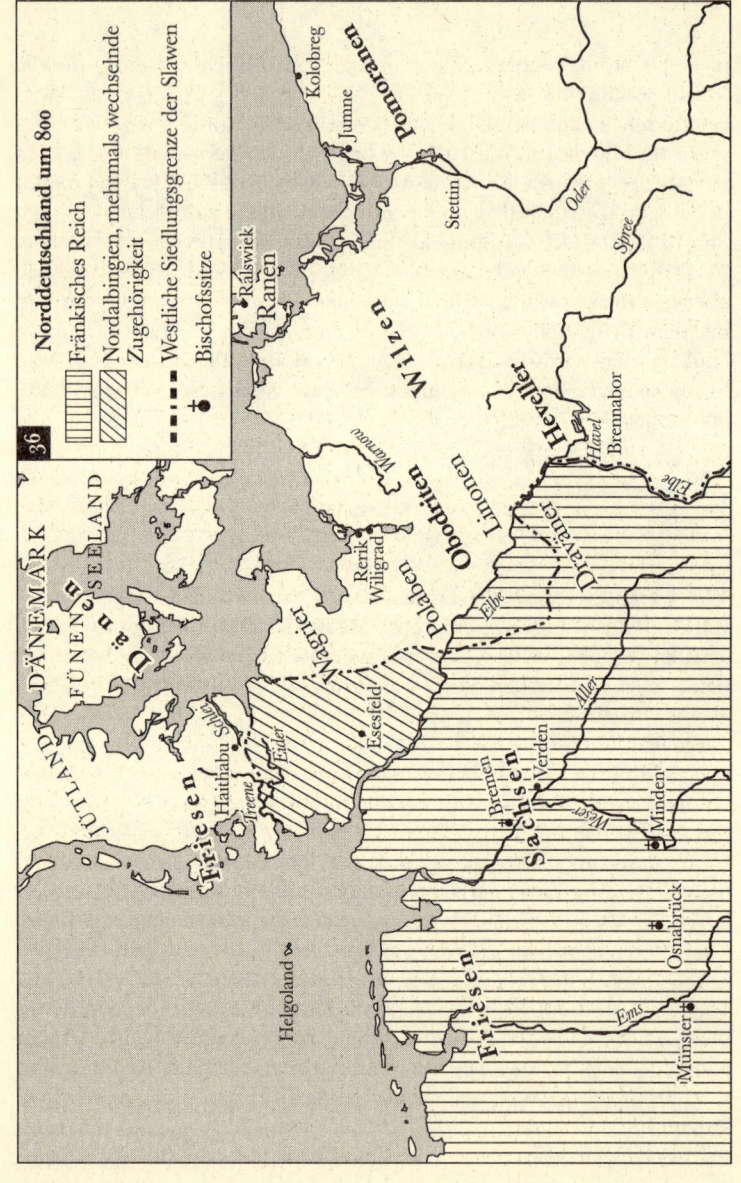

36 **Norddeutschland um 800**

Fränkisches Reich

Nordalbingien, mehrmals wechselnde
Zugehörigkeit

Westliche Siedlungsgrenze der Slawen

Bischofssitze

DÄNEMARK

JÜTLAND

FÜNEN

SEELAND

Dänen

Kolobreg

Jumne

Pomoranen

Stettin

Oder

Spree

Rälswiek
Ranen

Wilzen

Heveller

Brennabor

Havel

Elbe

Warnow

Obodriten

Linonen

Drawehn

Rerik
Wiligrad

Polaben

Elbe

Wagrier

Esesfeld

Aller

Esesfeld

Bremen

Verden

Weser

Minden

Sachsen

Friesen

Haithabu
Sliaswik
Schlei

Eider

Treene

Helgoland

Osnabrück

Ems

Münster

Friesen

Allerdings wird auch die Theorie vertreten, die Dänen genannten Germanen seien aus dem *Süden* in ihr späteres Land eingewandert. Dann könnten sie praktisch nur aus dem heutigen Mecklenburg gekommen sein. Denn das heutige Schleswig-Holstein war damals Sachsenland. Vielleicht waren sie das Volk, das in einer der namenlosen Völkerkatastrophen am Ende der Völkerwanderungszeit aus seinen Wohnsitzen an der Südküste der Ostsee vertrieben wurde (siehe 25. Kap., S. 428). Doch die Klärung dieser Frage muß Forschern vorbehalten bleiben, die spezielle Fachleute für die Vor- und Frühgeschichte Nordeuropas sind.

Nur eine zufällige Entdeckung glaubt der Autor dieses Buches zur Diskussion beisteuern zu können, nämlich zu der Frage, woher der Name »Dänen« eigentlich stammt. Die Sprachforscher erklären diesen Namen sehr kontrovers: »Die Roten« oder »die Volkreichen« oder noch anderes soll er bedeuten. Aber sollte es nicht doch mehr als ein Zufall sein, daß das Wort »Dänne« in der Mundart eines Dorfes in der Nähe von Minden/Weser (und vermutlich überhaupt im westfälischen Platt) Nadelbaum bedeutet? Unser hochdeutsches Wort Tanne muß damit verwandt sein. Die in dem Wörterbuch eines fleißigen Schullehrers aus dem Jahr 1939 aufgezeichnete Dorfmundart dürfte dem Alt-(nieder-)sächsischen noch sehr nahe stehen, und dieses wies ja einst noch eine enge Verwandtschaft mit der Sprache der Germanen in Skandinavien auf.

So könnte also möglicherweise der Völkername Dänen nichts anderes bedeuten als »Leute aus dem Nadel-(Tannen-)wald«. Es würde damit auf eine Herkunft aus Gebieten hindeuten, wo es vor 1500 Jahren viel Nadelwald gab. Der Völkername muß ihnen dann allerdings in einem Gebiet angehängt worden sein, wo Nadelbäume in jener Zeit noch eine Seltenheit waren. Fachleute müßten heute durchaus feststellen können, wo seinerzeit die Grenze zwischen Nadel- und Laubwald im heutigen Deutschland verlief.

Wie dem auch sei, spätestens seit etwa dem Jahr 550 müssen Könige aus einem Volk der Dänen eine immer größere Rolle auf den Inseln in der westlichen Ostsee und der jütischen Halbinsel gespielt haben. Kurz nach 800 war es dann soweit, daß ein Dänenkönig – in einem Anfall von Größenwahn oder mit realen Erfolgschancen? – davon träumen konnte, dem Frankenkönig und Kaiser Karl die Herrschaft über das Sachsenland und Germanien streitig zu machen.

Vielleicht war die zunehmende Macht der dänischen Könige auch ein Grund, warum es manche germanischen Adligen im 6. und 7. Jahrhundert nach Süden zu den sprach- und kulturverwandten Sachsen trieb. Dort konnten sie, wenn sie Glück hatten, ohne eine ihnen unerträgliche königliche Oberherrschaft freies Land gewinnen (siehe 30. Kap., S. 508).

Die Lebensumstände im Norden Europas müssen im 8. und 9. Jahrhundert recht annehmbar gewesen sein. Weder eine besondere Trocken- noch eine Nässe- oder Überschwemmungsperiode war zu verzeichnen. Es konnten dort also wieder viel mehr Menschen ernährt werden als einige Jahrhunderte zuvor. Relativ friedliche Zeiten innerhalb Dänemarks selbst – eine Folge des starken Königtums? – sorgten dann allerdings auch für einen starken Geburtenüberschuß und das Erwachsenwerden vieler Kinder, die in schlechteren Zeiten früh gestorben wären.

Zahlreiche kräftige zweite oder dritte Bauernsöhne in Dänemark und Südnorwegen, die auf dem Hof ihres Vaters keinen Platz fanden, haben sich in diesen Zeiten vermutlich als Mannschaft auf Schiffen verdingt, deren Kapitäne abenteuerliche Handels- und Seeräuberfahrten planten. Zwischen den beiden Erwerbsarten wurde damals moralisch nicht der geringste Unterschied gemacht. Manche dieser Seefahrer suchten dabei auch Land, das sie sich durch einen zünftigen Kampf erwerben konnten. Die Zeit der Wikinger hatte begonnen; in der Erinnerung der betroffenen Opfer fing sie mit dem Jahr 793 an, als »Nordmannen« zum erstenmal ein Kloster an der britannischen Ostküste überfielen und plünderten.

Möglicherweise war der dänische Überfall auf das fränkische Friesland im Jahr 810 auch nichts anderes als eine solche Wikingerunternehmung, wie sie in den kommenden 100 Jahren immer häufiger vorkommen sollten; von ihnen wird noch die Rede sein müssen. Ob der dänische Überfall auf Friesland direkt auf Befehl des Dänenkönigs erfolgte, wie es in den fränkischen Reichsannalen heißt, darf durchaus bezweifelt werden.

Ein Wort noch zum Namen des Landes, das Könige aus dem Dänenvolk inzwischen erobert hatten. Bisher wurde sorgsam vermieden, es für das 9. Jahrhundert als Dänemark zu bezeichnen. Denn vermutlich ist der von Karl dem Großen der Landschaft an der Grenze zum dänischen Königreich verliehene Name Dänische Mark (innerhalb des

Frankenreiches!) auf das Gebiet übergegangen, gegen das die »Grenz-
mark zu den Dänen« eigentlich Schutz gewähren sollte.

Die Jahrzehnte um 800 werden auch vorwiegend die Zeit gewesen
sein, in der *Friesen* aus dem Nordseegebiet zwischen Ijsselmeer und Weser nach *Nord*friesland eingewandert sind. Darunter versteht man heute
die *West*küste Schleswig-Holsteins zwischen der Eider im Süden und
dem Flüßchen Wiedau im Norden (schon in Dänemark) mit dem
Hauptort Husum. Dieses Gebiet war nach den massiven Auswanderungen in vorangegangenen Jahrhunderten nunmehr fast menschenleer und konnte daher unternehmungslustige Menschen anziehen. Vor
allem auf den vorgelagerten Inseln Sylt, Föhr, Amrum, den Halligen
und Helgoland sprechen die dort seit Generationen ansässigen Einwohner heute noch in den Familien und ihren friesischen Vereinen Friesisch. Das ist bekanntlich eine durchaus eigenständige germanische
Sprache (siehe 5. Kap., S. 88) und die einzige außer Deutsch, die sich bis
heute als Umgangs-, ja, selbst als Schriftsprache im Gebiet Deutschlands gehalten hat.

Allerdings fühlen sich die Menschen in Nordfriesland, die neben
Deutsch auch noch Friesisch können, durchaus als Deutsche (und zu
einem sehr kleinen Teil als Dänen, soweit sie im heutigen Gebiet Dänemarks wohnen). Sie erheben auch keine Ansprüche auf Unabhängigkeit ihres »Landes« von der Bundesrepublik Deutschland. Vielleicht
deshalb wurden sie, die neben den slawischen Sorben die älteste
sprachliche Minderheit in unserem Land bilden, in einem modernen
Buch über die ethnischen Minderheiten in Deutschland (von Cornelia
Schmalz-Jacobsen und Georg Hansen, 1995) keines Wortes gewürdigt.

SLAWISCHE VÖLKER
IN NORDOSTDEUTSCHLAND

Das heutige Bundesland Schleswig-Holstein war vor 1200 Jahren eine
ausgesprochen »multikulturelle« Region, wie man heute sagen würde.
Allerdings lebten die Angehörigen der verschiedenen Völker, die sich
durch Sprache, Kultur und Religion ganz erheblich unterschieden,
damals zunächst noch hübsch für sich, wenn auch auf verhältnismäßig
engem Raum. Nicht nur die bisher erwähnten Sachsen, Dänen und
Friesen und sicher auch einige damals zugewanderte Franken unter-

schiedlicher Herkunft konnte man dort finden, sondern im heutigen
Ostholstein auch eine rein slawische Bevölkerung.

Von der Einwanderung der slawischen Obodriten um das Jahr 570
in das nördliche Mecklenburg erzählte schon das 25. Kapitel. Im Laufe
der folgenden 200 Jahre hatte sich ihre Herrschaft an der Südwestküste
der Ostsee verfestigt und ausgedehnt. Der schon erwähnte Limes
Saxoniae, der von Norden bei Kiel nach Süden bei Lauenburg an der
Elbe verlief, trennte die zu Anfang des 9. Jahrhunderts erreichten Wohngebiete slawischer Gruppen im Osten von den germanischsprachigen
Sachsen, Jüten und Dänen im Westen und Norden. Die Landschaft
Wagrien, so heißt noch heute die große Halbinsel östlich von Kiel, war
damals eindeutig slawisches Gebiet. Dazu gehörten die heutigen Städte
Lübeck, Eutin und Oldenburg (in Holstein, damals Stargrad, alte Burg,
genannt).

Weiter südlich aber, am Nordufer der Elbe (beim heutigen Lauenburg und Boizenburg), lebte ein ebenfalls der Oberhoheit der Obodriten unterstehendes Volk, das Polaben genannt wurde. »Po Labe – an
der Elbe« ist die Bedeutung des slawischen Namens. Aber auch südlich
der Elbe und damit jenseits der sonst so strikt eingehaltenen Flußgrenze
hatten sich slawische Gruppen angesiedelt, die Drevanen hießen. Der
Nordostzipfel des heutigen Bundeslandes Niedersachsen östlich von
Lüneburg trägt noch immer im Volksmund den Namen Wendland,
denn bis ins 18. Jahrhundert hinein sprachen die Menschen dort noch
Wendisch, also eine slawische Mundart.

Zur Zeit Karls des Großen muß sich die Entwicklung des ursprünglichen »Stammesstaates« der Obodriten zu einem »Herrschaftsstaat«
vollzogen haben. Doch kann man die Belege dafür nur aus winzigen
Brosamen in zeitgenössischen, lateinisch geschriebenen fränkischen
Annalen, nie aus eigenen slawischen Quellen erschließen. Diese Entwicklung ist im einzelnen für den allgemeinen Überblick, den dieses
Buch bieten möchte, auch nicht von Belang. Die obodritischen Fürsten
hatten sich jedenfalls um das Jahr 800 zu Oberherren der Wagrier, der
Linonen und einiger anderer, nicht direkt verwandter Slawenstämme
gemacht. Nach fränkischem Vorbild, aber an einer für Slawen typischen Stelle, auf einer künstlich geschaffenen Insel, hatten die Obodriten ihren Fürsten eine feste zentrale Burg erbaut, die Wiligrad oder
Mecklenburg (siehe S. 431).

Fünfzehn Kilometer nördlich davon an der Ostsee dürfte der Handelsplatz Rerik gelegen haben, der in den fränkischen Annalen erwähnt wird und in der Einleitungsepisode eine Rolle spielte. Aufmerksame Leser können allerdings einen Ort Rerik auf einer Karte Mecklenburgs noch weiter nördlich direkt an der Ostsee entdecken. Doch wurde der dortige Ort Alt-Garz erst 1938 in Rerik umgetauft, weil ein damaliger Archäologe geglaubt hatte, an dieser Stelle Reste des alten Rerik gefunden zu haben. Inzwischen sind eindeutige Reste des alten Handelsplatzes bei Großströmkendorf, gegenüber der Insel Poel, ausgegraben worden.

Für den Fürsten, der einen solchen Handelsplatz beherrschte und Steuern davon einziehen konnte, war er eine wahre Goldgrube. Wie sehr ein solcher Platz unter Umständen umkämpft war, wurde schon oben im Zusammenhang mit dem friesischen Handelsort Dorestad beschrieben (im 34. Kap., S. 586). Der vom Dänenkönig Göttrik gegründete Platz Haithabu an der Schlei wird noch in Teil VI eine wichtige Rolle spielen. Städte allerdings waren solche Orte noch lange nicht, weder im Sinne einer mittelalterlichen Stadt noch gar nach heutigen Maßstäben.

Östlich des Gebiets der Obodriten lag das Land eines anderen slawischen Volkes. In den lateinisch geschriebenen Chroniken der Zeit wird es Wilzen genannt; Einhard berichtet, in seiner eigenen Sprache heiße das Volk Welataben. Auch der Name Liutizen oder Lutizen taucht dafür auf. Die Gruppen dieses Volkes dürften das heutige Bundesland Mecklenburg-Vorpommern zwischen der Warnow (bei Rostock) und der Oder bewohnt haben. Vermutlich war der Stamm (Pleme) ähnlich wie die Obodriten in verschiedene Großfamiliengruppen (Zadrugen) unterteilt. Doch eine andere Herkunftsregion und ein anderer Einwanderungsweg (siehe S. 428f.) sowie andere kulturelle Prägung unterschieden die Wilzen von den Obodriten. Daher stammte wohl ihre vielfach überlieferte Feindschaft zu den slawischen Nachbarn im Westen.

Am heute zum Land Brandenburg gehörenden Ufer der Elbe (bei Wittenberge) scheinen die Wilzen an das Frankenreich gegrenzt zu haben. Ob es plündernde Übergriffe der Wilzen auf das östliche Sachsenland (das später Altmark hieß) gegeben hatte oder was sonst der Grund für die lang anhaltende wilzisch-fränkische Feindschaft war, wissen wir nicht. Die fränkischen Reichsannalen berichten von einem Kriegszug König Karls gegen die Wilzen im Jahr 789, der ihn bis zur Peene, einem

Fluß im östlichen Mecklenburg, geführt habe. Die Erneuerung einer
vielleicht schon unter Karl Martell erfolgten formellen Unterwerfung
der Wilzen unter fränkische Schutzherrschaft war das Resultat des
Feldzuges. Doch hatte dies keinesfalls eine volle Einbeziehung ihres
Landes in das Fränkische Reich zur Folge; es gab weder eine Christianisierung noch eine Germanisierung. Es sollte auch noch über ein Jahrhundert dauern, ehe das Reich, das nun Ostfränkisches Reich hieß, mit
Gewalt das Wilzenland besetzte – und auch das nur vorübergehend.

Auf der großen Ostseeinsel Rügen lebte im 9. Jahrhundert (und
auch noch viel später) das slawische Volk der Ranen. Diese wurden
bald als erfolgreiche Seefahrer berühmt und zugleich als Seeräuber
berüchtigt. Ihr damals bekannter Handelsort hieß Ralswiek.

Den Hauptteil Pommerns von der Oder bis zur Weichsel bewohnten die slawischen Pomoranen – der Landesname leitet sich davon ab.
Das slawische Wort bedeutet »die am Meer wohnen«. Der Wohlstand
ihrer Fürsten stammte nicht zuletzt von den Einnahmen, die ihnen die
Handelsorte Stetin (das heutige Stettin) und Kolobreg (Kolberg) ein-
brachten. Am bekanntesten im Gebiet der Pomoranen war allerdings
der Handelsort Jumne oder Julin. Unter den Namen Vineta und Jomsburg ging er auch in den späteren deutschen und nordischen Sagen-
schatz ein. Ausgrabungen im Dörfchen Wolin auf der gleichnamigen,
heute polnischen Insel an der Odermündung ließen die Vermutung zu,
daß der sagenumwobene Ort Vineta dort existiert hat. Doch inzwischen suchen deutsche Archäologen den nach der Sage im Meer unter-
gegangenen Ort Vineta tatsächlich auf dem Meeresgrund, im Barther
Bodden südlich der Halbinsel Darß-Zingst.

Man sieht aus der Erwähnung zahlreicher Handelsorte an Ost- und
Nordsee, daß es im 8. und 9. Jahrhundert bereits einen lebhaften und
offenbar wohlorganisierten Überseehandel quer über die nordischen
Meere gegeben haben muß. Und die Beziehungen zwischen den slawischen Völkern und Fürsten am Südufer der Ostsee und den germanischen Völkern und Königen am anderen Ufer waren damals keineswegs immer kriegerischer Art. Zumindest bestanden vor 1200 Jahren
keine Zollgrenzen und keine Einreiseverbote für Ausländer in fremden
Häfen, sondern alle Ostseeanrainer bildeten eine Art Freihandelszone –
soweit nicht die seefahrenden Händler mitunter das schwächer bemannte Schiff eines Kollegen überfielen, um »billig einzukaufen«.

Die hier erwähnten slawischen Völker waren, mindestens in ihrer

Oberschicht, keine »primitiven Hinterwäldler«, wie man sie am liebsten zur Zeit des Nationalsozialismus in Deutschland dargestellt hätte. Nicht nur über See, auch über Land kamen Händler von weit her und brachten Waren, Neuigkeiten und fremde Münzen mit. Man hat arabische und byzantinische Münzen in zahlreichen slawischen Orten entlang der Ostsee und im Binnenland gefunden. Vom Christentum wollten die Slawen dort allerdings noch mehrere Jahrhunderte lang nichts wissen. Christliche Missionare trauten sich auch noch sehr lange nicht in dieses Gebiet.

Als ein großes slawisches Volk, das mehr im Landesinneren wohnte, seien der Vollständigkeit halber noch die Heveller erwähnt, deren Hauptgebiet in der Mitte des heutigen Bundeslandes Brandenburg lag. Die Stadt Brandenburg an der Havel, auf slawisch Brennabor genannt, war ihr Hauptort. Diese Heveller werden in Teil VI noch vielfach erwähnt werden müssen.

39. AUF WACHT IM OSTEN

DIE HERREN AUF DER MERSIBURC
Herbst 844, Merseburg/Saale

Das schlichte Wohnhaus des Grafen auf der Mersiburc hielt keinen Vergleich aus mit den prächtig eingerichteten Pfalzen, die sich die fränkischen Könige im Laufe des letzten Jahrhunderts an verschiedenen schönen Stellen ihres riesigen Reiches hatten bauen lassen. Aber die stabilen Fachwerkwände und das Schindeldach verwehrten doch wenigstens den Herbststürmen und dem Regen den Weg durch das Gebäude. Jetzt im November konnte es in der Burg auf der Anhöhe hoch über der Saale recht ungemütlich werden, obwohl die dicken Burgmauern aus Baumstämmen mit zwischengefüllter Erde manchen Sturm abhielten. Und das Feuer auf dem aus Bruchsteinen gemauerten Herd inmitten der großen Halle verbreitete wohlige Wärme. An den Wänden aufgespannte große Felle von Hirschen, Wildschweinen, Luchsen und sogar von einem Auerochsen zauberten etwas Behaglichkeit in den sonst recht kahlen Raum und zeugten vom Jagdglück der Burgherrn.

Heute abend hatte die Familie des Burggrafen nichts Besseres zu tun, als um den Herd zu sitzen und den Erzählungen des Großvaters zu lauschen. Der saß in einem sorgsam aus einem riesigen Holzklotz gehauenen Lehnstuhl, in warme Pelze gehüllt, denn seit er das Reißen in den Beinen hatte, fror er häufig. Das Haar des alten Grafen Erwin war weiß, und vor sieben Jahren hatte er die Verwaltung der Grafschaft auf der Mersiburc aufgeben müssen, als sich eines Tages herausstellte, daß er nicht mehr ohne fremde Hilfe mit Helm, Schild und Waffen auf sein Pferd steigen konnte. Immerhin zählte er damals schon 62 Winter, und das war ein hohes Alter für einen Kriegsmann. Glücklicherweise war sein Sohn Landolf bereits erwachsen und angesehen genug, daß Kaiser Ludwig ihn sogleich zum Nachfolger seines Vaters auf der Mersiburc ernannte.

Auch wenn Graf Erwins Haar weiß und seine Hand nicht mehr

kräftig genug war, das Schwert zu führen, so arbeitete doch sein Verstand noch so scharf wie der eines Jungen, und sein Rat und vor allem
sein Wissen aus alter Zeit war gefragt wie eh und je. So hatten sich
seine Schwiegertochter Thiedlind und seine fünf Enkelkinder an diesem Abend um ihn und das Herdfeuer geschart, um den Großvater
von alten Zeiten erzählen zu hören. Der junge Graf Landolf hatte vor
ein paar Tagen mit fünf Reitern und zwei Ochsenkarren die Burg verlassen, um in einigen Sorbendörfern diesseits der Saale den fälligen
Königs- und Klosterzehnten für das Kloster Hersfeld einzusammeln.
Besonders gespannt auf die Geschichten des Großvaters waren die
ältesten Söhne Landolfs, der vierzehnjährige Erwin, der nach seinem
Großvater hieß, und der elfjährige Folcleich, doch auch die drei Schwestern hörten aufmerksam zu.

»Ihr wißt, ihr Enkel«, erzählte der alte Graf Erwin, »daß unser Geschlecht aus dem Stand der sächsischen Edlen stammt. Das Erbgut meines Vaters Hartbert war Heiningen im Darlingau (beim heutigen Salz-
gitter). Es gehört unserer Familie heute noch. In seiner Jugend war
mein Vater noch ein Heide, allerdings kein Gefolgsmann des berühmten Rebellen Widukind.«

Das sei wohl der Grund dafür gewesen, berichtete der Großvater
weiter, daß König Karl den Urgroßvater mit einer kleinen Grafschaft
im nördlichen Sachsenland belehnt hatte, nachdem er Christ geworden
war. Er selbst, Erwin, hatte im Heer des Königs Karl mitgekämpft, als
dieser gegen die aufständischen Sorben an der Saale gezogen war. »Das
war im sechsten Jahr, nachdem unser König Kaiser in Rom geworden
war« (806), erläuterte Graf Erwin den jungen Leuten, damit sie sich
auch vorstellen konnten, wann sich diese Ereignisse abgespielt hatten.

Bei diesem Feldzug gegen die Sorben sei hier an der Saale eine
kleine Burg gebaut und Mersiburc genannt worden, und er, Erwin, sei
zum Grafen dieser Burg ernannt worden. Zugleich waren ihm 100 Familien königsfreier Bauern unterstellt worden. Ihre Aufgabe war, Äcker
bei einigen Dörfern in der Nähe zu bestellen und nach Bedarf mit ihren
Männern als Krieger den Wachdienst auf der Burg zu versehen oder im
Kriegsfall unter dem Befehl des Grafen gegen die Sorben zu ziehen. Ihr
Königszehnter wurde dafür verwendet, den Haushalt des Grafen mit
Lebensmitteln und anderem Bedarf zu versorgen und Vorräte für eine
etwaige Belagerung der Burg sowie für Kriegszüge der Burgbesatzung
anzulegen. Der Stand der Königsfreien galt als sehr bevorzugt, weil

seine Angehörigen freie Leute blieben und weder an Kirchen, Klöster,
Bischöfe noch andere Gutsherren Abgaben zu zahlen hatten.

Inzwischen standen schon die Söhne oder Enkel der ursprünglichen
freien Krieger unter dem Befehl des jungen Grafen Landolf. Allerdings
betrachtete dieser die Leute und deren Hufen als sein persönliches
Eigengut, das er nach Brauch und Recht vererben könne. Über Vater
Erwins veraltete Ansicht, daß es sich um Königsgut handle, über das
ein Graf nicht frei verfügen könne, lachte der junge Graf bloß.

Die Wacht gegen die Sorben auf der anderen Seite des Saaleflusses
war immer noch die Hauptaufgabe des Grafen und seiner Krieger, zusammen mit den Besatzungen anderer Burgen nördlich und südlich
der Mersiburc, obwohl die Einrichtung dieser Grenzbefestigungen
nun schon fast 40 Jahre zurücklag. Allzu häufig waren die Krieger allerdings nicht gegen die heidnischen Nachbarn gezogen. Erst dreimal
war das nötig gewesen, erinnerte sich der weißhaarige alte Graf, und
er rechnete an den Fingern nach, daß dies vor 28, vor 14 und noch
einmal vor fünf Jahren gewesen sein müsse (816, 830 und 839). Einmal war es der sorbische Stamm der Colodizen gewesen, einmal die
Daleminzier und einmal die Sorben des Knez Tunglo. Meist hatten sie
sich geweigert, Schiedssprüche des fränkischen Königs hinsichtlich
gewisser innerer Streitigkeiten bei den wendisch sprechenden Völkern
anzuerkennen. »Dabei sind diese Völker seit Generationen der Oberherrschaft unseres Fränkischen Reiches unterworfen«, empörte sich
Graf Erwin, »sie sind eben immer noch sture Heiden und Aufrührer.
Doch meist genügt es ja, wenn wir eine ihrer Burgen erobern, die
nicht besonders schwer anzugreifen sind«, beruhigte er seine Enkel.
»Ihr kennt sie ja, diese Heiden, denn auch auf unserer Seite der Saale
gibt es eine Menge Dörfer davon. Die zahlen allerdings sehr treu ihre
Zehnten an den König, den Grafen und die Kirche, weil sie Angst vor
unseren Kriegern haben.«

»Wer ist denn aber nun unser Kaiser, Großvater?« fragte der Enkel
Erwin dazwischen, denn die schon oft gehörten Geschichten von den
sorbischen Nachbarn langweilten ihn allmählich. »Ja«, antwortete sein
Großvater nachdenklich, »das frage ich mich heute auch. Ihr wißt, unseren Kaiser Karl habe ich verehrt, obwohl er uns Sachsen die Unabhängigkeit genommen hat. Er hat uns zu Christen gemacht, wofür
ich Gott danke, und er hat uns längst unseren Stolz zurückgegeben.
Ihn habe ich noch persönlich gekannt, er war ein großer Mann und

ein frommer Christ, aber kein Frömmler wie sein Sohn, der Kaiser Ludwig.«

Eine Weile schwieg der alte Graf Erwin, in Gedanken verloren, und er nahm einen großen Schluck aus dem Bierkrug, der kunstvoll aus einem Stück Birkenstamm gedrechselt war. Die Grafen auf der Mersiburc gehörten nicht zu den reichen Adligen, bei denen Trinkbecher aus Silber oder wenigstens gehämmertem Zinn zur Ausstattung des Hauses zählten.

Den Kaiser Ludwig, diesen Pfaffenknecht, habe er nie gemocht, gestand der alte Mann ein; er habe ihn nur zwei- oder dreimal gesehen, als er mit anderen sächsischen Grafen an Hoftagen des Kaisers und an Heerzügen eben gegen diesen Kaiser teilgenommen hatte. »Öfter gesehen habe ich unseren König, der auch Ludwig heißt, ihr wißt, der dritte Sohn des Kaisers. Der ist seit Jahrzehnten der König für alle Teile des Reiches, die östlich des Rheins liegen. Er nennt sich aber nur König von Bayern. Die Franken im Westen bezeichnen ihn auch als Ludovicus Germanicus, zum Unterschied von seinem Vater. In unserer Sprache hieße das ›Hludwech thiudisk‹ (Ludwig der Deutsche).«

Vor elf Jahren (833) sei er, so erzählte Graf Erwin weiter, mit einem kleinen Teil seiner Krieger von der Mersiburc zum Heer von König Ludwig gestoßen, mit dem dieser bis jenseits des Rheins ins Elsaß gezogen war. Dort hatten sich Heere aller drei älteren Söhne des Kaisers Ludwig getroffen, um dessen Heer zu bekämpfen. Das sei der letzte Ausweg gewesen, den die Kaisersöhne Lothar, Pippin und Ludwig gewußt hätten, um ihren Vater davon abzubringen, ihrem nachgeborenen Stiefbruder Karl einen eigenen Teil des Gesamtreiches zu vererben, denn dafür sollte den drei älteren Söhnen jeweils ein Stück ihrer Teilreiche abgezwackt werden.

Doch zu einer Schlacht zwischen den Heeren war es nicht mehr gekommen. Denn Abgesandte der Söhne hatten die Anführer des kaiserlichen Heeres so geschickt beredet, daß diese ihre dem Kaiser Ludwig geleisteten Schwüre brachen und zu dessen Söhnen übergingen. Der Kaiser mußte sich daraufhin gefangen geben und ein öffentliches Bekenntnis seiner Verfehlungen gegenüber seinen älteren Söhnen ablegen. Er wurde als abgesetzt betrachtet.

Der Triumph bei den Söhnen war groß, aber bei ihren Unterführern und Kriegern hatte er einen schalen Nachgeschmack wegen der Mittel, mit denen er errungen worden war. »Lügenfeld« nannten sie unter sich die Ebene bei Colmar (im Elsaß), wo sich die Heere kampfbereit gegenübergestanden hatten, wo aber die kaiserlichen Truppen ihren bei Gott und allen Heiligen geschworenen Eid auf den Kaiser gebrochen hatten.

»Aber Großvater, es heißt doch, daß Kaiser Ludwig erst vor wenigen Jahren ganz hier in der Nähe Krieg geführt hat. Stimmt das denn nicht?« Der so fragte, war der jüngere Enkel Folcleich, der sich vom Burgkaplan schon hatte beibringen lassen, wie man in einem Buch las. Er sollte daher Mönch werden, sobald er zwölf Jahre alt war.

»Doch, das stimmt«, mußte der Großvater zugeben. »Vor vier Jahren war das erst, und am Ende dieses Kriegszuges gegen seinen eigenen Sohn Ludwig – den Deutschen, versteht ihr – ist er dann in Ingelheim am Rhein gestorben, allerdings nicht an einer Wunde, sondern an einer Krankheit.« Was da in den vergangenen elf Jahren an der Spitze des Fränkischen Reiches vorgegangen sei, das könne er seinen Enkeln gar nicht im einzelnen erzählen. Es sei zu schwer zu verstehen, und er selbst, Graf Erwin, könne sich auch gar nicht mehr so genau erinnern, was alles vorgefallen sei.

Kurz nach dem Ereignis auf dem »Lügenfeld« hätten, das wisse er noch genau, die beiden jüngeren Söhne des alten Ludwig, Pippin und Ludwig, ihren Vater als Kaiser wieder eingesetzt, weil sie ihrem ältesten Bruder Lothar nicht gönnten, daß dieser Kaiser spiele und seinen jüngeren Brüdern Befehle erteilen wolle. Danach hätten sich die vier Brüder, denn nun war auch der Stiefbruder Karl darin einbezogen, mal so, mal so miteinander oder gegeneinander verbündet, mal für den alten, immer noch amtierenden Kaiser Ludwig gestritten, mal gegen ihn. Pippin, der zweitälteste Sohn, sei aber schon vor sechs Jahren gestorben.

Seit vier Jahren sei nun auch der alte Kaiser Ludwig tot, und der älteste Sohn Lothar führe den Titel Kaiser. Aber auch danach hätten die gegeneinander gerichteten Heerzüge der übriggebliebenen drei Brüder nicht aufgehört, die doch eigentlich gemeinsam und einträchtig das riesige Fränkische Reich verwalten sollten. »Vor drei Jahren, erinnert ihr euch, da mußte euer Vater Landolf mit einigen Gefolgsmännern unserem König Ludwig folgen, nach Gallien, wo es zu einer furchtbaren Schlacht (Fontenoy 841) zwischen den Heeren der Brüder kam – alles Frankenkönige! Und im vorigen Jahr wurde das große Fränkische Reich schließlich ganz offiziell geteilt. Unser König Ludwig bekam das Gebiet, das er immer schon beherrscht hat und das sich nun Ostfränkisches Reich nennt, der jüngste Bruder Karl bekam Aquitanien und einen großen Teil Galliens als Westfränkisches Reich, und der älteste Bruder Lothar bekam einen schmalen Streifen dazwischen von der Nordsee bis nach Italien. Dieses Reich nennen wir unter uns ›Lotharingien‹. Dafür durfte Lothar den Kaisertitel behalten.«

Der alte Graf Erwin seufzte und nahm erneut einen großen Schluck aus seinem Birkenholzhumpen. »Nur Gott allein weiß, was aus unserem Reich noch werden soll. Eigentlich bin ich froh, daß wir jetzt mit den Franken drüben im Westen nichts mehr zu tun haben. Sie sprachen völlig anders als wir, als ich sie damals auf dem ›Lügenfeld‹ getroffen habe. Wir Sachsen und Thüringer, selbst die Bayern und die Schwaben, die König Ludwig als Grafen oder Krieger bei sich hat, können uns doch wenigstens einigermaßen verstehen. Nur die großen Herren und die Bischöfe waren zum Schluß noch dafür, das Reich so zusammenzuhalten, wie es der selige Kaiser Karl beherrschte. Denn ihnen gehören inzwischen so viele Güter in allen möglichen Teilen des Landes, daß sie jetzt nach der Teilung nicht mehr wissen, welchem Kaiser oder König sie die Treue halten sollen, wenn die gegeneinander Krieg führen.«

Der weißhaarige Graf machte eine bedeutsame Pause und blickte seine Enkelkinder nachdrücklich an. »Uns Edlen aus dem Geschlecht des Hartbert soll das nicht geschehen, so wahr mir Gott helfe. Wir bleiben Sachsen und unserem König Ludwig treu, auch wenn er sich bisher König der Bayern nannte. Die Aufgabe unseres Geschlechts ist und bleibt die Wacht an der Grenze gegen die wendischen Sorben, und du, mein Enkel Erwin, wirst hoffentlich einst deinem Vater in dessen Verantwortung hier auf der Mersiburc folgen. Und wenn du Glück hast, wirst du einmal eine Frau aus einem der großen Geschlechter der Sachsen heiraten und die Familie der Grafen auf der Mersiburc mit Gottes Gnade und dem Heil eines erfolgreichen Kriegsmannes fortführen!«

CHAOS UND ZERFALL
DES FRÄNKISCHEN REICHES

Über die 30 Jahre zwischen dem Tod Karls des Großen (Januar 814) und dem Vertrag von Verdun (843), der die endgültige Teilung des Fränkischen Reiches besiegelte, werden in den herkömmlichen Büchern über deutsche Geschichte in epischer Breite und in allen mög-

668

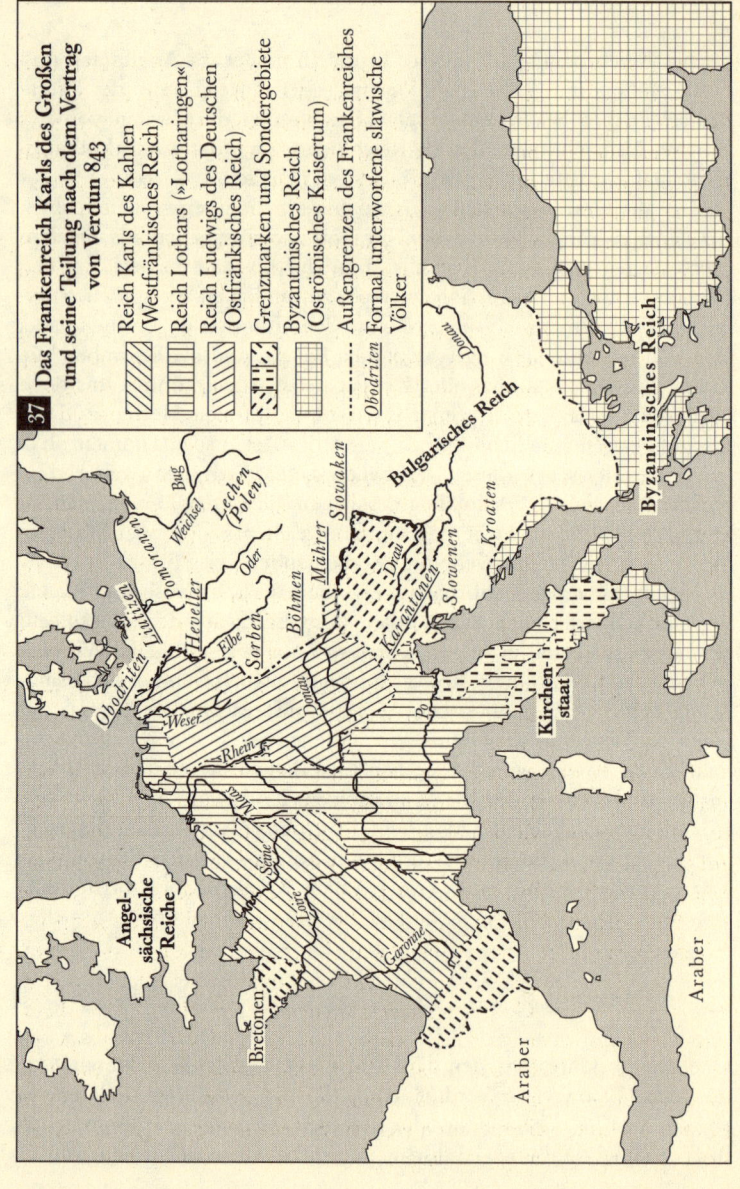

37 Das Frankenreich Karls des Großen und seine Teilung nach dem Vertrag von Verdun 843

Reich Karls des Kahlen (Westfränkisches Reich)

Reich Lothars (»Lotharingen«)

Reich Ludwigs des Deutschen (Ostfränkisches Reich)

Grenzmarken und Sondergebiete

Byzantinisches Reich (Oströmisches Kaisertum)

Außengrenzen des Frankenreiches

Obodriten Formal unterworfene slawische Völker

Angel-sächsische Reiche

Bretonen

Araber

Araber

Obodriten

Lutizen

Pomoranen

Bug

Weichsel

Heveller

Lechen (Polen)

Oder

Elbe

Sorben

Böhmen

Mähren

Slowaken

Donau

Karantanien

Drau

Slowenen

Kroaten

Bulgarisches Reich

Donau

Byzantinisches Reich

Kirchen-staat

Po

Weser

Rhein

Maas

Seine

Loire

Garonne

lichen Einzelheiten die Kämpfe zwischen Ludwig dem Frommen und seinen Söhnen wiedergegeben. Niemand, der sich nicht speziell mit der Erforschung dieser Geschichtsperiode befaßt, kann diese Einzelheiten verstehen oder gar behalten. Von den Ereignissen in den verschiedenen Regionen des nun offiziell »Ostfränkisches Reich« genannten Gebiets erfährt man aber wie üblich kaum etwas.

Den abhängigen Bauern in ihren einsamen Dörfchen – sie bildeten mehr als neun Zehntel der Gesamtbevölkerung – war das Geschehen an der Spitze ihres Reiches damals gewiß herzlich gleichgültig; sie hörten ohnehin so gut wie nie etwas davon. Aber selbst die einigermaßen informierte kleine Schicht der Adligen und direkten Lehnsmänner des Königs dachte vermutlich ähnlich distanziert über die Kämpfe innerhalb der Kaiserfamilie, wie dies in der Einleitungsepisode darzustellen versucht wurde.

Das Fränkische Reich hatte unter Kaiser Karl dem Großen eine solche Ausdehnung erreicht, daß nur eine starke Persönlichkeit wie er in der Lage war, es zusammenzuhalten. Die »List der Geschichte« hatte die bereits beschlossene halbe Teilung des Reiches gleich nach Karls Tod noch einmal für einige Jahrzehnte aufgeschoben. Denn Karls ältere Söhne Pippin und Karl, denen eigene große Teilkönigreiche zugedacht gewesen waren, starben vor ihrem Vater. So blieb nur der jüngste der legitimen Söhne, Ludwig, übrig, um Kaiserkrone und Reich ungeteilt zu erben. Die zahlreichen illegitimen Kinder Karls des Großen zählten in diesen Erbfragen nicht.

Ludwig der Fromme, wie man ihn nennt, war ein allzusehr von seinen geistlichen Beratern abhängiger Mann. Darin stand er im Gegensatz zu seinem Vater, der dem weltlichen Leben und auch den Vergnügen, die es mit sich bringen kann, stets aufgeschlossen gegenübergestanden hatte. Selbst nach Ansicht seiner Zeitgenossen zeigte Ludwig eine übertriebene Frömmigkeit. Für die Nachwelt vielleicht am bedauerlichsten war seine Anordnung, die im Auftrag seines Vaters überall gesammelten und aufgeschriebenen »alten Mären« zu vernichten und zu verbrennen. Diese Geschichten erzählten von den Heldentaten heidnischer germanischer Könige, darunter seiner wahrscheinlich eigenen Vorfahren, der Niflungen. Diese Geschichten mußten nach Ludwigs »barbarischer« Anordnung noch einmal für mehrere Generationen von Mund zu Mund weitergegeben werden. Sie bildeten später den Grundstock der »deutschen Heldensagen«.

Die ständigen Zwistigkeiten innerhalb der karolingischen Herrscherfamilie machten es der einflußreichen, wenn auch kleinen Schicht des Reichsadels schwer, ihre eidlich beschworene Loyalität gegenüber dem Kaiser oder einem seiner Söhne auf Dauer zu bewahren. Diesen Adelsfamilien gehörten meist große Landkomplexe in verschiedensten Teilen des Frankenreiches. Je nachdem, für welche Seite sie sich in den so häufig und unvermittelt wechselnden Frontstellungen in der Herrscherfamilie entschieden, waren ihre Güter auf der anderen Seite gefährdet. Angeblich waren es nur rund 40 Familien, die sich zunächst vehement für die Erhaltung der Reichseinheit einsetzten. Doch die Umstände, die zur Teilung drängten, waren auf die Dauer stärker.

Die faktische Dreiteilung des Fränkischen Reiches im Vertrag von Verdun vom Jahr 843 erfolgte keineswegs entlang der Sprach- oder Stammesgrenzen, sondern war ein komplizierter Kompromiß, den die adligen Beauftragten aller drei streitenden Königsbrüder aushandelten. Dennoch gingen aus diesem Kompromiß zwei Reiche hervor, die, auch in sprachlicher Hinsicht, in sich einigermaßen geschlossen waren und von energischen Herrschern durchaus überblickt und regiert werden konnten. Das waren das Westfränkische Reich, aus dem später Frankreich wurde, und das Ostfränkische Reich östlich des Rheins. Völlig ohne langfristige innere Logik blieb dagegen das »Mittelreich« Kaiser Lothars, das vom Land der Friesen an der Nordsee bis fast an die Südspitze Italiens reichte. Es war kein Wunder, daß dieses Reich nur wenige Jahrzehnte überlebte.

Karl der Große hatte bekanntlich das einst so selbständige Herzogtum Bayern seinem Vetter Tassilo auf recht unschöne Art weggenommen und seiner direkten Verwaltung unterstellt. Sein Sohn und Nachfolger Ludwig gab dieses einstige Herzogtum Bayern seinem dritten Sohn Ludwig zur eigenen Verwaltung und erlaubte ihm, sich König der Bayern zu nennen. Zu diesem Bayern gehörten auch das einst slawische Herzogtum Karantanien sowie die weit ins heutige Ungarn und Slowenien reichende Awarische Mark. Doch der junge Ludwig wollte mehr. Immer unverhohlener strebte er nach der Oberherrschaft auch über Alemannien, das Frankenland beiderseits des Mains, Thüringen, das Sachsenland und die Lande am Rhein. Dabei konnte er im allgemeinen auf die Loyalität des »kleineren« Adels zählen. Dieser repräsentierte meist Familien, die als Empfänger königlicher Lehen, als Burggrafen, als Markgrafen an den gefährdeten Außengrenzen oder in ähnlicher

Eigenschaft die Notwendigkeit einer kräftigen Regierung durch einen König anerkannten, aber keine Rücksicht auf weit entfernte Güter in anderen Reichsteilen nehmen mußten.

Endgültig hatte König Ludwig den Adel in Sachsen für sich gewonnen, als kurz vor der Zeit der Einleitungsepisode Kaiser Lothar durch Abgesandte die sächsischen Bauern und Liten zum Aufstand gegen seinen Bruder Ludwig und damit gleichzeitig gegen ihre adligen Herren aufhetzen ließ. Das war der sogenannte Stellinga-Aufstand, den aber König Ludwig rasch niederschlagen konnte. Seitdem wußte auch der letzte Adlige und Bischof im Sachsenland, auf wessen Seite er stehen mußte, wenn er die Rechte seines Standes erhalten wollte.

Seit der Zeit der frühen Merowingerkönige hatte sich trotz des gemeinsamen Daches des Frankenreiches eine sehr schwer wiegende Teilung verfestigt, die schon 300 Jahre vor Ludwig dem Deutschen im Prinzip bestanden haben muß. Den stets lateinisch schreibenden und sprechenden fränkischen Geschichtsschreibern und Chronisten fiel sie nur bis dahin nicht auf. Die ursprünglich fränkisch sprechende Herrenschicht, die also eine germanische Sprache benutzte, paßte sich im Westteil des Reiches sehr schnell der vulgärlateinischen Sprache ihrer Untertanen an, dem romanischen Dialekt, der bald zum Altfranzösischen wurde. Im Osten des Reiches blieb die Sprache der Völker germanisch, infolgedessen auch die Sprache ihrer adligen Führer, selbst wenn sie ursprünglich aus anderen Gegenden des Frankenreiches stammten. Sachsen und Bayern, Alemannen und Mainfranken, Rheinländer, Hessen und Thüringer konnten sich trotz erheblicher Dialektunterschiede notdürftig untereinander verständigen, und der gemeinsame Dienst in Karls des Großen Heeren dürfte manches zur Angleichung dieser germanischen Sprachen beigetragen haben. Zu Karls des Großen Zeit entstand allmählich die Sprachform, die wir heute Althochdeutsch nennen.

Vielleicht war es mehr als ein Zufall, daß im Jahr 842 – ein Jahr nach der entscheidenden Schlacht von Fontenoy in Frankreich und ein Jahr vor dem Teilungsvertrag von Verdun – die Heere Ludwigs des Deutschen und seines Stiefbruders Karl in Straßburg ein gemeinsames Feldlager bezogen, bereit, zusammen das Heer des dritten Karolingerbruders Lothar zu bekämpfen. Dazu kam es zwar nicht mehr. Aber um das Bündnis der Königsbrüder Ludwig und Karl gegen den dritten Bruder zu bekräftigen, machten die Könige das Heer jeweils

des anderen Bruders zu Garanten ihrer Vertragstreue. Sie taten das in
echt germanischer Weise durch gleichlautende Eide; die Heere ant-
worteten mit ähnlichen Eiden, darin erhielten sie das Recht zu meu-
tern, falls ihr eigener König das Bündnis mit seinem Bruder brechen
sollte. Diese Eide, und das ist das Besondere an ihnen, wurden nun
nicht mehr in der gleichen fränkischen Sprache abgelegt, sondern in
Altfranzösisch von den Truppen Karls (»des Kahlen«, wie er genannt
wurde) und in Althochdeutsch von den Truppen Ludwigs des Deutschen. Der von einem zeitgenössischen Historiker aufgezeichnete
Wortlaut dieser Eide ist eines der ältesten Dokumente dieser beiden
verschiedenen Sprachen.

DIE GRENZE AN ELBE UND SAALE
IM 9. JAHRHUNDERT

Karl der Große betrachtete offenbar die Elbe – bis auf die sächsischen
Gebiete nördlich davon, das sogenannte Nordalbingien (siehe
38. Kap.) – und die Saale als die Ostgrenze seines Reiches gegenüber
den slawischen Völkern. Das sollte aber nicht heißen, daß dem Frankenkönig jenseits dieser Grenze nach seiner Meinung keine Rechte zu-
stünden, im Gegenteil. Im einzelnen werden die Verhältnisse östlich der
Saale im letzten Abschnitt dieses Kapitels näher behandelt.

Doch auch die Landschaften auf der fränkischen Seite der Flüsse
darf man sich zu den augenblicklich geschilderten Zeiten nicht allzu
zivilisiert vorstellen. Insbesondere südlich des Harzes war ein breiter
Streifen in der Mitte des 9. Jahrhunderts erst recht oberflächlich erschlossen. Vielleicht ist der Vergleich mit dem Wilden Westen Ameri-
kas in der Mitte des 19. Jahrhunderts nicht ganz falsch. Einzelne primitive Burgen sicherten strategisch wichtige Stellen, etwa Flußübergänge
an den Grenzflüssen (ähnlich wie die Forts im Westen der USA). Dazwischen und dahinter waren Wehrbauern angesiedelt, die angesichts
der Unsicherheit der Zeiten auch beim Pflügen und Ernten die Waffen
nie zu Hause lassen durften. Die Herkunft dieser germanischen Siedler
dürfte recht bunt gewesen sein: Sachsen, Thüringer, Franken aus verschiedenen Gebieten des Ostfränkischen Reiches, allerdings wohl inzwischen keine romanisch sprechenden Bauern mehr, werden sich zu
dem begehrten Dienst als Königsfreie an der Grenze gemeldet haben.

Doch auch slawische Bauern hatten sich diesseits der offiziellen Grenze niedergelassen und zahlten wie andere unfreie Siedler erhebliche Zehntabgaben.

Mehrmals waren König Karl oder sein gleichnamiger Sohn, der während der Lebenszeit seines Vaters für den Nordosten des Fränkischen Reiches zuständig war, mit kleineren Heeren bis an die Elbe und Saale vorgestoßen und auch gelegentlich für kurze Zeit darüber hinaus. Dabei waren im ersten Jahrzehnt des 9. Jahrhunderts mehrere kleine Burgen erbaut und mit Besatzungen ausgestattet worden: Die späteren Städte Magdeburg (an der Elbe), Halle, Merseburg, Naumburg (an der Saale) entstanden auf diese Weise.

Doch war in jener Zeit noch nichts von der späteren zivilisatorischen Ausstrahlung und hohen kulturellen Bedeutung dieser Städte zu spüren. Erstaunlicherweise fehlen in den fränkischen Annalen, die meist sehr knapp die Gründung solcher Burgen vermelden, alle Hinweise auf Bemühungen christlicher Missionierung. So hart und unnachgiebig Karl der Große darauf achtete, daß die Menschen im eroberten Sachsen zumindest formell Christen wurden, so gleichgültig scheinen ihm oder der höheren Geistlichkeit seiner Zeit die noch unbekehrten slawischen Heiden jenseits der Grenze gewesen zu sein. Auch unter Ludwig dem Frommen und seinem Sohn Ludwig dem Deutschen dürfte sich an diesem Zustand wenig geändert haben. Den Bau größerer Kirchen oder die Gründung von Klöstern in unmittelbarer Nähe von Elbe und Saale wird man in der ersten Hälfte des 9. Jahrhunderts vergeblich suchen.

Die Familie des Burggrafen in Merseburg ist zwar in den meisten ihrer namentlich genannten Angehörigen eine Erfindung des Autors. Aber aus frühen mittelalterlichen Schriften weiß man, daß ein Graf Erwin auf der Merseburg eine Tochter Hatheburg hatte, die die erste Frau des Herzogs Heinrich von Sachsen wurde. Und dieser Heinrich sollte im Jahr 919 König im Ostfränkischen Reich werden. Der Enkel Erwin in der Einleitungsepisode wäre gerade im richtigen Alter gewesen, um dereinst seinem Vater im Amt des Grafen auf der Merseburg zu folgen und Vater dieser wohlgeratenen Tochter Hatheburg zu werden.

Diese nur halb »an den Haaren herbeigezogene« Verbindung zwischen der Familie des Burggrafen von Merseburg im 9. Jahrhundert mit dem Geschlecht der späteren Könige aus sächsischem Stamm gibt Ge-

legenheit, kurz von den Anfängen der sogenannten Liudolfinger zu erzählen.

Liudolf war der erste Ahnherr der später so berühmten Familie,
über den man aus schriftlichen Quellen etwas weiß. Er muß ein etwas
jüngerer Zeit- und Altersgenosse des erzählenden Grafen Erwin in
der Einleitungsepisode gewesen sein. Liudolf starb im Jahr 866. Ob er,
wie vermutet wurde, von dem Herzog Brun der engrischen Sachsen
abstammte, der sich schon früh Karl dem Großen ergeben hatte (siehe
35. Kap.), ist ungewiß. Auf jeden Fall stammte er aus einer der wenigen
sehr reichen sächsischen Adelsfamilien, die Landgüter an allen möglichen Stellen des Sachsenlandes angesammelt hatten. Welche Funktion
er in der Verwaltung königlicher Ämter in seiner sächsischen Heimat
hatte, ist ebenfalls nicht ganz klar. Sicher waren ihm eine oder mehrere
Grafschaften vom König übertragen worden, vielleicht auch die Markgrafschaft in der Dänischen Mark, also an der Nordgrenze; zeitweise
hatte er auch eine Art Oberaufsicht über die Grafen an der Ostgrenze
gegen die Sorben inne. Damit hatte er größere Verantwortung, größere
Macht und größeres Ansehen gewinnen können als in der Eigenschaft
als einfacher Graf.

Alte Quellen legten Liudolf auch den Titel Dux (Herzog) bei,
jedoch war dieser Titel unter Karl dem Großen ganz bewußt in allen
Teilen seines Reiches abgeschafft worden. Liudolf selbst dürfte ihn
nicht wirklich geführt haben, doch ist es wohl den alten Quellen nicht
zu verdenken, daß sie mit diesem Wort das hohe Ansehen dieses
Grafen im Sachsenland hervorheben wollten. Erst Liudolfs Sohn Otto,
genannt »der Erlauchte«, führte – halb inoffiziell, halb schon wieder
offiziell – den Titel Herzog der Sachsen, allerdings in einem anderen
Sinne, als diese Bezeichnung einst für Widukind, Hessi und Brun verwendet wurde.

Liudolf hat jedenfalls den Aufstieg seines Geschlechts an die politische Spitze des Sachsenstammes begonnen, nicht mehr gegen die fränkischen Könige, sondern mit ihrem Einverständnis. Sein Enkel Heinrich hatte dann bereits einen solchen Ruhm im ganzen Ostfränkischen
Reich, daß ihm in einer kritischen Stunde dieses Reiches die Königskrone angetragen wurde. Doch das ist Thema von Teil VI.

SORBEN VON DER SAALE BIS ZUR
ODER – DIE ZÄHESTEN DER SLAWEN
IN DEUTSCHLAND

Auch das mittlere Ostdeutschland war seit dem Ende des 6. Jahrhunderts von slawischsprechenden Menschen besiedelt. Als Oberbegriff für zahlreiche Kleinstämme dort hatte sich wohl schon früh der Name Sorben (Sorabici) eingebürgert. Offenbar stammten diese Sorben von der dritten frühen Einwanderungswelle slawischer Siedler ab, der sogenannten »Rüssener Gruppe« (siehe 25. Kap., S. 429). Durch ihre Herkunft und wohl auch andere Prägungen vor und in der Einwanderungszeit unterschieden sich die Sorben kulturell wie auch sprachlich durchaus von ihren slawischen Nachbarn, etwa den Hevellern im Norden und den Tschechen im böhmischen Kessel.

Nach den spärlichen Berichten fränkischer Chronisten scheinen Sorben im 7. und den folgenden Jahrhunderten westlich der Oder gesiedelt zu haben, von Mittelschlesien über das heutige Bundesland Sachsen, das südliche Brandenburg, das östliche Thüringen bis hin zum südöstlichen Teil des heutigen Bundeslandes Sachsen-Anhalt. Die Saale war, wie gesagt, die Westgrenze ihrer relativ unabhängigen Existenz, doch gehörten viele Sorbensiedlungen westlich der Saale zum direkten Herrschaftsgebiet des Frankenreiches.

Aus diesem großen Gebiet sind zahlreiche Namen sorbischer Kleinstämme überliefert, so die Daleminzier, Colodici, Luzici (Bewohner des Sumpflandes, davon der heutige Name Lausitz), die Nisane (Bewohner der Niederung, davon wohl der Flußname Neiße), die Siusler, die Milzener und verschiedene andere. All diese Kleinstämme, die übrigens recht unterschiedliche Menschenzahlen aufwiesen, standen unter dem Befehl von Anführern (slawisch wohl Knez), die in den lateinisch geschriebenen Schriftquellen der Zeit als Duces oder Reges (Herzöge oder Könige) bezeichnet werden.

Jeder dieser Kleinstämme besaß wohl eine Hauptburg mit dem Sitz seines Knez sowie eine unterschiedliche Anzahl weiterer Burgbezirke. Zahlreiche Überreste solcher noch recht primitiven Rundburgen mit Holz-Erde-Mauern konnten in Mitteldeutschland bereits ausgegraben oder geortet werden. Sie waren weniger Städte als vielmehr Fluchtburgen für die umliegenden Dörfer und zugleich Sitz sorbischer Adliger. Auf altslawisch hießen diese Withasen oder Witzen, die unterhalb der

Kneze ihre Bezirke verwalteten. Die Bewohner der Dörfer teilten sich
in zwei Klassen. Die agrarwirtschaftlich Tätigen galten zwar als Freie,
hatten aber im Sprachgebrauch der adligen Oberschicht einen Namen,
der geringe Achtung vor ihnen ausdrückt. Sie hießen Smurden, was in
der altslawischen Sprache »die Stinkenden« bedeutet. Daneben gab es
nicht wenige Unfreie, die wohl dem Adel gehörten. Sie waren Fischer
und Zeidler. Dieser letzte Beruf wurde in den großen Wäldern zwischen den Dörfern und Stammesgebieten ausgeübt und bestand darin,
bei den dort in hohlen Bäumen nistenden Wildbienen – gezüchtete
»zahme« Bienen kannte man damals noch nicht – den begehrten Honig
und das Wachs regelmäßig zu »ernten«.

Irgendein gemeinsames staatliches Dach scheint es für diese Kleinstämme nie gegeben zu haben. Im Gegenteil macht die Anordnung
ihrer Burgwälle den Eindruck, als hätte sich jeder dieser Kleinstämme
vor allem vor räuberischen Überfällen seiner sorbischen Nachbarn zu
hüten gehabt, nicht in erster Linie vor Belagerungen durch fränkische
Truppen.

Das Fränkische Reich beanspruchte, wie bereits angedeutet, eine
Art Oberhoheit über die formal selbständigen sorbischen Kleinstämme. Vielleicht stammte dieser nur sehr theoretische Anspruch bereits aus der Frühzeit kurz nach deren Einwanderung. Aus dem Anfang
des 7. Jahrhunderts berichtete der fränkische Chronist Fredegar von
einem sorbischen Herzog Dervan, der von seiner Unterordnung unter
die fränkischen Könige abgefallen sei und sich dem großen Slawenreich
des Samo angeschlossen habe (siehe 27. Kap., S. 463).

Zur Zeit Karls des Großen und seiner Nachfolger äußerte sich die
fränkische Oberhoheit über die Stämme der Sorben offenbar nur in wenigen, für die einfachen Bauern kaum fühlbaren Einzelheiten. Die Fürsten mußten möglicherweise bei ihrem Amtsantritt einen Eid der Treue
und des Gehorsams zum fränkischen Kaiser ablegen, und vielleicht
hatte der auch das Recht, bei Thronstreitigkeiten zwischen mehreren
Bewerbern um die Nachfolge zu entscheiden. Einige dieser slawischen
Fürsten erschienen gelegentlich bei Hoftagen der fränkischen Kaiser
oder Könige. Ob regelmäßige Tribute von den so unterworfenen Sor-
benstämmen an das Frankenreich gezahlt werden mußten, ist schon
zweifelhaft. Ein größeres Maß an Abhängigkeit bestand zumindest in
der ersten Hälfte des 9. Jahrhunderts noch nicht.

Natürlich wird es vorgekommen sein, daß ein übermütig gewordener Haufen sorbischer Krieger eine Stippvisite jenseits des Grenzflusses machte, um ein vor der Nase liegendes fränkisches Landgut oder einen kleinen Kaufmannszug auszuplündern. Das zog dann stets einen wütenden Rachefeldzug fränkischer, das heißt sächsischer oder thüringischer Grenzgrafen nach sich. Wie wohl häufig in Grenzgebieten werden die Bewohner beider Seiten über die jeweils anderen die Nase gerümpft und sie heimlich verachtet haben.

Allzuviel wußte man auf fränkischer Seite augenscheinlich nicht über das Leben der heidnischen Nachbarn. Aus der zweiten Hälfte des 9. Jahrhunderts wird ein Markgraf Thakulf gerühmt, der gut mit den Sitten und dem Recht der Sorben vertraut gewesen sei; vielleicht war das etwas so Besonderes, daß es hervorgehoben werden mußte. Außer einigen Boten kamen wohl nur Kaufleute in friedlichen Zeiten von der fränkischen Seite in das Land der Sorben. Kaufleute im fremden Land pflegen zwar sehr aufmerksam die dortigen Gebräuche zu beobachten, um ihren Handel darauf einzurichten. Aber dieses Wissen behalten sie lieber für sich. Selbst wenn im 9. Jahrhundert die damaligen Schriftkundigen, die Mönche und Geistlichen, je davon gehört hätten, so wäre das nie in ihren Schriften aufgetaucht, denn für die Sitten heidnischer Barbaren hatten gute Christen sich nicht zu interessieren.

Erst frühestens in der zweiten Hälfte des 9. Jahrhunderts begann in der Wohngegend der Sorben zwischen Saale, Elbe und Oder das, was man später beschönigend »deutsche Ostsiedlung« nennen sollte. Zunächst wurde vom ostfränkischen König eine Sorbische Mark jenseits der Saale mit einem Markgrafen als Militärbefehlshaber eingerichtet, und dann begann die stückweise Eroberung von Land der sorbischen Kleinstämme. Anlässe für solch kriegerisches Vorgehen konnte man immer finden, wenn man wollte. Die eroberten Dörfer samt ihren Bauern wurden als Eigentum oder zu Lehen an bewährte sächsische oder thüringische Adlige gegeben. Gelegentlich beließ man die sorbischen Adligen als eine Art einheimische Bürgermeister und Verantwortliche für die pünktliche Zehntablieferung an ihrer Stelle.

Hand in Hand mit der Besitzübernahme im sorbischen Gebiet ging auch eine schleichende Germanisierung – oder sollte man schon »Eindeutschung« sagen? – der Bewohner. Dazu wird in Teil VI noch manches zu berichten sein. Doch hier, wo von den Frühzeiten der Sorben erzählt wird, sei noch ein kleiner Ausblick in die Gegenwart der Bundesrepublik Deutschland gestattet.

Im Osten der Bundesländer Sachsen und Brandenburg, in der Ober- und Niederlausitz, gibt es heute noch eine Gruppe von 60 000 Menschen, die ein slawisches Idiom als ihre Muttersprache bezeichnen, obwohl sie alle auch akzentfrei Deutsch reden. Sie nennen sich Sorben, ihre Sprache unterscheidet sich erheblich vom Polnischen oder Tschechischen, und diese Sorben haben auch keine Ambitionen, sich einem der slawischen Nachbarstaaten anzuschließen. Sie fühlen sich als deutsche Staatsbürger, allerdings nicht als Deutsche.

Diese Sorben sind der letzte Rest der großen slawischen Bevölkerung, die einst ganz Mittel- und Ostdeutschland bewohnte, ein Rest, der überaus zäh an der eigenen Sprache und an eigenen Sitten festgehalten hat, trotz aller gewaltsamen oder auch subtilen Methoden der Eindeutschung in den letzten tausend Jahren. Zusammen mit den Friesen und Dänen im Norden des Landes Schleswig-Holstein bilden die Sorben die drei ursprünglichen sprachlichen und kulturellen Minderheiten im heutigen Deutschland. Erstmals in der Neuzeit haben die Sorben heute uneingeschränkt das Recht zur Benutzung ihrer eigenen Sprache und zur Pflege ihrer besonderen Kultur.

40. STILLER WANDEL IM KAROLINGERREICH

IN DES KLOSTERS FRIEDEN
Herbst 870, Kloster Reichenau (Bodensee)

Unmittelbar nachdem die Mönche in ihren schwarzen Kutten in der Klosterkirche die Hymnen und Gebete der Vesper (Stundengebet der Mönche um sechs Uhr abends) gesungen hatten, durften sie endlich ins Refektorium (Speisesaal) schreiten, würdevoll zu zweit, wie es des heiligen Benedikts Regel vorschrieb. Doch würdevoll war den Mönchen mit ihren knurrenden Mägen nicht zumute, denn dies war die einzige Mahlzeit am Tag, die ihnen gestattet war. Nur an bestimmten hohen Feiertagen gab es auch noch mittags eine Mahlzeit. Die reichliche Menge Brot, gekochte Bohnen, mit etwas Schweineschmalz gefettet, weil heute kein Fasttag war, und ein Stück Käse boten wie fast jeden Tag die wenig abwechslungsreiche Kost. Immerhin durften die Mönche mit einem großen Krug Wein, im Kloster aus eigenen Weingärten gekeltert, die etwas trockene Nahrung herunterspülen. Dabei hatten sie strenges Stillschweigen zu bewahren und mußten sich die Lesung eines Kapitels aus der Heiligen Schrift anhören. Sehr andächtig fühlten sich die Patres und Fratres im Refektorium allerdings nicht, ging es doch darum, in möglichst kurzer Zeit möglichst viel in sich hineinzustopfen, auf daß das Loch im Magen bis zum nächsten Tag nicht zu groß würde.

Endlich war das hastige Schlingen und Trinken vorüber, das die Mönche Essen nannten, und nun durften sie noch für eine Stunde die freie Zeit genießen und sogar miteinander reden. Danach würde es zur Komplet (dem eigentlichen Nachtgebet im Kloster, um 21 Uhr) erneut in die Kirche und dann ins Dormitorium (Schlafsaal) gehen.

Die Fratres Udalrich und Wichart saßen tagsüber im Skriptorium (Schreibstube des Klosters) an ihren Pulten nebeneinander und hatten sich daran gewöhnt, auch die abendliche Freistunde miteinander im Gespräch zu verbringen. Dabei unterschieden sie sich in ihren Auf-

gaben im Kloster und auch in ihrer Herkunft sehr. Andererseits wiesen
sie auch manche Ähnlichkeit auf.

Udalrich war der älteste Sohn aus einem vornehmen Geschlecht,
den Grafen im Linzgau, der nördlich an den Bodensee angrenzte. Da
ihm jedoch von einem Reitunfall in der Kindheit ein steifes Knie
zurückgeblieben war, kam er für eine Nachfolge seines Vaters als Graf
und Krieger nicht in Frage. Mit zwölf Jahren war er daher, wie in solchen Fällen üblich, von seinen Eltern zusammen mit einem nicht un-
beträchtlichen Landgut als Kostenbeitrag dem nahe gelegenen Kloster
Reichenau übergeben worden. Jetzt, mit über 30 Jahren, empfand
Udalrich diesen plötzlichen Wechsel in seinem Lebensplan als einen Segen, denn wenn er ehrlich mit sich war, er wäre für das harte und blutige Leben als Krieger nicht geeignet gewesen. Hier im Kloster genoß er
den Frieden und die ihm gebotene Möglichkeit, seinen Kopf und seine
Gedanken zum Lobe Gottes anzuwenden.

Als Nutritus (von Kindheit an im Kloster aufgewachsener Mönch)
hatte er gelernt, perfekt Lateinisch zu sprechen, zu lesen und zu schreiben. Dank seiner guten Auffassungsgabe hatte er als Schüler nur selten
eine Tracht Prügel einstecken müssen, weil er etwa einen lateinischen
Konjunktiv falsch angewendet hatte. Das streng geregelte Leben im
Kloster, die regelmäßigen Gebete in der Kirche alle drei Stunden –
tagsüber genauso wie nachts –, der Verzicht auf den Umgang mit
Frauen, die karge Kost, das alles war ihm vertraut. Er hatte sich leicht
in dieses Leben geschickt, denn es bot ihm die unverzichtbare Grundlage für das, was er am liebsten tat: nachdenken und seine Gedanken in
geordneter Form aufschreiben. Nun war er eben wegen dieser früh erkannten Fähigkeit von seinem Abt zum Bibliothekar, zum Chronisten
und vor allem zum Cellerar (Wirtschaftsverwalter) des Klosters bestellt
worden.

Das war ein umfangreiches Aufgabenfeld, doch Udalrich fühlte sich
ihm vollauf gewachsen. Obwohl man als Mönch nicht überheblich sein
sollte, war sich Udalrich durchaus darüber klar, daß er mit seinen noch
verhältnismäßig jungen Jahren im ganzen Kloster am besten über die
Vorgänge draußen in der Welt Bescheid wußte – vielleicht mit Ausnahme des Abtes, der meist im Sommerhalbjahr im Auftrag des Königs
zu wichtigen diplomatischen Verhandlungen unterwegs war. Für das
Funktionieren der Landwirtschaft in den zahlreichen dem Kloster Reichenau gehörenden Dörfern und Kellhöfen (Eigengütern des Klosters)

und deren unterschiedliche Leistungsfähigkeit war er der unumstrittene Fachmann. Denn er hatte ständig über die Eingänge von Getreide, Schweinen, Hühnern, Bohnen, Fisch, Wachskerzen und anderem Bedarf Buch zu führen, die das ganze Jahr über in Ochsenkarren aus nah und fern in die Lagerräume auf der Reichenau gebracht wurden.

Sein Freund, Bruder Wichart, war ganz anderer Herkunft, zweiter Sohn eines unfreien Bauern in einem der klostereigenen Dörfer und von seinen Eltern bereits mit zehn Jahren dem Kloster zur Erziehung übergeben. Doch nach 20 Jahren auf der Reichenau hatte sich der kleine Wichart von einer unansehnlichen Puppe zu einem prächtigen Schmetterling entwickelt. Denn keiner konnte so gut wie er die Abschriften kostbarer Bücher, die im Skriptorium entstanden, mit exakten, leicht lesbaren Buchstaben gestalten und vor allem mit bunten Malereien verzieren. Jedem vornehmen Besucher des Klosters, und es kamen im Laufe eines Jahres viele, wurden mit Stolz die Pergamentbände gezeigt, die von der geschickten Hand des Bruders Wichart zum Lobe Gottes illuminiert (mit farbigen Malereien verziert) worden waren.

Die Fratres Udalrich und Wichart pflegten in der warmen Jahreszeit und noch im Herbst ihre abendliche Gesprächsrunde auf dem von alten Bäumen bestandenen Friedhof zu verbringen, ruhig nebeneinander wandelnd. Dort waren sie eher allein. Eigentlich war für solche Zwecke der an die Kirche anstoßende Kreuzgang gebaut worden, aber schon längst wurde das Gebot des heiligen Benedikt nicht mehr streng beachtet, daß die Mönche nur dort ihren Verdauungsspaziergang zu absolvieren hätten. Auch manche anderen Anordnungen des vor über 300 Jahren gestorbenen Klosterreformators waren inzwischen in Vergessenheit geraten.

Udalrich dachte manchmal mit Verwunderung daran, daß er nie mit dem Sohn eines hörigen Bauern so vertraut hätte sprechen können, hätte Fortunas Rad ihn einen anderen, den ihm ursprünglich zugewiesenen Lebensweg als Adliger und Graf gehen lassen. Doch hier im Kloster waren alle Mönche wenigstens in dieser Beziehung gleich. In anderer Hinsicht gab es allerdings sehr deutlich fühlbare Unterschiede zwischen den rund 60 Mönchen auf der Reichenau, wenn diese sich auch mehr unterschwellig in kleinen Gehässigkeiten äußerten.

So blickten die Nutriti, die durch eine lange Klosterschule in Wort und Schrift Gebildeten, heimlich auf die spät, nämlich in höherem Le-

bensalter ins Kloster eingetretenen Konversen herab, die meist bis an
ihr Lebensende nicht richtig lernten, Lateinisch zu sprechen oder gar zu
lesen und zu schreiben. Sie waren höchstens zur Arbeit im Garten, in
den Ställen, in den Werkstätten der Handwerker, zum Pflegen von
Kranken oder zum Auftragen von Speisen für vornehme Gäste zu gebrauchen. Dem heimlichen Haß ausgesetzt und nicht etwa dem Mitleid
waren die meist einst sehr hoch gestellten Adligen, die wegen irgendeiner Verfehlung oder auch lediglich aus politischen Gründen gegen
ihren Willen für den Rest ihres Lebens ins Kloster eingewiesen wurden. Die relativ wenigen geweihten Priester unter den Mönchen, die
Patres, verachteten hochmütig die Laienbrüder, die Fratres, und umgekehrt, denn die Laienbrüder hielten sich zugute, daß nur durch ihrer
Hände Arbeit das Kloster reich und berühmt werde.

Hätte man die Freunde Udalrich und Wichart, die beide Nutriti,
aber Laienbrüder waren, nach ihrem Glauben an Gott und nach ihrer
Frömmigkeit gefragt, so hätten sie empört jeden Zweifel daran zurückgewiesen. Sangen sie nicht voller Andacht jeden Tag und jede Nacht die
alten Hymnen der Stundengebete im Chor der Mönche mit und beteten sie nicht vor dem Einschlafen noch einen stillen privaten Rosen-
kranz? Aber genaugenommen verstanden sie von der Theologie und
den Feinheiten des christlichen Glaubens nichts, das war nur etwas für
eine kleine Minderheit unter den zu Priestern geweihten Patres.

Beide Mönche genossen den Frieden, den ihnen die kleine Welt
ihres Klosters bot, und sie hatten kein Verlangen danach, als Handelnde – oder als Leidtragende! – in die politischen Auseinandersetzungen und Kriegszüge der Könige aus der Karolingerfamilie
hineingezogen zu werden. Aber darüber Bescheid wissen wollte der
hochgescheite und künstlerisch interessierte Bauernsohn Wichart
doch. Daher fragte er seinen Freund Udalrich regelmäßig darüber aus.
Denn Wicharts höchster Wunsch war es, demnächst ins Kloster Fulda
überzusiedeln, das für die Qualität seiner Buchmalereien weithin
berühmt war. Dort könnte er vielleicht noch neue Techniken erlernen
und zur künstlerischen Vollendung gelangen. Dazu aber wollte Wichart
wissen, was er auf dem weiten Weg von der Reichenau bis ins Kloster
Fulda für Zustände antreffen würde.

Udalrich war darüber gut im Bilde, sammelte er doch als Chronist
des Klosters sorgsam alle Nachrichten, die er von hochgestellten Be-
suchern und aus anderen Quellen über die Lage im Regnum Orientalis

Francia und darüber hinaus erhielt. Er hatte ein eigenes System erdacht, auf kleinen Pergamentschnipseln, den Abfällen des kostbaren Schreibstoffes bei der Herstellung rechteckiger Buchseiten, alle solche Neuigkeiten zu notieren und in der richtigen Reihenfolge zu ordnen.

Seit der Teilung des Reiches Karls des Großen mit dem Vertrag von Verdun (843), so konnte Udalrich seinem wißbegierigen Confrater berichten, hatten die offenen Kriege der drei Söhne Kaiser Ludwigs des Frommen gegeneinander nachgelassen. Statt dessen mußte der ostfränkische König Ludwig, den man den »Deutschen« nannte, immer wieder gegen Feinde kämpfen, die von Osten her sein Reich bedrohten. Die slawischen Sorben, Böhmen und Mährer, einmal auch ein weit im Südosten herrschendes Volk der Bulgaren, versuchten Übergriffe auf das Reichsgebiet und mußten durch Feldzüge zurückgedrängt oder durch Einfälle in ihre Heimatgebiete gezüchtigt werden. Immer wieder hatte König Ludwig von seiner beliebtesten Residenz in Regensburg aus in den Krieg ziehen müssen.

Seit fünf Jahren (865) wurde Ludwig darin von seinen drei Söhnen Karlmann, Ludwig (dem Jüngeren) und Karl unterstützt. Im Vorgriff auf die geplante Erbteilung nach seinem Tod hatte König Ludwig die Söhne mit der Verwaltung von drei großen Regionen seines Ostfränkischen Reiches beauftragt: Karlmann, der Älteste, war danach für Bayern und die nach Osten vorgelagerten Markgrafschaften zuständig, der jüngste Sohn Karl für Alemannien und der mittlere Sohn Ludwig für den ganzen Rest: Franken beiderseits des Mains, Thüringen und Sachsen.

Im Reich der Ostfranken war es seitdem ruhiger geworden, wenn man von den gelegentlichen Bedrohungen an den Ostgrenzen absah. Ein Wanderer auf den Straßen im Reich mußte sich nicht mehr, wie noch vor Jahrzehnten, ständig vor einem plötzlich dahermarschierenden Kriegsheer fürchten. Insbesondere ein einsam wandernder Mönch, der etwa von der Reichenau nach Fulda wollte, brauchte keine Angst zu haben. Selbst die hie und da in den Wäldern hausenden Räuberbanden wußten, daß bei ihm nichts zu holen war.

Vor 15 Jahren war Ludwigs des Deutschen älterer Bruder Lothar gestorben, der im Vertrag von Verdun das schmale Mittelreich von der Nordsee bis nach Italien zugesprochen erhalten hatte und der den Kaisertitel weiterführen durfte. Seit dem mißglückten Stellinga-Aufstand (siehe 39. Kap., S. 671) hatte Lothar auch nicht mehr versucht, in die

Reiche seiner Brüder hineinzuregieren. Lothar hatte die letzten Jahre
seines Lebens als Mönch im Kloster Prüm in der Eifel verbracht, das zu
seinem Reich gehörte. Er war verbittert und enttäuscht, daß es ihm
nicht gelungen war, die Einheit des Reiches seines Großvaters, des Kaisers Karl, zu bewahren. Statt dessen hatte Lothar sein ihm verbliebenes
Reich – nur noch ein Drittel dessen, was Karl der Große regiert hatte –
nochmals unter seine drei Söhne geteilt. Das war Brauch bei den Karolingern, und der Theorie nach sollten alle gleichzeitig herrschenden
Könige aus dem ehrwürdigen Geschlecht einträchtig und gemeinsam
das Erbe ihrer Vorfahren verwalten. Aber das war eben nur Theorie.

Vor einem Jahr (869), so erzählte Frater Udalrich, war nun auch König Lothar II. gestorben, der von seinem Vater, dem einstigen Kaiser,
das nördliche Stück des karolingischen Mittelreiches geerbt hatte. Das
war die Gelegenheit, auf die seine beiden Onkel nur gewartet hatten,
König Karl in Westfranken und König Ludwig im Ostfrankenreich. In
einer Blitzaktion hatte sich König Karl in Metz, der alten Franken-
Hauptstadt, zum König von Lotharingien krönen lassen, mit Unterstützung zahlreicher Bischöfe und Adliger, denn der verstorbene König
hatte keine legitimen Erben hinterlassen. Doch wenn der Westfran-
kenkönig Karl geglaubt hatte, damit werde ihm das ganze große Mittelreich von König Lothar kampflos zufallen, so hatte er sich geirrt.

Einst, noch vor dem Tod ihres Neffen, hatten die Brüder Karl und
Ludwig der Deutsche einen Vertrag über die Teilung des Lothar-Reiches – man nannte es nach seinem Herrscher eben Lotharingien – zwischen den beiden Nachbarn geschlossen (867). Der Tod des erben-
losen, kranken Königs Lothar war in Kürze zu erwarten. Im Jahr 869,
als der Tod tatsächlich eintrat, lag König Ludwig krank in seiner Pfalz
Regensburg und konnte die vertragswidrige Krönung seines Stiefbruders in Metz nicht verhindern. Doch bald danach gesundete der König
Ostfrankens wieder und zog mit einem Heer, verstärkt durch große
Kontingente seiner drei Söhne, in die Nähe seiner Westgrenze. Das war
für den Westfranken Karl das Signal zum Einlenken.

Mönch Udalrich war stolz, seinen Freund mit den allerneuesten
Nachrichten aus der weiten Welt außerhalb des Klosters versorgen zu
können, die er selbst erst vor wenigen Tagen erfahren hatte. Denn ge-
rade vor vier Wochen, im August dieses Jahres 870 der Menschwerdung
Christi, war es zu einem neuen Teilungsvertrag zwischen den beiden
Bruderkönigen in Meerssen (bei Maastricht) gekommen. Danach fiel

die östliche Hälfte des einstigen Lothar-Reiches nunmehr an das Ostfrankenreich, von der Maasmündung in die Nordsee bis zum Genfer
See. Der letzte überlebende Sohn Kaiser Lothars, der noch Erbrechte
hätte beanspruchen können, spielte bei den Plänen seiner Onkel keine
Rolle. Dieser Ludwig, nach seinem Großvater Ludwig dem Frommen
genannt, sollte ruhig weiter König von Italien spielen und sich Kaiser
nennen, wenn er nur die Finger vom einstigen Nordreich seines Vaters
ließe. Mangels Machtmitteln blieb ihm auch keine andere Wahl.

Das war, meinte Mönch Udalrich, der so gut über die Taten und die
Macht der Könige Bescheid wußte, eine verdiente Stärkung des ostfränkischen Königs Ludwig. »Ihm möge Gott noch ein langes Leben
verleihen – zu unser aller Segen«, fügte Udalrich hinzu.

DIE KLÖSTER ALS »ENTWICKLUNGSHELFER«

Die Reichenauer Mönche Udalrich und Wichart sind wieder einmal erfundene Romanfiguren, und auch die von Udalrich niedergeschriebene
Chronik aus dem Kloster Reichenau gehört leider nicht zu den bis
heute erhaltenen Schriftzeugnissen des letzten Drittels des 9. Jahrhunderts. Aber das Leben in den Klöstern jener Zeit ist authentisch geschildert, so wenig es vielleicht auch in das Bild passen mag, das man
sich üblicherweise heute von Mönchen und Klöstern macht.

Die Klöster im Reich der Karolinger waren wirklich eine einzigartige Institution. Ihren Nutzen für die geistige, künstlerische und wirtschaftliche Entwicklung unseres Landes kann man nicht hoch genug
schätzen. Vielleicht wäre der heilige Benedikt von Nursia, der Begründer des abendländischen Mönchswesens, entsetzt gewesen, hätte er
über 300 Jahre nach seinem Tod vom Himmel auf die Klöster herun-
terblicken können, die angeblich nach seinen Regeln lebten. Äußerlich
stimmte im wesentlichen alles noch so, wie es Benedikt einst vorgeschrieben hatte: Die Mönche lebten in strenger Zucht, sangen regelmäßig ihre Stundengebete und arbeiteten in der Zeit, in der sie nicht
schlafen durften. »Ora et labora – bete und arbeite« war ja Benedikts
knappes Motto für die Mönche und die Nonnen gewesen.

Doch innerhalb dieser streng reglementierten Hülle hatten sich in
den Klöstern, wenigstens im Karolingerreich, Nischen einer beruflichen

Vielfalt und geistigen Freiheit und Fortentwicklung aufgetan, die Benedikt vielleicht einst nicht vorausgesehen und gewollt hätte. Die Menschen, die ins Kloster eintraten, taten das ja nur in Ausnahmefällen
unter staatlichem Zwang wie der Sachsenherzog Widukind oder der
Bayernherzog Tassilo und seine Familie. Viele wurden als Kinder von
ihren Eltern den Klöstern zur Erziehung übergeben, und die meisten
schickten sich schließlich ohne Murren in die strenge Zucht. Denn wenigstens die intelligenteren unter ihnen, aus allen Schichten, hatten nur
dort die Chance, in die Welt des Wissens und der Kunst eingeführt zu
werden und eventuell in ihnen schlummernde Anlagen zu entfalten.
Die enge Klosterordnung schreckte sie nicht so, wie das heute der Fall
wäre. Auch als Bauern oder Krieger oder als Ehefrauen hätten sie der
unerbittlichen Befehlsgewalt anderer unterstanden.

Der von Benedikt und den frühen Klostergründern als Normalfall
angesehene freiwillige Eintritt eines erwachsenen Menschen im Drang,
Gott besonders wohlgefällig zu sein, war die Ausnahme geworden, aber
er kam natürlich vor. Oft werden freiwillig in die Klöster Eintretende
jedoch eher Frieden gesucht haben, denn auch im Mittelalter dürften
nicht alle Männer, auch nicht solche aus Adelskreisen, unbedingt begeistert Krieger geworden sein.

Ob das von ständigem Psalmensingen und Gebeten markierte Leben in den Klöstern wirklich Gott wohlgefällig war, darüber mag man
sich streiten. Auf jeden Fall aber hatte sich dort eine große Zahl von
Berufen oder Interessenrichtungen ganz abseits der Theologie und der
Kirchendogmen entwickelt, die damals außerhalb der Klostermauern
nur schwer hätten entstehen können. Der Eigenbedarf der Klöster an
verschiedenen Handwerkern, vom Maurer oder Zimmermann bis zum
Maler, der Kirchenwände künstlerisch verzieren konnte, und an zahlreichen mehr geistigen Berufen zwang dazu, die Mönche schon früh
auf ihre verschiedenen Begabungen hin zu prüfen und sie älteren Mönchen, die auf dem jeweiligen Gebiet erfahren waren, zur Ausbildung
anzuvertrauen. So entstanden bald die verschiedensten »Lehrberufe« in
den Klöstern; Talente unter den jungen Mönchen hatten die Chance,
sich zu entfalten. Man kann ohne Übertreibung sagen, daß die Klöster
im frühen Mittelalter damit begannen, was heute Universitäten, Fach-
hochschulen und andere Institutionen übernommen haben. In verschiedenen, sehr praktischen Wissenschafts- und Arbeitsbereichen
stellten sie Experimente an, forschten (ohne dies je als solches zu

bezeichnen) und gaben die Erkenntnisse ihrer Experten an jüngere Mönchs- und Nonnengenerationen weiter.

Hinzu kam natürlich, daß die Klöster die einzigen Schulen waren, in denen Kinder Lateinisch, die Sprache der Wissenschaft und der Theologie, lernen und zugleich Lesen und Schreiben praktizieren konnten. Es hatte sich im 9. Jahrhundert eingebürgert, daß begabte, meist allerdings aus reichen oder aufstrebenden Familien stammende Kinder die »äußeren Schulen« der Klöster besuchen durften, ohne gezwungen zu sein, später Mönch zu werden. Aus diesem recht kleinen Kreis mußten sich die Könige, Markgrafen und Grafen, aber auch die Bischöfe der Kirche ihre schriftkundigen Kanzlisten oder Sekretäre suchen.

Hier sei zum besseren Verständnis des Mittelalters eingeschoben, daß die meisten Ortsgeistlichen und auch die meisten Bischöfe der Kirche *nicht* aus der Schar der Mönche kamen. Den Nachwuchs hierfür mußte im allgemeinen jeder Pfarrer (Weltgeistlicher oder Plebanus) in seinem abgelegenen Dorf und auch jeder Bischof selbst ausbilden – ihr Bildungsniveau dürfte demnach weit unter dem der Mönche gelegen haben. Die Kirche des Mittelalters bestand eben nicht nur aus Mönchen und Nonnen. Die Bischöfe richteten allerdings bald für diesen Zweck an ihren Domen in den Städten eigene Domschulen ein.

Um die regelmäßige Ernährung ihrer Mönche zu garantieren, waren die Klöster auf die Lieferung landwirtschaftlicher Erzeugnisse aus zahlreichen Dörfern und Landgütern angewiesen, denn der landwirtschaftliche Überschuß jedes Dorfes war damals noch außerordentlich gering. Solche Landgüter und Dörfer wurden den Klöstern in einem Jahrhunderte andauernden Prozeß von Königen und Adligen übereignet – oft als Gegenleistung für die Aufnahme eines Familienangehörigen ins Kloster. Für unverheiratete Frauen aus Adelsfamilien war dies die einzig vorstellbare Art der Altersversorgung.

Doch die Buchhaltung über die Leistungen der verschiedenen einem Kloster gehörenden Bauern, Dörfer und Güter schuf einen weiteren Beruf im Kloster, den des Cellerars. Einem Kloster wie dem auf der Insel Reichenau gehörten an die 100 Flecken, Dörfer oder Kellhöfe. Man muß sich wundern, wie es Mönchen mit den primitiven Mitteln der damaligen Zeit möglich war, die sehr komplexen Managementaufgaben zu erfüllen, die mit einem solchen Amt verbunden waren. Ein Cellerar wie Udalrich wäre wahrscheinlich in seinem praktischen Wissen manchem Betriebswirt von heute überlegen.

Kenntnisse über verbesserte Methoden in der Landwirtschaft mußten im eigenen Interesse der Klöster an die Eigendörfer und Güter weitergegeben und dort durchgesetzt werden, um die Produktion zu er-
höhen. Wenn das anbaufähige Land nicht ausreichte, mußten Wälder
in der Nähe gerodet oder Sümpfe trockengelegt werden. Daß dies
von Mönchen betrieben wurde, kann man in vielen Geschichtsbüchern
finden. Doch muß man sich darunter wohl nicht vorstellen, daß nun
ständig Scharen von Mönchen in ihren schwarzen Kutten mit Äxten
und Sägen persönlich in die Wälder zogen und Bäume fällten. Sie dürften im allgemeinen nur ihre Bauern angewiesen und angeleitet haben.
Aber auch eben dieses persönliche Beispiel sowie die Vermittlung neuer
Methoden waren eine äußerst wirksame »Hilfe zur Selbsthilfe«, der
Arbeit moderner Entwicklungshelfer in Ländern der Dritten Welt vergleichbar.

Über die geistigen und künstlerischen Leistungen der Klöster in der
karolingischen Zeit kann man in Büchern über deutsche Geschichte
viel mehr als über die bisher erwähnten Neuerungen nachlesen: Lateinische und althochdeutsche Gedichte, Chroniken, Hymnen und andere literarische Werke entstanden dort plötzlich in großer Fülle. Die
Sammlung, Vervielfältigung und Erhaltung der Werke aller Autoren
des klassischen Altertums ist der Arbeit der Klosterbibliotheken und
ihrer Schreibstuben zu verdanken. In der Mönchskutte konnten sich
Astronomen und Ärzte, Baumeister, Maler oder Kunsthandwerker verschiedenster Richtungen entfalten und Zeugnisse ihrer Fähigkeiten
hinterlassen. Der Illuminator Wichart in der Einleitungsepisode steht
dafür als Beispiel.

Es war äußerlich ein sehr frommes Leben, das in den Klöstern
herrschte und von ihnen ins Land ausstrahlte. Dennoch hat man rückblickend das Gefühl, daß das Klosterleben des 9. Jahrhunderts und
wohl weitgehend auch noch des 10. Jahrhunderts wenig von der religiösen Tiefe und innerlichen Frömmigkeit aufwies, von der einst Benedikt geträumt hatte. Das war wohl auch der Grund, warum sich ab 910
im französischen Kloster Cluny eine Reformbewegung regte und
schnell in den meisten, aber keineswegs allen Klöstern des Abendlandes ausbreitete.

Seit des Bonifatius Tod über 100 Jahre zuvor hatte sich manches
in der Kirche der Karolingerreiche verändert und zum Besseren ge-
wendet. Aber vermutlich hätte ein so scharfblickender und kritischer

Mensch wie der »Apostel der Deutschen« auch unter den Bischöfen, Priestern, Mönchen und Nonnen der spätkarolingischen Zeit so viel Tadelnswertes gefunden, daß er laut und drastisch seine Klagen geäußert hätte. Doch es gab eben damals keinen Bonifatius mehr.

KONKURRENZ UNTER DEN KAROLINGERN

Die knappe Zusammenfassung der politischen Ereignisse an der Spitze der karolingischen Reiche zwischen den Verträgen von Verdun (843) und Meerssen (870), die der Mönch Udalrich seinem Confrater in der Einleitungsepisode gab, mag auch dem normalen Interessenten für mittelalterliche deutsche Geschichte genügen. Die Einzelheiten, in den meisten Geschichtsbüchern anhand der nun wieder reichlicher fließenden Schriftquellen umständlich ausgebreitet, verwirren eher, als daß sie den Leser wirklich über den Geschichtsablauf aufklären.

Fest steht, daß sich West- und Ostfränkisches Reich in diesen Jahrzehnten langsam, aber stetig immer weiter auseinanderentwickelten. Das galt sowohl in sprachlicher Hinsicht als auch im Lebens- und Zusammengehörigkeitsgefühl der maßgeblichen Schicht, der großen und kleinen Adelsfamilien. Die rund 40 großen Geschlechter des »karolingischen Reichsadels« waren gezwungen, nach und nach ihre über alle Reichsteile verstreuten Lehens- und Eigengüter zum Teil aufzugeben oder sich in verschiedene Familienzweige, zum Beispiel in Ost- und in Westfranken, aufzuteilen. So ging es etwa der Sippe der Welfen, die mit ihrem ostfränkischen Zweig später, im Hochmittelalter, noch eine große Rolle in der deutschen Reichspolitik spielen sollte.

Andere Adelsfamilien stießen dank der Tüchtigkeit einzelner ihrer Repräsentanten oder durch glückliche Umstände, vor allem durch Heiraten, in den exklusiven Kreis des Reichsadels. Die Tochter Liutgard des mächtigen Sachsenherzogs Liudolf (siehe 39. Kap.) heiratete beispielsweise den mittleren Sohn Ludwigs des Deutschen, Ludwig den Jüngeren, der in seinem Königreich auch Oberherr der Sachsen war. Hier zeigte sich, daß bayerische Adlige sich bei ihren Heiraten und dem Erwerb neuer Güter keineswegs auf ihr Heimatterritorium beschränkten, sondern beispielsweise nach Alemannien (Schwaben) oder Sachsen ausgriffen und natürlich auch umgekehrt. So bildete sich eine maßgeb-

liche Schicht hoher Adliger gerade auch im Ostfränkischen Reich, die
sich nicht mehr allein als Bayern, Schwaben, Sachsen oder (Ost-)Fran-
ken fühlten, sondern als Träger verantwortlicher Aufgaben (und Inhaber von Gütern) im *ganzen* Reich. Auf diese Schicht konnte sich König
Ludwig der Deutsche stützen, und ihr ist es vermutlich auch zuzuschreiben, daß Aufstände der Königssöhne gegen ihren Vater, die es
auch unter Ludwig dem Deutschen gab, nicht mehr erfolgreich sein
konnten, sondern daß der Zusammenhalt des Ostfränkischen Reiches
immer gesichert blieb.

Zugleich verfestigte sich das Zusammengehörigkeitsgefühl innerhalb der Stämme, die das Ostfränkische Reich bildeten. Bayern,
Schwaben (Alemannien), Franken (hier im eingeschränkten Sinn als
das Gebiet beiderseits des Mains einschließlich Hessens und Thüringens) sowie Sachsen (den altsächsischen Regionen Westfalen, Engern
und Ostfalen übergeordnet) wurden nunmehr als regionale Verwal-
tungseinheiten gesehen. Die unter Karl dem Großen, zum Teil schon
vorher, für sie aufgezeichneten besonderen Stammesrechte blieben gültig. Auch die Heereskontingente und die Diözesen der Bischöfe nahmen auf die Stammesgrenzen Rücksicht. Das Selbstgefühl der Einwohner dieser Gebiete wurde dadurch gesteigert, daß sich die Söhne
Ludwigs des Deutschen bereits in ihrer »Lehrzeit« mit den Titeln König
der Bayern, der Alemannen, der Ostfranken schmücken durften. Nach
dem Vertrag von Meerssen kam als fünfte regionale Einheit noch
Lotharingien (im wesentlichen das Rheinland) hinzu.

Jedoch muß man sich darüber klar sein, daß diese deutschen
Stämme der spätkarolingischen Periode und auch danach nichts mehr
mit den altgermanischen Stämmen und auch nicht viel mit den völkerwanderungszeitlichen Stämmen zu tun hatten. Höchstens die Namen
der einst maßgeblichen Völker wurden für die Regionen übernommen,
in die doch inzwischen fast überall auch Menschen unterschiedlichster
Herkunft gekommen waren. Dennoch setzten sich bei den einst Fremden in wenigen Generationen die Sprechweise und im großen ganzen
die Bräuche und kulturellen Eigenarten der jeweiligen Bevölkerungs-
mehrheit durch. Die Familie eines im 7. Jahrhundert an den Bodensee
(freiwillig oder zwangsweise) umgesiedelten Romanen aus Südgallien
fühlte sich im 9. Jahrhundert mit großer Wahrscheinlichkeit längst als
Alemannen.

Trotz aller Rivalitäten zwischen den seit 843 real bestehenden karolingischen Teilreichen hielten deren Könige noch immer am theoretischen Anspruch fest, gemeinsam das Fränkische Reich zu regieren, als »Samtherrschaft«, wie der Fachausdruck lautet. Nur einer der drei Könige durfte jeweils den Kaisertitel erwerben, das heißt, sich vom Papst krönen lassen, wie es Sitte geworden war. Und starb einer der Könige ohne legitime Erben, dann konnten die anderen karolingischen Linien Erbansprüche auf dessen Reich erheben. Diese Konkurrenz der karolingischen Königsfamilien sollte in den folgenden Jahrzehnten noch erhebliche Auswirkungen auf die Politik haben.

SCHWABEN AUF DEM WEG ZUM NEUEN STAMMESHERZOGTUM

Der Schauplatz des inzwischen hochberühmten Klosters auf der Insel Reichenau im Bodensee in der Einleitungsepisode führt die Erzählung der historischen Abläufe und Veränderungen im ersten nachchristlichen Jahrtausend wieder einmal in den Südwesten Deutschlands, nach Alemannien. In den 125 Jahren, die seit dem Blutgericht von Cannstatt (siehe 33. Kap., S. 556 ff.) vergangen waren, hatten sich dort keine aufsehenerregenden Aufstände gegen die fränkischen Herren mehr ereignet, obwohl mehrmals noch von kleineren Verschwörungen berichtet wurde. Das Land war voll in die Verwaltungsstruktur des fränkischen Großreiches eingegliedert und nahm teil an dem allgemeinen Zuwachs der Bevölkerung, der Siedlungsfläche und den kulturellen Entwicklungen in den östlich des Rheins gelegenen Regionen.

Wie bereits erwähnt, durfte sich der jüngste Sohn Ludwigs des Deutschen, Karl – man sollte ihn später respektlos »den Dicken« nennen –, als König der Alemannen betiteln. Wo die genauen Grenzen dieses Alemannien in der späten Karolingerzeit lagen, läßt sich infolge der sehr lückenhaften schriftlichen Überlieferung nicht genau angeben. Auf jeden Fall gehörte das Elsaß wieder dazu. Es war zwar seit Jahrhunderten im wesentlichen von Siedlern mit alemannischer Sprache bewohnt, hatte jedoch verwaltungsmäßig lange direkt zum alten fränkischen Königreich Austrien gehört. Ferner umfaßte Alemannien auch die einstige römische Provinz Rätien mit ihren teilweise immer noch romanisch sprechenden Einwohnern, den späteren Rätoromanen im heutigen schweizerischen Kanton Graubünden, sowie die alemannisch

besiedelten Gebiete zwischen Boden- und Zürichsee. In der heutigen
Westschweiz schwankte die Grenze zwischen dem Königreich Hochburgund, einem weiteren karolingischen Teilreich, diesmal aus dem
Erbe Lothars I., und dem Königreich Alemannien in der zweiten Hälfte
des 9. Jahrhunderts mehrmals hin und her.

Strittig ist unter den modernen Historikern, die sich mit südwest-
deutscher Regionalgeschichte beschäftigen, ob das ganze große Gebiet
Alemanniens lückenlos in Grafschaften fränkischer Art aufgeteilt war,
ob die zahlreichen zum Teil bis heute gebräuchlichen alten Gaube-
zeichnungen im Südwesten sich mit den Grafschaftsbezirken deckten,
ob die recht umfangreichen Königsgüter auf alemannischem Boden –
alle oder teilweise? – von Grafen oder von Amtsträgern minderen Ranges verwaltet wurden und welchen Einfluß die Pfalzgrafen hatten. Letztere waren an sich nur Gutsverwalter in den Königspfalzen, in die die
Könige gelegentlich auf ihren Rundreisen durch das Land einkehrten.
Doch als besondere Vertraute des jeweiligen Königs nahmen sie eine
hervorgehobene Stellung unter den Grafen ein. Das Funktionieren der
staatlichen Verwaltung zu karolingischer Zeit ist noch keineswegs voll
entschlüsselt, obwohl sich Generationen fleißiger Dokumentenforscher
damit schon viel Mühe gegeben haben. Sicher war die Staatsverwaltung vor 1100 Jahren keineswegs so gleichmäßig und rational durch-
organisiert, wie man dies in der Bundesrepublik Deutschland von
heute gerne hätte – und doch auch heute längst nicht erreicht hat.

Vom König zum Grafen ernannt oder sonst mit einem einflußreichen Amt bedacht wurde nur, wer aus einer adligen Familie stammte.
Dieser Adel äußerte sich bei den frühen und auch den späten Germanen wie den Franken zur Karolingerzeit noch nicht in irgendwelchen
ererbten Namenszusätzen, etwa dem »von«, dem »Freiherrn« oder dem
»Graf« der Neuzeit. Dennoch wußte damals jedermann, der einfachste
Bauer wie der adlige Standesgenosse, genau, ob eine Person edler
Abkunft war oder nicht. So zahlreich waren die Menschen damals noch
nicht, als daß man sich so etwas nicht hätte merken können.

In der Anfangszeit der fränkischen Machtübernahme in Alemannien mögen Grafen und andere Amtsträger fränkischer, das heißt nicht-
alemannischer Herkunft überwogen haben. Doch gab es sicher auch
schon gebürtige Alemannen als Lehnsmänner der fränkischen Könige.
Später verwischte sich dieser Gegensatz ohnehin bald. Karl der Große
heiratete zum Beispiel in zweiter Ehe Hildegard, die Tochter eines der

alten Grafen im Alemannenland, ein Zeichen, daß zumindest dieser Familie gegenüber keine politischen Vorbehalte mehr galten.

Unter den Adligen fand man selbstverständlich ärmere wie reichere Familien. Der Reichtum drückte sich im allgemeinen in größerem – und üblicherweise räumlich ziemlich verstreutem – Grundbesitz aus. Und »reicher« hieß in der Regel auch einflußreicher in den politischen Geschäften der Region wie des ganzes Königreiches. Denn die bedeutsameren unter den Adligen, keineswegs alle, kamen alle Jahre oder nach Bedarf auch öfter zum Reichstag oder Hoftag des fränkischen Königs zusammen.

Diese Hoftage waren gewiß keine demokratische Volksvertretung unserer Tage, aber doch so etwas wie ein Spiegelbild der Stimmungen in den adligen Familien, und nur diese zählten in der Zeit der Karolinger und noch viel, viel später als »das Volk«. Als Lehnsmänner oder Amtsträger waren die an solchen Hoftagen Teilnehmenden dem König gegenüber zum Gehorsam verpflichtet. Doch da sie neben ihrem Königslehen fast immer noch umfangreiches Privateigentum an Grund und Boden hatten, das sogenannte Allodialgut, konnten sie oft genug ihre von der des Königs abweichende Meinung nachdrücklich und selbstbewußt zum Ausdruck bringen. Natürlich sind nie Wortprotokolle der internen Verhandlungen zwischen hohen Adligen und König bei solchen Hoftagen geführt worden, doch dürften dabei manche deutlichen, ja, harten Worte gegenüber dem König gefallen sein. Nur an den von den Quellen überlieferten Ergebnissen solcher Adelsversammlungen läßt sich ablesen, daß oft genug der König nachgeben mußte, manchmal ganz gewaltig.

Schon unter den alten Herzögen aus dem Agilolfingergeschlecht dürften solche Hoftage im noch relativ unabhängigen Herzogtum Alemannien durchgeführt worden sein. Als später die Region zum (Teil-) Königreich eines Sohnes aus der Karolingerfamilie aufgewertet wurde, werden solche regionalen Adelsversammlungen zur Regel geworden sein, neben den ebenfalls von herausragenden Vertretern des Adels beschickten Reichstagen im gesamten ostfränkischen Königreich. Das heute noch für Deutschland, Österreich und die Schweiz kennzeichnende föderalistische Nebeneinander von regionalen Landtagen und überregionalen Reichstagen zur Beratung mit den jeweiligen Inhabern der Regierungsmacht läßt sich auf diese frühe Zeit zurückführen. Selbstverständlich bestand zwischen den verschiedenen Adelsfami-

lien einer Region immer eine heimliche Konkurrenz. Welche Familie
hatte den größten Reichtum und den größten Einfluß? Auch in Alemannien strebten mehrere Geschlechter in fairem oder auch weniger
fairem Wettbewerb an die Spitze des heimischen Adels. Fünf Namen
seien hier nur genannt: die Udalrichinger vom Nordufer des Bodensees
(aus dieser Sippe sollte der fiktive Mönch Udalrich in der Einleitungsepisode stammen), die Hunfridinger, die Ahalolfinger-Bertholde,
die Burchardinger und die Welfen. Eine Tochter Judith aus der letzt-
genannten Familie nahm Kaiser Ludwig der Fromme, als er Witwer
geworden war, zu seiner zweiten Frau. Die Familiennamen sind von
modernen Forschern nach den mutmaßlichen Stammvätern oder besonders häufig vorkommenden Namen in der Familie geprägt worden.

Das Verhältnis von Königsgut und Königsmacht zur Grafengewalt
wechselte naturgemäß in dem Jahrhundert der karolingischen Herrschaft über das Gesamtreich, je nachdem ob der König Zeit und Kraft
hatte, sich intensiver um die inneren Verhältnisse der Alemannen –
oder Schwaben, wie man immer öfter sagte – zu kümmern und den
Grafen gewissermaßen auf die Finger zu schauen. Im allgemeinen
konnten die Häupter der erwähnten einflußreichen Grafengeschlechter
im Südwesten nur als verläßliche Gefolgsleute ihres Königs zu noch
mehr Einfluß und Besitz gelangen. Die späten Karolinger nach Ludwig
dem Frommen haben die Grafschaftsverfassung kaum noch weiterentwickelt. Die nachlassende königliche Energie auf diesem Feld begün-
stigte den Aufstieg einiger Grafen zu Herzögen in Alemannien. Doch
vollzogen wurde der formale Schritt, daß nämlich Adlige der Region
einen der Grafen zum Herzog von Schwaben wählten, erst zu Beginn
des 10. Jahrhunderts, in einer Zeit, als es um die Macht des Königs im
Ostfrankenreich besonders schlecht bestellt war.

41. DER NORMANNENSTURM BEDROHT DAS ABENDLAND

»HILF, HERR GOTT,
DIE NORDMÄNNER KOMMEN!«
Weihnachten 881, Dortmund

Es war schon lange stockdunkel, nur der feuchte, tauende Schnee gab ein wenig Helligkeit ab und ließ Okko gelegentlich erkennen, daß sich sein kleiner Reitertrupp noch auf den ausgefahrenen Wagenspuren befand, die den Hellweg kennzeichneten. Glücklicherweise kannte Okko den Weg zu seinem Bruder Baddo in Throtmanni (Dortmund), denn er war schon mehrmals geritten, allerdings zur üblichen Reisezeit im Sommer oder Frühling und nicht wie jetzt im Winter, noch dazu zur heiligen Weihnachtszeit. Seine Frau war völlig erschöpft; sie ritt auf einem schweren Zugpferd neben ihm. In zwei Körben rechts und links des Sattels schliefen ihre beiden kleinen Kinder fest, gut in Pelze verpackt. Doch auch Okko und die beiden Knechte, die den Rest des Reitertrupps bildeten, und auch die Pferde selbst waren zum Umfallen müde.

Zum Glück tauchten bald die Hütten auf, die den Königshof Throtmanni umgaben. Einige Herdfeuer in den Häusern zeigten an, daß dort noch nicht alle Menschen schlafen gegangen waren. An einem etwas größeren Fachwerkhaus ließ sich Okko vom Pferd gleiten und pochte laut mit seinem Schwertknauf gegen die Tür.

»Ich bin es, Okko, mach auf, Bruder!« rief der Ankömmling. Erstaunt leuchtete sein Bruder Baddo mit einer Kienfackel ins nasse Dunkel hinaus. »Was ist los, Okko?« fragte er. »Kommt doch herein und wärmt euch auf!«

Nach einer geschäftigen halben Stunde war wieder Ruhe in der Halle Baddos eingekehrt. Die Pferde waren im Stall wohl versorgt und konnten sich ausruhen. Okkos Frau und Kinder schliefen auf weichen Strohbündeln und unter warmen Pelzen in der Schlafecke der großen Halle. Auch die Knechte Okkos und Baddos, sie hatten rasch die Pferde versorgen und das Feuer neu schüren müssen, hatten sich im

Stall zum Schlafen eingerichtet. Nur Okko und sein Bruder saßen noch
am knisternden Herdfeuer, das wohlige Wärme und geheimnisvolles
Licht von sich gab und dessen Rauch nach oben durch eine Dachluke
verwirbelte. Beide hatten einen großen Humpen mit Bier vor sich stehen, und Okko biß hungrig in einen großen geräucherten Schinken
und griff zu den Brotfladen, die sein Bruder ihm hatte hinstellen lassen.

Die beiden Brüder waren friesischer Abstammung und betrieben
das Gewerbe der Kaufleute, das ihren Vater reich gemacht hatte. Vor
einigen Jahren war Baddo aus der Kolnaburg (Köln), wo schon der
Vater gelebt hatte und wo Bruder Okko noch heute das Geschäft wei-
terführte, nach Throtmanni umgezogen. Diese aufstrebende kleine
Station am Hellweg, geschützt durch einen königlichen Hof mit einer
kleinen ständigen Kriegerwache, an einer wichtigen Straßenkreuzung,
eine Tagesreise vom jungen, aber schon berühmten Nonnenkloster zu
Werden (Essen-Werden) und drei Tagesreisen von der Bischofsstadt
Padrabrunno (Paderborn) entfernt, bot einem wagemutigen Kaufmann
viele Möglichkeiten. Es war eigenartig, daß die meisten Kaufleute im
Ostfränkischen Reich Friesen waren, aber es erleichterte sehr den gegenseitigen Zusammenhalt auch über weite Entfernungen.

»Was ist geschehen, Okko«, fragte der Bruder besorgt, »daß du mitten im Winter hier so plötzlich ankommst, noch dazu mit Frau und
Kindern?« Okko seufzte tief und trank einen großen Schluck Bier, ehe
er antwortete. »Du wirst es kaum glauben, Baddo, aber unser väter-
liches Haus in Kolnaburg am Rheinufer ist vermutlich jetzt schon in
Flammen aufgegangen, und alle Schätze, die wir nicht auf unsere
Pferde packen konnten, sind geplündert«, sagte er schließlich. In der
großen Stadt Kolnaburg nannte man Okko nur »de Vries«, obwohl es
außer ihm noch drei andere friesische Kaufleute in der Bischofsstadt
gab. Einen Augenblick schwiegen beide Brüder erschüttert, dann
begann Okko zu erzählen, was er und seine Familie in der letzten Zeit
erlebt hatten.

Schon seit zwei Jahren waren immer wieder Berichte über schreckliche Heimsuchungen in die Bischofsstadt am Rhein gedrungen, die die
Städte und Klöster im Norden des Westfränkischen Reiches hatten über
sich ergehen lassen müssen. Der Teufel in Gestalt Tausender wilder
Nordmänner war über sie hergefallen und hatte sie um ihrer Sünden
willen verheert. Die verruchten Heiden, die man auch Dänen nannte,
waren schon seit fast 100 Jahren eine Plage des christlichen Abendlan-

des. Erst hatten sie die Küsten der Insel Britannien überfallen und geplündert, dann waren sie mit ihren riesigen Ruderbooten, die am Bug einen Drachen zur Zier hatten, in die großen Flüsse des Frankenreiches hineingefahren und hatten tief im Landesinneren urplötzlich große und reiche Städte überfallen und ausgeraubt. Rouen, Paris, Bordeaux, Limoges und Tours waren nur die größten davon. Vor allem die Bischofskirchen und die großen Klöster schienen sie magisch anzuziehen, denn dort, so wußte Okko zu erzählen, fanden sie an einem Fleck mehr Gold, Silber und Edelsteine als in vielen Meilen Umkreis zusammen. Denn jede dieser Kirchen besaß inzwischen einen ganzen Hort von Reliquien berühmter Heiliger, die immer in kostbar ausgeschmückten Behältern aus Edelmetall und Schmucksteinen aufbewahrt wurden.

Die gesamte Küste des großen Meeres (Nordsee/Atlantik) von Friesland im Norden bis zur Garonne im Süden war das Operationsgebiet der kühnen Räuber. Aber zwischen der Rhein- und der Seinemündung hatten sie sich schon seit Jahrzehnten in befestigten Lagern niedergelassen. So brauchten sie nicht mehr in jedem Frühjahr erneut mit vielen Dutzenden oder gar Hunderten Drachenschiffen und Tausenden von Männern von ihrer dänischen Heimat im Norden oder der Insel Britannien im Westen über die See ins Frankenreich zu fahren; sie waren längst ständig im Land.

Vor zwei Jahren (879) hatten die Ansiedlungen der Nordmänner an der nördlichen Küste große Verstärkungen aus Britannien bekommen. »Großes Heer« nannten sich die Scharen unter den heidnischen Königen Gottfried und Siegfried. Gerüchte, die unter den friesischen Kaufleuten in der Kolnaburg und anderswo umgingen, wollten wissen, daß die Nordmänner vom christlichen Sachsenkönig Alfred aus Britannien vertrieben worden waren. Dafür hielten sie sich nun hier im westlichen Frankenreich schadlos. Zahllose Städte, Kirchen und Klöster gingen erneut in Flammen auf, und in den Winterquartieren der Dänen rund um die Mündung der Schelde stapelten sich die geraubten Schätze. Manche Bauernhaufen zogen mit Dreschflegeln und Sensen gegen die Räuber, aber es hieß, daß die Adligen der Gegend lieber mit den Nordmännern gemeinsame Sache gegen diese aufständischen Bauern machten, denn diese erschienen ihnen noch gefährlicher als die Heiden aus dem Norden.

Im Spätsommer dieses zu Ende gehenden Jahres des Herrn 881 – so wußte der als Kaufmann stets gut unterrichtete Okko aus sicherer

Quelle – hatte endlich einmal ein fränkisches Heer unter Führung des jungen westfränkischen Königs Ludwig einen Teil der Nordmänner in einer Schlacht an der Somme besiegt und viele von ihnen getötet. Der Rest der wilden Heiden bestieg daraufhin seine Schiffe auf der Schelde und verließ die Winterquartiere am Unterlauf dieses Flusses, aber nur, um von der Nordsee aus sofort wieder in die Mündung der Maas hineinzufahren und auf diesem Fluß bis in die Gegend von Maastricht vorzudringen. Dort bauten sie bei Elsloo an der Maas eine starke Festung. Nun konnten sie statt des längst leergeraubten Westfrankenreiches die bisher von ihren Überfällen verschont gebliebenen Gegenden zwischen Maas und Rhein besser heimsuchen. Dieses Gebiet, das einstige Lotharingien, gehörte nun seit mehr als zehn Jahren zum Königreich der Ostfranken. Doch von deren König oder auch nur seinem Kriegerheer hatte man in Kolnaburg seit vielen Jahren nichts mehr gesehen.

Die Angriffe der Nordmannen begannen auch unverzüglich, trotz der fortgeschrittenen Jahreszeit. Das Große Heer hatte aus der Niederlage an der Somme noch gut 500 Reiter samt Pferden auf die Schiffe retten können, und einschließlich der Rudermannschaften brannten etwa 2000 oder 3000 Krieger zu Fuß darauf, neue Schätze anstelle der teilweise verlorenen einzusammeln. Schon zu Anfang des Monats Dezember drangen beunruhigende Gerüchte in die Kolnaburg am Rhein, die in lateinischer Sprache immer noch Colonia Agrippinensis genannt wurde. Die alten Städte Maastricht, Tongern und Lüttich, teilweise Sitze von Bischöfen, sowie zahlreiche Klöster in der Nähe der Maas waren von den Heiden überfallen, geplündert und angezündet worden. Es konnte nur noch wenige Tage dauern, bis die normannischen Räuber auch an den Rhein kamen.

Okko erinnerte sich noch gut an die Messen, die an mehreren Abenden in allen Kirchen seiner Heimatstadt gehalten wurden; an ihnen nahmen jedesmal alle Menschen teil, die laufen konnten. Die Messen endeten regelmäßig mit einem ergreifenden Gesang der Mönche, Nonnen oder Kleriker, die in der Volkssprache inbrünstig Gebete zu Gott schickten: »Hilf uns, Herr Gott und unser Herr Jesus Christus, und schütze uns vor der Wut der heidnischen Nordmänner!« Allen Zuhörern, den Gottesmännern und -frauen wie dem Laienvolk, standen bei diesen gesungenen Gebeten die Tränen in den Augen.

Aber Gott schien den Bewohnern von Kolnaburg nicht helfen zu wollen; vielleicht war das, was ihnen bevorstand, die Strafe für ihre vielen früheren Sünden. Denn schon wenige Tage später kamen von Westen her völlig erschöpfte Flüchtlinge in die Stadt am Rhein, die berichteten, ein Heer der Nordmannen sei in raschem Anmarsch auf die Kolnaburg; die Burg Juliacum (Jülich) sei von ihnen bereits erobert, ausgeraubt und in Brand gesteckt worden. In einem, spätestens in zwei Tagen könnten die wütenden Heiden hier sein.

Erzbischof Willibert hatte bereits vorsorglich den Pfarrherren der Kirchen in der Stadt und den Äbten aller Klöster befohlen, die heiligen Reliquien und die wichtigsten Schätze der ihnen anvertrauten Stätten Gottes handlich zu verpacken und alles für eine schleunige Flucht vorzubereiten. Gleichzeitig hatte er mehrere große Rheinschiffe mit Beschlag belegt und ließ sie durch mit Knüppeln bewaffnete Mönche bewachen, damit sie nicht von anderen Bewohnern der Stadt gestohlen würden. Noch am Abend des Tages, an dem die Flüchtlinge die Nachricht vom Herannahen des Nordmännerheeres in die Kolnaburg gebracht hatten, startete eine ganze Flotte von Rheinschiffen, getrieben von Segeln und zahlreichen Rudern, rheinaufwärts nach Süden, um möglichst bald die sicheren Mauern der Bischofsstadt Mainz zu erreichen. An Bord waren die wichtigsten Geistlichen der Stadt einschließlich des Bischofs sowie der größte Teil der Kirchenschätze. Die Körper und die Seelen der zurückbleibenden Mönche und Nonnen, immerhin einige Dutzend, hatten die geistlichen Herren zuvor in einer letzten Messe im Dom der Gnade Gottes empfohlen, wenn sie schon bei den Heiden keine Gnade fänden. Für die Laien in der Stadt hatten die hohen Diener Gottes kein Gebet übrig.

Auch im Haus des Kaufmanns Okko zwischen der alten, noch von den Römern gebauten Stadtmauer und dem Rheinstrom war der Tag voller Hast und Arbeit verlaufen. Zu seinem Geschäft gehörte auch ein kleines Rheinschiff, in das man immerhin vier Pferde und einige Menschen verstauen konnte. Die alte Steinbrücke über den Rhein, einst von Kaiser Konstantin gebaut, war längst verfallen und nicht mehr brauchbar zur Flucht über den Strom. Eine wohlgefüllte Schatzkiste, Körbe mit Lebensmitteln und warmer Kleidung und, nicht zu vergessen, den beiden kleinen Kindern des Kaufmanns wurden den Pferden aufgebunden. Zwei Knechte sollten das Ehepaar und die Kinder begleiten, die anderen Knechte und Mägde erhielten Weisung, beladen mit so vielen Wertsachen, wie sie tragen konnten, aus der bedrohten Stadt zu fliehen. Okko war allerdings im Zweifel, ob seine Leute den heidnischen Teufeln entkommen würden. Denn Gerüchte wollten wissen, daß die Nordmänner große Streifscharen nach den beiden Königsburgen Bonnburg (Bonn) und Niusa (Neuß) entsandt hatten, je eine Tagesreise nach Süden und Norden von Kolnaburg, um auch dort zu plündern und zu rauben.

Es war höchste Zeit, als das kleine Schiff des Kaufmanns Okko vom Ufer abstieß, um hinüber zur Vorstadt Deutz gerudert zu werden. Gerade erschien die erste Helligkeit an diesem späten trüben Dezembermorgen einen Tag vor dem heiligen Weihnachtsfest, als von jenseits der Stadtmauer Lärm ertönte. Doch niemand war da, diese Mauer oder ihre verfallenen Tore zu verteidigen. Schreie und Waffengeklirr waren zu hören, und schon kräuselten sich die ersten Rauchfahnen in den grauen Himmel. Am anderen Rheinufer blickte der Trupp der Flüchtlinge noch einmal zurück. Jetzt waren schon an verschiedenen Stellen der Stadt hohe Feuerlohen zu sehen. Wie entsetzlich das dazugehörige Morden und Plündern war, mochte sich Okko nicht so genau vorstellen. Den Frauen und Kindern, die nicht rechtzeitig hatten fliehen können, drohte das Schicksal der Sklaverei; die Nordmänner wußten, wie sie das lebende Inventar einer eroberten Stadt zu Geld machen konnten. Sklavenhändler, die ihnen ihre Ware gegen gutes Geld abnahmen, fanden sich überall in den Reichen der Nordmänner.

Mit Tränen in den Augen bestiegen die Flüchtlinge ihre Pferde. Sie wußten wenigstens, daß sie nach vier Tagen anstrengenden Ritts beim Bruder Baddo in Throtmanni in Sicherheit sein würden. Doch bevor sie den weiten Weg über Land antraten, rief Okko laut über den Fluß: »Ich komme zurück, ihr Räuber, und baue wieder auf, was ihr jetzt zerstört und ausgeraubt habt!«

WER WAREN DIE WIKINGER?

Über die Katastrophe, die die Stadt Köln vermutlich im Dezember 881 traf, sind wir durch mehrere übereinstimmende, wenn auch in diesem Punkt sehr wortkarge Klosterannalen der Zeit unterrichtet. Allerdings kamen die Nordmanni, wie sie in den lateinischen Texten in der Regel hießen, *über Land* mit einem Heer von ihrem Standlager an der Maas

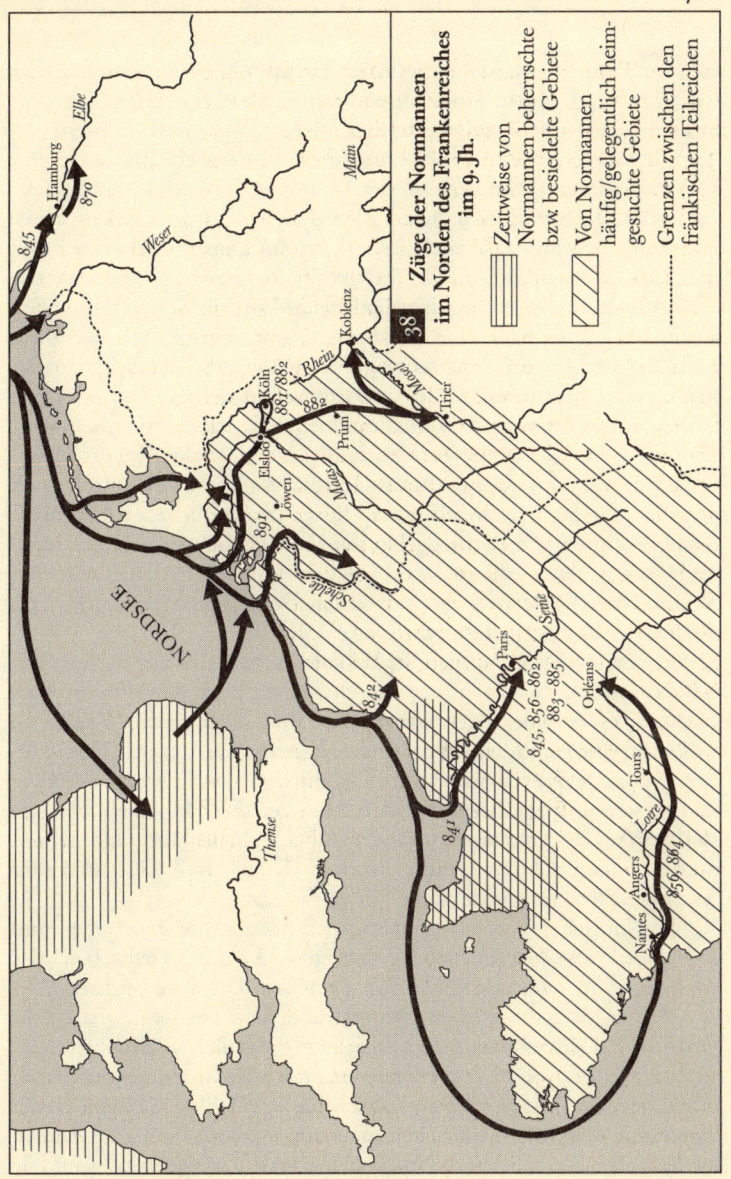

Züge der Normannen
im Norden des Frankenreiches
im 9. Jh.

38

Zeitweise von
Normannen beherrschte
bzw. besiedelte Gebiete

Von Normannen
häufig/gelegentlich heim-
gesuchte Gebiete

Grenzen den
fränkischen Teilreichen

unterhalb von Maastricht, wie in der Einleitungsepisode erzählt, und nicht mit ihren Drachenbooten den Rhein herauf. So wird es falsch in den meisten Geschichtsbüchern behauptet, selbst in hochseriösen. Gefährlich waren die Normannen nicht nur auf ihren Schiffen.

Wer waren die Nordmanni, die Dänen, die »heidnischen Teufel«, die während des ganzen 9. Jahrhunderts die christlichen Reiche Europas ständig bedrohten, ja, an den Rand des Zusammenbruchs brachten? Auf dem Rückweg von ihrem Plünderungszug an den Rhein raubten die Normannenscharen gewissermaßen im Vorbeigehen in den ersten Tagen des Jahres 882 noch die einstige, nun leerstehende Residenz Karls des Großen aus, die Kaiserpfalz zu Aachen. Den Zeitgenossen erschien dies wie ein Symbol des nahen Weltuntergangs.

Die Wikinger, so nennen wir sie heute meist, oder Normannen wurden bereits im 38. Kapitel kurz erwähnt. In den seitdem verstrichenen 70 Jahren hatte sich der Radius ihrer Raubzüge und Seefahrten noch vergrößert. Waren sie wirklich die »ruchlosen Vernichter jeder christlichen Kultur«, wie die schriftgelehrten Mönche ihrer Zeit sie verteufelten? Oder waren sie die »unübertroffenen nordischen Heldengestalten germanischer Rasse«, als die man sie in Deutschland vor noch nicht allzu langer Zeit gerne hingestellt hat?

Sie waren wohl keines von beiden ganz, aber vieles dazwischen. Rudolf Pörtner hat in seinem 1971 erschienenen Buch *Die Wikinger-Saga* versucht, sie so objektiv wie möglich in ihrer ungeheuren Vielfalt zu schildern: »Sie waren von allem etwas: Bauern, Entdecker, Kolonisatoren. Die verwegensten Seefahrer und gefürchtetsten Krieger ihrer Epoche. Piraten und Kaufleute, Helden, Händler und Halunken. Fleißige Handwerker und intelligente Organisatoren. Totschläger und geniale Künstler. Berserker und kühle Rechner. Krasse Individualisten und Staatsverächter, aber gehorsame Söhne ihrer Sippe.«

Die Nordmänner aus dem heutigen Dänemark, Südnorwegen und Südschweden wurden nicht zu Vorfahren der heutigen Deutschen oder höchstens von einem winzigen Teil. Dennoch: Die alten Sachsen oder die Angeln, die 500 oder 400 Jahre früher von der heute deutschen Nord- und Ostseeküste aufbrachen, um Seeraub zu betreiben oder neues Land zu erobern, unterschieden sich wahrscheinlich nur wenig von ihren späteren Vettern aus nördlicheren Gefilden, weder in der Sprache noch in ihrer physischen Erscheinung, noch in ihrem Glauben sowie ihrer unverbrauchten Natürlichkeit und Rücksichtslosigkeit. Sie waren zu verschiedenen Zeiten Abkömmlinge des gleichen Zweiges germanischer Völker.

Es ist nicht Aufgabe dieses Buches, eine Geschichte der Wikinger oder Normannen zu schreiben. Hier soll über sie nur soviel mitgeteilt werden, daß der an der Entstehung des deutschen Volkes interessierte Leser sich ein Bild davon machen kann, welchen Einfluß ihr meist kriegerisches Erscheinen an den deutschen Küsten und Flüssen auf die historische Entwicklung hatte. Der Eindruck, den sie hinterließen, war, um es kurz zusammenzufassen, verheerend im ursprünglichen Sinn des Wortes. Denn die Normannen taten besonders gründlich, was alle Heere ihrer Zeit für ihren Hauptzweck hielten: feindliche Dörfer und Städte zu überfallen, auszuplündern und anzuzünden.

Aber die Wikinger vermieden es, sich im späteren Deutschland auf Dauer niederzulassen und Kolonien oder neue Reiche zu gründen. Dies taten sie ja für viele Jahrzehnte auf den Inseln Britannien und Irland, in Nordfrankreich (in der Normandie), in Süditalien, weiter im Norden in Island, Grönland und sogar an der Küste Nordamerikas sowie in den Weiten Rußlands, wo das Reich von Kiew ihnen seine Entstehung verdankt. Im Norden des späteren Deutschlands scheuten sie wohl langwierige Kämpfe mit ihren unmittelbaren Nachbarn und Blutsverwandten, den Sachsen, die ihnen vielleicht an Kampfkraft und Todesverachtung noch allzu ähnlich waren.

So beschränkten sie sich im Herrschaftsbereich der ostfränkischen Könige auf einige wenige Raub- und Plünderungszüge. Im Jahr 845 wurde der kurz zuvor gegründete Bischofssitz Hamburg so gründlich Opfer ihres Angriffs, daß er nicht, wie vorgesehen, zentrale Missionsstation für den germanischen Norden bleiben konnte, sondern das Bistum nach Bremen zurückverlegt werden mußte. Den für den Überfall verantwortlichen Dänen war offenbar so sehr an einer raschen Wiederherstellung guter Nachbarschaft zum Ostfränkischen Reich gelegen, daß sie noch im gleichen Jahr als Buße einen großen Goldschatz zum ostfränkischen Reichstag in Paderborn bringen ließen. Es war jedoch in Wirklichkeit nur ein kleiner Teil des Lösegeldes, das ihnen unmittelbar vorher im Westfrankenreich für den Abzug aus dessen Gebiet gezahlt worden war.

Fast 40 Jahre scheint danach an der Nordfront Ruhe geherrscht zu haben. Erst aus dem Jahr 879 berichten die Annalen wieder von einer Schlacht, die sich ein sächsisches Heer irgendwo an der Elbe oberhalb

Hamburgs mit den Besatzungen einer Normannenflotte lieferte – und
verlor. Der Anführer der Sachsen, mehrere Bischöfe und Grafen sowie
viele Krieger fielen oder gerieten in Gefangenschaft.

Der Heerführer war von besonderer Qualität. Er hieß Brun und
war der älteste Sohn des Sachsenherzogs Liudolf und zugleich Schwager des neuen ostfränkischen Königs Ludwig des Jüngeren, wie man
ihn zur Unterscheidung von seinem 876 verstorbenen Vater Ludwig
dem Deutschen nannte. Denn der König aus karolingischem Hause
hatte Bruns Schwester Liutgard geheiratet und dadurch sehr geschickt
die Sippe des mächtigsten Adligen in Sachsen eng an das ostfränkische
Königtum gebunden. Brun hatte schon ganz offiziell den Titel »Dux –
Herzog der Sachsen« geführt. Nach seinem frühen Tod erbte sein jüngerer Bruder Otto Titel und Amt. Dieser, den man später achtungsvoll
»den Erlauchten« nennen sollte, wurde zum eigentlichen Stammvater
der deutschen Könige und Kaiser aus sächsischem Haus.

Das Große Heer der Normannen, das von seinem neuen Winter-
quartier in Elsloo an der Maas aus im Dezember 881/Januar 882 das
nördliche Rheinland »abgeräumt« hatte, blieb nicht lange untätig. Zwar
hatte der schwerkranke König Ludwig der Jüngere ein Heer dorthin
geschickt, das die Normannenfestung lustlos belagerte. Doch auf die
Nachricht vom Tod dieses Königs (er starb am 20. Januar 882 in der
Königspfalz Frankfurt) brach das Heer die Belagerung sofort ab und
kehrte nach Hause zurück. Die Normannen konnten daher ungehin-
dert die bisher noch nicht geplünderten Städte an der unteren Mosel
überfallen. Koblenz und die einstige Kaiser- und spätere Bischofsstadt
Trier fielen ihnen im Frühjahr 882 zum Opfer.

Was kurz danach geschah, war wie ein Sinnbild für die Art, in der
das Frankenreich in den nächsten Jahren mit den normannischen Bedrängern kämpfen sollte. Denn trotz des zunächst schmählichen Abzugs
eines fränkischen Belagerungsheeres von Elsloo hatte sich im Frühsommer 882 am Mittelrhein ein neues Heer gesammelt, das den Annalen
zufolge »ungeheuer groß« war und aus Kontingenten von Franken,
Alemannen, Bayern, Thüringern, Sachsen, Friesen und Langobarden,
also aus allen Völkern des Ostfränkischen Reiches, bestand. Der neue
ostfränkische König Karl, genannt »der Dicke«, führte es an. Über ihn
wird noch am Ende dieses Kapitels einiges zu sagen sein.

Doch statt mit seinem großen und angeblich zum Kämpfen
hochmotivierten Heer den Schlupfwinkel der normannischen Räuber

in Elsloo auszuräuchern, bot der »fromme, dem Krieg von Herzen abgeneigte« König Karl seinen Gegnern über 2000 Pfund in Gold und Silber an, wenn sie freiwillig abzögen. Sogar Friesland als Lehen versprach Karl, wenn der normannische (oder dänische) König Gottfried sich taufen ließe. Dieses Angebot war zu verlockend. Gottfried ließ die kirchliche Zeremonie über sich ergehen und zog dann mit seinen zusammengeraubten Schätzen und dem fränkischen Lösegeld als Dreingabe ab – bis ins Rheindelta, das er nun als seinen legitimen Herrschaftsbereich ansehen konnte. Und sein Bruder Siegfried setzte sich erneut an der unteren Schelde fest, um von dort aus den gesamten Norden des Westfrankenreiches zu brandschatzen.

Würde es denn für das Reich der Franken keine Rettung mehr vor den normannischen Räubern geben?

KÖLN IM WECHSEL
SEINER HERREN

Fast drei Jahrhunderte nach der letzten Erwähnung Kölns ist die Erzählung der Geschichte wieder einmal in die alte Metropole am Rhein zurückgekehrt. Wie die Stadt um das Jahr 880 aussah, läßt sich nur schwer vorstellen. Denn die Jahrbücher über geschichtliche Ereignisse (Annalen), die immer mehr Klöster zu führen begannen, interessierten sich für solche banalen Dinge überhaupt nicht. Auch die ausführlichsten Bücher über die Geschichte Kölns, die in den letzten hundert Jahren erschienen, können mit keinerlei Angaben über das äußere Bild der Stadt Köln aus dieser Zeit aufwarten.

Nur einige dokumentarisch nicht belegte Vermutungen sind daher möglich. Die alte, von den Römern gebaute Stadtmauer stand sicher noch, wenn sie wahrscheinlich auch an verschiedenen Stellen eingefallen war. Im Inneren des Stadtgebiets – etwa zwei Quadratkilometer längs des Rheins – hatten sich die meisten römischen Steingebäude in Trümmerhügel verwandelt, die im Laufe der Zeit von Unkraut und Strauchwerk überwuchert worden waren. Denn kaum ein Germane brachte es vor dem 10. Jahrhundert fertig, mit dem Baumaterial Stein umzugehen und etwa Steingebäude zu reparieren. Statt dessen waren an allen möglichen Stellen Fachwerkhäuser aus Holz und Lehm errichtet worden, aber auch nicht allzu viele. Die germanischen Franken waren keine Stadtmenschen, sie liebten es nicht, sich in großen Städten einpferchen zu lassen.

So darf man sich auch die Einwohnerzahl der »Großstadt« Köln – nach damaligen Begriffen war sie es! – nicht allzu überwältigend vorstellen: Wenn es einige hundert oder gar zweitausend Menschen in dieser Stadt gab, waren es wohl schon viel. *Wer* diese Menschen waren, kann gleichfalls nur vermutet werden. Ob die ursprüngliche Mischung von Menschen aus allen möglichen Regionen des Römischen Reiches – aus Europa, Asien und Afrika, die sich in vulgärlateinischer Sprache verständigten – das Ende der römischen Verwaltung in Köln lange überdauert hat, ist ungewiß. Es gibt Vermutungen, daß sich ein Teil davon nach Südgallien zurückgezogen hat. Doch kann das wohl nur für die Reichen in der alten Verwaltungs- und Handelsstadt der Römer gegolten haben. Die vielen Armen mußten bleiben, wo sie waren, und sich mit den neuen germanischen Machthabern arrangieren, auch hinsichtlich der Sprache. Doch kann das Verschwinden der romanischen Sprache und das Überwiegen germanischer Dialekte in Köln möglicherweise erst relativ spät erfolgt sein. Etliche fränkische Neuzuzügler wird es auch gegeben haben, wiederum aus verschiedenen Gegenden des ständig wachsenden Frankenreiches. Wie in anderen frühmittelalterlichen Städten im Osten des Frankenreiches hatten zeitweise Friesen fast ein Monopol auf den überörtlichen Handel.

Selbst in der für heutige Verhältnisse winzig kleinen Stadt entstanden bald mehrere Kirchen und Klöster; ein Teil davon wurde wohl nach germanischer Manier in Fachwerk erbaut, einige andere waren die ersten Steingebäude der neuen Ära. Auch ein zweiter Dom wurde im 9. Jahrhundert an der Stelle errichtet, die schon im 6. Jahrhundert ein Vorgängerbau eingenommen hatte und die heute noch der Dom zu Köln bedeckt. Für damalige Verhältnisse muß der Dom des 9. Jahrhunderts schon sehr imposant gewirkt haben: Er war eine dreischiffige romanische Basilika mit je einem Chor (Querschiff) im Westen und Osten und einem langen Atrium (überdachte Wandelgänge) an der Westseite. Insgesamt wies er eine Länge von 90 Metern auf. 870 war der Dom geweiht worden, wenige Wochen nachdem der östliche Teil Lotharingiens im Vertrag von Meerssen an das Ostfrankenreich gefallen war.

Die Schäden, die die Stadt Köln bei der Brandschatzung durch die Normannen im Jahr 881 erlitt, lassen sich schwer abschätzen. Es ist wohl etwas fraglich, ob die Behauptung eines modernen Stadthistorikers zutrifft, Köln habe damals der schlimmste Schaden vor den Luftangriffen im Zweiten Weltkrieg getroffen. Den Normannen lag, wie gesagt, nichts an einem längeren Aufenthalt in der Stadt. Nach zwei oder drei Tagen gründlicher Plünderung zog der Rest des Großen Heeres wieder ab. Recht bald nach dieser Heimsuchung begann offenbar der Wiederaufbau. Die Einwohner, die sich in die Umgebung geflüchtet hatten, kehrten zurück und scheinen sich mit bemerkenswertem Elan darangemacht zu haben, die niedergebrannten Häuser wiederherzustellen. Auch die hohen Geistlichen kamen, wahrscheinlich im Spätjahr 882, mit ihren Schätzen wieder zurück, nachdem sie vom Abzug der Wikinger aus Elsloo gehört hatten. Schon zwei Jahre nach dem Überfall hatten die Kölner die alte Stadtmauer ausgebessert und vermutlich besser instand gesetzt, als sie vorher gewesen war.

In dieser Zeit des Wiederaufbaus begann wohl auch der Ausbau eines neuen Stadtviertels, das zwischen der alten römischen Stadtmauer und dem Rhein lag. Der Strom hatte damals sein Bett etwas weiter nach Osten verlegt, so daß ein Streifen von etwa 200 Metern Breite neu besiedelt werden konnte. So entstand eine neue Kaufmanns- und Handwerkersiedlung rund um die spätere Kirche Groß St. Martin.

Mit der Erinnerung an den Vertrag von Meerssen im Jahr 870 wurde bereits das politische Schicksal der Stadt Köln und des ganzen Rheinlandes erwähnt, das zwischen 843 und 925 ausgesprochen wechselhaft war. Die in dieser Spanne mehrfach geänderte Zugehörigkeit des Rheinlandes – offiziell Lotharingien oder Lothringen genannt – zum einen oder zum anderen Frankenreich war damals keineswegs so einschneidend, wie es das heute wäre. Denn die Staatsverwaltung steckte doch noch allzusehr in den Kinderschuhen, und die örtliche Gewalt hatten ohnehin stets die regional maßgeblichen Adelsgeschlechter inne. Nur sie, oder richtiger ihre Häupter, verhandelten mit dem jeweils zuständigen König, mal dem von Lothringen (von 843 bis 869), mal dem vom Ostfrankenreich (von 870 bis 911), mal dem vom Westfrankenreich (von 911 bis 925). Und jedesmal ließen sie sich ihre vorübergehende Treue mit allerlei königlichen Zugeständnissen bezahlen.

Diese Adelshäupter waren die eigentlichen Herren im Lande, auch in der Stadt Köln. Wie sich diese Herrschaft im einzelnen auswirkte, entzieht sich allerdings unserer Kenntnis. Von einer eigenen Politik der

Städte in Deutschland wie im Hochmittelalter konnte vor der Jahrtausendwende noch keine Rede sein. Der wechselnden Zuneigung dieser großen Adelsgeschlechter zu den verschiedenen Königen aus dem Karolingerhause war es im wesentlichen auch zu verdanken, daß Lothringen so oft seine Staatszugehörigkeit wechselte.

EIN KRANKER SAMMELT KÖNIGREICHE

Die Eide, mit denen sich die karolingischen Könige verschiedener Reiche – Brüder, Vettern, nahe Verwandte in jedem Fall – Frieden und Freundschaft auf immer und ewig versprachen, pflegten eine »Verfallszeit« von nur wenigen Jahren zu haben. Wann immer die Gelegenheit günstig schien, solche Verträge zu brechen, wurde sie ergriffen. So handelte der westfränkische König Karl der Kahle, als sein Stiefbruder Ludwig der Deutsche 876 starb. Im Vertrag von Meerssen war die östliche Hälfte Lotharingiens bis zum Rhein an Ostfranken gefallen, die andere Hälfte an das Westfrankenreich.

Unmittelbar nach Ludwigs des Deutschen Tod rückte der Westfranke Karl mit einem Heer bis an den Rhein bei Köln vor – der alten Grenze. Doch alarmiert vom Kölner Erzbischof Willibert zog der neue König Ludwig der Jüngere mit einem eigenen Heer von Osten her an den Rhein. Bei Andernach südlich von Köln setzte er über den Strom, und es gelang ihm dort, das westfränkische Heer von hinten zu packen und vernichtend zu besiegen. Dies war, wenn man so will, der erste deutsch-französische Krieg. Ungezählte weitere sollten ihm folgen. Diesmal mußte Karl der Kahle in sein Reich zurückkehren; er unterließ in Zukunft jeden Versuch, seinem östlichen Nachbarn Land abnehmen zu wollen. Mit seinem Nachfolger, der auch Ludwig hieß, schloß der ostfränkische Ludwig 880 den Vertrag von Ribemont, mit dem der ganze Rest Lotharingiens, also der Westteil, an das Ostfränkische Reich fiel.

Der als sehr fähig und energisch geschilderte Ostfrankenkönig Ludwig der Jüngere starb leider schon sehr früh, wie erwähnt bereits im Januar 882. Er war allerdings König nur für einen Teil des Reiches seines Vaters Ludwigs des Deutschen geworden, nämlich für Mainfranken, Thüringen und Sachsen sowie natürlich für die seit 870 hinzugekommenen Teile von Lotharingien. Wie alle Karolinger konnte es auch Ludwig der Deutsche nicht lassen, sein Land unter seine drei Söhne zu teilen. Der älteste Sohn Karlmann wurde König von Bayern und den südöstlich angrenzenden Marken in den Alpen, und der dritte Sohn Karl erbte als eigenes Königreich Alemannien (siehe 40. Kap., S. 690).

Eine weitere heillose Zersplitterung des einstigen Großreiches Karls des Großen hätte die Folge dieser Erbteilung sein können. Aber die List der Geschichte hatte etwas anderes vor. Denn kurz hintereinander starben die Königsbrüder Karlmann von Bayern und Ludwig der Jüngere, ohne Kinder oder wenigstens einen ebenbürtigen Erben zu hinterlassen. Karlmann starb schon 880, und Bruder Karl gewann so durch Erbschaft sein erstes Königreich hinzu.

Karl, der jüngste der drei Söhne Ludwigs des Deutschen, sammelte gewissermaßen ohne eigenes Zutun Königreiche durch Erbschaft ein. Mit Ludwigs Tod war er auf einmal König des ganzen Ostfränkischen Reiches, wie es sein Vater zu seiner besten Zeit beherrscht hatte. Es kam noch besser für Karl. Sein Vetter Ludwig, König von Italien und Träger des Kaisertitels, war bereits 875 ebenfalls kinderlos gestorben und hatte Karlmann von Bayern zum Erben eingesetzt. Doch ehe der sich den begehrten Titel Kaiser in Rom vom Papst verleihen lassen konnte, war König Karl der Kahle vom Westfrankenreich mit einem Heer in Rom erschienen und hatte den Papst »überredet«, *ihn* zum Kaiser zu machen. Doch schon 877 starb Karl der Kahle. Damit waren das Königreich Italien und der Kaisertitel wieder vakant. Der eigentliche Erbe Karlmann von Bayern war schon sehr krank und beauftragte seinen Bruder Karl (III.), an seiner Stelle in Italien zu regieren. Nach Karlmanns Tod konnte sich Karl III. vom Papst 881 zum Kaiser krönen lassen. Ein Sohn und zwei Enkel Karls des Kahlen bestiegen nacheinander den Thron des Westfrankenreiches, starben aber im Abstand weniger Jahre. Danach, im Jahr 885, übertrugen die westfränkischen Adligen auch noch die Herrschaft in *ihrem* Reich auf Karl III., den (fast) letzten überlebenden Karolinger. Nun war er Kaiser und Herr im Westfrankenreich, im Ostfrankenreich und in Italien.

Man hätte ihn als »Karl den Glücklichen« bezeichnen können, doch der sehr unehrerbietige Volksmund nannte ihn zum Unterschied von den vielen anderen Karls in der Verwandtschaft »den Dicken«. Er war als Herrscher schwach und körperlich krank. Vermutlich litt er an häufigen epileptischen Anfällen und ständigen Kopfschmerzen. Sein aufgedunsener Körper war nicht dazu angetan, aus ihm einen Kriegshelden zu machen. Und doch hätten das Könige zu seiner Zeit allesamt sein müssen.

Wie er im Krieg gegen die Normannen bei Elsloo 882 reagierte, wurde bereits im Abschnitt über die Wikinger erzählt. Ähnlich zögerlich, ja, feige benahm er sich bei neuen furchtbaren Überfällen der Normannen auf Paris, die westfränkische Hauptstadt. Ein einheimischer Graf Odo verteidigte deren Mauern heldenhaft, während der Kaiser mit seinem »unermeßlichen Heer«, das zum Entsatz herangekommen war, kampflos wieder abzog und das Land dem Feind zum Plündern und Niederbrennen preisgab. Im Herbst 887 bekam Kaiser Karl Streit mit seinem langjährigen Vertrauten und Kanzler, dem Bischof Liutward, und jagte ihn vom Hof; seine eigene Frau Richardis bezichtigte er des Ehebruchs mit diesem Bischof – Karl litt offenbar hochgradig unter Verfolgungswahn und war, wie ein Chronist schrieb, »nicht würdig kaiserlicher Majestät«.

DER KAISER WIRD ABGESETZT, UND DIE IDEE EINES NEUEN REICHES TAUCHT AUF

Den maßgeblichen Adligen im Ostfränkischen Reich war diese Situation Anlaß genug, dem ungeliebten Herrscher den Gehorsam aufzukündigen und ihn für abgesetzt zu erklären. Bei einer Versammlung in Tribur (bei Groß-Gerau in Rheinfranken) im November 887 teilten hohe Adelsvertreter aus Franken, Bayern, Alemannien, Thüringen und Sachsen dies dem Kaiser schriftlich mit; kurz darauf wählten sie den einzigen volljährigen und regierungsfähigen Mann aus der Karolingerfamilie zum neuen König des Ostfrankenreiches.

Er hieß Arnulf von Kärnten und war ein stattlicher, als Kriegsherr und König durchaus geeigneter Mann. Sein einziger Makel bestand darin, daß er der Sohn des verstorbenen Bayernkönigs Karlmann aus einer nicht rechtmäßigen Ehe war – ein Bastard nach der Ansicht seiner Zeit, und solche Söhne galten nicht als geeignete Thronanwärter. Doch die Adligen des Ostfrankenreiches setzten sich darüber hinweg. Auch Arnulf selbst hatte schon vorher mit dem Gedanken gespielt, seinen unfähigen Onkel abzusetzen und sich selbst zum König aufzuschwingen.

Ein bayerisch-slawisches Heer aus seinem engeren Herrschaftsbereich Kärnten hatte er bereits zusammengezogen. Doch ohne die gleichgerichtete Absicht des ostfränkischen Hochadels wäre seine Hoffnung wohl nie in Erfüllung gegangen.

Der glücklose Kaiser Karl der Dicke war offenbar von seiner Krankheit so zermürbt, daß er der schriftlichen Mitteilung von seiner Absetzung als ostfränkischer König widerstandslos Folge leistete. Obwohl es in seinen beiden anderen Königreichen Italien und Westfranzien keinen gleichartigen Staatsstreich gab, zog er sich still in einen abgelegenen Königshof im heimatlichen Schwaben zurück, ohne allerdings seinen Kaisertitel abzulegen. Schon wenige Monate später starb er (Anfang 888), wohl nur noch von wenigen seiner einstigen Untertanen betrauert.

In den ehemaligen karolingischen Teilreichen Italien, Hochburgund, Provence-Niederburgund und Westfranzien (auf lateinisch wieder meist als Gallia bezeichnet) mußte der erstarkte Adel ebenfalls Könige wählen. Überall wurden es Adlige aus den eigenen Reihen, gewissermaßen »Nationalkönige«. Karolinger als Anwärter standen ja praktisch nicht zur Verfügung. Nur ein neunjähriger Sohn des letzten Westfrankenkönigs vor Karl dem Dicken lebte noch in der Obhut des Erzbischofs von Reims. Auch er hieß Karl und erhielt später den bezeichnenden Beinamen »der Einfältige«.

Die Überschrift dieses Abschnitts »Die Idee eines neuen Reiches taucht auf« erscheint auf den ersten Blick widersprüchlich. Denn vorher wie nachher war das von Arnulf regierte Land in der Theorie noch ein Reich der Franken, beherrscht von einem König aus der Karolingerdynastie.

Etwas Neues brachten dennoch die Adelsversammlungen von Tribur (November 887), Frankfurt und Forchheim (Anfang 888). Sosehr die dort zusammengetretenen Adligen aus fünf ostfränkischen »Provinzen« in manchen Details verschiedener Meinung waren, so sehr stimmten sie in zwei Dingen überein: daß Bayern, Alemannien, (Main-)Franken, Thüringen und Sachsen nur *gemeinsam* ein Königreich bilden könnten und daß die anderen Teile des ehemaligen Reiches Karls des Großen sie, die Adligen aus den Gebieten östlich des Rheins, nichts angingen. Bezeichnenderweise waren in Tribur keine Adligen aus dem ehemaligen Königreich Lotharingien dabei, obwohl dessen Nordteil seit 880 (Vertrag von Ribemont) voll und ganz zum Ostfrankenreich gehörte. Erst später und recht zögernd schlossen sich die Adelshäupter aus Lotharingien dem Votum ihrer Standesgenossen für König Arnulf an.

Viele moderne deutsche Historiker haben sich in den letzten hundert Jahren den Kopf darüber zerbrochen, wann eigentlich die Geburtsstunde des späteren Deutschen Reiches schlug: 919 mit der Wahl des Sachsenherzogs Heinrich zum König? 911 mit der bewußten ersten Wahl eines Nicht-Karolingers (Konrad) zum König? Oder 887 mit der bewußten Abkehr vom Universalreichsgedanken Karls des Großen? Gewichtige Gründe sprechen dafür, bereits das früheste Datum als einen wichtigen Bruch mit der Vergangenheit anzusehen. Auch Arnulf selbst scheint so gedacht zu haben. Schon Mitte 888 boten ihm legitimistisch (also karolingisch) gesinnte Adlige aus dem Westfrankenreich die dortige Königskrone an. Doch Arnulf lehnte sie ab und begnügte sich in Zukunft mit einer Art idealler Lehnsoberhoheit über die anderen Nachfolgestaaten des karolingischen Großreiches.

Die Teilung des ursprünglichen Karlsreiches auch in den Köpfen der maßgeblichen Adligen in den einzelnen Regionen war bereits viel zu weit fortgeschritten, um noch einmal rückgängig gemacht werden zu können. Aber am bemerkenswertesten war, daß diese Teilung in den Ländern rechts des Rheins sich nicht weiter fortsetzte, sondern ein Zusammengehörigkeitsgefühl in einem Gebiet entstanden war, für das nur noch kein allgemein gebräuchlicher gemeinsamer Name gefunden worden war. Denn der Name »teutonicus – deutsch« für das *Land* kam erst ganz allmählich auf, und es sollte noch Jahrzehnte dauern, bis er sich allgemein durchsetzte.

42. BÖHMEN
KOMMT ZUM REICH

MIT HANDSCHLAG UND TREUEID
Mitte Juli 895, Regensburg

Bischof Wiching war zufrieden. Seit zwei Tagen hatte er mehrmals zwischen der Hauptstadt Ratisbona (Regensburg) und dem dicht nördlich der Donau gelegenen kleinen königlichen Gutshof Kareth hin- und herreiten müssen. Dort hatten die vornehmen Gäste aus dem Norden vorläufig Quartier genommen, um pünktlich zur Eröffnung der außerordentlichen Reichsversammlung mit gehörigem Pomp einziehen zu können. Bei seinen Gesprächen mit den zwölf Edlen aus Böhmen war es hauptsächlich darum gegangen, die protokollarisch richtige Form der geplanten Zeremonie abzusprechen. Sie sollte sowohl der Würde des Königs der östlichen Franken Rechnung tragen wie auch der politischen Bedeutung des vor einigen Wochen durch Boten angekündigten Schrittes und vor allem dem Stolz und dem Rang der böhmischen Nachbarn.

Dem Bischof aus dem südlichen Alemannien fiel es nicht schwer, mit den böhmischen Edlen in ihrer slawischen Muttersprache zu reden, denn er hatte über zwölf Jahre lang in Nitra (Neutra in der Slowakei), in der Residenz des mächtigen mährischen Fürsten Swatopluk, das Amt eines Bischofs versehen. Vor gut zwei Jahren war er allerdings in sein Heimatland zurückgekehrt, um König Arnulf als Kanzler zu dienen. Sosehr ihm die politische Bedeutung seines Bischofsamtes im fernen Slawenland bewußt gewesen war, hatte er doch zuletzt die wechselnden Launen des Fürsten Swatopluk nicht mehr ertragen können. Denn bei diesem Herrscher hatte sich mit zunehmendem Alter eine geradezu bösartige Tyrannei seiner nächsten Umgebung gegenüber entwickelt, die jedoch jeder Konsequenz entbehrte. Mal war der alte Fürst von überströmender Freundlichkeit, doch im nächsten Augenblick konnte diese in fürchterliche Strenge umschlagen.

Auch die seit vielen Jahren vom Mährerfürsten abhängigen Edlen

aus Böhmen hatten unter diesen sprunghaft wechselnden Launen zu
leiden, obwohl sie weit vom Zentrum des Mährerreiches entfernt lebten. Das war wohl der tiefere Grund dafür, daß die böhmischen Herzöge sich jetzt, kaum daß ihr Zwingherr Swatopluk gestorben war, nach
einem anderen Schutzherrn umsahen.

Am nächsten Tag war das Wetter warm und sonnig, nach dem vergangenen schrecklichen Hunger- und Schneewinter eine Labsal für
Menschen, Vieh und Land. Gott selbst gab damit ein Zeichen, daß ihm
das Vorhaben dieses Tages genehm sei. Feierlich zogen Erzbischof
Hatto von Mainz, der engste Vertraute des Königs, und Bischof
Adalbero von Augsburg, Erzieher seines kleinen Sohnes, sowie einige
weitere Bischöfe und Äbte, dazu mehrere hohe Adlige der Bayern, Alemannen, Franken und Sachsen in die Halle der Königspfalz ein. König
Arnulf hatte die Pfalz völlig neu erbauen lassen, nachdem die Stadt
Ratisbona vier Jahre zuvor durch ein verheerendes Feuer nahezu völlig
abgebrannt war.

Bischof Wiching, der als Kanzler des Königs die Verantwortung für
den rechten Ablauf der Zusammenkunft hatte, war sich darüber klar,
daß diese Reichsversammlung nur schwach besucht war. Nach dem
ordentlichen Reichstag zu Worms im März und einer Synode aller
Bischöfe im Ostfrankenreich zu Tribur gerade noch im Mai dieses Jahres war vielen hohen Adligen und Bischöfen die erst Ende Juni durch
Eilboten übermittelte Ladung zu einer weiteren Versammlung sehr un-
gelegen gekommen. Mit allerlei fadenscheinigen Entschuldigungen hatten viele vornehme Herren sich vor dem tage- oder gar wochenlangen
beschwerlichen Ritt nach der ostfränkischen Hauptstadt gedrückt.

Doch hoffte Kanzler Wiching, dies würde den böhmischen Gästen
nicht allzusehr auffallen. Die zwölf Herzöge aus Böhmen hatten sich
vor ihrem Einzug in die Königspfalz ihre Füßlinge (als Schuhe die-
nende, an der Sohle verstärkte Strümpfe) ausziehen müssen. Denn ein
uralter Brauch verlangte, daß jemand, der den Schutz des Königs er-
flehte, dies in demütiger Haltung und barfuß tun mußte.

Zuletzt zog Arnulf, im feierlichen Ornat eines Königs, in den Saal
ein und nahm auf dem erhöhten Thronsessel an der Stirnseite Platz. In
genau festgelegter Reihenfolge gruppierten sich um ihn die Geistlichen
seiner Hofkanzlei, der Befehlshaber seiner Leibwache und andere hervorragende Mitglieder seines Gefolges. Alle Teilnehmer der Reichsversammlung erhoben sich beim Einzug des Königs von ihren einfachen

Bänken und verbeugten sich vor des Königs Majestät. Ein Chor von Mönchen aus dem Kloster St. Emmeram in Ratisbona sang dazu eine gregorianische Hymne zum Lob Gottes.

Doch bevor die eigentlichen politischen Verhandlungen und die vorbereitete Zeremonie beginnen konnten, feierte Erzbischof Hatto die heilige Messe, assistiert von allen anwesenden Bischöfen. Auch die böhmischen Gäste beteiligten sich daran voller Inbrunst; die meisten von ihnen waren schon seit ihrer Jugend getaufte Christen.

Endlich war dieser geistliche Teil der Versammlung beendet, und König Arnulf konnte mit seiner kräftigen männlichen Stimme die Anwesenden begrüßen. Seine bayerisch gefärbte fränkische Mundart (gemeint Althochdeutsch) wurde von den meisten Anwesenden verstanden, selbst von den Grafen aus dem nördlichen Sachsen. Für die böhmischen Gäste übersetzte Bischof Wiching die an sie gerichteten freundlichen Worte flüssig in ihre slawische Sprache.

Dann traten die Adligen aus Böhmen vor; der vornehmste unter ihnen, Spytihniew aus der Familie Przemysls des Pflügers, hielt eine Rede, die wiederum Bischof Wiching Satz für Satz ins Fränkische übersetzte. Sie, die Vertreter der verschiedenen Völker in Böhmen, seien aus freien Stücken übereingekommen, dem König der Ostfranken nach alter Sitte und Brauch Treue und Gehorsam zu versprechen und ihn um Schutz gegen äußere Feinde zu bitten. Diese Verbindung zu den Ostfranken sei von Gott und der Natur vorgegeben, nur seien die Böhmen in den letzten Jahrzehnten durch die Gewalttaten des Mährerfürsten Swatopluk gegen ihren Willen von ihrer angestammten Nähe zum bayerischen Volk vorübergehend losgerissen worden. Heute seien die Böhmen gerne wieder bereit, den gebührenden jährlichen Tribut von 200 Rindern an den König zu entrichten. Zugleich bäten sie um Entsendung einiger christlicher Priester, denn die Unwissenheit über Gott und Jesus Christus sei bei den Völkern der Böhmen – Gott sei es geklagt! – noch immer erschreckend groß.

Huldvoll winkte König Arnulf die Edlen aus Böhmen näher zu sich heran. Einzeln traten sie vor den König, knieten nieder, legten ihre bittend gefalteten Hände in die Hände des Königs und sprachen den Treueid in slawischer Sprache nach, den Bischof Wiching ihnen vorlas und anschließend auf fränkisch und lateinisch wiederholte. Der König erwiderte dieses Treuebekenntnis mit einer eigenen Formel, die den neuen Untertanen seinen königlichen Schutz versprach. Ein weiterer

Chorgesang der Mönche von St. Emmeram schloß den feierlichen Teil
der Zeremonie würdig ab.

Damit gehörte Böhmen nun auch vollgültig zu den Gebieten am
Ostrand des Reiches der Ostfranken, deren slawische Bewohner und
Adlige sich in den Schutz und unter die Oberhoheit von König Arnulf
gestellt hatten. Denn nur wenige Wochen vorher hatten Gesandte des
Fürstentums der Obodriten hoch oben im Norden jenseits der Elbe
denselben bedeutungsvollen Schritt vollzogen, nachdem sie zuvor jahrzehntelang gegen ihren großen Nachbarn rebelliert hatten.

Ein üppiges Festmahl, das sich bis in die Nacht hinzog, krönte
wie üblich diese staatliche Versammlung, ein Essen, bei dem zahlreiche Fleisch- und Fischgänge, frisches Gemüse, Bier und auch Wein
in großen Mengen gegessen und getrunken wurden. Denn die
Großen des Ostfränkischen Reiches konnten, wenn es darauf ankam,
eine Menge vertragen, und die böhmischen Herzöge zeigten, daß
sie mindestens in dieser Hinsicht gut zu ihren westlichen Nachbarn
paßten.

DIE BÖHMEN IN TAUSENDJÄHRIGER SCHICKSALSGEMEINSCHAFT MIT DEN DEUTSCHEN

Im Gegensatz zu vielen Einleitungsepisoden sind diesmal weder die
handelnden Personen noch das beschriebene Ereignis erfunden. Nur
über den genauen äußeren Ablauf einer solchen Reichsversammlung
ist man wie so oft auf Vermutungen angewiesen. Die Annalen des
Klosters Fulda, die für diese Zeit so etwas wie die offizielle Geschichtsschreibung des Ostfränkischen Reiches darstellen, verzeichnen für
Mitte Juli 895 eine Reichsversammlung in Regensburg, bei der zwölf
Duces der Böhmen unter ihrem Wortführer Spytihniew dem König
Arnulf den Treueid leisteten.

Diese Unterwerfung der Böhmen unter die Oberhoheit des benachbarten Reiches der Franken war nicht die erste und auch nicht die
letzte, denn die Geschichte des böhmisch-deutschen Verhältnisses verlief ziemlich bewegt und ist es bis heute geblieben. Doch war der Treueid von zwölf böhmischen Herzögen im Jahr 895 vielleicht der bedeu-
tungsvollste, denn er brachte das Land um Moldau und obere Elbe

erstmals in eine spürbare kulturelle Nähe zum großen christlichen Nachbarreich.

Die damals begründete enge Verbindung des slawischen Böhmen mit dem fränkischen, später deutschen Nachbarn hat seitdem fast 1000 Jahre gehalten. Genaugenommen dauerte sie bis 1918, als sich die slawisch dominierte Tschechoslowakei vom zusammenbrechenden österreich-ungarischen Kaiserreich löste. In diesen mehr als 1000 Jahren war Böhmen – oder Tschechien, wie das Land heute offiziell heißt – nahezu ununterbrochen formell ein Teil des Deutschen Reiches, allerdings ein staatsrechtlich sehr besonderer Teil. Denn trotz dieser Zusammengehörigkeit wurde Böhmen nie völlig den späteren deutschen Stammesherzogtümern Bayern, Schwaben, Franken und Sachsen gleich geachtet. Stets blieb es ein im Kern slawisches Land mit eigener Kultur und eigenen Rechten. Diese Rechte waren im Vergleich zu denen der deutschen Herzogtümer keineswegs minderer Art. Böhmen war das erste und einzige Territorium des späteren Heiligen Römischen Reiches deutscher Nation, das schon im hohen Mittelalter den Rang eines eigenständigen Königreiches erreichte.

Der Schritt der zwölf böhmischen Herzöge in Regensburg im Jahr 895 war ein sehr klug überlegter und sehr weitsichtiger Schachzug. In klarer Erkenntnis der damaligen und auch späteren Machtverhältnisse haben sie sich vermutlich gesagt, daß ihr noch sehr spärlich besiedeltes Ländchen zu schwach war, um zwei starken Nachbarn zu trotzen. Dann schlossen sie sich lieber dem Nachbarn an, von dem sie hoffen durften, daß er sich nicht allzuviel in ihre inneren Angelegenheiten einmischen würde. So war es tatsächlich, und das blieb auch im späteren Mittelalter so, als große Zahlen deutscher Einwanderer die bis dahin noch fast menschenleeren Gebirgssäume Böhmens besiedelten und in den Städten wie Prag oder Pilsen die maßgebliche Bürgerschicht stellten. Diese über tausendjährige Schicksalsgemeinschaft der slawischen und deutschen Bewohner Böhmens sollte man bedenken, wenn heute über die wahrlich nicht unproblematische Nachbarschaft Tschechiens und Deutschlands in der Neuzeit gesprochen wird.

Die frühe Geschichte Böhmens als Teil des ostfränkisch-deutschen Reiches ist auch die Geschichte der schnell wachsenden Bedeutung der Tschechen, die zunächst nichts als ein kleiner unbedeutender Teilstamm der slawischen Völker in Böhmen waren, sowie ihrer Herrscher. Zu Zeiten des Slawenfürsten fränkischer Abstammung Samo (siehe

27. Kap., S. 452 ff.), fast 300 Jahre vor Herzog Spytihniew und König
Arnulf, war das böhmische Becken von einigen slawischen Kleinstäm-
men besiedelt, die sich sorgfältig voneinander fernhielten. Wenige ihrer
Namen sind bekannt, doch merken muß man sie sich normalerweise
nicht: Dudleben, Tschechen, Charwaten, Zlitschanen, Lutschanen und
einige andere. Die Angst vor den damaligen awarischen Steppenreitern
brachte sie vorübergehend dazu, einem gemeinsamen Oberherrn zu gehorchen, der die Abwehr organisieren konnte. Später erbaute jeder
Stammeshäuptling seine eigenen größeren oder kleineren Burgwälle
auf gut zu verteidigenden Bergen; diese Holz-Erde-Burgen dienten
wohl in Kriegszeiten auch der Landbevölkerung als Zuflucht.

Beziehungen Böhmens zum christlichen Westen – und damit erste
schriftliche Notizen – kamen erst zu Beginn des 9. Jahrhunderts zustande, als Truppen Karls des Großen auf einem Feldzug gegen die
Awaren das böhmische Becken durchzogen. Danach behauptete das
Frankenreich stets, es habe »die Böhmen« unterworfen, wovon in Wirklichkeit keine Rede sein konnte. Es gehörte wohl zum Staatsdogma
Karls des Großen und seiner Nachfolger, östlich des eigentlichen Frankenreiches einen Kranz unterworfener Völker zu haben, die lange Zeit
sogar ruhig Heiden bleiben durften, wenn sie nur formal die Oberhoheit des fränkischen Königs anerkannten.

Aus dem vorgeschichtlichen Dunkel der Vorgänge in Böhmen
taucht, wohl in der ersten Hälfte des 9. Jahrhunderts, eine sagenhafte
Königin Libussa des Stammes der Tschechen um das heutige Prag auf,
die der Legende nach einen bäuerlichen Pflüger namens Przemysl heiratete und so die künftige tschechisch-böhmische Fürsten- und Königsfamilie gründete, die Przemysliden. Ein Abkömmling dieser Familie,
Borywoj, ließ sich um 870 als Christ taufen. Allerdings waren schon
vorher, 845, einige andere böhmische Stammeshäupter nach Regensburg gekommen, um sich am fränkischen Königssitz taufen zu lassen
und dem fränkischen König zu unterwerfen. Offenbar gab es bereits
um die Mitte des 9. Jahrhunderts recht intensive Missionsbemühungen
des Bistums Regensburg im benachbarten Böhmen.

In den 50 Jahren, die zwischen der ersten Taufe böhmischer Adliger
845 und dem Treueid des Jahres 895 vergangen waren, muß der Einfluß des Fürsten der Tschechen bereits in ganz Böhmen erheblich gewachsen sein, denn der Przemyslide Spytihniew, Sohn des Borywoj,
war schon der erste Wortführer der Herzöge von Böhmen.

Nur ein kurzer Ausblick auf die spätere Geschichte der tschechischen Herzöge aus der Familie der Przemysliden sei hier noch angefügt, um dem Leser das historische Rüstzeug für Teil VI dieses Buches zu geben, in dem Böhmen und seine Herzöge immer wieder einmal vorkommen werden. Dem Herzog Spytihniew folgte – vermutlich ab 905 – sein Bruder Wratislaw, der bis 921 den Stamm der Tschechen regierte. Beide Brüder waren Christen und ließen in ihrer Residenz Prag und anderswo Kirchen bauen. Wratislaw heiratete eine Prinzessin Drahomira aus dem elbslawischen Stamm der Wilzen oder Liutizen. Ihrer beider Sohn war der Herzog Wenzel, den man später »den Heiligen« nennen sollte und nach dem der berühmte Wenzelsplatz in Prag benannt ist.

GROSS-MÄHREN UND DIE SLAWEN-APOSTEL KYRILL UND METHOD

Viel mächtiger und bedeutender als die Böhmen war allerdings in dem Jahrhundert, das dem Treueid von 895 voranging, das benachbarte slawische Volk der Mährer. Mähren ist heute der östliche Landschaftsteil Tschechiens an der Grenze zur Slowakei. Zwischen dem böhmischen Becken um die Moldau und die obere Elbe und dem alten Durchgangsgebiet des Flusses March (daher »Mähren«) lag bis zum Ende des ersten Jahrtausends eine fast unbesiedelte bewaldete Hügellandschaft, die nur wenige Verbindungswege von Osten nach Westen frei ließ. Wie es kam, daß sich im mährischen Gebiet schon früh slawische Adlige zu mächtigen Herrschern auch über benachbarte Regionen aufschwangen, ist unbekannt. Vielleicht war das Marchtal, in dem die große, seit Jahrtausenden von Händlern benutzte Bernsteinstraße von Süd- nach Nordeuropa verlief, besonders offen für Anregungen von außen.

In der südwestlichen Slowakei, in Neutra, hatte sich bereits um 830 ein slawischer Fürst namens Pribina taufen lassen und eine Kirche gebaut. Jedoch nur wenige Jahre später wurde er von einem anderen slawischen Adligen vertrieben, der sich in Neutra seine neue Hauptstadt einrichtete. Dieser Mährerfürst hieß Mojmir; er errang bald die Herrschaft über weite Gebiete nördlich der mittleren Donau. Die Gefahr für die Slawen durch das Reiterkriegervolk der Awaren war inzwischen gebannt (siehe 37. Kap., S. 640), doch erhob in der Nachfolge der Awaren

nun das Frankenreich Anspruch auf die Oberherrschaft im ganzen Kar-
patenbogen. Das brachte Mojmir und seine Nachfolger in fast ständige
Gegnerschaft zu den fränkischen und ostfränkischen Königen.

Ludwig dem Deutschen gelang es 846, den zu stark gewordenen
Fürsten Mojmir zu besiegen und dessen Neffen Rastislaw an seiner
Stelle einzusetzen, der aber ebensowenig dauerhaft ein Freund der
Franken blieb. Rastislaws Macht dehnte sich weiter in dem dünnbesie-
delten Gebiet zwischen Donau, Beskiden und Karpaten aus. Er war
wohl schon ein Christ, und als solcher unternahm er, vermutlich 863,
einen recht geschickten Schachzug. Er wandte sich an den Kaiser in
Byzanz (Konstantinopel) und bat um die Entsendung christlicher Missionare von dort, in dem vollen Bewußtsein, dadurch das Interesse
dieser Großmacht auf sein Gebiet zu lenken.

Byzanz schickte seine besten Sendboten ins Land der Mährer: die
griechischen Mönche und Brüder Kyrill(ios) und Method(ios). Sie
stammten aus dem nordgriechischen Thessalonike (Saloniki) und
waren in der Nachbarschaft von dort schon lange ansässigen Slawen
aufgewachsen, kannten deren Sprache und interessierten sich dafür. In
Anlehnung an die griechische Schrift erfanden sie ein eigenes Alphabet
für die slawische Sprache mit ihren vielen Zischlauten – die kyrillische
Schrift. Unter Benutzung dieser Schrift übersetzten sie zahlreiche
christliche Werke ins Slawische und schufen eine eigene Kirchenliturgie
in dieser Sprache. Ihre ersten großen Erfolge bei der Bekehrung slawischer Völker hatten sie bis 863 bei den Bulgaren auf der südlichen
Balkanhalbinsel erzielt; das damalige Bulgarenreich war jedoch erheblich größer als der heutige Staat Bulgarien und grenzte im Norden an
das Gebiet des Mährerreiches.

Im Jahr 864 verlegten die Brüder Kyrill und Method ihren Wir-
kungskreis nach Norden. Auch vom Papst empfingen die beiden Griechen den Auftrag, dort missionierend tätig zu werden, denn dem Oberhaupt der Kirche in Rom war daran gelegen, unabhängig von der
fränkischen Kirche Einfluß im europäischen Osten zu gewinnen. Allerdings gerieten die Mönche hier in eine Art Hexenkessel widerstreiten-
der politischer Interessen. Der Kaiser in Byzanz, der christliche Pa-
triarch von Konstantinopel – schon damals ein sehr eigenwilliger
Gegenspieler des Papstes –, der ostfränkische König in Regensburg, der
Papst in Rom, die bayerischen Bischöfe und nicht zuletzt der Mährerfürst Rastislaw in Neutra selbst, sie alle hatten sehr eigensüchtige poli-

tische Motive beim Wettkampf um Macht und Einfluß. Mitunter wechselten diese Interessen auch ziemlich abrupt. Die Seelen und die eigenen Wünsche der slawischen Bevölkerung, um die es ging, interessierten die weltlichen und geistlichen Machthaber wie üblich reichlich
wenig.

Nach anfänglich guten Missionserfolgen in »Groß-Mähren«, wie die
byzantinischen Kaiser das Land respektvoll nannten, wurden die beiden Mönche im Jahr 867 nach Rom bestellt, um sich zu rechtfertigen.
Denn die Entwicklung einer eigenen Kirchenliturgie in slawischer Sprache ließ den Papst um seinen Einfluß fürchten. Mit der ausschließlich
lateinischen Messe glaubten die Päpste die Universalität der Kirche beweisen zu müssen. (Bekanntlich hielt die katholische Kirche bis ins
späte 20. Jahrhundert an dieser Form der Liturgie fest.) Kyrill starb 869
in Rom. Seinem Bruder Method gelang es jedoch offenbar, den neuen
Papst Hadrian II. (867–872) von der Richtigkeit seines Vorgehens zu
überzeugen. Der Papst erhob Methodios sogar zum Bischof der Mährer und schickte ihn nach Neutra zurück.

Doch bei seiner Rückreise über die Alpen und durch Bayern fiel
Method 870 in die Hände der bayerischen Bischöfe, die ihn drei Jahre
lang in einem Kloster einsperren ließen. Erst auf sehr nachdrückliche
Intervention des Papstes ließen die Bischöfe ihn frei und ins Mährer-
reich zurückkehren. Dort hatten sich inzwischen auf politischer Ebene
viele Veränderungen ergeben. Der Mährerfürst Rastislaw wurde 870
von seinem Neffen und Mitregenten Swatopluk gefangengenommen
und an Ludwig den Deutschen ausgeliefert. Neue Auflehnungen der
Mährer gegen das Frankenreich, fränkische Feldzüge, Friedensschlüsse
und neue Feldzüge unterschiedlichen Ausgangs folgten in so schnellem
Wechsel aufeinander, daß offenbar schon die zeitgenössischen Annalisten nicht mehr ganz mitkamen. Eine Erinnerung an ein zeitweise
sogar freundschaftliches Verhältnis Swatopluks zum ostfränkischen
Königshaus war der Name des ältesten, allerdings unehelichen und
daher nicht erbberechtigten Sohnes Arnulfs von Kärnten. In der latini-
sierten Form Zwentibold hieß er nach seinem Taufpaten Swatopluk.

Method wurde 879 erneut nach Rom bestellt, aber nach einiger Zeit
wiederum im Einvernehmen mit dem Papst zurückgesandt. Immerhin
reichte der Einfluß der eifersüchtigen bayerischen Bischöfe so weit, daß
der Papst 880 den alemannischen Geistlichen Wiching, neben oder unter dem Slawenapostel Method oder etwa gegen ihn, zum Bischof von

Neutra ernannte. 889 starb Methodios in Mähren. Die Sprunghaftig-
keit Swatopluks äußerte sich darin, daß er daraufhin die Geistlichen,
die nach dem Vorbild des Method in slawischer Sprache die Messe
lasen, aus seinem Reich auswies. Allerdings darf man annehmen, daß
Swatopluk, der zeit seines Lebens Christ war, im Grunde die päpstlich-
lateinische Richtung befürwortete. Tatsächlich setzten sich im einst
großmährischen Gebiet langfristig die Neuerungen Kyrills und Me-
thods nicht durch. Die westlichen Slawen benutzten später auch für
ihre Sprachen das lateinische Alphabet, und die römisch-katholische
Kirche mit ihrer lateinischen Liturgie behielt hier, anders als bei den
meisten Slawen auf der Balkanhalbinsel (Serben, Bulgaren) und weiter
im Osten Europas (den Russen), bis in die Neuzeit das Übergewicht.

Im Jahr 894 starb Swatopluk, der Fürst von Groß-Mähren, dessen
Macht sich zuletzt wohl bis in das Gebiet der mittleren Oder und der
oberen Weichsel, über Böhmen, vielleicht sogar über die Sorben im
heutigen Sachsen, die Slowakei und große Teile Pannoniens (westliches
Ungarn) erstreckte. In zwei erfolglosen Feldzügen 892 und 893 hatte
der Ostfrankenkönig Arnulf versucht, ihn erneut zu unterwerfen. Ihm
halfen dabei einige Trupps von Magyaren, die kurz zuvor aus der Gegend des Schwarzen Meeres in die Steppengebiete östlich der Donau
eingewandert waren. Noch war der Mährerfürst stärker. Doch unmittelbar nach seinem Tod brach ein zu erwartender Bruderkrieg zwischen
den beiden Söhnen Swatopluks aus, die sich erbittert bekämpften. Das
Großmährische Reich brach mangels eines tatkräftigen Herrschers sehr
schnell zusammen. Der Abfall der Böhmen im Jahr 895 war nur das
erste Anzeichen dafür.

Spätestens im Jahr 907 war das Reich Mojmirs, Rastislaws und Swatopluks endgültig verschwunden, nachdem ein Magyarenheer die verbündeten Streitkräfte der Bayern und Mährer in einer Schlacht beim
heutigen Preßburg (Bratislawa) vernichtend geschlagen hatte. Den östlichen Teil des Mährerreiches, die heutige Slowakei, beherrschten nun
die Magyaren; sie taten es bis 1918! Der westliche Teil, das eigentliche
Mähren, fiel an die immer mächtiger werdenden Böhmen und ihr
»Staatsvolk«, die Tschechen.

Mit dem Sieg von 907 hatten sich die Magyaren – oder, wie man sie
immer häufiger nannte, die Ungarn – nach den Hunnen und den Awaren unübersehbar als drittes Reitervolk innerhalb von 600 Jahren in
den Steppengebieten zwischen Theiß und Donau festgesetzt. Von die-

sem Kerngebiet aus durchzogen sie in den folgenden Jahrzehnten wie ihre Vorgänger plündernd und mordend weite Gebiete des Ostfränkischen Reiches, das in dieser Zeit zu schwach war, um sich dagegen nachhaltig zu wehren.

Nach ihrer Sprache sind die Ungarn keine Mongolen, aber immerhin das einzige Volk im mittleren Europa, dessen Sprache bis heute nicht mit den indoeuropäischen Idiomen sämtlicher Nachbarn verwandt ist. Ungarisch gehört zu einer Gruppe der sogenannten ugrofinnischen Sprachen (dazu zählen in Europa noch Finnisch und Estnisch) und hat entfernte Verwandtschaft mit dem Türkischen. Aus Innerasien, diesem »Mutterschoß« vieler wilder Reitervölker des Mittelalters, kamen auch die Ungarn einst, wurden aber von Nachbarn immer weiter nach Westen gedrängt, bis sie im heute nach ihnen benannten Land, dem früheren Pannonien, ihre endgültigen Wohnsitze fanden. Die Kämpfe gegen die Ungarn während der ersten Hälfte des 10. Jahrhunderts werden in diesem Buch noch mehrfach erwähnt werden.

KAISER ARNULF UND LUDWIG DAS KIND, DIE LETZTEN KAROLINGER IN DEUTSCHLAND

Vielleicht hätte Arnulf von Kärnten für das Ostfrankenreich so etwas werden können wie sein Ahnherr Karl der Große für das Gesamtreich: ein überragender und allseits geachteter erfolgreicher Herrscher. Doch das Schicksal gönnte ihm nur ein recht kurzes Leben.

Arnulf war ein König, wie ihn das Reich in kritischer Zeit brauchte: männlich, kräftig, tapfer und im großen ganzen »mit dem Königsheil begnadet«, das nach altgermanischer Anschauung der Menschen selbst im längst christlichen Karolingerreich unerläßlich für einen guten König war. Als drei Jahre nach seiner Wahl zum König erneut Normannen von der Nordseeküste aus das nun zum Ostfrankenreich gehörende Niederlothringen, das heutige Flandern und Brabant, bedrohten, gelang es dem König, sie nach anfänglichen Mißerfolgen in einer großen Schlacht bei Löwen am Fluß Dyle (891) vernichtend zu besiegen. Diese Niederlage brachte die nordischen Seefahrer dazu, sich endgültig aus dem Ostfrankenreich zurückzuziehen, statt dessen die von ihnen längst

eroberten Gebiete in Nordfrankreich vom westfränkischen König zu
Lehen zu nehmen und keine weiteren Raubzüge mehr zu unternehmen.
In kurzer Zeit wurde so ein Teil Nordfrankreichs zur »Normandie«.

Ein schweres Hindernis für die Fortsetzung der Karolingerherrschaft im Ostfrankenreich war, daß die beiden ältesten Söhne Arnulfs
nur von einer »Beischläferin« stammten, die nicht aus ebenbürtiger
Familie kam und mit Arnulf nicht in kirchlich gültiger Ehe verheiratet
war. Dies schloß die Söhne Zwentibold und Ratold von der Thronfolge im Ostfrankenreich aus. Immerhin brachte es König Arnulf
fertig, seinen Sohn Zwentibold im Jahr 895 zum Unterkönig in der
Provinz Lotharingien zu ernennen; dort machte dieser sich allerdings
bald die meisten Adligen und alle Nachbarreiche durch unmotivierte
Kriegszüge zu Feinden. Schon im Jahr 900 fiel König Zwentibold, an
dem die zeitgenössischen Annalisten kaum ein gutes Haar ließen, auf
einem Kriegszug gegen ein Nachbarreich. Erst im Jahr 893 stellte sich
noch ein erbberechtigter Thronfolger ein, den Arnulfs rechtmäßige
Ehefrau Oda gebar. Der Sohn erhielt den karolingischen Traditions-
namen Ludwig.

Kurz danach wurde König Arnulf auch in die Thronkämpfe in Italien hineingezogen, wo sich Angehörige einflußreicher Adelsfamilien
fränkischer und langobardischer Abstammung die Titel König von Italien und Kaiser streitig machten. Papst Formosus hatte einen dieser Adligen selbst zum Kaiser gekrönt und damit nach seiner Auffassung zum
»Beschützer des Papstes« ernannt. Doch als der neue Kaiser in Streitigkeiten mit dem Papst geriet, rief Formosus den ostfränkischen König
Arnulf zu Hilfe. 894 zog der König mit einem Heer nach Italien, mußte
jedoch nach schweren Kämpfen im Norden des Landes wieder nach
Bayern zurückkehren. Erst ein neuer Italienzug im Herbst 895 brachte
ihm einen größeren Sieg über feindliche Truppen, den Besitz der Stadt
Rom und die ersehnte Kaiserkrönung durch Papst Formosus (Februar
896) ein. So wurde Arnulf auch als Kaiser Nachfolger seines so wenig
erfolgreichen Onkels, Karls des Dicken.

Allerdings war dies der letzte Erfolg, der dem König und nunmeh-
rigen Kaiser Arnulf vergönnt war. Noch in Italien, bei Kämpfen mit
einem einheimischen Widersacher, traf ihn ein Schlaganfall, der ihn
wahrscheinlich teilweise lähmte. Das gleiche Schicksal hatte schon sein
Vater Karlmann erleiden müssen. Arnulf wurde zwar wieder ins Ostfrankenreich zurückgebracht und nahm sogar noch Regierungsauf-

gaben wahr, doch von einer starken Führung der Reichsangelegenheiten durch den König konnte nun keine Rede mehr sein.

Kriegszüge anzuführen war dem neuen Kaiser unmöglich, und doch wäre das nötig gewesen. Das gerade erst mühsam eroberte Italien entglitt seinen Händen sofort wieder oder vielmehr denen seines Bastard-Sohnes Ratold, den er zum König von Italien hatte erheben lassen. Kämpfe mit den Mährern und den Ungarn mußten jetzt allein von einem Adligen aus Bayern ausgefochten werden, von Luitpold, dem Markgrafen der Ostmark (Österreich), denn die Ungarn wurden in jenen Jahren ihren Nachbarn allmählich gefährlich: Erst fielen sie in Oberitalien ein, dann ins heutige Österreich.

Im Inneren des Reiches trieben die Eifersüchteleien und wechselseitigen Gebietsausdehnungen einiger mächtiger Adelsfamilien einem Höhepunkt entgegen. Da gab es im Franken genannten Gebiet um den Main zwei Geschlechter, die seit langem immer mehr Grundbesitz, Vasallen und Geldschätze gesammelt hatten und sich gegenseitig erbittert haßten. Das waren die Babenberger, die in der Gegend um Bamberg am Obermain ihre Stammgüter hatten, und die Konradiner aus dem Lahngau nahe des mittleren Rheins. Die letzteren nannten nicht nur im Umkreis ihrer Heimatgegend zahlreiche Dörfer, Güter und Hintersassen ihr eigen, sondern bis hinauf nach Thüringen und Sachsen, vor allem beiderseits der oberen Weser. Dort gerieten die Konradiner aber in Auseinandersetzungen mit der Familie der Liudolfinger und ihrem derzeitigen Oberhaupt, Herzog Otto dem Erlauchten. Noch äußerten sich die Streitigkeiten zwischen diesen Familien mehr oder weniger nur in verbalem Schlagabtausch auf Reichstagen oder bei anderen Gelegenheiten, vor allem aber auch in Versuchen, mit Druck, Versprechungen und Bestechung Mitstreiter unter den kleineren Adligen für die eigene Sache zu finden oder Vasallen den gegnerischen Geschlechtern abspenstig zu machen. Doch irgendwann würden diese Machtkämpfe in tatsächliche Kriege umschlagen, das war nach der rauhen Sitte des Mittelalters nur eine Frage der Zeit.

Arnulf hatte auch familiäre Sorgen. Seine Ehefrau Oda wurde des Ehebruchs beschuldigt und konnte sich nach germanischer Sitte nur durch 72 Eideshelfer – Männer, die feierlich beschworen, daß dem nicht so sei – von diesem Vorwurf reinigen. Es war daher wohl kein Wunder, daß Kaiser Arnulf Ende 899 erneut einen Schlaganfall erlitt und am 8. Dezember in seiner Hauptstadt Regensburg starb.

Schon zwei Monate später (am 4. Februar 900) huldigten hohe Adlige und Bischöfe aus dem Reich in Forchheim dem neuen König Ludwig, einem sechsjährigen Kind. Das lag nicht nur daran, daß sie schon drei Jahre zuvor auf Veranlassung Kaiser Arnulfs seinem jüngsten, aber unbestreitbar erbberechtigten Sohn den Treueid geleistet und ihn als künftigen König anerkannt hatten. Gerade angesichts der immer ernster werdenden inneren Machtkämpfe zwischen einigen großen Adelsfamilien war es den Häuptern dieser Geschlechter vermutlich nicht unlieb, einmal keinen tatkräftigen König über sich zu haben. Bezeichnend war jedoch, daß niemand von ihnen daran dachte, sich vom Reich der Ostfranken zu trennen und mit seinem eigenen Komplex an Ländereien, Hintersassen, adligen Vasallen, Geld und Macht eigenständige Wege zu gehen. In den anderen Nachfolgestaaten des Karolingerreiches waren separatistische Tendenzen in jener Zeit durchaus vorhanden. Nur die Adelshäupter aus Lotharingien entschieden sich ein weiteres Mal für einen Wechsel ihrer Loyalität; sie blieben der Reichsversammlung in Forchheim fern und warteten erst einmal ab, wie sich die Dinge entwickeln würden.

Die Regierung für den unmündigen König Ludwig (er erhielt sogleich den unterscheidenden Beinamen »das Kind«) führten drei hohe Geistliche, die ihre Ämter der Ernennung durch König Arnulf zu verdanken hatten. Das waren der Erzbischof Hatto von Mainz, Salomon, Bischof von Konstanz und zugleich Abt von St. Gallen, sowie Bischof Adalbero von Augsburg, der sich vor allem um die Erziehung des jungen Königs bemühte. Die Bischöfe und Äbte jener Zeit waren nicht selten berühmte und tatkräftige Heerführer und konnten höchstpersönlich recht kräftig mit dem Schwert dreinschlagen, wenn sie damit auch allen kirchlichen Vorschriften zuwiderhandelten. Die drei genannten Geistlichen gehörten aber wohl nicht zu diesem Menschenschlag, sie waren eher Politiker als Heerführer. Und doch hätte es gerade zu ihrer Zeit einer überragenden Führerpersönlichkeit bedurft, um das Reich der Ostfranken aus dem wachsenden Chaos noch einmal herauszuholen. Allerdings wäre es wahrscheinlich selbst einem neuen Karl dem Großen schwergefallen, die zahlreichen Katastrophen abzuwenden, die das Reich in den ersten Jahrzehnten des 10. Jahrhunderts heimsuchten.

Da waren einmal die Ungarn, die inzwischen völlig ihre neuen Wohngebiete an der mittleren Donau in ihre Macht gebracht hatten. Zu Lebzeiten Kaiser Arnulfs hielten sie sich vor Angriffen auf das Ostfränkische Reich noch zurück, doch danach war fast jedes Jahr ein anderer Teil dieses Reiches ihren offenbar gut geplanten, diplomatisch vorbereiteten Plünderungszügen ausgeliefert. Einmal zogen sie über Mähren und Schlesien bis ins Land der slawischen Daleminzier (im heutigen Bundesland Sachsen) und tauchten, zum Entsetzen der dortigen Sachsen, sogar westlich der mittleren Elbe auf. Ein anderes Mal rückten die Ungarn im Donautal aufwärts und schlugen sich mit den Kriegerkontingenten der Bayern herum. Von der vernichtenden Niederlage eines bayerischen Heeres in der Schlacht bei Preßburg 907 war schon die Rede. In dieser Schlacht fiel der bayerische Markgraf Luitpold. Dessen Sohn Arnulf, vermutlich ein Patenkind des verstorbenen Kaisers, führte die neue Dynastie bayerischer Anführer fort.

Weitere Raubzüge in den folgenden Jahren unternahmen die Ungarn bis nach Schwaben und weiter über den Rhein bis ins südliche Frankreich. Als sich dem Heer der Magyaren im Jahr 910 eine aus verschiedenen Teilen des Ostfränkischen Reiches zusammengekratzte Streitmacht entgegenstellte, wurde diese auf dem Lechfeld bei Augsburg vernichtend geschlagen. Sie stand unter dem nominellen Oberbefehl des jungen Königs Ludwig, der inzwischen 17 Jahre zählte und nach fränkischem Recht längst erwachsen und regierungsfähig, aber dennoch zu jung, zu schwach und zu unerfahren war, um ein wirklicher Heerführer sein zu können. Dem Tod in der Schlacht entging der junge König, aber nicht dem Schicksal, heimlich bei seinen Untertanen als »König ohne Heil« angesehen zu werden.

Im Inneren des Reiches entluden sich in den Jahren 902 und 903 die lange angestauten gegensätzlichen Positionen zwischen den Babenbergern und den Konradinern in mehreren Feldzügen dieser beiden mächtigen Geschlechter gegeneinander in Mainfranken und Rheinfranken. Verschiedene Familienangehörige beider Seiten fielen dabei, doch wie immer waren die Hauptleidtragenden die einfachen Krieger und die bei diesen Kriegszügen geplünderten und verbrannten Dörfer des jeweiligen Gegners, unschuldige Opfer eines rücksichtslosen Machtstrebens.

Nach einigen Jahren tatenlosen Zusehens bemühte sich die »Regierung« des Reiches in Gestalt der drei Bischöfe, dem mörderischen »Bürgerkrieg« ein Ende zu machen. Der zuletzt siegreiche Babenberger Adalbert wurde vor den Reichstag des Jahres 906 in Tribur geladen, erschien aber nicht, wohl weil er wußte, daß der Reichsverweser, Erzbischof Hatto von Mainz, politisch auf der Seite seiner konradinischen Gegner stand. Als Vergeltung für den Affront gegen den König – als solcher galt unentschuldigtes Fernbleiben vom Reichstag – belagerten königliche Truppen Adalberts Burg Theres am Main (bei Schweinfurt), nahmen den zum Rebellen erklärten Anführer gefangen und richteten ihn hin. Dies bedeutete den Untergang des stolzen und mächtigen Geschlechts der Babenberger.

In Sachsen konnte Otto der Erlauchte aus dem Geschlecht der Liudolfinger darangehen, der durch die Fehde stark geschwächten Konradinersippe ihren Besitz in Sachsen und Thüringen allmählich abzunehmen.

Im September 911 starb König Ludwig das Kind, vermutlich an einer chronischen Krankheit, die ihn schon länger gehindert hatte, zu einer kraftvollen Persönlichkeit heranzuwachsen. Damit war die »von Gott geheiligte« Herrscherfamilie der Karolinger im Ostfrankenreich erloschen, wenigstens in dem nach fränkischem Recht allein thronberechtigten Mannesstamm in legitimer Erbfolge.

War dies das Ende des ruhmreichen Frankenreiches?

TEIL VI:
DAS REICH
DER DEUTSCHEN
ENTSTEHT

911 bis 1002 n. Chr.

43. DER KÖNIG,
DIE HERZÖGE UND
DIE BISCHÖFE

»DAS HEIL HAT IHN VERLASSEN!«
März 918, Salzburg

Das Arbeitszimmer im Palast des Erzbischofs von Salzburg dicht beim
Dom zeichnete sich dadurch aus, daß es eine eigene Feuerstelle mit
besonderem Rauchabzug bis durch das Dach des Fachwerkgebäudes
enthielt (Kamin). Eine große Platte, aus dünn gehämmerten Eisen-
stücken kunstvoll zusammengefügt, stand auf eisernen Füßen vor der
mit Steinen ausgekleideten Feuerstelle, dazu bestimmt, das Übergreifen
von Funken auf den hölzernen Fußboden zu verhindern wie auch die
Hitze zu speichern und nach und nach in den Raum abzugeben. Kostbare Teppiche schmückten Boden und Wände des Raumes, dessen
kleine Fenster jetzt während des Winters mit dicken Stoffstücken ver-
schlossen waren. Dennoch empfing der Raum genügend Licht durch
mehrere von der Decke herabhängende goldene Öllampen. Ein schwerer großer Tisch aus Eichenbohlen war bedeckt mit Pergamenten,
Büchern und Schreibgeräten, und dahinter stand ein aus gedrechselten
Hölzern zusammengefügter massiger Sessel für den Bischof. Einige einfache Holzschemel, zwei kleine Tischchen sowie ein Regal für allerlei
Schriften bildeten das restliche Mobiliar des Raumes, von dem es hieß,
der Herzog Arnulf von Bayern habe in seiner Pfalz in Ratisbona (Regensburg) keinen so reich ausgestatteten Raum zur Besprechung mit
seinen wichtigsten Beratern.
    Erzbischof Piligrim von Salzburg konnte sich diesen Aufwand lei-
sten, stammte er doch aus der reichen Familie der Grafen von Allers-
hausen, deren Genealogie irgendwie mit den schon sagenhaften Huosi,
einem der ältesten und reichsten Adelsgeschlechter Bayerns, zusammenhing. Als oberster Bischof Bayerns und Stadtherr seines Bischofs-
sitzes war er es seinem Amt und seinem Geschlecht schuldig, diesen
Reichtum auch zu zeigen.
    Ein Lehnsmann des Bischofs und zugleich entfernter Verwandter

befehligte die fast 200 Berufskrieger, die seit einigen Jahren Tag und
Nacht die erst kürzlich hastig aus Trümmern einstiger römischer Häu-
ser erbaute Stadtmauer bewachten. Die Bewohner des aufstrebenden
Städtchens Salzpurc wußten nicht recht, wem diese Verteidigungsmaß-
nahme in erster Linie galt: den Ungarn oder dem Herzog Arnulf. Die
Ungarn, diese vom Teufel ausgesandten Nachfolger der Hunnen, waren schon mehrmals in den vergangenen Sommern im Donautal nach
Westen geritten und hatten verbrannte und ausgeplünderte Dörfer und
Güter hinter sich gelassen. Nach Salzpurc waren sie glücklicherweise
noch nicht gekommen. Und mit Herzog Arnulf, der sich in Bayern für
den alleinigen Landesherrn hielt, waren die Beziehungen des Erzbischofs sehr gespannt. Wachsamkeit gegen einen Überfall durch Truppen dieses Herrn konnte daher nicht schaden.

Trotz dieser Spannung saß heute der Erzbischof Piligrim mit einem
engen Gefolgsmann von Herzog Arnulf in angeregtem Gespräch zusammen. Das Gebot der Gastfreundschaft und die enge Verwandtschaft mit dem Besucher machten es möglich. Ein knisterndes Feuer
erwärmte das Arbeitszimmer; dennoch trug der alte Herr in der
Abgeschiedenheit seiner Klause eine wärmende Pelzmütze nach Art der
Ungarn auf dem kahlen Kopf sowie einen dicken Pelzumhang. Beide
Kleidungsstücke gehörten eigentlich nicht zur zulässigen Gewandung
von Geistlichen, doch Piligrim war in solchen Fragen nicht kleinlich.
Sein Gegenüber war sein Neffe Reginpert. Auf dem Weg zu einem ihm
kürzlich von Herzog Arnulf verliehenen Gut im oberen Karantanien
hatte er bei seinem Onkel Station gemacht.

Ein reichhaltiges Abendessen lag hinter den beiden Verwandten,
und jetzt stand ein großer Zinnkrug mit Wein und Zinnbecher dazu auf
dem Tisch, damit bei dem angeregten Gespräch die Kehlen nicht gar zu
sehr austrockneten. Onkel und Neffe hatten sich lange nicht gesehen;
das lag daran, daß sie politisch zu sehr verschiedenen Parteien gehörten; dennoch waren sie während des Abendessens übereingekommen,
über ihre unterschiedlichen Standpunkte zu den Angelegenheiten des
Reiches auf keinen Fall zu streiten, sondern sie wie vernünftige Menschen sachlich und ohne persönliche Erregung zu besprechen.

Auf Bitte seines Neffen hatte der alte Kirchenfürst von dem nun
schon über sieben Jahre zurückliegenden Ereignis berichtet, das Ausgangspunkt so vieler Kämpfe und Meinungsverschiedenheiten der letzten Zeit gewesen war. Damals, im November des Jahres 911 nach des

Herrn Erscheinung, hatte eine Reichsversammlung in der Königspfalz Forchheim einen neuen König für das Reich der Ostfranken gewählt. Denn kurz zuvor war König Ludwig aus der Familie des großen Kaisers Karl gestorben, erst achtzehnjährig und fast noch ein Kind; und Nachkommen oder andere ebenbürtige Verwandte aus der Königsfamilie waren nicht vorhanden.

Damals, so erzählte Erzbischof Piligrim, der selbst zu den Teilnehmern der Reichsversammlung und Wahlberechtigten gehört hatte, waren die hohen Adligen aus dem Reich der Ostfranken sich einig gewesen, einen neuen König nur aus ihrem Kreis zu wählen. Zwar hatte das Westfrankenreich noch einen legitimen Nachkommen Karls des Großen als König, der ebenfalls Karl hieß. Doch sein allgemein gebräuchlicher Unterscheidungsname »der Einfältige« ließ erkennen, wes Geistes Kind dieser König war. Daher erfolgte die Wahl des fränkischen Herzogs Konrad zum neuen König des Ostfränkischen Reiches damals ohne lange Diskussion und einstimmig, nachdem der sächsische Herzog Otto es angesichts seines Alters abgelehnt hatte, die Bürde zu übernehmen. Konrad war immerhin Franke, wie ja auch das Reich hieß, und er war wenigstens Schwiegersohn des verstorbenen Königs und Kaisers Arnulf. Dadurch wurde der Schritt weg von der von Gott und der Tradition geheiligten Familie der Karolinger erträglicher.

»König Konrad war doch einmal selbst Herzog in Franken, ehrwürdiger Onkel«, meinte Graf Reginpert, »warum hat er es nur darauf angelegt, sich mit den anderen Herzögen im Ostfränkischen Reich zu überwerfen, die doch einst seinesgleichen waren?«

Erzbischof Piligrim war als Erzkaplan von König Konrad persönlich eng mit diesem Mann, seinem Hof und den Regierungsgeschäften des Reiches verbunden, auch wenn er sich häufig bei seinen Obliegenheiten am Hof vertreten ließ – das Amt des Erzkaplans beinhaltete mehr oder weniger nur zeremonielle Aufgaben – und lieber einen Großteil des Jahres in seiner heimischen Diözese Salzburg verbrachte. Er wußte daher recht gut Bescheid über manche Einzelheiten, über Gründe für das Handeln des Königs, über seine Absichten, Erfolge sowie Mißerfolge. Vorsichtig seine Worte abwägend, versuchte er den Standpunkt des Königs seinem jüngeren Verwandten zu erklären.

»Ein gutes Verhältnis zu den Mächtigen in den einzelnen Stämmen, aus denen sich unser Ostfränkisches Reich zusammensetzt, war immer das Bestreben unseres Königs«, führte Piligrim aus. »Du weißt, Neffe

Reginpert, daß er vor fünf Jahren die Witwe des bayerischen Markgrafen Luitpold und damit die Mutter von dessen Sohn Arnulf geheiratet
hat. Die edle Frau Kunigunde war darüber hinaus die Schwester der
beiden Pfalzgrafen Erchanger und Berthold, die in Schwaben nach dem
Amt eines Herzogs strebten. Diese Hochzeit war ein Angebot des Königs an diese großen Herren zur freundschaftlichen Zusammenarbeit.
Doch sie haben es ihm nicht gedankt.«

So ruhig und sachlich wie möglich beschrieb der alte Bischof die
Vorgänge, die, sich allmählich steigernd, dazu geführt hatten, daß der
König mit Waffengewalt gegen seine Schwäger in Schwaben und gegen
seinen Stiefsohn in Bayern hatte vorgehen müssen. Das fing an mit der
vorübergehenden Gefangennahme des Bischofs Salomo von Konstanz,
des langjährigen Kanzlers des Reiches, durch seinen alten Feind Pfalz-
graf Erchanger. Erst als der König mit einem Heer nach Schwaben
gezogen war, wurde Salomo freigelassen. Erchanger wurde zur Strafe
aus Schwaben ausgewiesen und ging zu seinem Neffen Arnulf nach
Bayern.

Doch auch der wurde zum Feind des Königs, weil Arnulf sich
eigenmächtig und ohne eine Ernennung durch den König abzuwarten
Herzog nannte, sich als oberster Landesherr aufführte und das noch
betonte, indem er sich als »durch Gottes Gnade eingesetzt« bezeichnen
ließ. Außerdem machte Arnulf sich die vielen Klöster in Bayern zu
Gegnern, indem er zahlreiche ihrer Dörfer und Güter beschlagnahmte,
um sie adligen Gefolgsleuten zu Lehen zu geben. Das konnte der König
nicht durchgehen lassen, wenn er sein Amt ernst nahm und die seit
dem großen Kaiser Karl ausgeübten Rechte des Königs im Ostfränkischen Reich nicht mutwillig preisgeben wollte. Auch die Bischöfe
konnten die Entfremdung von Kirchengut für weltliche Zwecke nicht
dulden. So zeigten sich die politischen Fronten im Reich – hie der König
und die Bischöfe und Klöster, dort die hohen Adligen der großen
Stämme, die nach dem begehrten Titel Herzog strebten – immer ver-
hängnisvoller.

»Aber Herzog Arnulf mußte doch handeln, ehrwürdiger Onkel«,
warf Graf Reginpert ein. »Er brauchte und braucht noch heute die Unterstützung zahlreicher Edler wie mich mit starken Kriegergefolgschaften, wenn er das Land gegen die wilden Horden der Ungarn verteidigen will. Der König tut ja nichts dergleichen! Und anders als mit
der Belehnung möglichst vieler Ritter mit Land kann der Herzog ein

stehendes Heer nicht bezahlen. Du selbst machst es ja mit deinen Gefolgsleuten nicht anders. Woher soll der Herzog das Land nehmen, wenn nicht von den Klöstern, die davon seit Jahrhunderten mehr gesammelt haben, als sie je selbst brauchen?«

Die Argumente, die im Arbeitszimmer des Salzburger Erzbischofs gewechselt wurden, sprangen hin und her und beleuchteten von beiden Seiten, was sich an Meinungsverschiedenheiten im Lauf weniger Jahre zu blutigen Kämpfen zwischen König und Herzögen emporgeschaukelt hatte. Doch das Gespräch der beiden Verwandten blieb sachlich, wie sie es sich zu Beginn zugesichert hatten.

Vielleicht war es gerade die sachliche Ruhe, mit der sein junger Verwandter seine Argumente vortrug, die den alten Erzbischof zu einem nachdenklichen Eingeständnis brachte. »Unser König Konrad ist ein tapferer Mann, besonnen, mit kräftigem Körper und konsequent in seinem Denken und Handeln, er hat die besten Absichten. Aber manchmal kommt es mir in letzter Zeit so vor, als habe ihn Gottes Gnade verlassen. Vor über einem Jahr hat er, wie du weißt, Reginpert, seine Schwäger, die Pfalzgrafen Erchanger und Berthold, hinrichten lassen, entgegen dem Wunsch von uns Bischöfen. Und seit er zum zweitenmal Herzog Arnulf in Ratisbona vergeblich belagerte und dabei eine Wunde davontrug, die nicht heilen will, ist ihm in der Leitung des Reiches nichts mehr gelungen. Ich habe in all den Jahren treu zu König Konrad gehalten, weil ich sein Handeln und seine Ziele für richtig hielt.«

Der alte Erzbischof nahm geistesabwesend einen tiefen Schluck Wein aus seinem Zinnbecher und sagte dann leise: »Ich muß es dir sagen, Neffe Reginpert, auch wenn es mir weh tut. Ich fürchte, unseren König Konrad hat das Heil verlassen, das Heil, ohne das kein König erfolgreich sein und ohne dessen Segen kein Reich gedeihen kann.«

DIE MOTIVE BEI DER WAHL
KONRADS I.

Das vorstehende Gespräch ist natürlich erfunden; auch die Ableitung der historischen Persönlichkeit des Erzbischofs Piligrim vom alten bayerischen Hochadelsgeschlecht der Huosi ist nicht gesichert. Nur daß der Kirchenfürst aus einer einflußreichen Adelsfamilie gestammt haben muß, steht nach dem Brauch der Zeit fest.

König Konrad I., einst Herzog der Franken, dessen kurze Regierungszeit dieses Kapitel etwas beleuchten soll, bleibt in der deutschen
Geschichtsschreibung ein merkwürdig blasser und umstrittener Mann.
Die zeitgenössischen Quellen berichten von seiner Wahl sehr lapidar,
kaum mehr, als in der Einleitungsepisode dem Erzbischof Piligrim dazu
in den Mund gelegt wurde. Desto intensiver haben moderne deutsche
Historiker darüber nachgedacht, welche Motive wohl zu seiner Wahl
im Herbst 911 führten.

Das Reich der Ostfranken war seit mehr als einem Dreivierteljahrhundert praktisch und kaum kürzer auch rechtlich von den anderen
Teilen des einstigen Universalreiches Karls des Großen getrennt, vom
kurzen Zwischenspiel schlechten Angedenkens unter Karl dem Dicken
abgesehen. In den anderen Teilreichen Westfranzien, Burgund, Provence und Italien hatte der dortige Adel längst seine Rolle als Königs-
macher begriffen, ohne Rücksicht auf etwa noch lebende Angehörige
der Karolingerfamilie, und neue Könige aus den eigenen Reihen auf die
Throne gesetzt. So vorbildlos war die Wahl der Reichsversammlung
von Forchheim also nicht.

Für unsere moderne Auffassung unbegreiflich ist es, daß wir heute
nicht wissen, *wer* überhaupt einen König wählen durfte. Keine der
zeitgenössischen Chroniken hat dazu nähere Angaben gemacht; sie
schreiben nur, wie seit alters üblich und mehr als ungenau, Konrad sei
»von den *Völkern* der Franken und Sachsen« gewählt worden. Natürlich
repräsentierten stets nur einige wenige, besonders mächtige Adlige
diese »Völker«, aber wer genau zu den Wahlberechtigten gehörte, interessierte damals offenbar niemanden. Allerdings war die Notwendigkeit,
dem Reich einen neuen König zu *wählen*, auch noch viel zu neu, nachdem jahrhundertelang die Erbfolge in der »von Gott geheiligten«
Königsfamilie den nächsten Throninhaber bestimmt hatte.

Für uns Deutsche von großer Bedeutung ist jedoch die Tatsache,
daß damals im Jahr 911 weder ein Anschluß des Ostfrankenreiches an
den letzten Karolingerkönig Karl den Einfältigen zur Debatte stand
noch ein Auseinanderfallen in verschiedene Stammesreiche unter unabhängigen Herzögen oder Königen. Die andere Auffassung des Adels
in Lothringen wird im nächsten Abschnitt noch etwas näher behandelt
werden. In der deutschen Geschichtswissenschaft hat dies seit langem
zu tiefschürfenden Überlegungen über die Gründe dafür geführt. War
es ein erwachendes »national-deutsches« Bewußtsein, wie Historiker

des 19. und beginnenden 20. Jahrhunderts vermuteten? Oder gab es eine solche Form von Gemeinschaftsbewußtsein im Ostfränkischen Reich zu Anfang des 10. Jahrhunderts überhaupt noch nicht, wie deutsche Historiker seit dem Zweiten Weltkrieg gerne nachweisen möchten?

Ob »deutsches Nationalbewußtsein« oder nicht, die hochadligen Repräsentanten der »Völker« des Ostfränkischen Reiches wußten damals offenbar recht gut, daß auch ihre Rolle ohne ein gemeinsames Dach gefährdet war. Die immerhin über dreihundertjährige Zusammengehörigkeit der meisten Stämme in Ostfranken zu einem Reich ließ sich nicht mehr so ohne weiteres wegwischen, und die äußere Bedrohung verlangte nach einem König, dem Erfahrung, Tapferkeit und Heil gegeben waren.

Denn man konnte im Jahr 911 noch nicht darauf vertrauen, daß die Dänen oder Normannen ihren Nachbarn gegenüber so friedlich blieben wie in den letzten Jahren. Um so schrecklicher waren die Raubzüge der Ungarn, die seit Beginn des Jahrhunderts alle zwei oder drei Jahre mal durch diese, mal durch jene Gegend des Reiches führten. Vermutlich dürften die Wähler auf der Reichsversammlung des Jahres 911 über die von modernen Historikern gesehenen Alternativen kaum nachgedacht haben.

DER KÖNIG VOM »FRÄNKISCHEN
STAMM«, EIN ÜBERGANG

König Konrad, Herzog von Franken, entstammte dem Konradinergeschlecht aus Rheinfranken, das in der Fehde mit den Babenbergern (siehe 42. Kap., S. 727) zwar letztlich obsiegt, aber dabei auch selbst schwere Einbußen an Menschen und Macht erlitten hatte. Herzog Konrad der Ältere, des späteren Königs Vater, war dabei gefallen. Als Konrad der Jüngere zum König gewählt worden war, übernahm sein kleinerer Bruder Eberhard das Amt des Herzogs der Franken.

Drei große Probleme stellten sich dem König, der zwar ein tapferer und würdiger Mann war, aber vielleicht zu wenig Politiker, um die veränderten Bedürfnisse der Zeit zu spüren und sich ihnen anzupassen. Das erste Problem war der Abfall der Lothringer vom Ostfränkischen und ihre Hinwendung zum Westfränkischen Reich. Das zweite war die im wahrsten Sinn des Wortes verheerende Nachbarschaft der Ungarn, das dritte das Verhältnis des Königs zu den hohen Adligen in den Stämmen. Bei allen drei Problemen blieb König Konrad der Erfolg versagt. Dabei mag man ihm, rückblickend, nicht allein die Schuld zuschieben. Die Umstände waren stärker als er. Einer seiner Nachteile war, daß er – für die damalige Zeit ungeheuer wichtig – nur eine unzureichende Hausmacht aus ergebenen Vasallen und deren Truppen hinter sich wußte, und das auch nur aus einem Teil des Gebiets, das man damals Franken nannte.

Das Ostfränkische Reich setzte sich nach der Anschauung der Menschen damals aus den Gebieten von vier, oder eigentlich fünf, großen Stämmen zusammen, die man in der lateinischen Schriftsprache der Zeit Populi (Völker) nannte. Das waren die Bayern, die Alemannen (jetzt fast regelmäßig als Schwaben bezeichnet), die Sachsen und die Franken (siehe auch die Karte). Franken, das waren die Bewohner aller Gebiete, die nicht zu Bayern, Schwaben, Sachsen oder Lothringen gehörten, also des breiten Streifens quer durch das heutige Deutschland von der böhmischen Grenze bis über den Mittelrhein, mit dem Main etwa als Mittelachse. Natürlich waren die Menschen, die dort lebten, einst aus allen möglichen Gegenden Mitteleuropas gekommen, aber man nannte sie nun einmal zusammenfassend Franken und ihr Gebiet Francia orientalis (im engeren Sinne). Das genügte, um ihnen das Ansehen des »staatstragenden« Volkes in dem Reich zu geben, das immer noch Ostfrankenreich (im weiteren Sinne) hieß. Das einstige Königreich und spätere Herzogtum Thüringen hatte inzwischen jede eigene Bedeutung eingebüßt und gehörte zu einem kleinen Teil zu Franken, zum größeren Teil zu Sachsen. Der fünfte, noch keineswegs vergleichbare Teil war Lothringen.

Lothringen, dieses künstliche Gebilde zwischen der Nordsee und dem Südende der Vogesen, war als eigener Staat erst durch den Vertrag von Verdun (843, siehe 39. Kap.) entstanden. Danach war es, geteilt und wieder vereinigt, mal dem Ostreich, mal dem Westreich zugefallen – ein Spielball der großen Politik, aber auch der sehr eigensüchtigen Ziele einiger weniger großer Adelsfamilien. Das Bekenntnis des lothringischen Adels unmittelbar nach dem Tod Ludwigs des Kindes zum »legitimen« Karolingerkönig Karl im Westfrankenreich war sicher kein »nationaler Verrat«, als den man es im 19. Jahrhundert hinstellen wollte. Aber es war ein Versuch dieser Adelsgruppe, im Westen ein

Mehr an eigener Handlungsfreiheit herauszuschlagen als bisher im Ostreich. Der neue König Konrad versuchte, in drei kleineren Kriegszügen 912/13 Lothringen bei seinem Reich zu halten. Diese Heerzüge verliefen offenbar für ihn recht unglücklich, und er gab daher derartige Bemühungen endgültig auf.

Die Gefahr durch die Ungarn wuchs für das Ostfränkische Reich in den Jahren zwischen 911 und 918 noch mehr an als im Jahrzehnt davor, doch König Konrad konnte oder wollte nicht militärisch gegen sie vorgehen. Dagegen errang ein vereinigtes Heer aus Schwaben und Bayern unter dem Befehl ihrer schon erwähnten Herzöge im Sommer 913 am Inn einen vielbeachteten Sieg über ein mit Plündergut zurückkehrendes Heer der Ungarn. Das stärkte das Selbstbewußtsein der süddeutschen Stämme und ihrer Herzöge sehr und ließ gleichzeitig des Ansehen des Königs sinken, denn dieser hatte keinen Finger gerührt. Zum dritten Problem des Königs, seinem Verhältnis zu den Herzögen, wird im nächsten Abschnitt noch einiges erklärt werden.

Sosehr Konrad sich auch mühte, er hatte in seiner Regierungszeit einfach kein Glück. Auch ein Kind aus seiner Ehe mit der einstigen bayerischen Herzogsgattin Kunigunde blieb ihm versagt. Ihm fehlte das nach altgermanischer Ansicht unerläßliche Königsheil. Irgendwie muß er das selbst gespürt haben. Ob es eine Wunde oder eine lange dauernde Krankheit war, die ihn etwa seit Ende 917 praktisch handlungsunfähig machte, ist nicht ganz klar. Am 23. Dezember 918 starb König Konrad I.

Doch vorher vollzog er noch eine staatsmännische Geste von außerordentlicher Tragweite. Er forderte nämlich seinen Bruder Eberhard, den Herzog von Franken, auf, nach seinem Tod die Königskrone und das Königsschwert, die symbolträchtigen Insignien des Reiches, an den Sachsenherzog Heinrich zu übergeben. »Das Glück, mein Bruder, und die herrlichste Befähigung stehen auf Heinrichs Seite, das Heil des Staates liegt in der Sachsen Hand!« So soll Konrad auf dem Sterbebett gesprochen haben.

Diese Sätze sind erst 50 Jahre später vom Chronisten der Sachsen, Widukind von Corvey, überliefert worden. Historiker haben daher mitunter Zweifel an der Wahrheit dieses Berichts geäußert. Doch da auch andere Quellen eine ähnliche Auffassung wiedergeben, dürfte die Nachricht im Kern historisch sein. Das Ostfrankenreich war seitdem nicht mehr Privatbesitz einer Königsfamilie, der Karolinger, die darüber nach Belieben verfügen konnte. Sondern es war ein Gut für sich geworden, unteilbar und kostbar für alle Bewohner des Reiches, das Amt eines Königs war ein Dienst an diesem Staat, und dieser war nicht mehr wie bisher ein dem eigenen Nutzen und Machtstreben des Königs dienendes Objekt. Daß er dies – in den Formen des Mittelalters – verdeutlicht hat, macht den sonst so erfolglosen König Konrad I. zu einer bemerkenswert modernen Persönlichkeit.

MÄCHTIGE ADLIGE WERDEN ZU »STAMMESHERZÖGEN«

In den Jahrzehnten unmittelbar vor und nach der Jahrhundertwende entstand überall im Ostfrankenreich ein Amt und Titel wieder, den es früher schon einmal gegeben hatte: der Herzog oder Dux. Während der ganzen Herrschaft der Merowinger hatten Herzöge in Bayern, Thüringen, Alemannien, auch in Sachsen eine bedeutende Rolle gespielt. Erst unter den Karolingern war dieses Zwischenglied in der Regierung des Landes mehr oder weniger gewaltsam abgeschafft worden. Doch nun, nach dem Niedergang und dem Ende der Karolingerherrschaft im Ostfrankenreich, strebten mehrere einflußreiche Adelsgeschlechter von neuem nach dem bedeutungsvollen Titel.

Es ist bezeichnend, daß bis dahin die Ämter von Grafen, Markgrafen, Burggrafen usw. stets nur vom König vergeben worden waren, wenn auch die damit bedachten Adligen sehr bald den Anspruch erhoben, Amt und Titel in ihren Familien vererben zu können. Doch bis zu König Konrad I. hatte bisher noch kein Oberhaupt des Ostfränkischen Reiches den Titel Herzog verliehen. Wenn mächtige Adlige in den zeitgenössischen Schriften um 900 als Duci bezeichnet wurden, dann hatten sie sich diesen Titel selbst beigelegt, oder er wurde ihnen von ihrer Umgebung als Ehrentitel zuerkannt.

Die bewußte oder unbewußte Anknüpfung an Zustände, wie sie viele Generationen früher geherrscht hatten, ließ scheinbar die alten Herzogtümer wiedererstehen. Doch in Wahrheit waren es nicht »die« Stämme der Sachsen, Franken, Bayern und Schwaben (Alemannen), die auf die Wiedererrichtung der Herzogtümer drängten, sondern der Ehrgeiz und das Machtstreben einzelner in diesen Regionen besonders einflußreicher Adelsgeschlechter. Nur die Grundstücke, Dörfer, Klöster oder Grafschaften, in denen sie direkt oder indirekt, durch Vasallen, Macht ausüben konnten, sowie die vielfältigen verliehenen oder erworbenen Rechte rechneten zu ihren Herzogtümern. Vermutlich hat es noch Jahrzehnte gedauert, bis die Herzöge ihre Machtgebiete einigermaßen arrondiert hatten. Die angestrebte Rangerhöhung hatte aber auch ihren Grund in der wachsenden Bedeutung dieser Großen bei der Verteidigung des Reiches gegen auswärtige Feinde. Fast alle Feldzüge ostfränkischer Truppen gegen die Ungarn zwischen 900 und 918, erst recht die wenigen Siege über sie, standen unter dem Befehl einzelner Herzöge, und nicht der schwachen Könige.

Erst dieser Prozeß der Machtkonzentration schuf die angeblich so uralten Stämme im späteren Deutschland. Häufige gemeinsame Landtage der Adligen, gemeinsamer Kriegsdienst in Stammeskontingenten für das Reichsheer, gemeinsame Zehnt- oder Steuerzahlung an einen Herzog, deren eifrige Reise- und Rechtsprechungstätigkeit in ihren Machtbereichen – ähnlich wie es eine Stufe höher der König tat –, all das zusammen erzeugte erst bei den Menschen allmählich das Gefühl, zu *einem* Stamm (Populus) in *einem* Herzogtum zu gehören.

Der traditionelle Name Stammesherzogtümer für diese halb souveränen, halb vom König abhängigen »Provinzen« im späteren Deutschland ist eigentlich nicht recht zutreffend. Viel eher müßte man wohl von Adelsherzogtümern sprechen, doch läßt sich der in der deutschen Geschichtswissenschaft gebräuchliche Name heute nicht mehr abschaffen.

König Konrad I. war ursprünglich selbst einer der »ehrenhalber« als Herzog bezeichneten Machthaber. Als häufiger Teilnehmer an Reichstagen war er mit den Grundsätzen des ostfränkischen Königtums in der Familie der Karolinger sehr gut vertraut. Als er selbst zum König gewählt, gekrönt und gesalbt worden war – nach karolingischer Tradition! –, da scheint er in seinem eigenen Denken und Handeln einen bemerkenswerten Wandel durchgemacht zu haben. Er muß geglaubt haben, er müsse das Reich in der gleichen Weise regieren wie einst Ludwig der Deutsche und Arnulf von Kärnten in ihren besten Zeiten. Ihm fehlte wohl das Gespür dafür, daß sich die Umstände außen wie im Inneren in den letzten 30 Jahren ganz grundlegend gewandelt hatten.

Der neue König versuchte zuerst, wie in der Einleitungsepisode kurz geschildert, auf friedliche Weise mit den Häuptern der mächtigsten Adelsgeschlechter auszukommen. Doch da er auf bisher dem Kö-

nig vorbehaltenen Rechten bestand, zum Beispiel der Ernennung neuer
Bischöfe oder Äbte von Reichsklöstern, geriet er in zunehmende Spannungen mit den Adelsführern. Wohl auch die Tatsache, daß diese sich
nunmehr selbst Herzöge nannten oder nennen ließen, brachte ihn auf;
dabei ließ er außer acht, daß er selbst und sein jüngerer Bruder als
Herzöge von Franken es nicht anders taten. Bereits nach kurzer Zeit
entluden sich die politischen Spannungen in Kriegszügen des neuen
Königs gegen seine, wie er meinte, »unbotmäßigen Vasallen«.

Die Scharmützel, Heerzüge und politischen Maßnahmen des Königs
mit ihren sehr wechselnden Erfolgen gegen die süddeutschen Herzöge in
den Jahren 914 bis 917 brauchen nicht im einzelnen beschrieben zu werden. Einmal mußte Herzog Arnulf von Bayern vor dem König zu den
sonst so feindlichen Ungarn flüchten, die daraufhin übrigens bei ihren
nächsten Raubzügen Bayern von Plünderungen verschonten. Ein Jahr
später konnten Arnulf und der mit ihm verbündete Schwabe Erchanger
in ihre Heimatgebiete zurückkehren. Erchanger aus der alten alemannischen Adelsfamilie der Ahalolfinger ließ sich dort 915 von einer Adelsversammlung zum Herzog ausrufen. Doch König Konrad gelang es ein
Jahr später, ihn und seinen Bruder Berthold in die Gewalt zu bekommen.
Von einer großen Synode der meisten Bischöfe aus dem Ostfränkischen
Reich im Herbst 916 in Hohenaltheim (bei Nördlingen) wurden die beiden als Eidbrecher gegenüber dem König und damit Sünder gegen Gott
zu lebenslanger Klosterhaft verurteilt. Aber Konrad verschärfte eigenmächtig dieses Urteil und ließ sie im Januar 917 hinrichten.

Doch diese Bluttat nützte dem König wenig, sie minderte höchstens
weiter sein Ansehen. Denn unmittelbar darauf ergriff der alte Rivale
der Ahalolfinger, Graf Burchard aus der Familie der Markgrafen von
Rätien, einem ursprünglich fränkischen Adelsgeschlecht, die ihm gebotene Chance. Nun konnte er sich von einer ihm verpflichteten Versammlung schwäbischer Adliger zum Herzog von Schwaben prokla-
mieren lassen.

Auch eine nochmalige Belagerung des Herzogs Arnulf von Bayern
in dessen Hauptstadt Regensburg mußte König Konrad Ende 917 er-
gebnislos abbrechen, vielleicht einer dabei erlittenen Verwundung oder
einer Krankheit wegen. So war König Konrad trotz jahrelangen
Mühens bis zu seinem Tod keinen Schritt weitergekommen, die selbständig entstandenen Herzogsgewalten in Süddeutschland seiner
Königsgewalt zu unterwerfen.

Ähnlich verlief die Geschichte auch im Norden des Ostfrankenreiches. Konrads Verhältnis zu den Herzögen von Sachsen war äußerst wechselhaft. Mit dem alten Herzog Otto dem Erlauchten aus dem Geschlecht der Liudolfinger verstand sich Konrad offenbar gut. Doch der starb schon Ende des Jahres 912, und sein Sohn Heinrich trat die Herrschaft über das Konglomerat von Menschen, Gütern und Rechten an, das im Brauch der Zeit, aber nicht nach Ansicht des Königs, Herzogtum Sachsen hieß. Mit höflichen Wendungen in dem entsprechenden Schriftstück, jedoch in der Tendenz unmißverständlich, entzog Konrad dem neuen Herrn der Sachsen eine Anzahl von Lehen, die seine Vorfahren einst direkt von den fränkischen Königen empfangen hatten.

Heinrich revanchierte sich, indem er gewaltsam Besitzungen des Erzbischofs von Mainz annektierte, die als Gebietssprenkel in Sachsen lagen. Ein Kriegszug des Königs gegen den aufrührerischen Herzog war die unvermeidliche Folge. Konrads Bruder Eberhard, der die sächsische Eresburg (im Sauerland) belagerte, wurde empfindlich geschlagen, und auch Konrad selbst erlitt mit einem anderen Heer bei Grona (in der Nähe von Göttingen) eine Schlappe gegenüber dem Sachsenheer von Herzog Heinrich (beide Ereignisse im Jahr 915).

Der Ausgang dieses kurzen Krieges wird erstaunlicherweise von allen zeitgenössischen und späteren Chronisten verschwiegen. Es kann aber wohl nur so gewesen sein, daß sich die beiden Fürsten während eines Waffenstillstands persönlich trafen und einen Frieden auf der Basis des Status quo verabredeten. Weder hat König Konrad danach noch einmal versucht, die Verhältnisse im Herzogtum Sachsen zu ändern, noch mischte sich Herzog Heinrich irgendwie in die späteren Kämpfe Konrads in Süddeutschland ein.

Vielleicht hat Konrad damals schon hohe Achtung vor seinem sowohl militärisch wie politisch tüchtigen Gegner verspürt. Und das war wohl der tiefere Anlaß für die Worte, die Konrad unmittelbar vor seinem Tod äußerte. Sie bedeuteten den Übergang der Königsgewalt im Ostfrankenreich auf ein neues Adelsgeschlecht aus Sachsen, ein epochales Ereignis in der Geschichte Deutschlands.

44. EIN SACHSE BEGRÜNDET
DAS REGNUM TEUTONICUM

ZWEI VERTRÄGE
7. November 921, Bonn am Rhein

Der würdige Stiftspropst Meginhard trippelte mit seinem dicken Körper recht unelegant hinter der Gruppe prächtig gekleideter Männer her, die vor wenigen Augenblicken das große, strohgedeckte Fachwerkgebäude des St.-Cassius-Stifts neben der Basilika in der Nähe der Bonnburg verlassen hatte. Er mußte unbedingt den Anschluß halten und durfte sich nicht zurückdrängen lassen, wenn die vornehme Delegation gleich unten am Rheinufer einen der großen Fährkähne besteigen würde, mit dem sie zu einer historischen Verhandlung gerudert werden sollte. Genau in der Mitte des Stroms zwischen dem ostfränkischen und dem westfränkischen Ufer des Rheins war schon seit gestern der größte Fährkahn von Bonnburg fest verankert, und fleißige Hände hatten ihn inzwischen mit Girlanden aus Tannengrün festlich geschmückt. Dort wollten heute die Könige Karl vom Westfrankenreich und Heinrich vom Ostfrankenreich einen ewigen Frieden schließen.

Doch nicht dieser Frieden war der Anlaß für Stiftspropst Meginhard, in seinem besten Chorrock hinter seinem König Karl und dessen Ehrenbegleitung herzutraben. Ihm ging es darum, die einmalige Gelegenheit nicht zu verpassen, Eberhard, den Grafen des Auelgaues (südlich der unteren Sieg) persönlich sprechen und mit ihm über einen Grundstückstausch verhandeln zu können. Inoffiziell trug Eberhard auch den Titel Herzog der Franken und war der jüngere Bruder des vorigen ostfränkischen Königs gewesen. Heute gehörte er als einer der wichtigsten Herren des Ostfrankenreiches zum Ehrengefolge des neuen Königs Heinrich.

Während König Karl, der letzte aus der Familie des großen Kaisers Karl, den kurzen Weg zum Rheinufer hinunterschritt, umgeben von zwei Erzbischöfen, drei Bischöfen, zehn Grafen und verschiedenen Mönchen, die als Schreiber und Notare zu dienen hatten, gelang es dem

Propst des Stifts St. Cassius, sich unauffällig von hinten in die Gruppe
der vornehmen Begleiter hineinzudrängen. Er fand es nur recht und
billig, unmittelbar hinter seinem geistlichen und weltlichen Vorgesetzten, dem Erzbischof Heriman von Köln, zu schreiten. Schließlich war
Meginhard der unmittelbare Stellvertreter des Erzbischofs in seiner
Eigenschaft als geistliches Oberhaupt des Stifts von Weltgeistlichen, das
schon vor langer Zeit über den Gräbern der einst in Bonn ermordeten
Märtyrer Cassius und Florentius errichtet worden war. Die Stiftsherren
lebten hier wie Mönche in einem Kloster, nur war ihr Tagesablauf und
Lebensstil etwas bequemer als der gewöhnlicher Mönche. Außerdem
residierte König Karl schon einige Tage in seiner, des Stiftspropstes,
geräumigen Wohnung im Konventsgebäude. Als einzige einem Herrscher würdige Unterkunft hatte Meginhard sie seinem König gerne zur
Verfügung gestellt und wie die anderen Stiftsherren vorübergehend mit
einigen Strohschütten vorliebgenommen, die man in der Stiftskirche
vor dem Altar ausgebreitet hatte. Denn jede Zelle im Stift, jedes Haus
in der kleinen Siedlung von Stiftsbediensteten und Kaufleuten nahe der
Bonnburg, die sich von der niedrigen Anhöhe bis zum Rheinufer hin-
unterzog, war von Bischöfen, Grafen und deren Gefolge mit Beschlag
belegt.

Unten am Rhein geleiteten zwei stämmige Krieger aus der Leibwache den etwas fülligen König über ein schmales Brett auf sein Fährboot,
das die Delegation gleich zum Verhandlungsort in der Strommitte brin-
gen sollte. Drüben auf der anderen Rheinseite bestieg gerade König
Heinrich mit seinem Gefolge einen ähnlichen Kahn. Der ostfränkische
König und seine Begleitung hatten es weniger bequem gehabt als König
Karl und seine Leute. Auf der östlichen Rheinseite bot der winzige Hof
Gensem (beim heutigen Bonn-Beuel) nur wenigen aus der Königsbe-
gleitung Unterkunft, der Rest hatte in Zelten nächtigen müssen, die im
Troß des Frankenheeres für solche Zwecke immer mitgeführt wurden.

Ohne zurückgewiesen zu werden, war es Stiftspropst Meginhard gelungen, mit in den ersten Fährkahn zu klettern. In einem zweiten Kahn
vom Bonner Ufer waren Leibwächter, Schreiber und andere unterge-
ordnete Personen untergebracht; es hätte Meginhard sehr gewurmt,
wenn er mit ihm hätte überfahren müssen. Ein wenig aufgeregt war der
Propst schon, denn dies würde sicher die einzige Stunde in seinem Leben sein, in der er zwei Könige auf einmal zu sehen bekam. Vom König
Heinrich der Ostfranken hieß es, daß er in seiner erst kurzen Regie-

rungszeit schon Erstaunliches erreicht hatte. Dabei gehörte er nicht
einmal der Familie der Karolinger an, sondern war vorher der Herzog
eines Volksstammes der Sachsen gewesen, der noch vor wenigen Generationen zu den wildesten der Heiden gezählt wurde. Inzwischen erkannten ihn, nach anfänglicher Ablehnung, auch die mächtigen Herzöge der Bayern und Schwaben als König an.

Dem Propst des Stifts St. Cassius war nicht recht klar, was eigentlich
die beiden Könige dazu veranlaßt hatte, erst in einen nur halbherzig geführten Krieg gegeneinander zu geraten, dann einen Waffenstillstand
von einem Vierteljahr zu schließen und sich jetzt, kurz vor Ablauf dieser Waffenruhe, zu einer Verhandlung über einen ewigen Frieden zu
treffen. Irgendwie mußte es wohl mit dem umstrittenen Gebiet von Lotharingien zu tun haben, das zwischen den beiden Königreichen lag
und in den vergangenen Jahrzehnten mal zur einen, mal zur anderen
Seite gehört hatte. Auch sein Stift St. Cassius bei der Bonnburg war Teil
dieses Lotharingiens. Propst Meginhard wußte nur, daß das Land zwischen Maas und Rhein, zwischen Nordsee und Vogesen ein eigenes
und von *beiden* Nachbarn unabhängiges Herzogtum wäre, ginge es nach
dem Willen des jungen Grafen Giselbert, der sich von seinen Anhängern Herzog von Lotharingien nennen ließ. Im Augenblick aber, so erinnerte sich der Stiftspropst, war dieser Graf oder Herzog mal wieder
irgendwohin in eine abgelegene Burg geflüchtet und wurde dort von
Truppen seines derzeitigen Lehnsherrn König Karl belagert.

Die Fährknechte hatten schwere Arbeit an den Rudern gegen den
Strom zu leisten, damit die beiden Kähne mit den Königen und ihrem
Gefolge genau zur gleichen Zeit am verankerten Fährboot in der Mitte
anlegten. Die Könige stiegen als erste über und begrüßten sich mit
männlichem Handschlag. Nach kurzen Versuchen, sich in sächsischer
und westfränkischer Sprache zu verständigen, wechselten sie schnell in
die lateinische Sprache, die ihnen beiden von Kindheit an ebenfalls vertraut war. Hatten doch ihre jeweiligen Hofkapläne sie schon als junge
Prinzen genügend in der Sprache der Kirche gedrillt, wenn sie sie auch
nicht schreiben konnten.

Während die beiden Könige auf den bereitgestellten Holzschemeln
Platz nahmen, ihre Verhandlungen begannen und sich ihr jeweiliges
Gefolge achtungsvoll um sie scharte, gelang es Stiftspropst Meginhard,
Herzog Eberhard der Franken zu einem diskreten Gespräch in den Bug
des Kahns zu ziehen. Er hatte seinen Verhandlungspartner noch nie

von Angesicht gesehen, aber der Mönch, den Meginhard schon zweimal zu allerdings vergeblichen Verhandlungen zum Frankenherzog geschickt hatte, war in der Lage gewesen, den fränkischen Edlen genau zu
beschreiben. Beredt machte der Stiftspropst von St. Cassius seinem
Gegenüber – ebenfalls auf lateinisch – klar, daß es für den Grafen des
Auelgaues ein gutes Geschäft sei, einen dem Bonner Stift zu Zeiten von
König Arnulf vermachten Gutshof weiter oben an der Sieg gegen einen
Weinberg zu tauschen. Dieser sei vor zwei Generationen dem damaligen Grafen des Auelgaues nur aus Versehen zugewendet worden,
denn er lag weit jenseits der Bonnburg in der Nähe des großen Waldes
Kottenforst bei dem Gut Uckosdorph, rings umgeben von Grund-
stücken des Stifts St. Cassius.

Der persönliche Einsatz des Stiftspropstes verlief erfolgreicher als
der seines Boten. Nach kurzer Verhandlung winkte Herzog Eberhard
seinen Schreiber, einen jungen Kleriker, aus dem zweiten Boot von der
östlichen Stromseite zu sich heran und beauftragte ihn halblaut, einen
entsprechenden Tauschvertrag unverzüglich schriftlich aufzusetzen.
Dann könne er noch von einigen der anwesenden hochadligen Zeugen
bestätigt werden.

Etwa zur gleichen Zeit waren auch in der Mitte des Fährkahns die
beiden Könige und ihre Berater mit ihren Verhandlungen fertig geworden. Im Prinzip war das Ergebnis schon vorher durch Boten ausführlich besprochen worden. Warum sollten sich die Könige des West- und
des Ostfrankenreiches gegenseitig bekriegen, aus Anlässen, die zu nich-
tig waren, um irgendwo auch nur schriftlich festgehalten zu werden, wo
doch jeder der Könige in seinem eigenen Reich genug Schwierigkeiten
und Gegner hatte? So war man übereingekommen, einen ewigen Bund
der Freundschaft zu schließen, ohne irgendwelche Bedingungen oder
Forderungen zu stellen. Der ostfränkische König verlangte nicht das
Herzogtum Lotharingien zurück, das zu Zeiten von König und Kaiser
Arnulf zum Ostreich gehört hatte, und der westfränkische König verzichtete darauf, für die Zukunft irgendwelche Ansprüche auf das Land
östlich des Rheins zu erheben, das seine Vorfahren aus der Karolingerfamilie als ihr Erbe betrachtet hatten.

Feierlich beschworen die beiden Könige mit lauter Stimme, den König auf der anderen Seite des Rheins unverbrüchlich als Freund zu betrachten, und sie umarmten sich und gaben sich unter dem Jubel ihrer
vornehmen Gefolgschaften den Bruderkuß.

Auf der Rückfahrt zum Ufer der Bonnburg hielt Stiftspropst Meginhard ein Pergamentblatt fest in seiner Hand. Er war darauf mindestens so stolz wie die beiden Könige auf ihren Vertrag ewiger Freundschaft. In seinem gut sechzigjährigen Leben hatte der Prälat schon so viel an plötzlichem Wechsel von Bündnissen und Freundschaften unter Königen und Fürsten erlebt, daß ihm sein Vertrag über den Eintausch eines Weinbergs um vieles realer und für die Dauer bestimmter vorkam als der Vertrag der Könige Karl und Heinrich.

KÖNIG HEINRICHS ERFOLGE
IM WESTEN

Die große und die kleine Politik waren schon immer eng miteinander verwoben, und den Zeitgenossen wird mancher Vorgang aus einer ganz anderen Perspektive erschienen sein, als man ihn in unseren Geschichtsbüchern dargestellt findet. Die Einleitungsepisode dieses Kapitels soll daran erinnern. Darin erfunden sind nur die Person des Stiftspropstes Meginhard und sein Wunsch nach einem Grundstückstausch, nicht dagegen die geschilderten äußeren Umstände eines Friedensschlusses in der Strommitte, ein im Mittelalter nicht seltenes Ereignis. Welcher Leser eines Buches über deutsche oder europäische Geschichte macht sich schon die Primitivität der Lebensverhältnisse klar, mit denen selbst Könige, wenigstens auf einer Reise oder einem Kriegszug, sich vor 1000 Jahren abfinden mußten?

Der in verschiedenen Klosterannalen und anderen zeitgenössischen Quellen beschriebene Friedensschluß bei Bonn hielt natürlich nicht ewig. Aber er war dennoch von historischer Bedeutung, weil seitdem nie wieder die Unabhängigkeit des Ost- und des Westfränkischen Reiches voneinander jemals grundsätzlich in Frage gestellt wurde. In moderner Sprache ausgedrückt: Deutschland und Frankreich hatten sich endgültig gegenseitig in ihrer Existenz anerkannt.

Die umstrittene Zwischenregion Lothringen, die damals ein viel größeres Gebiet als die heutige französische Landschaft dieses Namens umfaßte, kam bereits im Laufe der nächsten drei Jahre wieder zum Ostfrankenreich und blieb dort einstweilen. Doch war auch später, nicht nur im 19. und 20. Jahrhundert, ihr historisches Schicksal äußerst verwickelt und wechselhaft.

Verwickelt waren schon die Ereignisse, die zum erneuten Wechsel Lothringens bis zum Jahr 925 führten, so kompliziert, daß sie hier nur höchst summarisch erzählt werden können. Im Westfrankenreich führte in jenen Jahren, so möchte man nach den zeitgenössischen Quellen schließen, jeder gegen jeden Krieg, wobei natürlich nur ein paar mächtige Adlige als kriegführende Parteien in Frage kamen. Da gab es einige Grafen, die einen der Ihren zum Gegenkönig gegen den Karolinger Karl ausriefen und sich mit ihm Schlachten lieferten, die jedoch unentschieden ausgingen. Kurz darauf geriet König Karl – »den Einfältigen«, »le Simple« nannte man ihn in seinem Reich – durch einen perfiden Trick in die Gefangenschaft seiner Gegner, die sich allerdings untereinander bald entzweiten.

Die Verwirrung im Westfrankenreich war so groß, daß die in Lothringen maßgeblichen Grafen und Bischöfe, allen voran Graf Giselbert, der so gerne Herzog von Lothringen geworden wäre, es für günstiger hielten, sich wieder dem König im Osten zu unterstellen. Noch einige kürzere Feldzüge mußte König Heinrich gegen widerstrebende Grafen führen, dann konnten zeitgenössische Geschichtsschreiber zum Ende des Jahres 925 feststellen, daß Heinrich »ein geeinigtes und beruhigtes Lothringen in seinem Besitz hatte«.

Dieses Land unterstellte er nicht etwa dem Grafen Giselbert, sondern dem Frankenherzog Eberhard, der eine der wichtigsten und treuesten Stützen König Heinrichs geworden war. Eberhard sollte dort »das Recht wiederherstellen und die Lothringer in einem Frieden verbünden«. Das scheint diesem Herzog auch gelungen zu sein. Lothringen bildete seitdem neben Sachsen, Franken, Bayern und Schwaben ein gleichberechtigtes fünftes großes Herzogtum des Ostfränkischen Reiches. Dadurch erstreckte sich die Westgrenze dieses Reiches nunmehr bis an die Schelde und die Maas. Das heutige Belgien und die Niederlande haben jahrhundertelang zu diesem Reich gehört.

Die Ostgrenze Lothringens scheint mehrfach gewechselt zu haben. Ursprünglich (843) war wohl der Rhein fast von der Mündung bis hinauf nach Basel die Trennungslinie, mit Ausnahme der späteren Rheinpfalz, dem westlichen Hinterland der alten Bischofsstädte Mainz und Worms, die immer zum Ostreich gehörten. Doch im Laufe der verschiedenen Teilungen und Herrschaftswechsel in Lothringen hat sich das wohl zum Teil verschoben. Das Elsaß, das heißt die Ebene zwischen Rhein und Vogesen, gelangte bereits während der Regierungszeit

Ludwigs des Deutschen (im Vertrag von Meerssen, 870) an das Ostfrankenreich.

Umgekehrt könnte am Niederrhein später die alte Grenze zwischen
dem sächsischen Westfalen und dem fränkischen, vorher römischen
Rheinland wieder aufgelebt sein, die bekanntlich in einiger Entfernung
östlich des Rheins von Nord nach Süd verlief und verläuft (siehe dazu
30. Kap., S. 510). Erst bei Bonn kehrte sie entlang der unteren Sieg wieder an den Rhein zurück; die zeitgenössischen Urkunden lassen das
allerdings nicht ganz klar erkennen. Dies könnte die Wahl des Ortes für
den »deutsch-französischen« Friedensschluß erklären. Der Rhein war
921 erst ab Bonn wieder Grenzfluß, nicht etwa bei Köln. Doch seit dem
Jahr 925 galt auch das nicht mehr.

Bonn kann in jenen Zeiten nur eine sehr kleine Ansiedlung gewesen
sein, wobei sich ihr räumlicher Schwerpunkt vermutlich verschoben
hatte. Als das Römische Reich mächtig war, gab es eine recht bedeutende Besiedlung vom Rechteck des römischen Legionskastells (nördlich der heutigen Bonner Altstadt) nach Süden bis ins Bundesviertel der
Jahre nach 1950, doch diese Häuser waren längst zerstört und ihre Bewohner zerstreut. Ein paar Bürger (in des Wortes ältester Bedeutung)
lebten im 10. Jahrhundert noch in den Ruinen des Römerkastells, das
in althochdeutscher Sprache »Bonnburg« genannt wurde, geschart um
die kleine »Volkskirche« (Dietkirche). Zunehmend wurde aber das Gebiet um den heutigen Münsterplatz besiedelt, anderthalb Kilometer
vom ehemaligen Militärlager entfernt. Dort war eine Kirche über den
angeblichen Märtyrergräbern von St. Cassius und St. Florentius entstanden, dann ein Stift, eine Art Kloster von Weltgeistlichen, und in der
Nähe die kleinen Häuser einiger Stiftsbediensteter und Kaufleute. Im
11. Jahrhundert wuchs an dieser Stelle das mächtige Bonner Münster
empor, wie man es heute kennt, und der Kern der modernen Stadt
Bonn.

Das Stift St. Cassius war der größte Grundherr in der Umgebung,
und der Stiftspropst hatte vermutlich so etwas wie die Aufgaben eines
Bürgermeisters in dem Ort von nur wenigen hundert Seelen inne; man
sträubt sich, das Wort Stadt auf das Bonn des Jahres 921 anzuwenden.
Von einer Verwaltung im modernen Sinne konnte ohnehin damals
noch keine Rede sein. Jeder Grundherr war darauf aus, die Natural-
abgaben von seinen Bauern einzuziehen und im übrigen seinen verstreuten Grundbesitz durch Kauf oder Tausch oder Schenkung (an

Klöster und andere kirchliche Einrichtungen) zu vergrößern und abzurunden. Deshalb muß es Verhandlungen wie die in der Einleitungsepisode geschilderte in diesen Jahrhunderten ständig gegeben haben.

DER SACHSENHERZOG
ALS KÖNIG

Im Dezember 918 war König Konrad gestorben, nachdem er seinen Bruder Eberhard beauftragt hatte, dem sächsischen Herzog Heinrich die Königswürde anzutragen. Erst im Mai des folgenden Jahres 919 trat allerdings ein Reichstag zusammen, um dies in staatsrechtlich einwandfreier Form auch tatsächlich zu vollziehen. In Fritzlar, im fränkischen Hessen, aber dicht an der Grenze zu Sachsen, erkoren fränkische und sächsische Edle Heinrich zum neuen König des Ostfränkischen Reiches. Vertreter von Bayern und Schwaben fehlten dabei allerdings (aus Lothringen sowieso), und dies hätte zu anderen Zeiten womöglich zu einem mörderischen Krieg zwischen den Stämmen führen können. Doch der Sachsenherzog war geschickter und weitsichtiger, als viele ihm zugetraut hatten. Er hatte Zeit gehabt in den Jahren, in denen die Königswürde fast unvermeidlich auf ihn zugekommen war, sich sein künftiges Verhalten zu überlegen. Ihm war klar, daß er den Mächtigen im Land gegenüber anders handeln mußte als sein Vorgänger Konrad.

So erstaunte Heinrich die Erzbischöfe und Bischöfe, als er nach seiner Wahl in Fritzlar eine Krönung und Salbung zum König durch den Erzbischof von Mainz ablehnte, mit Worten, aus denen höfliche Bescheidenheit sprach, die aber in Wahrheit ein anderes Programm bedeuteten. Im Unterschied zu Konrad wollte Heinrich sich nicht in erster Linie auf die Kirche und ihre hohen Repräsentanten stützen. Dennoch vermittelte er ihnen nicht den Eindruck, sie brüskieren oder mißachten zu wollen.

Auch mit den Herzögen in Süddeutschland, die ihn nicht mitgewählt hatten, mußte er anders umgehen als der glücklose König Konrad. Heinrich hatte die Gabe, warten zu können, aber energisch und überlegt zu handeln, wenn es darauf ankam. Als im Herbst 919 Herzog Burchard von Schwaben in einen Krieg mit seinem südlichen Nachbarn, dem König von Hochburgund, um Orte in der heutigen Schweiz geriet, zog König Heinrich mit einem aus Sachsen und Franken ge-

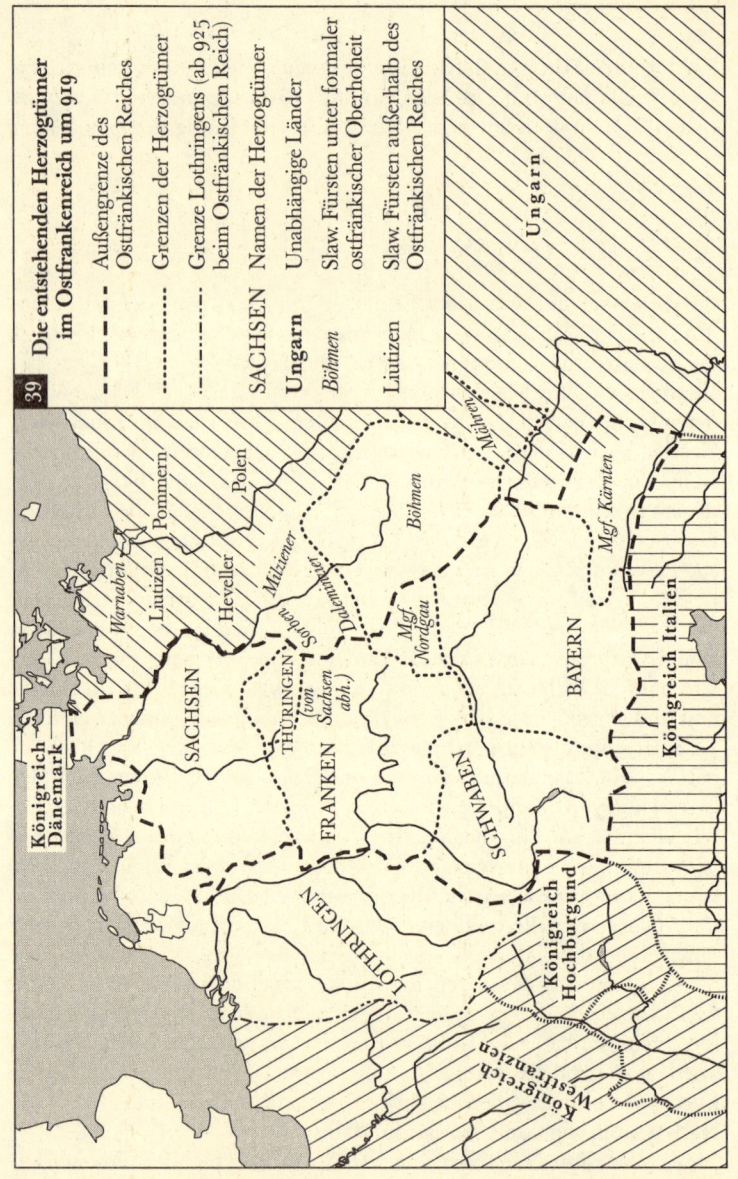

39 Die entstehenden Herzogtümer im Ostfrankenreich um 919

- - - Außengrenze des Ostfränkischen Reiches
······ Grenzen der Herzogtümer
— · — Grenze Lothringens (ab 925 beim Ostfränkischen Reich)
SACHSEN Namen der Herzogtümer
Ungarn Unabhängige Länder
Böhmen Slaw. Fürsten unter formaler ostfränkischer Oberhoheit
Liutizen Slaw. Fürsten außerhalb des Ostfränkischen Reiches

Königreich Dänemark

Warnaben
Liutizen
Pommern
Heveller
Polen
Mlitzizer
Sorben
Daleminzier
Böhmen
SACHSEN
THÜRINGEN (von Sachsen abh.)
Mgf. Nordgau
Mähren
FRANKEN
LOTHRINGEN
SCHWABEN
BAYERN
Mgf. Kärnten
Königreich Italien
Königreich Hochburgund
Königreich Westfranzien
Ungarn

mischten Heer in den Südwesten. Durch Boten dürfte er den schwäbischen Herzog von der Alternative unterrichtet haben, vor der dieser
stand: entweder einen Vasalleneid gegenüber dem ostfränkischen
König abzulegen und dessen Heer als Verbündeten auf seiner Seite zu
haben oder zwischen zwei hochgerüsteten Gegnern zu stehen.

Die Entscheidung konnte Herzog Burchard nicht schwerfallen. Sie
wurde ihm noch erleichtert durch das Zugeständnis des Königs, daß
der Herzog in Kirchenfragen, u.a. der Besetzung von Abtstellen, weiter
selbständig handeln dürfe. In der Sprache der Zeit wurde Herzog
Burchards Handeln so beschrieben: »Er übergab dem König sich selbst
mit allen seinen Burgen und seinem Volk.« Bis zum Tod des schwäbischen Herzogs im Jahr 926 scheint das gute Einvernehmen mit König
Heinrich ungetrübt angedauert zu haben. Nachdem Burchard in einem
Kampf in Italien gefallen war, ohne einen Erben zu hinterlassen,
brachte es der König fertig, einen Stammesfremden zum Herzog von
Schwaben zu ernennen. Es war Hermann von Franken, ein Vetter des
Frankenherzogs Eberhard. Offenbar wurden dagegen keinerlei Ein-
wände laut. Damit hatte Heinrich erstmals das Prinzip im Reich einge-
führt, daß die Herzöge zwar im Inneren ihres Landes weitgehend frei
schalten konnten, daß aber die Besetzung auch der Herzogsthrone eine
Sache des Königs sei, der im Bedarfsfall frei darüber verfügen könne.
Und die dem Herzog Burchard zugestandenen Sonderrechte über die
Kirche wurden bei der Gelegenheit wieder an den König gezogen.

Schwieriger war es für den König, mit dem vierten Herzog im
Reich, Arnulf von Bayern, zu einem guten Verhältnis zu finden. Denn
der hatte sich Anfang 919 von seinen bayerischen Adligen und einigen
Edlen aus Ostfranken, wahrscheinlich Ostfranken im engeren Sinne
und vermutlich von ehemaligen Anhängern der 906 vernichteten Babenbergerfamilie, selbst zum König wählen lassen. Ob dies tatsächlich
unter dem Titel »in regno Teutonicorum – im Reich der Deutschen« geschah, wie die aus dem 12. Jahrhundert stammende Abschrift einer alten Klosterhandschrift berichtet, ist zweifelhaft. Vielleicht wollte Arnulf
auch nur den Titel König der Bayern wiederaufleben lassen, den sein
Namensvetter (und Taufpate?) Arnulf von Kärnten und dessen Vater
Karlmann einst getragen hatten.

Wieder zog König Heinrich mit einem Heer dem widerstrebenden
Herzog entgegen, allerdings erst im Jahr 921. Vor Arnulfs Residenz Regensburg kam es noch vor irgendwelchen Kampfhandlungen zu einer

Aussprache unter vier Augen. Diese muß so wirkungsvoll verlaufen
sein, daß auch Herzog Arnulf den Vasalleneid als unmittelbarer Lehnsmann des Königs ablegte. Im Gegenzug erhielt auch er sehr weitgehende Zugeständnisse des Königs, die ihn im Inneren Bayerns zu einem
nahezu souveränen Fürsten machten. Vor allem durfte Arnulf sogar
Bischöfe selbst ernennen. Seitdem hielt auch der Bayernherzog treu zu
seinem König.

Das Reich der Ostfranken war in den 40 Jahren seit König Arnulfs
Regierungsantritt (887) ein anderes Land geworden, auch wenn das
den Zeitgenossen vielleicht nicht auffiel. Aus dem unübersichtlichen
Privateigentum der karolingischen Königsfamilie hatte sich ein unteil-
barer und allen darin vereinigten Stämmen geradezu heiliger Lehns-
staat mit abgestuften Zuständigkeiten entwickelt. Die vier (und bald
fünf) Herzöge schworen dem König ihren Lehnseid, diesem als Vasallen treu zu dienen, dann konnten sie im Gegenzug Treue und Hilfe des
Königs erwarten. Von den Herzögen, und nicht mehr wie bisher direkt
vom König, hingen die Grafen, Bischöfe und Äbte ab, die in ein unter-
geordnetes Lehnsverhältnis zum jeweiligen Herzog traten. Am Fuß der
Lehnspyramide standen zahlreiche kleinere Adlige und Bauern, die
ihren Grafen oder Bischöfen zu Diensten und Treue verpflichtet waren.
Das hat Konflikte in der Zukunft nicht verhindert, wohl aber die Auflösung des Reiches in immer kleinere Territorialeinheiten, die sich auch
außenpolitisch souverän dünkten.

König Heinrich nannte man erst ein Jahrhundert später »den Ersten«, als es noch weitere Könige mit dem ehrwürdigen Namen gab.
Doch schon seine Zeitgenossen schilderten ihn als einen bemerkenswerten Mann. Er war groß, kräftig, mit schön geschnittenem Gesicht,
geübt in allen Künsten eines Kriegers, Jägers und Ritters, selbstbewußt
und dabei von freundlicher, ja fröhlicher Gemütsart. Im Gegensatz
wohl zu den meisten Vorgängern auf dem ostfränkischen Königsthron
war Heinrich bald im ganzen Volk populär. Dieser Beliebtheit auch
beim einfachen Volk verdankt wohl die Legende ihr Entstehen, der
Bote mit der Nachricht von seiner Wahl zum König habe den Sachsenherzog Heinrich beim Vogelfangen im Wald überrascht. Mit der historischen Wirklichkeit hat die schöne Geschichte von Heinrich dem
Vogler allerdings nichts zu tun.

Bemerkenswert waren die beiden Ehen Heinrichs. Als junger Prinz
lernte er auf einem Kriegszug gegen die sorbischen Daleminzier die

Erbtochter Hatheburg des verstorbenen Grafen Erwin von Merseburg kennen (siehe 39. Kap., S. 673). Bei Heinrich scheint es eine Liebe auf den ersten Blick zu der schönen Gräfin gewesen zu sein; er setzte eine schnelle Eheschließung durch (906). Seine Frau brachte ihm umfangreiche Besitzungen der im Mannesstamm ausgestorbenen Merseburger Grafen in die Ehe, aber diese Ehe hatte einen nach damaliger Anschauung schwerwiegenden Makel. Hatheburg war nämlich Witwe und hatte schon wie viele adlige Frauen in gleicher Lage »den Schleier genommen«. Das heißt, sie hatte sich verpflichtet, für den Rest ihres Lebens in ein Nonnenkloster einzutreten, natürlich unter Einbringung ihrer großen Ländereien. Der damalige Erzbischof Hatto von Mainz scheint es Heinrich schwer verübelt zu haben, daß seine Eheschließung mit Hatheburg die Kirche um eine beachtliche Erbschaft gebracht hat.

Leider lassen die gerade in diesen Fragen höchst unvollständigen zeitgenössischen Quellen nicht erkennen, ob es dem ständigen Druck der Kirche zuzuschreiben war oder ob die Liebe Heinrichs zu Hatheburg erkaltet war, wie der Chronist Thietmar von Merseburg ein Jahrhundert später andeutet, daß Heinrich seine Frau Hatheburg schon nach zwei Jahren wieder verließ und bald eine andere Frau heiratete. Jedenfalls entsprang der Liebesehe mit Hatheburg ein Sohn Thankmar. Doch schon 909 schloß Heinrich seine zweite Ehe; eine kirchenrechtlich einwandfreie Annullierung seiner bestehenden ehelichen Verbindung war unter den erwähnten Umständen für ihn kein Problem. Doch welche persönlichen Tragödien sich hinter den dürren Worten der alten Chroniken verbergen, das bleibt offen und könnte höchstens von einem Romanschriftsteller zum Leben erweckt werden. Die eingebrachten Ländereien blieben selbstverständlich bei Heinrich...

Die zweite Ehe Heinrichs mit der viel jüngeren Mathilde hielt dagegen bis zum Tod des Königs im Jahr 936, Mathilde starb erst 968. Wieder lassen die Berichte aus dem 10. Jahrhundert nicht erkennen, ob der Ruf vom Liebreiz der erst fünfzehnjährigen Schülerin des Frauenklosters Herford dem sächsischen Prinzen zu Ohren kam und er sich von fern in sie verliebte oder ob schlicht hochpolitische Gründe zur Trennung von Hatheburg und zur Eheschließung mit Mathilde führten.

Denn dieses Mädchen war eine Ururenkelin des berühmten Sachsenherzogs Widukind. Eine Verbindung des einzigen Erben der neueren sächsischen Herzogsfamilie – Heinrich – mit der anderen Hochadelsfamilie der Sachsen, der Widukinds, bot nach damaliger Anschauung enorme Vorteile. Im November 912 kam der erste Sohn aus dieser Ehe zur Welt; er wurde nach seinem Großvater Otto dem Erlauchten genannt. Otto sollte einst Nachfolger Heinrichs als König werden, darüber hinaus aber seiner Familie und dem Ostfrankenreich auf Dauer den Titel Römischer Kaiser und sich selbst den ehrenvollen Beinamen »der Große« erwerben (siehe 46. und 49. Kap.).

Heinrichs Handeln als König galt schon bei seinen Zeitgenossen als ein Segen für das Land. Freundlich, aber bestimmt bemühte er sich, »Gerechtigkeit gegenüber jedermann zu üben«. Diese uralte Formel bildet übrigens noch heute einen Bestandteil des Amtseides des deutschen Bundespräsidenten. Die Fehden zwischen großen Adelsgeschlechtern, die in den Jahrzehnten zuvor immer mehr überhand genommen hatten, gingen stark zurück. Mit welchen Machtmitteln Heinrich im einzelnen darauf hingewirkt hat, ist nicht recht klar. Im Inneren seines Reiches herrschte am Ende seines Lebens ein Frieden wie schon lange nicht mehr. König Heinrichs Anordnungen wurden beachtet. In Sachsen konnte er notfalls seinen direkten Einfluß als Herzog einsetzen, in den anderen Herzogtümern scheinen es die dortigen Herzöge ihm aus wohlverstandenem Eigeninteresse nachgemacht zu haben.

VON DER UNGARN NOT
ZUM SIEG BEI RIADE

Die Regierungsjahre von König Heinrich hätten die glücklichste Zeit seit langem im Ostfrankenreich sein können, wenn nicht die ständig drohende Gefahr von Südosten her gewesen wäre. Die Ungarn unternahmen nun schon seit einiger Zeit fast jedes Jahr im Frühjahr und Sommer einen Kriegszug in die reichen Nachbargebiete. Sie waren damit für Mittel- und Westeuropa eine Heimsuchung geworden, die den Normannenraubzügen im 9. Jahrhundert gleichkam. Es scheint das Schicksal junger, kräftiger Völker zu sein, ihre älteren und kulturell entwickelteren Nachbarn in naiver Unbefangenheit als naturgegebene Ziele von Raub und Plünderung zu betrachten, denn dort gibt es Reichtum und Ruhm zu holen. Die frühen Germanen haben sich hierin nicht anders verhalten als Hunnen, Slawen und vermutlich auch die Römer in den ersten Jahrhunderten nach der Gründung ihrer Stadt. Die betroffenen Nachbarvölker haben das natürlich völlig anders gesehen.

Als »primitiv« hätte man die Ungarn der Jahre nach 900 dennoch nicht bezeichnen dürfen, auch wenn sie noch lange nicht zum Christentum bekehrt waren. Im Kampf gegen Feinde aus dem Osten, die sie zuletzt aus den Ebenen nördlich des Schwarzen Meeres nach Westen gedrängt hatten, waren die legendären sieben Stämme der Magyaren zu einer festen Einheit zusammengewachsen. Seit der Abschaffung der traditionellen Doppelspitze innerasiatischer Völker um das Jahr 900 und der Etablierung einer festen (Ein-)Königsherrschaft im Haus der Arpaden hatte dieses Volk auch eine starke und, wie es scheint, recht weitblickende Führung. Es erstaunt immer wieder, wie genau die Ungarn offenbar jeden ihrer sommerlichen Raubzüge auf die jeweilige Stärke oder Schwäche ihrer potentiellen Opfer abgestimmt haben und wie gut sie vermutlich auch über die geographischen Gegebenheiten selbst in weiter Ferne Bescheid wußten. Und Friedensschlüsse oder Waffenstillstände mit ihren Gegnern, von denen gleich noch die Rede sein wird, wurden von ihnen getreulich eingehalten.

Einige Male waren die – vom Standpunkt der Ungarn aus – schon dichter besiedelten und »reichen« Gefilde des nördlichen Bayern und Schwaben das Ziel ihrer Beutezüge. In anderen Jahren zogen sie quer durch das heutige Slowenien nach Norditalien, ja, bis tief in den italienischen »Stiefel« hinein, oder nach Nordwesten über Mähren, Schlesien, das Sorbenland nach Sachsen jenseits von Elbe und Saale, wo Klöster und Kirchenschätze zum Plündern reizten. In wieder anderen Jahren durchzogen sie Bayern und Schwaben im Geschwindritt; dort war nicht mehr viel zum Plündern vorhanden, oder es gab nach einigen für die Ungarn verlustreichen Gefechten einen Waffenstillstand. Dafür fiel das Ungarnheer dann in die heutige Schweiz und das heutige Frankreich ein, wo es rechts und links seines Weges alles Wertvolle abräumte, was sich auf Pferden transportieren ließ.

In offener Feldschlacht waren die Heere keines der Nachbarstaaten der geschickten ungarischen leichten Reiterei mit ihren weithin treffsicheren Pfeilen gewachsen. Nur an Burgen, Städte oder Klöster, die von festen Mauern umgeben waren und gut verteidigt wurden, wagten sich die Ungarn nicht heran.

Der ostfränkische König Heinrich mußte sich selbstverständlich bemühen, für sein ganzes Reich die Ungarngefahr einzudämmen oder zu beenden. Zunächst hatte auch er damit kein Glück. Noch im Jahr 924 versuchte er, mit einem sächsischen Heer sich den magyarischen

Reitern entgegenzustellen, die wieder einmal die Nordroute eingeschlagen hatten, um Sachsen zu plündern. Doch auf freiem Gelände konnten seine Krieger dem ungarischen Fernkampf mit Pfeilen nicht standhalten, denn sie waren nur mit den Nahkampfwaffen Schwert und Lanze ausgerüstet, und wenn sie Pferde hatten, dann waren es schwere Ackergäule, die keinen Angriff im Galopp fertigbrachten. Heinrich mußte sich mit seinen Truppen in die befestigte Pfalz Werla nördlich von Goslar retten.

Doch kurz darauf bescherte ihm der Zufall oder das Glück ein unerwartetes Geschenk. In einem kleineren Scharmützel gelang es sächsischen Kriegern, einen hohen Anführer der Ungarn gefangenzunehmen. Er dürfte zum Großfürstenhaus der Arpaden gehört haben und war seinem Volk so viel wert, daß es in Verhandlungen über seine Freilassung zustimmte, in den kommenden neun Jahren gegenüber dem Ostfrankenreich Frieden zu bewahren. Vielleicht wurde das Selbstbewußtsein der stolzen Magyaren dadurch beschwichtigt, daß sich König Heinrich bereit erklärte, während dieser Friedenszeit jedes Jahr eine beträchtliche Summe in Form von Gold- und Silbermünzen und Edelmetallbarren als Tribut an die Ungarn zu zahlen.

Diese Atempause war das Geschenk Gottes, auf das Heinrich gewartet hatte. Unverzüglich berief er die hohen Adligen aller Stämme und sämtliche Bischöfe zu einem Reichstag in der alten Römer- und Bischofsstadt Worms am Rhein ein (926). Dort verkündete er sein Programm, mit dem das Reich endgültig von der Ungarnnot befreit werden sollte: Alle Städte, Burgen und Klöster sollten mit festen Mauern aus Stein umgeben werden (das war bisher nur in Ausnahmefällen so), der Kriegsdienst sollte neu geordnet werden durch eine Art ständiger, gutbewaffneter und geübter Miliz, und schließlich sollte das Heer durch eine neue Truppe ergänzt werden, eine leichte Kavallerie nach ungarischem Vorbild mit neuen Waffen, neuen Panzern und vor allem neuer, gut eingeübter Kampftaktik.

Für mittelalterliche Verhältnisse ist es beachtlich, daß dieses wohlüberlegte Programm des Königs vom Reichstag einmütig gebilligt und bald auch mit Hochdruck in die Tat umgesetzt wurde. Daß dies zugleich zu einem außerordentlichen Aufschwung zahlreicher Handwerkszweige, zu verstärktem Handel, Umlauf gemünzten Geldes und damit auch zu höheren Steuereinnahmen des Staates in dieser modernen Form führte, war vermutlich ebenfalls von König Heinrich und seinen Beratern vorausgesehen und gewünscht. Und bemerkenswert ist auch vor allem, daß sich alle fünf großen Stammesgebiete, Lothringen nun voll miteinbezogen, an diesem »nationalen Aufbauprogramm« beteiligten, nicht nur des Königs eigener Stamm der Sachsen.

Man darf vielleicht sagen, daß dieser Reichstag von Worms so etwas wie den Idealzustand des neuen Reiches abbildete: Die Herzöge waren in ihrer Innenpolitik weitgehend unabhängig vom Reich und voneinander, aber durch gemeinsame Kultur und Bräuche doch einander sehr ähnlich, im übrigen aber folgten sie in Fragen der Außenpolitik und der Landesverteidigung willig dem Gebot des Königs, das als heilsam für alle Teile des Reiches erkannt wurde. Von diesem Ideal entfernte sich das Verhältnis König–Herzöge zwar nur allzubald und allzuoft wieder, aber dennoch könnte es als Leitmotiv für den seit über einem Jahrtausend föderalistisch gegliederten Staat Deutschland gelten.

Die Erfolge dieses Programms von König Heinrich blieben nicht aus. Schon nach acht Jahren (932) kündigte der König von sich aus vorzeitig den Waffenstillstand mit den Ungarn auf, indem er deren Gesandten einen toten Hund vorwerfen ließ – die tödlichste Beleidigung für das Steppenvolk. Heinrich mußte mit einem neuen Kriegszug der Ungarn nach Sachsen im kommenden Jahr in nie gekanntem Ausmaß rechnen, aber er und das Heer seines Reiches waren nun darauf vorbereitet.

Tatsächlich ritt ein riesiges Heer der Magyaren im nächsten Frühjahr wieder einmal durch Mähren, Schlesien, Daleminzien (heute Bundesland Sachsen) nach dem sächsischen Thüringen. Hier kam es am 15. März 933 zu der historischen Schlacht bei Riade an der Unstrut, in der die Ungarn zum erstenmal eine vernichtende Niederlage erlitten. Die Heeresreform und die jahrelangen Übungen der neuen ostfränkischen leichten Reiterei zahlten sich aus. Unter dem persönlichen Oberbefehl des Königs schlug sein Heer – hauptsächlich Sachsen, aber mit namhaften Kontingenten aus anderen Stämmen – die Ungarn in die Flucht und tötete eine große Zahl davon; über die Höhe dieser Verluste gibt es wie üblich die verschiedensten Angaben.

Der Ruhm, den sich König Heinrich mit dieser Schlacht erwarb, blieb bis in die Neuzeit hinein geradezu legendär. Die Ungarngefahr war für das Reich der Ostfranken vorerst gebannt. Erst über 20 Jahre später wagte sich noch einmal ein großes magyarisches Heer ins Land der westlichen Nachbarn – und wurde dann so geschlagen, daß es zu

einem dauerhaften Frieden kam. Der berühmten Schlacht auf dem
Lechfeld im Jahr 955 wird im 48. Kapitel gedacht werden.

BEGRÜNDETE DER WECHSEL
DES HERRSCHERHAUSES EIN NEUES
REICH?

Im Mai 1919, kurz nach dem Ende des Ersten Weltkrieges, feierte das
nur wenige Monate vorher Republik gewordene Deutsche Reich ein
»Jahrtausendfest«. Im Trubel der revolutionären Ereignisse nach dem
Verlust des Krieges und dem Sturz der Monarchien in Deutschland gingen diese Feiern ziemlich unter, aber man versuchte wenigstens, damit
an eine unveränderliche Konstante in der deutschen Geschichte zu erinnern: an die »Gründung des Deutschen Reiches« vor 1000 Jahren, im
Mai 919.
  Doch lagen diese Gedenkfeiern überhaupt im richtigen Jahr? War
die Wahl des Sachsenherzogs Heinrich zum König »der Ostfranken«
tatsächlich das Gründungsdatum eines neuen Reiches? Bereits im
41. Kapitel (S. 712) ist kurz auf diese Problematik eingegangen worden.
Wie fast immer in der Geschichte lassen sich für so grundsätzliche
Ereignisse wie die Entstehung eines Staates keine eindeutigen, unbestreitbaren Daten finden. Stets gab es schon Vorstufen, Entwick-
lungsschritte, Zwischenstationen. Das gilt übrigens für die Entstehung
praktisch aller Staaten Europas.
  Auf keinen Fall tauchte der Begriff »deutsch« irgendwo im Zusammenhang mit der Königswahl Heinrichs im Jahr 919 auf. Wie schon
mehrfach erwähnt, entstand der Begriff »thiudisk« (volkstümlich) erst
etwa ab dem 9. Jahrhundert im Althochdeutschen als Bezeichnung für
die *Sprache* des einfachen Volkes im Gegensatz zum Lateinischen, der
üblichen Schriftsprache und der Sprache der Kirche. Im späteren Deutschen wurde daraus eben der *Sprach*name »deutsch«. Als Bezeichnung
der *Völker* in Mitteleuropa kam wohl in Italien ab dem 10. Jahrhundert
die zusammenfassende Bezeichnung »tedesco« auf, von »thiudisk« abgeleitet. Im Ausland sah man anscheinend früher das Gemeinsame der
»unheimlichen Nachbarn« als im Lande selbst. Lateinisch geschriebene
Urkunden und Chroniken verwendeten etwa ab der gleichen Zeit in
gewisser klanglicher Anlehnung an das »thiudisk« und zugleich im

Rückgriff auf altrömische Erinnerungen (»Kimbern und Teutonen«) das Adjektiv »teutonicus«. Aber auch die Begriffe Germania und Germanicus waren durchaus noch gebräuchlich.

Der gemeinsame *Staat* hat sich offiziell erstaunlicherweise erst sehr spät, ab dem 15. Jahrhundert, »Heiliges Römisches Reich *deutscher Nation*« genannt, vorher nur »Ostfrankenreich«, »Reich der Franken und Sachsen« und seit dem 11. Jahrhundert »Romanum Imperium« oder »Sacrum Imperium«.

Doch nicht der Name ist das Entscheidende für einen Staat, sondern nach einer modernen Definition der Zusammenfall von »Staatsvolk, Staatsgebiet und Staatsgewalt«. Das Staats*gebiet* des Ostfrankenreiches hatte sich seit den Zeiten Ludwigs des Deutschen nicht wesentlich verändert, wenn man von Lothringen absieht. Das Gefühl für die Zusammengehörigkeit der Staats*völker* Sachsen, Franken, Bayern und Schwaben war schon im Lauf des 9. Jahrhunderts immer ausgeprägter geworden, auch wenn ihnen noch ein gemeinsamer Name fehlte. Insofern drückte die Wahl des Sachsen Heinrich zum König nichts umwälzend Neues aus.

Doch bei dem Merkmal der Staats*gewalt* ergaben sich seit der Ausübung der Königsmacht durch den Sachsenherzog Heinrich so viele Änderungen, daß es durchaus gerechtfertigt erscheint, mit ihm ein »neues« Reich beginnen zu lassen. Einige dieser neuen Elemente wurden schon erwähnt.

Die Unteilbarkeit des Reiches wurde von ihm in seiner Nachfolgeregelung gewissermaßen staatsrechtlich festgelegt. Im Verhältnis des Königs zu den nachgeordneten Gewalten (Herzöge, Bischöfe) leitete Heinrich eine Neubestimmung ein. Trotz zahlloser Verwerfungen dieser Ordnung in den kommenden 1000 Jahren blieb doch in Deutschland das Grundmuster einer auf zwei Stufen verteilten Souveränität der regionalen und der gesamtstaatlichen Gewalten immer erkennbar. Im deutschen Sprachgebrauch bezeichnet man dies heute als Föderalismus. In anderen Ländern, zum Beispiel in Frankreich und in England, führte die im Hochmittelalter ähnliche Vielfalt der regionalen Gewalten doch schließlich zu einem zentralistisch geführten Einheitsstaat.

Und schließlich brachte es der Sachse Heinrich in nur 17 Jahren seiner Königsherrschaft fertig, das vorher von innen wie von außen aufs stärkste gefährdete Ostfrankenreich erstmals zu einer Macht europäischen Ausmaßes zu machen. Heinrich trug zwar nicht den Kaisertitel, der übrigens im 10. Jahrhundert für einige Jahrzehnte »ruhte«, das heißt vom Papst nicht verliehen wurde. Vielleicht hätte auch er ihn sich durch einen Zug nach Rom erworben; ein solcher Romzug war bereits geplant, doch machte der frühe Tod Heinrichs dem einen Strich durch die Rechnung. Erst Heinrichs Sohn Otto der Große erhielt zur tatsächlichen Macht auch noch den Titel (963).

Doch auch ohne den Kaisertitel galt Heinrich bei seinen Zeitgenossen als mächtiger und mit mehr Königsheil begabt als ein gewöhnlicher König. Bei einer Zusammenkunft mit seinen Nachbarkönigen Rudolf von Frankreich und Rudolf II. von Burgund im Jahr 935, die mit einem Freundschaftsbündnis zwischen diesen Monarchen endete, gestanden ihm seine Vertragspartner eine Art symbolische Oberhoheit über ihre Länder zu.

In einer Epoche, in der sichtbare Symbole ungeheuer viel aussagten, wurde dieses geradezu mystische Ansehen des Königs Heinrich am deutlichsten durch den Erwerb der Heiligen Lanze. Der erste christliche Kaiser Roms, Konstantin, hatte der Legende nach die Lanze aufgefunden, mit der ein Soldat Jesus bei seiner Kreuzigung in die Seite gestochen haben sollte. Im 10. Jahrhundert tauchte diese Reliquie im Besitz eines italienischen Grafen auf und kam dann an König Rudolf von Hochburgund. Dieser trat sie nach intensiven Verhandlungen und einigem politischen Druck »freiwillig« an den Ostfrankenkönig ab. Ob echt oder nicht, diese Lanze galt seit 935, dem Jahr der Erwerbung durch König Heinrich, als eine der wichtigsten Reichsinsignien, als heiliges Herrschaftssymbol. Vor allem verband sich damit die Vorstellung von einem natürlichen Anspruch des Besitzers auf die Herrschaft über das Königreich Italien, den Nachfolger des alten Langobardenreiches.

Otto der Große und seine Nachkommen, die sogenannten sächsischen Kaiser, haben viel Kraft und Blut eingesetzt, um diesen theoretischen Anspruch in die Wirklichkeit umzusetzen und sich in vielen Zügen nach Italien die Kaiserkrone zu erwerben und zu erhalten. Ihr Reich war unbestritten das mächtigste im Abendland, die Kaiser des neuen Imperium Romanum standen, unabhängig von ihrer jeweiligen politischen Leistung und Stärke, in Ansehen und Würde weit über den anderen Königen Europas. König Heinrich war zwar selbst nicht Kaiser, aber er legte den Grundstein für ein neues Reich, das tatsächlich 1000 und mehr Jahre überdauert hat, auch wenn es sich oft in Form, Ziel, Macht und Ansehen veränderte.

45. DAS REICH UND DIE DÄNEN, EINE UNENDLICHE GESCHICHTE

DER UMSTRITTENE HANDELSPLATZ
Spätsommer 934, Haithabu bei Schleswig

Ragnar Hinkefuß stand auf einem der hölzernen Schiffsstege mitten im Hafenbecken. Erwartungsvoll spähte er durch die schmale Einfahrt auf die Bucht (die Schlei) hinaus, die sich viele, viele Meilen weit nach Nordosten erstreckte, manchmal schmal wie ein kleiner Fluß, manchmal breit wie ein See, bis sie in das große Wasser des östlichen Meeres (Ostsee) mündete.

Heute oder spätestens in den nächsten Tagen mußte wie jedes Jahr um diese Jahreszeit sein Freund und Handelspartner Burislaw Weichselfahrer hier ankommen, mit kostbaren Fellen, Schiffstauen aus Wal- und Seehundshaut, mit wertvollem Bernstein aus den Ländern weit im Osten und fast immer mit einigen Sklaven, die er hier auf dem weithin berühmten Markt von Haithabu verkaufen wollte. Dabei konnte Burislaw auf die Hilfe seines Freundes Ragnar Hinkefuß vertrauen, der als der bekannteste Zwischenhändler für die menschliche Ware hier am Handelsplatz zwischen den Meeren galt.

Hinter Ragnar breitete sich das unübersichtliche Gewimmel der Holzhäuser aus, die den Ort Haithabu bildeten. Die mit Knüppeldämmen gegen die Bodennässe geschützten Wege zwischen den unregelmäßigen Häusern führten alle auf die leicht geschwungene Küstenlinie des Noor zu (inneres Ende der Schlei). In dessen flachem Gewässer schützten zwei halbkreisförmige Dämme mit Palisaden ein Hafenbecken, in das die Schiffsstege hineinreichten. Dort konnte ein Dutzend oder mehr Kriegs- oder Frachtschiffe gleichzeitig anlegen und ent- oder beladen werden.

Wie immer im Spätsommer kamen jetzt die letzten Frachtschiffe aus dem Osten an oder rüsteten sich zur letzten Fahrt des Jahres in ihre Heimathäfen Birka, Ralswiek, Jomsburg oder Truso (an der Weichselmündung). Denn ab dem Herbst machten üble Stürme aus wechselnden

Richtungen und im Winter ein regelmäßiges Zufrieren der Häfen und
eines großen Teils des östlichen Meeres jede Schiffahrt unmöglich.

Deshalb herrschte jetzt, an den letzten schönen Spätsommertagen
des Jahres, ein geschäftiges Treiben im Hafen von Haithabu. Dirigiert
von kräftigen Aufsehern mit Stöcken, zerrten und schoben in Lumpen
gekleidete Sklaven schwere Transportkisten an Stricken über die holp-
rigen Knüppelwege bis zum richtigen Schiff oder von dort bis in den
Warenspeicher eines Kaufmanns im Ort. Andere Sklaven rollten riesige
Holzfässer. In diesen konnten keineswegs nur Wasser oder Wein, sondern zahlreiche andere Waren raumsparend und regensicher verpackt
werden, von kostbaren friesischen Tuchen bis zu eingesalzenen Herin-
gen für die Mönche in den Klöstern des christlichen Südens.

Haithabu war eben ein Umschlagplatz für Handel zwischen west-
lichem und östlichem Meer (Nord- und Ostsee) sowie zwischen den
Ländern der Dänen im Norden und der Sachsen im Süden. Denn es lag
an der einzigen Stelle der jütischen Halbinsel, an der Schiffe so weit von
Osten her ins Land fahren konnten, daß nur ein kurzer Weg über die
Heide bis zur Landestelle der Schiffe aus dem westlichen Meer nötig
war, die diese über die Flüsse Eider und Treene erreichen konnten
(Hollingstedt in Schleswig-Holstein). So konnte der lange und höchst
gefährliche Seeweg rund um die jütische Halbinsel (Kap Skagen) vermieden werden. Diese Strecke über Land legten selbst langsame Ochsenkarren bequem in einem Tag zurück (zirka 15 Kilometer). Ein Dutzend Fuhrunternehmer und ihre Knechte lebten davon, den endlosen
Strom von Frachtgütern zwischen Hollingstedt und Haithabu in beiden
Richtungen zu bewältigen. Für die Händler in Haithabu kamen noch
die zahlreichen Waren hinzu, die über Land in nord-südlicher Richtung
auf dem alten Ochsenweg von der Hammaburg (Hamburg) nach Jelling und anderen Orten in Jütland oder umgekehrt reisten. Denn dieser
alte Handels- und Heerweg, der einzig gangbare in dieser Richtung,
kreuzte nur eine halbe Stunde westlich von Haithabu den Landweg
zwischen den beiden Meeren.

Diese günstigen Verkehrsverbindungen hatten Haithabu zum größten Handelsplatz an der südlichen Ostsee gemacht, und der Ort warf
reiche Steuern ab für den, der ihn beherrschte. Denn jeder Kaufmann,
der von hier abfuhr oder ankam, sowie jeder Transportunternehmer,
Handwerker, Schankwirt oder Händler am Ort mußte dem Stadtherrn
eine Abgabe zahlen. Ragnar erinnerte sich, daß es in den über 20 Jah-

ren, seit er in der warmen Jahreszeit regelmäßig in Haithabu wohnte, zweimal vergebliche Versuche fremder Nordmänner gegeben hatte, den Kleinkönig Knuba zu vertreiben, der seit langem hier die Herrschaft innehatte. Knuba selbst mußte allerdings einen Teil seiner Einnahmen an König Gorm Grymme (den Alten) abführen, der in Jelling (Mitteljütland) über das Volk der Dänen herrschte. Mit dieser Regelung waren bisher Knuba wie Gorm gut gefahren und hatten beachtlichen Reichtum an gemünztem Geld wie an anderen kostbaren Waren aufhäufen können.

Doch vor kurzem war diese Ordnung gestört worden. Es war erst wenige Wochen her, seit sächsische Krieger des Königs Heinrich in Haithabu einmarschiert waren, nachdem sie die Truppen König Knubas in einer Schlacht nicht weit südlich des Handelsortes besiegt hatten. Burislaw Weichselfahrer wußte noch gar nichts von der Umwälzung hier; Ragnar nahm sich vor, ihm sofort nach der Ankunft davon zu erzählen.

Das heißt, so mußte sich Ragnar eingestehen, so überaus schwerwiegend für die Händler und Handwerker des Ortes war der Herrscherwechsel offensichtlich doch nicht, jedenfalls nicht so schlimm, wie sie zunächst befürchtet hatten. Denn der Kleinkönig Knuba war immer noch da und kassierte die Abgaben. Nur mußte er seinerseits nunmehr Tribut an den Sachsenkönig Heinrich zahlen, der ein Reich beherrschen sollte, das angeblich bis fast an das südliche Meer der Römer (Mittelmeer) reichte. Ostfrankenreich hieß dieses riesige Land, und es gab auch weiter im Süden noch ein Westfrankenreich. Doch worin sich beide unterschieden, wußte Ragnar nicht genau, es war ihm auch ziemlich gleichgültig.

Immerhin, dieser neue Oberkönig Heinrich war Christ, und seine sächsischen Krieger waren es auch. Sie hatten, hoffentlich nur vorübergehend, einige Priester und sogar einen Bischof mitgebracht, die an einem Tag in der Woche öffentlich auf dem Hafenvorplatz von Haithabu einen Kult veranstalteten, den sie »Messe lesen« nannten. Vom besiegten König Knuba hatte König Heinrich verlangt, daß er sich nach Art der Christen taufen lassen solle. Diese Zeremonie sollte, wie es hieß, in Kürze in aller Öffentlichkeit stattfinden.

In Haithabu waren Christen nichts Besonderes. Die Friesen, die aus dem Frankenreich regelmäßig zum Handel in den Ort an der Schlei kamen, beteten den Christengott an, ebenso sächsische und anglische

Kaufleute von der Insel Britannien. Einige der wenigen ständigen Bewohner Haithabus gehörten auch selbst zu dieser Religion, allerdings waren sie meist wenig geachtete Schankwirte, Lederarbeiter oder Lastträger. An einem Handelsplatz wie diesem waren die Götter, die jeder anbetete, nichts, über das man sich aufregte. Dafür kannte man hier zu viele Götter, zu denen man beten konnte, wenn man wollte.

Hinsichtlich einer kleinen Gruppe von Christen hatte es allerdings seit der Eroberung Haithabus durch König Heinrich eine schwerwiegende Änderung gegeben, und die wurmte den Händler Ragnar gewaltig. Schon zwei Tage nachdem sächsische Truppen in den Handelsort eingezogen waren, hatte König Heinrich nämlich umfragen lassen, ob sich unter den Sklaven im Ort, den dort ständig lebenden und den zum Verkauf auf dem Sklavenmarkt stehenden, etwa Christen befänden. Unter strengen Strafandrohungen war ihren Eigentümern geboten worden, solche sofort freizulassen und ihnen, wenn sie es wollten, die Rückkehr in die Heimat zu ermöglichen.

Auf diese Weise hatte Ragnar Hinkefuß ohne jede Entschädigung fünf Sklaven verloren, die in seinem Stall hinter dem Haus auf den Weiterverkauf gewartet hatten. Zwei waren ja nicht viel wert gewesen, wenn Ragnar ehrlich mit sich war, alte Mönche aus einem Kloster an der unteren Somme (heute Normandie), die bei einem der letzten Normannenüberfälle in dieser Gegend erbeutet worden und auf allerlei Umwegen bis nach Haithabu gekommen waren. In ihren verrosteten Ketten um Hals und Füße und ihren zerrissenen Mönchskutten sahen sie ziemlich jämmerlich aus und waren für schwere Arbeiten viel zu schwach.

Für eine junge hübsche ehemalige Nonne hätte Ragnar jedoch gewiß eineinhalb Mark Silber erlösen können (etwa gleich dem Wert von zwei Ochsen), wenn es ihm gelungen wäre, sie an einen schwedischen Häuptling weit im Norden zu verkaufen, als repräsentative Hausdienerin und natürlich auch für andere Zwecke. Diese war den slawischen Wilzen bei einem ihrer letzten Beutezüge auf das Gebiet westlich der unteren Elbe in die Hände gefallen. Die beiden letzten Christen unter Ragnars Warenvorrat, sächsische Zimmerleute von der Stör (südwestliches Schleswig-Holstein), hatten Dänen erst im Frühjahr von einer ihrer häufigen »Wiking-Fahrten« über die Grenze zu den Sachsen mitgebracht. Sie hätte Ragnar im nächsten Frühjahr gewinnbringend an Hausbesitzer in Haithabu zur Reparatur oder zum Neubau ihrer Holzhäuser vermieten können.

Insgesamt spürte der Händler Ragnar schon seit einiger Zeit einen Rückgang seines Geschäfts. Das Angebot von slawischen, finnischen und anderen Gefangenen aus den Weiten des Ostens war zwar noch reichlich, aber der Absatz in die christlichen Länder des Südens und Westens hatte doch stark nachgelassen. Nur der schlaue Gott Loki mochte wissen, woher diese Christen heutzutage ihren Bedarf an Knechten und Mägden für Haus, Hof, Garten und Bett sonst deckten.

Bei seinem Grübeln über die nicht besonders rosige Zukunft seines Geschäfts hatte Ragnar ganz vergessen, nach dem Schiff seines Schwurbruders Burislaw Ausschau zu halten. Da war es tatsächlich schon nahe heran und ließ gerade kurz vor der Hafeneinfahrt das große Segel fallen, um mit der Restfahrt und nötigenfalls einigen Ruderschlägen einen freien Platz am Schiffssteg zu erreichen. Daß Ragnar seinen Partner ausgerechnet heute erwartete, war keine Sache der Zauberei. Schließlich hatten schon die letzten vier Tage gutes Wetter und beständiger günstiger Wind aus Osten geherrscht, und Burislaw Weichselfahrer war ein ausgezeichneter Seemann, der die Fahrt längs der Ostsee schon viele Male ohne Schiffbruch gemacht hatte.

»Willkommen in Haithabu!« rief Ragnar seinem Freund und Schwurbruder noch über die letzten Ellen Wasserfläche zu und breitete die Arme aus. »Deine und meine Götter haben dir günstigen Wind beschert. Komm an Land, Freund Burislaw, ich habe dir viel zu erzählen!«

HAITHABUS
EIGENART

Von der Eroberung Haithabus und der Mark nördlich der Elbe durch den Ostfrankenkönig Heinrich im Jahr 934 berichten die Klosterannalen des 10. Jahrhunderts recht kurz und bündig. Sicher erfuhren die Mönche nur aus dritter oder vierter Hand davon und konnten sich nicht viel unter der entlegenen Gegend vorstellen.

Noch vor 100 Jahren wäre es modernen deutschen Historikern kaum anders ergangen, denn weder die Lage noch gar nähere Einzelheiten über das sagenhafte Haithabu (oder Sliaswech, wie es meist in den Quellen in lateinischer Sprache hieß) waren damals bekannt. Doch seit dem Beginn des 20. Jahrhunderts ist der bis dahin menschenleere Fleck am innersten Ende der langen Schleibucht Schauplatz von so

vielen archäologischen Grabungskampagnen gewesen, daß Haithabu,
das »Troja des Nordens«, inzwischen zu den am besten erforschten
frühmittelalterlichen Wohnstätten in Deutschland gehört.

»Troja des Nordens« – der Vergleich ist keineswegs schief, denn
auch das Troja der homerischen Helden war in Wahrheit eine reiche
Handelsstadt am Schnittpunkt wichtiger See- und Landwege. Auch
wenn die archäologischen Ausgrabungen von Haithabu keine Gold-
und Silberschätze zutage förderten und vor allem keinen Heinrich
Schliemann als Propagandisten gefunden haben, so lassen sie doch den
geschäftigen Alltag eines frühmittelalterlichen Handelsplatzes ungleich
besser lebendig werden als das staubige Troja in Kleinasien. Die heute
mögliche genaue Zeitbestimmung archäologischer Funde, vor allem
von hölzernen Überresten, stimmt übrigens genau mit den aus Schriftquellen überlieferten Jahreszahlen für Haithabu überein.

Von der Zeit kurz nach der vermutlich ersten Ansiedlung von Kaufleuten am »Ort auf der Heide« (Haithabu) berichtete schon indirekt das
38. Kapitel (S. 644): Der Dänenkönig Göttrik ließ im Jahr 808 den
slawisch-obodritischen Handelsort Rerik beim heutigen Wismar überfallen und entführte die Einwohner nach Haithabu. Seitdem erlebte dieser Ort wohl einen ununterbrochenen Aufstieg.

Ob sich eine oder mehrere Dynastien von Kleinkönigen als Stadtherren aufspielten, weiß man nicht genau. Den Neid fremder Herren
wird der »schätzespendende Hafen« sicher immer wieder hervorgeru-
fen haben. In jedem Fall waren die Herren Haithabus in den ersten zwei
Jahrhunderten seines Bestehens durchweg dänischer oder schwedischer
Herkunft. Ebenso ist nicht bekannt, ob und wie lange jeweils das
kleine, aber äußerst bedeutsame »Reich« zwischen Schlei und Eider den
Dänenkönigen, den Schwedenkönigen – damals in Mittelschweden um
Uppsala ansässig – oder vielleicht zeitweise überhaupt niemandem tri-
butpflichtig war.

Mit dem Ostfränkischen Reich, seinem südlichen Nachbarn, hatte
es bis 934 nur insofern etwas zu tun, als Händler oder Missionare, die
in den Norden oder Osten Europas wollten, dort Station machen mußten. Ein mit der Zeit immer besser ausgebauter Verteidigungswall, das
Dannewerk, schützte den Hafen von Haithabu und den strategisch so
wichtigen Landweg nach Hollingstedt vor Angriffen aus dem Süden.
Im Fall des Sachsenkönigs hatte diese Vorkehrung allerdings nichts
genutzt.

König Heinrich I. brauchte sicherlich keinen besonderen Anlaß für seinen Feldzug zur Wiedereroberung der Mark nördlich der Elbe, die einmal für kurze Zeit zum Reich Karls des Großen gehört hatte (ohne den Ort Haithabu selbst). Oder vielmehr konnten ihm die in der Einleitungsepisode angedeuteten gelegentlichen Beutezüge dänischer Wikinger in das Grenzland zu Sachsen (Nordalbingien) zur Rechtfertigung dienen. In Wirklichkeit wird es ihm aber sicher hauptsächlich um die sehr einträgliche Oberherrschaft über den Handelsplatz Haithabu und seine Sperrfunktion für den gesamten Handel in Nordeuropa gegangen sein.

Von seinem Typ als menschliche Ansiedlung her war Haithabu eine kleine Welt für sich, völlig anders als Orte oder Städte im Ostfränkischen Reich, in England oder selbst in Dänemark und Norwegen. Vergleichbar war es nur dem halben oder ganzen Dutzend ähnlicher Handelsorte, die zwischen dem 7. und 10. Jahrhundert an Nord- und Ostsee entstanden. Das im 34. Kapitel (S. 586) erwähnte Dorestad in den heutigen Niederlanden gehörte dazu, Kaupang an der Oslobucht in Norwegen, das schwedische Birka im Mälarsee landeinwärts des heutigen Stockholm, die Orte Vineta/Jumne (Jomsburg), Truso (Elbing) und einige andere an den Küsten Pommerns und Ostpreußens.

Orte wie diese waren hauptsächlich im Sommerhalbjahr (März bis September) bewohnte Handelsplätze, zwar unter der Aufsicht irgendeines Stadtherrn, aber im Grunde eine kosmopolitische Ansammlung häufig wechselnder Händler, Handwerker, Schiffer und Anbieter von vielerlei Dienstleistungen aus allen Völkern rund um Nord- und Ostsee. Das eigene Interesse gebot allen Bewohnern, trotz unterschiedlicher Herkunft und Absichten, Frieden im Ort zu wahren. Bei den kräftigen Nordmännern schloß das allerdings Wirtshausschlägereien oder persönliche Zweikämpfe sicher nicht aus. Denn mit zweideutiger Zunge und scharfem Schwert waren Normannen und Wikinger, beide Namen sind nahezu gleichbedeutend, stets schnell am Werk.

Möglicherweise hatten sich unternehmungslustige friesische Händler von der heute niederländischen Nordseeküste als erste in Haithabu niedergelassen, doch dänische, norwegische und schwedische Wikinger folgten ihnen auf dem Fuß. Slawische sowie sächsische Kaufleute und Seefahrer tauchten dann ebenfalls regelmäßig auf. Selbst so fremdartige Fernhändler wie Araber waren keineswegs seltene Besucher, wie wir aus dem schriftlichen Bericht eines Kaufmanns At-Tartuschi aus

Tortosa im damals arabischen Spanien aus dem Jahr 965 über Haithabu wissen.

Entsprechend den häufig wechselnden und volksmäßig höchst unterschiedlichen Bewohnern muß das geistige Klima dieses Ortes sehr tolerant, aber auch kaufmännisch-nüchtern gewesen sein, so wie heute noch in allen großen Häfen der Welt. Allerdings, eine große Stadt darf man sich unter Haithabu nicht vorstellen. Nach den Forschungen der Archäologen haben wohl nie mehr als 1000 Menschen gleichzeitig am Hafen an der Schlei gelebt, die meisten davon sogar nur während des Sommerhalbjahres. Und man fand auch keine Ruinen prächtiger Steinhäuser oder Paläste im Boden, sondern ausschließlich Reste nachlässig zusammengebauter Holzhäuser. Den Gewinn, den Händler, Seeleute, Schankwirte, Handwerker und andere Gewerbetreibende in Haithabu erzielten, ließen sie nicht dort, sondern irgendwo anders, wo sie den Winter über wohnten.

Vermutlich böte der Handelsplatz Haithabu, würde er wie eine Fata Morgana aus dem nassen Boden auferstehen, für unsere Augen etwa ein Bild wie die Kulisse eines Wildwestfilms mit seinen unordentlichen Holzhäusern, nur nicht mit weiten und staubigen Straßen, sondern mit engen, schlammbedeckten Wegen und einem unbeschreiblichen Menschengewimmel darin.

Gehandelt wurde in Haithabu und anderen Orten dieser Art mit vielerlei Waren, darunter natürlich auch mit Sklaven, wie die Einleitungsepisode diskret andeuten möchte. Seit den Tagen der alten Griechen und Römer hatte der Handel mit menschlicher »Ware« stets auch in Europa geblüht, und er scheint selbst im 10. und 11. Jahrhundert im christlichen Abendland noch so selbstverständlich gewesen zu sein, daß sich Berichte von Missionaren oder anderen christlichen Reisenden in den heidnischen Norden nur dann darüber aufregten, wenn ehemalige christliche Priester, Mönche oder Nonnen vom Sklavenschicksal betroffen waren. Christliche Laien oder gar »Heiden« als Sklaven, die in Ketten gelegt und von einem Herrn an den anderen verkauft werden konnten, haben keinen der so frommen Autoren des frühen Mittelalters auch nur zu einem einzigen Wort des Mitleids bewegt. Und vermutlich verbot es die christliche Nächstenliebe auch keinem christlichen Gutsherrn in Mittel-, West- oder Südeuropa, sich geeignete Arbeitskräfte auf dem Markt auszusuchen, wenn es sich dabei nur um »arme Heiden« handelte.

Mit gutem Grund ist in diesem Abschnitt über Haithabu im 10. Jahrhundert vermieden worden, das Wort Stadt auf diese geschäftige Ansiedlung anzuwenden. Denn diesen Ehrentitel, typisches Kennzeichen abendländischer Kulturentwicklung, hatten die Handelsorte im europäischen Norden wirklich noch nicht verdient. Weder waren sie größere ständige Ansiedlungen, noch entwickelten ihre Bewohner den Ehrgeiz, etwas von ihrem Reichtum in kulturellen Bauten im weitesten Sinne anzulegen oder sich eigene Rechte gegenüber dem Stadtherrn zu erkämpfen, also Bürgerfreiheiten einzufordern. Letzteres war geradezu kennzeichnend für eine italienische oder deutsche Stadt im Hochmittelalter. Doch davon blieb Haithabu, der einzige »Wikingerort« im Gebiet des heutigen Deutschlands, zeit seines Bestehens weit entfernt.

DAS OSTFRANKENREICH
UND SEINE NACHBARN IM NORDEN

Die Grenzen frühmittelalterlicher Reiche waren stets gefährdet, selbst die eines so starken und selbstbewußten Reiches wie des Ostfränkischen zur Zeit Heinrichs I. Im Süden und Westen versuchten große Adlige oder Könige aus den christlichen Nachfolgestaaten des einstigen Karlsreiches unter irgendwelchen Rechtsvorwänden, Gebietsstücke an den Grenzen mit List oder Gewalt an sich zu reißen.

Die heidnischen Nachbarn des Ostfrankenreiches im Osten und Norden, die Ungarn, Slawen und Dänen oder Nordmannen, brauchten keinen juristischen Vorwand. Wenn sie sich stark genug fühlten oder ihnen einfach danach zumute war, dann fielen sie »in hellen Scharen« beim Nachbarn ein, in der Hoffnung, nach Herzenslust dort plündern und mit vielerlei Gütern im Gepäck heil wieder nach Hause zurückkehren zu können. Zu den erstrebenswertesten Gütern bei solchen Raubzügen gehörten übrigens nicht nur Gold und Edelsteine oder gemünztes Geld, sondern auch menschliche Ware, die sich auf dem nächsten Sklavenmarkt leicht in klingende Münze verwandeln ließ.

Diese »barbarische Eigenart« aller heidnischen Nachbarn hatte das Frankenreich schon seit den Merowingerkönigen bewogen, Kriegszüge nach Osten zu führen, die dortigen Heidenvölker möglichst eindrucksvoll zu besiegen und danach Tribute, »Unterwerfung« und unter dieser Überschrift eben auch friedliche Nachbarschaft zu verlangen. Daß sol-

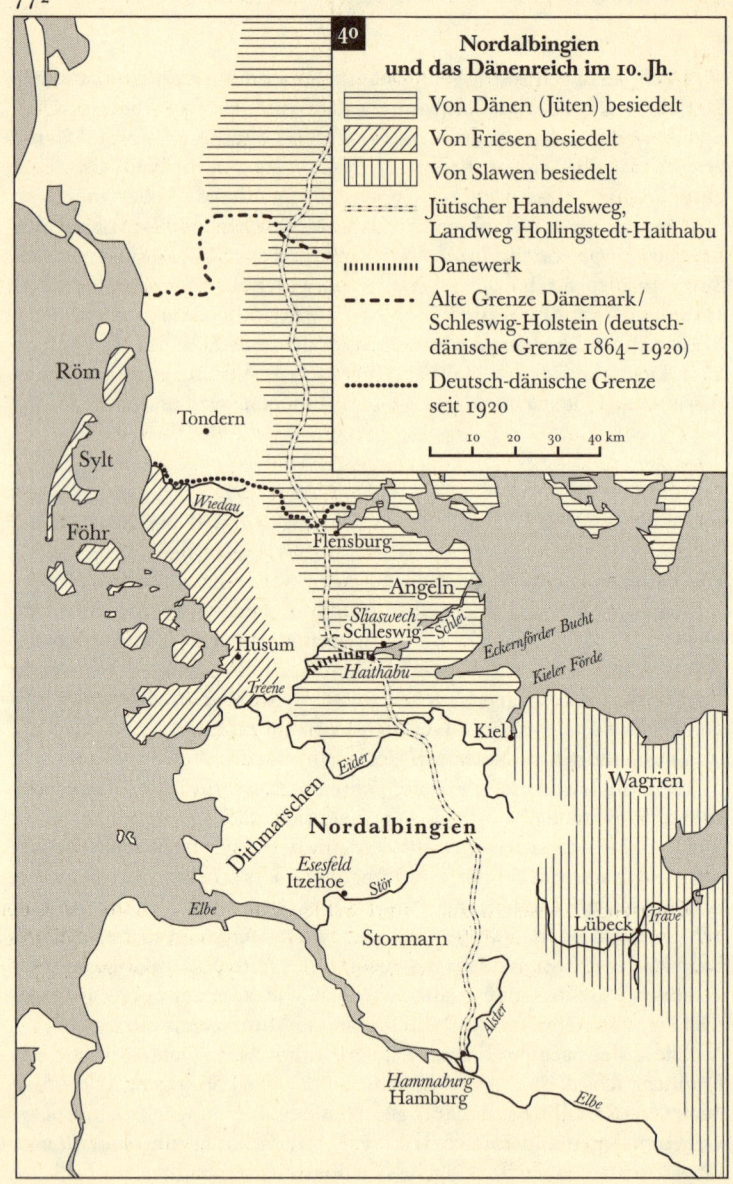

40

**Nordalbingien
und das Dänenreich im 10. Jh.**

Von Dänen (Jüten) besiedelt

Von Friesen besiedelt

Von Slawen besiedelt

Jütischer Handelsweg,
Landweg Hollingstedt-Haithabu

Danewerk

Alte Grenze Dänemark/
Schleswig-Holstein (deutsch-
dänische Grenze 1864–1920)

Deutsch-dänische Grenze
seit 1920

10   20   30   40 km

Röm

Tondern

Sylt

Föhr

Wiedau

Flensburg

Angeln

Sliaswech
Schleswig   *Schlei*

Eckernförder Bucht

Husum

Haithabu

Kieler Förde

Treene

Kiel

Eider

Wagrien

Dithmarschen

Nordalbingien

Esesfeld
Itzehoe   *Stör*

Elbe

Stormarn

Lübeck   *Trave*

Alster

Hammaburg
Hamburg

Elbe

che Versprechungen der Unterworfenen meistens nicht lange hielten, wurde in diesem Buch schon mehrfach erwähnt. 200 Jahre vor König Heinrich aus sächsischem Stamm waren es dessen sächsische Vorfahren, denen entsprechende Kriegszüge der karolingischen Hausmeier und Könige galten.

Die Kämpfe des Ostfrankenreiches mit seinen ungarischen und slawischen Nachbarn im Osten zur Grenzsicherung und Machtausweitung, auch die bisher übergangenen unter König Heinrich I., werden noch ausführlich in mehreren Kapiteln behandelt werden, nicht zuletzt deswegen, weil sie für die nächsten 1000 Jahre Deutschlands schicksalhaft werden sollten. Der Auseinandersetzung mit dem germanischen Norden ist dagegen nur noch dieses Kapitel gewidmet.

Karl der Große stieß durch seine Eroberung der Wohngebiete der Sachsen erstmals so weit nach dem Norden Mitteleuropas vor, daß das germanische Volk der Dänen in das Blickfeld der karolingischen Geschichtsschreiber rückte. Dadurch wurde es, all den vielen archäologischen Funden zum Trotz, auch für die ausschließlich auf Schriftquellen starrenden modernen Historiker zum erstenmal existent. Wer von den beiden, Karl der Große oder der Dänenkönig Göttrik, mehr verblendet war, als es um 810 zu den ersten kriegerischen Auseinandersetzungen zwischen Franken und Dänen kam, mögen weder die Geschichte noch der Autor dieses Buches entscheiden (siehe 38. Kap., S. 650). Aus den vollmundigen Eroberungsdrohungen König Göttriks wurde nichts, doch selbst die so rührend geschilderte christliche Taufe seiner unmittelbaren Nachfolger und die Unterwerfung der Dänen unter das Frankenreich entpuppten sich ganz schnell als Seifenblasen.

Solche Unterwerfungen der Dänen kamen im folgenden Jahrhundert sogar noch mehrfach vor, doch das praktische Ergebnis der vielen Kriegszüge zwischen Elbe und Schlei war, daß sich dieses Gebiet fast stets in der Hand der Dänen oder der Nordmannen oder Wikinger befand. Die Eroberung durch Heinrich I. im Jahr 934 zog nicht nur eine Unterwerfung des Kleinkönigs Knuba in Haithabu unter das Frankenreich nach sich, sondern auch die des dänischen Oberkönigs Gorm in Jelling, wenn man den ostfränkischen Chroniken glaubt. Allerdings könnten die schriftlichen Berichte darüber eher dem entsprechenden Wunsch als der Realität entsprungen sein.

Schon bald nach Heinrichs Feldzug scheint die ostfränkische Oberhoheit über Haithabu bereits erneut verlorengegangen zu sein. In

schriftlichen Berichten taucht der Ort erst wieder im Jahr 974 auf.
Heinrichs Enkel, Kaiser Otto II., hatte damals Haithabu zum zweitenmal zu erobern. Und schon sieben Jahre später, 983, kam der so wichtige Ort von neuem, diesmal für immer, dem Ostfränkischen Reich
abhanden, als nämlich Slawen und Dänen den Tod von Kaiser Otto II.
im fernen Italien als Signal für einen großen und erfolgreichen Aufstand verstanden (siehe 51. Kap.).

In der zweiten Hälfte des 10. Jahrhunderts scheint Haithabu von
der Landseite mit einem mächtigen, halbkreisförmigen Verteidigungswall umgeben worden zu sein, dessen Reste man heute noch in der
Landschaft erkennen kann. Doch das Ende des Handelsplatzes rückte
unabwendbar näher. Im Jahr 1050 eroberten und zerstörten ihn Nor-
weger. 1066 waren es Slawen, die die mühsam wiederaufgebauten Häuser verbrannten. Danach wurde die Siedlung endgültig aufgegeben und
geriet schnell in Vergessenheit.

Vielleicht hatte sich in dieser Zeit auch der durchschnittliche Was-
serstand der Ostsee so verändert, daß Haithabus Hafen nicht mehr
nutzbar war. Oder, noch wahrscheinlicher, der Schiffsbau hatte Fortschritte gemacht und einen größeren Typ von Lastschiffen hervorge-
bracht, der im Hafen von Haithabu nicht mehr anlegen konnte. Schräg
gegenüber an der Schlei, nur wenige Kilometer entfernt, entstand nämlich eine andere Hafensiedlung, das heutige Schleswig. Aber das geschah schon unter ganz anderen Vorzeichen. Das Christentum hatte
sich im skandinavischen Norden nun endgültig durchgesetzt, auch in
Dänemark, zu dem die Stadt Schleswig bis ins 19. Jahrhundert gehörte.
Allerdings wurde diese Stadt immer mehr von Sachsen, also Deutschen, besiedelt und zeigte auch sehr schnell alle Eigenarten einer Stadt
des Hochmittelalters. Doch das ist nicht mehr Thema dieses Buches.

Wenn bisher von Kämpfen zwischen Dänen und Sachsen bzw. dem
Ostfränkischen Reich im heutigen Schleswig-Holstein die Rede war,
dann muß daran erinnert werden, daß der südöstliche Teil davon, etwa
zwischen Kiel und Lübeck, daran keinen Anteil hatte. Denn diese Region – Ostholstein, Lauenburg und das Umland von Lübeck – stand
immer noch unter *slawischer* Herrschaft. Eine etwa bestehende Oberhoheit des Ostfränkischen Reiches galt hier höchstens formal.

Nicht nur bis zur ersten Jahrtausendwende blieb das Land im Norden zwischen Dänen und Sachsen umstritten. Wenn man so will, setzte
sich das bis in die jüngste Vergangenheit fort. Die Grenze zwischen

dem Ostfränkischen, später Deutschen Reich und Dänemark verschob sich immer wieder. Gleichzeitig näherten sich Dänen und Deutsche kulturell stark einander an, ohne doch je miteinander zu verschmelzen. Hohe Adlige aus Deutschland gelangten im Spätmittelalter und in der frühen Neuzeit auf den dänischen Königsthron, der dänische König unterstand jahrhundertelang gleichzeitig als Reichsfürst für Schleswig-Holstein dem Heiligen Römischen Reich deutscher Nation.

Fremd sind sich die Menschen zwischen Elbe und Belt heute sicher ebensowenig wie vor 1000 Jahren, doch stets ist eine Art kritischer Distanz geblieben zwischen denen, die heute als Muttersprache Deutsch oder Dänisch verwenden. Die Grenze zwischen diesen Sprachen fällt nicht mit der Staatsgrenze zusammen, hat es übrigens auch nie getan. Sie geht oft quer durch die Familien, Dörfer und Städte, und zwar sowohl nördlich wie südlich der Staatsgrenze. Im Zeichen der Europäischen Union, zu der heute beide Staaten gehören, hat diese Grenze für die Menschen im deutschen Norden in der Gegenwart viel von ihrer früheren Bedeutung verloren. Sich als Däne oder als Deutscher zu fühlen, ist im Norden heutzutage eine Sache der Gesinnung und nicht mehr des Passes, und dies wird auf beiden Seiten toleriert.

Doch noch ein drittes Volk lebte bereits zur Zeit Heinrichs I. im Land zwischen Nord- und Ostsee, genauer gesagt an der Westküste, zwischen den Flüssen Eider und Wiedau und auf den vorgelagerten Inseln. Das waren die *Friesen*, die ab dem 8. Jahrhundert dort eingewandert waren (siehe 38. Kap., S. 657). Der Gegensatz zwischen ihnen und den ebenfalls germanischen Dänen hätte kaum größer sein können. Von den (Nord-)Friesen ist keine einzige ernsthafte kriegerische Auseinandersetzung mit den Sachsen und später den Deutschen bekannt. Sie hatten sich stets gegen den »blanken Hans« zu wehren, die landhungrige Nordsee, und damit keine Zeit und keine Lust, Kriege zu führen. Zur Verteidigung gegen die See und nicht gegen die Deutschen bauten die Friesen im Laufe der Jahrhunderte immer mehr und immer höhere Deiche. Die Kämpfe und die politischen Auseinandersetzungen zwischen Deutschen und Dänen gingen stets an ihren Wohngebieten vorbei.

Vielleicht ist es dieser Eigenart der Friesen zuzuschreiben, friedlich, aber zäh an ihrem Boden zu hängen, daß bis heute Menschen an der schleswig-holsteinischen Westküste, im heutigen Kreis Nordfriesland, ihre besondere germanische Sprache und ihre eigene Kultur bewahrt haben. Es sind nicht mehr allzu viele, die sich durch Benutzung ihrer alten Sprache zur friesischen Tradition bekennen. Die Nordfriesen fühlen sich in Deutschland auch nicht als nationale Minderheit. Dennoch haben sie allen Grund, auf ihre eigenständige Kultur stolz zu sein und sie zu bewahren. Diese Friesen sollten daher auch in diesem Buch nicht vergessen werden.

46. DAS REICH IN UNRUHE

DER TOD ZWEIER HERZÖGE
2. Oktober 939, am Rhein beim heutigen Neuwied

Irgendwie war dieses Sitzen am Wachtfeuer völlig anders als an den letzten Abenden während des eiligen Marsches der kleinen Truppe bis hierher, fand Jungherr Gerhard. In den 16 Jahren seines noch kurzen Lebens hatte er noch nie ein solches Gefühl des Triumphs und des Stolzes verspürt. Zu diesen Gefühlen war auch durchaus Anlaß vorhanden, hatten doch die vier Hundertschaften schwäbischer und fränkischer Krieger eben erst am Nachmittag einen denkwürdigen, ja vielleicht entscheidenden Sieg über König Ottos stärkste Gegner errungen, und er, Jungherr Gerhard, hatte mit den ihm unterstellten zwölf fränkischen Reitern einen angemessenen Anteil daran. Was den Stolz des jungen Mannes noch erhöhte, war die Tatsache, daß er morgen früh im Morgengrauen auf Befehl des Herzogs Hermann von Schwaben als Bote zurück zu König Otto reiten sollte, um diesem die Nachricht von Sieg und Tod seiner beiden mächtigsten Feinde zu überbringen.

Wenn noch etwas Gerhards Stolz steigern konnte, dann war es dies, daß er heute abend zusammen mit seinem gleichaltrigen Freund Jungherr Richert – dieser sollte ihn zusammen mit zwei Panzerreitern auf seinem Ritt bis zum fernen Breisach begleiten – bei den drei Anführern der siegreichen Truppe am Feuer sitzen, mit ihnen gemeinsam auf ihren Sieg trinken, sich mit knusprig gebratenem Rindfleisch den hungrigen Bauch füllen und Fragen stellen durfte, die ihm wie einem erwachsenen Mann ernsthaft beantwortet wurden. Eine solche Ehre war ihm bisher noch nicht widerfahren, obwohl es sich bei den drei Befehlshabern um seine Onkel, Graf Konrad vom niederen Lahngau und Herzog Hermann von Schwaben, und dessen Bruder, Graf Udo vom Rheingau, Gerhards eigenen Vater, handelte.

Gerhard biß kräftig in die am Spieß gebratene Rinderlende, denn er wollte sich für die knappe Verpflegung während des Hermarsches und die vermutlich noch knappere während seines kommenden Eilritts wieder nach Süden schadlos halten. Währenddessen zogen durch seinen Kopf die aufregenden Bilder des eben erst zu Ende gehenden Tages.

Am Abend vorher waren König Ottos 400 Krieger aus der kleinen Flotte von Rheinkähnen gestiegen, die sie glücklicherweise fast das ganze letzte Stück ihres Weges von Mainz bis dicht hinter Koblenz ohne anstrengendes Marschieren gebracht hatten. Im Schutz der Nacht waren Herzog Hermanns Männer leise auf dem rechten, dem fränkischen, Ufer des Rheins ausgestiegen, hatten diesmal ohne Wachtfeuer, vor Kälte zitternd, die Nacht verbracht und waren dann bei Morgengrauen nach Norden vorgerückt. Denn aus Berichten von Dorfbewohnern und Spähern wußten die Anführer, daß das feindliche Heer der Herzöge Giselbert von Lothringen und Eberhard von Franken dicht vor ihnen auf dem Rückzug war. Dieses Feindesheer war vier Wochen zuvor, von Metz kommend, bei Andernach auf der lothringischen Seite des Stroms über den Rhein gesetzt und hatte den Rheingau sowie den unteren Lahngau der beiden Grafen geplündert, die als Verwandte des Schwabenherzogs und Anhänger von König Otto auf der falschen Seite standen, wie die Empörer meinten.

Aufregend war es gewesen, als gegen Mittag berittene Späher meldeten, nur noch ein kleiner Teil des feindlichen Heeres lagere nichtsahnend gerade da, wo ein Trampelpfad durch die Büsche und Bäume der Flußaue auf die Fährstelle über den Rhein zu führe, dort, wo eine schmale Insel (der heutige Weißenthurmer Werth) den Flußübergang erleichterte. Dann war alles ganz schnell gegangen. Die fränkische Hundertschaft des Grafen Konrad war im Schutz des Auenwaldes ungesehen bis an den Trampelpfad vorgedrungen, um den Feinden den Fluchtweg zu verlegen. Der Rest der Fußtruppen und die gesamten 70 Reiter, darunter die kleine Gefolgschaft des Jungherrn Gerhard, fielen dann plötzlich über die feindlichen Krieger her. Diese waren gerade dabei, mehrere auf dem fränkischen Rheinufer geraubte Kühe zu zerteilen, zu braten und zu verzehren. Der Angriff der königlichen Truppen kam völlig überraschend. Die etwa 200 feindlichen Krieger wurden größtenteils niedergehauen, nur wenige kamen dazu, ihre Waffen wegzuwerfen und sich gefangenzugeben. Ein hochgewachsener Ritter mit kostbarem Panzer und Helm wehrte sich mit wuchtigen Schlägen seines Schwertes, doch erlag er bald den vielen auf ihn gerichteten Schwerthieben und etlichen Speeren und Pfeilen, die ihn getroffen hatten.

Mit Erschütterung und gleichzeitig Genugtuung erkannten die drei Anführer des königlichen Heeres in dem Toten ihren nahen Verwandten. Der alte Mann war Herzog Eberhard von Franken, der jüngere Bruder des einstigen ostfränkischen Königs Konrad, der Freund des verstorbenen Königs Heinrich und nun Empörer gegen den jungen König Otto. Auch der zweite Anführer des Aufstandes war unter der am rechten Rheinufer verbliebenen Nachhut gewesen, Herzog Giselbert von Lothringen, der Schwager des Königs. Er wurde gleichfalls ein Opfer des Überfalls. Ihm war es zwar noch mit einigen Gefolgsleuten gelungen, bis ans Ufer des Rheins zu entkommen und in den einzigen dort liegenden Kahn zu springen. Doch unter dem Gewicht dieser Männer war das Boot umgeschlagen, und die mit schweren Panzerhemden bekleideten Krieger hatten sich nicht mehr aus dem Wasser retten können. Die Krieger des Königs fanden den Herzog wenig später tot am Ufer.

»Wie kam es nur, Vater, daß diese beiden Herzöge so erbittert gegen unseren König kämpften?« fragte Jungherr Gerhard vorsichtig seinen Vater, Graf Konrad. Doch eigentlich war die Frage an seinen Onkel, Herzog Hermann, gerichtet. »Man hat mir erzählt, daß sie vor drei Jahren bei der Krönung von König Otto in Aachen treu ihre Ämter bei dieser Zeremonie erfüllt und ihm Treue geschworen haben.«

Wie von Gerhard erwartet, übernahm sein Onkel Hermann als der älteste und ranghöchste unter den Anführern die Antwort. Er hatte Gefallen an seinem jungen Neffen gefunden, der sich im Kampf tapfer geschlagen hatte und einen aufgeweckten und eifrigen Eindruck machte. »Ja, damals in Aachen, bei König Ottos Krönung, da herrschte noch eitel Freude über das bunte Schauspiel, und alle dachten, es ginge weiter im Reich wie unter König Heinrich, nur viel würdevoller. Aber das war ein großer Irrtum«, sagte Herzog Hermann leise, mehr zu sich selbst als zu seinen Zuhörern. Auch was er danach an diesem Oktoberabend am Wachtfeuer nahe des Rheins erzählte, war zu einem Teil dazu bestimmt, sich selbst noch einmal an die verwickelten Ereignisse zu erinnern, die in den letzten drei Jahren, bis zu König Ottos schwerster Schicksalsprüfung, das Reich erschüttert hatten.

»Eigentlich ist es mir schon vor 13 Jahren klargeworden, daß das Verhältnis zwischen König und Herzögen in unserem Land nicht so bleiben würde, wie es früher war«, meinte Herzog Hermann nachdenklich. »Damals (926) hat mich König Heinrich als Stammfremden zum Herzog von Schwaben ernannt. Wir alle, die wir hier am Feuer sitzen, sind Abkömmlinge der großen Familie der Konradiner, der Familie, aus der bisher die Frankenherzöge kamen. Der nun tote Herzog Eberhard war mein Vetter. Doch Herzog von Schwaben wurde ich nicht durch Wahl des Adels aus diesem Herzogtum, sondern durch Befehl des Königs nach dem Tod des dortigen Herzogs Burchard. Der Wille des Königs ist heute das, worauf es allein ankommt, und das haben die Aufrührer gegen König Otto nicht begriffen. Zwei von ihnen liegen nun hier tot.«

Nach dem Tod von König Heinrich, so erzählte Herzog Hermann seinen Verwandten, hätten sich zuerst die Brüder des neuen Königs empört, weil er ihnen Rechte verweigert habe, die ihnen ihrer Meinung nach zustanden. Thankmar, der ältere und Sohn der Hatheburg, konnte zwar keine Thronansprüche erheben, weil er aus einer Ehe seines Vaters Heinrich stammte, die von der Kirche nie als legal angesehen worden war (siehe 44. Kap., S. 755). Aber er verlangte wenigstens die Stammgüter seiner Mutter aus dem Haus der einstigen Grafen von Merseburg zurück. Doch König Otto nahm darauf keine Rücksicht, sondern gab diese Güter einem obskuren Grafen Gero, den er zugleich zum Markgrafen der Sorbischen Mark ernannte mit dem Auftrag, die Wenden östlich der Saale bis hin zur Oder endlich zu unterwerfen, mit Freundlichkeit, aber auch mit List oder Gewalt, wenn es sein mußte. In der bewaffneten Auseinandersetzung darüber fand Ottos Stiefbruder Thankmar den Tod.

Ganz anders begründet war der Aufstand von Ottos jüngerem Bruder Heinrich. Dieser war erst geboren worden, als sein gleichnamiger Vater schon König war, während Otto das Licht der Welt erblickt hatte, als der nachmalige König noch nicht einmal die Würde des sächsischen Herzogs innehatte. Vor allem Ottos und Heinrichs Mutter Mathilde, König Heinrichs zweite Frau, bestärkte ihren jüngeren Sohn in seinem Anspruch, eigentlich gebühre ihm und nicht Otto der Königsthron im Ostfränkischen Reich.

Wirklich gefährlich wurde der Aufstand von Ottos Brüdern für den jungen König aber erst dadurch, daß sich drei der vier Herzöge des Reiches – die Rechte des fünften Herzogs, des sächsischen, nahm der König selbst wahr – dem Bündnis gegen den König anschlossen. Herzog Eberhard von Franken, einst ein treuer Freund und Helfer des verstorbenen Königs Heinrich, war empört über verschiedene Maßnahmen

König Ottos, die er als unverzeihliche Beleidigungen betrachtete. Herzog Giselbert von Lothringen wiegte sich angesichts der offensichtlichen Schwäche des ostfränkischen Königs in der Hoffnung, sein Herzogtum noch einmal zu einem unabhängigen Königreich machen zu können, wie es das vor 100 Jahren schon einmal gewesen war. Daran hinderte ihn auch nicht die Tatsache, daß er König Ottos jüngere Schwester Gerberga geheiratet hatte. Giselbert wandte sich daher erneut seinem Nachbarn, dem westfränkischen König Ludwig IV. aus dem Karolingerhaus, zu. Der dritte Herzog in diesem Bunde war Eberhard, der Sohn des Bayernherzogs Arnulf, der nach seines Vaters Tod (937) wie selbstverständlich dessen Nachfolge als bayerischer Herzog antreten wollte. Dabei stieß er aber auf den entschiedenen Widerstand des jungen Königs Otto. Dieser sah die Herzogswürden in seinem Reich als ein nur vom König zu verleihendes Amt an. Allerdings war dieser bayerische Eberhard schon ein Jahr später durch einen Heereszug Ottos nach Bayern ins Exil vertrieben und durch seinen Onkel Berthold als Herzog von Bayern ersetzt worden. Berthold blieb dem König unerschütterlich treu.

Stürmisch waren für König Otto die ersten zweieinhalb Jahre nach seiner Krönung verlaufen. Doch das war noch fast wie eine Windstille gegen die Monate des gegenwärtigen Jahres gewesen. Herzog Hermann wußte nur aus Erzählungen davon, denn er selbst hatte mit seinen schwäbischen Kriegern, und der willkommenen Hilfe der beiden fränkischen Hundertschaften seines Bruders, Graf Udo, und seines Vetters, Graf Konrad, genug damit zu tun gehabt, im Gebiet seines eigenen Herzogtums die Angriffe der Königsgegner abzuwehren. Diese hatten Teile des Elsaß besetzt, das seit langem zum Herzogtum Schwaben gehörte, und seit dem Sommer hielten Truppen des Lothringer-Herzogs Giselbert die Festung Breisach (dicht südlich des Kaiserstuhls in der Nähe des heutigen Freiburg). Diese auf einer Insel im Rhein gelegene kleine, aber starke Festung sperrte jeden Schiffsverkehr auf dem Rhein. Bisher hatten die schwäbischen Krieger diese Festung zwar belagern, aber nicht erobern können.

Mitte September war König Otto mit einer völlig erschöpften Truppe sächsischer Fußkrieger und Panzerreiter im Feldlager Herzog Hermanns vor Breisach eingetroffen. In kaum mehr als einem Monat waren die 600 Männer in Eilmärschen den weiten Weg von König Ottos Kloster in Magdeburg an der Elbe quer durch Thüringen, Franken

und Schwaben bis an den hohen Rhein gezogen, um dem treuen
Schwabenherzog beizustehen.

Dabei hatten diese Sachsenkrieger und ihr König seit dem Winter
schon mehrere Kämpfe an verschiedensten Stellen des Ostfränkischen
Reiches hinter sich. Im zeitigen Frühjahr mußten sie aus dem östlichen
Sachsenland durch Westfalen bis zum Niederrhein ziehen. Nach einem
nur durch ein Gotteswunder errungenen Sieg bei Birten (beim heutigen
Xanten) brannte es wieder weit im Osten, an der Saale. Dort mußte die
Merseburg belagert werden, in der sich der aufständische Königsbru-
der Heinrich festgesetzt hatte. Doch nach einem Waffenstillstand ent-
kam dieser von dort. Und im Sommer gab es neue Kämpfe ganz weit
im Westen an der Maas, wo Herzog Giselbert sich Kämpfe mit den
Kriegern des Königs lieferte. Die Nachricht von einem neuerlichen
Aufstand der Slawen östlich der Elbe rief den König wieder zurück zu
Kämpfen im Land der Obodriten. Und kaum war dort Ruhe einge-
kehrt, da rief die Nachricht vom Einfall der feindlichen Truppen ins
Schwabenland den König und seine Krieger nach Südwesten, bis nach
Breisach.

Jetzt war dieses Sachsenheer nicht mehr kampffähig, mit blutenden
Füßen und halb verhungert. Bestenfalls konnte es die Belagerung von
Breisach weiterführen. Und doch war der erneute Marsch eines Heeres
des Königs notwendig geworden. Denn kaum war Otto vor Breisach
angekommen, als eine weitere Hiobsbotschaft eintraf. Sie berichtete
vom Einfall der feindlichen Herzöge Giselbert und Eberhard in die
dicht am Rhein gelegenen Gaue des Herzogtums Franken. Für König
Otto war es ein wirklicher Freundesdienst gewesen, als Herzog Hermann sich anbot, mit seinen ausgeruhten Schwaben am Rhein entlang
nach Norden zu ziehen. Daß seine Grafen Udo und Konrad ihn mit
ihren Männern begleiteten, war Ehrensache; schließlich waren es deren
schutzlos zurückgelassene Grafschaften, denen der Plünderungszug der
Feinde galt.

Und nun, nur elf Tage nach ihrem Aufbruch von Breisach, nach
einem wahren Gewaltmarsch, lagerten die schwäbisch-fränkischen
Hundertschaften hier am Rhein gegenüber der alten Römerfestung Andernach und hatten einen glorreichen Sieg errungen! Herzog Hermann
war kein besonders frommer Mann. Aber bevor er seinen Männern wie
üblich durch ein Hornsignal die Nachruhe ankündigen ließ, befahl er
ihnen, sich im Halbkreis um ihn niederzuknien und mit ihm gemein-

sam für diesen Sieg zu danken, den der gnädige Gott ihnen geschenkt
hatte.

DIE KRIEGFÜHRUNG
IM 10. JAHRHUNDERT

In der vorstehenden Episode ist im wesentlichen nur die Person des
Jungherrn Gerhard erfunden, die zahlreichen darin mitgeteilten Einzelheiten sind dagegen historisch. Damit wurde versucht, in starker Ver-
einfachung die ersten Herrschaftsjahre des ostfränkischen Königs Otto
für heutige Leser verständlich zu erzählen. Bevor in den weiteren Abschnitten auf andere wichtige historische Zusammenhänge eingegangen wird, muß jedoch kurz die Art der Kriegführung im 10. Jahrhundert erläutert werden, die in der Einleitungsepisode mit einzelnen
Aspekten beschrieben wurde. Bei genauer Betrachtung der kargen Angaben dazu in den zeitgenössischen Quellen vermitteln sie nämlich
einen aufschlußreicheren Einblick in den Alltag im Ostfrankenreich, als
es die idyllischen Bilder von Erntearbeiten auf dem Bauernhof können,
die sonst Geschichtswerken zur Illustration des Alltagslebens beige-
geben zu werden pflegen.

Kriegsdienst war im 10. Jahrhundert im allgemeinen schon längst
nicht mehr Pflicht aller freien Männer wie noch ein paar Jahrhunderte
zuvor. Das lag einesteils daran, daß es kaum mehr freie Bauern gab,
sondern meist nur noch Landbewohner, die einem Adligen oder Kloster hörig waren, das heißt für ihn alle nötigen landwirtschaftlichen Arbeiten erledigen mußten und an seine Scholle gebunden waren. Und
zweitens waren Bewaffnung und Ausrüstung eines Kriegers inzwischen
so teuer geworden, daß es schon der zusammengenommenen Steuer-
kraft mehrerer Dörfer bedurfte, um einen Kämpfer vorschriftsmäßig
auszustatten. Nur die größeren Klöster, die Bischöfe und die reicheren
Adelsfamilien konnten es sich leisten, einen oder gar mehrere der modernen ostfränkischen Panzerreiter mit Pferd, Bewaffnung und Rüstung zu versehen und während des Dienstes zu besolden und zu ver-
pflegen. Die Krieger, die auf des Königs oder der Herzöge Seiten
kämpften, waren nahezu ausschließlich Berufssoldaten.

Infolgedessen müssen die Heere dieser Zeit recht klein gewesen
sein. Verläßliche Angaben über die Zahl der Kämpfer in den vielen

Schlachten jener Zeit fehlen oder sind märchenhaft. Man darf aber annehmen, daß kein Heer eines Königs oder Herzogs im Normalfall mehr
als 1000 Mann zählte, eher viel weniger. Vermutlich waren Besatzungen von Berufskriegern auf wichtige Königs- oder Herzogspfalzen verteilt und konnten bei Bedarf zu einem etwas größeren Heer zusam-
mengerufen werden. Dennoch waren oft lange Märsche von Heeren,
das heißt Gruppen bewaffneter Krieger in der Größenordnung von
einigen hundert Mann, unvermeidlich.

Wenn man allerdings zusammenrechnet, was die zeitgenössischen
Chroniken über die Kämpfe König Ottos und seines Heeres im Aufstandsjahr 939 berichten, dann kommt man auf eine Marschleistung
von mindestens 3000 Kilometern allein während des Sommerhalbjahres, in dem überhaupt nur gekämpft wurde. Diese 3000 Kilometer hätten vom König und seinem Heer von vielleicht 500 oder 600 Mann zu
Fuß zurückgelegt werden müssen, auf Straßen, die eher wie selten be-
gangene Waldwege aussahen, über Flüsse, über die nur in seltenen Ausnahmefällen eine Brücke führte, die statt dessen an Furten oder mittels
Kähnen überquert werden mußten, durch einsame Sumpf- und Wald-
gegenden, in denen nicht an jeder Übernachtungsstelle ein ausreichender Vorrat an Verpflegung für Menschen und Tiere wartete. Unter den
mittelalterlichen Bedingungen war eine Tagesmarschleistung eines
Heeres von 30 Kilometern schon ein Eilmarsch, der nur in seltenen
Fällen zurückgelegt werden konnte. Übrigens können auch Pferde
auf ausgedehnten Märschen keine längeren Tagesstrecken bewältigen.
Geübte Fußgänger sind da durchaus ausdauernder.

Es ist daher praktisch nicht vorstellbar, daß König Otto persönlich
die erwähnten 3000 Kilometer in einem halben Jahr zurückgelegt hat,
weder allein (mit einer kleinen Garde) noch gar mit einem ganzen Heer.
Die Nachrichtenverbindungen (durch reitende Boten) und auch die
Lagermöglichkeiten für Lebensmittel für eine größere Zahl von Menschen und für Pferdefutter waren im 10. Jahrhundert noch längst nicht
so beschaffen, daß rechtzeitig Vorsorge für den Marsch einer größeren
Zahl von Menschen getroffen werden konnte. Das bedeutete in der
Praxis, daß beim Nachtlager eines Heeres von 500 Kriegern und den
dazugehörigen Pferden die Scheunen in den Dörfern im Umkreis
von einigen Kilometern restlos ausgeplündert werden mußten, und
zwar gleichgültig, ob sich der Marsch in Freundes- oder Feindesland
abspielte.

Ein heroisches Schauspiel war somit ein Kriegszug weder für die beteiligten Krieger noch für die Menschen an ihrem Weg, ganz abgesehen von den blutigen Schlachten, die sich solche Heere ab und zu liefern mußten. Die Annahme ist daher wohl sehr realistisch, daß die sächsischen Krieger von König Otto, die dieser im Eilmarsch von einem Monat Dauer vom östlichen Sachsen bis an den Hochrhein nach Breisach geführt hatte (September 939), wirklich nicht mehr kampffähig waren, weil Menschen und Pferde halb verhungert waren und vor lauter Blasen an den Füßen nicht mehr laufen konnten.

UM DIE WÜRDE
DER KRONE

Kommen wir wieder zurück auf die historischen Ereignisse in den ersten zwei Jahrzehnten der Regierungszeit des ostfränkischen Königs Otto. Zunächst drängt sich die grundsätzliche Frage auf: Wie konnte es geschehen, daß das wenigstens am Ende seines Lebens so gute Verhältnis König Heinrichs zu den höheren Amtsgewalten in seinem Reich, den Herzögen und Bischöfen, sich so rasch nach seinem Tod (936) in scheinbares Chaos verwandelt hatte? Was für ein Mensch war Heinrichs Sohn Otto, der neue König? Lag die dramatische Verschlechterung des innenpolitischen Zustandes des Reiches an ihm, an seinem Verhalten? Die letzte Frage muß wohl bejaht werden, doch wäre es zu einseitig, Otto dafür nur zu tadeln.

Dieses Buch vermeidet es bewußt, ausführliche Biographien der aus den Geschichtsquellen bekannten Herrschergestalten anzuführen. Solche Darstellungen gibt es genug in der deutschen historischen Literatur. Dennoch sind natürlich einige grundlegende Informationen nötig über eine für das Gebiet Deutschlands im 10. Jahrhundert so zentrale Figur wie den König und späteren Kaiser Otto I. Die Geschichte verlieh ihm recht bald als einzigem außer dem Karolinger Karl den Ehrentitel »der Große«.

Als Otto am 25. Oktober 912 geboren wurde, war sein Vater Heinrich tatsächlich noch nicht einmal Herzog von Sachsen; dessen Vater, Otto der Erlauchte, starb allerdings wenige Tage später. Otto war das älteste Kind von Heinrichs zweiter Ehefrau Mathilde (siehe 44. Kap., S. 756); zwei Töchter, Gerberga und Hadwig, sowie zwei weitere

Söhne, Heinrich und Brun, sollten ihm noch folgen. Von ihnen allen wird noch die Rede sein müssen.

Über Ottos Leben als Prinz und designierter Thronfolger weiß man wenig. Eine vornehme junge Slawin, die als Kriegsgefangene oder Geisel am Hof König Heinrichs lebte, wurde die Mutter eines (illegitimen) Sohnes des noch jungen Prinzen Otto. Dieser Sohn Wilhelm wurde einem Kloster zur Erziehung übergeben und später als Erzbischof von Mainz einer der wichtigsten Helfer seines Vaters. Mit 17 Jahren (929) heiratete Prinz Otto auf Geheiß seines Vaters die englische Prinzessin Edgitha, ein durchaus symbolträchtiger Akt; er sollte anzeigen, daß das Haus der sächsischen Liudolfinger nur noch althergebrachten Königsgeschlechtern ebenbürtig sei.

König Heinrich sorgte dafür, daß die großen Adligen in seinem Reich seinen ältesten legitimen Sohn Otto als Thronfolger akzeptierten. Als Heinrich im Juli 936 in Memleben (heute Sachsen-Anhalt) starb, wurde der neue König nach altgermanischer Sitte von den Adligen zum König gewählt, ohne daß dagegen Einwände laut wurden. Doch diese Wahl allein genügte dem vierundzwanzigjährigen Otto nicht. Für den 7. August 936 wurden alle hervorragenden Adligen des Reiches zu einer glanzvollen Zeremonie nach Aachen eingeladen. Hier, am Grab und auf dem Thron Karls des Großen, fand ein sorgfältig inszeniertes Schauspiel statt, das in der symbolträchtigen Bildersprache des Mittelalters Ausdruck alles dessen sein sollte, was der neue junge König anders machen wollte als sein Vater.

Vor Hunderten prächtig gekleideter Gäste ließ sich Otto von den vier Herzögen des Reiches und anderen hohen Adligen in der alten Pfalzkapelle Karls des Großen auf einen Thron geleiten, der angeblich der Thron des berühmten Herrschers gewesen war. In Wirklichkeit wurde dieser Sitz offenbar erst im Jahr 936 in aller Eile aus alten Materialien gebaut, wie Archäologen kürzlich herausfanden. Die Herzöge und weltlichen Großen des Reiches gelobten dem König mit Handschlag Treue und Hilfe gegen alle Feinde.

Das, was Ottos Vater Heinrich 919 aus kluger Berechnung – angeblich aus Bescheidenheit – abgelehnt hatte, folgte bei Otto dann in allem Prunk, zu dem das Zeitalter fähig war: die kirchliche Salbung zum König und die Krönung durch die Erzbischöfe des Reiches. Zu dieser geistlichen Zeremonie kam aber noch ein weltliches Schauspiel, ein öffentliches Festmahl aller adligen Gäste. Hierbei leisteten die vier Herzöge symbolisch dem neuen Herrscher die sogenannten Hofdienste. Der Herzog von Lothringen, Giselbert (und Schwager Ottos), ordnete in seiner Eigenschaft als Landesherr für Aachen als Seneschall das Ganze, Herzog Eberhard von Franken spielte den Truchseß und war damit symbolisch für die Speisen beim Festessen zuständig, der Schwabenherzog Hermann war Mundschenk und damit um die Getränke bemüht, und der alte Bayernherzog Arnulf nahm als Marschall die Pferde der Gäste in seine Obhut.

Man weiß nicht recht, ob die selbstbewußten Herzöge von ihren Rollen in diesem Schauspiel begeistert waren, oder ob sie nicht merkten, was das zu bedeuten hatte. In Wirklichkeit sollte offenbar das »Dienen« der Herzöge beim Krönungsmahl aller Welt klarmachen, daß diese Adligen bestenfalls die obersten Diener des Königs waren. Nach Ottos Auffassung konnten sie auf keinen Fall aus eigenem oder, genauer gesagt, aus nicht vom König stammendem Recht zu ihren Posten kommen. Von einem freundschaftlichen Bündnis des Königs – in mittelalterlicher Rechtssprache »amicitia« genannt – mit den regionalen Amtsinhabern wie zu Zeiten Heinrichs I. konnte keine Rede mehr sein.

Das war der Kern der jahrelangen blutigen Kämpfe zwischen der Mehrzahl der Herzöge im Reich und dem jungen König Otto, von denen in der Einleitungsepisode erzählt wurde. Mit dem Sieg »bei Andernach« (in Wirklichkeit beim damals noch nicht existierenden Neuwied) im Oktober 939 endeten diese Kämpfe vorläufig. Für die deutsche Geschichte ist festzuhalten, daß es sich keineswegs um Stammeskämpfe handelte, also etwa zwischen Sachsen und Franken oder Bayern als solchen, sondern um Auseinandersetzungen zwischen Anhängern zweier verschiedener politischer Leitbilder oder Herrschaftsvorstellungen. Parteigänger beider Seiten fanden sich in allen damaligen ostfränkischen Stämmen und selbst innerhalb der wichtigen Adelsfamilien, auch der des Königs selbst, wie man aus der Einleitungsepisode entnehmen kann.

König Otto wird von seinen mittelalterlichen Biographen Widukind von Corvey und Thietmar von Merseburg, die ihre Werke erst nach dem Tod des Königs niederschrieben, als staatsklug, hochgebildet, von imponierender Gestalt und gewandt in allen ritterlichen Übungen, als fromm im Sinne seiner Zeit, als freundlich, milde und großzügig gegenüber seinen Freunden und zur Versöhnung mit seinen Feinden bereit geschildert. Wo es allerdings um seine Rechte als König ging, wie er sie auffaßte – oder um es in der symbolhaften Sprache des Mittelalters auszudrücken, »um die Würde der Krone« –, da konnte Otto von geradezu brutaler Härte sein, die weit von der flexiblen Taktik seines Vaters entfernt war und ihn oftmals in große Schwierigkeiten brachte.

OTTOS UNBOTMÄSSIGE FAMILIE

Im Abstand von fast 1000 Jahren sind die Einzelheiten der Kämpfe König Ottos mit seinen innenpolitischen Gegnern in den ersten 20 Jahren seiner Herrschaft nur noch für Spezialisten interessant. Dieser Abschnitt will versuchen, die Auseinandersetzungen so knapp und verständlich wie möglich auf wenigen Seiten zu beschreiben; in den zeitgenössischen Quellen und auch in den modernen Darstellungen deutscher Geschichte nehmen sie ganz erheblichen Platz in Anspruch.

Otto I. hatte offenbar geglaubt, sich bei der Besetzung der Schlüsselfunktionen in seinem Reich, der Herzogtümer und Erzbistümer, vorwiegend auf Angehörige seiner Familie stützen zu müssen. Das war nach der Anschauung seiner Zeit keine unzulässige Bevorzugung, sondern eine Folge der im 10. Jahrhundert noch immer geltenden altgermanischen Anschauung, daß die Angehörigen einer Familie, einer Sippe, durch dick und dünn zusammenhalten müßten. Vielfach traf das auch noch zu, aber es gab immer häufiger Ausnahmen. Gerade bei den Abkömmlingen König Heinrichs waren sie besonders zahlreich.

Der Ärger von Ottos älterem Stiefbruder Thankmar hatte im wesentlichen damit zu tun, daß der König diesem die ihm angeblich zustehenden Güter im Osten des sächsischen Gebiets vorenthielt, die seine Mutter Hatheburg dem jungen Prinzen Heinrich in die Ehe gebracht hatte. Vielleicht hätte Otto seinen Stiefbruder als treuen Gefolgsmann gewinnen können, wenn er Thankmar das Amt des Markgrafen in der Sorbischen Mark übertragen hätte. Doch er entschied sich für einen anderen, für den schon erwähnten Grafen Gero. Das brachte wohl für Thankmar das Faß zum Überlaufen.

Da damals noch jegliche Rechtsinstanzen für derartige Fälle fehlten, wurde der Streit nach Art der Zeit militärisch ausgetragen. Thankmar warb eine Reihe bewaffneter Krieger an und besetzte eine Burg im südlichen Westfalen, die aus der Zeit der Sachsenkriege bekannte Eresburg. Königstreue Truppen belagerten und eroberten sie schließlich. Thankmar hatte sich in die Burgkirche geflüchtet und seine Waffen bereits niedergelegt, um sich zu ergeben, als er von einem Ritter von hinten mit einer Lanze erstochen wurde (938). Wie es hieß, war König Otto von diesem Ausgang entsetzt.

Der Aufstand von Ottos Bruder Heinrich war gefährlicher. Beim Tod des Vaters erst 15 Jahre alt, wiegte sich der junge Mann im Glauben, eigentlich gebühre ihm der Königsthron. Noch hatte sich im Ostfränkischen Reich nicht klar das Primogeniturrecht durchgesetzt, das Recht des erstgeborenen Sohnes, seinem Vater in der Königswürde zu folgen. Am oströmischen Kaiserhof in Byzanz (Konstantinopel) wurde zeitweise ein Thronfolgerecht des Sohnes propagiert, der zu Zeiten geboren wurde, da sein Vater schon Kaiser war (»Porphyrogenetos – im Purpur geboren«). Auf diese recht anfechtbare Ordnung beriefen sich offenbar Heinrich, noch mehr aber wohl seine Mutter Mathilde und viele hohe Adlige, die sich von einer Königsherrschaft Heinrichs eine Fortsetzung des alten Verhältnisses des Königs zu den Herzögen versprachen.

König Ottos Haltung zu seinem neun Jahre jüngeren Bruder war nicht frei von Widersprüchen. Heinrich geriet nach mehreren erfolglosen Aufstandsversuchen mehrmals in Gefangenschaft des Königs, wurde aber immer wieder freigelassen. Obwohl im »Schicksalsjahr« 939 mit den rebellierenden Herzögen Giselbert und Eberhard verbündet, übergab Otto seinem Bruder im Jahr 940 das so unruhige Herzogtum Lothringen zur Verwaltung. Doch Heinrich konnte sich gegen den widerstrebenden Adel dort nicht halten und mußte fliehen.

Bald spann der Königsbruder neue Aufstandspläne. Selbst nach einem von Heinrich ausgehenden Mordkomplott gegen Otto, das aber rechtzeitig aufgedeckt wurde (941), ließ der König zwar die Mitverschworenen hinrichten, doch Bruder Heinrich warf sich im Büßergewand dem König zu Füßen und bat um Gnade und Verzeihung – und erhielt sie.

Heinrich hatte eine Tochter des legendären Bayernherzogs Arnulf, Judith, geheiratet. Unter Berücksichtigung dieses damals sehr wichtigen Erbanspruchs ernannte König Otto seinen bisher so unzuverlässigen Bruder im Jahr 948 zum Herzog von Bayern, nachdem der königstreue Berthold gestorben war. Diese Würde als bayerischer Herzog behielt Heinrich bis zu seinem Tod 955. Neue Aufstandsversuche des Königsbruders wurden nicht bekannt, Heinrich wehrte mit seinen Truppen vielmehr tapfer mehrere Einfälle der Ungarn ab, die glaubten, wieder ungestraft im Nachbarreich plündern zu können (siehe 48. Kap.). Doch lassen viele Andeutungen der zeitgenössischen Chronisten vermuten, daß Heinrich es bis zu seinem Tode nicht verwinden konnte, nicht König geworden zu sein, und daß manche seiner Handlungen als Herzog eher der Mißgunst gegenüber seinem Bruder Otto als uneigennütziger Politik entsprangen.

Nach dem Tod der Herzöge Giselbert und Eberhard im Jahr 939 hatte König Otto das verwaiste Herzogtum Franken seiner eigenen Verwaltung unterstellt. Durch die von ihm ernannten Grafen regierte Otto also nunmehr Sachsen und Franken direkt. In Bayern waren der königstreue Berthold und später der Königsbruder Heinrich Herzog, in Schwaben der ebenfalls treu zum König stehende Hermann. Dieser schlug, wohl im Jahr 940, selbst vor, seine damals noch sehr junge Tochter Ida, seine einzige Erbin, mit dem ebenfalls noch jungen Sohn Ottos, Liudolf, aus seiner Ehe mit der angelsächsischen Prinzessin Edgitha, zu verloben. Das war ein Plan, der König Otto gut gefallen mußte. Wann die Hochzeit stattfand, weiß man nicht. Als der treue Hermann 949 starb, konnte Otto seinen damals neunzehnjährigen Sohn Liudolf ohne Probleme zum Herzog von Schwaben ernennen.

Im unruhigen Herzogtum Lothringen hatte König Otto nach dem Scheitern seines Bruders Heinrich (940) und der ebensowenig erfolgreichen Verwaltung durch einen einheimischen Grafen den fränkischen Grafen Konrad (»den Roten«) als Herzog eingesetzt. Trotz seines Namens war dieser nicht mit der einstigen fränkischen Herzogsfamilie der Konradiner verwandt. König Otto schätzte ihn so, daß er ihm seine Tochter Liudgard zur Ehefrau gab. Um das Jahr 950 konnte der König feststellen, daß sich alle Herzogtümer seines Reiches entweder in seiner eigenen Hand oder in der eines nahen Angehörigen befanden. Endlich schien im Ostfrankenreich Ruhe eingekehrt zu sein.

Dazu trug auch die große Hilfe bei, die Ottos jüngster Bruder Brun dem König leistete. Wie in den Adelsfamilien damals üblich, wurde das jüngste Kind dem Dienst der Kirche geweiht. Schon mit vier Jahren einem Kloster und später einem Bischof zur Erziehung übergeben, hatte es Brun in der Hierarchie der Kirche so weit gebracht, daß ihn sein Bruder Otto schon früh zu seinem Kanzler machte, das heißt zum Leiter der Gruppe von Geistlichen, die am Königshof die Verwaltung des Reiches ausübten, weil sie die einzigen waren, die lesen und schreiben konnten. Brun hat stets treu zu seinem älteren Bruder gestanden und sollte bald noch höhere Würden erreichen.

Doch nur wenige Jahre vergingen in scheinbarer Ruhe, als ein neuer Aufstand sich zusammenbraute, wiederum angeführt von nächsten Angehörigen des Königs. Diesmal waren Ottos Sohn Liudolf und der fast gleichaltrige Schwiegersohn Konrad der Rote die Rebellen. Die beiden noch verhältnismäßig jungen Männer hatten Grund, sich über den König zu ärgern, der sie bei verschiedenen Gelegenheiten öffentlich zurückgesetzt, ja, in ihrer Ritterehre gekränkt hatte, weil er durch Handlungen seiner Herzöge seine Königswürde verletzt glaubte. Noch mehr Grund hatten sie allerdings, sich gegen die Intrigen des Königsbruders Heinrich zu wehren. Denn dieser tat alles, um seinem herzoglichen Nachbarn und Neffen Liudolf, aber auch seinem Schwager Konrad zu schaden und sie zu verleumden, während er gleichzeitig unwandelbare Treue gegenüber seinem königlichen Bruder vorspielte.

Liudolf fürchtete darüber hinaus – vermutlich nicht zu Unrecht –, durch die zweite Ehe seines Vaters aus seiner Rolle als designierter Thronfolger gedrängt zu werden. König Ottos Frau Edgitha war 946 gestorben. Auf einem ersten Zug nach Oberitalien im Jahr 951 hatte der König die ebenfalls verwitwete, aber noch junge schöne Königin Adelheid von Burgund kennengelernt und geheiratet; sie war eine sehr bemerkenswerte Frau, die Otto noch mehrere Kinder schenkte, darunter auch den späteren tatsächlichen Thronfolger Otto (II., geboren 955).

Die Auseinandersetzungen zwischen Liudolf und Konrad einerseits sowie zwischen König Otto und seinem Bruder Heinrich andererseits steigerten sich in den Jahren 953 und 954 in verschiedenen Teilen des Reiches zu blutigen Kriegsereignissen. Wie immer trafen sie in erster Linie unschuldige Bauern, Städtebewohner oder Krieger. Auch diesmal fanden die Empörer Unterstützung bei zahlreichen Adligen aus praktisch allen Stämmen des Reiches, allerdings aus sehr unterschiedlichen Motiven. Doch nach fast zwei Jahren Bürgerkrieg fand dann eine entscheidende Schlacht, zu der Heere beider Seiten schon aufmarschiert waren (in Lothringen in der Nähe der Mosel, Sommer 954), überraschenderweise doch nicht statt. Kurz darauf unterwarfen sich die Häupter der Empörung, Liudolf und Konrad, bedingungslos dem König. Im härenen Büßergewand und mit bloßen Füßen warfen sie sich vor Otto nieder und erflehten die königliche und väterliche Verzei-

hung. Diesmal konnte sie der König großzügig gewähren, denn seinen
Rechtsvorstellungen war Genüge geleistet worden.

Was hatte diese überraschende Wende herbeigeführt? Wie immer
bei großen geschichtlichen Ereignissen kamen mehrere Ursachen zusammen. Eine der wichtigsten war ein neuerlicher Einfall der Ungarn
ins Ostfränkische Reich (Frühjahr 954). Von ihren Plünderungen kauf-
ten sich Liudolf und Konrad durch Geldzahlungen oder halb erzwungene Hilfeleistungen frei, ernteten damit aber die allgemeine Verachtung bei allen Stämmen des Ostfränkischen Reiches. Außerdem hatte
inzwischen ein kluger Diplomat die Zügel im Herzogtum Lothringen in
die Hand bekommen. Ottos Bruder Brun wurde im Sommer 953 in
aller Eile zum Nachfolger des verstorbenen Erzbischofs von Köln gewählt, natürlich auf Wunsch seines Bruders, und kurz darauf ernannte
der König diesen Erzbischof auch noch zum Archidux (Erzherzog) von
Lothringen. Das war eine ungewöhnliche, aber offenbar sehr wir-
kungsvolle Maßnahme. Brun war der Anführer der königlichen Truppen während der »nicht stattgefundenen Schlacht«, und er scheint in
einem Vieraugengespräch davor seinem Schwager Konrad klargemacht zu haben, daß er nicht gegen den verhaßten Herzog Heinrich
kämpfen konnte, ohne auch gegen den König zu rebellieren – was die
Aufrührer bisher stets behauptet hatten –, und daß Herzöge, die mit
den Ungarn paktiert hatten, jedes Ansehen im Reich verloren hätten.
So ergab sich Konrad seinem Schwiegervater auf Gedeih und Verderb,
kurz danach tat Liudolf das gleiche nach einer verlorenen Schlacht in
Süddeutschland.

Die Verzeihung des Königs war nicht uneingeschränkt. Beide verloren ihre Herzogtümer, behielten aber ihre umfangreichen Privatgüter.
In den wenigen ihnen verbleibenden Jahren kämpften sie tapfer für König Otto und das Reich. Konrad fiel in der Schlacht auf dem Lechfeld
gegen die Ungarn (955), Liudolf starb in Oberitalien im Jahr 957.

DIE OFFENE FLANKE
IM WESTEN

Seit dem Jahr 925 gehörte das große Herzogtum Lothringen wieder
klar zum Ostfränkischen Reich, doch sicher konnten sich König Heinrich und König Otto dieses Besitzes nie sein. Verschiedene Ursachen

wirkten dabei zusammen. Mehrere große Adelsgeschlechter in Lothringen machten sich gegenseitig den Rang als die Ersten im Herzogtum streitig. Hatte die eine Familie das Amt als Herzog in der Hand, stellten sich die anderen Familien fast regelmäßig auf die Seite ihrer Gegner, und das konnten je nach den politischen Umständen auch die ost- oder die westfränkischen Könige sein. Eine Schaukelpolitik zwischen den beiden großen Reichen im Osten und im Westen schien Lothringens Bestimmung während nahezu des ganzen 10. Jahrhunderts zu sein. Und lange arbeiteten auch die westfränkischen Könige sehr aktiv daran, das Land wieder für sich zu gewinnen.

König Heinrich hatte geglaubt, Herzog Giselbert von Lothringen dadurch an sein Haus und Reich binden zu können, daß er ihm seine Tochter Gerberga zur Frau gab. Doch wie in der Einleitungsepisode erwähnt, war der Ehrgeiz Giselberts, vielleicht unabhängiger König von Lothringen zu werden, stärker als die verwandtschaftliche Bindung. Zur Zeit des vom König eingesetzten landfremden Herzogs Konrad des Roten, der ebenfalls durch Heirat mit der ostfränkischen Königsfamilie verbunden war, ergab sich die seltsame Situation, daß die gegen ihren Herzog rebellierenden lothringischen Adligen auf der Seite von König Otto standen, während Konrad seinerseits gegen seinen Schwiegervater Krieg führte.

Ab dem Jahr 954 war der Königsbruder und Kölner Erzbischof Brun für viele Jahre eine Art Oberherzog für Lothringen; er war damit praktisch für die gesamte Verwaltung des Herzogtums im Sinne des Reiches zuständig. In seiner überlegten und diplomatischen Art scheint er in dieser Zeit viel dafür getan zu haben, die führenden Angehörigen der wichtigen Adelsfamilien in diesem Herzogtum langfristig für das östliche Reich zu gewinnen.

Die Anlehnung an das Westfrankenreich verlor für den lothringischen Adel allerdings auch immer stärker an Attraktivität. Denn wenn schon die innenpolitischen Verhältnisse im Ostreich unruhig und wechselhaft waren, so kann man sie im Westfrankenreich zur gleichen Zeit nur als chaotisch bezeichnen. Hier verdrängten sich abwechselnd Könige aus der Nachkommenschaft der Karolinger und der Grafenfamilie der Robertiner vom Thron. Darüber hinaus wurde das Unabhängigkeitsstreben der großen Thronvasallen kaum noch durch ein überregionales Zusammengehörigkeitsgefühl gezügelt, wie es sich gleichzeitig östlich der Maas immer deutlicher zeigte. Dieses abschreckende Beispiel dürfte auch König Otto dazu getrieben haben, in *seinem* Reich so stark die zentralen Rechte des Königs zu betonen.

Der noch sehr junge König Ludwig IV., ein Karolinger, brachte es irgendwie fertig, im Jahr 940 die Schwester Ottos, Gerberga, in seine Gewalt zu bringen und zu heiraten, die kurz zuvor durch den Tod ihres Mannes, Herzog Giselbert, zur Witwe geworden war. Der Westfranke wollte damit wohl seine Ansprüche auf das umstrittene Lothringen bekräftigen. Er erreichte damit aber nichts. In den ständigen gewaltsamen Auseinandersetzungen stellten sich einige seiner mächtigsten Gegner unter den Schutz des ostfränkischen Königs, darunter Herzog Hugo von Franzien (dem ursprünglich fränkischen Teil des Westfrankenreiches im Nordosten).

Dieser Hugo war ein Abkömmling der Robertinerfamilie, die man später Kapetinger nannte. Er hatte schon einige Jahre zuvor die Schwester Hadwig des Ostfrankenkönigs Otto geheiratet, war also ebenso wie sein Widersacher Ludwig IV. mit Otto verschwägert. Aus der Ehe dieses Hugo von Franzien mit der Sächsin Hadwig ging ein ebenfalls Hugo genannter Sohn hervor, der nach dem Tod des letzten Karolingerkönigs im Jahr 987 endgültig für mehrere hundert Jahre den französischen Thron für die Kapetinger sicherte.

König Otto I. gewann durch die verschiedenen innenpolitischen Krisen seines Reiches weiter an Stärke. Zur gleichen Zeit lähmten sich die Großen des Westfränkischen Reiches durch ihre Machtkämpfe gegenseitig immer mehr, so daß schließlich beide Seiten den mächtigen Nachbarkönig als Schlichter und Schutzherrn anriefen. Im einzelnen entwickelte sich das deutsch-französische Verhältnis, korrekt natürlich das Verhältnis des Ost- zum Westfrankenreich, während Ottos I. langer Regierungszeit viel zu kompliziert, um hier ausführlich beschrieben werden zu können. Aber insgesamt kann man feststellen, daß das Ostreich eindeutig und für lange Zeit ein Übergewicht und eine Art symbolischer Schutzherrschaft über das Westreich erlangt hatte.

Auch die Nachbarreiche im Süden und Südwesten, das – einst langobardische – Königreich Italien und das seit langem unabhängige Königreich Burgund (von der Mittelmeerküste bis zum Rheinknie bei Basel reichend), waren im Laufe der Zeit weitgehend in die Hände von König Otto geraten. Hierzu wird allerdings das Nötige erst im 49. Kapitel erklärt, weil es in engem Zusammenhang mit der Kaiserkrönung Ottos im Jahr 962 steht.

Gut 20 Jahre hatte König Otto gebraucht, um in seinem Reich die innere Unruhe zu dämpfen und die äußeren Bedrohungen zu zerschlagen. Dann allerdings hatte er eine Stellung unter den christlichen Herrschern im europäischen Abendland errungen, wie sie vor ihm nur Karl der Große, unter ganz anderen staatsrechtlichen Bedingungen, innegehabt hatte.

47. BOLLWERKE
ZUR EROBERUNG DES
HEIDENLANDES

>HOCH AM UFER
VERBREITE DEN GLAUBEN!«
Mitte Oktober 948, Havelberg/Havel

Dudo kam sich vor, als sei er zwei Ellen größer als sonst, aber zugleich
so klein wie eine Maus. So sehr erfüllten ihn zwei gegensätzliche Gefühle: Stolz und Genugtuung, aber auch Furcht, der riesigen Aufgabe
nicht gewachsen zu sein, die der König und die Kirche ihm übertragen
hatten. Erst vor zwei Wochen hatten ihn, den jungen Mönch aus dem
Kloster Corvey, der Erzbischof Friedrich von Mainz und andere
Bischöfe feierlich zum Bischof geweiht; aus der Hand seines Erzbischofs hatte er Ring und Stab, die Abzeichen seines künftigen Amtes,
empfangen. Womit hatte er diese Auszeichnung verdient?

Dudo war der jüngste Sohn eines kleinen sächsischen Grafen nahe
der Elbe und somit von Kindheit an zum Dienst für die Kirche bestimmt. Für seine künftige Aufgabe brachte er eine wichtige Voraussetzung mit, er konnte nämlich fließend in der Sprache der Wenden reden,
weil er nach dem frühen Tod der Mutter von einer wendischen Amme
erzogen worden war, ehe man ihn mit zwölf Jahren ins Kloster Corvey
gebracht hatte.

Und nun, an diesem sonnigen, aber kalten Sonntagvormittag im
Jahr des Herrn 948, stand er mit noch nicht 30 Lebensjahren in weißer
Bischofssoutane auf dem Hof der königlichen Burg zu Havelberg, um
mit einer feierlichen Zeremonie von seinem Bistum Besitz zu ergreifen.
Dieses war ebenfalls erst vor zwei Wochen durch eine Urkunde des Königs geschaffen worden, nachdem der Papst in Rom durch seinen Legaten Marinus seine Zustimmung dazu erklärt hatte. Die Hälfte der
Fläche der königlichen Burg Havelberg mit der Burgkirche sowie einigen Wohngebäuden und Scheunen für den neuen Bischof, seine geistlichen Helfer und seine Knechte sowie für die dem Bischof künftig zustehenden Zehnten hatte König Otto dem neuen Bistum geschenkt.
Darüber hinaus sollten vorerst vier kleine Missionsstationen in ande-

ren sächsischen Burgen weiter im Osten der neuen Diözese eingerichtet werden.

Über die Eignung einiger der Geistlichen, die Dudo bei seiner Aufgabe der Missionierung der Brizanen, der Wilzen oder Redarier und anderer wendischer Völkerschaften unterstützen sollten, machte sich der neuernannte Bischof sorgenvolle Gedanken. Es war, als habe Gott ihm zusammen mit seiner neuen Verantwortung zugleich eine völlig neue Sicht der Dinge verliehen, von Dingen, die ihn vorher überhaupt nicht gekümmert hatten. Zwei Mönche, die ihm für die Arbeit im Weinberg des Herrn unter den Heiden zugeteilt worden waren, sahen diese Aufgabe als ein schlimmeres Los an als die Todesstrafe. Weil sie beim fleischlichen Umgang mit Frauen ertappt worden waren, hatte ihr Abt sie zu der Strafe verurteilt, weit draußen im Heidenland den christlichen Glauben zu predigen. Daß sie dazu völlig ungeeignet waren, vor allem weil sie die Sprache der Wenden nicht verstanden, hatte der wutentbrannte Abt dabei nicht bedacht, wohl aber ihr künftiger Bischof Dudo.

Der geistliche Hirte des neuen Bistums Havelberg riß sich mit einem stillen Stoßgebet von den sorgenvollen Gedanken los. Von seinem Platz auf dem Berg hoch über dem Ufer der Havel konnte er weit in das Land hineinblicken, das ihm nun in geistlicher Hinsicht anvertraut war. Heute, zur Feier der Besitzergreifung des Bistums, umgaben ihn die Menschen, mit denen er auch künftig zu tun haben würde. In schwarzen Gewändern im Schnitt der Mönche und der Weltpriester standen dicht um ihn die neun Diener der Kirche, die mit Bischof Dudo zusammen dafür sorgen sollten, daß Gottes Wort auch unter den Heiden in richtiger Weise verkündet würde. Rechts auf einem kleinen Podest stand Markgraf Gero, umgeben von einem Dutzend schwerbewaffneter Krieger seiner Leibwache, der schon vor zehn Jahren von König Otto eingesetzte weltliche Herr der Wendischen Mark. Dahinter wohnten in einem weiten Halbkreis die 50 sächsischen Krieger, die die normale Besatzung der Burg Havelberg bildeten, unter ihrem Befehlshaber Ottfried der Messe bei.

Dicht an der Palisadenwand, über die man tief hinunter auf die Havel und das flache Land der Brizanen blicken konnte, drängte sich ein Häuflein von Wenden, die der barsche Befehl des Kastellans Ottfried dorthin beordert hatte.

Sie wohnten in einigen windschiefen Katen unten am Havelufer und ein wenig den Abhang hinauf, den man Wendenberg nannte. Seit sechs Jahren waren die Sachsen Herren der einstigen Hauptburg der Brizanen und empfingen hier die Tribute der wendischen Dorfhäuptlinge ringsum.

Als Bischof Dudo seine Stimme erhob, um die Feier der Messe zu beginnen, blieben die Mienen der Wenden unbewegt, denn wie sollten sie die fremde Sprache verstehen, die nicht einmal ihre neuen Herren, die Sachsen, verstanden? Geduldig, aber teilnahmslos ließen die Wenden die fremdartige Zeremonie über sich ergehen. Zum Schluß aber horchten sie auf, denn der in einen weißen Mantel gekleidete Fremde mit der seltsamen hohen Mütze auf dem Kopf und dem langen Stab in der Hand begann, in wendischer Sprache zu reden. Vom Gott der Christen sprach er und von der kleinen Kirche auf dem Burgberg. Diesem kleinen Fachwerkbau hinter ihm wandte sich der fremde Herr zu und spritzte mit einem kleinen Reisigbesen etwas Wasser aus einem Eimer auf die Mauern des Gebäudes. »Hoch am Ufer stehst du, kleine Kirche!« rief der Weißgekleidete laut in wendischer Sprache. »Von hier aus verbreite den einzig wahren Glauben an unseren Gott, an seinen Sohn Jesus Christus und an den Heiligen Geist!«

Auf einen Wink des Bischofs hin schleppten einige Mönche einen großen Holzbottich mit Wasser aus der Kirche auf den Platz. Wieder wandte er sich in wendischer Sprache an seine neuen Schäflein. »Wer von euch ist bereit, sich durch das Bad der heiligen Taufe zum richtigen Christen machen zu lassen und den Höllenstrafen zu entgehen, die euch unselige Heiden dereinst nach eurem Tod drohen? Wie ist es mit dir, Stoinew?« So fragte der Bischof den Dorfältesten des Havelberger Kiezes (Wendendorf). Seinen Namen hatte Bischof Dudo vor der Zeremonie bei Kastellan Ottfried erfragt.

Zögernd trat der alte Wende vor und drehte verlegen seine Mütze in den Händen. Offensichtlich verstand er überhaupt nicht, was man von ihm wollte. Mit viel Geduld erklärte ihm der weißgekleidete Bischof, er müsse seine Kleider ausziehen, in das Wasserfaß steigen und sich einmal kurz untertauchen lassen, dann werde er als ein völlig anderer Mensch aus dem Wasser herauskommen.

Ungläubig staunend hielt der alte Stoinew einen Finger ins Wasser. Dann riß er sich jedoch entschlossen von der Hand des Bischofs los, der ihn schon besitzergreifend festhielt. Hals über Kopf flüchtete der Wende durch das offenstehende Tor der Burg und rief über die Schul-

ter seinen Bedrängern zu: »Jetzt im Herbst ist mir das Wasser viel zu
kalt! Vielleicht im nächsten Sommer ...«

DIE GRÜNDUNG VON BISTÜMERN
IM SLAWENLAND

Ob der historisch bezeugte Bischof Dudo von Havelberg tatsächlich im
Oktober des Jahres 948 von seinem neuen Bistum in der beschriebenen
Form Besitz ergriff, läßt sich nach den Kriterien der Historiker vom
Fach nicht beweisen, da es keine schriftlichen Berichte darüber gibt.
Nicht einmal die Gründung des Bistums Havelberg am 1. Oktober 948
ist ganz unbestritten. Denn im Gegensatz zur Originalurkunde des
benachbarten Bistums Brandenburg, die dieses Datum trägt, ist die
»Geburtsurkunde« des Havelberger Bistums nur in einer späteren Abschrift erhalten, und diese enthält ein vermutlich falsches Datum aus
dem Jahr 946. Dennoch scheinen sowohl die angenommenen Daten
der Bistumsgründung und der Besitzergreifung durch den Bischof wie
auch der Ablauf der Feier ziemlich plausibel zu sein. Denn ganz offen-
kundig waren die Erwartungen des Königs und der Kirchenoberen zur
baldigen Missionierung der Heiden im Wendenland weitaus höher, als
es damals die tatsächliche Qualifikation der christlichen Priester für
diese Aufgabe wie auch das Verständnis der Wenden für die Vorzüge
des christlichen Glaubens gewährleisten konnten.

Das Jahr 948 fiel in eine Periode von König Ottos langer Herrschaft,
in der seine Macht nach innen und außen nahezu unangefochten war,
nämlich zwischen die im vorigen Kapitel dargestellten Aufstände seiner
Brüder und mehrerer Herzöge (938/39) und die Kriege mit seinem
Sohn Liudolf und seinem Schwiegersohn Konrad dem Roten (953/54).
Auch außenpolitisch konnte Otto triumphieren, denn der westfränkische König Ludwig IV. sah sich nach einer seiner vielen Auseinandersetzungen mit den großen Rivalen in seinem Reich gezwungen, seinen
mächtigen Nachbarn als Vermittler und Schlichter anzurufen.

Da die meisten Streitpunkte kirchliche Fragen betrafen, wurde vom
Beauftragten des Papstes, Bischof Marinus, eine »Generalsynode« aller
west- und ostfränkischen Bischöfe in die alte Königspfalz Karls des
Großen nach Ingelheim einberufen (Juni 948). Was auf dieser Bi-
schofsversammlung ansonsten alles beredet und beschlossen wurde, ist

800

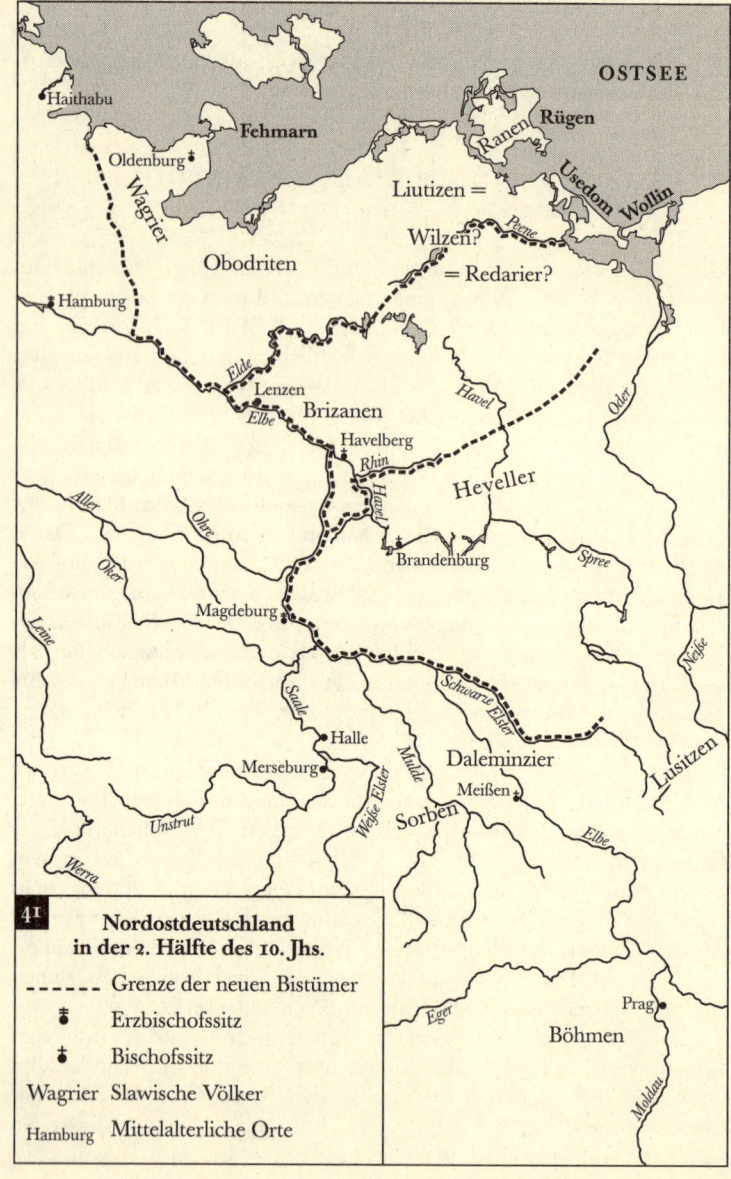

OSTSEE

Haithabu

Fehmarn

Oldenburg

Ranen   Rügen

Wagrier

Usedom   Wollin

Liutizen =

Obodriten

Wilzen?

Peene

= Redarier?

Hamburg

Elde

Lenzen

Brizanen

Havel

Oder

Elbe

Havelberg

Rhin

Heveller

Havel

Aller

Ohre

Oker

Brandenburg

Spree

Leine

Magdeburg

Saale

Halle

Schwarze Elster

Neiße

Merseburg

Weiße Elster

Mulde

Daleminzier

Meißen

Lusitzen

Unstrut

Sorben

Elbe

Werra

41 **Nordostdeutschland
in der 2. Hälfte des 10. Jhs.**

------ Grenze der neuen Bistümer

✝ Erzbischofssitz

✝ Bischofssitz

Wagrier Slawische Völker

Hamburg Mittelalterliche Orte

Eger

Prag

Böhmen

Moldau

für den langfristigen Gang der Geschichte nicht von entscheidender
Bedeutung gewesen. Doch einige in Ingelheim eher am Rande gefällte
Beschlüsse waren es sehr wohl.

König Otto und die Kirche, in Form ihrer dort anwesenden Bischöfe
und des päpstlichen Legaten Marinus, einigten sich darauf, im Gebiet
der überwiegend noch heidnischen Dänen drei Bistümer einzurichten,
in Schleswig (gemeint Haithabu, denn der heutige Ort Schleswig bestand damals noch gar nicht), in Ripen (Mitteljütland) und in Aarhus
(Nordjütland). Sie wurden dem Erzbischof Adaldag von Hamburg
unterstellt.

Der Bischofssitz Hamburg bestand zwar damals schon über hundert
Jahre, aber er hatte eine seltsame Geschichte hinter sich. Im Jahr 831
unter Ludwig dem Frommen war er in der trügerischen Hoffnung gegründet worden, von dort aus den gesamten heidnischen Norden, das
heißt Skandinavien, in kurzer Zeit missionieren zu können. Der Vertraute des Kaisers, der Bischof und Missionar Ansgar, war in jener Zeit
bis nach Birka in Schweden gereist und hatte diese Hoffnung von dort
mit zurückgebracht. Doch wenige Jahre später, 845, überfielen Wikinger die kleine Siedlung an der Binnenalster und brannten sie nieder. Infolgedessen mußte der Bischofssitz nach Bremen zurückverlegt werden
und wurde in der Praxis mit dem dortigen Bistum vereinigt. Fortschritte bei der Christianisierung des Nordens über die Grenzen Nordalbingiens hinaus, das ja zum Ostfränkischen Reich gehörte, waren
kaum zu verzeichnen. Dennoch hielten die Bischöfe von Hamburg
hartnäckig an dem ihnen einst vom Papst verliehenen Privileg fest, sich
Erzbischof und Primas des Nordens nennen zu dürfen. Im Gegensatz
zu den übrigen Erzbischöfen der christlichen Kirche unterstanden dem
von Hamburg allerdings lange keine weiteren Bischöfe. Jetzt endlich,
948, kamen die drei Bistümer im dänischen, das heißt, im nordgermanischen Bereich unter die geistliche Obhut Hamburgs. Die drei in Ingelheim zu Bischöfen geweihten Geistlichen waren, nach ihren Namen
zu schließen, dänischer Herkunft.

Bereits auf der Synode von Ingelheim scheint mit dem päpstlichen
Abgesandten Marinus auch über weitere Missionspläne und die Errichtung von Bistümern im slawischen Osten gesprochen worden zu
sein. Allerdings waren die organisatorischen Vorbereitungen dafür
wohl noch nicht ganz abgeschlossen. So mußte eine neue Reichsversammlung kleineren Zuschnitts für den 1. Oktober 948 nach Mag-

deburg einberufen werden, um die formellen Schritte zu vollziehen.
Das Kloster St. Moritz in der kleinen, schon fast 140 Jahre alten Kauf-
mannssiedlung Magdeburg an der Elbe war von König Otto im Jahr
937 gegründet worden. Es war eine der Lieblingsschöpfungen des
Königs und sollte bald noch erheblich größere Bedeutung erhalten.

Der wendische Fürstensitz Brandenburg (auf slawisch Brennabor
genannt, heute die Stadt Brandenburg an der Havel) hatte große strategische Bedeutung. Er war um 940 in die Hand des Markgrafen Gero
geraten und sollte nun der Bischofssitz für die slawischen Großstämme
der Heveller und der Lausitzer werden. Zehn Slawengaue wurden der
geistlichen Oberhoheit des neuen Bischofs Thietmar unterstellt. Im
Süden sollte das neue Bistum bis an die Schwarze Elster reichen, die
östlich von Wittenberg in die Elbe mündet. Das heißt, das Gebiet des
heutigen Bundeslandes Sachsen blieb davon noch weitgehend ausge-
klammert. Im Norden reichte es bis an die obere Havel und von dort
nordostwärts bis zum Stettiner Haff. So etwa beschrieb die erhaltene
Gründungsurkunde die Grenzen dieser großen Diözese.

Nördlich schloß sich das zweite Bistum Havelberg an, mit Sitz in der
alten Burg der Brizanen hoch über dem Nordufer der Havel kurz vor
deren Mündung in die Elbe. Nach aller historischen Logik muß dieses
Bistum zur gleichen Zeit wie das von Brandenburg gegründet worden
sein. Der Havelberger Missionsauftrag erstreckte sich ebenfalls weit
nach Nordosten quer durch das heutige nördliche Brandenburg und
das östliche Mecklenburg-Vorpommern bis zum Stettiner Haff. Diese
beiden Bistümer unterstanden wohl in weltlicher Hinsicht dem Befehl
von Markgraf Gero.

Man weiß nicht sicher, ob das dritte Bistum für die slawischen Gebiete, das von Starigrad (»alte Burg«, heute Oldenburg in Holstein) in
Wagrien ebenfalls im gleichen Jahr 948 oder erst später entstanden ist,
weil wiederum die Originalurkunde verlorengegangen ist. Die Wahrscheinlichkeit spricht für das Jahr 948. Diese Diözese umfaßte den slawischen Teil Holsteins sowie die Gebiete Westmecklenburgs bis an die
Ostsee. Hier lebten vor allem die Wagrier und die Obodriten, starke
slawische Völker, von denen in diesem Buch schon mehrfach berichtet
wurde. Schriftliche Beweise gibt es nicht, doch steht zu vermuten, daß
der Amtsbezirk des Markgrafen Hermann aus der Familie der Billunger, die Nordmark, sich weitgehend mit dem Territorium dieses
Bistums deckte. Im übernächsten Abschnitt wird zur Nordmark des

Markgrafen Hermann und zur Mark des Markgrafen Gero noch einiges erklärt werden.

Die zwei Bistümer Brandenburg und Havelberg wurden dem Erzbistum Mainz unterstellt, dem größten im Ostfrankenreich. Oldenburg kam wohl gleich zum Erzbistum Hamburg. Sie hielten sich jahrhundertelang, bis die Reformation Martin Luthers in Nordostdeutschland sie im 16. Jahrhundert überflüssig machte. Allerdings sollte ein folgenschweres Ereignis diese Bistümer schon 35 Jahre nach ihrer Gründung für viele Jahre an ihrer Hauptaufgabe hindern, nämlich die slawischen Bewohner zu Christen zu machen. Im 51. Kapitel wird dieses in der modernen deutschen Geschichtsschreibung weitgehend vergessene Ereignis näher erläutert.

Was aber war in den von Slawen bewohnten Gebieten Deutschlands östlich der Elbe und Saale bis zum Jahr 948 vor sich gegangen, daß damals die Einrichtung christlicher Bistümer möglich oder zweckmäßig erschien?

DEMONSTRATIONEN NEUER OSTFRÄNKISCHER STÄRKE

Von den merowingischen Frankenkönigen bis zu Heinrich I. galt für die Sicherung der jeweiligen Grenzen die Maxime, die heidnischen Völker östlich und nördlich davon durch gelegentliche Kriegszüge zu »unterwerfen« und sie dabei zu Tributzahlungen und zu friedfertigem Wohlverhalten gegenüber dem mächtigen Nachbarreich zu verpflichten, sich aber sonst möglichst wenig in die inneren Verhältnisse dieser Nachbarn einzumischen. Im vorigen Kapitel war davon bereits die Rede.

In den Jahren seines Niedergangs um die Wende vom 9. zum 10. Jahrhundert hatte das Ostfrankenreich nicht mehr die Kraft, durch Kriegszüge in die heidnischen Nachbargebiete deren Bewohner nachdrücklich an ihre Verpflichtungen zu friedlicher Nachbarschaft zu erinnern. Sie waren daher praktisch sich selbst überlassen und dürften in diesen Jahrzehnten die angebliche ostfränkische Oberherrschaft überhaupt nicht gespürt haben. Umgekehrt bedeutete das wahrscheinlich auch zahlreiche kleinere Überfälle auf Bauerndörfer diesseits der Grenzflüsse durch wendische Scharen, denen nach »lustigem Plündern« zumute war. Offenbar hat in dieser Zeit auch kein Bischof oder Missionar den Wunsch verspürt, die Elbe oder Saale zu überschreiten und die »teuflischen wendischen Heiden« zu guten Christen zu bekehren.

Mit dem Wiedererstarken des Ostfrankenreiches unter König Heinrich I. änderte sich auch die praktische Politik gegenüber den unruhigen slawischen Nachbarn im Osten und Nordosten. In den Jahren des Waffenstillstands mit den Ungarn (zwischen 924 und 932; siehe 44. Kap., S. 758) unternahm Heinrich bekanntlich energische Anstrengungen, ein schlagkräftiges Milizheer, eine neue Panzerreitertruppe aus Berufskriegern und eine neue Kampftaktik dafür aufzubauen. In diese Zeit fielen von den zeitgenössischen Quellen ziemlich ausführlich beschriebene Kriegszüge des Königs und seiner Feldherren gegen die slawischen Stämme östlich der Elbe und Saale. Vielleicht sollten sie als eine Art Generalprobe für die erwartete große Schlacht mit den Ungarn dienen, aber ganz unabhängig davon folgten sie wohl auch einem strategischen Plan zur Errichtung dauerhafter Bollwerke im Wendenland.

Im Sommer 928 begann Heinrich mit einem großen sächsischen Heer einen Zug über die Elbe, bei dem er große Teile des Landes der Heveller besetzte. Die Hauptburg dieses slawischen Volkes, Brennabor, konnte er allerdings nur belagern, zunächst aber nicht erobern, denn sie lag zwischen unzugänglichen Sümpfen auf einer kleinen Insel in der Havel. Entgegen dem Kriegsbrauch seit Römerzeiten brach der König den Kriegszug jedoch nicht im Herbst ab, sondern ließ sein Heer bei Regen, Sturm und Kälte die feindliche Festung weiter belagern. Der Erfolg gab ihm recht. Denn als der Winter mit Schnee und Eis kam, waren die Moore und Flüsse gefroren und kein Hindernis mehr für das ostfränkische Heer. Brennabor konnte erobert werden, und das von dort aus beherrschte Land der Heveller wurde unterworfen und zur Zahlung jährlicher Tribute gezwungen. Vieh, Feldfrüchte, Honig und Edelmetalle flossen seitdem in einem jährlichen Strom ins Ostfrankenreich.

Im Frühjahr des Jahres 929 zog Heinrich mit seinem Heer weiter nach Südosten. Diesmal belagerten und erstürmten seine Truppen die Festung Jahna des Volkes der Daleminzier (südlich des heutigen Riesa/Elbe im Bundesland Sachsen). Wenig später ließ König Heinrich auf einer Berghöhe über dem westlichen Elbufer die Burg Meißen erbauen (etwa 20 Kilometer unterhalb der heutigen Stadt Dresden). Weitere Züge des Sachsenheeres bis in die Lausitz, ins heutige Bautzen, und nach Böhmen schlossen sich an.

Hier in Böhmen diente der Marsch des Sachsenheeres zur erneuten Unterwerfung des tschechischen Herzogs Wenzel, der seine Tributverpflichtungen gegenüber dem Ostfrankenreich vergessen hatte. Offenbar ohne größere Kämpfe beeilte sich der junge Herzog, ein eifriger Anhänger des Christentums, den neuen Treueschwur gegenüber dem mächtigen Nachbarkönig zu leisten. Nach einem Abstecher durch den von Slawen besiedelten, aber vom Bayernherzog Arnulf in Schach gehaltenen Nordgau (die heutige Oberpfalz) kehrten König Heinrich und sein Heer endlich in der zweiten Jahreshälfte 929 wieder in die heimatlichen Quartiere zurück.

Dort war inzwischen ein anderes sächsisches Heer in heftige Kämpfe mit den wendischen Redariern oder Wilzen verwickelt, die aus dem östlichen Mecklenburg nach Westen vorgerückt waren und Orte südlich der unteren Elbe überfallen und geplündert hatten. Auch ohne die Hilfe des vermutlich inzwischen reichlich marsch- und kampfmüden Heeres des Königs wurden die sächsischen Befehlshaber im Norden mit der Bedrohung fertig. Einem Markgrafen Bernhard gelang es, mit seinen Milizkriegern von der alten sächsisch-fränkischen Höhenfestung Höhbeck am Südufer der Elbe (bei Lüchow, Niedersachsen) auf das Nordufer überzusetzen und ein großes Heer der Redarier (und Obodriten?) beim heutigen Städtchen Lenzen vernichtend zu schlagen (Ende August 929).

Nach dieser nachdrücklichen Demonstration der militärischen Überlegenheit der Sachsen und ihres Königs Heinrich hörte man zunächst nichts mehr von Aufständen gegen das Ostfrankenreich im Slawengebiet zwischen Elbe und Oder. Einige feste Plätze, ehemalige wendische Burgen, blieben seitdem fest in sächsischer Hand und wurden zu mächtigen Bollwerken ausgebaut, so vor allem das weit nach Osten vorgeschobene Meißen an der Elbe. Der Hauptort der Heveller, Brennabor, wurde allerdings einem einheimischen Fürsten zurückgegeben, der dann für manche Jahre von dort aus getreulich seine Tribute an den Nachbarkönig lieferte.

Äußerlich blieben diese Verhältnisse bis kurz nach König Heinrichs Tod unverändert. Dann aber störten zwei Ereignisse die scheinbare Ruhe. In Böhmen wurde der christliche Herzog Wenzel von seinem noch heidnischen Bruder Boleslaw umgebracht. Gleich danach versuchten die Böhmen, nach Norden in das Gebiet jenseits des Erzgebirges auszugreifen. Zwei kleinere sächsisch-fränkische Heere, die dagegen vorrückten, wurden vom neuen Böhmenherzog getrennt geschlagen. Und im Norden, an der unteren Elbe, glaubten die stets zu Aufständen geneigten Redarier, dem neuen Nachbarkönig keine Treue, keine Tribute und kein Wohlverhalten mehr schuldig zu sein.

ERST MIT KÖNIG OTTO I. BEGANN DEUTSCHLAND ZU ENTSTEHEN, WIE MAN ES KENNT

Der junge König Otto führte den notwendigen Gegenangriff nicht selbst – aus Gründen, die bis heute nicht ganz klar sind. Vielmehr ernannte er Graf Hermann aus der Familie der Billunger zum Markgrafen und damit Oberbefehlshaber an der Unterelbe. Diese Personalentscheidung war vermutlich die richtige. Aber sie sollte König Otto noch auf viele Jahre Ärger bereiten. Denn Graf Hermanns älterer Bruder, Graf Wichmann, nahm diese Bevorzugung seines jüngeren Bruders dem König persönlich übel. Als angeheirateter Onkel, Wichmann hatte eine Schwester von Ottos Mutter Mathilde geehelicht, glaubte er, größere Vorrechte zu haben. Nicht nur, daß Wichmann nun nicht mehr mit seiner direkten Gefolgschaft im sächsischen Heer mitkämpfte, nein, zeitweise schloß er sich auch aktiv Ottos Gegnern an, vor allem dem Königsbruder Heinrich. Später führten Wichmanns Söhne die Fehde gegen den König fort.

Eine ähnlich richtige, aber umstrittene Personalentscheidung des noch jungen Königs war die Ernennung eines bisher nicht weiter hervorgetretenen Grafen Gero für das südlichere Gebiet an der Slawengrenze. Hier fühlte sich Ottos älterer Stiefbruder Thankmar zurückgesetzt und zur Rebellion getrieben (siehe 46. Kap., S. 788). Doch beide Markgrafen, Hermann wie Gero, sollten noch jahrzehntelang treu und erfolgreich die neue Ostpolitik König Ottos verfechten. Hermann Billung wurde in späteren Jahren zum Vertreter des Königs in Sachsen und damit in der Praxis zum erblichen Herzog ernannt.

Eine neue Politik gegenüber den slawischen Nachbarn verfolgte Otto sicher, auch wenn es noch lange dauern sollte, bis ihre Konturen deutlich zutage traten. Nicht mehr nur um »Unterwerfung«, Tributzahlung und friedliches Wohlverhalten sollte es gehen, auch nicht nur um gelegentliche Kriegszüge und die Anlegung einiger fester Burgen in sächsischer Hand. Vielmehr muß Otto schon seit sehr früher Zeit das langfristige Ziel verfolgt haben, das Land der slawischen Nachbarn für seine Sachsen und Franken, aber auch für das ganze Königreich fest und dauerhaft zu erobern. Die offizielle Außengrenze des Ostfränkischen Reiches sollte im Nordosten bis an die Oder verlegt werden. Zugleich ging es Otto aber gewiß auch darum, die Menschen in diesem großen Gebiet zu Christen zu machen.

Über die Motive König Ottos für diese Politik ist viel gerätselt worden. War er so tief von christlichem Glaubenseifer durchdrungen, daß ihm in erster Linie an der Bekehrung der Heiden lag? Manche modernen Historiker, die von Ottos späterem Kaiserglanz fasziniert waren (siehe 49. Kap.), glaubten, die Kaiserkrone habe ihn dazu verpflichtet, für die Ausbreitung des Christentums in seiner Nachbarschaft zu sorgen. Aber Ottos neue Ostpolitik begann schon unmittelbar nach seiner Inthronisation als König, Jahrzehnte bevor er an die Erringung der Kaiserwürde denken konnte.

Oder war reines Machtstreben Ottos Hauptmotiv? Ging es um die Ausdehnung seines Reiches in all die Richtungen, in denen nicht allzu starke Gegenmächte die Erweiterung behinderten? Stand Otto vielleicht unter dem Druck junger sächsischer und fränkischer Adliger? Denn schon seit einiger Zeit fanden die jüngeren Söhne des Adels im »alten Reich« nur noch selten die Chance, selbst größere Güter zu erwerben oder vom König mit der lukrativen Verwaltung einer Grafschaft beauftragt zu werden. Die waren in der Hand ihrer Väter oder älteren Brüder. Aber im Osten, jenseits der Reichsgrenze, lagen noch weite fruchtbare Gebiete, die herrenlos waren. Daß wendische »Barbaren«, wie die nichtchristlichen Slawen regelmäßig in den Klosterannalen genannt wurden, selbst legale Besitzansprüche geltend machen konnten, kam den maßgeblichen Schichten im Ostfrankenreich nicht in den Sinn.

Die von manchen Historikern während der Zeit des Nationalsozialismus dem König Otto unterstellte Ansicht von der unbedingten kulturellen und moralischen Überlegenheit der »deutschen« über die »slawische Rasse« hat dem Ostfrankenkönig im 10. Jahrhundert sicher fern gelegen. Nicht »rassische« oder sprachliche oder kulturelle Unterschiede zählten damals, sondern allein der Unterschied zwischen Christen und nichtchristlichen Barbaren. Dieser fiel aber im Gebiet zwischen Elbe und Oder exakt mit dem Unterschied zwischen Sachsen,

Franken, Bayern auf der einen und Wenden oder Slawen auf der anderen Seite zusammen.

Den Plan zu fassen, das Gebiet der Wenden vollständig zu erobern, war eine Sache. Seine Verwirklichung war jedoch ein ganz anderes Ding. Denn jetzt genügte es nicht mehr, alle paar Jahre eine Schar kampfbereiter Wenden in einer Schlacht zu besiegen und danach wieder nach Hause zu ziehen. Jetzt mußte eine wendische Burg nach der anderen erobert, mit einer ausreichenden Besatzung versehen und mit hohen Mauern stärker als bisher befestigt werden. Und in jedem Dorf mußte ein – natürlich sächsischer oder fränkischer – Gutsherr eingesetzt werden, mit genügend zuverlässigen und kräftigen Knechten, um den wendischen Bauern jeden Gedanken an Widerstand auszutreiben und sie zur pünktlichen Ablieferung ihrer Zehnten zu »überreden«.

Das forderte auf die Dauer viel mehr an menschlichem Potential als gelegentliche Züge des Königs und einiger hundert oder tausend Berufskrieger nach Italien. Auch wenn seit dem 9. Jahrhundert sich die Einwohnerzahl im Gebiet des heutigen Deutschland erheblich vermehrte, reichte das nicht aus, um in wenigen Jahren das zu vollbringen, was man beschönigend »deutsche Ostsiedlung« genannt hat. Dieser Vorgang erstreckte sich über weit mehr als zwei Jahrhunderte, eine lange Zeit, in der friedliche Besiedlung und erbitterte Kämpfe ständig miteinander abwechselten.

Die Regierungszeit König Ottos des Großen bildete nur den Anfang dieser langen Entwicklung, an deren Ende Deutschland in der Form entstand, in der man es seit dem späten Mittelalter kennt.

ERSTE ERFOLGE VON OTTOS OSTPOLITIK

Die Anfänge von König Ottos neuer Ostpolitik waren eher bescheiden. Den beiden dafür verantwortlichen Markgrafen Hermann Billung und Gero konnten angesichts des anderweitigen militärischen Einsatzes des Königs und seiner Berufssoldaten nicht allzu viele Truppen zur Verfügung gestellt werden. So mußten sie nicht selten zu List oder Verrat greifen, wo ihnen Gewaltaktionen nicht möglich waren.

Der Chronist Widukind von Corvey berichtet von einer blutigen Affäre, die ein bedenkliches Licht auf die Methoden des Herrschaftserwerbs im Slawengebiet wirft. Es muß im Jahr 939 gewesen sein, als Markgraf Gero 30 slawische Adlige, Fürsten aus verschiedenen Gauen der Heveller und Daleminzier, zu einem Festessen in seine Burg einlud – und sie alle umbringen ließ, weil sie ihm heimlich nach dem Leben getrachtet hätten. Das war sowohl nach germanischer wie nach slawischer Denkweise ein unverzeihlicher Bruch des Gebots der Gastfreundschaft. Aber König Otto erklärte seinen tüchtigen Markgrafen Gero für unschuldig, obwohl Gerüchte nie verstummten, der behauptete Anschlag auf Geros Leben sei erfunden worden.

Kurze Zeit später gelang es Gero, sich wieder einmal der Festung Brennabor (Brandenburg) zu bemächtigen. Er tat es, indem er einen slawischen Adligen, der jahrzehntelang in sächsischer Geiselhaft gelebt hatte, dazu brachte, Ansprüche auf die Burg zu erheben, deren Fürst in dem Massaker bei Gero ums Leben gekommen war. Danach übergab der Slawe seinen sächsischen Freunden die nur schwer einzunehmende Festung. Acht Jahre später sah König Otto die Zeit gekommen, dort einen christlichen Bischofssitz einzurichten. Etwa zur gleichen Zeit muß auch die Brizanenburg Havelberg in sächsische Hände geraten sein, hier kennt man allerdings keine näheren Einzelheiten.

Völlig unklar ist nach den vorhandenen Quellen auch, wie es König Otto gelang, Böhmen schließlich doch zur Anerkennung seiner Oberherrschaft zu zwingen. Um 950 sah sich jedenfalls der Böhmenherzog Boleslaw veranlaßt, dem Ostfrankenkönig erneut Treue und Gefolgschaft zu schwören und als Unterpfand dafür Geiseln zu stellen. Zugleich muß er sich verpflichtet haben, in besonderen Fällen ein Aufgebot böhmischer Krieger dem Heer König Ottos zur Verfügung zu stellen. In der Schlacht auf dem Lechfeld gegen die Ungarn (siehe 48. Kap., S. 817) tat jedenfalls ein böhmischer Truppenteil von mindestens 1000 Mann auf der Seite der Ostfranken seine Pflicht und trug damit zum Sieg bei.

Der wohl immer noch heidnische Boleslaw erkaufte sich dadurch die weitere innere Unabhängigkeit seines Herzogtums vom Ostfränkischen Reich. Aber fortan blieb Böhmen, von wenigen Störungen abgesehen, ständig ein Glied des benachbarten Kaiserreiches, wenn es auch nie ein kulturell oder sprachlich völlig integriertes Gebiet war.

48. EIN ENTSCHEIDENDER SIEG – UND EIN HALBER

WIE MAN SCHLACHTEN GEWINNT
Weihnachten 955, Magdeburg

Die langen, dunklen Abende nach der Feier der Geburt des Herrn waren so richtig geeignet für einen Unterricht, der aus dem Erfahrungsschatz eines alten Kriegers stammen sollte. Das fand jedenfalls Graf Hemmo, Anführer der Kriegergefolgschaft von König Otto und dessen engster Vertrauter in allen Fragen der Kriegführung.

Das fand auch Hemmos Sohn Radolf, den sein Vater erst vor wenigen Wochen aus dem Kloster Walbeck im Sachsenland wieder zu sich geholt hatte. In diesem Kloster hatte Radolf nicht etwa Mönch werden sollen, sondern man hatte ihn dort in der äußeren Klosterschule einige Jahre lang in der Kunst des Lesens und Schreibens unterrichtet und auch in den Anfängen des Lateinischen, der Sprache der Kirche und der Gelehrten. Das war für einen Krieger etwas völlig Unerhörtes, aber der knapp zwanzigjährige Radolf sollte auch kein gewöhnlicher Krieger werden. Vielmehr wollte ihn sein Vater Graf Hemmo mit Einverständnis des Königs zu seinem Nachfolger heranziehen, und dazu gehörte nach der Überzeugung des Grafen auch die Fähigkeit, umfangreiche militärische Befehle schriftlich festzulegen und lesen zu können – etwas, das sowohl sein Vater wie auch der König nicht konnten.

Der junge Radolf war körperlich kräftig, in allen Kampfarten geübt, er war zuverlässig und wißbegierig, ohne eine Plaudertasche zu sein, mit wachem Geist – der Wunschtraum eines Sohnes für den Vater. Zugleich war er dadurch ein geeigneter Anwärter für den verantwortungsvollen Posten, den der Vater irgendwann einmal würde aufgeben müssen, wenn die alten Knochen nicht mehr so wollten, wie es die Aufgabe erforderte.

In der Königspfalz zu Magdeburg hatten am Ende dieses ereignisreichen Jahres des Herrn 955 der König und seine junge Frau Adelheid mit ihren kleinen Kindern, die Mitglieder der königlichen Kapelle

(Kanzlei) und einige andere Gefolgsleute aus der unmittelbaren Umgebung des Königs Unterkunft für den Winter gefunden. Hier konnten sie nach dem anstrengenden und aufregenden Jahr ihre Körper erholen und auch in Ruhe Gott danken, daß er ihr Leben beschützt hatte.

In der Nähe war trotz heftiger Schneefälle eine größere Gruppe von Sklaven unter strenger Aufsicht sächsischer Wärter dabei, die Grube für das Fundament eines gewaltigen Doms auszuheben. Dessen Erbauung hatte König Otto nach der großen Schlacht an der Raxa im Herbst gelobt. Bei diesem Sieg waren dem königlichen Heer große Schätze in die Hände gefallen, die der König für dieses gottgefällige Werk zu verwenden gedachte. Die daran arbeitenden Sklaven waren kriegsgefangene Redarier und Obodriten aus dieser Schlacht, die auf diese Weise ihre Auflehnung gegen den König büßen durften.

Graf Hemmos Quartier in der Königspfalz wurde von einem knisternden Herdfeuer behaglich geheizt. Vater und Sohn hatten sich davor niedergesetzt, und Hemmo konnte endlich mit seinem Bericht über die beiden Schlachten dieses Jahres beginnen, nach dem sein Sohn Radolf schon so oft gefragt hatte.

»Gott hat unserem König – Heil sei ihm! – zwei große Siege geschenkt, wie du weißt, Radolf!« erzählte Graf Hemmo. »Sie werden die Welt verändern. Aber nicht nur Gott hatte an diesem Sieg Anteil, sondern natürlich auch des Königs überlegener Geist, der ihn die richtigen Befehle geben ließ, und – Radolf, merk dir das gut – unsere Schar der 50 Angeli.« Angeli, so belehrte Hemmo seinen aufmerksam zuhörenden Sohn, sei zwar der lateinische Name für die Engel des Himmels, aber ursprünglich habe es nur Bote bedeutet, wie ihm ein Bischof einst erklärt habe. Und so habe er, Hemmo, die kleine, von ihm als einen Teil der großen Königsgefolgschaft und Leibgarde neugegründete Truppe der Königsboten vor einigen Jahren als Ansporn und Auszeichnung »Angeli« getauft.

Diese Boten mußten jung, kräftig, geübte Krieger und vollendete Reiter sein, tapfer, aber nicht tollkühn, schnell wie ein Wiesel und vorsichtig wie ein Fuchs, unbedingt zuverlässig und mit einem Gedächtnis ausgestattet, das kein Wort des mündlich erteilten Auftrags vergaß. Normalerweise dürften diese Boten in keiner Schlacht mitkämpfen, aber ihr Dienst für den König sei weit wertvoller. Nur mit ihrer Hilfe könne der König sicher sein, daß seine Befehle selbst in weiter Entfernung wortgetreu ausgeführt würden. Und für den Anführer dieser

Schar komme es darauf an, die militärischen Wünsche des Königs im voraus zu ahnen und entsprechende Vorsorge zu treffen. »Ich bin stolz, Radolf, daß der Einsatz unserer Angeli in diesem Jahr mit zu den beiden großen Siegen beigetragen hat«, schloß Graf Hemmo seine einleitenden Bemerkungen.

Der Graf war stets in des Königs Nähe gewesen und wußte genau über alle politischen und militärischen Vorgänge Bescheid, oft besser als der König selbst, der sich nicht um alle Einzelheiten kümmern konnte. So konnte kein Kundigerer dem jungen Radolf die Zusammenhänge erklären, die zum Sieg über die Ungarn auf dem Lechfeld im Sommer und zum Sieg über die Wenden am Fluß Raxa im Herbst geführt hatten.

Der Zug der Ungarn in das Ostfrankenreich in diesem Jahr, so erläuterte Graf Hemmo, war nichts als eine Folge der inneren Kriege gewesen, die der König und dessen Bruder, der Bayernherzog Heinrich, im Jahr zuvor (954) mit Liudolf und Konrad dem Roten hatte ausfechten müssen. Vor allem in Bayern hatten diese Rebellen gegen den König viele Anhänger gefunden, die am Aufstand noch festhielten, als die beiden Anführer sich längst dem König ergeben hatten. So war es noch in diesem Frühjahr zu langwierigen Kämpfen zwischen Herzog Heinrich und mehreren rebellischen bayerischen Adligen, ja, mit den Bewohnern seiner eigenen Hauptstadt Regensburg gekommen, die gegen den landfremden Herzog waren. Erst im Mai dieses Jahres hatte Heinrich den endgültigen Sieg errungen. Kurz danach waren wieder einmal die Ungarn ins Reich eingefallen. Sie hatten wohl geglaubt, wie schon im Vorjahr ungestört einen großen Plünderungszug unternehmen zu können. Vielleicht hatten sogar einige verräterische Adlige aus Bayern selbst das Heer der Ungarn herbeigerufen.

Doch einiges hatte sich gegenüber dem Jahr zuvor geändert. Der Bayernherzog hatte seine Späher weit im Osten an der Grenze zu den Ungarn postiert und konnte seinen Bruder Otto schon zeitig im Frühsommer von dem neuen Einfall der Ungarn benachrichtigen. So blieb diesem ausreichend Zeit, mit Hilfe der Angeli sämtlichen Herzögen seines Reiches die Aufbietung all ihrer Panzerreiter und deren Sammlung an zwei strategisch wichtigen Punkten zu befehlen. Und noch etwas war anders geworden, was die Ungarn offenbar nicht ahnten: Alle Stämme des Ostfränkischen Reiches und ihre Führer, die Herzöge, waren sich völlig einig in ihrer Wut über die plündernden und mordenden heidnischen Ungarn und in ihrem Eifer, sie endgültig zu besiegen.

Anfang August hatten sich befehlsgemäß ein Teil des Heeres der Bayern, die Heere der Franken und der Schwaben und die große persönliche Gefolgschaft des Königs unter dem Befehl von Graf Hemmo beim Königshof in Ulm an der Donau im schwäbischen Herzogtum versammelt. Weiter im Osten, im Donaumoos, standen starke Kräfte weiterer bayerischer Panzerreiter sowie ein großes Kontingent böhmischer Krieger unter ihrem Herzog Boleslaw. Geleitet durch Befehle des Königs, die jeweils in kürzester Frist von den Angeli übermittelt wurden, rückten diese beiden Heeresgruppen von Westen und Osten her auf Augsburg zu, denn dort hielt sich der Hauptteil des ungarischen Reiterheeres auf, um die alte Bischofsstadt am Lech zu belagern. Nicht beim ostfränkischen Heer waren diesmal Kontingente aus den Herzogtümern Lothringen und Sachsen, weil dort andere Feinde Land und Menschen bedrohten.

Ausführlich schilderte Graf Hemmo seinem Sohn die drei Schlachten, die sich an drei Tagen hintereinander auf der weiten Ebene des Lechfeldes südlich von Augsburg abgespielt hatten. »Ich weiß es noch genau, es waren der achte, neunte und zehnte Tag des August, merk dir diese Zahlen, Radolf«, ermahnte Graf Hemmo seinen Sohn. Die erste Schlacht hatten die Verteidiger der Stadt Augsburg zu schlagen. Unter Anführung ihres Bischofs Ulrich wehrten sie sich verzweifelt gegen die zahlreichen ungarischen Belagerer. Sie wären wohl dem Ansturm erlegen, wenn die Ungarn sich nicht plötzlich vom Mauerring Augsburgs zurückgezogen hätten. Sie taten das, weil ihnen die Ankunft des ostfränkischen Heeres unter König Ottos Befehl aus westlicher Richtung gemeldet worden war.

Als am nächsten Tag der Morgen graute, entwickelte sich auf dem Lechfeld die zweite Schlacht, in der die ostfränkischen Panzerreiter tapfer gegen die zahlenmäßig weit überlegenen Ungarn stritten. Und wieder kam den christlichen Kriegern ein Gotteswunder zu Hilfe, denn die Ungarn zogen sich plötzlich mitten in der Schlacht auf das andere, östliche Ufer des Lechflusses zurück, der das Lechfeld von Süd nach Nord durchströmt. Nein, ein Wunder war es eigentlich nicht, machte Graf Hemmo seinen Sohn aufmerksam, sondern das Ergebnis strikter Befehle des Königs, die seine Angeli pünktlich dem Herzog Boleslaw übermittelt hatten, dem Befehlshaber der im Osten der Ungarn stehen-

den Heeresgruppe. Diese fiel nämlich unvermittelt über das Lager der
Ungarn am Ostufer des Lechs her, wo die Heiden ihre zusammengeraubten Schätze, ihre Gefangenen und auch einige ihrer vornehmen
Frauen zurückgelassen hatten. Erst die hereinbrechende Nacht unterbrach diese neue Schlacht, die am dritten Tag zu einer verzweifelten
Verteidigung der Ungarn gegen die von zwei Seiten anrückenden
christlichen Krieger wurde. Dabei wurden viele der Ungarn von den
fränkischen Panzerreitern niedergehauen, noch mehr flüchteten Hals
über Kopf nach Osten, dorthin, wo ihre Heimat lag.

Doch wieder hatte der König durch seine Boten vorgesorgt und im
ganzen Herzogtum Bayern alle Anwohner von Furten oder Fährstellen
und alle von bayerischen oder böhmischen Kriegern besetzten Burgen
gewarnt, die dort vorbeiflüchtenden Ungarn unbarmherzig zu töten
oder gefangenzunehmen. So gerieten auch die beiden höchsten Anführer der Ungarn, Horka Bulsku und Lele, in Gefangenschaft. Der Bayernherzog Heinrich, der wegen einer schweren Erkrankung nicht selbst
auf dem Schlachtfeld hatte kämpfen können, ließ sie und viele andere
Gefangene haßerfüllt am Galgen aufhängen.

Eine so vernichtende Niederlage hatten die ungarischen Heiden
noch nie hinnehmen müssen. Wie ein Lauffeuer verbreitete sich die
Kunde davon im ganzen Reich der Ostfranken, ja, im gesamten christlichen Abendland, und überall riefen die Kirchenglocken die Gläubigen
zu Dankgottesdiensten zusammen.

Doch des Königs Aufgabe, den Menschen in seinem Reich Frieden
und Heil zu bringen, war für dieses Jahr noch nicht beendet. Denn
weit im Norden, an der unteren Elbe, standen die Markgrafen Hermann und Gero mit ihren sächsischen Milizkriegern und ihrem Kontingent an Panzerreitern seit Monaten in einem verzweifelten Abwehrkampf gegen die wendischen Redarier und Obodriten, die sich
wieder einmal gegen den König erhoben hatten und sächsisches Gebiet angriffen.

König Otto und seinem obersten militärischen Gehilfen, Graf
Hemmo, war klar, daß der König mit einer möglichst starken Gefolgschaft von Panzerreitern unmittelbar nach dem Sieg über die Ungarn
nach Norden würde aufbrechen müssen, um seinen bedrängten Markgrafen zu Hilfe zu kommen. Vorsorglich hatte daher schon Graf
Hemmo geeignete Befehle gegeben und durch seine Botenschar überbringen lassen. Alle Pferde der getöteten Ungarn waren einzufangen,

sorgfältig zu füttern und an mehreren Sammelstellen Hirten zu übergeben, damit die fränkischen Panzerreiter auf ihrem Marsch nach Norden genügend Pferde zum Wechseln mitnehmen konnten. Außerdem waren sämtliche Klöster und Königshöfe, die am Weg nach Norden lagen, benachrichtigt worden, daß das Heer des Königs demnächst bei ihnen vorbeiziehen werde und daß ausreichende Verpflegung für Menschen und Pferde bereitzustellen sei.

So kam es, daß König Otto mit seiner großen Leibgarde schon sechs Wochen später an der unteren Elbe stand. Es zeigte sich, daß die aufständischen Wenden vor dem anrückenden Königsheer weit ins Land zurückgewichen waren, wohin ihnen der König folgen mußte. Hier hatten die ruchlosen Heiden eine Falle aufgebaut. Am Fluß Raxa (Recknitz im nördlichen Mecklenburg) stockte der Vormarsch, denn jenseits des Wassers stand der Feind, große Sümpfe säumten den Weg, und den Rückzug versperrten plötzlich von den Feinden aufgetürmte und besetzte Dornenverhaue.

Die Lage war höchst gefährlich. Vier Tage lang konnte das vereinigte Heer des Königs und der sächsischen Markgrafen weder vor noch zurück; Menschen und Pferde hungerten und wurden von dem fauligen Wasser krank, das sie trinken mußten. Zu Hilfe kam dem König und seinen Kriegern eine Gruppe wendischer Ranen (von der Insel Rügen), die sich aus alter Feindschaft zu ihren Nachbarn, den Redariern, dem Heer der Sachsen angeschlossen hatten. Diese Ranen wußten eine Stelle flußabwärts, wo man ungesehen von den Feinden Holzbrücken über den Fluß bauen konnte. Das geschah in angestrengter heimlicher Arbeit, die Befehle dazu wurden wiederum von den Angeli des Königs übermittelt. Dann täuschte ein Teil des sächsischen Heeres einen Scheinangriff dort vor, wo bisher der König und seine Krieger gelagert hatten. Doch während der Nacht war der Großteil über die Brücken auf das andere Flußufer in den Rücken der Feinde gelangt. Nun brach ein erbitterter Kampf aus, in dem die überraschten Feinde zu Hunderten niedergemacht wurden. Auch der Obodritenfürst Stoinew war unter den Toten.

So hatte Gott wieder einmal dem großen König Otto seine Gnade gezeigt und ihm zu einem überwältigenden Sieg verholfen. Der König bedauerte nur, daß seine beiden Vettern Wichmann und Ekbert nicht unter den feindlichen Toten oder Gefangenen waren. Sie waren die Söhne des einst dem König so feindlich gesinnten Grafen Wichmann

und setzten nach dessen Tod die Fehde fort. Sie hatten die heidnischen
Feinde gegen ihren natürlichen Oberherrn Otto geradezu aufgehetzt
und befanden sich beim Heer der Redarier und Obodriten. Doch den
beiden sächsischen Adligen gelang die Flucht.

»Merk dir gut, Radolf, was ich dir erzählt habe«, schloß Graf
Hemmo seinen langen Bericht über die Siege des Königs im abgelaufenen Jahr. »Ich weiß nicht, ob dich Gott in deinem vor dir liegenden
Leben je zum Mitstreiter in so entscheidenden Schlachten machen
wird. Auf jeden Fall aber denk daran, daß es die Angeli, die Königsboten, sind, mit deren Hilfe man Schlachten gewinnt!«

DIE SCHLACHT AUF DEM LECHFELD
AUS HEUTIGEM BLICKWINKEL

Die vorstehende Schilderung der berühmtesten Schlacht des 10. Jahrhunderts gegen die Ungarn auf dem Lechfeld im Jahr 955 ist insofern
eine Erfindung, als sie von einem Mitkämpfer und Mitplaner stammen
soll. Erstaunlich eigentlich, denn es liegen ausführliche Berichte über
diese Schlacht in verschiedenen mittelalterlichen Schriften vor. Aber
die meisten davon sind erst Jahrzehnte später auf haltbarem Pergament
aufgeschrieben worden, und zwar ausschließlich von Mönchen oder
Geistlichen, die die Schlacht selbst nicht erlebt hatten und mehr an
den Wundern Gottes interessiert waren, die sich angeblich in dieser
Schlacht gezeigt hätten, als an militärtaktischen Einzelheiten oder gar
den Problemen militärischer Logistik. Im übrigen gehen viele dieser
Berichte recht willkürlich mit den Fakten um. Tendenzielle Geschichtsschreibung ist keine Erfindung der Neuzeit!

Erst sehr sorgsame Vergleiche der vielen Berichte, die in jüngerer
Zeit angestellt wurden, konnten die strategisch geniale Anlage der
Schlacht durch König Otto enträtseln, die, natürlich neben einer Menge
Glück, den Sieg des ostfränkischen Heeres gegen einen zahlenmäßig
überlegenen Gegner bescherte. Dieser modernen Analyse des Schlachtgeschehens, im wesentlichen seitens der Historiker Friedrich Heer und
Barthel Eberl, folgt die obige Darstellung in der Einleitungsepisode. Sie
wurde einem Mann in den Mund gelegt, den es unbedingt gegeben haben muß, von dem wir aber weder den Namen noch sonst ein Lebens-
zeichen kennen.

Man weiß auch nicht, ob es je im Mittelalter einen eigenen Truppenteil der Königsboten als Übermittler militärischer Befehle gegeben hat. Aber wie sollten die Befehle des Königs anders die verschiedenen Teile seines Heeres erreichen? Und irgend jemand muß an des Königs Seite als »Verteidigungsminister« oder »Generalstabschef« fungiert haben, sonst wäre die komplizierte, aber perfekte Durchführung des Aufmarsches des ostfränkischen Heeres – »getrennt marschieren, vereint schlagen« – nicht möglich gewesen. Im übrigen ist es heute fast unvorstellbar, daß alle Vorgänge ohne ein Blatt beschriebenen Papiers oder Pergaments vor sich gingen, denn keiner der Heerführer bis hinauf zum König konnte lesen oder schreiben.

Wie viele Krieger in der Schlacht auf dem Lechfeld tatsächlich gekämpft haben, läßt sich natürlich ebensowenig feststellen. Die schon fast stereotype Angabe von »100 000 Ungarn«, die in den mittelalterlichen Quellen auftaucht, ist nicht ernst zu nehmen. Aber eine erhebliche zahlenmäßige Überlegenheit der Ungarn darf man durchaus vermuten. Den Verantwortlichen im Ostfränkischen Reich, dem König, seinen Herzögen und anderen Befehlshabern, wird klar gewesen sein, daß für das Jahr 955 ein neuer und aller Voraussicht nach besonders schwerer Einfall des ungarischen Heeres zu erwarten war, nachdem die Uneinigkeit der Nachbarn im Vorjahr den Plünderungszug für die Ungarn fast zu einem Spaziergang gemacht hatte. Daher werden für das Jahr 955 alle irgendwie entbehrlichen ostfränkischen Truppen nach Süddeutschland zusammengezogen worden sein, vielleicht teilweise schon im Frühjahr. Deutsche Historiker haben die Zahl der ostfränkischen Krieger auf 16 000 bis 20 000 Mann geschätzt. Doch in Wahrheit werden es weniger gewesen sein, wenn man die oben (46. Kap., S. 783) erwähnten hohen Kosten für die neuen Panzerreiter in Betracht zieht. Natürlich bestand das ostfränkische Heer nicht nur aus Reitern, sondern auch aus viel Fußvolk. Aber das Problem blieb, in einem nur spärlich besiedelten Landstrich so viele tausend Menschen und Pferde über längere Zeit ausreichend zu ernähren. Der Sieg des königlichen Heeres über die Ungarn ist auf jeden Fall eine in vieler Hinsicht bewundernswerte Tat.

Aus der modernen Rekonstruktion des Schlachtgeschehens auf dem Lechfeld geht auch die von den zeitgenössischen Quellen fast versteckte wichtige Rolle der böhmischen Truppen unter ihrem Herzog Boleslaw hervor. Ihr zahlenmäßiger Anteil und vor allem ihr Anteil am

Erfolg muß weit höher gewesen sein, als es die fast abschätzige Bemerkung Widukinds von Corvey über die böhmische »Legion« vermuten
läßt, die sich von den Ungarn das Gepäck habe abnehmen lassen und
erst von Truppen des fränkischen Aufgebots unter Herzog Konrad dem
Roten herausgehauen werden mußte.

Wie es zur Annäherung des Böhmenherzogs Boleslaw an das Ostfränkische Reich kam, der Jahre zuvor seinen christlichen Bruder Wenzel hatte ermorden lassen und die von diesem eingegangene Unterwerfung unter den Nachbarkönig aufgekündigt hatte, ist unbekannt. Keine
der vielen zeitgenössischen Quellen hat darüber im einzelnen berichtet
(siehe 47. Kap., S. 809). Nur das Ergebnis steht fest: Herzog Boleslaw
war mit einer sehr beachtlichen Truppe ein treuer Bundesgenosse von
König Otto in der Schlacht auf dem Lechfeld. Vielleicht ist sogar seinem pünktlichen Eingreifen der überwältigende Sieg über die Ungarn
zu verdanken. Ob dies mit zu der besonderen Rolle beitrug, die Böhmen von da ab bis zum Ende des Heiligen Römischen Reiches deutscher Nation gespielt hat?

Schon den Zeitgenossen erschien der Sieg auf dem Lechfeld als ein
»Jahrhundertereignis«. Eines solchen Sieges habe sich seit 200 Jahren
kein König erfreuen können, schrieb Widukind von Corvey. Er ver-
glich damit offenbar den Sieg über die Ungarn mit dem Sieg des Karolingers Karl Martell über die Araber bei Tours und Poitiers im Jahr 732.
Tatsächlich hatte die Schlacht sehr weitreichende weltpolitische Folgen.

Das Jahr 955 war das letzte Jahr, in dem ein ungarisches Heer in das
Gebiet des heutigen Deutschlands einfiel. Das bisher immer noch heidnische Reitervolk der Magyaren sah nach dem hohen Blutzoll auf dem
Lechfeld wohl ein, daß es sich den Gebräuchen seiner europäischen
Nachbarn anpassen mußte, wenn es überleben wollte. Aus Pferdehirten
wurden rasch seßhafte Bauern. Bald fanden auch christliche Missionare Zugang zum Land der Ungarn. Unter Fürst Geza, einem Urenkel
des Gründers des ungarischen Fürstenhauses der Arpaden, konnte ab
972 die Mission von Bayern aus ungestört in Ungarn wirken. Bereits
im Jahr 1001 erhielt der ungarische Fürst Stephan als eifriger Christ
eine Königskrone vom Papst zugesandt, die berühmte, heute noch exi-
stierende Stephanskrone. Dieser später heiliggesprochene Stephan begründete für sein Land das Erzbistum Gran und sorgte für einen engen
kulturellen Anschluß seines Volkes an die westliche Christenheit. Davon wird im 52. Kapitel noch einmal die Rede sein.

Ob die Schlacht auf dem Lechfeld wirklich im Jahr 955 in Mittel- und Westeuropa als eine »Verteidigung des christlichen Abendlandes gegen das osteuropäische Heidentum« gesehen wurde, wie es zum tausendjährigen Jubiläum im Jahr 1955 manchmal hieß – in offener Anspielung auf den politischen Ost-West-Konflikt, der damals seinem Höhepunkt zustrebte –, muß offen bleiben. Aber als eines der militärisch und weltpolitisch bedeutsamsten Ereignisse des Zeitalters wird man die Schlacht und den Sieg der Ostfranken auf jeden Fall betrachten dürfen.

Auf die Zeitgenossen Ottos I. hat vermutlich dessen Sieg über die Wenden an der Raxa noch im gleichen Jahr 955 einen fast ebenso großen Eindruck gemacht, wurden doch so zwei verschiedene, seit Jahrzehnten gefürchtete Feinde vernichtend geschlagen und der Frieden im Land an allen Grenzen wiederhergestellt. Hier allerdings war die Erneuerung der ostfränkisch-sächsischen Oberhoheit über das Gebiet zwischen Unterelbe und Oder in Wahrheit nur von sehr begrenzter Wirkung. Widerstand und Volkskraft der Wenden waren noch zu stark.

Denn anders als die Ungarn ließen sich die slawischen Stämme im Nordosten durch diese Niederlage nicht von weiteren Aufständen abschrecken. Vermutlich waren ihre Verluste an Toten und Gefangenen auch nicht ganz so schwerwiegend wie die der Ungarn auf dem Lechfeld. Für die folgenden Jahre enthalten jedenfalls die kurz nach Ottos Tod niedergeschriebenen Geschichtswerke in fast peinlicher Regelmäßigkeit die Notiz, König Otto sei zu einem Vergeltungsschlag gegen die Redarier oder andere Stämme ausgezogen. Nähere Einzelheiten fehlen; vermutlich hat es keine großartigen Siege des Königs oder seiner Markgrafen mehr gegeben. Mehrfach hat auch Ottos Vetter und Markgraf Hermanns Neffe Wichmann, ein längst verurteilter Landesflüchtling, sich viel Mühe gegeben, die wendischen Nachbarn gegen den Ostfrankenkönig aufzuhetzen.

Aus diesem Grund steht in der Überschrift dieses Kapitels etwas von einem halben Sieg. Denn in Wirklichkeit dürfte sich durch die Schlacht am Flüßchen Recknitz in Mecklenburg an den Verhältnissen zwischen Elbe und Oder kaum etwas geändert haben. Die in dieser Beziehung sehr einseitige Geschichtsschreibung sowohl des 10. wie des 19. und 20. Jahrhunderts hat das nur nicht wahrhaben wollen.

DER HEIMLICHE
KAISER EUROPAS

Von außerordentlich weitreichender Bedeutung war allerdings der Sieg
über die Ungarn für den Ruf des Siegers König Otto nach innen und
außen. Im Inneren seines Reiches hatte der König vorerst keinen Widerstand mehr zu fürchten. Tatsächlich hatten sich die meisten seiner
Gegner bereits *vor* der Schlacht auf dem Lechfeld ergeben, wie der
Sohn Liudolf und der Schwiegersohn Konrad der Rote. Das war wohl
auch eine ganz wichtige Voraussetzung für den Sieg.

Liudolf nahm übrigens nicht an der Schlacht bei Augsburg teil, sondern hielt sich bei seinem Onkel, Erzbischof Brun, in Köln auf. Dieser
soll sich nach einem Bericht seines Biographen Ruotger bemüht haben,
seinen Neffen dabei nicht nur äußerlich mit dem Vater zu versöhnen –
das war ja schon im Vorjahr erfolgt –, sondern auch zur echten ge-
fühlsmäßigen Wiederannäherung zwischen dem König und seinem
immer noch als Thronfolger angesehenen Sohn beizutragen. Das genaue Gegenteil hatte in den Jahren zuvor der andere Bruder Ottos,
Herzog Heinrich, versucht; dieser war vielleicht sogar der Hauptschul-
dige am lang dauernden Zerwürfnis zwischen Vater und Sohn, wie
moderne Historiker vermuten. Diese Versöhnung scheint der geübte
Diplomat und gläubige Christ Brun jedoch erreicht zu haben. Denn im
Jahr 956 zog Kronprinz Liudolf mit einem Heer im Auftrag seines Vaters nach Oberitalien. Er sollte den dortigen Machthaber Berengar,
einen langobardischen Adligen, zur Achtung der Oberherrschaft des
ostfränkischen Königs zwingen. Oder aber sollte oder wollte Liudolf
sich selbst südlich der Alpen ein eigenes Reich schaffen? Auch diese
eventuell hinter dem Italienzug Liudolfs stehende Absicht ist von
modernen Historikern vermutet worden.

Welche Pläne auch immer König Otto und sein Sohn gehabt haben
mögen, sie gelangten nicht zur Ausführung. Liudolf siegte zwar über
Berengar und wollte nach diesem Erfolg über die Alpen wieder nach
Hause ziehen. Doch auf dem Rückweg im Herbst 957 starb Liudolf in
Oberitalien an einer Krankheit. Das Klima forderte im Mittelalter weit
mehr Opfer unter den »Tedesci«, die erobernd nach Italien kamen, als
die ebenfalls häufigen Kämpfe.

Die unmittelbare Familie des Königs starb damit allerdings nicht
aus. Adelheid, die junge zweite Ehefrau Ottos, hatte ihm inzwischen

schon mehrere Kinder geboren. Drei davon starben früh. Ein Kind, ein Junge, der ebenso wie sein Vater Otto getauft wurde (geboren im Schicksalsjahr 955), wuchs jedoch heran und sollte dereinst das Amt und die Würde des Königs und Kaisers von seinem Vater erben.

Einen ehrenvollen Tod fand der zweite zeitweilige Widersacher des Königs, sein Schwiegersohn Konrad, der jahrelang Herzog von Lothringen gewesen war. Nach seiner Absetzung als Herzog und der Wiederversöhnung mit dem König bewährte sich Konrad in seiner verbleibenden Lebenszeit als tapferer und hochangesehener militärischer Anführer auf der Seite des Königs – vielleicht als Sühne für seinen zeitweiligen Abfall? In der Schlacht auf dem Lechfeld fiel er einem ungarischen Pfeil zum Opfer und wurde vom König und seinen adligen Standesgenossen ehrlich betrauert. Er war der prominenteste Tote der Schlacht auf ostfränkischer Seite. Sein Urenkel, ebenfalls Konrad mit Namen, sollte nach dem Aussterben der sächsischen Königsfamilie der Ottonen im Jahr 1024 seine Familie, die Salier, auf den Königs- und Kaiserthron bringen.

Am Ende des so ereignisreichen Jahres 955 starb auch Ottos Bruder Heinrich, erst Rebell und später loyaler Herzog von Bayern, an den Folgen einer viel früher erlittenen Verwundung.

Aus recht unterschiedlichen Gründen waren folglich innerhalb von nur zwei Jahren die Herzogsämter in allen ostfränkischen Herzogtümern frei geworden. König Otto hätte sie theoretisch mit irgendwelchen landfremden zuverlässigen Adligen besetzen können, um seiner Ansicht Geltung zu verschaffen, daß die Herzogswürden Ämter seien, die nur der König und nicht die heimischen Adligen zu vergeben habe. Daß er das nicht tat, hat in der modernen historischen Literatur zahlreiche Spekulationen ausgelöst.

In Bayern beließ Otto die Witwe Judith seines verstorbenen Bruders als Regentin für den erst vierjährigen Sohn Heinrich aus dieser Ehe. Judith war die Tochter des legendären bayerischen Markgrafen und Herzogs Arnulf. Ihr Sohn und Erbe Heinrich verband so die sächsische Familie der Liudolfinger mit der bayerischen Adelssippe der Luitpoldinger. Trotz ihrer verwirrenden Namensähnlichkeit standen die beiden Familien für ganz verschiedene Stämme und zugleich für zwei verschiedene Herrschaftskonzeptionen. Im Herzogtum Schwaben – Sohn Liudolf war ja der Würde des Herzogs dieses Stammes entkleidet worden – berief der König einen Adligen aus der alteinheimischen Sippe der

Hunfridinger zum Herzog. Burchards III. Vater war bereits vor Jahrzehnten von den schwäbischen Adligen gewählter Herzog gewesen. Der
neue Herzog heiratete ebenfalls eine Frau aus der Königsverwandt-
schaft, nämlich Ottos Nichte Hadwig, eine Tochter des Bayernherzogs
Heinrich und der Judith. Versuchte König Otto hier wie in Bayern, seine
Familienpolitik mit dem tief eingewurzelten Stammesdenken seiner
Herzogtümer zu versöhnen?

In Lothringen fungierte Erzbischof Brun, wie bereits im 47. Kapitel
erwähnt, sehr erfolgreich als eine Art Oberherzog. Im Jahr 955 mußte
er auf einen neuen militärischen Einfall aus dem Westfrankenreich
gefaßt sein und konnte daher keine Truppen zum Kampf gegen die
Ungarn schicken. Der feindliche Einfall erfolgte dann allerdings
doch nicht.

Die Verwaltung eines Herzogtums durch einen Erzbischof konnte
jedoch keine Dauerlösung sein. Um das Jahr 958 wurden einheimische
Adlige zu Herzögen in Niederlothringen und Oberlothringen ernannt,
ohne daß damit Bruns Oberaufsicht entfiel. Das riesige und damit sehr
unübersichtliche Gebiet wurde so auf Dauer geteilt. Niederlothringen
umfaßte etwa das heutige Belgien (nur dessen heutiger Westteil Flandern gehörte zum Westfrankenreich) sowie etwa die heutige Provinz
oder den Landschaftsverband Rheinland vom Niederrhein bis zur
Maas. Östlich des Rheins gehörte wie heute ein schmaler Streifen von
Wesel bis Siegburg zum lothringischen Rheinland. Oberlothringen erstreckte sich südlich davon von der Eifel bis zu den Vogesen. Nur der
Ostabhang dieses Gebirges, das Elsaß, zählte schon lange zum Herzogtum Schwaben.

Das Herzogtum Sachsen, bisher immer noch von ihm selbst regiert,
übertrug König Otto im Jahr 961 an Markgraf Hermann Billung als seinem Stellvertreter. Bald jedoch wurde daraus die vollgültige Belehnung
Hermanns mit dem sächsischen Herzogtum, und nach Hermanns Tod
973 trat dessen Sohn Bernhard als Erbe das Amt als Herzog an.

Amtsherzogtum und Stammesherzogtum, mit diesen Schlagworten
haben moderne Historiker die beiden widerstreitenden Konzeptionen
für die Herrschaftsausübung im entstehenden Deutschland zusammengefaßt. Der sehr rationalen Ansicht König Ottos über seine alleinige Be-
fugnis zur Ernennung von Herzögen und Grafen setzten die großen
Adelsfamilien die Auffassung entgegen, die ihrem Vater oder Onkel
als Entschädigung für übertragene Ämter auf Zeit verliehenen Güter,

Dörfer, Grafschaften oder Burgen (Lehen) seien in das erbliche feste
Eigentum der Familie übergegangen, der König könne es nicht von
ihnen zurückfordern. Je nach ihrer gerade bestehenden relativen Macht
sollte sich im Laufe der frühen deutschen Geschichte mal die eine, mal
die andere Seite mehr durchsetzen.

In den Jahren bis zu Ottos des Großen Tod (973) war der Gegensatz zwischen diesen Herrschaftskonzeptionen im frühen Deutschland
jedoch fast nicht zu spüren, weil kaum noch jemand gegen den ruhmreichen König und Kaiser aufzubegehren wagte. Aber später sollte
sich dieser Konflikt noch sehr lange durch die deutsche Geschichte
ziehen.

Der Sieg des Ostfrankenkönigs und seines Heeres über die Ungarn
auf dem Lechfeld hatte nicht nur dieses Reich von einer furchtbaren
Geißel befreit, sondern fast in gleicher Weise auch Italien, Burgund
und das Westfrankenreich, denn überall dort waren in den vorangegangenen Jahrzehnten immer wieder plündernde Horden magya-
rischer Reiter eingefallen, und keinem christlichen Herrscher war
vorher ein entscheidender Sieg über sie gelungen. So hatte das Ansehen
König Ottos in ganz Europa nach dem Jahr 955 einen Höhepunkt erreicht.

Modernen Historikern ist aufgefallen, daß der auf die Leistung seines heimatlichen Stammes der Sachsen so stolze zeitgenössische Chronist Widukind von Corvey König Otto seit 955 fast regelmäßig als Imperator, also als Kaiser, bezeichnete und behauptete, das siegreiche
Heer habe Otto auf dem Lechfeld zum Kaiser ausgerufen. Das hätte
zwar altgermanischer und auch römischer Tradition durchaus entsprochen, dürfte aber dennoch nicht stimmen. Von der tatsächlich erfolgten
Krönung Ottos zum Kaiser durch den Papst in Rom im Jahr 962 nahm
Widukind dagegen keine Notiz. Ob das aus Ablehnung der darin zum
Ausdruck kommenden Mitwirkung des Papstes oder aus anderen
Gründen geschah, ist unbekannt.

Jedoch stimmte, daß Otto nach der Lechfeldschlacht ein Prestige gewonnen hatte, das dem seines großen Vorbildes Karls des Großen
gleichkam oder es sogar noch übertraf. »Kaiser ist der, dessen Reich
hervorragt im ganzen Erdenreich«, das hatte schon im 7. Jahrhundert
ein anonymer lateinischer Autor behauptet, als im europäischen Westen von einem erneuerten Kaisertum noch keine Rede sein konnte.
Gemeint war offenbar der Nimbus eines Herrschers, dessen Ruhm im

ganzen christlichen Abendland, damals in vornehmer Unkenntnis der
geographischen Gegebenheiten mit dem »ganzen Erdenreich« gleich-
gesetzt, verbreitet war, auch ohne Kaiserkrone und päpstlichen Segen.

Ein solcher Herrscher war König Otto »der Große«, wie er immer
häufiger genannt wurde, nach seinem Sieg über die Ungarn in ganz Europa ohne Zweifel. Zu ihm kamen in diesen Jahren Gesandtschaften
aus aller Herren Länder, vom griechischen Kaiser in Konstantinopel
über den arabischen Kalifen in Córdoba (Südspanien) bis hin zum
englischen König. Sie brachten ihm Geschenke und schmeichelhafte
Botschaften. Und die Länder im Westen und Süden des Reiches, die
Königreiche Italien, Burgund und das Westfränkische Reich, sahen in
Otto so etwas wie ihren Senior, ihren Oberkönig, dessen Autorität als
Schiedsrichter sie im Streitfall achteten.

49. SACRUM ROMANUM IMPERIUM

EIN KAISERLICHES FAMILIENTREFFEN
Mitte Mai 965, Köln

Tief aufatmend trat Erzbischof Brun in sein Haus nahe dem Dom zurück. »Komm mit, lieber Bruder«, sagte er zu seinem jungen Sekretär und Vertrauten, dem Mönch Ruotger. Dieser hatte höflich, hinter seinem Vorgesetzten stehend, während der letzten Stunde die verschiedenen Gruppen der abreisenden hohen Gäste mit verabschiedet. »Wir haben eine kleine Pause verdient«, erklärte der Prälat. »Sosehr ich mich über das Treffen mit all meinen Verwandten gefreut habe, so war ich doch etwas in Sorge, daß sie hier unter meinem Dach in Streit geraten könnten. Doch Gott hat es glücklich verhindert.«

Brun benutzte heute ausnahmsweise auch im Gespräch mit seinem Sekretär die sächsische Sprache des Volkes und seiner Familie, die er in den letzten Tagen ausschließlich gesprochen hatte, und nicht Lateinisch, die Sprache der Kirche. Im Privatgemach des Kölner Kirchenfürsten ließen sich die beiden Geistlichen auf bequemen Stühlen nieder und entspannten sich bei einem Becher Wein nach den anstrengenden Tagen, die sie beide hinter sich hatten.

Soeben waren als letzte Kaiser Otto, Kaiserin Adelheid und der junge König Otto nach Magdeburg abgeritten, wie üblich begleitet von einem Schwarm von Leibwächtern, Hofkaplänen, Knechten und Mägden. Kurz zuvor hatte die alte Königin Mathilde, Ottos und Bruns Mutter, das erzbischöfliche Haus verlassen, um unter ausreichender Bedeckung in einem bequemen Ochsenwagen wieder zu ihrem Alterssitz, dem Kloster Quedlinburg, zurückzukehren. Auch Schwester Gerberga und ihr Sohn Lothar, König des Westfrankenreiches, waren nach dem großen Familientreffen abgereist. Der junge König des Nachbarreiches, der Neffe von Kaiser Otto *und* von Erzbischof Brun war, hatte einen guten Eindruck hinterlassen. Allerdings war klar, daß nicht er wirklich die Macht im Westfrankenreich in der Hand hatte, sondern sein Vetter

Hugo von Franzien, Sohn der anderen Schwester Ottos und Bruns,
Hadwig. Dieser und seine Mutter hatten allerdings an dem Familientreffen nicht teilgenommen. Wahrscheinlich war das gut gewesen, es
hätte sonst nur Zank zwischen den Verwandten gegeben.

Welchen Einfluß die Familie des ostfränkischen Königs und römischen Kaisers Otto inzwischen im ganzen christlichen Abendland hatte,
war unschwer auch an den weiteren Gästen des Familientreffens zu erkennen. König Konrad von Burgund war mit seiner Frau Mathilde gekommen, der Tochter der französischen Königin Gerberga und somit
Nichte des Kaisers. Auch Ottos und Bruns Neffe Heinrich von Bayern
war mit seiner Mutter Judith nach Köln gereist sowie, nicht zu vergessen, der wichtigste Erzbischof des Ostfrankenreiches, Wilhelm von
Mainz. Der war der älteste Sohn des Kaisers, allerdings als Kind einer
slawischen Geisel nicht erbberechtigt und daher schon als Knabe für
die kirchliche Laufbahn bestimmt.

Nun, nach der gemeinsamen Feier des Pfingstfestes im Hause des
Erzbischofs von Köln, waren sie alle wieder auf dem Weg in ihre Heimat oder dorthin, wohin sie ihre Pflicht rief. Viele Familienmitglieder
würden sich zum letztenmal gesehen haben; Brun spürte es mit Weh-
mut, aber auch mit geduldiger Ergebung in Gottes Willen. In Brun
selbst saß eine Mattigkeit, die die Folge irgendeiner unbekannten inneren Krankheit, aber auch der jahrelangen angestrengten Arbeit sein
mochte, die der Erzbischof zu bewältigen gehabt hatte. Doch noch
gönnte sich sein stets pflichtbewußter Geist keine Ruhe, nur ein Stünd-
chen der Entspannung im Gespräch mit seinem jungen Sekretär.

Wenn der Erzbischof auf die Jahre seines Wirkens in Köln zurück-
blickte, dann durfte er frohen Herzens feststellen, daß die Unruhe, die
zu Anfang im Reich und in seinem eigenen Sprengel überall zu spüren
gewesen war, sich gelegt hatte. Seit zehn Jahren war eigentlich alles
stetig besser geworden, das Verhältnis zwischen den Mitgliedern der
königlichen Familie, die Treue und Zuverlässigkeit der Herzöge und
Grafen, der Erzbischöfe und Bischöfe im Reich und das Verhältnis zu
den Nachbarreichen.

»Wie kam es eigentlich, ehrwürdiger Vater, daß sich dein erhabener
Bruder nach Italien begab und dort zum Kaiser gekrönt wurde?« Höflich fragte der junge Mönch Ruotger seinen Vorgesetzten und brachte
ihn dazu, die Gedanken laut auszusprechen, die ihm ohnehin gerade
durch den Kopf gingen.

Erzbischof Brun war selbst nicht mit in Italien gewesen, ebensowenig wie sein Amtsbruder und Neffe Wilhelm von Mainz. Aber als
Regent des Reiches war er über alle wichtigen Vorgänge regelmäßig
durch Briefe unterrichtet worden. Vor fünf Jahren war es gewesen, so
erinnerte sich Brun, da waren Gesandte aus Rom gekommen und
hatten König Otto dringend gebeten, Papst Johannes XII. zu helfen, der
wieder einmal vom italienischen König Berengar fürchterlich bedrängt
wurde. Das bot König Otto den willkommenen Anlaß, endlich die verworrenen Verhältnisse in Italien und in Rom zu ordnen und sich offiziell den Titel als Kaiser mitzubringen, den ihm die meisten Schriftkundigen im Reich und auch die Mehrzahl der Gesandten auswärtiger
Könige längst gaben.

Bevor jedoch König Otto mit einem kleinen, aber schlagkräftigen
Heer und mit seiner Frau Adelheid über die Alpen zog, sorgte er dafür,
daß im Ostfränkischen Reich alles aufs beste geordnet würde. Seinen
erst sechsjährigen Sohn Otto ließ er durch einen Reichstag im Frühjahr
961 zum König wählen und durch die drei Erzbischöfe von Mainz,
Trier und Köln in Aachen, an Kaiser Karls des Großen Grab, feierlich
salben und krönen. Seinen Bruder Brun, den Erzbischof von Köln und
Verwalter von Lothringen, beauftragte der König mit der Regierung
des Reiches in seiner Abwesenheit, und gleichzeitig wies er seinen Sohn
Wilhelm, Erzbischof von Mainz, an, seinen Stiefbruder, den jungen
König Otto, entsprechend seiner Würde und künftigen Aufgabe zu er-
ziehen. Auf beide Verwandte, das wußte Otto, konnte er sich unbedingt
verlassen.

»Was soll ich dir von dem vielen Hin und Her erzählen, Ruotger,
das es mit den verräterischen Großen in Italien und in Rom gab?«
meinte Erzbischof Brun, in der Erinnerung angewidert vom Verhalten
der ehrgeizigen langobardischen Adligen, der korrupten römischen
Stadtherren und des seines Amtes völlig unwürdigen Papstes. So berichtete er seinem jungen Zuhörer nur, König Otto sei es zunächst ohne
große Mühe gelungen, die Macht des langobardischen Adligen Berengar zu brechen, der viele Jahre König von Italien gespielt und die dem
Ostfrankenkönig Otto zugeschworene Treue mehrfach gebrochen
hatte. Seiner Gefangennahme entzog sich Berengar aber durch die
Flucht in eine unzugängliche Bergfestung.

Danach war König Otto mit seinem Heer in Rom eingezogen, dem
Sitz des Papstes und seit langer Zeit Hauptstadt eines unabhängigen

Staates, des »Patrimonium Petri«, der sich quer durch das mittlere Italien zog und theoretisch vom Papst regiert werden sollte. Doch in Wahrheit war dieser Staat seit Jahrzehnten im Besitz einer römischen Adelsclique, deren Oberhaupt, Stadtpräfekt Alberich, lange Zeit despotisch über Rom und mehrere Päpste geherrscht hatte. Nach Alberichs Tod war es so weit gekommen, daß dessen erst siebzehnjähriger Sohn Oktavian auf den Thron des Papstes gesetzt wurde.

Einige Jahre später kam der Hilferuf eben dieses Papstes bei König Otto an. Was der König, seine Heerführer und geistlichen Berater in Italien über diesen Mann hörten, der sich Papst Johannes XII. nennen ließ, war niederschmetternd. Brun war darüber durch Briefe seines Amtsbruders Adaldag, Erzbischof von Hamburg-Bremen, unterrichtet; dieser gehörte zur Begleitung des Königs. Der junge Mann, der – man wisse nicht wie – zum Papst gewählt worden sei, gelte als »der große Hurer, Fresser und Säufer« und sei das Musterbeispiel eines prinzipienlosen römischen Politikers, der heute mit seinem Freund von gestern Krieg führe, wenn er sich einen Vorteil davon verspreche. Vom christlichen Glauben und der heiligen Kirche verstehe er nicht das geringste, so habe Erzbischof Adaldag berichtet. Aber dennoch war es nach allgemeiner Ansicht ausschließlich die Hand dieses Mannes, die König Otto die Krone des Sacrum Romanum Imperium, des Heiligen Römischen Reiches, aufsetzen müsse, damit der seit 50 Jahren nicht mehr vergebene Kaisertitel wiederaufleben könne.

Am zweiten Februar des Jahres 962 war es dann soweit: König Otto ließ sich in der Kirche St. Peter in Rom vom Papst die aus der Heimat mitgebrachte Krone aufs Haupt setzen und zum Kaiser salben. Königin Adelheid erhielt den Titel Kaiserin. Als Gegenleistung bestätigte der neue Kaiser dem Papst den Besitz des Kirchenstaates, sicherte sich aber in einem umfangreichen schriftlichen Dokument einen starken Einfluß auf die Wahl künftiger Päpste.

Doch die geplante baldige Rückkehr des Kaiserpaares in sein Reich nördlich der Alpen verzögerte sich immer wieder. Otto und sein Heer versuchten, vom oberitalienischen Pavia aus, der einstigen Residenz der langobardischen Könige, den geflüchteten König Berengar zu fangen, was nicht einfach war. Erst am Ende des Jahres geriet der ungetreue Vasall in die Hände kaiserlicher Truppen und wurde in den noch reichlich unwirtlichen bayerischen Nordgau, in das neugegründete Kloster Bamberg, verbannt.

Und bald erreichten Nachrichten aus Rom den Kaiser, Papst Johannes XII. mache gemeinsame Sache mit dem nach Rom geflohenen Sohn Berengars. Auch solle er die Ungarn zu einem neuen Feldzug gegen das Ostfränkische Reich aufgefordert haben und stehe in freundschaftlicher Verbindung mit dem Kaiser in Byzanz, der dem Ostfrankenkönig Otto den Kaisertitel nicht gönnte. Kaiser Otto zog mit einem Heer wieder nach Rom (November 963). Der intrigante Papst floh, aber nun setzte sich der erzürnte Kaiser durch, indem er durch eine Synode in Rom den seines Amtes unwürdigen Johannes XII. absetzen und einen neuen Papst wählen ließ, der den Namen Leo VIII. annahm.

Bei den nächsten, rasch aufeinanderfolgenden Ereignissen hatte Erzbischof Brun Mühe, sie seinem Sekretär in der richtigen Reihenfolge nach den Briefen des Bischofs Adaldag zu erzählen. Der Kaiser zog mit seinem Heer nach der Papstwahl aus Rom wieder ab, zurück nach Oberitalien. Doch die Römer unternahmen einen Aufstand gegen die kaiserlichen Verwalter der Stadt; Papst Johannes XII. kam zurück, ließ seinen Rivalen Leo VIII. exkommunizieren; jedoch starb der unwürdige »Stellvertreter Christi« kurz danach an einem Schlaganfall, pikanterweise im Bett einer seiner vielen Mätressen. Gegen den Widerspruch des Kaisers wählte der römische Klerus einen neuen Papst, Benedikt V., der Kaiser belagerte Rom erneut und betrat die Stadt im Sommer 964 zum drittenmal als Sieger. Gegenpapst Benedikt wurde seiner Würden entkleidet und nach Hamburg in die Verbannung geschickt.

Endlich, im frühen Winter 965, konnte das Kaiserpaar mit seinem Heer den Rückweg über die Alpen antreten, für den es sich das Frühjahr über Zeit ließ. Und als Symbol des wiedergekehrten Friedens und der Eintracht im Reich hatte der Kaiser seine ganze Familie zu dem großen Treffen in Köln aus Anlaß des Pfingstfestes eingeladen. Dieses Treffen war, Erzbischof Brun durfte es voller Stolz feststellen, ein großartiger Erfolg gewesen.

Versonnen spielte des Erzbischofs Hand mit dem Becher voll Wein auf dem Tisch. Leise schloß er das der Erinnerung gewidmete Gespräch mit einem Blick in die Zukunft: »Mein lieber junger Freund, es wird wohl das letzte Mal gewesen sein, daß wir uns in Ruhe dem Andenken an vergangene Zeiten widmen konnten. Ich spüre, daß Gott

der Herr meine Seele bald zu sich in sein himmlisches Reich holen
wird. Meinem erhabenen Bruder erflehe ich Gottes Gnade und unserem Reich auf lange Zeit den Frieden und die Eintracht, wie wir sie jetzt
kennen. Und dir, mein lieber Ruotger, möge der Herr ein Leben in der
Nachfolge Jesu Christi schenken, damit du meinem kaiserlichen Bruder
und unserem Reich oder unserer Kirche als Bischof oder in einem an-
deren hohen Amt so gut dienen kannst, wie du bisher mir gedient hast.
Denn das war seit Jahren mein Bestreben, für die Kirche und das Reich
Menschen auszubilden, die in ihrem Lebenswandel untadelig, in ihrem
Glauben unbeirrt und in ihrem Wissen unübertrefflich sind, damit
Gottes Wort hier von würdigeren Männern verbreitet wird, als es jener
Papst war, von dem ich dir erzählt habe.«

Nur ein knappes halbes Jahr später war Erzbischof Brun tot. Gerade
erst 40 Jahre alt, starb er während einer Reise ins Westfrankenreich, wo
er einen neu aufgeflackerten Streit zwischen König Lothar und seinem
Vetter Hugo von Franzien zu schlichten beabsichtigte. Am 11. Oktober
965 schloß Brun in Reims die Augen, ermattet und erschöpft von der
Bürde seiner Pflichten, wie sein Biograph Ruotger schrieb.

DER TRAUM
VON DER KAISERKRONE

An der vorstehenden Einführungsepisode ist nur die Tatsache des Gesprächs zwischen Erzbischof Brun und seinem Sekretär erfunden, um
dem Kirchenfürsten eine knappe, aber für das heutige Interesse völlig
ausreichende Schilderung der Vorgänge um die Kaiserkrönung aus
damaliger Sicht in den Mund legen zu können. Doch warum sollte es
einen ähnlichen Rückblick auf fünf entscheidende Jahre der Reichspolitik unter Otto I. nach dem historischen Treffen der Kaiserfamilie
in Köln zwischen Brun und seinem engsten Mitarbeiter nicht gegeben
haben?

Seit dem Jahr 962 war der Titel Römischer Kaiser eigentlich stets
mit dem des ostfränkischen oder später deutschen Königs verbunden,
fast 850 Jahre lang. Allerdings, kampflos konnte dieser Titel nur sehr
selten von seinem späteren Träger erworben werden, vor allem nicht
im hohen Mittelalter. Stets haben die Züge sächsischer, bayerischer
oder schwäbischer Krieger über die Alpen einen hohen Blutzoll gefor-

dert, sowohl von den »Tedesci« wie von den Italienern. Die Machtkämpfe zwischen Kaisern und Päpsten im 11. und 12. Jahrhundert sollten sogar das Abendland bis in seine Grundfesten erschüttern.

In der deutschen Geschichtsschreibung des 19. Jahrhunderts war
daher die Kaiserkrönung Ottos I., die als auslösendes Moment für all
die späteren Kämpfe galt, lebhaft umstritten. Gingen die häufigen Züge
deutscher Könige nach Rom, um sich dort die Kaiserkrone aufs Haupt
setzen zu lassen, nicht in eine völlig falsche Richtung, nach Süden? Waren sie nicht eine unnötige Verschwendung deutscher Kraft, die viel
besser in eine andere Richtung gelenkt worden wäre, nämlich in die
dauerhafte Ordnung des später Deutschland genannten Territoriums
und eine frühzeitige Eroberung und Christianisierung der Gebiete im
Osten und Nordosten? Das war, in eine kurze Formel gefaßt, etwa die
Ansicht national gesinnter deutscher Historiker.

Eine Gegenansicht verteidigte die Kaiseridee: Mission zu betreiben,
den christlichen Glauben zu verbreiten, Schirmherr der Kirche und des
Abendlandes zu sein, den Papst zu schützen, dies sei in jenen Jahrhunderten die Hauptaufgabe des Kaisers gewesen, und die Könige des
großen europäischen Mittelreiches hätten diese Bürde freudig auf sich
genommen. Dazu sei die durch die häufigen Italienzüge in den noch
kulturlosen Norden vermittelte hohe Kultur der Mittelmeerwelt gekommen, die die späteren Deutschen erst in den Kreis der Kulturvölker
hineingeführt habe.

Historische Vorgänge sollten aber nicht auf Grund moderner Erkenntnisse und Vorstellungen beurteilt, sondern wenn irgend möglich
aus dem Wissen und den Anschauungen der *damaligen* Zeit erklärt werden. Allerdings ist uns Heutigen das wirkliche Denken und Fühlen
unserer Vorfahren vor ein oder zwei Jahrtausenden in der Regel kaum
zugänglich.

König Otto aus der sächsischen Adelsfamilie der Liudolfinger hatte
ein klares Vorbild: Kaiser Karl der Große. Das wird von seiner Königs-
krönung am Aachener Grab dieses Herrschers an immer wieder deutlich. Was der Frankenkönig Karl erreicht hatte, war auch Ottos Ziel.
Die Kaiserkrone zu erringen gehörte sicherlich dazu, auch wenn dieser
Titel in den vergangenen 50 Jahren nicht mehr vergeben worden war.
Politische Voraussetzungen zur Erringung dieser Krone waren nun einmal die Beherrschung Italiens, mindestens bis in die Breiten Roms, und
ein entsprechender Einfluß auf den Papst. Doch war es möglicherweise

nicht in erster Linie diese räumliche Vergrößerung des Herrschaftsgebiets, die Otto und alle folgenden Könige aus dem Reich nördlich der
Alpen immer wieder nach Italien lockte. Hatten nicht vielleicht der
Titel des Kaisers und die Kaiserkrone, die ihm sichtbaren Ausdruck
verlieh, eine viel tiefere, mythisch-magische Bedeutung?

Schon oft wurde in diesem Buch auf die altgermanische Vorstellung
hingewiesen, Könige brächten ihrem Volk und allen seinen einzelnen
Gliedern Heil, allerdings nur im Kampf mit Feinden erfolgreiche Könige. Mit der Formel »König von Gottes Gnaden« (»gratia dei«) wurde
dieser vorchristliche Glauben später mit einer dem Christentum an-
gepaßten Tünche überdeckt. Wir wissen es nicht sicher, weil die ausschließlich christlich-theologisch gebildeten Geschichtsschreiber des
Mittelalters darüber vielleicht nicht philosophieren mochten. Aber vorstellbar ist es schon, daß der Name Imperator (Kaiser) in der Anschauung der Menschen des 10. Jahrhunderts eine besonders heilbringende
Bedeutung hatte, worin auch immer dieses Heil bestehen mochte.
Schließlich war der Kaiser in der Staatsrechtstheorie jener Zeit so
etwas wie der geheiligte »Oberkönig« über alle christlichen Könige
des Abendlandes. Auch die christlichen Kaiser des alten Römischen
Reiches seit Konstantin dem Großen waren noch im Abendland in ehr-
furchtsvoller Erinnerung, auch wenn deren Zeiten schon 500 Jahre vorbei waren.

Eine bezeichnende Differenz trat bei der offiziellen Benennung von
Ottos Kaisertum zutage. Otto I. hat sich in den von ihm selbst ausgehenden Urkunden stets nur als »Imperator Augustus« bezeichnet, was
wörtlich übersetzt »erhabener Kaiser« bedeutet. Für ihn war sein Kaisertum etwas Neues, Eigenständiges, Vorbildloses. Doch die Kirche
und die Päpste sahen sein Reich als eine Fortsetzung des alten Römischen Reiches an, aus dem auch der Papstthron erwachsen war, und
nannten es Imperium Romanum. Der Zusatz Sacrum (heilig) deutet
aber an, daß diesem neuen Kaiserreich auch eine transzendentale Bedeutung innewohnte. Auf die Dauer hat sich die von der Kirche bevorzugte Bezeichnung durchgesetzt, obwohl das mittelalterliche Reich
dieses Namens wirklich nichts mehr mit dem Römischen Reich des
Augustus oder Konstantin zu tun hatte.

König Otto muß schon viele Jahre lang den Plan verfolgt haben,
sich in Rom zum Kaiser krönen zu lassen. Sein erster Zug nach Italien
in den Jahren 951/52 hat nach Ansicht der meisten Historiker der

Vorbereitung dazu gedient. Doch war weder der damalige Papst Aga-
pet dazu bereit, noch waren die sonstigen politischen Umstände dafür
geeignet. Erst acht Jahre später war die Zeit reif oder besser gesagt,
die politischen Umstände passend. Ein erfolgreicher und damit heil-
bringender König war er unbestreitbar seit langem. König Otto
brachte die Kaiserkrone auf seinem zweiten Zug nach Italien
(961–965) in natura mit. Diese Krone ist ein deutlicher Beweis für die
langfristige Planung des Unternehmens durch den König. Denn die
Herstellung des Kleinods durch Goldschmiede und vor allem das
Sammeln geeigneter und zusammenpassender Edelsteine hat vermutlich Jahre gedauert.

Die Kaiserkrone des Heiligen Römischen Reiches deutscher Nation
ist noch heute in Wien in der sogenannten Weltlichen Schatzkammer
zu besichtigen. Sie ist die älteste und zugleich würdevollste Erinnerung
an deutsche Geschichte. (Die angeblich von Karl dem Großen stammende Pfalzkapelle in Aachen ist wahrscheinlich in der heute sichtbaren Form erst zu Ottos I. Zeit erbaut worden.) Wie viele Reisen nach
Rom und wieder zurück nach Deutschland hat diese Kaiserkrone in
den Jahrhunderten ihrer Existenz miterlebt! Es ist ein Wunder, daß sie
nicht irgendwann einmal von feindlichen Horden erobert und gefled-
dert worden ist. Experten sehen in den auf dieser Reichskrone dargestellten Bildern und in der in ihr ausgedrückten Zahlensymbolik ein
mittelalterliches Abbild des »himmlischen Jerusalems«. Das ist ein deutlicher Hinweis auf die mythisch-magische Funktion dieses kostbaren
Schmuckstücks.

Und die Krone war wiederum nur sichtbares Symbol für den Namen oder richtiger die heilbringende Funktion des Kaisers. Wir nüchternen Menschen des Computerzeitalters können gewiß nicht angemessen nachempfinden, warum dieses Amt so begehrt war, daß im
Lauf der Zeit Ströme von Blut im Kampf um seine Erringung vergos-
sen wurden. Es war sicher nicht nur die damit verbundene und immer
etwas zweifelhafte politische Macht, die die deutschen Könige nach der
Kaiserkrone streben ließ.

DER HERRSCHER
UND DIE BISCHÖFE

Bevor dieses letzte der drei Kapitel über Kaiser Otto den Großen abgeschlossen werden kann, muß noch ein Aspekt seiner Regierungszeit behandelt werden, der die modernen Historiker besonders interessiert hat. Es ist das Verhältnis Ottos zur Kirche oder genauer zu den Bischöfen.

Sein Vater Heinrich hatte bekanntlich ein recht distanziertes Verhältnis zur Kirche und deren hohen Repräsentanten (siehe 44. Kap., S. 751). König Otto ließ sich dagegen nicht nur mit allem kirchlichen Pomp zum König krönen und salben, sondern er stützte sich in seiner täglichen Politik sehr weitgehend auf die Bischöfe und Erzbischöfe seines Reiches. Für Otto I. war es daher unerläßlich, die Personalpolitik für diese kirchlichen Würdenträger allein in der Hand zu haben. Kein Herzog durfte sich das Recht anmaßen, einen Bischof zu ernennen, dies war allein des Königs Privileg. Um dieses Recht hat der König zu Anfang seiner Regierungszeit mit dem bayerischen Herzog Eberhard Krieg geführt.

Angesichts der weiten Entfernung und der Schwierigkeit der Nachrichtenübermittlung dachte damals übrigens niemand daran, den Papst vor einer Bischofsernennung um Erlaubnis zu fragen. Lediglich für ernannte Erzbischöfe war es Vorschrift, nachträglich eine päpstliche Genehmigung einzuholen; sie wurde in Form eines besonderen Kleidungsstücks für den erzbischöflichen Ornat, des Palliums (eine schmale, um den Hals gelegte Binde), aus Rom zugesandt. Die damalige Rechtsanschauung des »Eigenkirchenrechts« erlaubte selbst einem adligen Dorfherrn, nach eigenem Gutdünken einen Ortsgeistlichen einzusetzen und wie einen bäuerlichen Hörigen zu behandeln.

König Otto hegte nach seiner Auffassung zu Recht starkes Mißtrauen gegen die Herzöge, die noch dazu danach strebten, ihr Amt an einen Sohn zu vererben. Daher lag es für den Herrscher nahe, sich auf die Bischöfe und Erzbischöfe zu stützen, die keine Familie hatten, die sie versorgen mußten. Die erzwungene Ehelosigkeit der katholischen Priester, der Zölibat, galt bis ins hohe Mittelalter nur für Mönche und für hohe Geistliche wie Bischöfe, aber noch nicht für die normalen Weltgeistlichen an den kleinen Dorfkirchen. Diese letzteren setzten

übrigens kirchlichen Reformbestrebungen, die es damals schon gab, erbitterten Widerstand entgegen.

König Otto I. legte während seiner langen Regierungszeit großen
Wert darauf, jeden durch Tod freiwerdenden Bischofs- oder Erzbischofssitz mit einem Mann seines Vertrauens zu besetzen. In die eigentlichen theologischen Fragen hat er sich allerdings nie eingemischt.
Viele Jahre lang war seine Hofkapelle die Durchgangsstation für künftige Bischöfe oder Äbte wichtiger Klöster. Hier hatte der König junge,
tüchtige Geistliche, vermutlich alle aus Adelsfamilien, persönlich kennengelernt, und die künftigen Kirchenfürsten hatten Gelegenheit gehabt, die Staatsgeschäfte und die Richtung, die der König ihnen geben
wollte, genau zu studieren.

Denn die Hofkapelle, wie sie sich schon früh unter den ostfränkischen Königen ausgebildet hatte, war eine Institution des Reiches, gewissermaßen der Kern einer Reichsbeamtenschaft. Geistliche waren bekanntlich noch bis ins hohe Mittelalter hinein die einzigen Menschen
im Abendland, die lesen und schreiben konnten. So mußten es am Königshof Geistliche sein, die die zahlreichen Urkunden in Schönschrift
auszufertigen hatten, mit denen der König Herzögen, Grafen, Bischöfen, Klosteräbten und anderen Würdenträgern Landgüter, Marktprivi-
legien und andere Gerechtsame verlieh. Diese Urkunden, von denen
eine Reihe als Originale aus dem 10. Jahrhundert erhalten sind, dienen
heute als wichtige ergänzende Informationsquellen über die Zeit der
sächsischen Kaiser – neben den eigentlichen, oft tendenziösen und
lückenhaften Geschichtswerken.

Die politischen Regierungsgeschäfte im engeren Sinne wurden wohl
noch sehr lange weitgehend mündlich im kleinen oder großen Kreis erledigt oder in durch Boten mündlich übermittelten Weisungen. Daran
waren die jungen Geistlichen der Hofkapelle vielleicht nur am Rande
beteiligt, dennoch dürften sie genug von der »großen« Politik des Königs gelernt haben, um später in einem hohen kirchlichen Amt im Sinne
des Herrschers handeln zu können.

Im allgemeinen ging Ottos Rechnung auf. Die Bischöfe in seinem
Reich wurden zu verläßlichen Anhängern des Königs und seiner Politik. Sie wuchsen dabei allerdings auch immer stärker in die Aufgaben
weltlicher Adliger hinein. Bischöfe und große Klöster mußten Kontingente der teuren Panzerreiter stellen, finanzieren und manchmal auch
im Kampf anführen, sie erhielten vom König Regalien (Königsrechte)

verliehen, wie Markt-, Fähr- oder Bergwerksrechte. Vermutlich geht die Reichsunmittelbarkeit aller Bischöfe und vieler Klosteräbte zumindest im Westen Deutschlands, die bis 1803 bestand – jeder kirchliche Würdenträger war unter dem Kaiser »souveräner« Landesherr eines mehr oder weniger großen Landgebiets, neben den vielen Reichsgrafen, Fürsten und Herzögen des späten Reiches –, bis auf Kaiser Otto I. zurück.

Der Gehorsam der Bischöfe gegenüber König Ottos Willen hatte allerdings auch Grenzen. Erstens konnten eigene Machtinteressen des Bischofs oder Erzbischofs berührt sein, dann konnten sie dem König beachtliche Schwierigkeiten bereiten. Ein gleich zu erwähnendes Beispiel zeigt das. Und die Kirchenfürsten jener Zeit entstammten ohne Ausnahme den einflußreichen Adelsfamilien des Ostfränkischen Reiches, gegen die sich mitunter Maßnahmen des Königs richten mußten. Dann gerieten die Bischöfe in einen ernsthaften Gewissens- und Interessenkonflikt zwischen ihrer Loyalität zum König und ihrer Treue zur Sippe, der Familie ihrer Herkunft. Nicht selten überwog dann letztere Bindung, wie sie sich aus altgermanischen Zeiten her ererbt hatte.

Ein ganz besonderes Verhältnis verband König Otto naturgemäß mit den Erzbischöfen Brun und Wilhelm. Sie waren nicht nur als Bruder und Sohn seine engsten Familienangehörigen, sondern zugleich die ranghöchsten Geistlichen im Reich. Beide waren wie üblich schon als Knaben angesehenen Bischöfen zur Ausbildung als Geistliche übergeben worden. Denn inzwischen gehörte es in allen Adelsfamilien zur Tradition, einen jüngeren Sohn und mindestens eine jüngere Tochter »Gott zu weihen«. Dabei verstand es sich in diesen Kreisen von selbst, daß diese jungen Menschen nicht als namenlose Mönche oder Nonnen in einem Kloster versauerten, sondern einmal zu Äbten, Bischöfen oder Äbtissinnen ausersehen waren.

Die nahe Verwandtschaft zum König war in Ottos Familie nicht unbedingt eine Garantie für loyales Verhalten, doch bei Brun und Wilhelm gab es diese Probleme nicht. Insbesondere Brun war schon als ganz junger Mann, mit 15 Jahren, Erzkapellan des Königs geworden, also Oberster der eben beschriebenen Hofkapelle, noch bevor er den Rang eines Bischofs erreicht hatte. Dort bewährte er sich als engster Vertrauter des Königs so sehr, daß Otto nicht zögerte, ihn zum Erzbischof von Köln zu ernennen, als 953 der dortige Amtsinhaber starb. Kurz danach übergab der König dem Bruder auch noch die Verwaltung des ganzen Herzogtums Lothringen, ein Verfahren, das ansonsten

weder vorher noch nachher praktiziert wurde. Dieser Aufgabe hat sich
Brun neben seiner geistlichen Tätigkeit mit großer Aufopferung und
großem Erfolg gewidmet. Über Bruns Leistungen auf dem Gebiet der
Kultur wird noch in einem anderen Zusammenhang zu berichten sein.

Ein Jahr nach der Neubesetzung des Erzbischofsstuhls in Köln
konnte der König auch den in Mainz an einen zuverlässigen Verwandten vergeben. Sein Sohn Wilhelm wurde 954 im Alter von 25 Jahren
Nachfolger des Mainzer Erzbischofs Friedrich, der seit Ottos Regierungsantritt fast ständig im Streit mit dem König gelegen hatte. Mainz
war von alters her der angesehenste Erzbischofssitz im Ostfränkischen
Reich, sein Inhaber war Primas des Reiches, der Vertreter des Papstes
für »Germania et Gallia«. Für den König war es ungeheuer wichtig,
endlich keinen offenen oder heimlichen Gegner auf diesem Posten zu
wissen. Sohn Wilhelm zeigte sich in den meisten Angelegenheiten auch
durchaus als treuer Helfer seines königlichen und kaiserlichen Vaters.
Aber er bewies auch eigenen Willen und Standhaftigkeit in einer Frage,
in der es um seinen Jurisdiktionsbezirk als Erzbischof ging.

Schon lange hatte König Otto gewünscht, das von ihm gegründete
Kloster St. Moritz in Magdeburg an der Elbe und den dort von ihm gebauten Dom zur großen Missionszentrale für den Osten zu machen,
hier einen weiteren – den sechsten – Erzbischofssitz für das Ostfrankenreich einzurichten. Während seines zweiten Italienzuges hatte Kaiser
Otto mit Papst Johannes XII. darüber verhandelt und auch dessen Einverständnis zu dieser Neugründung erhalten. Doch zu Hause stellten
sich zwei Kirchenfürsten quer, die durch den Plan große Gebietsteile
und damit Einfluß verloren hätten. Das waren Bischof Bernhard von
Halberstadt und Erzbischof Wilhelm von Mainz. Immer wieder erhob
der Erzbischof Einspruch und richtete während seiner Amtszeit bittere
Beschwerdebriefe an mehrere Päpste. So mächtig war auch der König
und Kaiser Otto in seinem Reich nicht, daß er mit einem Machtwort
über diese Einwände von Bischöfen hinweggehen konnte. Es wird sich
heute nicht mehr klären lassen, ob der Protest Wilhelms gegen die Ab-
trennung eines erheblichen Teils seines Metropolitanbezirks nur aus
Machtinteressen erfolgte oder ob – was manche Historiker vermuten –
auch der Wunsch mitsprach, selbst als oberster Geistlicher an der Missionierung der Slawen im Nordosten beteiligt zu sein; schließlich war er
selbst Sohn einer Slawin.

Obwohl im Jahr 967 der folgende Papst, ebenfalls Johannes mit

Namen (XIII.), ein Schützling Kaiser Ottos, nochmals ausdrücklich der
Schaffung des neuen Erzbistums Magdeburg zustimmte, mußte Otto
mit der Ausführung geduldig warten. Erst der Tod seiner beiden Kontrahenten in dieser Frage, die im Frühjahr 968 unerwartet kurz nacheinander verstarben, gab ihm den Weg frei, den lange verfolgten Plan
zu verwirklichen.

KAISER OTTOS
LETZTE LEBENSJAHRE

Nach dem bemerkenswerten Familientreffen in Köln im Jahr 965 waren
dem Kaiser Otto noch weitere sieben Lebens- und Regierungsjahre vergönnt. Gut fünf davon verbrachte er erneut in Italien. Da der Kaiser
nun einmal die Ordnung der Angelegenheiten auf der Apenninenhalbinsel in die Hand genommen hatte, konnte er sie nicht einfach unvoll-
endet lassen. Doch bevor er sich wieder auf den Weg über die Alpen
machte, von Nachrichten über neue Unruhen in Rom getrieben, küm-
merte sich der Kaiser um eine möglichst lange haltbare Ordnung in seinem eigentlichen Reich.

Im Mai 965 war Markgraf Gero gestorben, der dem König stets
treue Verwalter des riesigen slawisch besiedelten Gebiets zwischen
Saale und Oder. Ein gleich tüchtiger und treuer Nachfolger war wohl
nicht zu finden, daher teilte Otto Geros ursprünglich sehr große Mark
in sechs Teile und beauftragte entsprechend viele Adlige als Markgrafen mit deren Verwaltung. Im Norden hatte der König seine Herzogswürde in Sachsen praktisch an den treuen Hermann Billung abgetreten,
zugleich mit der Markgrafschaft über die Nordmark (etwa das heutige
Ostholstein sowie Mecklenburg-Vorpommern). Dort vertrat Hermann
erfolgreich und kräftig die Interessen des Königs im Kampf gegen die
immer wieder aufbegehrenden wendischen Stämme und gegen seinen
älteren Bruder Wichmann, der trotz mehrfacher Unterwerfungs-
schwüre die Rebellion gegen den König und seinen eigenen Bruder
nicht lassen konnte.

Jenseits der Oder war inzwischen eine neue Kraft aufgetreten, die
von Osten her in das unruhige Gebiet der heidnischen Wenden hineinzuregieren versuchte. Das war Fürst Mieszko, der erste polnische Herrscher, der sich mit Namen greifen läßt. Bereits um 960 muß er sich ein

beachtliches Reich geschaffen haben, das vermutlich in der späteren Stadt Posen eine Art Hauptstadt hatte. Es ist bezeichnend, daß die Herkunft dieses Mieszko je nach regionaler Quelle ganz verschieden dargestellt wird. Einige spätere deutsche Quellen behaupten, dieser Fürst sei eigentlich ein dänischer Normanne namens Dago gewesen, der sich auf einer Art Wikingerfahrt die Oder aufwärts in der Mitte des 10. Jahrhunderts zum Herrn über das slawische Volk der Polanen (später Polen genannt) gemacht habe und dann auf slawisch Mieszko genannt worden sei. Nach polnischen legendären Überlieferungen war Mieszko dagegen schon der vierte Fürst aus der von einem sagenhaften Piast gegründeten polnischen Fürstendynastie der Piasten.

Zwischen diesem Mieszko und den Markgrafen Gero und Hermann Billung kam es mehrfach zu Kämpfen, da der Polenfürst versuchte, sein Herrschaftsgebiet auf die westliche Seite der Oder auszudehnen. Der Pole mußte, so scheint es, nach mehreren Niederlagen dem ostfränkischen König und Kaiser Otto Freundschaft schwören und für sein Land bis zur Warthe Tribut zahlen (963). Kurz danach heiratete Mieszko die christliche Tochter Dubrawka des Böhmenherzogs Boleslaw, des Mitstreiters auf dem Lechfeld. Unter ihrem Einfluß begann er, sein Land dem Christentum lateinischer Prägung zu öffnen. 966, so die Legende, ließ er sich taufen.

Bisher waren die Slawenstämme im heutigen Polen ebenso Heiden gewesen wie die Wenden zwischen Oder und Elbe. Von Südosten scheinen damals bereits im Auftrag der Kirche in Konstantinopel einige Missionare das polnische Gebiet erreicht zu haben, die in der Nachfolge der Slawenapostel Kyrill und Method in slawischer Sprache Gottesdienst hielten (siehe 42. Kap., S. 721). Ob es Mieszko darum ging, sich vor Eroberungsversuchen aus dem Westen zu schützen, die unter dem Vorwand denkbar waren, heidnische Völker missionieren zu müssen, ob er die Beeinflussungsversuche des Byzantinischen Reiches abwehren wollte oder ob er, von seiner christlichen Frau bekehrt, aus tiefer Glaubensüberzeugung papsttreuer Christ wurde – wer will das nach 1000 Jahren entscheiden? Jedenfalls wird um das Jahr 970 der Grundstein für Polen als christlich-katholisches Land gelegt. Im letzten Kapitel dieses Buches wird davon noch mehr erzählt.

Auch wenn danach neue Spannungen mit Fürst Mieszko nicht ausgeschlossen werden konnten, mußte sich Kaiser Otto nicht persönlich darum kümmern, sondern konnte die Wacht im Osten seinen tüchtigen

Markgrafen überlassen. Im Inneren des Ostfrankenreiches waren keine
Unruhen zu befürchten. Niemand wagte es mehr, sich gegen den Kaiser aufzulehnen, der auf dem Höhepunkt seines Ansehens stand. Kaiser Otto konnte daher ohne Sorge um seine heimatliche Basis im
Herbst 966 zum drittenmal mit einem schlagkräftigen Heer nach Italien
aufbrechen. Seine Frau, Kaiserin Adelheid, und seinen inzwischen
elfjährigen Sohn, König Otto, nahm er mit.

Die fünf Jahre der Kämpfe und Züge des Kaisers in Italien haben
wohl manches für die Geschichte Italiens zu bedeuten, aber wenig für
die deutsche Geschichte. Daher seien nur einige wenige Ereignisse daraus berichtet.

In Rom hatte er zunächst den neuen Papst Johannes XIII. wieder in
sein Amt einzusetzen. Der war ausnahmsweise ein Anhänger des Kaisers und von seiner Funktion als italienischer Bischof auf den Papstthron gekommen, aber kurz darauf von den Römern schon wieder vertrieben worden. Über die aufständischen römischen Adligen wurde ein
strenges Strafgericht gehalten. Derselbe Papst krönte zu Weihnachten
967 in Rom den zwölfjährigen Otto II. ebenfalls zum Kaiser, um die
Thronfolge unumstößlich festzuschreiben.

Auf seinen verschiedenen Kriegszügen durch Unteritalien geriet
Kaiser Otto I. gelegentlich in kriegerische Auseinandersetzungen mit
dem Byzantinischen Reich, das dort noch einzelne Stützpunkte besaß.
Doch gleichzeitig war er auch an einem freundlichen Übereinkommen
sehr interessiert. Obwohl der griechischsprachige Kaiser in Byzanz
nur noch einen kleinen Teil des einstigen Oströmischen Reiches
beherrschte, gönnte er nur unter größten Vorbehalten einem zweiten
Herrscher den Titel Kaiser. Doch gerade auf die Anerkennung seines
Kaisertums durch den »Kollegen« in Byzanz legte Otto I. großen Wert.
Er bemühte sich daher in intensiven diplomatischen Verhandlungen
um eine Verständigung mit Konstantinopel und um eine sichtbare
Verbindung der beiden Kaiserhäuser.

Schließlich gelang der Plan auch. Der Griechenkaiser willigte ein,
seine Nichte Theophano dem jungen Kaiser im Westen, Otto II., zur
Frau zu geben. Im April 972 fand in Rom die Hochzeit mit dem siebzehn-
jährigen Otto statt. Entgegen den zunächst in der Umgebung des alten
Kaisers offenbar enttäuschten Erwartungen sollte sich die schöne und
intelligente Griechin noch als ein ausgesprochener Gewinn für das
Sacrum Romanum Imperium erweisen.

Als weiteres für die Zukunft des Ostfrankenreiches wichtiges Ereignis ist noch zu verzeichnen, daß es dem alten Kaiser im Jahr 968 nach dem eben erwähnten Tod des Bischofs Bernhard von Halberstadt und des Erzbischofs Wilhelm von Mainz gelang, im Einvernehmen mit Papst Johannes XIII. endlich die lange geplante Kirchenprovinz Magdeburg zu gründen. Ihr wurden die bereits 20 Jahre bestehenden Bistümer Brandenburg und Havelberg unterstellt sowie die drei neugeschaffenen Diözesen im Osten in Meißen, Merseburg und Zeitz.

Im Spätsommer 972 kehrten die beiden Kaiserpaare, das alte und das junge, mit ihrem Heer wieder in ihr Reich nördlich der Alpen zurück. Der alte Kaiser Otto ordnete in seinen Ländern, was ihm nötig erschien. Dabei zog er den Rhein abwärts bis Mainz, dann über Frankfurt am Main nach Magdeburg und weiter nach Quedlinburg. Überall machte er mit seiner ständigen Begleitung, der Hofkapelle, Leibwächtern, Boten und Dienern, in königlichen Pfalzen oder Bischofsresidenzen so lange halt, bis er an Ort und Stelle alle Streit- oder Zweifelsfragen gelöst hatte. Auf einem zu Ostern 973 nach Quedlinburg einberufenen großen Hoftag konnte er mit Stolz die Herzöge und Grafen, Erzbischöfe und Bischöfe seines großen und inzwischen friedlichen und wohlgeordneten Reiches begrüßen, und auch die Gesandten aller Völker ringsum, von den Ungarn bis zu den Sarazenen aus Nordafrika.

Am 7. Mai desselben Jahres 973 starb Otto I. friedlich in Memleben, am gleichen Ort wie sein Vater Heinrich, im 61. Lebensjahr und im 37. Jahr seiner Regierung. Im Dom zu Magdeburg wurde er beigesetzt, nach seinem Wunsch an der Seite seiner ersten Gemahlin Edgitha.

WAR OTTO I. WIRKLICH
»DER GROSSE«?

Es ist erstaunlich, daß in der langen Reihe römisch-deutscher Kaiser bis 1806 allein der Begründer dieser Tradition, nämlich Otto I., von der Geschichte den Ehrentitel »der Große« erhalten hat. Vor ihm trägt nur der Frankenkönig und Kaiser Karl diesen Beinamen. Was war so ungewöhnlich und groß an Ottos I. Regierung?

König Otto hatte das Glück einer gesunden körperlichen Konstitution und damit eines für das Zeitalter ungewöhnlich langen Lebens. Seine Brüder und älteren Söhne starben vor ihm. In seiner langen Re-

gierungszeit hatte er, vor allem zu Beginn, schreckliche Kämpfe und
Rückschläge zu ertragen, aber mit Mut, Geschick, einem unbeirrbaren
Glauben an seine Bestimmung und natürlich einer großen Portion
Glück konnte er sie alle überwinden. Er war in seinem Jahrhundert
ohne Zweifel der König mit dem meisten Heil.

Im Inneren des Reiches hat er durch seinen zähen Kampf gegen das
Überhandnehmen der Regionalgewalten die ebenfalls vorhandene
Tendenz zum politischen und kulturellen Zusammenwachsen der
Stämme im späteren Deutschland gestärkt. Damit konnte er das Auseinanderfallen des Reiches in mehrere große, sich erbittert bekämp-
fende regionale Gewalten verhindern. Als abschreckendes Beispiel hat
er diesen Vorgang im benachbarten Westfrankenreich beobachten müssen. Indem er den Weg seines Vaters Heinrich verließ, der die Herzöge
als nahezu gleichberechtigte Freunde behandelte, verspielte Otto I.
allerdings die Chance, schon zu seiner Zeit eine dauerhafte und friedliche Ordnung föderalistischer Prägung in Deutschland herzustellen.
Vielleicht aber wäre auch ein so großer und politisch starker Mann wie
Otto damit überfordert gewesen.

Zwischen seinem Vorbild Karl dem Großen und Otto selbst hatten
schon viele Könige aus verschiedenen Teilen des ehemaligen Frankenreiches den Titel Kaiser getragen. Zuletzt war er in der Hand unbedeutender italienischer Adliger und ein Spielball in den Kämpfen dieser
Adelscliquen um Italien, die auch die Päpste jener Zeit unter sich bestimmten. Seit 924 war der Kaisertitel nicht mehr verliehen worden.
Wohl schon König Heinrich I. hatte mit dem Gedanken gespielt, nach
Italien zu ziehen und den begehrten Namen für sich zu erwerben, doch
hinderte ihn sein früher Tod daran. Erst Otto I. erreichte das Ziel, nach
fünfundzwanzigjähriger Regierungszeit.

Die von Otto begonnene Kaisertradition der ostfränkisch-deutschen Könige hatte eine völlig andere innere Begründung als die von
Kaiser Karl. Zwar mußte es nach mittelalterlicher Auffassung der Papst
sein, der dem Anwärter auf den Kaiserthron die Krone aufsetzte, aber
das politische und moralische Übergewicht der Kaiser aus dem Ostfränkischen Reich über die meisten Päpste des 10. und 11. Jahrhunderts
sicherte ersteren doch für lange Zeit einen Vorrang gegenüber den
Kirchenfürsten in Rom. Erst in der Zeit der salischen und staufischen
Kaiser (11./12. Jahrhundert) sollte sich das ändern.

König Ottos drei Züge nach Italien waren nicht der erste und nicht der letzte Versuch fränkischer Herrscher, Einfluß auf die verworrenen Verhältnisse der Apenninenhalbinsel und insbesondere in Rom zu gewinnen. Wie schon erwähnt, haben diese Züge in der modernen Geschichtsschreibung ganz verschiedene Deutungen und Beurteilungen gefunden. Aber sie sind nun einmal Bestandteil auch unserer deutschen Geschichte und haben die Geschicke der Länder nördlich und südlich der Alpen viele hundert Jahre eng miteinander verwoben. Ohne diese häufigen Kriegszüge wären wohl auch nicht die Adligen und Krieger der verschiedenen Stämme des Ostfränkischen Reiches so schnell zum deutschen Volk zusammengewachsen, einem Volk, das längst ein Zusammengehörigkeitsgefühl empfand, bevor sich der gemeinsame Name »deutsch« eingebürgert hatte.

Die Größe Kaiser Ottos I. zeigt sich auch auf einem anderen, nicht militärisch-politischen Gebiet, nämlich in der reichen Blüte von Kultur und Wissenschaft während seiner Herrschaft; auch unter den folgenden Kaisern setzte sie sich fort. Mit seinem Sieg über die Ungarn 955 hatte Otto seinem Reich eine innere Sicherheit verschafft, die vorher unbekannt war und bis zum Ausgang des Mittelalters anhalten sollte. Das bot eine ausgezeichnete Grundlage auch für einen kulturellen Aufschwung. Der Kaiser selbst war wohl seiner Persönlichkeit nach kein besonders für die Wissenschaften und die Künste aufgeschlossener Mensch. Aber sein Bruder, Erzbischof Brun, war es.

Brun wird als engagierter Förderer einer guten wissenschaftlichen Ausbildung angehender Kleriker geschildert. Vorher schon bestanden Domschulen in den verschiedenen Bischofssitzen, an denen sogenannte Weltgeistliche für ein Amt als Ortspfarrer oder höhere kirchliche Aufgaben unterrichtet wurden; auch einzelne junge Männer, die für gehobene weltliche Berufe ausersehen waren, fanden dort Aufnahme. Die Kölner Domschule errang unter Erzbischof Brun einen besonders guten Ruf, und Domschulen an den Sitzen anderer Bischöfe im Reich eiferten ihr nach.

Auch die Goldschmiedekunst erlebte zur Zeit Ottos I. einen ungeheuren Aufschwung. Für die massenweise aus Italien und Gallien ins Reich gebrachten Heiligenreliquien waren kostbare Behältnisse aus Gold und Edelsteinen vonnöten, ferner Monstranzen, Kelche und ähnliche Geräte für den gottesdienstlichen Gebrauch. Auch die schon erwähnte Kaiserkrone und andere Reichskleinodien waren wohl ursprünglich mehr als geistliche denn als weltliche Symbole gedacht. In

den Klöstern waren Hunderte von Schreiber-Mönchen emsig damit
beschäftigt, die vielen in den Kirchen benötigten Schriftwerke immer
künstlerischer niederzuschreiben und mit bunten Malereien auszu-
schmücken. Sakramentare, Evangeliare, Perikopenbücher und Ponti-
ficale (den Bischöfen = »Pontifex« vorbehaltene Gebete und Zeremonien) entstanden in äußerster Pracht und Kunstfertigkeit.

Schließlich machte auch die Baukunst erhebliche Fortschritte. Zahlreiche neue Klosterkirchen und Bischofsdome entstanden ab der zweiten Hälfte des 10. Jahrhunderts in Deutschland. Sie waren anders als
die bisherigen schlichten Fachwerkbauten künstlerisch aus Stein gebaut
und zeigten neue, zukunftsweisende Bauformen, den sogenannten »romanischen Baustil«. Viele Gebäude und Kunstgegenstände, die angeblich der Zeit Karls des Großen entstammen, dürften erst zu Ottos des
Großen Zeit das Licht der Welt erblickt haben. In den 150 Jahren dazwischen hatte sich offenbar das Wissen und Können der Bau- und anderen Künstler im heutigen Deutschland wegen der ungünstigen äußeren Umstände verpuppt, wurde höchstens im geheimen weitergegeben.
Seit dem Sieg Ottos über die Ungarn, dieser auch geistig befreienden
Tat, konnten sie wie ein wunderschöner Schmetterling aus der Raupe
kriechen.

Die Zeit Kaiser Ottos I. war schon in jeder Hinsicht eine große Zeit,
und es ist wohl gerechtfertigt, den Mann, der sie geprägt hat, auch
selbst »groß« zu nennen.

50. DIE GEBURTSSTUNDE ÖSTERREICHS

HERRN LUITPOLDS UMRITT
Oktober 976, an der Donau in Niederösterreich

Die Oktobersonne schien vom blauen Himmel auf einen herbstlich gefärbten Wald, in den der Weg nach Süden hineinführte. Nach hinten bis zum großen Strom zogen sich jetzt abgeerntete Felder und Wiesen und in weiter Ferne die Bäume und Sträucher der Flußaue. Dort hatte der Trupp heute morgen, von Cremis (Krems an der Donau) kommend, in Kähnen die Donau überquert. Leises Klappern von Schwertern und Zaumzeug übertönte den dumpfen Schritt vieler Pferdehufe, die langsam den Weg entlangzogen. Es war eine Lust, an diesem schönen Tag ins Land hinauszureiten.

Herr Luitpold war auf dem Umritt zur Besitzergreifung seines Amtsbereichs, und er genoß das stolze Gefühl, das ihn dabei durchströmte. Leutselig wandte er sich an den Anführer seiner Leibwache, der dicht neben ihm ritt, jederzeit bereit, seinen Herrn mit dem Schild zu decken. »Haben die Bauern und ihre Familien auch in Cremis genügend zu essen bekommen, Tietolf?«

Der Angesprochene bejahte knapp, er war kein Mann vieler Worte. Tietolf entstammte einer dem Grafen Luitpold und seinen Vorfahren hörigen Bauernfamilie aus dem Donaugau (unterhalb von Regensburg). Der Graf hatte den kräftigen und aufgeweckten Bauernjungen einst als jungen Pferdeknecht in seinen persönlichen Dienst genommen. Schon in der Schlacht auf dem Lechfeld hatten beide zusammen gekämpft. Seitdem war Graf Luitpold im Kriegsdienst des Kaisers mehrmals nach Italien und wieder zurück und zu allen möglichen Kriegsschauplätzen gezogen und in der Gunst des Herrschers emporgestiegen, und Tietolf hatte ihn stets begleitet. Seine Ergebenheit und Umsicht hatten den einst hörigen Bauernjungen in die Vertrauensstellung des Anführers der Leibgarde geführt. Längst war Tietolf freigelassen und gehörte zu den angesehensten Mitgliedern der kleinen Hofhaltung, die den Grafen stets begleitete. Die Sorge um das Wohlergehen der ihm unterstellten Leibwache und der sonstigen Begleiter des Grafen gehörte so selbstverständlich zu Tietolfs Obliegenheiten, daß er fast beleidigt über die Frage seines Herrn war.

Hinter den 30 Panzerreitern und 50 Fußsoldaten, die den Markgrafen auf dem Umritt durch die ihm kürzlich verliehene Markgrafschaft begleiteten, rollten einige ungefüge Karren. Sie wurden von Ochsen gezogen und waren mit Frauen, Kindern und allerlei Gerät beladen. Einige Bauern führten die Ochsen und trieben außerdem eine kleine Herde von Kühen und Schafen hinter den Wagen her. Auch diese Bauern kamen von der Donau bei Regensburg, aus der Heimat des neuen Markgrafen, und sollten hier zahlreiche Tagereisen weiter flußabwärts ein neues Zuhause finden. Nach vielen Jahrzehnten der Kriegsfurcht und des Durchzuges ungarischer Reiterheere auf der Straße an der Donau schienen nun friedlichere Zeiten zu kommen.

Auch drei Mönche begleiteten den Zug, bescheiden zu Fuß hinter den Kriegern und Bauern herwandernd. Ihnen waren von ihren Bischöfen in Passau, Salzburg und Freising besondere Aufträge erteilt worden, um deretwillen sie sich dem Umritt des Markgrafen um sein neues Herrschaftsgebiet angeschlossen hatten.

Vorne konnte man schon die Gebäude von Cotavicum (Göttweig) auf einem weit ins Land ragenden Berg erkennen. Vom Brand geschwärzte Mauern machten deutlich, daß das Dorf mehrfach erobert, geplündert und verbrannt worden war. Aber die Bauernhäuser waren immer wieder aufgebaut worden. Denn die kleine Siedlung war fast während der ganzen Zeit der Ungarnkriege einer der vordersten Stützpunkte des Ostfränkischen Reiches gewesen, wo immer bayerische Bauern die Felder bestellt und den Zehnten abgeliefert hatten, mal an den einstigen Grundherrn, den Bischof von Passau, mal an die Ungarn, wenn deren Heer erneut nach Westen an der Donau entlangzog. Hier wollten für heute der Markgraf Luitpold und seine Begleitung rasten.

Tietolf hatte schon längst einen berittenen Boten in den Ort vorausgeschickt, der alle Bewohner von der baldigen Ankunft ihres neuen Markgrafen unterrichten sollte. So standen denn Bauern, Knechte, Frauen und Kinder vollzählig am Eingang zum Dorf und wedelten begeistert mit grünen Zweigen. Markgraf Luitpold verhielt sein Roß und winkte seinem Vertrauten zu, als Herold zu verkünden, was der Anlaß dieses festlichen Einzugs war.

Mit lauter Stimme gab Tietolf allen Bewohnern von Cotavicum bekannt, daß es dem erhabenen Römischen Kaiser und König der Ostfranken, Otto, dem Zweiten seines Namens, gefallen habe, dem tapferen und getreuen Grafen Luitpold das Amt des Markgrafen in der Ostmark an der Donau zu verleihen, und daß der Kaiser alle Menschen in besagter Markgrafschaft, seien es Priester, Mönche oder Laien, anweise, dem neuen Herrn in allen Stücken treu und gehorsam zu sein. In feierlicher Prozession traten alle Zuhörer, vom ältesten Bauern bis zur letzten Gänsemagd, an das Pferd des Markgrafen heran und küßten dessen rechte, mit einem Handschuh bekleidete Hand. Damit hatten sie augenfällig ihrem neuen Grafen Gehorsam versprochen, und dieser konnte nun von ihnen Marchfutter (Hafer für die Pferde seiner Begleitung), Burgwerk (Arbeiten zum Bau von Befestigungen) und Gastung (Verpflegung des Markgrafen und seiner Begleitung) fordern.

Sodann verlas einer der drei Mönche aus der Begleitung Luitpolds ein lateinisches Dokument, das er sogleich in die Volkssprache übersetzte. Darin hieß es, daß der erhabene Kaiser geruht habe, dem Bischof Piligrim von Passau den Besitz des Dorfes Cotavicum erneut zu bestätigen, wie es einst Ludwig der Deutsche als König der Bayern dem Vorgänger des Bischofs geschenkt habe. Nach den Jahrzehnten der Kriege gegen die Ungarn sei es nun an der Zeit, die Bewohner des Klosters an diese Zugehörigkeit zu erinnern. Der älteste Bauer, der wohl der Schultheiß der bäuerlichen Hintersassen war, hob eine Erdscholle auf, schmückte sie mit einem grünen Zweig und reichte sie feierlich dem Abgesandten ihres alten und nun wieder neuen Grundherrn als Zeichen der erneuerten Grundhörigkeit.

Später, bei einem kräftigen Imbiß auf dem Dorfanger, konnte Markgraf Luitpold die Neugier aller Honoratioren des Dorfes befriedigen. Hier, in der abgelegenen Ansiedlung nahe der Grenze zu den Ungarn, hatten sich die aufregenden Ereignisse dieses Jahres des Herrn 976 noch nicht so recht herumgesprochen. Der Besuch des Markgrafen war seit langer Zeit der erste eines höhergestellten Herrn aus dem Reich.

Bayerischer Herzog war seit dem Tod seines Vaters und Königsbruders Heinrich vor 20 Jahren (955) dessen gleichnamiger Sohn. Das wußte man sogar in Cotavicum. Daß sich dieser Herzog Heinrich jedoch nach dem Tod des unvergeßlichen Kaisers Otto I. (973) gegen seinen Vetter, den neuen Kaiser und König Otto, empört hatte, war noch nicht bis hierher vorgedrungen. Der junge Kaiser hatte seinen Vetter

nach einer Gerichtsverhandlung in Ingelheim gefangensetzen lassen,
doch entfloh Heinrich und zettelte einen neuen Aufstand an. Aber auch
dieser Aufstand brach zusammen. Der Kaiser erschien mit einem Heer
vor der bayerischen Hauptstadt Regensburg, wo sich Heinrich ver-
schanzt hatte. Die Stadt ergab sich aber schnell dem Herrscher, und
Herzog Heinrich mußte nach Böhmen fliehen, wo ihm der dortige
Herzog Boleslaw Asyl gewährte.

Doch nun kannte der Kaiser und König Otto mit seinem Vetter
keine Gnade mehr. Heinrich wurde seines Amtes als Herzog von Bayern enthoben und der schwäbische Herzog Otto auch mit dem Herzogtum Bayern beliehen. Gleichzeitig trennte der Kaiser die große Markgrafschaft Kärnten von Bayern ab und erhob sie zu einem eigenen
Herzogtum. Auch der bisher von Bayern aus verwaltete Nordgau (die
heutige Oberpfalz) wurde zu einer selbständigen Markgrafschaft, die
ein Graf Berthold erhielt.

Ihm selbst, Luitpold, dem Bruder des Grafen Berthold, vertraute der
Kaiser die neue Markgrafschaft über die Ostmark an der Donau an mit
dem Auftrag, endlich das Reich wieder nach Osten hin auszudehnen,
möglichst so weit, wie es zu Zeiten des großen Kaisers Karl schon einmal
gereicht hatte. All diese Verfügungen Ottos waren im Juli dieses Jahres
(976) in Regensburg ergangen, und nun war Luitpold als neuer Markgraf dabei, den herkömmlichen Umritt durch die bewohnten Orte und
um die Grenzen seiner Markgrafschaft zu unternehmen, damit er sie
kennenlerne und die Menschen hier in der Ostmark ihn kennenlernten.

Einen Tag später war Markgraf Luitpold mit seinen Kriegern auf
dem Weg in die unergründlichen Wälder, die sich südwärts der Donau
bis in die Schneehöhen der Alpen hinaufzogen. Die Bauernfamilien
durften derweil eine willkommene Ruhepause auf ihrem Marsch ein-
legen. Herr Luitpold wollte einem Gerücht nachgehen, dort oben in
den Wäldern gebe es »verlorene Leute«, die dort seit vielen Generationen als Jäger, Sammler und Bauern teils wie Einsiedler, teils wie
Räuber hausten.

Im Tal eines Nebenflüßchens der Donau ging es zwei Tage lang
mühsam aufwärts in das Unland, die Wildnis, den immer undurchdringlicher werdenden Wald. Zwei Bauern aus Cotavicum, die sich
auch als Jäger etwas auskannten, dienten als Führer. Am Nachmittag
des zweiten Tages gaben die Führer aufgeregt Zeichen, daß sie Spuren
von Menschen entdeckt hätten. Und dann standen die fränkischen

Krieger plötzlich auf einer Waldlichtung, die gerade Platz bot für einige windschiefe Hütten, ein paar kümmerliche Äcker und einen Streifen Viehweide, der von einer dichten Dornenhecke umgeben war. Ein oder zwei Dutzend Menschen jedes Alters standen vor den Hütten, mit vor Schreck weit aufgerissenen Augen, mit Äxten oder Keulen als primitiven Waffen und in zerlumpter Kleidung, die zumeist aus Wildleder zu bestehen schien. In beruhigendem Ton redete Tietolf die Menschen im Namen des Herrn Markgrafen an, doch sie schienen die Worte nicht zu verstehen. Nur daß die fremden Krieger nicht als Feinde gekommen waren, hatten die »verlorenen Leute« aus deren diszipliniertem Verhalten entnommen.

Erst als der Mönch, der die Truppe des Markgrafen begleitete, in lateinischer Sprache einige Gebete sprach, das Kreuzzeichen machte und die Hände zum Segen ausstreckte, hellten sich die Gesichter der Waldleute auf. Begeistert drängten sie auf den Geistlichen zu, schüttelten ihm die Hände und redeten ihn in einer Sprache an, die der Mönch zu seinem Erstaunen als eine Mischung aus schlechtem Latein und sehr altertümlichem Bayerisch erkannte.

Das Eis war nun gebrochen und endlich eine, wenn auch recht mühsame Verständigung mit den »verlorenen Leuten« möglich. Schon ihre Eltern und Großeltern hatten hier im unzugänglichen Bergwald abseits aller anderen Menschen gelebt, seit ihre Vorfahren irgendwann vor langer, langer Zeit vom Ufer der Donau hierher geflohen waren. Das war gewesen, als der heilige Severin gestorben war und die meisten Römer über die Berge nach Süden vor den heidnischen Räubern von jenseits des großen Flusses abgezogen waren. Sie alle, die hier im Wald lebten, seien fromme Anhänger des heiligen Christus, wenn sie auch schon längst keine Priester mehr gehabt hätten, die mit ihnen Gottesdienst feiern konnten. Gelegentlich seien auch andere Menschen zu ihnen gestoßen, mit anderer Sprache und anderen Gebräuchen, die auf der Flucht vor irgendwelchem neuen Unheil waren.

Der Markgraf wies den Passauer Mönch, der als Dolmetscher dienen mußte, an, die Waldmenschen zu beruhigen. Sie seien nun wieder unter guten Christenmenschen und könnten, wenn sie wollten, unbesorgt in die bewohnten Gegenden am Donau-Ufer zurückkehren, um in Frieden als Bauern unter Bauern zu leben. »Ich, Markgraf Luitpold, gebe mein Wort, daß euch kein Haar gekrümmt wird, wenn ihr wieder unter Menschen kommt!«

DIE ERSCHLIESSUNG DER OSTMARK
DURCH DIE BABENBERGER

Vom 21. Juli des Jahres 976 stammt eine in Regensburg ausgestellte Urkunde des Sachsenkaisers Otto II. für das bayerische Kloster Metten an
der Donau, in der ein Luitpold als Markgraf in der Ostmark als Zeuge
genannt wird. Das ist aber auch der einzige urkundliche Beleg über das
frühe Wirken des ersten Vertreters der später berühmten Markgrafen
und Herzöge aus der Familie der Babenberger. Die Schilderung des
Umritts dieses Markgrafen in der Einleitungsepisode ist wie so oft in
diesem Buch erfunden oder richtiger »interpoliert«, ein In-Worte-Fas-
sen eines wahrscheinlichen, aber nicht schriftlich belegten Vorgangs
durch den Autor. Es ist zu vermuten, daß Luitpold sein Amt in zeit-
licher Nähe zu dem erwähnten Datum erhielt, da der junge Kaiser
Otto II. eben zu dieser Zeit im eroberten Regensburg eine gründliche
personelle Neuordnung im Südosten seines Reiches vornahm, wie sie
in der Einleitungsepisode kurz geschildert wurde.

Die zeitgenössischen Geschichtsschreiber der Sachsenkaiserzeit,
meist in Sachsen oder Italien lebend, erfuhren offenbar keine Einzelheiten über Vorgänge in dem von ihnen aus entlegenen Raum der
Ostalpen. Zwar waren die Ungarn in der großen Schlacht auf dem
Lechfeld so geschlagen worden, daß sie keine neuen Einfälle ins Ostfrankenreich oder nach Italien mehr unternahmen. Wie aber in den 20
Jahren zwischen der Schlacht und der Ernennung des Markgrafen Luitpold das Verhältnis zwischen den Grenznachbarn am heute österreichischen Donaulauf im einzelnen aussah und wie es sich in den folgenden Jahrzehnten entwickelte, darüber wissen die Chroniken überhaupt
nichts zu berichten. Nur aus wenigen zerstreuten Informationen anderer Art läßt sich eine ungefähre Vorstellung darüber gewinnen.

Die Ungarn, die sich etwa hundert Jahre früher in dem noch heute
nach ihnen benannten Land niedergelassen hatten, sahen wohl in ihren
unmittelbaren Nachbarn im Westen, den Bayern, nicht stets die unver-
söhnlichen Feinde, als die sie in den Chroniken erscheinen. Mit Bayern
und Schwaben hatten die Magyarenfürsten in vorangegangenen Jahrzehnten manchen Waffenstillstand geschlossen; Angehörige der bayerischen Herzogsfamilie waren schon mehrfach zu den Ungarn geflohen,
wenn ihre Aufstände gegen die Könige aus dem Sachsenstamm ge-
scheitert waren. Auch dachten die Ungarn nicht daran, die Bayern ent-

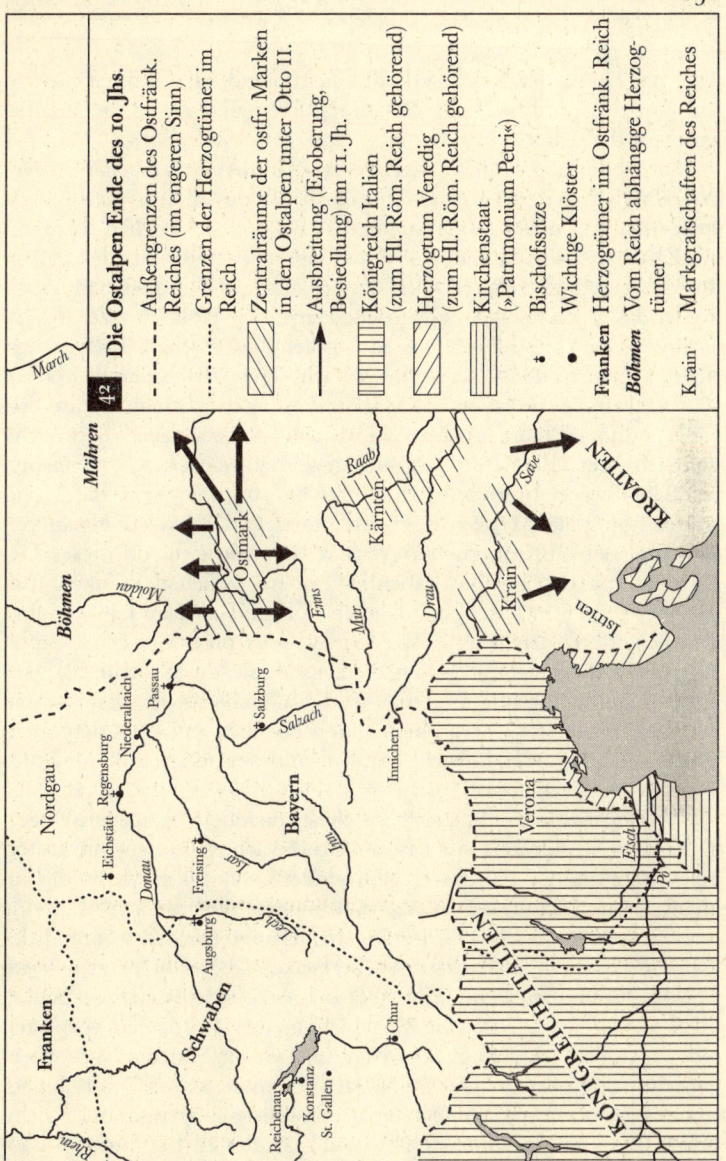

42 **Die Ostalpen Ende des 10. Jhs.**

- – – – – Außengrenzen des Ostfränk. Reiches (im engeren Sinn)
- · · · · · · Grenzen der Herzogtümer im Reich
- Zentralräume der ostfr. Marken in den Ostalpen unter Otto II.
- → Ausbreitung (Eroberung, Besiedlung) im 11. Jh.
- Königreich Italien (zum Hl. Röm. Reich gehörend)
- Herzogtum Venedig (zum Hl. Röm. Reich gehörend)
- Kirchenstaat (»Patrimonium Petri«)
- ✝ Bischofssitze
- ● Wichtige Klöster
- **Franken** Herzogtümer im Ostfränk. Reich
- **Böhmen** Vom Reich abhängige Herzogtümer
- *Krain* Markgrafschaften des Reiches

lang der Donau totzuschlagen oder auszuplündern, die ihren Heeren auf deren Raubzügen nach Westen das Pferdefutter und die Verpflegung für die Reiter liefern mußten.

So dürften die in der Zeit Karls des Großen und danach im Donautal zwischen dem heutigen Linz und Wien und in den von dort ausgehenden Alpentälern eingewanderten Bauern bayerischen Stammes die Zeit zwischen 880 und 980 relativ unbeschadet überstanden haben. In den beiden Jahrzehnten nach der Schlacht auf dem Lechfeld hatten weder das Reich noch der bayerische Herzog die Kraft, ihre *Herrschaftsansprüche* über diese Bauern wieder geltend zu machen. Erst ab den achtziger Jahren des 10. Jahrhunderts wird dieses Bemühen deutlicher.

Die Familie dieser ersten Markgrafen an der Donau wurde erst etwa hundert Jahre später von einem Angehörigen dieses Geschlechts, der Mönch und Chronist geworden war, Otto von Freising, als Babenberger bezeichnet. Sie stellte bis zum Jahr 1246 die Markgrafen und später Herzöge des bald Ostarrichi (Österreich) genannten Gebiets. Bei Historikern der Neuzeit ist umstritten, ob dieses Geschlecht mit den »alten« Babenbergern im östlichen Franken (um Bamberg) verwandt war, die in einer blutigen Fehde im Jahr 906 ihre Macht verloren (siehe 42. Kap., S. 728), oder ob es mit den Luitpoldingern, der alten bayerischen Herzogsfamilie, zusammenhing. Vermutlich gab es Verbindungen zu beiden Geschlechtern, denn in den vorangegangenen Generationen waren Heiraten zwischen den hochadligen Familien der Bayern, Franken und der anderen Stämme des Reiches an der Tagesordnung.

Vielleicht ist es erlaubt, sich das Nebeneinanderleben bayerisch-germanischer Siedler und ungarischer Grenzwächter im heutigen Österreich während des 10. und 11. Jahrhunderts so ähnlich wie an der Indianergrenze der USA im 19. Jahrhundert vorzustellen. Einzelne vorgeschobene Siedlungen der Bayern behaupteten sich während der ganzen Zeit der ungarischen Vorherrschaft, aber jahrelangem friedlichem Zusammenleben konnte plötzlich ein bewaffneter Zwischenfall folgen oder eine gewaltsame Verschiebung der christlichen Vorposten um einige Dutzend Kilometer weiter nach Osten, Süden oder Norden. Jenseits der großen Wälder im Norden lebten die slawischen Böhmen, aber es gab nachweislich auch einige Slawensiedlungen im österreichischen Donautal. Es sollte noch bis zum Ende des 12. Jahrhunderts dauern, bis die bayerisch-österreichische Herrschaft und Besiedlung einigermaßen flächendeckend die späteren Grenzen Österreichs ausfüllte. Dies war dann – wenigstens im Norden – das Werk späterer Markgrafen und Herzöge aus der Babenbergerfamilie.

Einige Teile der Einleitungsepisode sollten dazu dienen, Aspekte des Lebens im Mittelalter anschaulich zu machen, die in den üblichen Geschichtsbüchern kaum je erwähnt werden. Der soziale Aufstieg, den der einst hörige Bauer Tietolf erlebt hatte, ist genauso typisch für das Mittelalter wie der soziale Abstieg, den gleichzeitig Tausende von einst freien Bauern auf sich nehmen mußten, die zu Hörigen wurden. Aus der Familie eines Tietolf oder seinesgleichen entstand vermutlich schon eine Generation später ein sogenanntes Ministerialengeschlecht, angesehene Dienstmannen eines Grafen, Herzogs oder Königs, die selbst durch Heiraten, Grunderwerb usw. in die Adelsschicht eintraten. Manche der noch bis 1918 im Deutschen Reich regierenden Fürsten- oder Herzogsfamilien leiten ihre Herkunft von solchen Ministerialen ab.

Das Mittelalter, dessen öffentliches Leben ja so gut wie keine Schriftlichkeit kannte, hatte für zahlreiche Rechtsvorgänge sichtbare Symbolhandlungen entwickelt, die für die Menschen damals genauso bindend waren wie ein unterschriebener schriftlicher Vertrag. Das Küssen des Handschuhs eines *staatlichen* Machthabers symbolisierte die Verpflichtung der Unterworfenen zum Gehorsam, aber nur hinsichtlich ganz bestimmter Leistungen. Der Übergang der *Grundherrschaft*, also des Rechtes, die regelmäßige Lieferung landwirtschaftlicher Erzeugnisse fordern zu können, wurde in der Überreichung einer mit einem grünen Zweig bestickten Erdscholle ausgedrückt.

In den Jahrzehnten nach 976 bemühten sich die bayerischen Bischöfe und Klöster nach Kräften, ihre einst in der karolingischen Zeit erworbenen Rechte im heutigen Österreich wiederaufleben zu lassen. Sie ließen sich vom Kaiser und König ihre alten Rechte schriftlich bestätigen, wobei es ihnen selten Gewissensbisse bereitete, Urkunden zu fälschen, um ihre angeblichen Besitzansprüche geltend zu machen. Gerade der erwähnte Passauer Bischof Piligrim, der dieses Bistum von 971 bis 991 regierte, war in dieser Beziehung sehr erfinderisch. Übrigens hat ein Dreivierteljahrhundert später ein Passauer Bischof in dem Ort Cotavicum das bis in die Gegenwart berühmte Kloster Göttweig gegründet. Dieser Wettlauf der Kirchenfürsten führte zu einem bunten Flickenteppich von Besitzansprüchen verschiedener bayerischer und anderer Bistümer und Klöster über das ganze Gebiet des späteren

Österreichs. Zum Teil hielt sich dieser geistliche Besitz bis zum Ende
des alten Heiligen Römischen Reiches deutscher Nation im Jahr 1806.

Die Entdeckung von »Waldmenschen« durch den Markgrafen Luitpold ist zwar im konkreten Fall erfunden. Doch soll die Episode auf die
unbestreitbare Existenz solcher »Territorien der Asozialität« während
des ganzen Altertums und Mittelalters bis in die Neuzeit hinein selbst
im zivilisierten Mitteleuropa hinweisen. Immer hat es auch in Deutschland Gruppen von Menschen gegeben, die vor der Verfolgung durch
staatliche oder kirchliche Gewalten in die Wildnis flohen und dort
mit Gleichgesinnten oft viele Generationen lang überdauerten. Wege-
lagerer und Räuber, zum »Waldgang« verurteilte politische Verbannte,
wirtschaftlich Ruinierte, religiöse Sektierer oder Flüchtlinge aus anderen Gründen fanden in den riesigen Wäldern Unterschlupf und Lebensunterhalt, wenn sie zu einer derartigen Lebensführung bereit waren.
Die offizielle Geschichtsschreibung jener Zeit widmete solchen Menschen aus verständlichen Gründen keine Anteilnahme, und so sind die
Hinweise darauf auch in unserer modernen Geschichtsliteratur nur
sehr spärlich. Aber dennoch war dies eine Seite des Lebens der Menschen vor 1000 oder 2000 Jahren, die nicht vergessen werden darf.

DIE NACHBARN DER MARK-
GRAFSCHAFT OSTARRICHI IM
SÜDEN UND OSTEN

Es ist schon bemerkenswert, daß im gleichen Jahr 976, als sich die »Ostmark an der Donau« (Österreich) vom alten Herzogtum Bayern zu
trennen begann, auch die Gebiete südlich des Alpenhauptkamms
eigene, von Bayern unabhängige Wege einschlugen. Sie hatten ja nun
verschiedene Herren. Kaiser Otto II. erhob, wie schon erwähnt, die bisher von Bayern abhängige Markgrafschaft Kärnten zu einem eigenen
Herzogtum, einem Amtsherzogtum im eigentlichen Sinn. Denn einen
Volksstamm der Kärntner gab es damals noch lange nicht.

In den langgestreckten Tälern der Flüsse Mur, Drau und Save in
den Südalpen hatten sich ja schon vor Jahrhunderten eingewanderte
slawische Stämme festgesetzt und waren dort längst heimisch geworden. Ab dem 7. Jahrhundert hatten dann germanische Siedler und
Krieger, meist bayerischen Stammes, von Westen her die Täler besie-

delt und die slawischen Herzöge der Karantanen allmählich entmachtet (siehe 36. Kap., S. 627). Beide Bevölkerungsgruppen scheinen auch 200 Jahre später dort relativ friedlich miteinander die landschaftlich so schönen Alpentäler bewohnt zu haben. Doch ging die Besiedlung durch germanisch-bayerische Bauern am Ende des 10. Jahrhunderts vermutlich wieder in stärkerem Maße weiter.

Dieses Kärnten war für das Ostfränkische Reich von großer strategischer und verkehrspolitischer Bedeutung. Denn dort konnte man über einige nicht allzu hohe Alpenpässe recht gut nach Norditalien kommen. Das Langobardenreich in Oberitalien war ja schon seit Karl dem Großen mehr oder weniger fest in das Fränkische Reich und später in das Heilige Römische Reich eingegliedert. Um die Pässe über die Alpen und die südlich anschließenden Regionen Oberitaliens unter einheitlicher Kontrolle zu haben, hatte schon Otto I. die eigentlich italienischen Marken Verona, Krain und Istrien zu Teilen des bayerischen Herzogtums gemacht. Sein Sohn Otto II. löste diese Verbindung zu Bayern, schloß die italienischen Marken jedoch an das neue Herzogtum Kärnten an.

Die späteren Schicksale des Herzogtums Kärnten im 11. und 12. Jahrhundert fallen aus der Epoche heraus, die dieses Buch behandelt. Das Herzogtum gelangte in die Hände anderer Adelsfamilien, deren Interesse nach Süden gerichtet war. Gemeinsame Schicksale mit der bayerischen Ostmark hatte Kärnten – und die daraus erwachsene Steiermark – erst wieder im 13. und 14. Jahrhundert, als die Fürstenfamilie der Habsburger die Herzogtümer im Südosten des Reiches einzusammeln begann.

Von ausschlaggebender Bedeutung für die Entwicklung des entstehenden Österreichs waren natürlich die Vorgänge im Osten, bei den Ungarn. Hier standen die Zeichen günstig. Der Schock über die Niederlage auf dem Lechfeld saß bei den stolzen Magyaren tief. Größere Feindseligkeiten gegen die Gebiete des Ostfränkischen Reiches kamen wohl nicht mehr vor. Aber Feindschaft und Haß zwischen den Nachbarn verschwanden nicht so schnell, wenn es auch wie wohl überall an der Grenze zweier Völker genügend Beispiele für friedlichen Grenzverkehr und durchaus freundschaftliche Beziehungen hinüber und herüber gegeben haben dürfte.

Zu dieser Tendenz zum friedlichen Zusammenleben trug vor allem der Fürst der Magyaren bei, der gerade in dieser Zeit an die Regierung

kam. Es war Geza I., ein Urenkel des Arpad, der um 890 die ungarische
Königsdynastie der Arpaden begründet hatte. Diese Dynastie hatte
sich in ihren Anfängen gegen die Machtansprüche anderer großer
Adelsgeschlechter oder Stammesfürsten der Magyaren zur Wehr zu setzen. Doch der Ausgang der Lechfeldschlacht kam hier ungewollt dem
zentralen ungarischen Herrschergeschlecht zu Hilfe. Denn die beiden
nach der Schlacht gefangenen und hingerichteten ungarischen Anführer waren gerade die Häupter der mit den Arpaden konkurrierenden
Adelsgeschlechter gewesen.

Fürst Geza hatte erkannt, daß sein Volk nicht ohne Änderung seines Lebensstils und ohne Anlehnung an eines der benachbarten
Großreiche überleben könne. Die Fortsetzung des alten eurasischen
Nomadentums schien ihm ebensowenig für seine Magyaren noch zeit-
gemäß wie die uralte Aufspaltung in mehrere Stämme, die sich bei
aller Einigkeit nach außen im Inneren oft heftig befehdeten. Mit harter Hand begann Geza eine Umerziehung und innere Einigung seines
Volkes; manchen alten ungarischen Geschichtsschreibern galt Geza I.
daher als Tyrann.

Von Südosten bedrohten die slawischen und nach dem Ritus von
Byzanz zu Christen gewordenen Bulgaren das Reich der Magyaren; im
Westen gab es das große Reich der Ostfranken und das vom Papst in
Rom abhängige Christentum. Wohl kaum aus tiefer religiöser Über-
zeugung, aber aus nüchterner Abwägung der Umstände entschied sich
Geza für eine Annäherung an das Ostfrankenreich. Zu dem großen
Hoftag Kaiser Ottos I. in Quedlinburg zu Ostern 973 schickte Geza Gesandte, die vermutlich auch die wohlwollende Duldung christlicher
Mission bei den Ungarn versprachen. Damit waren die Weichen gestellt, die das Volk und das Reich der Ungarn in wenigen Jahrzehnten
in den Kreis der christlichen Königreiche des Abendlandes führen sollten. Das schloß Kriege zwischen Ungarn und seinen Nachbarn nicht
aus, aber wenigstens konnten diese Kriege nicht mehr als Glaubenskriege ausgegeben werden.

Seinen ältesten Sohn Waic ließ Fürst Geza bald nach der Geburt
christlich taufen. Er erhielt den Namen Stephans, des Schutzheiligen
des Bistums Passau. Kurz vor Gezas Tod 997 heiratete dieser Stephan
die Schwester Gisela des Bayernherzogs Heinrich, der einige Jahre
später, vielleicht zu seinem eigenen großen Erstaunen, ostfränkischer
König und römischer Kaiser werden sollte, der letzte aus dem säch-

sischen Adelsgeschlecht seines Urgroßvaters Heinrich I. Von diesem
Heinrich und auch vom Ungarnfürsten Stephan wird im 52. Kapitel
dieses Buches noch Näheres berichtet werden.

Von den Nachbarn im Norden, den slawischen Völkern der Böhmen und Mährer, waren die Gebiete an der Donau im heutigen Österreich durch weite, unbesiedelte Waldgebiete getrennt, durch die nur
wenige Händlerpfade führten. Hier waren zunächst die Berührungen
der Völker durch die Natur beschränkt. Erst im Laufe der Jahrzehnte
und Jahrhunderte eroberten die Bauern bayerischen Stammes von
Süden her nach und nach die riesigen Grenzwälder und rodeten sie, als
die Bevölkerung wuchs und das Land knapp zu werden begann. Doch
auch diese Phase liegt schon nicht mehr in dem Jahrtausend, das hier
beschrieben wird.

KAISER OTTOS II. ROLLE
IN DEUTSCHLAND

Nur gut zehn Jahre dauerte die Herrschaft Kaiser Ottos II. Die ersten
sieben davon verbrachte er in seinem Königreich nördlich der Alpen.
Dabei mußte er eine Fülle von Gegnern niederkämpfen, die sich an vielen Stellen seines Reiches und über die Außengrenzen hinweg erhoben,
um den jungen und vermeintlich schwachen neuen Herrscher heraus-
zufordern. Otto trat nach dem Tod seines Vaters im Mai 973 mit noch
nicht einmal 18 Jahren problemlos die Nachfolge an. Nach mittelalterlicher Anschauung war er in diesem Alter längst waffenfähig und
erwachsen, aber natürlich fehlten ihm noch Weisheit und Erfahrung
des Alters. Diese lieh ihm als kluge Ratgeberin seine Mutter Adelheid,
die Witwe Ottos I. In späteren Jahren wurde auch Ottos II. griechische
Gemahlin Theophano zunehmend zur heimlichen Mitregentin des
fränkisch-römischen Reiches.

Otto II. hatte beim Tod seines Vaters einen unbestreitbaren Vorteil
gegenüber den meisten seiner Vorgänger und Nachfolger: Er war nach
allen Regeln des mittelalterlichen Zeremoniells bereits erwählter und
gesalbter König des Ostfrankenreiches, und er hatte vom Papst schon
die Kaiserkrone des Heiligen Römischen Reiches empfangen. Diese
Würden konnte ihm niemand streitig machen. Aber einen Machtkampf
gab es trotzdem, vor allem mit Verwandten, die hohe Ämter in der

Verwaltung des Reiches innehatten und die die gegenseitige Abneigung
ihrer Väter wiederaufleben ließen.

Einer der Kontrahenten war der schon in der Einleitungsepisode erwähnte Bayernherzog Heinrich. Er war der Sohn des 955 verstorbenen
Kaiserbruders Heinrich, der ja entscheidende Jahre seines Lebens in
Rebellion gegen seinen Bruder und König Otto I. verbracht hatte (siehe
46. Kap., S. 789ff.). Um die vielen Heinriche besser voneinander unterscheiden zu können, hat man sich in der deutschen Geschichtsschreibung angewöhnt, den jüngeren Heinrich, Ottos II. Vetter und
Zeitgenossen, nach einem mittelalterlichen Beinamen »den Zänker« zu
nennen, eine vermutlich wohl ganz treffende Bezeichnung.

Heinrichs des Zänkers Aufstand gegen den König, seine Flucht aus
Regensburg, sein Asyl beim Böhmenherzog Boleslaw II. und seine Absetzung als Herzog in den Jahren 974 bis 976 waren nicht das Ende des
Streits des jungen Königs mit seinem Vetter. Versuche Ottos II., mit
einem Heer nach Böhmen zu ziehen, um Heinrich dort zu fangen, schei-
terten. Dafür brach Heinrich ein Jahr später (977) mit einem in Böhmen
angeworbenen Heer erneut in Bayern ein und fand auch Mitstreiter gegen den König, darunter den jüngst erst zum Herzog von Kärnten ernannten Abkömmling der alten bayerischen Herzogsfamilie der Luitpoldinger, der zur allgemeinen Verwirrung ebenfalls Heinrich hieß.
Erst 978 gelang es dem König, den Aufstand niederzuschlagen und
seine Gegner gefangenzunehmen. Vetter Heinrich der Zänker wurde
von einem Fürstengericht zu Verbannung und ritterlicher Haft verurteilt, die er im Gewahrsam des Bischofs von Utrecht verbringen sollte.

Auch der Kärntner Herzog Heinrich wurde nun abgesetzt und
zu Verbannung und Haft verurteilt. Das häufige Vorkommen einiger
weniger Personennamen in den hohen Adelsfamilien macht die Geschichtsschreibung für jene Zeit nicht gerade leicht. Denn das Herzogtum Kärnten erhielt nun Otto, ein anderer Vetter des Königs. Es war
der Sohn des einstigen Lothringer Herzogs und Empörers gegen den
König, Konrads des Roten, und dessen Frau Liudgard, der Schwester
Ottos I. Allzu lange hielt allerdings diese Befriedung des Reiches nicht.
Schon im Mai 983 mußte Kaiser Otto II. auf einem Reichstag in Verona
den verbannten Luitpoldinger Heinrich zum Herzog von Bayern ernennen, und zwei Jahre später (984) erhielt sogar Heinrich der Zänker
sein Herzogtum Bayern wieder zurück. In den beiden letzten Kapiteln
muß dazu noch einiges erklärt werden.

Auch gegen einige auswärtige Feinde mußte sich Otto II. in den ersten sieben Jahren seiner Herrschaft zur Wehr setzen. Er tat das im großen und ganzen recht erfolgreich. 974 zog er mit einem Heer über die Elbe und konnte den Dänenkönig Harald Blauzahn über die Schlei zurücktreiben, der sich wieder einmal der Handelsdrehscheibe Haithabu bemächtigt hatte. Ob dieser Ort damals schon länger oder erst kurz davor in dänische Hand geraten war, ist nach den Quellen nicht ganz klar. Doch spätestens neun Jahre darauf ging das Gebiet dem deutschen Königreich erneut – und nun für sehr lange Zeit – verloren.

Die Auseinandersetzungen mit dem Westfrankenreich um den Besitz des Herzogtums Lothringen sollten auch in Kaiser Ottos II. Regierungszeit fortdauern. Dieser Kaiser hatte die Dummheit begangen, den Bruder Karl des westfränkischen Königs Lothar III. als Herzog von Niederlothringen einzusetzen, wohl im Vertrauen darauf, daß diese beiden Brüder ernsthaft miteinander verfeindet waren. Doch das Ergebnis war ein bewaffneter Einfall Lothars in das Nachbarreich im Jahr 978, bei dem der davon völlig überraschte Kaiser um ein Haar in Aachen in die Hände seines westfränkischen Vetters gefallen wäre. Doch Otto entkam und zog als Vergeltung mit einem Heer bis Paris, das er allerdings nicht erobern konnte. Letzten Endes ging dieser Krieg aus wie das Hornberger Schießen; man einigte sich bei einem Treffen im Jahr 980 darauf, die gegenseitigen Grenzen nicht mehr anzutasten.

Schließlich ist noch ein Kriegszug Ottos II. 979 über die Elbe erwähnenswert, bei dem er – zum wievielten Male eigentlich? – die Abhängigkeit der Slawen zwischen Elbe und Oder vom Ostfränkischen Reich wiederherstellte. Damit wurde auch die Verbindung zum christlichen Polenfürsten Mieszko erneut enger. Auch der aufständische Böhmenherzog Boleslaw II. hatte sich dem Kaiser wieder ergeben und bei einem Reichstag in Quedlinburg 978 sein Treuegelöbnis erneuert.

Im Oktober 980 zog Kaiser Otto II. mit dem üblichen neu zusammengestellten Heer und zahlreichen Adligen aus dem Reich nach Italien, um dort als König von Italien und römischer Kaiser für Ordnung zu sorgen. Er sollte nicht wieder in die Heimat zurückkehren, denn bereits im Dezember 983 starb er, nach einer dramatischen Niederlage gegen die Sarazenen in Süditalien, dort an der Malaria. Das folgende Kapitel wird den im späteren Deutschland spürbaren Auswirkungen dieser so weit entfernten Schlacht gewidmet sein.

51. SCHICKSALSJAHR 983

»FÜR UNSERE FREIHEIT –
SCHLAGT DIE CHRISTEN!«
Anfang Juli 983, Brandenburg/Havel

In der Morgendämmerung war der kleine Reitertrupp von der Burg in Havelberg aufgebrochen und mit nur wenigen Ruhepausen für Pferde und Reiter immer in Richtung Südosten geritten, quer über die sandigen, mit lockeren Kiefernwäldern bedeckten Hügel des Hevellerlandes. Obwohl die Tage jetzt in der Mitte des Jahres besonders lang waren, kamen die Reiter erst in der Abenddämmerung an ihrem Ziel an, dem einstigen, vor Jahren durch die Christen niedergebrannten Tempel des Gottes Triglaw auf einem Berg dicht nördlich der Burg Brandenburg.

Die Pferde waren nach diesem Gewaltritt völlig erschöpft und durften nun rasten, doch nicht so die Reiter. Sie schlichen sich im Dunkel der hereinbrechenden Nacht vorsichtig in die kleinen Weiler der Heveller am Fuß des heiligen Berges, um von dort aus Boten zu anderen, weiter entfernten Dörfern zu schicken. Am folgenden Tag, im Morgengrauen, sollte der schon lange erwartete Überfall auf die Burg und Kirche der Sachsen auf der kleinen Havelinsel stattfinden. Dafür mußten Männer, Waffen und Kähne pünktlich bereit sein.

Der vornehmste in dem kleinen Reitertrupp war Mstivoj aus der Fürstenfamilie der Obodriten. Zusammen mit seinem Bruder Mstidag und fünf mit Kettenhemden, Eisenhelmen, Schwertern und Schilden gewappneten Gefolgsleuten war er schon seit Monaten unterwegs, kreuz und quer durch die Lande der Obodriten, Lutizen, Ranen, Heveller und Sorben, um die Fackel des Aufruhrs gegen die sächsischen Unterdrücker zu entfachen. Vorgestern hatte sie erstmals lichterloh gebrannt. An diesem Tag waren Burg und Kirche der Christen in Havelberg in Flammen aufgegangen, und die meisten der dortigen Verteidiger hatten dabei den Tod gefunden. Morgen früh stand das gleiche Schicksal der Brandenburg bevor. Es mußte nun, da der Aufstand offen ausgebrochen war, schnell gehandelt werden, damit die sächsischen Verteidiger nicht gewarnt wurden und Verstärkungen herbeirufen konnten.

Drei Priester vom Tempelheiligtum des großen Lutizenbundes in Rethra begleiteten Mstivoj. Jeder trug neben seinen Waffen einen großen Holzklotz in einem Netz auf dem Pferd. Im Schnitzwerk der roh mit Äxten dreikantig zugehauenen Balken konnte man die Züge eines Menschenantlitzes erkennen, und zwar auf jeder der drei Seiten. Das waren die Kultbilder der wichtigsten Götter der Stämme, die den Bund der Lutizen bildeten. An sich waren Obodriten und Lutizen seit jeher verfeindet. Das gemeinsame Auftreten von Lutizenpriestern mit zwei Fürsten der Obodriten war daher etwas ganz Besonderes und nur durch die äußerste Empörung zu erklären, die seit einigen Monaten Mordgedanken gegen die sächsischen Unterdrücker bei allen Völkern gleicher Zunge zwischen der großen See im Norden (Ostsee) und den Gebirgen im Süden (Thüringer Wald, Erzgebirge) weckte. Seit dem Überfall auf Havelberg hatte sich auch der edle Butimir aus der weitverzweigten Sippe der Hevellerfürsten mit einigen Gefolgsleuten dem Trupp des Mstivoj angeschlossen.

Nur ein kurzer Schlaf war dem Trupp der Aufrührer neben der Ruine des Triglaw-Tempels vergönnt. Noch war es dunkel, als die erwarteten Verstärkungen eintrafen. Die 200 schwerbewaffneten Krieger aus zahlreichen Hevellerdörfern würden genügen, um die kleine sächsische Besatzung der Burg auf der Havelinsel auszuschalten, zumal diese offenbar noch nicht vor einem unmittelbar bevorstehenden Überfall gewarnt worden war. Bischof Folkmar hatte sich allerdings vor ein paar Tagen mit wenigen Begleitern auf eine Reise begeben, wußten einige Heveller zu berichten, die noch gestern in der Brandenburg gewesen waren. Vielleicht hatte er schon eine Vorahnung vom kommenden Unheil gehabt.

Wie schon einige Tage zuvor in Havelberg hielt Fürst Mstivoj den Kriegern der Heveller eine anfeuernde Rede. Er erzählte von der ungeheuren Beleidigung, die ihm, dem Nachkommen eines uralten Fürstengeschlechts, durch die Sachsen zugefügt worden sei, und mit ihm allen Menschen slawischer Zunge.

Vor zwei Jahren, so berichtete Mstivoj, sei er auf inständiges Bitten des sächsischen Herzogs Bernhard mit 1000 schwerbewaffneten Kriegern aus dem Volk der Obodriten nach Italien gezogen, um dem jungen Kaiser Otto bei seinen Kämpfen mit den Römern, den Byzantinern und

Sarazenen zu helfen. In vielen Schlachten habe sich dieses Kontingent obodritischer Krieger an der Seite ihrer sächsischen, bayerischen und fränkischen Kampfgefährten außerordentlich bewährt und hohe Verluste erlitten. In der großen Schlacht von Crotone in Süditalien, bei der der Kaiser um ein Haar sein Leben verloren hätte, seien mehrere hundert seiner Krieger gefallen. Nur er selbst, Mstivoj, und sein Bruder konnten sich mit wenigen Begleitern retten.

Wieder zu Hause angekommen, sollte die Hochzeit des Fürsten Mstivoj mit einer Nichte des Sachsenherzogs Bernhard gefeiert werden, wie es vor dem Italienzug verabredet worden sei. Doch da hieß es plötzlich, die Blutsverwandte eines Herzogs dürfe keinem Hund gegeben werden: »Keinem Hund – merkt ihr, Leute! Damit meinen diese verfluchten sächsischen Christen uns alle, die wir slawisch sprechen! Ich habe«, so fuhr Fürst Mstivoj in seiner Rede fort, »den Sachsen gesagt: ›Großer Dank widerfährt uns für unsere Dienstleistung, daß wir für Hunde und nicht für Menschen gehalten werden. Nun wohl, dann sollen euch die slawischen Hunde kräftig beißen!‹ Darum, ihr tapferen Heveller, erhebt heute eure Waffen und schlagt die Christen in der Brandenburg tot!«

Nun trat auch einer der Lutizenpriester vor und redete die Heveller an: »Es geht um eure Freiheit, Leute, und um das Recht, an unsere alten Götter glauben zu dürfen, an Triglaw, an Svantewit oder Jarovit, und nach deren Geboten zu leben. Dieser Gott, den die Christen predigen, und sein erfundener Sohn sind falsche, lügnerische Götter. ›Liebet eure Feinde‹, soll angeblich dieser Christus von seinen Anhängern gefordert haben. Aber die Sachsen würden am liebsten im Namen dieses Christus jeden Angehörigen unserer Völker totschlagen, wenn sie ihn nicht für Rabotj, für Sklavenarbeit, brauchen würden!«

Der alte Priester konnte gut zu einer großen Menschenmenge sprechen und sie begeistern. Jetzt sei der richtige Augenblick, sich von der Herrschaft der Sachsen zu befreien, da der Kaiser weit weg in Italien weile und mit ihm die meisten sächsischen Krieger. Dort im fernen Land im Süden hätten der Kaiser und seine Christen eine vernichtende Niederlage erlitten, wovon der edle Fürst Mstivoj ja schon berichtet habe. Von seinem Aufenthalt in Italien werde der Kaiser nicht mehr nach Sachsen zurückkehren, das hätten die heiligen Pferde im Hain des Tempels von Rethra geweissagt. »Jetzt ist die Zeit des Sieges der alten Götter unserer Völker, ihr Heveller! Siegt über eure Unterdrücker in der Brandenburg!«

Auch Fürst Butimir glaubte, noch einige Worte an seine Landsleute hinzufügen zu müssen. Er erinnerte sie an die immer höher geschraubten Forderungen der Sachsen nach Ablieferung von Getreide und Vieh, von gewebtem Tuch und vielerlei anderen Dingen, die die Heveller besser für sich selbst brauchten, und den Zwang zum Arbeiten zur weiteren Befestigung der Brandenburg. »Dieses Joch wollen wir nicht länger ertragen. Stürmt die Brandenburg und erschlagt die Christen, die ihr dort findet!«

In der kleinen Kirche der Brandenburg auf der Havelinsel wurde gerade die Glocke zur Prim, zur ersten Gebetsstunde für Kleriker und Mönche, geläutet, als zahlreiche Kähne leise am Ufer anlegten. Die herausströmenden wendischen Krieger fanden schnell den Wachposten und konnten ihn erdolchen, ehe er einen Warnschrei ausstoßen konnte. Nach einer Stunde war die Arbeit getan. Mehr als 30 sächsische Krieger waren, zum Teil noch im Schlaf, erschlagen worden; nur wenige hatten in einem Kahn entkommen können, darunter Herr Dietrich, der sächsische Befehlshaber. Ein halbes Dutzend christlicher Priester und Mönche wartete in Ketten zitternd auf sein Schicksal, als Sklaven verkauft zu werden. Die Kirche und die Fachwerkgebäude der Burg waren in Flammen aufgegangen. Die Brandenburg war wieder in den Händen ihrer angestammten Herren, der Heveller.

Morgen, nach einer kurzen Ruhepause, würden die Reiter des Fürsten Mstivoj und seine Begleiter weiterziehen, um eine andere sächsische Burg zu erstürmen. Die Zeit dafür war reif, überreif.

GRÜNDE UND BEDEUTUNG DES
GROSSEN SLAWENAUFSTANDES

Von den dramatischen Ereignissen des Sommers 983 im Slawengebiet berichtete, sogar mit Datum, der Mönch Thietmar von Merseburg, der etwa 30 Jahre später eine *Chronik der frommen Könige Sachsens* niederschrieb. Die Geschichte vom Obodritenfürsten Mstivoj steuerte die *Slawenchronik* des Priesters Helmold von Bosau bei, der knapp 180 Jahre nach dem großen Aufstand über die endgültige Eroberung des Slawengebiets durch die Deutschen berichtete. Die Einleitungsepisode dieses Kapitels versucht, den großen Slawenaufstand 983 gewissermaßen von der anderen Seite her zu schildern.

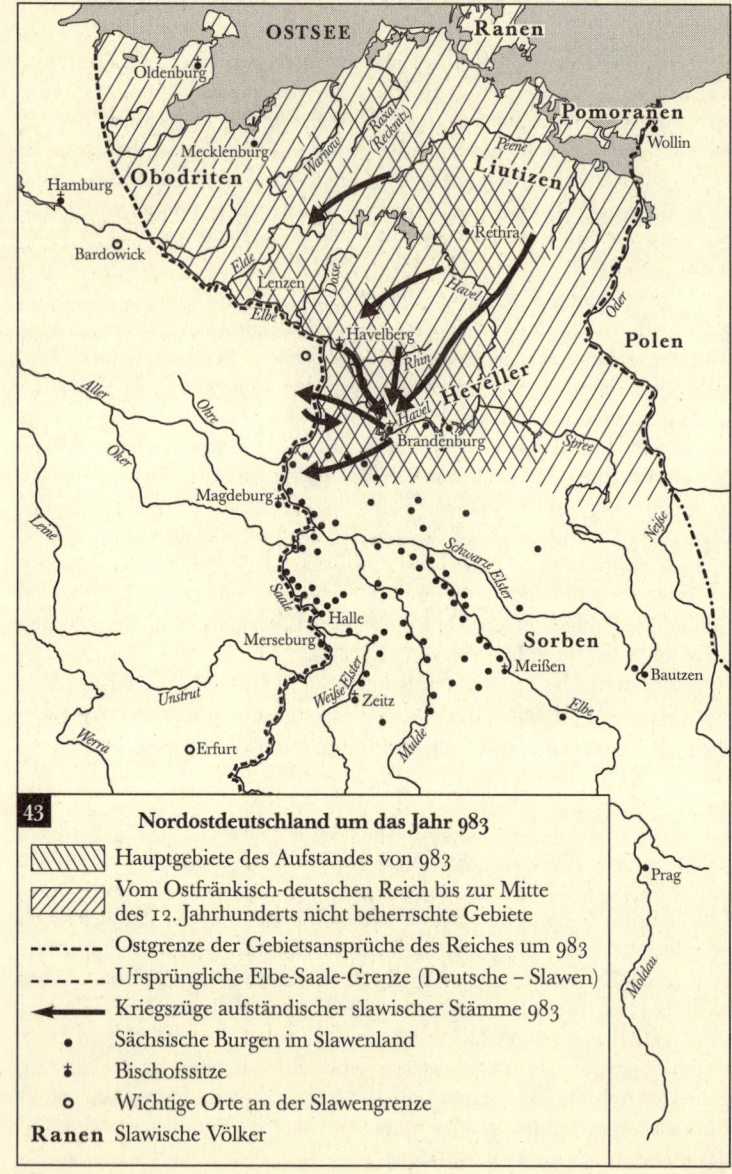

43 **Nordostdeutschland um das Jahr 983**

Hauptgebiete des Aufstandes von 983

Vom Ostfränkisch-deutschen Reich bis zur Mitte des 12. Jahrhunderts nicht beherrschte Gebiete

—·—·— Ostgrenze der Gebietsansprüche des Reiches um 983

— — — Ursprüngliche Elbe-Saale-Grenze (Deutsche – Slawen)

⟵ Kriegszüge aufständischer slawischer Stämme 983

• Sächsische Burgen im Slawenland

⚑ Bischofssitze

○ Wichtige Orte an der Slawengrenze

Ranen Slawische Völker

Einige der Gründe, die zum Ausbruch der Gewalttätigkeiten führten, wurden bereits angedeutet. Viele Ursachen waren zusammengekommen und hatten ein hochexplosives Gebräu erzeugt. Da war die stolze Überheblichkeit der christlichen Sachsen, die die heidnischen Wenden allesamt gerne als Hunde bezeichneten, ein Schimpfwort, dessen abgrundtief beleidigende Wirkung man im heutigen Deutschen kaum noch nachempfinden kann. Da war das zähe Festhalten der slawischen Bauern an ihren alten Göttern – und vermutlich auch die lebhaft empfundene Diskrepanz zwischen den sanften Predigten christlicher Missionare und den grausamen Taten der christlich-sächsischen »Besatzer«. Da war der Ärger über die ständig steigende Belastung durch Lieferungen landwirtschaftlicher Erzeugnisse und Erbringung von allerlei Arbeitsleistungen an die fremdgläubigen und fremdsprachigen Herren.

Als konkret auslösendes Moment war da vermutlich das Wissen selbst im abgelegenen Wendenland, daß der Herr aller dieser ungeliebten Herren, der Kaiser Otto, in ein fernes Land fortgezogen war, mit vielen Kriegern, die nun hier im Land der Slawen fehlten, und daß eben dieses christliche Heer im Jahr zuvor, 982, eine vernichtende Niederlage erlitten hatte. Vor allem aber lebte in den slawischen Völkern noch ein sehr kräftiger Wunsch nach Freiheit von fremder Bevormundung und Unterdrückung, vor allem natürlich innerhalb der Adelsschicht, die sich bei einigen slawischen Völkern fast ebenso ausgeprägt wie bei den Sachsen und Franken entwickelt hatte.

Wenn man die Karte auf Seite 864 betrachtet, fällt auf, daß sich die slawische Aufstandsbewegung nur auf bestimmte Gebiete des Slawenlandes zwischen Elbe/Saale und Oder/Neiße beschränkte. Wenig betroffen war das Land der Obodriten im Nordwesten, obwohl doch offenbar ein bedeutendes Mitglied ihrer Fürstenfamilie ein wichtiger Anführer des Aufstandes war. Warum das so gewesen sein könnte, wird im nächsten Abschnitt etwas näher erläutert. Hauptträger der Rebellion waren wohl die Völker des Lutizenbundes im Nordosten sowie die Heveller im heutigen Land Brandenburg.

Im Süden des slawischen Gebiets scheint es keinen Aufstand gegeben zu haben. Dazu können verschiedene Ursachen beigetragen haben. Die Einzelstämme aus dem großen Volk der Sorben waren vermutlich untereinander weniger einig als die der anderen slawischen Völker. Vielleicht fügten sich auch die Sorben insgesamt leichter dem Befehl

der Sachsen, aus welchen Gründen auch immer. Das Gebiet südlich der
mittleren Elbe war, wie sich ebenfalls aus der Karte entnehmen läßt, bereits im Aufstandsjahr 983 dicht mit sächsischen Burgen besetzt, ein
Drohpotential, das nicht leicht überwunden werden konnte. Diese Burgen bestanden zum Teil schon seit mehr als 100 Jahren und hatten mit
ihren sächsisch-thüringisch-fränkischen Besatzungen schon lange für
eine stärkere Vermischung der Völker hier im Süden gesorgt.

Das sind wohl auch genau die Gründe, warum die langfristigen Folgen des Slawenaufstandes so unterschiedlich ausfielen. Südlich einer Linie etwa vom heutigen Magdeburg bis Frankfurt an der Oder konnte
das Ostfränkische Reich seine Herrschaft weiter relativ ungestört ausüben und ausbauen. Nördlich dieser Linie war das nicht der Fall. Hier
hat der Aufstand von 983 für mehr als 150 Jahre die fortschreitende
Einbeziehung der Völker und Gebiete in den mächtigen christlichen
Nachbarstaat hinausgezögert. Hier wenigstens ließ sich der langfristige
Plan König Ottos I. zur völligen Unterwerfung der slawischen Gebiete
auf lange Zeit nicht durchführen (siehe 47. Kap., S. 807f.).

Diese Tatsache dürfte kaum einem Deutschen bewußt sein, selbst
wenn er sich ganz besonders für die deutsche Vergangenheit interessiert. Denn die traditionelle deutsche Geschichtsschreibung hat sie, die
vielen national gesinnten deutschen Historikern ein Dorn im Auge war,
bewußt oder unbewußt verdrängt. Man muß schon sehr in regionalge-
schichtlichen oder Quellenwerken stöbern, um Details über historische
Vorgänge im Nordosten des heutigen Deutschlands in der Zeit zwischen 983 und etwa 1120 zu finden. Sie wurden bereits von den zeitgenössischen Chronisten nur selten in ihre Texte aufgenommen, vor
allem hat sich weder damals noch im 19. oder 20. Jahrhundert ein
Historiker getraut, die notwendige Schlußfolgerung daraus zu ziehen,
daß die »deutsche Ostsiedlung« sehr lange gestockt hat, wenigstens im
heutigen Brandenburg, Mecklenburg, Pommern und Ostholstein.

Es gab in späteren Jahrzehnten erneut Kämpfe sächsischer Heere
mit Lutizen oder Obodriten und Versuche des inzwischen Christ gewordenen polnischen Fürsten Mieszko und seiner Nachfolger, westlich
der Oder im »Heidenland« Fuß zu fassen. Gegen diese Bedrohung
schlossen sogar das Ostfränkische Reich und der Lutizenbund einmal
offiziell einen Frieden, um zusammen den polnischen Landesfeind zu
bekämpfen. Weder die gemeinsame christliche Religion auf der einen
Seite noch die gemeinsame slawische Zunge auf der anderen Seite

sprachen gegen diesen Kampf. Es gab aber auch heftige interne Auseinandersetzungen zwischen den heidnisch gebliebenen slawischen
Völkern des früheren Lutizenbundes im Nordosten, in die sich die
Sachsen einmischten. Doch das alles änderte nichts daran, daß von
einer wirklichen Herrschaft des ostfränkisch-deutschen Reiches über
dieses Gebiet keine Rede sein konnte.

Nur die historische Wissenschaft in der ehemaligen DDR hat sich
intensiver mit der Erforschung des Lebens und des Schicksals der Slawen auf ihrem Gebiet beschäftigt. Mußte sie auch deren Entwicklung
im Sinne der Klassenkampftheorie von Marx und Engels betrachten
und zurechtdeuten, so hat sie doch durch die erstmals erfolgte intensive
Sammlung und Deutung archäologischer und anderer Forschungsergebnisse der deutschen Geschichtsforschung insgesamt einen großen
Dienst erwiesen. Denn auch die Schicksale der slawischen Völker im
deutschen Osten vor ihrer Einschmelzung in die deutsche Sprache und
Kultur gehören nun einmal zur deutschen Geschichte.

DIE SLAWEN IN NORDOSTDEUTSCH-
LAND AM ÜBERGANG ZUM ZWEITEN
JAHRTAUSEND

Wie war die politische und kulturelle Situation dieser Völker, die noch so
lange unabhängig blieben? Unser Wissen darüber ist ausschließlich in-
direkter Natur, ist aus gelegentlichen Bemerkungen in lateinischen Klosterannalen und archäologischen Erkenntnissen entnommen. Denn die
hier interessierenden Slawen haben es bis in die Zeit, in der sie noch Völker mit eigenständiger Geschichte und Kultur waren, nie zur Kunst des
Schreibens gebracht. Aus ihrem Volkstum sind auch später keine Mönche erwachsen, die die Geschichte ihrer Vorfahren etwa in lateinischer
Sprache festhalten oder wenigstens phantasievoll rekonstruieren konnten, wie das bei Tschechen, Polen, Ungarn oder Dänen der Fall war.

Vom Volk der Obodriten wurde in diesem Buch schon mehrfach berichtet. Seine Herrscher aus der Familie Nakons, die Nakoniden, waren
am Ende des 10. Jahrhunderts schon kräftig dabei, aus der einstigen
lockeren Gruppierung voneinander relativ unabhängiger Stämme
einen zentralisierten Staat nach dem Vorbild des benachbarten Herzogtums Sachsen zu formen. Noch immer war die Fürstenresidenz die alte

Festung Mecklenburg in einer Sumpfgegend zwischen den heutigen
Städten Schwerin und Wismar (siehe 25. Kap., S. 431). Von dort aus di-
rigierten die Nakonidenfürsten zahlreiche Burgwarde in allen von den
Obodriten unterworfenen Bezirken der Wagrier, Polaben, Warnower,
Smeldinger und Linonen, das heißt in Ostholstein und Mecklenburg.
Eine Schicht hoher und niedriger Adliger teilte sich die Macht im Obo-
dritenland, vermutlich in ähnlichen Abstufungen wie im christlichen
Reich der Ostfranken.

Die Obodritenfürsten scheinen dabei im allgemeinen eine kluge Politik der Anlehnung an das mächtige Nachbarreich betrieben zu haben.
Dafür genossen sie offenbar ein hohes Maß an innerer Unabhängigkeit. Offiziell begünstigten sie die Ausbreitung des Christentums, einzelne Fürsten sollen sich bereits früh haben taufen lassen. Die Einrichtung eines Bistums Oldenburg in der alten Wagrierburg Starigrad (»alte
Burg«, heute Oldenburg in Holstein) im Jahr 968, eventuell sogar
schon 948, stand wohl unter ihrem Schutz. Der oberste Fürst der Obodriten und seine Familie wurden, sofern sie loyal blieben, von den sächsischen Königen als Vasallen respektiert, ähnlich wie die Herzöge im
eigentlichen Ostfrankenreich. Ein deutliches Zeichen dafür sind die
Heerfolge, die Fürst Mstivoj dem Kaiser Otto II. leistete, und die
geplante, aber infolge des sächsischen Hochmuts geplatzte Hochzeit
dieses Fürsten mit einer Nichte des sächsischen Herzogs.

Wenn einzelne Angehörige des Nakonidenhauses mitunter gegen
die Sachsen kämpften – so etwa im Jahr 955 in der Schlacht an der
Raxa und Fürst Mstivoj im Aufstand 983 –, so wurde das möglicherweise nach der Auffassung der Zeit ähnlich großzügig bewertet und
konnte unter Umständen vergeben werden wie die Kämpfe und Aufstände von Angehörigen des sächsischen Königshauses gegen ihren
eigenen Vater, Bruder oder Vetter. So erklärt sich vielleicht der scheinbare Widerspruch zwischen der prominenten Beteiligung des Fürsten
Mstivoj am Slawenaufstand 983 und dem Fehlen von Anzeichen für
blutige Aufstände im eigentlichen Obodritengebiet. Diesem Volk und
seinen Fürsten gelang der Balanceakt zwischen Vasallität zum christlichen Nachbarreich und innerer weitgehender Unabhängigkeit noch
bis weit ins 12. Jahrhundert hinein. Erst im Wendenkreuzzug 1147
verloren sie diese Unabhängigkeit, doch behaupteten sich die obodritischen Fürsten wenigstens als christliche Herzöge von Mecklenburg in
einem großen Teil ihres einstigen Territoriums.

Anders scheint die innere Entwicklung im Volk östlich der Obodriten verlaufen zu sein. Dieses Volk taucht in den mittelalterlichen lateinischen Quellen unter den verschiedensten Namen auf: Wilzen hießen seine Angehörigen in der ältesten Zeit, danach Redarier und jetzt, zu Ende des 10. Jahrhunderts, Lutizen. Dieser letztere Name wird vom slawischen Wort »ljuty – grimmig, wild« abgeleitet. Danach war er wohl genauso ein Übername für ein Stammesbündnis wie der Name der Franken. Im 10. Jahrhundert bestand dieser Bund der Lutizen auch aus vier verschiedenen Stämmen, den Redariern, Tollensern, Zirzipanen und Kessinern. Wenn die Forschungen der DDR-Historiker hier nicht durch die marxistische Klassenkampfbrille verfärbt sein sollten, dann fehlte es bei den Stämmen dieses Lutizenbundes an Adligen und vor allem an einem zentralen Fürstenhaus. Versammlungen der freien Bauernkrieger, vielleicht geleitet von erfahrenen Priestern des zentralen Lutizenheiligtums in Rethra, faßten für den ganzen Bund gültige Beschlüsse, vor allem natürlich auch über Krieg und Frieden mit den Erbfeinden, den Christen im benachbarten mächtigen Königreich.

Im Gebiet des Stammes der Redarier stand wohl auch das gemeinsame Heiligtum für alle Lutizen, Rethra. Offenbar genoß dieser Tempel oder Tempelbezirk aber weit über dieses Gebiet hinaus Ansehen unter allen heidnisch gebliebenen Völkern slawischer Zunge in Nordostdeutschland. Mehrere mittelalterliche Schriftsteller wie Thietmar von Merseburg haben diesen Tempel ausführlich beschrieben, natürlich ohne ihn je selbst gesehen zu haben. Den Ort dieses geheimnisvollen Rethra haben deutsche Historiker und Archäologen lange vergeblich gesucht. Erst 1983 scheint er durch Ausgrabungen am Südufer des Tollensesees, an dessen Nordende heute die Stadt Neubrandenburg liegt, im östlichen Mecklenburg gefunden worden zu sein.

Auch für die Lutizen schlug erst 1147 die Stunde des endgültigen Endes ihrer Unabhängigkeit, im Verlauf des Wendenkreuzzuges. Dieser war eine der unbekanntesten, aber auch verlogensten »Großtaten« der christlichen Mission im Gebiet Deutschlands.

Ebenfalls schon mehrfach erwähnt wurde das kleine, aber tapfere und sowohl durch Seeräuberei wie durch Seehandel berühmte Volk der Ranen auf der Insel Rügen und in Vorpommern. Es hatte seine weithin berühmte Tempelburg am Kap Arkona auf Rügen, mit freiem Blick weit über die Ostsee, die den Ranen ihren Reichtum bescherte.

Auf den Inseln Usedom und Wollin sowie auf dem südlich und öst-

lich davon liegenden Festland, dem heutigen Pommern, lebten die Pomoranen (slawisch »po morje«, am Meer wohnend). Diese gerieten
nach der Jahrtausendwende in einen langen, erbitterten Abwehrkampf
gegen die sprachverwandten, aber stark auf Expansion bedachten Polen. Gegen die Polen suchten und erhielten die späteren Herzöge der
Pommern Schutz beim Deutschen Reich. Das spätmittelalterliche Herzogtum Pommern hat daher stets zu diesem Reich gehört – und nicht zu
Polen, wie polnische Historiker und Regierungspropaganda wenigstens
zur Zeit des kommunistischen Polens gerne behaupteten.

Die letzte große slawische Völkerschaft in Nordostdeutschland, die
lange ihre Unabhängigkeit wahren konnte, waren die Heveller. Sie lebten, wiederum geteilt in zahlreiche kleinere Stämme, im Gebiet des heutigen Bundeslandes Brandenburg. Vermutlich beherrschten Abkömmlinge einer einzigen Herrscherfamilie die verschiedenen Teilstämme,
über deren Erlebnisse im 10. und 11. Jahrhundert man wenig weiß. Die
Hauptburg blieb bis ins 12. Jahrhundert hinein die Brandenburg auf
einer Havelinsel. Deren wechselnde Schicksale bis zum Jahr 983 wurden bereits kurz beschrieben.

Gemeinsam war allen erwähnten Völkern vermutlich die Sprache,
die die Fachleute Westslawisch nennen. Zwischen den einzelnen Völkern mag es gewisse Dialektunterschiede gegeben haben, allerdings
sind den Sprachforschern nur winzige Reste davon bekannt. Solange
sie noch als lebende Sprache benutzt wurde, hat niemand sich
bemüßigt gefühlt, sie aufzuzeichnen oder auch nur religiöse Schriften in
dieses Idiom zu übersetzen. Gemeinsam war den Westslawen während
der Zeit ihrer Unabhängigkeit auch der Glaube an alte slawische Na-
turgottheiten; dabei verehrte natürlich jeder Stamm seinen Hauptgott
unter einem anderen Namen. Gerade in der Verteidigung gegen das
von Westen und Osten (von Polen), aber auch von Norden (von den
Dänen) herandrängende Christentum vertraten diese slawischen Völker offenbar ein sehr lebendiges und bewußtes »Heidentum«.

KAISER OTTOS II. ENDE
UND DIE FOLGEN FÜR DAS REICH

Damit der Zusammenhang mit der allgemeinen Reichsgeschichte nicht
verlorengeht, müssen hier noch die wichtigsten Ereignisse um Kaiser

Otto II. nachgetragen werden, seit dieser im Jahr 980 nach Italien gezogen war. Dort hatte der Kaiser wie sein Vorgänger und die meisten seiner Nachfolger zunächst damit zu tun, einen von einer Adelsclique in Rom vertriebenen Papst wieder auf seinen Thron zu setzen. Im übrigen bemühte er sich, die unruhigen Herzöge und Markgrafen in Ober- und Unteritalien – fast alle langobardischer Abkunft, aber inzwischen längst zu waschechten Italienern geworden – wieder zu friedlichem Verhalten und Unterordnung unter den Kaiser zu bewegen.

Der Vater Otto I. hatte seinen Kaisertitel stets ohne den Zusatz Romanus geführt, doch der Sohn war nicht so vorsichtig. Er ließ sich nicht nur von der Kirche als Imperator Romanus titulieren, sondern nannte sich auch selbst in seinen Urkunden so. Das brachte ihn in neue Streitigkeiten mit dem oströmischen Kaisertum in Byzanz. Seine junge Frau Theophano aus der byzantinischen Kaiserfamilie konnte ihm dabei nicht helfen, denn inzwischen hatte sich längst eine andere Adelsfamilie des Throns in Konstantinopel bemächtigt.

Dem Oströmischen Reich gehörten noch einige Stützpunkte in Süditalien, und um diese kam es zu Kämpfen mit den Truppen des anderen römischen Kaisers. Auf Sizilien hatten sich schon vor längerer Zeit Araber, oder in der damaligen Ausdrucksweise Sarazenen, festgesetzt; sie waren seit Jahrhunderten Feinde der Byzantiner. Aber zur Bekämpfung des beiderseitigen Feindes, nämlich Ottos II., taten sich die Gegner zusammen. So kam es im Sommer 982 zu einer großen Schlacht in Kalabrien, bei Crotone an der »Sohle« des italienischen »Stiefels«. Dabei erlitt das Heer Ottos eine vernichtende Niederlage. Der Kaiser selbst konnte nur entkommen, indem er zu einem nahe dem Ufer liegenden griechischen Schiff schwamm und unerkannt von diesem aufgenommen wurde.

Immerhin gelang es Otto, heil wieder in den Norden Italiens zu gelangen. In der Absicht, seine dezimierten Truppen aufzufüllen, schrieb Otto einen Reichstag nach Verona aus, der im Mai des folgenden Jahres (983) auch stattfand. Viele Herzöge, Bischöfe, Grafen und andere Herren aus dem Reich kamen in die Stadt an der Etsch. Was der Kaiser dabei erreichen wollte, nämlich neue Truppen für sein italienisches Heer und die Zustimmung der Großen zur Wahl seines erst dreijährigen Sohnes Otto (des III.) zum ostfränkisch-deutschen König, das wurde ihm auch bewilligt, doch nur gegen weitgehende Zugeständnisse des Kaisers. Dazu gehörte die Einsetzung des wenige Jahre zuvor als

Herzog von Kärnten abgesetzten Luitpoldingers Heinrich als Herzog
von Bayern. Denn diese Stelle war durch den Tod des vorigen Amts-
inhabers Otto, der auch zugleich Herzog von Schwaben war, frei geworden.

Während die ostfränkischen Herren über die Alpen wieder in ihre
Heimat zurückreisten, brach bei Lutizen und Hevellern der bereits beschriebene Aufstand aus, und gleichzeitig bemächtigte sich der dänische König Harald Blauzahn erneut des Gebiets um die Handelsstadt
Haithabu. Dem Kaiser war es unmöglich, dagegen etwas zu unternehmen, denn er war in Italien geblieben. Und schon ein halbes Jahr
später starb er, erst achtundzwanzigjährig, am 7. Dezember 983 in Rom
an den Folgen einer Malaria-Erkrankung, betrauert von seiner Frau,
der schönen Griechin Theophano.

Was nun im Reich ablief, mußte vielen wie ein Alptraum erscheinen. Des Kaisers Sohn Otto wurde zwar programmgemäß zu Weihnachten 983 in Aachen zum König gekrönt, weil bis dahin die Nachricht vom Tode seines Vaters noch nicht dort angekommen war. Doch
als kurz danach die Hiobsbotschaft eintraf, trat ein Ereignis ein, mit
dem die Anhänger des verstorbenen Kaisers gewiß nicht gerechnet
hatten.

Heinrich der Zänker, des Kaisers Vetter und einstiger Herzog von
Bayern, befand sich immer noch in der Haft des Bischofs von Utrecht.
Doch unglücklicherweise war ausgerechnet er der nächste Schwert-
mage des kindlichen Königs, der nächste Verwandte väterlicherseits. Es
gelang Heinrich, seinen Kerkermeister davon zu überzeugen, daß er
nun nicht länger in Haft gehalten werden dürfe, und es glückte ihm
auch noch, sich des kleinen Otto zu bemächtigen, der vom Erzbischof
Warin von Köln erzogen werden sollte. Mit dieser Geisel in der Hand
reiste der Zänker durch das Reich und machte Stimmung für sich.
Ostern 984 wählte ihn ein Reichstag in Quedlinburg sogar zum deutschen König. Neben einigen hohen geistlichen Fürsten unterstützten
ihn auch der Böhmenherzog Boleslaw II., der polnische Fürst Mieszko
sowie der Obodritenfürst Mstivoj, der doch einer der Anführer des
Slawenaufstandes vom Vorjahr gewesen war. Sie alle waren ja auch
reichstagsfähige Vasallen des Ostfränkischen Reiches.

Doch kurze Zeit später schlug das Pendel wieder zurück. Inzwischen waren die beiden Kaiserinnen Adelheid und Theophano aus
Italien zurückgekehrt, beide tüchtige und energische Frauen, die ihren

Enkel und Sohn Otto nicht vom Thron drängen lassen wollten. Auch sonst gewannen die Gegner des Zänkers im hohen Adel an Kräften. Nach militärischen Aufmärschen, Verhandlungen und allerlei Taktieren kam es 985 zu einem neuen Reichstag, der dann für einige Jahre einen Kompromiß fand. Heinrich der Zänker entsagte der Königswürde und erhielt dafür sein altes Herzogtum Bayern zurück; bis zu seinem Tod 995 blieb er nun loyal. Der Luitpoldinger Heinrich der Jüngere wurde wieder als Herzog von Kärnten eingesetzt, und der junge König Otto III. erhielt 986 zur Sicherheit noch einmal die Krone in einer Zeremonie, bei der vier Herzöge als Reichsämter fungierten. Bis zu seiner Volljährigkeit stand der König noch unter der Vormundschaft seiner klugen und tatkräftigen Mutter Theophano.

Kurz danach kam es im benachbarten Westfrankenreich zu einem Herrscherwechsel, der eine ganze Epoche beendete und auch in diesem an sich nur Deutschland gewidmeten Buch erwähnt werden muß. Im Jahr 987 starb der letzte Abkömmling der Karolingerfamilie, König Ludwig V. Ihm folgte Hugo Capet, der zum Stammvater einer langen Reihe französischer Könige werden sollte. Er war ebenfalls von seiner Mutter Hadwig, der Schwester Ottos I., her ein Verwandter der sächsischen Kaiserfamilie.

Zwar unternahmen ostfränkische Heerführer in den folgenden Jahren einige Kriegszüge, um die verlorenen Gebiete des Reiches im Nordosten wiederzugewinnen, doch waren sie nicht sehr und vor allem nicht auf Dauer erfolgreich. Im Jahr 991 starb die Regentin Theophano mit erst 35 Jahren, viel zu früh für ihren Sohn und für das Reich. Nun mußte die inzwischen sechzigjährige Großmutter Adelheid noch einmal aus ihrem Kloster Selz im Elsaß heraustreten und zusammen mit Erzbischof Willigis von Mainz die Vormundschaft für ihren Enkel Otto III. übernehmen. Man hat diese bemerkenswerte Frau später heiliggesprochen und sie ehrenvoll »Mutter der Königreiche« genannt.

Im September 994 konnte der junge König gemäß fränkischem Recht für volljährig erklärt werden, als er seinen 14. Geburtstag erreicht hatte. Das nahezu letzte Kapitel sächsischer Kaiserherrschaft konnte beginnen. Und dieses bildet zugleich den Stoff für das letzte Kapitel dieses Buches.

52. DEUTSCHLAND UND
SEINE ÖSTLICHEN NACHBARN

DER TRAUM EINES KAISERS
UND DIE REALE POLITIK
Anfang März 1000, Gnesen/Polen

Die lebhaften Gespräche verstummten, als der jugendliche Kaiser die Halle des großen Holzhauses betrat, das Herzog Boleslaw seinen Gästen aus dem Westen für gemeinsame Beratungen zur Verfügung gestellt hatte. Die verschiedenen Herzöge, Grafen, Erzbischöfe, Bischöfe und andere Würdenträger aus der Begleitung des Kaisers wohnten mit ihren schwerbewaffneten Leibwächtern in kleineren Blockhäusern. Diese hatten die Bewohner der Stadt Gnesen für die Zeit des Aufenthalts der Fremden kurzerhand räumen müssen.

Der junge, noch nicht zwanzigjährige Kaiser Otto sah gut aus, und er wußte es. Ein Mantel aus blauem Brokat umhüllte seinen Körper und ließ die langen blonden Locken seines Haares im Licht der in Wandritzen gesteckten vielen Kienspäne geheimnisvoll aufleuchten. »Verzeiht, ihr Herren, daß ich euch eurer wohlverdienten Ruhe nach diesem langen Tag voll von Gesprächen, Essen und Trinken entziehe«, sagte er mit angenehmer heller Stimme. Er sprach lateinisch in einer flüssigen Form, die jedem Bischof Ehre gemacht hätte. Der Kaiser legte Wert darauf, daß ihn alle Herren seines Gefolges ohne Sprachschwierigkeiten verstehen konnten, die Grafen aus dem nördlichen Sachsen ebenso wie die aus Schwaben und die aus Italien mitgebrachten geistlichen Berater und Schreiber.

»Nach dem, was wir heute von unserem Gastgeber Herzog Boleslaw gehört haben, ist neu zu überdenken, wie die für morgen vorgesehene Zeremonie im einzelnen vor sich gehen soll. Da sich der Pole weigert, uns den Leichnam unseres Freundes Bischof Adalbert herauszugeben, halten wir es für unmöglich, den Herzog wie geplant zum König zu machen.«

Erst vorgestern war es gewesen, daß die stattliche Reiterschar des römischen Kaisers mit seinem adligen und nichtadligen Gefolge die

Hauptstadt des Herzogtums der Polen erreicht hatte, den Grody (runden Holzwall) von Gnesen. Wenn auch heimlich murrend, hatten die hohen Herren aus der Begleitung des Kaisers von ihren Pferden steigen, ihre Schuhe ausziehen und wie büßende Pilger barfuß durch den Schneematsch der schlammigen Hauptstraße bis zur kleinen runden Kapelle schreiten müssen, die jetzt die sterblichen Überreste von Bischof Adalbert barg. Vor dem Grab seines verehrten älteren Freundes war der Kaiser zu einem langen Gebet niedergekniet. Dann erst hatte er die Zeit gefunden, sich zur Begrüßung durch den Gastgeber, Herzog Boleslaw Chrobry, den Tapferen, zu erheben.

Der kaiserliche Zug von Rom, der alten und nun wieder neuen Hauptstadt der christlichen Welt, bis in das kleine Städtchen Gnesen in Polen war schon seit weit über einem Jahr in mehrfach hin und her gesandten Botschaften zwischen dem Kaiser Otto und dem polnischen Herzog Boleslaw verabredet worden. Neben dem Wunsch Ottos, seinen vor drei Jahren als Missionar erschlagenen Freund Adalbert durch eine Pilgerfahrt an sein Grab zu ehren, waren natürlich wichtige politische Gespräche zwischen dem Kaiser der Römer und dem Herzog der Grund für diese weite Reise gewesen.

Der junge Otto hatte den Bischof von Prag, Adalbert, bei dessen längerem Aufenthalt am Kaiserhof in Mainz im Jahr 996 kennen und verehren gelernt. Durch seine Mutter war Adalbert ein entfernter Verwandter der liudolfingischen Kaiserfamilie. Manche Herren aus der heutigen Begleitung des Kaisers erinnerten sich noch gut an den hageren, asketischen Geistlichen, der begeistert von einem gereinigten Christentum zu reden verstand. Durch seine fanatische Rechthaberei hatte er sich aber auch gleichzeitig fast alle Böhmen in seinem heimatlichen Bistum zu Feinden gemacht und deswegen zweimal aus seiner Heimat fliehen müssen. Außerdem hatte der aus der böhmischen Fürstenfamilie der Slavnikiden stammende Wojtej – so hieß Adalbert ursprünglich – sich stets mit dem Böhmenherzog Boleslaw aus der Przemyslidenfamilie gestritten, die einst Adalberts fürstliche Vorfahren entmachtet hatte. Nach seinem Aufenthalt am Kaiserhof war der unruhevolle Bischof nach Polen gezogen und hatte sich vom gut christlichen Herzog Boleslaw, einem Vetter des gleichnamigen Böhmenherzogs, zu den noch heidnischen Nachbarn der Polen, den Pruzzen, als Missionar schicken lassen. Dort war er im Jahr des Herrn 997 von einem heidnischen Priester erschlagen worden. Der Polenherzog Boleslaw hatte

mit einem großzügigen Kaufpreis den Leichnam bei den Pruzzen ausgelöst und in seiner neuen Hauptstadt Gnesen beigesetzt.

Im Grunde war das, was nun morgen in einer feierlichen Zeremonie in Gnesen dem staunenden polnischen Volk verkündet werden
sollte, längst zwischen Kaiser Otto und Papst Sylvester II. in Rom besprochen und durch schriftliche Botschaften nach Polen bestätigt worden. Dieser Papst war vor noch nicht einem Jahr durch den Kaiser auf
den Stuhl der Nachfolger des Apostels Petrus gesetzt worden und hatte
vorher Gerbert geheißen; er war ein Westfranke, der aus politischen
Gründen sein Amt als Erzbischof von Reims verloren, aber als berühmter Gelehrter ebenfalls zu den verehrten Lehrern des jungen Kaisers
gehört hatte.

Was der Polenherzog Boleslaw erreichen wollte, war nur die Folge
aus der Tatsache, daß dessen Vater Mieszko einst sein Land »dem Papst
geschenkt« hatte, in der listigen Erwartung, ein dem geistlichen Oberhaupt der Christenheit gehörendes Land müsse von seinem christlichen, aber gefährlich starken Nachbarn im Westen, dem König der
Ostfranken, mit Samthandschuhen angefaßt werden. Herzog Boleslaw
erstrebte die Gründung eines Erzbistums in seiner Hauptstadt Gnesen,
unabhängig vom Erzbischof von Magdeburg, der bisher die Aufsicht
über alle Bischöfe und Geistlichen beanspruchte, die im Heidenland
östlich der Elbe wirkten. Papst und Kaiser waren schon längst bereit
gewesen, dem Polen dieses Zugeständnis zu machen.

Etwas anders war es mit dem Wunsch des Polenherzogs, den Königstitel anzunehmen. Hierzu hatte es bereits bei der letzten Besprechung hoher Fürsten aus dem Ostfränkischen Reich zur Vorbereitung
der Reise nach Gnesen vier Wochen zuvor in Regensburg heftige Auseinandersetzungen gegeben, und nun, auf dieser improvisierten Versammlung in Gnesen selbst, wiederholten sich die Argumente. Herzog
Heinrich von Bayern, Sohn des 995 verstorbenen Zänkers und letzter
männlicher Liudolfinger neben dem Kaiser, vertrat wie schon in Regensburg sehr energisch die Ansicht, man könne einem fremdländischen Fürsten, dessen Untertanen zum größten Teil noch Heiden
seien, unmöglich den Ehrentitel König zugestehen. Viel eher gebühre
seinem Herzogtum Bayern, das seit Jahrhunderten ein leuchtender
Schild der Christenheit sei, dieser hohe Rang, den seine Vorgänger bereits einmal innegehabt hätten. Markgraf Ekkehard von Meißen, der
ebenfalls den Kaiser nach Polen begleitete, pflichtete Heinrich bei.

Ganz anderer Meinung war Bischof Leo von Vercelli, der zu den Beratern des Kaisers aus Rom gehörte. Gerade als Ansporn für einen christlichen Fürsten, der in seinem Volk noch mit dem Heidentum zu kämpfen habe, müsse Herzog Boleslaw die Königskrone zuerkannt werden, verkündete er mit südländischer Beredsamkeit. »Es heißt«, flüsterte Markgraf Ekkehard seinem Banknachbarn, einem Grafen von Stade, in sächsischer Sprache zu, »der Herzog habe diesem italienischen Bischof einen großen Sack mit Goldstücken übersandt, jedenfalls könnte auch ein Pole nicht überzeugender reden!«

Nachdem die Argumente der Herren eine Weile hin und her gegangen waren, ergriff der junge Kaiser selbst das Wort. Unmißverständlich machte er klar, er sei als Kaiser der Römer, der die Erneuerung des Römischen Imperiums als sein Lebensziel ansehe, auch für die Polen da. Diese seien bereit, ihn als weltliches Oberhaupt der Christenheit im Abendland anzuerkennen, so wie es die meisten anderen unabhängigen Könige und Herzöge in Italien, im Westfrankenreich und Burgund auch täten. Die Polen seien ihm als neue Glieder der christlichen Kirche genauso lieb wie die Ungarn, die Böhmen, die Bayern oder die Sachsen. Sie alle lebten gottesfürchtig unter dem erhabenen Schirm der Kaiserkrone, die er, Otto, dank Gottes Gnade nun einmal trage. Insofern habe er zunächst keine Einwände gegen die Erhebung Boleslaws zum König gehabt.

»Doch seit heute ist deutlich«, fuhr der Kaiser fort, »dieser Pole ist nicht bereit, uns die verehrungswürdige Reliquie unseres Freundes Adalbert herauszugeben. Das hat er uns heute unter all dem Pomp, mit dem er uns empfangen hat, und zwischen dem unmäßigen Essen und Saufen, zu dem er uns genötigt hat, klar zu verstehen gegeben. Wir sind davon tief enttäuscht. Aus diplomatischen und politischen Gründen darf man Boleslaws Wunsch jetzt nicht völlig ablehnen, sonst wirft er sich in die Arme des Kaisers in Byzanz. Aber ihn morgen wie geplant ohne Einschränkungen zum König zu erheben, das halten wir mit unserer eigenen Würde als römischer Kaiser für nicht vereinbar! Hier kann der Herzog noch soviel mit Geschenken um sich werfen, wir lassen uns unsere Überzeugung und unseren frommen Glauben nicht abkaufen.«

So kam es, daß am folgenden Tag die längst vereinbarte Zeremonie doch nicht ganz zur Zufriedenheit des polnischen Herzogs ablief. Kaiser Otto erschien zwar in vollem kaiserlichen Ornat mit der Kaiser-

krone auf dem Haupt, und er setzte diese Krone auch feierlich für kurze
Zeit auf das Haupt Boleslaws. Das bedeutete keine Krönung, sondern
die Ausdehnung des Schutzes und der Oberhoheit des römischen Kaisers nun auch auf das Volk der Polen und ihren Herrscher. Die Titel,
die Kaiser Otto dabei in lateinischer Sprache dem Herzog verlieh, klangen würdevoll und pompös: Cooperator imperii (Mitarbeiter des
Kaisers) und Socius et amicus Romanorum (Verbündeter und Freund
der Römer). Und Otto nannte den neuen Untertan des Römischen
Reiches mit bewegter Stimme Bruder.

Doch diese teils neu erfundenen, teils sehr alten Titulaturen hatten
die im Hofzeremoniell erfahrenen Berater des Kaisers noch in der
Nacht als pompös klingenden Ersatz gefunden. Hunderte polnischer
Adliger und Krieger sahen und hörten begeistert der fremdartigen Zeremonie zu und riefen am Schluß mit rauhen Stimmen: »Hurra, hurra,
hurra!« Aber der von Boleslaw so erstrebte Titel eines Königs war nicht
dabei.

POLEN, UNGARN, BÖHMEN –
IHRE WEGE ZUM CHRISTENTUM
UND NACH EUROPA

Die vorstehend etwas ausgeschmückte Szene dürfte sich tatsächlich
ereignet haben, auch wenn die Diskussionsbeiträge der Teilnehmer
natürlich nicht überliefert sind. In den deutschen Büchern über die Geschichte der Sachsenkaiser wird die »Pilgerfahrt« des jungen Kaisers
Otto III. nach Gnesen meist nur sehr kurz gestreift, manche halten sie
nicht einmal einer Erwähnung wert.

Und doch markieren diese Reise und die dabei ausgesprochenen
kirchlichen und weltlichen Rangerhöhungen einen grundsätzlichen
Wendepunkt in der Politik des ostfränkisch-deutschen, oder richtiger
gesagt, des in erneuerter Form wiedererstandenen Römischen Reiches
gegenüber den Völkern im östlichen Mitteleuropa. Diese Völker, vor
allem die Polen und Ungarn, hatten sich innerhalb nur weniger Jahrzehnte von gefährlichen, wilden heidnischen Kriegerscharen zu treuen
Christen entwickelt, die dem christlichen Westen gute Nachbarn zu
sein versprachen. Wenn im Zusammenhang mit historischen Epochen
konkrete Jahreszahlen überhaupt eine Bedeutung haben, dann kann

44 **Das »Sacrum Imperium Romanum«
und seine Nachbarn um das Jahr 1000**

■■■■■■■ Grenze des Hl. Röm. Reiches

▬ ▬ ▬ Grenze der Königreiche innerhalb des Hl. Röm. Reiches

⋯⋯⋯⋯ Grenze der Herzogtümer, Markgrafschaften und anderer
      größerer Herrschaften im Hl. Röm. Reich

▬ ▪ ▬ ▪ Grenze zwischen unabhängigen Nachbarstaaten

KRG. ITAL Königreiche des Hl. Röm. Reiches

Hzm. Sach Herzogtümer des Reiches

M. Lausitz Markgrafschaften u. ä.

KGR. UNG Unabhängigige Königreiche, Herrschaften

man sagen, daß erst etwa ab der Wende vom ersten zum zweiten nachchristlichen Jahrtausend die Gebiete östlich des damaligen Ostfränkischen Reiches wirklich zu Europa, zum Abendland, gehörten.

Durchaus in bewußter Anknüpfung an diese weltgeschichtliche
Weichenstellung kam es im Sommer 1997 zu einer wohl einzigartigen
Zusammenkunft in Gnesen. 1000 Jahre nach dem Märtyrertod des Bischofs Adalbert traf sich dort der aus Polen stammende Papst Johannes
Paul II. mit den Präsidenten Polens, Litauens, der Ukraine, Tschechiens, der Slowakei, Ungarns und Deutschlands in ehrendem Gedenken. Die vor 1000 Jahren beschworene Einigkeit Mitteleuropas unter
dem Kreuz Christi und unter der »römischen« Kaiserkrone hielt zwar
nicht lange an. Zeitweise, gerade auch in jüngerer Vergangenheit, sah
es so aus, als trenne ein unüberwindlicher »eiserner Vorhang« die Völker westlich der Elbe, des Böhmerwaldes und des Neusiedler Sees von
ihren östlichen Nachbarn. Doch die allerjüngste Geschichte hat gezeigt,
daß unter der Tünche moderner Ideologien und angeblicher Erbfeindschaften noch ein tragfähiges gemeinsames Fundament vorhanden ist.
Zu diesem Fundament wurde im Jahr 1000 in Gnesen der Grundstein
gelegt.

Die geschichtlichen Anfänge Polens und Ungarns können in einem
der deutschen Geschichte gewidmeten Buch natürlich nur kurz gestreift werden; es wäre jedoch verfälschend, wenn man diese eng mit
der deutschen Geschichte zusammenhängenden Vorgänge ganz aus-
lassen würde.

Vom Gründer des slawischen Staates Polen, dem Herzog Mieszko I.,
war schon die Rede (siehe 49. Kap.). Er hatte sich im Jahr 966 taufen
lassen und betrieb eine bewußte Politik der Annäherung an den christlichen Westen Europas. Vermutlich hatten ihm christliche Missionare,
die sich gut mit den Intrigen und Eifersüchteleien zwischen Päpsten
und »römischen« Kaisern auskannten, die Idee vermittelt, das Herzogtum Polen, das nach Mieszkos Willen ein christlicher Staat werden
sollte, dem Papst zu »schenken«. Diese etwa um 988 erfolgte Schenkung sollte den früher für Teile des polnischen Territoriums geleisteten
Lehnseid gegenüber dem ostfränkischen König unwirksam machen.
Auch die Verlegung der Hauptstadt Polens von Posen, das noch in dem
dem Nachbarstaat lehnspflichtigen Landesteil lag, in das nur 50 Kilometer weiter östlich gelegene Gnesen diente demselben Zweck. Nach
Mieszkos Tod 992 übernahm sein Sohn Boleslaw, genannt der Tapfere

(Chrobry), die Regierung in Polen. Er wurde einer der bedeutendsten Fürsten dieses Landes in dessen Frühzeit.

Der junge Kaiser Otto III. hatte andere Vorstellungen von seiner Aufgabe als Fürst als sein Vater und sein Großvater. Dazu wird im nächsten Abschnitt noch einiges zu sagen sein. Otto III. fühlte sich in erster Linie als »römischer« Kaiser und damit als symbolisches weltliches Oberhaupt der Christen des Abendlandes. Reale Machtansprüche gegenüber den fremdsprachigen Nachbarn im Osten in seiner gleichzeitigen Eigenschaft als König des Ostfrankenreiches lagen ihm fern, und er hätte sie mangels ausreichender militärischer Kräfte wohl auch gar nicht durchzusetzen vermocht. So kam es zu der feierlichen Zeremonie von Gnesen im März des Jahres 1000, wie sie in der Einleitungsepisode kurz beschrieben wurde. Sein Großvater Otto I. hätte sicher, sein Vater Otto II. wahrscheinlich nicht in eine so weitgehende Unabhängigkeit Polens vom Ostfränkischen Reich eingewilligt. Aber die Zeiten und damit auch die Machtverhältnisse hatten sich inzwischen erheblich verändert.

Die ungeheure moralische und damit auch politische Bedeutung der Reliquien in der damaligen Zeit kann in unserer heutigen, so nüchtern gewordenen Epoche kaum nachempfunden werden. Der politische Poker des polnischen Herzogs mit dem römischen Kaiser um den Besitz des längst verwesten Leichnams von Bischof Adalbert war keineswegs ein Einzelfall. Machtdemonstrationen, schlichter Raub, ja, offene Kriege um den Besitz solcher Reliquien kamen immer wieder vor. Und natürlich Fälschungen in ungezählten Mengen ... Angeblich wurde die Leiche des Bischofs Adalbert doch noch im Jahr 1038 von Gnesen nach Prag überführt, wo die Überreste erst im 19. Jahrhundert wiedergefunden wurden.

Trotz oder vielleicht gerade wegen der nahen Verwandtschaft des polnischen Boleslaw mit den böhmischen Herzögen, seine Mutter war eine Tochter des Böhmenherzogs Boleslaw II. gewesen, gerieten Polen und Böhmen in den kommenden Jahrzehnten in ernsthafte kriegerische Auseinandersetzungen. Polen konnte zeitweise das heutige Schlesien und Mähren, selbst die Lausitz und die Mark Meißen erobern. Für kurze Zeit wurde sogar der Bruder des polnischen Boleslaw, Wladiwoj, Herzog in Böhmen, und ihm folgte in dieser Würde für ein Jahr Boleslaw Chrobry selbst. Damit wurde die polnische Herrschaft über *zwei* bedeutende slawische Staaten Wirklichkeit. Doch Kaiser Heinrich II., Ottos III.

Nachfolger, machte dieser drohenden polnischen Übermacht ein Ende, indem er im Jahr 1004 einen Angehörigen der alten böhmischen Herzogsfamilie der Przemysliden zum Herzog von Böhmen einsetzte, der schließlich unzweifelhaft ein Amt im Ostfränkischen Reich ausübte.

Boleslaw Chrobry schaffte es übrigens noch zu seinen Lebzeiten im Jahr 1025, in seiner Hauptstadt Gnesen von einem Abgesandten des Papstes die begehrte Königskrone überreicht zu bekommen.

Eine ähnliche Entwicklung wie in Polen vollzog sich in Ungarn, nur wurde dieses Land noch schneller und noch nachdrücklicher unabhängig vom großen ostfränkischen Nachbarn. Seit 998 regierte der schon als Kind getaufte und christlich erzogene Fürst Stephan über das Volk der Magyaren. Bereits sein Vater Geza hatte christliche Missionare ins Land gerufen und die Hinwendung seines Volkes zum Christentum nachdrücklich begünstigt (siehe 50. Kap.).

Wie Boleslaw Chrobry wollte Stephan sein Land auch in kirchlicher Hinsicht vom Einfluß ostfränkisch-deutscher Geistlicher unabhängig machen und strebte daher die Gründung eines eigenen ungarischen Erzbistums mit Sitz in Gran (Estergom) in Nordungarn an. Nur wenig später als dem Polenherzog bewilligten ihm Papst und Kaiser in seltener Eintracht dieses Gesuch. Etwa zur gleichen Zeit übersandte dann der Papst Sylvester II. dem ungarischen Fürsten Stephan eine kostbare Königskrone, die dieser sich, mit ausdrücklicher Einwilligung des römischen Kaisers Otto III., in Gran feierlich selbst aufs Haupt setzte. Der genaue Zeitpunkt dieser beiden für die ungarische Geschichte so wichtigen Ereignisse ist allerdings sehr umstritten. Mangels korrekter Zeitangaben in den zeitgenössischen Quellen schwanken die Vermutungen zwischen verschiedenen Daten der Jahre 1000 und 1001. Die Krone des heiligen Königs Stephan, die sogenannte Stephanskrone, ist noch heute das Symbol für die politische Unabhängigkeit und das wertvollste Kleinod des modernen ungarischen Volkes.

Im Gegensatz zu dem auf Eroberungen versessenen Polenherrscher Boleslaw Chrobry hielt der Ungarnkönig Stephan übrigens während seiner langen Regierung (998 bis 1038) Frieden mit seinem westlichen Nachbarn, dem Ostfränkischen Reich. Er hatte schließlich eine Schwester des letzten Kaisers aus dem Ottonenhaus, Heinrichs II., zur Frau. Nur einen Einfall des ersten Kaisers aus dem Haus der Salier, Konrads II., in sein Land wies er 1030 entschlossen und erfolgreich zurück.

Weitgehend im Inneren unabhängig, dennoch staatsrechtlich klar zum Ostfränkischen Reich gehörend, bestand seit nunmehr über 100 Jahren das Herzogtum Böhmen unter seiner tschechischen Herrscherfamilie der Přemysliden. Verschiedene Kriegszüge der Böhmen ins übrige Reich und der Franken, Bayern oder Sachsen nach Böhmen in der zweiten Hälfte des 10. Jahrhunderts sind wohl nur bedingt als Ausdruck nationalen Unabhängigkeitsstrebens zu bewerten, eher als die damals auch sonst allgemein übliche Form der Austragung politischer oder persönlicher Meinungsverschiedenheiten zwischen hohen Adligen des Ostfränkischen Reiches.

Für die innere Unabhängigkeit Böhmens war es wichtig, daß es in kirchlicher Hinsicht ein eigenes Bistum erhielt und nicht ewig unter der Aufsicht des bayerischen Bischofs von Regensburg stand. Im Jahr 973 war es soweit, daß Kaiser und Papst die Errichtung eines Bistums Prag bewilligten. Der erste Bischof sollte zwar noch ein deutscher Geistlicher sein, doch wehrten sich die Böhmen erfolgreich gegen diesen »ausländischen Import«. Nur die Oberaufsicht des Erzbischofs von Mainz mußten sie sich noch für einige Zeit gefallen lassen.

Das bewegte politische Schicksal Böhmens zu Anfang des 11. Jahrhunderts kann in diesem Buch nicht mehr behandelt werden. Nur so viel sei gesagt, daß die Herzöge von Böhmen im Jahr 1086 erstmals persönlich und im Jahr 1198 erblich die Königswürde erhielten. Noch später zählten diese Könige von Böhmen zu den sieben Kurfürsten des Heiligen Römischen Reiches deutscher Nation und blieben das bis zum formellen Ende dieses Reiches im Jahr 1806. Da war allerdings schon seit Jahrhunderten die böhmische Königskrone in der Familie der Erzherzöge von Österreich aus dem Hause Habsburg erblich, die auch gleichzeitig über lange Zeit die Kaiser des Reiches stellten.

DER STERN, DER NUR
KURZ STRAHLTE

Man stelle sich das einmal heute vor: Ein Prinz aus königlichem Haus wird mit 15 Jahren für regierungsfähig erklärt – nicht etwa unter einer Vormundschaft oder Regentschaft (diese hatten seine Mutter und Großmutter schon seit seinem dritten Lebensjahr für ihn ausgeübt), sondern nun im vollen Besitz all seiner königlichen Rechte. Und diese Rechte bestünden nicht etwa nur aus repräsentativen Aufgaben, wie sie

Könige heutzutage zu erfüllen haben, sondern aus einer theoretischen und praktischen Machtfülle, die man nur mit dem kombinierten Einfluß des amerikanischen und des russischen Präsidenten von heute vergleichen könnte!

Ein junger Mann, dem dies in neuerer Zeit geschähe, *müßte* einfach anders denken, anders fühlen und anders handeln als normale Menschen. Ihm wäre sicher nicht verboten, gute Ratschläge erfahrener Männer und Frauen anzunehmen, aber letztlich entscheiden müßte allein er selbst, mit 15 oder 16 Jahren. Wie würde man die Haltung, die ein solcher junger Mann dann an den Tag legte, heute nennen? Überspanntheit, Eingebildetheit – oder schlicht Größenwahn?

Bei dem jugendlichen Kaiser Otto III., dem genau dieses Schicksal widerfuhr, hat sich kaum ein Historiker getraut, solche negativen Begriffe zu verwenden. Sich zu einem blutrünstigen Tyrannen oder einem krankhaften Welteroberer zu entwickeln, dazu hatte er wohl weder die Veranlagung noch die Zeit. Dennoch war die Verantwortung, die der frühe Tod seines Vaters auf seine Schultern legte, einfach zu viel für einen idealistischen Jugendlichen, der ein gereifter Mann erst noch hätte werden sollen.

Im Gegensatz zu all seinen Vorgängern und den meisten seiner Nachfolger auf dem Thron der ostfränkisch-deutschen Könige und römischen Kaiser war Otto III. hoch gebildet und zeigte sich auch für die schönen Künste und die Kultur aufgeschlossen. Er sprach, schrieb und las fließend Lateinisch und Griechisch, letzteres durch den Einfluß seiner Mutter Theophano, die eine Prinzessin aus dem byzantinischen Kaiserhaus war. Die besten Gelehrten seiner Zeit hatten sich um seine Erziehung gekümmert, und er hatte ihr Wissen und ihre Lehren mit wachem Verstand in sich eingesogen. Wahrscheinlich hat er dabei nicht gemerkt, mit welch unterschiedlichem, widersprüchlichem geistigem Rüstzeug ihn seine verschiedenen Lehrer und Berater versahen.

Als Otto III. im September 994 mit der Vollendung seines 14. Lebensjahres nach fränkischem Recht für volljährig erklärt wurde und das Königsamt übernahm, da blieb ihm keine Zeit mehr für jugendlichen Zeitvertreib. Wie es einem ostfränkischen König zukam, führte er u.a. mehrere Kriegszüge gegen die slawischen Heiden östlich der Elbe an, um sie zu »züchtigen«, wie es in den zeitgenössischen Quellen stets hieß. Ein Zug im Jahr 995 richtete sich gegen die Obodriten, ein anderer Zug ein Jahr später gegen die Heveller. Beide Feldzüge brach-

ten das übliche Morden und Brandschatzen im Feindesland, änderten
aber nichts Grundsätzliches an der Tatsache, daß diese Völker sich wei-
gerten, sich den sächsisch-fränkischen Nachbarn zu unterwerfen. Und
der König konnte auch nicht verhindern, daß die Nachbarn im Norden,
die Dänen oder Normannen, nun wieder kräftig Raubzüge durch das
ganze nördliche Sachsen unternahmen.

Viel wichtiger waren dem jungen König nämlich seine mehrmaligen
Züge nach Italien. Im Frühjahr 996 war wieder einmal ein Papst gestorben; Otto marschierte mit einem Heer nach Italien und nutzte dort
seine Macht, um einen Vetter zum neuen Papst zu ernennen: seinen Ka-
pellan Brun, der ein Sohn des Herzogs Otto von Kärnten und Urenkel
Ottos des Großen war. Dieser erste deutsche Papst auf dem Aposto-
lischen Stuhl – er nahm den Namen Gregor V. an – setzte dann, wie erwartet, umgehend seinem Vetter die römische Kaiserkrone auf, die stets
im Gepäck des reiselustigen Herrschers mitgeführt wurde (Mai 996).

Es lohnt nicht, sich die zahlreichen weiteren Reisen Ottos III. von
Italien nach Deutschland und wieder zurück im einzelnen zu merken.
Aufstände des römischen Stadtadels, die Einsetzung eines Gegen-
papstes, Rückzug des Kaisers aus Rom und Wiedereroberung der
Stadt in kurzer Folge, all dies lief unter Otto III. ganz ähnlich ab wie
zu Zeiten seiner Vorgänger und Nachfolger. Im April 999 mußte der
Kaiser schon wieder einen neuen Papst einsetzen, weil sein Vetter
Gregor-Brun gestorben war. Neuer Papst wurde der schon erwähnte
ehemalige Erzbischof Gerbert (Sylvester II.).

Je öfter Otto III. sich in Rom aufhielt, desto entschiedener fühlte er
sich als römischer Kaiser. »Romanorum imperator augustus« (erhabener Kaiser der Römer) ließ er sich nennen, in bewußtem Gegensatz zur
viel vorsichtigeren Titulatur seines Großvaters. War der junge Herrscher nicht Abkömmling *zweier* Kaiserhäuser und als solcher dazu
bestimmt, die ganze Welt zu regieren – natürlich nur die christliche?
Heiden zählten ja damals ohnehin nicht als vollgültige Menschen. Von
Rom aus, dieser einstigen Welthauptstadt, die nur leider weitgehend in
Trümmern lag, wollte der junge Otto sein erneuertes Weltreich regieren, wie es einst Konstantin der Große als erster christlicher Kaiser getan hatte. Ein christliches und römisches Weltreich als Heimat aller
christlichen Völker mit ihm, dem jungen Kaiser, als der von Gott
gewollten und überall verehrten Spitze, das schwebte Otto III. vor.

Es war kein Wunder, daß dem jungen Mann bei diesen Träumen

sein Amt als König des Ostfrankenreiches immer weniger wichtig erschien. Bei seiner Pilgerfahrt nach Gnesen handelte Otto III. vermutlich vorrangig oder ausschließlich als *Kaiser*, der für alle Christen da-
zusein hatte, ebenso in seinem Verhältnis zum ungarischen Fürsten
Stephan. Hier hat dieses von manchen Zeitgenossen und späteren Historikern mit Stirnrunzeln zur Kenntnis genommene Verhalten vermutlich die richtigen Weichen gestellt, aber das konnte nicht überall gelten.

Der Zug nach Gnesen im Frühjahr 1000 war der letzte Aufenthalt
des jungen Kaisers in seinem Stammland. Auf dem Rückweg nach Italien machte er noch in Aachen Station. Dort ließ er das Grab seines
Vorgängers und Vorbildes Karls des Großen öffnen und entnahm ihm
eine Reliquie.

Knapp anderthalb Jahre später war der Kaiser der Römer tot. Vor
einem weiteren Aufstand der Römer hatte er schon im Frühjahr 1001
seine neue Hauptstadt fluchtartig verlassen und in Norditalien Zuflucht
suchen müssen. Die Verstärkungen, um die er die Herzöge und
Bischöfe des Ostfrankenreiches bat, kamen nicht, denn dort war man
voller Unmut über die Vernachlässigung des heimatlichen Reiches
durch den Kaiser. Ziemlich ohne Hoffnung, in absehbarer Zeit Rom
noch einmal zurückerobern zu können, warf ihn in der Burg Paterno,
40 Kilometer nördlich von Rom, ein Malaria-Anfall nieder. Am 23. Januar 1002 erlag Kaiser Otto III., wie schon vor ihm sein Vater, dieser
Krankheit. Er war keine 22 Jahre alt geworden und hatte keine Zeit
gefunden, zu heiraten und einen Erben zu zeugen.

Überlegungen »Was wäre gewesen, wenn...« sind immer mißlich.
Dennoch liegt bei Otto III. die Vermutung nicht fern, daß ihm ein län-
geres Leben ein sehr tragisches Schicksal bereitet hätte. Denn sein
Traum von der unübertrefflichen Majestät seines Kaisertums und sein
Anspruch auf weltweite Herrschaft hätten sich auf die Dauer doch allzu
hart an den Realitäten der damaligen Welt gestoßen. Vielleicht hätte
sich der einst so erhabene Kaiser nach einer Folge tiefer Enttäuschungen als Eremit in eine Waldklause in den Apenninen zurückgezogen,
wie er es vor seinem Tod schon einmal wochenlang probiert hatte.

Dem vielversprechenden, aber auch tragischen Otto III. folgte sein
nüchterner und durchaus tüchtiger entfernter Vetter Heinrich, Herzog
von Bayern, als letzter männlicher Angehöriger des alten sächsischen
Kaiserhauses aus dem Stamm der Liudolfinger. Doch dessen Geschichte kann in diesem Buch nicht mehr erzählt werden.

NACHWORT

GESCHICHTE ENDET NIE

Jedes Buch muß einmal zu Ende gehen, auch eines über geschichtliche Themen. Mit welchem Zeitpunkt könnte ein Buch, das der Geschichte Deutschlands im ersten nachchristlichen Jahrtausend gewidmet ist, besser abgeschlossen werden als mit dem Tod des jungen Otto III. aus dem sächsischen Kaiserhaus im Jahr 1002?

Doch zahlreiche historische Zusammenhänge ziehen sich von der gerade noch beschriebenen Zeit hinüber in die nächsten Jahre, in das nächste Jahrtausend. Es ist nun einmal die Eigenart einer Darstellung von Geschichte – im Gegensatz etwa zu einem Roman –, daß sie eigentlich keinen Anfang und kein Ende hat.

Vom Jahr 1002 trennt die Leser dieses Buches eine fast ebenso große Zeitspanne, wie das Buch selbst behandelt hat. Wenn wir versuchen, von heute aus 1000 Jahre zurückzudenken, etwa in das Todesjahr Ottos III., dann wird uns klar, welche ungeheuren Wandlungen die Menschen im Gebiet Deutschlands in diesen letzten zehn Jahrhunderten durchgemacht haben. Sprache, Kleidung, Alltag, Kultur und Technik, das Denken und Fühlen der Menschen von damals – all das wäre uns heutigen Deutschen vollkommen fremd und unverständlich.

Fast ebenso groß muß man sich den geistigen und praktischen Abstand vorstellen, der die Menschen in Deutschland zur Zeit der Sachsenkaiser von ihren Vorfahren wiederum 1000 Jahre früher trennte. Die Alltagswelt hatte sich allerdings wohl weit weniger schnell verändert. Denn die technischen Errungenschaften, die uns heute das Leben angenehm machen und uns selbstverständlich sind, wie Elektrizität, Autos, Flugzeuge, traten erst vor höchstens 200 Jahren in das Leben der Menschen, und zwar in immer rascherer Folge.

Für die Römer zu Zeiten Julius Caesars waren die Gebiete nördlich der Alpen die finstere und uninteressante Heimat schreckenerregender

Wilder, die man Germanen nannte. Man konnte sie entweder nur abwehren oder zu beherrschen versuchen. 1000 Jahre später hatten sich
die Nachfahren dieser kulturlosen Wilden zu den Herren des »ewigen
Rom« gemacht und maßten sich an, von dort aus als »Kaiser der Römer« die christliche Welt zu beherrschen. Auch dieser Versuch scheiterte natürlich, wie wir aus dem Fortgang der Geschichte in den folgenden 1000 Jahren wissen. Aber gerade am Ende dieses Buches muß
man sich diese ungeheure Wandlung klarmachen, die die Weltgeschichte gerade im Zentrum unseres Erdteils damals durchlebte.

So vielfältig und aufregend auch die gleichzeitigen Ereignisse im
frühen Spanien, Britannien, Skandinavien und Osteuropa gewesen sein
dürften, sie hatten doch alle nicht die tiefgreifenden Auswirkungen auf
die *gesamt*europäische Geschichte, wie sie von den Veränderungen im
heutigen Deutschland, und in enger Verflechtung damit in Frankreich
und Italien, ausgingen.

Das war das Schicksal Deutschlands, vor 2000 Jahren, vor 1000
Jahren – und das ist es noch heute.

VERZEICHNIS DER KARTEN

34 Friesland und die Rhein-Maas-
   Mündungen im frühen Mittelalter
   (4.–8. Jh.) (S. 582)
35 Das Franken- und das Awarenreich
   um 800 (S. 637)
36 Norddeutschland um 800 (S. 654)
37 Das Frankenreich Karls des Großen
   und seine Teilung nach dem Vertrag
   von Verdun 843 (S. 668)
38 Züge der Normannen im Norden des
   Frankenreiches im 9. Jh. (S. 701)
39 Die entstehenden Herzogtümer im
   Ostfrankenreich um 919 (S. 752)
40 Nordalbingien und das Dänenreich
   im 10. Jh. (S. 772)
41 Nordostdeutschland in der 2. Hälfte
   des 10. Jhs. (S. 800)
42 Die Ostalpen Ende des 10. Jhs. (S. 851)
43 Nordostdeutschland um das Jahr 983
   (S. 864)
44 Das »Sacrum Imperium Romanum«
   und seine Nachbarn um das Jahr 1000
   (S. 879)

Folgende Werke lagen den Karten-
darstellungen zugrunde:

Bildatlas zur deutschen Geschichte. Bergisch
   Gladbach 1996.
Der Große Atlas zur Weltgeschichte.
   Hg. v. Hans-Erich Stier. München 1990.
Großer historischer Weltatlas. Teil I: Vor-
   geschichte und Altertum; Teil II: Mittel-
   alter. 2. Aufl. München 1979.
Herrmann, Joachim (Hg.): *Deutsche
   Geschichte.* Bd. 1. Köln 1982.
Herrmann, Joachim (Hg.): *Archäologie in
   der Deutschen Demokratischen Republik.
   Denkmale und Funde.* 2 Bde. Leipzig 1989.
Menghin, Wilfried: *Kelten, Römer und
   Germanen. Archäologie und Geschichte.*
   München 1980.
Putzger, F. W.: *Historischer Weltatlas.*
   91. Aufl. Bielefeld, Berlin,
   Hannover 1969.
Scheuch, Manfred: *Historischer Atlas
   Deutschland.* Wien, München 1997.

LITERATURVERZEICHNIS

Alföldy, Geza: »Der Friedensschluß des Kaisers Commodus mit den Germanen.« In: *Historia*, 20 (1971), S. 84–109.

Althoff, Gerd: »Der Sachsenherzog Widukind als Mönch auf der Reichenau. Ein Beitrag zur Kritik des Widukind-Mythos.« In: K. Hauck (Hg.), *Frühmittelalterliche Studien*, Bd. 17, Berlin, New York 1983.

Althoff, Gerd/Hagen Keller: *Heinrich I. und Otto der Große. Neubeginn und karolingisches Erbe*. Göttingen, Zürich 1985.

Amand, M.: »Cologne et la Hesbaye à l'époque romaine.« In: *Droit et liberté. Bulletin de l'union chretienne des professeurs de l'enseignement officiel*, Nr. 4, Brüssel 1951.

Ament, Hermann: »Zur archäologischen Periodisierung der Merowingerzeit.« In: *Germania*, 55 (1977), S. 134–140.

Ament, Hermann: »Franken und Romanen als archäologisches Forschungsproblem.« In: *Bonner Jahrbuch*, 178 (1978), S. 377–394.

Ament, Hermann: »Der Rhein und die Ethnogenese der Germanen.« In: *Prähistorische Zeitschrift*, 59 (1984), S. 37–47.

Ammianus Marcellinus: *Das Römische Weltreich vor dem Untergang*. Sämtl. erhaltenen Bücher übers. v. Otto Veh, eingel. u. erl. v. Gerhard Wirth. Zürich, München 1974.

Amstadt, Jakob: *Südgermanische Religion seit der Völkerwanderungszeit*. Stuttgart, Berlin, Köln 1991.

Andersson, Theodore M.: »Thidrekssaga.« In: *Dictionary of the Middle Ages*, Bd. 12, New York 1989, S. 29 ff.

Andersson, Thorsten: »Nordische und kontinentalgermanische Orts- und Personennamenstruktur zu alter Zeit.« In: E. Marold/Chr. Zimmermann (Hg.), »Nordwestgermanisch.« In: *Reallexikon der germanischen Altertumskunde*, Erg.-Bd. 13, Berlin, New York 1995.

Annales Quedlinburgensis. In: *Monumenta Germaniae historica*, Bd. 2.

Anscombe, Alfred: »The Historical Side of the Old English Poem of Widsith.« In: *Transactions of the Royal Historical Society*, 3. Series, Bd. 9, London 1915, S. 123–165.

Anton, Hans-Hubert: »Burgunden.« In: *Reallexikon der germanischen Altertumskunde*, Bd. 1, Berlin, New York 1981.

Anton, Hans-Hubert: »Chlodwig.« In: *Reallexikon der germanischen Altertumskunde*, Bd. 1, Berlin, New York 1981.

Anton, Hans-Hubert: »Trier im Übergang von der römischen zur fränkischen Herrschaft.« In: *Francia*, 12 (1984), S. 1–52.

Anton, Hans-Hubert: »Verfassungsgeschichtliche Kontinuität und Wandlungen von der Spätantike zum hohen Mittelalter am Beispiel Trier.« In: *Francia*, 14 (1987), S. 1–25.

Anton, Hans-Hubert: *Trier im frühen Mittelalter*. Paderborn, München, Wien, Zürich 1987.

Bach, Adolf: *Geschichte der deutschen Sprache*. Unveränd. Nachdr. d. 9. Aufl. v. 1970. Wiesbaden 1980.

Bahl, Franz (Bearb.): *Spiegel der Zeiten. Lehr- und Arbeitsbuch für den Geschichtsunterricht*. Bd. 1: »Von der Vorzeit bis zum Ende der Alten Welt.« Frankfurt/Main 1975.

Bahlow, Hans: *Deutschlands geographische Namenwelt*. Frankfurt/Main 1965.

Banniard, Michel: *Europa von der Spätantike zum frühen Mittelalter. Die Entstehung der europäischen Kulturen vom 5. bis zum 8. Jahrhundert n.Chr.* München 1993.

Barloewen, D. v.: »Geschichte der Germanen bis 376 n. Chr.« In: D. v. Barloewen (Hg.), *Abriß der Geschichte antiker Randkulturen*, München 1961.

Barth, Rüdiger E.: *Der Herzog in Lotharingien im 10. Jahrhundert*. Sigmaringen 1990.

Bechert, Tilman/W. J. H. Wilems: *Die römische Reichsgrenze zwischen Mosel und Nordseeküste*. Stuttgart 1995.

Beck, Heinrich (Hg.): *Reallexikon der germanischen Altertumskunde*. Begr. v. J. Hoops. Neuaufl. Berlin, New York 1979 ff.

Beck, Heinrich: »Zur Thidrekssaga-Diskussion.« In: *Zeitschrift für deutsche Philologie*, Bd. 112 (1993), S. 441–448.

Beck, Heinrich: »Saxland = Hunaland?« In: H. Keller/N. Staubach (Hg.), *Iconologia sacra*, Festschrift für Karl Hauck, Berlin, New York 1994.

Becker, Theodor: *Das römische Köln mit Maßstab und Zirkel*. Köln 1993.

Beda »der Ehrwürdige«: *Kirchengeschichte des englischen Volkes*. Übers. v. Günter Spitzbart. Darmstadt 1982.

Behr, Bruno: *Das alemannische Herzogtum bis 750*. Bern, Frankfurt/Main 1976.

Bemmann, Klaus: *Der Glaube der Ahnen. Die Religion der Deutschen, bevor sie Christen wurden*. Essen 1990.

Bender, Franz: *Illustrierte Geschichte der Stadt Köln*. Köln 1912.

Benoît-Méchin, Jacques: *Kaiser Julian oder der verglühte Traum*. Frankfurt/Main 1979.

Berndt, Helmut: *Die Nibelungen. Auf den Spuren eines sagenhaften Volkes*. Bergisch Gladbach 1993.

Beumann, Helmut (Hg.): *Karl der Große. Lebenswerk und Nachleben*. Bd. 1. Düsseldorf 1965.

Böckmann, Walter: *Als die Adler sanken. Arminius, Marbod und die Schlacht am Teutoburger Wald*. Bergisch Gladbach 1984.

Böckmann, Walter, *Der Nibelungen Tod in Soest. Neue Erkenntnisse zur historischen Wahrheit*. 3. Aufl. Düsseldorf, Wien, New York 1987.

Bogyay, Thomas v.: *Grundzüge der Geschichte Ungarns*. 4. Aufl. Darmstadt 1990.

Böhme, Horst Wolfgang: *Germanische Grabfunde des 4. bis 5. Jahrhunderts zwischen unterer Elbe und Loire. Studien zur Chronologie und Bevölkerungsgeschichte*. München 1974.

Böhme, Horst Wolfgang: »Archäologische Zeugnisse der Geschichte der Markomannenkriege.« In: *Jahrbuch des Römisch-Germanischen Zentralmuseums Mainz*, Bd. 22 (1975), S. 153–220.

Böhner, Kurt (Hg.): *Das erste Jahrtausend. Kultur und Kunst*. 2 Bde. Düsseldorf 1962–1964.

Böhner, Kurt: »Die fränkische Kultur in den Rheinlanden und ihre Ausstrahlungen in die Gebiete rechts des Rheins.« In: *Austrien im Merowingerreich*, maschr. Niederschrift v. Vorträgen, Bonn 1965.

Bonner Rundschau: »Endgültige Datierung des Alten Doms zu Köln. Ein Jahrhundert früher.« 11.1.1992.

Bonner Rundschau: »Tempel auf Tier-
hörnern gebaut. Archäologen fanden
die sagenhafte Slawenstadt Rethra
bei Neubrandenburg.« 24.1.1992.

Borgolte, Michael: *Geschichte der Grafschaften Alamanniens in fränkischer Zeit.*
Sigmaringen 1984.

Borst, Arno: *Lebensformen im Mittelalter.*
Frankfurt/Main, Berlin, Wien 1978.

Borst, Arno: *Mönche am Bodensee
610–1525.* Sigmaringen 1978.

Boshof, Egon (Hg.): *Die Geschichte des
Christentums.* Bd. 4. Freiburg/Brsg. 1994.

Bosl, Karl: »Das ›jüngere‹ bayerische
Stammesherzogtum der Luitpoldinger.«
In: K. Bosl (Hg.), *Zur Geschichte der
Bayern,* Darmstadt 1965.

Bosl, Karl: *Europa im Mittelalter.*
Wien 1970.

Bosl, Karl: *Bayerische Geschichte.*
München 1971.

Brandt, O. (Hg.): *Geschichte Schleswig-
Holsteins.* 6. Aufl. Kiel 1966.

Breuers, Dieter: *Ritter, Mönch und Bauers-
leut. Eine unterhaltsame Geschichte des
Mittelalters.* Bergisch Gladbach 1994.

Breuers, Dieter: »Christ Chlodwig
war ein fieser Franke.« In: *Kölnische
Rundschau,* 1.9.1996.

Brockhaus-Enzyklopädie in 24 Bänden.
19. Aufl. Wiesbaden 1986–1994.

Brondsted, Johannes: *Danmarks Historie.*
Bd. 1: »De aeldste tiderind til ar 600.«
Kopenhagen 1962.

Brouwer, J. H. (Hg.): *Encyclopedie van
Friesland.* Amsterdam, Brüssel 1958.

Brunner, Karl: *Österreichische Geschichte.*
Bd. 2. Wien 1994.

Buchberger, Michael (Hg.): *Lexikon für
Theologie und Kirche.* Freiburg/Brsg. 1932.

Busley, Hejo (Bearb.): *Spiegel der Zeiten.
Lehr- und Arbeitsbuch für den Geschichtsunterricht.* Bd. 2: »Vom Frankenreich bis

zum Westfälischen Frieden.« 7. Aufl.
Frankfurt/Main 1975.

Büttner, Heinrich: »Mainfranken und
Thüringen im Merowingerreich.«
In: *Austrien im Merowingerreich,* maschr.
Niederschrift v. Vorträgen, Bonn 1965.

Büttner, Heinrich: *Zur frühmittelalterlichen
Reichsgeschichte an Rhein, Main und Neckar.*
Darmstadt 1975.

Caesar, C. Julius: *Der Gallische Krieg.*
Übers. v. Georg Dorminger, Wiesbaden o. J.

Capelle, Torsten: »Sagenstoffe kontinen-
talen Ursprungs auf vendelzeitlichen,
wikingischen und spätwikingischen
Denkmälern.« In: *Mare Balticum. Zeitschrift
der Ostseegesellschaft,* H. 1 (1969), S. 10–18.

Capelle, Wilhelm: *Das alte Germanien. Die
Nachrichten der griechischen und römischen
Schriftsteller.* Jena 1937.

Cartuyvels, Jean: *La Ward anglaise en
Meuse Moyenne au Bas Empire et la Robett-
Connection.* Brüssel 1985.

Christlein, Rainer: *Die Alamannen.
Archäologie eines lebendigen Volkes.* 2. Aufl.
Stuttgart, Aalen 1978.

Dahn, Felix: *Die Völkerwanderung. Germa-
nisch-romanische Frühgeschichte Europas.*
Gekürzte u. bearb. Fassung d. vierbän-
digen Originalausg. 1883. Berlin 1977.

Dahn, Felix: *Walhall. Germanische Götter-
und Heldensagen.* O. O. [um 1892]
(Nachdr. 1980.)

Dannenbauer, Heinrich: »Bevölkerung
und Besiedlung Alamanniens in fränkischer Zeit.« In: W. Müller (Hg.), *Zur
Geschichte der Alemannen,* Darmstadt 1975.

Dannheimer, H./Dopsch (Hg.): *Die Bajuwaren. Von Severin bis Tassilo 488–788.*
Katalog zur Landesausstellung. Rosen-
heim/Mattsee 1988.

Deér, Josef: »Karl der Große und der Untergang des Awarenreiches.« In: H. Beumann (Hg.), *Karl der Große*, Bd. 1, Düsseldorf 1965, S. 719-791.

Deschner, Karlheinz: *Kriminalgeschichte des Christentums*. Bd. 3: Die alte Kirche. 2. Aufl. Reinbek 1996.

De Vries, Jan: *Altnordische Literaturgeschichte*. Bd. 1/2. Berlin 1964. (2. Aufl. 1967.)

Diederichs, Ulf (Hg.): *Island-Sagas*. 2. Aufl. München 1995.

Diesner, Hans-Joachim: *Die Völkerwanderung*. Leipzig 1976.

Dietmar, Carl: *Die Chronik Kölns*. 2. Aufl. Köln 1992.

Diwald, Hellmut: *Heinrich I. Die Gründung des Deutschen Reiches*. Bergisch Gladbach 1987.

Döbler, Hannsferdinand: *Die Germanen. Legende und Wirklichkeit von A bis Z. Ein Lexikon zur europäischen Frühgeschichte*. Gütersloh 1975.

Donat, Peter: »Zur Entwicklung germanischer Siedlungen östlich des Rheins bis zum Ausgang der Merowingerzeit.« In: *Zeitschrift für Archäologie*, 25 (1991), S. 149-176.

Drabek, Anna M. (Red.): *Österreich im Hochmittelalter (907-1246)*. Wien 1991.

Dümmler, Ernst: *Kaiser Otto der Große*. Leipzig 1876. *(Jahrbücher der deutschen Geschichte.)*

Dümmler, Ernst: *Geschichte des Ostfränkischen Reiches*. Bde. 1-3. Leipzig 1887. *(Jahrbücher der deutschen Geschichte.)*

Dvornik, Francis: *The Slavs: Their Early History und Civilization*. Boston 1956.

Eggers, Hans: *Deutsche Sprachgeschichte*. Bd. 1: Das Althochdeutsche. 3. Aufl. Reinbek 1976.

Eggers, Hans-Jürgen u.a.: *Kelten und Germanen in heidnischer Zeit*. Baden-Baden 1975.

Eggers, Willi: »Die niederdeutschen Grundlagen der Wilzensage in der Thidrekssaga.« In: *Niederdeutsches Jahrbuch*, Bd. LXII (1936), Hamburg 1937, S. 70-125.

Eggert, Wolfgang: *Das ostfränkisch-deutsche Reich in der Auffassung seiner Zeitgenossen*. Wien, Köln, Graz 1973.

Ehrismann, Gustav: »Die mittelhochdeutsche Literatur.« In: *Geschichte der deutschen Literatur bis zum Ausgang des Mittelalters*, T. 2, München 1966. (Unveränd. Nachdr. der 1. Aufl. 1935.)

Ehrismann, Otfried: *Nibelungenlied. Epoche, Werk, Wirkung*. München 1987.

Einhard: *Jahrbücher*. Übers. v. Otto Abel u. Wilhelm Wattenbach. Stuttgart 1996.

Elbe, Joachim v.: *Die Römer in Deutschland. Ausgrabungen, Fundstätten, Museen*. Eltville 1989.

Elsner, Hildegard: *Wikinger-Museum Haithabu. Schaufenster einer frühen Stadt*. 2. Aufl. Neumünster 1994.

Engel, Gustav: *Politische Geschichte Westfalens*. Köln, Berlin 1968.

Engler, Aulo: *Europas Stunde Null. Der Eintritt der Germanen in die Weltgeschichte*. Berg/Starnberger See 1983.

Ennen, Edith/Dieter Höroldt: *Kleine Geschichte der Stadt Bonn*. 2. Aufl. Bonn 1968.

Ernst, Reimund: *Die Nordwestslawen und das Fränkische Reich*. Berlin 1976.

Eugippius: *Das Leben des Heiligen Severin*. Neu hg. v. Alexander Heine. Essen, Stuttgart 1986.

Ewig, Eugen: »Die Civitas Ubiorum, die Francia Rinensis und das Land Ripuarien.« In: *Rheinisches Vierteljahresblatt*, 19 (1954), S. 1 ff.

Ewig, Eugen: *Trier im Merowingerreich. Civitas, Stadt, Bistum*. Aalen 1973. (Neudruck d. Ausg. Trier 1954.)

Ewig, Eugen: »Probleme der fränkischen Frühgeschichte in den Rheinlanden.« In: *Historische Forschungen*, Festschrift für Walter Schlesinger, Köln, Wien 1974.

Ewig, Eugen: »Die fränkische Reichsbildung.« In: *Handbuch der europäischen Geschichte*, hg. v. Theodor Schieder, Bd. 1, Stuttgart 1976, S. 250–266.

Ewig, Eugen: »Spätantikes und fränkisches Gallien.« In: Ges. Schriften, Beihefte zur *Francia*, Bd. 1, München 1976; Bd. 2, München 1979.

Ewig, Eugen: »Die Rheinlande in fränkischer Zeit 451–919/31.« In: *Rheinische Geschichte*, hg. v. F. Petri u. G. Droege, Bd. 1.

Ewig, Eugen: »Der Raum zwischen Selz und Andernach vom 5. bis zum 7. Jahrhundert.« In: J. Werner/E. Ewig (Hg.), *Von der Spätantike zum frühen Mittelalter*, Sigmaringen 1979, S. 274–296.

Ewig, Eugen: *Die Merowinger und das Frankenreich*. Stuttgart, Berlin, Köln, Mainz 1988.

Faber, Gustav: *Auf den Spuren Karls des Großen*. München 1984.

Feger, Otto: »Zur Geschichte des alemannischen Herzogtums.« In: W. Müller (Hg.), *Zur Geschichte der Alemannen*. Darmstadt 1975, S. 151–222.

Feist, Siegmund: *Kultur, Ausbreitung und Herkunft der Indogermanen*. Berlin 1913.

Feist, Siegmund: »Germanen.« In: G. Ebert (Hg.), *Reallexikon der Vorgeschichte*, Bd. 4, Berlin 1925.

Feuerstein-Praßer, Karin: *Europas Urahnen. Vom Untergang des Weströmischen Reiches bis zu Karl dem Großen*. Regensburg 1993.

Feustel, Gotthard: *Brandenburg. Land und Leute*. Leipzig 1995.

Fichtenau, Heinrich: *Lebensordnungen des 10. Jahrhunderts. Studien über Denkart*

und Existenz im einstigen Karolingerreich. 2. Aufl. München 1994.

Finley, Moses I.: *Die antike Wirtschaft.* München 1977.

Fischer-Fabian, Siegfried: *Die ersten Deutschen. Das rätselhafte Volk der Germanen.* München 1975.

Fleckenstein, Josef: *Grundlagen und Beginn der deutschen Geschichte.* 3. Aufl. Göttingen 1988.

Frank, Thomas: *Wermelskirchen. Beiträge zu unserer Geschichte.* Wuppertal 1995.

Frankfurter Allgemeine Zeitung v. 4.6.1997: »In Polen ist der Papst immer noch zu Hause.« Bericht über das Treffen von sieben Präsidenten mit dem Papst in Gnesen, Juni 1997.

Fredegar: *Die Chronik Fredegars und der Frankenkönige.* Übers. v. Otto Abel. Essen, Stuttgart 1986.

Freising, F.: *Die Bernsteinstraße aus der Sicht der Straßentrassierung.* Bonn-Bad Godesberg 1977.

Fried, P./W.-D. Sick (Hg.): *Die historische Landschaft zwischen Lech und Vogesen. Forschungen und Fragen zur Geschichte.* Augsburg 1988.

Fritze, Wolfgang H.: *Untersuchungen zur frühslawischen und frühfränkischen Geschichte bis ins 7. Jahrhundert.* Diss. 1952. Gedruckt Frankfurt/Main 1994.

Fritze, Wolfgang H.: »Die sogenannte Urheimat und die frühmittelalterliche Westausdehnung der Slawen.« In: *Bericht über die Tagung für Frühgeschichte*, Lübeck 1955.

Fritze, Wolfgang H.: »Probleme der abodritischen Stammes- und Reichsverfassung.« In: H. Ludat (Hg.), *Siedlung und Verfassung der Slawen zwischen Elbe, Saale und Oder*, Gießen 1960, S. 141–219.

Froncek, Thomas: *Abenteurer aus dem Norden*. New York 1974.

Geary, Patrick J.: *Before France and Germany.*
The Creation and Transformation of the Mero-
vingian World. New York, Oxford 1988.

Genrich, Albert: »Die Entstehung des
sächsischen Stammes.« In: W. Lammers
(Hg.), *Entstehung und Verfassung des Sach-*
senstammes, Darmstadt 1967.

Genrich, Albert: »Grabbeigaben und
germanisches Recht.« In: *Die Kunde*
(Niedersächsischer Landesverein für
Urgeschichte), NF, 22 (1971).

Genrich, Albert: »Der Siedlungsraum
der Nerthus-Stämme.« In: *Die Kunde*
(Niedersächsischer Landesverein für
Urgeschichte), NF, 26/27 (1975/76).

Genrich, Albert: »Die Altsachsen bis zum
Ende des 5. Jahrhunderts.« In: H. Patze
(Hg.), *Geschichte Niedersachsens,* Hildes-
heim 1977, S. 518–539.

Genrich, Albert: *Die Altsachsen.* Hildesheim 1981.

Genrich, Albert: »Der Name der Sachsen.
Mythos und Realität.« In: *Studien zur*
Sachsenforschung, 7, Hildesheim 1991,
S. 137–143.

Genzmer, Felix: *Das Nibelungenlied.*
Übers., eingel. u. erl. v. F. Genzmer.
Stuttgart 1955.

Gering, Hugo: *Die Edda. Die Lieder der*
sog. älteren Edda. Leipzig, Wien 1892.

Gering, Hugo: *Beowulf nebst dem Finnsburg-*
Bruchstück. Übers. u. erl. v. H. Gering.
2. Aufl. Heidelberg 1913.

»Die Germanen – unsere barbarischen
Vorfahren.« In: *Der Spiegel,* 28.10.1996,
S. 196–213.

Geuenich, Dieter/H. Keller: »Alamannen,
Alamannien, alamannisch im frühen
Mittelalter.« In: H. Wolfram (Hg.), *Die*
Bayern und ihre Nachbarn, Wien 1985,
S. 135–157.

Geuenich, Dieter u.a. (Hg.): *Chlodwig und*
die »Schlacht von Zülpich«. Geschichte und

Mythos 496–1996. Begleitbuch zur Ausstellung. Zülpich 1996.

Gilles, Karl-Josef: *Die Trierer Münzprägung*
im frühen Mittelalter. Koblenz, Trier 1982.

Gimbutas, Marija: *The Slavs.* London 1971.

Godlowski, Kasimierz: »Zur Frage der
völkerwanderungszeitlichen Besiedlung
in Pommern.« In: *Studien zur Sachsen-*
forschung, 2, Hildesheim 1980.

Golther, Wolfgang: *Handbuch der*
germanischen Mythologie. Kettwig 1987.
(Unveränd. Nachdr. d. Ausg. 1908.)

Goossens, Jan: »Zur sprachlichen Teilung
des Rhein-Maas-Raumes.« In: *Rheinische*
Vierteljahresblätter, 55 (1991), S. 274–293.

Grant, Michael: *Der Untergang des Römi-*
schen Reiches. 2. Aufl. Herrsching 1992.

Graus, Fr.: »Die Nationenbildung der
Westslawen im Mittelalter.« In: *Nationes,*
Bd. 3, Sigmaringen 1980.

Graus, Fr./H. Ludat (Hg.): *Siedlung*
und Verfassung Böhmens in der Frühzeit.
Wiesbaden 1967.

Gregor v. Tours: *Zehn Bücher Geschichten.*
Neu bearb. v. R. Buchner. 7. Aufl.
Darmstadt 1990.

Grimm, Jacob: *Deutsche Mythologie.*
Faksimilenachdr. d. Ausg. v. 1875–1878.
3 Bde. Wiesbaden 1992.

Güntert, Hermann: *Der Ursprung der*
Germanen. Heidelberg 1934.

Günther, D./H. Köpstein (Hg.): *Die Römer*
an Rhein und Donau. Wien, Köln,
Graz 1985.

Günther, Harri (Hg.): *Die Edda nach der*
Übersetzung v. Karl Simrock. Berlin 1987.

Hachmann, Rolf: »Zur Gesellschafts-
ordnung der Germanen in der Zeit um
Christi Geburt.« In: *Archaeologia geo-*
graphica, Bd. 5/6 (1956), S. 7–24.

Hachmann, Rolf: »Die Goten und Skandinavien.« In: *Quellen und Forschungen*

zu Sprach- und Kulturgeschichte der germanischen Völker, 34, Berlin 1970.

Hachmann, Rolf: *Die Germanen.* Genf 1971.

Hachmann, Rolf: »Cäsar gab ihnen den Namen. Die Germanen und das Zeitalter der großen Wanderungen.« In: R. Pörtner (Hg.), *Alte Kulturen ans Licht gebracht. Neue Erkenntnisse der modernen Archäologie,* Düsseldorf, Wien 1975.

Hachmann, Rolf/G. Kossack/H. Kuhn: *Völker zwischen Germanen und Kelten.* Neumünster 1962.

Hammerbacher, Hans W.: *Die hohe Zeit der Sueben und Alamannen.* Heusenstamm 1974.

Hankel, Wilhelm: *Caesar, Weltwirtschaft des alten Rom.* Frankfurt/Main, Berlin 1992.

Harenberg, Bodo (Hg.): *Chronik der Deutschen.* Dortmund 1983.

Hartmann: *Zwanzig Jahrhunderte Kirchengeschichte.* Lahr 1992.

Hartung, Hans Rudolf: *Soest in der Sage.* Soest 1994.

Hartung, Wolfgang: *Süddeutschland in der frühen Merowingerzeit. Studien zu Gesellschaft, Herrschaft, Stammesbildung bei Alamannen und Bajuwaren.* Wiesbaden 1983.

Hauck, Albert: *Kirchengeschichte Deutschlands.* T. 1. 8., unveränd. Aufl. (Ost-)Berlin 1988.

Hauck, Karl: *Goldbrakteaten aus Sievern. Spätantike Amulettbilder der ›Dania Saxonica‹ und die Sachsen-›Origo‹ bei Widukind v. Corvey.* München 1970.

Haug, Walter: »Die historische Dietrichsage. Zum Problem der Literarisierung historischer Fakten.« In: *Zeitschrift für deutsches Altertum und deutsche Literatur,* Bd. 100 (1971), S. 43–62.

Hecht, Gretel u. Wolfgang: *Deutsche Heldensagen.* Nacherzählt v. G. u. W. Hecht. Frankfurt/Main, Leipzig 1980.

Heidinga, H. A.: »Zwischen Friesen, Franken und Sachsen: Einige Bemerkungen zur Gruppenbildung im frühen Mittelalter in den Niederlanden.« In: H. J. Häßler (Hg.), *Studien zur Sachsenforschung,* 6, Hildesheim 1987, S. 55–71.

Heine, Alexander (Hg.): *Geschichte der Langobarden. Paulus Diakonus und die Geschichtsschreiber der Langobarden nach der Übersetzung von Otto Abel.* Kettwig 1992.

Heinen, Heinz: »Trier und das Trevererland in römischer Zeit.« In: Universität Trier (Hg.), *2000 Jahre Trier,* Festschrift. Trier 1985.

Heinzle, J.: »Dietrich von Bern.« In: *Lexikon des Mittelalters,* Bd. 3, Sp. 1016–1018, München, Zürich 1986.

Hellmann, Manfred: »Grundzüge der Verfassungsstruktur der Liutizen.« In: H. Ludat (Hg.), *Siedlung und Verfassung der Slawen zwischen Elbe, Saale und Oder.* Gießen 1960, S. 103–114.

Hellmann, Manfred: »Karl und die slawische Welt zwischen Ostsee und Böhmerwald.« In: H. Beumann (Hg.), *Karl der Große,* Bd. 1, Düsseldorf 1965, S. 708–718.

Helmold: *Chronik der Slawen.* Übers. v. J. M. Laurent u. W. Wattenbach. Essen, Stuttgart 1986.

Hepp, Armin E.: *Völker und Stämme in Deutschland. Von der Steinzeit zum Mittelalter.* Herrsching 1986.

Herm, Gerhard: *Die Kelten. Das Volk, das aus dem Dunkel kam.* Düsseldorf 1975.

Herrmann, Joachim (Hg.): *Deutsche Geschichte.* Bd. 1: Von den Anfängen bis zur Ausbildung des Feudalismus Mitte des 11. Jahrhunderts. 2. Aufl. (Ost-)Berlin 1982.

Hessler, Wolfgang: *Mitteldeutsche Gaue des frühen und hohen Mittelalters.* (Ost-)Berlin 1957.

Higounet, Charles: *Die deutsche Ostsiedlung im Mittelalter*. 2. Aufl. München 1990.

Hiller, Helmut: *Otto der Große und seine Zeit*. München 1980.

Hilsch, Peter: »Frühgeschichtliche Siedlungsräume Mitteleuropas.« In: *Großer Historischer Weltatlas*, T. 2, 2. Aufl., München 1995, S. 15 f.

Hlawitschka, Eduard: *Vom Frankenreich zur Formierung der europäischen Staaten und Völkergemeinschaft 849–1046*. Darmstadt 1986.

Hofmann, Dietrich: »Vers und Prosa in der mündlich gepflegten mittelalterlichen Erzählkunst der germanischen Länder.« In: K. Hauck (Hg.), *Frühmittelalterliche Studien*, Bd. 5, Berlin, New York 1971, S. 135–175.

Hofmann, Dietrich: »Das Verhältnis der altschwedischen Didriks-Chronik zur Thidrekssaga und zur historischen Wirklichkeit.« In: *Skandinavistik*, Bd. 20/2 (1990), S. 95–110.

Hofmann, Dietrich: »Antwort auf Ritter: Die Bedeutung der Didriks-Chronik, eine Replik.« In: *Skandinavistik*, Bd. 21 (1991), S. 140.

Holthausen, Ferdinand: »Studien zur Thidrekssaga.« In: *Studien zur Geschichte der deutschen Sprache und Literatur*, Bd. 9, Halle/S. 1884, S. 451–503.

Holtzmann, Robert: *Karl der Große*. Berlin 1936.

Horst, Fritz/Horst Keiling (Hg.): *Bestattungswesen und Totenkult in ur- und frühgeschichtlicher Zeit*. Berlin 1991.

Huf, Franz: *Deutschlands Geschichtsquellen im Mittelalter: Frühzeit und Karolinger*. T. 1 u. 2. Hg. v. A. Heine. Kettwig 1991.

Illig, Heribert: »Die christliche Zeitrechnung ist zu lang.« In: *Vorzeit, Frühzeit, Gegenwart*, 1 (1991), S. 4–20.

Illig, Heribert: *Das erfundene Mittelalter. Die größte Zeitfälschung der Geschichte*. Düsseldorf 1996.

Jahn, Martin: »Die Wanderung der Kimbern, Teutonen und Wandalen.« In: *Mannus*, Bd. 24 (1932), abgedr. in: E. Schwarz (Hg.), *Zur germanischen Stammeskunde*, Darmstadt 1972, S. 41–53.

James, Edward: *The Franks*. Oxford 1988.

Jankuhn, Herbert: »Karl der Große und der Norden.« In: H. Beumann (Hg.), *Karl der Große*, Bd. 1, Düsseldorf 1965, S. 699–707.

Jankuhn, Herbert: »Methoden und Probleme siedlungsarchäologischer Forschung.« In: E. Schwarz (Hg.), *Zur germanischen Stammeskunde*, Darmstadt 1972, S. 229–280.

Jankuhn, Herbert: *Archäologie und Geschichte. Beiträge zur siedlungsarchäologischen Forschung*. Bd. 1. Berlin, New York 1976.

Jankuhn, Herbert: »Archäologische Beobachtungen zur Religion der festländischen Angeln.« In: H. J. Häßler (Hg.), *Studien zur Sachsenforschung*, Bd. 1, Hildesheim 1977, S. 215–234.

Jarnut, Jörg: »Wer hat Pippin 751 zum König gesalbt?« In: K. Hauck (Hg.), *Frühmittelalterliche Studien*, Bd. 16, Berlin, New York 1982, S. 45–57.

Jarnut, Jörg: *Agilolfinger-Studien. Untersuchungen zur Geschichte einer adligen Familie im 6. und 7. Jahrhundert*. Stuttgart 1986.

Jenkis, Arno: *Die Eingliederung Nordalbingiens in das Frankenreich*. Diss. 1953.

Jung, Ernst F.: *Sie bezwangen Rom. Die Rolle der Germanen von der Frühzeit bis zu Karl dem Großen*. Düsseldorf, Wien 1976.

Jung, Ernst F.: *Der Nibelungen Zug durchs Bergische Land. Bakalar und die Grafen von Berg im neuen Licht der Thidrekssaga. Perspektiven, Analysen, Argumentationen*

nach H. Ritters Deutung. Bergisch
Gladbach 1986.

Jussen, Bernhard: »Über ›Bischofsherr-
schaften‹ und die Prozeduren politisch-
sozialer Umordnung in Gallien
zwischen Antike und Mittelalter.«
In: *Historische Zeitschrift*, Bd. 260, H. 3
(1995), S. 673–718.

Kahl, Hans-Dietrich: »Zwischen Aquileja
und Salzburg. Beobachtungen und
Thesen zur Frage romanischen Rest-
christentums im nachvölkerwan-
derungszeitlichen Binnen-Norikum.«
In: H. Wolfram (Hg.), *Die Völker an der
mittleren und unteren Donau*, Wien 1975.

Kahl, Hans-Dietrich: »Die Baiern und ihre
Nachbarn bis zum Tode des Herzogs
Theodo (717/18).« In: H. Wolfram (Hg.),
Die Bayern und ihre Nachbarn, Wien 1985.

Kaiser, Reinhold: *Das römische Erbe und das
Merowingerreich.* München 1993.

Kasper, Walter (Hg.): *Lexikon für Theologie
und Kirche.* 3. Aufl. Freiburg/Brsg. 1995.

Kellenbenz, Hermann (Hg.): *Zwei Jahrtausende Kölner Wirtschaft.* Köln 1975.

Kellenbenz, Hermann: *Deutsche Wirt-
schaftsgeschichte.* Bd. 1: Von den Anfängen bis zum Ende des 18. Jahrhunderts.
München 1977.

Keller, Adelbert v.: *Das Deutsche Helden-
buch. Nach dem mutmaßlich ältesten Drucke
neu herausgegeben.* Stuttgart 1867.

Keller, Hagen: »Probleme der frühen Ge-
schichte der Alamannen (›Alamannische
Landnahme‹) aus historischer Sicht.«
In: *Ausgewählte Probleme europäischer Land-
nahmen des Früh- und Hochmittelalters*, T. 1,
Sigmaringen 1993.

Keller, Hiltgart L.: *Reclams Lexikon der Heiligen und der biblischen Gestalten. Legende
und Darstellung in der bildenden Kunst.*
5. Aufl. Stuttgart 1984.

Keller, Rudolf E.: *Die deutsche Sprache und
ihre historische Entwicklung.* Bearb. u. a. d.
Engl. übers. v. K. H. Mulagk.
Hamburg 1995.

Kempf, Friedrich (Hg.): *Die mittelalterliche
Kirche.* Freiburg/Brsg. 1966.

Kinder, H./W. Hilgemann (Hg.): *dtv-Atlas
zur Weltgeschichte. Karten und chronologischer
Abriß.* 2 Bde. München 1970.

Kirsten, Ernst: *Raum und Bevölkerung in der
Weltgeschichte.* Bevölkerungs-Ploetz,
Bd. 2: Von der Vorzeit bis zum Mittel-
alter. 3. Aufl. Würzburg 1968.

Klebel, Ernst: »Zur Geschichte des
Herzogs Theodo.« In: K. Bosl (Hg.),
Zur Geschichte der Bayern, Darmstadt
1965, S. 172–224.

Klindt-Jensen, Ole: *Denmark before the
Vikings.* London 1957.

Koch, Robert u. Ursula: »Die fränkische
Expansion ins Main- und Neckar-
gebiet.« In: *Die Franken – Wegbereiter
Europas*, Ausstellungskatalog, Mainz
1996, S. 270–284.

Kohl, Wilhelm: *Kleine westfälische Geschichte.*
Düsseldorf 1994.

Köhncke, Fritz: *Über die Entstehung des Ersten
Deutschen Reiches. Vom Cheruskerbund bis zum
Regnum Teutonicorum.* Pähl/Obb. 1985.

Köllen, Heinz: »Der ›Kuhle Dom‹. Erbe
der mittelalterlichen Dietkirche.«
In: *General-Anzeiger für Bonn*, 30.8.1995.

Köllen, Heinz: »Stiftete Graf Ezzo das
Dietkirchenkloster? Ein mächtiges rhei-
nisches Fürstengeschlecht und seine
Verbindung zur Bonner Urpfarrkirche.«
In: *General-Anzeiger für Bonn*, 10.2.1996.

König, J.: »Soest in der apokryphen
Geschichtsschreibung Frieslands.« In:
*Zeitschrift des Vereins für die Geschichte von
Soest und der Börde*, H. 64, Soest 1952,
S. 71–81.

König, Werner: *dtv-Atlas zur deutschen*

Sprache. Tafeln und Texte mit Mundart-
Karten. 9. Aufl. München 1992.

Kossack, Georg: »Die Germanen.«
In: *Fischer Weltgeschichte*, Bd. 8, 5. Aufl.,
Frankfurt/Main 1976.

Kötzschke, Rudolf: *Deutsche und Slawen im
mitteldeutschen Osten. Ausgewählte Aufsätze.*
Darmstadt 1961.

Krahe, Hans: *Indogermanische Sprachwissenschaft.* T. 1/2. Berlin 1966–1969.

Krahe, Hans/Wolfgang Meid: *Germanische
Sprachwissenschaft.* T. 1. Berlin 1969.

Krapp, Berthold: *Westslawen und westslawi-
sches Erbe in Deutschland.* Stuttgart 1972.

Kraus, Andreas: *Geschichte Bayerns. Von den
Anfängen bis zur Gegenwart.* 2. Aufl.
München 1988.

Krüger, Bruno (Hg.): *Die Germanen. Geschichte und Kultur der germanischen Stämme
in Mitteleuropa.* 2 Bde. (Ost-)Berlin 1983.

Kuhn, Hans: »Grenzen vor- und frühgeschichtlicher Ortsnamentypen.« In: *Veröffentlichungen der Akademie der Wissenschaften und der Literatur Mainz*, Nr. 4, 1963,
S. 545–568.

Kuhn, Hans (Bearb.): *Edda. Die Lieder des
Codex Regius nebst verwandten Denkmälern.*
Bd. 1 (Text) Heidelberg 1968, Bd. 2
(Kurzes Wörterbuch) Heidelberg 1983.

Kuhn, Hans: »Angeln.« In: *Reallexikon der
germanischen Altertumskunde*, Bd. 1,
2. Aufl., Berlin, New York 1971.

Kuhn, Hans: »Das Rheinland in den germanischen Wanderungen.« In: F. Petri
(Hg.), *Sprache und Bevölkerungsstruktur im
Frankenreich*, Darmstadt 1973, S. 447
bis 483.

Kuhn, Hans/H. Jänichen: »Alemannen.«
In: *Realencyclopädie des klassischen Altertums*, NF, Bd. 1, Berlin, New York 1973.

Kurowski, Franz: *Schwertgenossen Sahsnotas – die große Geschichte der Sachsen.*
Hamburg 1996.

LaBaume, W.: »Gesichtsurnenkultur,
ostdeutsch-polnische.« In: Ebert (Hg.),
Reallexikon der Vorgeschichte, Bd. 4,
Berlin 1925.

Lamb, H. H.: *Climate. Present, Past and
Future.* 2 Bde. London 1972–1976.

Lamb, H. H.: *Klima und Kulturgeschichte.
Der Einfluß des Wetters auf den Gang der
Geschichte.* Reinbek 1989.

Lammers, Walther: »Entstehung des
Sachsenstammes.« In: *Wege der Forschung*,
Bd. 50, Darmstadt 1967.

Lammers, Walther (Hg.): *Die Eingliederung der Sachsen in das Frankenreich.*
Darmstadt 1970.

Landschaftsverband Westfalen-Lippe:
»Auf der Suche nach Widukinds Verwandten.« In: *Bonner Rundschau*, 3.7.1997.

Last, Martin: »Niedersachsen in der Mero-
winger- und Karolingerzeit.« In: *Geschichte
Niedersachsens*, Bd. 1, Hildesheim 1977.

Lauring, Palle: *Land of the Tollund Man.
The Prehistory and Archaeology of Denmark.*
London 1957.

Ledebur, Leopold v.: *Das Land und Volk
der Bructerer.* Berlin 1827.

Ledebur, Leopold v.: »Island und Nibe-
lungenland nach dem Nibelungenliede,
eine historisch-geographische Untersuchung.« In: W. Dorow (Hg.), *Museum
für Geschichte, Sprache, Kunst und Geo-
graphie*, Berlin 1827.

Lerch, Laurenz: »Verona.« In: *Jahrbücher
des Vereins für Altertumsfreunde im
Rheinland*, Bd. 1 (1842), S. 3.

Levison, Wilhelm: »Bonn–Verona.«
In: *Rheinisches Vierteljahresblatt*, 1931/32,
S. 351–357.

Lindner, Klaus: *Untersuchungen zur Frühgeschichte des Bistums Würzburg und des
Würzburger Raumes.* Göttingen 1972.

Lintzel, Martin: *Die Anfänge des Deutschen
Reiches.* München, Berlin 1942.

Loose, Hans-Dieter (Hg.): *Hamburg. Geschichte der Stadt und ihrer Bewohner.* Bd. 1. Hamburg 1982.

Löwe, Heinz: »Bonifatius und die bayerisch-fränkische Spannung.« In: K. Bosl (Hg.), *Zur Geschichte der Bayern*, Darmstadt 1965, S. 264–328.

Löwe, Heinz: »Deutschland im fränkischen Reich.« In: B. Gebhardt (Hg.), *Handbuch der deutschen Geschichte*, Bd. 2, 9. Aufl., Stuttgart 1970.

Löwenstein, Hubertus Prinz zu: *Rom, Reich ohne Ende.* Frankfurt/Main, Berlin, Wien 1979.

Ludat, H. (Hg.): *Siedlung und Verfassung der Slawen zwischen Elbe, Saale und Oder.* Gießen 1960.

Lutter, Christina/Helmut Reimitz (Hg.): *Römer und Barbaren. Ein Lesebuch zur deutschen Geschichte von der Spätantike bis 800.* München 1997.

Maczynska, Magdalena: *Die Völkerwanderung. Geschichte einer ruhelosen Epoche.* Zürich 1993.

Maier, Hans: *Die christliche Zeitrechnung.* Freiburg/Brsg. 1991.

Mann, Golo/Alfred Heuß (Hg.): *Propyläen-Weltgeschichte. Eine Universalgeschichte.* Frankfurt/Main, Berlin 1963.

Markey, T. L.: »Social Spheres and National Groups in Germania.« In: H. Beck (Hg.), *Germanenprobleme in heutiger Sicht*, Berlin, New York 1986, S. 248–266. (Erg.-Bd. 1 zum *Reallexikon der germanischen Altertumskunde*.)

Martin, Max: »Bemerkungen zur chronologischen Gliederung der frühen Merowingerzeit.« In: *Germania*, Bd. 67,1 (1989), S. 121–141.

Maurer, Friedrich: »Die sprachgeschichtliche Entwicklung des Westgermanischen in der Merowingerzeit.« In:

Austrien im Merowingerreich, maschr. Vorträge, Bonn 1965, S. 93 f.

Maurer, Helmut: *Der Herzog von Schwaben. Grundlagen, Wirkungen und Wesen seiner Herrschaft in ottonischer, salischer und staufischer Zeit.* Sigmaringen 1978.

Meid, Wolfgang: »Hans Kuhns ›Nordwestblock‹-Hypothese. Zur Problematik der ›Völker zwischen Germanen und Kelten‹.« In: H. Beck (Hg.), *Germanenprobleme in heutiger Sicht*, Berlin, New York 1986, S. 183–212. (Erg.-Bd. 1 zum *Reallexikon der germanischen Altertumskunde*.)

Meier, Franz Georg: *Die Verwandlung der Mittelmeerwelt.* Frankfurt/Main 1994. (Fischer Weltgeschichte, Bd. 9.)

Menghin, Wilfried: *Kelten, Römer und Germanen. Archäologie und Geschichte.* München 1980.

Menking, Edward: *Kalkriese – Ort der Varusschlacht?* Regensburg 1995.

Metzner, E. E.: »Dietrich von Bern.« In: *Lexikon des Mittelalters*, Bd. 3, Sp. 1020/21, München, Zürich 1986.

Meyer, Richard M.: *Altgermanische Religionsgeschichte.* Faksimilenachdr. d. Ausg. v. 1909. O. O. 1995.

Meyers Konversationslexikon in 17 Bänden. 5. Aufl. Leipzig, Wien 1893–1897.

Mildenberger, Gerhard: *Sozial- und Kulturgeschichte der Germanen.* Stuttgart 1977.

Miller, Fergus: »Der Balkan und die Donauprovinzen.« In: *Fischer Weltgeschichte*, Bd. 8, Frankfurt/Main 1976.

Mone, Franz Joseph: *Quellen und Forschungen zur Geschichte der teutschen Sprache und Literatur.* Aachen, Leipzig 1830.

Mone, Franz Joseph: *Untersuchungen zur Geschichte der teutschen Heldensage.* Quedlinburg, Leipzig 1836.

Mudrak, Edmund: *Nordische Götter- und Heldensagen.* Reutlingen 1961.

Müller, Gernot: »Allerneueste Nibelun-

gische Ketzereien. Zu Heinz Ritters ›Die
Nibelungen zogen nordwärts‹.« In: *Studia
Neophilologica*, Bd. 57 (1985), S. 105–116.

Müller, Werner: *Kreis und Kreuz. Untersuchungen zur sakralen Siedlung bei Italikern
und Germanen.* Berlin 1938.

Müller, Wolfgang (Hg.): *Zur Geschichte der
Alemannen.* Darmstadt 1975.

Nack, Emil: *Germanien. Länder
und Völker der Germanen.* 2. Aufl. Wien,
Heidelberg 1977.

Neckel, Gustav: »Soest als Nibelungen-
stadt.« In: *Niederdeutsches Jahrbuch*,
Bd. 53 (1928), S. 33–39.

Neckel, Gustav: *Kulturkunde der Germanen
auf sprachwissenschaftlicher Grundlage.*
Berlin 1934.

Nesselhauf, Herbert: »Die Besiedlung der
Oberrheinlande in römischer Zeit.« In:
E. Schwarz (Hg.), *Zur germanischen Stam-
meskunde*, Darmstadt 1972, S. 123–145.

Neuss, Wilhelm: *Das Bistum Köln von den
Anfängen bis zum Ende des 12. Jahrhunderts.*
Köln 1964.

Neustupny, Evzen u. Jiri: *Czechoslovakia
before the Slavs.* London 1961.

Niessen, Josef: »Bonna – Verona.« In:
Bonn und sein Münster, Bd. 3, Bonn 1947,
S. 23–33. (*Bonner Geschichtsblätter.*)

Niessen, Josef: *Geschichte der Stadt Bonn.*
Bd. 1. Bonn 1955.

Noelle, Hermann: *Die Kelten und ihre Stadt
Manching.* 2. Aufl. Pfaffenhofen 1974.

Ohler, Norbert: *Reisen im Mittelalter.*
München, Zürich 1986.

Ortiz de Urbina, Ignacio: *Geschichte der
ökumenischen Konzilien.* Bd. 1. Mainz o. J.

Paff, William J.: *The Geographical and Ethnic
Names in the Thidrekssaga. A Study in Ger-
manic Heroic Legend.* S'Gravenhage 1959.

Paßmann, Franz Anton: *Römische
Rheinfront Bonn-Koblenz.* Wachtberg
b. Bonn 1989.

Patze, Hans (Hg.): *Geschichte Niedersachsens.*
Bd. 1. Hildesheim 1977.

Paul, Hermann: *Germanische Literaturgeschichte.* 2 Bde. Faksimilenachdr. d.
Ausg. v. 1903. O. O. 1990.

Perrin, Odet: *Les Burgondes. Leurs histoire,
des origines à la fin du premier Royaume
(534).* Neuchâtel 1968.

Petri, Franz: »Stamm und Land im frühmittelalterlichen Nordwesten nach neuerer historischer Forschung.« In: *Westfälische Forschungen*, Bd. 8 (1955), S. 5 ff.

Petri, Franz: *Die fränkische Landnahme und
die Entstehung der germanisch-romanischen
Sprachgrenze in der interdisziplinären
Diskussion.* Darmstadt 1977.

Pflaum, Hans Georg: »Das römische
Kaiserreich.« In: *Propyläen-Weltgeschichte*,
Bd. 4, Frankfurt/Main, Berlin 1963.

Pirenne, Henri: *Histoire de Belgique.* 4 Bde.
Brüssel 1948.

Pirling, Renate: *Römer und Franken am
Niederrhein.* Kataloghandbuch des Land-
schaftsmuseums Burg Linn in Krefeld.
Mainz 1986.

Pitz, Ernst (Hg.): *Leben im Mittelalter.
Ein Lesebuch.* München 1990.

Planck, Dieter/Willi Beck (Hg.): *Der Limes
in Südwestdeutschland.* Stuttgart 1987.

Ploetz – Auszug aus der Geschichte. 31. Aufl.
Würzburg 1992.

Pohl, Walter: *Die Awaren. Ein Steppenvolk
in Mitteleuropa (567–822 n.Chr.).*
München 1988.

Pörtner, Rudolf: *Mit dem Fahrstuhl in die
Römerzeit. Städte und Stätten deutscher Frühgeschichte.* München 1969.

Pörtner, Rudolf: *Bevor die Römer kamen.
Städte und Stätten deutscher Urgeschichte.*
München 1969.

Pörtner, Rudolf: *Die Erben Roms. Städte und Stätten des deutschen Früh-Mittelalters.* München 1969.

Pörtner, Rudolf: *Das Römerreich der Deutschen. Städte und Stätten des deutschen Mittelalters.* München 1970.

Pörtner, Rudolf: *Die Wikinger-Saga.* Düsseldorf 1971.

Pörtner, Rudolf (Hg.): *Als Rhein und Mosel römisch waren. Neue Grabungen in der Germania Romana.* Düsseldorf, Wien 1975.

Prinz, Friedrich: *Böhmen im mittelalterlichen Europa. Frühzeit, Hochmittelalter, Kolonisationsperiode.* München 1984.

Prinz, Friedrich: *Grundlagen und Anfänge Deutschlands bis 1056.* München 1985.

Raabe, C. (Hg.): *Sankt Bonifatius. Gedenkgabe zum zwölfhundertsten Todestag.* Fulda 1954.

Rappaport: »Saxones.« In: *Paulys Real-Enzyklopädie der klassischen Altertumswissenschaft*, 2. Reihe, 2. Bd., Stuttgart 1923.

Raszmann, August: *Die Sage von den Wölsungen und Niflungen in der Edda und Wölsungensaga.* Hannover 1863.

Raszmann, August: *Die Niflungensage und das Nibelungenlied – ein Beitrag zur Geschichte der deutschen Heldensage.* Heilbronn 1877.

Rau, Reinhold (Bearb.): *Quellen zur karolingischen Reichsgeschichte.* Bd. 2, 62: Annales Bertiniani. Darmstadt 1969.

Rech, Manfred: »Ausschnitte aus einer germanischen Siedlung des 2.–3. Jhds. n. Chr. in Düsseldorf-Stockum.« In: *Germania*, (1979), S. 83f.

Redlich, Clara: »Zur Entstehung und frühesten Entwicklung der Langobarden.« In: H. J. Häßler (Hg.), *Studien zur Sachsenforschung*, Bd. 3, Hildesheim 1982, S. 169–183.

Reindel, Kurt: »Bayern im Karolinger-

reich.« In: H. Beumann (Hg.), *Karl der Große*, Düsseldorf 1965, S. 220–246.

Reiss-Museum Mannheim (Hg.): *Die Franken – Wegbereiter Europas. Vor 1500 Jahren Chlodwig und seine Erben.* Ausstellungskatalog. 2 Bde. Mannheim 1996/97.

Rheinisches Landesmuseum (Hg.): *Das Grab eines fränkischen Herrn (Morken).* Begleitheft zur Ausstellung. Bonn 1991.

Richter, Hans-Peter: *Jagd auf Gereon. Geschichte und Wanderung einer Legende.* Graz, Wien, Köln 1967.

Riehl, Hans: *Die Völkerwanderung. Der längste Marsch der Weltgeschichte.* Bergisch Gladbach 1978.

Ritter(-Schaumburg), Heinz: *Dietrich von Bern – König zu Bonn.* München, Berlin 1982.

Ritter(-Schaumburg), Heinz: *Die Nibelungen zogen nordwärts.* 3. Aufl. St. Goar 1987.

Ritter(-Schaumburg), Heinz: *Der Cherusker. Arminius im Kampf mit der römischen Weltmacht.* München, Berlin 1988.

Ritter(-Schaumburg), Heinz: *Die Didriks-Chronik oder die Svava. Erstmalig vollständig aus der altschwedischen Handschrift der Thidrekssaga übersetzt.* St. Goar 1989.

Ritter(-Schaumburg), Heinz: *Die Thidrekssaga oder Dietrich von Bern und die Niflungen.* Übers. v. F. H. v. der Hagen (1815), mit neuen geographischen Anmerkungen versehen v. H. Ritter-Schaumburg. St. Goar 1989.

Ritter(-Schaumburg), Heinz: *Sigfrid ohne Tarnkappe.* München 1990.

Ritter-(Schaumburg), Heinz: »Die Bedeutung der Didrik-Chronik – eine Replik.« In: *Skandinavistik*, Bd. 21/2 (1991), S. 136–140.

Röhrich, Lutz: *Sage und Märchen. Erzählforschung heute.* Freiburg/Brsg. 1976.

Roosens, Heli: »Laeti, Foederati und andere spätrömische Bevölkerungs-

niederschläge im belgischen Raum.«
In: *Die Kunde*, NF, 18 (1967), S. 89–109.

Rosenfeld, Helmut: »Kultur der Germanen.« In: D. v. Barloewen (Hg.), *Abriß der Geschichte antiker Randkulturen*, München 1961.

Rosenfeld, Helmut: »Dietrich von Bern.« In: *Reallexikon der germanischen Altertumskunde*, Bd. 5, Berlin, New York 1984, S. 425 ff.

Röth, Erich: *Sind wir Germanen? Das Ende eines Irrtums*. Kassel 1967.

Rothert, Hermann: *Westfälische Geschichte*. Bd. 1. Gütersloh 1949.

Rovan, Joseph: *Geschichte der Deutschen. Von ihren Ursprüngen bis heute*. München 1998.

Scherz, Walter: *Nordische Sagen*. Übers. u. f. d. Jugend bearb. 4. Aufl. Stuttgart 1964.

Schieffer, Theodor: *Winfrid-Bonifatius und die christliche Grundlegung Europas*. Freiburg/Brsg. 1964.

Schlesinger, Walter: »Die Verfassung der Sorben.« In: H. Ludat (Hg.), *Siedlung und Verfassung der Slawen zwischen Elbe, Oder und Saale*, Gießen 1960, S. 75–102.

Schlesinger, Walter: »Das Frühmittelalter.« In: H. Patze/W. Schlesinger (Hg.), *Geschichte Thüringens*, Bd. 1, Köln, Graz 1968.

Schlesinger, Walter: »Die Franken im Gebiet östlich des mittleren Rhein.« In: F. Petri (Hg.), *Siedlung, Sprache und Bevölkerungsstruktur im Frankenreich*, Darmstadt 1973, S. 639–667.

Schlesinger, Walter: »Zur politischen Geschichte der fränkischen Ostbewegung vor Karl dem Großen.« In: W. Schlesinger (Hg.), *Althessen im Frankenreich*, Sigmaringen 1975.

Schlette, Friedrich: *Germanien zwischen Thorsberg und Ravenna. Kulturgeschichte der Germanen bis zum Ausgang der Völkerwanderung*. Köln 1977.

Schlifkowitz, Heinrich: *Gab es in Deutschland jemals Slawen?* Ardagger 1995.

Schmale, Franz-Josef: »Thüringen im Merowingerreich (531–716).« In: *Handbuch der bayerischen Geschichte*, Bd. 3,1, München 1971.

Schmid, Armin u. Renate: *Die Römer zwischen Main und Rhein. Das Leben in der obergermanischen Provinz*. 3. Aufl. Frankfurt/Main 1972.

Schmidt, Berthold: »Die späte Völkerwanderungszeit in Mitteldeutschland.« In: *Veröffentlichungen des Landesmuseums für Vorgeschichte Halle/S.*, Bd. 18 (1961).

Schmidt, Berthold: »Zur Sachsenfrage im Unstrut-Saale-Gebiet und im Nordharzvorland.« In: H. J. Häßler (Hg.), *Studien zur Sachsenforschung*, Bd. 2, Hildesheim 1980, S. 423–446.

Schmidt, Ludwig: *Allgemeine Geschichte der germanischen Völker bis zur Mitte des 6. Jahrhunderts*. München, Berlin 1909.

Schmidt, Ludwig: *Die Westgermanen*. 2. Aufl. München 1970.

Schmoeckel, Reinhard: *Die Hirten, die die Welt veränderten. Der vorgeschichtliche Aufbruch der indoeuropäischen Völker*. Reinbek 1982.

Schmoeckel, Reinhard: *Deutsche Sagenhelden und die historische Wirklichkeit. Zwei Jahrhunderte deutscher Frühgeschichte neu gesehen*. Hildesheim 1995.

Schneider, Hermann: *Deutsche Heldensage*. 2. Aufl. Berlin 1962.

Schneider, Hermann: »Germanische Dichtung.« In: K. Bona (Hg.), *Altdeutsches Lesebuch*, Frankfurt/Main 1968.

Schneider, J.: »Reims und Metz im Merowingerreich.« In: *Austrien im Merowingerreich*, maschr. Vortrag, Bonn 1965.

Schneider, Reinhard: *Das Frankenreich.* München 1990.

Schott, Clausdieter: »Zur Geltung der Lex Alamannorum.« In: P. Fried/W. D. Sick (Hg.), *Die historische Landschaft zwischen Lech und Vogesen,* Augsburg 1988.

Schreiber, Hermann: *Die Hunnen. Attila probt den Weltuntergang.* Düsseldorf 1976.

Schreiber, Hermann: *Auf den Spuren der Goten.* Reinbek 1979.

Schröcke, Helmut: *Germanen. Slawen. Vor- und Frühgeschichte des ostgermanischen Raumes.* Viöl 1996.

Schroeder, Edward: »Die Heldensage in den Jahrbüchern von Quedlinburg.« In: *Zeitschrift für deutsches Altertum,* Bd. 41 (1897), S. 24–32.

Schücking, Levin/Ferdinand Freiligrath: *Das malerische und romantische Westphalen.* 2. Aufl. Paderborn 1872.

Schulz, Walther: *Vor- und Frühgeschichte Mitteldeutschlands.* Halle/S. 1939.

Schulze, Hans K.: *Vom Reich der Franken zum Land der Deutschen.* Berlin 1987.

Schümer, Dirk: »Ein Kampf um Lehm – deutsche Szene: Die Wahrheit über die Hermannschlacht.« In: *Frankfurter Allgemeine Zeitung,* 6.9.1996.

Schwager, Gerd G.: *Nivisium – Nivlungischer Königssitz?* Neuss 1988.

Schwarz, Ernst: »Wogastisburg.« In: E. Schwarz (Hg.), *Zur germanischen Stammeskunde,* Darmstadt 1972, S. 1–16.

Schwarze, Emil: »Die Herkunftsfrage der Goten.« In: E. Schwarz (Hg.), *Zur germanischen Stammeskunde,* Darmstadt 1972, S. 287–308.

Schwind, Fred: »Zur Geschichte des heute hessischen Raumes im Frühmittelalter.« In: Roth, H./E. Wamers (Hg.), *Hessen im Frühmittelalter. Archäologie und Kunst,* Sigmaringen o. J.

Seeck: »Arbogast.« In: Pauly-Wissowa, *Realencyklopädie der classischen Altertumswissenschaft,* Bd. 3, Stuttgart 1995, Sp. 415 ff.

Seyer, Rosemarie: *Zur Besiedlungsgeschichte im nördlichen Mittelelb-Havel-Gebiet um den Beginn unserer Zeitrechnung.* (Ost-)Berlin 1976.

Signon, Helmut: »Wo ist nur Kaiser Karls Thron geblieben? Jahresringforscher zerstören alte Aachener Überzeugung.« In: *Bonner Rundschau,* 3.8.1978.

Simek, Rudolf: »Odin.« In: *Lexikon der germanischen Mythologie,* Stuttgart 1984.

Simek, Rudolf: »Thidrekssaga.« In: R. Simek/H. Palsson (Hg.), *Lexikon der altnordischen Literatur,* Stuttgart 1987, S. 346 f.

Simons, Gerald: *Die Geburt Europas.* New York 1978.

Simrock, Karl: »Bonna – Verona.« In: *Bonn. Beiträge zu seiner Geschichte und seinen Denkmälern,* Festschrift, Bonn 1868, S. 3–20.

Sippel, Klaus: »Ein merowingisches Kammergrab mit Pferdegeschirr aus Eschwege.« In: *Germania,* 65 (1987).

Smilauer, Vladimir: »Fragen der ältesten slawischen Siedlung in Böhmen und Mähren im Licht der namenkundlichen Forschung.« In: F. Graus/H. Ludat (Hg.), *Siedlung und Verfassung Böhmens in der Frühzeit,* Wiesbaden 1967.

Sondermann, August (Hg.): *Besiedlung im Bereich der Großen Dhünn-Talsperre von der Steinzeit bis zum Mittelalter.* Wuppertal 1989.

Spindler, Max (Hg.): *Handbuch der bayerischen Geschichte.* Bd. 1: Das alte Bayern. München 1967.

Sprigade, Klaus (Bearb.): *Quellen zur Geschichte der Alamannen.* Bd. 3/4. Sigmaringen 1979/80.

Stangefol, Hermann: *Opus chronologicum et Historicum Circuli Westphalici.* Köln 1646.

Steensen, Thomas: *Wer sind die Friesen? 27 Fragen und Antworten zur nordfriesischen Geschichte, Sprache und Kultur.* Bredstedt 1994.

Steinbach, Franz: *Studien zur westdeutschen Stammes- und Volksgeschichte.* Jena 1926.

Steinbach, Franz: »Die Zeit der Merowinger (400–751).« In: F. Petri (Hg.), *Siedlung, Sprache und Bevölkerungsstruktur im Frankenreich*, Darmstadt 1973, S. 567–577.

Stelzmann, Arnold: *Illustrierte Geschichte der Stadt Köln.* Köln 1958.

Sterzl, Anton: *Der Untergang Roms an Rhein und Mosel. Krisen, Katastrophen und Kompromiß im zeitgenössischen Denken.* Köln 1978.

Steuer, Heiko: *Die Franken am Rhein.* Köln 1980.

Steuer, Heiko: »Helm und Ringschwert. Prunkbewaffnung und Rangabzeichen germanischer Krieger.« In: H. J. Häßler (Hg.), *Studien zur Sachsenforschung*, Bd. 6, Hildesheim 1987, S. 189–227.

Stier, Hans-Erich (Hg.): *Großer Atlas zur Weltgeschichte.* Zürich 1990.

Stieren, August: »Ein neuer Friedhof fränkischer Zeit in Soest.« In: *Germania*, 1930, S. 166–175.

Stieren, August: »Die Ausgrabungen in Soest Frühjahr 1930.« In: *Soester Heimatkalender 1931*, S. 83–89.

Stöbe, H.: »Die Unterwerfung Norddeutschlands durch die Merowinger und die Lehre von der sächsischen Eroberung.« In: *Wissenschaftliche Zeitschrift der Universität Jena*, 6 (1956/57), S. 153–190 u. 323–336.

Störmer, Wilhelm: *Adelsgruppen im früh- und hochmittelalterlichen Bayern.* München 1972.

Stöver, Hans Dietrich: *Haldavo steigt auf. Ein Ubier im römischen Köln.* Köln 1990.

Stöver, Hans Dietrich/M. Gechter: *Report aus der Römerzeit.* Stuttgart 1989.

Ström, Ake V.: »Germanische Religion.« In: Ström, A./Biezais (Hg.), *Germanische und Baltische Religion.* Stuttgart, Berlin, Köln, Mainz 1975. (*Die Religionen der Menschheit*, Bd. 19,1.)

Struve, Karl W.: »Völkerschaften und Stämme.« In: *Geschichte Schleswig-Holsteins*, Bd. 2, Neumünster 1979, S. 305–310.

Suchenwirth, Richard: *Deutsche Geschichte.* Leipzig 1935.

Tacitus, P. Cornelius: *Annalen I–VI.* Übers. u. erl. v. Walter Sontheimer. Stuttgart 1991.

Tacitus, P. Cornelius: *Germania.* Übers. u. erl. v. Manfred Fuhrmann. Stuttgart 1979.

Tacitus, P. Cornelius: *Historien.* Lat.-dt. Übers. u. hg. v. Helmut Vretska. Stuttgart 1984.

Tappe, Wilhelm: *Die Alterthümer der deutschen Baukunst in der Stadt Soest.* Essen 1823.

Tempel, Wolf-Dieter: »Ein völkerwanderungszeitlicher Grabhügel beim sächsischen Gräberfeld von Gudendorf, Stadt Cuxhaven.« In: H. J. Häßler (Hg.), *Studien zur Sachsenforschung*, Bd. 2, Hildesheim 1980, S. 447–455.

Tervooren, Helmut: »Spuren der Nibelungen am Niederrhein.« In: *Xantener Vorträge zur Geschichte des Niederrheins*, H. 3, Duisburg 1992.

Uhlirz, Karl: *Jahrbücher des Deutschen Reiches unter Otto II. und Otto III.* Bd. 1. Leipzig 1902.

Uhlirz, Mathilde: *Otto III.* Berlin 1954. (*Jahrbücher des Deutschen Reiches*, Bd. 2.)

Uslar, Rafael v.: *Die Germanen vom 1. bis 4. Jahrhundert n. Chr.* Stuttgart 1980.

Vána, Zdenèk: *Einführung in die Frühgeschichte der Slawen*. Neumünster 1970.

Verhagen, Britta: *Kam Odin-Wodan aus dem Osten? Zur Religion der germanischen Frühzeit*. Tübingen 1994.

Verlinden, Chr.: »Die frankische Kolonatie.« In: *Algemene Geschiednis der Nederlande*, Bd. 1, Utrecht 1949.

Vierck, Hugo: »Ein westfälisches ›Adelsgrab‹ des 8. Jahrh. n. Chr.« In: H. J. Häßler (Hg.), *Studien zur Sachsenforschung*, Bd. 2, Hildesheim 1980, S. 457–488.

Vollmer, Albert: *Hunnen-Sturm am Rhein*. Obernburg/Main 1996.

Wacholz, Dieter: »Wo König Gunther jagte und der finstere Hagen meuchelte. Nibelungen-Spuren: Bummel durch Worms, Streifzüge im Odenwald.« In: *Bonner Rundschau*, 6.11.1994.

Wagner, Norbert: »Zur Herkunft der Franken von Pannonien.« In: K. Hauck (Hg.), *Frühmittelalterliche Studien*, Bd. 11 (1977), S. 218–228.

Wahle, Ernst: »Ur- und Frühgeschichte im mitteleuropäischen Raum.« In: B. Gebhardt (Hg.), *Handbuch der deutschen Geschichte*, Bd. 1, München 1973.

Waitz, Georg: *Jahrbücher des Deutschen Reiches unter König Heinrich I.* Leipzig 1885.

Watterich, J. M.: *Die Germanen des Rheins. Ihr Kampf mit Rom und der Bundesgedanke*. O. O. 1901.

Weddige, Hilkert: *Heldensage und Stammessage. Irrung und Untergang des Thüringerreiches*. Tübingen 1989.

Weddige, Hilkert: *Einführung in die germanistische Mediävistik*. 2. Aufl. München 1992.

Weidemann, Margarete: *Kulturgeschichte der Merowingerzeit nach den Werken Gregors von Tours*. 2 Bde. Mainz 1982.

Weinand, Karl: *Rätsel aus dem Grippchenland. Ungelöste Fragen aus der Geschichte der Ubier und der Stadt Köln*. Taufkirchen 1995.

Wendehorst, Alfred: »Das Bistum Würzburg, T. 1.« In: *Germania Sacra*, NF, 1, Berlin 1962.

Wendehorst, Alfred: »Geschichte Frankens. Bemerkungen zu Raum und Periodisierung.« In: A. Kraus (Hg.), *Land und Reich, Stamm und Nation. Festgabe für Max Spindler*, Bd. 1, München 1984, S. 235–246.

Wenskus, Reinhard: *Stammesbildung und Verfassung*. Köln, Graz 1961.

Wenskus, Reinhard: »Die deutschen Stämme im Reiche Karls des Großen.« In: H. Beumann (Hg.), *Karl der Große*, Düsseldorf 1965, S, 178–219.

Wenskus, Reinhard: »Sächsische Expansion und germanische Landnahme in Britannien.« In: Th. Schieder (Hg.), *Handbuch der europäischen Geschichte*, Bd. 1, Stuttgart 1976.

Wenskus, Reinhard: »Thüringer« In: Th. Schieder (Hg.), *Handbuch der europäischen Geschichte*, Bd. 1, Stuttgart 1976.

Wenskus, Reinhard: »Der ›hunnische‹ Siegfried. Fragen eines Historikers an den Germanisten.« In: H. Uecker (Hg.), *Studien zum Altgermanischen. Festschrift für Heinrich Beck*, Berlin, New York 1994. (*Reallexikon der germanischen Altertumskunde*, Erg.-Bd. 11.)

Wentz, Gottfried: »Das Bistum Havelberg.« In: *Germania Sacra*, I/2, Berlin, Leipzig 1933.

Werner, Joachim: »Waage und Geld in der Merowingerzeit.« In: *Sitzungsbericht der Bayerischen Akademie der Wissenschaften*, Phil.-hist. Klasse, 1954.

Werner, Joachim: »Die Herkunft der Bajuwaren und der ›östlich-merowingische

Reihengräberkreis‹.« In: K. Bosl (Hg.), *Zur Geschichte der Bayern*, Darmstadt 1965, S. 12–43.

Werner, Joachim: »Das Aufkommen von Bild und Schrift in Nordeuropa.« In: *Sitzungsbericht der Bayerischen Akademie der Wissenschaften*, Phil.-hist. Klasse, H. 4, 1966.

Werner, Karl-Ferdinand: *Die Ursprünge Frankreichs bis zum Jahr 1000.* München 1995.

Werner, Karl-Ferdinand: »Europas erster katholischer König. Frankreichs Streit um Chlodwigs Taufjubiläum.« In: *Frankfurter Allgemeine Zeitung*, 14.9.1996.

Widukind v. Corvey: *Sächsische Geschichte nebst der Schrift über die Herkunft der Schwaben.* Übers. v. Wilhelm Wattenbach. Stuttgart 1986.

Wieger, Hermann (Hg.): *Handbuch von Köln.* Köln 1925.

Wies, Ernst W.: *Otto der Große – Kämpfer und Beter.* 2. Aufl. Esslingen 1991.

Wingert, Helga: *Spuren in die Vergangenheit. Eine Rekonstruktion des Alltags von der Steinzeit bis zum Mittelalter.* Frankfurt am Main 1994.

Winkelmann, Wilhelm: »Frühgeschichte und Frühmittelalter.« In: W. Kohl (Hg.), *Westfälische Geschichte*, Bd. 1, Düsseldorf 1983, S. 188–230.

Winkelmann, Wilhelm: *Beiträge zur Frühgeschichte Westfalens.* Münster 1984.

Wirtz, Ludwig: »Franken und Alemannen in den Rheinlanden bis zum Jahr 496.« In: *Bonner Jahrbücher*, 122 (1912), S. 170 ff.

Wisniewski, Roswitha: *Die Darstellung des Niflungenunterganges in der Thidrekssaga –*

eine quellenkritische Untersuchung. Tübingen 1961.

Woeller, Waltraud u. Matthias: *Sage und Weltgeschichte.* Berlin, Leipzig 1991.

Wolfram, Herwig: *Gold von der Donau. Die Erben Roms und ihre Schätze.* Wien, Köln 1985.

Wolfram, Herwig: *Die Geburt Mitteleuropas. Geschichte Österreichs vor seiner Entstehung.* Wien 1987.

Wolfram, Herwig: *Das Reich und die Germanen.* Berlin 1990. (*Das Reich und die Deutschen*, Bd. 1.)

Wolfram, Herwig: *Die Germanen.* München 1995.

Wolfram, Herwig/Falko Daim (Hg.): *Die Völker an der mittleren und unteren Donau im 5. und 6. Jahrhundert.* Wien 1980.

Wunderlich, Werner: »Neue Geschichten über Dietrich von Bern und die Nibelungen.« In: *Etudes Germaniques*, Bd. 40 (1985), S. 58–64.

Zaunert, Paul (Hg.): *Rheinland-Sagen.* Frankfurt/Main, Berlin, Wien 1985.

Zedelius, Volker: »›Beata Verona vinces‹ – sechs seltene Pfennige von Bonn.« In: *Bonner Jahrbuch*, 1965, S. 39 ff.

Zimmermann, Heinrich J.: *Theoderich der Große – Dietrich von Bern. Die geschichtlichen und sagenhaften Quellen des Mittelalters.* Diss. Bonn 1972.

Zöllner, Erich: »Die Herkunft der Agilolfinger.« In: K. Bosl (Hg.), *Zur Geschichte der Bayern*, Darmstadt 1965, S. 107–134.

Zöllner, Erich: *Geschichte der Franken.* München 1970.

Zotz, Th.: »Arbogast.« In: *Lexikon des Mittelalters*, Bd. 1, München, Zürich 1980.

PERSONENREGISTER

(Abkürzungen: B. = Bischof; Br. = Bruder; DS = Dietrichssage (nordische Texte);
Eb. = Erzbischof; Ft. = Fürst; Geschl. = Geschlecht; Gf. = Graf; Hl. = Heiliger;
HM = Hausmeier; Hz(n). = Herzog(in); Hzt. = Herzogtum; Kg(n). = König(in);
Ks(n). = Kaiser(in); M. = Mutter; MA, ma. = Mittelalter, mittelalterlich;
Merow. = Merowinger; Mgf. = Markgraf; Pp. = Papst; Pr(n). = Prinz(essin); S. = Sohn;
Schw. = Schwester; T. = Tochter)

SACHREGISTER

KULTUREN, VÖLKER, SPRACHEN

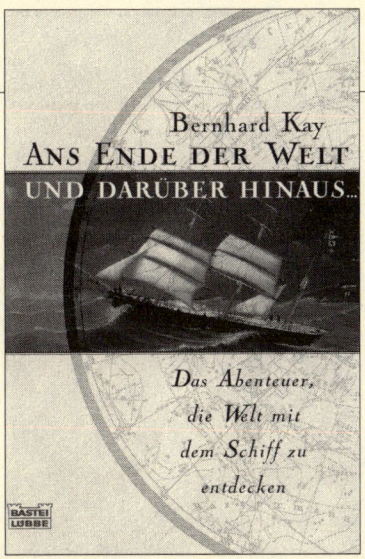

Fesselnd und faktenreich erzählt dieses Buch die 5000 Jahre während Geschichte der Weltentdeckung mit dem Schiff

Wussten Sie,
- dass erst im 20. Jahrhundert die Erde ganz entdeckt war?
- dass den Römern der Seeweg nach Indien bekannt war?
- dass viele Entdecker verschollen sind oder bei ihren Fahrten umkamen?
- dass die Chinesen den Kompass schon 100 Jahre vor den Europäern benutzten?

Ans Ende der Welt und darüber hinaus ... erzählt die Abenteuer- und Kulturgeschichte der Schifffahrt. Der Autor berichtet von häufigen Niederlagen und seltenen Erfolgen, von unscheinbaren Erfindungen und Epoche machenden Expeditionen, von berühmten Entdeckern und unbekannten Helden. Sie brauchten Mut, um in unbekannte Gewässer vorzudringen, denn lange war nicht sicher, dass die Erde eine Kugel ist. Hinter jeder Grenze, die überwunden wurde, tat sich eine neue auf ...

ISBN 3-404-64182-5

BASTEI
LÜBBE

Als im Februar 1844 die Eisenbahnstrecke zwischen Bonn und Köln eingeweiht wurde, begann für die beiden Städte der preußischen Rheinprovinz eine neue Epoche. Denn das moderne Fortbewegungsmittel – von Befürwortern und Feinden als »Dampfroß« tituliert – sollte Umwälzungen auslösen, die nur mit der Erfindung des Pulvers und des Buchdrucks verglichen werden können. Die Dampfmaschine setzte der Ära der Postkutsche ein Ende und markierte den Beginn eines neuen Reisezeitalters – die Welt wurde kleiner.

ISBN 3-404-14459-7

BASTEI
LÜBBE